ERNÄHRUNGSLEHRE
GRUNDLAGEN UND ANWENDUNG

BEARBEITET VON

B. BLEYER · W. DIEMAIR · O. FLÖSSNER · H. GLATZEL
J. KÜHNAU · E. LEHNARTZ · W. MOLLOW† · A. PILLAT
H. RUDY · A. SCHITTENHELM · H. SCHÖNFELD
H. SCHROEDER · W. SCHÜFFNER · W. STEPP
P. VOGT-MØLLER · H. WENDT · F. WIRZ

HERAUSGEGEBEN VON

PROFESSOR DR. WILHELM STEPP
DIREKTOR DER I. MEDIZINISCHEN KLINIK DER UNIVERSITÄT MÜNCHEN

MIT 34 ABBILDUNGEN

Springer-Verlag Berlin Heidelberg GmbH
1939

ISBN 978-3-662-42777-4   ISBN 978-3-662-43054-5 (eBook)
DOI 10.1007/978-3-662-43054-5

Vorwort.

Die von Max Rubner entwickelte energetische Betrachtungsweise des Stoffwechsels, durch welche die Ernährung in so außerordentlich einfacher Weise vom quantitativen Standpunkt aus betrachtet wird, beherrschte die Ernährungslehre früherer Jahrzehnte fast völlig und hatte die stoffliche Seite des Problems ganz in den Hintergrund gedrängt. Das war in einem gewissen Sinne verständlich: Die Chemie war bei der Aufarbeitung des Tier- und Pflanzenkörpers außer auf Wasser und Salze immer wieder auf bestimmte organische Stoffgruppen gestoßen, die sich im wesentlichen als Eiweißkörper, Kohlehydrate und Fette charakterisieren ließen; man glaubte daraus schließen zu dürfen, daß der tierische Organismus durch ausreichende Zufuhr von Vertretern dieser Stoffgruppen, zusammen mit Wasser und Mineralstoffen, alles das erhalte, wessen er bedürfe, um Wachstum und Leben aufrecht zu erhalten. Das ganze Geheimnis der Ernährung schien also in einer ausreichenden Versorgung mit diesen sog. Hauptnährstoffen zu liegen.

Erst mit dem Anfang dieses Jahrhunderts tauchten da und dort Beobachtungen auf, die es zweifelhaft erscheinen ließen, ob der Ernährungsvorgang gewährleistet sei, wenn man etwa eine Kombination reiner Hauptnährstoffe an Stelle einer natürlichen, gemischten Kost verwenden wollte. Sie fanden zunächst kaum Beachtung. Wenn wir heute die großartige Entwicklung der Ernährungswissenschaft überblicken, die sie durch die Entdeckung der Vitamine hat nehmen können, so wird erst ersichtlich, in welchem Maße die einseitige Betrachtung der Ernährung von der Seite des Energiewechsels dem Fortschritt im Wege stand.

Es ist das große Verdienst von E. V. McCollum, daß er erneut auf die Notwendigkeit hingewiesen hat, in der Nahrung das zu sehen, was sie wirklich ist, nämlich ein Gemenge pflanzlicher und tierischer Gewebe, die neben Wasser, Mineralstoffen und den mehrfach genannten organischen Stoffgruppen eine große Zahl von anderen organischen Stoffen enthalten. Von dieser Seite aus wird man die Nahrung stets auch in der Zukunft betrachten müssen, da wahrscheinlich mit dem Wissen um die entscheidende Bedeutung der Vitamine für die Ernährung das letzte Wort noch nicht gesprochen ist.

Die Feststellung, daß diese Stoffe vielfach Bestandteile katalytischer Systeme sind, die in den Zellen der uns als Nahrung dienenden tierischen und pflanzlichen Gewebe die Lebensvorgänge regeln, hat uns zu der weiteren Erkenntnis geführt, daß sie nach ihrer Aufnahme durch Tier und Mensch in den Betriebsstoffwechsel eingebaut werden und in ähnlicher oder gleicher Weise wie in den Geweben, denen sie entstammen, ihre unentbehrliche Aufgabe erfüllen. Stockt die Zufuhr jener Stoffe, so sind Fehlleistungen der Zellen die unausbleibliche Folge.

Die Nahrung erscheint uns daher heute in einem vollkommen neuen Lichte. Wir sehen in ihr eine Vielheit von Stoffen, die für den Aufbau des Organismus und als Ersatz der mit dem Leben untrennbar verbundenen Verluste von außen zugeführt werden müssen. Sie dienen nicht nur als Energieträger, sondern umfassen auch die Gesamtheit aller jener Verbindungen, die der Organismus nicht selbst herzustellen vermag, und unter denen die Wirkstoffe und Mineralstoffe eine besondere Rolle spielen.

Eine Ernährungslehre, die alle diese Gesichtspunkte berücksichtigt, insbesondere der gewaltigen Bedeutung der Nahrung für die Gesunderhaltung Rechnung trägt und sie andererseits als Krankheitsursache würdigt, hat in dieser Form bisher gefehlt. Ein Ansatz hierzu fand sich in dem wertvollen Werk von E. V. McCollum und Nina Simmonds "The Newer Knowledge of Nutrition" [1], in welchem zum ersten Male ganz bewußt die Nahrungsmittel als pflanzliche und tierische Gewebe bzw. Organe betrachtet und ihre jeweils besondere stoffliche Zusammensetzung in den Vordergrund gestellt wurden.

Uns selbst schwebte als Ernährungslehre etwas anderes vor. Es sollte der Versuch unternommen werden, einen umfassenden Überblick über das ganze Gebiet zu geben, dessen Grenzen durch die Arbeit der letzten Jahrzehnte so weit hinausgeschoben werden konnten. Die Chemie mußte dabei mit ihrem ganzen Gewicht zu Worte kommen, wenn das biologische Geschehen eine klare Darstellung erfahren sollte. Niemals früher hat die organische Chemie sich so stark mit letzten Endes biologischen Problemen befaßt und an ihrer Lösung so erfolgreich mitgearbeitet wie gerade jetzt. Und niemand wird ihr Verdienst dankbarer würdigen können als gerade wir Ärzte.

Wer am Krankenbett tätig ist, wird jeden Tag immer neu zu den letzten Fragen des Lebens geführt mit der unendlichen Mannigfaltigkeit des Geschehens, an das es gebunden ist: Stoff-, Kraft- und Formwechsel, jene Vorgänge, ohne die es keinen Zellaufbau und Abbau gibt.

Die ihre Regelung überwachenden katalytischen Systeme funktionieren tadellos nur dann, wenn auch für ihren Ersatz mit der Nahrung entsprechendes Material zur Verfügung gestellt wird; dieses muß qualitativ wie quantitativ ausreichend sein, wenn Störungen vermieden werden sollen.

Mit der Erkenntnis aber, daß die Qualität der Nahrung die Entwicklung des wachsenden Organismus, seine Erhaltung, seine Leistungs- und Widerstandsfähigkeit entscheidend beeinflussen kann, wird die Ernährung ein gesundheitspolitisches Problem, an dem die Staatsführung im höchsten Maße Anteil nehmen muß. Seine sachgemäße Lösung ist die Voraussetzung für einen vollen Erfolg aller anderen das Ziel höchster Volksgesundheit verfolgenden Maßnahmen. Die Zahl der Probleme, die eine ihren Zweck erfüllende Ernährungslehre zu berücksichtigen hat, ist beängstigend groß. Die wichtigsten konnten mehr oder minder ausführlich dargestellt, einige angedeutet werden, wieder andere mußten, wenn ein gewisser Rahmen des Ganzen gewahrt bleiben sollte, unbesprochen bleiben.

Der Leser, der das Buch durchblättert, wird sich bald davon überzeugen, daß neben der theoretischen die praktische Seite der Ernährungsfrage genügend betont wurde. Vieles ist in dieser Form, als Teil eines umfassenden Versuches, überhaupt noch nicht zur Darstellung gekommen.

Wir möchten glauben, daß das neue Werk den Biologen ebenso wie den Arzt, für den es in erster Linie geschrieben ist, anspricht, sich aber darüber hinaus an den Hygieniker und schließlich an alle diejenigen wendet, die mit Ernährungsfragen zu tun haben.

Den Forschern, die ihr ganzes Können in den Dienst des Werkes gestellt haben, sei ebenso gedankt, wie dem Verlag für seine tatkräftige Hilfe.

München, im Januar 1939.

Wilhelm Stepp.

---

[1] In deutscher Übersetzung erschienen im Verlag von Urban & Schwarzenberg, Berlin, 1928.

Inhaltsverzeichnis.

B. Pathologie und Therapie der Ernährungskrankheiten.

C. Ernährung als gesundheitspolitisches Problem.
Von Professor Dr. O. FLÖSSNER, Berlin.

D. Gesundheitliche Ernährungslenkung.
Von Professor Dr. FRANZ G. M. WIRZ, München.

A. Physiologie der Ernährung.
(Allgemeine Ernährungslehre.)

I. Nahrungsbedarf.

Von E. LEHNARTZ, Göttingen.

Mit 3 Abbildungen.

a) Die allgemeine Bedeutung der Ernährung.

Die chemische Untersuchung der lebendigen Organismen zeigt uns, daß sie aus relativ wenigen chemischen Grundstoffen bestehen. Im Gegensatz zu der geringen Zahl dieser sog. „Bioelemente" steht die Fülle der „Baustoffe", die, aus jenen zusammengesetzt, den Körper aufbauen, in mannigfachen Erscheinungsformen seine innere und äußere Struktur bedingen und für seine funktionellen Leistungen notwendig sind. Der Begriff „Baustoff" soll dabei im allgemeinsten Sinne gefaßt werden und alle die Stoffe bezeichnen, die im Körper überhaupt vorkommen. Er ist also weniger morphologisch und strukturell als vielmehr physiologisch und funktionell zu verstehen. Da Mensch und Tier anders als die Pflanze die Bausteine ihres Körpers nicht unmittelbar aus den Elementen des Bodens und der Luft unter Ausnutzung der strahlenden Energie des Sonnenlichtes aufbauen können, sind sie zur Erhaltung ihres Daseins auf die Aufnahme und Verarbeitung einer ausreichenden Nahrung angewiesen. Manche der Bausteine des Körpers sind in der Nahrung schon in einer ohne weiteres verwendbaren Form enthalten, andere müssen durch die Vorgänge der Verdauung erst auf ihre Verwendung im Körper vorbereitet werden. Die Notwendigkeit dazu besteht deshalb, weil die hochmolekularen Bestandteile der Nahrung wegen der Größe ihrer Moleküle durch die Darmwand nicht hindurchtreten können und weil sie überdies in ihrem feineren Aufbau eine weitgehende Spezifität haben, die mit der ebenfalls spezifischen Struktur der gleichartigen Bestandteile des sie aufnehmenden Organismus nicht übereinstimmt. Die bei den Verdauungsvorgängen durch fermentative Spaltungen entstehenden Bruchstücke sind niedermolekular und resorbierbar, und sie haben einen unspezifischen Bau. Der Organismus kann aus diesen Bruchstücken die spezifischen Bausteine seiner Substanz zusammenfügen.

Schon seit langem ist bekannt, daß der größte Teil der Körperbausteine drei Gruppen von chemischen Stoffen angehört, den Kohlehydraten, den Eiweißkörpern und den Fetten bzw. den Lipoiden. Wir wissen auch, daß Angehörige der gleichen Körperklassen die Hauptbestandteile unserer Nahrung sind. Ebenso zählt es längst zum Besitzstande unseres Wissens, daß die Nahrung neben diesen auch noch andere Bestandteile enthalten muß, die als Bausteine im Körper verwendet werden: das Wasser und verschiedene anorganische Salze.

Die oben genannten organischen Bausteine bilden die Grundlage der morphologischen Struktur der Zellen. Wir wissen, daß deren Membran und inneres Strukturgerüst aus Eiweiß- und aus Lipoidstoffen aufgebaut sind, und wir dürfen mit großer Wahrscheinlichkeit annehmen, daß auch Kohlehydrate am morphologischen Aufbau der Zellstruktur beteiligt sind; denn es stellt sich mehr und mehr heraus, daß sich zwar Eiweißkörper, Kohlehydrate und Lipoide in freier Form im Körper vorfinden, daß es daneben aber komplexartige Verbindungen zwischen ihnen gibt, die sicherlich für den strukturellen Aufbau und für das funktionelle Verhalten der Zellen nicht gleichgültig sind.

Aus den älteren Erkenntnissen der Ernährungslehre folgt unmittelbar, daß neben diesen hauptsächlichen organischen Baustoffen auch Mineralstoffe und Wasser für die Funktion der Zelle eine unentbehrliche Rolle spielen. Es ist weiterhin schon lange bekannt, daß die Zellen in den Fermenten spezifisch gebaute Inhaltsstoffe besitzen, mit deren Hilfe sie die mannigfachen Stoffumwandlungen und -umsetzungen vollziehen, die die Grundlage des Lebens sind. Es ist eine wichtige Frage, wie weit zum Aufbau dieser Zellwirkstoffe und wieweit weiterhin zum Aufbau derjenigen Wirkstoffe, die im Körper in den Organen der inneren Sekretion gebildet werden, der Hormone also, die Zufuhr bestimmter Bausteine von spezifischem Bau mit der Nahrung erforderlich ist.

Seitdem man versucht hat, Tiere durch alleinige Zufuhr der bisher genannten Nahrungsstoffe, also der Eiweißkörper, der Fette, der Kohlehydrate, der Salze und des Wassers zu ernähren, hat man zunehmend erkannt, daß eine vollwertige Nahrung auch noch andere Stoffe enthalten muß. Man bezeichnete sie als Vitamine; aber der Mechanismus ihrer Wirkung blieb zunächst noch ebenso im Dunkeln wie ihre chemische Struktur, bis es in den letzten Jahren gelang, für eine Anzahl dieser Vitamine mit der Aufklärung ihres chemischen Baues auch ihre funktionelle Einordnung in das Getriebe des Organismus zu erkennen. Es zeigte sich, daß sie Teile von Fermenten sind, also Bausteine von funktionell bedeutungsvollen Körperbestandteilen, die der Organismus selber nicht in der Lage ist herzustellen. Es ergibt sich somit, daß eine vollwertige Nahrung eine große Zahl von Stoffen enthalten muß, aus denen der Körper entweder direkt oder nach einer Reihe von Umwandlungen alle diejenigen Stoffe aufbaut, aus denen sein strukturelles Gefüge besteht. Daneben müssen mit der Nahrung aber auch die Substanzen zugeführt werden, aus denen der Körper die funktionellen Einrichtungen aufbaut, durch deren Wirkung auf der Grundlage dieses strukturellen Gefüges die Stoffumsetzungen sich abspielen können, an die die Erhaltung des Lebens gebunden ist. Es ist selbstverständlich, daß das Fehlen oder zu geringe Angebot eines dieser notwendigen Zellbausteine in der Nahrung zu allerschwersten Störungen führen muß.

Dies ist die eine wichtige Seite des Ernährungsproblems. Die andere beschäftigt sich weniger mit dem Bau der in der Nahrung enthaltenen Stoffe als vielmehr mit der Energie, die aus ihnen bei ihrem Abbau — innerhalb oder außerhalb des Körpers — freigesetzt werden kann. Diese Energiefreisetzung, die im Organismus, solange er lebt, vor sich geht, ist eines der charakteristischsten Merkmale des Lebens. Sie äußert sich erstens in der Fähigkeit zur Leistung äußerer Arbeit, zweitens aber auch darin, daß ein Teil der aus den Körperbausteinen bei ihrem Abbau freigesetzten Energie nicht in Arbeit umgesetzt wird, sondern als Wärme erscheint. Diese Wärmebildung ist keineswegs, wie es bei rein physikalischer Betrachtung erscheinen könnte, als ein Verlust von Energie anzusehen, die Erhaltung des Lebens und die Fähigkeit der Zellen zu fermentativen Leistungen sind vielmehr an die Aufrechterhaltung einer bestimmten Körpertemperatur gebunden. Ja, es ist zu betonen, daß ein großer Teil des Stoffumsatzes und damit der Energiebildung im ruhenden oder nur geringe Arbeit leistenden Organismus dem Zwecke der Wärmebildung dient. Mit zunehmender Arbeitsleistung steigt natürlich der Energiebedarf und ein immer größer werdender Anteil der Gesamtenergieumsetzung dient nunmehr der

Leistung äußerer Arbeit. Somit ergibt sich, daß einer der wesentlichsten Gesichtspunkte bei der Untersuchung des Stoffwechsels und damit auch der Ernährung der energetische sein muß. Er hat lange Zeit die gesamte Ernährungsforschung beherrscht, und alle Probleme, die die Ernährung überhaupt stellte, wurden ausschließlich oder doch weit überwiegend von energetischen Gesichtspunkten aus gesehen. Dieser Teil der Ernährungsforschung beschäftigt sich also mit der Ermittelung der Größe des Stoffumsatzes bei Körperruhe und der durch Arbeitsleistungen bedingten Steigerungen. Damit ergibt sich ohne weiteres die Aufgabe, den Energiegehalt der Nahrungsmittel zu ermitteln und seine Ausnutzbarkeit im Körper zu bestimmen, um den Umfang der den Energiebedarf deckenden Nahrungszufuhr berechnen zu können. Wenn auch diese energetischen Betrachtungen zunächst im Vordergrund der meisten Untersuchungen über die Ernährung gestanden haben, so hatten sie doch immerhin schon zu der Erkenntnis geführt, daß mindestens *ein* Stoff in jeder Nahrung in einer ausreichenden Menge vorhanden sein muß, dessen Bedeutung über seine Funktion als Energieträger hinausgeht: das Eiweiß. Eiweißfreie oder eiweißarme Ernährung führt nach kürzerer oder längerer Zeit zu Störungen der Entwicklung, des Wachstums, der Leistungsfähigkeit und des körperlichen Wohlbefindens.

Seitdem es eine Wissenschaft von der Ernährung gibt, d. h. seit etwa 100 Jahren, hat man mehr und mehr zu unterscheiden gelernt, welche Stoffe eine Nahrung notwendigerweise enthalten muß und welche in dem Sinne als entbehrlich anzusehen sind, daß sie durch andere ersetzt werden können. So ist es mehr und mehr gelungen, die energetische von der funktionellen Bedeutung der einzelnen Nahrungsstoffe zu unterscheiden. Freilich sind naturgemäß die Fragestellungen bei derartigen Untersuchungen einem erheblichen Wechsel unterworfen gewesen. Die Erfahrungen, die das Menschengeschlecht über die Nahrungsaufnahme und -verarbeitung und ihre Rückwirkung auf die Leistungsfähigkeit des Körpers bewußt oder unbewußt während seines Daseins gemacht hat, sind von Generation zu Generation weitergereicht worden und haben naturgemäß den Ausgangspunkt aller Forschungen gebildet. Gerade derartige Erfahrungstatsachen haben sich immer wieder als fruchtbare Grundlagen bei den Untersuchungen über die einzelnen Faktoren einer in jeder Hinsicht ausreichenden Ernährung erwiesen.

Wie immer in der Geschichte der Wissenschaften ist auch in derjenigen von der Ernährung der Fortschritt immer weitgehend durch eine Verbesserung der Methodik bedingt gewesen. Kurz- oder langdauernde Ernährungsversuche an Menschen oder an ausgewachsenen Tieren haben zunächst vor allen Dingen die grundlegenden energetischen Fragen der Ernährung aber auch die Frage nach der Höhe der unbedingt notwendigen Eiweißzufuhr weitgehend geklärt. Aber erst groß angelegte Tierversuche, und zwar vor allem am wachsenden Tier, Versuche, die oft über mehrere Generationen ausgedehnt werden mußten, haben uns gerade in der letzten Zeit über die lebenswichtige Bedeutung einer großen Reihe organischer und anorganischer Nahrungsfaktoren bekannter Natur aufgeklärt, und sie haben weiterhin zur Auffindung vieler bis dahin völlig unbekannter Nahrungsstoffe, in erster Linie der Vitamine, geführt.

Gewiß sind nicht alle über die Wirkung bestimmter Ernährungsformen auf Versuchstiere gemachte Erfahrungen ohne weiteres auf die menschliche Ernährungslehre zu übertragen, da bei jeder Tierart besondere Verhältnisse vorliegen, die einen unmittelbaren Vergleich erschweren müssen. Aber einzig und allein der Tierversuch gibt uns wegen der raschen Folge der Generationen die Möglichkeit, in relativ kurzer Zeit und unter streng vergleichbaren experimentellen Bedingungen verschiedene Ernährungsformen hinreichend lange, sogar über mehrere Generationen, zu prüfen und auszuwerten. Wenn eine solche Auswertung

mit der notwendigen Kritik vorgenommen wird, so werden sich immer — auch
aus Versuchen an einer einzelnen Tierart — die für alle Lebewesen grundsätzlich wichtigen und gültigen Tatsachen erkennen lassen.

Die Durchführung solcher Ernährungsversuche stößt oft auf die größten
Schwierigkeiten. Wenn man die Bedeutung irgendeines Faktors der Ernährung
mit absoluter Sicherheit erkennen will, so ist es notwendig, eine Nahrung zusam-
menzustellen, in der lediglich dieser eine zu prüfende Faktor fehlt, die aber alle
übrigen notwendigen Bestandteile enthält. Diese Forderung ist oft sehr schwer
zu erfüllen, aber durch solche Versuche ist eine immer größer werdende Zahl von
Bestandteilen der Nahrung als notwendig erkannt worden. Es ist jedoch einleuchtend, daß auch gerade aus diesem Grunde die Ergebnisse vieler mühevoller
Untersuchungen oft schon nach ganz kurzer Zeit ihren Wert verlieren können,
weil sehr oft zur Zeit ihrer Durchführung irgendein Faktor der Ernährung noch
nicht bekannt war und seine Bedeutung daher übersehen werden mußte. Oft
ist es auch außerordentlich schwierig, einer Nahrung bestimmte Bestandteile,
deren Wirkung untersucht werden soll, mit Sicherheit vollständig oder bis auf
belanglose Reste zu entziehen. Schließlich ist bei der Auswertung von Ernährungs-
versuchen entscheidend wichtig, welches Kriterium man für die Feststellung
ihres Ausfalles wählt. Gewiß ist die seit langem übliche Verfolgung der Gewichtskurve in sehr vielen Fällen ausreichend, um die Wichtigkeit eines bestimmten
Bestandteils der Nahrung zu ermitteln. Oft auch zeigt das Verhalten oder
die äußere Erscheinung der Tiere, ob eine Nahrung vollwertig gewesen ist oder
nicht. Vielfach wird aber von einem ausgewachsenen Tier eine unterwertige
Nahrung zunächst ohne jeden Schaden ertragen, weil manche Stoffe, die nur in
sehr geringen Mengen zugeführt zu werden brauchen, im Körper in ausreichendem
Maße gespeichert werden können. Dann zeigen sich aber die durch unzureichende
Ernährung bedingten Schäden vielleicht in einer Herabminderung der Fortpflanzungsfähigkeit oder, wie schon oben angedeutet wurde, darin, daß nicht
die Versuchstiere selber, sondern erst ihre Jungen, ja vielleicht sogar erst die
Nachkommen späterer Generationen sich als minderwertig erweisen. Seitdem
durch die bekannten Versuche von McCollum und Simmonds bewiesen wurde,
daß Nährschäden auch erst in späteren Generationen manifest werden können,
sind ähnliche Beobachtungen hinsichtlich vieler Nahrungsbestandteile immer
wieder gemacht worden.

Gerade solche Versuche über die unheilvollen Folgen, die eine unzureichende
Ernährung der Mutter für spätere Generationen haben kann, zeigen nach-
drücklichst, welche zwingende Verpflichtung eine jede Generation hat, durch
eine gute Ernährung nicht nur sich selber sondern vor allem auch ihre Kinder
und Kindeskinder vor vermeidbaren Schäden zu schützen. Dazu kommt,
daß auch eine unzureichende Ernährung während des Kindesalters im ganzen
späteren Leben ihre Spuren hinterlassen kann. Die Sicherung einer zureichenden
Ernährung der werdenden und stillenden Mutter, des Säuglings und des Kleinkindes ist somit die allerdringlichste Aufgabe, die der Gesundheitsführung eines
Volkes gestellt ist; denn Fehler, die in diesem Zeitraum begangen wurden,
können nie wieder gutzumachende Schäden zur Folge haben.

Es ist leider eine viel zu wenig bekannte Tatsache, daß in nahezu allen
Ländern der Erde die Nahrung in bezug auf gewisse wichtige Bestandteile
unvollständig ist. Die Folgeerscheinungen dieser Unvollständigkeit können sehr
mannigfaltige sein. Neben den in ihrer Ätiologie ohne weiteres klaren Avitaminosen und hypovitaminotischen Zuständen treten andere Nährschäden auf, als
deren besonders sinnfällige Folgen uns chronische Ermüdbarkeit, schlechter
Funktionszustand der Haut, mangelhafte Gewichtszunahme und erhöhte Anfälligkeit für Infektionskrankheiten begegnen. Es ist ziemlich sicher, daß die

Schwere vieler Epidemien häufig weniger auf einer besonderen Virulenz des betreffenden Krankheitserregers als vielmehr auf einem durch unzureichende Ernährung bedingten mangelnden Widerstand der Bevölkerung gegen die Infektion beruht. Der körperliche Zustand eines großen, vielleicht des größten Teils der Menschheit ist noch weit von einer wünschenswerten Norm entfernt. Diese Feststellung gilt ganz gleichmäßig für „reiche" wie für „arme" Völker.

In jüngster Zeit sind in einer Veröffentlichung des Völkerbundes [Sér. de Publ. (1)] von einem zur Untersuchung der Ernährungsfragen eingesetzten Ausschuß von Physiologen eine große Reihe von Beispielen aus den verschiedensten Ländern der Erde zusammengetragen worden, die diesen Tatbestand auf das deutlichste unterstreichen. So wurde festgestellt, daß in den Vereinigten Staaten selbst zu einer Zeit hoher wirtschaftlicher Blüte (im Jahre 1928/29) die Mehrzahl der Familien des Landes in irgendeiner Beziehung unterernährt war. Englische Untersuchungen haben ergeben (ORR), daß bei einer Aufteilung der Bevölkerung auf 6 Einkommensstufen in der untersten dieser Stufen, die etwa 10% der Bevölkerung ausmacht, die Nahrung in bezug auf *alle* Bestandteile unzureichend ist. Weitere zwei Gruppen, die im ganzen 40% der Bevölkerung ausmachen, weisen in ihrer Ernährung einen Mangel an Eiweiß oder an Vitaminen oder an Mineralstoffen auf, so daß im ganzen mindestens die Hälfte des Volkes mangelhaft ernährt war. 1931 hatten bei einer Untersuchung in Londoner Schulen 67—88% aller 5jährigen Kinder Knochenveränderungen, 67—82% vergrößerte Mandeln oder sonstige Pharynxaffektionen und 88—93% wiesen schlecht entwickelte Zähne auf. Es ist gar kein Zweifel daran möglich, daß die Mehrzahl der beobachteten Störungen auf schlechte Ernährungsverhältnisse zurückgeführt werden muß.

Was sich durch relativ geringfügige Änderung der Ernährung erreichen läßt, geht aus Beobachtungen hervor, die an einer englischen „public school" gemacht wurden, in der über einen Zeitraum von mehreren Jahrzehnten die Ernährungsverhältnisse genau verfolgt wurden. Von einem bestimmten Zeitpunkte an wurde der Milchverbrauch gesteigert und die pflanzliche Margarine durch Butter ersetzt. Es stieg daraufhin die Körpergröße der 11jährigen Kinder, die in den Jahren unvollständiger Ernährung durchschnittlich 138,9 cm betragen hatte, auf 140,5 cm an. Für 15jährige waren die entsprechenden Größen 159,7 cm gegen 162,5 cm. Zur gleichen Zeit wurden die Knochenbrüche bei Unfällen und die rheumatischen Erkrankungen sehr viel seltener. In den Kriegs- und Nachkriegsjahren wurde in den verschiedensten Ländern ein Aufflackern der Tuberkulosesterblichkeit beobachtet, die mit Zeiten karger Ernährung direkt im Zusammenhang stand und die denn auch bei Rückkehr normaler Ernährungsbedingungen wieder auf die vorher ermittelten niedrigen Werte zurückging.

Diese wenigen Beispiele, die ohne Mühe vermehrt werden könnten, reden eine deutliche Sprache; sie führen zu der Forderung, daß eine optimale Nahrung so zusammengesetzt sein muß, daß sie jedem Individuum volle Entwicklung und maximale Leistungsfähigkeit gewährleistet und gleichzeitig seinen Widerstand gegen Erkrankungen erhöht. Die neueren Erkenntnisse der Ernährungswissenschaft geben uns die Gewißheit, daß diese Forderung erfüllbar ist, und sie zeigen uns als die höchste Aufgabe der Gesundheits- und Ernährungsführung eines Volkes die Nutzbarmachung dieser wissenschaftlichen Erkenntnisse im Dienste der Volksernährung.

b) Die Nährstoffe.

Alle Bestandteile des Körpers stammen, wie wir schon gesehen haben, ausschließlich aus der aufgenommenen Nahrung, gleichgültig, ob sie in der zugeführten Form ohne weiteres verwertet werden können oder ob sie zu diesem Zwecke erst umgeformt werden müssen. Entwicklung, Bestand, Fortpflanzungsfähigkeit und Funktionstüchtigkeit des Körpers hängen also von der Aufnahme bestimmter *Nährstoffe* ab. Dabei soll die Bezeichnung „Nährstoffe" alle jene chemisch definierten Nahrungsbestandteile umfassen, mit denen der Organismus die oben genannten Aufgaben erfüllen kann. Es muß schon hier mit allem Nachdruck betont werden, daß reine Nährstoffe nur in außerordentlich seltenen Fällen Bestandteile unserer Nahrung sind. Vielleicht ist diese Bezeichnung in voller Strenge lediglich auf den Rohrzucker anzuwenden. Selbst das Wasser enthält meist Salze, wenn auch nur in ganz geringen Mengen und auch im Kochsalz, das den Speisen zugesetzt wird, kommen immer auch Spuren von anderen mineralischen Stoffen vor. Unsere Nahrung besteht also überwiegend aus Bestandteilen, die in sich keineswegs einheitlich sind; wir bezeichnen sie als *Nahrungsmittel*. Ein Beispiel mag den Unterschied erläutern. Mehl ist ein Nahrungsmittel, als Hauptnährstoff enthält es die Stärke; daneben aber auch, je nach dem Ausmahlungsgrad in wechselnden Mengen, Eiweißkörper, Salze und Vitamine. Gerade diese Tatsache, daß wir mit der Nahrung niemals reine Nährstoffe, sondern — in den Nahrungsmitteln — Nährstoffgemische aufnehmen, ist für die gesamte Ernährung höchst bedeutungsvoll; denn sehr häufig enthalten die Nahrungsmittel ein für die Ernährung überaus günstiges Nährstoffgemisch (s. S. 11, Tabelle 1).

Überblickt man die Ergebnisse aller Ernährungsversuche an Mensch und Tier, so kommt man zu dem Schluß, daß sich die in einer ausreichenden Nahrung enthaltenen Nährstoffe funktionell in zwei Gruppen einordnen lassen: sie sind entweder *Energieträger* (energy bearing food; aliments énérgétiques) oder *Schutzstoffe* (protective food; aliments protecteurs). Zu den Energieträgern der Nahrung zählt man die Eiweißkörper, die Kohlehydrate und die Fette, zu den Schutzstoffen die Vitamine, die Mineralstoffe und das Wasser. Jedoch muß hier schon betont werden, daß die Eiweißstoffe eine doppelte Funktion haben, indem sie sowohl als Energieträger wie als Schutzstoffe dienen. Nach neueren Erkenntnissen gilt für einige Bestandteile der Fette das gleiche.

Die Einteilung der Nährstoffe in Energieträger und Schutzstoffe ergibt sich zwanglos aus den Aufgaben, die sie im Rahmen des Stoffumsatzes und des Stoffansatzes zu erfüllen haben. Der Stoffwechsel dient grundsätzlich zwei Aufgaben, erstens dem Aufbau und der Erhaltung der Körpersubstanz und zweitens der Unterhaltung des Energieumsatzes und damit des Körperbetriebes und der Arbeitsleistung. Man hat daher im Rahmen des Stoffwechsels den *Baustoffwechsel* vom *Betriebsstoffwechsel* zu unterscheiden. Der Betriebsstoffwechsel dient der Energielieferung für die Erhaltung der Körpertemperatur und für die Leistung der inneren und äußeren Arbeit des Körpers. Diese Energie wird durch hydrolytische und oxydative fermentative Spaltungen der oben genannten Energieträger der Nahrung gewonnen.

Beim sich entwickelnden und beim wachsenden Organismus steht der Baustoffwechsel mehr oder weniger im Vordergrund. Gewiß werden zum Aufbau der Körpersubstanzen und -strukturen auch Baustoffe verwandt, die wir bei einer Betrachtung von der Seite der Ernährung her als Energieträger ansehen müssen, etwa die Eiweißkörper und manche Lipoide, aber die Möglichkeit der Ausnutzung ihres Energiegehaltes tritt — es sei denn, sie werden in einer Menge aufgenommen, die ihren tatsächlichen Bedarf weit überschreitet — durchaus hinter ihrer Bedeutung für den Aufbau der Körpersubstanz zurück. Auch im wachsenden Organismus spielt der Baustoffwechsel eine sehr wichtige Rolle. Die unaufhörliche Beanspruchung aller Körperstrukturen bei der Durchführung ihrer spezifischen Funktionen ist mit einer Abnutzung der durch sie beanspruchten chemischen Bausteine des Organismus verbunden. Die neueste Entwicklung der Fermentchemie hat uns gelehrt, in den Fermenten spezifisch gebaute Eiweißkörper zu sehen, die teils als solche, teils nach Vereinigung mit einem ebenfalls spezifischen Co-Ferment die ihnen eigentümlichen katalytischen Leistungen vollziehen. Es ist nicht abwegig, anzunehmen, daß die Fermenteiweiße durch ihre immerwährende funktionelle Beanspruchung Veränderungen im Sinne einer Denaturierung erfahren, so daß sie dann zu ihren funktionellen Leistungen nicht mehr fähig sind. Sie fallen daher dem Abbau anheim und damit erklärt sich mindestens zum Teil die von RUBNER als Abnutzungsquote (s. S. 25) bezeichnete lebensnotwendige Eiweißzufuhr. Das Eiweiß ist also, soweit es zum Ersatz der Abnutzungsquote dient, den Schutzstoffen zuzurechnen. Sobald es zu seinen besonderen funktionellen Leistungen nicht mehr fähig ist, geht es in den Betriebsstoffwechsel über und wird zum Energieträger.

Mit der hier berührten doppelten funktionellen Aufgabe der Nährstoffe hat man sich schon beschäftigt, ehe man die prinzipielle Scheidung in Energieträger und Schutzstoffe der Nahrung durchgeführt hatte. So spricht AARON bereits 1918 vom „Sondernährwert", später GRAFE (7) von den „Sonderaufgaben" der Nährstoffe. Eine derartige Bezeichnung führt aber begrifflich nicht die nötige Klarheit herbei, ja sie läßt fast im Sinne der früheren Auffassungen die energetische Bedeutung der Nährstoffe als die wichtigere erscheinen.

Das oben angeführte Beispiel der Fermente zeigt uns die Bedeutung der Schutzstoffe noch in einem anderen Sinne. Auch die Co-Fermente werden durch die Tätigkeit, die sie auszuführen haben und die mit einem steten Wechsel ihrer Struktur verbunden ist, nach kürzerer oder längerer Zeit abgenutzt, auch sie müssen daher ersetzt werden. Da einige der Vitamine in den letzten Jahren als Co-Fermente erkannt worden sind, leuchtet die Notwendigkeit ihrer Zufuhr ohne weiteres ein. Wieweit zwischen den Hormonen, der zweiten Gruppe der körpereigenen Wirkstoffe, und den Vitaminen ähnliche Beziehungen bestehen, ist heute noch nicht zu übersehen.

Die Funktion der Zellen und ihres Fermentapparates ist an gewisse Voraussetzungen geknüpft. Ein bestimmter Wasser- und Salzgehalt sowie eine geeignete Salzmischung in den Zellen haben den richtigen Zustand der Zellkolloide, in erster Linie der Eiweißkörper — darunter auch der Fermenteiweiße — der Lipoide und der Nucleinstoffe in den Zellkernen zu gewährleisten. Mit vollem Recht sind daher alle an der Erhaltung der steten Funktionsbereitschaft der Teile und der Gesamtheit des Organismus mitwirkenden Nahrungsstoffe als Schutzstoffe zu bezeichnen. Ihre Schutzwirkung kommt dabei in sehr mannigfacher Weise zum Ausdruck. Die verschiedenen mit der Fermentwirkung in Zusammenhang stehenden Faktoren sind schon oben berührt worden. Darüber hinaus sind aber auch alle die Nahrungsbestandteile Schutzstoffe, die die makroskopischen und mikroskopischen Strukturen des Körpers aufbauen, ausgenommen natürlich die Reservestoffe, wie Neutralfette oder Glykogen, die in Depots eingelagert werden. Zu diesen Schutzstoffen gehören in erster Linie die Mineralstoffe, die die Knochen und die Zähne aufbauen. Wenn auch ein zu geringes Angebot an verschiedenen Vitaminen zu Störungen der Entwicklung und des Baues von Knochen und Zähnen führt, so können ähnliche Störungen auch durch eine zu geringe Zufuhr an Kalksalzen und an Phosphaten bewirkt werden. Deshalb gehören diese Mineralstoffe zu den wichtigsten Schutzstoffen des Körpers. Für andere mineralische Bestandteile der Nahrung, wie etwa für das Eisen und das Magnesium, gilt ähnliches (s. S. 99f.).

Die Nahrung muß stets eine für die Deckung des jeweiligen Energiebedarfs ausreichende Menge von Energieträgern, also von Kohlehydraten und von Fetten, enthalten. Als Energieträger werden auch die Eiweißstoffe verwandt; trotzdem ist ihre funktionelle Bedeutung als Schutzstoffe wesentlich größer, da sie in dieser

Hinsicht nicht durch andere Nährstoffe ersetzbar sind. Die Feststellung, daß die Eiweißkörper außer als Energieträger auch als Schutzstoffe dienen müssen, läßt es als notwendig erscheinen, auch die Frage nach der Lebenswichtigkeit und -notwendigkeit der übrigen Energieträger der Nahrung anzuschneiden. Für die allgemeine lebenswichtige Bedeutung der Kohlehydrate spricht die Feststellung, daß jeder Organismus in seinem Blute einen Gehalt an Traubenzucker aufrecht erhält, der beim Menschen und den höheren Wirbeltieren nur wenig von 0,1% abweicht. Steigerungen auf Werte von über 0,16% bedingen eine Zuckerausscheidung durch die Nieren, Senkungen unter 0,04—0,03% führen zu den von der Insulinbehandlung der Zuckerkrankheit her bekannten Erscheinungen des hypoglykämischen Shocks. Gewiß kann durch die Verknüpfungen, die zwischen dem intermediären Stoffwechsel der verschiedenen Energieträger bestehen, auch aus den Eiweißkörpern Traubenzucker entstehen. Das beweisen uns z. B. die Stoffwechselvorgänge bei der Zuckerkrankheit. Ob auch aus Fett Zucker entsteht, ist eine immer noch nicht endgültig entschiedene Frage, trotzdem manche Beobachtungen in diese Richtung deuten. Daß aber beim kohlehydratfrei oder -arm ernährten Organismus eine solche intermediäre Zuckerbildung aus den anderen Nährstoffen nicht ausreicht, das Gleichgewicht der intermediären Vorgänge im Stoffwechsel zu erhalten, beweist uns das Auftreten der Ketonkörper im Blute unter diesen Ernährungsbedingungen. Wir wissen, daß die Kohlehydrate oder ihre Abbauprodukte — in einer immer noch nicht bekannten Weise — mit dem Abbau der Fettsäuren verknüpft sind, so daß sie antiketogen wirken. Wenn beim Menschen nicht mindestens 10% der gesamten Nahrungszufuhr aus Kohlehydraten besteht, wird die Oxydation der Fettsäuren unvollständig, und es tritt die Ketosis auf.

Auch die ernährungsphysiologische Bedeutung der Fette ist nicht auf die Energielieferung beschränkt. Wie zuerst von BURR und seinen Mitarbeitern beobachtet worden ist, sind zwei ungesättigte Fettsäuren die Linolsäure und die Linolensäure unentbehrlich. Bei völligem Fehlen der Fette in der Nahrung tritt bei Ratten eine sog. „Fettmangelkrankheit" auf, die sich in Nierenschädigungen und Störungen der Keimdrüsenfunktion äußert. Die Ausfallserscheinungen lassen sich allein durch Zugabe geringer Mengen von Linolsäure oder Linolensäure bzw. solcher Fette, die diese beiden Säuren enthalten, beseitigen.

Wieweit außer diesen beiden ungesättigten Fettsäuren auch die Lipoide lebensnotwendige Nahrungsbestandteile sind, läßt sich noch nicht übersehen. Immerhin geht aus den Versuchen von JOST hervor, daß für den Umsatz der Fette in der Leber die Anwesenheit von Phosphatiden notwendig ist. Der Organismus ist an sich zur Synthese der Phosphatide aus Neutralfetten fähig, wie sich daraus ergibt, daß z. B. regelmäßig bei und nach der Fettverdauung der Phosphatidgehalt der Darmschleimhaut aber auch der der Leber ansteigt. Ob aber auch der eine der charakteristischen Bausteine des Phosphatids Lecithin, das Cholin, im Körper aufgebaut werden kann, muß nach Versuchen von BEST und seinen Mitarbeitern zweifelhaft erscheinen. Bei Verfütterung einer cholinfreien Kost kommt es bei Ratten in der Leber zu einer starken Fettablagerung; gleichzeitig ist die Glykogenspeicherung in diesem Organ stark verringert und der Bestand des übrigen Körpers an Fetten erheblich vermindert; außerdem erfahren die Tiere eine beträchtliche Gewichtsabnahme. Zusatz kleiner Mengen von Cholin zur Kost beseitigt alle diese Störungen.

Zu den Schutzstoffen zählen, wie schon betont, in erster Linie die Vitamine. Sicherlich gibt es noch eine ganze Anzahl von Nährstoffen, die der Organismus nicht selbst synthetisieren kann, für die also die Notwendigkeit der Zufuhr mit der Nahrung besteht; sie sind heute noch nicht erkannt, werden aber sicherlich eines Tages die Zahl der Vitamine noch weiter vergrößern. So haben erst kürzlich

v. EULER und seine Mitarbeiter gezeigt, daß auch die Co-Zymase Vitamin-charakter hat. Sie ist lange als „Co-Ferment" der alkoholischen Gärung bekannt; in jüngster Zeit ist dann gefunden worden, daß sie auch für die Durchführung vieler der komplizierten Oxydo-Reduktionen beim Abbau der Kohlehydrate im Tierkörper unentbehrlich ist (v. EULER). Der Tierkörper kann sie nicht synthetisieren, daher muß sie nach der gültigen Definition, trotzdem sie nicht als solches aufgefunden wurde, als ein Vitamin bezeichnet werden.

Fernerhin gehören zu den Schutzstoffen, wie schon erwähnt, das Wasser und die Salze. Die unentbehrlichen anorganischen Elemente, die die Nahrung unbedingt enthalten muß, sind nach unseren heutigen Kenntnissen: Kalium, Natrium, Calcium, Magnesium, Eisen, Kupfer, Mangan, Aluminium, Silicium, Phosphor, Schwefel, Chlor, Jod und Fluor. Ob auch Arsen, Brom und Zink lebensnotwendig sind, ist noch nicht mit Sicherheit entschieden. Jedenfalls ist es möglich gewesen, Tiere sehr lange Zeit mit Nährstoffgemischen zu füttern, die diese Elemente nicht oder nur in Spuren enthalten. Ein Teil der anorganischen Stoffe wird dem Körper in Form der anorganischen Salze zugeführt, ein anderer in den Salzen organischer Säuren. Das gilt in erster Linie für das Calcium (s. S. 74). Ein dritter Teil endlich der anorganischen Elemente ist in organi-sche Nährstoffe eingebaut, wie etwa der Schwefel als Baustein der Eiweiß-körper und der Phosphor, der außer als anorganisches Phosphat in sehr ver-schiedenen organischen Verbindungen als o-Phosphorsäure zugeführt wird.

Vor langer Zeit hat JUSTUS VON LIEBIG erkannt, daß Wachstum und Ent-wicklung der Pflanzen bestimmt werden durch denjenigen ihrer Nährstoffe, der im Verhältnis zu dem bestehenden Bedarf in minimaler Menge im Boden vorhanden ist, dessen Aufnahme also nicht durch die Bedürfnisse der Pflanze, sondern durch das Angebot bestimmt wird. THOMAS (2) hat dann späterhin ausgeführt, daß ein derartiges *„Gesetz des Minimums"* auch für den Nährstoff-bedarf des Menschen und der Tiere besteht. Nimmt man eine ausreichende Zufuhr an Energieträgern mit der Nahrung an, so muß jeder der übrigen unentbehr-lichen Nährstoffe in einer bestimmten minimalen Menge vorhanden sein, wenn ein Organismus leistungsfähig sein soll. Bleibt auch nur einer dieser Stoffe unter dem für ihn charakteristischen Minimum, so versagt früher oder später die Leistungsfähigkeit des Körpers. Selbstverständlich gilt natürlich das Gesetz des Minimums auch für die Zufuhr der Energieträger.

Es ist unbestritten, daß dieses Gesetz des Minimums einen richtigen Kern hat, aber die von ihm umschriebenen Bedingungen müssen als Grenzbedingungen angesehen werden. Ein Organismus, dem ein oder mehrere Nährstoffe nur in den für die Erhaltung seines Bestandes und seiner verschiedenen Funktionen gerade ausreichenden Mengen zugeführt werden, wird zwar seine Leistungen unter den gewohnten Bedingungen durchaus erfüllen können. Sobald aber an ihn durch eine außerordentliche Beanspruchung, sei es durch äußere Arbeitsleistung, sei es durch Krankheitsprozesse, erhöhte Anforderungen gestellt werden, muß es zu einem Versagen seiner Arbeitsfähigkeit oder seines Widerstandes kommen. Daher hat die moderne Ernährungslehre an Stelle der minimalen Zufuhr an lebens-notwendigen Nährstoffen ihre *optimale Zufuhr* gefordert, weil nur durch sie ein hinreichender Schutz gegen Herabsetzungen der Leistungsfähigkeit gewährt ist.

Eine derartige Forderung nach optimaler Zufuhr gilt ganz besonders für die verschiedenen Schutzstoffe. Soweit die Eiweißkörper als Schutzstoffe auf-gefaßt werden müssen, ist man sich dieser ihrer Bedeutung schon länger klar gewesen. Wegen der schon oben besprochenen funktionellen Abnutzung, daneben auch durch den Eiweißverlust mit den Drüsensekreten, durch die Abschilferung der Haut, das Wachstum der Haare und der Nägel müssen sie selbst dem hungern-den Organismus immer in einer minimalen Menge zugeführt werden. Aber diese

minimale Menge reicht schon nicht mehr aus, den Verlust zu decken, wenn der
Organismus die aufgenommene Nahrung zu verarbeiten hat (s. S. 25). Immerhin
läßt sich der unvermeidliche Eiweißverlust durch eine tägliche Eiweißzufuhr von
etwa 20 g ausgleichen. Dabei ist es allerdings nicht gleichgültig, welcher Art
das zugeführte Eiweiß ist. Die Eiweißkörper sind in ganz verschiedenem Umfange befähigt, das Gleichgewicht des Eiweißstoffwechsels zu erhalten. Man
spricht von ihrer *„biologischen Wertigkeit“*. Eiweiß hat eine um so höhere biologische Wertigkeit je kleiner die Mengen sind, mit denen der Organismus seinen
Bedarf decken kann (s. S. 55). Wie sehr aber eine minimale Zufuhr auch an
biologisch hochwertigem Eiweiß davon entfernt ist, eine optimale Zufuhr zu
sein, geht klar aus einem langdauernden Selbstversuch hervor, den einer der
eifrigsten Verfechter einer eiweißarmen Ernährung angestellt hat. ROESE
war bei einem derartigen Kostregime, das hauptsächlich aus Milch und Kartoffeln,
daneben aus kleinen Mengen von Gemüse und Früchten, sowie aus Fett, Zucker
und Stärke als Energieträgern bestand, sehr wohl in der Lage, erhebliche körperliche Leistungen zu vollbringen, aber gelegentliche, ganz belanglose Erkältungskrankheiten während der Dauer des Versuches führten zu deutlichen Zeichen
einer Erschütterung seines Stoffwechselgleichgewichts.

Fassen wir die Beobachtungen über die so verschiedenartigen Wirkungen
der Nährstoffe im Stoffwechsel zusammen, so ergibt sich sehr klar, daß die
oben getroffene — aus mancherlei Gründen gerechtfertigte und zweckmäßige — Einteilung der Nährstoffe in Schutzstoffe und Energieträger keineswegs ganz zwanglos durchzuführen ist. Es ist verständlich, daß die energetische
Seite der Ernährungsfrage die ganze Ernährungsforschung lange Zeit beherrscht
hat, ihre Erforschung ist eben relativ leicht und in relativ kurz dauernden
Versuchen nach quantitativen Gesichtspunkten durchzuführen. Die Erkennung
der Schutzstoffunktion der Nährstoffe dagegen ergibt sich häufig erst aus sehr
lang dauernden Untersuchungsreihen und dann meist aus dem biologischen Verhalten der Tiere. Diese lassen sich sehr selten quantitativ erfassen. Wenn man bei
den meisten früheren Untersuchungen über den Energiewechsel der Organismen
die besondere Bedeutung vieler Nährstoffe als Schutzstoffe nicht erkannt hat,
so lag das an der kurzen Dauer vieler Versuchsreihen oder aber daran, daß
die gewählte Kostform eben nicht allein aus den Energieträgern bestand
sondern auch Schutzstoffe in ausreichendem Maße enthielt. Ganz sicherlich
sind die eigentlichen Schutzstoffe, die Vitamine, die Mineralstoffe und das
Wasser für den Energiehaushalt direkt ganz bedeutungslos, aber ebenso sicher
kommt den Energieträgern neben der Energielieferung für die Aufrechterhaltung des Körperbetriebes sehr häufig in ausgesprochenem Maße auch noch eine
Bedeutung als Schutzstoffe zu. Wir sehen das besonders bei den Eiweißkörpern,
aber auch die Fette und die Kohlehydrate, die klassischen Energieträger der
Nahrung, sind davon nicht ausgenommen.

Wenn wir davon ausgehen, daß der energetische Teil des Stoffwechsels
nur ablaufen kann, wenn der morphologische und der funktionelle Zustand
des Körpers dies gestattet, so ergibt sich zwangsläufig die Folgerung, daß die
optimale Zufuhr aller Schutzstoffe, die diesen Zustand erhalten, die Grundlage
einer jeden Ernährung sein muß. Die Wichtigkeit dieser Forderung wird dadurch
auf das Deutlichste unterstrichen, daß, wenn die Analyse der Kostformen bei
den verschiedensten Völkern eine Unterwertigkeit ergibt, diese sehr viel häufiger
die Schutzstoffe betrifft als die Energieträger. Das ist durchaus verständlich,
da das auftretende Hungergefühl den Organismus über die unzureichende
Quantität der Nahrung unterrichtet. Die mangelnde Qualität seiner Nahrung
bleibt dem einzelnen dagegen meist verborgen oder wird nicht erkannt, ja sie

wird auch dem erfahrenen Untersucher oft erst nach einer eingehenden Prüfung der gesamten Ernährungslage offenbar. Da Schutzstoffe nur in seltenen Fällen der Nahrung als solche zugesetzt werden, vielmehr meist in einem Nährstoffgemisch, also in der Gesamtheit der aufgenommenen Nahrungsmittel enthalten sind, kann durch eine nach ihrem Schutzstoffgehalt zusammengestellte Nahrung meist auch schon ein nicht unerheblicher Teil der Energiezufuhr gedeckt werden. Es ist dann relativ leicht, das noch bestehende energetische Defizit durch eine Zulage an ausgesprochenen Energieträgern, also an Kohlehydraten und an Fetten, auszugleichen. Geht man dagegen den umgekehrten Weg und beurteilt die Zusammensetzung einer optimalen Nahrung primär in Hinblick auf die notwendige Energiezufuhr, so wird es oft nur schwer möglich sein, das dann bestehende Defizit an Schutzstoffen in ausreichendem Maße zu beseitigen. Ein derartiger Mangel braucht durchaus nicht immer sogleich manifest zu werden, er zeigt sich aber dann, wenn an die körperliche Leistungsfähigkeit und an die Widerstandskraft des Organismus besondere Anforderungen gestellt werden. Man hat z.B. auf arktischen Forschungsreisen die Beobachtung gemacht, daß bei einer energetisch sehr reichlichen und für alle Teilnehmer gleichmäßigen Ernährung diejenigen am frühesten an Skorbut erkrankten, die die schwerste körperliche Arbeit zu leisten hatten.

Es wird damit die Frage nach dem Schutzstoffgehalt unserer Nahrungsmittel zu der Kardinalfrage der Ernährungslehre. Die Antwort auf sie ist denkbar einfach. Unter allen für die Volksernährung bedeutungsvollen Nahrungsmitteln

Tabelle 1. Nährwert verschiedener Nahrungsmittel [Völkerbundskommission (2)].

Nahrungsmittel	Als Energieträger besonders wertvoll	Biologisch hochwertiges Eiweiß	Mineralstoffe	Vitamin			
				A	B	C	D
Milch		++	+++	+	+	+ø	+ø
Käse		++	++	+	+	—	—
Eier	+	++	++	+	++	—	++
Leber	+	++	++	+	++	—	+
Fette Fische (Heringe usw.)	+	+		+	+	—	++
Grüne Gemüse (Salat)		+	+++	+	+	++	—
Rohes Obst, Fruchtsäfte			+++	+*	+	++	—
Butter	+	—	—	+	—	—	+ø
Dorschlebertran		—	—	+++	—	—	+++
Hefe		+	+	—	++	—	—
Fleisch (Muskel)		+	×	—	+	×	—
Wurzeln, Knollen				+*	+	+	—
Gemüse (trockene Erbsen, Linsen)				—	+	—	—
Vollkornbort	+	+	×	×	+	—	—
Weißbrot	+		—	—	—	—	—
Geschälter Reis	+		—	—	—	—	—
Nüsse	+	×		—	++	—	—
Zucker, Kompott, Honig	+			—	—	—	—
Margarine, Olivenöl und andere pflanzliche Fette				—	—	—	—

Erklärung der Zeichen in den Spalten betreffend die Schutzstoffe:

+++ sehr viel, ++ viel, + vorhanden, × kleine Mengen oder Spuren, — fehlt, ø im Sommer, wenn das Vieh auf der Weide geht, +* vorhanden, wenn die Nahrungsmittel gelb gefärbt sind.

nimmt weitaus den ersten Platz ein die Milch. Es folgen dann das Fleisch die Eier, Gemüse, Käse, Kartoffeln und Obst. Die Ergänzung durch Energieträger kann dann durch die verschiedenen Zerealien, in erster Linie das Brot, durch Zucker und durch Fett erfolgen. Der „*Nährwert*" eines Nahrungsmittels ist demnach nicht allein oder auch nur in erster Linie durch seinen Energiegehalt bestimmt, sondern in sehr viel höherem Maße durch seinen Gehalt an Schutzstoffen, er läßt sich also nur durch eine eingehende Analyse, die sich auf den Bestand an allen Nährstoffen zu erstrecken hat, erkennen. Die Tabelle 1 faßt die für unsere Ernährung bedeutungsvollsten Nahrungsmittel nach ihrem in dieser Weise ermittelten Nährwert zusammen. Die Angaben sind rein qualitativer Art, sie sollen lediglich zum Ausdruck bringen, in welcher Beziehung der Nährwert der angeführten Nahrungsmittel besonders bedeutungsvoll ist. Das schließt nicht aus, daß sie auch noch andere Funktionen haben können; diese treten dann aber an Bedeutung zurück. Es sind daher an späterer Stelle diese qualitativen Angaben nach der quantitativen Seite hin zu ergänzen (s. Tabelle 15 u. 16, S. 30 u. 31).

c) Der Energiebedarf.

1. Der Grundumsatz.

Eine der wichtigsten Aufgaben der Ernährungsforschung ist die Feststellung des Bedarfs, den ein ruhender Organismus an den verschiedenen Nährstoffen hat, und der Steigerung des Bedarfes, die durch die Leistung äußerer Arbeit bedingt ist. Diese Aufgabe kann, wie schon ausgeführt wurde, für die verschiedenen Schutzstoffe nur durch — oft sehr langwierige — Fütterungsversuche gelöst werden. Für die Feststellung des Energiebedarfs liegen die Verhältnisse viel günstiger. Die verschiedenen Energieträger der Nahrung und der Körpersubstanz werden unter Verminderung ihres Gehaltes an freier Energie verbrannt. Dabei ist nach BARON und POLANYI die Änderung der freien Energie sehr annähernd gleich der Wärmetönung der entsprechenden Reaktion, so daß sich die Beurteilung des Energieumsatzes auf die Ermittelung der Wärmebildung im Körper gründen kann. Es ist das große Verdienst RUBNERs (4), den exakten Beweis dafür erbracht zu haben, daß, wie für die unbelebte Welt, so auch für den Organismus, das Gesetz von der Erhaltung der Energie Gültigkeit hat, so daß es möglich ist, für den Energieumsatz des Körpers Bilanzen aufzustellen, denen die bekannten oder zu ermittelnden Verbrennungswärmen der Energieträger der Nahrung zugrunde liegen. Bei den Verbrennungen im Körper entstehen aus den Fetten und den Kohlehydraten die gleichen Endprodukte wie außerhalb des Körpers. Die Eiweißstoffe liefern daneben aber als typische Endprodukte ihres biologischen Abbaues Harnstoff und andere unvollständig oxydierte Produkte, die noch einen gewissen Energiegehalt haben. Es kann daher für das Eiweiß die bei seiner Verbrennung im Körper auftretende Wärme nicht so groß sein wie die bei der physikalischen Verbrennung entstehende. Auch bei den Kohlehydraten und den Fetten bestehen geringe, aber belanglose Unterschiede zwischen den physikalischen und den physiologischen Verbrennungswärmen. Den im Organismus ausnutzbaren Teil des Energiegehaltes der Energieträger der Nahrung hat man auch als ihren „*Nutzwert*" bezeichnet. In der Tabelle 2 sind die für die physikalischen Verbrennungswärmen und die Nutzwerte der Eiweißkörper, Kohlehydrate und Fette gefundenen Zahlen zusammengestellt.

Die Grundlage für die Bestimmung des Energiebedarfs eines Organismus ist die Ermittelung des Energieumsatzes im völlig ruhenden, nüchternen Organismus. Man bezeichnet diesen Umsatz als den *Grundumsatz* (Ruheumsatz, Erhaltungsumsatz). Er wird bestimmt 12—18 Stunden nach der letzten Nahrungs-

aufnahme, bei absoluter Körperruhe, die am besten schon einige Zeit vor
der Bestimmung eingehalten wird, und bei völliger geistiger Entspannung.
Die Körpertemperatur soll normal sein und die Umgebungstemperatur 20°
betragen.

Die Untersuchung vieler Menschen hat ergeben, daß die Höhe des Grundumsatzes von einer Reihe von Faktoren abhängig ist, von denen als besonders
wichtig erkannt wurden Körpergröße und -gewicht, Alter und Geschlecht der
Versuchspersonen. Eine annähernde Vorstellung von der Höhe des Grundumsatzes vermittelt die Angabe, daß er pro kg Körpergewicht und Stunde
etwa 1 cal betragen soll. Für einen Menschen von 70 kg Gewicht würde
das etwa 1700 cal bedeuten. Jedoch ist eine solche Angabe nur als eine sehr
grobe Annäherung zu betrach-
ten, da bei Berechnung des
Grundumsatzes auf die Einheit
des Körpergewichtes bei verschiedenen Personen keineswegs
identische Werte erhalten werden. Es ist daher verständlich, daß man versucht hat,
den Grundumsatz auf andere

Tabelle 2.

	Physikalische Verbrennungswärme	Nutzwert
	in cal	
Fette	9,5	9,4
Kohlehydrate[1] . .	4,2	4,1
Eiweiß	5,7	4,1

einfach zu bestimmende Körpermaße als Einheit zu beziehen. RUBNER (2)
hat als erster in systematischen Untersuchungen an den verschiedensten
Tieren die Eignung der Körperoberfläche als Bezugseinheit erwiesen. Er
fand, daß beim Menschen und nahezu allen untersuchten Säugetieren die
tägliche Wärmeproduktion unter den Bedingungen des Grundumsatzes nur
ziemlich wenig von 1000 cal pro qm Oberfläche abweicht. Unter der Oberfläche des Körpers wird dabei nur die äußere, von Epidermis bedeckte Fläche
verstanden, die innere Oberfläche des Luft- und des Verdauungsweges bleibt
unberücksichtigt. Die Proportionalität zwischen Oberfläche und Wärmebildung
beruht nicht, wie man ursprünglich annahm, ausschließlich auf der Wärmeabgabe durch die Oberfläche. Denn die Energieproduktion wird auch bei
Außentemperaturen nicht kleiner, bei denen die Wärmeabgabe physikalisch
gar nicht nötig wäre, ja sie kann unter diesen Bedingungen sogar noch größer
werden. Es ist am einfachsten anzunehmen, daß die Körperoberfläche als der
beste Ausdruck für die Gesamtheit der aktiv tätigen Gewebsmasse des Körpers
anzusehen ist.

Da die experimentelle Bestimmung der Oberfläche außerordentlich schwierig
ist, hat man versucht, aus einer größeren Reihe von Körpermaßen und Ober-
flächenbestimmungen an normalen Menschen, Formeln für die Berechnung
der Körperoberfläche abzuleiten. Nach DuBois und DuBois gilt die folgende
Beziehung:

$$\text{Oberfläche in qm} = \text{Gewicht in kg}^{0,425} \cdot \text{Länge in cm}^{0,725} \cdot 0,007184.$$

Die nach dieser Formel berechneten Oberflächenwerte liegen dem in Abb. 1
wiedergegebenen Nomogramm zugrunde. Die Verbindungslinie des Gewichtes
mit der Länge schneidet die „Leiter" für das Körpergewicht bei dem diesen
Maßen entsprechenden Wert. Nach BREITMANN läßt sich die DuBoissche Formel
durch die folgende einfachere ersetzen:

$$\text{Oberfläche} = 0,0087 \, (\text{Länge} + \text{Gewicht}) + 0,26.$$

---

[1] Die Werte von 4,2 und 4,1 cal gelten nur für Polysaccharide (Stärke, Glykogen).
Für Monosaccharide und Diasaccharide ergeben sich etwas niedrigere Zahlen. Doch spielt
die Stärke für die Ernährung die weitaus größere Rolle.

Die nach dieser Formel berechneten Werte weichen höchstens um 0,07 von den aus Abb. 1 ermittelten ab.

Außer von der Oberfläche ist aber der Grundumsatz auch noch vom Alter und vom Geschlecht abhängig, so daß man die Körperoberfläche mit einem für jedes Alter und Geschlecht charakteristischen Faktor multiplizieren muß. Die Tabelle 3 gibt die neuesten Werte von Boothby und Mitarbeitern für diese Faktoren wieder.

Die mit Hilfe der Abb. 1 und der Tabelle 3 ermittelten Grundumsatzwerte sind also Sollwerte, die als Mittel zahlreicher Bestimmungen an normalen Menschen nach statistischem Ausgleich errechnet wurden. Ihre Brauchbarkeit kann daher nur durch Beobachtungen, d. h. durch direkte oder indirekte Bestimmung des tatsächlich bestehenden Grundumsatzes (s. weiter unten) bewiesen werden. Bei einer Nachprüfung der Du Boisschen Oberflächenformel kamen Boothby und Sandiford zu dem Ergebnis, daß bei 104 gesunden Menschen 64% der gefundenen Werte um ± 5% vom Sollwert abweichen, 93% liegen ± 10% von ihm entfernt und niemals überstiegen die Abweichungen ± 15%. Da es außerordentlich

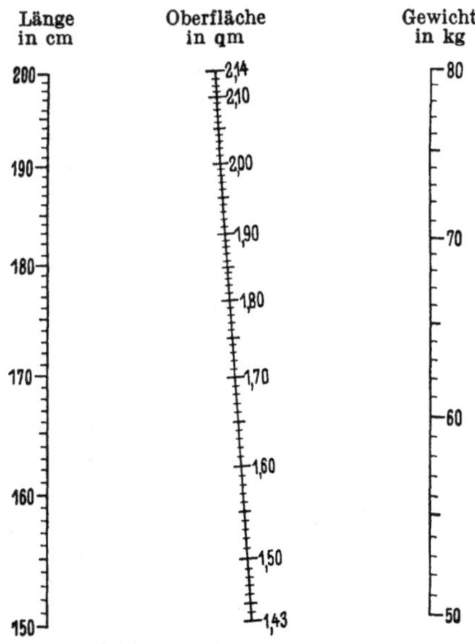

Abb. 1. Nomogramm zur Ermittelung der Körperoberfläche aus Größe und Gewicht nach Du Bois. (Aus Rein: Physiologie.)

wichtig ist, in jedem Einzelfall neben der Abweichung vom Sollwerte auch die Wahrscheinlichkeit dafür zu kennen, wie oft dieser Wert unter normalen

Tabelle 3. Sollwerte für die Wärmebildung pro qm und Stunde nach Boothby, Berkson und Dunn.

Männer				Frauen			
Alter	cal/qm/Std.	Alter	cal/qm/Std.	Alter	cal/qm/Std.	Alter	cal/qm/Std.
6	53,00	18½	42,70	6	50,62	15	40,10
7	52,45	19	42,32	6½	50,23	15½	39,40
8	51,78	19½	42,00	7	49,12	16	38,85
8½	51,20	20—21	41,43	7½	47,84	16½	38,30
9	50,54	22—23	40,82	8	47,00	17	37,82
9½	49,42	24—27	40,24	8½	46,50	17½	37,40
10	48,50	28—29	39,81	9—10	45,90	18—19	36,74
10½	47,71	30—34	39,34	11	45,26	20—24	36,18
11	47,18	35—39	38,68	11½	44,80	25—44	35,70
12	46,75	40—44	38,00	12	44,28	45—49	34,94
13—15	46,35	45—49	37,37	12½	43,58	50—54	33,96
16	45,72	50—54	36,73	13	42,90	55—59	33,18
16½	45,30	55—59	36,10	13½	42,10	60—64	32,61
17	44,80	60—64	35,48	14	41,45	65—69	32,30
17½	44,03	65—69	34,80[1]	14½	40,74		
18	43,25						

Bedingungen vorkommt, ist in Abb. 2 ein Nomogramm nach Boothby und Sandiford wiedergegeben, aus dem sich diese Wahrscheinlichkeit, sowie die Abweichung vom Sollwert bequem ablesen läßt.

---

[1] extrapoliert. — Das Alter ist vom letzten Geburtstag an zu rechnen.

Auf einem anderen Wege sind Harris und Benedict zu Formeln für die Voraussage der Sollwerte des Grundumsatzes gekommen. Durch statistische Bearbeitung der Untersuchungen an 136 Männern und 103 Frauen wurden die folgenden Formeln gewonnen:

$$\text{Grundumsatz}_{\text{Männer}} = 66{,}4730 + 13{,}7516 \cdot G + 5{,}00334 \cdot H - 6{,}77550 \cdot A,$$

$$\text{Grundumsatz}_{\text{Frauen}} = 655{,}0955 + 9{,}5634 \cdot G + 1{,}8496 \cdot H - 4{,}6756 \cdot A,$$

wobei G das Gewicht in kg, H die Länge in cm und A das Alter in Jahren bedeuten. Aus diesen Formeln wurden Tabellen errechnet, aus denen für Männer und Frauen für jedes Alter und Gewicht der zu erwartende Grundumsatz entnommen werden kann. Ihres Umfanges wegen können sie hier nicht wiedergegeben werden [s. z. B. Grafe (2) und Knipping und Rona].

Krogh hat mit Recht betont, daß der Du-Boisschen Formel eine

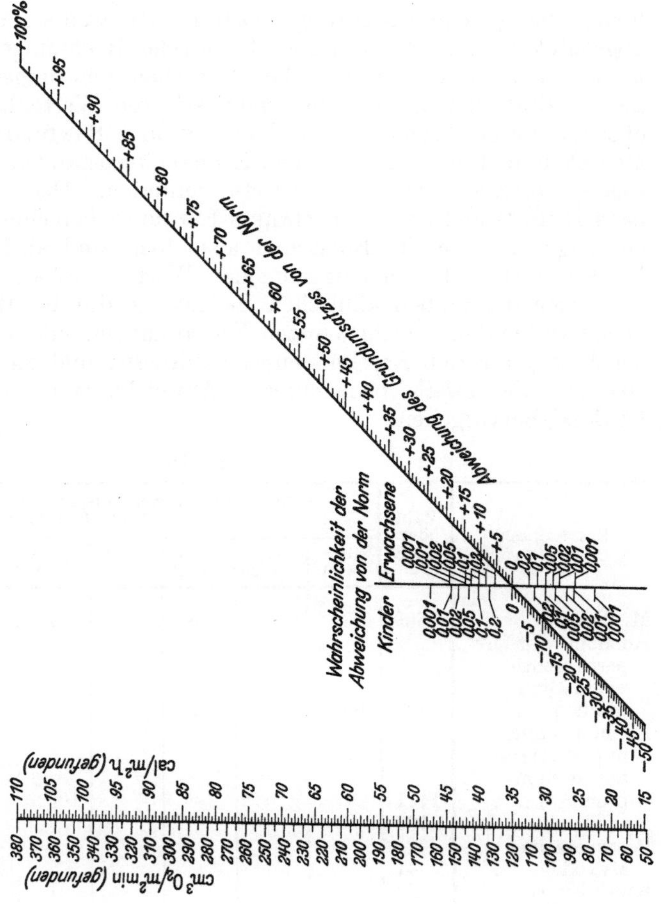

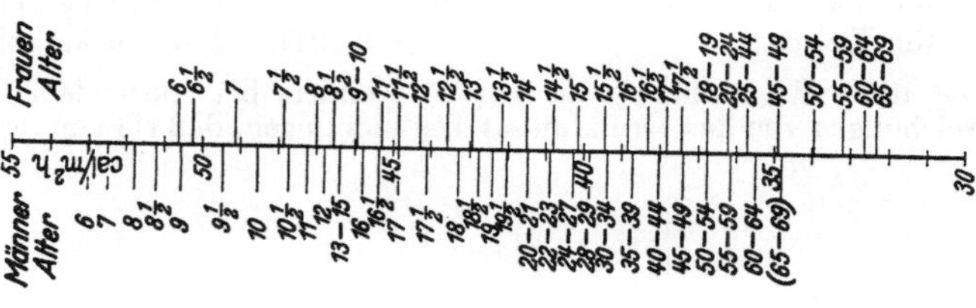

Abb. 2. Nomogramm zur Ermittelung der Abweichung des beobachteten Grundumsatzes von der berechneten Norm. — Man verbindet den gefundenen Grundumsatz mit dem Alter und kann dann auf der schrägen Linie die Abweichung des Grundumsatzes von der Norm ablesen. Ferner läßt sich auf der kurzen Senkrechten die Wahrscheinlichkeit ablesen, mit der ein derartiger Wert beim normalen Individuum erwartet werden kann. 0,02 bedeutet, daß das bei 100 normalen Menschen zweimal der Fall ist. Als Erwachsene gelten Menschen ab 20 Jahren. Bei Berechnung des Alters wird der letzte Geburtstag zugrunde gelegt.

höhere biologische Bedeutung beizulegen ist, weil sie aus biologischen Größen abgeleitet ist und nicht durch statistische Rechnungen ermittelt wurde. Es ist daher zu erwarten, daß bei Menschen von ungewöhnlichem Körperbau die DuBoisschen Zahlen die zuverlässigeren Werte liefern. In ihrer bereits obenerwähnten Arbeit haben BOOTHBY und SANDIFORD außer an gesunden Menschen auch bei verschiedenen Krankheitszuständen, im ganzen bei 455 Personen, normale Grundumsatzwerte gefunden. Der Vergleich zwischen den nach DuBois und den nach HARRIS-BENEDICT berechneten Werten fällt durchaus zugunsten der DuBoisschen aus, doch sind auch die aus den HARRIS-BENEDICTschen Tafeln entnommenen Werte durchaus brauchbar.

Wegen der großen klinischen Bedeutung, die der Bestimmung des Grundumsatzes bei den verschiedensten Erkrankungen zukommt, ist in der Tabelle 4 ein Auszug aus den Ergebnissen von BOOTHBY und SANDIFORD wiedergegeben, aus der die jeweils beobachteten Abweichungen von den Standardwerten DuBois' hervorgehen.

Tabelle 4.

Erkrankung	Zahl der Fälle	Prozentische Abweichungen des Grundumsatzes von den DuBoisschen Sollwerten								
		über + 20	+ 16 − + 20	+ 11 − + 20	+ 11 − + 15	+ 10 − − 10	− 11 − − 15	− 11 − − 20	− 16 − − 20	unter − 20
M. Basedow . . .	2569	93		5		2				
Adenom mit hyperthyreotischen Symptomen	1425	68		32						
Adenom ohne hyperthyreotische Symptome	1111					100				
Myxödem	102							20		80
Postoperatives Myxödem . . .	41							46		54
Kretinismus . . .	28					21		32		47
Maligne Struma .	45	22		9		67				2
Fettsucht	94		1,1		4,5	80,7	6,4		3,2	1,1
Asthenie	36				8,3	77,8	11,2		2,7	
Endocarditis. . .	56	10,6	1,8		5,4	80,4	1,8			
Epilepsie	22					77,3	9.1		4,6	9,1
Akromegalie . . .	30	20,7	10		13,3	43,4	3,3			3,3
Unterfunktion der Hypophyse . .	58	3,4	3,4		5,2	34,5	15,5		25,9	12,1
M. Addison . . .	13	7,7				69,2	7,7			15,4
Lymphatische und myeloische Leukämie . . .	16	87,5			6,3	6,3				
Diabetes	68	5,9	5,9			52,9	7,3		10,3	17,7
Normalwerte . .	127		0,7		4,0	92,1	3,2			

Außer den hier näher besprochenen Berechnungen des Grundumsatzes nach DuBois sowie nach HARRIS-BENEDICT sind zur Ermittelung des Sollwertes zahlreiche andere Vorschläge gemacht worden. Von diesen soll hier nur, weil sie wegen ihrer Einfachheit bei klinischen Untersuchungen öfters angewandt worden ist, nur noch die READsche Formel erwähnt werden, durch die der Grundumsatz aus Blutdruck und Pulszahl errechnet wird. In ihrer neuen Form nach READ und BARNETT lautet sie

für Männer: cal/qm und Stunde = 0,0055 × Blutdruckamplitude × Pulszahl + 24,
für Frauen: = 0,0047 × Blutdruckamplitude × Pulszahl + 23.

Die ältere READsche Formel ergab besonders bei anormalem Grundumsatz so hohe Abweichungen von den Grundumsatzbestimmungen, daß sie von der Mehrzahl der Nachuntersucher abgelehnt wurde. Über die neuen Formeln liegen noch keine weiteren Erfahrungen vor, doch sollten auch bei ihnen nach READ und BARNETT größere Abweichungen von den ermittelten Grundumsatzwerten vorkommen.

Der Energieumsatz im Körper kommt erstens in seiner Wärmebildung, zweitens in der Menge des Sauerstoffs, die bei den Verbrennungen verbraucht wird, und in der Menge des Kohlendioxyds, die bei ihnen entsteht, zum Ausdruck. Es muß daher prinzipiell möglich sein, den Grundumsatz auf zwei verschiedenen Wegen experimentell zu bestimmen. Der erste dieser Wege ist die direkte Bestimmung der von einem Organismus tatsächlich abgegebenen Wärmemenge in dazu geeigneten Calorimetern. Man bezeichnet dieses Verfahren als die *direkte Calorimetrie*. Der zweite Weg ist die Bestimmung der Sauerstoffaufnahme und der Kohlensäureabgabe und die Errechnung der Wärmebildung aus dem Gaswechsel. Dies ist die *indirekte Calorimetrie*. Auf die zur Durchführung der direkten und der indirekten Calorimetrie ausgebildeten Apparate kann hier nicht eingegangen werden, es sei auf die ihrer Besprechung gewidmeten methodischen Werke hingewiesen (ABDERHALDEN; LOEWY).

Da die Durchführung der direkten Calorimetrie an große Calorimeteranlagen gebunden ist, kommt sie für praktische Zwecke im allgemeinen nicht in Betracht. Die indirekte Calorimetrie ist wesentlich einfacher durchzuführen und wird daher fast ausschließlich angewandt, so daß ihre Grundlagen und Ergebnisse etwas näher besprochen werden sollen. Für die Verbrennung jedes der drei Hauptenergieträger der Nahrung hat das Volumverhältnis des abgegebenen Kohlendioxyds zum aufgenommenen Sauerstoff, also der Quotient CO_2/O_2, der als *Respiratorischer Quotient* (R. Q.) bezeichnet wird, eine ganz bestimmte Größe. Für Kohlehydrate beträgt er 1,0, für Fette 0,707 und für Eiweißkörper 0,8. Der mittlere R. Q. des Menschen bei normaler gemischter Kost liegt gewöhnlich bei 0,85. Daraus ergibt sich, daß im Stoffwechsel des gesunden Menschen immer ein Gemisch der verschiedenen Energieträger verbrennt. In welcher Menge die einzelnen Energieträger jedoch jeweils verbrennen, läßt sich aus dem R. Q. allein nicht entnehmen. Sobald man aber neben dem R. Q. die umgesetzten Gasmengen und den Eiweißumsatz kennt, läßt sich der gesamte Energieumsatz und seine Verteilung auf die einzelnen Energieträger sehr genau berechnen.

In der Tabelle 5 ist angegeben, wie groß Sauerstoffverbrauch und Kohlensäurebildung bei der Verbrennung von 1 g Fett, Eiweiß oder Kohlehydrat sind. Ferner gibt die Tabelle an die Nutzwerte und den R. Q. Aus dem Gaswechsel und dem Nutzwert läßt sich dann auch der in den beiden letzten Spalten angegebene calorische Wert für 1 l Sauerstoff bzw. Kohlensäure bei der Verbrennung der drei Energieträger errechnen.

Tabelle 5.

Es verbrennt	Sauerstoff-verbrauch ccm	Kohlensäure-bildung ccm	R. Q.	Wärmebildung in cal	cal für	
					1 l O_2	1 l CO_2
Eiweiß . .	966,3	773,9	0,801	4,316	4,485	5,567
Fett . . .	2019,3	1427,3	0,707	9,461	4,686	6,629
Stärke . .	828,8	828,8	1,000	4,182	5,047	5,047

Der calorische Wert der beiden Gase ist also von der Natur der verbrennenden Stoffe abhängig, er läßt sich somit zu den R. Q.-Werten in Beziehung setzen, sodaß man aus dem R. Q. und dem Gaswechsel den Umsatz errechnen kann. Bei ganz exakten Versuchen ist dazu noch eine Korrektur für den Eiweißumsatz nötig. Da Eiweißstoffe im Durchschnitt einen N-Gehalt von 16% haben, so ergibt sich der Eiweißumsatz durch Multiplikation der N-Ausscheidung mit 6,25. Mit Hilfe der Tabelle 5 kann man dann die auf den Eiweißumsatz entfallende Wärmebildung, Sauerstoffaufnahme und Kohlensäurebildung berechnen. Der dann verbleibende Sauerstoff- und Kohlensäurerest rührt von der Fett- und Kohlehydratverbrennung her; es ergibt sich damit der „Nicht-Eiweiß-R.Q." Aus der Abb. 3 [nach Lusk (1)], die die Abhängigkeit der calorischen Werte des Sauerstoffs und der Kohlensäure vom R.Q. darstellt, läßt sich für jeden R.Q.-Wert der zugehörige calorische Wert der beiden Gase ablesen.

In den meisten Fällen kann man aber von der Bestimmung und der Berücksichtigung des Eiweißumsatzes absehen, da er im allgemeinen nur etwa 15% des Gesamtmsatzes ausmacht. Bei Vernachlässigung des Eiweißumsatzes liegt der calorische Wert für den gesamten Sauerstoffverbrauch nur um etwa 0,03 cal niedriger als die Werte, die sich aus Abb. 3 ergeben. Da sich der Sauerstoffverbrauch experimentell viel leichter bestimmen läßt als die Kohlensäurebildung und der calorische Wert des Sauerstoffes außerdem für Fett und für Kohlehydrat viel weniger verschieden ist als der der Kohlensäure, begnügt man sich meist mit einer Bestimmung des Sauerstoffs und macht für die Berechnung die — bei normaler Ernährungs- und Stoffwechsellage berechtigte — Annahme, daß der R.Q. 0,85 beträgt. Man hat dann, um den Gesamtumsatz zu erhalten, lediglich den Sauerstoffverbrauch in Litern mit 4,86 zu multiplizieren.

Folgendes Beispiel zeigt, wieweit die bei den verschiedenen Berechnungsarten erhaltenen Werte voneinander abweichen können.

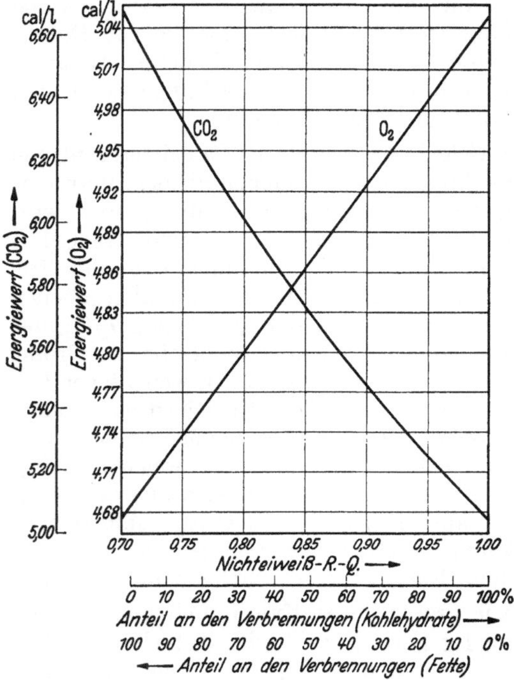

Abb. 3. Calorischer Wert für O₂ und CO₂ bei verschiedenen R.Q.-Werten.

Bei einem hungernden Menschen bestand ein Eiweißumsatz von 73,4 g; der Sauerstoffverbrauch war 380,2 l, die Kohlensäurebildung 299,8 l, der R.Q. also 0,79. Es wurde durch direkte Calorimetrie ein Grundumsatz von 1765 cal bestimmt. Die Berechnung unter Berücksichtigung des Eiweißumsatzes und des R.Q. von 0,79 ergibt 1797 cal. Berücksichtigt man ebenfalls den Eiweißumsatz, rechnet aber mit einem R.Q. von 0,85, so erhält man 1817 cal und legt man schließlich nur den Sauerstoffverbrauch und einen R.Q. von 0,85 zugrunde, so ergeben sich 1848 cal.

Abweichungen des Grundumsatzes von den Sollwerten sind keineswegs selten; im allgemeinen wird man Schwankungen von ± 10% noch als normal ansehen.

2. Der Gesamtumsatz.

Die bei der Bestimmung des Grundumsatzes ermittelte Wärmebildung entspricht dem Energieumsatz, der beim völlig ruhenden, nüchternen Menschen besteht. Jede Inanspruchnahme seiner Leistungsfähigkeit, insbesondere jede körperliche Arbeit führt zu einer Umsatzsteigerung. Es ergibt sich also der

Gesamtumsatz unter normalen Lebensbedingungen als die Summe von Grundumsatz und von Leistungszuwachs. Schon Nahrungsaufnahme und -verarbeitung steigern den Umsatz um etwa 15% (s. auch S. 22) und geringe körperliche Bewegungen, die keineswegs als Arbeitsleistung zu bezeichnen sind, bedingen ein weiteres Ansteigen um etwa 25%. Aus einer Untersuchungsreihe von BENEDICT und MURSCHHAUSER an einem Berufsradfahrer ergaben sich die in Tabelle 6 zusammengestellten Zahlen, die deutlich die schon mit ganz geringen körperlichen Leistungen verbundenen Umsatzsteigerungen erkennen lassen.

Wenn oben der Grundumsatz für einen 70 kg schweren Menschen zu ungefähr 1700 cal angenommen wurde, so beträgt der Gesamtumsatz

Tabelle 6.

Körperhaltung	cal/min
Liegen (Grundumsatz).	1,14
Sitzen	1,19
Stehen, lässige Haltung	1,25
Stehen, mit Anlehnen	1,18
Stehen, stramme Haltung . . .	1,30
Stehen, dabei Armschwingen (wie bei raschem Gehen) . .	3,13

und damit der Energiebedarf für einen solchen Menschen unter normalen Lebensbedingungen, also mit Nahrungsaufnahme, aber ohne die Leistung ausgesprochener körperlicher Arbeit, ungefähr 2400 cal. Jede wirkliche körperliche Leistung bringt weitere Steigerungen mit sich. Da der Nutzeffekt der Muskelarbeit im Durchschnitt etwa 20—25% beträgt und auch unter optimalen Bedingungen kaum über 35% steigt, so ist es verständlich, daß jede stärkere körperliche Anstrengung zu ganz erheblichen Steigerungen des Umsatzes führen muß. TIGERSTEDT (2) hat aus Arbeitsversuchen von ATWATER, BENEDICT und MILNER die in Tabelle 7 zusammengestellten Zahlen für den Gesamtumsatz bei verschiedenen Arbeitsleistungen errechnet. Pro

Tabelle 7.

Arbeitsgröße in mkg	Gesamtumsatz in cal
50000	3000
100000	3600
150000	4200
200000	4800

50000 mkg geleisteter Arbeit besteht also eine Umsatzsteigerung um 600 cal. Zur weiteren Erläuterung dieser Zahlen ist in der Tabelle 8 nach Versuchen von BECKER und HAMALAINEN der tatsächliche Energieumsatz zusammengestellt, der bei Angehörigen verschiedener Berufe für einen 8stündigen Arbeitstag gefunden wurde.

Untersuchungen an Angehörigen anderer Berufe hatten ähnliche Ergebnisse, so daß man feststellen muß, daß lediglich angestrengtere körperliche Arbeit, die mit der Betätigung größerer Muskelgruppen verbunden ist, zu erheblichen Steigerungen des Umsatzes führt. Arbeitsarten, die nur geringe Muskelleistungen erfordern, haben natürlich einen viel geringeren Energiebedarf. So wurde z. B. beim Maschinenschreiben nur ein Leistungszuwachs von 20—25 cal pro Stunde festgestellt (ILZHOEFER). Beim Stenographieren war der Stoffumsatz um 46% höher als im Sitzen oder

Tabelle 8.

Berufsart	Gesamtumsatz in cal
Schneider . . .	2400—2700
Buchbinder . .	2700
Schuhmacher .	2800
Metallarbeiter .	3100—3200
Maler	3200—3300
Schreiner . . .	3200—3300
Steinhauer . . .	4300—4700
Holzhauer . . .	5000—5400

beim Lesen (PESONEN). Es ist zu berücksichtigen, daß der Gesamtumsatz, der für die Erzielung einer bestimmten Arbeitsleistung aufgewandt werden muß, sehr wesentlich vom Trainingszustand abhängt. Der trainierte Organismus leistet die gleiche Arbeit mit einem viel geringeren Aufwand an Energie als der untrainierte. Dabei ist die Beobachtung wichtig, daß durch das Training eine bessere Ökonomie nur in den Muskelgruppen erreicht wird, die bei der betreffenden Arbeit in Anspruch genommen werden. Die in der Tabelle 6 angegebenen Umsatzsteigerungen beim Stehen in strammer Haltung verschwinden

z. B., nachdem dieses Stehen längere Zeit geübt worden ist (LILJESTRAND and STENSTROEM). Allerdings spielen wohl beim Absinken des Leistungszuwachses für eine bestimmte Übung, die nach einem Training eintritt, auch die bessere Koordination der Muskelbewegung und die Vermeidung unnötiger Mitbewegung anderer Muskeln eine Rolle.

Die Frage, ob bei geistiger Arbeit eine Steigerung des Umsatzes eintritt, ist vielfach untersucht worden. Im allgemeinen wurden geringe Steigerungen gefunden, sie standen aber in keinem erkennbaren Zusammenhang mit der Größe der Anstrengung. Sie werden wohl nicht auf einer Stoffwechselsteigerung des Gehirns sondern auf Änderungen der Atemmechanik und der Herztätigkeit oder auf unbewußten Bewegungen der Skeletmuskeln beruhen (LEHMANN).

Die oben angeführten Zahlen für den Gesamtumsatz stellen natürlich nur Näherungswerte dar; durch besondere Lebens- und Arbeitsbedingungen, durch Alter und Geschlecht, durch das Klima, besonders aber durch den Gesundheitszustand können sie nach oben oder unten verändert werden. Im allgemeinen läßt sich aber für verschiedene Berufsarten ein Normalbedarf angeben, der bei einer etwa 8stündigen Arbeitszeit den in Tabelle 9 angeführten Werten entspricht.

Tabelle 9. (Nach ERTEL.)

Berufsart	Energiebedarf für 24 Stunden in cal
Überwiegend sitzende Beschäftigung: Kopfarbeiter, Kaufleute, Beamte, Büroangestellte	2200—2400
Leichte Muskelarbeit: Schneider, Feinmechaniker, Setzer, Ärzte . . .	2600—2800
Mäßige Muskelarbeit: Schuhmacher, Briefträger, Laboratoriumsarbeit .	3000
Stärkere Muskelarbeit: Metallarbeiter, Maler, Tischler	3400—3600
Schwere Muskelarbeit: Maurer, Schmiede, Erdarbeiter, landwirtschaftliche Arbeiter, Sportsleute	4000—4500
Schwerste Muskelarbeit: Steinhauer, Holzhacker, landwirtschaftliche Arbeiter während der Ernte	5000

Bei schwerster Muskelarbeit kann, wie das z. B. für landwirtschaftliche Arbeiter während der Erntezeit festgestellt ist, der Bedarf sogar den hohen Wert von 5000 cal noch wesentlich übersteigen.

Frauen haben im allgemeinen neben dem niederen Grundumsatz auch einen geringeren Gesamtumsatz als Männer. Bei leichter körperlicher Arbeit beträgt der Bedarf etwa 2200—2400 cal, bei gewerblich tätigen Frauen (Verkäuferinnen, Kellnerinnen) etwa 2600—2800 cal und bei schwerer Arbeit sogar 3000 cal (ERTEL).

Eine ganz besonders wichtige Frage ist die nach dem *Energiebedarf der Kinder*, da bei ihnen der Baustoffwechsel zur Vermehrung der Körpersubstanz eine sehr große Rolle spielt und durch die dauernde spielerische Betätigung, im späteren

Tabelle 10 (nach ERTEL).

Alter Jahre	Knaben cal	Mädchen cal	Alter Jahre	Knaben cal	Mädchen cal
1	800	800	9	2100	1900
2	1000	1000	10	2300	1900
3	1100	1100	11	2600	1900
4	1300	1300	12	2600	2000
5	1500	1500	13	2600	2000
6	1600	1600	14	2800	2100
7	1600	1600	15	2800	2300
8	1800	1800	16	2800	2500

Kindesalter auch durch sportliche Leistungen ein größerer Energiebedarf erforderlich wird. Daß tatsächlich beim wachsenden Kinde ein erheblicher Nahrungsbedarf besteht, geht z. B. aus einer Untersuchung von WANG, KAUCHER und WING hervor, nach der der Gesamtenergiebedarf des Kindes etwa 1,8mal größer ist als der Grundumsatz. Die Tabelle 10 gibt eine Zusammenstellung der für Knaben und Mädchen auf verschiedenen Altersstufen wünschenswerten Energiezufuhr.

d) Die Deckung des Energiebedarfs.

Nachdem im vorigen Abschnitt die Frage nach der Höhe des Energiebedarfs für die Deckung des Grundumsatzes und zur Bestreitung des Leistungszuwachses bei verschiedenen Arbeitsleistungen erörtert worden ist, ist nunmehr zu besprechen, in welcher Weise dieser Energiebedarf befriedigt werden kann. Als Energieträger stehen uns, wie schon erwähnt, die Eiweißstoffe, Fette und Kohlehydrate zur Verfügung, so daß theoretisch die Möglichkeit besteht, jeden dieser drei Energieträger ganz oder doch vorzugsweise zu diesem Zwecke zu verwenden. In der Tat bringen es die verschiedenen Ernährungssitten und Ernährungsbedingungen der einzelnen Völker gelegentlich mit sich, daß der eine oder andere dieser Nährstoffe vorzugsweise für die Unterhaltung des Stoffwechsels herangezogen wird. Eskimos leben, wie bekannt, nahezu ausschließlich von tierischer Nahrung; bei ihnen haben also praktisch nur Eiweißstoffe und Fette als Energieträger Bedeutung. Bei den Ostasiaten ist der Reis das Volksnahrungsmittel; hier wird also der Energieumsatz im wesentlichen durch Kohlehydrate gedeckt. Unter den normalen Ernährungsbedingungen der meisten Völker enthält aber die frei gewählte Nahrung fast immer alle drei Energieträger, ohne daß der eine oder andere in so extremer Weise bevorzugt würde.

1. Das Gesetz der Isodynamie.

Eine der Grundlagen der energetischen Ernährungsforschung war die Feststellung RUBNERs (1), daß es tatsächlich vom energetischen Standpunkte aus völlig belanglos ist, durch welche Nährstoffe beim hungernden Organismus die zur Erhaltung des Energieumsatzes verbrannte Körpersubstanz — in erster Linie also die Fette — ersetzt wird, daß vielmehr die verschiedenen Energieträger der Nahrung bei ihrer Verbrennung im Körper im Verhältnis ihrer Brennwerte für einander eintreten. Es wurden z. B. in einer Versuchsreihe 100 g Fett durch 232 g Stärke oder durch 234 g Zucker oder durch 243 g trockenes Fleisch ersetzt. Legt man die in der Tabelle 2 (s. S. 13) angeführten Nutzwerte der drei Energieträger zugrunde, so wäre 1 g Fett mit 2,27 g Eiweiß oder Kohlehydrat in bezug auf den Energiegehalt äquivalent. Dieses von RUBNER aufgefundene *Gesetz der Isodynamie* der Nährstoffe ist allerdings nicht unbestritten geblieben, aber aus den vielen Nachuntersuchungen geht doch hervor, daß es bei einer Nahrungsaufnahme, die den bestehenden Energiebedarf nicht überschreitet, mit ausreichender Genauigkeit gültig ist.

Eine praktisch wichtige Frage ist die, ob auch dann, wenn intensive Muskelarbeit geleistet wird, die Isodynamie der Nährstoffe noch besteht. Nach KROGH und LINDHARD, die damit die weniger vollständigen Befunde früherer Untersucher bestätigten, ist unter diesen Bedingungen allerdings das Fett den Kohlehydraten nicht gleichwertig. Bei einer Kost, die immer die gleichen Eiweißmengen, daneben aber entweder zur Hauptsache Kohlehydrate oder überwiegend Fett enthielt, war für die gleiche Arbeitsleistung der Energieaufwand bei der Verbrennung von Fett um etwa 11 % größer als beim Umsatz von Kohlehydrat.

2. Die spezifisch-dynamische Wirkung.

Ist so auch vom energetischen Standpunkte aus die Art der Deckung des Energiebedarfs an sich gleichgültig, so muß doch an die früheren Ausführungen erinnert werden (s. S. 9), nach denen die Schutzstoffunktion der Eiweißkörper immer eine gewisse Eiweißzufuhr nötig macht, so daß ein Teil des Energiebedarfs zwangsläufig durch Eiweiß gedeckt wird. Über die Höhe dieses notwendigen Eiweißbedarfs soll erst später ausführlich berichtet werden (s. S. 25). Hier muß zunächst besprochen werden, daß der Bedarf an energieliefernden Nährstoffen nicht ohne weiteres den in Umsatzbestimmungen ermittelten Werten gleichgesetzt werden darf. Versucht man nämlich, nachdem man den Grundumsatz eines Organismus ermittelt hat, den Energieverlust des Körpers durch die Zufuhr einer Nahrungsmenge mit einem verwertbaren Energiegehalt von gleicher Größe zu decken, so ergibt sich sofort eine Umsatzsteigerung über den Grundumsatz hinaus, die mit der Zufuhr und der Verarbeitung der Nahrung in Zusammenhang steht. RUBNER (5) hat diese Wirkung der Nahrungsaufnahme, die auch vor ihm schon beobachtet worden ist, in umfassender Weise untersucht und als *spezifisch-dynamische Wirkung* (s.d.W.) bezeichnet. Das Bestehen einer s.d.W. macht es verständlich, daß die Grundumsatzbestimmung beim nüchternen Menschen, also 12—18 Stunden nach der letzten Nahrungsaufnahme, durchgeführt werden soll, erst dann ist nämlich die s.d.W. mit Sicherheit abgeklungen. Mit der s.d.W. im eigentlichen Sinne haben Stoffwechselsteigerungen nichts zu tun, die bei Zufuhr von anderen Stoffen, auch von Nährstoffen, auftreten, weil sie nicht direkt mit den energieliefernden Prozessen in Zusammenhang stehen.

Die größte s.d.W. haben die Eiweißkörper; sie ist ziemlich großen Schwankungen unterworfen, die auch bei kritischer Auswertung der Versuche noch zwischen 8 und 20% liegen, im Mittel dürfte sie aber etwa 16% ausmachen. Für Mono- und Disaccharide beträgt sie 3,5—6%, für Polysaccharide 5—9% und für Fette lediglich 2,5—4%.

Von größerer praktischer Bedeutung als das Ausmaß der s.d.W. der einzelnen, reinen Nährstoffe ist ihre Höhe bei der Aufnahme einer normalen gemischten Kost; doch liegen gerade hierüber nur sehr wenige Beobachtungen vor. Nach GRAFE (5) kann man für den gesunden, im Stoffwechselgleichgewicht befindlichen Menschen etwa mit Werten von 8—20% rechnen. Es ist fernerhin zu berücksichtigen, daß die s.d.W. außer von der Art und der Menge der aufgenommenen Nahrung auch vom Ernährungszustand abhängig ist und daß sie durch die Art der früher aufgenommenen Nahrung beeinflußt wird. Jedoch ist auch über diese praktisch so wichtigen Punkte noch kein ausreichendes Untersuchungsmaterial gesammelt, so daß eine abschließende Beurteilung nicht möglich ist. Sichergestellt ist lediglich, daß beim Unterernährten reichliche Nahrungszufuhr eine erhebliche s.d.W. zur Folge hat, die allerdings nach einigen Tagen auf sehr niedere Werte zurückgeht. Ferner liegen zahlreiche Untersuchungen über die Wirkung einer überreichlichen Ernährung, also einer Nahrungszufuhr, die den Bedarf weit überschreitet, auf den Energieumsatz vor. Sie haben übereinstimmend ergeben, daß jede starke Überernährung, ausgenommen die durch Fett erzielte, zu einer erheblichen Steigerung der Verbrennungsvorgänge führt. Es wird also bei einer derartigen Ernährung nicht etwa die gesamte den Bedarf überschießende Energiemenge — nach Abzug des der üblichen s.d.W. entsprechenden Umsatzes — im Körper in Form von Reservestoffen deponiert, sondern es geht darüber hinaus durch eine Steigerung der Verbrennungsvorgänge noch weitere Energie verloren. Man hat von einer sekundären s.d.W. gesprochen, weil sich diese Steigerung noch sehr lange Zeit nach der letzten Nahrungsaufnahme zeigen kann. Man nimmt daher zur Erklärung dieser Wirkung an, daß eine allgemeine starke

Anregung der Verbrennungsvorgänge im Körper stattgefunden hat. Daher hat GRAFE (1) diese sekundäre s.d.W. als *Luxuskonsumtion* bezeichnet. Die allgemeine Anregung des Stoffwechsels, die der Luxuskonsumtion zugrunde liegt, kann so erheblich sein, daß trotz einer ausgesprochenen Überernährung eine Steigerung des Körpergewichts nicht stattfindet, ja daß sogar Gewichtsabnahmen beobachtet werden. Die Schilddrüse spielt offenbar in der Genese der Luxuskonsumtion eine entscheidende Rolle, da diese beim Tier nach Exstirpation der Schilddrüse völlig verschwindet.

Es ist selbstverständlich, daß die Frage nach der Entstehung der s.d.W. eine ausgedehnte Bearbeitung erfahren hat. Es ist völlig unmöglich, hier auf die verschiedenen Theorien einzugehen, die zu ihrer Erklärung aufgestellt worden sind. Die Schwierigkeit des Gegenstandes geht besonders deutlich daraus hervor, daß sich der Standpunkt der gleichen Forscher gegenüber diesem Problem öfters gewandelt hat. Eine eingehende Darstellung findet man bei GRAFE (3, 4, 6), LUCK (2) und BOORSOOK. Am wichtigsten erscheint die Erklärung der s.d.W. der Eiweißstoffe, schon weil sie wesentlich größer ist als die der anderen Nährstoffe, aber auch deswegen, weil man das Schicksal der Eiweißkörper wegen der Entstehung spezifischer Stoffwechselendprodukte leichter verfolgen kann. Es erscheint heute als sichergestellt, daß der Hauptteil ihrer s.d.W. mit ihrer Desaminierung zusammenhängt. Aminosäuren haben etwa die gleiche s.d.W. wie Eiweiß. Da die Desaminierung der Aminosäuren ein oxydativer Vorgang ist und auch bei der Harnstoffsynthese nach KREBS eine Sauerstoffaufnahme stattfindet, ist wohl an der Bedeutung der gesamten mit der Desaminierung im Zusammenhang stehenden Vorgänge für die Entstehung der s.d.W. nicht zu zweifeln. Diese Theorie wird dadurch bestätigt, daß beim entleberten Tier, bei dem die Desaminierung nicht mehr möglich ist, auch die s.d.W. der Aminosäuren nicht gefunden wird (WILHELMIJ, BOLLMANN und MANN). Neben den Desaminierungen muß aber sicherlich auch die Verwertung der übrigbleibenden Kohlenstoffketten mit einer s.d.W. verbunden sein; denn sie tritt ja auch bei der Verwertung der Kohlehydrate und der Fette auf. Es ist also sehr wohl möglich, daß in ihr überhaupt die gesamten intermediären Umbau- und Abbauvorgänge des Stoffwechsels zum Ausdruck kommen.

3. Das Kostmaß und die Ausnutzung des Energiegehalts der Nahrung.

α) Das Kostmaß.

Jedes Volk hat im Laufe der Jahrhunderte und Jahrtausende, geleitet durch vielfache Erfahrungen und durch Instinkte, unter Ausnutzung der heimischen Produktionsmöglichkeiten sich die ihm eigentümlichen Ernährungsformen geschaffen. Bei einer derartigen durch irgendwelche theoretischen Erwägungen nicht beeinflußten Ernährungslage läßt sich auf statistischem Wege leicht der durchschnittliche Nahrungsbedarf eines Volkes aus den Verbrauchsziffern ermitteln. Da die große Masse eines Volkes im allgemeinen wenigstens in calorischer Hinsicht als ausreichend ernährt angesehen werden kann, lassen sich aus derartigen statistischen Berechnungen wertvolle Hinweise auf den als zweckmäßig anzusehenden Konsum an Energieträgern gewinnen. RUBNER (8) hat so den Nahrungsverbrauch der meisten Kulturvölker, im ganzen von etwa 470 Millionen Menschen, durchgerechnet und als Durchschnittsverbrauch bei einem Körpergewicht von 49 kg die in Tabelle 11 angeführten

Tabelle 11.

Verbrauch pro Tag an	Calorien-Gehalt
84 g Eiweiß . . .	344
65 g Fett	603
453 g Kohlehydrat	1860
	2807

Zahlen für den Kopf der Bevölkerung erhalten. Dabei war bemerkenswert, daß zwar das Verhältnis, in dem Fett und Kohlehydrate in der Nahrung der einzelnen Völker enthalten waren, sehr erheblich variierte, daß aber bei den verschiedenen Völkern der Eiweißgehalt der Nahrung eine bemerkenswerte Konstanz zeigte. Rein instinktmäßig wurde, berechnet für einen Menschen von 70 kg Gewicht, pro Tag eine Eiweißmenge von etwa 100 g und eine Calorienmenge von 3370 aufgenommen wurde.

In der gesamten praktischen Ernährungslehre, soweit sie vom energetischen Standpunkte aus betrieben wurde, hat lange Zeit das VOITsche *Kostmaß* eine große Rolle gespielt, und es wird auch heute noch vielfach zur Grundlage der Berechnung von Kostformen angewandt. Dieses VOITsche Kostmaß, das man also als den Normalbedarf des Menschen an Energieträgern angesehen hat, ist in Tabelle 12 angeführt.

Es ist dem von RUBNER errechneten Nahrungsverbrauch eines großen Teils der zivilisierten Welt außerordentlich ähnlich. Das nimmt nicht wunder, wenn man daran denkt, daß auch die VOITschen Zahlen nicht aus theoretischen Erwägungen herrühren, sondern durch statistische Erhebungen an dem ihm zugänglichen Menschenmaterial gewonnen wurden. Sie geben also den tatsächlichen täglichen Verbrauch eines Teils der Münchener Bevölkerung gegen Ende des 19. Jahrhunderts wieder.

Tabelle 12.

Verbrauch pro Tag an	Calorien-Gehalt
118 g Eiweiß . . .	483
56 g Fett	527
500 g Kohlehydrat .	2100
	3110

Wenn man den Caloriengehalt dieser Kostmaße mit den Angaben der Tabellen 8 und 9 (s. S. 19 und 20) vergleicht, so zeigt sich ohne weiteres, daß er höchstens zur Leistung einer mittelschweren Arbeit ausreicht, daß eine derartige Nahrungsmenge also keineswegs einen Körper zur Leistung einer schwereren Arbeit befähigt. Es muß also dieses Kostmaß im Verhältnis zu der geforderten Arbeitsleistung jeweils vergrößert werden.

β) Der Eiweißbedarf.
[CASPARI und STILLING; FELIX; GLATZEL (3).]

In den angegebenen Kostmaßen kann das Verteilungsverhältnis zwischen Fett und Kohlehydrat erheblich schwanken. Es drückt sich darin sehr häufig die persönliche Geschmacksrichtung aus, meist wird aber bei einem sehr hohen Energiebedarf das Fett einen immer größeren Anteil der Calorienzufuhr decken. In erster Linie wird jedoch der Verbrauch an den einzelnen Energieträgern durch das Angebot, das in jedem Lande zur Verfügung steht, bestimmt werden. Gerade heute ist es für das deutsche Volk eine zwingende Notwendigkeit, seinen Nährstoffbarf soweit irgend möglich auf eigener Scholle zu erzeugen, so daß die Befriedigung des Nährstoffbedarfs auch von diesen Erwägungen geleitet werden muß.

Ganz besonders gilt das für die Deckung des Eiweißbedarfs; denn gerade sie ist ja nicht nur aus energetischen Gründen bedeutungsvoll. Die Diskussion über die Höhe der wünschenswerten und damit auch der notwendigen Eiweißzufuhr ist seit Jahrzehnten nicht zum Schweigen gekommen, und man kann dabei, wie auch bei anderen Ernährungsfragen, die Feststellung machen, daß die Entscheidungen nicht auf Grund des Wissens sondern des Glaubens getroffen werden. Wert oder Unwert, Nutzen oder Schaden eines Nährstoffs werden a priori behauptet und nicht bewiesen, und auf derartigen durch keine Erfahrung gestützten Behauptungen wird oft ein kühnes Gebäude von Ernährungstheorien errichtet. Dies gilt in besonderem Maße für die Frage des Eiweißminimums.

Es ist schon früher ausgeführt worden (s. S. 9), daß der Körper im Zusammenhang mit seiner funktionellen Leistung immer einen gewissen Eiweißverlust erleidet. Dieser kommt im N-Gehalt der Ausscheidungen (Harn, Kot, Schweiß) zum Ausdruck. Wenn man einen Organismus (etwa durch Kohlehydrate) calorisch ausreichend oder mehr als ausreichend ernährt, erhält man eine *minimale N-Ausscheidung*, die der *Abnutzungsquote* entspricht. Da diese Abnutzungsquote dem endogenen Eiweißstoffwechsel entspricht, spricht FOLIN von dem *endogenen Stickstoffgleichgewicht*. Versucht man den N-Verlust, der der minimalen N-Ausscheidung entspricht, durch Zulage einer entsprechenden Eiweißmenge zur Kost auszugleichen, so bleibt in den meisten Fällen die N-Bilanz negativ, d. h. es wird mehr N ausgeschieden als unter den Bedingungen, unter denen die minimale N-Ausscheidung erhalten wird. Erst durch eine weitere langsame Steigerung der Eiweißzufuhr gelingt es, N-Zufuhr und N-Ausscheidung ins Gleichgewicht zu bringen. Man kann diesen Zustand als das *minimale N-Gleichgewicht* bezeichnen, RUBNER nennt die zu seiner Erreichung nötige Eiweißmenge das *physiologische Eiweißminimum*. Steigert man die Eiweißzufuhr über das minimale N-Gleichgewicht, so wird zunächst die N-Bilanz positiv, es wird also weniger N ausgeschieden als in der Nahrung enthalten war, nach einigen Tagen stellt sich aber erneut ein Gleichgewicht zwischen N-Aufnahme und -Ausscheidung ein. Es läßt sich also, wenn das minimale N-Gleichgewicht einmal überschritten wird, ein Organismus mit jeder beliebigen Eiweißmenge ins Gleichgewicht bringen. Diese Feststellung ist ernährungsphysiologisch von großer Bedeutung; denn sie zeigt uns, daß das Eiweiß anders als die beiden anderen Energieträger der Nahrung höchstens in sehr geringem Maße im Körper gespeichert werden kann. Vielleicht erklärt auch diese Eigentümlichkeit des Eiweißstoffwechsels, daß nämlich das aufgenommene Eiweiß abgebaut werden *muß*, einen Teil der s.d.W. Geht man, nachdem ein Organismus mit einer bestimmten Eiweißmenge ins Gleichgewicht gebracht ist, mit der Eiweißzufuhr wieder zurück, so wird die Bilanz vorübergehend negativ, und erst nach einigen Tagen stellt sich ein neues Gleichgewicht auf der Höhe der verminderten Zufuhr ein. In dieser Latenz, mit der die Einstellung des Gleichgewichts erfolgt, kann man ein Zeichen für eine Eiweißspeicherung erblicken.

Die Höhe des physiologischen Eiweißminimums ist auch für das gleiche Individuum nicht konstant, sondern von zahlreichen inneren und äußeren Faktoren abhängig. Einer der wichtigsten äußeren Faktoren ist die *biologische Wertigkeit* der Eiweißkörper (s. S. 54). Sie drückt sich darin aus, daß unter im übrigen völlig gleichen Bedingungen von den einzelnen Eiweißkörpern ganz verschiedene Mengen zur Einstellung des Gleichgewichts nötig sind: je höher die biologische Wertigkeit, um so geringer die notwendige Eiweißmenge. Die biologische Wertigkeit ist, wie später auseinandergesetzt wird (s. S. 55), abhängig von der Zusammensetzung der Eiweißkörper aus den verschiedenen Aminosäuren.

Weiterhin ist die Größe des minimalen N-Gleichgewichts bedingt durch das Verhältnis von Fett zu Kohlehydraten in der Nahrung. Ersetzt man einen Teil der Kohlehydrate durch eine isodyname Menge von Fett, so wird das physiologische Eiweißminimum erhöht: Kohlehydrate wirken also in höherem Grade eiweißsparend als Fett.

Von der größten Bedeutung ist ferner der Salzgehalt der Nahrung. Bei völlig salzfreier oder sehr salzarmer Kost wurde eine sehr viel höhere Abnutzungsquote gefunden als bei ausreichendem Salzgehalt der Nahrung (TERROINE und REICHERT). Allerdings ist zu beachten, daß bei zu reichlichem Salzgehalt der Eiweißumsatz wieder ansteigt (STRAUB). Nach GERHARTZ verbesserte beim Hund Zulage von Calcium- oder Kaliumchlorid bei Salzmangel den N-Ansatz, Phosphat verschlechterte ihn. Bei ausreichender Zufuhr von Mineralstoffen

verringerten aber auch Calcium- und Kaliumchlorid den N-Ansatz. In diesem
Zusammenhang ist zu erwähnen, daß nach Röse und Berg durch Zufuhr einer
basenreichen Kost, also bei einem Überschuß der Kationen über die Anionen,
der Eiweißbedarf herabgesetzt wird. Der Ausdruck „basenreiche Kost" ist in
dieser Form irreführend, da immer ein Elektrolytgleichgewicht besteht, die Zahl
der Kationen also gleich der der Anionen sein muß. Allerdings kann durch die
hydrolytische Spaltung der Salze schwacher Säuren mit starken Basen eine alkalische Reaktion erzielt werden. Durch Zulage von Natriumbicarbonat erhält
man also z. B. eine basenreiche Kost im Sinne von Röse und Berg. Glatzel
(1, 2) hat sich erst kürzlich mit dieser Frage beschäftigt; er kommt zu dem Schluß,
daß die experimentellen Grundlagen der Bergschen Vorstellungen sehr anfechtbar
sind. Auch Hindhede spricht ihnen jede Beweiskraft ab. Silwer kommt
nach einer Zusammenstellung aller bisher vorliegenden Untersuchungen zu dem
Schluß, daß kein Beweis für die Steigerung des N-Umsatzes bei säureüberschüssiger Kost besteht. Kaunitz hat sogar gezeigt, daß durch Zulage von
Natriumbicarbonat zur Kost die N-Ausscheidung gesteigert wird.

Es ist nach diesen Ausführungen zu erwarten, daß weder die minimale
N-Ausscheidung noch das minimale N-Gleichgewicht einen ein für allemal
konstanten Wert haben. Rubner (6) hat gefordert, daß bei einer Temperatur
von 15° das N-Minimum 5% der im Ruhestoffwechsel umgesetzten Calorien
betragen soll. Melnick und Cowgill finden, daß beim Hund N-Gleichgewicht
erreicht wird, wenn von den zugeführten Calorien gedeckt sind durch Lactalbumin
6,9%, durch Serumeiweiß 8,6%, durch Casein 9,4% oder durch Gliadin 21,1%.
In diesen Zahlen drückt sich die schon oft erwähnte biologische Wertigkeit
der verschiedenen Eiweißkörper aus. Bertram und Bornstein haben in einer
Zusammenstellung vieler Angaben der Literatur eine minimale N-Ausscheidung
von 0,055 g pro kg Körpergewicht errechnet. Dem würde für einen Menschen von 70 kg Gewicht eine Abnutzungsquote von 24 g entsprechen. In
Übereinstimmung damit nimmt man im allgemeinen an, daß die minimale
N-Ausscheidung einem Eiweißumsatz von 13—26 g entspricht. Wie schon
angedeutet, liegt das minimale N-Gleichgewicht, das physiologische Eiweißminimum, im allgemeinen höher, jedoch ist auch hier die Angabe eines Normal-
wertes kaum möglich. Heupke (6) kommt auf Grund seiner Untersuchungen an
Patienten der Frankfurter Poliklinik zu Werten von 30—40 g. Lauter und Jenke
stellen fest, daß man zur Erreichung des N-Gleichgewichts von Rindfleisch
20%, von Kartoffeln 35% und von Weizenmehl 75% mehr zuführen muß als der
minimalen N-Ausscheidung entspricht. Unter günstigsten Ernährungsbedingungen
würde also auch danach das physiologische Eiweißminimum 30 g betragen.

Die prinzipielle Streitfrage, die im Zusammenhang mit dem minimalen
N-Gleichgewicht besteht, ist die, ob durch die Zufuhr einer Eiweißmenge,
die dem physiologischen Minimum entspricht, der Organismus allen Ansprüchen,
die an seine Funktionen gestellt werden, auch genügen kann. Rubner hat den
Begriff des *praktischen* oder *hygienischen Eiweißminimums* geprägt und damit
zum Ausdruck gebracht, daß es sich nicht darum handelt, das Eiweißminimum
unter den besonderen und streng kontrollierten Bedingungen eines Stoffwechsel-
versuchs zu ermitteln, sondern daß die Eiweißmenge festgestellt werden muß,
die auch bei der Ernährung großer Menschenmassen den einzelnen zu voller
Leistungsfähigkeit und Widerstandskraft befähigt.

Es kann hier nicht der Versuch gemacht werden, auch nur einen kurzen
Überblick über die zahllosen Arbeiten zu geben, die zur Klärung dieser Frage
ausgeführt wurden. Das würde den Rahmen dieser Darstellung weit überschreiten.
Es ist gar kein Zweifel daran möglich, daß in manchen Fällen Menschen bei
einer Eiweißzufuhr, die hart an der Grenze der minimalen N-Ausscheidung

gelegen war, jahrelang volle körperliche Leistungsfähigkeit besaßen (FAUVEL). Aber es ist sehr die Frage, ob nun ein Organismus, der sein Dasein auf der gerade eben ausreichenden Zufuhr eines der wichtigsten Schutzstoffe der Nahrung — denn nur um die Schutzstoffunktion der Eiweißkörper handelt es sich hier, ihr Energiegehalt ist im Rahmen des Gesamtumsatzes belanglos — aufbaut, wirklich in jeder Weise optimale Lebensbedingungen hat. Der schon oben erwähnte Selbstversuch von RÖSE (s. S. 11) zeigt, daß bei einer derartigen Ernährungslage von einer optimalen Ernährung gar keine Rede sein kann. Andere langdauernden Ernährungsversuche mit einer Kost, deren Eiweißgehalt in der Nähe des physiologischen Minimums lag, ließen sogar schon während der Versuchszeit eine deutliche Verminderung der Leistungsfähigkeit und eine Störung des Wohlbefindens erkennen. So findet SCHMID, daß mit 30—40 g Eiweiß die Leistungsfähigkeit zwar erhalten bleibt, daß aber eine so eiweißknappe Ernährung auf die Dauer nicht ertragen werden kann. In jahrelangen Selbstversuchen mit Kostformen, in denen das Eiweißgleichgewicht auf Werte von 33—64 g eingestellt wurde, war auch SÜSSKIND (1—5) für einige Zeit voll leistungsfähig. Dann aber nahm seine Arbeitsfähigkeit ab, und es traten mancherlei Krankheitserscheinungen auf. Er kommt daher zu dem Schluß, daß auch 60 g Eiweiß auf lange Sicht nicht ausreichend sind. Gegen die SÜSSKINDschen Versuche lassen sich zwar mancherlei Einwände [RUBNER (9) und BERG] erheben, so zeitweilig sehr hoher Fettgehalt der Nahrung oder mangelnde Berücksichtigung der notwendigen Zufuhr an Vitaminen und Mineralstoffen, aber auch unter Bedingungen, die diesen Forderungen besser Rechnung trugen, war das Ergebnis keineswegs anders.

Es ergibt sich somit aus zahlreichen Selbstversuchen, daß die Erreichung des minimalen N-Gleichgewichts oder überhaupt die Erreichung des N-Gleichgewichts mit geringen Eiweißmengen keine Gewähr dafür bietet, daß diese Eiweißzufuhr ausreichend zu sein braucht, um Leistungsfähigkeit und Gesundheitszustand des Körpers zu erhalten. Daß trotz des Bestehens eines N-Gleichgewichts Störungen des Stoffwechsels bestehen, läßt sich auch in direkter Weise durch Bestimmung der Kohlenstoffquotienten C:N im Harn zeigen. Nach RUBNERs (3) vielfach bestätigten Versuchen beträgt dieser Quotient beim hungernden Organismus 0,75, bei reiner Fleischkost 0,61, bei Fett- und Kohlehydratnahrung 0,72. Wenn alle N-freien organischen Stoffe im Körper restlos verbrannt würden, müßte der in ihnen enthaltene Kohlenstoff als CO_2 durch die Lungen abgegeben werden, würde also nicht im Harn erscheinen. Die N-haltigen Stoffe liefern bei der Verbrennung Harnstoff, dessen C:N-Quotient 0,43 beträgt. Ein solcher Wert wird aber bei keiner Ernährungsform gefunden, d. h. aber, daß im Harn immer erhebliche Mengen nicht vollständig oxydierter organischer Stoffe ausgeschieden werden. BICKEL und seine Schüler haben in zahlreichen Arbeiten (zusammenfassende Übersicht s. BICKEL) nachgewiesen, daß unter einer Reihe von Ernährungsbedingungen der Kohlenstoffquotient des Harns erhebliche Steigerungen aufweisen kann, daß also die Oxydation der Nährstoffe im Körper unvollständiger ist als bei normaler gemischter Kost. BICKEL spricht von einer „dysoxydativen Carbonurie". In diesem Zusammenhang interessiert nur die Feststellung, daß bei niedriger Eiweißzufuhr trotz des Bestehens eines Eiweißgleichgewichts, ja sogar bei einer positiven Eiweißbilanz, eine dysoxydative Carbonurie bestehen kann. Unter diesen Ernährungsbedingungen ist also der normale Ablauf der Oxydationsvorgänge im Körper gestört.

Auf ganz verschiedenen Wegen wird also die Erkenntnis gewonnen, daß das physiologische Eiweißminimum keineswegs eine ausreichende Eiweißmenge angibt, und es fragt sich, wie groß diese, wie groß also das hygienische Eiweißminimum sein soll. SÜSSKIND kommt nach seinem Selbstversuch zu der Erkenntnis, daß erst bei einer Eiweißmenge von etwa 80 g pro Tag der Körper allen Anforderungen genügen kann. HEUPKE (6) ermittelt ebenfalls einen Eiweißbedarf von 70—80 g. RAUTENSTRAUCH hat bei der Hälfte der von ihm untersuchten Sportler Eiweißaufnahmen gefunden, die 20—30% unter der VOITschen Norm lagen. Auch daraus ergibt sich ein Eiweißverbrauch von etwa 80 g. Zu ähnlichen Zahlen kommt SCHMID in seinem schon oben angeführten Versuch. Wenn man annimmt, daß beim Tier ähnliche Verhältnisse wie beim Menschen bestehen, so lassen sich aus Tierversuchen amerikanischer Autoren etwas höhere Werte errechnen. In diesen Versuchen wurde das Leistungsvermögen und die Fortpflanzungsfähigkeit der Tiere bei Kostformen ermittelt, die sich nur durch ihren Eiweißgehalt unterschieden. Am günstigsten erwiesen sich Nahrungsgemische, in denen 14—16% der Calorien auf Eiweiß entfielen (BING, ADAMS und BOWMANN; FORBES, SWIFT, BLACK und KAHLENBERG; SLONAKER). Überträgt man diese Ergebnisse auf den Menschen, so würde bei leichterer körperlicher Arbeit mit einem Bedarf von 2600 cal die Nahrung 90—100 g Eiweiß enthalten müssen. Der Tierversuch führt also zu Zahlen, die nicht sehr weit von den VOITschen Zahlen entfernt liegen. Es ist auch gewiß kein Zufall, sondern das Ergebnis langjähriger Erfahrung, wenn im deutschen Heer während des Krieges — steigend mit dem Caloriengehalt der verschiedenen Rationen — Eiweißmengen von 117—141 g gegeben wurden. Auch das entspricht einer Deckung von 15% des Calorienbedarfs durch Eiweiß, ein Ergebnis, das vollständig mit dem der Tierversuche übereinstimmt.

Tabelle 13.

Alter in Jahren	g Eiweiß pro kg Körpergewicht
1— 3	3,5
3— 5	2,0
5—12	2,5
12—15	2,5
15—17	2,0
17—21	1,5
21 und älter	1,0

Von besonderer Bedeutung ist ferner die Frage nach dem Eiweißbedarf der Kinder. DANIELS findet ihn für Kinder zwischen 3 und 5 Jahren pro kg etwa 3mal so hoch wie für den Erwachsenen. Zu etwas niedrigeren Zahlen kommt die Völkerbundskommission [Sér. de Publ. (3)] (Tabelle 13).

Aus der Mehrzahl der angeführten Beobachtungen und Untersuchungen kann geschlossen werden, daß das hygienische Eiweißminimum etwa 80 g betragen sollte und daß bei gemischter Kost durch die Aufnahme von 100 g Eiweiß mit völliger Sicherheit alle Schädigungen ausgeschlossen sind, die auf zu geringer Eiweißzufuhr beruhen könnten. Von dieser Eiweißmenge sollte etwa die Hälfte auf die biologisch hochwertigen tierischen Eiweißkörper entfallen (s. Tabelle 1, S. 11).

Eine andere Frage ist es, ob durch eine weitere Steigerung der Eiweißmengen die Leistungsfähigkeit des Körpers gesteigert wird, oder ob dann sogar nachteilige Folgen auftreten. Die Ernährungsweise der Eskimos lehrt uns, daß die Aufnahme großer Eiweißmengen — sie betragen bis zu 300 g pro Tag — ohne jeden Schaden ertragen wird und offenbar auch die Leistungsfähigkeit nicht beeinträchtigt. Vielleicht hängt dies damit zusammen, daß die Eskimos *alle* tierischen Organe essen und deshalb in ihrer Nahrung die Nährstoffe in einem optimalen Verhältnis enthalten sind. Aus dem Verbrauch an Nahrungsmitteln bei den Olympischen Spielen in Berlin hat SCHENK für den einzelnen Wettkämpfer eine ganz ungewöhnlich hohe Calorienaufnahme und einen erstaunlichen Konsum an Eiweißstoffen errechnet. Es darf aber mit Recht bezweifelt werden, ob es angängig ist, aus dem Gesamtverbrauch an Nahrungsmitteln auf die Nahrungsaufnahme des einzelnen Wettkämpfers zu schließen; die Fehlermöglichkeiten bei einem solchen Verfahren sind viel zu zahlreich. Es ist richtig, daß erhöhte körperliche Leistung mit einer gewissen Steigerung des Eiweißverbrauchs einhergeht [THOMAS (1); CATHCART; und BURNETT), aber sicherlich ist diese sehr viel geringer als es nach den von SCHENK errechneten Verbrauchsziffern erscheinen könnte. Seit den berühmten Versuchen von WISLICENIUS und FICK über ihren Eiweißumsatz bei der Besteigung des Faulhorns kann es als gesicherte Tatsache gelten, daß nicht die Verbrennung von Eiweiß die Energie für die Arbeitsleistung des Muskels liefert. Der vermehrte Eiweißverbrauch bei angestrengter Muskeltätigkeit ist wohl vielmehr durch die funktionelle Mehrbeanspruchung der Muskeleiweißkörper zu erklären. Dieser

Mehrverbrauch wird aber sicherlich im Rahmen des oben angegebenen hygienischen Eiweißminimums gedeckt.

Über die Frage, ob eine starke Erhöhung des Eiweißverbrauchs zu Schädigungen führt, geben Tierversuche einen gewissen Aufschluß. SLONAKER findet, daß bei einer Eiweißaufnahme, die 22 bzw. 26 % des Calorienbedarfs deckt, die Leistungsfähigkeit abnimmt, das Wachstum sich verschlechtert und die Lebensdauer verkürzt wird. Auch die Fortpflanzungsfähigkeit war vermindert und die Sterblichkeit der Jungen größer. Rechnet man die angegebenen Eiweißmengen für einen Menschen mit einem Bedarf von 2600 cal um, so würden sie 140 bzw. 165 g betragen. McCOLLUM und seine Mitarbeiter haben bei Verfütterung von Eiweiß in Höhe von bis zu 40 % des Calorienbedarfs bei ihren Versuchstieren Nierenschädigungen erhalten. SCHEUNERT und VENUS finden dagegen, daß bei der Ratte erst mit einem Gehalt von 20 % Fleischeiweiß in der Nahrung die Fortpflanzung befriedigend wird. Schon die oben näher gekennzeichneten Ernährungsbedingungen der Eskimos und die Erfahrungen einiger Forscher [STEFANSON; LIEB (1)], die jahrelang mit den Eskimos lebten und ihre Ernährungsweise annahmen, zeigen, daß auch größere Eiweißmengen schadlos vertragen werden und selbst nach längeren Jahren keine Nachwirkungen erkennen lassen [LIEB (2)]. Man darf darum annehmen, daß der Eiweißgehalt der Nahrung ohne Schaden auf das Doppelte des hygienischen Minimums gesteigert werden kann. Es ist in erster Linie eine volkswirtschaftliche Frage, ob eine derartige Steigerung wünschenswert ist. Da Eiweiß im Körper umgesetzt werden *muß*, weil es nur in unwesentlichen Mengen gespeichert werden kann, ist schon wegen der mit seinem Umsatz verbundenen hohen s.d.W. die Zufuhr einer den wirklichen Bedarf erheblich überschreitenden Eiweißmenge ernährungsphysiologisch nicht gerechtfertigt und volkswirtschaftlich im höchsten Maße unerwünscht. Es kommt noch hinzu, daß bei einer erheblichen Steigerung der Eiweißzufuhr eine Luxuskonsumtion unvermeidlich ist und dadurch ein weiterer unter Umständen erheblicher Verlust an Energie eintritt.

γ) Die Ausnutzung der Nahrungsstoffe.

Wenn man den Energiebedarf für einen Organismus kennt und daran geht zu berechnen, wieviel man von den einzelnen Nahrungsmitteln zuführen muß, um den Bedarf zu decken, so läßt sich aus dem Gehalt eines jeden Nahrungsmittels an Kohlehydraten, Fetten und Eiweißkörpern und aus den bekannten physiologischen Nutzwerten dieser Nahrungsstoffe (s. S. 12) die Gesamtmenge an nutzbarer Energie ermitteln, die dem Organismus zugeführt wird. Aber es ist damit noch nicht gesagt, daß diese nutzbare Energie vom Körper auch tatsächlich ausgenutzt wird. Tatsächlich kann die Ausnutzung dieser Energie in verschiedener Weise eingeschränkt werden. Neben dem Energieverlust, der mit der s.d.W. oder mit der Luxuskonsumtion verbunden ist und über den schon berichtet wurde, handelt es sich vor allem um Verluste, die im Darm eintreten, teils durch unverdauliche Bestandteile der Nahrung, teils durch die Ausscheidung von Resten der Verdauungssäfte. Der unverdauliche Rest der Nahrung ist besonders bei pflanzlichen Nahrungsmitteln durch ihren hohen Gehalt an der für die Verdauungssäfte unangreifbaren Cellulose recht hoch. Auch bestimmte Eiweißkörper, die Keratine und Elastine, entgehen der Verdauung. Bei der Berechnung des Eiweißgehalts von Nahrungsmitteln auf Grund ihres N-Gehalts ist ferner zu berücksichtigen, daß sie größere Mengen von Extraktiv-N enthalten, so daß aus diesem Grunde die Analyse zu hohe Eiweißgehalte vortäuschen kann. Unter Berücksichtigung der verschiedenen die Ausnutzung der Nahrungsstoffe einschränkenden Faktoren hat RUBNER (7, 10) die in der Tabelle 14 zusammengestellten Verluste ermittelt.

Tabelle 14.

Nahrungsmittel	Verlust in % an	
	cal	N
Brot aus feinem Weizenmehl	4,3—6,1	12,3—25,7
„ „ „ „ 30% Ausmahlung	4,5	20,7
„ „ „ „ 70% „	7,7	24,6
„ „ „ „ 80% „	11,12	21,1
„ „ „ „ 95% „	13,96	30,5
Geschälter Reis	5,57	20,4
Kartoffeln, gekocht	5,60	15,3
Mais	8,28	15,5
Brot aus Roggen, 65% Ausmahlung	9,8	37,8
„ „ „ 72% „	11,7	39,7
„ „ „ 82% „	13,5	40,3
„ „ „ 95% „	14,8	35,1
Äpfel	11,6	131,6
Mohrrüben	12,7	38,9
Kohlrüben	21,8	65,1
Wirsing	29,7	25,3
Erdbeeren	32,8	91,3
Fleisch	4,4	2,5

Tabelle 15. Tierische Nahrungsmittel (nach REIN, Physiologie).

	100 g des Lebensmittels enthalten g						Für den Menschen verwertbar in g	
	Eiweiß	Fett	Kohle-hy-drate	Asche	Wasser	Wärmewert cal	Eiweiß	Wärmewert cal
Fleisch:								
Corned beef, fettreich	25	19	Spur	3,7	52	279	24	270
„ „ fettarm	22	5	„	17	55	137	20	125
Gänsefleisch, fett	14	44	„	0,7	41	466	13	445
Hühnerfleisch, fett	19	9	„	0,9	70	162	18	152
Kalbfleisch, fett	19	11	„	1,0	69	180	18	171
„ mager	22	3	„	1,1	74	118	21	111
Rindfleisch, fett	19	25	„	0,9	55	310	18	300
„ mager	21	4	„	1,1	74	123	20	115
Schweinefleisch, fett	16	34	„	0,8	49	382	15	362
„ mager . . .	21	7	„	1,1	71	151	20	140
Schinken, ges. geräuchert und gekocht	25	36	„	10,5	28	437	24	420
Blutwurst, beste Sorte . . .	14	32	„	2,7	51	355	12	330
„ geringe Sorte . .	22	1	„	2,6	74	100	20	90
Mettwurst	19	41	„	4,8	35	459	17	430
Salamiwurst (Hartwurst) . .	28	48	„	6,7	17	560	26	530
Fische:								
Aal, frisch	12	28	—	0,9	58	309	9	225
Dorsch (Schellfisch, Kabeljau)	16	0,3	—	1,3	82	68	—	—
Nach Abzug von 50% Abfall	—	—	—	—	—	—	7	20
Hecht	18	0,4	—	1,2	80	77	—	—
Nach Abzug von 50% Abfall	—	—	—	—	—	—	8	35
Hering (Salzhering)	20	17	—	14	48	240	—	—
Nach Abzug von 30% Abfall	—	—	—	—	—	—	13	155
Eier und Milchprodukte:								
Eier, ohne Schale	14	11	0,6	0,9	74	162	13	150
Eiklar (Weiß)	13	0,3	0,7	0,6	86	59	12	50
Eigelb	16	31	0,5	1,2	51	356	15	340
Milch (Frauenmilch)	1—2	2—4	6—7	0,2—0,3	87—90	48—74	1—2	45—70
Kuhmilch, fettreich	3,4	3,4	4,7	0,75	88	65	3,1	63
Rahm (Kaffeesahne 10% Fett)	3,4	10	4	0,6	82	123	3,1	120
Buttermilch	3,4	0,5	4,7	0,7	91	38	3,0	33
Butter, ungesalzen	0,8	84,5	0,5	0,2	14,0	791	< 1	785
Fettkäse	26	30	(2,1)	4,6	37	394	24	375
Magerkäse	38	2	(3,0)	4,4	52	186	35	167

Tabelle 16. Pflanzliche Nahrungsmittel (nach REIN, Physiologie).

	100 g des Lebensmittels enthalten in g							Für den Menschen verwertbar in	
	Roh-faser	Eiweiß	Fett	Kohle-hy-drate	Asche	Wasser	Wärme-wert cal	Eiweiß	Wärme-wert cal
Brot- und Mehlfrüchte:									
Helleres Roggenbrot . .	0,8	6,0	0,8	54	1,2	37	253	um 3	um 220
Kommisbrot	1,5	6,5	1,0	51	1,4	39	245	4	um 210
Roggen-Vollkornbrot . . .	1,6	7,8	1,1	46	1,5	42	231	3—3,5	um 200
Weizenbrötchen mit Ma-germilch	0,3	8,1	0,6	57	1,2	33	273	8—9	220—270
Haferflocken	1,4	14	6,7	65	1,9	11	386	12—13	360
Hirse, geschält	2,5	11,2	7,5	65	1,5	15	382	8,4	328
Mais, im Mittel	2,2	9,9	4,4	69	1,3	13	364	—	—
Nudeln (Eiernudeln) . . .	0,5	14	2,4	69	0,8	13	362	13	um 360
Reis (auch Bruchreis, Mehl)	0,5	8	0,5	77	0,8	13	354	6—6,5	320—345
Roggenmehl (70%ig) . . .	0,4	6,9	1,1	76	0,8	14,5	350	4	310
Weizenmehl	0,2	11,8	1,5	71	0,6	14,5	354	10	305
Weizengrieß	0,2	11,5	0,7	76	0,5	11	365	8—9	um 300
Zwieback	0,3	13	6,2	71	2,6	7	402	12	370
Früchte:									
Äpfel, frisch	1,3	0,4	—	14	0,4	84	59	—	40
„ getrocknet	6,1	1	Spur	60	1,6	31	250	—	200
Apfelsinen, ohne Schale .	0,5	0,8	—	14	0,5	84	60	—	—
unter Berücksichtigung von 30% Schale. . . .	—	—	—	—	—	—	—	0	26
Bananen, ohne Schale . .	0,8	1	—	23	0,9	74	98	0,4	93
Datteln, getrocknet . . .	3,8	1,9	0,6	73,3	1,8	15,5	313	1,6	300
Erdbeeren	4,0	1	—	9	0,7	85	41	Spur	21
Erdnüsse, ohne Schalen .	2,4	27,5	44,5	15,6	2,5	7,5	590	19,3	495
Feigen, getrocknet . . .	7,0	3	Spur	61	2,5	26	262	3	280
Haselnüsse, lufttrockene Kerne	3,2	17	63	7	2,5	7	684	16	670
Pflaumen	0,5	0,8	—	17	0,5	81	73	Spur	40—50
Himbeeren	5,7	1	—	8	0,6	84	37	„	etwa 20
Gemüse, Rüben, Pilze:									
Blumenkohl	0,9	2,5	Spur	4	0,8	91	27	2	15
Grüne Bohnen	1,2	3	„	6	0,7	89	37	2	30
Champignon, frisch . . .	0,8	5	(0,2)	3	0,8	90	34	3,6	28
Grünkohl	1,9	5	0,9	10	1,6	81	70	3	30
Gurke, ungeschält	0,4	0,6	Spur	1	0,5	97	7	—	—
Karotten	1,0	1,0	„	9	0,7	88	41	0,5	25
Kartoffeln, Mittel	0,7	2,1	0,1	21	1,1	75	96	1,6	74
Kartoffelflocken	1,7	6,8	0,3	77	3,5	11	346	6	330—350
Kohlrabi	1,2	2,5	Spur	6	1,0	89	35	1	20
Kohlrüben	1,4	1	„	7	0,7	89	33	0,25—0,4	28
Radieschen	0,8	1	„	4	0,7	93	20	—	—
Schwarzwurzeln	2,3	1	„	15	1,0	80	66	1,5	40
Spargel, geschält	0,6	2	„	2	0,5	95	16	0,6	15
Spinat	0,5	2	„	2	1,9	93	16	1,6	15
Steinpilz, frisch	1	5	(0,4)	5	1,0	87	43	2,5	36
Tomaten	0,8	1	Spur	4	0,6	93	20	Spur	wenig
Leguminosen:									
Bohnen, Kerne	8,3	26	2	47	3	14	318	17	260
Erbsen, getrocknet	5,6	23	2	52	3	14	326	15—16	280—300
Linsen	3,9	26	2	53	3	12	343	—	—
Sojabohnenmehl, entfettet	2,9	50	0,3	33	6	8	343	40	um 300
Sonstiges:									
Honig	—	0,3	—	80	0,3	19	300	—	um 300
Schokolade, 55% Zucker .	1,8	7	22	65	1,7	2	500	5,2	450
Kakaopulver, schwach ent-ölt	5,7	22	bis 28	33 u. mehr	5,3	6	bis 486	15	380—430
Mandeln, süß	3,6	21	53	14	2,3	6	636	20	620

Diese Zahlen zeigen sehr deutlich die hohen Verluste, die vor allem bei der Aufnahme pflanzlicher Nahrungsmittel entstehen; sie betreffen dabei mehr noch das Eiweiß als den Energiegehalt. Bei Äpfeln z. B. übersteigt die N-Ausscheidung sogar die N-Aufnahme, das beruht natürlich darauf, und ebenso gilt das auch für das andere der angeführten Zahlen, auf N-Verlusten durch die Verdauungssekrete. Es kommt allerdings noch hinzu, daß die in den pflanzlichen Zellen enthaltenen, von unverdaulichen Cellulosemembranen umschlossen Nahrungsstoffe zum Teil nicht aus den Zellen herausgelöst werden. Allerdings sind nach HEUPKE und STRASBURGER diese Verluste nicht so groß wie man früher angenommen hat, weil die Verdauungsfermente die Cellulosemembranen durchdringen. Man muß auch der Tatsache Rechnung tragen, daß durch längere Zufuhr eines zunächst schlecht ausnutzbaren Nahrungsmittels infolge von Gewöhnung die Ausnutzung erheblich gesteigert werden kann. So ist für den an Aufnahme größerer Milchmengen nicht gewöhnten Organismus der Milchzucker nur schlecht ausnutzbar. Einige Zeit fortgesetzte Milchaufnahme führt aber zu einer adaptiven Bildung des milchzuckerspaltenden Ferments im Darmsaft und die Ausnutzung wird viel besser. Ähnliches gilt offenbar auch für die Verwertung der Nährstoffe im Vollkornbrot (KRAFFT), für das RUBNER eine sehr schlechte Ausnutzung fand.

In den Tabellen 15 und 16 sind für eine größere Anzahl tierischer und pflanzlicher Nahrungsmittel der Gehalt an Energieträgern, an Wasser und Salzen, sowie der physiologisch nutzbare Wärmewert zusammengestellt. Die beiden letzten Spalten geben an, wie weit Eiweiß und Nährwert tatsächlich ausgenutzt werden.

Nun ist allerdings zu berücksichtigen, daß die für die einzelnen Nahrungsmittel gefundenen Ausnutzungswerte nicht unerhebliche Veränderungen erfahren können. So sinkt z. B. mit zunehmendem Eiweißgehalt der Kost die Ausnutzung der gesamten Energie der Nahrung (FORBES, VORIS, BRATZLER und WAINIO). Kleie oder Cellulose können die Ausnutzung der Eiweißkörper verschlechtern (FUNNELL, VAHLTEICH, MORRIS, McLEOD und ROSE). Durch gemischte Kost, durch vorwiegend kohlehydrat- oder eiweißhaltige Nahrung wird die Resorption von Eiweiß, Fett und Mineralstoffen in ganz verschiedenem Umfange beeinflußt (LAWROFF, LISLOWA und FILIPPOWA). Wenn also auch der Grad der Ausnutzung des Energiegehalts und der Eiweißstoffe der Nahrung erhebliche Differenzen und Schwankungen aufweisen kann, so läßt sich doch aus einer Zusammenstellung von TIGERSTEDT (1) entnehmen, daß bei normaler gemischter Kost die Verluste im Durchschnitt nur etwa 8—10% betragen. Die Bruttozufuhr an verwertbarer Energie sollte also den durch Umsatzbestimmungen oder rechnerisch ermittelten Bedarf um diesen Betrag übersteigen.

e) Die Nahrung als Ganzes.

Von jeder ausreichend zusammengesetzten Nahrung ist zu fordern, daß sie den Bedarf des Organismus an Calorien, an Eiweißstoffen, an Mineralien, an Wasser und an Vitaminen deckt; daneben soll sie sättigend wirken, soll abwechselnd und schmackhaft sein und keine Verdauungsstörungen verursachen. Die Fragen nach Höhe und Deckung des Bedarfs an Eiweiß und an Calorien sind im vorstehenden Kapitel eingehend erörtert worden. Die Bedeutung der übrigen Nährstoffe wird in späteren Abschnitten dieses Buches näher behandelt. Die Ermittelung des Bedarfs, den ein Organismus an den einzelnen Nährstoffen hat und die Analyse der Nahrungsmittel auf ihren Nährstoffgehalt sind zwar unentbehrliche Voraussetzungen für die Aufstellung von Verbrauchsnormen, aber sie tragen der fundamentalen Tatsache nicht ausreichend Rechnung, daß eine Nahrung immer als ein Ganzes angesehen werden muß. Hierfür nur wenige

Beispiele: Das Brotgetreide ist nicht nur eine der wichtigsten Kohlehydratquellen der Nahrung, es enthält auch wichtige Eiweißstoffe, reichliche Mengen an dem für den Kohlehydratumsatz notwendigen Vitamin B_1 und wertvolle Mineralstoffe. Die Fette sind nicht einfach Energieträger, sie enthalten vielmehr als Beimengung zum Teil erhebliche Mengen der Vitamine A und D. Die Kartoffel ist außer als Kohlehydratquelle als Quelle des Vitamin C außerordentlich wichtig. Es folgt daraus, daß die einzelnen Komponenten der Nährstoffgemische, die in jedem Nahrungsmittel vorliegen, sich bei ihrer Wirkung auf den Organismus ergänzen müssen. Ebenso beeinflußt die Mischung der verschiedenen Nährungsmittel, die in der gewöhnlichen Kost vorliegt, Ausnutzung und Verwertung der einzelnen Nährstoffe auf das Entscheidendste. Auch hierfür nur wenige Beispiele. Nach VOIGT verbessert Zusatz von animalischer Nahrung die Ausnutzung des N der vegetabilischen Kost erheblich. SMITH findet, daß bei Verfütterung von fettfreier Rinderleber als einziger Eiweißquelle, trotzdem das Lebereiweiß zu den biologisch hochwertigsten Eiweißstoffen gehört, bei Ratten schon in der ersten Generation und mehr noch in der zweiten Wachstum und Fortpflanzungsfähigkeit vermindert sind. PARSONS zeigte, daß bei einem Nahrungsgemisch mit einem hohen Gehalt an Eiereiweiß, das ebenfalls zu den biologisch besonders hochwertigen Eiweißkörpern zu zählen ist, schwere Gesundheitsschädigungen, bei einem Teil der Tiere sogar frühzeitiger Tod eintrat. Wurde dem Nahrungsgemisch eine gewisse Menge Leber zugefügt, so war die Zahl der Todesfälle viel geringer.

In allen diesen Fällen und in vielen anderen ähnlich gelagerten zeigt sich also, daß eine Nahrung so zusammengesetzt sein muß, daß die einzelnen Nahrungsstoffe und -mittel sich in ihrem Nährwert gegenseitig ergänzen. Dieser Gesichtspunkt, der in der älteren, vorwiegend von energetischen Gesichtspunkten oder von der Berücksichtigung des Eiweißbedarfs geleiteten Ernährungslehre keine Berücksichtigung fand, ist zum ersten Male von MCCOLLUM und SIMMONDS in ihrer „Neuen Ernährungslehre" auf breiter Grundlage herausgearbeitet und durch eine Fülle von experimentellem Material belegt worden. Sie haben zuerst über Generationen ausgedehnte Tierversuche in großem Maßstabe durchgeführt und dabei gezeigt, daß Nährschäden erst in späteren Generationen manifest zu werden brauchen. Auf sie geht der Begriff der „optimalen Ernährung" zurück. Sie haben weiterhin gezeigt, wie sehr eine einseitige Ernährung Wachstum, Gesundheitszustand und Fortpflanzungsfähigkeit der Versuchstiere beeinträchtigt, und sie haben nachgewiesen, wie durch eine geeignete Mischung verschiedener Nahrungsmittel die Gefahren einer einseitigen Ernährung vermieden werden können. Insbesondere wurde von ihnen die biologische Wertigkeit der verschiedenen Eiweißkörper in der Weise untersucht, daß zu einer im übrigen völlig ausreichenden Nahrung in verschiedenen Versuchsreihen ein oder mehrere Eiweißkörper zugelegt wurden. Dabei stellte sich heraus, daß bestimmte Eiweißkörper, die jeder für sich biologisch unterwertig sind, sich zu einem biologisch vollwertigen Gemisch ergänzen können.

Es kann hier nicht der Versuch gemacht werden, die Ergebnisse der Experimente über den Ergänzungswert der Eiweißkörper und der anderen Nährstoffe im einzelnen anzuführen. Es mag genügen, daß MCCOLLUM und SIMMONDS zu dem Schluß kommen, daß es nicht möglich ist, bei Haustieren wie Schweinen oder Ratten eine optimale Ernährung mit einer Kost zu erreichen, die nur aus Getreide oder Hülsenfrüchten oder Knollen und Wurzeln oder auch aus Fleisch besteht. Jede Nahrung, die sich auf eine Kost beschränkt, in der hochgereinigte Getreideprodukte, Zucker, Melasse oder andere fast reine Kohlehydrate die Hauptrolle spielen, ist einer Nahrung unterlegen, die statt dieser verfeinerten oder reinen Präparate ihr Äquivalent an ganzem Getreide oder an Gemüse enthält. Von allen untersuchten Nahrungsmitteln nehmen die Milch und die grünen Blätter der Pflanzen eine vorzugswürdige Stellung ein, weil sie bereits bei einem geringen Anteil in der Nahrung die Mängel ausgleichen können, die das Getreide, die Wurzeln und Knollen oder das Fleisch aufweisen.

McCollum hatte Gelegenheit die Grundsätze, zu deren Erkenntnis ihn der Tierversuch geführt hatte, in einem Waisenhaus an 84 Kindern im Alter von 4—10 Jahren zu prüfen. Die Kinder befanden sich unter durchaus günstigen äußeren Lebensbedingungen, wiesen aber deutliche Zeichen von Unterernährung auf. Ihre Nahrung bestand im wesentlichen in einer aus vielen Nahrungsmitteln zusammengekochten Suppe und aus Weißbrot in beliebiger Menge. Die Energieaufnahme war durchschnittlich 1300—1500 cal. Als einfachste Verbesserung der Nahrung wurde ein Zusatz von Milch vorgenommen und nunmehr fast 2 Jahre lang das Befinden der Kinder verfolgt. Sie erhielten dabei teilweise die normale Anstaltskost weiter, teilweise die Milchzulage. Auch die Anstaltskost führte zunächst noch zu einer merklichen Gewichtszunahme, wohl als Zeichen dafür, daß vor dem Beginn des Versuchs auch die Quantität der Nahrung unzureichend war. Diese Gewichtszunahme kam aber nach einiger Zeit zum Stillstand, manche Kinder wiesen sogar nach 12—15 Monaten einen Gewichtsrückgang auf. Bei der „Milchgruppe" hielt dagegen die Gewichtszunahme an und Kinder, die bei der normalen Kost nicht mehr zunahmen, erfuhren nach Zugabe von Milch sofort eine erhebliche Steigerung ihres Gewichts. Auch der Gegenbeweis wurde geführt. Kindern der Milchgruppe wurde die Milch entzogen, und sofort verlangsamte sich die Gewichtszunahme oder das Gewicht nahm sogar ab. Im psychischen Verhalten der Kinder bestehen ebenfalls deutliche Unterschiede; die mit der Normalkost ernährten waren folgsam, leicht zu behandeln und wenig aktiv, die der „Milchgruppe" viel lebhafter und tatkräftiger. Es war sehr bemerkenswert, daß die unvollständige Normalkost bei manchen Kindern eine durchaus normale Entwicklung während der Beobachtungszeit ermöglichte, bei anderen dagegen nicht. Dies steht völlig im Einklang mit Selbstversuchen einiger Ernährungsforscher, die bei einer sicherlich nicht optimalen Kost gesund und leistungsfähig waren (s. S. 27), im Gegensatz zu anderen, bei denen unter ähnlichen Ernährungsbedingungen erhebliche Störungen auftraten. Diese Beobachtungen zeigen aufs nachdrücklichste, wie sehr man sich davor hüten muß, eine Ernährung auf dem Grundsatz der gerade ausreichenden Mengen an verschiedenen Nährstoffen aufzubauen, und sie weisen darauf hin, wie notwendig es ist, daß die einzelnen Nahrungsmittel sich hinsichtlich ihres Nährwertes ergänzen.

McCollum und Simmonds kommen daher zu dem Ergebnis, daß die wichtigste Forderung, die an eine ausreichend zusammengesetzte Ernährung gestellt werden muß, die weitgehende Verwendung von Milchprodukten ist. Die zweite Forderung ist die nach einer genügenden Berücksichtigung der grünen Gemüse. Sie sind nicht nur Schutzstoffträger, sondern ihr Gehalt an der unverdaulichen Cellulose ist auch ein vorzügliches Mittel zur Auflockerung des Kotes und zur Anregung der Darmperistaltik. Als dritte Forderung wird die auf Verabfolgung einer bestimmten Menge roher pflanzlicher Nahrungsmittel insbesondere also von Obst und Früchten gestellt.

Die Erkenntnisse McCollums sind in der Folgezeit durch eine große Reihe von Beobachtungen und Untersuchungsreihen immer wieder bestätigt und auch ergänzt worden. Wir können aber schon aus den Untersuchungen von McCollum alle notwendigen Aufschlüsse über die Zusammensetzung einer qualitativ ausreichenden Ernährung erhalten, und es kann auf die Anführung der prinzipiell gleichartigen Ergebnisse anderer Forscher verzichtet werden. Auch in dem schon mehrfach erwähnten Bericht der Ernährungskommission des Völkerbundes haben diese Erfahrungen offensichtlich ihren Niederschlag gefunden. Die Empfehlungen dieser Kommission bringen uns zurück zu Forderungen, die schon weiter oben aufgestellt wurden (s. S. 11f.), sie können aber nunmehr nach der quantitativen Seite hin ergänzt werden. In den Tabellen 17 und 18 ist nach den Vorschlägen dieser Kommission [Sér. de Publ. (4)] in den Grundzügen ein in jeder Hinsicht ausreichendes Kostregime zusammengestellt, dessen Caloriengehalt zur Bestreitung des normalen Daseins, aber nicht zur Leistung besonderer körperlicher Arbeit ausreicht. Die unter solchen Bedingungen notwendige Erhöhung des Caloriengehalts (s. Tabelle 9, S. 20) kann in beliebiger Weise nach Wunsch und Wahl durch Fette und die verschiedenen Kohlehydratträger erfolgen.

Tabelle 17[1]. Ernährungsregime für schwangere und stillende Frauen.

Nahrungsmittel	Menge	Ei-weiß	Ca	P	Fe	J	Vitamine					cal
							A	B_1	B_2	C	D	
	g				mg		Internationale Einheiten					
1. Schutzstoffträger.												
Milch	1000	32	1,2	0,9	2,4	0,02 bis 0,05	reich 1000 bis 3000	gut 50 bis 70	reich	arm	arm	660
Fleisch (oder Fisch oder Geflügel) .	120[2]	22	—	0,3	$\frac{5,0\,^3}{2}$	—	arm	arm[4]	reich	arm	0	240
1 Ei	50	6	—	0,1	1,5	—	reich 1000 bis 1300	gut etwa 15	reich	0	25 bis 40	70
Käse[5]	30	8	0,3	0,2	0,4	—	reich 800 bis 1000	arm	gut	arm	arm	125
Grüne Gemüse . .	100[6]	1	0,1	—	1,2	—	reich 1000 bis 1500	gut	gut	arm	0	30
Kartoffel	250	6	—	0,2	2,0	—	arm	gut	gut	gut	0	250
Hülsenfrüchte . .	10[7]	2	—	—	0,2	—	arm	gut	gut	0	0	35
Lebertran	3,5	—	—	—	—	reich	reich 1800 bis 3500	0	0	0	reich etwa 300	30
Als Vitamin C- Quelle Gemüse oder frisches Obst . .	—	—	—	—	—	—	—	—	—	250 bis 500	—	—
Insgesamt		77	1,6	1,7	10,2	genügend	über 5000	über 150	Ausreichend	über 500	etwa 300	1440
2. Energieträger.												
Zerealien, nach Bedarf Auszugsmehl oder Vollkorn . .	250[8] 250	28 —	— 0,1	0,2 0,9	2,5 9,0	— —	— —	— reich etwa 250	— —	— —	— —	1000 1000

Fett und Zucker nach Bedarf.

Anmerkungen: [1] Die Angaben dieser und der folgenden Tabellen geben die wirkliche Ausnützung an. [2] Für mageres Fleisch. [3] Unter der Annahme, daß die Hälfte des Fe assimilierbar. [4] Ausnahmen: Leber, Niere und Schweinefleisch. [5] Berechnet für Chesterkäse. [6] Berechnet für je ein Drittel Kohl, Salat und Spinat. [7] Berechnet für Bohnen. [8] Berechnet für Weizenmehl. Die Angaben stützen sich auf SHERMAN: Chemistry of Food and Nutrition, 4. Aufl. 1933.

Tabelle 18. Ernährungsregime für Kinder.

	Menge g	cal	Eiweiß g
a) Für 1—2jährige (840 cal).			
1. Schutzstoffträger:			
Milch	750	490	24
1 Ei (oder als Äquivalent 30 g Fleisch, Fisch oder Leber)	48	70	6
Grüne Gemüse	30—60	15	—
Kartoffel oder Mohrrüben	30	30	—
Lebertran	3	30	—
		635	30
2. Energieträger:			
Fett (möglichst Butter)	7	50	—
Zerealien (berechnet als Brot)	50	150	7
		835	37
b) Für 2—3jährige (1000 cal).			
1. Schutzstoffträger:			
Milch	1000	660	32
1 Ei (oder wie oben)	48	70	6
Grüne Gemüse	30—60	15	—
Kartoffeln oder Wurzeln	50	50	1
Lebertran	3	30	—
Vitamin C-Quelle (Gemüse oder frisches Obst) . . .			
		825	39
2. Energieträger:			
Fett (möglichst Butter)	10	75	—
Zerealien (berechnet als Brot)	50	150	7
		1050	46
c) Für 3—5jährige (1200—1300 cal).			
1. Schutzstoffträger:			
Milch	1000	660	32
1 Ei (oder wie oben)	48	70	6
Grünes Gemüse	60—100	20	2
Kartoffeln oder Wurzeln	100	100	2
Lebertran	3	30	—
Vitamin C-Quelle			
		880	42
2. Energieträger:			
Fett (möglichst Butter)	15	110	—
Zerealien (berechnet als Brot)	75	225	11
		1215	53
d) Für 5—7jährige (1400 cal).			
1. Schutzstoffträger:			
Milch	1000	660	32
1 Ei	48	70	6
Fleisch, Fisch, Leber oder Käse	30	40	6
Grüne Gemüse	100	30	3
Kartoffeln oder Wurzeln	150	150	3
Lebertran	3	30	—
Als Vitamin C-Quelle rohes Obst oder Gemüse . . .			
		980	50
2. Energieträger:			
Fett (möglichst Butter)	20	150	—
Zerealien (berechnet als Brot)	100	300	14
		1430	64

Tabelle 18 (Fortsetzung).

	Menge g	Calorien	Eiweiß g
e) Für 12—14jährige (2600 cal für Mädchen, 3200 für Knaben).			
1. Schutzstoffträger:			
Milch	1000	660	32
1 Ei	48	70	6
Fleisch, Fisch, Leber oder Käse	90	120	18
Grüne Gemüse	250	75	7
Kartoffeln oder Wurzeln	300	300	6
Lebertran	3	30	—
		1255	69

2. Energieträger.

Fette (möglichst Butter), Zerealien und andere Energieträger zur Deckung des Energiebedarfs.

Den Hauptraum nimmt die Tabelle 17 ein, die den Nahrungsbedarf der schwangeren oder stillenden Frau angibt. Für sie ist der Bedarf an Schutzstoffen besonders groß, weil das Kind mitversorgt werden muß. Für Erwachsene kann im übrigen der Gehalt der Nahrung an Schutzstoffen unter den angegebenen Werten bleiben. Für Kinder besteht dagegen gerade an Schutzstoffen ein erheblicher Bedarf und dieser ist um so größer, je stärker das Wachstum ist, so daß die Höhe der Zufuhr sich mit dem Lebensalter relativ wenig ändert.

Die Tabelle 17 läßt erkennen, daß das vorgeschlagene Ernährungsregime sowohl den Bedarf an Schutzstoffen wie an Energieträgern völlig deckt, allerdings mit einer Ausnahme: das Vitamin D ist in unserer Nahrung nicht ausreichend vorhanden. Gewiß wird bei einer intensiven Sonnenbestrahlung dieses Defizit durch eine Vitaminbildung in der Haut ausgeglichen werden können, aber damit ist in unseren Breiten nur zu einem kleinen Teil des Jahres zu rechnen, so daß in allen Vorschlägen die Zufuhr einer kleinen Lebertranmenge enthalten ist.

Die Tabellen vermeiden es absichtlich, nähere Angaben über die Art der zuzuführenden Nahrungsmittel zu machen, da ihre Wahl von den allgemeinen Ernährungsbedingungen, von jahreszeitlichen Verhältnissen, vom Geschmack und nicht zuletzt von den wirtschaftlichen Verhältnissen abhängig ist. Da über die Ernährungsführung des deutschen Volkes an einer späteren Stelle dieses Buches berichtet wird, können hier einige Andeutungen genügen. Bei der Auswahl der Nahrung für ein Volk wie das deutsche, das mit den Erzeugnissen seines Bodens haushalten und den vorhandenen Bedarf decken muß, ist vor allem auf die in ausreichenden Mengen im Lande selber produzierten Lebensmittel zurückzugreifen. Es ist weiterhin zu berücksichtigen, daß das wesentlichste Problem, das der Volksernährung gestellt ist, die ausreichende Ernährung der wirtschaftlich am schwächsten gestellten breiten Massen des Volkes mit den geringst möglichen Kosten ist. Es muß das Bestreben darauf gerichtet sein, mit dem für die Nahrung verfügbaren Geldbetrag ein Maximum an Nährwert im weitesten Sinne zu beschaffen. Die Tabelle 17 zeigt, daß dies für einen großen Teil der notwendigen Nahrungsmittel, auch bei der gegenwärtigen Ernährungslage Deutschlands der Fall ist. Zwei der wichtigsten Volksnahrungsmittel sind die Milch und die Kartoffel. Sie decken in dem angegebenen Regime, abgesehen von ihrer Bedeutung als Schutzstoffträger, fast die Hälfte des Calorien- und des Eiweißbedarfs. Sie stehen uns in ausreichendem Maße zur Verfügung. Das ist vor allem dann der Fall, wenn auch die Magermilch und die Buttermilch, die außer dem Fett noch sämtliche anderen Nährstoffe der Milch enthalten, in weit höherem Maße herangezogen würden. Die Bezeichnung „Magermilch" erweckt durchaus falsche Vorstellungen über den Nährwert der entfetteten Milch. Auch der Bedarf an Brot, durch das die Hälfte des Calorienbedarfs, vom Vollkornbrot außerdem auch ein erheblicher Teil des Bedarfs an Mineralien und an Vitamin B_1, gedeckt wird, ist ohne weiteres gesichert, vor allem dann, wenn dem Vollkornbrot ein noch größerer Platz in der Ernährung eingeräumt wird. Milch, Kartoffel und Brot gehören aber auch zu den billigsten Nahrungsmitteln. Gewisse Schwierigkeiten bestehen zur Zeit anscheinend in der Deckung des gegenwärtigen Konsums an Fleisch und an Fetten. Das beruht aber nur darauf, weil der Verbrauch an Fleisch und an Fett im Durchschnitt in Deutschland über den in der Tabelle 17 oder den im VOITschen Kostmaß geforderten Werten liegt. Der durchschnittliche Fleischverbrauch beträgt zur Zeit pro Kopf und Tag etwa 150 g, d. h. etwa 28—30 g Eiweiß, der Fettverbrauch statt der völlig ausreichenden Menge von 50—60 g sogar 103 g. Der wirklich bestehende Bedarf an Fleisch und an Fett könnte also durchaus im eigenen Lande befriedigt werden. Anders steht es dagegen noch bei der Versorgung mit Obst und Gemüsen. Das wichtigste Defizit, das hier auftreten kann, ist das an Vitamin C. Von den ausreichend verfügbaren Nahrungsmitteln enthält es nur die Kartoffel in genügenden Mengen. Da auch beim Kochen der Kartoffel — im Gegensatz zu vielen anderen Pflanzenprodukten — nur wenig vom Vitamin C zerstört wird, ist sie eine der besten Quellen für dieses Vitamin. Da aber vor allem in den Wintermonaten hier ein Defizit bestehen kann, ist die Frage der Versorgung mit Obst und Gemüse besonders dringlich, auch deshalb, weil sie zu den teuersten aller Nahrungsmittel gehören.

f) Der Nährwert einiger Nahrungsmittel.

Wenn auch in den voranstehenden Ausführungen gelegentlich auf den Nährwert einzelner Nahrungsmittel andeutungsweise hingewiesen wurde, so erscheint es doch notwendig, im Zusammenhang nochmals auf die ernährungsphysiologische Bedeutung der wichtigsten Nahrungsmittel ganz kurz einzugehen. Dabei sind die beiden Punkte zu berücksichtigen, die uns bei der Besprechung des Nahrungsbedarfs überhaupt geleitet haben: die Zufuhr von Schutzstoffen und von Energieträgern durch die einzelnen Nahrungsmittel, wie sie auch den Tabellen 1, 17 und 18 zugrunde gelegt wurde. Es kann auf die dort gemachten Ausführungen verwiesen werden.

1. Schutzstoffreiche Nahrungsmittel.

α) Milch und Milcherzeugnisse.

Die Milch kommt von allen Nahrungsmitteln, die wir besitzen, dem Ideal einer vollständigen Nahrung am nächsten. Ihre weite Verbreitung und die Tatsache, daß sie ihren Platz als Nahrungsmittel bis heute behauptet hat, ist um so erstaunlicher, als sie kein „bequemes" Nahrungsmittel ist. Sie kann nicht längere Zeit aufbewahrt werden, weil durch Bakterienwachstum Gärungs- und Fäulnisvorgänge einsetzen, die sie ungenießbar machen. Auch die Übertragung von Krankheitserregern (Tuberkulose, Scharlach, Typhus, Diphtherie) ist nicht zu unterschätzen. Die Milchproduktion und -verteilung bedarf also der dauernden Kontrolle und Überwachung. Trotzdem ist die Milch ein verbreitetes und unentbehrliches Nahrungsmittel geblieben, weil sie in bezug auf ihre Zusammensetzung nahezu alles enthält, dessen der Organimus zu seinem Aufbau und zu seiner Erhaltung bedarf.

Ihre *Eiweißkörper*, Casein, Lactalbumin und Lactoglobulin, sind biologisch im einzelnen, besonders aber in ihrer Gesamtheit außerordentlich hochwertig. Diese hohe Wertigkeit der Milcheiweißkörper zeigt sich auch darin, daß sie einen sehr hohen Ergänzungswert haben: biologisch unterwertiges Eiweiß wird durch die Zulage von Milcheiweiß für die Ernährung wesentlich wertvoller (s. S. 34). Eine besonders hohe Bedeutung haben die Milcheiweißkörper für den wachsenden Organismus, für den sie als die wertvollsten aller Eiweißkörper angesehen werden müssen.

Als Energieträger enthält die Milch *Milchzucker* und *Fette.* Die Fette sind in Form einer feinen Emulsion in der wäßrigen Lösung der Eiweißkörper verteilt und befinden sich deshalb in einer für die Verdauung besonders geeigneten Form. Daneben kommt dem Milchfett, das in Form der Butter dem Organismus gewöhnlich in größerer Menge als in der Milch selbst zugeführt wird, auch eine wichtige Rolle zu, weil es eines der wenigen Nahrungsmittel ist, das die Vitamine A und D in größeren Mengen enthält. Auch an Mineralstoffen ist die Milch sehr reich. Das gilt besonders von den für den Knochenaufbau, aber auch für alle übrigen Körperzellen unentbehrlichen Kalksalzen und Phosphaten. Das Calcium findet sich außer als Calciumphosphat auch in Bindung an Casein (s. S. 64). Wie wichtig die Milch als Kalkquelle ist, zeigt sich darin, daß außer ihr nur noch die grünen Gemüse — aber in sehr viel geringerem Maße — als kalkreiche Nahrungsmittel in Betracht kommen. Allerdings besteht gerade in bezug auf Mineralstoffe einer der wesentlichsten Mängel der Milch. Sie enthält nämlich die Schwermetalle Eisen, Kupfer und Mangan, die für die Bildung des Hämoglobins, in gleicher Weise aber auch für den Aufbau der Fermente der biologischen Oxydation unentbehrlich sind, in zu geringer Menge. Daß tatsächlich nach Zusatz dieser Schwermetallionen in geeigneter Menge zum mindesten für Versuchstiere die Milch als einziges Nahrungsmittel voll ausreicht, zeigen Versuche von ELVEHJEM und seinen Mitarbeitern. Ein Defizit kann die Milch auch aufweisen an den Vitaminen C und D, da der Gehalt an ihnen außerordentlich großen Schwankungen unterliegt. Beim Vitamin C handelt es sich vor allem um die beim Kochen eintretende Zerstörung, die, wenn das Erhitzen längere Zeit dauert oder in kupferhaltigen Gefäßen vorgenommen wird, praktisch vollständig sein kann. Der wechselnde Gehalt an Vitamin D hängt dagegen mit der Fütterungsart der Tiere zusammen. Kommen die Kühe auf die Weide, fressen sie also Grünfutter und sind der Sonnenbestrahlung ausgesetzt, so ist der Vitamin D-Gehalt der Milch hoch, bei Stallfütterung, besonders also im Winter sinkt er stark ab.

Neben der Milch selber und der Butter haben auch andere Milchprodukte eine große Bedeutung für die Nahrung. Von ihnen sind die *Magermilch* und die *Buttermilch* schon oben erwähnt worden (s. S. 38). Sie haben zwar mit dem Fett auch die fettlöslichen Vitamine verloren, enthalten aber noch alle übrigen Schutzstoffe und Energieträger. Als Eiweiß- und Mineralquelle sind auch die verschiedenen *Käse* zu beachten, von denen für die aus entrahmter Milch hergestellten, oder für die fettarmen Sorten (Quark, Harzer, Mainzer, Stangenkäse usw.) das gleiche gilt, wie für die Magermilch, aus der sie gewonnen werden.

β) Eier.

Die ernährungsphysiologische Bedeutung der Eier liegt in erster Linie in ihrem Gehalt an hochwertigen Eiweißkörpern und an Mineralien, unter denen das Eisen in recht hoher Konzentration vorkommt. Daneben ist sicherlich auch der hohe Phosphatidgehalt des Eidotters wichtig, weil der Phosphatidbaustein Cholin beim Aufbau der Phosphatide und wahrscheinlich auch beim Abbau der Fette vom Körper gebraucht wird (s. S. 87).

γ) Fleisch.

Unter Fleisch versteht man im allgemeinen die Skeletmuskulatur. Schon diese ist wegen ihrer Eiweißkörper und wegen des Phosphat- und Eisengehalts ein sehr wertvolles Nahrungsmittel. Die Proteine des Muskels haben etwa die gleiche Wertigkeit wie die von Milch und Ei. Wesentlich vollkommenere Nahrungsmittel sind aber andere tierische Organe, und zwar neben dem Herzmuskel besonders die drüsigen Organe wie Leber und Niere. Neben dem recht hohen Gehalt an Mineralien, besonders an Schwermetallen und an Vitaminen —, man denke an ihre Speicherung in der Leber — spielen hier sicherlich auch noch andere Stoffe eine Rolle. Diese sind uns zwar im einzelnen noch unbekannt, oder ihre Zufuhr mit der Leber oder den Nieren wird in ihrer Bedeutung nicht gewürdigt, es liegt aber durchaus im Bereich der Möglichkeit, daß diese Organe, in denen sich der intermediäre Stoffwechsel im wesentlichen abspielt, durch einen hohen Gehalt an den verschiedenen Co-Fermenten ausgezeichnet sind.

δ) Obst und Gemüse.

Die bisher besprochenen Nahrungsmittel enthalten alle neben den Schutzstoffen auch nicht unerhebliche Mengen von Energieträgern. Bei der vorliegenden Klasse von Nahrungsmitteln ist das anders. Der Energiegehalt ist praktisch zu vernachlässigen, allein in ihrem Schutzstoffgehalt besteht ihre Bedeutung. Das ist vor allen Dingen in früheren Jahren weit unterschätzt worden, weil diese Art von pflanzlichen Nahrungsmitteln wegen ihres hohen Gehalts an unverdaulicher Rohfaser vor allem als Ballast angesehen wurde, dessen Ausnutzung gering ist, und der auch noch die Ausnutzung anderer Nahrungsstoffe herabsetzen sollte. Jedoch ist gerade dieser Gehalt an unverdaulichen Bestandteilen der Pflanzenkost durchaus erwünscht, weil er zu einer Anregung der Darmperistaltik und einer Auflockerung des Darminhaltes führt. Der wesentliche Wert der grünen Gemüse und des Obstes besteht in ihrem Gehalt an Mineralien, in erster Linie an Eisen und an Vitaminen, bei den grünen Gemüsen an allen außer an C und D und beim Obst und vielen Früchten in erster Linie an C. Unter diesem Gesichtspunkte haben als gute und wertvolle Nahrungsmittel zu gelten Spinat, Grünkohl, Rosenkohl, grüner Salat, Tomaten und Möhren. Auch das eingemachte Sauerkraut ist reich an Vitaminen und an Mineralien, so daß es vor allem in der kalten Jahreszeit als eine wertvolle Ergänzung der Nahrung angesehen werden muß. Durch seinen Reichtum an Vitamin C ist das Beerenobst ausgezeichnet, schwarze Johannisbeeren und auch Hagebutten sind besonders reich daran. Auch der Nährwert von Kirschen und Pflaumen ist nicht unerheblich. Der Gehalt der verschiedenen Marmeladen an Vitamin C ist dagegen ziemlich gering einzuschätzen. Da das Vitamin C beim Erwärmen leicht zerstört wird, ist es verständlich, daß durch das Kochen der Nährwert aller Vitamin C-haltiger Nahrungsmittel stark vermindert werden kann, allerdings in sehr verschiedenem Maße (s. S. 214f.). Da es leider üblich ist, das Kochwasser der Gemüse wegzuschütten, entgehen durch das Kochen der Nahrung meist auch wertvolle Mineralien.

2. Energiereiche Nahrungsmittel.

α) Brot.

Der Energiebedarf wird im allgemeinen (s. z. B. Tabelle 11 und 12, S. 23 und 24) zum weit überwiegenden Betrag durch die kohlehydratreichen Nahrungsmittel gedeckt. Unter ihnen nimmt bei fast allen Kulturvölkern das Getreide und die aus ihm hergestellten Mehle und Backwaren und unter diesen das Brot einen bevorzugten Platz ein. So wird z. B. in Deutschland etwa $\frac{1}{3}$ des gesamten

Nahrungsbedarfs durch Mehl und Brot gedeckt. Das im Getreide und in den Getreideprodukten enthaltene Kohlehydrat ist die Stärke.

Die Verfeinerung des Mehls durch eine geringe Ausmahlung hat dazu geführt, daß wegen ihres besseren Aussehens die Brote aus hellerem Mehl, vor allem aus feinstem Weizenmehl, einen immer größer werdenden Anteil der Brotversorgung decken. Es ist darum ernährungsphysiologisch wichtig, zu wissen, ob Roggen- oder Weizenbrot den größeren Gesamtnährwert hat und ob der Ausmahlungsgrad des Getreides auf seinen Nährwert von Einfluß ist.

Bei der Beantwortung der Frage, ob Roggenbrot oder Weizenbrot wertvoller ist, muß man von vornherein berücksichtigen, daß Deutschland ein ausgesprochenes Roggenland ist. Bei gleichem Nährwert wäre also schon aus agrarpolitischen Gesichtspunkten der Roggen vorzuziehen. Es kommt hinzu, daß auch ernährungsphysiologisch die beiden Getreidearten etwa gleichwertig sind. In der Ausnutzung schneidet nach Tabelle 14 (s. S. 30) lediglich Brot aus feinem Weizenmehl günstiger ab als Roggenbrot, aber bei den höheren Ausmahlungsgraden sind die Unterschiede nur noch sehr gering. Aus Tierversuchen geht aber hervor, daß die Ausnutzung als alleiniges Kriterium für die Güte der beiden Getreide noch nichts besagt. Es zeigt sich vielmehr, daß in bezug auf den Gesamtnährwert der Roggen sowohl als Getreide (WEISER und ZAITSCHEK) wie auch als Brot (KAUFFMANN-COSLA, VESILCO und OERIU) dem Weizen vorzuziehen ist. Diese Überlegenheit beruht auf dem höheren Schutzstoffgehalt des Roggens, der besonders an Mineralien (K, Mg und Fe) reicher als der Weizen ist. Im Gehalt an Vitamin B_1 ist allerdings der Weizen etwas überlegen, aber auch der B_1-Gehalt des Roggens ist durchaus ausreichend. Wir kommen also zu dem Schluß, daß es ernährungsphysiologisch wie agrarpolitisch gleich wünschenswert ist, den Brotbedarf überwiegend durch Roggen zu decken.

Auch in der Frage des Ausmahlungsgrades läßt sich eine eindeutige Entscheidung fällen (BICKEL). Bei niederem Ausmahlungsgrad der Mehle gehen die als Schutzstoffe wichtigen Mineralien und Vitamine und ebenso auch das Eiweiß in die Kleie über, sind also der menschlichen Ernährung verloren. Die indirekte Ausnutzung auf dem Wege über das Tier führt zu erheblichen Verlusten, weil nur derjenige Teil der Kleie, der vom Tierkörper angesetzt wird, der menschlichen Ernährung wieder zugute kommt; der größte Teil aber vom Tier zur Deckung seines Energieumsatzes verbraucht wird. Nachdem die früher verbreitete Ansicht über die schlechte Ausnutzung des Getreideeiweißes als überholt angesehen werden kann [HEUPKE (7)], ist dieser Einwand gegen die Herstellung von Vollkornbroten oder von Broten aus Mehlen hoher Ausmahlung hinfällig. Auch vom Standpunkt der Deckung des Schutzstoffbedarfs ist eine hohe Ausmahlung zu fordern. Die äußeren Hüllen des Getreidekorns enthalten sehr große Mengen an Vitamin B_1. Es ist bemerkenswert, daß dieses Vitamin, das für den Kohlehydratstoffwechsel unentbehrlich ist, in einem kohlehydratreichen Nahrungsmittel in großer Menge zugeführt wird. Das Vollkornbrot ist als Quelle dieses Vitamins nahezu unentbehrlich. Durch 400—500 g Roggenbrot aus Mehl von 94% Ausmahlung kann der B_1-Bedarf des Erwachsenen völlig gedeckt werden (SCHEUNERT). Da die übrigen Nahrungsmittel nicht sehr viel B_1 enthalten, muß der Konsum von zu wenig Brot oder von Brot aus Mehl geringerer Ausmahlung zu einem kaum auszugleichenden Defizit an diesem Vitamin führen. Ganz ähnliche Erwägungen gelten für die Mineralien, die ebenfalls in hochausgemahlenem Mehl in größerer Menge enthalten sind. Zu beachten ist auch, daß die Art der Herstellung des Brotes für seinen Nährwert entscheidend ist. Knäckebrot ist z. B. minderwertig, anscheinend weil beim Trocknen des Teiges lebenswichtige Aminosäuren zerstört werden (ABELIN). Das gleiche gilt für Zwieback.

Zum Brot stehen andere Getreideerzeugnisse wie Nudeln, Haferflocken, Hafergrütze, Gries und Graupen in naher Beziehung. Weizen-, Hafer- und Gerstenprodukte sind ziemlich eiweißreich, so daß die Aufnahme der genannten Nahrungsmittel gleichzeitig zur Deckung des Eiweiß- und des Energiebedarfs beiträgt.

β) Zucker.

Wenn man von der Zufuhr des Milchzuckers mit der Milch absieht, so spielt lediglich der Rohrzucker als Nahrungsmittel eine größere Rolle. Da auf die Erzielung eines möglichst rein weißen Produktes Wert gelegt wird, ist es verständlich, daß bei der Zuckerraffinerie alle Schutzstoffe verloren gehen, der Rohrzucker also als reiner Energiespender anzusehen ist. Bei der Deckung eines Teils des Energiebedarfs durch reinen Zucker muß also die Schutzstoffzufuhr notleiden, vor allen Dingen ist ein Defizit an Vitamin B_1 zu erwarten. Dies ist um so bedenklicher, als mit der Steigerung des Kohlehydratkonsums auch der Bedarf an B_1 steigt. Traubenzucker spielt im allgemeinen in der Ernährung keine große Rolle. Zur Deckung eines akuten Energiebedarfs wird er als leicht assimilierbarer Nahrungsstoff gelegentlich in kleineren Mengen gegeben. Auch dabei ist natürlich von einer gleichzeitigen Zufuhr von Schutzstoffen keine Rede.

γ) Kartoffel.

Der zweite wichtige Kohlehydratspender der Nahrung ist die Kartoffel. Sie enthält auch gewisse Mengen von Eiweiß, das zwar biologisch nicht vollwertig ist, aber z. B. durch die Milcheiweißkörper ergänzt werden kann (JONES und NELSON). Daneben ist die Kartoffel eine der wichtigsten Quellen des Vitamins C (s. S. 389) und gewisser Mineralien, besonders des Eisens. Der Gesamtnährwert der Kartoffel wird aber nur in den Pellkartoffeln ausgenutzt, da durch das Schälen und im Kochwasser erheblicher Verlust an Mineralstoffen erfolgt. Anscheinend hat die immer größer werdende Rolle des Zuckers und des feinen Weizenmehls unter gleichzeitiger Einschränkung des Kartoffelkonsums, wie sie die Ernährung der europäischen Völker in der Neuzeit kennzeichnet, zu einer ungeheuren Vermehrung der Zahnkrankheiten geführt. Auf der anderen Seite wird anscheinend durch eine Nahrung, die reich an Kartoffeln und arm an Zucker und wenig ausgemahlenen Zerealien ist, das Auftreten der Caries eingeschränkt.

δ) Hülsenfrüchte.

Als Energieträger sind schließlich noch die Hülsenfrüchte zu nennen. Ihr Nährwert entfällt etwa zur Hälfte auf Kohlehydrate, zu $^1/_4$—$^1/_3$ auf Eiweiß. Allerdings hat dieses Eiweiß eine sehr geringe Wertigkeit, so daß es in erster Linie als Energieträger dient. Eine Ausnahme macht anscheinend das Sojabohneneiweiß. Hülsenfrüchte spielen im übrigen vor allem wegen ihres niedrigen Preises für die Ernährung der breiten Massen eine große Rolle.

Schrifttum.

AARON, H.: Biochem. Z. **92**, 211 (1918). — ABDERHALDEN, E.: Handbuch der biologischen Arbeitsmethoden, Abt. IV, Teil 10. — ABELIN, I.: Biochem. Z. **232**, 278 (1931).
BARON, J. u. M. POLANYI: Biochem. Z. **53**, 1 (1913). — BECKER, G. u. J. W. HAMALAINEN: Skand. Arch. Physiol. (Berl. u. Lpz.) **31**, 209 (1914). — BENEDICT, F. G. u. H. MURSCHHAUSER: Carnegie Inst. Publ. **231** (1915). — BERG, R.: Z. Volksernährg **9**, 263 (1934). — BERTRAM, F. u. A. BORNSTEIN: Handbuch der normalen und pathologischen Physiologie, Bd. 5, S. 84. 1928. — BEST, C. H., M. E. H. MAWSON, E. W. McHENRY and J. H. RIDOUT: J. of Physiol **86**, 315 (1936). — BEST, C. H. and J. H. RIDOUT: J. of Physiol. **86**, 343 (1936). — BICKEL, A.: Die Brotnahrung des deutschen Volkes. Leipzig 1937. — BICKEL, A.: Dtsch. med. Wschr. **1935** I, 533, 577. — BING, C. F., W. L. ADAMS and R. O.

BOWMAN: J. Nutrit. **5**, 571 (1932). — BOORSOOK, H.: Biol. Rev. Cambridge philos. Soc. **11**, 147 (1936). — BOOTHBY, W. M., J. BERKSON and H. L. DUNN: Amer. J. Physiol. **116**, 468 (1936). — BOOTEBY, W. M. and I. SANDIFORD: J. of biol. Chem. **54**, 783 (1922).— BREITMANN, M.: Zit. nach Ber. Physiol. **73**, 74. — BURR, G. O. and W. R. BROWN: Proc. Soc. exper. Biol. a. Med. 30, 1349 (1933). — BURR, G. O. and M. M. BURR: J. of biol. Chem. **82**, 345 (1929). — BURR, G. O., M. M. BURR and E. S. MILLER: J. of biol. Chem. **97**, 1 (1932).

CASPARI, W. u. E. STILLING: Handbuch der Biochemie, 2. Aufl., Bd. 8, S. 636. 1925. — CATHCART, E. P. and W. A. BURNETT: Proc. roy. Soc. Lond. B **99**, 405 (1926).

DANIELS, A. L., M. K. HUTTON, E. M. KNOTT, O. E. WRIGHT, G. J. EVERSON and F. SCOULAR: J. Nutrit. **9**, 91 (1935). — DUBOIS, D. and E. F. DUBOIS: Arch. int. Med. **17**, 863 (1916).

ERTEL, H.: Die Grundlagen der deutschen Volksernährung. Leipzig 1938. — EULER, H. v.: Erg. Physiol. **38**, 1 (1936). — EULER, H. v., M. MALMBERG, L. ROBEZNIEKS u. F. SCHLENK: Naturwiss. **1938**. 45.

FAUVEL, P.: Assoc. franç. Avancement Sci. **1935**, 329. Zit. nach! Ber. Physiol. **98**, 242. — FELIX, K.: Handbuch der Biochemie, Erg.-Werk, Bd. 3, S. 562. Jena 1936. — FICK, A. u. WISLICENIUS D. J.: Zbl. med. Wiss. **1866**, 309. — FORBES, E. B., R. W. SWIFT, A. BLACK and O. J. KAHLENBERG: J. Nutrit. **10**, 461 (1935). — FORBES, E. B., L. VORIS, J. W. BRATZLER u. W. WAINIO: J. Nutrit. **18**, 285 (1938). — FUNNELL, E. H., E. McC. VAHLTEICH, S. O. MORRIS, G. McLEOD and M. S. ROSE: J. Nutrit. **11**, 37 (1936).

GERHARTZ, E.: Biochem. Z. **239**, 404 (1931). — GLATZEL, F.: (1) Med. Welt **1936**, Nr 10. (2) Med. Welt **1936**, Nr 38. — (3) Med. Welt **1936**, 1389. — GRAFE, E.: (1) Erg. Physiol. **21**, 172 (1923). — (2) Erg. Physiol. **21 II**, 1, u. zwar S. 488 (1923). — (3) Handbuch der Biochemie, 2. Aufl., Bd. 6, S. 609. 1926. — (4) Handbuch der Biochemie, Erg.-Werk, Bd. 2, S. 899. 1934. — (5) Handbuch der Biochemie, Erg.-Werk, Bd. 2, S. 905. 1934. — (6) Klin. Wschr. **1934 I**, 793. — (7) Die Krankheiten des Stoffwechsels. Berlin 1936.

HARRIS, A. and F. G. BENEDICT: Carnegie Inst. Publ. **279** (1919). — HEUPKE, W.: (1) Arch. Verdgskrkh. **41**, 193 (1927). — (2) Arch. Verdgskrkh. **41**, 214 (1927). — (3) Arch. Verdgskrkh. **44**, 169 (1928). — (4) Arch. Verdgskrkh. **49**, 263 (1931). — (5) Arch. Verdgskrkh. **49**, 272 (1931). — (6) Münch. med. Wschr. **1934 I**, 353. — (7) Dtsch. med. Wschr. **1934 II**, 1823. — HEUPKE, W. u. A. V. MARX: Arch. Verdgskrkh. **44**, 23 (1928). — HINDHEDE, M.: Z. Ernährg **1**, 145 (1931).

ILZHÖFER, H.: Arch. f. Hyg. **95**, 245 (1925).

JONES, D. B. and E. M. NELSON: J. of biol. Chem. **91**, 705 (1931). — JOST, H.: Z. physiol. Chem. **197**, 90 (1931).

KAUFFMANN-COSLA, O., O. VASILCO et S. OERIU: Arch. des Mal. Appar. digest. **24**, 625 (1934). — KAUNITZ, H.: Erg. inn. Med. **51**, 218 (1936). — KEMMERER, A. R., S. A. ELVEHJEM, E. B. HART and J. M. FARGE: Amer. J. Physiol. **102**, 319 (1937). — KNIPPING, H. W. u. P. RONA: Praktikum der physiologischen Chemie, Bd. 3. Berlin 1928. — KRAFT, W.: Dtsch. med. Wschr. **1937 II**, 1867. — KREBS, H. A. u. K. HENSELEIT: Z. physiol. Chem. **210**, 36 (1932). — KROGH, A.: Zit. nach W. M. BOOTHBY u. I. SANDIFORD: Physiologic. Rev. **4**, 69, u. zwar S. 79 (1924). — KROGH, A. and J. LINDHARD: Biochemic. J. **14**, 290 (1920).

LAUTER, S. u. M. JENKE: Dtsch. Arch. klin. Med. **146**, 173 (1925). — LAWROFF, W. W., A. W. LISLOWA u. M. S. FILIPPOWA: Zit. nach Ber. Physiol. **82**, 270. — LEHMANN, G.: Handbuch der Biochemie, Erg.-Werk, Bd. 2, S. 865. 1934. — LIEB, W. C.: (1) J. amer. med. Assoc. **87**, 25 (1926). — (2) Amer. J. digest. Dis. a. Nutrit. **2**, 473 (1935). — LIEBIG, J. v.: Chemie in Anwendung auf Agrikultur und Chemie, 7. Aufl., Bd. 2, S. 227. Braunschweig 1862. — LILJESTRAND, D. u. N. STENSTRÖM: Skand. Arch. Physiol. (Berl. u. Lpz.) **39**, 167 (1920). — LÖWY, A.: Handbuch der Biochemie, 2. Aufl., Bd. 6, S. 273. 1926. — LUSK, G.: (1) The elements of the science of nutrition, 4th Ed. Philadelphia a. London 1928. — (2) Erg. Physiol. **33**, 103 (1931).

MACLEAN, D. L., J. H. RIDOUT and C. H. BEST: Brit. J. exper. Path. **18**, 345 (1937). — McCOLLUM, E. V. u. M. SIMMONDS: Neue Ernährungslehre. Deutsch von E. ASHER. Berlin u. Wien 1928. — MELNICK, D. and G. R. COWGILL: J. Nutrit. **13**, 401 (1937).

ORR, J. B.: Food, health and income. London 1936.

PARSONS, H. T.: J. of biol. Chem. **90**, 351 (1931). — PESONEN, N.: Duodecim (Helsingfors) **43**, 724 (1927). — POLVOGT, L. M., E. V. McCOLLUM and N. SIMMONDS: Bull. Hopkins Hosp. **34**, 168 (1923).

RAUTENSTRAUCH, W.: Z. physik. Ther. **41**, 273 (1931). — READ, J. M. and CH. W. BARNETT: Arch. int. Med. **57**, 521 (1936). — RÖSE, C.: Z. exper. Med. **94**, 579 (1934). — RÖSE, C. u. R. BERG: Münch. med. Wschr. **1918 II**, 1011. — RUBNER, M.: (1) Z. Biol. **19**, 312 (1883). — (2) Z. Biol. **19**, 535 (1883). — (3) Z. Biol. **21**, 329 (1885). — (4) Z. Biol. **30**, 73 (1894). — (5) Die Gesetze des Energieverbrauchs bei der Ernährung. Berlin u. Wien 1902. — (6) Verh. Ges. dtsch. Naturforsch. **1920**, 81. — (7) Handbuch der normalen und pathologischen Physiologie, Bd. 5, S. 141. 1928. — (8) Handbuch der normalen und pathologischen Physiologie, Bd. 5, S. 142. 1928. — (9) Z. exper. Med. **72**, 123 (1930). — (10) Handbuch der Lebensmittelchemie, Bd. 1, S. 1174. Berlin 1933.

SCHENK, P.: Münch. med. Wschr. **1936 II**, 1535. — SCHEUNERT, A.: Forschgsdienst, Sonderhefte 4 (1936). — SCHEUNERT, A. u. C. VENUS: Biochem. Z. **252**, 231 (1932). — SCHMID, E.: Mitt. Lebensmittelunters. **24**, 195 (1933). — (1) Sér. de Publ. Soc. des Nations A 12. 1936. II.B. Le problème des l'alimentation, Tome 1, 17f. — (2) Sér. de Publ. Soc. des Nations A 12. 1936. II.B. Le problème de l'alimentation, Tome 1, p. 37. — (3) Sér. de Publ. Soc. des Nations A 12 a. 1936. II.B. Le problème de l'alimentation. Tome 2, p. 15. — (4) Sér. de Publ. des Nations A 12 a. 1936. II.B. Le problème de l'alimentation, Tome 2, p. 22f. — SILWER, H.: Acta med. scand. (Stockh.), Suppl. 79 (1937). — SLONAKER, J. R.: Amer. J. Physiol. **96**, 547, 557 (1931); **97**, 15, 322, 573, 626 (1931); **98**, 266 (1931). — SMITH, H. G.: Proc. Soc. exper. Biol. a. Med. **28**, 597 (1931). — STEFANSON, V.: J. amer. Assoc. **71**, 1715 (1918). — STRASBURGER, J.: Arch. Verdgskrkh. **41**, 1 (1927). — STRAUB, W.: Z. Biol. **37**, 527 (1899). — STRAUSS, L.: (1) Arch. Verdgskrkh. **41**, 11 (1927). — (2) Arch. Verdgskrkh. **41**, 180 (1927). — SÜSSKIND, B.: (1) Z. ges. exper. Med. **72**, 119 (1930). — (2) Z. Ernährg **3**, 345 (1933). — (3) Arch. Verdgskrkh. **54**, 197 (1933). — (4) Dtsch. med. Wschr. **1935 II**, 1393. — (5) Arch. Verdgskrkh. **58**, 342 (1935).

TERROINE, E. F. et T. REICHERT: C. r. Soc. Biol. Paris **189**, 1019 (1929). — THOMAS, K.: (1) Arch. J. (Anat. u.) Physiol., Suppl. **1910**, 249. — (2) Angew. Chem. **34**, 601 (1921). — TIGERSTEDT, R.: (1) Handbuch der Biochemie, 2. Aufl., Bd. 6, S. 540f. Jena 1926. — (2) Handbuch der Biochemie, 2. Aufl., Bd. 6, S. 548. Jena 1926.

VOIGT, J. M.: Pflügers Arch. **234**, 570 (1934).

WANG, CH. CH., M. KAUCHER and M. WING: Amer. J. Dis. Childr. **51**, 801 (1936). — WEISER, J. u. A. ZAITSCHEK: Ref. Ber. Physiol. **77**, 433. — WILHELMIJ, C. M., L. BOLLMANN u. F. C. MANN: Amer. J. Physiol. **87**, 497 (1928).

II. Bedeutung und Aufgabe der einzelnen Nahrungsstoffe.

Von E. LEHNARTZ, Göttingen.

a) Energieträger.

1. Eiweiß[1].

α) Die allgemeine Bedeutung der Eiweißkörper.

Unter den verschiedenen Energieträgern der Nahrung nimmt, wie schon im einleitenden Kapitel ausführlich geschildert, das Eiweiß einen ganz besonderen Platz ein, weil es die Grundlage für das Strukturgerüst aller Zellen ist und weil ihm fernerhin durch seine Beteiligung am Aufbau der Fermente ebenfalls eine grundlegende Bedeutung für den Ablauf aller funktionellen Leistungen der Zelle zukommt. Veränderungen in der histologischen Färbbarkeit der Zellkerne weisen darauf hin, daß gerade die Eiweißkörper in den Kernen durch die funktionellen Leistungen der Zelle verändert werden. Im Zusammenhang mit dem Anteil, den Eiweißkörper am Aufbau der Hormone haben, ist zu erwähnen, daß auch eine Reihe von Hormonen (Insulin, Parathormon und sämtliche Hypophysenhormone) Eiweißstoffe sind.

Die Eiweißkörper haben als Stoffe von erheblicher Molekülgröße kolloidale Eigenschaften, und Änderungen dieser Eigenschaften sind sicherlich für ihre Beteiligung an den Lebensvorgängen von grundlegender Wichtigkeit. Änderungen ihres Kolloidzustands sind wahrscheinlich für das Verhalten der Zellgrenzflächen, also für ihre Oberflächenspannung und für ihre Durchlässigkeit verantwortlich. Ebenfalls mit ihren kolloidalen Eigenschaften hängt die Fähigkeit der Eiweiße zur Wasserbindung zusammen. Durch den Wechsel ihres

---

[1] Siehe zusammenfassende Darstellungen im Schrifttum.

Hydrationsgrades werden so die Eiweißkörper des Blutplasmas zu wichtigen Hilfsmitteln für den Wassertransport im Körper.

Schließlich ist noch darauf hinzuweisen, daß vor allem in der Pflanzenzelle, anscheinend aber auch im Tierkörper, besonders in der Leber, Eiweiß gespeichert werden kann. Es gibt also eine gewisse Menge von *Reserveeiweiß;* allerdings ist dieser Teil des Eiweißstoffwechsels ziemlich bedeutungslos.

Der Name Eiweiß leitet sich vom Vorkommen dieser Stoffe im Eiklar ab. Die Eiweißstoffe werden auch als *Proteine* bezeichnet, ein Name, der sich von $\pi\varrho\omega\tau\varepsilon\acute{\upsilon}\varepsilon\iota\nu$ (= „den ersten Platz einnehmend") ableitet und ausdrücken sollte, daß diese Stoffe die stoffliche Grundlage des Lebens sind. Wenn auch inzwischen erkannt worden ist, daß diese Funktion nicht nur den Eiweißkörpern eignet, so drückt doch auch heute noch der Name Proteine die Lebenswichtigkeit der Eiweißkörper in überzeugender Weise aus.

Die Elementaranalyse ergibt, daß die Eiweißstoffe als Hauptelemente Kohlenstoff, Wasserstoff, Sauerstoff, Stickstoff und Schwefel enthalten; dazu kommt bei einigen Proteinen noch Phosphor und in vereinzelten Fällen auch noch andere Grundstoffe, wie Eisen (im Hämoglobin) oder Jod (im Schilddrüseneiweiß). Die Prozentgehalte an diesen Grundstoffen schwanken bei den verschiedenen Eiweißkörpern in gewissen Grenzen, für Kohlenstoff z. B. zwischen 50 und 52%, für Wasserstoff zwischen 6,8 und 7,7%; die Gehalte an den besonders charakteristischen Elementen Stickstoff, Schwefel und Phosphor gibt für einige Proteine die Tabelle 19 an. Wenn man im allgemeinen für das Eiweiß einen N-Gehalt von 16% annimmt, den Eiweißgehalt einer Lösung oder eines Stoffgemisches also durch Multiplikation des gefundenen N mit 6,25 errechnet, so macht man damit einen gewissen Fehler, der allerdings nicht

Tabelle 19.

	Eiweißkörper	N-Gehalt	S-Gehalt	P-Gehalt
		in %		
Tierische	Globuline	15,17—16,06	1,03—2,00	
	Albumine	15,00—15,93	1,09—2,25	
	Caseine	15,60—15,91	0,77—0,83	0,35—0,88
Pflanzliche	Globuline	16,18—18,88	0,40—1,30	
	Albumine	15,59—17,32	1,28—1,99	
	Glutenin	17,10—17,49	1,00—1,08	
	Kleberproteine . .	16,63—18,01	0,78—1,09	

sehr wesentlich ist und bei der Analyse der Nahrungsmittel pflanzlicher Herkunft stärker ins Gewicht fällt als bei denen tierischer Abkunft oder bei der Analyse der Ausscheidungen, aus deren N-Gehalt man auf den Eiweißumsatz im Körper zurückschließt.

Durch chemische oder fermentative Spaltung lassen sich die Eiweißkörper in eine größere Anzahl kleinerer Bausteine von charakteristischer Struktur, die *Aminosäuren,* zerlegen, von denen bisher mit Sicherheit als Bausteine von Eiweißstoffen etwa 24 erkannt worden sind. Bei den meisten Eiweißkörpern ergibt die nähere Analyse, daß an ihrem Aufbau auch bestimmte Kohlehydratkomplexe (s. S. 60) als integrierende Bestandteile teilnehmen [RIMINGTON (1)]. Sehr viele Eiweißkörper liefern weiterhin bei der Aufspaltung außer den Aminosäuren und diesen Kohlehydratkomplexen weitere Bausteine von ganz anderer chemischer Natur. Man bezeichnet diese Bausteine, die von den Eiweißkörpern zum Teil auch abgespalten werden können, ohne daß diese dabei weiterhin aufgespalten werden, als *prosthetische Gruppen* und unterscheidet je nach dem

Fehlen oder Vorhandensein einer solchen Gruppe die *einfachen Eiweißkörper oder Proteine von den zusammengesetzten Eiweißkörpern oder Proteiden*. In der Natur überwiegen die Proteide weitaus über die Proteine.

Da bei der Aufspaltung der Eiweißkörper eine Vielzahl von Aminosäuren gewonnen wird und diese in ganz verschiedener Reihenfolge miteinander vereinigt sein können, ist es verständlich, daß auch Eiweißkörper, die zur gleichen Klasse gehören, bei verschiedenen Tierarten, ja sogar bei verschiedenen Angehörigen der gleichen Art andere Eigenschaften haben: die Eiweißstoffe sind also in hohem Maße spezifisch. Diese Spezifität gilt auch für die Eiweißkörper aus verschiedenen Organen. Die Spezifität der Eiweißkörper gibt sich am klarsten zu erkennen bei den Abwehrreaktionen, wie sie z. B. auftreten, wenn artfremdes Eiweiß unter Umgehung des Verdauungskanals, parenteral, ins Innere des Körpers gelangen.

β) Aminosäuren.

Als Aminosäuren bezeichnet man Fettsäuren, in denen ein H-Atom der Kohlenwasserstoffkette durch die Aminogruppe ersetzt ist. Mit einer Ausnahme (β-Alanin) sind alle natürlich vorkommenden Aminosäuren in der α-Stellung, also der Carboxylgruppe direkt benachbart, substituiert. Alle in

$$\ldots CH_2 - \underset{\delta}{CH_2} - \underset{\gamma}{CH_2} - \underset{\beta}{CH_2} - \underset{\alpha}{COOH}$$

der Natur entweder frei oder als Bausteine von Eiweißkörpern vorkommenden Aminosäuren gehören strukturell der l-Reihe an, sie drehen aber die Ebene des polarisierten Lichtes teils nach rechts (+), teils nach links (—). Ihre Strukturformel läßt sich in einer der vier nachstehenden Arten schreiben:

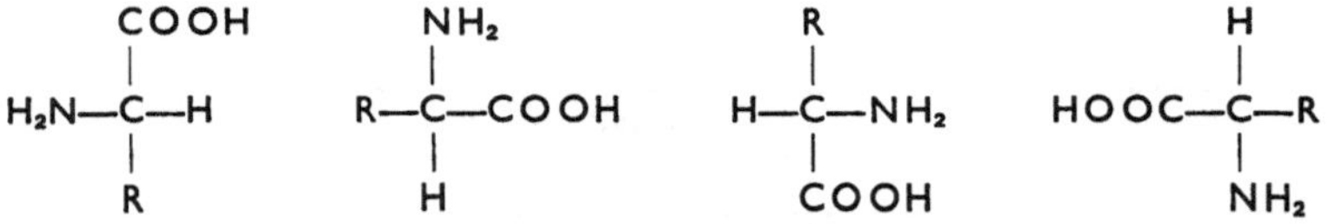

$$
\begin{array}{cccc}
COOH & NH_2 & R & H \\
| & | & | & | \\
H_2N{-}C{-}H & R{-}C{-}COOH & H{-}C{-}NH_2 & HOOC{-}C{-}R \\
| & | & | & | \\
R & H & COOH & NH_2
\end{array}
$$

Strukturformeln der l-Aminosäuren.

Die allgemeinen Eigenschaften und chemischen Reaktionen der Aminosäuren sollen hier nicht besprochen werden. Es muß aber wenigstens darauf hingewiesen werden, daß sie wegen des gleichzeitigen Besitzes von Amino- und Carboxylgruppe Ampholyte sind. Sie können also sowohl mit Säuren wie mit Basen Salze bilden. Ob Salzbildung mit einer Säure

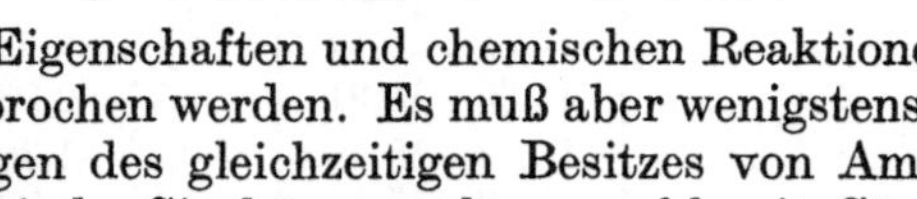

$$
\underset{NH_2}{R{-}CH{-}COOH} \;+\; HCl \qquad \underset{NH_2 \cdot HCl}{R{-}CH{-}COOH}
$$

oder mit einer Base

$$
\underset{NH_2}{R{-}CH{-}COOH} + NaOH \longrightarrow \underset{NH_2}{R{-}CH{-}COONa} + H_2O
$$

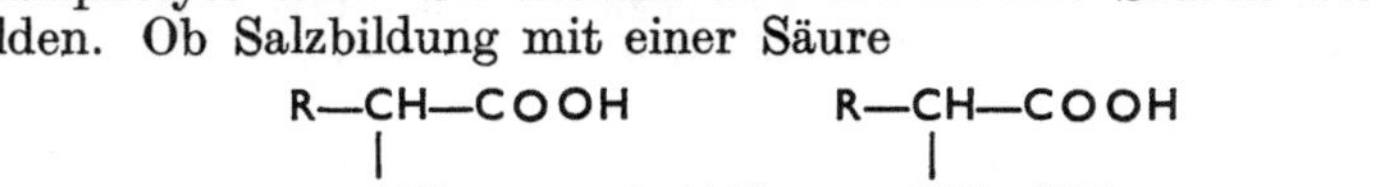

erfolgt, hängt von der herrschenden Reaktion und von der Lage des isoelektrischen Punktes ab.

Als *isoelektrischen Punkt* bezeichnet man diejenige Reaktion, bei der die Dissoziation der sauren gleich der der basischen Gruppe ist. Man kann unter den Aminosäuren drei Gruppen unterscheiden, deren isoelektrische Punkte im sauren oder im alkalischen Gebiet oder sehr nahe am Neutralpunkt gelegen sind. Auf diese Weise ist der Organismus in der Lage, da Eiweißkörper ebenso wie Aminosäuren Ampholyte sind, durch seine Proteine sowohl saure wie basische Valenzen, die im Organismus entstehen oder in ihn hineingelangen, abzufangen. Die Proteine tragen damit zur Pufferung, also zur Verhütung größerer Reaktionsverschiebungen, weitgehend bei.

Wenn der isoelektrische Punkt der verschiedenen Aminosäuren bei verschiedenen ph-Werten liegt, so beruht das darauf, daß Carboxyl- und Aminogruppe in einer Aminosäure in der Einzahl, die eine oder die andere Gruppe aber auch zweimal vorkommen kann. Man unterscheidet daher die praktisch neutral reagierenden Monoaminomonocarbonsäuren, die basischen Diaminomonocarbonsäuren und die sauren Monoaminodicarbonsäuren. Manche der Aminosäuren enthalten auch noch andere Gruppen, so die OH-Gruppe oder Schwefel oder basische Gruppen. Die Mehrzahl der Aminosäuren gehört zur aliphatischen Reihe, einige sind aber Derivate cyclischer Verbindungen.

Eine weitere Eigenschaft der Aminosäuren, die wegen ihrer biologischen Bedeutung erwähnt werden muß, ist ihre Fähigkeit sich unter Wasseraustritt durch Vereinigung von Carboxyl- und Aminogruppen miteinander zu Peptiden zu vereinigen. In prinzipiell gleicher Weise sind auch die Eiweißkörper selber aufgebaut (s. S. 59).

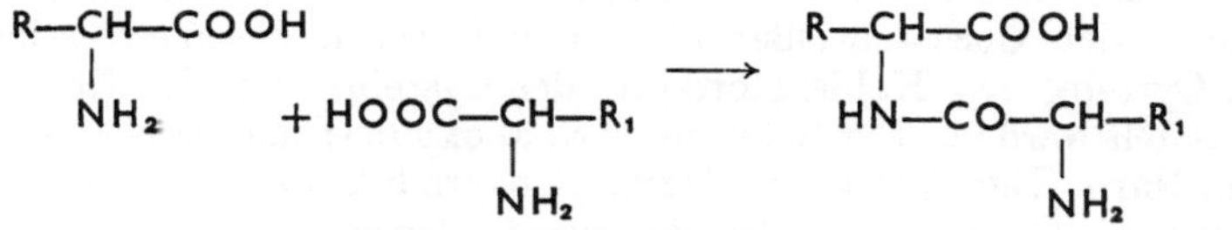

$$R\!-\!CH\!-\!COOH \qquad\qquad\qquad R\!-\!CH\!-\!COOH$$
$$| \qquad\qquad\qquad\qquad\qquad\qquad\qquad | $$
$$NH_2 \quad +\,HOOC\!-\!CH\!-\!R_1 \longrightarrow HN\!-\!CO\!-\!CH\!-\!R_1$$
$$| \qquad\qquad\qquad\qquad\qquad\qquad |$$
$$NH_2 \qquad\qquad\qquad\qquad\quad NH_2$$

Bildung eines Dipeptids.

Neutrale aliphatische Aminosäuren. Die einfachste Aminosäure ist das *Glykokoll* (Aminoessigsäure). Es ist, worauf der Name (= Leimsüß) hindeutet,

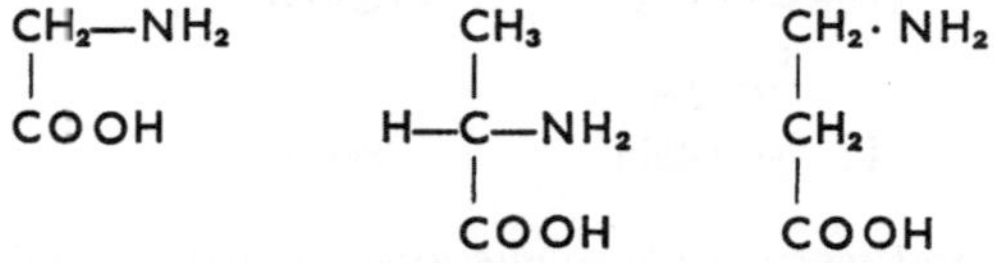

$$CH_2\!-\!NH_2 \qquad\qquad CH_3 \qquad\qquad CH_2\cdot NH_2$$
$$| \qquad\qquad\qquad\qquad | \qquad\qquad\qquad |$$
$$COOH \qquad\quad H\!-\!C\!-\!NH_2 \qquad\quad CH_2$$
$$| \qquad\qquad\qquad\qquad |$$
$$COOH \qquad\qquad COOH$$

Glykokoll   l(+) Alanin   β-Alanin

unter den Spaltprodukten des Leims zuerst aufgefunden worden. Es fehlt in den Eiweißkörpern der Milch, in den meisten Albuminen und im Gliadin des Weizens. Der Organismus kann es in großen Mengen aus noch unbekannten Vorstufen synthetisieren. Dies zeigt sich bei der *Hippursäuresynthese*. Wenn man einem Tier größere Mengen von Benzoesäure verfüttert, so ist die Menge des in der Hippursäure ausgeschiedenen Glykokolls so groß, daß sie den Glykokollgehalt der gleichzeitig abgebauten Eiweißkörper weit übertrifft. Glykokoll kann im Organismus quantitativ in Zucker umgewandelt werden. Gewisse Mengen von Glykokoll kommen gepaart mit verschiedenen Gallensäuren als Glykocholsäure in der Galle vor.

Das nächst höhere Homologen ist das *l(+)Alanin*. Auch diese Aminosäure findet sich in fast allen Eiweißkörpern. Bei ihrem Abbau entsteht durch oxydative Desaminierung Brenztraubensäure ($CH_3\cdot CO\cdot COOH$) und auch Milchsäure ($CH_3\cdot CHOH\cdot COOH$); umgekehrt gehen, z. B. in der isolierten Leber, Brenztraubensäure und Milchsäure in Gegenwart von Ammoniak in Alanin über. Es bestehen hier also Querverbindungen zwischen dem Eiweiß- und dem Kohlehydratstoffwechsel. Aus dem Alanin lassen sich durch Substitution formal zahlreiche andere Aminosäuren ableiten.

Das *β-Alanin* ist in freier Form nicht bekannt, sondern kommt nur als Baustein einiger Dipeptide (Karnosin, Anserin) vor (s. S. 58).

Einfache formale Substitutionsprodukte des Alanins sind die Oxyaminosäure Serin und die S-haltigen Aminosäuren Cystein und Cystin.

$$\begin{array}{cccc}
CH_2OH & CH_2\cdot SH & CH_2\cdot S\!\!-\!\!-\!\!-\!\!-\!\!-\!\!-\!\!S\cdot CH_2 & \\[2pt]
| & | & |\qquad\qquad\quad | & \\[2pt]
H\!\!-\!\!C\!\!-\!\!NH_2 & H\!\!-\!\!C\!\!-\!\!NH_2 & H\!\!-\!\!C\!\!-\!\!NH_2\qquad H\!\!-\!\!C\!\!-\!\!NH_2 & \\[2pt]
| & | & |\qquad\qquad\quad | & \\[2pt]
COOH & COOH & COOH\qquad\quad COOH & \\[4pt]
\text{l-(—)-Serin} & \text{l-(—)-Cystein} & \text{l-(—)-Cystin} &
\end{array}$$

l-(—)-Serin (α-Amino-β-oxy-propionsäure) kommt in den meisten Eiweißkörpern in geringer Menge vor, in freier Form wurde es im Schweiß gefunden. Besonders wichtig ist sein Vorkommen in dem Milcheiweißkörper Casein, in dem es an Phosphorsäure gebunden als Serinphosphorsäure vorliegt (s. S. 64). Im Stoffwechsel kann aus Serin Zucker entstehen.

l-(—)-Cystein (α-Amino-β-thio-propionsäure) und *l-(—)-Cystin* können durch Oxydation und Reduktion leicht ineinander übergehen. Diese Eigenschaft haben sie auch in dem Tripeptid Glutathion (s. S. 58). Von den Eiweißkörpern sind die zu den Gerüsteiweißen zählenden Keratine besonders reich an Cystin und an Cystein. Die Kohlenstoffkette des Cysteins kann im Körper in Zucker umgewandelt werden. Der Schwefel wird aboxydiert und erscheint als Schwefelsäure im Harn. Ein eigenartiges Oxydationsprodukt des Cysteins ist das *Taurin*, das ebenso wie Glykokoll als Paarling von Gallensäuren, und zwar in den Taurocholsäuren vorkommt. Auch beim Gesunden entgehen kleine Mengen des

$$\begin{array}{cc}
CH_2\cdot SH & CH_2\cdot SO_3H \\[2pt]
| & | \\[2pt]
H\!\!-\!\!C\!\!-\!\!NH_2 & CH_2\cdot NH_2 \\[2pt]
| & \\[2pt]
COOH & \\[4pt]
\text{l-(—)-Cystein} & \text{Taurin}
\end{array}$$

Cystins dem Abbau und werden als solche ausgeschieden. Bei einer als Cystinurie bezeichneten Stoffwechselanomalie erreicht die Cystinausscheidung so hohe Werte, daß im Harn aus reinem Cystin bestehende Konkremente oder Sedimente auftreten.

Von der Buttersäure leiten sich drei Aminosäuren ab, die α-Aminobuttersäure, das Methionin und das Threonin.

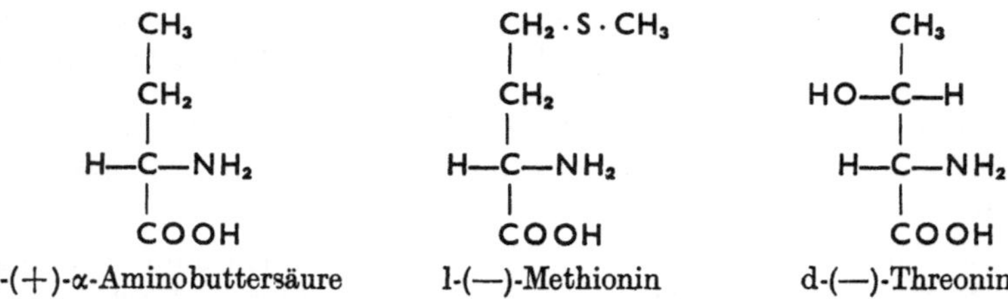

l-(+)-α-Aminobuttersäure   l-(—)-Methionin   d-(—)-Threonin

Über die Bedeutung der *α-Aminobuttersäure*, die von ABDERHALDEN in einigen Eiweißkörpern gefunden wurde, ist noch nichts bekannt. *l-(—)-Methionin* (α-Amino-γ-methylthio-buttersäure und *d-(—)-Threonin* (α-Amino-β-oxy-buttersäure) gehören dagegen zu den wichtigsten Aminosäuren, weil sie im Körper nicht gebildet werden können, also in der Nahrung enthalten sein müssen. Das Threonin wurde erst vor wenigen Jahren entdeckt und erhielt wegen seiner strukturellen Verwandtschaft mit der Tetrose d-Threose die Bezeichnung d-Threonin. Der Vergleich mit den übrigen Aminosäuren zeigt jedoch, daß es bezüglich der Stellung der NH_2-Gruppe auch zur l-Reihe gehört. Es wurde bisher nur aus Fibrin und Casein isoliert, kommt aber auch in anderen Proteinen, besonders reichlich in den Plasmaeiweißkörpern vor. Gelatine, Zein und Gliadin sind dagegen sehr arm an ihm.

Aus dem Methionin kann im Körper offenbar Cystin gebildet werden, da das Cystin in der Nahrung durch Methionin, nicht aber das Methionin durch das Cystin ersetzt werden kann (WOMACK, KEMMERER und ROSE). Bei Versuchen mit Verfütterung der verschiedenen S-haltigen Aminosäuren an Cystinuriker sind sehr eigenartige und bisher schwer erklärbare Beziehungen zwischen diesen verschiedenen Aminosäuren aufgefunden worden. Es war schon lange bekannt, daß der Cystinuriker genau so wie der Gesunde zugeführtes Cystin oxydieren kann, trotzdem er Cystin ausscheidet (WILLIAMS und WOLF). Ebenso war bekannt, daß Steigerung der Eiweißzufuhr die Cystinausscheidung des Cystinurikers erhöht (ALSBERG und FOLIN). Neuere Versuche haben ergeben, daß die Cystinausscheidung auch gesteigert wird durch Cystein und durch Methionin sowie durch das nächsthöhere Homologon des Cysteins, das Homocystein, das bisher in der Natur noch nicht aufgefunden wurde. Glutathion

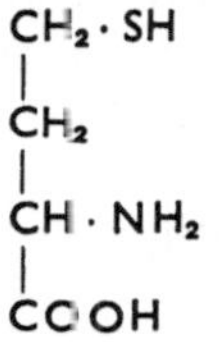

$$
\begin{array}{ccc}
CH_2 \cdot SH & & CH_2 \cdot S\!-\!-\!S \cdot CH_2 \\
| & & |\qquad\quad| \\
CH_2 & & CH_2\qquad CH_2 \\
| & & |\qquad\quad| \\
CH \cdot NH_2 & & CH \cdot NH_2 \quad CH \cdot NH_2 \\
| & & |\qquad\quad| \\
COOH & & COOH \qquad COOH \\
\text{Homocystein} & & \text{Homocystin}
\end{array}
$$

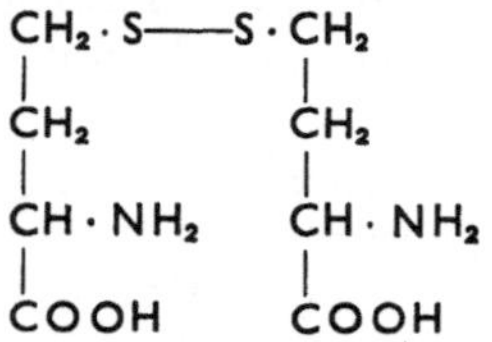

und Homocystin verhalten sich dagegen wie Cystin und steigern die Cystinausscheidung nicht (BRAND, CAHILL und HARRIS; BRAND, CAHILL und BLOCK; BRAND und CAHILL; LEWIS, BROWN und WHITE). Man hat daraus geschlossen, daß Methionin über Homocystein und Cystein abgebaut wird (DYER und DU VIGNEAUD) und daß die Störung des Abbaus der S-haltigen Aminosäuren, die beim Cystinuriker vorliegt, das Cystein und nicht das Cystin betrifft. Es ist allerdings sehr eigenartig, daß der Organismus nicht mehr in der Lage ist, das aus dem Cystein entstandene Cystin weiterzuoxydieren, trotzdem er zugeführtes Cystin noch oxydieren kann.

l-(+)-Valin (α-Amino-isovaleriansäure) und *l-(+)-Norvalin* (α-Aminovaleriansäure) sind die beiden Aminosäuren mit 5 C-Atomen. Valin kommt in fast

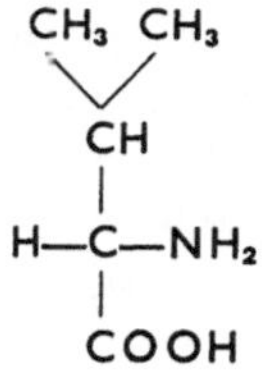

$$
\begin{array}{cc}
\begin{array}{c}
CH_3\ \ CH_3 \\
\diagdown\diagup \\
CH \\
| \\
H\!-\!C\!-\!NH_2 \\
| \\
COOH \\
\text{l-(+)-Valin}
\end{array}
&
\begin{array}{c}
CH_3 \\
| \\
CH_2 \\
| \\
CH_2 \\
| \\
H\!-\!C\!-\!NH_2 \\
| \\
COOH \\
\text{l-(+)-Norvalin}
\end{array}
\end{array}
$$

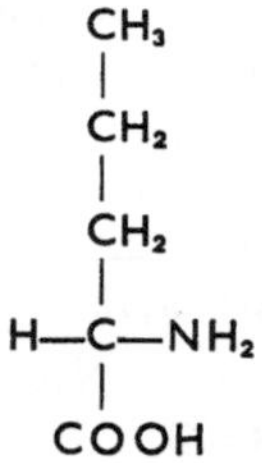

allen Eiweißkörpern vor, die Verbreitung des Norvalins ist ziemlich unbekannt. Ebenso weiß man über das Schicksal der beiden Aminosäuren im Organismus nichts Näheres.

l-(—)-Leucin (α-Amino-isocapronsäure), *l-(+)-Isoleucin* (α-Amino-β-methyl-β-äthyl-propionsäure) und *l-(+)-Norleucin* (α-Amino-capronsäure) enthalten

6 C-Atome. Lediglich Leucin kommt in nennenswerten oder größeren Mengen in fast allen Proteinen vor. Beim Abbau im Organismus kann es in β-Oxy-

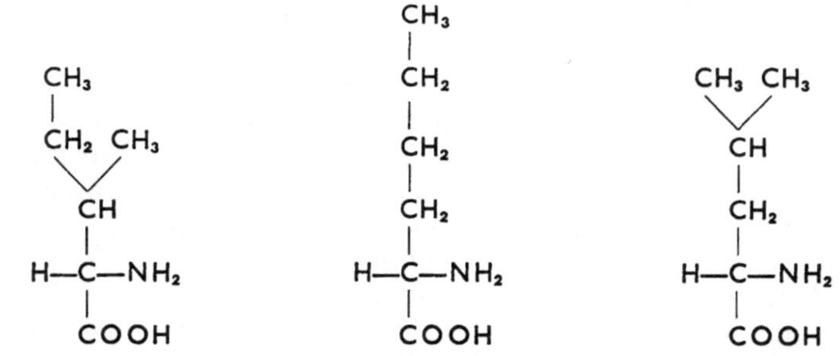

$$
\begin{array}{ccc}
\text{CH}_3 & \text{CH}_3 & \text{CH}_3\ \text{CH}_3 \\
| & | & \diagdown\diagup \\
\text{CH}_2\ \text{CH}_3 & \text{CH}_2 & \text{CH} \\
\diagdown\diagup & | & | \\
\text{CH} & \text{CH}_2 & \text{CH}_2 \\
| & | & | \\
\text{H--C--NH}_2 & \text{CH}_2 & \text{H--C--NH}_2 \\
| & | & | \\
\text{COOH} & \text{H--C--NH}_2 & \text{COOH} \\
 & | & \\
 & \text{COOH} & \\
\text{l-(+)-Isoleucin} & \text{l-(+)-Norleucin} & \text{l-(—)-Leucin}
\end{array}
$$

buttersäure übergehen, es hat also Beziehungen zum Fettstoffwechsel. Auch Leucin und Isoleucin gehören zu den lebenswichtigen Aminosäuren.

Basische Aminosäuren. Die einfachste Diaminosäure ist das *Ornithin* (α, δ-Diaminovaleriansäure), das aber kein primäres Eiweißspaltprodukt ist, sondern

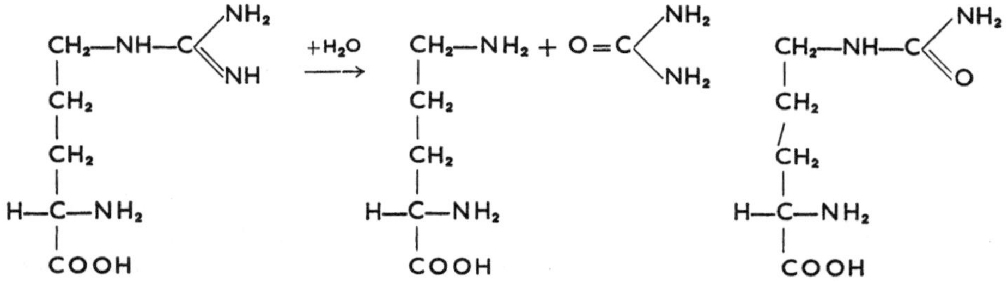

$$
\begin{array}{cccc}
\text{CH}_2\text{--NH--C}\diagup^{\text{NH}_2}_{\diagdown\text{NH}} & \text{CH}_2\text{--NH}_2 + \text{O=C}\diagup^{\text{NH}_2}_{\diagdown\text{NH}_2} & & \text{CH}_2\text{--NH--C}\diagup^{\text{NH}_2}_{\diagdown\text{O}} \\
| \quad\quad +\text{H}_2\text{O} & | & & | \\
\text{CH}_2 \quad\longrightarrow & \text{CH}_2 & & \text{CH}_2 \\
| & | & & | \\
\text{CH}_2 & \text{CH}_2 & & \text{CH}_2 \\
| & | & & | \\
\text{H--C--NH}_2 & \text{H--C--NH}_2 & & \text{H--C--NH}_2 \\
| & | & & | \\
\text{COOH} & \text{COOH} & & \text{COOH} \\
\text{l-(+)-Arginin} & \text{Ornithin} & \text{Harnstoff} & \text{Citrullin}
\end{array}
$$

aus dem *l-(+)-Arginin* (α-Amino-δ-guanidino-valeriansäure) entsteht, indem durch ein Ferment der Leber, die Arginase, oder auch durch Kochen mit Alkali, aus dem Arginin Harnstoff abgespalten wird. Es fehlt in keinem Eiweißkörper und kommt in den einfachsten Proteinen, den Protaminen und Histonen, in sehr hoher Konzentration vor. Nach KREBS und HENSELEIT besteht zwischen Ornithin und Arginin ein enger biologischer Zusammenhang, indem aus Ornithin durch Anlagerung von Kohlendioxyd und Ammoniak über die Zwischenstufe des *Citrullins* (α-Amino-δ-ureido-valeriansäure) Arginin entsteht, das durch die Wirkung der Arginase unter Abspaltung von Harnstoff wieder in Ornithin zurückverwandelt wird. Die Harnstoffbildung vollzieht sich also ganz oder doch teilweise (s. LEUTHARD) auf diesem Wege. Das Arginin ist möglicherweise die Muttersubstanz des Kreatins. Nach FISHER, WILHELMI und DAVENPORT entsteht im Froschherzen, nach noch unveröffentlichten Versuchen von LEHNARTZ

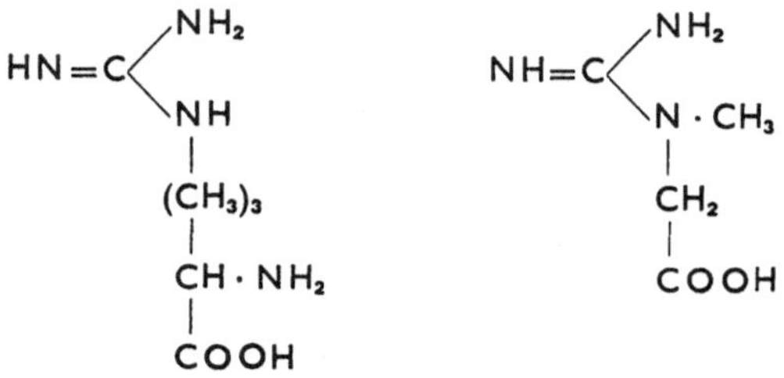

$$
\begin{array}{cc}
\text{HN=C}\diagup^{\text{NH}_2}_{\diagdown\text{NH}} & \text{NH=C}\diagup^{\text{NH}_2}_{\diagdown\text{N}\cdot\text{CH}_3} \\
\quad | & \quad | \\
\quad (\text{CH}_3)_3 & \quad \text{CH}_2 \\
\quad | & \quad | \\
\quad \text{CH}\cdot\text{NH}_2 & \quad \text{COOH} \\
\quad | & \\
\quad \text{COOH} & \\
\text{Arginin} & \text{Kreatin}
\end{array}
$$

und KAMINSKI auch im Froschmuskel unter besonderen Bedingungen aus Arginin Kreatinin. Arginin geht im Stoffwechsel teilweise in Zucker über.

Das *l-(+)-Lysin* (α,δ-Diamino-capronsäure) kommt in allen Eiweißkörpern vor, die freie Aminogruppen enthalten. Man findet es in allen tierischen Eiweißkörpern, dagegen fehlt es in manchen pflanzlichen Proteinen, andere enthalten

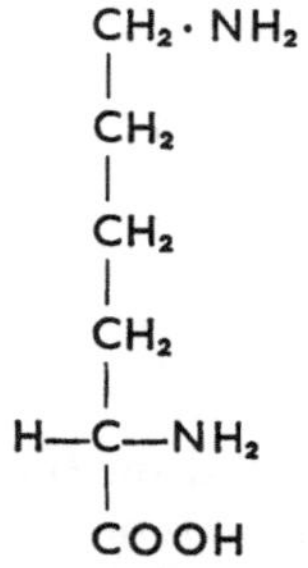

$$CH_2 \cdot NH_2$$
$$|$$
$$CH_2$$
$$|$$
$$CH_2$$
$$|$$
$$CH_2$$
$$|$$
$$H{-}C{-}NH_2$$
$$|$$
$$COOH$$

l-(+)-Lysin

es nur in geringer Menge. Es ist zur Erhaltung des Wachstums unentbehrlich. Über sein Schicksal im Körper ist noch nichts bekannt.

Saure Aminosäuren. Aus dieser Gruppe sind drei Vertreter bekannt, die *l-(—)-Asparaginsäure* (Aminobernsteinsäure), die *l-(+)-Glutaminsäure* (α-Aminoglutarsäure) und die *Oxyglutaminsäure* (α-Amino-β-oxy-glutarsäure). Asparaginsäure kommt in den meisten, Glutaminsäure in allen Eiweißkörpern vor, in größeren

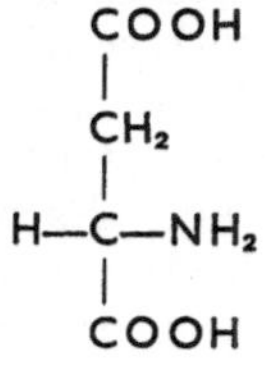

Asparaginsäure	Asparagin	l-(+)-Glutaminsäure	Glutamin	Oxyglutaminsäure

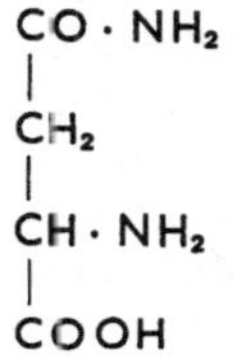

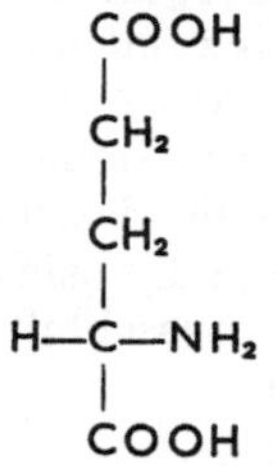

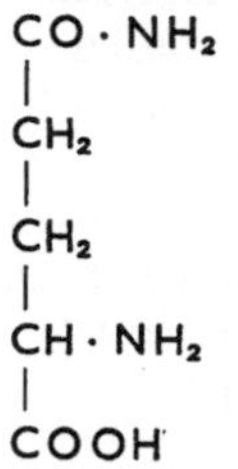

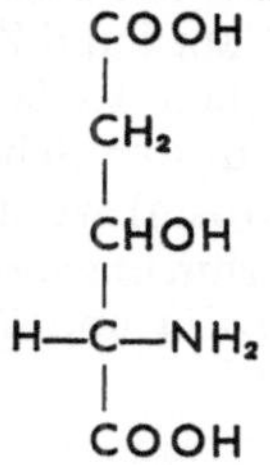

Mengen besonders in denjenigen pflanzlicher Herkunft. Aus beiden kann im Organismus Zucker entstehen. In den Pflanzen sind ihre Amide, das *Asparagin* und das *Glutamin*, noch viel verbreiteter als die Säuren selber. Sie sind anscheinend Abbauprodukte der Reserveeiweißkörper in den unterirdischen Organen und in den Keimlingen der Pflanzen, da sie dort besonders reichlich gefunden werden. Die Oxyglutaminsäure wurde zuerst bei der Caseinhydrolyse gefunden, sie kommt aber auch in pflanzlichen Eiweißkörpern vor. Sie kann zum Teil in Zucker umgewandelt werden. Über ihre Bedeutung im Stoffwechsel ist nichts bekannt. Ebenso ist nicht geklärt, ob außer dem Serin und der Oxyglutaminsäure noch andere Oxysäuren im Eiweißmolekül vorkommen. Die bekannten Oxyaminsäuren sind aber sicherlich primäre Eiweißbausteine und nicht Oxydationsprodukte der einfachen Aminosäuren, da nach KNOOP und Mitarbeitern ihr Abbau sich in ganz anderer Weise vollzieht als der der einfachen Aminosäuren. Über Beziehungen, die zwischen der Glutaminsäure und anderen Aminosäuren bestehen, s. weiter unten.

Cyclische Aminosäuren. Die meisten cyclischen Aminosäuren lassen sich formal vom Alanin ableiten, so das *l-(+)-Phenylalanin* und das *l-(—)-Tyrosin*

(p-Oxyphenylalanin). Beide Aminosäuren kommen in den meisten Proteinen vor. Der Körper kann anscheinend aus Phenylalanin Tyrosin bilden, da er auf die Zufuhr dieser Aminosäure nicht angewiesen ist. Bei einer als *Alkaptonurie*

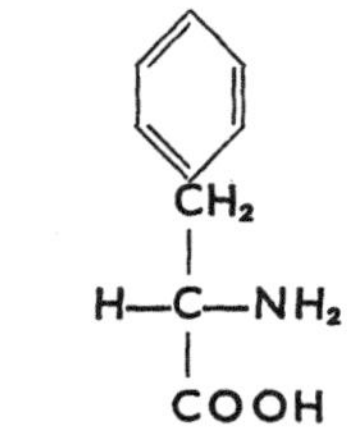

l-(+)-Phenylalanin 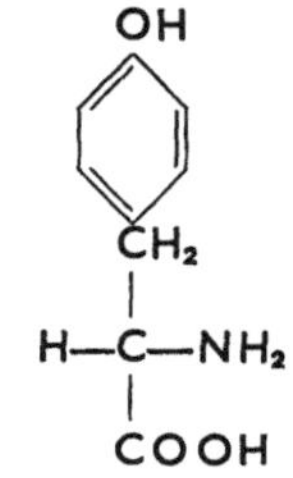   l-(−)-Tyrosin

bezeichneten Stoffwechselanomalie wird im Harn als Oxydationsprodukt dieser beiden Aminosäuren die *Homogentisinsäure* (Hydrochinon-essigsäure) gefunden, so daß man lange angenommen hat, daß diese Säure ein Zwischenprodukt des

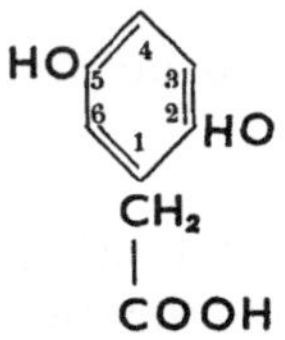

Homogentisinsäure 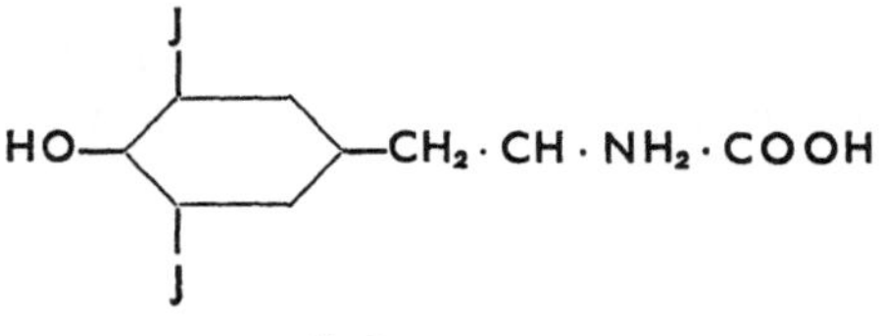   Jodgorgosäure

Abbaus des Phenylalanins bzw. des Tyrosins ist. Nach neueren Untersuchungen von FELIX und ZORN muß das aber als zweifelhaft erscheinen. Bei der Oxydation entstehen als faßbare Zwischenprodukte Acetessigsäure und β-Oxybuttersäure. Eine in der Schilddrüse vorkommende Aminosäure, die *Jodgorgosäure* (3.5-Dijodtyrosin) weist sehr nahe strukturelle Beziehungen zum Tyrosin auf. Es ist weiterhin angenommen worden, daß das Tyrosin die Muttersubstanz der Hormone *Adrenalin* und *Thyroxin* ist. Unter Ausschluß von Sauerstoff kann ein in der

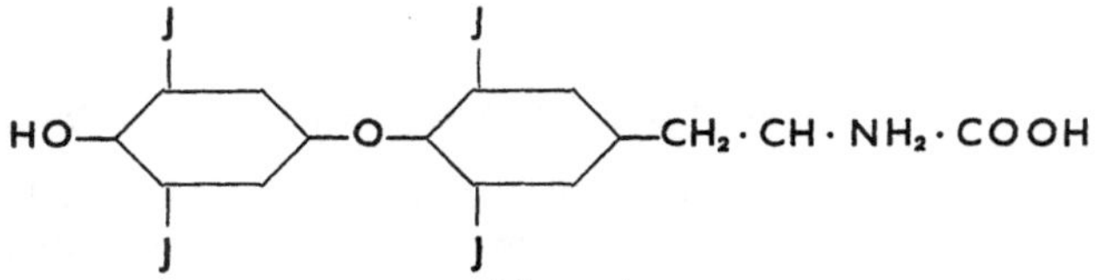

Thyroxin

Leber vorkommendes Ferment das Tyrosin unter Decarboxylierung in Tyramin umwandeln (HOLTZ).

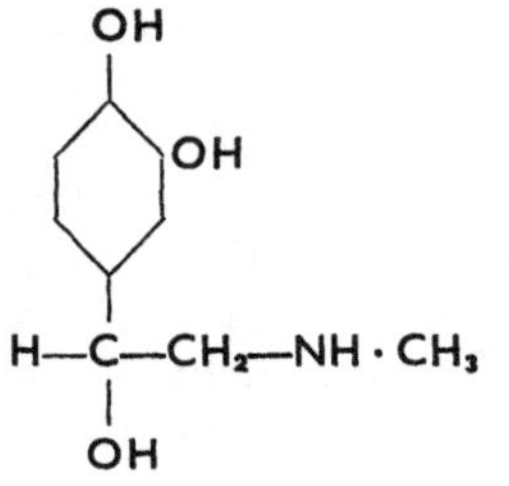

Adrenalin 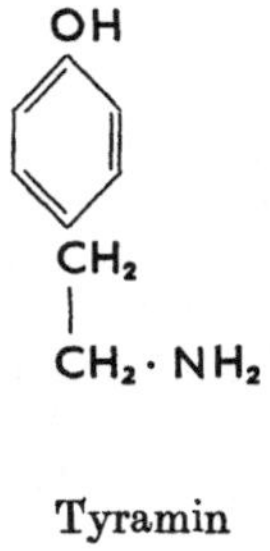   Tyramin

Das *l-(—)-Tryptophan* (β-Indolylalanin) gehört wie das Phenylalanin zu den Aminosäuren, die der Organismus nicht synthetisieren kann. Es findet sich in den meisten tierischen und in vielen pflanzlichen Proteinen. Über sein Schicksal im Körper ist nichts bekannt, jedenfalls wird es normalerweise völlig

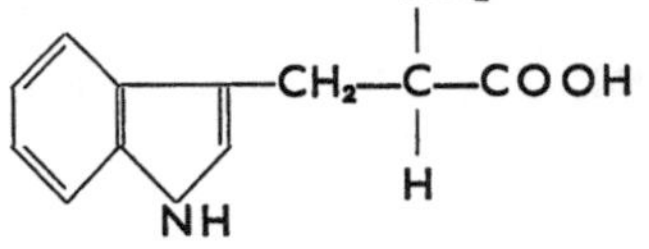

$$HC = C - CH_2 - \underset{\underset{H}{|}}{\overset{\overset{NH_2}{|}}{C}} - COOH$$

l-(—)-Tryptophan

verbrannt. Bei Steigerung der Fäulnisprozesse im Dünndarm entsteht aus ihm durch bakteriellen Abbau das Indoxyl, das resorbiert wird und gepaart mit Schwefelsäure als *Indican* im Harn ausgeschieden wird.

Einen heterocyclischen Ring enthält das *l-(—)-Histidin* (*β*-Imidazolyl-alanin), das wegen der basischen Eigenschaften der Iminogruppe des Kerns zu den basischen Aminosäuren gerechnet werden kann. Besonders reich an Histidin

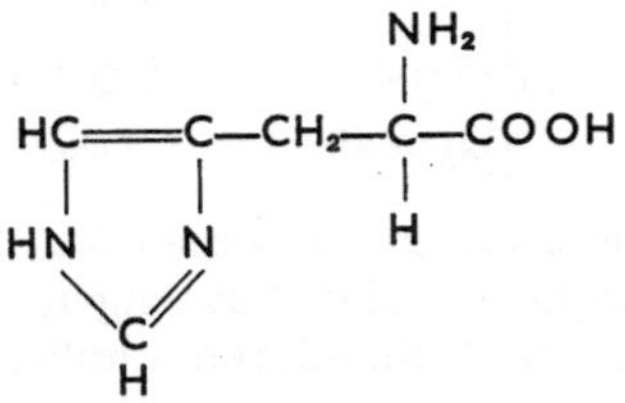

l-(—)-Histidin 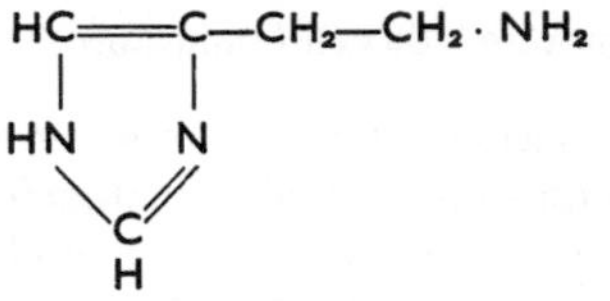   Histamin

ist das Globin, die Eiweißkomponente des Hämoglobins. Die Histidase, ein in der Leber vorkommendes Ferment wandelt Histidin unter Abspaltung von Ameisensäure und Ammoniak in Glutaminsäure um (EDLBACHER). Ebenso wie Tyrosin durch Decarboxylierung in der Niere oder Leber in Tyramin übergehen kann, kann aus Histidin unter den gleichen Bedingungen Histamin entstehen. Unter aeroben Bedingungen kann das Histidin durch eine Histaminase oxydativ zerstört werden. Möglicherweise kommt dem Histidin eine Bedeutung als Muttersubstanz der Purinbasen zu (STEWART). Weiterhin hat das

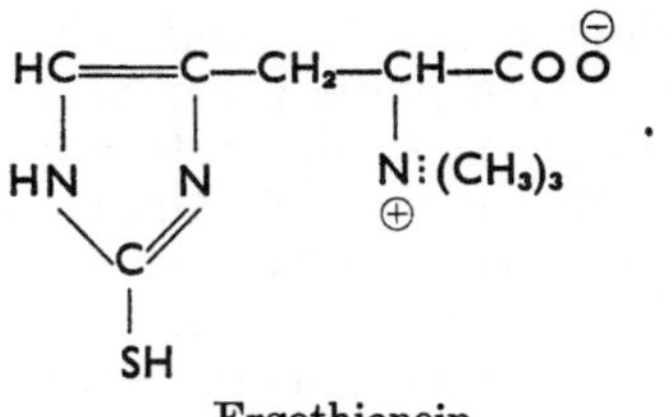

Ergothionein

Histidin nahe Beziehungen zu einem S-haltigen Betain, dem *Ergothionein*, das im Mutterkorn entdeckt wurde, aber auch im Blute vorkommt.

Zu den cyclischen Aminosäuren rechnet man, trotzdem ihre Struktur mit der strengen Definition der Aminosäuren nicht übereinstimmt, auch das *l-(—)-Prolin* (*α*-Pyrrolidin-carbonsäure) und das *(—)-Oxyprolin* (*γ*-Oxypyrrolidin-*α*-carbonsäure). Prolin kommt in fast allen Eiweißkörpern vor, besonders reichlich in Gelatine und in den Gliadinen. Oxyprolin ist in den meisten tierischen Proteinen enthalten, fehlt aber in den pflanzlichen. Aus Prolin kann im Körper Zucker entstehen. Im übrigen ist über das Schicksal dieser Aminosäuren mit Sicherheit nur bekannt, daß das Prolin in der Niere unter hydrolytischer Sprengung des Ringes in Glutaminsäure übergeht (NEBER), so daß wenigstens für diesen Fall

$$
\begin{array}{cc}
\text{H}_2\text{C}\!-\!\!-\!\!-\text{CH}_2 & \text{HOHC}\!-\!\!-\!\!-\text{CH}_2 \\
\quad|\qquad\quad| & \quad|\qquad\quad| \\
\text{H}_2\text{C}\qquad\text{CH}_2\!\cdot\!\text{COOH} & \text{H}_2\text{C}\qquad\text{CH}\!\cdot\!\text{COOH} \\
\qquad\searrow\!\underset{\text{H}}{\text{N}}\!\nearrow & \qquad\searrow\!\underset{\text{H}}{\text{N}}\!\nearrow \\
\text{l-}(-)\text{-Prolin} & (-)\text{-Oxyprolin}
\end{array}
$$

$$
\begin{array}{ccccc}
\text{COOH} & \text{CHOH} & \text{CH}_2 & \text{CH}_2 & \text{CH}_2\!\cdot\!\text{NH}_2 \\
| & | & | & | & | \\
\text{CH}_2 & \text{CH}_2 & \text{CH}_2 & \text{CHOH} & \text{CH}_2 \\
| & | & |\ \text{NH} & |\ \text{NH} & | \\
\text{CH}_2 & \text{CHOH} & \text{CH}_2 & \text{CH}_2 & \text{CH}_2 \\
| & | & | & | & | \\
\text{CHNH}_2 & \text{CHNH}_2 & \text{CH} & \text{CH} & \text{CHNH}_2 \\
| & | & | & | & | \\
\text{COOH} & \text{COOH} & \text{COOH} & \text{COOH} & \text{COOH} \\
\text{Glutaminsäure} & \text{Oxyglutaminsäure} & \text{Prolin} & \text{Oxyprolin} & \text{Ornithin}
\end{array}
$$

ein biologischer Zusammenhang zweier Aminosäuren nachgewiesen wurde, die auch chemisch ineinander überführt werden können. Man hat angenommen, daß auch zwischen den obenstehend formulierten Aminosäuren ähnliche Zusammenhänge bestehen könnten.

γ) Die biologische Bedeutung der einzelnen Aminosäuren und die biologische Wertigkeit der Eiweißkörper.

Schon bald nachdem der Aufbau der Eiweißkörper aus Aminosäuren erkannt worden war, hat man versucht, ob bei der Ernährung ein Gemisch von Aminosäuren das Eiweiß zu ersetzen vermag. Insbesondere in Versuchen von ABDERHALDEN und RONA, war es gelungen, Tiere mit Caseinhydrolysaten, die durch fermentativen Abbau gewonnen worden waren, in der gleichen Weise zu ernähren, wie es auch durch ungespaltenes Casein möglich ist. Die Versuche aber, derartige Caseinhydrolysate durch entsprechend zusammengesetzte Aminosäuregemische zu ersetzen, schlugen sämtlich fehl. Gleichfalls hatten die meisten Versuche, die unternommen wurden, die Lebensnotwendigkeit einzelner Aminosäuren festzustellen, im Vergleich zu der aufgewandten Mühe nur wenig befriedigende und unsichere Ergebnisse. Die Gründe dafür sind uns heute einleuchtend. Die Versuche mußten zum Teil schon deswegen fehlschlagen, weil man zur Zeit ihrer Anstellung über die Vitamine noch nichts oder doch nicht ausreichend Bescheid wußte. Ferner sind erst in den letzten Jahren einige neue Aminosäuren bekannt geworden, die von lebenswichtiger Bedeutung sind und daher in den früheren Versuchen nicht berücksichtigt wurden, und schließlich ist es schwierig eine Reihe von Aminosäuren völlig rein und nicht mit anderen verunreinigt darzustellen. Auch in dieser Beziehung lassen viele frühere Versuche zu wünschen übrig. Durch die langjährigen und mühevollen Versuche von W. C. ROSE und seinen Mitarbeitern ist es heute aber mit völliger Sicherheit erwiesen, daß es möglich ist, Versuchstiere mit synthetischen Nahrungsgemischen bei völlig normalem Wachstum großzuziehen, wenn die Nahrung — abgesehen von ganz geringfügigen Mengen anderer N-haltiger Stoffe — als N-Quelle lediglich freie Aminosäuren enthält. Auf Grund der Versuche von ROSE können wir heute mit Sicherheit zwischen lebenswichtigen, unentbehrlichen und lebensunwichtigen, entbehrlichen Aminosäuren unterscheiden. Diese entbehrlichen Aminosäuren können offensichtlich im Tierkörper synthetisiert werden. Als unentbehrliche Aminosäuren bezeichnet Rose solche, die vom Tierkörper aus den normalerweise verfügbaren Nährstoffen nicht mit einer Geschwindigkeit synthetisiert werden können, die mit einem normalen Wachstum vereinbar ist. Rose bezeichnet die von ihm vorgenommene Einteilung als eine vorläufige, weil sie nur auf das Wachstum der Versuchstiere Rücksicht nimmt, sich aber bei länger ausgedehnten Versuchen herausstellen könnte, daß zur Erhaltung der Fortpflanzungsfähigkeit oder zur Unterhaltung der Entgiftungsvorgänge noch andere Aminosäuren unentbehrlich sind. Die Tabelle 20 gibt eine Zusammenstellung im Sinne dieser vorläufigen Roseschen Einteilung. Unter den unentbehrlichen Aminosäuren nimmt das Arginin insofern eine besondere Stellung ein, als ein gewisses Wachstum auch bei einem argininfreien Gemisch erzielt wird. Aber offenbar reicht die Argininsynthese im Körper nicht aus, um seinen Bedarf an dieser Aminosäure ausreichend zu decken.

Tabelle 20.

Unentbehrliche	Entbehrliche
Aminosäuren	
Valin	Glykokoll
Leucin	Alanin
Isoleucin	Norleucin
Lysin	Serin
(Arginin)	Cystin
Methionin	Asparaginsäure
Threonin	Glutaminsäure
Tryptophan	Tyrosin
Histidin	Prolin
	Oxyprolin

Rose ist es gelungen, mit einer Mischung, die nur die zehn angeführten unentbehrlichen Aminosäuren enthielt, Tiere bei normalem Wachstum zu erhalten. Das Ergebnis ist um so bemerkenswerter, weil die Nahrung der Tiere nur 11,2% dieses Aminosäurengemisches enthielt, die übrigen 12 entbehrlichen Aminosäuren trotz dieser sehr niedrigen N-Zufuhr also in ausreichendem Maße synthetisiert werden konnten.

Es wurde schon oben darauf hingewiesen, daß in der Natur lediglich die Aminosäuren der l-Reihe aufgefunden worden sind. Es ist deshalb auffällig, daß zum Aufbau der Körpersubstanz und zur Erhaltung der Körperfunktionen auch eine Reihe von Aminosäuren der d-Reihe verwandt werden können. Nachdem schon früher von verschiedenen Autoren vereinzelte Beobachtungen in dieser Richtung mitgeteilt wurden, hat Rose auch diese Frage systematisch untersucht. Er kommt zu dem Ergebnis, daß von den unentbehrlichen Aminosäuren Tryptophan, Histidin, Phenylalanin und Methionin auch durch die unnatürliche d-Form ersetzt werden können, daß dagegen die sechs anderen nur in der natürlichen l-Form vom Körper verwandt werden.

Es ist schon wiederholt erwähnt worden, daß die einzelnen Eiweißkörper einen ganz verschiedenen Nährwert haben und auf die Versuche von McCollum und seinen Mitarbeitern über den Ergänzungswert der verschiedenen Eiweißstoffe ist ebenfalls schon hingewiesen worden (s. S. 33). Man hat auch schon lange gewußt, daß eine Reihe von Eiweißkörpern, bei deren Verfütterung Wachstum oder Gewichtserhaltung nicht möglich sind, durch Zulage bestimmter Aminosäuren vollwertig werden können. Die Versuche von Rose geben all diesen Versuchen eine völlig befriedigende Erklärung, und sie lassen erkennen, daß ein Protein für Ernährungszwecke um so besser geeignet ist, je mehr es von den einzelnen unentbehrlichen Aminosäuren enthält. Diese Versuche machen es ferner völlig klar, weshalb ein Eiweiß, das die eine oder mehrere dieser Aminosäuren gar nicht oder in zu geringen Mengen enthält, durch ein anderes Eiweiß ergänzt werden kann, das diese Aminosäuren aufzuweisen hat, dafür aber in bezug auf andere unterwertig sein kann.

Der verschiedene Nährwert der einzelnen Eiweißkörper kann sich in mannigfacher Weise bemerkbar machen. Man findet, daß die zur Erreichung des minimalen N-Gleichgewichts oder der minimalen N-Ausscheidung notwendigen

Mengen der verschiedenen Proteine sehr verschieden sind. Man kann ferner beobachten, daß die Wachstumsförderungen, die durch die einzelnen Eiweißkörper zu erzielen sind, stark differieren, und man kann fernerhin feststellen, daß mit manchen Eiweißkörpern die Erhaltung des Körpergewichts gesichert werden kann, durch andere dagegen nicht. Als erster hat THOMAS versucht den verschiedenen Nährwert der Eiweißkörper, den er als *ihre biologische Wertigkeit* bezeichnete, zahlenmäßig zu erfassen. Dazu stellte er sich in Selbstversuchen auf die minimale N-Ausscheidung ein, ermittelte also die Abnutzungsquote, legte dann das auf seine Eiweißkörper zu prüfende Nahrungsmittel in einer der Abnutzungsquote entsprechenden Menge seiner Nahrung zu und stellte die N-Bilanz auf. Als biologische Wertigkeit wurde die Zahl definiert, die angibt, wieviel Teile Körperstickstoff durch 100 Teile Nahrungsstickstoff vertreten werden können. Es besteht also die Beziehung

$$\frac{\text{Harn-N bei N-freier Kost} + \text{Bilanz}}{\text{resorbierter N}}.$$

Bei Substanzen, die schlecht resorbierbar sind, bei denen also die N-Ausscheidung im Kot berücksichtigt werden muß, wird die folgende Formel angewandt:

$$\frac{\text{Harn-N bei N-freier Kost} + \text{Kot-N} + \text{Bilanz}}{\text{N-Aufnahme}}.$$

Es wurden folgende biologische Wertigkeiten gefunden: Rindfleisch 105, Kuhmilch 100, Erbsen 58, Kartoffeln 79 und Weizenmehl 40. Gegen die THOMASschen Versuche kann vor allem angewandt werden, daß die Beobachtungszeiten zu kurz waren. In der Folgezeit sind eine außerordentlich große Zahl von Bestimmungen der biologischen Wertigkeit an vielen Proteinen durchgeführt worden, zum Teil nach der THOMASschen Methode, zum Teil, indem nicht die Einstellung der minimalen N-Ausscheidung sondern die des minimalen N-Gleichgewichts zugrunde gelegt wurde. In manchen Versuchen wurde auch der N-Ansatz nach vorhergehendem Eiweißverlust als Maßstab verwertet. Sowohl die Anwendung des gleichen Verfahrens durch verschiedene Untersucher als auch die Benutzung dieser verschiedenen Bestimmungsmethoden hat zu außerordentliche wechselvollen Ergebnisse geführt, so daß sich die biologische Wertigkeit der einzelnen Eiweißkörper zahlenmäßig noch nicht mit Sicherheit angeben läßt. Viele früheren Versuche auf diesem Gebiet sind im übrigen auch wegen einer in anderer Richtung (Vitamin- oder Mineralmangel) unzureichenden Nahrung nicht beweiskräftig [McCOLLUM, SIMMONDS und PARSON (1)]. Es kommt weiterhin hinzu, daß die biologische Wertigkeit der Eiweißkörper auch von der sonstigen Zusammensetzung der Nahrung, so etwa von der Höhe der Eiweißaufnahme und der gesamten Nahrungszufuhr abhängig ist. Es muß daher auf eine Ausführung im einzelnen verzichtet werden. Eine Zusammenstellung der Literatur bis 1925 findet sich bei CASPARI und STILLING[1]. An neueren Arbeiten seien erwähnt MITCHELL und SMUTS; FIXSEN und JACKSON; BOAS-FIXSEN, HUTCHINSON und JACKSON; PLIMMER, ROSEDALE, RAYMOND und LOWNDES; CHICK, POAS-FIXSEN, HUTCHINSON und JACKSON; PERETTI; MARKUZE; LINTZEL und BERTRAM. Im großen und ganzen läßt sich aus dem gesamten vorliegenden Untersuchungsmaterial schließen, daß die tierischen Eiweißkörper, weil sie mit der Struktur der Proteine des tierischen und des menschlichen Organismus die größte Ähnlichkeit haben, auch die höchste biologische Wertigkeit besitzen. Die Wertigkeit der pflanzlichen Eiweißkörper ist geringer und steht im einzelnen oft nicht mit Sicherheit fest. Anscheinend haben aber die Eiweißkörper der

---

[1] Siehe Zusammenfassende Darstellungen im Schrifttum, S. 747f.

verschiedenen Getreidearten, sowie der Kartoffel eine recht hohe biologische Wertigkeit (McCollum und Simmonds).

So ist es denn für praktische Ernährungszwecke viel wesentlicher, nicht die biologische Wertigkeit der einzelnen Eiweißkörper bzw. Nahrungsmittel zu kennen, sondern ihren Ergänzungswert. Dieser Ergänzungswert der einzelnen Nahrungsmittel betrifft, wie besonders McCollum gezeigt hat, nicht nur ihre Eiweißkörper sondern vor allen Dingen auch ihre sonstigen Bestandteile, in erster Linie ihre Salze. So ist sicherlich oft bei einseitiger Ernährung für die biologische Wertigkeit der Eiweißkörper nur deshalb ein niedriger Wert gefunden worden, weil diese Nahrung in bezug auf den Salzgehalt unterwertig war. Durch Zulage einer geeigneten Salzmischung stieg dann die biologische Wertigkeit dieser Eiweißkörper erheblich an. Besonders wichtig für die Ausnutzung der Proteine ist ein ausreichender Kalkgehalt der Nahrung (Hogan, Conner und Sherman). Außerordentlich aufschlußreich für den Ergänzungswert verschiedener Eiweißkörper waren die Versuche von McCollum, Simmonds und Parsons (3), in denen drei aufeinanderfolgende Generationen von Ratten bei ein und derselben Kost gehalten wurden, so daß Wachstum, Fortpflanzungsfähigkeit und Sterblichkeit über Generationen beobachtet werden konnten. Auf Grund dieser und ähnlicher Versuche wurden die untersuchten Nahrungsmittel nach der biologischen Wertigkeit, die sie in Mischungen haben, in 6 Klassen eingeteilt (McCollum, Simmonds und Parson), in denen die Wertigkeit zunehmend geringer wird: 1. Rinderniere, 2. Weizen, 3. Milch, Rinderleber, 4. Rindfleisch, Gerste, Roggen, 5. Mais, Hafer, 6. Sojabohnen, Gartenbohnen, Erbsen. Die biologische Wertigkeit des Weizens war allerdings je nach Sorte und Ernte Schwankungen unterworfen. Nach den gleichen Verfassern kann auch das Kartoffeleiweiß den Nährwert der Getreide und Hülsenfrüchte erhöhen; aber nicht im gleichen Maße wie Milch und tierische Eiweiße [McCollum, Simmonds und Parson (2)]. Nahrungsmittel, die im pflanzlichen Organismus die gleiche Funktion haben, z. B. Samen und Knollen als Speicherorgane ergänzen sich im allgemeinen nur schlecht. Außerordentlich wichtig ist der hohe Ergänzungswert der Eiweißkörper der Milch, denen auch für sich allein schon eine hohe biologische Wertigkeit zukommt. Nach Bickel (1, 2) drückt sich die gegenseitige Ergänzung der Nährwerte von pflanzlichem und tierischem Eiweiß auch in der besseren energetischen Ausnutzung der Nahrungsstoffe im Körper aus, wie sich an dem Verhalten des dysoxydativen Carbonurie (s. S. 27) erkennen läßt.

Es ist zwar nicht sicher, ob die Ergebnisse derartiger Tierversuche ohne weiteres auf die menschliche Ernährung übertragen werden können, aber prinzipielle Unterschiede dürften kaum bestehen. Es liegen denn auch zahlreiche Beobachtungen vor allem über dem außerordentlich hohen Ergänzungswert der Milcheiweißkörper für die Entwicklung und das Wachstum der Kinder vor. Es kann hier auf einige an anderer Stelle (s. S. 5 und 34) angeführte Beispiele verwiesen werden. Kürzlich haben auch Hoske und Paul erneut gezeigt, daß ein Mangel an biologisch vollwertigem Eiweiß durch Zulage von Milcheiweiß ausgeglichen werden kann. Man ist darum berechtigt anzunehmen, daß ganz allgemein im menschlichen Stoffwechsel prinzipiell die gleiche Ergänzung des Nährwertes der Eiweißkörper besteht, so daß mehrere an sich unterwertige Proteine zusammen eine vollwertige Eiweißnahrung ergeben.

δ) Peptide.

Werden Eiweißkörper durch Hydrolyse nur unvollständig abgebaut, so erhält man je nach dem Grade des Abbaues höher- oder niedermolekulare Peptide.

Je nach der Zahl der durch Peptidbindung miteinander vereinigten Peptide sind die niedermolekularen *Dipeptide, Tripeptide, Tetrapeptide* usw. von den hochmolekularen *Polypeptiden* zu unterscheiden. Die Zahl der Aminosäuren in einem Polypeptid ist völlig unbestimmt. Bei der Eiweißverdauung durch Pepsin und Salzsäure entstehen besonders hochmolekulare als Albumosen und Peptone bezeichnete Spaltstücke. Aus den verschiedensten Organen ist eine ganze Anzahl von Peptiden verschiedenster Molekülgröße gewonnen worden, so daß auch in der Nahrung diese Eiweißspaltprodukte in großer Menge enthalten sein können. Es besteht kein Grund zu der Annahme, daß sie für die Ernährung eine andere Bedeutung haben als die Eiweißkörper selber oder die Aminosäuren. Daher ist es auch überflüssig im einzelnen auf ihre Struktur näher einzugehen. Es sei nur kurz angeführt, daß aus der Muskulatur zwei eigenartige Dipeptide isoliert worden sind, das *Karnosin* (β-Alanyl-histidin) und das *Anserin* (β-Alanyl-methylhistidin), die die einzigen Vorkommen des β-Alanins sind. Dagegen muß noch besonders erwähnt werden das *Glutathion*, ein Tripeptid aus Glutaminsäure, Cystein und Glykokoll, dem wie schon beim Cystin erwähnt,

$$
\begin{array}{lll}
& \text{C}=\text{O}\text{—————}\text{NH—CH}_2\text{—COOH} \\
& \quad | \\
\text{C}=\text{O}\text{—————}\text{NH—}\text{C—H} \\
\quad | & \qquad\quad | \\
\text{CH}_2 & \qquad \text{CH}_2\cdot\text{SH} \\
\quad | \\
\text{CH}_2 \\
\quad | \\
\text{H—C—NH}_2 \\
\quad | \\
\text{COOH}
\end{array}
$$

| Glutaminsäurerest | Cysteinrest | Glykokollrest |

Glutathion

wegen des leichten Wechsels zwischen der —SH-Form und der —S—S-Form eine besondere Bedeutung bei den Oxydationsvorgängen im Gewebe zukommt, und das fernerhin in eine Reihe von fermentativen Vorgängen fördernd oder hemmend eingreifen kann.

ε) Die Struktur der Eiweißkörper.

Die Eiweißkörper sind, wie schon erwähnt, Stoffe mit kolloidalen Eigenschaften, müssen also entweder selber ein sehr großes Molekül besitzen oder Aggregate vieler kleinerer Moleküle sein. Die exakte Bestimmung des Molekulargewichts durch die üblichen Methoden stößt auf erhebliche Schwierigkeiten. Die zuverlässigsten Werte liefert anscheinend das Zentrifugieren mit der SVEDBERG-schen Ultrazentrifuge und die Errechnung der Molekülgröße aus den Sedimentationskonstanten. Die Tabelle 21 enthält für

Tabelle 21.

Eiweißkörper	Molekular-gewicht
Ovalbumin, Hühnerei	34500
Insulin	35100
Hämoglobin. . . ⎫	68000
Serumalbumin . ⎬ Pferdeblut	67500
Serumglobulin. . ⎭	103800
Amandin (Mandeln)	208000
Edestin (Paranuß)	212000
Legumin (Wicke)	208000

einige Proteine die so erhaltenen Gewichte. Diese Werte gelten nur innerhalb eines gewissen ph-Bereiches, bei genügend hoher Alkalinität erhält man für alle diese Proteine einen Wert von etwa 34500, und in der Tat sind ja auch die in der Tabelle aufgeführten Zahlen annähernd das ein-, zwei-, drei- oder sechsfache von 34500. Andere Proteine, zu denen der Blutfarbstoff der Wirbellosen, das Hämocyanin und die Virusproteine gehören, haben sogar Molekulargewichte von mehreren bis zu vielen Millionen. Sieht man von diesen für Bau und Ernährung des Menschen und der höheren Tiere bedeutungslosen Eiweißkörpern ab, so gewinnt die Vorstellung von Svedberg, daß die Proteine aus Grundkörpern mit einem Molekulargewicht von etwa 34500 zusammentreten, sehr an Wahrscheinlichkeit. Denkt man ferner daran, daß nicht nur bei alkalischer Reaktion sondern auch unter anderen Umständen Änderungen des Molekulargewichts eintreten können, so hat auch die Hypothese von Sørensen, nach der die Eiweißkörper reversibel dissoziable Komponentensysteme sind, sicher ihre Berechtigung.

Wenn Aminosäuren sich durch Peptidbindung zu Peptiden vereinigen können, so ist es von vornherein wahrscheinlich, daß auch der Aufbau des Eiweißmoleküls durch derartige Peptidbindungen erfolgt. Diese Forderung, die von Fr. Hofmeister aus theoretischen Überlegungen erhoben, durch E. Fischer experimentell bewiesen wurde, bildet auch heute noch die Grundlage unserer Vorstellungen vom Aufbau des Eiweißmoleküls. Da eine eingehende Darstellung der derzeitigen Erkenntnisse den Rahmen dieser Darstellung weit überschreitet, sei auf das Sammelreferat von Halle verwiesen. Nur soviel sei gesagt, daß das Eiweißmolekül aus einer größeren Anzahl von Polypeptidketten besteht, die in bestimmten Abständen neben und hintereinander angeordnet und durch brückenartige Verbindungen miteinander verknüpft sind. Diese Querverbindungen zwischen den Polypeptidketten bestehen entweder in den S—S-Brücken des Cystins oder in salzartigen Vereinigungen der freien Carboxylgruppe einer sauren Aminosäure mit der freien Aminogruppe einer basischen Aminosäure. Manche Eiweißkörper haben eine gestreckte Form, in ihnen liegen diese Ketten also parallel, andere sind kugelförmig, in ihnen sind also die Polypeptidketten wahrscheinlich ungeordnet. Dies ist aber kein prinzipieller Unterschied, da es rein mechanisch gelingt, kugelförmige in gestreckte und gestreckte in kugelförmige Moleküle umzuwandeln. Zwischen die Polypeptidketten ist anscheinend Wasser in relativ fester Bindung eingelagert. Zerstört man die Brückenbindungen zwischen den einzelnen Ketten, so tritt unter Freiwerden dieses Wassers eine irreversible Denaturierung ein. Weitere Eingriffe, so besonders Erwärmen können unter weitergehenden Veränderungen der Struktur zur Ausfällung oder zur Gerinnung der Proteine führen. Da aber Denaturierung oder Ausfällung die Struktur der Aminosäuren nicht verändern, ist es verständlich, daß z. B. Kochen den Nährwert der Eiweißkörper nicht beeinträchtigt.

ζ) Die einzelnen Eiweißkörper.

Eine Einteilung der Eiweißkörper auf Grund ihres chemischen Verhaltens ist vorläufig noch nicht möglich, weil sie in dieser Hinsicht keine charakteristischen Unterschiede zeigen. Auch die Bestimmung des Gehalts an den einzelnen Aminosäuren, die *Bausteinanalyse*, führt hier nicht weiter, weil die Methoden zur Bestimmung mancher Aminosäuren noch unvollkommen sind, und weil zwischen verschiedenartigen Eiweißkörpern häufig keine wesentlichen Unterschiede bestehen. Man wählt daher als Grundlage der Einteilung andere Eigenschaften, wie Herkunft, Löslichkeit, Fällbarkeit, Ausflockung durch Salze und sonstige physikalisch-chemische Unterschiede. Dabei kommt man zu der Einteilung der Tabelle 22.

Tabelle 22.

Einteilung der Eiweißkörper.

1. **Einfache Eiweißkörper oder Proteine:**

α) Protamine,	ε) Globuline,
β) Histone,	ζ) Albumine,
γ) Gliadine (Prolamine),	η) Gerüsteiweiße.
δ) Gluteline,	

2. **Zusammengesetzte Eiweißkörper oder Proteide:**

α) Nucleoproteide,	γ) Glycoproteide,
β) Phosphoproteide,	δ) Chromoproteide.

Bei der Bausteinanalyse der Eiweißkörper darf nicht übersehen werden, daß nach neueren Befunden, vor allem von RIMINGTON (2) sehr viele, vielleicht sogar alle Eiweißkörper Kohlehydratkomplexe enthalten, von denen bisher eine *Glucosaminodimannose* und eine *Glucosaminodigalaktose* isoliert werden konnten.

Die einfachen Eiweißkörper. Die *Protamine* sind nach KOSSEL einfach gebaute Eiweißkörper von niedrigem Molekulargewicht (einige Tausend), die wegen ihres hohen Gehalts an den basischen Aminosäuren, vor allem an Arginin, einen stark basischen Charakter haben. Sie sind besonders aus Fischspermien isoliert worden und kommen in ihnen in leicht spaltbarer, salzartiger Bindung an Nucleinsäuren (s. S. 63) vor.

Die Histone stehen den Protaminen ziemlich nahe. Sie haben ein höheres Molekulargewicht und enthalten weniger basische Aminosäuren. Sie sind ebenfalls Eiweißkörper der Zellkerne, in denen sie genau so wie die Protamine an Nucleinsäure gebunden sind. Auch diese Bindung hat salzartigen Charakter, ist aber schwerer zerlegbar als die Bindung der Protamine an Nucleinsäuren. Aus dieser Gruppe ist am besten bekannt das *Thymushiston.*

Die Gliadine (Prolamine) sind Proteine des Getreidekorns. Sie lassen sich durch 50—80%igen Alkohol aus den Mehlen extrahieren, sind aber in reinem Wasser und in reinem Alkohol unlöslich. Der Name „Prolamine" deutet schon auf ihren hohen Gehalt an Prolin hin. Außerdem sind sie sehr reich an Glutaminsäure aber ziemlich arm an Arginin und an Histidin. Von den unentbehrlichen Aminosäuren fehlt ihnen das Lysin oder ist nur in sehr geringen Mengen vorhanden. Biologisch sind sie also nicht vollwertig. Zu ihnen gehören das *Gliadin* (Roggen, Weizen), das *Hordein* (Gerste), das *Zein* (Mais) und das *Avenin* (Hafer).

Die Gluteline kommen gemeinsam mit den Gliadinen in den Getreidekörnern vor und bilden mit diesen zusammen die *Kleberproteine.* Sie sind der in Wasser, Alkohol und Salzlösungen unlösliche Teil des Getreideeiweißes, aus dem sie mit verdünnten Säuren oder Basen extrahiert werden können. Die Gluteline enthalten Lysin, können also den Mangel der Gliadine an dieser Aminosäure ausgleichen, so daß die Kleberproteine in ihrer Gesamtheit vollwertig sind. Die Eiweißkörper des Weizenmehles, nicht die anderer Getreidearten, lassen sich durch Einteigen und nachfolgendes Auswaschen mit Wasser als zäh-elastische Masse gewinnen, die man als *Kleber* oder *Gluten* bezeichnet. Der Kleber gerinnt beim Backen, und darauf beruht die Backfähigkeit des Weizenmehls. Bei den Kleberproteinen sind drei durch räumliches Vorkommen getrennte Fraktionen zu unterscheiden: 1. der echte Kleber in den Kleberkörnchen des Mehlkörpers, 2. das Klebereiweiß aus den Kleberzellen der Kleberschicht, die den Mehlkörper umgibt, 3. das Eiweiß in dem Embryo. Da bei einem niedrigen Ausmahlungsgrad des

Mehls die Fraktionen 2 und 3 mit der Kleie verloren gehen, ist die ernährungs-physiologische Bedeutung einer hochgradigen Ausmahlung des Mehls ohne weiteres klar. Es kommt noch hinzu, daß bei der niedrigen Ausmahlung auch die Vitamine und die Mineralstoffe der Kleberschicht und des Embryos verworfen werden.

Die Globuline sind die verbreitetste Gruppe unter den Proteinen. Sie sind gekennzeichnet durch ihre Löslichkeit in 5—15%igen Neutralsalzlösungen und ihre Unlöslichkeit in Wasser. Diese besonderen Löslichkeitsverhältnisse beruhen darauf, daß sie mit den Neutralsalzen lösliche Verbindungen bilden, die bei Verdünnung mit Wasser hydrolysiert werden. Ein Teil der Globuline wird bereits durch geringfügige Salzkonzentrationen gefällt, dies sind die *Euglobuline*, die in reinem Wasser wirklich völlig unlöslich sind. Andere Globuline fallen erst bei höherer Salzkonzentration aus. Diese *Pseudoglobuline* sind in reinem Wasser in geringem Maße löslich und können auch etwas Euglobulin in Lösung halten. Im allgemeinen rechnet man zu den Globulinen die Eiweißkörper, die durch Halbsättigung mit Ammonsulfat ausgefällt werden können. Von den *tierischen Globulinen* seien erwähnt die *Serumglobuline:* Euglobulin, Pseudoglobulin I und II und *Fibrinogen.* Das letztere wandelt sich beim Stehen des Blutes oder beim Ausfließen aus der Ader in das Fibrin um und bewirkt dadurch die Gerinnung des Blutes. An die Globulinfraktion des Blutplasmas sind auch die Antikörper gebunden. Die *Milch* enthält ebenfalls ein Euglobulin und ein Pseudoglobulin, die — wenigstens bei der Kuh — mit den entsprechenden Plasmaeiweißkörpern identisch sein sollen. Von den Muskeleiweißkörpern gehören zu den Globulinen das *Myosin* und das *Myogen.* Beide zusammen machen etwa 60% der löslichen Muskeleiweißkörper aus. Das *Myosin* unterscheidet sich von den anderen Globulinen dadurch, daß es — anscheinend als integrierenden Bestandteil — etwa 10% freie Lipoide enthält. Wahrscheinlich ist das Myosin der Eiweiß-körper der Muskelfibrillen. Beim Stehen von Muskelpreßsaft kann es spontan gerinnen. Das Myogen findet sich im Sarkoplasma, aus ihm entsteht beim Auf-bewahren das unlösliche Myogenfibrin. Ein spezifisches Globulin ist das jod-haltige *Thyreoglobulin* der Schilddrüse. Von den übrigen Globulinen unter-scheidet es sich, weil es nicht bei der Dialyse gegen destilliertes Wasser ausfällt. Die *pflanzlichen Globuline* unterscheiden sich in ihrer Zusammensetzung nicht wesentlich von den tierischen; allerdings sind sie viel reicher an Arginin und an sauren Aminosäuren. Die Neutralsalzkonzentrationen, bei denen sie ausfallen, sind teilweise von denen für die Fällung der tierischen Globuline sehr verschieden. Gegen Erhitzen und andere Eingriffe, die zur Koagulation führen, sind sie wesent-lich widerstandsfähiger als die tierischen Globuline. Sie sind die wichtigsten Reserveeiweißstoffe der Pflanze. Am besten bekannt sind die Globuline der Samen: *Legumin* und *Vicilin* aus Bohnen, Erbsen, Linsen und Wicken, *Pha-seolin* aus weißen Bohnen, *Glycinin* aus Sojabohnen, *Conglutin* aus Lupinen, *Edestin* aus Hanf, *Excelsin* aus Paranuß, *Amandin* aus Mandeln, *Arachin* aus Erdnuß.

Die Albumine kommen meist gemeinsam mit den Globulinen vor. Sie sind in Wasser und verdünnten Salzlösungen löslich und fallen bei Sättigung ihrer Lösungen mit Ammonsulfat aus. Die Albumine sind reich an Schwefel, enthalten aber kein Glykokoll. Zu den *tierischen Albuminen* gehören das *Serumalbumin,* das *Lactalbumin* und das *Ovalbumin.* Das Lactalbumin ist ziemlich reich an Tryptophan und enthält zum Unterschied von den übrigen Albuminen Glykokoll und größere Mengen von Serin. Das Ovalbumin ist nicht einheitlich, wahrschein-lich besteht es aus vier verschiedenen Eiweißkörpern. Zu den Albuminen zählt auch das *Globin,* die Eiweißkomponente des Hämoglobins, das sich durch seinen hohen Gehalt an Histidin auszeichnet. Die *pflanzlichen Albumine* sind ebenfalls weit verbreitet, kommen aber doch spärlicher vor als die tierischen. Sie unterscheiden sich von diesen dadurch, daß sie schon bei Halbsättigung mit Ammonsulfat ausgefällt werden. Sie finden sich mehr in den aktiv tätigen Zellen der Pflanzen als in ihren Speicherorganen, die nur geringe Mengen von Albuminen enthalten. *Leukosin* findet sich in Gersten-, Roggen- und Weizenkörnern, *Legumelin* in vielen Leguminosesamen. Aus manchen Pflanzensamen (unter anderem aus Ricinus und Sojabohnen) lassen sich giftige Proteine gewinnen, die den Albuminen nahestehen. Es ist aber noch nicht sicher, ob die Giftwirkung den Eiweißkörpern selber oder Verunreinigungen zukommt.

Die Gerüsteiweiße bilden die organische Grundsubstanz des Bindegewebes, der Sehnen, Fascien und Bändern, sie finden sich im Knochen und Knorpel, in der Haut und ihren Anhangsgebilden und auch in den Fischschuppen. Sie sind keine Zelleiweißkörper, sondern bilden die Gerüstsubstanz, in die die Zellen eingelagert sind. Je nach ihren Eigenschaften, vor allem ihrer Härte und Elastizität, kann man drei Gruppen unterscheiden, die *Kollagene*, die *Elastine* und die *Keratine*. Ihre Bedeutung für die Ernährung ist ziemlich gering, da die Keratine überhaupt nicht, die Kollagene und Elastine nur schwer von den Verdauungsfermenten angegriffen werden. Kollagene finden sich im Bindegewebe, Knorpel und Knochen. Beim Kochen mit Wasser gehen sie allmählich in *Leim (Gelatine)* über, der ebenso wie sie selber frei von Tyrosin und Tryptophan ist. Elastine sind die Bausteine der elastischen Gewebe. Sie bestehen vor allem aus Monoaminosäuren, enthalten aber ebenfalls kein Tryptophan. Die Keratine sind durch ihren hohen Cystingehalt die S-reichsten Proteine. Nur der Vollständigkeit halber sei erwähnt, daß auch die Seide zu den Gerüsteiweißen gehört.

Wenn auch, wie schon eingangs erwähnt, die Bausteinanalyse noch keineswegs für alle Eiweißkörper befriedigend durchgeführt wurde, so ist doch zur Vermittlung einer allgemeinen Vorstellung die Zusammensetzung einiger Proteine in der Tabelle 23 zusammengestellt. Diese Zahlen sind selbstverständlich nur Näherungswerte, von denen sowohl nach unten wie oben Abweichungen vorkommen. Die Gesamtsumme zeigt, daß die Bausteine einiger Proteine erst sehr unvollständig bestimmt sind.

Tabelle 23. Zusammensetzung einzelner Eiweißkörper.

Aminosäure	Thymushiston	Gliadin aus Weizen	Serumglobulin (Pferdeblut)	Phaseolin (weiße Bohne)	Ovalbumin	Serumalbumin (Pferdeblut)	Lactalbumin (Kuhmilch)	Gelatine	Globin (Pferdeblut)	Casein (Kuhmilch)	Rindfleisch
Glykokoll . . .	0,5	—	3,5	0,6	—	—	0,4	25,5	—	—	⎰ 0,4
Alanin	3,5	2,7	2,2	1,8	8,1	4,2	2,5	8,7	4,3	1,5	⎱
Valin	—	3,4	2,0	1,0	2,5	—	3,3	—	—	7,2	4,3
Leucine	11,8	6,6	18,7	9.7	10,7	30,0	19,4	7,1	29,9	10,5	9,2
Glutaminsäure .	3,7	43,7	8,5	14,5	13,3	7,7	12,9	5,8	1,7	21,6	26,8
Asparaginsäure .	—	1,2	2,5	5,2	6,2	4,4	9,3	3,4	4,4	4,1	8,1
Serin	—	0,2	—		—	0,6	1,8	0,4	0,6	0,5	
Cystin	—	2,4	2,3		2,0	7,1	4,0	—	0,6	0,5	1,2
Methionin . . .		2,0			5,0		2,6			3,5	
Lysin	7,7	1,2	8.9	4,6	3,8	13,2	10,3	5,9	8,4	6,2	7,2
Arginin	15,5	3,4	6,0	4,9	6,0	4,9	3,7	8,2	5,4	4,8	5,7
Phenylalanin . .	2,2	2,6	3,8	3,3	5,1	4,2	2,7	1,4	5,0	3,2	3,7
Tyrosin	6,3	5,2	6,6	2,8	4,0	5,8	1,9	0,01	4,0	6,8	4,3
Prolin	1,5	13,2	2,8	2,8	13,2	2,3	9,5	9,5	4,5	8,0	5,5
Oxyprolin . . .	—	—	—		—	1,0	—	14,1	1,0	0,3	2,5
Tryptophan . .	1,5	0,8	3,1		1,4	1,4	3,1	—	3,6	1,7	1,9
Histidin	2,2	2,2	1,3	2,6	2,3	3,7	2,6	0,6	11,0	2,5	5,5
	56,4	90,8	72,2	53,8	83,6	90,5	90,0	100,9	84,4	82,9	97,3

Die zusammengesetzten Eiweißkörper. *Die Nucleoproteide* kommen in allen Zellkernen vor, finden sich aber in geringer Menge auch im Zellplasma und in den meisten Sekreten. Am reichsten an ihnen sind die zellreichen Organe, also Thymus, Pankreas, Leber, Milz und Niere; reich an ihnen sind auch die Hefezellen. Die Eiweißkomponente ist noch nicht für alle Nucleoproteide hinreichend bekannt. In manchen liegen die schon erwähnten salzartigen Verbindungen zwischen Protaminen und Histonen und der prosthetischen Gruppe, der Nucleinsäure, vor; man sollte sie vielleicht wegen der leichten Dissoziierbarkeit der Salzbindung nicht zu den Nucleoproteiden rechnen. Bei den echten Nucleoproteiden ist die Verbindung zwischen Eiweiß und Nucleinsäure fester. Die *Nucleinsäuren (Nucleotide)* bestehen aus einer Purin- oder Pyrimidinbase, aus einer Pentose und aus Phosphorsäure. Die primär in den Nucleotiden vorkommenden Basen sind die Purine *Adenin* und *Guanin* und die *Pyrimidine Thymin, Uracil* und *Cytosin.* Durch Vereinigung einer dieser Basen mit den Pentosen *Ribose* oder *Ribodesose (Thyminose)* (s. S. 67) entstehen Nucleoside,

$$\text{Cytosin} \qquad \text{Uracil} \qquad \text{Thymin}$$

$$\text{Adenin} \qquad \text{Guanin}$$

die durch weitere Anfügung von Phosphorsäure in die *Mononucleotide* oder einfachen Nucleinsäuren übergehen. Von diesen seien nur die Formeln der *Hefe-* und der *Muskeladenylsäure* angeführt. Die Muskeladenylsäure kommt auch als

$$\text{Hefeadenylsäure}$$

$$\text{Muskeladenylsäure}$$

Mononucleotid in den Geweben vor. Sie und ihre Pryophosphorsäureverbindung, die *Adenosintriphosphorsäure* sind wichtige Co-Fermente des Kohlehydratstoffwechsels; unter ihrer Mitwirkung vollziehen sich die intermediären Phosphorylierungen.

Durch Vereinigung von vier Mononucleotiden entstehen die *Polynucleotide*. Von ihnen enthält die *Hefenucleinsäure* die Basen Guanin, Adenin, Cyostin und Uracil, die *Thymonucleinsäure* die Basen Guanin, Adenin, Cytosin und Thymin enthält. Zwischen diesen beiden Polynucleotiden besteht auch ein Unterschied hinsichtlich ihrer Kohlehydratkomponente. Die Hefenucleinsäure enthält Ribose *(Ribonucleinsäure)*, die Thymonucleinsäure Ribodesose *(Ribodesosenucleinsäure)*. Da sich die Thymonucleinsäure auch aus pflanzlichen Zellkernen gewinnen läßt, ist es nach FEULGEN wahrscheinlich, daß sie die Nucleinsäure der Zellkerne ist. Die Vereinigung der verschiedenen Mononucleotide zum Polynucleotid erfolgt nach BREDERECK entgegen den früher angenommenen Bindungsmöglichkeiten durch Säureamidbindungen zwischen der Phosphorsäure eines und der Aminogruppe eines zweiten Mononucleotids.

Die Phosphoproteide enthalten als prosthetische Gruppe die o-Phosphorsäure. Sie haben daher ziemlich stark sauren Charakter. Der bekannteste Vertreter dieser Gruppe ist das *Casein* der Milch, ferner gehören ihr an das *Ovovitellin* des Eidotters und das *Ichthulin* aus Fischeiern. Im Casein liegt die Phosphorsäure

$$CH_2O\text{---}PO_3H_2$$
$$|$$
$$H\text{---}C\text{---}NH_2$$
$$|$$
$$COOH$$

Serinphosphorsäure

zum größten Teil als Ester des Serins, als Serinphosphorsäure vor. Aus dieser Bindung wird sie leicht durch verdünnte Alkalien abgespalten. In der Milch kommt das Casein als Kalksalz vor. Bei der Einwirkung des Labfermentes verliert dies Kalksalz seine Löslichkeit, weil das Casein in einer in ihrem Wesen noch unklaren Reaktion in *Paracasein* umgewandelt wird, dessen Ca-Salz unlöslich ist. Die Caseinatlösungen gerinnen beim Kochen nicht und verhindern auch die Gerinnung der anderen Milcheiweißkörper. Wahrscheinlich kommt das Ca-Caseniat in der Milch in einer Komplexbindung mit Calciumphosphat vor. Das Casein ist wahrscheinlich kein einheitlicher Eiweißkörper. SVEDBERG erhielt bei seinen Bestimmungen Werte, die zwischen 75 000 und 375 000 schwankten. Das *Ovovitellin* des Eidotters läßt sich bei seiner Darstellung nur sehr schlecht von den Phosphatiden trennen, so daß möglicherweise zwischen diesen beiden Stoffen eine lockere Verbindung besteht.

Die Glykoproteide sind nach der ursprünglichen Definition Proteide, bei deren Spaltung als prosthetische Gruppen Kohlehydratkomplexe gewonnen werden. Da aber, wie schon oben ausgeführt, die Mehrzahl der Eiweißkörper kohlehydrathaltig ist, ist diese Definition überholt. Die früher in die Gruppe der Glykoproteide eingereihten Proteide enthalten als prosthetische Gruppen die *Mucoitin-* und die *Chondroitinschwefelsäure*, komplizierte Verbindungen, die außer einem Hexosamin (Chondrosamin oder Chitosamin) Schwefelsäure, Essigsäure und Glucuronsäure enthalten. Je nach dem Vorkommen von Chondrosamin oder Chitosamin sind zu unterscheiden die *Chondroproteide* von den *Mucoproteiden*. Die Mucoproteide, auch Schleimstoffe oder *Mucine* genannt, sind in den meisten Drüsensekreten des Tierkörpers enthalten. Sie sind charakterisiert durch ihre Fällbarkeit mit Essigsäure in der Kälte. Das Mucin des Speichels hat bei den Verdauungsvorgängen eine große Bedeutung, weil es die Bissen schlüpfrig macht und das Schlucken erleichtert. Wahrscheinlich fällt auch in der mit Speichel durchmischten Milch das Casein bei der Labgerinnung viel feinflockiger aus als sonst. Für die Speichelmucine muß es nach neueren Untersuchungen von BLIX als unwahrscheinlich gelten, daß der Bau ihrer prosthetischen Gruppe den früheren Vorstellungen entspricht. Er konnte aus ihnen zwei Kohlehydratkomplexe isolieren, von denen der erste aus einem Hexosamin, einer sauren Gruppe noch unbekannter Natur und zwei Acetylgruppen besteht, der zweite enthält auf je zwei Moleküle Hexose ein Molekül Hexosamin; seine Zusammensetzung entspricht also den üblichen Kohlehydratkomplexen der Proteine. Chondroproteide finden sich neben Kollagenen in der Grundsubstanz des Knorpels.

Die Chromoproteide sind eine Gruppe von Proteiden, deren prosthetische Gruppe Farbstoffcharakter hat. Diese Farbstoffe können ganz verschiedenen Körperklassen angehören. Im allgemeinen ist aber im Bau und Stoffwechsel der höheren Tiere und des Menschen die Bezeichnung auf Proteide beschränkt, deren Farbstoffkomponente zu den Häminen gehört. Die wichtigste dieser Verbindungen ist das *Hämoglobin*, die Verbindung von Globin und Häm. Das Häm ist ein Porphyrin, in das zweiwertiges Eisen eingebaut ist; aus ihm entsteht

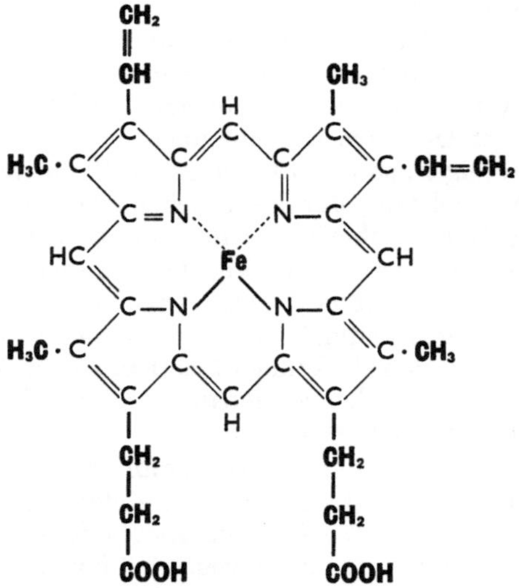

Haem

durch Übergang des Eisens in die dreiwertige Form das Hämin. Häminhaltige Proteide sind ebenfalls bekannt. Zu ihnen gehören die *Cytochrome*, die *Peroxydase* und die *Katalase*. Auch das *sauerstoffübertragende Ferment der Atmung* von WARBURG gehört zu den häm- bzw. häminhaltigen Proteiden. Man hat früher die Bindung des Eisens im Hämoglobin für ernährungsphysiologisch besonders wertvoll gehalten, weil man der Ansicht war, daß es leichter als anorganisches Eisen zum Aufbau von rotem Blutfarbstoff im Körper verwandt werden kann. Nach den Ergebnissen der neueren Untersuchungen ist aber gerade das Gegenteil der Fall. — Zu den pflanzlichen Porphyrinderivaten, die mit der Nahrung in größerer Menge in den Körper gelangen, gehört das *Chlorophyll*, das einen Mg-haltigen Porphyrinring in Bindung an den hochmolekularen Alkohol Phytol enthält, das aber eiweißfrei ist und daher hier nur kurz wegen seiner Verwandtschaft mit den Häminen erwähnt wird.

2. Kohlehydrate.

α) Chemie der Kohlehydrate [1].

Die Kohlehydrate bestehen aus Kohlenstoff, Wasserstoff und Sauerstoff, wobei im allgemeinen Wasserstoff und Sauerstoff im gleichen Verhältnis wie im Wasser in ihnen enthalten sind. Da die Zahl der Sauerstoffmoleküle meist gleich der der Kohlenstoffmoleküle ist, ergibt sich als allgemeine Formel der Kohlehydrate $C_n(H_2O)_n$. Dieser elementaren Zusammensetzung verdanken die Kohlehydrate auch ihren Namen. Ihre chemischen Eigenschaften sind damit allerdings noch nicht charakterisiert. Die Ermittlung ihrer Struktur hat ergeben, daß alle Kohlehydrate als primäre Oxydationsprodukte, also als Aldehyde und Ketone mehrwertiger Alkohole aufzufassen sind. Durch den Besitz entweder der Aldehyd- oder der Ketogruppe ergibt sich die Einteilung in Aldehydzucker oder Aldosen und in Ketozucker oder Ketosen. Weiterhin ist zu berücksichtigen die Zahl der Sauerstoffatome. Für die Ernährung sind in erster Linie wichtig die Kohlehydrate, die sich von den sechswertigen Alkoholen ableiten, die Hexosen. Eine gewisse Rolle als Nahrungsstoffe spielen wahrscheinlich auch die 5 Sauerstoffatome enthaltenden Pentosen, von denen einige als Bausteine des Körpers unentbehrlich sind. Als Intermediärprodukte des Kohlehydratstoffwechsels sind schließlich noch Derivate der Kohlehydrate mit 3 O-Atomen, der Triosen, zu erwähnen.

Alle Kohlehydrate, die in der eben kurz umschriebenen Weise aufgebaut sind, werden als Monosaccharide oder als einfache Zucker bezeichnet. Da die Aldotriose und die Ketotetrose ein asymmetrisches C-Atom enthalten, muß mit der Vermehrung der O-Atome um eins auch die Zahl der asymmetrischen Kohlenstoffe um eins steigen, so daß es eine große Reihe von Monosacchariden gibt. Eine weitere Vermehrung der Zahl der Zucker tritt dadurch ein, daß sich ein oder mehrere Monosaccharidmoleküle unter Austritt von Wasser miteinander vereinigen können. Treten nur wenige Monosaccharide in dieser Weise zusammen, so erhält man *Oligosaccharide* (Di-, Tri-, Tetrasaccharide usw.), werden zahlreiche Monosaccharidmoleküle miteinander vereinigt, so entstehen die *Polysaccharide*. Oligosaccharide können aus dem gleichen, können aber auch aus verschiedenen Monosacchariden aufgebaut sein. Ob das auch für die Polysaccharide gilt, ist noch nicht entschieden.

Die Formulierung der einfachen Zucker kann in verschiedener Weise erfolgen. Da nicht alle ihre Eigenschaften mit der einfachen Aldehyd- oder Ketoform zu erklären sind, wie sie hier für eine Aldohexose und eine Ketohexose angeführt sind, war es notwendig, nach weiteren Formulierungen zu suchen. Eine solche ergibt sich durch einen Ringschluß zwischen dem Aldehyd- oder

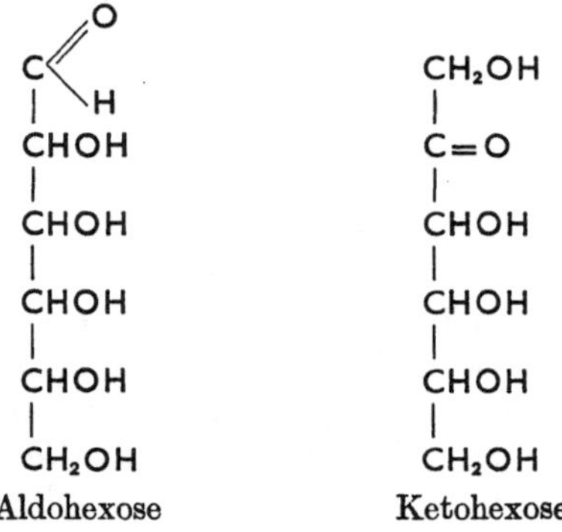

Aldohexose　　　　　　　Ketohexose

---

[1] Siehe zusammenfassende Darstellungen im Schrifttum.

dem Keto-C-Atom und einem der C-Atome der Kette, wodurch ein neues asymmetrisches C-Atom entsteht. Man bezeichnet diese Formeln als die

$CHOH$ — $CHOH$ — $CHOH$ — $CHOH$ — CH — CH_2OH (O)

CH_2OH — COH — $CHOH$ — $CHOH$ — CH — CH_2OH (O)

Glykosidformeln

Glykosidformeln, weil sie den verschiedenen Äthern der Zucker, den Glykosiden, zugrunde liegen (s. weiter unten).

Monosaccharide. Die einfachsten Zucker von physiologischer Bedeutung sind die beiden Triosen *Dioxyaceton* und *Glycerinaldehyd*. Beide entstehen, allerdings

CH_2OH — $C=O$ — CH_2OH

Dioxyaceton

C(O)(H) — $CHOH$ — CH_2OH

Glycerinaldehyd

nicht in freier Form, sondern als Phosphorsäureester, beim Abbau der Zucker in der Muskulatur und in der Hefezelle. In freier und in phosphorylierter Form

C(O)(H) — $H{-}C{-}OH$ — $CH_2O \cdot P(OH)(=O)(OH)$

d-Glycerinaldehydphosphorsäure

CH_2OH — $C=O$ — $CH_2O \cdot P(OH)(=O)(OH)$

Dioxyacetonphosphorsäure

sind sie äußerst unbeständig, kommen also in der Nahrung wohl kaum vor. Beide gehen in der isolierten Leber sehr leicht in Hexosen über.

Die *Pentosen* kommen in freier Form nur in geringen Mengen in der Natur vor. In manchen pflanzlichen Nahrungsmitteln und anderen pflanzlichen

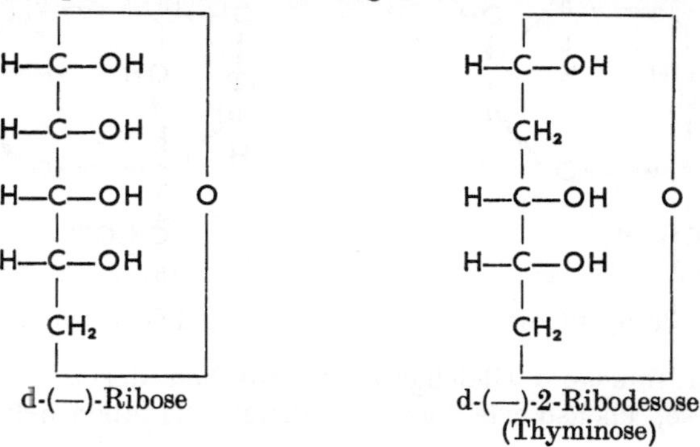

d-(—)-Ribose   d-(—)-2-Ribodesose
(Thyminose)

Produkten findet man sie reichlich als Polysaccharide, den *Pentosanen*. Für den tierischen Organismus sind als Bausteine der Nucleinsäuren (s. S. 63) wichtig die *Ribose* und die *Thyminose* (Desoxyribose).

Von den Hexosen haben nur vier eine biologische Bedeutung: die Aldohexosen Glucose, Galaktose und Mannose und die Ketohexose Fructose. Von diesen ist die Glucose die wichtigste. Der in freier Form im Blute und in den Geweben vorkommende Zucker ist die *d-(+)-Glucose* (Traubenzucker, Dextrose). Die Bezeichnung d- bzw. l- hängt bei den Kohlehydraten von der Stellung der OH-Gruppe an dem der primären Alkoholgruppe benachbarten Kohlenstoffatom ab, + und — gibt die tatsächliche Drehungsrichtung an. Alle biologisch wichtigen Zucker gehören der d-Reihe an. Wie schon oben erwähnt, ist in den Glucosidformeln der Zucker das erste Kohlenstoffatom zum Unterschied von der Aldehydformel asymmetrisch, so daß also jeder einzelne Zucker in zwei Modifikationen, die als α- und β-Form bezeichnet werden, vorkommt.

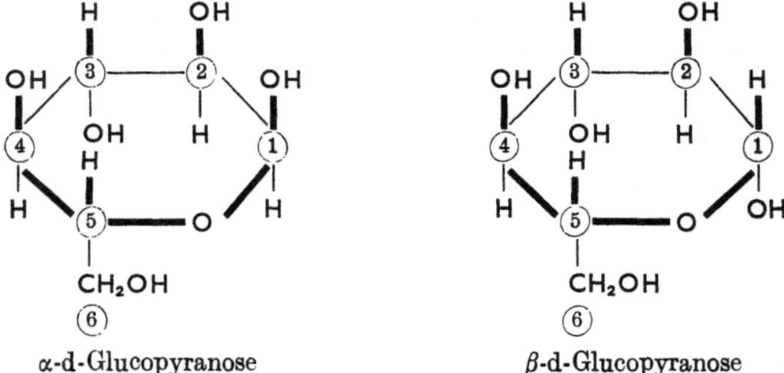

d-Glucose
α-d-Glucose
β-d-Glucose

Weiterhin kann bei dem gleichen Zucker die Lage der Sauerstoffbrücke verschieden sein. Bei den 6-Kohlenstoffzuckern spannt sie sich gewöhnlich zwischen dem 1. und dem 5. C-Atom, so daß ein Pyranring entsteht; daneben sind aber auch instabile Formen bekannt, in denen die Sauerstoffbrücke zwischen den C-Atomen 1 und 4 liegt, also ein Furanring gebildet wird, so daß man abhängig von der Art des Ringes *Pyranosen* und *Furanosen* zu unterscheiden hat. Die Ringformen lassen sich besonders klar nach der HAWORTHschen Schreibweise formulieren, die hier für die beiden d-Glucopyranosen angeführt ist. Im allgemeinen

α-d-Glucopyranose
β-d-Glucopyranose

besteht im Organismus ein Gleichgewicht zwischen der α- und der β-Form der Glucopyranose, ebenso wie das in wäßrigen Traubenzuckerlösungen der Fall ist.

Die *d-(+)-Galaktose* ist für die Ernährung wichtig als Bestandteil des Milchzuckers. Als Baustein des Körpers finden wir sie in den Eiweißkörpern und in den Cerebrosiden.

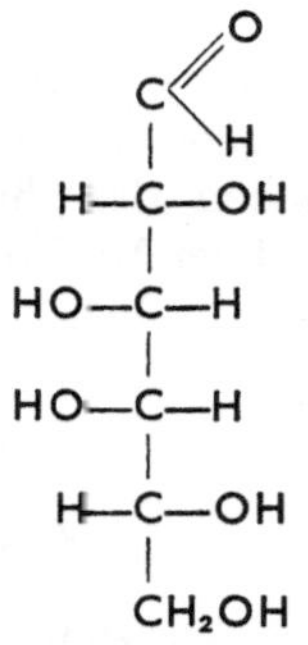

$$
\begin{array}{ccc}
\mathrm{C}\!\!<\!\!{}^{\mathrm{O}}_{\mathrm{H}} & & \mathrm{C}\!\!<\!\!{}^{\mathrm{O}}_{\mathrm{H}} \\
\mathrm{H-C-OH} & & \mathrm{HO-C-H} \\
\mathrm{HO-C-H} & & \mathrm{HO-C-H} \\
\mathrm{HO-C-H} & & \mathrm{H-C-OH} \\
\mathrm{H-C-OH} & & \mathrm{H-C-OH} \\
\mathrm{CH_2OH} & & \mathrm{CH_2OH} \\
\text{d-(+)-Galaktose} & & \text{d-(+)-Mannose}
\end{array}
$$

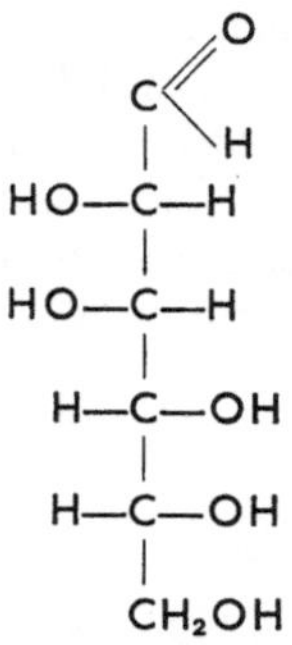

Die *d-(+)-Mannose* kommt im allgemeinen in der Nahrung nicht vor. Sie findet aber sich im Körper als Bestandteil vieler Eiweißkörper (s. S. 60).

Die *d-(—)-Fructose* (Lävulose, Fructose) ist in freier Form gewöhnlich nicht in der Nahrung enthalten, allerdings liegt im Bienenhonig und im Kunsthonig ein äquimolekulares Gemisch von Fructose und Glucose *(Invertzucker)* vor. Wichtiger ist das Vorkommen der Fructose in dem Disaccharid Rohrzucker und in einigen Trisacchariden. Die freie Fructose hat gewöhnlich die Pyranringform, die in den Oligosacchariden gebundene ist die β-Fructofuranose.

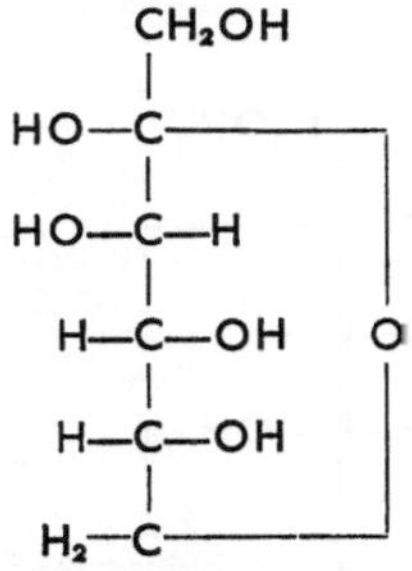

Fructopyranose 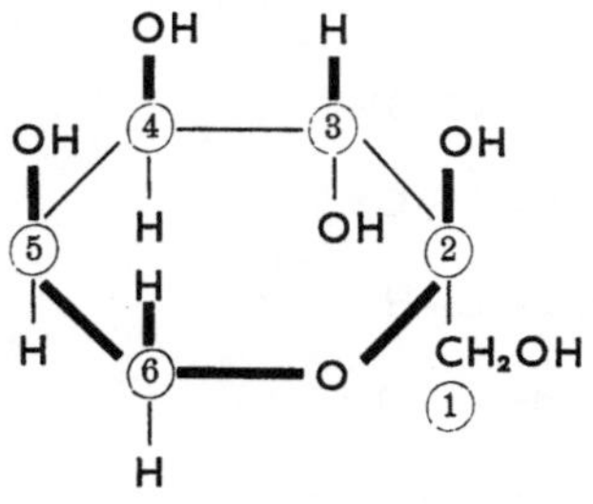   α-d-Fructopyranose 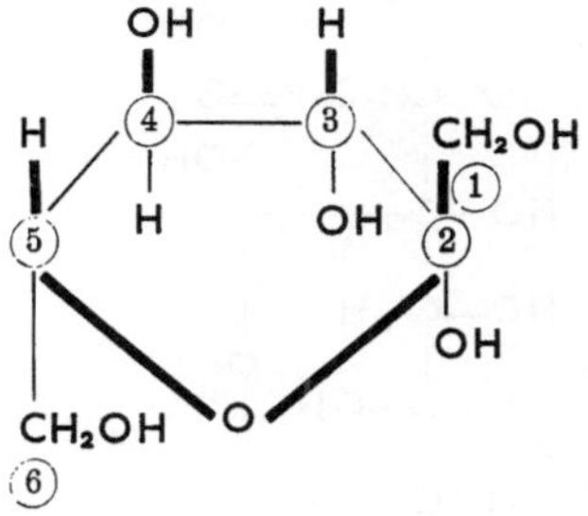   β-d-Fructofuranose

Von den einfachen Zuckern mit 6 C-Atomen leitet sich eine Reihe von physiologisch wichtigen Stoffen ab. Durch Oxydation der primären Alkoholgruppe entstehen die *Uronsäuren*, durch Ersatz der OH-Gruppe am C-Atom 2 durch die Aminogruppe die *Aminozucker* und durch Veresterung mit Phosphorsäure die *Hexosephosphorsäuren*.

Von den Uronsäuren sind die wichtigsten die *Glucuronsäure* und die *Galakturonsäure*; auch das Vitamin C ist eine Uronsäure (s. S. 154). Die Glucuronsäure ist

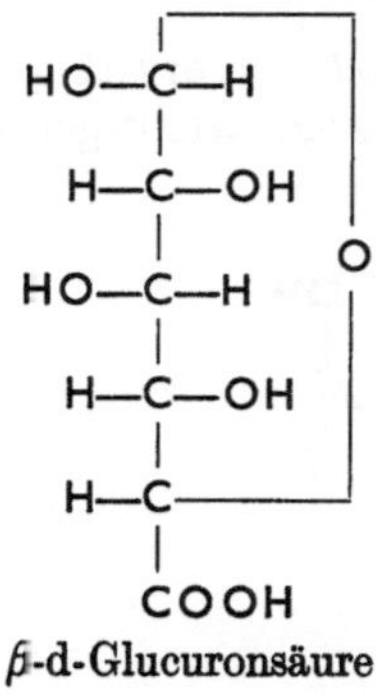

β-d-Glucuronsäure 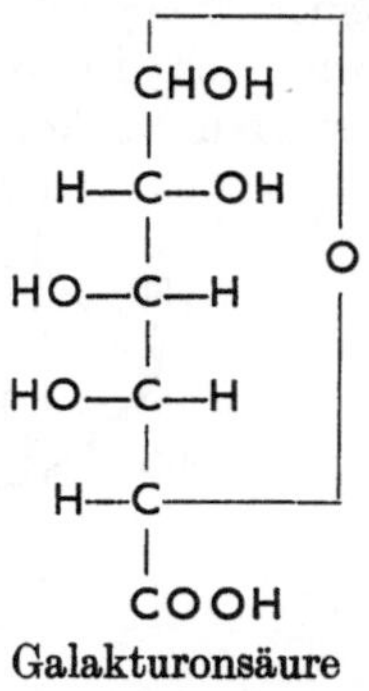   Galakturonsäure

als Baustein der Glykoproteide in der Mucoitin- und der Chondroitinschwefelsäure enthalten. Sie entsteht auch im Organismus in größeren Mengen und wird zur Entgiftung der Phenole verwandt. Die Galakturonsäure ist die Grundsubstanz der Pectinstoffe (s. S. 74).

Von den Aminozuckern: *Chondrosamin* (Aminogalaktose), *Chitosamin* (Aminomannose) und *Glucosamin* (Aminoglucose), ist das Glucosamin als Glucosaminodigalaktose und -dimannose am Aufbau der einfachen Eiweißkörper und das Chondrosamin und Chitosamin in der Chondroitin- und der Mucoitinschwefelsäure am Aufbau der Glykoproteide beteiligt.

$$
\begin{array}{ccc}
\text{Glucosamin} & \text{Chitosamin} & \text{Chondrosamin}
\end{array}
$$

Von den verschiedenen Phosphorsäureestern der Zucker erwähne ich lediglich die *Fructose-1.6-Phosphorsäure* (HARDEN-YOUNG-Ester) und die *Fructose-* und

Fructose-1.6-Phosphorsäure   Glucose-6-Phosphorsäure   Fructose-6-Phosphorsäure
(HARDEN-YOUNG-Ester)   Aldehydform   Ketoform
des EMBDEN-ROBISON-Esters

die *Glucose-6-Phosphorsäure*, die Keto- bzw. die Aldehydform des EMBDEN-ROBISON-Esters. Diese beiden Ester können durch eine Gleichgewichtsreaktion ineinander übergehen.

Zum Schluß muß noch die Klasse der *Cyclosen* erwähnt werden, die in manchen Nahrungsstoffen vorkommen und deren wichtigster Vertreter der

Mesoinosit

Inosit ist. Man findet ihn auch in der Muskulatur in größeren Mengen. Zwischen den Cyclosen und den Hexosen bestehen außer den formalen auch stoffwechsel-chemische Zusammenhänge, die aber noch nicht ganz durchsichtig sind. Allem Anschein nach verfügt aber der tierische Organismus über die Fähigkeit aus Glucose Inosit zu bilden.

Oligosaccharide. Von den Oligosacchariden haben nur wenige eine physiologische Bedeutung. *Von* den Disacchariden sind es der *Milchzucker* (Lactose), der *Rohrzucker* (Saccharose) und der *Malzzucker* (Maltose), von den Trisacchariden die *Raffinose*. Über das Vorkommen höherer Oligosaccharide ist noch so gut wie nichts bekannt.

Im *Milchzucker* ist die Galaktose β-glucosidisch mit Glucose verknüpft. Dieser Zucker, der nur in der laktierenden Milchdrüse gebildet wird, ist einer der Hauptbestandteile der Milch und spielt deshalb in der Ernährung des Säuglings

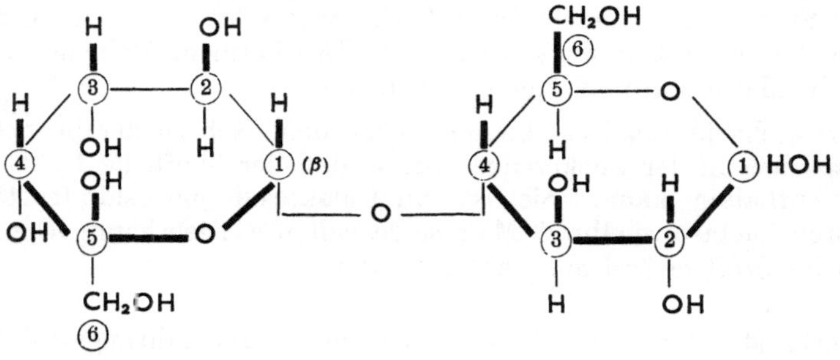

Galaktosidrest   Glucoserest
Milchzucker

und des Kleinkindes eine große Rolle. Er wird im Darm durch das Ferment Lactase in Glucose und Galaktose zerlegt. Dieses Ferment findet sich aber nur dann im Darmsaft in größeren Mengen, wenn der Organismus an die Aufnahme von Milch gewöhnt ist. Ist das nicht der Fall, so vergeht eine gewisse Zeit, bis durch eine adaptive Fermentbildung Lactase in ausreichender Menge entsteht.

Der *Rohrzucker* spielt in der Nahrung, da er der übliche Süßstoff ist, eine relativ große Rolle, allerdings wird er von den einzelnen Menschen in sehr

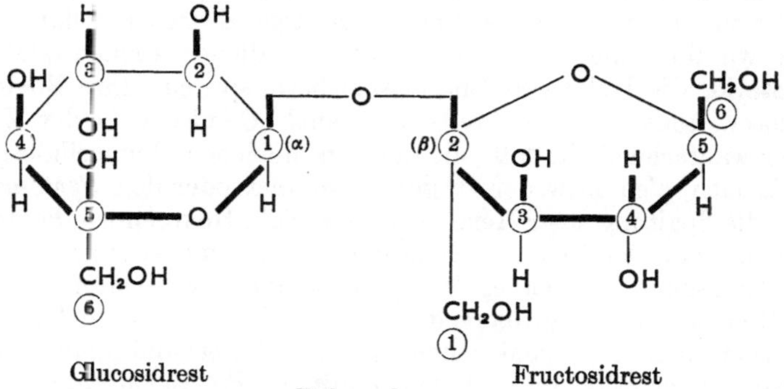

Glucosidrest   Fructosidrest
Rohrzucker

verschiedenem Maße aufgenommen. Durch das Ferment Saccharase (Invertin) wird er im Darm in Glucose und in Fructose zerlegt.

Der *Malzzucker* kommt als solcher in der Nahrung gewöhnlich nicht vor, lediglich das Bier enthält größere Mengen von ihm. Aber das Ferment Amylase

spaltet die Stärke bis zu diesem Disaccharid auf, so daß es bei den Verdauungsvorgängen stets in großen Mengen entsteht. Das Ferment Maltase zerlegt dann im Darm die Maltose in zwei Moleküle Glucose.

Das Trisaccharid *Raffinose* kommt neben dem Rohrzucker in vielen Vegetabilien, so auch in der Zuckerrübe vor, so daß der käufliche Rohrzucker die Raffinose enthalten kann. Sie ist ein Galaktosido-glucosido-fructosid, das sowohl durch Lactase wie durch Maltase gespalten werden kann. Die Raffinose kann also im Stoffwechsel ausgenutzt werden.

Polysaccharide. Unter den Polysacchariden hat als Nahrungsstoff nur eines eine — allerdings überragende — Bedeutung, die *Stärke*, das Reservekohlehydrat der meisten pflanzlichen Organismen. Der tierische Organismus enthält als Reservestoff das der Stärke sehr nahestehende *Glykogen*. Beide Polysaccharide liefern bei ihrer Spaltung die α-*Glucose*. Als Baustoff der pflanzlichen Zellmembranen muß die *Cellulose* erwähnt werden. Sie besteht ebenfalls aus Glucose, aber die Glucosemoleküle sind durch β-glykosidische Bindungen miteinander verknüpft und daher ist die Cellulose für die Verdauungsfermente unangreifbar. Sie wird aber durch die Darmbakterien zu Glucose gespalten oder zu Fettsäuren vergoren, so daß durch die Resorption dieser bakteriell entstandenen Spaltstücke oder Umwandlungsprodukte der Energieinhalt der Cellulose möglicherweise in geringem Umfange auch vom Menschen ausgenutzt werden kann. Das gilt auch für andere Polysaccharide, so für die Gruppe der sog. *Hemicellulosen*. Diese nehmen bei der Pflanze eine eigenartige Zwischenstellung ein, indem sie ebenso wie die Cellulose als Gerüstsubstanz dienen können oder indem sie, wie die Stärke die Rolle von Energiespeichern spielen. Ihre Spaltung ergibt teils Hexosen, teils Pentosen, teils aber auch Gemische beider Zuckerarten. Es ist aber wahrscheinlich, daß jede der verschiedenen Hemicellulosen ein Individuum für sich, also entweder zu den *Hexosanen* oder den *Pentosanen* gehört. Wenn also die Spaltung einer Hemicellulose sowohl Hexosen wie Pentosen ergibt, so liegt in ihr ein Gemisch von Hexosanen und Pentosanen vor. Namen wie Arabane, Galaktane, Mannane, Methylpentosane usw. deuten auf die Natur der die Hemicellulosen aufbauenden Zucker hin. Zu den Polysacchariden gehören ferner auch die verschiedenen *Pflanzenschleime* und pflanzlichen *Gummiarten*. Besonders erwähnt sei noch das *Inulin*, ein Polysaccharid aus d-Fructose, das in den Dahlienknollen und der Zichorie vorkommt.

Über den *chemischen Aufbau der Polysaccharide* ist mit völliger Sicherheit lediglich bekannt, daß sich bei ihnen das Bauprinzip, nach dem die Oligosaccharide entstehen, sehr häufig wiederholt. Es kann weiterhin als sichergestellt gelten, daß in der Cellulose kettenförmige Gebilde vorliegen, die durch β-glucosidische Bindungen von Glucosemolekülen aneinander entstanden sind. Einen Ausschnitt aus einer solchen Kette zeigt die folgende Formel. Ob nun das Cellulosemolekül

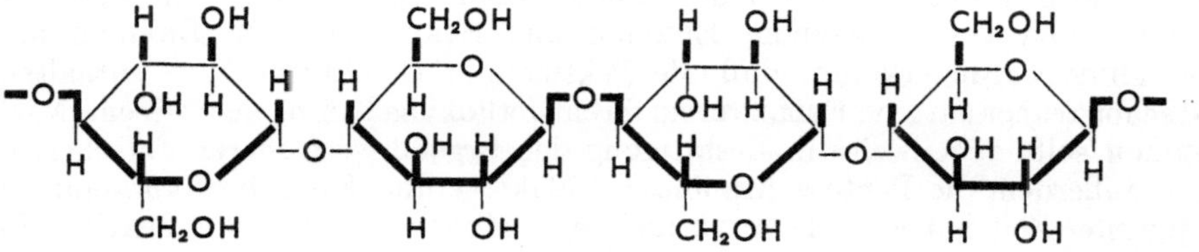

Celluloseformel

aus einer einzigen solchen, mehrere tausend Glieder umfassenden Kette besteht („Makromolekül" nach STAUDINGER) oder ob sich in ihm mehrere kürzere Ketten zu einem micellaren Gebilde zusammenlagern (MEYER und MARK), ist eine hier nicht interessierende Streitfrage. Jedenfalls hat die kleinste Struktureinheit der Cellulose ein Molekulargewicht von mehreren Hunderttausend. Man darf vermuten, daß auch Stärke und Glykogen nach einem ähnlichen Bauprinzip, aber durch α-glucosidische Verknüpfung von Glucosemolekülen, entstehen. Ein sehr wesentlicher Unterschied besteht weiterhin darin, daß diese beiden Polysaccharide keinen fadenförmigen oder gestreckten Bau haben, sondern Kugelmoleküle sind. Dieser kommt durch eine in ihrem feineren Aufbau noch nicht völlig geklärte Verzweigung des Moleküls zustande. Man kann durch besondere Art der chemischen Spaltung aus der Stärke Bruchstücke mit einer Kettenlänge von etwa 25, aus dem Glykogen solche mit einer Kettenlänge von 12 oder 18 Glucoseresten gewinnen. Das Molekulargewicht der Stärke und mehr noch das des Glykogens ist ganz wesentlich größer als das der Cellulose. Es darf nicht übersehen werden, daß Stärke wie Glykogen phosphorsäurehaltig sind, und zwar enthalten sie die Phosphorsäure in Form von Kohlehydratphosphorsäuren als integrierenden Bestandteil ihres Moleküls.

Die verschiedenen *Stärkearten* sind in ihrer Zusammensetzung nicht identisch. Auch das Stärkekorn selber ist nicht homogen. In seinen äußeren Schichten enthält es das *Amylopektin*, im Inneren die *Amylose;* das Amylopektin überwiegt weit über die Amylose und macht etwa 80% die Stärke aus. Chemisch und physikalisch sind diese beiden Fraktionen verschieden. Die Amylose löst sich glatt in Wasser, Amylopektin quillt und bildet den Stärkekleister. Amylopektin gibt mit Jod eine violette oder braune Farbe, Amylose das Blau der typischen Jodstärkereaktion. Nur das Amylopektin enthält Phosphorsäure. Bei der hydrolytischen Spaltung der Stärke werden nacheinander die folgenden Stufen durchlaufen:

Stärke → Amylodextrine → Erythrodextrine → Achroodextrine → Maltose → Glucose.

Die Amylase (Diastase, Ptyalin) führt die Spaltung des Stärkemoleküls über die verschiedenen Dextrine bis zur Maltose, erst die Maltase setzt Glucose frei. Als Dextrine werden jene Zwischenstufen der Spaltung bezeichnet, die sich durch Molekülgröße und Jodreaktion von der Stärke unterscheiden, im übrigen aber wenig definiert sind.

Auch das *Glykogen* läßt sich in zwei Fraktionen aufteilen, die sich in bezug auf Löslichkeit ähnlich verhalten wie die beiden Stärkefraktionen, die aber beide phosphorsäurehaltig sind. Die Aufspaltung des Glykogens führt über die gleichen oder ähnliche Zwischenstufen wie die der Stärke zur Glucose.

Pektinstoffe. Unter Pektinen versteht man Stoffe, die im Pflanzenreich weit verbreitet neben den Cellulosen und den Hemicellulosen im Zellgerüst vorkommen und die sich besonders in den Früchten und Wurzeln, aber auch in den grünen Blättern finden. Sie haben die auffällige Eigenschaft, mit Zuckern Gelees zu bilden. Früher hat man sie den Hemicellulosen zugerechnet. Von EHRLICH, EHRLICH und v. SOMMERFELD, EHRLICH und SCHUBERT (1, 2), EHRLICH und KOSMAHLY wurde erkannt, daß die Pektinstoffe Galakturonsäure enthalten, und schon früher hatte v. FELLENBERG ihren Methoxylgehalt nachgewiesen. Nach EHRLICH sollten, teilweise in Bestätigung der Ergebnisse früherer Forscher, in ihnen außerdem die Pentose Arabinose, Galaktose und Essigsäure vorkommen. In jüngster Zeit haben SCHNEIDER und seine Mitarbeiter (1, 2) die Pektinstoffe einer erneuten Untersuchung unterzogen und dabei entdeckt, daß alle bisherigen Pektinpräparate noch Gemische aus Pektinen und anderen Stoffen, vor allem wohl Hemicellulosen sind. Die reinen Pektine sind nach SCHNEIDER Polymerisationsprodukte einer mehr oder weniger weitgehend methylierten Galakturonsäure; sie lassen sich analog dem Aufbau der Cellulose etwa folgendermaßen formulieren:

Formel eines Pektins (Methylierungsgrad 75%)

Die Pektine sind danach also hochmolekulare kohlehydratartige Pflanzenstoffe. Ihr Molekulargewicht im unveränderten Zustand liegt wahrscheinlich über 100000. Die Eigenschaften der Pektine aus verschiedenen Pflanzen werden bestimmt 1. durch ihre Molekülgröße; diese ist entscheidend für ihre Gelierfähigkeit; 2. durch den Grad ihrer Veresterung mit Methylalkohol; dieser bestimmt ihre Löslichkeit in Wasser; 3. durch die sie als Ballaststoffe begleitenden Pentosane. Als *Pektinstoffe* bezeichnet SCHNEIDER die unreinen technischen Produkte, als *Pektine* die methylierten Polygalakturonsäuren und als *Pektinsäuren* die mehr oder weniger entmethylierten Polygalakturonsäuren.

Die Bedeutung der Pektinstoffe für die Ernährung läßt sich noch schwer übersehen. Wenn aus ihnen das Methoxyl abgespalten wird, bilden sich die unlöslichen Kalksalze der Pektinsäuren, so daß möglicherweise ein Teil des Kalkgehaltes der Pflanzenzelle in dieser Form vorliegt und in den Tierkörper gelangt. Die spontane Gelierung der Obstsäfte scheint ebenfalls auf Grund einer Entmethylierung durch ein Ferment Pektase und der dann erfolgenden Bildung dieser unlöslichen Ca-Verbindungen zu geschehen. Bei den Verdauungsvorgängen haben sicherlich die adsorptiven und stopfenden Eigenschaften der Pektine, die auf ihrer Kolloidnatur beruhen, eine wichtige Funktion. Im Darm scheint es aber auch zu einer Spaltung der Pektine zu kommen, ob durch Verdauungsfermente oder durch Bakterien, steht nicht fest. Jedenfalls werden Galakturonsäuren resorbiert; denn man sieht, daß beim Versuchstier bei gleichzeitiger Verfütterung von Menthol und von Pektin sehr viel mehr Uronsäure ausgeschieden wird als bei alleiniger Zufuhr von Menthol. Für die Verwertung der Galakturonsäure bei solchen Entgiftungen spricht auch die Tatsache, daß bei den Tieren der Menthol-Pektingruppe viel weniger Eiweiß verbrannt wird als bei denen der Mentholgruppe (MAUVILLE, BRADWAY und MACMINNI).

β) Die Bedeutung der Kohlehydrate im Stoffwechsel.

Wie bereits früher ausgeführt wurde, ist der Organismus auf die Zufuhr einer gewissen, wenn auch nicht sehr großen Menge von Kohlehydraten in der Nahrung angewiesen. Die Bedeutung der Kohlehydrate für den Organismus geht wohl am klarsten und eindringlichsten daraus hervor, daß durch einen komplizierten Regulationsmechanismus, an dem mehrere Hormone beteiligt sind, der Zuckerspiegel des Blutes mit großer Konstanz auf einen Wert von ungefähr 0,08—0,10% gehalten wird.

In dem Kapitel „Eiweiß" ist dargetan worden, daß aus einer ganzen Reihe von Aminosäuren nach ihrer Desaminierung im intermediären Stoffwechsel Kohlehydrate gebildet werden können. Allerdings reicht offenbar diese Kohlehydratbildung nicht aus, um den gesamten Kohlehydratbedarf des Körpers zu decken. Im Hungerzustande wird vom Organismus zu allererst der größte Teil der in den Glykogendepots gespeicherten Energiemengen angegriffen; in erster Linie gilt das für die Leber, weniger für die Muskulatur, die immer eine bestimmte Glykogenmenge festhält, der Herzmuskel vermehrt sogar seinen Bestand an Glykogen unter diesen Bedingungen. Neben dem Glykogen wird zu Beginn einer Hungerperiode auch Fett verbrannt, und nach dem Verbrauch des Glykogens wird der Energiebedarf überwiegend durch die Verbrennung von Fett bestritten. Jedoch zeigt sich auch im Eiweißstoffwechsel eine Steigerung über die Abnutzungsquote hinaus, die bei lang andauerndem Hunger mit zunehmender Erschöpfung der Fettvorräte recht erheblich sein kann. Jeder Hunger und jede kohlehydratfreie oder -arme Nahrung führt, beim Kinde sehr bald, beim Erwachsenen nach einiger Zeit, zu einer Vermehrung der Acetonkörper im Blute und zu ihrer Ausscheidung in den Harn. Die Acetonkörper (β-Oxybuttersäure, Acetessigsäure und Aceton) sind Intermediärprodukte des Abbaues der Fette und einiger Aminosäuren. Werden im Organismus Kohlehydrate in ausreichender Menge umgesetzt, so wird durch ihre *antiketogene Wirkung* das Auftreten der Ketonkörper verhindert. Hierin besteht eine der wichtigsten Aufgaben der Kohlehydrate im Stoffwechsel. Worin das Wesen der antiketogenen Wirkung besteht, ist noch nicht geklärt. Wahrscheinlich kommt es aber zu einer Vereinigung von Intermediärprodukten des Abbaues der Kohlehydrate und der Fettsäuren, die viel leichter verbrennlich sind als die Fettsäuren.

Die gesamten neueren Untersuchungen über den Muskelstoffwechsel lassen erkennen, daß — unbeschadet der intermediären und unmittelbaren Vorgänge der Energielieferung — die Energie für die Muskelarbeit durch den Abbau der Kohlehydrate geliefert wird. Es ist eine immer wieder diskutierte, aber nicht entschiedene Frage, ob statt der Kohlehydrate auch andere Nährstoffe, in erster Linie die Fette, entweder direkt oder nach vorheriger Umwandlung in Kohlehydrate, im Stoffwechsel des Muskels verwandt werden können. Es kommt hinzu, daß auch die Frage, ob es im Organismus überhaupt eine Umwandlung von Fetten in Kohlehydrate gibt, noch nicht mit Sicherheit beantwortet werden kann. Steht man auf dem Standpunkt, daß der Muskel lediglich Kohlehydrate verwerten kann, ist eine Umwandlung von Fett in Kohlehydrate eine zwingende Notwendigkeit, da der gesamte Glykogenbestand des Körpers nicht ausreichen würde, den Stoffwechsel für längere Zeit zu decken. Im allgemeinen enthält der Körper etwa 1—2% seines Gewichtes an Glykogen und nach einer ausgesprochenen Kohlehydratmast war der höchste beobachtete Wert 3,6%. Unter normalen Ernährungsbedingungen würde also ein Mensch von 70 kg Gewicht etwa 1 kg Glykogen enthalten, durch dessen Umsatz 4000 cal gewonnen werden könnten. Dabei ist noch zu berücksichtigen, daß auch bei längerem Hunger oder bei extremer Arbeitsleistung immer noch gewisse Glykogenreserven erhalten bleiben. Durch mehrtägigen Hunger müßten also selbst bei mäßiger Muskelarbeit die Glykogenbestände verbraucht sein, trotzdem kann Hunger längere Zeit ertragen werden, wobei die Arbeitsfähigkeit durchaus erhalten bleibt. Es muß also eine Verwertung anderer Körperbausteine im Muskelstoffwechsel stattfinden. Die Eiweißkörper können hier keine große Rolle spielen, da ihr Umsatz im Rahmen des gesamten Energiewechsels ziemlich gering ist. Zieht man in Betracht, daß erfahrungsgemäß bei sehr intensiver Muskelarbeit ein relativ immer größerer Anteil des Energiebedarfes durch Fett gedeckt wird, so ergibt sich notwendigerweise der Schluß, daß auch der Energieinhalt der Fette — wahrscheinlich auf dem Wege über die Kohlehydrate — vom Muskel ausgenutzt wird.

Können wir also — mit ziemlicher Sicherheit — eine Umwandlung von Fett in Kohlehydrat vermuten, so ist der umgekehrte Vorgang, die Umwandlung von Kohlehydrat in Fett, eine erwiesene Tatsache. Die Fettmästung von Schweinen z. B. zeigt deutlich, welche Fettmassen bei kohlehydratreicher Nahrung angesetzt werden können. Auch beim Menschen sieht man, wie jede den Bedarf übersteigende Zufuhr von Nährstoffen die Fettdepots des Körpers füllt. Diese Umwandlung von Kohlehydrat in Fett scheint an Ort und Stelle in den Fettdepots selbst zu erfolgen, da man nach kohlehydratreicher Nahrung nicht unerhebliche Mengen von Glykogen im Fettgewebe nachweisen kann.

γ) Die Verwertung der einzelnen Kohlehydrate.

Es braucht an dieser Stelle nicht nochmals betont zu werden, daß das Hauptkohlehydrat der Nahrung die Stärke ist. Aber daneben ist der Organismus durchaus in der Lage, andere Kohlehydrate zu verwerten, allerdings in recht verschiedenem Maße. Man hat vielfach bestimmt, welche Mengen der verschiedenen Kohlehydrate man zuführen kann, bis es zu einer Ausscheidung von Zucker im Harn kommt. Die Tabelle 24 enthält einige der erhaltenen Werte. Der Begriff der „Assimilationsgrenze" ist vielfach angegriffen worden. Sicherlich können die angeführten Zahlen auch keinen Anspruch auf allgemeine Gültigkeit erheben, aber sie geben doch eine durchaus zutreffende Vorstellung von der Größenordnung der Verwertung.

Tabelle 24.

Kohlehydrat	Assimilationsgrenze in g
Stärke . . .	400
Rohrzucker . .	150—200
Glucose . . .	150—180
Fructose . . .	120—150
Maltose . . .	120—150
Milchzucker .	120
Galaktose . .	20—30

Eine für die Ernährung prinzipiell wichtige Frage ist die, ob ebenso wie die Stärke, auch die anderen in der Tabelle angeführten sowie sonstige Kohlehydrate im Körper verwandt werden können, indem sie verbrennen oder indem sie über Glucose zu Glykogen aufgebaut werden. Ein weiteres Problem ist, ob auch die Galaktose und die Mannose, die wir als Bausteine wichtiger Körperbestandteile (Eiweiß, Cerebroside) kennen, durch Umwandlung aus Glucose entstehen können. An sich ist es durchaus möglich, daß die notwendigen Galaktose- und Mannosemengen aus der Nahrung stammen. Tierische Nahrungsmittel haben eine Zusammensetzung, die derjenigen des menschlichen Organismus sehr nahe kommt, sie muß also auch diese Kohlehydrate enthalten. Pflanzliche Nahrungsmittel enthalten Galaktose und Mannose gewöhnlich in Form von Hexosanen (Hemicellulosen). Eine gewisse Verwertung derartiger Hexosane ist nicht ausgeschlossen. Für die Mannose besteht außerdem auch die Möglichkeit einer Entstehung über die der Glucose, der Fructose und der Mannose gemeinsamen Enolform. Daß auch prinzipiell die Bildung der Galaktose aus Glucose im Körper möglich ist, beweist die Milchzuckerbildung in der Milchdrüse, die auf Kosten von Blutzucker, also von Glucose, erfolgt.

$$
\begin{array}{ccc}
\text{d-Glucose} & \text{d-Mannose} & \text{d-Fructose}
\end{array}
$$

```
        O                    O
       ‖                    ‖
    C—H                  C—H                 CH₂OH
     |                    |                    |
  H—C—OH              HO—C—H                 C=O
     |                    |                    |
 HO—C—H               HO—C—H               HO—C—H
     |                    |                    |
  H—C—OH               H—C—OH               H—C—OH
     |                    |                    |
  H—C—OH               H—C—OH               H—C—OH
     |                    |                    |
    CH₂OH                CH₂OH                CH₂OH

   d-Glucose            d-Mannose            d-Fructose

                      CHOH
                       ‖
                      C—OH
                       |
                   HO—C—H
                       |
                    H—C—OH
                       |
                    H—C—OH
                       |
                      CH₂OH
                     Enolform
```

Es ist die Meinung weit verbreitet, daß die verwertbaren Kohlehydrate der Nahrung vor ihrer Verwertung zunächst in Glucose umgewandelt werden müssen. Dieser Auffassung widersprechen aber außerordentlich zahlreiche Befunde, von denen lediglich aus der neueren Literatur einige angeführt werden sollen (s. auch die Zusammenstellungen bei KÜHNAU[1] und MAGNUS-LEVY[1]). Aus diesen Beobachtungen geht hervor, daß wahrscheinlich jeder der Zucker, der im Körper verwertet werden kann, ein eigenes Schicksal hat. Man sieht z. B., daß die Geschwindigkeit der Glykogenablagerung in der Leber nach Fructose und Galaktose deutlich größer ist als nach Glucose. Die Oxydationsgeschwindigkeit, die spezifisch-dynamische Wirkung, die Änderung des R. Q., die ketolytische Wirkung dieser drei Zucker unterscheiden sich ebenfalls sehr deutlich voneinander (DEUEL). COLE findet, daß Glucose schon nach Zufuhr ziemlich geringer Mengen den Blutzucker steigert, Fructose dagegen nicht. Sie ist der Glucose auch in der antiketogenen Wirkung überlegen und der Rohrzucker wirkt noch stärker antiketogen als die Fructose. Beim arbeitenden Hund verhindert sie z. B. die Blutzuckersenkung. Möglicherweise hat der starke Effekt des Rohrzuckers seinen Grund darin, daß in ihm die Fructose in der besonders reaktionsfähigen Furanform vorliegt. Nach FEYDER und PIERCE wird nach Aufnahme von Fructose in der Leber mehr Glykogen deponiert als nach Glucose. Dagegen findet aber OTOMO, daß die Glykogenbildung in der Leber nach peroraler, teilweise auch intravenöser Zufuhr verschiedener Zucker in die Reihenfolge Glucose, Galaktose, Rohrzucker, Milchzucker und Malzzucker abnimmt und SUNABA (1, 2) berichtet

---

[1] Siehe zusammenfassende Darstellungen im Schrifttum.

über ähnliche Ergebnisse. Eine Glykogenbildung im Muskel wird aber nach Galaktose vermißt (CEDRANGOLO).

Wegen der geringeren Steigerung der Blutzuckerwerte wird Fruchtzucker auch vom diabetischen Organismus besser vertragen als Glucose (ABE). In der Galaktosetoleranz sind Diabetiker vom Stoffwechselgesunden nicht verschieden. Die Verwertung dieses Zuckers scheint nicht an die Wirkung des Insulins gebunden zu sein (ROE und SCHWARZMANN). BOLLMANN und MANN haben die Wirkung der Zufuhr verschiedener Kohlehydrate am pankreasdiabetischen Hund geprüft. Glucose wurde völlig resorbiert, aber gar nicht verwertet. Stärke wird zum Teil mit dem Kot, der Rest im Harn als Glucose ausgeschieden. Galaktose wird als solche oder als Glucose ausgeschieden, verhält sich also anders als beim Diabetiker. Fructose geht zu einem geringen Teil als solche, zum größeren als Glucose verloren, ein bestimmter Teil wird aber im Organismus verwertet. Diese Fructosetoleranz geht aber nach einiger Zeit verloren. Rohrzucker wird resorbiert, aber fast völlig als Glucose ausgeschieden. Inulin wird nur zum kleinen Teil resorbiert, dieser wird aber weitgehend verwertet. Interessant ist die Beobachtung, daß bei synthetischer Nahrung junge Ratten und Schweine bei Milchzuckerzulage besser wachsen, ältere Tiere dagegen mit Rohrzucker (WHITTIER, CARI und ELLIS).

Vor allem das Schicksal der Galaktose ist sehr oft untersucht worden. Nach DEUEL und Mitarbeitern und BUTTS hat sie eine starke antiketogene Wirkung, die die von Rohrzucker, Fructose, Glucose und Milchzucker übertrifft. Möglicherweise wird aus Galaktose ein Glykogen gebildet, das schlechter abgebaut und daher länger gespeichert wird. Die Tabelle 24 zeigt, daß die Assimilationsgrenze für Galaktose viel niedriger liegt als für andere Zucker, offenbar erfolgt also auch ihre Ablagerung oder Umwandlung im Körper nur langsam. Man findet daher nach Galaktosezufuhr auch Galaktose im Blut, aber keine Vermehrung des Blutzuckers (HARDING und GRANT; HARDING, GRANT und GLAISTER). Am nichthungernden Kaninchen beobachtete man eine Umwandlung in Glucose, beim hungernden stieg lediglich der Galaktosegehalt des Blutes. Die Leber hält aber offenbar Galaktose zurück und wandelt sie in Glucose um, da späterhin der Blutzucker ansteigt (ROE und COWGILL). Demgegenüber bestreiten andere Autoren eine Galaktosespeicherung in der Leber (KOSTERLITZ und WEDLER). Ein ziemlich schlüssiger Beweis für die Ablagerung von Galaktose in der Leber ist aber die Feststellung von KOSTERLITZ, daß bei der Galaktoseassimilation in der Kaninchenleber eine Galaktosephosphorsäure auftritt. Daß tatsächlich im Säuglingsalter die Galaktose als alleiniges Kohlehydrat ausreichend ist, zeigte FASOLDT, der einen $2^1/_2$ Monate alten Säugling 7 Tage lang mit Galaktose als einzigem Kohlehydrat ernährte. Gewichtszunahme und Blutzucker waren normal, Aceton wurde nicht ausgeschieden und nur $^1/_2$% der zugeführten Galaktose erschien im Harn. Eigenartig ist das Schicksal der Galaktose im diabetischen Organismus. Vom pankreatischen Hund wird sie, wie schon oben angeführt, nicht verwertet. Beim menschlichen Diabetes hängt ihr Schicksal von der Schwere der Erkrankung ab. Beim Schwerkranken verhält sie sich genau so wie Glucose, beim Leichtkranken wird sie oft besser verwertet.

Diese kurze Aufzählung genügt, um zu zeigen, daß Galaktose und Fructose im Körper wahrscheinlich ein anderes Schicksal haben als die Glucose; manches spricht dafür, daß diese Zucker unmittelbar, also ohne intermediäre Umwandlung in Glucose verwertet werden. Ob auch für körperfremde Zucker eine Verwertungsmöglichkeit besteht, läßt sich noch nicht allgemeingültig beantworten. Sicherlich wird, wie erst kürzlich GRIESHABER wieder bestätigt hat, z. B. die *Sorbose* zum Teil im Körper ausgenutzt, und sie hat auch eine deutliche antiketogene Wirkung. Pentosen und Pentosane werden wegen ihrer weiten Verbreitung im Pflanzenreich bei reichlicher Aufnahme pflanzlicher Nahrung dem Körper in größeren Mengen zugeführt. Pentosen und Pentosane — nach ihrer wahrscheinlich bakteriellen bewirkten Aufspaltung im Darm — werden resorbiert, aber selbst der Pflanzenfresser, der auf ihre Verwertung in erster Linie eingestellt sein sollte, scheidet von den resorbierten Pentosen den größten Teil im Harn wieder aus. Eine kleine Menge kann allerdings auch verbrannt werden. Nach GRAFE und REINWEIN kann auch der Mensch Xylose verwerten, nach anderen Autoren (HARDING, NICHOLSON und ARMSTRONG) ist das nicht der Fall. Aber BREDTMANN findet nach Verfütterung von Xylose an hungernden Ratten eine erhebliche Vermehrung des Leberglykogens. FÜRTH und ENGEL halten auch eine gewisse Verwertung von Cellulose, Pektinstoffen und Pentosanen für möglich. Natürlich ist das nur unter Mitwirkung der Darmbakterien möglich.

Es kann nach all diesen Beobachtungen kein Zweifel daran bestehen, daß außer der Glucose und den sie enthaltenden Oligo- und Polysacchariden auch andere Kohlehydrate im Stoffwechsel verwendet werden können. Wenn man aber von Fructose und Galaktose, von Milchzucker und Rohrzucker absieht, hat eine solche Verwertung sicherlich nur eine sehr untergeordnete Bedeutung.

3. Fette.

α) Chemie der Fette [1].

Als eigentliche Fette oder *Neutralfette* bezeichnet man die Glycerinester der Fettsäuren, vorwiegend der höheren. Aber die Neutralfette werden häufig begleitet, in vielen Organen sogar der Menge nach weitaus übertroffen durch andere Substanzen, die in ihrer chemischen Zusammensetzung zum Teil nur sehr lockere Beziehungen zu den Neutralfetten haben, die ihnen aber in einigen physikalischen Eigenschaften außerordentlich ähnlich sind. Diese Ähnlichkeit betrifft in erster Linie ihre Löslichkeit. Alle diese durch ihre Löslichkeit in „Fettlösungsmitteln", wie Aceton, Benzol, Benzin, Tetrachlorkohlenstoff, Trichloräthylen usw., sich ähnlich wie die Neutralfette verhaltenden Substanzen hat man zu der Klasse der *Lipoide* zusammengefaßt. Man kann unter ihnen nach ihrer chemischen Struktur unterscheiden *Wachse, Cerebroside, Sterine* und *Lipochrome (Carotinoide)*. Von diesen sind die Wachse, Ester höherer einwertiger Alkohole mit höheren Fettsäuren, für die Ernährung bedeutungslos und können daher hier übergangen werden. Die Lipochrome haben die allergrößte Bedeutung, weil einige von ihnen die Muttersubstanzen des Vitamins A sind (s. S. 109). Die Chemie der Phosphatide, Cerebroside und Sterine muß dagegen an dieser Stelle kurz besprochen werden, weil diese Stoffe als Bestandteile der Nahrung dem Körper dauernd zugeführt werden und als Bausteine seiner Substanz in allen Organen angetroffen werden.

Neutralfette. Bei der Bildung eines Fettes können sich ein, zwei oder drei Fettsäuren mit den alkoholischen Gruppen des Glycerins vereinigen, so daß Mono-, Di- und Triglyceride entstehen. Bildung und Aufbau derartiger Glyceride geht aus den nachstehenden Formeln hervor, die ihren Aufbau in schematischer Weise wiedergeben. Möglicherweise sind die Mono- und Diglyceride Durchgangsstufen beim Aufbau und Abbau der Triglyceride. Jedenfalls ist entgegen früheren Vorstellungen ihr Vorkommen in den Fetten nicht zu vernachlässigen. Die Butter besteht z. B. zu etwa je einem Drittel aus Mono-, Di- und Triglyceriden. Im allgemeinen sind in den Di- und Triglyceriden die mit einem Glycerinmolekül

---

[1] Siehe zusammenfassende Darstellungen im Schrifttum.

veresterten Fettsäuren verschieden. Da fernerhin fast alle Fette aus Gemischen verschieden zusammengesetzter Glyceride bestehen, liefert die hydrolytische

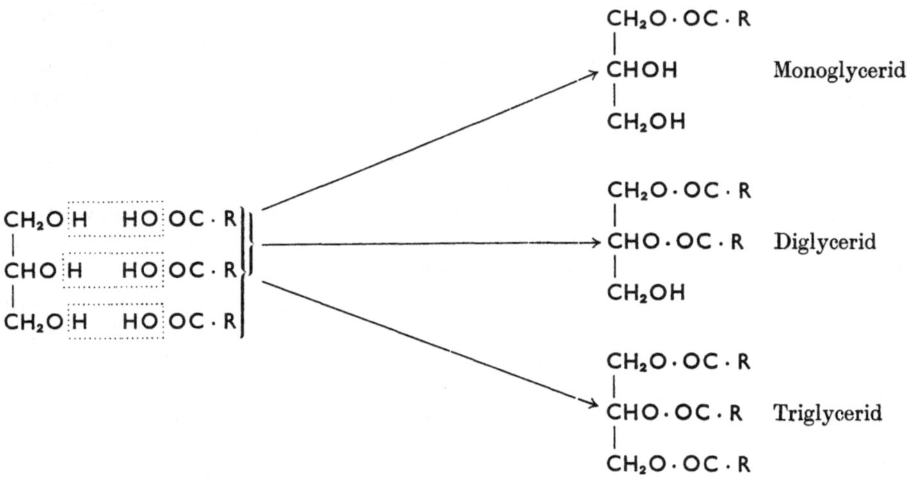

oder fermentative Spaltung eines Fettes, seine Verseifung, eine Vielzahl verschiedener Fettsäuren.

Wegen des Besitzes an verschiedenen Fettsäuren und durch deren wechselndes Mengenverhältnis sind die einzelnen pflanzlichen und tierischen Fette durchaus voneinander verschieden.

Es ist sehr eigenartig, daß alle in natürlich vorkommenden Fetten enthaltenen Fettsäuren eine gerade Zahl von C-Atomen aufweisen, daß sie also paarig gebaut sind. Man weiß, daß bei dem quantitativ weit überwiegenden biologischen Abbau der Fettsäuren durch β-Oxydation die Fettsäurekette jeweils um zwei Glieder verkürzt wird. Über den Mechanismus der Entstehung der Fettsäuren ist zwar nichts bekannt, jedoch ist es nicht ausgeschlossen, daß auch bei ihrem Aufbau Kettenverlängerungen um jeweils zwei Glieder stattfinden, so daß also die niedermolekularen Fettsäuren Durchgangsstufen beim Auf- und Abbau der höhermolekularen sein können. Neben den gesättigten Fettsäuren der Reihe $C_nH_{2n+1}COOH$ enthalten die Fette auch ungesättigte Fettsäuren,

Tabelle 25.

Name	C-Atome	Formel	Vorkommen
Buttersäure	4	$C_3H_7 \cdot COOH$	Milchfett
Capronsäure . . .	6	$C_5H_{11} \cdot COOH$	Milchfett, Kokosöl, Palmöl
Caprylsäure	8	$C_7H_{15} \cdot COOH$	Kokosöl, Palmöl, Milchfett
Caprinsäure	10	$C_9H_{19} \cdot COOH$	Kokosöl, Palmöl, Milchfett
Laurinsäure . . .	12	$C_{11}H_{23} \cdot COOH$	Schweinefett
Myristinsäure . . .	14	$C_{13}H_{27} \cdot COOH$	Milchfett, Schweinefett
Palmitinsäure . . .	16	$C_{15}H_{31} \cdot COOH$	Tierische und pflanzliche Fette
Stearinsäure . . .	18	$C_{17}H_{35} \cdot COOH$	Tierische und pflanzliche Fette
Arachinsäure . . .	20	$C_{19}H_{39} \cdot COOH$	Erdnußöl, Milchfett
Behensäure	22	$C_{21}H_{43} \cdot COOH$	Behennußöl
Lignocerinsäure . .	24	$C_{23}H_{47} \cdot COOH$	Gehirnlipoide
Cerotinsäure . . .	26	$C_{25}H_{51} \cdot COOH$	Bienenwachs, Wollfett
Ölsäure	18	$C_{17}H_{33} \cdot COOH$	Tierische und pflanzliche Fette
Erukasäure	22	$C_{21}H_{41} \cdot COOH$	Rüböl und ähnliche Öle
Linolsäure	18	$C_{17}H_{31} \cdot COOH$	Pflanzliche Öle wie Leinöl, Baumwollsamenöl; Gänsefett, Nierenfett
Linolensäure . . .	18	$C_{17}H_{29} \cdot COOH$	Leinöl (meist zusammen mit Linolsäure)
Arachidonsäure . .	20	$C_{19}H_{31} \cdot COOH$	Lecithin, Kephalin

vor allem der Ölsäurereihe: $C_nH_{2n-1}COOH$, daneben der Linolsäurereihe $C_nH_{2n-3}COOH$ und der Linolensäurereihe $C_nH_{2n-5}COOH$. Auch noch höher ungesättigte Säuren, darunter solche mit einer dreifachen Bindung, also Derivate des Acetylens, sind bekannt. In der Butter hat man aus der Reihe der gesättigten Säuren alle paarig gebauten von C_4 bis C_{26} gefunden, in anderen Fetten kommen die niederen Glieder der Reihe gar nicht oder in sehr viel geringerer Menge vor. Die Tabelle 25 gibt eine Zusammenstellung dieser Säuren und ihres Hauptvorkommens. Auch die wichtigeren ungesättigten Säuren sind dort angeführt. Es ist wahrscheinlich, daß in den Fetten auch noch weitere ungesättigte Fettsäuren vorkommen. Jedoch lassen sich über die Zusammensetzung vieler Fette häufig keine verläßlichen Angaben machen, weil sie während ihrer Verarbeitung sehr leicht Veränderungen erfahren und weil die Trennung der höheren Fettsäuren schwierig ist.

Da, wie bereits oben angedeutet, die meisten Fette Gemische von vielen Glycerinestern sind, ist es verständlich, daß die Fette der einzelnen Tier- und Pflanzenarten und auch die der verschiedenen Organe durchaus verschieden sind. Dieser Unterschied gibt sich in einfacher Weise an den Schmelzpunkten zu erkennen. Sie liegen um so tiefer, je größer die Menge der ungesättigten und die der niedermolekularen Fettsäuren in einem Fette ist. Bei einem höheren Gehalt an ungesättigten Fettsäuren sind die Fette schon bei Zimmertemperatur flüssig; man bezeichnet sie als *Öle*. Die Tabelle 26 gibt für

Tabelle 26. Schmelzpunkte einiger natürlicher Fette.

Hammeltalg	44—51°	Hühnerfett	33—40°
Rindertalg	42—49°	Gänsefett	26—34°
Schweinefett	36—46°	Menschenfett	17—18°

einige der wichtigsten Fette die Schmelzpunkte wieder. Die angegebenen Schwankungen beruhen wohl im wesentlichen auf der Herkunft aus verschiedenen Körperteilen, vielleicht hängen sie auch von der Art der Fütterung ab. Im allgemeinen haben die Fette, die aus dem Inneren des Körpers stammen, einen höheren Schmelzpunkt als die aus den der Körperoberfläche näher gelegenen Teilen, besonders also die des Unterhautfettgewebes. In gewissem Umfange ist die Höhe des Schmelzpunktes auch entscheidend für die Geschwindigkeit ihrer fermentativen Spaltung. Im allgemeinen sind die Fette um so leichter spaltbar, je tiefer ihr Schmelzpunkt liegt. Die Tabelle 27 zeigt, wie weitgehend bei bestimmten Versuchsbedingungen die einzelnen Fette sich hinsichtlich ihrer Spaltbarkeit durch Pankreaslipase unterscheiden, eine Feststellung, die auch für ihre Verdaulichkeit von einer gewissen Bedeutung ist.

Tabelle 27. Spaltung verschiedener Fette durch Pankreaslipase.

Fett	Schmelz-punkt °	Spaltung in %
Menschenfett. . .	17—18	26,5
Gänsefett	26—34	26,3
Hühnerfett . . .	33—40	22,2
Hammelfett . . .	44—51	16,4
Butter	28—33	16,3
Kalbfett . . .	42—49	13,2
Schweinefett . .	36—46	5,2

Beim Aufbewahren können Fette eine eigenartige Veränderung erfahren, sie werden ranzig. Durch die Einwirkung von Licht und Luft oder durch die von Fermenten oder Bakterien kommt es primär zu einer Spaltung in Fettsäuren und in Glycerin und sekundär zu oxydativen Umwandlungen der freigewordenen Fettsäuren, die dabei in niedere Aldehyde oder Ketone übergehen; diese sind für den ranzigen Geruch und Geschmack ranziger Fette und mancher Käsesorten in erster Linie verantwortlich.

Phosphatide. Als Phosphatide bezeichnet man Lipoide, die neben Fettsäuren und Glycerin als weitere Bausteine die o-Phosphorsäure und eine N-haltige Base enthalten. Sie unterscheiden sich von den übrigen Lipoiden dadurch, daß sie in Aceton unlöslich sind. Man kann je nach dem Verhältnis, in dem sich P und N in den Phosphatiden finden, drei Fraktionen unterscheiden, die *Phosphatidsäuren*, die *Monoaminophosphatide* und die *Diaminophosphatide*. Die Phosphatidsäuren sind N-frei und entstehen wahrscheinlich aus den N-haltigen Phosphatiden durch Abspaltung der Base. Sie sind bisher nur in Kohlblättern und im Spinat gefunden worden. Ihre biologische Bedeutung ist ungeklärt. Die Monoaminophosphatide enthalten pro Molekül auf 1 Atom P 1 Atom N, sie scheiden sich durch die in ihnen enthaltene Base in die beiden Klassen der Lecithine und der Kephaline. Die Diaminophosphatide enthalten im Molekül auf 1 Atom P 2 Atome N. Man bezeichnet sie auch als Sphingomyeline.

Die beiden Basen, die aus den *Monoaminophosphatiden* gewonnen werden, sind das *Colamin* (Aminoäthanol), ein Baustein der Kephaline, und das *Cholin* (Trimethyl-oxyäthyl-ammoniumhydroxyd), das in den Lecithinen enthalten ist. Einen ersten Hinweis auf den strukturellen Aufbau von Lecithin und Kephalin gibt die Tatsache, daß bei ihrer Aufspaltung Glycerinphosphorsäure entsteht.

$$
\begin{array}{cc}
\begin{array}{l} CH_2OH \\ | \\ CH_2NH_2 \end{array}
&
\begin{array}{l} CH_2OH \\ | \\ CH_2 \cdot N \diagup^{OH}_{\diagdown (CH_3)_3} \end{array}
\\[2em]
\text{Colamin} & \text{Cholin}
\end{array}
$$

Sie kommt in zwei Formen vor; in der α-Glycerinphosphorsäure ist eine der primären Alkoholgruppen des Glycerins mit Phosphorsäure verestert, in der

$$
\begin{array}{cc}
\begin{array}{l} CH_2OH \\ | \\ {}^xCHOH \\ | \\ CH_2 \cdot O{-}P \diagup^{OH} \!\!{=}O \\ \diagdown OH \end{array}
&
\begin{array}{l} CH_2OH \\ | \\ CH \cdot O{-}P \diagup^{OH} \!\!{=}O \\ | \diagdown OH \\ CH_2OH \end{array}
\\[2em]
\text{α-Glycerinphosphorsäure} & \text{β-Glycerinphosphorsäure}
\end{array}
$$

β-Glycerinphosphorsäure die sekundäre alkoholische Gruppe. Die Phosphatide enthalten überwiegend die β-Form. Entsprechend dem Vorkommen der α- oder der β-Form der Glycerinphosphorsäure sind α- und β-Kephalin sowie α- und β-Lecithin zu unterscheiden. Als Beispiele für ihren Aufbau sind die Formeln eines α-Kephalins und eines β-Lecithins schematisch wiedergegeben. Es ist zu beachten, daß die Lecithine wahrscheinlich durch Wasseraustritt zwischen der

$$
\begin{array}{ccc}
\begin{array}{l} CH_2O \cdot OC \cdot R_1 \\ | \\ CHO \cdot OC \cdot R_2 \\ | \\ CH_2O{-}P \diagup^{OH} \!\!{=}O \\ \diagdown O \\ | \\ CH_2 \\ | \\ CH_2 \cdot NH_2 \end{array}
&
\begin{array}{l} CH_2O \cdot OC \cdot R_1 \\ | \\ CHO{-\!-\!-}P \diagup^{OH} \!\!{=}O \\ | \diagdown O \\ CH_2O \cdot OC \cdot R_2 | \\ CH_2 \\ | \\ CH_2 \cdot N \diagup^{OH}_{\diagdown (CH_3)_3} \end{array}
&
\begin{array}{l} \\ \cdots{-}P \diagup^{O^-} \!\!{=}O \\ \diagdown O \\ | \\ CH_2 \\ | \\ CH_2 \cdot \overset{+}{N}{\equiv}(CH_3)_3 \end{array}
\\[1em]
\text{α-Kephalin} & \text{β-Lecithin} & \text{Betainformel des Lecithins}
\end{array}
$$

alkoholischen Gruppe des Cholins und der noch freien Säuregruppe der Phosphorsäure ein inneres Anhydrid bilden, also als Betaine aufgefaßt werden müssen.

Ebenso wie die Fette sind auch die bisher isolierten Lecithine und Kephaline kaum als chemisch einheitlich zusammengesetzte Stoffe anzusehen. Über die am Aufbau der Kephaline beteiligten Fettsäuren ist außer dem Gehalt an Stearinsäure mit hinreichender Sicherheit nichts bekannt. Aus verschiedenen Lecithinen konnten bisher isoliert werden Palmitin-, Stearin-, Öl-, Linol-, Linolen- und Arachidonsäure. Man hat früher angenommen, daß jedes Lecithinmolekül je ein Molekül einer gesättigten und einer ungesättigten Fettsäure enthielte. Nach neueren Untersuchungen von SINCLAIR (4) ist das aber unwahrscheinlich, vielmehr scheint die Zahl der ungesättigten über die der gesättigten zu überwiegen. Er findet in Leber-, Muskel- und Nierenphosphatiden nur etwa 30% gesättigte Säuren. Schon KÜTER fand im menschlichen Fett 52—56% Ölsäure, 10—15% Linolsäure und nur 32—34% gesättigte Säuren. SNIDER und BLOOR fanden in der Rinderleber für die Phosphatide ein Verhältnis der ungesättigten zu den gesättigten Säuren von 55 : 40. Die ungesättigten Säuren bestanden zu 21% aus Ölsäure, 45% aus Linolsäure, 31% aus Arachidinsäure, die gesättigten zu 17% aus Stearinsäure und zu 29% aus Palmitinsäure. Die beiden Phosphatidarten finden sich in allen Zellen des Körpers, die Kephaline vorwiegend in der Gehirnsubstanz, die Lecithine besonders reichlich im Herzmuskel. Wahrscheinlich sind sie in erster Linie Bestandteile der Zellmembranen.

Die Phosphatide verhalten sich wie hydrophile Kolloide, sie quellen mit Wasser auf und bilden dann durchsichtige kolloidale Emulsionen. Möglicherweise beruht auf diesem Verhalten auch ihre Bedeutung als Zellbausteine.

Die *Diaminophosphatide*, auch *Sphingomyeline* genannt, unterscheiden sich von den Lecithinen und Kephalinen durch ihre Unlöslichkeit in Äther, sowie durch das Fehlen des Glycerins in ihrem Molekül. An seiner Stelle enthalten sie einen

$$NH_2$$
$$|$$
$$CH_3 \cdot (CH_2)_{12}—CH=CH—CH—CHOH—CH_2OH$$

Sphingosin

zweiwertigen, N-haltigen Alkohol, das *Sphingosin*, dessen Struktur wahrscheinlich der obenstehenden Formel entspricht. Aus seinen verschiedenen Bausteinen baut sich das Sphingomyelinmolekül wahrscheinlich in folgender Weise auf:

$$R \cdot C=O \qquad \text{Fettsäurerest}$$
$$|$$
$$NH$$
$$|$$
$$CH_3 \cdot (CH_2)_{12}—CH=CH—CH—CH—CH_2OH \qquad \text{Sphingosinrest}$$
$$|$$
$$O$$
$$| \quad OH$$
$$P=O \qquad \text{Phosphorsäurerest}$$
$$O$$
$$|$$
$$CH_2$$
$$|$$
$$CH_2 \cdot N \diagup OH \diagdown (CH_3)_3 \qquad \text{Cholinrest}$$

Sphingomyelin

An Fettsäuren sind bisher aus Sphingomyelin die Stearinsäure, die Lignocerinsäure und die Nervonsäure (s. unten) isoliert worden. Die Sphingomyeline sind vor allem Bausteine des Gehirns und der Nerven, findet sich aber in geringer Menge auch in vielen anderen Organen.

6*

Cerebroside. Der eine charakteristische Baustein der Sphingomyeline, das Sphingosin ist auch in den Cerebrosiden enthalten; sie bestehen weiterhin noch je aus einem Molekül Fettsäure und Galaktose. Diese drei Bestandteile sind wahrscheinlich in folgender Weise miteinander vereinigt:

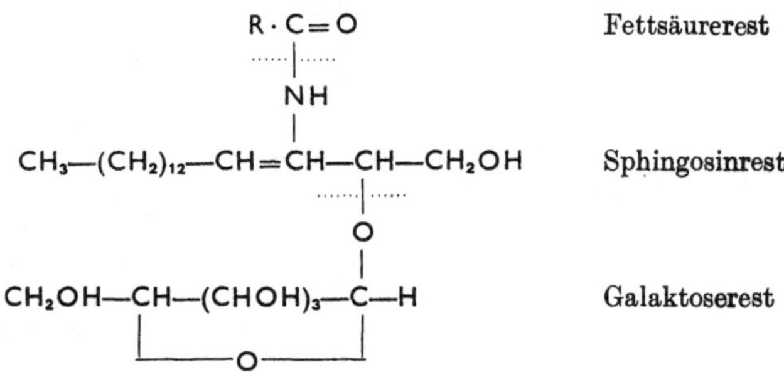

Schematischer Aufbau eines Cerebrosids.

Nach den Untersuchungen von KLENK und THIERFELDER[1] gibt es vier Cerebroside, Kerasin, Nervon, Cerebron (Phrenosin) und Oxynervon. Sie enthalten jeweils eine der folgenden vier C_{24}-Säuren:

$C_{24}H_{48}O_2$: CH_3—$(CH_2)_{22}$—COOH   Lignocerinsäure
$C_{24}H_{46}O_2$: CH_3—$(CH_2)_7$—CH=CH—$(CH_2)_{13}$—COOH   Nervonsäure
$C_{24}H_{48}O_3$: CH_3—$(CH_2)_{21}$—CHOH—COOH   Cerebronsäure
$C_{24}H_{46}O_3$: CH_3—$(CH_2)_7$—CH=CH—$(CH_2)_{12}$—CHOH—COOH   Oxynervonsäure

Das Kerasin enthält die Lignocerinsäure, die übrigen Cerebroside die ihrem Namen entsprechende Säure.

Die Cerebroside sind ebenso wie die Sphingomyeline Bestandteile der nervösen Gewebe, finden sich aber lediglich in der weißen Substanz. Wahrscheinlich sind sie aber darüber hinaus auch Bestandteile aller anderen Zellen. Sie kommen z. B. auch in Pilzen, im Eichenholz und in verschiedenen Samen vor.

Sterine (LETTRE und INHOFFEN). Die Sterine sind hochmolekulare, sekundäre einwertige Alkohole, die sich von einem völlig hydrierten Ringsystem, dem Cyclopentano-perhydrophenanthren ableiten lassen. Im Tierkörper findet sich lediglich das *Cholesterin*, das in freier Form oder verestert mit Fettsäuren in allen Körperzellen und auch im Blutplasma vorkommt. Der Körper ist auf seine Zufuhr mit der Nahrung aber nicht angewiesen, sondern kann es selber synthetisieren. Die verschiedenen pflanzlichen Sterine (z. B. Stigmasterin, Sitosterin) sind ernährungsphysiologisch bedeutungslos, da sie im Darm nicht resorbiert werden können. Anscheinend verhält sich in dieser Hinsicht ein anderes körperfremdes Sterin, das vor allem in den Pilzen vorkommt, das Ergosterin, anders. Es ist die Muttersubstanz, aus dem bei Bestrahlung mit ultraviolettem Licht das Vitamin D_2 entsteht (s. dort S. 121). Die Klasse der Sterine hat im Laufe der letzten Jahre eine ungeahnte physiologische Bedeutung gewonnen. Nachdem ihre Beziehung und strukturelle Verwandtschaft mit den Gallensäuren schon länger als sichergestellt angesehen werden konnte, ist zunächst die Verwandtschaft des antirachitischen Vitamins mit bestimmten Sterinen aufgedeckt worden. Es wurde weiterhin gezeigt, daß die männlichen und weiblichen Sexualhormone, daß die Wirkstoffe der Nebennierenrinde sowie die Saponine und

---

[1] Siehe zusammenfassende Darstellungen im Schrifttum.

die herzwirksamen Stoffe aus Digitalis und Strophantin zu ihnen sehr nahe
Beziehungen haben. Man bezeichnet daher neuerdings alle den Sterinen nahe-
stehenden Stoffe als Steroide.

Cyclopentano-perhydrophenanthren

Cholesterin

β) Die physiologische Bedeutung der Fette.

[ANDERSON und WILLIAMS; KUEHNAU (1, 2); MAGNUS-LEVY und MEYER;
SINCLAIR (3); ROSENFELDT.]

Wegen ihres hohen Brennwertes ist es möglich, durch Zufuhr von Fetten
dem Organismus in relativ geringen Nahrungsmengen eine hohe Energiemenge
zuzuführen. Dies ist von besonderem Wert, wenn, wie bei sehr schwerer Arbeitsleistung mit entsprechend hohem Energiebedarf, das calorische Bedürfnis
sonst nur durch die Darreichung einer sehr voluminösen Nahrung gedeckt werden
könnte, deren Aufnahme, Verdauung und Resorption den Körper außerordentlich
belasten würde. Bei einem erhöhten Energiebedarf macht sich auch der hohe
Sättigungswert der Fette sehr günstig bemerkbar. Da sie im Magen eine nennenswerte Spaltung wegen der geringen Aktivität der Magenlipase nicht erfahren,
bleiben sie viel länger als andere Nahrungsstoffe im Magen zurück und lassen
während dieser Zeit ein Hungergefühl nicht entstehen. Außer durch Neutralfette
kann eine Deckung des Energiebedarfs auch durch freie Fettsäuren erfolgen.
Allerdings sind die verwertbaren Mengen ziemlich geringfügig. Nach einem Bericht einer Untersuchungskommission der Royal Society liegt die Assimilationsgrenze bei etwa 36 g. Neben der Deckung eines Teils des Energiebedarfs
durch die Neutralfette ist von hohem Wert die Tatsache, daß eine Reihe der
natürlich vorkommenden Fette Träger der fettlöslichen Vitamine sind und auch
als solche in der Nahrung eine unentbehrliche Rolle zu spielen haben.

Im allgemeinen werden bei frei gewählter Nahrung ungefähr 20—30%
der insgesamt zugeführten Calorien in Form von Fett aufgenommen, jedoch

kann diese Zahl auch durchaus überschritten werden, ohne daß besondere Schädigungen zu erwarten wären. Eine andere Frage ist es, ob der Organismus überhaupt auf die Zufuhr von Fetten angewiesen ist, so daß es eine minimale Grenze gibt, die nicht unterschritten werden darf. Nach ROSSI werden fettfrei ernährte Tiere bald krank und sterben, jedoch genügt schon eine Fettmenge, die 2% der Energiezufuhr deckt, um die Tiere zu erhalten. Eine klare Entscheidung haben die Arbeiten von EVANS und BURR, BURR, BURR und MILLIER, BURR und BROWN, EVANS und LEPKOWSKI (1, 2, 3), EVANS, LEPKOWSKI und MURPHY (1, 2, 3) gebracht, die gezeigt haben, daß bei vollkommen fettfreier Ernährung beim Versuchstier schwere Mangelerscheinungen auftreten, die sich vor allem in einem Zurückbleiben des Gewichts äußern. Zulage verschiedener Fette zur Nahrung beseitigte die Störungen in ganz verschiedenem Maße. Die nähere Untersuchung ergab, daß für das Auftreten der Mangelerscheinungen lediglich das Fehlen zweier ungesättigter Fettsäuren, der Linolsäure und der Linolensäure, vielleicht auch nur einer von beiden, verantwortlich zu machen ist. Eine Deutung des Wirkungsmechanismus, die der Entstehung des Gewichtsrückganges zugrunde liegt, ist vorläufig noch nicht möglich. Die Befunde von BURR sind von anderen Forschern im wesentlichen bestätigt worden, allerdings sind auch einige ablehnende Stimmen laut geworden.

Diese Feststellung, daß der Körper offensichtlich auf die Zufuhr einer oder zweier ungesättigter Säuren angewiesen ist, leitet zu den Fragen über, wieweit der Organismus fähig ist, die verschiedenen Fettsäuren, die für sein Körperfett charakteristisch sind, aufzubauen und wieweit er durch besondere Stoffwechselregulationen die Mischung dieser Fettsäuren in seinem Körperfett bestimmen kann. Seitdem im Jahre 1882 LEBEDEFF beim Hund nach Verfütterung von großen Mengen verschiedener Fette eine Speicherung von Fetten fand, die in ihrer Zusammensetzung nahezu mit den verfütterten Fetten identisch waren, sind zu dieser Frage außerordentlich zahlreiche Versuche ausgeführt worden, die im Prinzip die Befunde von LEBEDEFF völlig bestätigt haben. Allerdings wurde nicht in allen Fällen eine Ablagerung von nahezu unverändertem Nahrungsfett in den Fettdepots gefunden. Aber selbst wenn bei Zufuhr geringerer Mengen charakteristischer Fette eine gewisse Angleichung an das Körperfett der Versuchstiere eintrat, so ließen sich die Folgen dieser einseitigen Fütterung doch unschwer ermitteln. Für derartige Veränderungen ist zum Teil das Schicksal der niederen Fettsäuren im Tierkörper verantwortlich. Buttersäure und Capronsäure werden überhaupt nicht, Caprylsäure nur in ganz geringem Maße gespeichert, erst von der Laurin- und Myristinsäure ab findet eine nennenswerte Speicherung statt. Fettsäuren mit 8 und weniger C-Atomen werden also durch Abbau oder durch Aufbau zu längeren Ketten beseitigt [POWELL (1, 2)]. Auch die speicherungsfähigen höheren Fettsäuren erfahren aber bald gewisse Umwandlungen. SCHÖNHEIMER und RITTENBERG konnten nach Verfütterung von gesättigten Fettsäuren, die einen geringen Gehalt an dem schweren Wasserstoffisotop hatten, nach einiger Zeit die Anwesenheit von ungesättigten Säuren mit schwerem Wasserstoffisotop nachweisen. Es ist also ganz zweifellos möglich, daß der Körper manche Fettsäuren seiner Nahrung schon sehr bald zum Verschwinden bringen, andere durch Dehydrierungsvorgänge verändern kann. Allerdings scheinen derartige Umwandlungen nicht an allen Fettsäuren gleich schnell, an manchen sogar besonders langsam vonstatten zu gehen, so daß man noch nach langer Zeit körperfremde Fettsäuren, die in größerer Menge zugeführt werden, im Fettgewebe auffindet. Wieweit das Unvermögen des Körpers zugeführtes Fett in solches von der dem Organismus eigenen Zusammensetzung umzuformen gehen kann, geht auch daraus hervor, daß sich selbst im Milchfett mit der Nahrung zugeführte körperfremde Fettsäuren nachweisen lassen.

Die Langsamkeit der Umwandlung der körperfremden zu körpereigenen Fetten hängt sicherlich vor allem auch davon ab, daß die Fette nach ihrer Resorption auf dem Lymphwege in den Körper gelangen und auf diese Weise nicht, wie etwa die Kohlehydrate oder die Aminosäuren, zunächst die Leber passieren müssen, wo sie gleich umgewandelt werden könnten, sondern mit dem Blute über den ganzen Körper verteilt werden. Damit gelangen sie, soweit sie im Überschuß angeboten sind, wahllos zu den verschiedenen Fettdepots. Die Leber ist in eigenartiger Weise in die Verteilung und Verwertung der Fette einbezogen. Im allgemeinen ist ihr Fettgehalt, besonders bei kohlehydratreicher Nahrung, nicht sehr hoch. Durch reichliche Zufuhr von Fetten ist es allerdings möglich, ihn ganz erheblich zu steigern. Weiterhin findet man eine relativ fettreiche Leber bei allen Zuständen, die zu eingeschränkter Verwertung der Kohlehydrate führen, also etwa im Hunger, beim Diabetes mellitus, bei der akuten gelben Leberatrophie oder bei Vergiftungen z. B. mit Phlorrhizin, Chloroform oder Phosphor. Man hat früher angenommen, daß es sich bei diesen Vergiftungen um eine fettige Degeneration der Leberzellen handelt, bei der Eiweißkörper in Fette umgewandelt werden. Es erscheint aber heute als gesichert, daß eine Fettinfiltration, also eine Einwanderung von Fetten aus den Depots vorliegt. Man kann daraus wohl mit großer Sicherheit schließen, daß dann, wenn das Bedürfnis nach einer intensiveren Verwertung der in den Fetten gespeicherten Energie besteht, diese Stoffe dem Organ, in dem die Umwandlung stattfinden soll, der Leber, in erhöhtem Maße angeboten werden.

Es ist sehr merkwürdig, daß es bei der Ratte nach fettreicher Diät zu einer deutlichen Vermehrung der Glykogenablagerung in der Leber kommt. Dabei sind die flüssigen Öle und die halbfesten Fette besonders wirksam. Dieser Befund ist um so auffallender, als bei kohlehydratreicher Nahrung aus der gleichen verfütterten Zuckermenge weniger Glykogen abgelagert wird als bei der fettreichen Ernährung (ABELIN).

Auf die Frage der Fettbildung aus Kohlehydraten und auf die Möglichkeit einer Umwandlung von Kohlehydraten in Fette ist bereits an anderer Stelle eingegangen worden, so daß auf diese Ausführungen verwiesen werden kann (s. S. 75). Auch die Möglichkeit einer Fettbildung aus den Eiweißkörpern, also aus den nach ihrer Desaminierung hinterbleibenden Resten, ist erwogen worden, jedoch kann sie nicht als erwiesen angesehen werden. Insbesondere ist die früher als Stütze einer derartigen Annahme angesehene fettige Degeneration wie schon oben erwähnt wurde, kein Beweis dafür. Da aber aus Aminosäuren Zucker gebildet werden kann, ist die Möglichkeit einer Umwandlung in Fette auf diesem Wege nicht von der Hand zu weisen.

Stoffwechsel und physiologisches Verhalten der Neutralfette stehen in engem Zusammenhang mit dem Schicksal der Phosphatide. Neuere Versuche zeigen immer deutlicher, daß der Umsatz der Fette an den verschiedensten Stellen im Körper mit Phosphorylierungen, d. h. mit einem Übergang in Phosphatide verknüpft ist. Eine solche Umwandlung von Fetten in Phosphatide findet allem Anschein nach schon in der Darmwand nach der Resorption der Fette statt. ARTOM und seine Mitarbeiter haben kürzlich gezeigt, daß man bei der Ratte wenige Stunden nach der Zufuhr von Olivenöl und radioaktivem Natriumphosphat recht erhebliche Mengen von Phosphatiden in der Darmwand und in der Leber nachweisen kann, die radioaktiven Phosphor enthalten. JOST hatte schon früher gefunden, daß die isolierte Leber die Fettsäuren im Verbande der Phosphatide besonders leicht abbauen und anscheinend sogar in Zucker umwandeln kann. Nach BEST und RIDOUT; MACLEAN, RIDOUT und BEST sowie SINCLAIR (1) ist für diese Steigerung des Fettumsatzes bereits die Zufuhr von Cholin allein ausreichend. Cholinarme Nahrung führt zu Gewichtsabnahme und zu einer

Verminderung des Glykogenspeicherungsvermögens der Leber; dabei ist die Leber reich an Fett, der übrige Körper aber an Fett verarmt. Legt man einer derartigen cholinarmen Kost Cholin zu, so wird die Fettablagerung in der Leber beseitigt. Auch wenn man durch Verfütterung von Cholesterin eine Leberverfettung herbeiführt, setzt Zufuhr ausreichender Cholinmengen den Fettsäurenabbau in Gang.

Die an die Durchschreitung der Phosphatidstufe geknüpfte Steigerung des Fettumsatzes in der Leber erscheint in mehrfacher Hinsicht bedeutungsvoll. Einmal handelt es sich sicherlich um energieliefernde Abbauvorgänge, die einen gewissen Anteil an der gesamten Energieproduktion des Körpers ausmachen, der wahrscheinlich besonders bei stärkerer Muskeltätigkeit bedeutungsvoll ist; zweitens wäre im Sinne der JOSTschen Versuche an den Übergang von Fetten in Kohlehydrate zu denken. Drittens treffen wir hier wohl auf Vorgänge, durch die der Umbau der Nahrungs- und der mehr oder weniger unspezifischen Depotfette in spezifische Fette erfolgt, wie sie sich in den einzelnen Organen finden. Es wurde ja schon oben ausführlicher geschildert, daß die Zusammensetzung des Depotfettes in ziemlich erheblichem Maße von der Art der Nahrungsfette abhängt. Mit dem Organfett ist das anders. Auch ihm kommt keine absolut konstante Zusammensetzung zu; in gewissen, aber ziemlich engen Grenzen, ist auch sein Aufbau von der Art der zugeführten Fette abhängig [SINCLAIR (1 2)]. Nach TERROINE hat man bei den Organfetten zwei Fraktionen zu unterscheiden, die er als *élément constant* und *élément variable* bezeichnet. Die unveränderliche Fraktion setzt er den Phosphatiden gleich, was aber nach den Ergebnissen von SINCLAIR wohl nicht ganz zutreffend ist. Diese Fraktion hat wahrscheinlich in erster Linie funktionelle Bedeutung für die Erhaltung der Arbeitsfähigkeit der Zelle. Die variablen Fette sind die Neutralfette, die in ihrer Zusammensetzung in viel höherem Maße, nach TERROINE ausschließlich, von der Natur der Nahrungsfette abhängig sind. Die Umformung der Neutralfette zu Organfetten erfordert außer der Bildung der Phosphatide die Umwandlung der gesättigten in ungesättigte Fettsäuren. Dieser Prozeß spielt offensichtlich eine große Rolle, da die Jodzahl der Depotfette etwa zwischen 40 und 65, die der Organfette aber zwischen 115 und 135 liegt. Es ist, wenn auch nicht streng bewiesen, so doch zum mindesten außerordentlich wahrscheinlich, daß die Umformung der Fette und die Bildung der ungesättigten Fettsäuren in erster Linie in der Leber erfolgt.

Aus den hier kurz wiedergegebenen Wechselbeziehungen zwischen den Neutralfetten und den Phosphatiden geht wohl eindeutig hervor, daß dem Organismus zwar der eine der Phosphatidbausteine, das Cholin, zugeführt werden muß, daß aber im übrigen die spezifischen Organphosphatide vom Körper selber aufgebaut werden können und müssen. Ob ebenso wie das Cholin auch das Colamin dem Körper zugeführt werden muß, ist nicht bekannt. Es steht nach BEST lediglich fest, daß das Colamin nicht die spezifische Wirkung auf den Fettstoffwechsel hat wie das Cholin.

Über das Schicksal der zweiten Gruppe der Phosphatide, der Sphingomyeline, ist nicht viel bekannt. Vor allem ist es nicht sicher, ob sie dem Körper zugeführt werden müssen oder nicht. Man darf allerdings aus der Störung des Fett- und Lipoidstoffwechsels bei der NIEMANN-PICKschen Krankheit, bei der es nach KLENK (1) zu einer überaus großen Anhäufung von Sphingomyelinen kommt, schließen, daß der Organismus diese Phosphatide mit Leichtigkeit aufbauen kann.

Der Gehalt an Phosphatiden scheint für jedes Organ eine ganz charakteristische Größe zu haben. Das geht so weit, daß selbst bei verschiedenen Tieren jedes bestimmte Organ etwa den gleichen Phosphatidgehalt hat. Ähnlich steht es auch mit dem Cholesteringehalt, der für jedes Organ einen bestimmten Wert hat, so daß die einzelnen Organe in ihrem Cholesterin- und in ihrem Phosphatidgehalt ziemlich stark voneinander abweichen. Bei dem für jedes Organ ziemlich charakteristischen Gehalt an Cholesterin und an Phosphatiden ist es verständlich, daß auch ihr Verhältnis zueinander für jedes Organ einen ganz bestimmten und auch bei verschiedenen Tierarten recht konstanten Wert hat. Man nimmt im allgemeinen an, daß die Phosphatide und das Cholesterin im Zellgeschehen antagonistisch wirken. Die Beweise für eine solche Annahme sind allerdings im wesentlichen indirekte. Es steht aber z. B. fest, daß bei der Veränderung des Gehalts eines Organs an einem dieser Lipoide sich auch der des anderen im gleichen Sinne ändert. Allerdings geht mit dem Anstieg des Phosphatidgehalts im Blut und in der Leber nach der Aufnahme von Fetten nicht eine entsprechende Steigerung des Cholesterins einher. Aber dieser Anstieg der Phosphatide hat wohl funktionell eine ganz andere Bedeutung als der normale Gehalt im Blut und den Organen. Eine Abweichung von der allgemeinen Regel ist auch der ungeheuere Anstieg des Lebercholesterins nach Cholesterinfütterung, aber dieser betrifft kennzeichnenderweise lediglich das veresterte nicht das freie Cholesterin. Der physiologische Antagonismus des Cholesterins und der Phosphatide hat nach DEGKWITZ seine Ursache wohl darin, daß das Cholesterin hydrophob, die Phosphatide hydrophil sind, daß also vor allem das physikochemische Verhalten der Zellen von dem Mischungsverhältnis der beiden Lipoidfraktionen bestimmt ist.

Zum Schluß soll in Wiederanknüpfung an die oben besprochenen Zusammenhänge zwischen dem Stoffwechsel der Neutralfette und der Phosphatide noch darauf hingewiesen werden, daß möglicherweise zwischen den Neutralfetten und allen anderen hier erwähnten Lipoidfraktionen Beziehungen und Übergänge bestehen könnten, wie sie etwa durch das folgende Schema zum Ausdruck gebracht werden, aus dem hervorgeht, daß die einzelnen Lipoidfraktionen immer zwei Komponenten gemeinsam haben.

$$
\begin{array}{ll}
\text{Cholesterinester} \left\{ \begin{array}{l} \text{Cholesterin} \\ \text{Fettsäure} \end{array} \right. & \\
\text{Lecithin} \left\{ \begin{array}{l} \text{Glycerin} + 2\ \text{Mol Fettsäure} \\ \text{Phosphorsäure} + \text{Cholin} \end{array} \right. & \left. \begin{array}{l} \\ \\ \end{array} \right\} \text{Neutralfett} \\
\begin{array}{l} \text{Kerasin} \\ \text{(Cerebrosid)} \end{array} \left\{ \begin{array}{l} \text{Sphingosin} + \text{Lignocerinsäure} \\ \text{Galaktose} \end{array} \right. & \left. \right\} \text{Sphingomyelin}
\end{array}
$$

Auf die Störung des Lipoidstoffwechsels bei der NIEMANN-PICKschen Krankheit ist schon oben hingewiesen worden. Auch bei anderen Stoffwechselerkrankungen gibt es Verschiebungen, aber anderer Art. So ist z. B. bei der GAUCHERschen Krankheit eine außerordentliche Vermehrung der Cerebroside, bei der SCHÜLLER-CHRISTIANschen Krankheit eine solche des Cholesterins und der Cholesterinester vorhanden. Man gewinnt daraus den Eindruck, daß der oben wiedergegebene formale Zusammenhang der einzelnen Lipoidfraktionen auch im biologischen Geschehen besteht, daß er aber an verschiedenen Stellen unterbrochen sein kann.

Schrifttum.
1. Eiweiß.

Zusammenfassende Darstellungen über die Chemie der Eiweißkörper
und ihre physiologische Bedeutung.

CASPARI, W. u. E. STILLING: Der Eiweißstoffwechsel. Handbuch der Biochemie, 2. Aufl., Bd. 8, S. 636. 744f. 1925.

FELIX, K.: Eiweiß. Handbuch der Ernährung und des Stoffwechsels der landwirtschaftlichen Nutztiere, Bd. 1, S. 98. 1929. — Der Eiweißstoffwechsel. Handbuch der Biochemie, Erg.-Werk, Bd. 3, S. 562. 1936. — FEULGEN, R.: Chemie der Eiweißkörper. Handbuch der normalen und pathologischen Physiologie, Bd. 3, S. 214. 1927.

Einzelarbeiten.

ABDERHALDEN, E. u. P. RONA: Z. physiol. Chem. **42**, 528 (1904); **44**, 198 (1905). — ALSBERG, C. and O. FOLIN: Amer. J. Physiol. **14**, 54 (1905).

BICKEL, A.: (1) Biochem. Z. **284**, 297 (1936). — (2) Dtsch. med. Wschr. **1936 II**, 1164. — BLIX, G.: Z. physiol. Chem. **240**, 43 (1936). — BOAS-FIXSEN, M. A., J. CH. D. HUTCHINSON and H. M. JACKSON: Biochemic. J. **28**, 592 (1934). — BRAND, E. and G. F. CAHILL: Proc. Soc. exper. Biol. a. Med. **31**, 1247 (1933). — BRAND, E., G. F. CAHILL and R. J. BLOCK: J. of biol. Chem. **109**, 545 (1935); **110**, 399 (1935). — BRAND, E., G. F. CAHILL and M. M. HARRIS: J. of biol. Chem. **109**, 69 (1935). — BREDERECK, H. u. G. RICHTER,: Chem. Ber. **96**, 1129 (1936).

CHICK, H., M. A. BOAS-FIXSEN, J. C. D. HUTCHINSON and H. M. JACKSON: Biochemic. J. **29**, 1712 (1935). — CONNER, R. T. and H. C. SHERMAN: J. of biol. Chem. **115**, 695 (1936).

DEGKWITZ, R.: Erg. Physiol. **32**, 281 (1931). — DYER, H. M. and V. DU VIGNEAUD: J. of biol. Chem. **109**, 477 (1935).

EDLBACHER, S.: Z. physiol. Chem. **157**, 106 (1926).

FELIX, K., K. ZORN u. H. DIRR-KALTENBACH: Z. physiol. Chem. **247**, 141 (1937). — FEULGEN, R. u. S. MAHDIHASSAN: Z. physiol. Chem. **246**, 203 (1937). — FISHER, R. B. and A. E. WILHELMI: Biochemic. J. **31**, 1136 (1937). — FISHER, R. B., A. E. WILHELMI and H. W. DAVENPORT: Biochemic. J. **32**, 262 (1938). — FIXSEN, M. A. B. and H. M. JACKSON: Biochemic. J. **26**, 1923 (1932).

HALLE, F.: Kolloid-Z. **81**, 334 (1937). — HOGAN, C. G.: J. of biol. Chem. **27**, 193 (1916). — HOLTZ, P.: Klin. Wschr. **1937 II**, 1561. — HOSKE, H. u. E. PAUL: Dtsch. med. Wschr. **1937 II**, 1364.

KNOOP, F., F. DITT, W. HECKSTEDTEN, J. MAIER, W. MERZ u. R. HÄRLE: Z. physiol. Chem. **239**, 30 (1936). — KREBS, H. A. u. K. HENSELEIT: Z. physiol. Chm. **210**, 33 (1932).

LEUTHARD, K.: Z. physiol. Chem. **252**, 238 (1938). — LEWIS, H. B., B. H. BROWN and F. R. WHITE: J. of biol. Chem. **114**, 171 (1936). — LINTZEL, W. und W. BERTRAM: Biochem. Z. **297**, 315 (1938).

MARKUZE, Z.: Biochemic. J. **31**, 1973 (1937). — McCOLLUM, E. V. and N. SIMMONDS: J. of biol. Chem. **32**, 347 (1907). — McCOLLUM, E. V., N. SIMMONDS u. H. T. PARSONS: (1) J. of biol. Chem. **36**, 197 (1918). — (2) J. of biol. Chem. **47**, 175 (1921). — (3) J. of biol. Chem. **47**, 235 (1921). — MITCHELL, H. H. and D. B. SMUTS: J. of biol. Chem. **95**, 263 (1932).

NEBER, M.: Z. physiol. Chem. **240**, 70 (1936).

PERETTI, G.: Quadr. Nutriz. **3**, 192 (1936). Zit. nach Ber. Physiol. **98**, 406. — PLIMMER, R. H. A., J. L. ROSEDALE, W. H. RAYMOND and J. LOWNDES: Biochemic. J. **28**, 1863 (1934).

RIMINGTON, C.: (1) Biochemic. J. **23**, 430 (1929). — (2) Siehe (1), sowie zusammenfassende Darstellung: Annual. Rev. Biochem. **5**, 137 (1936). — ROSE, W. C.: Physiologic. Rev. **18**, 109 (1938).

SØRENSEN, S. P. L.: Kolloid-Z. **53**, 102, 170, 306 (1930). — STEWART, C. P.: Biochemic. J. **19**, 266 (1925). — SVEDBERG, T.: Kolloid-Z. **51**, 10 (1930).

THOMAS, K.: Arch. f. (Anat. u.) Physiol. **25**, 219 (1909).

WILLIAMS, H. B. and C. G. L. WOLF: J. of biol. Chem. **6**, 337 (1909). — WOMACK, W., K. S. KEMMERER and W. C. ROSE: J. of biol. Chem. **121**, 403 (1937).

2. Kohlehydrate.

Zusammenfassende Darstellungen über die Chemie der Kohlehydrate und ihre physiologische Bedeutung.

HAWORTH, W. N.: Die Konstitution der Kohlehydrate. Deutsche Übersetzung. Dresden 1932.

ISAAC, S. u. R. SIGEL: Physiologie und Pathologie des intermediären Kohlehydratstoffwechsels. Handbuch der normalen und pathologischen Physiologie, Bd. 5, S. 469. Berlin 1928.

KÜHNAU, J.: Die Kohlehydrate im Stoffwechsel. Handbuch der Biochemie, Erg.-Werk, Bd. 3, S. 531. Jena 1936.

MAGNUS-LEVY, A.: Die Kohlehydrate im Stoffwechsel. Handbuch der Biochemie, 2. Aufl., Bd. 8, S. 338. 1925.

Einzelarbeiten.

ABE, M.: J. of Biochem. **19**, 69 (1934).

BOLLMANN, J. L. and F. C. MANN: Amer. J. Physiol. **107**, 183 (1934). — BREDTMANN, M.: Diss. Münster i. West. **1934**. — BUTTS, J. S.: J. of biol. Chem. **105**, 87 (1934).

CEDRANGOLO, F.: Boll. Soc. Biol. sper. **8**, 763 (1933). — COLE, S. W.: Lancet **1935 I**, 431.

DEUEL jr., H. J.: Physiologic. Rev. **16**, 173 (1936). — DEUEL jr., H. R., M. GULICK and J. S. BUTTS: J. of biol. Chem. **98**, 333 (1932).

EHRLICH, F.: Ber. dtsch. chem. Ges. **62**, 1974 (1929). — EHRLICH, F. u. A. KOSMAHLY: Biochem. Z. **212**, 162 (1929). — EHRLICH, F. u. SCHUBERT: (1) Biochem. Z. **169**, 13 (1928). — (2) Biochem. Z. **203**, 343 (1929). — EHRLICH, F. u. R. v. SOMMERFELD: Biochem. Z. **168**, 263 (1926).

FASOLDT, H.: Z. Kinderheilk. **54**, 257 (1933). — FELLENBERG, v. TH.: Biochem. Z. **85**, 118 (1918). — FEYDER, S. and H. B. PIERCE: J. Nutrit. **9**, 435 (1935). — FÜRTH, O. u. P. ENGEL: Biochem. Z. **237**, 159 (1931).

GRAFE, E. u. H. REINWEIN: Dtsch. Arch. klin. Med. **173**, 646 (1932). — GRIESHABER, H.: Z. klin. Med. **129**, 423 (1936).

HARDING, V. J. and G. A. GRANT: J. of biol. Chem. **99**, 629 (1933).— HARDING, V. J., G. A. GRANT and G. GLAISTER: Biochemic. J. **29**, 629 (1934). — HARDING, V. J., T. F. NICHOLSON and A. R. ARMSTRONG: Biochemic. J. **27**, 2035 (1933).

KOSTERLITZ, H. W.: Biochemic. J. **31**, 2217 (1937). — KOSTERLITZ, H. u. H. W. WEDLER: Z. exper. Med. **87**, 327 (1933).

MAUVILLE, J. A., E. M. BRADWAY and N. A. S. MacMINNI: Amer. J. digest. Dis. a. Nutrit. **3**, 570 (1936).

OTOMO, Y: Tohcku J. exper. Med. **27**, 420 (1935).

ROE, J. H. and G. R. COWGILL: Amer. J. Physiol. **111**, 530 (1935). — ROE, J. H. and A. S. SCHWARZMANN: J. of biol. Chem. **96**, 717 (1932).

SCHNEIDER, G. G. u. H. BOCK: Ber. dtsch. chem. Ges. **70**, 1617 (1937). — SCHNEIDER, G. G. u. U. FRITSCHI: (1) Ber. dtsch. chem. Ges. **69**, 2537 (1936). — (2) Ber. dtsch. chem. Ges. **70**, 1611 (1937). — SUNABA, Y: (1) Mitt. med. Akad. Kioto **16**, 1027 (1936). — (2) Mitt. med. Akad. Kioto **17**, 335 (1936).

WHITTIER, E. C., C. A. CARY and N. R. ELLIS: J. Nutrit. **9**, 521 (1935).

3. Fette.

Zusammenfassende Darstellungen.

BULL, H. B.: The biochemistry of the lipoids. New York 1937.

EICHWALD, E.: Die tierischen Fette und Wachse. Handbuch der Biochemie, 2. Aufl., Bd. 1, S. 73. Jena 1924. — Die tierischen Fette und Wachse. Handbuch der Biochemie, Erg.-Werk, Bd. 1 A, S. 52. Jena 1933.

KÜHNAU, J.: (1) Die Fette im Stoffwechsel. Handbuch der Biochemie, Erg.-Werk, Bd. 3, S. 641. Jena 1936. — (2) Phosphatide, Cerebroside. Handbuch der Biochemie, Erg.-Werk, Bd. 3, S. 671. Jena 1936.

SCHMITZ, E.: Chemie der Fette. Handbuch der normalen und pathologischen Physiologie, Bd. 3, S. 160. Berlin 1927.

THIERFELDER, H. u. E. KLENK: Die Chemie der Cerebroside und Phosphatide. Berlin 1930.

Einzelarbeiten.

ABELIN, I.: Z. exper. Med. **96**, 9 (1935). — ANDERSON, W. A. and H. H. WILLIAMS: Physiologic. Rev. **17**, 335 (1937).

BEST, C. H., M. E. H. MAWSON, E. W. McHENRY and J. H. RIDOUT: J. of Physiol. **86**, 315 (1936). — BEST, C. H. and J. H. RIDOUT: J. of Physiol. **86**, 343 (1936). — BURR, G. O. and W. E. BROWN: Proc. Soc. exper. Biol. a. Med. **30**, 1349 (1933). — BURR, G. O., M. M. BURR and E. S. MILLIER: J. of biol. Chem. **97**, 1 (1932).

Committee of the roy. Soc. Fat and fatty acids as food. J. of Physiol. **52**, 328 (1919).

EVANS, H. M. and M. M. BURR: Proc. Soc. exper. Biol. a. Med. **25**, 390 (1928). — EVANS, H. M. and S. L. LEPOVSKI: (1) J. of biol. Chem. **96**, 143 (1932). — (2) J. of biol. Chem. **96**, 157 (1932). — (3) J. of biol. Chem. **99**, 231 (1932). — EVANS, H. M., S. LEPKOWSKY and E. A. MURPHY: (1) J. of biol. Chem. **106**, 431 (1935). — (2) J. of biol. Chem. **106**, 441 (1935). — (3) J. of biol. Chem. **106**, 445 (1935).

JOST, H.: Z. physiol. Chem. **197**, 90 (1931).

KLENK, E.: (1) Z. physiol. Chem. **229**, 151 (1934). — (2) Z. physiol. Chem. **235**, 24 (1935). — KÜTER, K.: Diss. Jena 1931.

LEBEDEFF, H.: Zbl. med. Wiss. **20**, 129 (1882). — LETTRE, H. u. H. H. INHOFFEN: Über Sterine, Gallensäuren und verwandte Naturstoffe. Stuttgart 1936.

MACLEAN, D. L., J. H. RIDOUT and C. H. BEST: Brit. J. exper. Path. **16**, 345 (1937). — MAGNUS-LEVY, A. u. L. F. MEYER: Die Fette im Stoffwechsel. Handbuch der Biochemie, Bd. 8, S. 422. Jena 1925.

PERRIER, C., C. ARTOM, M. SANTANGELO, G. SARZANA and E. SEGRE: Nature (Lond.) **1937** I, 1105. — POWELL, M.: (1) J. of biol. Chem. **89**, 547 (1930). — (2) J. of biol. Chem. **95**, 43 (1932).

Rosenfeldt, G.: Erg. Physiol. 2 I, 50 (1903). — Rossi, A.: Boll. Soc. Biol. sper. 7, 524 (1932).

Schönheimer, R. and D. Rittenberg: J. of biol. Chem. 113, 505 (1936). — Sinclair, R. G.: (1) J. of biol. Chem. 86, 579 (1930). — (2) J. of biol. Chem. 92, 245 (1931). — (3) Physiologic. Rev. 14, 353 (1934). — (4) J. of biol. Chem. 111, 261 (1935). — Snider, R. H. and W. R. Bloor: J. of biol. Chem. 99, 555 (1933).

Terroine, E. F., C. Hatterer et P. Röhrig: Bull. Soc. Chim. biol. Paris 12, 657 (1930).

b) Wasser.

[Klinke; Marx (2); Nonnenbruch; Schade; Siebeck.]

Von E. Lehnartz, Göttingen.

Von allen Nährstoffen, die dem Organismus zugeführt werden müssen, ist das Wasser am wenigsten entbehrlich. Völliger Nahrungsentzug kann, wenn nur Wasser gegeben wird, bis zu 60 Tagen ertragen werden, Wasserentzug führt dagegen schon in sehr viel kürzerer Zeit zu schwersten Störungen und zum Tode. Die längste Zeit, während der Durst ertragen werden kann, scheint etwa 14 Tage zu betragen. Schon eine Verminderung des Wasserbestandes des Körpers um etwa 10% führt zu erheblichen Störungen, Wasserverluste von 20—22% sind mit dem Fortbestand des Lebens unvereinbar.

Die Wichtigkeit des Wassers zeigt sich vielleicht am deutlichsten darin, daß es mengenmäßig der Hauptbestandteil des Körpers ist. Der Organismus des Erwachsenen besteht zu rund 60% aus Wasser. Die Werte für die einzelnen Organe weichen von diesem Durchschnittswert zum Teil erheblich ab. Für die parenchymatösen Organe sowie für die Muskulatur und die Haut liegen sie zwischen 70 und 80%.

Die Bedeutung des Wassers im Organismus ist eine sehr mannigfaltige. Es dient als Lösungs- und Transportmittel für alle in den Organismus hineingelangenden Stoffe und schafft damit die Voraussetzungen für ihre gleichmäßige Verteilung im Körper und erleichtert die chemischen Umsetzungen, die an seinen Bausteinen stattfinden. Das Wasser als das physiologische Lösungsmittel ist allerdings nicht zu seinem ganzen Betrag als *freies Wasser* in den Zellen und den Gewebsflüssigkeiten vorhanden, d. h. es steht nur zum Teil als Lösungsmittel frei zur Verfügung. Ein bestimmter Teil findet sich als *Quellungswasser* an kolloidale Stoffe wie Eiweiß, Glykogen, Lecithin, Polynucleotide fixiert, ein anderer geht· als *Hydratationswasser* nähere Beziehungen zu den ionisierten Bestandteilen des Körpers ein. Allerdings ist es nach den Untersuchungen von Hill außerordentlich wahrscheinlich, daß die Bindung des Wassers durch Quellung oder Hydratation mengenmäßig weit überschätzt worden ist, daß es vielmehr bis auf einen ganz geringfügigen Rest als Lösungswasser für krystalloide Stoffe zur Verfügung steht. Trotzdem ist die „Bindung" als Quellungs- und als Hydratationswasser wichtig, weil sie ziemlichen Schwankungen unterworfen sein kann und damit für den Transport des Wassers im Körper und für seine Fixierung im Gewebe bedeutungsvoll sein muß. Die Quellungsvorgänge an den kolloidalen Zellbausteinen machen auch die strukturelle Differenzierung des Protoplasmas möglich, die die morphologische Grundlage für das funktionelle Nebeneinander so verschiedenartiger Zelleistungen bildet.

Eine andere viel zu wenig beachtete, aber physiologisch höchst bedeutungsvolle Eigenschaft des Wassers ist seine hohe *spezifische Wärme*, die die Konstanterhaltung der Körpertemperatur sehr wesentlich erleichtert. Die hohe Wärmebindung, die durch sie ohne wesentliche Temperatursteigerung möglich ist, ist geradezu die Grundlage für den gesamten Wärmehaushalt des Körpers. Das wirkt sich auch insofern aus, als schon durch die Verdunstung kleiner Wassermengen von der Körperoberfläche dem Organismus beträchtliche Wärmemengen entzogen werden können.

Die Funktion des Wassers kann eigentlich nur im Zusammenhang mit dem Mineralhaushalt völlig verstanden werden, weil dieses Zusammenwirken von Wasser und Salzen die osmotische Funktion des Wassers, die die Grundlage für den Stoffaustausch zwischen Gewebs- und Blutflüssigkeit bildet, möglich macht. Neben dem gesamten osmotischen Druck des Körpers ist auch der kolloid-osmotische Druck zu beachten, der auf die kolloidal gelösten Stoffe, in erster Linie die Eiweißkörper, zurückgeht. Er ist für den Mechanismus der Sekretions- und Exkretionsvorgänge in den drüsigen Organen bedeutungsvoll.

Neben der hiermit kurz gekennzeichneten allgemeinen Bedeutung des Wassers im Körperhaushalt kommt ihm im Zusammenhang mit den Verdauungsvorgängen eine wichtige Rolle zu. Zufuhr von Wasser regt die Peristaltik des Magens, in größeren Mengen auch die des Dickdarmes an. Daneben verursacht sie auch eine starke Anregung der Magensaftsekretion, bei der besonders die erhebliche Steigerung der Säurewerte bemerkenswert ist.

Die Wichtigkeit des richtigen Wassergehalts im Körper und seiner den Bedürfnissen des Organismus entsprechenden Verteilung auf die einzelnen Organe machen es notwendig, daß Wassergehalt und -verteilung durch vielfältige Regulationseinrichtungen auf das genaueste überwacht werden, jedoch würde ihre Besprechung den Rahmen dieses Buches überschreiten.

Der *Wasserbedarf* des Menschen wird zu 35 g pro kg Körpergewicht und 24 Stunden angenommen, die ausgeschiedenen Wassermengen sind um etwa 5 g pro kg höher, weil bei den Oxydationsvorgängen im Gewebe Wasser neu entsteht. Setzt man dies in Rechnung, so ist die Wasserbilanz völlig ausgeglichen. Es errechnet sich somit für einen Menschen von 70 kg Gewicht ein täglicher Wasserbedarf von etwa $2^1/_2$ Litern. Er wird außer durch die Aufnahme von Flüssigkeit durch den Wassergehalt der Speisen gedeckt. Die Ausscheidung des Wassers, bei einem Menschen von 70 kg handelt es sich um etwa 3 Liter, erfolgt im wesentlichen durch die Nieren, die Haut und mit der Ausatmungsluft. Der Wassergehalt der Faeces ist normalerweise zu vernachlässigen.

Wasserbedarf und Wasserausscheidung unterliegen im einzelnen erheblichen Schwankungen. Am größten sind die durch den Wechsel der Außentemperatur bedingten. Bei einer Erhöhung der Außentemperatur steigt die im wesentlichen im Dienste der Wärmeregulation erfolgende Wasserabgabe durch die Haut an und gleichzeitig nimmt die Harnbildung um einen entsprechenden Betrag ab. Durch die gesteigerte Wasserabgabe kommt es natürlich zu einer erheblichen Steigerung des Wasserbedarfs. Umgekehrt ist bei tiefer Außentemperatur die Wasserabgabe durch die Haut gering, durch die Nieren größer, aber der gesamte Bedarf ist entsprechend der geringen Ausscheidung recht niedrig. Von besonderer Bedeutung ist die Beeinflussung des Wasserhaushalts durch die Art der Nahrung. Eine starke Erniedrigung des Kochsalzgehalts der Nahrung setzt auch den Wassergehalt des Körpers stark herab. Damit sinkt die Wasserabgabe durch den Harn und auch der Wasserbedarf. Mit dem geringen Salzgehalt seiner Nahrung hängt z. B. die geringfügige Wasserausscheidung des Vegetariers zusammen.

Diese und ähnliche Veränderungen des Wasserhaushalts sind nur möglich, weil ein Teil der Gewebe des Körpers als *Wasserspeicher* dient, so daß sein Wassergehalt auch im ganzen ziemlich große Schwankungen aufweisen kann. Eine Speicherung von Wasser erfolgt in erster Linie in der Muskulatur, in zweiter Linie in der Haut, in viel geringerem Grade in der Leber und schließlich auch im Blute. In der Haut ist es besonders das bindegewebereiche Gebiet der Subcutis, in dem Wasser fixiert werden kann. Größenordnungsmäßig läßt sich die Deponierung des Wassers in diesen verschiedenen Gebieten einem Versuch von ENGELS entnehmen. Einem Hund wurde eines größere Wassermenge infundiert. Von der dann retinierten Wassermenge von 690 g enthielt die Muskulatur 482 g, die Haut 162 g, die Leber 21 g und das Blut nur 11 g. Ebenso wie die Wasserspeicherung sich zuerst in der Muskulatur geltend macht, betrifft auch die Wassermobilisierung in erster Linie den Muskel. Von seinem Wassergehalt sind etwa 10—15%, d. h. im ganzen 2—3 Liter für die Abgabe leicht verfügbar. Wie beträchtlich diese Menge ist, ergibt sich aus der Feststellung, daß sie etwa der Menge des Plasmawassers entspricht. Merkwürdigerweise erleidet auch bei ziemlich beträchtlichen Wasserabgaben die Arbeitsfähigkeit des Muskels kaum eine Beeinträchtigung (STRAUB).

Alle Veränderungen des Wasserhaushalts vollziehen sich über das Blut, d. h. über das Wasser des Blutplasmas. Doch sind die Zusammenhänge keineswegs so einfach, wie es primär erscheinen könnte. Nach MARX (1) folgt der Wasseraufnahme durch Resorption aus dem Darm eine vorübergehende Speicherung in der Leber. Dann folgt schon nach kurzer Zeit ein Abstrom in die Blutbahn, der sich in einem steilen Abfall des Hämoglobingehalts und in einer entsprechenden Abnahme der Konzentration eines injizierten Farbstoffs äußert. Dann schließt sich ein geringfügiger Abtransport von Wasser aus dem Blute an, dem eine zweite Phase des Wassereinstroms folgt und erst nunmehr geht im Verlauf von einigen Stunden die Plasmamenge auf die Norm zurück, weil durch Wasserausscheidung und durch Ablagerung in den Speicherorganen für eine Normalisierung der umlaufenden Flüssigkeitsmenge gesorgt wird. Eigenartig ist, daß die Höhe des Wassereinstroms ins Blut von der aufgenommenen Wassermenge ziemlich weitgehend unabhängig ist. Möglicherweise wird in der Leber durch die Aufnahme des Wassers eine Mobilisierung von Salzen ausgelöst, zu deren Verdünnung Wasser ins Blut nachströmen muß. Derartige Wechselbeziehungen zwischen Blut und Gewebe sind im Wasserhaushalt immer wieder angetroffen worden: Vor einer Schweißsekretion findet man eine Hydrämie, umgekehrt wird durch Kältereiz Wasser aus dem Blut in die Haut und die Muskulatur verschoben (UNDERHILL).

Es ist darum um so auffälliger und spricht für die Güte der Regulationseinrichtungen, daß unter gleichbleibenden äußeren Bedingungen, etwa den dem Grundumsatz entsprechenden, das Plasmavolumen bemerkenswert konstant ist. MARX fand in einem über ein Jahre ausgedehnten Versuch lediglich Schwankungen um ± 5%. Bei Wechsel der äußeren Bedingungen macht sich aber sofort eine starke Labilität des Wasserhaushalts an einer Änderung der Plasmamenge bemerkbar. Verarmt der Körper an Wasser, so nimmt auch die Plasmamenge ab. Sind allerdings beim Einsetzen des Durstes die Wasserdepots gut gefüllt, so kann diese Abnahme ausbleiben.

Reichliche Nahrungsaufnahme, besonders wenn sie zum Ansatz von Körpersubstanz führt, bedingt automatisch auch eine Steigerung des Wassergehalts im Körper. Wenn Eiweiß im Körper abgelagert wird, so wird damit gleichzeitig etwa das 4fache des Eiweißes an Wasser gebunden, und für Glykogen ist die gebundene Wassermenge nur unwesentlich geringer. Fett an sich bindet kein Wasser. Trotzdem ist das Fettgewebe ziemlich wasserreich und die Ablagerung von Depotfett immer mit einer Fixierung von Wasser verbunden, weil gleichzeitig auch das Bindegewebe sich vermehrt und damit die Speicherungsmöglichkeiten für das Wasser größer werden.

Der Wasserhaushalt hängt auch vom Säure-Basen-Gleichgewicht ab. Säuerung führt zu einer vermehrten Wasserabgabe, Alkalisierung zu einer Retention von Wasser. Am deutlichsten wird die wassermobilisierende Wirkung der Säuerung im Zusammenhang mit diuretisch wirkenden Mitteln. Die Kombination von

Salyrgan mit dem säuernden Ammoniumchlorid ist eine der wirksamsten diuretischen Kombinationen.

Von einer allgemeinen Bedeutung sind Steigerungen des Stoffwechsels, die bei plötzlicher Wasserbelastung einsetzen. MARX (2) beschreibt Steigerungen der N-Ausscheidung, die mit einer parallel gehenden Erhöhung der Sulfatausscheidung verlaufen. Es ist vielfach diskutiert worden, ob hier wirklich eine echte Steigerung des Eiweißumsatzes vorliegt oder ob es sich um ein „Auswaschen" von Zwischenprodukten des Eiweißstoffwechsels aus dem Gewebe handelt. Da aber neben der Stickstoff- und der Sulfatausscheidung auch die Abgabe von Phosphat und von Harnsäure durch den Harn zunimmt, ist eine Steigerung des Stoffwechsels wahrscheinlicher. Tatsächlich findet auch SCHLIEPER bei so verschiedenen Lebewesen wie den Moosen, den Landschnecken und den Strandkrabben, daß eine Erhöhung des Wassergehalts im Gewebe zu einer Steigerung der Atmungsintensität führt. Er schließt aus dem gleichartigen Verhalten dieser Organismen, daß die Beziehungen zwischen Wasserhaushalt und Energieumsatz eine allgemeine Bedeutung für alle Lebewesen haben müssen.

Wir sehen also, in wie mannigfacher Weise das Wasser in verschiedenste Funktionen des Körpers eingreift. NONNENBRUCH hat neuerlich darauf aufmerksam gemacht, daß das Blutplasma und der Bindegewebsraum die Erfolgsorgane des Wasserhaushalts sind und daß sich zwischen ihnen die Verschiebungen und Ausgleichsvorgänge im Wasserbestande des Körpers vollziehen. Die Regulation dieser Vorgänge untersteht dem Zentralnervensystem und verschiedenen innersekretorischen Organen. Wegen einer näheren Darstellung dieser Verhältnisse wird auf die Monographie von MARX (2) verwiesen.

Schrifttum.

ENGELS, W.: Arch. exper. Path. u. Ther. **51**, 346 (1904).

HILL, A. V.: Proc. roy. Soc. Lond. B **106**, 477 (1930).

KLINKE, K.: Wasserstoffwechsel. Handbuch der Biochemie, Erg.-Werk, Bd. 3, S. 479. Jena 1936.

MARX, H.: (1) Balneologe **3**, 455 (1936). — (2) Der Wasserhaushalt des gesunden und kranken Menschen. Berlin 1938.

NONNENBRUCH, W.: Forsch. u. Fortschr. **13**, 326 (1937).

SCHADE, H.: Wasserstoffwechsel. Handbuch der Biochemie, 2. Aufl., Bd. 8, S. 149. Jena 1925. — SCHLIEPER, C.: Forsch. u. Fortschr. **14**, 93 (1938). — SIEBECK, R.: Physiologie des Wasserhaushaltes. Handbuch der normalen und pathologischen Physiologie, Bd. 17, S. 161. Berlin 1926. — STRAUB, W.: Z. Biol. **38**, 537 (1899).

UNDERHILL, F. P.: Yale J. Biol. a. Med. **4**, 579 (1932).

c) Schutzstoffe (protective food).

1. Mineralstoffe[1].

Von E. LEHNARTZ, Göttingen.

α) Die allgemeine Bedeutung der Mineralstoffe.

Eine Darstellung der physiologischen Aufgaben der Mineralstoffe im Getriebe des Körpers ist auch heute noch trotz der ungeheueren Fülle des vorliegenden Tatsachenmaterials über den Bestand und den Bedarf des Körpers an Mineralstoffen eine durchaus unbefriedigende Aufgabe, weil uns trotz der Bereicherung des Wissensbestandes die Erkenntnis über die Wirkung dieser Stoffe noch fast völlig verschlossen ist. Wir wissen, daß sie lebensnotwendige Bestandteile des Körpers sind und daß sie deshalb in der Nahrung enthalten sein müssen, aber wir wissen nur in den seltensten Fällen, welche Funktion

---

[1] Siehe zusammenfassende Darstellungen im Schrifttum.

ihnen im einzelnen zukommt. Wir können diese Funktion lediglich als die von Schutzstoffen umschreiben und damit andeuten, daß sie sowohl für den Bau wie für den Betrieb des Körpers unentbehrlich sind. Man spricht zwar gemeinhin von Mineralien und vom Mineralstoffwechsel, weil diese Stoffe in Form von Salzen zugeführt werden, man muß sich aber klar darüber sein, daß nicht die undissoziierten Salze, sondern ihre Ionen die wirksamen Bestandteile sind. Man sagt zwar Natrium, aber man meint Natriumion. Nur wegen der Kürze des Ausdrucks soll diese gebräuchlichste, aber im Wesen falsche Bezeichnung hier beibehalten werden.

Nach v. WENDT und HEUBNER[1] kann man die allgemeinen Aufgaben des Stoffwechsels folgendermaßen gliedern:

I. Verwendungsstoffwechsel.
    A. *Aufbau.*
        1. Anwuchs.
        2. Ersatz.
        3. Thesaurierung.
    B. *Energiegewinn.*
II. Regelungsstoffwechsel.
    A. Erhaltung von *Gleichgewichten*
        1. der Wasserstoffionenkonzentration,
        2. der osmotischen Konzentration,
        3. des kolloidosmotischen Drucks,
        4. des physiologischen Ionenverhältnisses.
    B. Bildung geeigneter *Ausscheidungsprodukte.*

Mit alleiniger Ausnahme des Energiestoffwechsels sind die Mineralstoffe an allen diesen Leistungen des Stoffwechsels maßgeblich beteiligt. Die Notwendigkeit der Mineralstoffe für den Verwendungsstoffwechsel ist ohne weiteres einleuchtend. Physiologisch interessanter ist ihre Beteiligung am Regelungsstoffwechsel. Dabei darf aber keineswegs übersehen werden, daß eine derartige Einteilung zwar theoretisch wohl fundiert ist, daß aber praktisch die einzelnen Funktionen nebeneinander hergehen und sich auch überschneiden. Oft wird ein und dieselbe Substanz fast gleichzeitig in verschiedener Weise beansprucht. Am einleuchtendsten ist als Beispiel das Calcium, das im Baustoffwechsel des Knochens die größte Bedeutung hat, das aber ebenso auch als sehr leicht beanspruchbare Calcium- und Basenreserve mobilisiert werden kann.

Auf eine weitgehende Konstanz der Wasserstoffionenkonzentration im Gewebe und im Blute ist der Körper zur Erhaltung seiner Funktionen, vor allem derjenigen seines Fermentapparates, durchaus angewiesen. Die Anpassung der Organtätigkeit an die jeweiligen Bedürfnisse wird sicherlich durch die geringfügigen Schwankungen der Wasserstoffionenkonzentration mit ermöglicht. Wir wissen, daß durch derartige Änderungen viele Fermentwirkungen nach Richtung und Ablauf entscheidend beeinflußt werden. Die Einstellung und Erhaltung eines bestimmten osmotischen Drucks der Gewebe und der Körperflüssigkeiten ist notwendig für die Aufrechterhaltung des physiko-chemischen Zustandes der kolloidalen Bausteine des Körpers, in erster Linie wieder der Eiweißkörper und damit auch des gesamten Fermentapparates. Dabei kommt es ebensosehr auf den osmotischen Gesamtdruck wie auf den Teildruck an, da Organ- und Fermenttätigkeiten an ganz bestimmte Ionenmischungen gebunden sind. Verschiebungen der Ionengleichgewichte führen mittelbar oder unmittelbar zu Störungen im Ablauf der Lebensvorgänge. Wir wissen, daß einzelne Ionen auf bestimmte Organe und ihre Leistungen in antagonistischer Weise einwirken, und daß deshalb

---

[1] Siehe zusammenfassende Darstellungen im Schrifttum.

eine normale Organtätigkeit nur bei einer Ausgleichung dieser antagonistischen Wirkungen durch Herstellung eines bestimmten Konzentrationsverhältnisses der Ionen möglich ist. Damit besteht auch die wichtige Möglichkeit durch geringe Verschiebungen dieser Gleichgewichte die Organleistungen zu verändern und zu steuern.

Der Versuch aus einer Mineralanalyse der verschiedenen Organe auf die Funktion der einzelnen Salze und auf die Höhe der notwendigen Zufuhr zu schließen, kann nicht zu befriedigenden Ergebnissen führen, weil der Gehalt jedes Organs an den verschiedenen Mineralien erheblichen Schwankungen unterworfen ist. Einen gewissen Einblick in den Umsatz der Mineralstoffe kann man nur erhalten, wenn man versucht, die Ausscheidung möglichst zahlreicher Stoffe vollständig und lückenlos über längere Zeit zu verfolgen. Derartige Untersuchungen haben GAMBLE, ROSE und TISDALE an hungernden Kindern, also unter Bedingungen, unter denen eine Salzzufuhr von außen nicht erfolgte, angestellt. Die Voraussetzungen der Berechnung der Versuchsergebnisse war, daß bei einem länger dauernden Hunger der gesamte Energiebedarf des Körpers im wesentlichen auf Kosten des Zerfalls der Skeletmuskulatur gedeckt wird. Man kann dann aus der Stickstoffausscheidung den Eiweißzerfall berechnen und daraus und aus der bekannten Zusammensetzung der Muskulatur weiter errechnen, wie groß die Mengen basischer Stoffe sein können, die beim Abbau der Muskelsubstanz frei geworden sind. Der Vergleich der so berechneten mit der tatsächlich gefundenen Basenausscheidung ergibt die bemerkenswerte Tatsache, daß in den späteren Versuchsperioden die Ausscheidung an Natrium, Kalium und Magnesium nahezu genau dem aus dem Muskelzerfall berechneten entspricht; dagegen ist die Calciumausscheidung um ein vielfaches höher als nach der Berechnung zu erwarten. Dies ist wohl ein Zeichen dafür, daß Calcium im wesentlichen aus dem Knochen mobilisiert wird. Im Gegensatz zu den späteren Perioden war in den ersten Perioden des Hungers die gesamte Basenausscheidung viel größer als berechnet. Das geht wohl darauf zurück, daß im Hunger zunächst das Glykogen und das Fett verbrennt und daß dabei das Quellungswasser des Glykogens und das im Bindegewebe der Fettdepots abgelagerte Wasser mit den in diesen Wassermengen enthaltenen Salzen überflüssig wird und zur Ausscheidung gelangt.

Auf andere interessanten Ergebnisse der überaus aufschlußreichen Arbeit von GAMBLE, ROSE und TISDALE kann an dieser Stelle nicht eingegangen werden. Die angeführten Zahlen zeigen zur Genüge, daß jeder Umsatz im Energiestoffwechsel auch mit einem Umsatz im Mineralstoffwechsel verbunden sein muß. Anscheinend werden die dabei freigesetzten Mineralien auch ausscheidungspflichtig. Eine Bestätigung einer derartigen Annahme ist in der Beobachtung von CHIEVITZ und HEVESY sowie von HAHN, HEVESY und LUNDSGAARD zu erblicken, daß radioaktiver Phosphor nicht etwa rasch wieder ausgeschieden wird, sondern zum größten Teil lange Zeit im Körper, und zwar in den verschiedensten Organen deponiert wird, ehe er allmählich zur Ausscheidung gelangt.

Berechnet man während einer Hungerperiode die Ausscheidung der Säuren in Äquivalenten, so stehen in der Ausscheidung die organischen Säuren weitaus an der Spitze, dann folgen Phosphat und Sulfat und das Chlorid macht nur einen kleinen Teil der Ausscheidung aus. An der Spitze der Ausscheidung stehen also Ionen, die ganz oder teilweise erst bei den Stoffwechselvorgängen entstehen. Zur Ausscheidung im Harn bedürfen sie einer gewissen Basenmenge und diese steht in den durch den Gewebszerfall freigesetzten Basen zur Verfügung. Da sie aber zur Deckung des Ausscheidungsbedarfs nicht ausreichen und der Bestand des Körpers an fixem Alkali darüber hinaus nicht angegriffen werden darf, wird der fehlende Teil der basischen Äquivalente durch Ammoniakbildung in der Niere zur Verfügung gestellt. Eine derartige Abhängigkeit der Mineralausscheidung von der Gesamtstoffwechsellage macht es verständlich, daß der Körper, weil in ihm energieliefernde Stoffe umgesetzt werden, dauernd Mineralien verlieren muß. Damit besteht ein bestimmter Nahrungsbedarf an Mineralien.

Über die Notwendigkeit dieses oder jenes Mineralstoffs haben uns — im wesentlichen in jüngster Zeit — langdauernde Ernährungsversuche an Tieren unterrichtet, die gezeigt haben, ob und welche Ausfallserscheinungen auftreten, wenn ein bestimmtes Element in der Nahrung nicht enthalten ist. An anderer Stelle (s. S. 9) sind die lebensnotwendigen mineralischen Elemente bereits aufgeführt worden. Da fast alle von ihnen in der freigewählten Kost in ausreichenden Mengen vorhanden sind, ist ihre genügende Zufuhr im allgemeinen sichergestellt. Diese Feststellung gilt aber nicht unter allen Umständen. Wegen des in manchen Nahrungsstoffen im Vergleich zum Bedarf geringen Angebots beanspruchen Calcium, Phosphor, Eisen und Jod unser Hauptinteresse.

β) Der Mineralbedarf.

Ebenso wie der Mineralgehalt der einzelnen Organe keineswegs eine konstante Größe ist, hat auch der Bedarf an den einzelnen Mineralien keine konstante Größe, sondern schwankt in Abhängigkeit von den verschiedenen Lebensvorgängen, aber ebensosehr auch mit der Art der zugeführten Nahrung. So fanden ÖHME und WASSERMEYER, daß bei Kochsalzzulage zu einer Milchkost Calcium und Phosphor abgelagert werden und die Stoffwechsellage eine Verschiebung im Sinne einer Säuberung erfährt. Bei der gleichen Kochsalzzulage zu einer Kartoffelkost steigt dagegen die Ausscheidung an Calcium und an Phosphor an, und der Stoffwechsel wird im Sinne einer Alkalisierung beeinflußt. Auch GLATZEL (1, 2) findet, daß die Mineralausscheidung nach Kochsalzzufuhr von den sauren und basischen Wertigkeiten der Nahrung, von der Kochsalzmenge und von der Wassermenge in der Nahrung abhängig ist. Es ist auch zu berücksichtigen, daß man im Einzelfall nicht weiß, ob die gesamten in der Nahrung angebotenen Mineralmengen auch wirklich resorbiert werden. Das gilt im besonderen für das Calcium und das Phosphat.

So kommt es, daß sich nur schwer verläßliche Zahlen für den Bedarf an den einzelnen Mineralien angeben lassen. GLATZEL gibt für den Erwachsenen von 70 kg Gewicht folgende Schwankungsbreiten: Natrium 4—5 g, Kalium 2—4 g, Calcium 0,5—7 g, Magnesium 0,5 g und Phosphor 0,9—2,2 g. Nach v. NOORDEN und SALOMON sollen 15 g Kochsalz pro Tag nicht überschritten werden, die Aufnahme an Kalisalzen wird mit 6—8 g angegeben. Die Angaben für das Calcium sind weniger sicher, doch werden 2 g als Minimum angesehen. An Magnesium wird eine Menge von 0,15 g für notwendig erachtet. WANG, KAUCHER und WING haben an jugendlichen Mädchen im Durchschnitt pro Kopf und Tag die in der Tabelle 26 zusammengestellten Befunde erhoben.

Tabelle 26. Mineralaufnahme pro Tag bei jugendlichen Mädchen.

Mineral	Aufnahme in g	Aufnahme pro kg Gewicht in mg	Retention pro kg Gewicht in mg
Ca .	1,604	42	11
P . .	1,708	45	5
Mg .	0,299	7,8	0,3
Na .	2,429	63	3

Aus diesen Angaben geht deutlich hervor, daß der wachsende Organismus einen recht erheblichen Bedarf an Mineralien für den Verwendungsstoffwechsel hat. Zieht man die retinierten Mengen ab und berechnet den Rest auf ein Körpergewicht von 70 kg, so erhält man Zahlen, die innerhalb der von GLATZEL angeführten Grenzen liegen.

Für die selteneren Mineralstoffe geben HODGES und PETERSON als optimale Zufuhr 2,3 mg Kupfer, 2,4 mg Mangan und 15,5 mg Eisen an. Nach LINTZEL (1) beträgt allerdings die notwendige Eisenzufuhr weniger als 0,9 mg (s. auch S. 106). Als hauptsächliche Quellen dieser Elemente sind die Zerealien anzusehen, für das Eisen außerdem noch die grünen Gemüse.

Auf die verschiedenartigen Störungen, die der Mangel oder das zu geringe Angebot einzelner Mineralstoffe im Gefolge hat, soll erst im nächsten Abschnitt eingegangen werden. Hier sei nur erwähnt, daß bei sehr salzarmer Kost nach A. H. SMITH und P. K. SMITH sowie LIGHT, P. K. SMITH, A. H. SMITH und ANDERSON sich bei Ratten die ionale Zusammensetzung des Blutes kaum ändert, auch wenn die ionale Zusammensetzung des Körpers schon weit von der Norm abweicht. Die Konstanterhaltung der Blutwerte, die offensichtlich die Voraussetzung für die Erhaltung einer, wenn auch bereits eingeschränkten Leistungsfähigkeit des Körpers ist, erfolgt auf Kosten des Wachstums und dadurch, daß eine verminderte Nahrungsaufnahme die Anforderungen an den Stoffwechsel herabsetzt.

γ) Die Bedeutung einzelner Mineralstoffe.

Alkalichloride (MEYER-BISCH). Natrium und Chlorionen sind in der Nahrung meist als Kochsalz enthalten, und dies wird zum größten Teil den Speisen zur Schmackhaftmachung zugesetzt. Kalisalze finden sich in größeren Mengen in pflanzlichen Nahrungsmitteln, meist in Form der Salze organischer Säuren. Wenn auch Natrium und Chlorid dem Körper gewöhnlich gleichzeitig zugeführt werden, so ist doch die Bedeutung der beiden Ionen im Stoffwechsel eine völlig verschiedene. Von den Wirkungen, die auf das Kochsalz als solches zu beziehen sind, sind die des Natriums und des Chlors zu unterscheiden. So spielt z. B. das Natrium für die Erhaltung der Erregbarkeit der Muskeln und Nerven und für die Wasserbindung eine wichtige Rolle; das Chlor ist unentbehrlich für die Bildung der Salzsäure durch die Magenschleimhaut; das Kochsalz selber bildet die Grundlage für die osmotische Regulation des Körpers. Über weitere Wirkungen der Alkalisalze wird weiter unten noch zu sprechen sein.

Die Notwendigkeit der Zufuhr von Natrium- und Chlorionen wurde schon in älteren Versuchen von GRÜNWALD aufs eindrucksvollste gezeigt. Beim Versuchstier führt natrium- und chlorarme Kost bei gleichzeitiger starker Steigerung der Diurese durch Diuretica zu schweren Vergiftungserscheinungen, die nur durch Zufuhr von Kochsalz behoben werden können. Von McCOLLUM und Mitarbeitern sind in jüngster Zeit Untersuchungen zur Klärung der isolierten Bedeutung des Natriums und des Chlors durchgeführt worden. Wurde aus der im übrigen völlig ausreichenden Nahrung lediglich das Natrium (bis auf einen Rest von 0,002%) entfernt, so traten nach einiger Zeit schwere Störungen des Wachstums und der Fortpflanzungsfähigkeit auf. Gleichfalls auftretende krankhafte Prozesse an den Augen sind auf sekundäre Infektionen zu beziehen. Bei alleinigem Mangel an Chlor findet man nur Wachstumsstörungen und das gleiche gilt für den Entzug von Kochsalz. Bei Kochsalzmangel wird allerdings noch ein regionärer Haarausfall beschrieben. FORBES und Mitarbeiter haben ganz ähnliche Beobachtungen gemacht und bei isoliertem Natriummangel außerdem noch schlechten Appetit und mangelhafte Fleisch- und Fettbildung beobachtet. In der Verdaulichkeit der Nahrung und im Wassergehalt des Körpers fanden sich keine Unterschiede gegenüber normal ernährten Tieren; die Mangeltiere hatten aber einen größeren Wärmeverlust.

Auch beim Menschen sind Störungen des Stoffwechsels und der Leistungsfähigkeit nach isolierter Kochsalzverarmung beschrieben worden. McCANCE

7*

findet erhebliche Muskelschwäche, lokalisierte Krämpfe, Geschmacksbeeinträchtigung und geistige Trägheit. Das Blut weist hohe Hämoglobin- und Zellwerte auf, ist also eingedickt. Die Stickstoffbilanz wird negativ. Wird der kochsalzarmen Diät noch eine Alkalose durch Hyperventilation hinzugefügt, so sind Wasserausscheidung und ph-Regulation durch die Niere erheblich beeinträchtigt. Die Symptome haben also im ganzen eine außerordentliche Ähnlichkeit mit denen bei der ADDISONschen Krankheit.

Im allgemeinen reicht die Kochsalzzufuhr mit der Nahrung zur Deckung des bestehenden Bedarfs völlig aus, ja, sie ist meist sogar wesentlich höher als notwendig wäre. Daß eine dauernde starke Erhöhung der Kochsalzmenge in der Nahrung schädlich ist, ist nicht erwiesen. Sehr hohe Kochsalzmengen können allerdings, man denke an das Salzfieber der Säuglinge, schädlich wirken. Manche Kostformen, so vegetarische Kost oder Milchdiät sind allerdings recht kochsalzarm, und der Körper kann, wenn sie lange aufrecht erhalten werden, an Kochsalz verarmen. Das ist bedenklich, weil es bei schweren Salzmangelzuständen zu einem vermehrten Zerfall von Körpereiweiß kommt. Meist ist das eine Folge der Wasserverarmung, die durch die Natriumverarmung bedingt ist, es besteht daneben aber anscheinend auch eine unmittelbare Wirkung des Kochsalzentzugs auf den Eiweißumsatz.

Der Körper kann sich innerhalb weiter Grenzen mit jeder Kochsalzmenge ins Gleichgewicht setzen, so daß die Kochsalzausscheidung praktisch der Zufuhr in der Nahrung entspricht. Allerdings kann er auch Kochsalz speichern. Als Ort dieser Speicherung kommt nicht das Blut, sondern die Organe, in erster Linie anscheinend die Haut, in Frage. Man kann die gespeicherte Kochsalzmenge auf 15—25 g schätzen, da nach Übergang zu einer kochsalzfreien Diät eine derartige Kochsalzmenge ausgeschieden wird. Darüber hinaus hält aber der Körper seinen Kochsalzbestand sehr zäh fest, so daß bei weiterem Kochsalzhunger die täglich ausgeschiedenen Mengen ganz geringfügig sind.

Die funktionelle Bedeutung des Kochsalzes bzw. der Natrium- und der Chlorionen im Körper ist außerordentlich vielseitig. Eine der wichtigsten Aufgaben des Kochsalzes ist die Osmoregulation. Der osmotische Druck des Blutplasmas beruht zu seinem überwiegenden Betrag auf seinem Kochsalzgehalt. Zwischen dem Natrium und dem Kalium besteht in der Verteilung ein interessanter Gegensatz. Natrium findet sich im Blutplasma und in den anderen Körperflüssigkeiten in hoher Konzentration, dagegen ist in den Säften das Kalium nur sehr spärlich vertreten. Umgekehrt enthalten die Zellen reichlichere Mengen von Kalium, aber wenig Natrium.

Kochsalz aktiviert die Wirkung des stärkespaltenden Ferments Amylase, und zwar sowohl im Speichel wie im Pankreassaft. Nach GLATZEL bewirkt das Kochsalz überdies eine reichlichere Produktion von Speichelamylase. Weiterhin ist für die Kohlehydratverdauung von Bedeutung, daß die Resorption von Traubenzucker aus dem Darm durch die Gegenwart kleiner Kochsalzmengen erheblich beschleunigt wird.

Die Notwendigkeit des Chlorions für die Bildung der Salzsäure des Magensaftes ist oben schon angedeutet worden. Diese Funktion erfordert zeitweilig die Bereitstellung erheblicher Chloridmengen. Diese sind anscheinend in der Magenschleimhaut enthalten. Aber gleichzeitig mit ihrer Abgabe aus der Schleimhaut in den Magensaft werden sie durch Nachstrom mit dem Blute ergänzt und das Blut entnimmt die dazu notwendigen Kochsalzmengen den Kochsalzspeichern. Es stehen etwa 20% des gesamten Kochsalzbestandes des Körpers für die Salzsäurebildung im Magensaft zur Verfügung. Die Abspaltung des Chlorions hat zur Folge, daß das Natriumion zurückbleibt. Dies vereinigt sich mit Bicarbonationen zu Natriumbicarbonat, so daß bei jeder Bildung von Salzsäure im Magen eine Verschiebung der Blutreaktion nach der alkalischen Seite hin oder doch eine relative Alkalose auftritt. Diese ist allerdings nicht von langer Dauer, weil der Fortgang der Verdauungsvorgänge im Dünndarm die Bereitstellung größerer Mengen von Bicarbonat für Pankreas- und Darmsaft nötig macht. Es kommt also sehr bald wieder zu einer Vereinigung von Natrium- und Chlorionen im Darm und zur Regeneration des Kochsalzes.

Es kann hier nicht versucht werden, auf die mannigfachen und wichtigen Beziehungen des Natrium- und des Kochsalzstoffwechsels zu den Hormonen des Pankreas, der Nebennierenrinde, der Schilddrüse und der Hypophyse einzugehen.

Das *Kalium* spielt anscheinend bei der Übertragung der nervösen Erregung im Nerven sowie von den nervösen Endorganen auf das Erfolgsorgan eine wichtige Rolle, es wirkt dabei anscheinend zusammen mit dem Acetylcholin. Von allgemeinerer Bedeutung für die Lebensvorgänge ist wohl seine kolloidchemische Wirksamkeit, die in ihren Effekten denen des Calciums entgegengesetzt ist. Bekannt ist die Auswirkung dieses Antagonismus auf die Tätigkeit des Herzens. Ein Überschuß an Kaliumionen bringt das isolierte Herz wegen Hemmung der Systole in der Diastole zum Stillstand und Überschuß an Calciumionen hat gerade den gegenteiligen Effekt. Ein großer Teil des Kaliums im Körper ist anscheinend in dissoziabler Form an die Eiweißkörper gebunden.

Der Körper kann ziemlich lange Zeit ohne Kaliumzufuhr auskommen, völliger Kaliummangel ist aber auf die Dauer mit dem Fortbestand des Lebens unvereinbar. Ein kleinerer Überschuß an Kalium in der Nahrung kann ohne weiteres ertragen werden, da zunächst eine Speicherung in noch unbekannten Organen und dann eine langsame Ausscheidung durch die Nieren erfolgt. Die Zufuhr sehr großer Kalimengen kann tödlich wirken. Eine vermehrte Kaliumzufuhr wirkt auch auf den Natrium- und den Wasserhaushalt zurück. Mit der erhöhten Kaliumausscheidung im Urin geht auch eine erhöhte Abgabe von Natrium und von Wasser einher. Die Ursache ist wohl die entwässernde Wirkung des Kaliums, die dazu führt, daß mit dem Gewebswasser auch die in ihm enthaltenen Salze ausgeschwemmt werden.

Erdalkalien und Phosphate (GYOERGY; SCHMIDT und GREENBERG). Erdalkalien und Phosphate sollen gemeinsam besprochen werden, weil das mengenmäßig wichtigste Erdalkalimetall, das Calcium, im Körper überwiegend in Bindung an Phosphorsäure vorkommt und Aufnahme, Umsatz und Ausscheidung der Erdalkalien und des Phosphats sehr enge Beziehungen zueinander haben.

Nach der Menge seines Vorkommens sowohl wie nach seiner universellen Verbreitung im Körper übertrifft das Calciumion nahezu alle anderen Ionen. Fast überall im Tierkörper haben Kalksalze die Funktion von Stütz- und Gerüstsubstanzen zu erfüllen; daneben kommt ihnen aber offensichtlich auch noch eine andere lebenswichtige Aufgabe zu; denn man findet sie in allen Zellen, und die Zellkerne sind viel calciumreicher als das Protoplasma.

Calcium ist nur in wenigen Nahrungsmitteln in größeren Mengen enthalten, und die Gefahr einer zu geringen Zufuhr an diesem lebenswichtigen Mineral ist unter besonderen Lebensbedingungen durchaus gegeben. Besondere Beanspruchungen des Kalkhaushalts bedingen Schwangerschaft und Lactation. Die stillende Frau gibt täglich etwa 0,4 g Calcium an das Kind ab! Kalkreiche Nahrungsmittel sind eigentlich nur Milch, Eier, Käse und Spinat sowie getrocknete Bohnen. In kalkreichen Gegenden ist auch die Kalkzufuhr mit dem Wasser ziemlich hoch. Für die Beurteilung der Kalkversorgung des Säuglings ist es wichtig, zu wissen, daß die Frauenmilch wesentlich ärmer an Calcium und an Magnesium ist als die Kuhmilch.

Das Calcium wird in den Nahrungsmitteln sehr häufig vom Phosphat begleitet, da es als Ca-Phosphat vorliegt. Man kann im allgemeinen sagen, daß dann, wenn der Kalkbedarf ausreichend gedeckt ist, das auch für das Phosphat der Fall ist. *Phosphor* wird mit der Nahrung immer in Form von Salzen oder Verbindungen der o-Phosphorsäure zugeführt. Neben den anorganischen Phosphaten und diese an Menge meist weit übertreffend sind es vor allem die Phosphatide, die Nucleoproteide und die Phosphoproteide. Die Zufuhr von Phosphorsäure in gebundener Form ist anscheinend ernährungsphysiologisch günstiger, weil sie die Resorption des Calciums erleichtert. Die organischen P-Verbindungen müssen vor ihrer Resorption erst aufgespalten werden, das Calcium kann dagegen ohne weiteres resorbiert werden. Durch die getrennte Resorption der beiden Nahrungselemente können sich im Darm keine schwer löslichen, schlecht resorbierbaren Calciumphosphate bilden. Damit stimmt überein, daß die Calciumresorption gewöhnlich eingeschränkt wird, wenn die Nahrung anorganische, lösliche Phosphate in größerer Menge enthält.

Das *Magnesium* wird dem Organismus fast ausschließlich in der organischen Bindung des Chlorophylls zugeführt. Durch die Wirkung von Darmbakterien, wahrscheinlich auch durch Verdauungsfermente, sicherlich aber durch die Salzsäure des Magensaftes wird es freigelegt und damit resorbierbar.

Es muß erwähnt werden, daß in der Nahrung ein Teil des Calciums und des Magnesiums in komplexer Form an Eiweißstoffe gebunden ist und daß wahrscheinlich auch derjenige Teil des Blutcalciums, der nicht diffusibel ist, an die Eiweißkörper des Plasmas gebunden ist. In den Pflanzensäften findet man Calcium und Magnesium gewöhnlich in Form von Salzen organischer Säuren.

Wie schon oben erwähnt, findet sich Calcium allenthalben im Körper, in größter Menge aber im Knochen. Es ist zu betonen, daß das Calcium des Knochens dort keineswegs festgelegt ist, sondern leicht bei eintretendem Bedarf abgegeben werden kann. Der sehr erhebliche Kalkbedarf während der Schwangerschaft und während der Lactation wird im wesentlichen durch Mobilisierung des Calciums im Knochen gedeckt. Daneben spielt auch die Kalkabgabe für die Regulation des Säure-Basen-Haushalts eine wichtige Rolle. Jede Ausscheidung von Säuren im Harn, ob diese nun im Stoffwechsel entstehen oder mit der Nahrung zugeführt werden, ist immer von einer Steigerung der Calciumausscheidung begleitet. Wie weit die Beanspruchung des Kalkgehalts der Knochen gehen kann, zeigen Versuche von Goss und SCHMIDT, in denen durch aufeinanderfolgende Schwangerschaften Ratten 60—70% ihres Kalkbestands verloren. Die wichtige Rolle, die dem Calcium — und dem Phosphat — an den Regulationsvorgängen im Körper zukommen muß, zeigt sich auch darin, daß selbst im Hungerzustand der Organismus nicht unerhebliche Mengen von ihnen verliert.

Auf den hohen Kalkbedarf während des Wachstums wiesen wir bereits hin. DANIELS und Mitarbeiter fordern für Kinder eine tägliche Zufuhr von 45—50 mg Ca und von 60—70 mg P pro kg Gewicht. Eine Erhöhung des Kalkgehalts der Nahrung über den unbedingt notwendigen Verbrauch ist auch deshalb erwünscht, weil SHERMAN und CAMPBELL bei einer Steigerung der Ca-Zufuhr eine bessere Ausnützung der Nahrung, rascheres Wachstum, größere Vitalität und frühere Geschlechtsreife bei der Ratte sahen. Dabei findet auch ein erhöhter Kalkansatz statt, der ohne nachteilige Folgen ist (TOEPFER und SHERMAN) und sich auch in bescheidenen Grenzen hält; denn nach SHERMAN und BOOHER ist bei geringer Calciumzufuhr die Retention relativ groß, wogegen bei reichlichem Angebot nur so viel zurückgehalten wird, wie der Körper nötig hat.

Da sich im Darm durch Umsetzung mit den Carbonaten und Phosphaten schwer lösliche Kalksalze bilden müßten, die auch schwer resorbierbar sein sollten, ist die gute Resorption des Calciums an sich schwer verständlich. Auf die

Bedeutung der getrennten Resorption von Calcium und Phosphat wiesen wir oben hin. Dazu kommt noch, daß die Gallensäuren ihre hydrotrope Wirkung auch gegenüber dem Calcium entfalten und mit ihm gut wasserlösliche, leicht resorbierbare komplexe Verbindungen eingehen (HESSE, KLINKE[1]). Es kommt also ziemlich unabhängig von der Art der zugeführten Kalksalze zu einer wesentlichen Erleichterung ihrer Resorption. Es wird aber auch verständlich, daß die Resorption des Calciums von der Konzentration seiner Gegenionen (Phosphat, Carbonat, Gallensäuren) abhängig ist. Da die Gallensäuren auch für die Resorption der Fettsäuren gebraucht werden, spielt auch die Fettmenge im Darm eine Rolle. Nach ORR und Mitarbeitern, und WESTERLUND sowie HICKMANNS sind die Resorptionsverhältnisse für das Calcium am günstigsten, wenn Ca : P = 1,3 und Fett : Ca = 17 bis 35 ist.

Calcium und Phosphat sind nach KLEMENT im Knochen zu einem Hydroxylapatit der Formel $Ca_{10}(PO_4)_6 \cdot (OH)_2$ vereinigt; daneben findet sich in geringer Menge auch Calciumcarbonat. Schon durch die gegenseitige Bindung am Ort ihres Hauptvorkommens wird es verständlich, daß das Schicksal der beiden Ionen eng mit einander verknüpft ist. Das drückt sich auch aus im Verhältnis der Kalkmengen, die im Kot und die im Harn ausgeschieden werden; allerdings sind diese Zusammenhänge noch nicht völlig durchsichtig [KLINKE[1]]. Allgemein bekannt sind die Ergebnisse der Untersuchungen über die experimentelle Rattenrachitis. Ein Mißverhältnis von Ca : P zugunsten des Calciums führt zu einer Phosphatverarmung des Körpers und zu der sog. P-armen Form der Rachitis; ein Mißverhältnis zugunsten des P läßt den Körper an Ca verarmen und bewirkt die kalkarme Form der Rachitis (GYÖRGY und GREENBERG). Wahrscheinlich beruht diese Störung des Kalk- und Phosphatstoffwechsels darauf, daß das überschüssig angebotene Ion zum größten Teil ausgeschieden oder gar nicht resorbiert wird und bei seiner Abgabe aus dem Körper sein Gegenion mitnehmen muß. Da dies in zu geringer Menge angeboten wird, muß es den Beständen des Körpers entnommen werden.

Auf die physiologische Bedeutung des Calciums ist im vorstehenden schon verschiedentlich hingewiesen worden. Es sei nochmals auf seine Bedeutung als Baustein des Knochens, an den Antagonismus zum Kalium bei der Regulation der Organfunktionen und an die Beteiligung am Säure-Basen-Haushalt erinnert. Es sei ferner angeführt, daß der normale Erregungsablauf im Nervensystem an die Erhaltung eines normalen Calciumspiegels im Blute von ungefährt 10 mg-% gebunden ist. Senkungen des Blutkalkspiegels bedingen eine außerordentliche Steigerung der nervösen Erregbarkeit und führen zu tetanieartigen Erscheinungen. Calcium setzt die Permeabilität der Zellgrenzflächen herab und trägt dadurch zu einer Abdichtung der Gefäßwände bei.

Auf die Regulationsvorgänge im Calciumstoffwechsel, von denen die Beeinflussung durch das Epithelkörperchenhormon und durch das Vitamin D die wichtigsten sind, kann hier nicht eingegangen werden.

Das *Magnesium* folgt im Stoffwechsel im allgemeinen dem Calcium, seine Resorption unterliegt damit den gleichen Gesetzmäßigkeiten. Magnesium ist dem Calcium im Knochen in kleinen Mengen beigesellt. Über seine ernährungsphysiologische Bedeutung, die an sich schon längere Zeit bekannt war, haben in jüngster Zeit ausgedehnte Untersuchungen von McCOLLUM und seinen Mitarbeitern [KRUSE, ORENT und McCOLLUM (1, 2, 3); McCOLLUM und ORENT (1); ORENT, KRUSE und McCOLLUM; KLEIN, ORENT und McCOLLUM; DAY, KRUSE und McCOLLUM] näheren Aufschluß gebracht. Bei extrem magnesiumarmer Kost (1,8 Teile auf 1 000 000) entwickelt sich bei der Ratte ein überaus schweres

---

[1] Siehe zusammenfassende Darstellungen im Schrifttum.

Krankheitsbild, das in etwa 4 Tagen zum Tode führt. Es ist gekennzeichnet durch eine vasodilatatorische Übererregbarkeit, durch Herzarrhythmien und durch eine Spasmophilie mit tonisch-klinischen Krämpfen; man kann geradezu von einer „Magnesium-Mangeltetanie" sprechen. Der Magnesiumgehalt des Blutes ist dabei auf $^1/_{10}$ der Norm abgesunken. Die mangelhafte Mg-Zufuhr wirkt anscheinend auch auf den Kalkumsatz zurück, da die Knochen entkalken. Schon wenn der Mg-Gehalt des Plasmas von dem Normalwert von 2,2 mg-% auf 1 mg-% abgesunken ist, treten Störungen im Lipoidstoffwechsel auf, die sich vor allem in einer Vermehrung des Cholesterins, besonders in der Ester-fraktion geltend machen. Weiterhin steigt als Zeichen einer allgemeinen Stoffwechselsteigerung der Rest-N an. Ebenso wie zum Aufbau des Knochens ist Magnesium zu dem der Zähne notwendig. Wird neben Magnesium auch Calcium rationiert, so treten die Symptome des Kalkmangels in den Vorder-grund. Auch WATCHORN und MCCANCE haben die Folgen einer Beschränkung der Magnesiumzufuhr untersucht. Bei geringerem Entzug als in MCCOLLUMS Versuchen traten zuerst Störungen im Capillargebiet auf: Hyperämie der Haut, Hämorrhagien im Darm und Hämaturie sprachen deutlich für eine allgemeine Dilatation im Capillarsystem. Erst nach diesen Gefäßschäden, die sich, außer beim jungen Tier, wieder zurückbilden, kommt es zu Magnesiumabnahme im Knochen, in den Zähnen und im Blut.

Unter den biologischen Leistungen des Magnesiums ist von allgemeinster Bedeutung die Beteiligung am intermediären Kohlehydratstoffwechsel, in den es als Aktivator der Phosphatasen eingreift (ERDMANN; LOHMANN).

Zwischen Magnesium und Calcium bestehen eigenartige Beziehungen. Nach TUFTS und GREENBERG (1, 2) steigt bei hohem Ca-Gehalt der Nahrung der Mg-Bedarf und die Mg-Mangelsymptome verstärken sich. Umgekehrt besteht bei vermehrter Mg-Zufuhr eine Steigerung der Ca-Ausscheidung, und FREUDENBERG und GYOERGY fanden eine schlechtere Fixation des Calciums im Knorpel. Allem Anschein nach liegt dem eine allgemeine Beeinflussung der Kolloide zugrunde, die ihre Kalkbindungsfähigkeit herabsetzt. Dem entspricht, daß nach den Untersuchungen von TUFTS und GREENBERG bei Mg-Mangel eine Ca-Retention im Knochen und besonders im Muskel und Herzen erfolgt. Der Magnesium-mangel war hier nicht so hoch wie in MCCOLLUMS Versuchen, die zu starkem Kalkverlust führten.

Der *Phosphor* ist — wie schon oben erwähnt in der Oxydationsstufe der o-Phosphorsäure — in außerordentlich vielfältigen Erscheinungsformen als Körperbaustein anzutreffen. Neben den anorganischen Phosphaten, die als Baustoff des Knochens und als wichtiger Faktor bei der Regulation des Säure-Basen-Gleichgewichts mitwirken, finden wir die phosphorylierten Kohlehydrate und ihre Dismustationsprodukte — Hexosemono- und -diphosphorsäure, Glycerin-aldehyd- und -dioxyacetonphosphorsäure Monophospho- und Diphosphoglycerin-säure und Glycerinphosphorsäure — die als wichtige Intermediärstufen des Kohlehydratstoffwechsels im tierischen und pflanzlichen Organismus eine bedeutende Rolle spielen. Auch andere P-haltige Stoffe greifen als Cofermente oder Phosphatüberträger in den intermediären Kohlehydratabbau ein: das Phos-phokreatin und die verschiedenen Adenosinphosphorsäuren. Aus der einfachen Adenylsäure entsteht durch Desaminierung die Inosinsäure. Phosphorsäure als Baustein der Mono- und Polynucleotide, der Nucleoproteide und der Phospho-proteide wurde bereits oben erwähnt.

Der Phosphatbedarf des Körpers ist nur schwer anzugeben, im allgemeinen wird er auf etwa 4 g P pro Tag geschätzt. Bei saurer Nahrung ist er wegen der zur Erhaltung der Neutralität des Körpers erfolgenden höheren Ausscheidung von Calcium höher, bei alkalischer Nahrung oder Reaktionslage entsprechend kleiner. Erfahrungen über die Wirkung einer phosphatfreien Kost liegen bisher nicht vor, da sich derartige Ernährungsbedingungen experimentell nur sehr schwer verwirklichen lassen würden. Daß Mangel an Phosphat zu allen möglichen Störungen führen muß, ist bei seiner intensiven Verflechtung in die verschiedensten Stoffwechselvorgänge ohne weiteres einleuchtend. Auf die Erzeugung einer experimentellen Rachitis bei der Ratte durch ein zu geringes Angebot an Phosphat ist schon oben hingewiesen worden. Entscheidend für diese und für die Kalkmangelform der Rachitis ist das Verhältnis, in dem Calcium und Phosphor in der Nahrung enthalten sind. Auch neuere Untersuchungen (BETHKE, KICK und WILDER; STEARNS) haben für dieses Verhältnis wieder als besonders günstig Werte zwischen 1 und 2 ergeben. Bei diesen ist auch der Bedarf an Vitamin D am kleinsten. KLEIBER, GOSS und GUILBERT haben an jungen Rindern langdauernde Versuche mit einem Futter durchgeführt, das nur 0,13% P enthielt. Wegen des hohen Phosphatvorrates traten im ersten halben Jahr kaum Störungen auf, dann aber sank der P-Gehalt des Blutes ab, es trat Gewichtsstillstand und später -abnahme auf, und der Futterkonsum sank erheblich. Im Knochen war das Phosphat zum Teil durch Carbonat ersetzt.

Die günstige Wirkung, die eine Erhöhung der Zufuhr an Phosphat auf die Leistungsfähigkeit hat, ist in überzeugender Weise durch die bekannten Versuche von EMBDEN dargetan worden.

Jod. In Gegenden, in denen der Jodgehalt des Trinkwassers nur geringfügig ist, treten Krankheitserscheinungen auf, die auf eine Unterfunktion der Schilddrüse hinweisen. Daraus ergibt sich die Notwendigkeit dieses Elements und die Art seiner Verwendung im Körper. Es dient zum Aufbau des spezifischen Wirkstoffs der Schilddrüse, des Thyroxins bzw. seiner Eiweißverbindung des Jodthyreoglobulins, und eines weiteren jodhaltigen Bestandteils der Schilddrüse, der Jodgorgosäure (Dijodtyrosin). Diese Substanz hat anscheinend auf den Stoffwechsel gerade die gegenteilige Wirkung wie das Thyroxin.

Im allgemeinen ist der Jodgehalt unserer Nahrungsmittel, da Jod in fast allen Nahrungsmitteln enthalten ist, zur Deckung des Bedarfs völlig ausreichend. Daß aber bei der Jodversorgung des Körpers gerade der Jodgehalt des Trinkwassers eine wichtige Rolle spielt, zeigen die oben erwähnten Beobachtungen über den Zusammenhang der Schilddrüsenunterfunktionen mit der Jodarmut des Wassers. Diese Erscheinungen haben sich erfolgreich bekämpfen lassen durch die Verabreichung eines jodhaltigen „Vollsalzes". Da der Gehalt dieses Kochsalzes an Jodkalium nur 0,0005—0,001% beträgt, ist die notwendige Jodzufuhr pro Tag also nur ein Bruchteil eines mg.

Eisen und andere Schwermetalle [LINTZEL (3); SCHMIDT; ELVEHJEM; MÜLLER]. Die Lebensnotwendigkeit des *Eisens* ergibt sich ohne weiteres aus der Tatsache, daß es als Baustein des Hämoglobins und der verschiedenen häminartigen, an den Oxydationsvorgängen beteiligten Fermente (Atmungsferment, Katalase, Peroxydase) im Körper vorkommt. Die Untersuchungen über das Eisen als Nahrungsstoff haben in erster Linie zwei Fragestellungen zum Gegenstand, einmal die nach dem notwendigen Bedarf an diesem Element und zweitens die nach der Art der Verbindungen, in denen das Eisen am besten vom Organismus ausgenutzt werden kann.

Es galt einer früheren Zeit als völlig selbstverständlich, daß im Hämoglobin dem Körper das Eisen in einer Form angeboten werden kann, in der es besonders leicht verwertbar ist. Nachdem aber schon frühere Versuche gezeigt hatten, daß Eisen in anorganischer Bindungsform viel besser ausnutzbar ist, erwiesen

Barkan sowie Lintzel (2), daß bei künstlicher Verdauung des Hämoglobins mit Pepsin-Salzsäure und mit Trypsin nur ein ganz geringfügiger Teil seines Eisens in Freiheit gesetzt wird, daß es also vom Körper höchstens in sehr geringen Mengen ausgenutzt wird. Wir dürfen darum heute sagen, daß Eisen nur in ionisierter Form resorbiert werden kann. Auch an Citronensäure, Weinsäure usw. komplex gebundenes Eisen wird im Darm ionisiert und dann resorbiert. Dagegen ist die Bindung im Ferro- und Ferricyankomplex fester und Eisen ist in dieser Form nicht verwertbar. Für die Resorbierbarkeit ist es gleichgültig, ob das Eisen als Fe^{II}- oder Fe^{III}-Salz angeboten wird. Beide Wertigkeitsstufen verhalten sich wohl deshalb völlig gleichartig, weil bei der sauren Reaktion des Magensafts und der großen Menge oxydabler Stoffe, die sich im Mageninhalt finden, Fe^{III} zu Fe^{II} reduziert wird, so daß das gesamte Eisen als Ferroion zur Resorption kommt. Das entspricht auch den Bedürfnissen des Körpers, da auch im Hämoglobin das Eisen zweiwertig ist. Im übrigen dürften die meisten Nahrungsmittel von vornherein schon das Eisen in der Ferroform enthalten.

Auf die weitgehenden Differenzen, die in der Schätzung des Eisenbedarfs bestehen, wurde schon hingewiesen. Sehr aufschlußreich für die Beurteilung dieser Frage waren Bilanzversuche von Lintzel (4), in denen er zeigte, daß bei zu großen Eisengaben die Eisenausscheidung in den Faeces sehr nahe mit der Eisenzufuhr in der Nahrung übereinstimmt. Er schließt daraus, daß wahrscheinlich überhaupt nur eine ganz geringfügige Eisenresorption, also ein minimaler exogener Eisenstoffwechsel stattfindet. Dies spricht dafür, daß der Organismus seinen Eisenbestand außerordentlich zäh festhält und daß — ganz im Gegensatz zu anderen Mineralstoffen — das im Stoffwechsel beim Untergang der Erythrocyten freiwerdende Eisen immer wieder zum Neuaufbau von Hämoglobin verwandt wird. Lintzel kommt so zu einem Eisenbedarf, der pro Tag unter 1 mg liegt. Alle seine Versuche hatten aber eine ziemlich geringe Dauer, so daß es als möglich erscheint, daß bei längeren Versuchszeiten bei einer derartig niedrigen Zufuhr doch eine allmähliche Abnahme der Eisenvorräte des Körpers eintreten kann. In der Tat schätzen auf Grund einjähriger Versuche am Menschen Farrar und Goldhammer den Eisenbedarf des Erwachsenen auf 5 mg pro Tag. Dabei ist auch die Ausnutzung im Darm zu berücksichtigen. Der Eisengehalt der Rindsleber wird zu 70%, der im Rindfleisch und im Weizen zu 50%, im Spinat aber nur zu 20% ausgenutzt.

Der Eisengehalt der Milch ist, wie bekannt, nur ziemlich gering. Es gelingt daher beim Versuchstier, besonders beim jungen Tier, dessen Eisenbedarf wegen der fortschreitenden Vermehrung der Blutmenge besonders groß ist, durch alleinige Ernährung mit Milch eine Anämie zu erzeugen. Es ist außerordentlich auffällig, daß es nicht gelingt, diese Nahrungsanämie durch Zugabe von Eisen zur Milch zu beheben. Daraus muß geschlossen werden, daß in der Milch noch ein anderer, für die Blutbildung notwendiger Faktor fehlt oder in zu geringer Menge vorhanden ist. Hart, Steenbock, Waddell und Elvehjem haben als erste gezeigt, daß dieser zweite Faktor das *Kupfer* ist. Durch gleichzeitige Zulage von Eisen- und Kupfersalzen läßt sich die Milchanämie völlig beheben. Die Untersuchungen der oben genannten Autoren sind in der Folgezeit vielfach nachgeprüft und in den meisten Fällen bestätigt worden. Abweichende Ergebnisse müssen mit großer Wahrscheinlichkeit auf unzureichende Methodik bezogen werden. Milch enthält an sich gewisse Mengen von Kupfer, aber anscheinend ist es in der vorliegenden Bindungsform nicht verwertbar. Schultze, Elvehjem und Hart finden, daß ebenso wie das Eisen auch das Kupfer nur in ionisierbarer Form resorbiert wird. Frauenmilch ist reicher an Kupfer als andere Milcharten (Magne de la Croix). Ebenso wie im Tierversuch erweist sich auch bei der durch Ernährung verursachten Anämie der

Kinder, Kupfer als spezifisches Heilmittel (MENDENHALL; JOSEPHS). Beim gesunden Säugling bewirkt eine tägliche Zufuhr von 25 mg Eisen als Pyrophosphat und von 1 mg Kupfer als Sulfat eine deutliche Vermehrung des Hämoglobins; geringere Dosen sind unzuverlässig und größere können die Resorption des Phosphats beeinträchtigen.

Der Wirkungsmechanismus des Kupfers bei der Milchanämie ist noch ganz undurchsichtig. Möglicherweise handelt es sich um eine katalytische Wirkung. Jedenfalls beeinflußt sie nicht die Assimilation des Eisens sondern seine Umwandlung zum Hämoglobin.

Außer in die Blutbildung greift das Kupfer noch in andere Funktionen des Körpers ein. SJOLLEMA findet bei Kupfermangel an Ziegen und Ratten, ohne daß dabei anämische Erscheinungen nachweisbar wären, Abmagerung und Abnahme der Milchproduktion. Nach KUBOWITZ ist die Phenoloxydase ein Kupferproteid.

Nachdem die Wirkung des Kupfers auf die Blutbildung erkannt worden war, hat man versucht, ähnliche Effekte auch für andere Schwermetalle nachzuweisen. Das ist bisher aber noch nicht mit Sicherheit gelungen.

Zu den lebenswichtigen Schwermetallen gehören außer dem Eisen und dem Kupfer noch das Mangan [McCOLLUM und ORENT (2); KEMMERER, ELVEHJEM und HART; DANIELS und EVERSON; ORENT und McCOLLUM] und vielleicht auch das Zink (TODD, ELVEHJEM und HART; BERTRAND; HOVE, ELVEHJEM und HART) Ob das gleiche auch für Kobalt und Nickel gilt, ist noch nicht entschieden.

Schrifttum.

Zusammenfassende Darstellungen.

GLATZEL, H.: Aufgaben und Bedeutung der Mineralstoffe. Klin. Wschr. 1938 I, 793, 833.
HEUBNER, W.: Mineralstoffe des Tierkörpers. Handbuch der normalen und pathologischen Physiologie, Bd. 16/2, S. 1416. Berlin 1931. — Mineralbestand des Tierkörpers. Handbuch der normalen und pathologischen Physiologie, Bd. 16/2, S. 1419. Berlin 1931. — Umsatz der Mineralstoffe. Handbuch der normalen und pathologischen Physiologie, Bd. 16/2, S. 1508. Berlin 1931.
KLINKE, K.: Der Mineralstoffwechsel. Leipzig u. Wien 1931. — Mineralstoffwechsel. Handbuch der Biochemie, Erg.-Werk, Bd. 3, S. 487. Jena 1935.
NOORDEN, C. v. u. H. SALOMON: Handbuch der Ernährungslehre. Berlin 1920.
WENDT, G. v.: Mineralstoffwechsel. Handbuch der Biochemie, 2. Aufl., Bd. 8, S. 183. 1925.

Einzelarbeiten.

BARKAN, G.: Z. physiol. Chem. 148, 124 (1925). — BERTRAND, G.: Soc. Chim. biol. Paris 18, 213 (1936). — BETHKE, R. M., C. H. KICK and W. WILDER: J. of biol. Chem. 98, 389 (1932).
CHIEVITZ, O. og G. HEVESY: Biol. Medd. danske Vidensk. Selsk. 13, 1 (1937). Zit. nach Ber. Physiol. 101, 414.
DANIELS, A. L. and C. J. EVERSON: J. Nutrit. 9, 191 (1935). — DANIELS, A. L., M. K. HUTTON, E. M. KNOTT, O. E. WRIGHT and M. FORMAN: J. Nutrit. 10, 373 (1935). — DAY, H. G., H. D. KRUSE and E. V. McCOLLUM: J. of biol. Chem. 112, 337 (1935).
ELVEHJEM, C. A.: Physiologic. Rev. 15, 471 (1935). — ELVEHJEM, C. A., A. SIEMERS and D. R. MENDENHALL: Amer. J. Dis. Childr. 50, 28 (1935). — EMBDEN, G. u. Mitarb.: Siehe zahlreiche Arbeiten in Z. physiol. Chem. 113 (1921). — ERDTMAN, H: Z. physiol. Chem. 177, 211 (1929).
FARRAR jr., E. G. and S. M. GOLDHAMER: J. Nutrit. 10, 241 (1935). — FREUDENBERG, E. u. G. GYOERGY: Biochem. Z. 129, 134 (1922); s. dort auch ältere Arbeiten.
GAMBLE, J. L., G. S. ROSS and F. F. TISDALE: J. of biol. Chem. 57, 633 (1923). — GLATZEL, H.: (1) Z. exper. Med. 95, 86 (1934). — (2) Erg. inn. Med. 53, 1 (1937). — Goss, H. and H. L. SCHMIDT: J. of biol. Chem. 86, 417 (1930). — GRÜNEWALD, H. F.: Arch. f. exper. Path. 60, 360 (1909). — GYOERGY, P.: Umsatz der Erdalkalien und des Phosphats. Handbuch der normalen und pathologischen Physiologie, Bd. 16/2, S. 1555. 1931.
HAHN, L. A., G. CH HEVESY and E. C. LUNDSGAARD: Biochemic. J. 31, 1705 (1937). — HART, E. B., H. STEENBOCK, J. WADDELL and C. A. ELVEHJEM: J. of biol. Chem. 77, 797

(1928). — Hesse, E.: Klin. Wschr. **1931** I, 1067. — Hickmanns, E. M.: Biochem. J. 18, 925
(1924). — Hodges, M. A. and W. H. Peterson: J. amer. diet. Assoc. **7**, 6 (1931). —
Hove, E., C. A. Elvehjem and E. B. Hart: Amer. J. Physiol. **119**, 768 (1937).
Josephs, H.: Bull. Jopkins Hosp. **49**, 246 (1931).
Kahlenberg, O. J., A. Black and E. B. Forbes: J. Nutrit. **13**, 97 (1937). — Kemmerer,
A. R., C. A. Elvehjem and E. B. Hart: J. of biol. Chem. **92**, 623 (1931). — Kleiber, M.,
H. Goss and H. R. Guilbert: J. Nutrit. **12**, 121 (1936). — Klein, H., E. R. Orent and
E. V. McCollum: Amer. J. Physiol. **112**, 256 (1935). — Klement, R.: Naturwiss. **26**, 145
(1938). — Kruse, H. D., E. R. Orent and E. V. McCollum: (1) J. of biol. Chem. **96**, 519
(1932). — (2) J. of biol. Chem. **97**, III (1932). — (3) J. of biol. Chem. **100**, 603 (1933). —
Kubowitz, F.: Biochem. Z. **292**, 443 (1937).
Light, A. E., P. K. Smith, A. H. Smith and W. E. Anderson: J. of biol. Chem. **107**,
689 (1934). — Lintzel, W.: (1) Z. Biol. **89**, 342 (1930). — (2) Z. Biol. **83**, 289 (1925). —
(3) Erg. Physiol. **31**, 844 (1931). — (4) Erg. Physiol. **31**, 858 f. (1931). — Lohmann, K.:
Biochem. Z. **241**, 67 (1931).
Magne, de la Croix, P.: An. Soc. cient. argent. **125**, 50 (1938). Zit. nach Chem. Zbl.
1938 I, 4195. — McCance, R. A.: Lancet **1936** I, 823. — McCollum, E. V. and E. R. Orent:
(1) J. of biol. Chem. **92**, XXX (1931). — (2) J. Maryland Acad. Sci. **2**, 33 (1931). — Mendenhall, D. R.: Wisconsin State Bull. **75**, Nr 420 (1931). — Meyer-Bisch, R.: Umsatz der
Erdalkalien. Handbuch der normalen und pathologischen Physiologie, Bd. 16/2, S. 1517.
1931. — Müller, A. H.: Erg. inn. Med. **48**, 444 (1935).
Öhme, C.: Zbl. inn. Med. **1931**, 978. — Öhme, C. u. H. Wassermeyer: Dtsch. Arch.
klin. Med. **154**, 107 (1927). — Orent, E. R., H. D. Kruse and E. V. McCollum: Amer. J.
Physiol. **101**, 454 (1932). — Orent, E. R. and E. V. McCollum: J. of biol. Chem. **92**, 651
(1931). — Orent-Keiles, E., A. Robinson and E. V. McCollum: Amer. J. Physiol. **119**,
651 (1937). — Orr, W. J. u. Mitarb.: Amer. J. Dis. Childr. **28**, 574 (1924).
Schmidt, C. L. A. and D. M. Greenberg: Physiologic. Rev. **15**, 297 (1935). —
Schmidt, M. B.: Eisenstoffwechsel. Handbuch der normalen und pathologischen Physiologie,
Bd. 16/2, S. 1644. 1931. — Schultze, M. O., C. A. Elvehjem and E. B. Hart: J. of biol.
Chem. **106**, 735 (1934). — Sherman, H. C. and L. E. Booher: J. of biol. Chem. **93**, 93
(1931). — Sherman, H. C. and H. L. Campbell: J. Nutrit. **10**, 363 (1935). — Sjollema, B.:
Biochem. Z. **295**, 372 (1938). — Smith, A. H. and P. K. Smith: J. of biol. Chem. **107**, 681
(1934). — Stearns, G.: Amer. J. Dis. Childr. **42**, 749 (1931).
Todd, W. R., C. A. Elvehjem and E. B. Hart: Amer. J. Physiol. **107**, 146 (1934). —
Toepfer, E. W. and H. C. Sherman: J. of biol. Chem. **115**, 685 (1936). — Tufts, E. V.
and D. M. Greenberg: (1) Proc. Soc. exper. Biol. a. Med. **34**, 1292 (1936). — (2) J. of biol.
Chem. **122**, 693 (1938).
Wang, Ch. Ch., M. Kaucher and M. Wing: Amer. J. Dis. Childr. **52**, 41 (1936). —
Watchorn, E. and R. A. McCance: Biochemic. J. **31**, 1379 (1937). — Westerlund, A.:
Skand. Arch. Physiol. (Berl. u. Lpz.) **58**, 137 (1929).

2. Chemie der Vitamine.

Von Hermann Rudy, Erlangen.

Mit 11 Abbildungen.

Die vom physiologischen Standpunkt aus einheitliche Gruppe der Nährstoffe
„Vitamine" ist in chemischer Hinsicht nicht einfach zu definieren; denn *die
Vitamine gehören den verschiedensten organisch-chemischen Stoffklassen an.* So
finden wir unter ihnen Vertreter der *Lipoide,* der *Purine,* der *Kohlehydrate* und
anderer mehr, so daß sich keine einheitliche chemische Betrachtung durchführen
läßt. Eine gewisse Zusammenfassung ist allerdings dadurch möglich, daß man
die verschiedene Löslichkeit in den Fettlösungsmitteln und in Wasser berücksichtigt. Von diesem Gesichtspunkt aus *unterscheidet man zwischen fettlöslichen
und wasserlöslichen Vitaminen.* Diese in der Vitaminforschung von Anfang an
übliche Unterteilung soll auch hier beibehalten werden, wobei die einzelnen
Vertreter jeweils nach der von McCollum eingeführten alphabetischen Bezeichnungsweise angeordnet sind.

Durch die intensive chemische Bearbeitung der Vitaminfragen hat sich ergeben, daß die Vitamine nicht absolut spezifisch sind, d. h. daß die Auslösung

einer bestimmten physiologischen Reaktion oder Reaktionsfolge nicht notgedrungen von einem einzigen chemischen Individuum ausgehen muß, sondern
daß *vielfach eine ganze Anzahl, allerdings chemisch nahe verwandter Stoffe, die
gleiche Wirkung im Organismus ausüben.* Die spezifische Vitaminwirkung ist
nämlich an eng umschriebene Atomgruppierungen des Moleküls gebunden
und erlaubt vielfach gewisse, nicht zu tief greifende Veränderungen des Gesamt-
moleküls ohne Verlust der spezifischen physiologischen Wirkung, wobei die
Wirksamkeit pro Gewichtseinheit allerdings im allgemeinen quantitativ verschieden ist. Die Natur ist dem Menschen darin ein Beispiel gewesen, der Che-
miker ist vielfach noch einen Schritt weiter gegangen. So kommt es, daß zur
Auslösung ein und derselben physiologischen Reaktion heute *nicht nur die
natürlichen Vitamine sondern meist auch eine Reihe nahe verwandter synthetischer Verbindungen zur Verfügung stehen,* so daß die Begriffsbestimmung
dessen, was man unter einem gegebenen Vitamin zu verstehen hat, noch mehr
als früher auf die physiologische Aufgabe zurückgeführt werden muß. Im
folgenden wird das *Hauptgewicht auf die natürlich vorkommenden Vitamine
gelegt,* die für die normale Ernährung von Mensch und Tier maßgebend sind.
Die künstlich dargestellten Vitamine, die sich von den natürlichen unterscheiden und nahe verwandte Verbindungen darstellen, werden nur soweit
beschrieben, als zum Verständnis der Zusammenhänge zwischen chemischer
Konstitution und physiologischer Wirksamkeit erforderlich ist.

*In manchen Fällen findet sich im Pflanzenreich nicht das fertige Vitamin,
sondern eine Vorstufe,* die im Körper in das eigentliche Vitamin umgewandelt
wird. Man hat diese Vorstufen auch *Provitamine* genannt, was jedoch nicht
einwandfrei ist; denn streng genommen sollten die als Vitamine tatsächlich
wirksamen Stoffe der Pflanze auch als „Vitamin" bezeichnet werden, unabhängig davon, was im Tierkörper daraus entsteht, ob sie abgebaut, umgewandelt
oder zu Fermenten aufgebaut werden. Der früher geprägte Begriff Provitamin
hat sich jedoch allgemein eingebürgert und wird auch im folgenden in diesem
Sinne angewendet.

α) Die fettlöslichen Vitamine.

1. Die Epithelschutz-Vitamine A[1].

Es gibt im Pflanzen- und Tierreich mehrere chemische Verbindungen, die
die normale Struktur und Funktion der Haut und insbesondere der Schleimhaut aufrecht erhalten, und Mensch und Tier vor der charakteristischen Mangelkrankheit schützen können. Die in der Pflanze vorhandenen Epithelschutz-
stoffe gehören zu der großen Klasse der als Farbstoffe bekannten Carotinoide
(H. STEENBOCK, H. v. EULER, P. KARRER) und werden auch als Provitamine A
bezeichnet. Vitamine A nennt man die nur im Tierreich vorkommenden wirksamen Stoffe von besonderer chemischer Struktur (W. STEPP, McCOLLUM,
F. G. HOPKINS). *Provitamine und Vitamine A gehören beide zur großen Stoff-
klasse der Polyene,* und unterscheiden sich chemisch nicht grundsätzlich voneinander.

Man kennt bis heute mit Sicherheit zwei eigentliche Vitamine A. Beide
finden sich in den Eingeweiden und Organen, besonders in der Leber der Fische,
wobei zwischen See- und Süßwasserfischen beträchtliche Unterschiede bestehen.
In den Meeresfischen überwiegt das sog. „Vitamin A", in den Süßwasserfischen
(Forelle, Goldfisch u. a.) jedoch das sog. „Vitamin A_2".
Das Vitamin A (Axerophtol). $C_{20}H_{29} \cdot OH$, Schmelzpunkt 7,5 bis 8°.
Darstellung. Die besten Quellen sind die Leberöle des Heilbutts (Hippoglossus

---

[1] Siehe zusammenfassende Darstellungen im Schrifttum.

hippoglossus) und der Makrele (Sombresox saurus) [P. KARRER, R. MORF und K. SCHÖPP (1)]. Vitamin A scheint hier als Ester vorzuliegen. Durch Behandlung mit Alkali erhält man das Unverseifbare des Öls, aus dem die in großer Menge vorhandenen Sterine zunächst bei tiefer Temperatur abgeschieden und schließlich mit Digitonin gefällt werden. Aus dem weiter gereinigten Konzentrat kann das Vitamin entweder durch Hochvakuumdestillation (Sdp. 137 bis 138° bei 0,00001 mm) (J. M. HEILBRON) oder aber durch chromatographische Adsorption rein dargestellt werden (P. KARRER, R. MORF und K. SCHÖPP). Durch geeignete Arbeitsmethoden wird das Vitamin in gelben Nadeln krystallisiert erhalten (H. N. HOLMES und R. E. CORBET).

Eigenschaften. Vitamin A ist bei gewöhnlicher Temperatur ein schwach gelbliches Öl, das in reinstem Zustand durch Unterkühlen krystallin wird und dann bei 7,5 bis 8° schmilzt (H. N. HOLMES und R. E. CORBET). Es wird durch den *Luftsauerstoff* oxydiert und durch *ultraviolettes Licht zerstört.* Unter Luft- und Lichtausschluß und bei tiefer Temperatur ist es jedoch haltbar.

Das Vitamin A zeigt eine ausgeprägte *Absorptionsbande bei ungefähr 330* mμ, die je nach dem Lösungsmittel etwas verschiedene Lage und Intensität aufweist, wie aus der folgenden Tabelle zu ersehen ist (R. A. MORTON; A. E. GILLAM und M. SH. EL RIDI).

Tabelle 1. Absorptionsbande des Vitamins A.

Lösungsmittel	Alkohol	Petroläther (60—80°)	Benzin	Chloroform
Lage (mμ)	325	325	331	331
$E_{1\,cm}^{1\,\%}$	2100	1900	1740	1740
Molarer Absorptionskoeffizient ($\varkappa$).	$139 \cdot 10^3$	$126 \cdot 10^3$	$115 \cdot 10^3$	$115 \cdot 10^3$ *

Weiterhin ist die *Farbreaktion* des Vitamins A mit *Antimontrichlorid* nach F. H. CARR und E. A. PRICE wichtig. Die dabei entstehende Blaufärbung hat ihren optischen Schwerpunkt bei 620 mμ (bzw. 582 mμ).

Chemisch-physikalische Bestimmungsmethoden. Vitamin A läßt sich durch *Messung der Eigenabsorption im Bereich von 330 mμ* verhältnismäßig gut bestimmen, wobei man die oben angegebenen Extinktionskoeffizienten zugrunde legt. Es sind allerdings eine Reihe von Fehlerquellen zu beachten (A. CHEVALLIER).

Auch die CARR-PRICE-*Reaktion mit Antimontrichlorid* erfordert viel Kritik. Sie wird in verschiedenen Modifikationen ausgeführt, wobei man das zu untersuchende Material meistens verseift, das Unverseifbare in Chloroform mit Antimontrichlorid versetzt und nun die Blaufärbung mit Hilfe eines geeigneten optischen Instruments möglichst rasch abliest, da die Intensität bald abfällt. Sehr gebräuchlich zur Ablesung ist das Lovibond-Tintometer, an dem man den Vitamin A-Gehalt in Lovibond-Einheiten ablesen kann. Heute rechnet man fast

---

* $E_{1\,cm}^{1\,\%}$ bedeutet $\log \dfrac{I_0}{I}$ für eine 1%ige Lösung bei einer Schichtdicke von 1 cm. Dieser im englischen Schrifttum übliche Ausdruck liegt den von mir durchgeführten Berechnungen des molaren Absorptionskoeffizienten zugrunde, wobei

$$\varkappa = \frac{2 \cdot 3}{c \cdot d} \cdot \log \frac{I_0}{I} \left[\frac{10^3 \cdot cm^2}{g \cdot Mol} \right].$$

Dabei haben I_0 und I dieselbe Bedeutung wie bei E, d. h. sie stellen die Intensität des eintretenden und austretenden Lichtes dar; c bedeutet die Konzentration in Mol pro Lite während d die Schichtdicke in cm ist (H. RUDY).

allgemein mit CLO (cod liver oil)-Einheiten oder auch Blau-Einheiten (CARR und PRICE), wobei 1 CLO-Einheit = 10 Blau-Einheiten.

$$1\,CLO = \frac{20 \cdot \text{abgelesener Blauwert in Lovibond}}{\text{mg Substanz/ccm Reaktionslösung}}.$$

Das reine Vitamin A hat einen Blauwert von 100000 und einen CLO-Wert von 10000 (H. N. HOLMES und R. E. CORBET).

Statt des Tintometers können auch Colorimeter und Stufenphotometer verwendet werden. Als Vergleichslösungen eignen sich Kupfersulfatlösungen (H. BROCKMANN und M. L. TECKLENBURG; M. VAN EEKELEN, H. W. JULIUS und L. K. WOLFF).

Die *Antimontrichlorid-Reaktion ist nicht* für Vitamin A *spezifisch*. Daher müssen eine Reihe von Vorsichtsmaßnahmen getroffen werden. Insbesondere muß der optische Schwerpunkt kontrolliert werden. Extinktionskoeffizient $E_{1\,cm}^{1\%}\,(620) = 5000$.

Konstitution. Vitamin A ist ein primärer Alkohol. Bei der katalytischen Hydrierung werden 10 Atome Wasserstoff aufgenommen, was auf 5 Doppelbindungen schließen läßt. Bei der Ozonisation entsteht (wie aus dem β-Ionon) Geronsäure. Diese und andere bei der Konstitutionsaufklärung der Carotinoide beobachtete Tatsachen führten P. KARRER zur Aufstellung der folgenden Konstitutionsformel. Als Beweis wurde die Synthese des Perhydrovitamins A angeführt (P. KARRER, R. MORF und K. SCHÖPP).

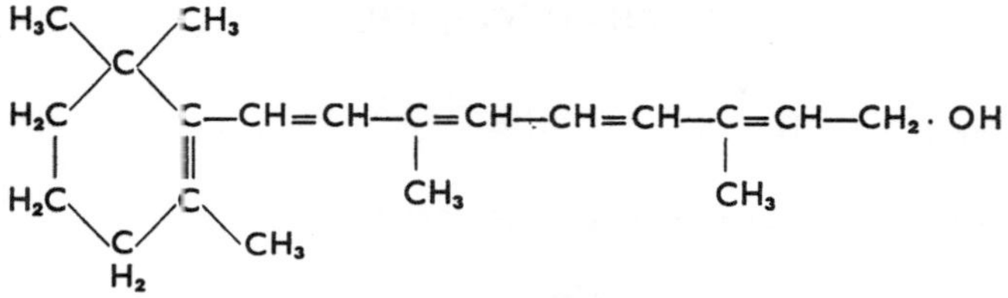

Vitamin A (Axerophtol)

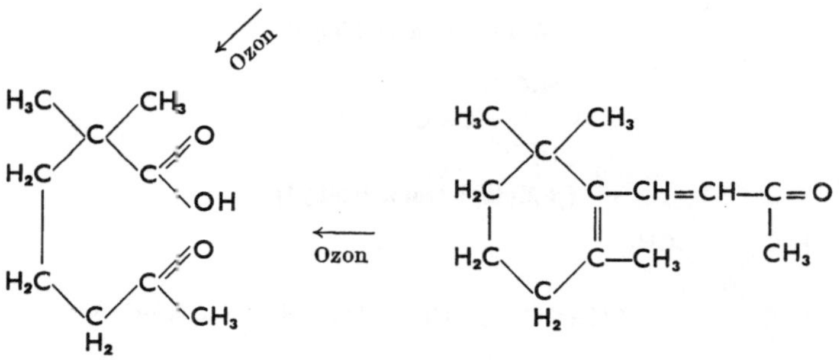

Geronsäure

β-Ionon

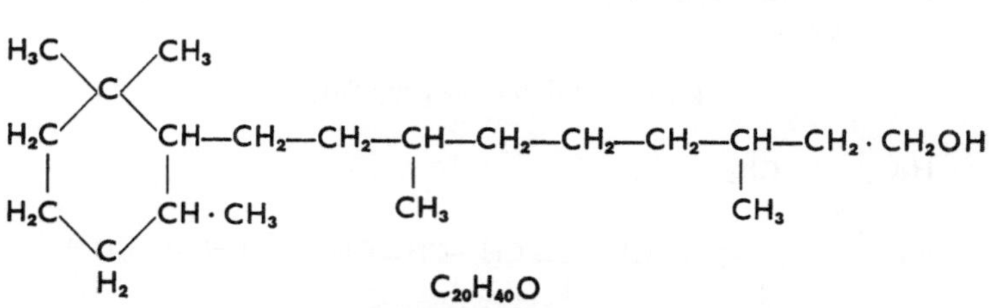

$C_{20}H_{40}O$

Perhydrovitamin A

Die *Synthese des Vitamins A* selbst ist bedeutend später ausgeführt worden (R. KUHN und J. O. R MORRIS; J. M. HEILBRONN und W. E. JONES). Sie hat *die* KARRER*sche Formel endgültig bestätigt. Die wichtigste Stufe ist der β-Ionyliden-acetaldehyd.* Der eingeschlagene Weg verläuft folgendermaßen:

$$\overline{\qquad\qquad R \qquad\qquad}$$

$$\begin{array}{c} H_3C \quad CH_3 \\ C \\ H_2C \quad\quad C—CH=CH—C=CH—C{\Large<}^O_{OC_2H_5} \\ H_2C \quad\quad C—CH_3 \quad\quad CH_3 \\ C \\ H_2 \end{array}$$

β-Ionyliden-essigsäure-äthylester

$$\downarrow \; (+CH_3 \cdot C_6H_4 \cdot NH \cdot Mg\,J\,(—o))$$

$$R—C{\Large<}^O\!\!—NH \cdot C_6H_4 \cdot CH_3$$

$$\downarrow \; (+PCl_5)$$

$$R—C=N \cdot C_6H_4 \cdot CH_3$$
$$| \quad\quad Cl$$

$$\downarrow \; (+CrCl_2)$$

$$R—CH\overset{\cdot\cdot}{=}N \cdot C_6H_4 \cdot CH_3$$

$$\downarrow$$

$$\begin{array}{c} H_3C \quad CH_3 \\ C \\ H_2C \quad\quad C—CH=CH—C=CH—CHO \\ H_2C \quad\quad C—CH_3 \quad\quad CH_3 \\ C \\ H_2 \end{array}$$

β-Ionyliden-acetaldehyd

$$\downarrow \; + \quad \begin{array}{c} H_3C \\ {\Large>}C=CH—CHO \\ H_3C \end{array}$$

(β-Methyl-crotonaldehyd)

$$\begin{array}{c} H_3C \quad CH_3 \\ C \\ H_2C \quad\quad C—CH=CH—C=CH—CH=CH—C=CH—CHO \\ H_2C \quad\quad C—CH_3 \quad\quad CH_3 \quad\quad\quad CH_3 \\ C \\ H_2 \end{array}$$

$$\downarrow \; (+ \text{ Aluminium-isopropylat})$$

$$\begin{array}{c} H_3C \quad CH_3 \\ C \\ H_2C \quad\quad C—CH=CH—C=CH—CH=CH—C=CH—CH_2OH \\ H_2C \quad\quad C—CH_3 \quad\quad CH_3 \quad\quad\quad CH_3 \\ C \\ H_2 \end{array}$$

Vitamin A

Die Doppelbindungen können zu cis-trans-Isomerie Anlaß geben. Die Verhältnisse sind aber noch ungeklärt.

Das Vitamin A_2. Der Faktor A_2 ist chemisch weniger gut beschrieben als das Vitamin A. Er ist erst in der jüngsten Zeit *auf Grund seines spektroskopischen Verhaltens entdeckt* worden (E. LEDERER; J. R. EDISBURY). Als Begleiter des Vitamins A *spielt* er besonders *in den Süßwasserfischen eine Rolle.* Neben A_2 gibt es wahrscheinlich noch andere Polyene in den Leberölen, die als Vitamin A wirken (D. C. GARRAT; dort auch frühere Angaben).

Vitamin A_2 zeigt bei 345—350 mμ eine starke und bei 285 mμ eine schwache Absorptionsbande. Dadurch ist es vom Vitamin A leicht zu unterscheiden, wie der Vergleich der Absorptionskurven zeigt (nach GILLAM).

Aus der Lage des Absorptionsmaximums läßt sich mit einiger Wahrscheinlichkeit schließen, daß A_2 eine weitere Doppelbindung in Konjugation enthält, insgesamt also 6 gegenüber 5 beim Vitamin A (A. E. GILLAM; H. v. EULER, P. KARRER und K. SOLMSSEN bestreiten dies). Da bei der Ozonisation in gleichem Ausmaß Geronsäure entsteht wie aus Vitamin A, scheint die 6. konjugierte Doppelbindung nicht im Ring zu liegen, sondern aller Wahrscheinlichkeit nach in der Seitenkette, so daß es

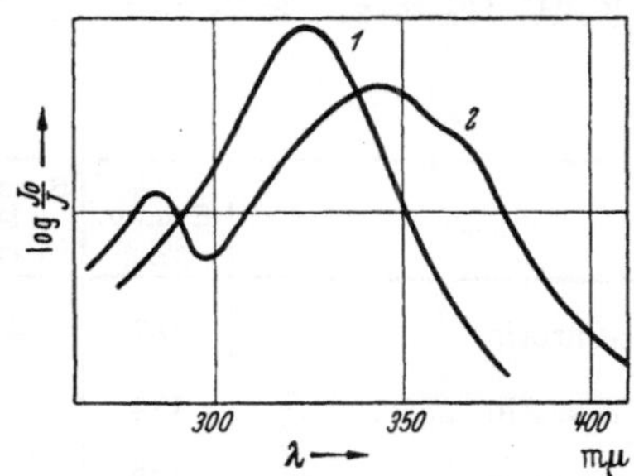

Abb. 1. *1* Heilbutt-Leberöl (A), *2* Süßwasserfisch-Leberöl (A_2).

sich um ein Homologes A-Vitamin zu handeln scheint (vgl. dagegen H. v. EULER, P. KARRER und K. SOLMSSEN).

Der optische Schwerpunkt der Antimontrichlorid-Reaktion liegt ebenfalls langwelliger als beim Vitamin A, nämlich bei 693—697 mμ. Die Extinktion $E_{1\,cm}^{1\%}$ (693) beträgt etwa 5000. Eine weitere (meist verdeckte) Bande liegt bei 645—650 mμ.

Carotinoide als Epithelschutz-Vitamine (Provitamine A)[1]. Für die normale Versorgung mit Vitamin A sind die Carotinoide mit Vitamin A-Eigenschaften am wichtigsten. *Von den zahlreichen Vertretern dieser Farbstoffe besitzen nur wenige diese Vitamin A-Wirkung.* An erster Stelle stehen die Kohlenwasserstoffe von der Zusammensetzung $C_{40}H_{56}$, und unter ihnen ist das sog. *β-Carotin,* das den Hauptbestandteil des früher als einheitlich betrachteten „Carotins" der Möhre bildet, *der hauptsächlichste Vitamin A-Spender.* Die mit ihm isomeren Provitamine, *das α- und γ-Carotin,* die das β-Carotin fast überall in der Pflanze begleiten, spielen demgegenüber nur *eine untergeordnete Rolle.* Außer diesen drei Kohlenwasserstoffen ist *auch der Carotinalkohol Kryptoxanthin* $C_{40}H_{56}O$, *ein Provitamin A.* Es findet sich besonders im gelben Mais und deckt im wesentlichen den Vitamin A-Bedarf der maisessenden Völker (R. KUHN, H. BROCKMANN, CHR. GRUNDMANN).

Das eigentliche Vitamin A von der Zusammensetzung $C_{20}H_{29}OH$ wurde im Pflanzenreich bis jetzt noch nicht gefunden. Hingegen findet man Carotinoide in geringen Mengen stets auch im Tierreich.

Darstellung. Die Gewinnung der Carotine *aus Karotten oder grünen Pflanzen* geschieht durch Extraktion mit organischen Lösungsmitteln, wie Petroläther u. a., und Verteilen der extrahierten Stoffe zwischen wasserhaltigem Methanol und Benzin, wobei die Kohlenwasserstoffe in der Benzinschicht bleiben („epiphasisches Verhalten"). Durch Umkrystallisieren aus Petroläther erhält man recht reine Präparate. Zur Trennung der isomeren Carotine eignet sich vor allem die chromatographische Adsorption an Aluminiumoxyd bzw. Calcium- und

---

[1] Siehe zusammenfassende Darstellungen im Schrifttum.

Magnesiumhydroxyd (R. Kuhn und E. Lederer; R. Kuhn und H. Brockmann (1); P. Karrer und O. Walker). Dabei ist jedoch zu beachten, daß unter Umständen (besonders bei wiederholter Adsorption) chemische Veränderungen stattfinden können (A. E. Gillam und Cl. Ridi; L. Zechmeister und P. Tuszon).

Eigenschaften. Die Provitamine A sind an ihrer *tiefroten bis rotvioletten Farbe*, die eine Folge der zahlreichen konjugierten Doppelbindungen ist, leicht zu erkennen. Die *Identifizierung* gelingt sehr gut *mit Hilfe des Spektroskops*, da sich die Absorptionsbanden in charakteristischer Weise unterscheiden, wie die folgende Zusammenstellung zeigt (Ablesung am Gitter-Meßspektroskop) (K. W. Hausser, R. Kuhn und Mitarbeiter).

Tabelle 2.

	Schmp. Grad	Spez. Dreh. $[\alpha]_{Cd}$ Grad	Lage der Absorptionsbanden (mμ)	Molarer Absorptionskoeffizient ($\varkappa$)
α-Carotin	187	$+380$	CS$_2$: 511, 478, 446 Benzin: 478, 448	$270 \cdot 10^3$ $340 \cdot 10^3$
β-Carotin	184	0	CS$_2$: 520, 484, 452 Benzin: 485, 452, 424	$300 \cdot 10^3$ $370 \cdot 10^3$
γ-Carotin	178	0	CS$_2$: 533, 496, 463 Benzin: 495, 462, 431	$260 \cdot 10^3$ $340 \cdot 10^3$
Kryptoxanthin	169	0	CS$_2$: 520, 484, 452 Benzin: 485, 452, 424	—

Die charakteristischen Absorptionskurven der Carotine gehen aus der Abb. 2 hervor, an welcher man besonders die „hellere" Farbe des α-Carotins erkennen kann, als Folge davon, daß eine der Doppelbindungen gegenüber dem β-Carotin außer Konjugation steht.

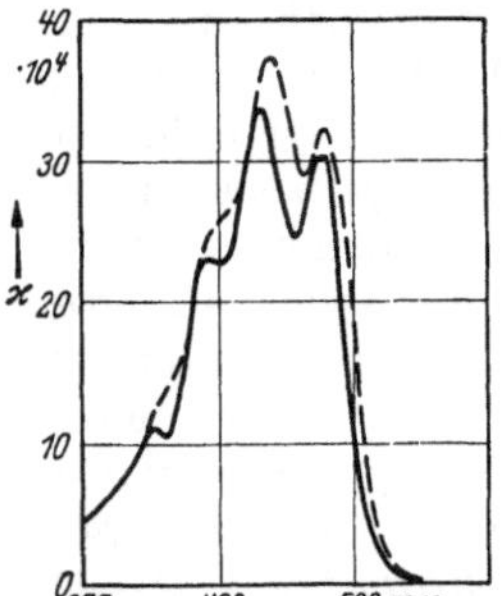

Abb. 2. α-Carotin (ausgezogen), β-Carotin (gestrichelt), beide in Hexan (Kuhn und Brockmann).

Die A-wirksamen Carotinoide sind licht- und luftempfindlich, allerdings nicht in dem Maße wie das A-Vitamin selbst. Daher ist auch die *Zerstörung beim Kochen nicht allzu groß.* Der ungesättigte Charakter zeigt sich in der leichten Anlagerung von Halogen und katalytisch erregtem Wasserstoff.

Konstitution. Die Konstitutionsaufklärung verdanken wir neben R. Willstätter vor allem den Arbeitskreisen von L. Zechmeister, P. Karrer und R. Kuhn.

Die katalytische Hydrierung des β-Carotins zeigt 11 Doppelbindungen und 2 Ringe an. Daß die Doppelbindungen großenteils in Konjugation stehen müssen, ergab der Vergleich mit den synthetischen Polyenen (R. Kuhn und A. Winterstein). Die seitenständigen Methylgruppen ergaben sich durch Oxydation mit Chromsäure und bei der thermischen Zersetzung wurden m-Xylol, Toluol, m-Toluylsäure, 2.6-Dimethyl-naphthalin gefunden. Beim energischen Abbau mit Kaliumpermanganat wurden mehrere niedrigmolekulare Spaltstücke isoliert: 1.1-Dimethyl-glutarsäure, 1.1-Dimethyl-bernsteinsäure, Dimethylmalonsäure und Essigsäure. Durch Ozonabbau entsteht Geronsäure, womit erwiesen ist, daß auch im β-Carotin die β-Iononstruktur vorliegt.

Die Konstitutionsformel des β-Carotins stammt von P. Karrer. Die Richtigkeit dieser Formel wurde von R. Kuhn und H. Brockmann (2) durch stufenweisen Abbau bewiesen. Dabei wurde das β-Carotin auf einen Abkömmling des Azafrins zurückgeführt und damit der Zusammenhang dieser beiden Carotinoide sichergestellt. Aus der Struktur des Azafrins und seiner Abbauprodukte konnte insbesondere der Aufbau des mittleren, die beiden Ringe verknüpfenden Teiles des β-Carotins bewiesen werden.

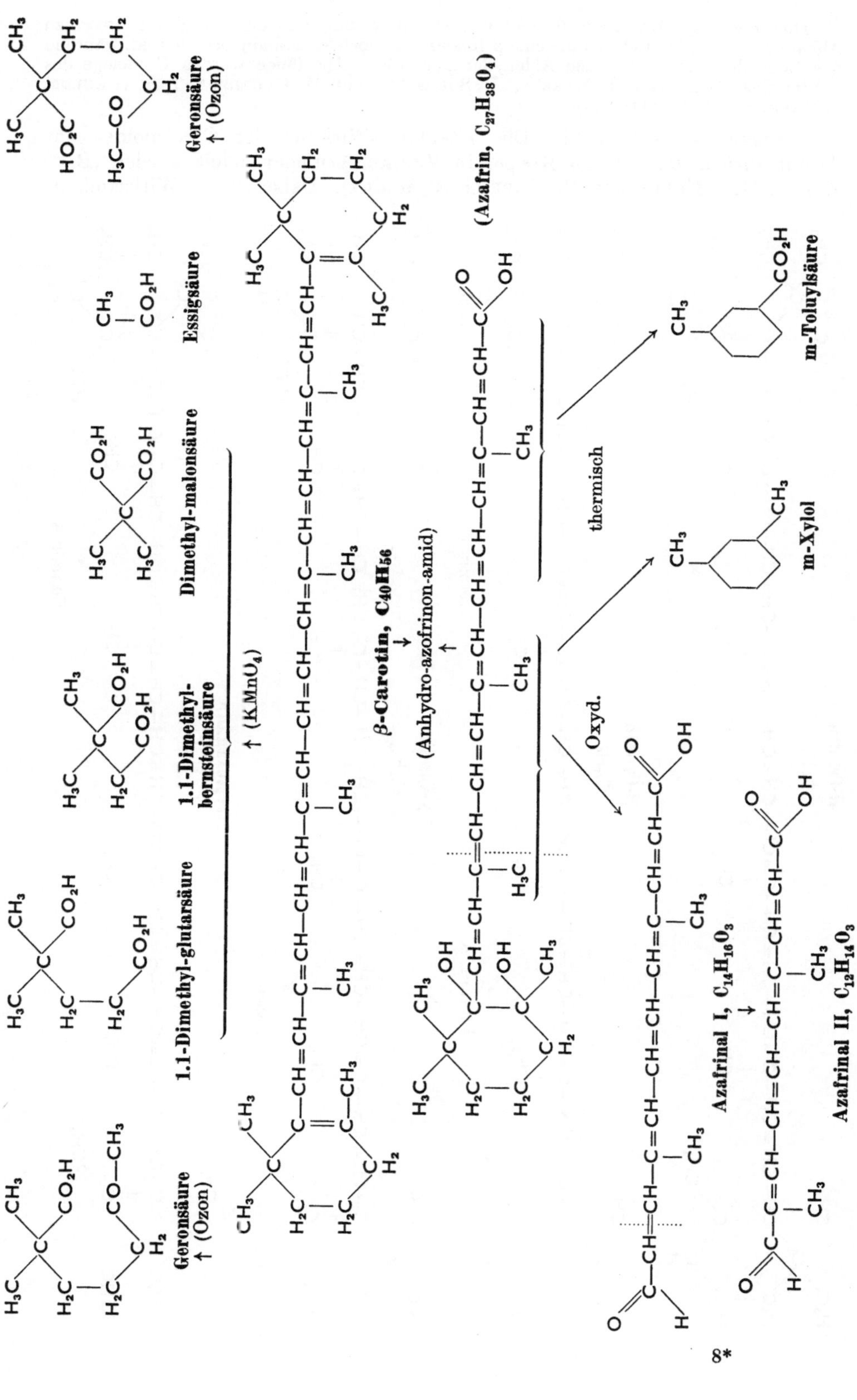

Geronsäure
↑ (Ozon)

Essigsäure

Dimethyl-malonsäure

1.1-Dimethyl-bernsteinsäure

1.1-Dimethyl-glutarsäure

↑ (KMnO$_4$)

Geronsäure
↑ (Ozon)

β-Carotin, C$_{40}$H$_{56}$

(Anhydro-azofrinon-amid)

(Azafrin, C$_{27}$H$_{38}$O$_4$)

thermisch

m-Toluylsäure

m-Xylol

Oxyd.

Azafrinal I, C$_{14}$H$_{16}$O$_3$

Azafrinal II, C$_{12}$H$_{14}$O$_3$

Durch gelinde Oxydation des β-Carotins mit Kaliumpermanganat gelangt man zu Abbauprodukten, bei welchen die eine β-Iononhälfte noch vollständig erhalten ist, während das Ende der Seitenkette eine Aldehydgruppe trägt. Aus ihnen wurden Homologe des A-Vitamins dargestellt (P. KARRER, U. SOLMSSEN und W. GUGELMANN; H. v. EULER, P. KARRER und U. SOLMSSEN).

Übergang in Vitamin A. Die Vitamin A-Wirkung der Carotinoide geht darauf zurück, daß sie im Körper in Vitamin A umgewandelt werden (B. v. EULER, H. v. EULER und P. KARRER; T. MOORE). Dabei ist die Wirksamkeit,

α-Carotin
$C_{40}H_{56}$

β-Carotin
$C_{40}H_{56}$

γ-Carotin
$C_{40}H_{56}$

Kryptoxanthin
$C_{40}H_{56}O$

gemessen an den Minimaldosen, je nach der Konstitution des Carotins verschieden. Der Tierversuch [R. Kuhn und H. Brockmann (3)] hat ergeben, daß α- und γ-Carotin sowie Kryptoxanthin nur halb so wirksam sind als β-Carotin und daß das β-Carotin mit dem Vitamin A vollkommen gleichwertig ist. Die Formeln zeigen, daß aus β-Carotin durch Spaltung an der in der Mitte gelegenen Doppelbindung und Anlagerung von Wasser rein formal tatsächlich 2 Moleküle Vitamin A entstehen, während die drei anderen Provitamine unter den gleichen Voraussetzungen nur je 1 Mol Vitamin A ergeben. Man erkennt daran gleichzeitig, daß *die Spezifität des A-Vitamins trotz der Vielzahl A-wirksamer Stoffe sehr groß ist; denn nur solche Verbindungen, bei denen das Vitamin A bis auf die endständige primäre Alkoholgruppe fertig vorhanden ist, sind wirksam. Schon eine Verschiebung der Doppelbindung im Ring zur* α-Ionon-*Anordnung hat das Verschwinden der Wirksamkeit zur Folge,* wie das Beispiel des α-Carotins zeigt. Auch die *Anwesenheit einer Hydroxylgruppe in einem Ring vernichtet bei sonst gleicher Konstitution die Vitamin-Eigenschaften der einen Molekülhälfte* (vgl. Kryptoxanthin). Die Spezifität der Vitamin A-Wirkung ist nach unserem heutigen Wissen so groß, daß sie umgekehrt zum Nachweis der β-Iononhälfte in unbekannten Carotin-Abkömmlingen herangezogen werden kann.

Außer den genannten Carotinen und dem Kryptoxanthin gibt es eine Reihe davon abgeleiteter Umwandlungsprodukte mit Vitaminwirkung, die hier jedoch nicht beschrieben werden können.

Ein weiteres natürliches Carotinoid mit Vitamin A-Wirkung ist das aus Algen isolierte Myxoxanthin $C_{40}H_{54}O$ (J. M. Heilbron).

Es gibt außerdem rein tierische Provitamine A. In dem Sehapparat der Augen finden sich z. B. Carotinoide, die beim Belichten in „A-Vitamin" übergehen (G. Wald).

Aus Echinus esculentus wurde ein Monoketon der Zusammensetzung $C_{40}H_{56}O \pm H_2$ isoliert, das Vitamin A-Wirkung besitzt (E. Lederer und Th. Moore).

Chemisch-physikalische Bestimmung. Die Carotinoide lassen sich *auf Grund ihrer Eigenfarbe leicht colorimetrisch ermitteln* (Vergleich mit Azobenzol) [R. Kuhn und H. Brockmann (4); P. Karrer und K. Schöpp]. Auch mit Antimontrichlorid in Chloroform geben sie eine zur Messung geeignete Blaufärbung.

Zur Bestimmung neben Vitamin A trennt man beide chromatographisch, oder man bestimmt mit Antimontrichlorid die Gesamtmenge von Vitamin A + Carotin und bestimmt in einer 2. Probe die Carotinoide (R. Kuhn und H. Brockmann; P. Karrer und K. Schöpp).

2. Die antirachitischen Vitamine (D) [1].

Auch unter den Schutzstoffen gegen die Rachitis gibt es *Vorstufen* (Provitamine), die *erst im Körper in das eigentliche Vitamin* übergehen. Dieser Übergang *vollzieht sich im allgemeinen in der Haut unter der Einwirkung von ultraviolettem Sonnenlicht* (250—300 mμ), wobei in chemischer Hinsicht nur eine Umformung des Moleküls, nicht aber ein Abbau wie beim Carotin stattfindet (A. F. Hess, H. Steenbock, O. Rosenheim, R. Pohl, A. Windaus u. a.). Provitamine und Vitamine sind daher Isomere. Neben den Unterschieden in der physiologischen Wirkung und im chemischen Verhalten sind auch die spektroskopischen Eigenschaften zur Kennzeichnung von Provitaminen und Vitaminen geeignet (R. Pohl; A. Windaus; H. Brockmann; F. Schenk)[1].

a) Die Vitamin D-Vorstufen (Provitamine D).

Natürliche Provitamine D sind das Pilzsterin Ergosterin und das tierische γ-Dehydro-cholesterin. Im Pflanzenreich ist als Provitamin bis jetzt nur das Ergosterin aufgefunden worden, während im Tierreich beide vorkommen.

---

[1] Siehe zusammenfassende Darstellungen im Schrifttum.

Es gibt nämlich eine Reihe von Tierarten, die Ergosterin in beträchtlichen Mengen resorbieren, so z. B. das Huhn (Ei), die rote Wegschnecke, der Regenwurm u. a. (A. WINDAUS).

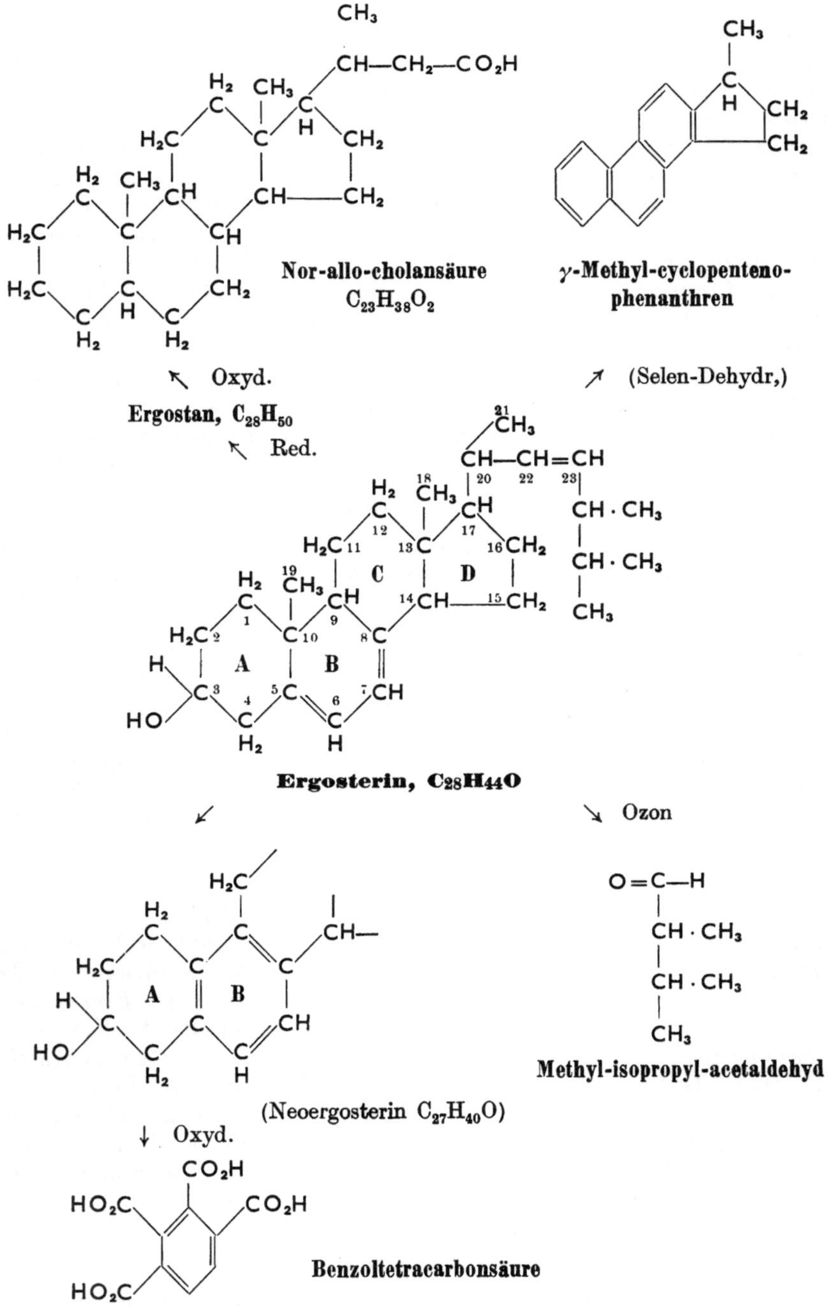

Nor-allo-cholansäure $C_{23}H_{38}O_2$

γ-Methyl-cyclopenteno-phenanthren

↖ Oxyd.   ↗ (Selen-Dehydr,)

Ergostan, $C_{28}H_{50}$

↖ Red.

Ergosterin, $C_{28}H_{44}O$

↙   ↘ Ozon

(Neoergosterin $C_{27}H_{40}O$)

Methyl-isopropyl-acetaldehyd

↓ Oxyd.

Benzoltetracarbonsäure

Ergosterin. $C_{28}H_{43}OH$. Schmp. 163°. $[\alpha]_D = -132°$ (Chloroform). Neben Mutterkorn, aus dem es zuerst dargestellt wurde, Samenölen und einigen Wurzeln eignet sich zur Gewinnung des Ergosterins besonders die Hefe. Man erhält es aus dem unverseifbaren Anteil des Hefefetts durch mehrfaches Umkrystallisieren in farblosen Blättchen.

Synthetisch läßt sich das Ergosterin bis heute noch nicht darstellen.

Eigenschaften. Ergosterin ist ein typisches Sterin. Es gibt mit Digitonin eine schwer lösliche Additionsverbindung, die sich zur quantitativen Bestimmung eignet. *Zum Nachweis* dienen besonders die Farbreaktionen, von denen die sog. *umgekehrte* SALKOWSKI*sche Probe* recht spezifisch ist[1].

Man verfährt dabei so, daß man das Sterin in Chloroform mit konzentrierter Schwefelsäure unterschichtet. Dabei färbt sich die Säure tiefrot, die Chloroformschicht bleibt farblos. (Bei Cholesterin und Sitosterin färbt sich das Chloroform rot, die Schwefelsäure fluoresciert grünlich).

Beim Verschmelzen mit Chloralhydrat entsteht eine carminrote Färbung, die über Grün in Blau umschlägt.

Mit Antimontrichlorid in Chloroform tritt Rotfärbung ein.

Konstitution. Die Konstitutionsaufklärung des Ergosterins (wie die der Sterine überhaupt) verdanken wir in erster Linie den Arbeiten von H. WIELAND, A. WINDAUS und O. ROSENHEIM und ihren Schülern, deren Ergebnisse von anderen namhaften Forschern noch ergänzt werden konnten.

Ergosterin ist ein sekundärer Alkohol, der durch Oxydation in das entsprechende Keton überführt werden kann. Die Stellung der OH-Gruppe am C-Atom 3 ergibt sich in Analogie zum Cholesterin. Für die Aufklärung des Kohlenstoffskelets war die *Umwandlung* seines gesättigten Grundkohlenwasserstoffs, *des Ergostans, in die Nor-allo-cholansäure* ausschlaggebend, die den grundsätzlich gleichen Aufbau für Ergosterin, Cholesterin und Gallensäuren aufzeigt. In einfacherer Weise erkennt man das Ringsystem des Ergosterins durch die *Gewinnung von γ-Methyl-cyclopenteno-phenanthren bei der Dehydrierung mit Selen.* Daß von den drei durch katalytische Hydrierung und Anlagerung von Brom oder Sauerstoff (mit Benzopersäure) nachweisbaren Doppelbindungen eine in der Seitenkette liegt, ergibt sich aus der Gewinnung von *Methyl-isopropyl-acetaldehyd bei der Ozonisation* (FR. REINDEL). Das Absorptionsspektrum, die Mol-Refraktion und die Reaktion mit Maleinsäure-anhydrid zeigen, daß *die beiden übrigen Doppelbindungen in Konjugation* stehen, und zwar *in einem Ring.* Da dieser ungesättigte Ring unter Abspaltung von Methan in einen Benzolkern übergeht und da das so entstandene Neo-ergosterin mit Palladium zu einem Phenol dehydrierbar ist, läßt sich unter Berücksichtigung bestimmter Regeln der organischen Chemie der Schluß ziehen, daß *die beiden konjugierten Doppelbindungen im Ringe B liegen* (A. WINDAUS, H. H. INHOFFEN und S. v. REICHEL). Der eingehende Konstitutionsbeweis würde hier jedoch zu weit führen, daher sind S. 118 nur die wichtigsten Reaktionen angeführt[2].

7-Dehydro-cholesterin. $C_{27}H_{43} \cdot OH$, Schmp. 144°. $[\alpha]_D = -115°$ (Chloroform). *Das 7-Dehydro-cholesterin ist das Provitamin D der höheren Säugetiere und des Menschen.* Es wird hauptsächlich *in der Haut* gespeichert und kann somit von den Sonnenstrahlen sehr leicht umgelagert werden. Im allgemeinen ist die *Konzentration in der Haut so gering,* daß die Darstellung mit Schwierigkeiten verbunden ist. Nur in wenigen Fällen lohnt sich die Aufarbeitung der Hautsterine. Eine der besten natürlichen Quellen ist die Schwarte des Schweines, aus deren Steringemisch das 7-Dehydro-cholesterin durch Adsorption an Aluminiumoxyd rein dargestellt wurde (A. WINDAUS und F. BOCK).

Die beste Darstellungsmethode ist die Dehydrierung des Cholesterins.

Darstellung aus Cholesterin (A. WINDAUS, H. LETTRÉ und F. SCHENK). Cholesterinacetat wird mit Chromsäure zum 7-Keto-cholesterin-acetat oxydiert, das dann mit Aluminium-isopropylat zu dem sekundären Alkohol reduziert wird. Nach Veresterung mit Benzoylchlorid wird erhitzt, wobei Benzoesäure abgespalten wird und gleichzeitig eine 2. Doppelbindung im Ring B in Konjugation zur ersten entsteht. Durch Verseifung wird die OH-Gruppe in 3-Stellung freigelegt.

---

[1] Siehe zusammenfassende Darstellungen im Schrifttum.

[2] Zur Vereinfachung wurden die sterischen Verhältnisse nicht weiter berücksichtigt.

7-Dehydro-cholesterin stimmt mit dem Ergosterin weitgehend überein. Es ist wie dieses (und andere Sterine) *mit Digitonin fällbar* und gibt bestimmte

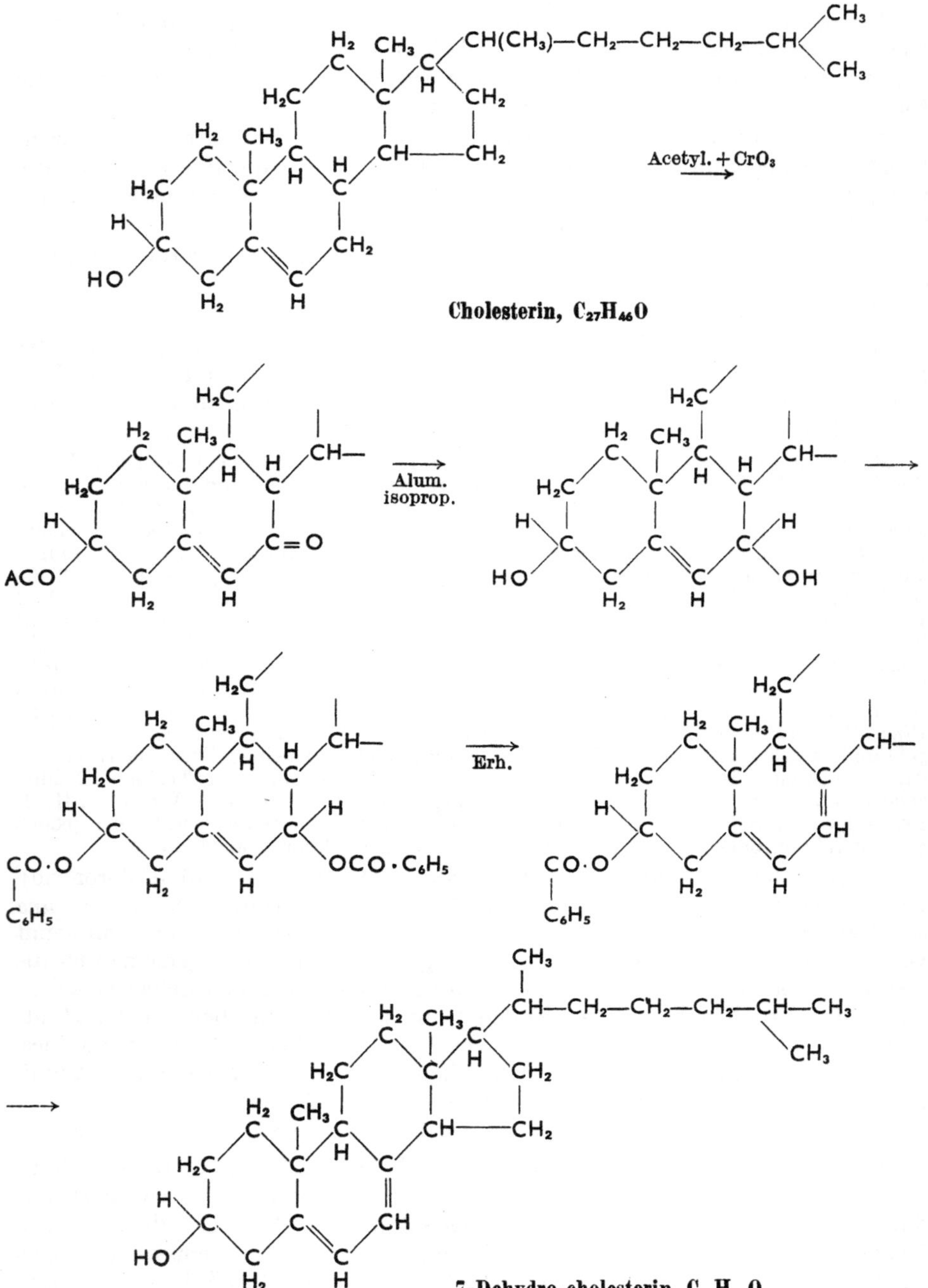

Acetyl. + CrO_3

Cholesterin, $C_{27}H_{46}O$

Alum. isoprop.

Erh.

7-Dehydro-cholesterin, $C_{27}H_{44}O$

Farbreaktionen. Von diesen ist wie beim Ergosterin besonders die *Blaufärbung mit Chloralhydrat* und die allmählich in Blau umschlagende *Rosafärbung mit Antimontrichlorid* zu erwähnen.

Die zwei konjugierten Doppelbindungen haben auch hier eine *selektive Absorption* zur Folge, die mit der des Ergosterins vollkommen übereinstimmt (R. POHL, A. WINDAUS und Mitarbeiter)[1].

Tabelle 3.

	Schmp. Grad	Spez. Dreh. $[\alpha]_D$ (Chloroform) Grad	Absorptionsmaximum (Alkohol) mμ	Molarer Absorptionskoeffizient $\varkappa$
Ergosterin . . . . $(C_{28}H_{44}O)$	163	— 132	281	$29{,}7 \cdot 10^3$
7-Dehydro-cholesterin . . . $(C_{27}H_{44}O)$	144	— 115	281	$29{,}5 \cdot 10^3$

$\varkappa$ ist aus den Angaben der Autoren errechnet.

Andere D-Provitamine. Neben diesen beiden natürlichen Provitaminen D gibt es bis heute *zwei weitere Vitamin D-Vorstufen aus der Sterinreihe.* Wie sich Ergosterin und 7-Dehydro-cholesterin nur in der am C-Atom 17 haftenden Seitenkette unterscheiden, so *stimmen* auch diese beiden künstlichen Provitamine *bezüglich des Ringskelets unter sich und mit den natürlichen vollkommen überein.*

Das eine dieser Provitamine leitet sich vom Ergosterin ab und wird daraus durch Hydrierung der seitenständigen Doppelbindung dargestellt *(,,22-Dihydro-ergosterin")*. Es ist also ein Homologes des 7-Dehydro-cholesterins und hat die Zusammensetzung $C_{28}H_{45}OH$ (A. WINDAUS und G. TRAUTMANN).

Das andere erhält man aus dem pflanzlichen Sitosterin durch Dehydrierung nach dem Vorbild der Darstellung des *7-Dehydro-cholesterins.* Es besitzt wie dieses eine gesättigte Seitenkette, enthält aber 2-CH_2-Gruppen mehr. Es hat also das größte Mol.-Gewicht in der homologen Reihe der Provitamine D (Zusammensetzung $C_{29}H_{47} \cdot OH$) (W. WUNDERLICH).

Das Ergosterin ist also das einzige Provitamin mit ungesättigter Seitenkette.

b) Die eigentlichen D-Vitamine.

Vitamin D_2 (Calciferol). $C_{28}H_{43} \cdot OH$, Schmp. 115—116°. $[\alpha]_D = + 82{,}6°$ (Aceton). Vitamin D_2, in England Calciferol genannt, ist das am längsten bekannte D-Vitamin. Man hielt es lange Zeit für das D-Vitamin des wegen seiner antirachitischen Wirkung so sehr wichtigen Lebertrans, bis einwandfreie Tierversuche den Nachweis der Verschiedenheit erbrachten.

Vitamin D_2 ist bis heute in der Natur noch nicht aufgefunden worden, sondern kommt lediglich als Provitamin Ergosterin vor. Trotzdem besteht wohl kaum ein Zweifel darüber, daß es im Tierreich eine gewisse Rolle als D-Wirkstoff spielt.

Die Umlagerung des Ergosterins in das Vitamin D_2 ist ein verwickelter Vorgang. Sie wurde vor allem von A. WINDAUS sowie von F. A. ASKEW, R. B. BOURDILLON und Mitarbeitern aufgeklärt[1].

Dabei wurde zunächst eine gut krystallisierte Verbindung von starker Vitaminwirksamkeit isoliert, die als einheitlich betrachtet wurde und den Namen Vitamin D_1 erhielt. Später ergab sich, daß D_1 ein Mischkrystall war, so daß es also *ein Vitamin D_1 als chemisches Individuum nicht gibt.* Das *bei der Bestrahlung des Ergosterins entstehende D-Vitamin,* das im D_1 als Mischkrystall mit dem sog. Lumisterin vorlag, erhielt *den Namen D_2,* bzw. Calciferol.

Darstellung. Die Umlagerung geschieht zweckmäßig in Quarzgefäßen unter Luftausschluß und in benzolischer Lösung durch die ultravioletten Strahlen einer Quecksilberlampe oder einer Magnesiumfunkenstrecke. Wirksam ist nur

---

[1] Siehe zusammenfassende Darstellungen im Schrifttum.

das vom Ergosterin absorbierte Licht zwischen 250 und 300 mμ. Die Reaktion führt zu einem Gemisch der folgenden Verbindungen, die mit Hilfe der Absorptionsspektren einfach zu unterscheiden sind:

$$\text{Ergosterin} \rightarrow \text{Lumisterin} \rightarrow \text{Tachysterin} \rightarrow \text{Vitamin D}_2 \rightarrow \left\{ \begin{array}{l} \text{Suprasterine I und II} \\ \text{Toxisterin.} \end{array} \right.$$

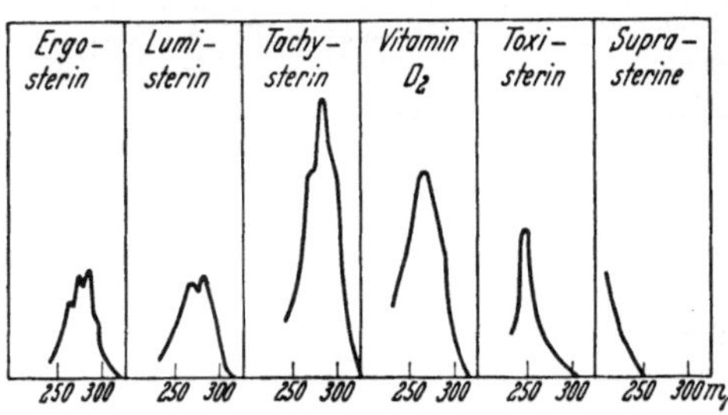

Abb. 3. Absorptionsspektren der Belichtungsprodukte. (WINDAUS.)

Aus dem Gemisch läßt sich das unveränderte Ergosterin durch Fällung mit Digitonin, das Tachysterin als Additionsprodukt mit Citraconsäure-anhydrid abtrennen. Das Vitamin D$_2$ erhält man aus dem restlichen Anteil durch fraktionierte Krystallisation, wobei man zweckmäßig vorübergehend den 3.5-Dinitrobenzoesäureester darstellt.

Die zum Vitamin D$_2$ führenden Bestrahlungsprodukte sind heute soweit aufgeklärt, daß eine formelmäßige Darstellung möglich ist. Danach besteht *die erste Einwirkung des Lichtes in einer räumlichen Umordnung der Substituenten am C-Atom 10* (Bildung des Lumisterins) (K. DIMROTH; J. M. HEILBRON, T. KENNEDY, F. S. SPRING und SWAIN). *Die nächste Stufe ist die Sprengung der C—C-Bindung 9—10*, wobei das Tachysterin mit 4 Doppelbindungen und nur 3 Ringen entsteht (Tachysterin gibt demgemäß bei der Dehydrierung mit Selen kein γ-Methyl-cyclopenteno-phenanthren) (H. LETTRÉ).

Ergosterin $\xrightarrow{\lambda}$ Lumisterin $\xrightarrow{\lambda}$ Tachysterin

Im Vitamin D$_2$ liegen ebenfalls *4 Doppelbindungen vor*; von diesen sind mit Benzoepersäure nur 3 nachweisbar, während die katalytische Hydrierung mit Pt als Überträger die richtigen Werte gibt. Das vom Ergosterin verschiedene Skelet ergibt sich auch hier in einfacher Weise aus der *Selendehydrierung*, bei welcher *kein γ-Methyl-cyclopenteno-phenanthren* entsteht. Vom Tachysterin unterscheidet es sich durch die Lage der *neu entstandenen Doppelbindung*, die nunmehr *zwischen die C-Atome 10 und 19 gewandert* ist. Die weiteren Einzelheiten der Konstitution gehen aus folgenden Tatsachen hervor (A. WINDAUS und W. THIELE):

Wenn man an die Acetylverbindung des Vitamins D$_2$ Maleinsäure-anhydrid addiert, das besonders mit konjugierten Doppelbindungen reagiert, das Reaktionsprodukt in den Dimethylester überführt und dann hydriert, so wird dabei die seitenständige Doppelbindung abgesättigt. Unterwirft man diese Verbindung der Ozonisation, so erhält man ein cyclisches Keton von der Zusammensetzung $C_{19}H_{34}O$, dessen Struktur beweist, daß in dem Maleinsäure-addukt zwischen den C-Atomen 7 und 8 eine Doppelbindung liegt. Das Additionsprodukt von Maleinsäure an Vitamin D$_2$ liefert bei der Dehydrierung mit Platin Naphthalin und 2-Naphthoesäure; mit Selen entsteht 2.3-Dimethylnaphthalin. Daraus ist zu ersehen, daß die Addition der Maleinsäure an die C-Atome 6 und 19 erfolgt ist, daß diese beiden C-Atome also an zwei konjugierten Doppelbindungen stehen. Weiterhin entsteht durch Oxydation des Vitamins mit Chromsäure ein Aldehyd $C_{21}H_{34}O$, dessen Aldehydgruppe dem ursprünglichen C-Atom 6 entstammen muß (J. M. HEILBRON, K. M. SAMANT und F. S. SPRING). Die folgende Tafel erläutert die wichtigsten Tatsachen formelmäßig:

Aldehyd C21H34O
CrO3
Vitamin D2 (C28H44O)
Acetylierung
Veresterung, katal. Hydr.
Ozon
Keton C19H34O
Deh. (Se)
Deh. (Pt)
2.3-Dimethyl-naphthalin
2-Naphthoesäure
Naphthalin

Die *Ringsprengung zwischen 9 und 10 kann durch Erhitzen rückgängig gemacht werden.* Dabei entstehen aber nicht die ursprünglichen Verbindungen Lumisterin und Ergosterin wieder, sondern es *bilden sich neue Isomere.* Ein solches ist z. B. das Pyrocalciferol, das aus 4 Ringen mit 3 Doppelbindungen besteht. Der Unterschied zwischen diesem und dem Ergosterin bzw. Lumisterin besteht in der *verschiedenen räumlichen Anordnung am C-Atom 9* (K. Dimroth; J. M. Heilbron).

Auch das Suprasterin I, das durch weitere Belichtung aus dem Vitamin gebildet wird, enthält wieder das ursprüngliche Sterinskelet. Die Absorption zeigt, daß die Doppelbindungen nunmehr isoliert liegen; demnach liegt ein Struktur-Isomeres des Ergosterins vor.

Vitamin D$_3$. C$_{27}$H$_{43} \cdot$ OH, Schmp. 82—84°. [α]$_D$ = + 83,3° (Aceton). *Vitamin D$_3$ ist das einzige bis jetzt in der Natur aufgefundene D-Vitamin.* Es entsteht *durch Bestrahlung von 7-Dehydro-cholesterin* in gleicher Weise wie das Vitamin D$_2$ aus Ergosterin.

Darstellung aus Leberölen. Die Gewinnung aus Thunfisch- oder Heilbutt-Leberölen geschieht nach H. Brockmann (vgl. E. J. H. Simons und T. F. Zucker; G. A. D. Haslewood und J. C. Drummond) in der Weise, daß man das Unverseifbare zwischen 90- bzw. 95%igem Methanol und Benzin verteilt, wobei das D-Vitamin einmal epiphasisches, das andere Mal hypophasisches Verhalten zeigt, und das A-Vitamin weitgehend abgetrennt wird. Dann erfolgt Reinigung durch Adsorption unter Zusatz eines Farbstoffes mit dem gleichen Adsorptionsverhalten als Indicator. Die endgültige Reindarstellung gelingt durch Umwandlung in den 3.5-Dinitro-benzoesäure-ester und weiteres Chromatographieren. Durch Verseifen des reinen Esters entsteht das Vitamin D$_3$, das schließlich auch krystallisiert.

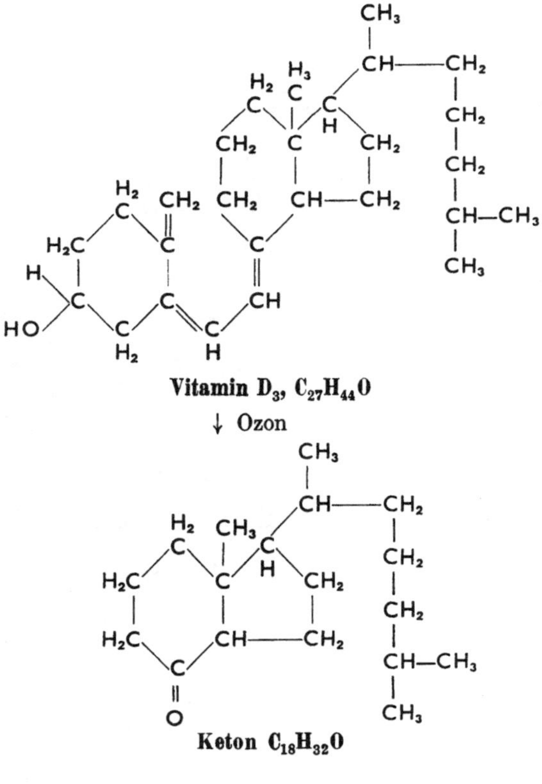

Vitamin D$_3$, C$_{27}$H$_{44}$O

↓ Ozon

Keton C$_{18}$H$_{32}$O

Konstitution. Die Konstitutionsformel des Vitamins D_3 gründet sich im wesentlichen auf die des Vitamin D_2; denn die Photoreaktion ist in beiden Fällen grundsätzlich gleich. Als weiterer Beweis der Formel gilt die Isolierung des Ketons $C_{18}H_{32}O$ aus den Ozonspaltprodukten.

Vitamin D_4. Als solches wird das durch Bestrahlung des 22-Dihydro-ergosterins erhaltene D-Vitamin bezeichnet (A. WINDAUS und G. TRAUTMANN). *Weder das Provitamin noch das Vitamin D_4 sind bis jetzt in der Natur beobachtet worden.*

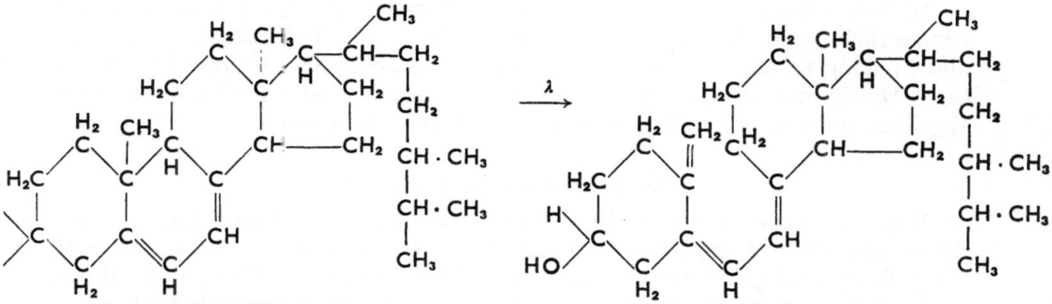

22-Dihydro-ergosterin $\lambda \longrightarrow$ Vitamin D_4, $C_{28}H_{46}O$

c) Allgemeine Eigenschaften der D-Vitamine.

Die D-Vitamine sind in organischen Lösungsmitteln gut löslich und gegen Erhitzen und Luftsauerstoff *verhältnismäßig beständig.* Sie werden daher *bei der Zubereitung der Nahrung,* ebenso wie die Provitamine, *kaum beeinträchtigt.* Gelinde chemische Reagenzien greifen nicht an. Mit Digitonin sind sie nicht fällbar.

Für die D-Vitamine charakteristisch ist die *starke Absorptionsbande bei* 265 mµ, *die auf die 3 konjugierten Doppelbindungen zurückgeht.* Bemerkenswert ist, daß bei dem Übergang der Provitamine mit 2 konjugierten ringständigen Doppelbindungen in die Vitamine mit einem offenen System aus 3 konjugierten Doppelbindungen die Absorption nach dem Kurzwelligen verschoben wird (281 gegen 265 mµ). Die Absorptionsspektren der D-Vitamine stimmen weitgehend überein, wie aus den Konstitutionsformeln leicht abzuleiten ist.

Tabelle 4.

Vitamin	Provitamin	Schmp. Grad	$[\alpha]_D$ (Aceton) Grad	Absorptionsmaximum mµ	Molarer Absorptionskoeffizient ϰ
D_2	Ergosterin	116	+ 82,6	265	$45\text{—}46 \cdot 10^3$
D_3	7-Dehydro-cholesterin	84	+ 83,3	265	$45\text{—}46 \cdot 10^3$
D_4	22-Dihydro-ergosterin	108	+ 89,3	265	—

ϰ ist aus den vorliegenden Daten errechnet.

In allen bis heute bekannten Provitaminen D ist die Konstitution und Konfiguration an den Ringen A, B, C und D gleich. Die Unterschiede beschränken sich auf geringfügige Variationen *in der langen aliphatischen Seitenkette.* Die biologischen Versuche an den Vitaminen zeigen, daß *diese Unterschiede die Wirksamkeit erheblich beeinflussen.* So sind z. B. Vitamin D_2 und D_3 bei der Ratte zwar gleich wirksam, beim Hühnchen ist jedoch D_3 um etwa das 60fache, beim Säugling um das Doppelte überlegen.

Über den *Einfluß struktureller und konfigurationeller Änderungen in dem für die Vitaminwirkung charakteristischen Teil, der aus den Ringen A und B stammt* (OH-Gruppe und System der 3 konjugierten Doppelbindungen), ist einstweilen soviel zu sagen, daß *jede Änderung zu unwirksamen Verbindungen* führt. *Dieser Teil des Vitamins ist also unentbehrlich.*

Chemisch-physikalische Bestimmung. Außer der *Messung der Lichtabsorption im Bereich von 265 mμ* gibt es zur Vitamin D-Bestimmung zwei wichtige Farbreaktionen.

W. HALDEN benützt die *tiefviolette Farbe*, die durch *Aluminiumchlorid in Chloroform* verursacht wird.

H. BROCKMANN und Y. H. CHEN verwendeten *Antimontrichlorid*, das sich bekanntlich beim A-Vitamin gut bewährt hat. Die D-Vitamine geben mit diesem Reagens eine *orangegelbe Farbe, deren optischer Schwerpunkt bei 500 mμ liegt.* Die Intensität kann mit Hilfe eines Colorimeters oder Stufenphotometers abgelesen werden. Vitamin A oder Sterine stören dabei kaum.

3. Die Fruchtbarkeitsvitamine E [1].

Man hat *bis heute mit Sicherheit zwei natürliche E-Vitamine nachgewiesen, das α- und das β-Tokopherol* (H. M. EVANS). *Wahrscheinlich gibt es auch noch ein γ-Tokopherol* (H. S. OLCOTT und O. H. EMERSON; O. H. EMERSON). Ihnen steht bereits eine ganze Anzahl synthetischer Verbindungen gegenüber, die ebenfalls Vitamin E-Wirkung besitzen.

Darstellung (W. JOHN; P. KARRER). Die beste Quelle zur Gewinnung der E-Vitamine ist das Öl von *Weizenkeimlingen*, das zunächst alkalisch verseift wird. Das Unverseifbare wird durch Ausfrieren von den Sterinen befreit und dann zweckmäßig chromatographiert (Aluminiumoxyd). Auf diese Weise erhält man ein öliges, meist schwach gelbes Konzentrat. Die weitere Reinigung geschieht durch Behandlung mit Cyansäure, wobei die Allophansäure-ester entstehen, die durch Krystallisation getrennt werden können (EVANS). Die freien Tokopherole werden durch anschließende Verseifung als Öle erhalten.

Allgemeine Eigenschaften der Tokopherole. Die Tokopherole sind *verhältnismäßig beständige Verbindungen.* Sie vertragen Erhitzen bis zu 200° und werden durch den Luftsauerstoff nicht merklich angegriffen. *Stärkere Oxydationsmittel,* wie Ferrichlorid, Brom und Benzopersäure *zerstören sie jedoch rasch.* Auch die Peroxyde in ranzigen Fetten greifen Vitamin E an, können aber durch den Zusatz von Antioxydantien (Hydrochinon) ausgeschaltet werden. Langwelliges Licht ist ohne Einfluß auf die E-Vitamine, *ultraviolettes zerstört leicht.* Mineralsäuren werden selbst in der Siedehitze vertragen, während Alkali schon bei gewöhnlicher Temperatur einwirkt.

Charakteristisch ist die ausgeprägte Absorptionsbande bei 295—298 mμ, die sehr lange Zeit umstritten war (A. J. P. MARTIN, T. MOORE, M. SCHMIDT und F. P. B. BOWDEN; J. C. DRUMMOND, E. SINGER und R. J. McWALTER; H. S. OLCOTT; H. M. EVANS).

Konstitution. Die beiden im Weizenkeimling vorkommenden E-Vitamine α- und β-Tokopherol sind weitgehend aufgeklärt, obwohl die Kostbarkeit des Materials und die langwierigen Tierversuche ein beträchtliches Hindernis darstellten.

α-Tokopherol. $C_{29}H_{50}O_2$ (H. M. EVANS). Allophanat: $C_{31}H_{52}O_4N_2$, Schmp. 159—160°. 2.4-Dinitrobenzoat: $C_{36}H_{52}O_7N_2$, Schmp. 86—87°. 3-Brom-d-camphersulfonat: $C_{39}H_{63}O_4BrS$, Schmp. 48—50°, $[\alpha]_D = + 30°$ (P. KARRER, H. FRITZSCHE, B. H. RINGIER und H. SALOMON).

Die grundlegenden Angaben zur Konstitutionsermittlung des α-Tokopherols verdanken wir E. FERNHOLZ, der zuerst die Beobachtung machte, daß es *bei 350°* unter Abspaltung

---

[1] Siehe zusammenfassende Darstellungen im Schrifttum.

von *Durohydrochinon* zerfällt. Bei der Spaltung mit Jodwasserstoff (W. John)[1] wird das niedrigere Homologe, das Isopseudocumenol erhalten. Durch gelinde Oxydation *mit Chromsäure* entsteht ein *Lacton* $C_{21}H_{40}O_2$, das nach E. Fernholz das γ-Lacton eines tertiären Alkohols darstellt. Bei energischer Oxydation mit Chromsäure bilden sich neben Dimethylmaleinsäure, Diacetyl und Aceton ein Keton $C_{18}H_{36}O$ und eine Säure $C_{16}H_{32}O_2$, die 3 C-Methylgruppen enthält, was auf einen Aufbau aus Isopren schließen ließ. Die Art der Verknüpfung der Seitenkette mit dem Benzolkern ist daran zu erkennen, daß *α-Tokopherol ein einwertiges Phenol* ist und *das 2. Sauerstoff-Atom die chemische Indifferenz eines Äther-Sauerstoffs* besitzt. Die thermische Spaltung und die Zerlegung mit Jodwasserstoff zeigen, daß die Seitenkette außerdem noch durch eine C—C-Bindung mit dem Benzolkern verknüpft ist, wobei einmal der gesamte Rest abgespalten wird (HJ), das andere Mal aber eine CH_3-Gruppe im Benzolkern verbleibt. Damit blieb im wesentlichen nur noch die *Möglichkeit eines Cumaran- oder Chromansystems. Das Chromansystem ist wahrscheinlicher,* zumal bei der Oxydation mit Silbernitrat und der anschließenden reduzierenden Acylierung (mit p-Brombenzoesäure) keine sekundäre, sondern eine tertiäre, nicht zu einer Ketongruppe oxydierbare Hydroxylgruppe entsteht, was gegen eine Cumaran- und für eine Chromanstruktur spricht (W. John). Aus diesem Grunde ist diese hier bevorzugt.

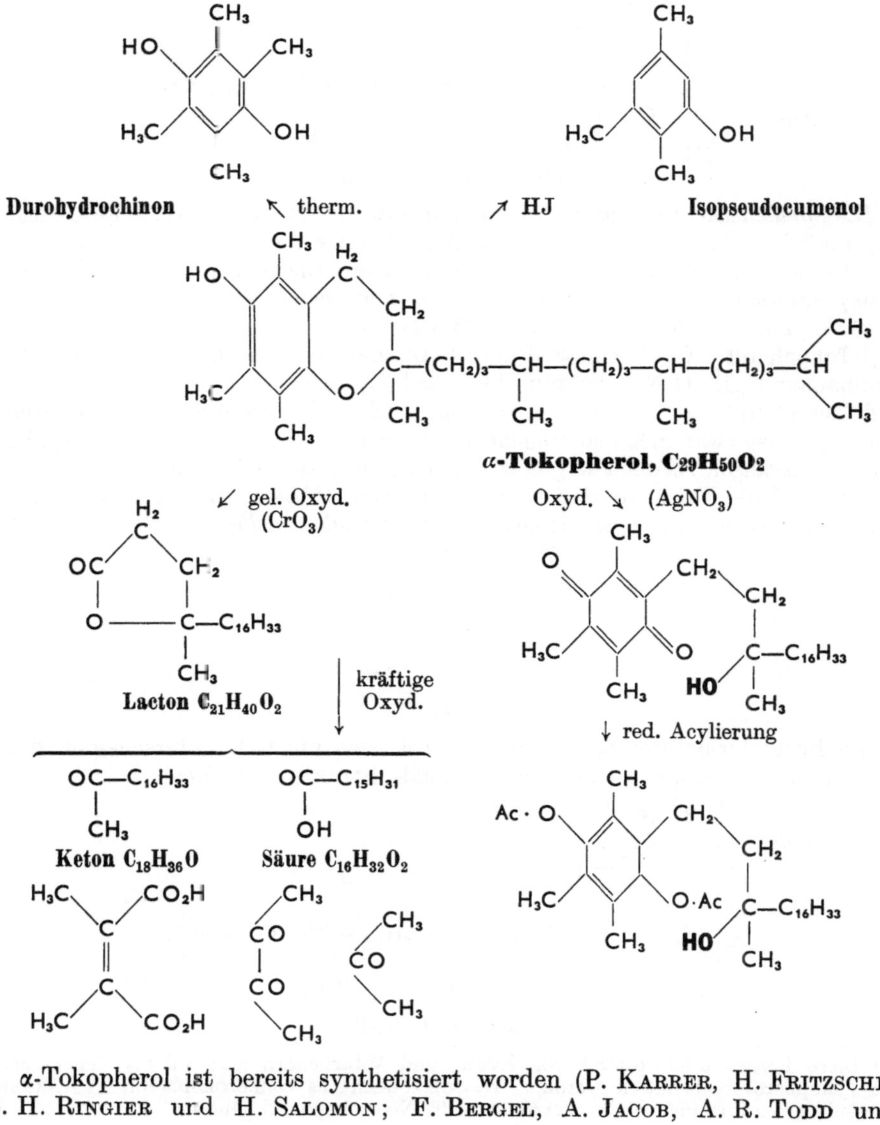

Durohydrochinon   ↖ therm.   ↗ HJ   **Isopseudocumenol**

α-Tokopherol, $C_{29}H_{50}O_2$

↙ gel. Oxyd. (CrO_3)   Oxyd. ↘ ($AgNO_3$)

Lacton $C_{21}H_{40}O_2$ │ kräftige Oxyd.

↓ red. Acylierung

Keton $C_{18}H_{36}O$ **Säure $C_{16}H_{32}O_2$**

α-Tokopherol ist bereits synthetisiert worden (P. Karrer, H. Fritzsche, B. H. Ringier und H. Salomon; F. Bergel, A. Jacob, A. R. Todd und

T. S. WORK). *Trimethylhydrochinon und Phytylbromid bzw. Phytol* vereinigen sich bei höherer Temperatur in Anwesenheit von wasserfreiem Zinkchlorid in sehr guter Ausbeute zu α-Tokopherol, womit allerdings nicht einwandfrei entschieden werden kann, ob ein Cumaran- oder Chromanabkömmling vorliegt. Wir haben auch hier die Chromanstruktur gewählt.

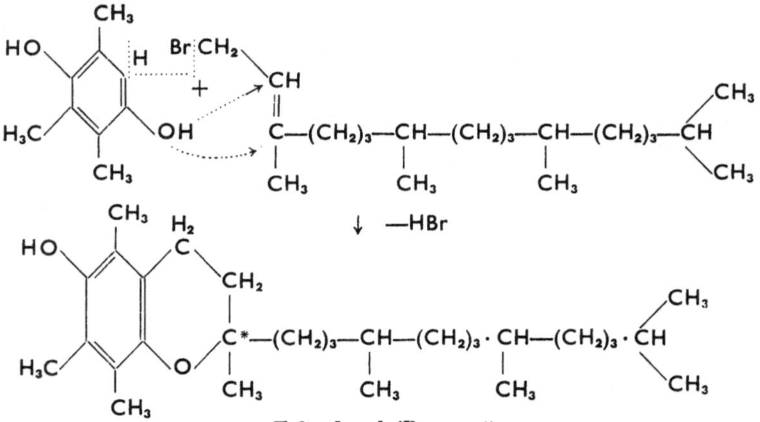

α-Tokopherol (Racemat)

Die synthetische Verbindung ist ein Racemat, da das asymmetrische C-Atom (C*) erst bei der Synthese gebildet wird. *Nach Veresterung* mit 3-Brom-d-camphersulfochlorid und Umkrystallisieren wurde ein Ester erhalten, der mit dem *3-Brom-d-camphersulfonsäure-ester des natürlichen α-Tokopherols übereinstimmt* (Schmp. 48—50°, $[\alpha]_D = +30°$). Auch die E-Wirksamkeit ist gleich.

β-Tokopherol [1]. $C_{28}H_{48}O_2$ (W. JOHN; F. BERGEL, A. R. TODD und T. S. WORK). Allophanat: $C_{30}H_{50}O_4N_2$. Schmp. 147°, $[\alpha]_D = +7°$.

β-Tokopherol, der 2. Vertreter der natürlichen E-Vitamine in den Weizenkeimlingen, ist zwar nicht so eingehend untersucht wie das α-Tokopherol, aber seine Konstitution ist doch so gut wie sichergestellt durch die Analyse des Allophanats und die Tatsache, daß *beim thermischen Abbau nicht Durohydrochinon, sondern das nächst niedrigere Homologe, das Pseudocumolhydrochinon* entsteht:

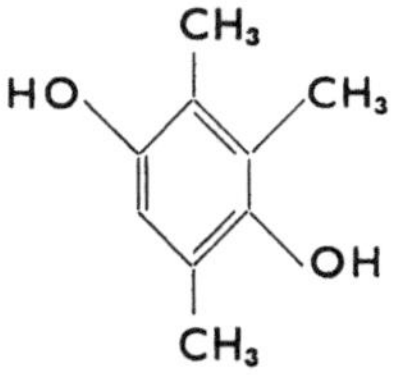

Da die Bruttoformel der beiden Tokopherole sich um CH_2 unterscheidet, darf man für das β-Tokopherol etwa die folgende Struktur annehmen:

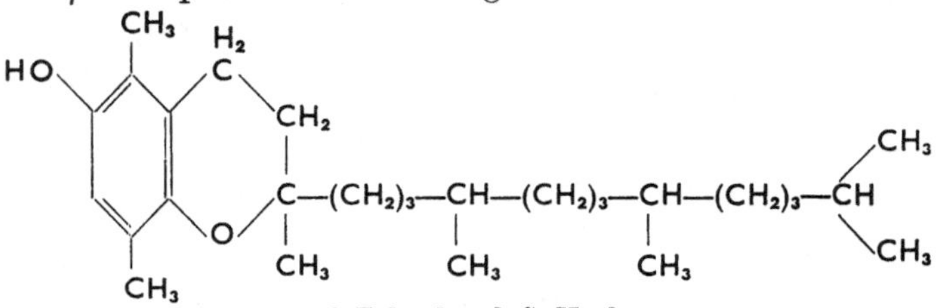

β-Tokopherol $C_{28}H_{48}O_2$

---

[1] Diese Bezeichnung stammt von EVANS und Mitarbeitern und soll als Gegenstück zu α-Tokopherol beibehalten werden. W. JOHN nennt es Cumotokopherol, P. KARRER hat es, da er es für einen neuen Vertreter hielt, Neo-tokopherol genannt.

Das Absorptionsspektrum des β-Tokopherols stimmt mit dem des α-Tokopherols weitgehend überein. Bemerkenswert ist die *Verschiebung der Hauptbande und Abnahme der Intensität beim Übergang in das Allophanat*, die bei Phenolen ganz allgemein stattfindet (W. JOHN).

Die molaren Absorptionskoeffizienten, die zur quantitativen Bestimmung der E-Vitamine herangezogen werden können, ergeben sich aus folgender Tabelle 5,

Tabelle 5.

	Brutto-formel	Schmelzp. des Allo-phanats Grad	Lage des Absorptionsmaximums mμ	Molarer Absorptionskoeffizient $\varkappa$
α-Tokopherol	$C_{29}H_{50}O_2$	159—160	296	$8{,}85 \cdot 10^3$
β-Tokopherol	$C_{28}H_{48}O_2$	146—147	298	$9{,}80 \cdot 10^3$

wobei die Originalzahlen für ε (W. JOHN) der Einheitlichkeit halber auf $\varkappa$ umgerechnet sind ($\varkappa = 2 \cdot 3 \cdot \varepsilon$).

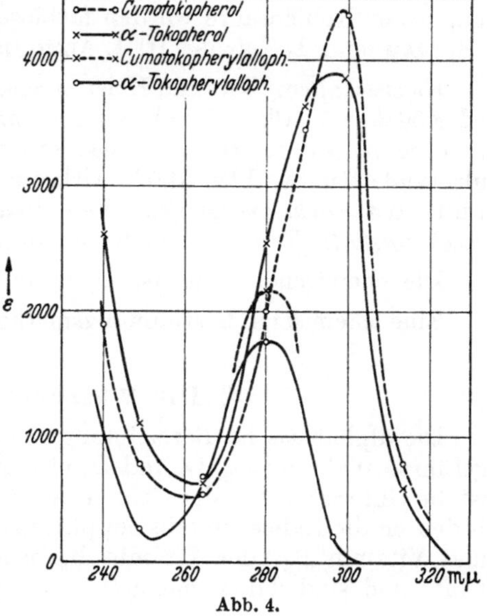

Abb. 4.

Künstliche E-Vitamine anderer Konstitution. *Die natürlichen E-Vitamine scheinen, was ihre Wirkung an der weiblichen Ratte anbelangt, nicht besonders spezifisch zu sein; denn es gibt eine Reihe einfacher Dimethyl-hydrochinon-mono- und di-äther, die, in größerer Menge verabreicht, die normale Fortpflanzung der Ratte gewährleisten. Auch Äther des Dimethyl-tetrahydro-naphtholhydrochinons besitzen Vitamin E-Wirkung am Weibchen.* Ob dies auch beim Männchen der Fall ist, bleibt noch abzuwarten (F. v. WERDER und TH. MOLL).

4. Vitamin F

wird ein Gemisch von ungesättigten Fettsäuren genannt, bei deren Fehlen bei der Ratte Hautnekrosen und andere Erscheinungen auftreten, das aber nicht genügend gekennzeichnet erscheint (H. M. EVANS; ONCKEN).

5. Das antihämorrhagische Vitamin K [1].

Darstellung. Zur Gewinnung von Vitamin K eignen sich Luzerne, *Spinat, Kohl* oder auch *Schweineleber.* Im allgemeinen wird *Alfa-alfa-Heu* verwendet, aus dem es mit Fettlösungsmitteln leicht extrahiert werden kann. Zur Reinigung bewährt sich Ausschütteln der Lösung in Petroläther mit 90%igem Methanol oder 90%iger Essigsäure, wobei das Vitamin jeweils im Petroläther bleibt (H. DAM[1]; H. DAM und FR. SCHONHEYDER). Durch Adsorption an Magnesiumoxyd und Kohle können die roten und grünen Begleitpigmente leicht entfernt werden, ohne daß das Vitamin adsorbiert wird. Ausfrieren in Äthylalkohol führt weiterhin zur Abtrennung von schwer löslichen Begleitstoffen. Durch Destillation im Hochvakuum findet eine sehr wirksame Anreicherung statt (Sdp. 120—140° bei 10^{-3} mm, 50—70° bei 10^{-4} mm Druck). Das Destillat kann

---

[1] Siehe zusammenfassende Darstellungen im Schrifttum.

durch Adsorption an Aluminiumoxyd oder Calciumhydroxyd weiter angereichert werden, wobei allerdings beträchtliche Vitaminverluste eintreten. Durch „Molekulardestillation" und Abkühlung der methanolischen Lösung des Destillats mit fester Kohlensäure wurden farblose Krystalle von hoher Aktivität erhalten (H. DAM und L. LEWIS; H. J. ALMQUIST).

Eigenschaften. Vitamin K ist streng fettlöslich und wird daher von Wasser oder 50%igem Alkohol nicht aufgenommen. *Es hat weder ausgesprochen basische noch saure Natur. Durch Sonnenlicht* wird es *inaktiviert*, wobei besonders die ultravioletten Strahlen stark wirksam sind. *Beim Erhitzen* wird es auch bei Luftzutritt *nicht angegriffen. Von Alkalien*, Brom oder Benzopersäure, wird es *rasch zerstört.* Es besitzt keine Ketoneigenschaften (H. J. ALMQUIST)[1].

Die chemische Natur ist noch unbekannt.

Eine chemische Bestimmungsmethode fehlt.

β) Die wasserlöslichen Vitamine.

Die alphabetische Bezeichnungsweise der Vitamine ist nicht logisch durchgeführt. Während D_2, D_3 und D_4 physiologisch betrachtet nur *ein* Vitamin sind, ist die Unterteilung in der Gruppe der B-Vitamine ganz anders zu verstehen. Hier bedeuten die Indices jeweils ein physiologisch anderes Vitamin; denn Vitamin B_1 und Vitamin B_2 oder Vitamin B_6 bedeuten physiologisch verschiedene Wirkstoffe und sind daher chemisch ganz verschieden.

1. Das antineuritische Vitamin B_1 (Aneurin, Thiamin)[1].

Hydrochlorid: $C_{12}H_{18}ON_4SCl_2$. Schmp. 252°.

Pikrolonat: Schmp. 229°. Chloroaurat: Schmp. 198°.

Darstellung. Zur Gewinnung aus natürlichen Quellen wurde einerseits *Reiskleie*, andererseits *Hefe* verwendet. In beiden Fällen ist das Verfahren ziemlich langwierig. Man extrahiert mit Wasser, adsorbiert an Fullererde und eluiert mit schwachen Alkalien oder Chininsalzen. Aus dem Eluat wird das Vitamin mit Silbernitrat-Bariumhydroxyd gefällt, das abgeschiedene Silbersalz in das Phosphorwolframat und dieses anschließend in das Pikrolonat umgewandelt. Schließlich stellt man das Hydrochlorid dar, das durch Krystallisation in farblosen Nadeln und Prismen erhalten wird (B. C. P. JANSEN, H. W. KINNERSLEY, R. A. PETERS und V. READER; A. WINDAUS, R. TSCHESCHE, H. RUHKOPF, F. LAQUER und F. SCHULTZ; R. R. WILLIAMS, R. E. WATERMAN und J. C. KERESZTESY).

Eigenschaften. Aneurin ist eine zweisäurige Base und nur in Form seiner Salze bekannt. Es wird in neutraler Lösung *beim Kochen* zerstört. Sehr rasch geht die *Inaktivierung in alkalischem Medium und bei Luftzutritt* vor sich. Das *ph-Optimum der Beständigkeit* liegt *bei* 3.5, wo das Vitamin sogar Erhitzen aushält. Starke Mineralsäuren spalten Ammoniak ab und bilden inaktive Umwandlungsprodukte. Oxydationsmittel greifen bei jedem ph mehr oder minder rasch an, wobei in alkalischem Medium das um zwei Wasserstoffatome ärmere, tiefblau fluorescierende Thiochrom entsteht (R. A. PETERS; R. KUHN, TH. WAGNER-JAUREGG; G. BARGER, F. BERGEL und R. A. TODD). Ultraviolettes Licht zerstört das Vitamin ebenfalls. Zusammenfassend ergibt sich also, daß *Vitamin B_1 recht empfindlich* ist. (Es steht in dieser Beziehung aber noch hinter dem C-Vita-

---

[1] Siehe zusammenfassende Darstellungen im Schrifttum.

min zurück.) Beim Kochen werden vielfach bis 50% des Vitamins B_1 zerstört. Auf die Hitzeempfindlichkeit geht die frühere Bezeichnung hitzeempfindliches „B-Vitamin" zurück

Aneurin besitzt ein charakteristisches *Absorptionsspektrum* (R. A. Peters und J. St. Philpot; A. Windaus, R. Tschesche, H. Ruhkopf, F. Laquer und F. Schultz; A. Smakula; R. R. Williams). *Lage und Höhe der Banden sind weitgehend vom Lösungsmittel abhängig.* In der folgenden Abbildung sind Kurve 1 und 2 mit einem Doppelmonochromator von R. Pohl, Kurve 3 und 4 mit einem Hilger- Quarzspektrographen aufgenommen.

Aus der Empfindlichkeit des Spektrums gegenüber Lösungsmitteln und anderen äußeren Einflüssen ergibt sich, daß man es zur quantitativen Bestimmung des B_1 nur mit Vorsicht anwenden kann. Für die Konstitutionsermittlung waren die Messungen jedoch von außerordentlicher Bedeutung.

Konstitution. Um die Isolierung und Festlegung der Bruttoformel haben sich besonders B. C. P. Jansen, A. G. van Veen, S. Ohdake, R. A. Peters,

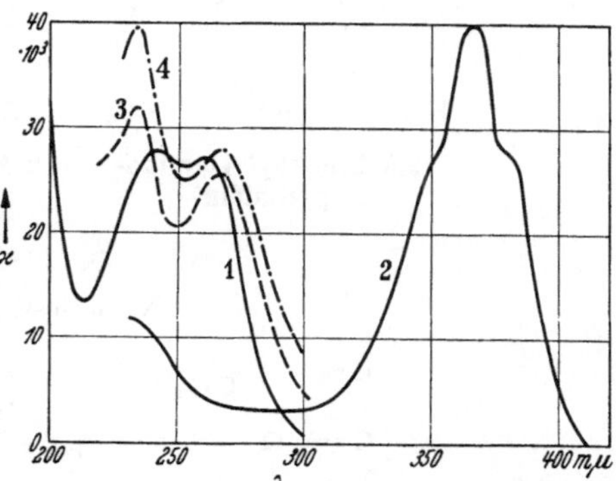

Abb. 5. 1 B_1-Dichlorhydrat in Wasser (Windaus und Smakula); 2 Thiochrom in Wasser (Kuhn und Vetter); 3 B_1-Dichlorhydrat in Wasser (Wintersteiner c. s.); 4 dasselbe in Alkohol (Wintersteiner c. s.).

A. Windaus und R. R. Williams und ihre Schüler verdient gemacht. Die Konstitutionsaufklärung erfolgte durch die Arbeitskreise von A. Windaus und R. R. Williams[1].

Vitamin B_1 wird *durch Salpetersäure* in zwei voneinander unabhängige Chromophore *gespalten* (Vergleich der Absorptionsspektren). Das eine Spaltprodukt ist eine Carbonsäure $C_5H_5O_2NS$, das andere ein Pyrimidinabkömmling komplizierter Art ($C_7H_{11}O_5N_3$) (A. Windaus). Bessere Einsicht gewährt *die Spaltung des Aneurins mit Natriumsulfit* (R. R. Williams), bei welcher eine

Amino-pyrimidin-sulfonsäure entsteht, die sich durch Reduktion unter Eliminierung der Sulfogruppe in ein Aminopyrimidin umwandeln läßt. *Das schwefelhaltige Spaltstück* wurde auf Grund seiner chemischen und optischen Eigenschaften als *Thiazolderivat* identifiziert (A. Ruehle, H. T. Clarke und S. Gurin). Es geht bei der Oxydation in die durch Salpetersäure erhaltene Carbonsäure über. Die Spaltung verläuft unter günstigen Bedingungen quantitativ nach folgender Gleichung:

Tabelle 6. Molare Absorptionskoeffizienten $\varkappa$.

Windaus und Smakula	Williams und Wintersteiner	
260 mμ: $27{,}0 \cdot 10^3$	267 mμ: $25{,}8 \cdot 10^3$	berech-
245 mμ: $28{,}0 \cdot 10^3$	235 mμ: $34{,}0 \cdot 10^3$	net aus ε

$$C_{12}H_{18}ON_4SCl_2 + Na_2SO_3 = C_6H_9O_3N_3S + C_6H_9ONS + 2\,NaCl.$$

Die Art der Verknüpfung der beiden Ringsysteme ergab sich aus verschiedenen Überlegungen. Zunächst folgte aus der Unabhängigkeit der beiden Chromophore, daß beide Ringe wahrscheinlich nicht unmittelbar zusammenhängen. Weiterhin zeigten Modellversuche, daß das aus Aneurin zu erwartende blaufluorescierende Thiochrom als neuen (mittelständigen) Ring unbedingt einen Sechsring enthalten muß, weil die entsprechenden synthetisch gewonnenen Verbindungen mit einem Fünfring nicht fluorescieren. Schließlich ergab die Spaltung des Aneurins mit flüssigem Ammoniak ein Diamino-pyrimidin, dessen neu eingetretene Aminogruppe nicht im Kern, sondern an einer Alkylgruppe sitzt

---

[1] Siehe zusammenfassende Darstellungen im Schrifttum.

(A. Windaus und R. Greve; K. Makino und T. Imai; A. R. Todd und F. Bergel; R. R. Williams und Mitarbeiter).

Die *stark basische Natur* des Aneurins machte ein *Thiazoloniumderivat* wahrscheinlich, was durch potentiometrische Titration gestützt wurde. Die endgültige Aufklärung der Konstitution erfolgte durch die Synthese (H. Andersag und K. Westphal).

2,5-Dimethyl-4-amino-pyrimidin **2-Methyl-4-oxy-5-sulfomethyl-pyrimidin**

Na in flüss. NH_3 $\nearrow$ HCl $\uparrow$ HNO_3

$C_7H_{11}O_5N_3$ +

Pyrimidin-Abkömmling **4-Methylthiazol-5-carbonsäure**   **2-Methyl-4-amino-5-sulfomethyl-pyrimidin**   **4-Methyl-5-oxäthyl-thiazol**

HNO_3 $\longleftarrow$ $\longrightarrow$ Na_2SO_3

Aneurin, Thiamin [C₁₂H₁₈ON₄S]⁺⁺Cl₂⁻⁻

$KMnO_4$ $\swarrow$ NH_3 flüss. $\searrow$ HCl

2-Methyl-4-amino-5-amino-methyl-pyrimidin   **Chlor-oxy-aneurin**

Verhalten bei der potentiometrischen Titration (R. R. Williams und A. E. Ruehle). Die Titrationskurve zeigt, daß nach Verbrauch von 1 Äquiv. Lauge zwar ein Potentialsprung vorhanden ist, daß aber der beim 2. Äquivalent erwartete ausbleibt. Erst bei 3 Mol Lauge steigt das ph wieder rasch an. Dieses unerwartete Verhalten ist für Thiazoloniumverbindungen charakteristisch. Im Gegensatz dazu verhalten sich die Salze tertiärer Thiazole wie die Salze schwacher Basen. Der fehlende Sprung bei 2 Äquivalenten Laugen weist darauf hin, daß eine chemische Veränderung im Thiazolring stattfindet.

Die Vorgänge *beim Versetzen mit Lauge* sind folgendermaßen zu erklären: Mit 1 Mol Lauge wird zunächst die Gesamtmenge des Dichlorids in das *Monochlorid* verwandelt. Bei weiterem Zufügen von Lauge bildet sich das *N-Thiazoloniumhydroxyd*, das sich aber gleichzeitig in die *Pseudobase* verwandelt. Dieses *Carbinol* verbraucht nun seinerseits wieder Lauge unter *Ringöffnung*. Diese Vorgänge, die Bildung der echten Base, des Carbinols und die Ringöffnung verlaufen nebeneinander, daher ist bei 2 Mol Lauge kein ph-Sprung zu beobachten.

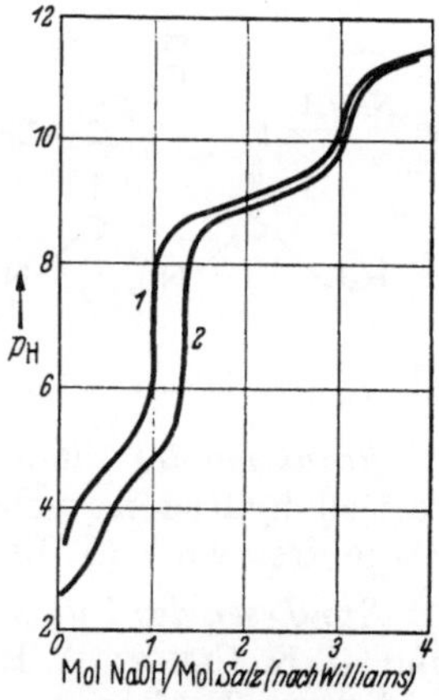

Abb. 6. *1* Titration des Hydrochlorids mit NaOH, *2* Rücktitration mit Salzsäure.

Die Vorgänge sind fast vollständig reversibel, wie die Kurve *2* für die Rücktitration zeigt.

Thiochrom (R. A. PETERS; R. KUHN, TH. WAGNER-JAUREGG; G. BARGER, F. BERGEL und R. A. TODD) $C_{12}H_{14}ON_4S$. Schmp. 227—228°. Die *nur in alkalischer Lösung* mögliche *Oxydation* zu Thiochrom verläuft über das erwähnte Carbinol, das zum Keton oxydiert wird und mit der Aminogruppe den Ring schließt.

Aneurin $\xrightarrow{\text{NaOH}}$ [Strukturformel] $\xrightarrow[{-\text{H}_2\text{O}}]{-2\,\text{H}}$ [Strukturformel] **Thiochrom**

Reduktion des Vitamins B₁. Vitamin B₁ läßt sich mit Platin und Wasserstoff partiell hydrieren, wobei 2 H-Atome aufgenommen werden und 1 Äquivalent Säure frei wird (F. LIPMANN).

Synthesen des Vitamins B₁ (H. ANDERSAG und K. WESTPHAL; R. R. WILLIAMS und J. K. CLINE; A. R. TODD und F. BERGEL)[1]. Vitamin B₁ ist nach verschiedenen Verfahren synthetisiert worden. *Da Halogenalkyle sich mit Thiazolen unter Bildung von N-Alkyl-thiazolonium-halogeniden vereinigen, bestand die Hauptaufgabe bei der Synthese in der Darstellung der beiden Komponenten 2-Methyl-4-amino-5-halogen-methyl-pyrimidin und 4-Methyl-5-oxäthyl-thiazol.* Wir bringen für beide je eine Synthese:

Pyrimidin-Komponente (H. ANDERSAG und K. WESTPHAL).

[Strukturformeln] → [Strukturformel] →

Acetamidin + Formyl-bernsteinsäure-ester

$\xrightarrow{\text{POCl}_3}$ [Strukturformel] $\xrightarrow{\text{NH}_3,\ \text{flüss.}}$ [Strukturformel] $\xrightarrow{\text{Br}_2,\ \text{NaO}}$

[Strukturformel] $\xrightarrow{\text{HNO}_2}$ [Strukturformel] $\xrightarrow{\text{HBr}}$ [Strukturformel]

2-Methyl-4-amino-5-brom-methyl-pyrimidin

----

[1] Zur Priorität siehe H. HÖRLEIN.

Thiazol-Komponente (H. T. Clarke und S. Gurin).

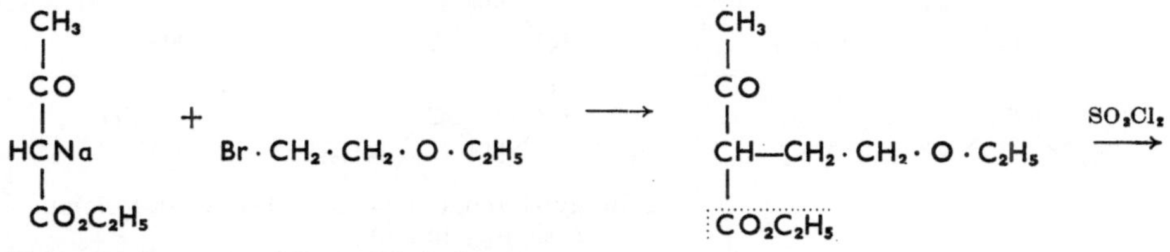

$$\text{SO}_2\text{Cl}_2$$

Na-acetessigester $+$ β-Bromäthyläther

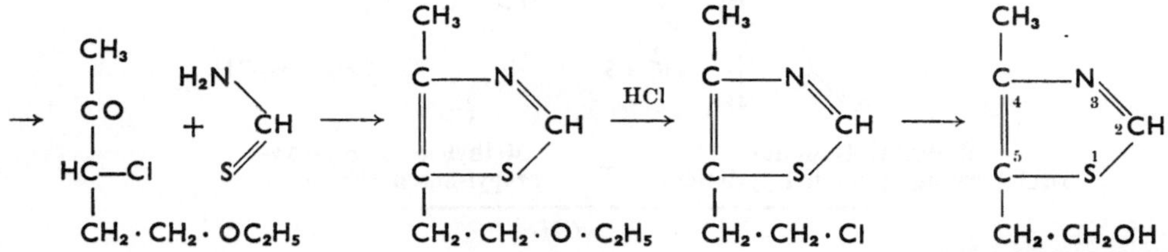

4-Methyl-5-oxäthyl-thiazol

Die Vereinigung der beiden Komponenten geht bei höherer Temperatur vor sich.

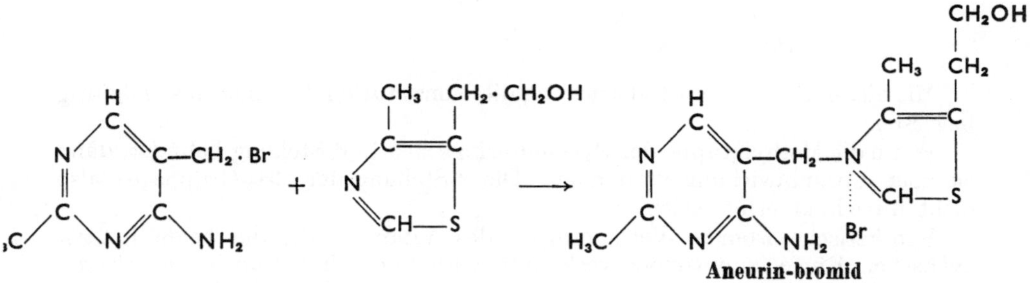

Aneurin-bromid

Aus dem Bromid wurde das Hydrochlorid dargestellt (Schmp. 252°), das mit dem natürlichen Vitamin B_1 chemisch und physiologisch übereinstimmte.

Eine andere Möglichkeit zur Synthese besteht darin, daß man vom 2-Methyl-4-amino-5-amino-methyl-pyrimidin aus den Thiazolring unmittelbar anbaut (A. R. Todd und F. Bergel; H. Andersag und K. Westphal; R. Grewe).

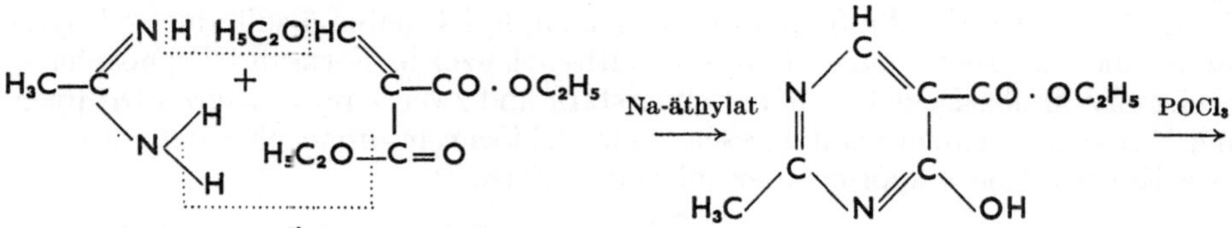

Acet-amidin $+$ Äthoxy-methylen-malonester

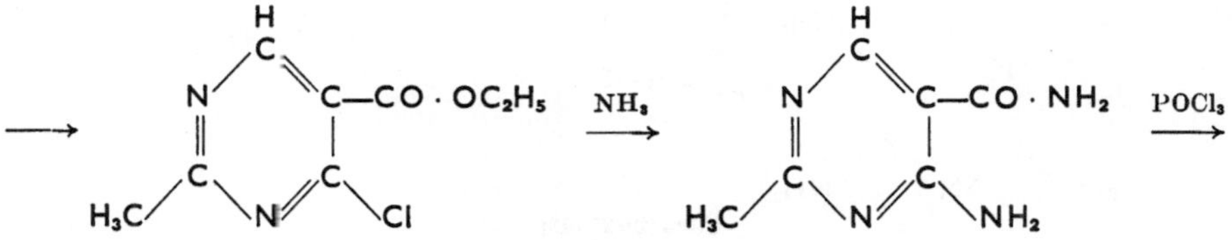

Na-äthylat

POCl$_3$

NH$_3$

POCl$_3$

katal. Hydr.

2-Methyl-4-amino-5-amino-methyl-pyrimidin   Dithio-Na-formiat

2-Methyl-4-amino-5-thioformamido-methyl-pyrimidin + **Methyl-α-chlor-γ-oxy-propyl-keton** (Enolform)

Mit diesen Synthesen ist gleichzeitig die Konstitution des Aneurins endgültig bewiesen.

Wenn die Methylgruppe des Pyrimidinrings sich in 6-Stellung befindet, dann ist noch Vitaminwirkung vorhanden. Die 2-Stellung der CH_3-Gruppe ist also nicht unbedingt erforderlich.

Synthetische isomere Verbindungen des Vitamins B_1, die beide heterocyclischen Ringe unmittelbar verknüpft enthalten, sind jedoch unwirksam.

Vitamin B_1-diphosphorsäure (Cocarboxylase). $C_{12}H_{19}O_7N_4SP_2Cl$. Die Cocarboxylase wurde von K. Lohmann und Ph. Schuster *aus Bierhefe isoliert.* Sie bewirkt im Gärversuch *in Verbindung mit einem noch unbekannten Protein die katalytische Zersetzung der Brenztraubensäure in Acetaldehyd und Kohlendioxyd.* Außerdem beschleunigt sie *die Sauerstoffaufnahme bei der Atmung von B_1-avitaminotischem Gehirn, wobei sie wahrscheinlich ebenfalls an der Brenztraubensäure angreift.*

Im chemischen Verhalten stimmt sie weitgehend mit dem Vitamin B_1 überein. So ergibt sie bei der Sulfitspaltung das 2-Methyl-4-amino-5-sulfo-methyl-pyrimidin und außerdem das 4-Methyl-5-oxäthyl-thiazol in Form des Diphosphats. Sie ist eine dreibasische Säure, mit einer stark und zwei schwach sauren Gruppen und läßt sich zu einem blaufluorescierenden Thiochrom-diphosphat dehydrieren. Ihre Konstitution entspricht der folgenden Formel:

Cocarboxylase

Das Absorptionsspektrum der Aneurin-di-phosphorsäure zeigt die folgende Abbildung (nach K. LOHMANN).

Lage und Intensität der Banden sind etwa wie beim Aneurin:

$$\varkappa_{(245)} = 31{,}3 \cdot 10^3 \qquad \varkappa_{(260)} = 33{,}3 \cdot 10^3.$$

Wirkungsweise. Es ist noch unentschieden, ob nur die Cocarboxylase biologisch wirksam ist, oder ob auch das Vitamin als solches besondere physiologische Funktionen hat. Jedenfalls ist *Vitamin B_1 die Wirkgruppe eines Coferments und Vorstufe eines Ferments.*

Aus den Modellversuchen von W. LANGEN-BECK läßt sich schließen, daß die *Carboxylasewirkung des Aneurins eine* echte *Zwischenproduktskatalyse* darstellt, indem die Amino-

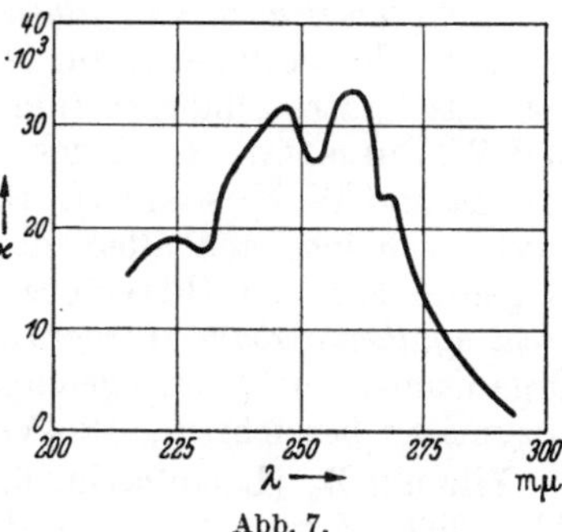

Abb. 7.

gruppe eine Ketimino-brenztraubensäure bildet, die in CO_2 und Acetaldehyd zerfällt und sich dann von neuem mit Brenztraubensäure verbindet.

$$\text{Cocarbox.} - NH_2 + OC\!\!\begin{array}{l} CO_2H \\ CH_3 \end{array} \longrightarrow \text{Cocarbox.} - N = C\!\!\begin{array}{l} CO_2H \\ CH_3 \end{array} \longrightarrow$$

$$\text{Cocarbox.} - N = CH + CO_2$$
$$| \atop CH_3$$

$$+ \quad \begin{array}{c} CO_2H \\ | \\ C = O \\ | \\ CH_3 \end{array}$$

$$\downarrow$$

$$\text{Cocarbox.} - N = C\!\!\begin{array}{l} CO_2H \\ CH_3 \end{array} + CH_3 \cdot CHO$$

Chemisch-physikalische Bestimmung des Aneurins. Die von H. W. KINNERSLEY und R. A. PETERS aufgefundene gelbrote Färbung mit diazotierter Sulfanilsäure und Formaldehyd (Formaldehyd-azo-test) ist nicht absolut spezifisch (R. A. TODD und F. BERGEL). Auch die sehr ähnliche Reaktion mit diazotiertem p-Amino-acetanilid u. a. (H. J. PREBLUDA und E. V. McCOLLUM) scheint die gestellten Forderungen nicht zu erfüllen.

Die beste chemische Bestimmungsmethode ist die Oxydation zu Thiochrom mit Kaliumferricyanid in alkalischer Lösung, Ausschütteln mit Butylalkohol und Messung der Fluorescenzintensität (B. C. P. JANSEN; J. GOUDSMIT und H. G. K. WESTENBRINK; W. KARRER und U. KUBLI).

Da sich die Cocarboxylase in gleicher Weise zu einem blaufluorescierenden Thiochrom, dem Diphospho-thiochrom dehydrieren läßt, das infolge der Phosphorsäure streng wasserlöslich ist, können Vitamin B_1 und sein Diphosphorsäure-ester in einem Arbeitsgang bestimmt werden. Man oxydiert das Gemisch, schüttelt mit Butylalkohol durch und bestimmt die Fluorescenz in beiden Phasen (H. ROTH; vgl. M. PYKE).

Die Cocarboxylase ist auch fermentchemisch durch Messung des entwickelten Kohlendioxyds im Gärversuch bestimmbar (A. SCHULTZ, L. ATKIN und CH. N. FREY).

2. Vitamin B$_2$ und gelbes Ferment [1] [2].

Das früher als „Wachstumsvitamin" bezeichnete (in Europa Vitamin B$_2$, in Amerika Vitamin G genannte) Lactoflavin ist die *Farbstoffkomponente des wasserstoffübertragenden gelben Ferments* (O. WARBURG; R. KUHN und Mitarbeiter). Es wurde etwa zur gleichen Zeit in Form des Ferments, als „Vitamin" und als „intracellulärer fluorescierender Farbstoff" entdeckt (O. WARBURG und W. CHRISTIAN; R. KUHN, P. GYÖRGY und TH. WAGNER-JAUREGG; PH. ELLINGER und W. KOSCHARA). Die eigentliche physiologische Funktion des Lactoflavins scheint nach allem darin zu liegen, daß es im tierischen Organismus in gelbes Ferment (Flavinenzym) übergeht. Das heißt, es stellt *die vom Tier nicht synthetisierbare Wirkgruppe eines Flavinenzyms* dar und ist (nach der im Organismus leicht erfolgenden Phosphorylierung) als *Coferment* des Flavinenzyms zu bezeichnen. Die Verhältnisse liegen hier wie beim Vitamin B$_1$.

Vitamin B$_2$ (Lactoflavin, 6.7-Dimethyl-9-d-ribo-flavin) C$_{17}$H$_{20}$O$_6$N$_4$. Schmp. 292—293° (Zers.). $[\alpha]_D = -115°$ (n/10 NaOH).

Darstellung. Kuhmilch enthält Lactoflavin als solches und stellt daher die beste natürliche Quelle dar. Man adsorbiert aus angesäuerter Molke an Fullererde und eluiert das Vitamin mit einem Gemisch von Pyridin, Methanol und Wasser. Nach dem Einengen und Fällen von Begleitkörpern mit Aceton wird noch einmal adsorbiert (an Frankonit KL), eluiert und schließlich mit Pikrinsäure behandelt, wobei basische Begleitstoffe ausfallen, das Vitamin aber in Lösung bleibt. Die weitere Reinigung erfolgt über das Thallium- und Silbersalz des Lactoflavins und schließlich durch Umkrystallisieren aus Essigsäure und Alkohol (im Extraktionsapparat), wobei man gelborangefarbene, zu Büscheln vereinigte Nadeln erhält (R. KUHN und TH. WAGNER-JAUREGG).

Eigenschaften. Krystallisiertes reines Lactoflavin löst sich in Wasser nur mäßig gut auf. Die *gelbe Lösung zeigt starke Grünfluorescenz.* In Lauge und starker Säure ist die Löslichkeit infolge des *amphoteren Charakters* weit besser. Lactoflavin ist in neutraler oder saurer Lösung *hitzebeständig*, weshalb es früher als die thermostabile Komponente des B-Vitamins bezeichnet wurde. Auch *gegen Oxydationsmittel* (Brom, Salpetersäure) ist es außerordentlich *beständig*. Durch Alkalien wird es jedoch zerstört, besonders beim Erhitzen. Reduktionsmittel (Natriumhydrosulfit, katalytisch erregter Wasserstoff) wandeln es in eine *Leukoform* um, die bereits durch den Luftsauerstoff wieder oxydiert wird. Dabei wird eine Monohydrostufe von Radikalcharakter durchlaufen (Chloro-flavin) (R. KUHN und R. STRÖBELE). Das Redoxpotential (E_0') bei ph 7 und 20° beträgt —0,185 Volt (R. KUHN mit G. MORUZZI und P. BOULANGER).

Lactoflavin zeigt in neutraler Lösung keine meßbare *spezifische Drehung.* In alkalischem Medium (n/10 NaOH) ist $[\alpha]_D = -115°$. Die Drehung ist konzentrationsabhängig. Charakteristisch ist die starke Änderung bei Anwesenheit von Natriumborat. $[\alpha]_D$ in n/20, halb mit Borax gesättigter NaOH $= +350°$ (R. KUHN, TH. WAGNER-JAUREGG und H. RUDY).

Lactoflavin besitzt ein charakteristisches *Absorptionsspektrum*, dessen Hauptbanden bei 445, 370, 270 und 225 mμ liegen. In der folgenden Kurve ist zum Vergleich das Spektrum des gelben Ferments mit eingezeichnet worden (H. THEORELL). Dieselbe Kurve ergeben, von geringen Verschiebungen abgesehen, alle Flavine. Einen gewissen Einfluß auf die Absorption haben besonders die im Benzolkern haftenden Methylgruppen. Der molare Absorptionskoeffizient $\varkappa$ beträgt 30 · 10^3 (445 mμ).

---

[1] Siehe zusammenfassende Darstellungen im Schrifttum.

[2] Anmerkung bei der Korrektur: Inzwischen ist noch ein zweites gelbes Ferment entdeckt worden, dessen Farbstoffkomponente sich ebenfalls vom Lactoflavin ableitet [O. WARBURG und W. CHRISTIAN (2), E. HAAS].

Die starke *Grünfluorescenz kommt* nur dem elektrisch neutralen Molekül bzw. *dem Zwitterion* zu, Kation und Anion fluorescieren nicht (ph-Optium zwischen 3 und 9). Aus der ph-Fluorescenzkurve ergeben sich die Dissoziationskonstanten $k_a = 63 \cdot 10^{-12}$ und $k_b = 0,5 \cdot 10^{-2}$. Der isoelektrische Punkt liegt bei ph 6,0 (R. KUHN und G. MORUZZI; vgl. H. THEORELL).

Konstitution. Lactoflavin geht *beim Belichten in alkalischer Lösung* unter Verlust des sauerstoffreichen Teils in das ihm weitgehend ähnliche *Lumi-lactoflavin* $C_{13}H_{12}O_2N_4$ über (über den mutmaßlichen Verlauf siehe R. KUHN, H. RUDY und TH. WAGNER-JAUREGG; W. KOSCHARA; P. KARRER, KÖBNER, K. ZEHENDER, H. SALOMON), das *durch Natronlauge in eine Oxocarbonsäure* $C_{12}H_{12}O_3N_2$ abgebaut wird (O. WARBURG; R. KUHN), aus der durch Decarboxylierung das Lactam $C_{11}H_{12}ON_2$ entsteht. *Durch energischen Abbau mit Natronlauge entsteht 1.2-Dimethyl-4-amino-5-methyl-amino-benzol.* Da Lumilactoflavin eine N-Methylgruppe enthält, war seine Konstitution damit sichergestellt (R. KUHN und H. RUDY). Sie wurde durch die Synthese bewiesen (R. KUHN, K. REINEMUND und F. WEYGAND).

Die bei der alkalischen Photolyse des Lactoflavins abgespaltene *sauerstoffreiche Seitenkette enthält 4 Hydroxylgruppen, wovon eine primär ist* (Tetra-acetyl- und Di-acetonverbindung; Oxydation mit Bleitetraacetat: 0,75 Mol Formaldehyd). *Da Lumi-lactoflavin* mit Jodwasserstoff *im Gegensatz zu Lactoflavin 1 N-Methylgruppe anzeigt, entsteht diese erst bei der alkalischen Photolyse.* Damit ist als *Haftstelle des abgespaltenen Tetraoxybutylrestes das am Stickstoffatom 9 haftende C-Atom (1′)* erkannt. Weitere Anhaltspunkte für diese Auffassung ergaben sich aus der Tatsache, daß *bei der Oxydation mit Bleitetraacetat* und *beim Belichten in neutraler Lösung 6.7-Dimethyl-*

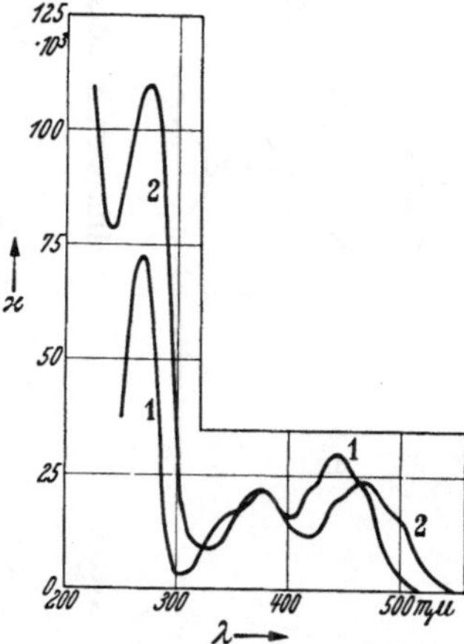

Abb. 8. 1 Lactoflavin (nach KUHN c. s.). 2 Gelbes Ferment (nach THEORELL), beide in Wasser.

alloxazin (Lumichrom) $C_{12}H_{10}O_2N_4$, entsteht (P. KARRER), wobei also der ganze Tetraoxyamylrest abgelöst wird und das Rumpfmolekül („Flavin" = „Iso-alloxazin") sich umlagert. Die Konfiguration der Zuckeralkoholkette wurde durch die Synthese ermittelt (R. KUHN, K. REINEMUND, H. KALTSCHMITT, R. STRÖBELE und H. TRIESCHMANN; P. KARRER, H. v. EULER, K. SCHÖPF, F. BENZ, M. MALMBERG, B. BECKER, F. FREI und H. SALOMON).

Die wichtigsten Reaktionen sind aus der Zusammenfassung S. 140 zu erkennen.

Synthesen. Lactoflavin wurde nach einer Reihe von Verfahren synthetisiert, die aber alle darauf hinauslaufen, daß *1.2-Dimethyl-4-amino-5-d-1′-ribityl-amino-benzol* unter Zusatz von Borsäure *in saurer Lösung mit Alloxan kondensiert* wird (R. KUHN, F. WEYGAND, K. REINEMUND, H. KALTSCHMIDT, R. STRÖBELE; P. KARRER, H. v. EULER, K. SCHÖPP, F. BENZ, M. MALMBERG, B. BECKER, P. FREI und H. SALOMON):

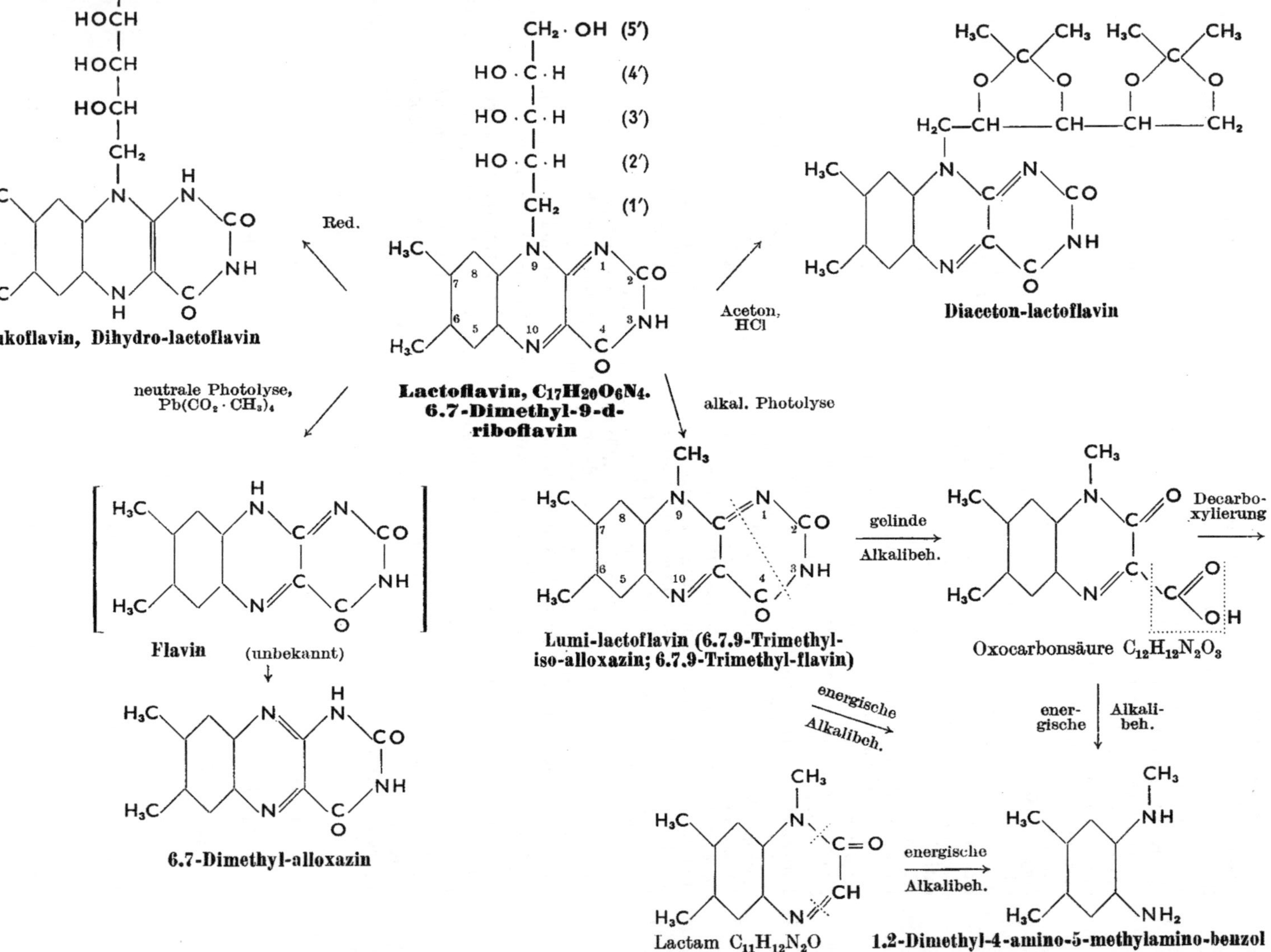

Diaceton-lactoflavin
Aceton, HCl
CH₂·OH (5')
(4')
(3')
(2')
(1')
Lactoflavin, C₁₇H₂₀O₆N₄.
6.7-Dimethyl-9-d-riboflavin
Red.
alkal. Photolyse
neutrale Photolyse, Pb(CO₂·CH₃)₄
Leukoflavin, Dihydro-lactoflavin
Lumi-lactoflavin (6.7.9-Trimethyl-iso-alloxazin; 6.7.9-Trimethyl-flavin)
gelinde Alkalibeh.
energische Alkalibeh.
energische Alkalibeh.
Decarboxylierung
Oxocarbonsäure C₁₂H₁₂N₂O₃
Alkalibeh.
1.2-Dimethyl-4-amino-5-methylamino-benzol
energische Alkalibeh.
Lactam C₁₁H₁₂N₂O
Flavin
(unbekannt)
6.7-Dimethyl-alloxazin

Geeignete Methoden zur Darstellung des 1.2-Dimethyl-4-amino-5-d-1-ribityl-amino-benzols sind die folgenden:

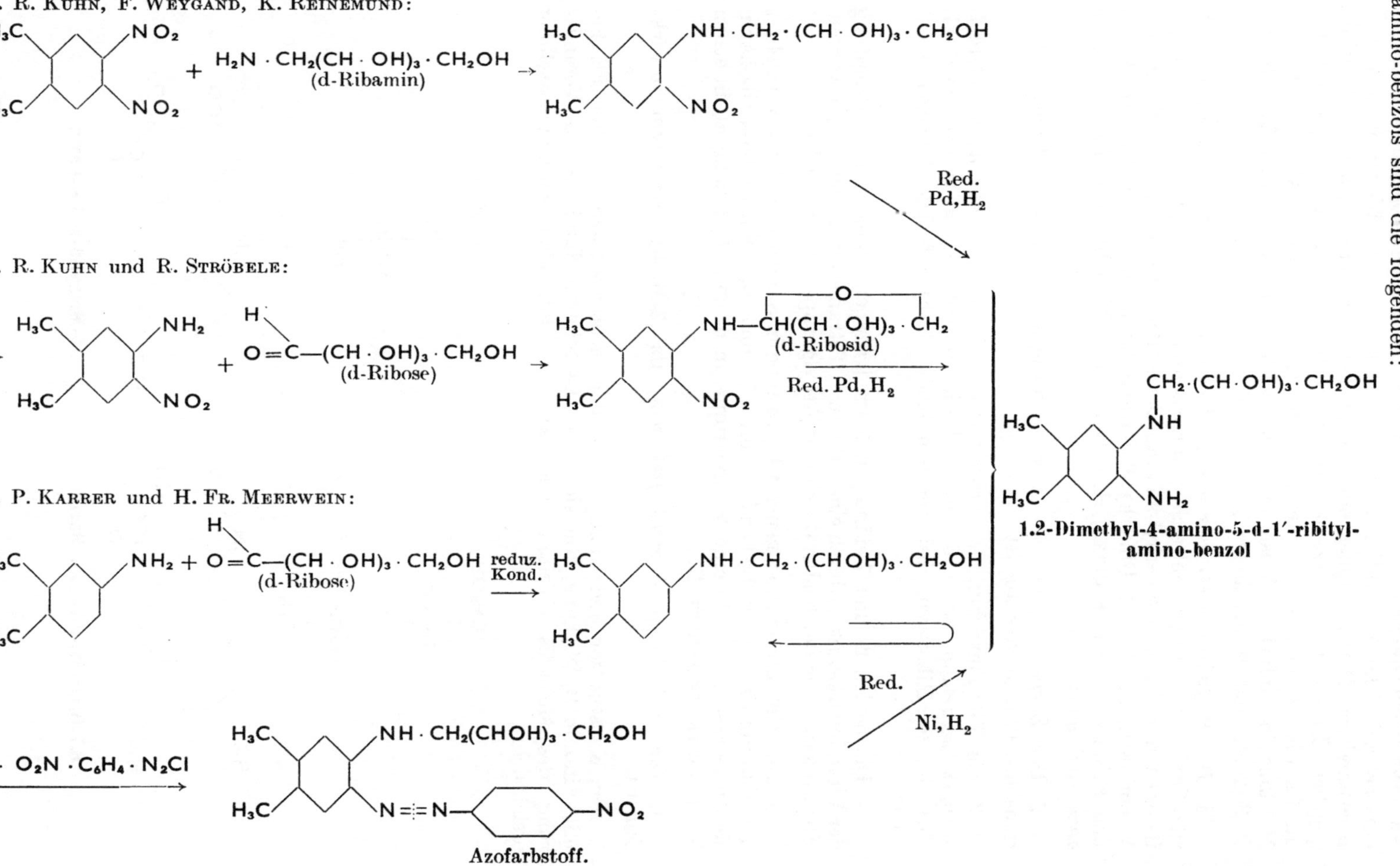

Konstitution und Vitaminwirkung. Das Lactoflavinmolekül bietet zahlreiche Variationsmöglichkeiten. Insbesondere für die Zuckeralkoholkette hat man eine beträchtliche Auswahl an Isomeren und Homologen. Weiterhin ist in den kernständigen Methylgruppen eine Möglichkeit zur Veränderung des Moleküls gegeben. Durch die Synthese der zahlreichen Isomeren und Homologen konnten die für die Vitamin- bzw. Cofermentwirkung maßgebenden Atomgruppen des Moleküls in einfacher Weise ermittelt werden (R. KUHN und Mitarbeiter; P. KARRER und Mitarbeiter):

1. *Die Pentitkette wirkt sehr spezifisch;* denn außer dem 6.7-Dimethyl-9-d-ribo-flavin ist von den zahlreichen dargestellten 6.7-Dimethyl-9-polyoxy-alkyl-flavinen nur das 6.7-Dimethyl-9-l-araboflavin noch als Vitamin wirksam [die Vitaminwirkung des 6.7-Dimethyl-9-d-arabo-flavins ist umstritten (R. KUHN und F. WEYGAND; P. KARRER, H. v. EULER und Mitarbeiter)]. *Die Antipoden dazu* sind *unwirksam.*

2. Der *Zuckerrest* muß *als Alkohol* vorliegen, da das 6.7-Dimethyl-9-d-ribosido-flavin unwirksam ist.

3. Zur Vitaminwirkung ist *mindestens eine der beiden kernständigen Methylgruppen notwendig;* denn 6- und 7-Methyl-9-d-ribo-flavin wirken noch als Vitamin, 9-d-Riboflavin, bei welchem beide Methyle fehlen, hingegen nicht mehr.

4. Die beiden 6- und 7-ständigen Methylgruppen können unter Erhaltung der Vitaminwirksamkeit durch einen Tri- und Tetramethylenring ersetzt werden. Ebenso kann eine der beiden durch eine Äthylgruppe ersetzt werden.

5. Die Einführung einer neuen CH_3-Gruppe in 5- oder 8-Stellung vernichtet die Vitaminwirkung weitgehend; denn 5.7- und 6.8-Dimethyl-9-d-riboflavin sind unwirksam, obwohl eine Methylgruppe in 6- oder 7-Stellung allein schon Vitaminwirkung hervorruft.

6. *Die NH-Gruppe 3 muß frei sein,* da 3-Methyl-lactoflavin unwirksam ist.

Die Konstitution und Konfiguration der wichtigsten synthetischen Flavine mit Vitamin B_2-Wirkung, die sich vom Lactoflavin durch je *eine* Veränderung des Moleküls ableiten, sind aus der folgenden Zusammenstellung ersichtlich.

6.7-Dimethyl-9-l-arabo-flavin

6-Methyl-9-d-ribo-flavin

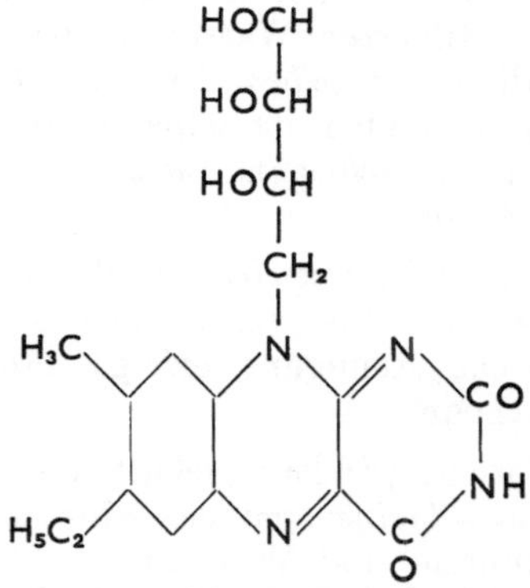

7-Methyl-9-d-ribo-flavin

6.7-Trimethylen-9-d-ribo-flavin

6.7-Tetramethylen-9-d-ribo-flavin

6-Äthyl-7-methyl-9-d-ribo-flavin

Das wirksamste von allen Flavinen ist das natürliche Lactoflavin, die übrigen wirken erst in der mehrfachen Dosis (Rattenwachstumsversuch).

Chemisch-physikalische Bestimmungsmethoden. Lactoflavin wird zweckmäßig *colorimetrisch bestimmt*. Man belichtet in schwach alkalischer Lösung unter Kühlung, schüttelt das entstandene Lumi-lactoflavin aus saurer Lösung mit Chloroform aus und bestimmt die Extinktion am Stufenphotometer (O. WARBURG und W. CHRISTIAN; R. KUHN, TH. WAGNER-JAUREGG und H. KALTSCHMITT). Von anderer Seite wurde die unmittelbare Bestimmung als Lactoflavin vorgeschlagen (W. KOSCHARA; M. VAN EEKELEN und A. EMMERIE).

Der Berechnung sind folgende Zahlen zugrunde zu legen:

$$0{,}1 \text{ mg Lumi-lactoflavin in 1 ccm Chloroform} \ldots \varepsilon\,(470) = 4{,}75$$
$$\varepsilon\,(450) = 5{,}65$$
$$0{,}1 \text{ mg Lactoflavin in 1 ccm Wasser} \ldots \varepsilon\,(470) = 3{,}25$$
$$\varepsilon\,(450) = 3{,}85.$$

Auch die Fluorescenz kann zur Bestimmung von Lactoflavin herangezogen werden (H. V. EULER und E. ADLER; G. C. SUPPLEE). Dabei ist aber zu berücksichtigen, daß sie konzentrationsabhängig ist (P. KARRER).

Das gelbe Ferment (Flavo-phospho-protein). $C = 51{,}5$, $H = 7{,}37$, $N = 15{,}9$, $P = 0{,}043\%$. $[\alpha]_D = -30°$. Mol.-Gew. $= 73000$.

Darstellung (O. WARBURG und W. CHRISTIAN; TH. WAGNER-JAUREGG; H. THEORELL). Lebedewsaft wird mit Bleiessig gefällt, der durch Zentrifugieren erhaltene gelbe Abguß wird mit sekundärem Natriumphosphat versetzt und der entstehende Niederschlag abzentrifugiert. Zu dem klaren Abguß fügt man primäres Kaliumphosphat und Aceton und trennt den Niederschlag wieder durch Abschleudern ab. In die so erhaltene Lösung leitet man bei 0° Kohlendioxyd ein und fällt das Ferment· mit Aceton. Nach Dialyse wird in der gleichen Weise mehrmals umgefällt und dann im Exsiccator über Phosphorpentoxyd getrocknet. Das Trockenferment wird mit 1%iger Natriumchloridlösung verrieben und mit wenig Chloroform geschüttelt, wobei viel Eiweiß ausfällt (O. WARBURG und W. CHRISTIAN). Ganz reines Ferment erhält man durch Kataphorese (H. THEORELL). Eine weitgehende Reinigung gelingt auch durch Adsorption an Aluminiumhydroxyd ohne Anwendung der Kataphorese (F. WEYGAND und H. STOCKER).

Eigenschaften. Das gelbe Ferment ist in reinem Zustand sehr unbeständig und verträgt selbst Eintrocknen im Vakuum nicht ohne Zersetzung. Beim Versetzen einer wäßrigen Lösung *mit organischen Lösungsmitteln* (Methanol) wird es bereits *zerlegt.* In gleicher Weise wirken auch heißes Wasser und verdünnte Säuren. Die *Löslichkeitseigenschaften sind die eines Albumins:* es löst sich in destilliertem Wasser und wird bei 67% Ammonsulfatsättigung quantitativ ausgefällt. *Die gelben Lösungen fluorescieren* im Gegensatz zum Lactoflavin *nicht*, zeigen aber dasselbe *Absorptionsspektrum*, nur mit dem Unterschied, daß eine *Verschiebung nach dem Langwelligen* stattgefunden hat (20 mµ). $\varkappa = 24{,}4 \cdot 10^3$.

Das *Molekulargewicht* wurde durch Ultrazentrifugation und aus chemischen Daten zu 73000 bestimmt. Der *isoelektrische Punkt* liegt bei ph 5,25. Die kataphoretische Reinigung erfolgt daher zweckmäßig bei etwa 4,5 (Wanderung zur Kathode).

Die wichtigste Eigenschaft des gelben Ferments ist seine *reversible Reduktion zum Leuko-flavinenzym*, das schon durch den Luftsauerstoff wieder oxydiert wird (O. WARBURG und W. CHRISTIAN). Auf der Bildung dieser Leukoform *beruht seine Wirksamkeit als Wasserstoffübertröger*, wobei jedoch die Rückoxydation nicht unbedingt durch den Luftsauerstoff erfolgen muß, sondern auch durch andere Wasserstoffacceptoren geschehen kann und in der Zelle sicher auch geschieht:

$$\text{Flavinenzym} \quad \underset{-2\text{H}}{\overset{+2\text{H}}{\rightleftarrows}} \quad \text{Leuko-flavinenzym.}$$

Für die physiologische Wirksamkeit ist wichtig, daß das *Redoxpotential* E'_0 nur —0,06 Volt beträgt (ph 7, 20°), gegenüber —0,185 Volt beim Lactoflavin (R. KUHN und P. BOULANGER). Offenbar hängt die Wirksamkeit mit diesem Potential eng zusammen.

Lactoflavin-phosphorsäure. Das gelbe Ferment gehört zu den wenigen Enzymen, über deren Bau man sich gesicherte Vorstellungen machen kann. H. THEORELL hat gefunden, daß es aus einem Protein und einer Flavin-phosphorsäure besteht. Während über das Protein nur soviel gesagt werden kann, daß es sich von den bekannten Proteinen in seiner Zusammensetzung nicht unterscheidet (R. KUHN und P. DESNUELLE), ist die Konstitution des Cofermentes als die einer Lactoflavin-5'-phosphorsäure sichergestellt (R. KUHN, H. RUDY und F. WEYGAND).

Die *Isolierung aus gelbem Ferment* geschah durch Zerlegen des reinen Ferments mit Methanol, Abtrennen des Proteins, Einengen und Umwandlung in

das Calciumsalz, das durch mehrmaliges Umfällen krystallin erhalten wurde
(H. THEORELL).

Die Synthese erfolgte auf folgendem Wege:

Lactoflavin $\xrightarrow{\text{(Tritylchlorid)}}$ 5'-Trityl-lactoflavin $\xrightarrow{\text{(Acetanhydrid)}}$

2'.3'.4'-Triacetyl-5'-trityl-lactoflavin $\xrightarrow{\text{(verd. Säure)}}$

2'.3'.4'-Triacetyl-lactoflavin $\xrightarrow{\text{(POCl}_3\text{, Pyridin)}}$

2'.3'.4'-Triacetyl-lactoflavin-5'-phosphorsäure $\xrightarrow{\text{(verd. Lauge)}}$

Lactoflavin-5'-phosphorsäure:

$$\begin{array}{c}
CH_2 \cdot O \cdot P \Big\langle \substack{OH \\ =O \\ OH} \\
| \\
HO \cdot C \cdot H \\
| \\
HO \cdot C \cdot H \\
| \\
HO \cdot C \cdot H \\
| \\
CH_2
\end{array}$$

6.7-Dimethyl-9-d-riboflavin-5'-phosphorsäure.

Zum Unterschied vom Lactoflavin wandert die 5'-Phosphorsäure im elektrischen Feld und kann auf diese Weise von ihm unterschieden werden.

Zur Trennung der beiden kann man *acetylieren* und zwischen Wasser und Chloroform verteilen, da die Triacetyl-lactoflavin-phosphorsäure im Gegensatz zum Tetraacetyl-lactoflavin streng wasserlöslich ist. Durch Messung der Extinktionskoeffizienten im Stufenphotometer ist eine quantitative Bestimmung möglich (R. KUHN und H. RUDY).

Zur Trennung des Lactoflavins von seinem Phosphat eignet sich auch *Benzylalkohol*, welcher nur das freie Flavin aufnimmt (A. EMMERIE).

Lactoflavin-phosphorsäure wird durch *Darm- und Hefe-phosphatasen entphosphoryliert.* Die *Abspaltung der Phosphorsäure mit Mineralsäuren* verlangt kräftige Reaktionsbedingungen (R. KUHN und H. RUDY).

Konstitution des gelben Ferments. Die Art der Bindung des Coferments an das Protein ergab sich aus der Beobachtung der reversiblen Spaltung durch verdünnte Säure. Wenn man die Zerlegung durch n/50 Salzsäure bei 0° vornimmt, die Flavin-phosphorsäure herausdialysiert und zum Schluß die Salzsäure durch Dialyse entfernt, so erhält man ein nur schwach denaturiertes Protein. Dieses läßt sich durch Zugabe der äquivalenten Menge der vorher abgespaltenen Flavinphosphorsäure wieder zu gelbem Ferment resynthetisieren. Lactoflavin gibt in äquivalenter Menge kein Flavinenzym und läßt sich im Gegensatz zur 5'-Phosphorsäure durch Dialyse bei ph 7 vollständig entfernen

(H. Theorell). *Die Bindung erfolgt also zweifellos über den Phosphorsäurerest und ist salzartig.*

Außerdem ist aber auch die schwach saure NH-Gruppe 3 an der Bindung mit dem Protein beteiligt, wie sich aus dem Vergleich der Absorptionsspektren und der Fluorescenz der Flavin-phosphorsäure in neutraler und alkalischer Lösung mit der des gelben Ferments und aus der Tatsache, daß aus 3-Methyl-lactoflavin-phosphorsäure kein Ferment entsteht, ergibt. Darüber hinaus „bettet" sich das Flavin als Ganzes in das Protein ein (R. Kuhn und H. Rudy).

Die Reduktion zum Leuko-flavinenzym findet am Lactoflavin statt, und zwar an das konjugierte System

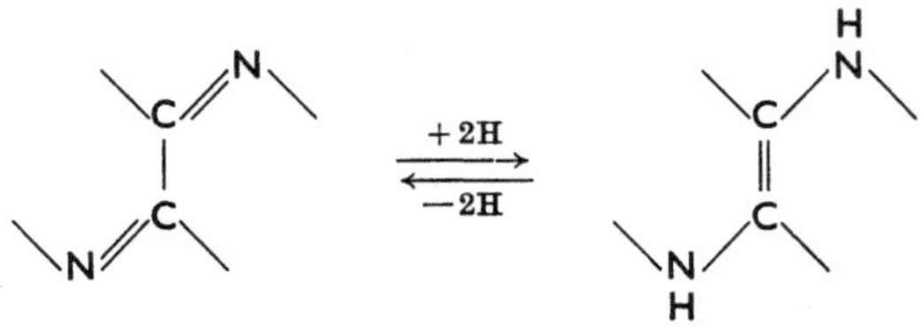

so daß damit auch die Konstitution des Leuko-flavinenzyms geklärt ist:

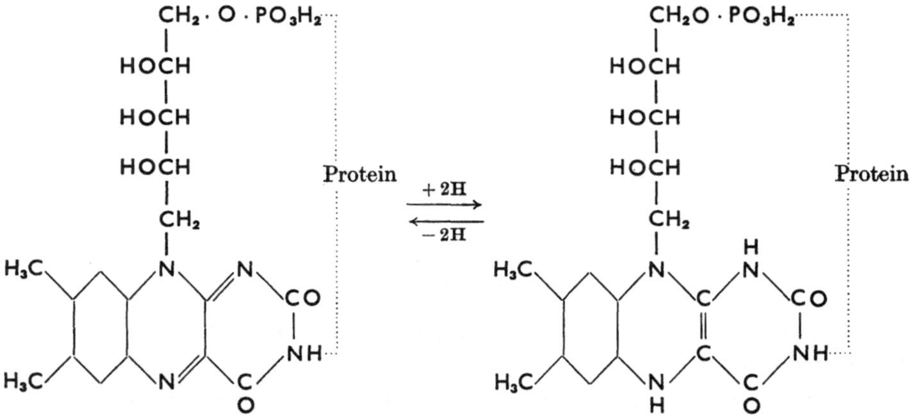

Gelbes Ferment, Flavo-phospho-protein Flavinenzym.   **Reduziertes gelbes Ferment, Dihydro-flavo-phospho-protein, Leuko-flavinenzym.**

Mit dieser Gleichung ist gleichzeitig *die chemische Reaktionsweise des Vitamins B₂ geklärt: es geht im Organismus in Flavinenzym über und wirkt als Wasserstoffüberträger.* Es reagiert allerdings nicht mit dem Substrat selbst, sondern *übernimmt den Wasserstoff sehr wahrscheinlich von der reduzierten Dehydrase* (vgl. Antipellagra-Vitamin).

Synthetische Flavinenzyme. Statt des natürlichen Coferments kann auch die synthetische Lactoflavin-phosphorsäure mit dem spezifischen Protein ge-

---

Anmerkung bei der Korrektur: Das „neue" gelbe Ferment (vgl. Anm. S. 138) unterscheidet sich von dem hier beschriebenen „alten" sowohl bezüglich des spezifischen Proteins als auch des Coferments, ohne daß jedoch grundsätzliche Unterschiede vorhanden wären. Die Konstitution des neuen Coferments, das eine Kombination der Lactoflavin-phosphorsäure mit der weit verbreiteten Adenylsäure (Hefe) darstellt, ist in den Einzelheiten noch ungeklärt.

Die Wirkung beider gelben Fermente besteht grundsätzlich in der Wasserstoffübertragung durch abwechselnde Hydrierung und Dehydrierung im Sinne der obigen Formulierung. Die Geschwindigkeit dieser Reaktion ist jedoch für beide Fermente verschieden.

Allem Anschein nach gibt es noch mehr gelbe Fermente.

koppelt werden. Die quantitative Übereinstimmung dieses „synthetischen" Ferments mit dem natürlichen war der Schlußstein in der Konstitutions-aufklärung der natürlichen Flavinphosphorsäure. Gleichzeitig war damit die erste Partialsynthese eines Ferments vollzogen.

Bemerkenswert ist, daß *die Phosphorsäure zur Bildung von Flavinenzymen entbehrlich ist; denn es gelingt auch, aus Proteinträger und Lactoflavin ein wasserstoffübertragendes Ferment zu synthetisieren.* Dieses *Flavo-protein* steht dem Flavo-phospho-protein in quantitativer Hinsicht nach, wie die Kurve (Abb. 9) zeigt (R. KUHN und H. RUDY).

In chemischer Hinsicht ist das *Flavo-protein bedeutend labiler als das gelbe Ferment: es ist bei ph 7 bereits vollkommen in seine Komponenten zerfallen. Man erhält es in einer praktisch meßbaren Menge nur dann, wenn man hohe Konzentrationen von Lactoflavin anwendet, weil dadurch das Gleichgewicht zugunsten des Symplexes verschoben wird:*

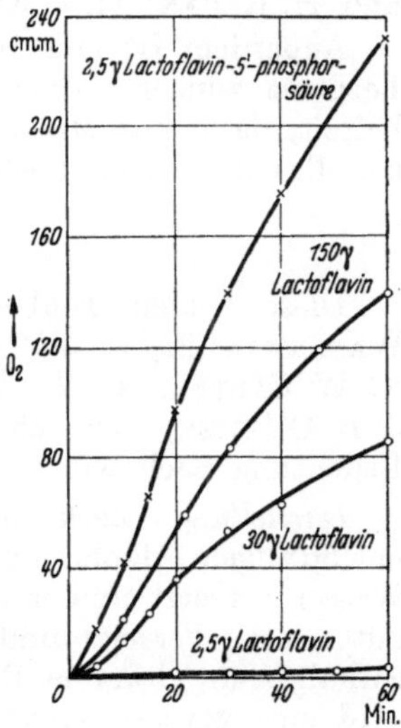

Abb. 9. *Coferment-Wirkung von Lactoflavin.* Die Kurve für Lactoflavin-5'-phosphorsäure stellt die bei der gegebenen Träger-Menge erzielbare maximale Sauerstoffaufnahme dar.

Protein + Lactoflavin $\rightleftarrows$ Protein...Lactoflavin.

Beim gelben Ferment liegt das Gleichgewicht (bei ph 7) indes ganz zugunsten des Symplexes:

Protein + Lactoflavinphosphorsäure $\rightleftarrows$ Protein...Lactoflavinphosphorsäure.

Die *Konstitution des Flavo-proteins* ist wie folgt:

$$
\begin{array}{c}
CH_2 \cdot OH \\
| \\
HO \cdot C \cdot H \\
| \\
HO \cdot C \cdot H \\
| \\
HO \cdot C \cdot H \\
| \\
CH_2 \\
|
\end{array}
$$

Ferment-Test zur Bestimmung der B₂-Wirksamkeit von Flavinen. Die Möglichkeit, aus dem spezifischen Protein des gelben Ferments durch Koppelung mit nichtphosphoryliertem Flavin zu katalytisch wirksamem Flavinenzym zu kommen, läßt auch die Prüfung unbekannter Flavine zu; denn *dieser Test ist ebenso spezifisch wie der Tierversuch.* Zur genauen Auswertung ist letzterer natürlich unentbehrlich (R. KUHN und H. RUDY; R. KUHN, H. VETTER und R. RZEPPA).

Bestimmung des gelben Ferments. Die fermentchemische Methode besteht darin, daß man Hexosephosphat mit Dehydrase (z. B. aus Pferdeblut) und Flavinenzym durch Sauerstoff dehydriert und den Verbrauch manometrisch mißt (O. WARBURG und W. CHRISTIAN).

Auch die THUNBERGsche Methylenblau-Methode kann zur Bestimmung des gelben Ferments herangezogen werden (TH. WAGNER-JAUREGG, E. F. MÖLLER und H. RAUEN; H. v. EULER und E. ADLER).

Außerdem ist eine rein chemische Bestimmung möglich, indem man das Ferment zunächst durch Dialyse von etwa vorhandenem Flavin-(phosphat) befreit, dann mit Methanol zerlegt und das durch Belichten erhaltene Lumi-lactoflavin colorimetrisch mißt.

3. Die Vitamine B_3 und B_5.

Diese beiden Taubenwachstumsfaktoren B_3 (R. R. WILLIAMS und R. E. WATERMAN (2); C. W. CARTER, H. W. KINNERSLEY und R. A. PETERS) und B_5 (C. W. CARTER, H. W. KINNERSLEY und R. A. PETERS; C. W. CARTER und J. R. O'BRIEN) sind chemisch noch nicht gut charakterisiert, obwohl ihre Bedeutung nach wie vor feststeht. Sie begleiten vielfach Vitamin B_1.

Darstellung. Zerkleinerte Schafsleber wird zunächst mit 96%igem, dann mit 50%igem Alkohol extrahiert, der Extrakt im Vakuum eingeengt, mit etwas Wasser versetzt und mit Äther durchgeschüttelt. Die wäßerige Schicht wird mit Aceton versetzt und das Filtrat der abgetrennten Fällung eingeengt. Es enthält beide Vitamine, B_3 und B_5, neben Flavin. Durch Adsorption an Fullererde wird eine gewisse Trennung erreicht.

Zur Gewinnung von B_5-Konzentraten wird *bei 115° im Autoklaven* erhitzt. Dabei *wird B_3 zerstört, während B_5 erhalten bleibt.*

In ähnlicher Weise *wird B_3 auch durch kurze Alkalibehandlung zerstört, ohne daß B_5 angegriffen wird.*

4. Das Vitamin B_4.

Der ursprünglich als Ratten-Wachstumsfaktor betrachtete Faktor B_4, der aber allem Anschein nach für alle Säugetiere wichtig ist, begleitet vor allem das Vitamin B_2. Er ist *alkali-empfindlich, verträgt aber Säure verhältnismäßig gut* und ist mit $HgSO_4$ fällbar.

Darstellung. Zur Gewinnung eines Konzentrates wird gealterte Bäckerhefe kurz mit Wasser ausgekocht, zentrifugiert und der Abguß zunächst mit Blei-acetat und dann mit Barytlösung behandelt, wobei jeweils Begleitstoffe entfernt werden. Der Abguß der Barytfällung wird rasch mit Schwefelsäure neutralisiert, das Baryumsulfat entfernt und das Vitamin an Kohle adsorbiert. Zur Elution dient salzsäurehaltiger Alkohol, der bei schwach saurer Reaktion eingeengt wird (V. RAEDER; O. L. KLINE, C. A. ELVEHJEM und E. B. HART; H. v. EULER und M. MALMBERG).

Über die chemische Natur ist nichts weiter bekannt.

5. Das Vitamin B_6 (Adermin).

Hydrochlorid: $C_8H_{12}O_3NCl$. Schmp. 205—206°.

Das die Rattendermatitis (P. GYÖRGY; H. CHICK, A. M. COPPING und C. E. EDGAR) verhütende Vitamin B_6 (auch Faktor I genannt), ist identisch mit dem Faktor Y von CHICK und COPPING und kommt besonders *in Fischfleisch, in Zerealien und in Hefe* vor. Es ist anscheinend an ein Protein gebunden (Adermin-Protein), aus dem es durch Autolyse und Kochen mit Wasser freigelegt wird.

Darstellung. Wässeriger Extrakt aus Reisschalen wird zur Entfernung des Flavins mit wenig Fullererde behandelt. Dann wird B_6 an viel Fullererde adsorbiert, mit Bariumhydroxyd eluiert und bei ph 8 eingeengt. Nach Entfernung des restlichen Baryums mit Schwefelsäure wird eingeengt, mit Methanol versetzt und das Filtrat im Vakuum eingedampft (S. Lepkovsky, Th. J. Jukes und M. E. Krause; W. Haliday und H. M. Evans; J. C. Keresztesy und J. R. Stevens).

Vitamin B_6 ist *hitze-, alkali- und säurebeständig*, wird jedoch *durch ultraviolettes Licht zerstört*.

Es gibt mit Ferrichlorid eine rotorange Färbung und kuppelt mit diazotierter Sulfanilsäure (R. Kuhn und G. Wendt).

Das *Aderminhydrochlorid* (Schmp. 205—206°) wurde aus Hefe und Reis in farblosen Prismen erhalten. Die *Acetylverbindung* des Vitamins *ist destillierbar* (85—90°, 10^{-4} mm). Mit Diazomethan entsteht ein Monomethyl-0-äther, der noch zwei Acetylreste aufnimmt. Das Vitamin B_6 *enthält* also *eine phenolische (enolische) und zwei alkoholische Hydroxylgruppen. Das Stickstoffatom ist wahrscheinlich tertiär* (R. Kuhn und G. Wendt).

6. Der Filtrat-Faktor.

Der mit dem Vitamin B_6 vielfach vergesellschaftete Filtrat-Faktor (Faktor II) (S. Lepkovsky, Th. J. Jukes und M. E. Krause; W. Haliday und H. M. Evans; S. Lepkovsky), der eine bestimmte Hühnerdermatitis heilt, ist *hitze- und alkalilabil.* Er wird durch mehrstündiges Kochen bei ph 10 zerstört, wobei Vitamin B_6 erhalten bleibt. Eine einfache Trennungsmethode bietet das Verhalten gegen *Fullererde*, von welcher er *nicht adsorbiert* wird und daher im Filtrat gefunden wird (Name!). Im Gegensatz zum B_6 ist er *gegen Licht unempfindlich*.

Der Filtratfaktor ist auch in Aceton gut löslich und kann daher aus trocknem Material (Magermilchpulver) extrahiert werden. Er löst sich weiterhin in Alkohol und Amylalkohol. In der Hefe scheint er in gebundener Form vorzuliegen.

7. Das enterale Vitamin B_7

scheint physiologisch nicht genügend umrissen zu sein. Chemisch ist außer seiner Wasserlöslichkeit nichts bekannt (E. Centanni; E. Montevecchi).

8. Das Antipellagra-Vitamin (P.P.-Faktor).

Nicotinsäure-amid. $C_6H_6N_2O$; Schmp. 122°.

Darstellung. Reich an P.P.-Faktor (Goldberger) sind *Herz* und *Leber* vom Rind und Schwein, aber auch viele *grüne Pflanzen* und besonders *Hefe* (T. W. Birch, P. György und R. A. Peters; H. Chick). Die Reindarstellung gelang aus einem wäßrigen Extrakt aus Rindsleber, dessen amylalkohollöslicher Teil durch fraktionierte Fällung mit Alkohol und Aceton und Adsorption an Noritkohle weitgehend gereinigt wurde. Durch Destillation im Hochvakuum, Fällung mit Quecksilberchlorid und Zerlegen des Quecksilbersalzes wurde das Vitamin als Hydrochlorid krystallisiert erhalten (Schmp. 227—228°). Es erwies sich identisch mit dem Hydrochlorid des Nicotinsäureamids, das auch als freie Base isoliert werden konnte (Schmp. 122°) (C. A. Elvehjem). [Nicotinsäureamid wurde (ohne Kenntnis seiner Antipellagrawirkung) auch aus Herz dargestellt; R. Kuhn und H. Vetter].

Die klinischen Versuche (P. S. Lepkovsky; L. J. Harris; W. J. Dann) haben ergeben, daß *auch die Nicotinsäure Antipellagrawirkung* bei Mensch und Tier hat, wenngleich auch erst nach längerer Zeit. Das Antipellagravitamin ist damit in beliebigen Mengen zugänglich, da Nicotinsäure und ihr Amid leicht darzustellen sind.

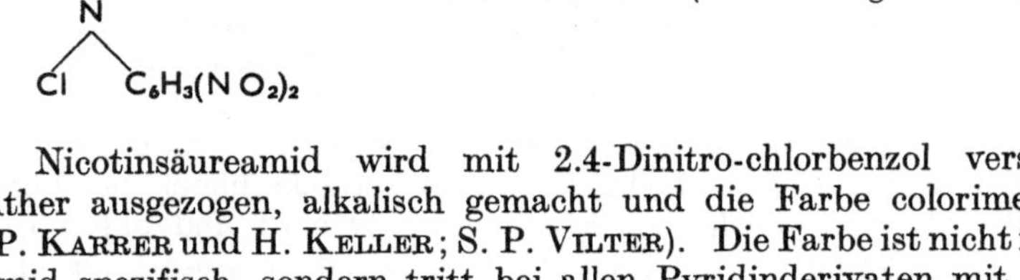

Nicotinsäure   **Nicotinsäure-amid**

Colorimetrische Bestimmung. Die Methode beruht darauf, daß Nicotinsäure-amid (wie alle Pyridine) mit Säurechloriden quarternäre Verbindungen liefert, die durch Alkali zu tiefroten Farbstoffen abgebaut werden (ZINCKE). Zur Anlagerung eignet sich besonders 2.4-Dinitro-chlorbenzol, das mit Pyridin folgendes Salz bildet:

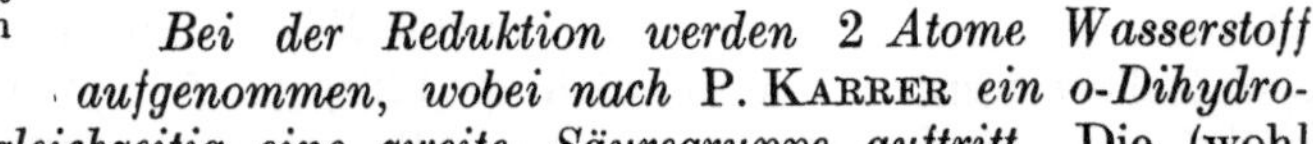

Nicotinsäureamid wird mit 2.4-Dinitro-chlorbenzol verschmolzen, mit Äther ausgezogen, alkalisch gemacht und die Farbe colorimetrisch bestimmt (P. KARRER und H. KELLER; S. P. VILTER). Die Farbe ist nicht für Nicotinsäure-amid spezifisch, sondern tritt bei allen Pyridinderivaten mit tertiärem Stickstoff ein.

Nicotinsäure-amid als Bestandteil der Codehydrasen[1]. Rote Blutkörperchen enthalten ein Coferment, das zur Oxydation von Hexose-phosphat unentbehrlich ist (O. WARBURG). Dieses *Atmungscoferment* gibt bei der Spaltung mit Säure *1 Mol Adenin, 1 Mol Nicotinsäure-amid, 2 Mol Pentose und 3 Mol Phosphorsäure.* Es ist ein *Triphospho-pyridin-nucleotid* (O. WARBURG, W. CHRISTIAN und A. GRIESE).

Die *Cozymase* der Hefe (A. HARDEN; H. v. EULER) ist ganz entsprechend gebaut. Sie ist ein *Diphospho-pyridin-nucleotid* (2 Mol Phosphorsäure bei sonst gleicher Zusammensetzung) und enthält eine Säuregruppe (H. v. EULER, H. ALBERS und F. SCHLENK).

Beide Cofermente (,,Codehydrasen'') übertragen in (lockerer) Bindung mit spezifischen Proteinen Wasserstoff vom Substrat auf andere Wasserstoff-acceptoren *und werden dabei abwechselnd hydriert und dehydriert. Der Vorgang ist optisch einfach zu erkennen,* weil das reduzierte Coferment eine neue Absorptionsbande bei 345 mμ aufweist, mit deren Hilfe die Codehydrasen auch quantitativ ermittelt werden können ($\varkappa = 14{,}5 \cdot 10^3$)[2].

Bei der Reduktion werden 2 Atome Wasserstoff aufgenommen, wobei nach P. KARRER *ein o-Dihydro-pyridin entsteht und gleichzeitig eine zweite Säuregruppe auftritt.* Die (wohl nicht endgültigen) Formelbilder der Cozymase und der Dihydroverbindung,

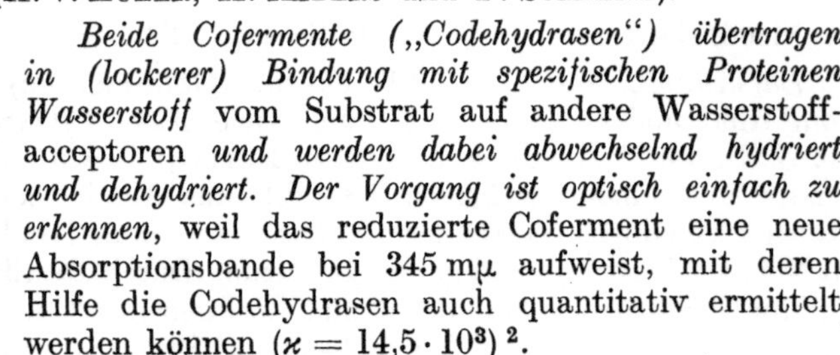

Abb. 10. Absorptionskurve des Diphospho-pyridinnucleotids. (Nach O. WARBURG.) *1* Nicht hydriert. *2* Im Fermentversuch hydriert.

---

[1] Siehe zusammenfassende Darstellungen im Schrifttum.

[2] O. WARBURG gibt den molaren Absorptionskoeffizienten für 1 Mol pro *1 ccm* ($\beta = 13{,}6 \cdot 10^6$) an; nach P. OHLMEYER ist der genaue Wert $14{,}5 \cdot 10^6$ ($\varkappa = \beta \cdot 10^{-3}$).

die sich von der des Atmungscoferments nicht grundsätzlich unterscheiden, sind nach v. EULER folgendermaßen:

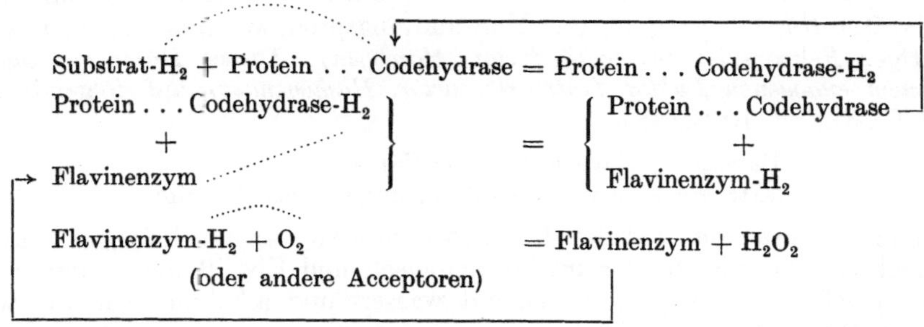

Cozymase
Diphospho-pyridin-nucleotid

Reduzierte Cozymase
Dihydro-diphospho-pyridin-nucleotid

Die *Dihydro-codehydrasen* sind verhältnismäßig stabil und werden *durch den Luftsauerstoff nicht oxydiert, wohl aber durch das gelbe Ferment.* Da das so reduzierte gelbe Ferment die zwei Wasserstoffatome leicht an andere Acceptoren abgibt (z. B. an den Luftsauerstoff), stellt es in vivo einen sehr wichtigen (wenn auch nicht den einzigen) Wasserstoffacceptor der hydrierten Codehydrasen dar. Die katalytischen Vorgänge lassen sich folgendermaßen formulieren (O. WARBURG; H. v. EULER)[1]:

$$\text{Substrat-}H_2 + \text{Protein} \ldots \text{Codehydrase} = \text{Protein} \ldots \text{Codehydrase-}H_2$$

$$\left.\begin{array}{c}\text{Protein} \ldots \text{Codehydrase-}H_2 \\ + \\ \text{Flavinenzym}\end{array}\right\} = \left\{\begin{array}{c}\text{Protein} \ldots \text{Codehydrase} \\ + \\ \text{Flavinenzym-}H_2\end{array}\right.$$

$$\text{Flavinenzym-}H_2 + O_2 \qquad\qquad = \text{Flavinenzym} + H_2O_2$$
$$\text{(oder andere Acceptoren)}$$

Das Antipellagravitamin stellt somit die exogene Vorstufe der Codehydrasen dar. Wenn es sich in Zukunft bestätigt, daß dies die einzige Funktion des Vitamins ist, dann ist *mit dem angegebenen Reaktionsschema in Kombination mit den Strukturformeln gleichzeitig die chemische Wirkungsweise des Antipellagravitamins aufgezeigt,* wobei es gleichgültig ist, ob es sich um das Diphospho- oder Triphosphopyridinnucleotid handelt. Vitamin B_2 und Antipellagravitamin sind entsprechend ihrer verschiedenen Redoxpotentiale hintereinander geschaltet.

Damit erhebt sich die berechtigte Frage, ob nicht alle Cofermente als Vitamine zu betrachten sind (H. v. EULER; H. v. EULER, M. MALMBERG, J. ROBEANICKS und F. SCHLENK), eine Frage, die aber nur durch das Experiment zu entscheiden ist.

---

[1] Anmerkung bei der Korrektur. In diesem Schema ist das „alte" gelbe Ferment möglicherweise durch eines der „neuen" zu ersetzen.

9. Das Vitamin H [1].

Das zur Vitamin B-Gruppe in naher Beziehung stehende Vitamin H (Faktor Y von M. A. Boas) ist chemisch nur wenig gekennzeichnet. Es *steht dem Vitamin B_6 nahe* und liegt wie dieses meist gebunden vor (wahrscheinlich an Eiweiß). Die *Freilegung* aus Leber geschieht zweckmäßig durch *Papainverdauung* oder *Kochen mit Säure*. Aus Hefe gelingt sie auch durch *Autolyse* unter Toluol (nicht Chloroform).

Darstellung. Aus der wäßrigen Lösung wird Vitamin H an Tierkohle adsorbiert, mit Pyridin-Methanol Wasser eluiert, eingeengt und mit Schwefelsäure gekocht. Nach dem Ausfällen von Begleitsubstanzen durch Zusatz von Alkohol wird im Vakuum zur Trockne verdampft, das Trockenpulver mit Eisessig ausgezogen und mit Essigester versetzt, wobei das Vitamin in Lösung bleibt. Das durch Verdampfen des Filtrats erhaltene Präparat ist hochwirksam [L. E. Booher; P. György (2); H. T. Parsons, J. G. Lease und E. Kefly].

Vitamin H ist in Wasser und Alkohol gut löslich, unlöslich in Benzol oder Äther. Es ist ein Ampholyt, wahrscheinlich eine saure Aminosäure (Wanderung im elektrischen Feld). In reinem Zustand ist es ziemlich empfindlich. Salpetrige Säure, Ketone, Formaldehyd und Benzoylchlorid vernichten die Wirksamkeit.

10. Antianämie-Faktoren [1].

Die Blutbildung wird durch eine Reihe von Stoffen angeregt. Zu ihnen gehören auch die klassischen Vitamine (z. B. das C-Vitamin). Sie stehen hier nicht zur Erörterung. Es handelt sich vielmehr um solche Wirkstoffe exogenen Ursprungs, die die *Anämien vom Perniciosa-Typus* beeinflussen.

Die Frage nach der Anzahl und Art dieser Faktoren ist noch weitgehend ungeklärt, da auch über das Wesen dieser Anämien nicht überall eine einheitliche Auffassung besteht[1]. Am besten geklärt ist die *perniziöse Anämie*, bei welcher W. B. Castle gefunden hat, daß der im Organismus wirkende Blutbildungsstoff, später *Hämon* genannt, das Umwandlungsprodukt eines exogenen vitaminartigen Faktors ist *(extrinsic factor, Hämogen)*. Dieses *Hämogen reagiert mit einem endogenen Faktor (intrinsic factor, Hämogenase)* auf folgende Art (W. B. Castle; F. Reimann).

Hämogen + Hämogenase = Hämon
(extrinsic + intrinsic factor) = (Antiperniciosa-Prinzip).

Vitamincharakter hat von den beteiligten Stoffen *nur das Hämogen.* Es ist ein hitzebeständiger Stoff, der im Muskelfleisch und Eiweiß und anderen anscheinend gebunden vorliegt. Er ist gut wasser- und alkohollöslich und wird meist der B-Gruppe zugerechnet. Genaueres ist aber nicht bekannt.

Der die *megalocytäre Tropenanämie* verhütende Faktor soll davon verschieden sein.

Bei experimentellen Anämien hat sich *Uro-(Xantho-)pterin* als wirksam erwiesen (R. Tschesche).

11. Das Antiskorbut-Vitamin C [1].

l-Ascorbinsäure. $C_6H_8O_6$. Schmp. 192°. $[\alpha]_D = +24°$. Die l-Ascorbinsäure (A. Szent-György; W. N. Haworth) ist *der einzige natürliche Skorbutschutzstoff.* Sie *kommt* allerdings nicht nur als solche, sondern *auch in partiell oxydierter und in gebundener Form vor,* kann daraus aber leicht dargestellt werden. *Im Tierkörper wirken alle drei Formen als Vitamin.* Was die gebundene Form

---

[1] Siehe zusammenfassende Darstellungen im Schrifttum.

chemisch darstellt, ist noch unbekannt. Bis jetzt ist lediglich ihr Vorkommen als gesichert zu betrachten. Eine ausführliche Beschreibung dieser gebundenen (und auch der reversibel oxydierten) l-Ascorbinsäure ist daher nicht möglich. Außer dem natürlichen C-Vitamin gibt es bereits *eine Anzahl synthetischer Verbindungen vom Typus der l-Ascorbinsäure, die* großenteils mehr oder minder starke *Antiskorbutwirksamkeit* besitzen.

Darstellung. l-Ascorbinsäure ist im Pflanzenreich weit verbreitet und findet sich besonders in den grünen Teilen (A. Szent-György, J. Tillmans, C. G. King u. a.). Besonders *reichhaltige Quellen*, die auch zur Darstellung herangezogen werden können, sind *Citronen, Orangen, Hagebutten, einige Beerenarten, grüne Gemüse, Kressen, Luzernesorten* und vor allem die grünen *Paprikaschoten.* Diese werden nach der Enthäutung mit heißer Bariumacetatlösung verrieben und abgepreßt. Aus dem Preßsaft wird das Vitamin zweimal als basisches Bleisalz gefällt. Dieses wird mit Schwefelsäure zerlegt und das Vitamin aus methanolischer Lösung mit Aceton fraktioniert gefällt. Durch weiteres Umfällen und Umkrystallisieren (Methanol) wird es in mikroskopischen Nadeln erhalten. Schmelzpunkt des reinen Präparats 192° (J. S. Svirbely und A. Szent-György).

Eigenschaften. Die l-Ascorbinsäure ist in Wasser sehr leicht löslich, weniger gut in Methanol und Äthanol, unlöslich in Äther und Benzol. Sie ist eine *außerordentlich empfindliche Substanz* und wird in Lösung sehr rasch oxydiert (Szent-György). *Am beständigsten* ist sie *in saurer Lösung* (ph 5—6) und besonders in Gegenwart von Antioxydantien. Auch Cyanwasserstoff hemmt die *Oxydation,* die im allgemeinen eine *Schwermetallkatalyse* darstellt, infolge Inaktivierung der Katalysatoren (Kupfer u. a.). In schwermetallfreiem Wasser ist Vitamin C hingegen selbst gegen reinen Sauerstoff verhältnismäßig stabil (A. E. Kellie und S. S. Zilva). *In neutralem und alkalischem Milieu ist die Beständigkeit sehr gering.* Die große Empfindlichkeit der l-Ascorbinsäure ist die Ursache dafür, daß unzweckmäßig zubereitete Kost, gelagerte Nahrungsmittel und Konserven vielfach sehr vitamin-C-arm sind. Dasselbe gilt vor allem auch für Dörrgemüse.

Sauerstoffübertragung durch Schwermetalle ist nicht die einzige Ursache der Zerstörung, sondern es *kommen* dafür vor allem *auch Fermente in Frage.* Kurzes intensives Kochen (unter Umständen in saurer Lösung), bei welchem die Fermente rasch zerstört werden, ist zur Erhaltung des ursprünglichen Vitamin C-Gehaltes daher zweckmäßiger, als länger andauernde Erwärmung bei gelinderer Temperatur, bei welcher die Tätigkeit der Oxydationsfermente nur gesteigert wird (A. Szent-Györgyi; S. S. Zilva; Z. J. Kertesz).

Die hohe Reduktionskraft der l-Ascorbinsäure zeigt sich auch im Verhalten gegen chemische Agentien. So werden Jod, Silbernitrat, Ferrichlorid, Kaliumpermanganat, selenige Säure, Chinon u. a. leicht reduziert (J. S. Svirbely und A. Szent-György; H. Tillmans und P. Hirsch; C. G. King). Auch Methylenblau wird entfärbt, wobei die an sich langsam verlaufende Reaktion durch geringe Mengen von Kupfersalzen oder Thiosulfat und durch Belichten beschleunigt werden kann (E. Martini und A. Bonsignore). *Bei der Oxydation in saurer Lösung werden 2 H-Atome abgegeben* (Verbrauch von 2 Atomen Jod), und *es entsteht die Dehydro-l-ascorbinsäure in reversibler Reaktion. In alkalischer Lösung geht die Reaktion unter Aufspaltung des Moleküls irreversibel weiter* (Verbrauch von 4 Atomen Jod).

Das *Redoxpotential des Vitamins C läßt sich nur schwer bestimmen,* weil die Dehydro-ascorbinsäure rasch hydrolysiert wird und somit aus dem Gleichgewicht verschwindet. $E_0' = + 0{,}127$ Volt (J. C. Gosh und T. L. Rama Char; R. Wurmser; H. Borsook und Mitarbeiter).

Es ist bemerkenswert, daß die *Ascorbinsäure im Tier und in der Pflanze* durch die Anwesenheit von Antioxydantien (SH-Verbindungen u. a.) *weitgehend gegen Oxydation geschützt ist.* Auch die gebundene Ascorbinsäure ist in dieser Hinsicht beständiger als die freie (C. A. MAWSON; J. C. GOSH).

Vitamin C ist *eine starke Säure* (SZENT-GYÖRGY) und bildet ein neutrales Mono-natriumsalz. $p_{K_1} = 4{,}20$, $p_{K_2} = 11{,}6$ Die 2. Säuregruppe besitzt also nur die Stärke eines Phenols (E. G. BALL).

Die *spezifische Drehung* ist vom Lösungsmittel und ph abhängig:

	Wasser	n/2-Salz- oder Schwefelsäure	Methanol
$[\alpha]_D$	$+ 24°$	$+ 22°$	$+ 49°$

In Alkali abgebenden Gefäßen zeigt sich Mutarotation. Die Rotationsdispersion ist anormal.

Die Ascorbinsäure hat *eine scharfe Absorptionsbande bei 265 mμ* (F. P. BOWDEN und C. P. SNOW), die unter gewöhnlichen Bedingungen rasch abnimmt. Die wahre Höhe zeigt sich nur in verdünnter, schwach saurer Lösung und in Anwesenheit von Blausäure oder Reduktionsmitteln. $\varkappa = 26 \cdot 10^3$ [R. A. MORTON; vgl. H. RUDY (1)].

Die an der l-Ascorbinsäure aufgezeigten chemischen und physikalischen Eigenschaften gelten auch für die synthetischen Verbindungen der Reihe, unabhängig von der Vitamin C-Wirksamkeit.

Konstitution. Die Aufklärung der Konstitution erfolgte in der Hauptsache durch W. N. HAWORTH, E. L. HIRST und Mitarbeiter, F. MICHEEL und K. KRAFT und P. KARRER und Mitarbeiter [1].

Vitamin C enthält *4 aktive Wasserstoffe (Tetra-methyläther).* Davon besitzen *zwei saure Eigenschaften,* wie sich aus der Bildung einer *Dimethylverbindung mit Diazomethan* ergibt. Die Dimethylverbindung, die nicht mehr reduziert, gibt eine Acetonverbindung und gibt mit Methyljodid-Silberoxyd, eine Tetramethylverbindung, womit der *alkoholische Charakter* und die *benachbarte Stellung von zwei weiteren Wasserstoffatomen* aufgezeigt ist. *Eine der beiden* alkoholischen OH-Gruppen *ist primär* (Tritylverbindung). *Durch Ozonspaltung* des Tetramethyläthers oder anderer Ascorbinsäurederivate und durch Oxydation der Ascorbinsäure selbst erhält man Oxalsäure und l-Threonsäure bzw. deren Derivate (HAWORTH, MICHEEL). Damit ist *eine Doppelbindung im Molekül* nachgewiesen. Bei diesen Abbaureaktionen erhält man als Zwischenprodukte Ester, die zeigen, daß in der Ascorbinsäure *eine ziemlich stabile Sauerstoffbrücke* vorliegt. Da bei der Behandlung *mit Mineralsäuren Kohlendioxyd und Furfurol* und *bei der katalytischen Hydrierung l-Idonsäure* (MICHEEL) entsteht, muß die *Kohlenstoffkette unverzweigt* sein. Über die Ringweite gibt die Oxydation (der Dimethylascorbinsäure) mit Bleitetraacetat Auskunft, bei welcher 0,7 Mol Formaldehyd entstehen, was nur möglich ist, wenn der primären Alkoholgruppe eine weitere OH-Gruppe benachbart ist. Der aus diesen Tatsachen gefolgerte *γ-Lactonring* ergibt sich auch aus der Konstitution der bei der Ozonspaltung der Tetramethyl-ascorbinsäure erhaltenen Dimethyl-l-threonsäure.

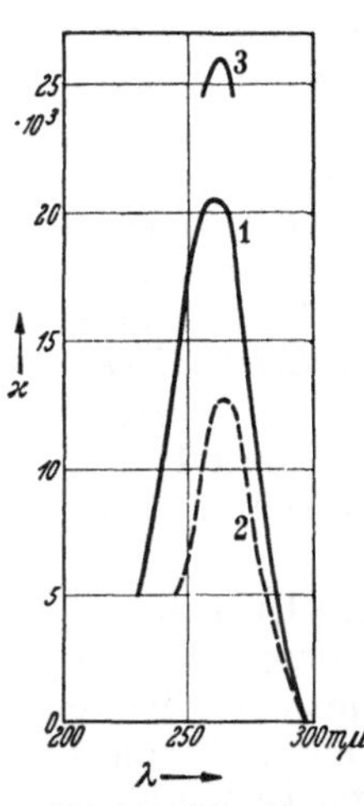

Abb. 11. Absorptionskurve der l-Ascorbinsäure. 1 Wasser, sofort gemessen; 2 Wasser, nach 10 Min.; 3 bei ph 5 mit KCN.

Diese Ergebnisse führen zu einer Formel *ohne Carboxylgruppe,* aber *mit einer Endiolgruppierung* in Nachbarschaft zu einer Lactoncarbonylgruppe. Diese *Endiolgruppe ist die Ursache der sauren Natur und der Reduktionskraft.* Die analytisch ermittelte Konfiguration (nicht aber die Konstitution) wurde durch die Synthese bestätigt (T. REICHSTEIN). Die rationelle Bezeichnungsweise ist *l-Threo-3-keto-hexonsäure-lacton.* Die wichtigsten angeführten Reaktionen ergeben sich aus der folgenden Übersicht:

---

[1] Siehe zusammenfassende Darstellungen im Schrifttum.

Dimethyl-
l-ascorbinsäure   Tetramethyl-
l-ascorbinsäure   Dimethyl-
l-threonsäure

l-Ascorbinsäure $C_6H_8O_6$ Dehydro-l-ascorbinsäure, $C_6H_6O_6$

Acetonverbindung   Na-Salz   l-Idonsäure   l-Threonsäure

Das Mono-natriumsalz besitzt die oben aufgezeigte Formel, was durch die daraufstimmenden Eigenschaften des *Monomethyl-äthers* bewiesen wird (F. REICHSTEIN; W. N. HAWORTH), der sich *wie ein Phenol* verhält, nicht reduziert und eine rote Eisenchloridreaktion gibt. *Die stark saure Natur und die Reduktionskraft sind also an die Anwesenheit zweier freier Hydroxyle der*

Endiolstruktur gebunden, was auch an anderen Verbindungen dieser Art nachgewiesen wurde. Dabei ist auch die tautomere Form zu berücksichtigen:

$$-CO-\underset{OH}{C}=\underset{OH}{C}- \quad \rightleftharpoons \quad -CO-\underset{O}{\overset{\|}{C}}-C\Big\langle{}^{H}_{OH}$$

Die Endiolgruppierung ist auch sonst sehr reaktionsfähig und wird, wie an der d-Form der Ascorbinsäure gezeigt wurde, durch *Benzoldiazoniumchlorid* gesprengt (H. OHLE und H. ERLBACH):

Mit Phenylhydrazin werden (nach Oxydation) *Dehydro-ascorbinsäure-osazone* gebildet (E. L. HIRST und Mitarbeiter), die durch Alkali in Pyrazolone umgewandelt werden (Y. KOTAKE; H. OHLE; K. TASEMAKA; K. HINSBERG und R. AMMON).

Dehydro-l-ascorbinsäure läßt sich mit o-Phenylendiamin kondensieren, wobei je nach den angewandten Bedingungen 1 und 2 Mole des Diamins reagieren. Diese Verbindungen, deren Struktur noch unklar ist, bilden bei der Einwirkung von Salzsäure folgendes Chinoxalinderivat (H. ERLBACH und H. OHLE):

Synthese. Zur Synthese stehen grundsätzlich zwei verschiedene Wege offen.

1. *Die Oson-Blausäuremethode* (T. REICHSTEIN; W. N. HAWORTH und E. L. HIRST) besteht in der Anlagerung von Blausäure an l-Xyloson, wobei nur die Aldehydgruppe reagiert und das Cyanhydrin in das cyclische Imid der l-Ascorbinsäure umgelagert wird, aus dem durch Hydrolyse die Ascorbinsäure entsteht:

l-Xyloson

Imido-l-ascorbinsäure
l-Ascorbinsäure.

2. Der zweite Weg besteht in der *Umlagerung der l-Gulosonsäure*, die einmal, und zwar vom Ester ausgehend, *mit Alkali* erfolgt (H. OHLE; K. MAURER und B. SCHIEDT; T. REICHSTEIN), zum anderen Male, und zwar bei Anwendung der freien Säure, aber auch *durch Säuren* vonstatten geht (T. REICHSTEIN).

a) d-Glucose $\xrightarrow{\text{Red.}}$ Sorbit $\xrightarrow{\text{Oxyd. m. Bact. xylinum}}$ l-Sorbose $\longrightarrow$ Diaceton-l-sorbose $\xrightarrow{\text{Oxyd.}}$ Diaceton-l-gulosonsäure $\longrightarrow$

l-Gulosonsäure-methyl-ester
l-Ascorbinsäure (Na-Salz)

b) Die Umlagerung durch Säure, die von der Diaceton-l-gulosonsäure ausgehend, über die l-Gulosonsäure erfolgt, geschieht zweckmäßig bei möglichst vollständigem Wasserausschluß:

$$
\begin{array}{ccc}
\text{CO}_2\text{H} & \text{CO}_2\text{H} & \text{O}\!\!=\!\!\text{C} \\
\text{HOC} & \text{C}=\text{O} & \text{C}-\text{OH} \\
\text{HOCH} & \text{HOCH} & \text{C}-\text{OH} \\
\text{HCOH}\quad\text{O} \longrightarrow & \text{HCOH} \longrightarrow & \text{HC} \\
\text{HOCH} & \text{HOCH} & \text{HOCH} \\
\text{H}_2\text{C} & \text{CH}_2\text{OH} & \text{CH}_2\text{OH}
\end{array}
$$

Lactolform   offene Form   **l-Ascorbinsäure**

l-Gulosonsäure

Zusammenhänge zwischen Konstitution und Wirksamkeit. Die ergiebigen synthetischen Verfahren haben die *Darstellung zahlreicher Verbindungen vom Typus der Ascorbinsäure* ermöglicht, *aus deren Struktur sich die Abhängigkeit der physiologischen Wirkung von der chemischen Konstitution und Konfiguration leicht ersehen läßt.* In der folgenden Übersicht sind die wichtigsten, am skorbutkranken Meerschweinchen wirksamen synthetischen Verbindungen in der Reihenfolge ihrer Wirksamkeit (bezogen auf l-Ascorbinsäure = 1) zusammengestellt:

l-Ascorbinsäure (1)   **6-Desoxy-l-ascorbinsäure ($^1/_3$)**   **l-Rhamnoascorbinsäure ($^1/_{10}$)**   **d-Arabo-ascorbinsäure ($^1/_{20}$)**

l-Gluco-ascorbinsäure ($^1/_{40}$)   **l-Fuco-ascorbinsäure ($^1/_{50}$)**   **l-Galacto-ascorbinsäure ($^1/_{60}$)**

Außer diesen gibt es noch weitere weniger wirksame Verbindungen.

1. *Kennzeichen der Vitamin C-Wirksamkeit ist die Gruppierung 1—4.* An ihr *darf keine Veränderung vorgenommen werden*, wenn nicht die Wirksamkeit erlöschen soll. Das gilt vor allem für die *d-Konfiguration am C-Atom 4*, die für die Vitaminwirkung unerläßlich ist.

2. *Weiterhin ist die hydroxylhaltige Seitenkette (C-Atome 5 und 6) unerläßlich;* denn die Oxytetronsäure, die dieselbe Konstitution, aber an Stelle dieser Seitenkette ein H-Atom besitzt, ist kein C-Vitamin.

3. *Neben diesen unerläßlichen Voraussetzungen* hat man auf dem Wege der Synthese bestimmte *optimale Bedingungen der Wirksamkeit* ausfindig gemacht. So ist die l-Konfiguration am C-Atom 5 nicht notwendig, aber günstig. Ebenso ist die OH-Gruppe 6 nicht unbedingt erforderlich. Sie erhöht jedoch die Wirksamkeit pro Gewichtseinheit.

4. Es ist noch unentschieden, ob und wie sich der Ersatz der OH-Gruppe in 5 durch Wasserstoff („5-Desoxy-ascorbinsäure") auswirkt.

Die Oxydation der Ascorbinsäure. Die Vorgänge bei der reversiblen Oxydation der l-Ascorbinsäure zur Dehydro-l-ascorbinsäure sind sehr häufig untersucht worden, weil man hoffte auf diesem Wege einen Einblick in die physiologisch-chemische Wirkungsweise zu gewinnen. Man unterscheidet zweckmäßig zwischen der Schwermetallkatalyse und der fermentativen Oxydation.

1. *Die Schwermetallkatalyse.* Daß *Spuren von Kupfersalzen* die Sauerstoffübertragung stark beschleunigen, wurde schon erwähnt. Außer Kaliumcyanid wirkt besonders SH-Glutathion dieser Katalyse entgegen (F. G. HOPKINS und E. J. MORGAN). Weitere Sauerstoffüberträger sind *Eisensalze* und besonders *Eisenkomplexe*, wie *Hämin, Hämochromogen* u. a. Bei der Dehydrierung der Ascorbinsäure mit Hämochromogen und Sauerstoff wird dieses gleichzeitig oxydiert unter Bildung von „Verdohämin", das zu den Gallenfarbstoffen zu rechnen ist (E. S. G. BARRON, R. H. DE MEIO und F. KLEMPERER; R. LEMBERG, B. CORTIS-JONES und M. NORRIE; H. FISCHER). Wenn bei dem Vorgang Glutathion vorhanden ist, wird die Dehydro-ascorbinsäure wieder reduziert.

2. *Oxydation durch Fermente.* Die Vitamin C oxydierenden Fermente sind im Pflanzenreich weit verbreitet (SZENT-GYÖRGYI, ZILVA), fehlen aber im Tierreich anscheinend so gut wie vollständig (Z. J. KERTESZ; W. STONE; B. C. GUHA). Man unterscheidet die eigentliche *Vitamin C-Oxydase*, die allem Anschein nach ein selbständiges Ferment ist (H. TAUBER und J. S. KLEINER) und sich besonders im Kürbis findet, und die Vitamin C oxydierenden *Phenoloxydasen und Peroxydasen*, die beide nur *in Anwesenheit von anderen Oxydationsmitteln (o-Chinon)* auf die Ascorbinsäure einwirken.

Die Vitamin C-Oxydase ist insofern spezifisch als sie einfache Phenole, Adrenalin und Cystin nicht oxydiert, Brenzcatechin hingegen angreift. E. STOTZ, C. J. HARRAR und C. G. KING (vgl. dazu H. TAUBER) bestreiten indes die Existenz einer eigenen Vitamin C-Oxydase, da sich in Gelatine gelöste Kupfersalze ganz gleichartig als „Oxydationsferment" betätigen.

Es ist bemerkenswert, daß die *Oxydase aus Kürbis Vitamin C und seine Isomeren verschieden schnell oxydiert*, je nach der Konfiguration. In der Zeit in welcher die l-Ascorbinsäure vollständig oxydiert ist, sind von der d-Ascorbinsäure noch 86% unversehrt. Der *Unterschied in der Oxydierbarkeit beruht im wesentlichen auf der Konfiguration des Kohlenstoffatoms 4. Alle Ascorbinsäuren mit d-Konfiguration an 4 werden rasch oxydiert*, die Antipoden jedoch langsam. Dabei bestehen innerhalb der beiden Gruppen keine Unterschiede, so daß die im Tierversuch ermittelte Reihe der relativen Wirksamkeiten damit nicht in Beziehung steht (H. ROSENBERG; S. W. JOHNSON und S. S. SILVA).

Die *Phenoloxydasen oxydieren Ascorbinsäure in Gegenwart von Brenzcatechin*
und anderen Polyphenolen. Dabei entsteht zunächst o-Chinon, das nun seinerseits
die Ascorbinsäure oxydiert.

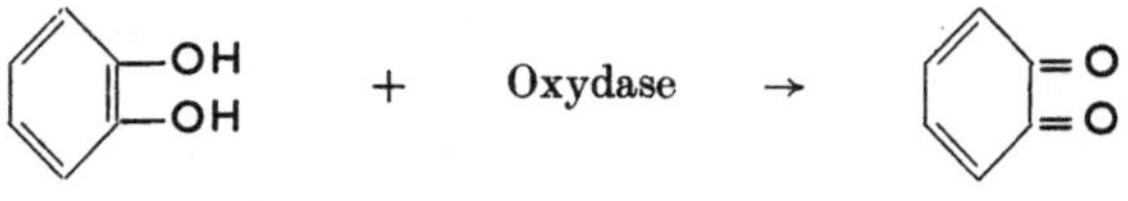

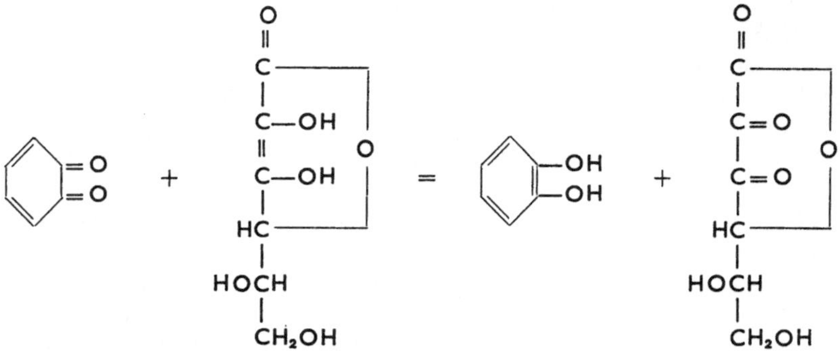

In ganz ähnlicher Weise verläuft die Oxydation durch Peroxydasen, die nur
in Anwesenheit von Peroxyden und Brenzcatechin oxydieren. Auch hier wirkt
nur das Chinon auf die Ascorbinsäure, entsprechend dem Redoxpotential der
beiden Verbindungen.

*Die Oxydation des C-Vitamins durch Fermente wird durch SH-Glutathion
u. a. verhindert* (E. PFANKUCH; F. G. HOPKINS).

Fermentartige Reaktionen des C-Vitamins. Unter den zahlreichen chemischen
Reaktionen des C-Vitamins verdienen besonders diejenigen Beachtung, in welchen
es eine Art katalytische Wirkung ausübt. So soll es nach H. KRAUT und
W. v. PANTSCHENKO-JUREWICZ in Verbindung mit einem spezifischen Protein
als Esterase wirken. Die Aktivität ist jedoch gering.

Weiterhin zeigt die l-Ascorbinsäure eine gewisse Ähnlichkeit mit dem SCHAR-
DINGER-*Enzym* der Milch (G. WOKER und J. ANTENER). Sie kann das durch
Erhitzen inaktivierte Ferment mehr oder minder ersetzen. Der Reaktionsmecha-
nismus wird so gedeutet, daß die Dehydro-ascorbinsäure den Aldehyd oxydiert
und dabei in Ascorbinsäure übergeht. Diese wird vom Methylenblau wieder
dehydriert und greift von neuem in den Dehydrierungsgang ein. Die Verschiebung des Wasserstoffs erfolgt also in dieser Richtung:

$$\text{Aldehyd} \to \text{Dehydro-ascorbinsäure} \to \text{Methylenblau.}$$

Interessant ist die katalytische Wirkung bei der *oxydativen Desaminierung
von Aminosäuren*, von denen besonders das *Histidin* leicht angegriffen wird
(P. HOLTZ und G. TRIEM; E. ABDERHALDEN; S. EDLBACHER und A. v. SEGESSER),
während für die übrigen kräftigere Reaktionsbedingungen angewendet werden
müssen. SH-Verbindungen und Eisensalze beschleunigen die Reaktion. Aus
Glykokoll und Alanin wurden Form- bzw. Acetaldehyd isoliert (E. ABDER-
HALDEN).

*Fermentaktivierungen. Die Einwirkung von Vitamin C auf Fermente verläuft
ganz verschiedenartig*, je nach der Natur des entsprechenden Enzyms. Es haben
sich keine allgemein gültigen Regeln über die Beeinflußbarkeit der einzelnen
Fermentklassen herausschälen lassen. Im Gegenteil, vielfach werden zwei ganz
nahe verwandte Fermente in entgegengesetzter Weise beeinflußt (Aktivierung
und Hemmung). Es erübrigt sich daher, auf diese Reaktionen näher einzugehen.

Chemisch-physikalische Bestimmung. Für die nichtbiologische Bestimmung
des C-Vitamins haben sich einige Komplikationen ergeben, besonders was die
Untersuchung von tierischem Material und von Körperflüssigkeiten anbetrifft.
Die eine *Schwierigkeit* besteht darin, das Vitamin *schonend und doch vollständig
zu extrahieren,* die andere betrifft vor allem die *Anwesenheit von unspezifischen
Begleitkörpern* von ähnlichem chemischen Verhalten.

Da ein Teil der Ascorbinsäure fast immer als Dehydro-ascorbinsäure, ein
anderer in gebundener Form vorliegt, empfiehlt es sich, *heiß zu extrahieren
und anschließend zu reduzieren.* Die Herausarbeitung der optimalen Bedingungen
hat gezeigt, daß man zweckmäßig in saurer Lösung (Trichloressigsäure, Meta-
phosphorsäure) arbeitet (A. Szent-György; J. Tillmans; S. S. Zilva; A. Fujita
M. van Eekelen; K. Hinsberg).

Im allgemeinen wird das C-Vitamin *nach* J. Tillmans *mit* dem blauen Farbstoff *Dichlorphenol-indophenol titriert,* das bei der Reduktion in schwach saurer
Lösung (ph 5) farblos, in stark saurer Lösung (ph 2—3) rot wird. Zur Abtrennung
von unspezifischen, ebenfalls reduzierenden Substanzen wird vorher mit Merkuri-
acetat gefällt. Die Reaktion wird in verschiedenen Abarten ausgeführt (eine
ausführliche Beschreibung geben H. Strohecker und R. Vaubel).

Eine Änderung dieser Methode stellt die *Bestimmung mit Hilfe der Vitamin C-
Oxydase dar* (H. Tauber und I. S. Kleiner; W. Neuweiler). Hier wird zunächst die gesamte Reduktionskraft des Auszuges bestimmt, dann in einer
2. Probe das C-Vitamin durch Kürbisoxydase oxydiert und die bleibende unspezifische Reduktion ermittelt. Die Differenz ergibt den „wahren" Vitamin C-
Gehalt.

Die *Entfärbung von Methylenblau* durch Ascorbinsäure beim Belichten
dient ebenfalls zur quantitativen Ermittelung (E. Martini und A. Bonsignore;
W. Neuweiler; K. Wachholder; H. Wahren). Sie ist mindestens ebenso
genau wie die Titrationsmethode (A. Emmerie und M. van Eekelen).

Schließlich kann die Ascorbinsäure *spektroskopisch bestimmt* werden. Wenn
man Oxydation ausschließt, ist diese Methode neben dem Tierversuch wohl
die genaueste (R. A. Morton; M. van Eekelen (2); F. Plaut, M. Bülow und
F. Pruckner; A. Chevallier und Y. Choron)*.

Die gebundene Form des C-Vitamins (Ascorbigen). In der Pflanze ist das
C-Vitamin in großem Ausmaß (bis 70%) in gebundener Form vorhanden. Diese
erhält man durch Extrahieren von getrocknetem Kohl mit Chloroform, Ausschütteln mit Wasser, Wiederaufnehmen in Chloroform und Fällen mit Alkohol.

Vom Vitamin C unterscheidet sich das Ascorbigen (Guha) durch seine *Beständigkeit gegen oxydierende Fermente und Reagenzien* (Dichlorphenol-indophenol). Im Tierversuch wirkt es wie die l-Ascorbinsäure. Die chemische
Natur ist noch unbekannt (E. Fujita und D. Iwatake; M. v. Eekelen; B. C.
Guha; L. F. Levy).

12. Das Antipneumonie-Vitamin J

ist physiologisch und chemisch nur wenig charakterisiert. Es ist neben dem
C-Vitamin in der Citrone vorhanden und wurde früher auch Vitamin C_2 genannt
(H. v. Euler, H. Söder und M. Malmberg).

13. Die Lactationsvitamine.

Zur normalen Lactation sollen zwei Vitamine, L_1 und L_2, notwendig sein,
über deren Natur noch nichts bekannt ist (W. Nakahara).

---

* Eine weitere Methode geben N. Bezssonoff und E. Stoerr an.

14. Das Permeabilitätsvitamin P.

Der als Vitamin P angesprochene, in der Citrone enthaltene gelbe Farbstoff (das „Citrin"), ist ein *Flavonol-glucosid*, das dem Glucosid Hesperidin nahe steht (A. SZENT-GYÖRGYI). Da die *Existenz* dieses Vitamins in jüngster Zeit jedoch sehr *in Frage gestellt wurde*, soll hier nicht näher darauf eingegangen werden (H. LOTZE; TH. MOLL).

15. Faktor W.

Der Rattenwachstumsfaktor W, der in reichlicher Menge in Leber, Nieren, Hefe und Milch vorkommt und sich aus wäßriger Lösung mit viel Alkohol und Äther ausfällen läßt, ist chemisch nur wenig erforscht (C. A. ELVEHJEM und Mitarbeiter).

Schrifttum.

Zusammenfassende Darstellungen.

a) Gesamtgebiet.

ARON, H. u. W. KLINKE: Biologie der Vitamine. Handbuch der Biochemie, Erg.-Bd. 3, S. 307. 1936. — BERG, R.: Die Vitamine. Leipzig 1927. — BOMSKOV, CHR.: Methoden der Vitaminforschung, 1935. — BREDERECK, H.: Vitamine und Hormone, 2. Aufl., Leipzig 1938. — BROWNING, E.: The Vitamins. London 1931.

FUNK, C.: Die Vitamine. München 1924.

Medical Research Council Report, Vitamins. London 1932. — MORTON, R. A.: The Application of Absorption Spektra. London 1934.

RUDY, H.: (1) Absorptionsspektren im Dienste der Vitaminforschung. Naturwiss. **24**, 497 (1936). — (2) Biologie der Vitamine in B. Flaschenträger: Lehrbuch der physiologischen Chemie. Berlin (im Druck).

SCHEUNERT, A.: Handbuch der Lebensmittelchemie, Bd. 1, S. 768. 1933. — SHERMAN, H. C. and S. L. SMITH: The Vitamins. New York 1931. — STEPP, W., J. KÜHNAU u. H. SCHROEDER: Die Vitamine und ihre klinische Anwendung, 2. Aufl., Stuttgart 1937.

WILLSTAEDT: H., Klin. Wschr. **1934** II, 1665, 1705; **1935** II, 1057, 1089, 1505. — WINTERSTEIN, A. u. K. SCHÖN: Erg. Hyg. Bakt. **14**, 454 (1933).

b) Einzelne Vitamine.

Vitamin A.

BROCKMANN, H.: (1) Z. angew. Chem. **47**, 532 (1934). — (2) Handbuch der Biochemie, Erg.-Bd. 3, S. 785. 1936.

KARRER, P. u. H. WEHRLI: 25 Jahre Vitamin A-Forschung. Halle 1933. — KUHN, R.: J. chem. Soc. Lond. **1938**, 605.

Medical Research Council Report (202): The Standardisation and Estimation of Vitamin A. London 1935.

ZECHMEISTER, L.: Die Carotinoide. Berlin 1934.

Vitamin D.

ALBERS, H.: Handbuch der Biochemie. Erg.-Bd. 3, S. 806. 1936.

BROCKMANN, H.: Chem.ztg **62**, 1041 (1936).

DANE, E.: Z. angew. Chem. **47**, 351 (1934).

LETTRE, H. u. H. H. INHOFFEN: Über Sterine und Gallensäuren. Stuttgart 1936. — LÜTTRINGHAUS, A.: Z. angew. Chem. **47**, 552 (1934).

WESTPHAL, U.: Naturwiss. **26**, 376 (1938). — WINDAUS, A.: Nachr. Ges. Wiss. Göttingen, Math.-physik. Kl. III 1, 59, 185 (1934/35); Mercks Jahresbericht **50**, 3 (1937).

Vitamin E.

EVANS, H. M. and G. O. BURR: The antisterility fat-soluble vitamin E. California Univ. Mem. 8 (1927).

JOHN, W. Naturwiss. **26**, 449 (1938).

Vitamin K.

ALMQUIST, H. J.: Poultry Sc. **16**, 166 (1937).

DAM, H.: Z. angew. Chem. **50**, 807 (1937).

Vitamin B$_1$.

Grewe, R.: Naturwiss. **24**, 657 (1936).
Wagner-Jauregg, Th.: Z. angew. Chem. **47**, 248 (1934). — Williams, R. R.: Erg. Vitamin- u. Hormonforsch. **1**, 213 (1938).

Vitamin B$_2$.

Karrer, P.: Helvet. chim. Acta **19** (E), 33 (1936). — Kuhn, R.: Z. angew. Chem. **49**, 6 (1936).
Rudy, H.: Handbuch der Biochemie, Erg.-Bd. 3, S. 790. 1936.
Theorell, H.: Erg. Enzymforsch. **6**, 111 (1937).
Vetter, H.: Erg. Physiol. **38**, 855 (1936).
Wagner-Jauregg, Th.: Handbuch der biologischen Arbeitsmethoden, Abt. V, Teil 3 B, S. 1211. 1937. — Warburg, O.: Erg. Enzymforsch. **7**, 210 (1938).

Vitamine B$_3$, B$_4$, B$_5$, B$_6$, Filtrat- und P.P.-Faktor.

Elvehjem, C. A.: Erg. Vitamin- u. Hormonforsch. **1**, 140 (1938).

Vitamin H.

György, P.: Handbuch der Kinderkrankheiten, S. 53. 1935.
Schultz, Fr.: Medizin und Chemie, Bd. 3, S. 143. 1936.

Antianämie-Faktoren.

Castle, W. B.: Science (N.Y.) **82**, 159 (1936).
Friedrich, H.: Medizin und Chemie, Bd. 3, S. 250. 1936.
Seyderhelm, R.: Dtsch. med. Wschr. **1933** II, 1193.
Tschesche, R.: Z. angew. Chem. **51**, 349 (1938).

Vitamin C.

King, C. G.: Physiologic. Rev. **16**, 238 (1936).
Micheel, F.: Z. angew. Chem. **47**, 550 (1934).
Ohle, H.: Handbuch der Biochemie, Erg.-Bd. 3, S. 800. 1936.
Reichstein, T. u. V. Demole: E. Barell-Festschrift, S. 107. Basel 1936.
Tauber, H. u. J. S. Kleiner: Erg. Enzymforsch. **7**, 301 (1938).

Einzelarbeiten.

Abderhalden, E.: Fermentforsch. **15**, 285, 360 (1937). — Almquist, H.: (1) J. of biol. Chem. **114**, 241 (1936); **115**, 589 (1936). — (2) Nature (Lond.) **140**, 26 (1937). — Andersag, H. u. K. Westphal: Ber. dtsch. chem. Ges. **70**, 2035 (1937). — Askew, F. A., R. B. Bourdillon, H. M. Bruce, R. K. Callow, J. St. Philpot, T. A. Webster u. a.: Proc. roy. Soc. Lond. B **107**, 76 (1930); **108**, 340 (1931); **109**, 488 (1932).

Ball, H.: J. of biol. Chem. **118**, 219 (1937). — Barger, G., F. Bergel u. R. A. Todd: Ber. **68**, 2257 (1935). — Barron, E. S. G. u. Mitarb.: J. of biol. Chem. **112**, 625 (1936); **116**, 563 (1936). — Bergel, F., A. Jacob, A. R. Todd and T. S. Work: (1) Nature (Lond.) **142**, 36 (1938). — (2) J. chem. Soc. Lond. **1938**, 253. — Bezssonoff, N. u. E. Stoerr: Z. Vitaminforsch. **5**, 193 (1936). — Birch, T. W., P. György and R. A. Peters: Biochemic. J. **29**, 2930 (1935); **30**, 304 (1936). — Boas, M. A.: Biochemic. J. **21**, 712 (1927). — Booher, L. E.: J. of biol. Chem. **119**, 223 (1937). — Borsook, H. u. Mitarb.: J. of biol. Chem. **117**, 237 (1937). — Brockmann, H.: Z. physiol. Chem. **241**, 104 (1936). — Brockmann, H. u. Y. H. Chen: Z. physiol. Chem. **241**, 129 (1936). — Brockmann, H. u. M. L. Tecklenburg: Z. physiol. Chem. **221**, 117 (1933).

Carr, F. H. and E. A. Price: Biochemic. J. **20**, 497 (1926). — Carter, C. W., H. W. Kinnersley and R. A. Peters: Biochemic. J. **24**, 1832 (1930); **30**, 43 (1936). — Carter, C. W. and J. R. O'Brien: Biochemic. J. **31**, 2264, 2270 (1937). — Centanni, E.: Chem. Zbl. **1935** II, 244. — Chevallier, A. u. Mitarb.: (1) C. r. Soc. Biol. Paris **117**, 10 (1934); **118**, 159, 889 (1935). — (2) Z. Vitaminforsch. **7**, 10 (1938). — Chevallier, A. et Y. Choron: Bull. Soc. Chim. biol. Paris **19**, 511 (1937). — Chick, H.: Lancet **1933** II, 341. — Chick, H., A. M. Copping and C. E. Edgar: Biochem. J. **30**, 849 (1936). — Clarke, A. T. and S. Gurin: J. amer. chem. Soc. **57**, 1876 (1935).

Dam, H. and L. Lewis: Biochemic. J. **31**, 17 (1937). — Dam, H. and Fr. Schonheyder: Biochemic. J. **28**, 1355 (1934); **29**, 1273 (1935); **30**, 1075 (1936). — Dann, W. J.: Science (N. Y.) **86**, 616 (1937). — Demole, V.: Helvet. chim. Acta **21**, 277 (1938). — Dimroth, K.: Ber. dtsch. chem. Ges. **70**, 376, 1631 (1937). — Drummond, J. C., E. Singer and R. J. McWalter: Biochemic. J. **29**, 456, 2510 (1935).

11*

EDISBURY, J. R. u. Mitarbeit.: Nature (Lond.) **140**, 294 (1937). — EDLBACHER, S. u. A. v. SEGESSER: Biochem. Z. **290**, 370 (1937). — EEKELEN, M. VAN: (1) Nature (Lond.) **136**, 144 (1936); **137**, 946 (1937). — EEKELEN, M. VAN u. Mitarb.: (2) Klin. Wschr. **1934** I, 464. — EEKELEN, M. VAN u. A. EMMERIE: (1) Acta brevia neerl. Physiol. **5**, 77 (1935). — (2) Biochemic. J. **31**, 2125 (1937). — EEKELEN, M. VAN, H. W. JULIUS u. L. K. WOLFF: Acta brevia neerl. Physiol. **2**, 155 (1933); vgl. dazu Zeiß-Druckschr. Meß **779**, 1 (1936). — ELLINGER, PH. u. W. KOSCHARA: Ber. dtsch. chem. Ges. **66**, 315, 808 (1933). — ELVEHJEM, C. A. u. Mitarb.: (1) J. of biol. Chem. **118**, 693 (1937). — (2) J. amer. chem. Soc. **59**, 1769 (1937). — EMERSON, O. H. u. Mitarb.: J. of biol. Chem. **122**, 99 (1937). — EMMERIE, A.: Nature (Lond.) **141**, 416 (1938). — EMMERIE, A. u. M. VAN EEKELEN: Acta brevia neerl. Physiol. **6**, Nr 9/10 (1936). — EULER, B. v., H. v. EULER u. P. KARRER: Helvet. chim. Acta **12**, 278 (1928). — EULER, H. v.: Erg. Vitamin- u. Hormonforsch. **1**, 159 (1938). — EULER, H. v. u. E. ADLER: Z. physiol. Chem. **223**, 105 (1934); **226**, 195 (1934). — EULER, H. v., H. ALBERS u. F. SCHLENK: Biochem. Z. **286**, 140 (1936). — EULER, H. v., P. KARRER u. K. SOLMSSEN: Helvet. chim. Acta **21**, 211 (1938). — EULER, H. v. u. M. MALMBERG: Biochem. Z. **278**, 351 (1935). — EULER, H. v., M. MALMBERG, J. ROBEANICKS u. F. SCHLENK: Naturwiss. **26**, 45 (1938). — EULER, H. v., H. SÖDER u. M. MALMBERG: Z. Hyg. **116**, 672 (1935). — EVANS, H. M. u. Mitarb.: J. of biol. Chem. **113**, 319 (1936) u. früher.

FERNHOLZ, E.: J. amer. chem. Soc. **60**, 700 (1938). — FISCHER, H. u. H. LIBORITZKY: Z. physiol. Chem. **251**, 198 (1937). — FUJITA, A. and D. IWATAKE: Biochem. Z. **277**, 293 (1935); **290**, 172, 182, 192 (1937).

GARRAT, D. C.: Nature (Lond.) **142**, 76 (1938). — GILLAM, A. E. and M. SH. EL RIDI: Biochemic. J. **31**, 1605 (1937); **32**, 405, 820 (1938). — GOUDSMIT, J. and H. G. K. WESTEN-BRINK: Nature (Lond.) **139**, 1108 (1936). — GOSH, J. C. u. Mitarb.: (1) Biochem. Z. **289**, 15 (1937). — (2) Z. physiol. Chem. **246**, 115 (1937). — GUHA, B. C. u. Mitarb.: (1) Nature (Lond.) **137**, 946 (1936); **141**, 974 (1937). — (2) Indian J. med. Res. **24**, 839 (1937). — GYÖRGY, P.: (1) Biochemic. J. **29**, 767, 2930 (1935). — (2) J. of biol. chem. Proc. **119**, 43 (1937).

HAAS, E.: Biochem. Z. **298**, 378 (1938). — HALDEN, W.: Naturwiss. **24**, 236 (1936). — HALIDAY, W. and H. M. EVANS: J. of biol. Chem. **118**, 255 (1937). — HARRIS, L. J.: Chem. a. Ind. **56**, 1134 (1937). — HASLEWOOD, G. A. D. and J. C. DRUMMOND: Chem. a. Ind. **55**, 598 (1936). — HAUSSER, K. W., R. KUHN u. Mitarb.: Z. physik. Chem. B **29**, 363 (1935). — HAWORTH, W. N., E. L. HIRST u. Mitarb.: (1) J. chem. Soc. Lond. **1933**, 1419; **1934**, 62. — (2) Helvet. chim. Acta **17**, 520 (1934). — HEILBRON, I. M.: (1) Biochemic. J. **26**, 1178 (1932). (2) J. chem. Soc. Lond. **1936**, 1376. — HEILBRON, I. M. and E. W. JONES: J. chem. Soc. Lond. **1937**, 755. — HEILBRON, I. M., T. KENNEDY u. Mitarb.: J. chem. Soc. Lond. **1938**, 869. — HEILBRON, I. M., K. SAMANT and F. S. SPRING: Nature (Lond.) **135**, 1072 (1935). — HINSBERG, K. u. R. AMMON: Biochem. Z. **288**, 102 (1936); **290**, 125 (1937). — HIRST, E. L.: J. chem. Soc. Lond. **1933**, 1270. — HÖRLEIN, H.: Z. physiol. Chem. **253**, 80 (1938). — HOLMES, H. N. and R. E. CORBET: J. amer. chem. Soc. **59**, 2042 (1937). — HOLTZ, P. u. G. TRIEM: Z. physiol. Chem. **248**, 1, 5 (1937). — HOPKINS, F. G. and E. G. MORGAN: Biochemic. J. **30**, 1446 (1936).

JANSEN, B. C. P.: Rec. Trav. chim. Pays-Bas et Belg. (Amsterd.) **55**, 1046 (1936). — JANSEN, B. C. P., H. W. KINNERSLEY, R. A. PETERS and V. RAEDER: Biochem. J. **24**, 1824 (1930). — JOHN, W.: Z. physiol. Chem. **250**, 11 (1937); **252**, 201, 208, 222 (1938); **254**, 51 (1938). — JOHNSON, S. W. and S. S. ZILVA: Biochemic. J. **31**, 1966 (1937).

KARRER, P. u. H. v. EULER: Ber. dtsch. chem. Ges. **70**, 2565 (1937). — KARRER, P., H. v. EULER, K. SCHÖPP u. Mitarb.: Helvet. chim. Acta **18**, 426, 522, 1435 (1935). — KARRER, P. H. FRITZSCHE u. Mitarb.: Helvet. chim. Acta **21**, 820 (1938). — KARRER, P. u. H. KELLER: Helvet. chim. Acta **21**, 463 (1938). — KARRER, P. T. KÖBNER u. Mitarb.: Helvet. chim. Acta **18**, 266, 480 (1935); **19**, 26 (1936). — KARRER, P., R. MORF u. K. SCHÖPP: (1) Helvet. chim. Acta **14**, 1036 (1931). — (2) Helvet. chim. Acta **16**, 557, 625 (1933). — KARRER, P. u. K. SCHÖPP: Helvet. chim. Acta **15**, 745 (1932). — KARRER, P., U. SOLMSSEN u. W. GUGELMANN: Helvet. chim. Acta **20**, 1020 (1937). — KARRER, P. u. O. WALKER, Helvet. chim. Acta **16**, 641 (1933). — KARRER, W. u. U. KUBLI: Helvet. chim. Acta **20**, 667 (1937). — KELLIE, A. E. and S. S. ZILVA: Biochemic. J. **29**, 1028 (1935). — KERTESZ: Z. J.: J. biol. Chem. **116**, 717 (1937). — KING, C. G. u. Mitarb.: J. of biol. Chem. **97**, 325 (1932). — KLINE, O. L., C. A. ELVEHJEM u. E. B. HART: Biochemic. J. **30**, 780 (1936). — KOSCHARA, W.: (1) Z. physiol. Chem. **229**, 103 (1934). — (2) Ber. dtsch. chem. Ges. **67**, 761 (1935). — KOTAKE, Y. u. Mitarb.: Z. physiol. chem. **219**, 224 (1933). — KRAUT, H. u. W. v. PANTSCHENKO-JUREWICZ: Biochem. Z. **285**, 406 (1936). — KUHN, R. u. P. BOU-LANGER: Ber. dtsch. chem. Ges. **69**, 1557 (1936). — KUHN, R. u. H. BROCKMANN: (1) Z. physiol. Chem. **206**, 41 (1932). — (2) Liebigs Ann. **516**, 95 (1935). — (3) Z. physiol. Chem. **221**, 129 (1933). — KUHN, R. u. P. DESNUELLE: Ber. dtsch. chem. Ges. **70**, 1907 (1937). — KUHN, R. u. CHR. GRUNDMANN: Ber. dtsch. chem. Ges. **66**, 1746 (1933). — KUHN, R., P. GYÖRGY u. TH. WAGNER-JAUREGG: Ber. dtsch. chem. Ges. **66**, 317, 576, 1034 (1933). —

KUHN, R. u. E. LEDERER: Ber. dtsch. chem. Ges. 64, 1349 (1931). — KUHN, R. u. J. O. R. MORRIS: Ber. dtsch. chem. Ges. 70, 853 (1937). — KUHN, R. u. G. MORUZZI: Ber. dtsch. chem. Ges. 67, 888 (1934). — KUHN, R., K. REINEMUND u. Mitarb.: Ber. dtsch. chem. Ges. 68, 1765 (1935). — KUHN, R. u. H. RUDY: (1) Z. physiol. Chem. 239, 47 (1936); 242, 198 (1936). — (2) Ber. dtsch. chem. Ges. 69, 2557 (1936) u. früher. — KUHN, R., H. VETTER u. R. RZEPPA: Ber. dtsch. chem. Ges. 68, 2374 (1936); 70, 1293, 1302 (1937). — KUHN, R. u. TH. WAGNER-JAUREGG: Ber. dtsch. chem. Ges. 66, 1950 (1934); 68, 169, 625, 2375 (1935).— KUHN, R., TH. WAGNER-JAUREGG u. H. KALTSCHMITT: Ber. dtsch. chem. Ges. 67, 1452 (1934). — KUHN, R. u. G. WENDT: Ber. dtsch. chem. Ges,. 71, 780, 1118, 1534 (1938). — KUHN, R. u. F. WEYGAND: (1) Ber. dtsch. chem. Ges. 68, 1282 (1936) u. früher. — (2) Ber. dtsch. chem. Ges. 70, 769 (1937). — KUHN, R. u. A. WINTERSTEIN; vgl. R. KUHN: J. chem. Soc. Lond. 1938, 506.

LANGENBECK, W.: Fermentmodelle, Berlin 1936. — LEDERER, E. u. Mitarb.: (1) Nature (Lond.) 140, 233 (1937). — (2) C. r. Acad. Sci. Paris 206, 781 (1938). — LEDERER, E. and TH. MOORE: Nature (Lond.) 137, 996 (1936). — LEMBERG, R. u. Mitarb.: Biochemic. J. 32, 149 (1938). — LEPKOVSKY, S.: (1) J. exper. Biol. a. Med. 37, 405 (1937). — (2) Science (N. Y.) 87, 169 (1938). — LEPKOVSKY, S., TH. JUKES and M. E. KRAUSE: J. of biol. Chem. 115, 557; 117, 11 (1936). — LETTRÉ, H.: Liebigs Ann. 511, 280 (1934). — LEVY, L. F.: Nature (Lond.) 138, 933 (1936). — LIPMANN, F.: Nature (Lond.) 138, 1097 (1936). — LOHMANN, K. u. PH. SCHUSTER: (1) Naturwiss. 25, 26 (1937). — (2) Biochem. Z. 294, 183 (1937). — LOTZE, H.: Dtsch. med. Wschr. 1937, 477.

MAKINO, K. u. T. IMAI: Z. physiol. Chem. 239, 97 (1936). — MARTIN, A. J. P., TH. MOORE, M. SCHMIDT and F. P. BOWDEN: Nature (Lond.) 134, 214 (1934). — MARTINI, E. u. A. BON-SIGNORE: Biochem. Z. 273, 170 (1934). — MAURER, K. u. B. SCHIEDT: Ber. dtsch. chem. Ges. 66, 1054 (1933); 67, 1239 (1934). — MAWSON, C. A.: Biochemic. J. 29, 569 (1935). — MOLL, TH.: Klin. Wschr. 1937 II, 1653. — MONTEVECCHI, E.: Chem. Zbl. 1935 II, 244. — MOORE, TH.: Biochemic. J. 24, 692 (1930), 27, 898 (1933). — MÜLLER, H. u. T. REICHSTEIN: Helvet. Acta 21, 273 (1938).

NAKAHARA, W. u. Mitarb.: Science (N. Y.) 87, 372 (1938). — NEUWEILER, W.: Klin. Wschr. 1936 I, 856.

OHLE, H. u. H. ERLBACH: Ber. dtsch. chem. Ges. 67, 324, 555, 1750 (1934); 68, 534 (1935). — OHLMEYER, P.: Biochem. Z. 297, 66 (1938). — OLCOTT, H. S. and O. H. EMERSON: J. amer. chem. Soc. 59, 1008 (1937).

PARSONS, H. T., J. G. LEASE and E. KELLY: Biochemic. J. 31, 424 (1937). — PETERS, R. A. u. Mitarb.: (1) Proc. roy. Soc. Lond. B 113, 48 (1933). — (2) Biochemic. J. 29, 2369 (1935). — PFANKUCH, E.: Naturwiss. 22, 821 (1924). — PLAUT, F., M. BÜLOW u. F. PRUCK-NER: Z. physiol. Chem. 234, 131 (1935). — POHL, R.: Naturwiss. 15, 533 (1927). — PREBLUDA, H. J. and E. V. McCOLLUM: Science (N. Y.) 84, 488 (1936). — PYKE, M.: Nature (Lond.) 141, 1141 (1938).

READER, V.: Biochem. J. 23, 61, 689 (1929); 24, 1827 (1930). — REICHSTEIN, T. u. Mitarb.: Helvet. chim. Acta 16, 561 (1933); 17, 510 (1934). — REIMANN, F. u. Mitarb.: Z. klin. Med. 129, 559 (1936). — ROSENBERG, H.: Skand. Arch. Physiol. (Berl. u. Lpz.) 76, 119 (1937). — ROTH, H.: Biochem. Z. 297, 52 (1938). — RUDY, H.: Sitzgsber. physik.-med. Soc. Erlangen 69, 225 (1937). — RUEHLE, A. E., A. T. CLARKE and S. GURIN: J. amer. chem. Soc. 57, 1876, 1887 (1935).

SCHULTZ, J. S., L. ATKIN and CH. N. FREY: J. amer. chem. Soc. 59, 948 (1937). — SIMONS, E. J. H. and T. F. ZUCKER: J. amer. chem. Soc. 58, 2655 (1936). — SMAKULA, A.: Z. physiol. Chem. 230, 231 (1935). — STONE, W.: Biochemic. J. 31, 508 (1937). — STOTZ, E. u. Mitarb.: J. of biol. Chem. 119, 551 (1937). — STROHECKER, H. u. R. VAUBEL: Z. angew. Chem. 49, 666 (1936). — SVIRBELY, J. S. and A. SZENT-GYÖRGYI: Biochemic. J. 26, 865; 27, 279 (1934). — SZENT-GYÖRGYI, A.: (1) Biochem. J. 22, 1387 (1928). — (2) J. of biol. Chem. 90, 385 (1931). — SZENT-GYÖRGYI, A. u. Mitarb.: (1) Dtsch. med. Wschr. 1936 II. — (2) Nature (Lond.) 138, 798 (1936); 139, 326 (1937).

TASEMAKA, K.: Z. physiol. Chem. 225, 275 (1934). — TAUBER, H. and J. S. KLEINER: J. of biol. Chem. 110, 559 (1935). — THEORELL, H.: Biochem. Z. 278, 263, 291 (1935). — TODD, A. R. and F. BERGEL: J. chem. Soc. Lond. 1936, 1559; 1937, 364.

VILTER, S. P. u. Mitarb.: J. amer. chem. Soc. 60, 731 (1938).

WACHHOLDER, K.: Klin. Wschr. 1937 I, 10. — WAGNER-JAUREGG, TH., E. F. MÖLLER u. H. RAUEN: Z. physiol. Chem. 231, 259 (1935); 233, 215 (1935); 237, 227 (1935). — WAHREN, H.: Klin. Wschr. 1937 II, 1496. — WALD, G.: Nature (Lond.) 139, 1017 (1937); 140, 197 (1937). — WARBURG, O. u. W. CHRISTIAN: (1) Naturwiss. 20, 688, 988 (1932). — (2) Biochem. Z. 254, 438 (1932); 266, 379 (1934); 298, 150, 368 (1938). — WARBURG, O., W. CHRISTIAN u. A. GRIESE: Biochem. Z. 282, 156 (1936). — WERDER, F. v. u. TH. MOLL: Z. physiol. Chem. 254, 39 (1938). — WEYGAND, F. u. H. STOCKER: Z. physiol. Chem. 247, 167 (1937). — WILLIAMS, R. R. mit R. E. WATERMANN, J. C. KERETESZTY, A. E. RUEHLE, A. T. CLARKE, S. GURIN u. a.: J. amer. chem. Soc. 56, 1187 (1934); 57, 517, 1856 (1935);

58, 1504 (1936); **59**, 530, 1052 (1937). — Williams, R. R. and R. E. Waterman: Proc. Soc. exper. Biol. a. Med. **25**, 1 (1927). — Windaus, A., A. F. Hess, O. Rosenheim, R. Pohl u. T. A. Webster: Chem.ztg **52**, 113 (1927). — Windaus, A., H. H. Inhoffen u. S. v. Reichel: Liebigs Ann. **510**, 248 (1934). — Windaus, A., H. Lettré u. F. Schenk: Liebigs Ann. **520**, 98 (1935). — Windaus, A. u. W. Thiele: (1) Liebigs Ann. **521**, 160 (1935). — (2) Z. angew. Chem. **48**, 527 (1935). — Windaus, A. u. G. Trautmann: Z. physiol. Chem. **247**, 185 (1937). — Windaus, A., R. Tschesche, H. Ruhkopf, F. Laquer u. F. Schultz: Z. physiol. Chem. **204**, 123 (1932). — Woker, G. u. J. Antener: Helvet. chim. Acta **20**, 144 (1937). — Wunderlich, W.: Z. physiol. Chem. **241**, 116 (1936). — Wurmser, R. u. Mitarb.: C. r. Acad. Sci. Paris **201**, 1366 (1936) u. früher.

Zechmeister, L. u. P. Tuszon: Nature (Lond.) **141**, 249 (1938). — Zilva, S. S. u. Mitarb.: Biochemic. J. **21**, 689 (1927); **28**, 663 (1934); **31**, 438, 1366 (1937).

Bezüglich weiterer Originalarbeiten sei auf die zusammenfassenden Darstellungen verwiesen.

3. Physiologie und Biologie der Vitamine.

Von **H. Schroeder**, München.

Mit 1 Abbildung.

α) Stellung der Vitamine in der Natur.

Die schnell fortschreitende Forschung hat schon wiederholt eine neue Fassung des Vitaminbegriffs notwendig gemacht. Während die Vitamine früher als exogene Nahrungsfaktoren von den endogenen Nahrungsfaktoren, als die man insbesondere die Hormone bezeichnete, scharf getrennt wurden, wissen wir heute, daß eine derartige Abgrenzung mehr oder weniger willkürlich ist. Es hat sich nämlich gezeigt, daß Vitamine nicht nur in der Pflanze, sondern auch im Tierkörper gebildet werden; andererseits gibt es Hormone, die in der Pflanzenwelt weit verbreitet sind. Eine Ähnlichkeit zwischen beiden Wirkstoffgruppen besteht auch insofern, als manche Hormone genau wie das Vitamin A in Form von Vorstufen mit der Nahrung dem Körper, in dessen Organen der weitere Aufbau stattfindet, zugeführt werden müssen. Trotzdem empfiehlt es sich immer noch aus praktischen Gründen, den Vitaminen als Bestandteilen der Nahrung, die lebensnotwendig sind und schon in kleinsten Mengen starke Wirkungen entfalten, eine Sonderstellung einzuräumen. Eine gewisse Abgrenzung erscheint auch dadurch gerechtfertigt, daß im Gegensatz zu den Hormonen die Mehrzahl der bekannten Vitamine vom tierischen Organismus nicht synthetisiert wird, sondern mit der Nahrung zugeführt werden muß. Aus dieser Abhängigkeit des tierischen Lebens von der Pflanzenwelt hat Stepp mit Recht geschlossen, daß die Vitamine phylogenetisch älter als die Hormone sind, daß also die Vitamine zu den Urstoffen des organischen Lebens gehören. Tatsächlich finden wir sie schon bei den niedrigsten Lebewesen und bei solchen Organismen, die weder Hormone noch Hormondrüsen haben. Ja, man kann nach Kühnau das Vitaminbedürfnis als eine Fundamentaleigenschaft jeder lebenden Zelle bezeichnen. Auch in der Pflanze, die uns ja in der Hauptsache die Vitamine bzw. ihre Vorstufen liefert, erfüllen diese Stoffe sicher eine Aufgabe; wir wissen z. B., daß das C-Vitamin von großer Bedeutung für die pflanzliche Entwicklung ist. v. Hausen hat nachgewiesen, daß in den Herzblättern der Erbse der C-Stoff für die ganze Pflanze gebildet wird. Werden diese Blätter abgeschnitten, so kann sich die Erbse nicht weiter entwickeln, erst bei Zufuhr von vitamin-C-haltigem Wasser setzt normales Gedeihen ein. Ebenso erfüllt das B_1-Vitamin sicher auch in der Pflanze die Rolle eines Wuchsstoffes. Darauf weist eine Untersuchung von Kögl und Haagen-Smit hin, nach welcher der Vitamin B_1-Gehalt, einer einzelnen Erbse sehr gut übereinstimmt mit der Menge, die notwendig ist, um maximales Wachstum bei einem ausgeschnittenen Keimling zu erzielen.

β) Wirkungsmechanismus der Vitamine.

Während historisch gesehen sich die Lehre von den Vitaminen aus Beobachtungen am Tier und am Krankenbett, besonders aber durch die epidemisch vorkommenden Mangelkrankheiten entwickelt hat, ist heute die präparative Chemie der Erforschung der Biologie und Physiologie dieser Wirkstoffe vorausgeeilt. Obwohl wir besonders in den letzten Jahren eine Fülle von Einzeltatsachen über die Aufgaben der Vitamine im Organismus erfahren haben, können wir Endgültiges über ihren Wirkungsmechanismus im tierischen Organismus noch nicht aussagen. Wir wissen nur, daß die Vitamine ganz ähnlich wie die Hormone und Enzyme in alle möglichen Lebensvorgänge eingreifen, ja, daß ein Leben ohne Vitamine unmöglich ist. Sehr fruchtbar hat es sich erwiesen, die Fermente, Hormone und Vitamine unter einem einheitlichen Gesichtspunkt zu betrachten, zumal sich ihre Grenzen immer mehr verwischt haben und zwischen diesen Wirkstoffgruppen mannigfache Wechselbeziehungen entdeckt worden sind. HANS VON EULER hat vorgeschlagen, die Vitamine und Hormone als Ergone (Wirkstoffe) zu bezeichnen, die mit den Enzymen zu katalytischen Systemen (Ergozymen) zusammentreten und Biokatalysatoren im wahrsten Sinne des Wortes darstellen. VON EULER hat dafür die Bezeichnungen *Vitazyme* und *Hormozyme* geprägt. Worin besteht nun die Aufgabe der Vitamine im Organismus? Um diese Frage zu beantworten, ist es zunächst einmal nötig, das Wesen der Katalyse zu erläutern. Die moderne Atomphysik lehrt, daß bei allen chemischen Reaktionen massenlose negativ geladene Teilchen aufgenommen oder abgegeben werden. Das erste entspricht der Reduktion, das zweite der Oxydation. Die Voraussetzung für das Zustandekommen einer derartigen chemischen Reaktion ist erstens das Vorhandensein eines Energiegefälles und zweitens die Anwesenheit von Stoffen, die den Elektronenübergang vermitteln. Solche Elektronenüberträger sind die Katalysatoren. Der Katalysator tritt durch die Aufnahme und Abgabe der Elektronen in einer oxydierten und reduzierten Stufe auf, zwischen denen ein reversibles Gleichgewicht besteht. Man spricht daher auch von einem reversiblen Redoxsystem — ein Prinzip, das tatsächlich fast in allen Vitaminen verwirklicht ist. Die Katalysatoren selbst werden bei der Reaktion nicht verändert, sie pendeln lediglich zwischen oxydierter und reduzierter Form hin und her. So ist es auch verständlich, daß bereits geringe Mengen zur Erfüllung ihrer Aufgabe im Organismus genügen. Bei den Vitaminen beträgt der Tagesbedarf nicht mehr als einige Milligramme. Eine Ausnahme bildet nur das Vitamin C, von dem wir ungefähr 50 mg täglich benötigen. Ein Beispiel, das gleichzeitig das Ineinandergreifen von Enzym und Vitamin zeigt, soll den Mechanismus der Vitaminwirkung erläutern. Nach HEINRICH WIELAND sind bekanntlich alle biologischen Oxydationen Dehydrierungen, das sind Vorgänge, bei denen eine Substanz Wasserstoffatome abgibt, die auf einen Wasserstoffacceptor, der dadurch reduziert wird, übertragen werden. Ein derartiger Wasserstoffüberträger ist z. B. Cozymase (Co), die chemisch ein Dinucleotid darstellt, in welchem 1 Molekül Adenylsäure mit 1 Molekül Nicotinsäureamid-Ribosephosphorsäure durch die beiden Phosphorsäurereste verknüpft ist. Nach ADLER und HELLSTRÖM geht die Dehydrierung oder Oxydation nach folgendem Schema vor sich:

$$\text{Cozymase (Co)} + \text{Alkohol} = \text{Dihydrozymase (CoH}_2\text{)} + \text{Aldehyd.}$$

Die bei dieser Oxydation entstehende Dihydro-Cozymase kann durch ein Vitazym, und zwar durch das Flavinenzym zur Cozymase reoxydiert werden. Dabei wird das Flavinenzym reversibel zum Leukoflavinenzym reduziert. Es sei allerdings bemerkt, daß in Wirklichkeit die Reaktion komplizierter verläuft. So ist die Cozymase nur ein Teil des vollständigen Enzyms, das die Ablösung des Wasserstoffs von einem Substrat vermittelt. Auch tritt nicht nur *ein* reversibles Redoxsystem in Wirksamkeit, sondern gewöhnlich ist eine ganze Kette solcher Systeme zwischen Wasserstoffdonator und Wasserstoffacceptor eingeschaltet. Tatsächlich ist aber die Beteiligung des Flavinenzyms, dessen phosphorsäurefreie Grundkomponente, das Lactoflavin, als B_2-Vitamin erkannt wurde, an einer Reihe von wichtigen Dehydrasereaktionen erwiesen (VON EULER, WAGNER-JAUREGG). Wenn wir die übrigen Vitamine auf ähnliche Wirkungen untersuchen, so finden wir, daß das Vitamin A in gewissen Fällen als Sauerstoffüberträger wirken kann. Allerdings ist völlig unbekannt, wie weit diese oxydationskatalytische Eigenschaft des A-Stoffes mit seiner Funktion im Organismus zusammenhängt. Das Vitamin B_1, auch Aneurin genannt, ist nach den Untersuchungen LOHMANNs im phosphorylierten Zustand identisch mit einer Cocarboxylase, die in Verbindung mit einer Carboxylase α-Ketonsäuren, z. B. die Brenztraubensäure, zu Aldehyd + Kohlendioxyd spaltet. Allerdings ist eine derartige Decarboxylierung durch den B_1-Stoff nur für die Hefe, nicht aber für den tierischen Organismus erwiesen. Hier findet die Beeinflussung des Kohlehydratstoffwechsels vielleicht im Sinne der folgenden Gleichung statt, die eine Dismutation darstellt und bei der nach KREBS das Vitamin als Coenzym fungiert:

$$\text{Brenztraubensäure} + \text{Wasser} \rightarrow \text{Essigsäure} + CO_2 + \text{Milchsäure.}$$

Dabei soll das Aneurin den Wasserstoff ganz ähnlich wie die oben erwähnte Codehydrase übertragen. Obwohl der Wirkungsmechanismus des B_1-Vitamins im tierischen Organismus noch nicht aufgeklärt ist, wissen wir, daß es bei einem B_1-Mangel zu einer Störung im Kohlehydratstoffwechsel kommt. Man findet bei B_1-avitaminotischen Tieren in allen möglichen Organen, besonders aber im Gehirn, eine Anhäufung der Brenztraubensäure, einem Zwischenprodukt des Kohlehydratstoffwechsels, wodurch sich sehr wahrscheinlich das Auftreten der klinischen Symptome des B_1-Mangels, wie wir sie von der Beriberi her kennen, erklärt.

Ganz besonders interessant ist das Vitamin C, die Ascorbinsäure, dessen charakteristische Reduktionsfähigkeit zu seiner Entdeckung führte. Diese Eigenschaft der Ascorbinsäure hat von vorneherein vermuten lassen, daß sie bei den Oxydations- und Reduktionsvorgängen in der Zelle eine Rolle spielt. Tatsächlich haben eine Reihe von Untersuchungen die Teilnahme dieses Vitamins an wichtigen Stoffwechselvorgängen bewiesen. So vermag die Dihydroascorbinsäure die Dihydro-cozymase (CoH_2) zu Cozymase (Co) zu oxydieren (ADLER und GÜNTHER). Länger schon bekannt ist die Einwirkung der Ascorbinsäure auf enzymatische Reaktionen, die sowohl den Kohlehydrat- und Fettstoffwechsel wie auch den Eiweißstoffwechsel betreffen. So findet z. B. durch die Ascorbinsäure eine Aktivierung des eiweißspaltenden Kathepsins, der Arginase und der Stärkespaltung durch tierische β-Amylase statt. Von großer praktischer Bedeutung ist die von KÜHNAU nachgewiesene Aktivierung der Thrombinwirkung durch Ascorbinsäure. Sehr interessant ist außerdem die gegenseitige Einwirkung von Ascorbinsäure und Adrenalin, die in einer gegenseitigen Oxydationshemmung besteht. Ebenso bedeutsam erscheint die Bildung von Histamin aus Histidin in Gegenwart von Sauerstoff und Ascorbinsäure, die nach ABDERHALDEN Spezialfall einer allgemeinen Reaktion, nämlich der oxydativen Desaminierung der Aminosäuren durch den C-Stoff ist. Bei fast allen diesen Reaktionen ist die Wirksamkeit des Vitamins C an die Anwesenheit von Schwermetallionen, besonders Eisen und Kupfer, gebunden. Es handelt sich also um eine Komplexwirkung durch Anlagerung von Schwermetallen, ein Vorgang, wie wir ihn übrigens auch bei den anderen Vitaminen finden.

Wenn wir nun die uns bekannten Vitamineffekte auf einen einheitlichen Wirkungsmechanismus untersuchen, so fällt vor allem das Eingreifen der Vitamine in die Oxydations- und Reduktionsprozesse auf. Mit diesen oxydo-reduktiven Vorgängen eng verknüpft sind sehr wahrscheinlich Phosphorylierungen, an denen in der Tat mehrere wichtige Vitamine beteiligt sind. Ich denke dabei an die Lactoflavinphosphorsäure und an die Vitamin B_1-Diphosphorsäure. Schon lange bekannt ist die Bedeutung des Phosphorstoffwechsels für die Vitamin D-Wirkung.

γ) Lokale und Fernwirkungen der Vitamine.

Bei den Wirkungen der Vitamine auf den tierischen Organismus können wir nach KÜHNAU lokale Wirkungen, d. h. solche, die direkt am Substrat angreifen, und indirekte, die als Fernwirkung in Erscheinung treten, unterscheiden. Unter den lokalen Einwirkungen ist die wichtigste die *Beeinflussung des Stoffwechsels*, die in einer Verstärkung bzw. Abschwächung fermentativer Zellvorgänge besteht. Sie kommt schon dadurch zum Ausdruck, daß der Vitaminbedarf ganz allgemein mit der Höhe des Stoffwechsels parallel geht. Eine Steigerung des Stoffumsatzes, sei es durch körperliche Arbeit, durch Fieber oder durch eine erhöhte hormonale Tätigkeit, bedingt einen größeren Verbrauch an Vitaminen. Diese Art der Vitaminwirkung kann am besten an der Beziehung des Vitamins B_1 zum Kohlehydratstoffwechsel demonstriert werden. Schon sehr lange ist bekannt, daß Zufuhr von Kohlehydraten die Symptome der klassischen B_1-Avitaminose, der Beriberi, verschlechtert, ein Entzug dieses Nahrungsstoffes sie bessert. ABDERHALDEN konnte dann zeigen, daß man allein durch Zugabe von Glucose zur gewöhnlichen Kost bei Tauben eine Beriberi erzeugen kann. Es kommt also auf das richtige Verhältnis von B_1 zum Kohlehydrat in der Nahrung an. Neuere Forschungen haben Aufklärung über den näheren Mechanismus dieser Wechselbeziehungen des B_1-Stoffes zu den Kohlehydraten gebracht. PETERS konnte, wie bereits erwähnt, zeigen, daß es bei Abwesenheit des B_1-Vitamins zu einer Anhäufung von Brenztraubensäure, einem Zwischenprodukt des intermediären Kohlehydratstoffwechsels, im Gehirn und anderen Organen, kommt. Diese Säure findet sich normalerweise nicht im Organismus, weil sie sofort mit Hilfe der Cocarboxylase, die nach Forschungen von LOHMANN eine Vitamin B_1-Diphosphorsäure darstellt, zu Acetaldehyd und Kohlensäure abgebaut wird.

Stoffwechselwirkungen kennen wir auch von den übrigen Vitaminen. Die Beeinflussung enzymatischer Vorgänge durch das Vitamin C wurde bereits kurz gestreift. Dieses Vitamin greift ebenfalls in den Kohlehydratstoffwechsel ein, wenn auch der Wirkungsmechanismus noch nicht so weitgehend geklärt ist, wie der des B_1-Vitamins. Die Wirkung des C-Vitamins, das durch ein besonders hohes Redoxpotential ausgezeichnet ist, beruht auf der Abspaltung von Wasserstoff aus den Kohlehydraten. Dabei wird unter anaeroben Bedingungen 1 Molekül Traubenzucker durch Dehydrierung in 2 Moleküle Milchsäure übergeführt. Bei Mangel an dem C-Vitamin verarmt die Leber sehr deutlich an Glykogen, andererseits kann der Glykogenansatz in der Leber durch C-Zufuhr gesteigert werden. Für eine Beziehung des C-Stoffes zum Kohlehydratstoffwechsel spricht auch die Tatsache, daß beim Diabetes mellitus der Bedarf an Vitamin C gesteigert ist. Von praktischer Bedeutung ist die Beeinflussung des Pigmentstoffwechsels durch den C-Stoff, der sehr wahrscheinlich eine Stabilisierung, d. h. Oxydationshemmung der Pigmentvorstufen bewirkt. Pathologische Pigmentierungen, die bei C-Mangel und Nebennierinsuffizienz auftreten, können durch reichliche Darreichung von Ascorbinsäure zum Verschwinden gebracht werden. Das Vitamin A weist Beziehungen zum Kohlehydrat- und Cholesterinstoffwechsel auf. Ähnlich wie beim Skorbut sinkt bei A-Mangel der Glykogengehalt der Leber ab. Durch eine reichliche A-Zufuhr kann man einen vermehrten Glykogenansatz erreichen. Bei A-Mangel wird der Organismus insulinempfindlicher (BAUEREISEN). Allgemein bekannt sind die Stoffwechselstörungen, die bei einem Mangel an Vitamin D auftreten und die zum Bild der Rachitis führen. Ich kann dabei auf das Kapitel: D-Mangelzustände verweisen.

Lokal können die Vitamine nach Kühnau auch rein physikalisch die Zelltätigkeit beeinflussen, und zwar dadurch, daß sie die Oberflächenspannung der Zelle herabsetzen. Diese Vitaminwirkung ist deshalb von so großer Wichtigkeit, weil die *Herabsetzung der Oberflächenspannung* eine Steigerung der Durchlässigkeit der Zellmembran bedeutet, die z. B. bei der Resorption von Nahrungsstoffen im Magen-Darmkanal eine entscheidende Rolle spielt. Daß die Aufnahme von wichtigen Nährstoffen, wie der Glucose, mit einer ausreichenden Darreichung von Vitaminen verknüpft ist, beweist eine Reihe von Untersuchungen über die Beeinflussung der Resorption von Nahrungsstoffen durch den B_1-Stoff und das Vitamin C (Verzar; Schroeder). Stepp hat darauf hingewiesen, daß es auf diese Weise zu einem Circulus vitiosus kommen kann, da ein primärer Vitaminmangel Anlaß zu ungenügender Resorption der angebotenen Vitamine werden kann.

Selbstverständlich gehören zu den lokalen Wirkungen der Vitamine in erster Linie die morphogenetischen, d. h. diejenigen, welche die Zelltätigkeit direkt im Sinne eines gesteigerten Wachstums und einer beschleunigten Regeneration beeinflussen. Dabei üben die einzelnen Wirkstoffe selektiv einen produktiven Zellreiz aus. Aus der Pathologie des Skorbuts wissen wir z. B., daß das C-Vitamin notwendig ist zur Abdichtung der Blutgefäße, zur Bildung des Dentins und der Knochenspongiosa. Nach Untersuchungen am gezüchteten Gewebe scheint die Ascorbinsäure der Stoff zu sein, ohne den die Stützgewebe keine zusammenhaltenden Fasern bilden können. Das Vitamin A hat ganz besonders enge Beziehungen zum ektodermalen Gewebe. Bei seinem Fehlen treten daher Funktionsstörungen an fast allen epithelialen Organen auf. Man nimmt auch an, daß die erhöhte Anfälligkeit gegenüber Infektionskrankheiten besonders der Atmungswege bei A-Mangel durch eine Epithelschädigung bedingt ist. Das Vitamin D greift in spezifischer Weise in die Verkalkungsvorgänge an der Epidiaphysengrenze ein. Dieses Vitamin ist sicher eine Art Katalysator für die Bildung von bestimmten Ca-P-Komplexen, die für die Knochenbildung notwendig sind. Beim Vitamin E, das auch Antisterilitätsvitamin genannt wird, besagt schon der Name, daß es zur normalen Funktion des Keimepithels notwendig ist. Der Vitamin B_2-Komplex spielt neben den übrigen Vitaminen bei der Erhaltung der normalen Hautfunktion, der Blutbildung und des Wachstums, eine Rolle.

Von einer *Fernwirkung der Vitamine* kann man insofern sprechen, als die Vitamine die Tätigkeit der Drüsen mit innerer Sekretion zu beeinflussen vermögen. Dabei kann die Inkretion gehemmt oder angeregt sein. Ganz allgemein scheint es, als ob eine ausreichende Vitamindarreichung für eine optimale Funktion der inkretorischen Organe notwendig ist. Dafür spricht unter anderem die Beobachtung, daß bei Mangel an den Vitaminen des B-Komplexes die Wirksamkeit des Insulins herabgesetzt ist. Auch die inkretorische Tätigkeit der Nebennierenrinde ist eng mit den Vitaminen der B-Gruppe verknüpft. Das Adrenalin besitzt synergistische Beziehungen zum C-Stoff. Dagegen wird das Schilddrüseninkret durch die meisten Vitamine antagonistisch beeinflußt. Von Wechselbeziehungen zwischen Vitaminen und Hormonen wird noch öfter die Rede sein. Jedenfalls geht schon aus diesen wenigen Beispielen hervor, daß die Vitamine direkt oder indirekt an dem gesamten Geschehen im Organismus wesentlichsten Anteil nehmen.

d) Spezifische und unspezifische Vitaminwirkungen.

Unter den bisher besprochenen Vitaminwirkungen haben wir eine ganze Reihe kennengelernt, die diese Wirkstoffe selektiv auf einzelne Organe oder

Organsysteme entfalten und die man daher auch als spezifische Wirkungen bezeichnen kann. Die spezifischen Fähigkeiten der Vitamine sind es auch, die sie lebensnotwendig und unersetzlich machen. Daneben kennen wir nun aber eine Reihe von Aufgaben der Vitamine im Organismus, die nicht von einem allein, sondern nur von mehreren bzw. allen Vitaminen gelöst werden können. Bei Mangel an einem beliebigen Vitamin solcher Gruppen kommt es zu einem Funktionsausfall, d. h. zu Krankheitssymptomen. Dieses gewissermaßen synergistische Verhalten der Vitamine hat KÜHNAU als Gruppenspezifität bezeichnet und folgende Gemeinschaftswirkungen der Vitamine zusammengestellt:

Steigerung der Resistenz gegen Infektionen: $A\ B_1\ B_2\ C\ D\ H$.

Erhaltung der Funktionstüchtigkeit des Zentralnervensystems: $A\ B_1\ B_2\ B_4\ C$.

Anämieverhütung: $A\ B_2\ C\ D$.

Neubildung und Abbau von Knochensubstanz: $A\ B_1\ C\ D$ (hierzu könnte man auch die Entwicklung und Erhaltung des Zahngewebes rechnen).

Wachstum: Alle Vitamine außer H.

Erhaltung der Sexualfunktionen: A C E Coward-Vitamin.

Diese gruppenspezifischen Wirkungen der Vitamine könnten auf einen gemeinschaftlichen Wirkungsmechanismus schließen lassen. Das ist aber, wie wir gesehen haben, nicht der Fall. Die Gruppenspezifität besagt nur, daß sich die Vitamine in ihren Wirkungen in bestimmter Weise ergänzen. Dabei darf man nicht vergessen, daß die Vitamine wiederum nur ein Teil eines überaus verwickelten größeren Ganzen sind, können doch Krankheitssymptome avitaminotischen Charakters z. B. allein durch Entzug bestimmter Metalle und Aminosäuren entstehen.

Die Bedeutung der Vitamine für den Organismus wurde bisher ganz allgemein zu einseitig aufgefaßt. Man betrachtete sie nur als spezifisch wirkende Ergänzungsstoffe, bei deren Fehlen bestimmte Krankheitssymptome auftreten, die wiederum durch Darreichung des fehlenden Wirkstoffes verschwinden; und zwar ganz unabhängig von Um- und Inweltsfaktoren. Durch neuere Forschungen hat sich aber gezeigt, daß eine derartige Auffassung dem Wesen der Vitaminwirkung keineswegs gerecht wird. Nach KOLLATH bildet ihr Fehlen wohl die Voraussetzung dafür, daß die spezifische Mangelkrankheit auftreten kann, das Auftreten der Symptome selbst aber an die Mitwirkung anderer Vitamine bzw. anderer Stoffe gebunden ist. So gelang es dem gleichen Autor, bei Ratten durch Entzug sämtlicher wasserlöslichen Vitamine typischen Skorbut zu erzielen, obwohl diese Tiere das C-Vitamin selbst in ihrem Körper zu bilden vermögen. Auch kann das Fehlen des einen Vitamins die gleichen Symptome hervorrufen wie die übermäßige Zufuhr eines anderen, z. B. ähnelt der D-Mangel der A-Hypervitaminose. Typische Mangelerscheinungen können auch allein durch einseitige Ernährung mit einem der Hauptnährstoffe hervorgerufen werden. Ich denke dabei an die Entstehung der Beriberi durch Verabreichung großer Mengen von Kohlehydraten. Heute kann man daher nicht mehr sagen, daß eine Mangelkrankheit nur durch das Fehlen eines bestimmten Stoffes in der Nahrung entsteht. Nach einer Definition von KÜHNAU entwickelt sich vielmehr eine Mangelkrankheit in kausal unspezifischer Weise immer dann, wenn das normale Mengenverhältnis der Nahrungsbestandteile so gestört ist, daß entweder ein bestimmtes Vitamin oder seine Synergisten in zu geringer oder aber andere Vitamine bzw. antagonistische Nahrungsbestandteile in zu großer Menge zugeführt werden. Schließlich kann das normale Mengenverhältnis der Vitamine auch dadurch gestört werden, daß bestimmte Gifte, z. B. Thallium, Blei, einen Wirkstoff an seiner physiologischen Funktion verhindern können. Aus diesen

Beobachtungen erklärt es sich auch, daß man nicht aus den Mangelerscheinungen allein auf die Wirkung des betreffenden Vitamins schließen kann. In der Tat haben die isolierten Vitamine bei der Prüfung ihrer physiologischen Eigenschaften zum Teil ganz andere Wirkungen gezeigt als aus dem Symptomenbild der betreffenden Avitaminose anzunehmen war.

Die Spezifität der Vitaminwirkung hat auch durch die Beobachtung eine Einschränkung erfahren, daß die Heilung typischer Mangelkrankheiten nicht etwa nur durch einen bestimmten Stoff, sondern durch eine Gruppe allerdings chemisch verwandter Substanzen erzielt werden kann. Ich erinnere dabei an die antiskorbutische Wirkung der Ascorbinsäure und verschiedener ihrer Homologen und an die antirachitische Wirksamkeit mehrerer bestrahlter Sterine. Auch Stoffe mit Vitamin A-Charakter können aus verschiedenen Carotinoiden gebildet werden.

ε) Vitaminantagonismus.

Die Tatsache, daß bei der Entstehung der Avitaminose Korrelationsstörungen der einzelnen Nahrungsstoffe die Ursache sind, weist schon auf die mannigfachen Wechselbeziehungen zwischen den Vitaminen hin. Von einem Synergismus war bei der Gruppenspezifität der Vitamine die Rede. Die eben erwähnte Beobachtung, daß bei übermäßiger Darreichung des einen Vitamins Symptome auftreten, die auf einen Mangel an einem anderen Vitamin hindeuten, lassen sich nur durch einen Antagonismus zwischen den einzelnen Wirkstoffen erklären. Derartige antagonistische Beziehungen spielen nicht nur bei der Genese der Avitaminosen, sondern auch bei der Behandlung mit Vitaminen eine praktisch wichtige Rolle.

Die Kenntnis der antagonistischen Beziehungen wichtiger Vitamine ist deshalb von so großer Bedeutung, weil die einseitige Verabreichung großer Mengen eines Wirkstoffes im extremen Fall zu einer Avitaminose der Antagonisten führen kann. Schon vor Jahren wiesen MOURIQUAND und MICHEEL darauf hin, daß die antiskorbutische Wirkung von Fruchtsäften durch die gleichzeitige Verabreichung von Lebertran herabgemindert werden kann. In Amerika sind tatsächlich Kinder an Skorbut erkrankt, weil die überängstlichen Mütter Orangensaft mit Lebertran zusammen gaben. In diesem Falle handelt es sich um den Antagonismus zwischen den Vitaminen A und C. Ähnliche Wechselwirkungen kennen wir zwischen dem A- und D-Stoff auf der einen Seite und den Vitaminen des B-Komplexes auf der anderen. Praktisch besonders wichtig ist der Antagonismus zwischen den Vitaminen A und D, die nebeneinander im Lebertran vorkommen. Durch das ideale Verhältnis der beiden Vitamine im Lebertran wird bei optimaler Wirksamkeit die Gefahr einer Hypervitaminose, die bei A- wie auch bei D-Überdosierung gegeben ist, herabgemindert. Schließlich scheint auch zwischen einzelnen Vitaminen der B-Gruppe ein Antagonismus möglich zu sein. Das Beispiel des Lebertrans zeigt, daß es sich beim Antagonismus der Vitamine durchaus nicht immer um eine völlige Aufhebung der Wirkung zu handeln braucht, sondern daß sich eine Gegenwirkung auch als sinnvolle Synergie auswirken kann, d. h. daß gewisse Kraftwirkungen gehemmt und gezügelt werden durch Gegenwirkung (STEPP und SCHROEDER). Bei der Behandlung mit Vitaminen kommt alles darauf an, daß diese hochdifferenten Stoffe in der richtigen Weise aufeinander abgestimmt sind. Lehrmeister sollte uns die Natur sein, die uns viele ihrer Erzeugnisse in einem idealen Vitamingleichgewicht liefert. Bei der naheliegenden Frage, ob dem Antagonismus der Vitamine auch in der Pflanze selbst eine Bedeutung zukommt, muß man bedenken, daß die meisten pflanzlichen Erzeugnisse nur Teile eines Ganzen sind. Auch müßte man den Wirkungsmechanismus der Vitamine in der Zelle viel genauer im einzelnen kennen, um das

Problem ihrer Wechselbeziehungen untersuchen zu können. In diesem Zusammenhang sei aber darauf hingewiesen, daß ein Antagonismus zwischen zwei Vitaminen, z. B. A und C, in der Pflanze selbst darin zum Ausdruck kommen kann, daß die auf chemischem Wege gefundenen Werte viel höher als die bei der biologischen Prüfung gefundenen sind.

ζ) Beziehungen zwischen Vitaminen, Hormonen und Enzymen.

Schon die Einbeziehung der Vitamine in die Gruppe der Biokatalysatoren, zu denen wir noch die Hormone und Enzyme rechnen, deutet auf Beziehungen zwischen diesen Wirkstoffen hin. Wenn wir das ungemein komplizierte Widerspiel ihrer Kräfte auch noch nicht völlig übersehen, so kennen wir doch schon eine Reihe von Beispielen, die auf ihr Zusammenwirken ein Licht werfen. Von den Beziehungen zwischen Hormonen und Vitaminen wird in einem anderen Kapitel ausführlich die Rede sein. Deshalb soll an dieser Stelle nur kurz ganz allgemein die funktionelle Verbindung zwischen beiden besprochen werden.

Begreiflicherweise hat man bei den engen funktionellen Beziehungen zwischen Vitaminen, Hormonen und Enzymen nach einer chemischen Verwandtschaft gesucht. Dabei hat sich herausgestellt, daß sowohl die Sexualhormone als auch die Vitamine der Steringruppe angehören. Ein Sterin ist nach neueren chemischen Arbeiten auch das E-Vitamin. Ähnlichkeit in der chemischen Struktur besagt aber sehr wenig, da bekanntlich schon geringe Veränderungen am Molekül große biologische Wirkungsveränderungen bedingen können. Dagegen kennen wir eine Reihe von schönen Beispielen von dem Zusammenwirken von Hormon und Enzym bzw. Vitamin und Enzym. Nach KRAUT ist ein Ferment kein einheitlicher Stoff, sondern ein Stoffsystem, dessen Wirkung an die Gegenwart von zwei Bestandteilen geknüpft ist, 1. an die eigentliche katalytische Wirkgruppe (Agon), 2. an die kolloidale Trägersubstanz (Pheron). Im gelben Ferment von WARBURG finden wir das Vitamin Lactoflavinphosphorsäure an eine eiweißartige Trägergruppe gekoppelt als Wirkgruppe vor. Im Ferment Carboxylase ist es dagegen das Vitamin B_1, das, an Phosphorsäure gekoppelt, die Funktion der Wirkgruppe ausübt. Die Cozymase enthält als Bestandteil neben Adenosin-Ribosephosphorsäure das Nicotinsäureamid, das, wie wir jetzt wissen, identisch mit dem Antipellagrastoff ist. Nach AMMON ist übrigens das Vitamin C ein Bestandteil der Leberesterase. Möglicherweise gilt ein ähnlicher Zusammenhang auch für andere Vitamine und für die eiweißartigen Hormone. Aus diesem Zusammenhang zwischen Vitamin und Ferment verstehen wir auch das Auftreten von Stoffwechselentgleisungen — Avitaminosen —, die dadurch zustandekommen, daß der Organismus beim Fehlen der Vitamine bzw. ihrer Vorstufen in der Nahrung bestimmte Fermente nicht zu bilden vermag. Hier zeigt es sich, wie zutreffend die Wortbildung Vitaminenzym bzw. Vitazym (VON EULER) ist. Hormonenzyme kennen wir in den Thyreoglobulinverbindungen, die sehr wahrscheinlich die Muttersubstanzen des Thyroxyins sind. Zahlreich sind die Beispiele für die Beeinflussung der Fermentwirkung durch Hormone und Vitamine. Die Steuerung enzymatischer Reaktionen durch das Vitamin C und durch das Vitamin D wurden bereits erwähnt. Das Vitamin A spielt beim Sehvorgang, an dem außerdem das Vitamin B_2 beteiligt ist, die Rolle eines Coferments. Ganz allgemein ist bei allen Avitaminosen die Wirksamkeit der Enzyme herabgesetzt. Daraus erklärt sich z. B. das Darniederliegen der Verdauungsfunktion bei Vitaminmangel.

Eine gegenseitige Beeinflussung ihrer Wirkung im Sinne einer Anregung oder Hemmung finden wir auch bei den Vitaminen und Hormonen. Ja, man kann sagen, daß die Tätigkeit der inkretorischen Organe von den Vitaminen reguliert wird. Umgekehrt treten bei manchen Avitaminosen endokrine Ausfallserscheinungen auf. Allerdings läßt sich eine Mangelkrankheit durch eine Hormonbehandlung nicht beeinflussen. Eher scheint es möglich zu sein, die hormonale Insuffizienz durch eine Vitaminbehandlung zu bessern. Für diese Art des Zusammenwirkens von Vitamin und Hormon gibt es eine Reihe von Beispielen. Wie schon öfters erwähnt, ist die inkretorische Tätigkeit der Nebennierenrinde und des Nebennierenmarks an die Anwesenheit der Vitamine C und des B-Komplexes geknüpft. Das Hormon der Nebenschilddrüse kommt nur dann zur vollen Wirkung, wenn das Vitamin D in genügender Menge vorhanden ist. Das Insulin wird bei Vitamin B-Mangel weniger wirksam (MARTIN). Naheliegenderweise hat man besonders enge Beziehungen zwischen dem Antisterilitätsvitamin E und den Sexualhormonen angenommen. So sind verschiedene Forscher der Ansicht, daß die Bildung von Sexualhormonen in der Hypophyse von der Anwesenheit des Fortpflanzungsvitamins in der Nahrung abhängig ist. Für das Luteohormon soll das gleiche gelten. Eindeutige experimentelle Beweise stehen noch aus, doch darf man wohl annehmen, daß enge biologische Beziehungen zwischen Sexualhormon und Fortpflanzungsvitamin bestehen. Für ein enges Zusammenwirken zwischen Vitamin und Hormon spricht auch die Tatsache, daß die Drüsen mit innerer Sekretion zu den Speicherorganen für Vitamine gehören. Die Erscheinung, daß, ähnlich wie bei den Vitaminenzymen, erst durch das Zusammenwirken von Vitamin und Hormon eine hochaktive Substanz entsteht, finden wir beim Antiperniciosastoff, und zwar kann man den extrinsic factor als Vitamin, den intrinsic factor als Hormon bezeichnen.

η) Vitamine und Mineralstoffwechsel.

Sowohl mit den Fermenten wie auch mit den Hormonen und Vitaminen eng verknüpft sind die Mineralstoffe, die nach VON EULER zu den Regulatoren oder Aktivatoren gehören. Ganz allgemein bekannt ist die Steuerung fermentativer Vorgänge durch die Elektrolyte. Die funktionelle Verbindung zwischen Mineralstoffen einerseits und Vitaminen und Hormonen andererseits besteht nach GLATZEL darin, daß ,,bei günstiger mineralischer Konstellation schon ein geringer Vitamin-Hormonanstieg genügt, um den Reaktionsablauf in Gang zu bringen''. Beispiel dafür ist die Abhängigkeit des Vitamin D-Bedarfs von dem Calcium-Phosphorgehalt des Organismus. Interessant ist dabei die Tatsache, daß das Calcium sehr wahrscheinlich auch die Wirkung des D-Vitamins zu aktivieren vermag. Einige funktionelle Beziehungen bestehen auch sicher zwischen dem Vitamin C und dem Calcium. Ich denke dabei besonders an die Abdichtung der Gefäßwände und an die Beeinflussung des Blutgerinnungsvorgangs durch beide Stoffe. Von dem Zusammenwirken der Vitamine mit Schwermetallen war schon verschiedentlich die Rede. So geht z. B. das Vitamin B_1 weitgehend zusammen mit dem Mangan. Eine Vitamin B_1-arme Kost ist auch arm an Mangan. Die Erscheinungen der B_1-Hypovitaminose lassen sich durch Verabreichung von Mangan aufhalten. Ähnliche Beziehungen bestehen übrigens auch zwischen E-Vitamin und Mangan. Durch manganfreie Kost kann das Bild einer E-Hypovitaminose hervorgerufen werden. Kupfer scheint in Verbindung mit Vitamin C den oxydativen Stoffwechsel zu beeinflussen. Diese Beispiele lassen sich um viele vermehren. Sie beweisen alle, daß Vitamine und Mineralhaushalt untereinander verbunden sind.

In dieses Kapitel gehörten eigentlich auch noch die Beziehungen der Vitamine zu den Hauptnährstoffen, von denen ebenfalls bereits mehrmals die Rede war. Ganz allgemein geht eine Erhöhung des Gesamtstoffwechsels mit einem gesteigerten Vitaminbedarf einher. Daneben besteht eine Abhängigkeit des Bedarfs an den einzelnen Vitaminen von der Zufuhr bestimmter Hauptnährstoffe, so z. B.

B_1-Stoff und Kohlehydrate. Da diese Wechselbeziehungen aber bei den Mangelzuständen erörtert werden, erübrigt sich an dieser Stelle eine ausführliche Besprechung.

ϑ) Die Rolle der Vitamine im biologischen Geschehen.

Bei einer allgemeinen Würdigung der Vitamine im biologischen Geschehen können unmöglich die physiologischen Wirkungen jedes einzelnen Wirkstoffes besprochen werden. An dieser Stelle sollen deshalb nur die wichtigsten Gemeinschaftsleistungen der Vitamine, die bereits erwähnt wurden, herausgestellt werden. Zu diesen „gruppenspezifischen Wirkungen" der Vitamine gehören vor allen Dingen ihre Beziehungen zum Wachstum, zur Fortpflanzung und zur Zahnentwicklung.

Vitamine und Wachstum. Bis vor kurzem galt als eigentliches Wachstumsvitamin nur das Vitamin A. Daneben wurde bei den Vitaminen des B-Komplexes das Lactoflavin als besonderer Wachstumsfaktor bezeichnet. Diese Namensgebung ist aber sicher deshalb nicht richtig, weil nahezu alle Vitamine Beziehungen zum Wachstum haben. Ein spezielles Wachstumsvitamin gibt es also nicht. Wie für die Hauptnährstoffe gilt auch für die Vitamine das LIEBIGsche Gesetz des Minimums. Dieses Gesetz besagt folgendes: Wenn von einem bestimmten Stoff nicht ein bestimmtes für das Wachstum notwendiges Minimum vorhanden ist, so kann auch durch noch so große Zufuhr der übrigen Stoffe ein Ausgleich nicht geschaffen werden, d. h. in unserem Falle Wachstum nicht erzeugt werden. Auf diese Weise erklärt es sich, daß gerade der Wachstumstest für den Nachweis der Vitamine große Bedeutung gewonnen hat. Bei den Untersuchungen über den Einfluß der Vitamine auf das Wachstum ist weitgehend als Test die histologische Beobachtung der Wachstumszone an der Rattenrippe benutzt worden. Dabei hat sich gezeigt, daß das Vitamin A allein nicht wachstumsfördernd wirkt (GLANZMANN; KOLLATH). Es bedarf vielmehr einer Ergänzung durch einen Wachstumsfaktor, der in der Hefe, im Getreidekeimling und im Malzextrakt vorhanden ist, und der von KOLLATH als Hefe-Getreidefaktor bezeichnet worden ist. Aber auch dieser Wachstumsfaktor allein ist bei Vitamin A-Mangel unwirksam. Bei den histologischen Untersuchungen hat man festgestellt, daß es bei Mangel an Vitamin A und des Hefe-Getreidefaktors an der Wachstumszone zu einem Ausbleiben der Zellerneuerung, des Zellnachschubes kommt, während die Resorption der Knorpelzellsäulen fortschreitet. KOLLATH hat deshalb diesen Zustand als „aplastisch konsumptive" Mangelkrankheit bezeichnet. Über die Art des Zusammenwirkens von Vitamin A und Hefe-Getreidefaktor gehen die Meinungen noch auseinander. Nach KOLLATH bahnt der A-Stoff dem eigentlichen Wachstumsfaktor nur durch Neubildung von Capillaren den Weg, während nach GLANZMANN beide Wachstumsfaktoren direkt an der Zelle angreifen. Die Natur des Hefe-Getreidefaktors ist noch unbekannt. Er konnte bisher noch mit keinem der bekannten Vitamine der B-Gruppe identifiziert werden. Von großer praktischer Bedeutung ist die Tatsache, daß Vitamin A-Mangel in der Nahrung bei Kindern zu einem erheblichen Zurückbleiben im Körpergewicht und im Längenwachstum führt. Nach Untersuchungen von BLAKFAN und WOLBACH ergeben sich Gewichtsdefizite von 20—68% und in den meisten Fällen ein stark herabgesetztes Längenwachstum. Auffälligerweise bestand bei diesen Kindern ein fast normales Verhältnis zwischen Länge und Gewicht im Gegensatz zu dem Befund bei Vitamin C- bzw. D-Mangel. Den Gewichtsverlust bei Vitamin A-Mangel muß man nach den vorliegenden Beobachtungen auf die Einschmelzung der Fettdepots, die trotz reichlicher Fettzufuhr in der Nahrung auftritt, zurückführen. Nach GLANZMANN sprechen reichliche Fettdepots gegen Vitamin A-Mangel.

Der Wachstumsstillstand und die Gewichtsabnahme bei Mangel an Vitamin B_1 ist in erster Linie Folge der Appetitlosigkeit, die mit das erste Symptom einer B_1-Hypovitaminose ist. Nach Berechnungen SCHEUNERTs und unseren eigenen Untersuchungen ist die Möglichkeit einer unzureichenden Versorgung mit dem B_1-Vitamin bei weiten Kreisen unserer Bevölkerung gegeben. Außerdem ist gerade bei diesem Vitamin die Spanne zwischen der Menge, die eben die Krankheitserscheinungen verhindert und derjenigen, bei der optimales Wachstum eintritt, außerordentlich groß. WILLIAMS fand z. B. bei jungen Ratten, die mit einer bestimmten Diät ernährt wurden, maximales Wachstum erst bei einer Menge, die ungefähr das 40fache des Mindestbedarfs betrug. Ähnliches gilt nach KNOTT auch für Kinder. Amerikanische Autoren haben in der Tat nach reichlichen Gaben von Vitamin B_1 das Wachstum an und für sich gesunder Kinder um das 3—4fache des zu erwartenden Wertes während der Zeit der Vitaminzufuhr steigern können. Der bekannte Ernährungsforscher Sir YOSIAH STAMP hat daher behauptet, daß ein Diktator auf dem Ernährungsgebiet durch gesteigerte B_1-Zufuhr die durchschnittliche Körpergröße um 5 cm und das Gewicht um 2,5—3 kg heraufsetzen könnte, ganz abgesehen von einer wesentlichen Erhöhung der Widerstandskraft gegenüber Krankheiten.

Vom eigentlichen Wachstumsfaktor des Vitamin B_2-Komplexes, dem Lactoflavin, wissen wir, daß es als Baustoff des gelben Atmungsferments für den tierischen Organismus unentbehrlich ist. Für den Organismus der Ratte und des Hühnchens ist die Unentbehrlichkeit des Lactoflavins für ein normales Wachstum erwiesen. Dagegen ist noch nicht bekannt, ob es beim Menschen die Aufgaben eines Wachstumsvitamins erfüllt. Unter den Symptomen des B-Komplexmangels wie z. B. bei Coeliakie und ähnlichen Krankheitszuständen ist allerdings eine hochgradige Störung des Wachstums bei Kindern ganz ausgesprochen. Möglicherweise steht nach den Forschungen von VERZAR diese Wachstumsstörung in Zusammenhang mit einer Hypofunktion der Nebenniere, deren Ursache das Fehlen des Lactoflavins bzw. der Lactoflavinphosphorsäure ist. Zu der B-Gruppe müssen wir sicher den Hefe-Getreidefaktor rechnen, dessen Gegenwart für die Anregung des Wachstums durch den A- und C-Stoff notwendig ist.

Obwohl das Vitamin C im allgemeinen nicht zu den Wuchsstoffen gerechnet wird, spielt es bei Wachstumsstörungen im Kindesalter sicherlich eine große Rolle. Ähnlich wie beim Vitamin B_1 ist auch bei diesem Wirkstoff die Spanne zwischen der Menge, die gerade den Mindestbedarf deckt und derjenigen, die zu einer optimalen Versorgung des Organismus notwendig ist, sehr groß. Daher erklärt es sich, daß viele Kinderärzte bei Kindern, die keine klinischen Merkmale im Sinne eines Skorbuts aufweisen, durch reichliche Verabreichung von Vitamin C-haltigen Nahrungsmitteln Zunahme des Gewichts und Längenwachstums beobachten können. Die histologischen Veränderungen an der Knorpel-Knochengrenze bei C-Mangel sind wohlbekannt. Wie der A-Mangel gehört auch der Skorbut zu den aplastisch-konsumptiven Wachstumsstörungen. Auch die Wachstumswirkung des C-Vitamins ist an die Anwesenheit des Wachstumsfaktors aus der B-Gruppe gebunden. GLANZMANN nimmt an, daß das C-Vitamin wie der A-Stoff einen direkt cellulären Angriffspunkt hat. Allerdings entwickeln sich beim Meerschweinchen die typischen skorbutischen Veränderungen an den Knochen und an den Zähnen schon zu einer Zeit, wo sich äußerlich die Tiere noch im Zustand der Eutrophie befinden. Erst beim Auftreten der skorbutischen Veränderungen am Zahnfleisch setzt Verzweigung der Nahrungsaufnahme und Gewichtsverlust ein. Im Gegensatz zu den anderen Avitaminosen braucht dem Ausbruch des Skorbuts kein dystrophischer Zustand mit mangelhaftem Wachstum vorauszugehen. Man findet daher bei C-Mangel oft nur einen herabgesetzten Allgemeinzustand, der schon durch kleine Dosen von Vitamin C gebessert werden kann. Dabei muß aber betont werden, daß diese kleinen Mengen des C-Vitamins nicht ausreichen, um die lokalpathologischen Veränderungen im Sinne eines Skorbuts zu verhindern.

Die Erscheinungen des D-Mangels sind allgemein bekannt, da die Rachitis immer noch zu den weitverbreiteten Krankheiten gehört. Die typischen Veränderungen an den Knochen und am Mineralstoffwechsel, die bei D-Mangel auftreten, sind bei der klinischen Betrachtung der Rachitis besprochen. Ausdruck der rachitischen Knochenveränderung ist neben anderem ein deutliches Zurückbleiben der Knochen im Wachstum. Durch Anreicherung des Organismus mit D-Vitamin in reiner Form oder durch Sonnenlicht kommt es zu einem schnellen Wachstum. Die Wachstumsstörung bei der D-Avitaminose ist also reversibel. Analog dem Verhalten bei der C-Avitaminose kann sich die rachitische Stoffwechselstörung auch in einem anscheinend eutrophischen Organismus bei normaler Gewichtszunahme entwickeln. Erst bei Fortschreiten der Erkrankung kommt es zu schwerer Dystrophie mit Hemmung des Längen- und Gewichtswachstums.

Bei Untersuchungen über den Einfluß der Vitamine auf das Wachstum von Gewebskulturen fanden GORDONOFF und LUDWIG, daß nur das Vitamin A eine wachstumsfördernde Wirkung besitzt. Der D-Stoff ist ohne Einfluß. Das C-Vitamin wirkt sogar hemmend. Offenbar lassen diese Befunde aber keine Schlüsse auf den lebenden Organismus zu.

Bisher galt die Meinung daß die Vitamine das Wachstum nur innerhalb der normalen Variationsbreite fördern können. Es ist auch sehr unwahrscheinlich, daß unter normalen Bedingungen, selbst durch sehr reichliche Vitamingaben, Riesenwachstum erzielt werden kann. Durch einseitige Fütterung von außergewöhnlich großen Mengen des reinen B_1-Stoffes an junge Ratten (bis zu $160\,\gamma$ täglich) ist es WILLIAMS allerdings gelungen, Tiere von übernormaler Größe zu züchten. Merkwürdigerweise hatten diese „Riesenratten" nur wenig Junge, die außerdem eine starke Mortalität aufwiesen. Von der 3. Generation überlebte kein Junges. Die Schädigung der Fortpflanzungsorgane ist nach WILLIAMS aber nicht Ausdruck einer B_1-Hypervitaminose, sondern durch die Grunddiät bedingt, die anscheinend zu arm an E-Vitamin ist.

Vitamine und Fortpflanzung. Unter den Folgeerscheinungen einer fehlerhaften Ernährung sind krankhafte Veränderungen an den Fortpflanzungsorganen bisher lange nicht genügend beachtet worden. Tatsächlich ist aber die Ernährung für das Wachstum und für eine normale Funktion der Geschlechtsorgane von wesentlichster Bedeutung. Ihre optimale Entwicklung und zweckmäßigste Funktion ist an eine richtige Ernährung gebunden. Dabei ist eine mengenmäßig unzureichende, d. h. eine spärliche Ernährung viel weniger schädlich als eine qualitativ falsch zusammengesetzte. Die Schädigung der Generationsorgane durch die Mästung ist allgemein bekannt und durch STIEVE bei Gänsen auch experimentell einwandfrei erwiesen. Auf die Abhängigkeit der Fortpflanzung vom Mineralstoffwechsel haben RAGNAR BERG und andere hingewiesen. Eine besonders wichtige Rolle soll das Calcium spielen. Für die Lactation ist nach GLANZMANN das Mangan unentbehrlich. Die enge Verknüpfung der Vitamine mit den Fortpflanzungsvorgängen ist schon aus den engen funktionellen Beziehungen dieser Wirkstoffe zu den Hormonen ersichtlich. Es hat auch sicher seinen bestimmten Grund, daß gerade die Geschlechtsdrüsen die wichtigsten Vitamine zu speichern vermögen. Welchen verheerenden Einfluß eine einseitige Ernährung auf die Geschlechtsfunktion ausübt, hat GUGGISBERG an jungen weiblichen Ratten gezeigt. Bei diesen Tieren ist der Brunstverlauf, der vom Eierstock geregelt wird, mikroskopisch durch einen Scheidenabstrich (ALLEN-DOISY-Test) nachweisbar. Das folgende Schaubild ist der Arbeit von

GUGGISBERG in den „Ergebnissen der Vitamin- und Hormonforschung" entnommen.

Bemerkenswerterweise traten Störungen in dem funktionellen Genitalzyklus auf, bevor noch irgendwelche andere Störungen beobachtet werden konnten. Veränderungen im Ablauf der Genitalfunktion gehören also zu den ersten Zeichen einer falschen Ernährung bzw. eines Vitaminmangels. Der Eintritt der Geschlechtsreife wurde bei allen einseitigen Kostformen hinausgezögert, eine Konzeption trat niemals ein; alle Tiere blieben unfruchtbar. Die Ursache dieses abnormen Verlaufs der Geschlechtsfunktion ist durch die histologische Untersuchung der Geschlechtsorgane erklärt. So führt z. B. die vitaminfreie Ernährung sowohl bei Jungen wie auch bei geschlechtsreifen Tieren zu deutlich nachweisbaren Veränderungen an den Geschlechtsdrüsen. Bei den Hoden findet man unter anderem Atrophie und eine gestörte Spermiogenese, im Ovar ebenfalls Schrumpfungsprozesse und eine mangelhafte Entwicklung des weiblichen Eies. Im erwachsenen Organismus können diese Schädigungen durch eine zweckmäßige Ernährung rückgängig gemacht werden, falls die unzureichende Ernährung nicht über zu lange Zeit gegeben wurde.

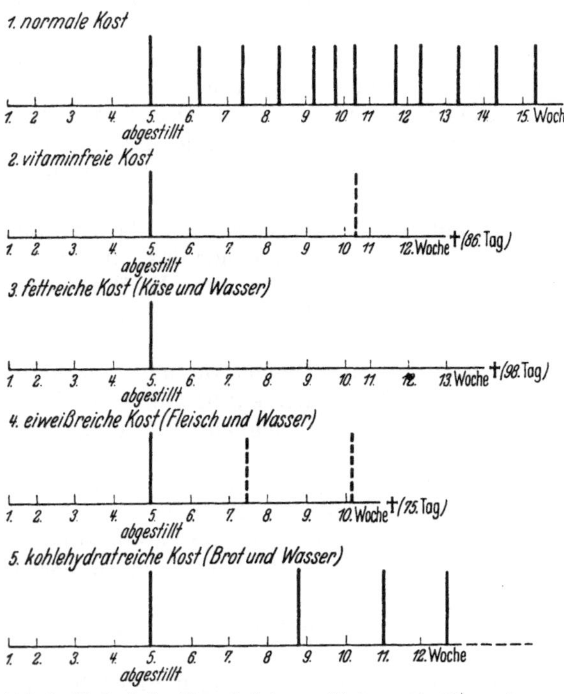

Abb. 1. Verlauf der Brunst bei verschiedenen Ernährungsformen. – – – – Brunst nur bei einzelnen Tieren ――― Brunst bei sämtlichen Versuchstieren.

Beim Menschen ist der Einfluß des Vitamingehalts auf die Fortpflanzung viel weniger leicht erfaßbar, weil sehr selten reine Bedingungen wie beim Tierversuch vorliegen. Die Schädigung der Genitalorgane durch die Ernährung ist auch sehr schwer gegenüber anderen exogenen Schädigungen des täglichen Lebens und konstitutionellen Faktoren abzugrenzen. Sicherlich ist aber eine falsche Ernährung für die zunehmenden genitalen Hypoplasien und sonstigen funktionellen Anomalien mitverantwortlich. GUGGISBERG sieht einen Beweis dafür in der Häufigkeit der genitalen Wachstumsstörungen bei den Frauen, die sich während des Krieges im Pubertätsalter befanden. Tatsächlich ist ja der Vitaminbedarf im Wachstumsalter erheblich gesteigert. Daß auch der reife Organismus gegenüber Schädigungen durch eine unzureichende Ernährung nicht unempfindlich ist, hat das Auftreten der sog. Kriegsamenorrhöen gezeigt. Ganz besonders empfindlich auf eine qualitativ falsche Ernährung reagiert die schwangere Frau, weil während der Gravidität der Vitaminbedarf ums Vielfache erhöht ist. Gravide Frauen erkranken daher auch ganz besonders leicht an Hypo- bzw. Avitaminosen. Außerdem muß man daran denken, daß ein Vitaminmangel während der Schwangerschaft zu einer intrauterinen Schädigung des Kindes führen kann. Abgesehen von der Zeit der Gravidität kommt es bei

Frauen viel weniger leicht zu Mangelzuständen als bei Männern. Der Grund dafür ist das stärkere Speicherungsvermögen des weiblichen Organismus für diese Stoffe. So ist z. B. die Leber der Frau vitaminreicher als die des Mannes. Auch ist das männliche Tier empfindlicher gegenüber einer Überdosierung isolierter Vitamine als das weibliche. Teleologisch gedacht scheint die Natur bei dem weiblichen Organismus durch die Möglichkeit einer vermehrten Speicherung für die besonderen Erfordernisse der Fortpflanzung zu sorgen.

Wenn wir uns nun fragen, welche Aufgaben die einzelnen Vitamine bei der Fortpflanzung erfüllen, so müssen wir bedenken, daß es sich auch hier um eine Gemeinschaftsleistung der Vitamine handelt. Es ist deshalb nicht nur der Ausfall eines einzelnen Vitamins, sondern besonders die gestörte Korrelation aller Nahrungsstoffe, die zu Schädigungen der Geschlechtsfunktion führt. Störungen dieser Funktion sind nicht Ausdruck einer besonderen Avitaminose, sondern treten als Symptom bei allen Mangelkrankheiten auf. Nur schwankt die Bedeutung der einzelnen Vitamine für die Aufrechterhaltung der Geschlechtsfunktion bei den verschiedenen Tierklassen.

Vitamin A. Das Vitamin A, dessen Bedeutung für alle ektodermalen Gebilde bereits kurz erwähnt wurde, ist für die normale Funktion der Sexualdrüsen unentbehrlich. Bei A-Mangel finden sich Veränderungen, die denen der E-Avitaminose weitgehend gleichen. So kommt es bei männlichen Tieren zu degenerativen Veränderungen im Hoden, beim Weibchen zu Resorptionssterilität. Außerdem ist die Befruchtung und die Einbettung des Eies gestört. Sehr früh erlischt im Gegensatz zum E-Mangel der Geschlechtstrieb. Als Zeichen eines A-Mangels ist bei Frauen auch Amenorrhöe beschrieben worden.

B-Gruppe. Inwieweit die Vitamine der B-Gruppe Beziehungen zur Fortpflanzung haben ist noch wenig geklärt. Im Tierexperiment kommt es bei Entzug aller B-Vitamine zu innersekretorischen Störungen mit Blutungen, Abortus, manchmal auch zur Resorptionssterilität. Auch bei B_1-Mangel tritt bei Frauen Amenorrhöe ein.

Vitamin C. Lange hat man geglaubt, daß das Vitamin C keinen Einfluß auf die Genitalfunktion besitzt. Neuerdings sind aber bei Meerschweinchen, die wie der Mensch auf die Zufuhr von Vitamin C mit der Nahrung angewiesen sind, typische Veränderungen im Geschlechtsapparat bei C-Mangel gefunden worden, so z. B. beim Weibchen ein Zugrundegehen der Eizellen. Beim Menschen sprechen klinische Erfahrungen dafür, daß C-Mangel gelegentlich mit für die primäre Sterilität verantwortlich gemacht werden muß.

Vitamin D. Unter den Symptomen der Rattenrachitis spielen ebenfalls Veränderungen an den Genitalorganen, die sehr frühzeitig auftreten, eine Rolle. Es kommt, ähnlich wie bei den übrigen Avitaminosen, zu Schrumpfungs- und Entartungserscheinungen. Beim Menschen ist der Einfluß des D-Vitamins auf die Geschlechtsfunktion schon deshalb schwer zu beurteilen, weil die Rachitis bekanntlich im frühen Kindesalter auftritt.

E-Vitamin. Das E-Vitamin, auch Antisterilitätsvitamin genannt, wird an anderer Stelle ausführlich abgehandelt, so daß sich eine Besprechung an dieser Stelle erübrigt. Ob dieses Vitamin für den Menschen unentbehrlich ist, ist noch nicht völlig geklärt. Bei den therapeutischen Erfolgen, die mit diesem Wirkstoff bei der primären Sterilität erzielt worden sind, muß man daran denken, ob dabei nicht eine Heilstoffwirkung des Vitamins vorliegt.

Vitamine und Zähne. Unter den Gemeinschaftswirkungen der Vitamine spielt die Beeinflussung der Zahnentwicklung und Zahnerhaltung eine ganz besondere Rolle. Es ist sicher falsch, die Bedeutung eines einzelnen Vitamins für die Zähne und das Zahngewebe hervorzuheben, dabei aber die Auswirkung der vielseitigen Beziehungen dieser Wirkstoffe zueinander und zu den Mineralstoffen und den Hormonen zu vernachlässigen. Nur durch die Betrachtung aller dieser Faktoren unter einem einheitlichen Gesichtspunkt kommen wir zu einem Verständnis der Vitaminmangelsymptome am Gebißapparat und damit zu einer wirkungsvollen Prophylaxe durch eine richtige Ernährung. Nach EULER ist es sicher, daß der Einfluß der Ernährung auf Kiefer und Zähne noch viel weiter geht als heute von weitesten Zahnärztekreisen angenommen wird. Die Beziehungen zwischen Vitaminen und Zähnen betrachtet man am besten unter folgenden Gesichtspunkten:

1. die Rolle der Vitamine bei der Zahnentwicklung und dem Zahndurchbruch;

2. ihre Aufgabe bei der Verhütung der Zahncaries und anderer Erkrankungen der Zahngewebe;

3. ihren Einfluß auf die Zahnbetterkrankungen (Gingiva, Peridontium und Kiefergewebe.

Wie JEANNERET sehr richtig betont, muß man außerdem bedenken, daß der Zahn drei scharf getrennte Entwicklungsstadien durchmacht, die auf Ernährungsschäden bzw. therapeutische Maßnahmen auch ganz verschieden reagieren:

1. die intrauterine Zahnentwicklung,

2. die Zahnentwicklung im Kieferinneren während der Kindheit,

3. die Funktion der bleibenden Zähne nach ihrem Durchbruch.

Von entscheidender Bedeutung ist die Prophylaxe während des ersten Stadiums, der intrauterinen Zahnentwicklung, die auf dem Weg über die Mutter durchgeführt werden kann; und zwar deshalb, weil das Schicksal der Milchzähne und zum Teil auch die Konstitution der bleibenden Zähne während der intrauterinen Zeit entschieden wird. Später ist eine Beeinflussung von Ernährungsschäden wohl bei der Zahnpulpa und dem Dentin, dagegen kaum beim Schmelz möglich, der für die Cariesdisposition besonders wichtig ist.

Die Wichtigkeit der einzelnen Vitamine für die verschiedenen Entwicklungsstadien der Zähne ist von EULER rein schematisch wie folgt angegeben worden:

1. Intrauterin: Vitamin C, A, D, B.

2. Kleinkinderzeit: Vitamin D, C, A.

3. Zeit bis zur zweiten Dentition:

    a) für Milchzähne: alle Vitamine,

    b) für die bleibenden Zähne: C, D, A.

4. Für die Zeit bis zum Abschluß der 2. Dentition: D, A, C.

5. Für die weitere Funktionszeit: D + Mineralsalz + C.

Auch dieses Schema hat nur unter Berücksichtigung aller erwähnten Beziehungen der Vitamine zu den Mineralstoffen und den Inkreten Geltung.

Bei einer Betrachtung der avitaminotischen Symptome am Gebißapparat findet man nach EULER, der sich um die Aufklärung dieses Problems ganz besondere Verdienste erworben hat, daß die Veränderungen im Zahnbild bei den einzelnen Avitaminosen recht große Ähnlichkeit aufweisen, ein weiterer Beweis für das enge Zusammenwirken der verschiedenen Vitamine. WALKHOFF fand bei seinen tierexperimentellen Untersuchungen, daß „sämtliche Anomalien der Struktur in den Zahngeweben allein durch Avitaminose bzw. Hypovitaminose bei alten und jungen Tieren erzeugt werden können". Auch EULER fand bei Fehlernährung sowohl aplastisch-konsumptive Formen (Neubildung fehlt, Verbrauch geht weiter) wie paraplastisch-produktive Formen (Neubildungstendenz vorhanden, aber durch Mangel verändert). Allerdings darf man bei der Bewertung tierexperimenteller Untersuchungsergebnisse nicht vergessen, daß einmal das Vitaminbedürfnis der einzelnen Tierarten verschieden ist und daß sich außerdem die immerwachsenden Ratten- und Meerschweinchenzähne sicherlich nicht ohne weiteres mit dem Menschenzahn vergleichen lassen (JEANNERET).

Eine eingehende Besprechung der Bedeutung der einzelnen Vitamine für Kiefer und Zähne erübrigt sich, weil sie bereits bei den verschiedenen Avitaminosen ausreichend gewürdigt ist. An dieser Stelle sollen deshalb nur einige allgemeine Gesichtspunkte hervorgehoben werden.

Zunächst kann es heute wohl keinem Zweifel mehr unterliegen, daß Zahnerkrankungen wie die Zahncaries und Paradentose in den letzten Jahrzehnten in erschreckendem Maße häufig geworden sind. Statistiken über die Carieshäufigkeit bei Kindern und besonders bei Rekruten lassen diese Tatsache klar erkennen. Unzählig sind die Untersuchungen, die über das Problem der Zahncaries, das ja nicht nur den Zahnarzt angeht, durchgeführt worden sind. Dabei ist man immer wieder in besonderem Maße auf die Ernährung als auf eine Hauptursache dieser Erkrankung hingelenkt worden. Unter den vielen Arbeiten, die über dieses Gebiet erschienen sind, soll hier nur auf einige besonders wichtige hingewiesen werden.

Sehr wichtig sind z. B. die Untersuchungen von EULER, der immer dann bei Kleinkindern eine erstaunlich hohe Carieshäufigkeit feststellte, wenn sich die Mütter während der Schwangerschaft hauptsächlich mit Mehlspeisen, aufgewärmtem Gemüse, Brot mit Margarine und Kuchen ernährt hatten. Dagegen wiesen die Kinder auch der ärmsten Bevölkerungskreise ein verhältnismäßig gesundes Gebiß auf, wenn die Eltern Schrebergärten besaßen, die ihnen frisches Gemüse und Obst lieferten. Nach Untersuchungen des Schweizer Zahnarztes Roos ist für die Verhütung der Zahncaries von besonders großer Wichtigkeit ein gutes Vollkornbrot. In dem von ihm untersuchten Walliser Hochtal hatten die Bewohner solange gute Zähne als sie sich mit der althergebrachten Kost und einem Brot, bei dem 100 kg Korn auch 100 kg Mehl gaben, ernährten. Der Gebißverfall setzte mit dem Bau einer Straße und der damit verbundenen Änderung der Lebenssitten ein. Nach RÖSE ist aber nicht allein die chemische Zusammensetzung der Nahrung von Bedeutung für die Zähne, sondern fast noch wichtiger ihre physikalische Beschaffenheit. Untersuchungen der „Forrog" über den Einfluß des Knäckebrotes auf die Zähne bei Kindern haben in der Tat einen günstigen Einfluß eines Hartbrotes erkennen lassen.

Aufschlußreich sind auch die Forschungen über die Carieshäufigkeit in früheren Zeitepochen, die durch histologische Untersuchungen an ausgegrabenen Schädeln möglich geworden sind. So fand EULER an Milchgebissen aus der Steinzeit eine Carieshäufigkeit der Milchzähne von nur 0,7%, während jetzt das Milchgebiß bis zu 95% befallen ist. Neuerdings hat PEDERSEN (Kopenhagen) Untersuchungen an Grönländern durchgeführt, und zwar an mindestens 200 Jahre alten Eskimoschädeln aus allen Teilen Grönlands und an der gesamten lebenden Bevölkerung Ost- und Westgrönlands. Dabei hat sich ergeben, daß nur 0,38 bis 2,5% der alten Eskimos an Zahncaries gelitten haben, cariöse Milchzähne wurden überhaupt nicht gefunden. Das Vorkommen von Caries im schwerzugänglichen Ostgrönland ist bedeutend seltener als im leichter zugänglichen und schon teilweise europäisierten Westgrönland. Aus allen diesen Untersuchungen ersieht man die Bedeutung einer natürlichen, artgemäßen Ernährung. Die Zähne bleiben viel eher gesund, wenn der Mensch richtig ernährt wird und wenn er vor allem ein hartes, gut durchgebackenes Vollkornbrot genießt.

Über die Bedeutung der einzelnen Vitamine nur kurz folgendes: Dem Vitamin A, auch Epithelschutzvitamin genannt, wird im allgemeinen keine besondere Bedeutung bei der Verhütung von Zahnschäden zugesprochen. Da aber bei Vitamin A-Mangel Funktionsstörungen aller epithelialen Gewebe auftreten können, empfiehlt sich eine Anreicherung der Nahrung mit Vitamin A bei infektiösen Entzündungen des Zahnhalteapparates. Die Rolle der B-Vitamine bei der Erhaltung der Zahnfunktion ist noch nicht genügend geklärt. Das B_1-Vitamin wirkt vielleicht indirekt über den Kohlehydratstoffwechsel, und zwar durch Verhinderung einer übermäßigen Bildung von Brenztraubensäure bzw. Milchsäure im Organismus. Die Bedeutung des C-Vitamins für die Zähne ist bei dem Kapitel: C-Mangelzustände ausführlich besprochen, so daß sie hier übergangen werden kann. Der Einfluß des D-Vitamins ist in eingehenden Studien von M. MELLANBY untersucht worden. Danach setzt die Darreichung von Lebertran oder Vitamin D zur Grundkost die Häufigkeit von Zahncaries an jungen Zähnen herab. Eine etwas geringere, aber doch sehr deutliche Schutzwirkung haben die gleichen Mittel auch bei älteren Zähnen und beim Milchgebiß. Dabei war die Grundkost, zu der Vitamin D bzw. Lebertran gereicht wurde, erheblich besser als die durchschnittliche Kost in armen Familien. Das Ergebnis der MELLANBYschen Arbeit beweist daher den Nutzen einer Vitamindarreichung zu einer an und für sich normalen Ernährung.

Ganz allgemein sollte die Prophylaxe gegenüber Zahnschäden durch „die auf die regionalen Lebensbedingungen eines Volkes zugeschnittene, zweckmäßigste Ernährung durchgeführt werden" (MISCH). Für unser Volk muß eine derartige Ernährung in der gemischten Kost mit reichlich Obst, frischem Gemüse, Salat, Kartoffeln, Vollkornbrot und genügend Milchprodukten bestehen.

Zusammenfassendes Schrifttum.

JEANNERET: Z. Vitaminforsch. 6, H. 3, 250 (1937).

RUZICKA, L. u. W. STEPP: Ergebnisse der Vitamin- und Hormonforschung. Leipzig: Akademische Verlagsgesellschaft 1938.

STEPP, KÜHNAU u. SCHROEDER: Die Vitamine und ihre klinische Anwendung. Stuttgart: Ferdinand Enke 1936.

WALKHOFF: Die Vitamine in ihrer Bedeutung für die Entwicklung und Struktur der Zähne, 1929.

III. Nahrungsmittel und ihre Erzeugung.

Von B. BLEYER, München.

a) Einführung[1].

Das quasi-parasitäre Merkmal alles Lebens ist, daß es sich überall da einschiebt, wo Gelegenheit zu organischer Nutzung anorganischer Vorgänge gegeben ist.

Das Tier- und Pflanzenreich nimmt an den verschiedensten Punkten seiner Entwicklung „fremde" Elemente in seinen biochemischen Bestand auf, wobei der Anreiz zur „organogenen" Konzentration eines Stoffes im wesentlichen von der „anorganischen" Umwelt ausgeht, in die sich die „organische Welt" gewissermaßen parasitär als Nutznießerin von Vorgängen einschaltet, die auch ohne sie irgendwie zum Ablauf kommen würden.

Die Zahl der Elemente, die die tierischen und pflanzlichen Organismen aufnehmen können, ist sehr groß. Nach den derzeitigen Feststellungsmöglichkeiten, die durch die Ergiebigkeit und Genauigkeit der Nachweis- und Bestimmungsverfahren begrenzt sind, dürfte es über die Hälfte aller bisher bekannt gewordenen Elemente sein, wenn auch der Grad der Einverleibung (Konzentration) sehr verschieden ist. Er reicht von passiver Adsorption im lebenden oder

---

[1] Dargestellt nach G. BERG: Das Leben im Stoffhaushalt der Erde. Leipzig: Johann Ambrosius Barth 1936; dort viele interessierende Einzelheiten mit Schrifttumsnachweis.

toten Körper über einfache Agglutination an die Oberfläche, über chemische Ausfällung an der Oberfläche (Panzerung), über vorübergehende Aufnahme in den Kreislauf zwecks schneller Ausscheidung an bestimmten Stellen (Skelet- und Gehäusebildung) bis zur Verwendung in lebenswichtigen Funktionen („Jod" in der Schilddrüse, „Eisen" oder „Kupfer" oder „Vanadium" im Blut, „Phosphor" in den Proteinen, Zellkernen, den Lipoiden und ähnliches, „Schwefel" in den Proteinen usw.).

Die Gelegenheit, sich fremde Elemente nutzbar zu machen und diese Ausnutzung zu vererben, ist reichlich gegeben. Die Organismen mit ihren außerordentlich feinen Strukturen treten an ihren riesig entwickelten aktiven Oberflächen zunächst passiv mit jedem Element, das ihnen in ihrer Umwelt in gelösten Verbindungen geboten wird, in Wechselwirkung. Die Vererbung einer durch solches Zusammentreffen „erworbenen" Eigenschaft erfolgt leichter als die Vererbung einer mechanisch erworbenen Form des Körpers oder eines Körperteiles, weil der chemische Vorgang unter normalen Verhältnissen auf das gesamte Plasma und damit auch auf das Keimplasma einwirkt.

Dabei kann es zu außerordentlichen zweckbedingten Konzentrationen bestimmter Elemente kommen. Beispielsweise werden im Plankton gegenüber dem durchschnittlichen Gehalt im umgebenden Meereswasser folgende Konzentrierungen erreicht:

10fache Konzentration für S, K, B, F
100fache Konzentration für J, Fe
1000fache Konzentration für Si, P, As
10000fache Konzentration für Ca, Cu
100000fache Konzentration für Zn.

Das besondere geochemische Merkmal der Bildung der lebendigen Substanz ist aber die Konzentration von Kohlenstoff und daneben die ungewöhnliche Bindung und Speicherung von Stickstoff.

Die Kohlenstoffkonzentration ist ihrem Wesen nach eine endotherme Reduktion der in der Atmosphäre vorhandenen oder in Wasser gelösten Kohlensäure zu Verbindungen, in denen das Verhältnis Kohlenstoff : Sauerstoff größer ist als 3 : 8 (in CO_2 wie 3 : 8).

In diesen für das organische Leben ausschlaggebenden reduktiven Assimilationsvorgang des „anorganischen" Kohlenstoffs der Kohlensäure schalten sich dann die mannigfaltigen, in ihren Einzelheiten leider noch völlig ungeklärten, aber ebenso wichtigen Anpassungen der anderen „anorganischen" Stoffe ein; wahrscheinlich auch in erster Linie als Reduktionsvorgänge, deren Ergebnisse den Aufbau der unübersehbar großen Zahl „organischer" Stoffe der Lebenssubstanz ermöglichen.

Für die mittlere Zusammensetzung der Lebenssubstanz ergeben sich nach den derzeitigen Feststellungsmöglichkeiten folgende Größenordnungszahlen für 27 Elemente; die Ausweitung der Liste wird sich mit den Fortschritten der Analysenverfahren der Chemie und vor allem der Spektrographie entwickeln:

O, H . . . . n. 10%	Cu, Br, J, Mn . . . . . n. 10^{-3}%
C, N, Ca . . . . n. 1%	As, B, F, Pb, Ti, V . . n. 10^{-4}%
S, P, Si, K . . . . . n. 10^{-1}%	Ag . . . . n. 10^{-5}%
Mg, Fe, Na, Cl, Al, Zn. n. 10^{-2}%	Au . . . . n. 10^{-6}%

(Nach W. Vernadsky.)

b) Der Mensch und seine Nutztiere als Nutznießer der Pflanzen.

Im eigentlichen Sinn „schöpferisch" ist nur die Pflanze; sie „arbeitet" sparsam und mit unerschöpflich scheinender Kunst. Von diesem Können leben Tier und Mensch als Nutznießer in Symbiose, die sich von der „groben"

Nahrungsnahme bis zu den feinabgestimmten Leistungen der Darmflora und zu den subtilsten Wirkungen der Hormone, Vitamine u. a. erstrecken, die ja auch unmittelbar oder mittelbar den als Nahrung aufgenommenen Pflanzen entstammen.

Der denkende Mensch hat seine Stellung und die seiner Haustiere in dieser Lebensgemeinschaft allmählich erkannt; sein Schicksal hängt im wesentlichen davon ab, daß er an Stelle einer „räuberischen", parasitären Symbiose, die nur zu seinen Gunsten wirkt, in mühseliger Entwicklung eine „freundschaftliche", pflegliche Lebensgemeinschaft herangebildet hat, die aus dem Raubbau zur Nutzung führte; ein langer Weg, geleitet von den Ergebnissen der nützlichen Beobachtung und schließlich gesichert durch die allmähliche weitauslangende und immer tiefer eindringende Wissenschaft (Landbauwissenschaft mit ihren zahlreichen Einzelgebieten).

Die Urerzeugung aus dem Pflanzenreich ist aufs engste mit den großen klimatischen Zonen verbunden. In den meisten Fällen ordnet sie sich den vorhandenen Vegetationsformationen unter; jedoch hat der Mensch durch Entwaldung und Entwässerung, durch Aufforstung und künstliche Bewässerung und durch seine sonstigen besonderen Betriebsweisen die Grenzen der ursprünglichen ihm nützlichen Vegetationsformen recht erheblich auszudehnen vermocht. Eine beträchtliche Steigerung der Erzeugung ist die Folge.

Für die wirtschaftliche Verwertung der Pflanze unterscheidet man die Nutzung wildwachsender und angebauter Pflanzen. Bei den einfachen Völkern herrscht natürlich die Verwertung wildwachsender Pflanzen vor. Sammelvölker entnehmen ihre Nahrung vorwiegend wildwachsenden nahrhaften Früchten, Wurzeln, Knollen. In den verschiedenen Vegetationsformen spielen auch Kleinpflanzen aller Art als Bestand der „Sammelwirtschaft" eine Rolle, wie die Viehzucht der Nomaden auf dem natürlichen Vorkommen wildwachsender nährstoffreicher Gräser, Kräuter, Stauden und Büsche, im Tundrengebiet der Renntierflechte, beruht; auch Obst wird, selbst in Kulturländern, teilweise noch im Sammelbetrieb von wildwachsenden Kräutern und Stauden, Büschen und Bäumen gewonnen.

Indessen nicht nur für die Bewohner der betreffenden Landstriche, auch für den Welthandel werden bedeutende Beträge von nährstoffhaltigen Erzeugnissen aus wildwachsenden Pflanzenbeständen geliefert (Ölfrüchte u. a.).

Die Bedeutung der wildwachsenden Pflanzen tritt sehr zurück gegenüber dem Nutzen der angebauten Pflanzen, die in erster Linie der Ernährung, der Bekleidung und dem gewerblich-industriellen Bedürfnis der Menschheit dienen. Das Kulturland nimmt in Europa etwa zwei Fünftel der Gesamtfläche ein. in Asien etwa ein Fünftel, in Afrika über ein Fünftel, in Australien und Ozeanien etwa ein Neuntel, in Amerika fast ein Fünftel.

Das Ackerland nimmt in manchen Ländern einen bedeutenden Teil der Gesamtfläche ein, indessen ist der jeweilige Anteil kein Maßstab, denn die Erträge auf der Flächeneinheit sind durch klimatische und bodenmäßige Einflüsse außerordentlich verschieden, zum anderen weichen die Wirtschaftsformen und die Volksdichten sehr stark voneinander ab, so daß Länder von geringer Gesamtackerfläche und geringer Bevölkerungszahl Überschüsse abzugeben vermögen (z. B. Argentinien, Australien), während Länder mit sehr ausgedehnter Anbaufläche noch Einfuhrbedarf haben (die meisten mittel- und westeuropäischen Länder). Agrarstaaten sind Länder, deren Volkswirtschaft zur Hauptsache auf der Bodennutzung beruht (z. B. Argentinien); doch ist zu beachten, daß auch Industriestaaten (z. B. Belgien) eine besonders hochentwickelte Bodennutzung haben können.

Die besonderen Schwierigkeiten der Versorgung des deutschen Volkes mit Nahrungsmitteln wird deutlich, wenn man bedenkt, daß auf der gleichen Nährfläche, auf der vor 60 Jahren 41 Millionen Menschen ernährt wurden, jetzt 67 Millionen Menschen versorgt werden müssen (Deutsches Reich ohne Deutschösterreich), d. h. damals trafen auf 1 qkm 89 Menschen und jetzt 140 Menschen (Dänemark 83, Schweden 76, Ungarn 93, Rußland 13). Dazu sind die klimatischen und bodenmäßigen Bedingungen in Deutschland sehr uneinheitlich und im ganzen, soweit es sich um den Anbau hochwertiger Nahrungsgüter handelt, ungünstig. An Nährfläche stehen für jeden Deutschen nur 67 m im Geviert zur Verfügung.

Trotz dieser Ungunst sind die Grundlagen der deutschen Volksernährung so weit gesichert, wie dies nur möglich sein kann. Dazu kommen die Mehrleistungen der erst im Anfang stehenden Hochseefischerei und des neu aufgebauten Walfanges (rund 1,2 Millionen Faß Heringe und 90 000 t und steigend mehr Walöl für eine Fangzeit). Bei vielen der Hauptnahrungsmittel ist der Inlandsanteil so weit gestiegen, daß die Auslandsabhängigkeit erheblich herabgemindert wurde. Auf einigen Teilgebieten — Fett für die menschliche Ernährung, Eiweiß für die Nutztierernährung, Eier, Obst und Südfrüchte, Gemüse — besteht die Auslandsabhängigkeit noch fort. Nach den amtlichen Quellen stellt sich der Stand der Selbstversorgung bei den wichtigsten Lebensmitteln Ende 1937 etwa folgendermaßen dar (Deutsches Reich ohne Deutschösterreich):

Brot (Mehl)	100%	Fische	95—100%
Kartoffeln	100%	Eier	80—85%
Zucker	100%	Molkereierzeugnisse . . .	80—85%
Frischmilch und ent-		Nahrungsfett	50—55%
rahmte Milch	100%	Gemüse	90—95%
Fleisch	90—94%	Obst etwa	80%.

Die wichtigsten Nahrungsmittel gruppieren sich in:

I. Eiweißträger.

    A. Tierische: Fleisch und Fleischwaren, Fische und Fischkonserven, Salz- und Räucherfische, Trockenfische, Muscheln und Krustentiere, Milch und eiweißreiche Milcherzeugnisse — Käse, Quark, Sauermilch — Eier.

    B. Pflanzliche: Hülsenfrüchte, Nüsse; in zweiter Linie Getreide (Mehl) und Kartoffeln.

II. Fettträger.

    A. Tierische: Butter, Schächtereifette, Walöl.

    B. Pflanzliche: einheimisch: Raps, Rübsamen, Lein; ausländisch: Soja, Olive, Erdnuß, Mohn, Sonnenblumenkern, Sesam, Baumwollsamen, Cocos, Palmkern.

    C. Mischfett: Margarine (gehärtetes Walöl, auch andere tierische Fette, zusammen mit pflanzlichen Fetten).

III. Kohlehydratträger.

    A. Zucker (Rohr- und Rübenzucker), Traubenzucker, Bienenhonig, Kunsthonig.

    B. Stärkehaltige: Getreidemehle (Weizen, Roggen, Gerste, Hafer), Brot und Gebäcke, Nudeln und andere Teigwaren, Grieß, Graupen, Grütze, Flocken; Kartoffeln, Kartoffelschnitte, Obst, -scheiben, -schrot, -mehl, -flocken; Hülsenfrüchte.

IV. Mineralstoff- und Vitaminträger (ferner organische Säuren, Pektine, Rohfasern).
Obst und Gemüse, eingesäuerte Gemüse (Sauerkraut), Obst- und Gemüsezubereitungen (Marmeladen, Muse, Obstsäfte, unvergorene Obst- und Beeren-Süßmoste).

Der Gehalt an Eiweiß, Fett und Kohlehydraten ist bei Obst und Gemüse gering. Sie liefern aber in unentbehrlicher Weise Schutzstoffe, Mineralstoffe, Geruch- und Geschmackstoffe, organische Säuren und „Rohfaser" (verkittete Cellulose-Pektinstoffe), die, zwar schwer oder nicht im Darm aufschließbar, die Magen- und Darmtätigkeit anregen, das Darmlumen füllen und dadurch die Darmbewegungen erleichtern.

Eine Schilderung der einzelnen Nahrungsmittel ist hier nicht möglich; es muß auf das Schrifttum verwiesen werden[1].

c) Die Pflanze und ihr Boden.

Die ausgedehnten Untersuchungen über die Einzelheiten der Bodenfrage zeigten, daß diese viel verwickelter liegen, als man zuerst glaubte[2]. Früher hielt man die Fruchtbarkeit des Bodens für ein „chemisches" Problem; die älteren Bakteriologen glaubten, daß die Bakterien die eigentlichen Bildner der Pflanzennahrung im Boden seien; später zeigte sich, daß auch physikalische Betrachtungsweisen wichtig sind, und daß der Boden maßgebliche kolloide Eigenschaften besitzt. Es erwies sich ferner der erhebliche Umstand, daß nicht die Tätigkeit der Bakterien allein die biologischen Vorgänge im Boden beherrscht, sondern daß auch andere lebende Organismen daran beteiligt sind und daß die Anwesenheit einer vielgestaltigen Bevölkerung im Boden — „Edaphon" — einen wechselseitigen und einen auf das Pflanzenwachstum abgestimmten Einfluß ausübt.

Das Edaphon stellt eine ökologische Einheit dar und weist ähnliche Zusammenhänge wie das Plankton auf. Bodenbakterien und Bodenpilze arbeiten als Stickstofflieferanten für die edaphischen Algen, die wieder im Verein mit den Vorgenannten den Rhizopoden als Nahrung dienen, mit diesen auch den Rotatorien und Nematoden. Diese werden von Amöben und Myriapoden sowie von Tardigraden gefressen. Das gesamte Mikroedaphon aber wird von den Regenwürmern aufgenommen, von diesen teils verdaut, teils wieder im Gedeihen gefördert. Hin und her spinnen sich also die Fäden, eines besteht durch das andere und das gibt uns das Recht das Edaphon als eine aus Bakterien, Schizophyceen, Bodenpilzen, Kieselalgen, Grünalgen, Rhizopoden, Rotatorien, Tardigraden, Nematoden und größeren Würmern sowie Myriapoden und Insekten zusammengesetzte, in sich geschlossene Lebensgemischschaft aufzufassen (R. H. FRANCÉ).

Wasservorrat, Luftversorgung, Temperatur, Vorrat an Pflanzennährstoffen, Tiefe und Struktur des Bodens üben einen weitgehenden Einfluß auf das Wachstum der Pflanzen aus; Wachstumshabitus, die Zusammensetzung in den verschiedenen Wachstumzeiten und die Menge der erzeugten Substanz, also der Ertrag, sind hiervon abhängig.

Von diesen Faktoren sind einige kurz zu kennzeichnen:

Die Gunst der Bodenverhältnisse wird durch die Kolloide weitgehend bestimmt. Besonders wichtig sind die drei Kolloidgruppen: das Tonkolloid, das Humuskolloid und die kolloide Kieselsäure. Sind auch die Verhältnisse noch keineswegs, am wenigsten hinsichtlich der Humuskolloide, geklärt, so sind an nützlichen Eigenschaften der Bodenkolloide insgesamt zu nennen: wasserfassende Kraft, Überführung des Bodens in die nützliche Krümelstruktur

---

[1] *Allgemein* (Auswahl):

BAMES, E.: Lebensmittel-Lexikon. Berlin: C. Heymanns 1935. — ERTEL, H.: Die Grundlagen der deutschen Ernährung. Leipzig: Johann Ambrosius Barth 1938. — MAYERHOFER, E. u. C. PIRQUET: Lexikon der Ernährungskunde. Wien: Julius Springer 1936. — SCHWEIGART, H. A.: Der Ernährungshaushalt des deutschen Volkes. Berlin: Deutscher Verlag für Politik und Wirtschaft 1937. — ZIEGELMAYER, W.: Rohstoff-Fragen der deutschen Volksernährung. Dresden: Theodor Steinkopff 1937. — *Schriftenreihe der Reichsarbeitsgemeinschaft für Volksernährung*, mehrere Hefte. Verlage: Johann Ambrosius Barth, Leipzig: Berlin: C. Heymanns; Leipzig: Georg Thieme; Dresden: Theodor Steinkopff.

Lebensmittelchemisch (Auswahl):

Handbuch der Lebensmittelchemie. Berlin: Julius Springer; im Erscheinen; mehrere Bände erschienen. — KÖNIG, J.: Nahrung und Ernährung des Menschen. Berlin: Julius Springer 1926. — RÖTTGER, H.: Lehrbuch der Nahrungsmittelchemie, 5. Aufl., 2 Bände. Leipzig: Johann Ambrosius Barth 1926. — TILLMANS, J.: Lehrbuch der Lebensmittelchemie. Berlin: Julius Springer 1927.

[2] Das einschlägige Schrifttum ist sehr umfangreich. Einen guten Überblick mit zahlreichen Schrifttumsangaben bietet: RUSSEL, J.: Boden und Pflanzen, 2. Aufl., bearb. von K. W. MÜLLER: Dresden: Theodor Steinkopff 1936.

infolge einer gewissen Klebewirkung der Kolloide (Natriumsalze in der Düngung wirken besonders ungünstig, weil sie die klebenden Teilchen verdichten und dann die luftabschließende, schädliche Verkrustung des Bodens eintritt); Kolloide halten bestimmte Nährstoffe aus Lösungen fest und verhindern durch „Einhüllen" deren Auswaschen; schließlich ist zu nennen das Festhalten basischer Stoffe infolge der „Säurewirkung" der Humuskolloide.

Von ausschlaggebender Bedeutung ist die zweckmäßige Durchfeuchtung des Bodens durch Taukondensat, Niederschlagwasser, Schmelzwässer und von unten her durch das Grundwasser. Zu hoher Grundwasserstand wirkt bodensäuernd, zu tiefer dagegen hemmt leicht die chemischen Umsetzungen und Tätigkeit der bodenbewohnenden Lebewesen. Die Capillaren der Bodenhohlräume bewirken, daß das Grundwasser emporsteigt. Je enger die Hohlräume des Bodens, um so langsamer, aber auch um so höher steigt das Grundwasser, z. B. bei tonhaltigen Böden.

Grobkörnige und krümelige Böden enthalten die für die Wurzel nötige Atemluft in genügender Menge. Humushaltige Böden sind infolge verwesender organischer Substanzen sauerstoffärmer und kohlensäurereicher. Die Durchlüftung des Bodens wird oft gehindert durch einen zu hohen Wassergehalt. Ein solcher kühlt die Böden infolge Verdunstung stark ab.

Der für den Boden wichtige Humus entsteht aus abgestorbener pflanzlicher oder tierischer Substanz welche durch Fäulnis, Verwesung und Vermoderung aufbereitet ist. An diesen Vorgängen sind mannigfaltige luftliebende Mikroorganismen beteiligt. Bei unzureichendem Luftzutritt vollzieht sich die Zersetzung der organischen Substanz unter Mitwirkung anaerober Bakterien nur unvollständig; sie arbeiten langsam; es bilden sich saure Stoffe, die sog. Humussäuren. Die „Mineralisierung" der Pflanzensubstanz erfolgt dann nicht vollständig; es bleiben torfige, gefärbte, kohlenstoffreiche Umwandlungsstoffe übrig, die die Masse dunkel färben. Bei solchen unvollkommen verlaufenden Vorgängen kann auch die „Bodenluft" verhältnismäßig zu viel Kohlensäure aufnehmen, was sich auf die wachsende Pflanze im allgemeinen nicht günstig auswirkt.

d) Nährstoffe der Pflanze[1].

Die Angelegenheit liegt nicht so einfach, wie sie zunächst aussieht, denn die Stoffe, die im allgemeinen als die wirkliche Pflanzennahrung bezeichnet werden, nämlich die Stoffe, die die Pflanze aus Luft und Boden aufnimmt, sind nur die Rohstoffe, aus denen die Nahrung gebildet wird.

In großer Menge werden benötigt: Kohlensäure (Kohlendioxyd), Wasser, Sauerstoff, geeignete Stickstoff-, Phosphor-, Schwefel-, Kalium-, Calcium- und Magnesiumverbindungen. Weitere Stoffe werden nur in geringer Menge benötigt: Eisen-, Mangan- und (für einige Pflanzen) Borverbindungen; andere wieder werden wahrscheinlich gebraucht: Jod-, Chlor-, Fluor-, Kupfer-, Aluminium-, Zink-, Kobalt- und Nickelverbindungen. Es ist noch nicht mit Sicherheit bekannt, ob letztere Gruppe notwendigen und nützlichen Zwecken dient; vermutlich werden sie als Katalysatoren und Stimulatoren eingesetzt; ihre Wirkung wird im Versuch und in der Praxis vielfach ausprobiert; in einer Vorwegnahme endgültiger Einschätzung werden sie auch gelegentlich als „Hochleistungsnährstoffe" bezeichnet.

In dem vom Menschen unbeeinflußten Kreislauf bleibt der Nährstoffhaushalt einigermaßen im Gleichgewicht, weil hier die Pflanzen an Ort und

---

[1] Einzelheiten unter anderem in RUSELL, J., Fußn. 2, S. 186.

Stelle absterben und die dem Boden entnommenen Nährstoffe wieder zurück-
liefern.

Diese Sachlage ändert sich durch den wirtschaftenden Menschen sehr erheblich. Dann wird nur ein bescheidener Teil der mit den Ernteprodukten
entzogenen Nährstoffe dem Boden in Form von Stallmist, Jauche, Streu wieder
zurückgegeben. Ein beträchtlicher Anteil verläßt den Betrieb und damit den
Boden durch Verkauf von Getreide, Hackfrüchten, Milch, Vieh usw.; ein weiterer
Teil geht durch Ablauf, Umsetzungen und Verdunsten in Stallmist und Jauche
verloren; auch durch Auswaschen in den Untergrund wird der Nährstoffvorrat
unserer Kulturböden dauernd, besonders bei leichteren Böden und in regenreichen
Gebieten, verringert.

Ein dauernder Wiederersatz dieses großen jährlichen Nährstoffverbrauches
ist deshalb auch bei besten Böden notwendig. Es müssen nicht nur die Wirt-
schaftsdünger: Stallmist, Jauche, Gründüngung und Kompost, sondern es
müssen auch in Ergänzung derselben regelmäßig die Kernnährstoffe „Stickstoff",
„Phosphorsäure" und „Kali" und der bodenverbessernde Kalk durch Düngung
dem Boden zugeführt werden.

Stickstoffmangel zeigt sich in gehemmtem Wachstum und gelblich-grüner,
manchmal rötlich-grüner Blattfarbe; Vergilben und Verfärben über die ganze
Oberfläche des Blattes. Stickstoffzufuhr ruft meist eine sofortige Besserung
der Farbe und schnelleres Höhen- und Blattwachstum hervor (Erntesteigerung,
Eiweißsteigerung).

Die Phosphatwirkung ist viel weniger auffallend als die mit Stickstoffverbindungen; sie kann nur vergleichsweise ermittelt werden; auch „reagieren"
die einzelnen Nutzpflanzen sehr verschieden. Am deutlichsten zeigt sich die
Wirkung der Phosphate an der Ausbildung guter Wurzelsysteme, guter Be-
stockung, der Samenproduktion und der Reifebeschleunigung. Organische
Phosphorverbindungen sind Bestandteile der Zellkerne und ihre Ausbildung ist
daher für Zellteilungen und die Ausbildung der Meristeme unentbehrlich, wie
auch für die normalen Umwandlungen der Kohlehydrate und die Wirksamkeit
der Chloroplasten.

Die Kaliumernährung hat vermutlich mannigfache Auswirkung: Begünstigung
der Stärke- und Zuckerbildung, Förderung der Reduktion der Bodennitrate und
dadurch der ersten Stufe der Proteinbildung, Steigerung der Wurzelentwicklung
(nicht sicher), Verbesserung der Wasserversorgung der Pflanze. Die Kaliumsalze gleichen die Stickstoffwirkung aus und umgekehrt.

Die Frage der Beeinflussung der Zusammensetzung der Feldfrüchte und
ihrer Teile unter wechselnden Ernährungs- und Düngungsbedingungen wurde
noch nicht ausreichend bearbeitet, so daß sichere, auf eindeutigen Versuchsreihen beruhende Ergebnisse noch nicht vorliegen. In der Praxis laufen jedoch
zahlreiche Erkenntnisse, auf praktischer Beobachtung beruhend, um, die die
„Qualität" behandeln. Die „Qualität" kann biochemisch nicht ausgedrückt
werden. Bekannter sind die Funktionen: Höhe des Stickstoff- und Protein-
anteils in der Gerste und im Weizen hinsichtlich der Mälzereitauglichkeit
der Gerste (niedriger Proteingehalt erwünscht), der Futtertauglichkeit der Gerste
(hoher Proteingehalt erwünscht), der Backfähigkeit des Weizens (hoher Kleber-
Proteingehalt erwünscht; der Gesamtproteingehalt ist dafür nicht entscheidend).
Alle Getreidepflanzen liefern zuviel Stroh bei zu reichlicher Stickstoffdüngung;
ihre Halmfestigkeit leidet. Rüben und Kartoffeln produzieren anteilmäßig
unter gleicher Überernährung zu viel Blätter. Andererseits gewinnen solche
Kulturgewächse, die wegen ihrer Blattbildung angebaut werden, aus Stickstoff-
überschüssen großen Vorteil; Kohlgewächse erhalten durch geschickte Anwendung
von Stickstoffdünger große Köpfe und zarte Blätter.

Dauernder Phosphatmangel der Böden und der darauf wachsenden Nutzpflanzen hat zur Folge, daß die Weidetiere an diesem Phosphatmangel und dessen Folgeerscheinungen teilnehmen; diese Mangelerscheinungen können sich dann auf den Menschen erstrecken; Ausgleich bei der Tierfütterung durch Knochenmehl, beim Menschen durch die vorerst noch zum Teil problematische Zufuhr von Präparaten mit organisch gebundenem Phosphor (Lecithine, Inositphosphate, Zuckerphosphate, anorganische Phosphate, Glycerophosphate u. a.).

Die meisten, vorläufig noch unbestimmbaren Eigenschaften, die sich als „Qualität" ausdrücken, scheinen mit dem Phosphorgehalt der Pflanze eine Steigerung zu erhalten; die Auswirkung erstreckt sich vermutlich sogar auf die Enzyme. Beispielsweise wird auch vermutet, daß die besseren Weine mehr P_2O_5 in der Asche enthalten als die geringeren Weine.

Dem Kalkmangel der Böden ist nicht nur in Hinsicht auf die Pflanzenversorgung Augenmerk zu schenken. Es ist sicher, daß der Kalk an der Neutralisierung der organischen Säuren in der Pflanze beteiligt ist und damit wichtige Funktionen ausübt. Neben Humus ist Kalk das wichtigste Hilfsmittel für die Erhaltung der Bodenfruchtbarkeit. Allgemein hilft eine Kalkgabe den Pflanzen, die unter abnormen Ernährungsverhältnissen zu leiden haben, bedeuten auf; die Gewebe werden gefestigt, die Zellen besser verkittet (Bildung von Pektin-Calcium-Salzen); ganz besondere Wirkung kommt aber dem Kalk als Bodenverbesserungsmittel zu (Lockerung, Krümelstruktur, Durchlüftung, Durchwärmung, Entsäuerung, Förderung der Bakterientätigkeit im Boden, Verbesserung der Ausnützung der Wirtschafts- und Handelsdünger).

Dauernder Kalkmangel im Boden und in den darauf wachsenden Nutzpflanzen hat erhebliche Auswirkung auf Tier und Mensch; die ständige Bodenauswaschung des Grünlandes (Niederschläge, einseitige Jauchedüngung) und der oftmals nicht zeitig genug einsetzende Nachschub in Form von Düngerkalk macht sich sogar bemerkbar in der Verringerung der Gerinnungsfähigkeit der Milch (Käsereimilch).

Ob in Zukunft eine, wenn auch sparsame, Düngung mit Eisen-, Kupfer-, Mangan-, Silicium-, Bor-, Titan- und anderen Verbindungen notwendig sein wird, läßt sich noch nicht überblicken. Beispielsweise ruft Manganmangel gewisse Blatterkrankungen hervor. Eine sehr geringe Mangandüngung beseitigt solche Mängel, wie auch mangelhaften Geschmack von Ananasfrüchten der Ananaskulturen oder Abnormitäten im Wachstum von Tomaten auf Kalkböden. Die Wirkung von Boraten ist deutlicher; sie wird in der Düngerpraxis schon beachtet; durch winzigen Boratgehalt wirkt der natürliche Chilesalpeter entsprechend.

Es ist klar, daß jede Einseitigkeit in der Düngung einen Verstoß gegen die natürliche Gesetzmäßigkeit bedeutet. Für das Pflanzenwachstum gilt das Gesetz vom Minimum; die Höhe des Ertrages hängt von demjenigen Nährstoff ab, der in der geringsten Menge im Boden in aufnehmbarer Form vorhanden ist.

Die durchschnittliche und normale Volksernährung kann sich nur auf der Grundlage des Nahrungsgutes bilden, das die naturgegebenen Verhältnisse zur Verfügung stellt und wie es die Notwendigkeiten der Ernährung eines Volkes, möglichst aus eigenem Boden und eigenem Nahrungsraum, erheischen. Jedes Volk der Erde hat seine ihm eigene Volksernährung, abgestuft nach landschaftlichen Bedingtheiten; Rasse, Geschmack, Empfindung der Bekömmlichkeit, Überlieferung und Anpassung an die Leistungsfähigkeit und -notwendigkeit haben diese vorherrschende Ernährungsform entwickelt.

Daneben hat es zu allen Zeiten besondere Ernährungsformen gegeben[1], die oft von ethischen oder religiösen Beweggründen ausgehen und auf eigene

---

[1] Gute Übersicht in H. ERTEL: Die Grundlagen der deutschen Volksernährung. Leipzig: Johann Ambrosius Barth 1938.

bzw. eigenartige Ernährungsvorschriften für ihre Anhänger hinausgehen mit dem zumeist vorschwebenden Ziele der Enthaltsamkeit, der Läuterung von Körper und Geist und der Wiederherstellung der Verbundenheit von Natur und Mensch. Soweit solche Formen kultischen Charakter angenommen haben, Sektiererei, Bevormundung anderer und eine übertrieben-ängstliche Pflege und Schonung der eigenen Person betreiben, soll hiervon keine Rede sein. Rein vegetarische Ernährung, betonte Rohkostformen und Krankenernährung sollen nicht Gegenstand laienmäßiger Erörterung und Werbung sein; sie gehören im wohlerwogenen Interesse der Allgemeinheit und des einzelnen in die Zuständigkeit sachverständiger Ärzte oder anderer Sachkenner. Es hat wenig Zweck, immer erneut Probleme aufzuwerfen, die gegenwärtig bzw. demnächst keine Lösung erfahren können; der übergeordnete Gesichtspunkt ist, alle Kräfte auf die Erreichung der Nahrungsfreiheit aus engem Nahrungsraum auszurichten und hierfür einzuspannen. Der ernsthaft zu nehmende Inhalt einiger, durch Erfahrung gefestigter besonderer Ernährungsformen — Vegetarismus in seinen verschiedenen Gruppen, Rohkostanwendung, Eiweißsparung, Basen-Säuretheorie — wird an anderer Stelle behandelt.

Im Zusammenhang mit den vorstehenden Angaben über die Nährstoffe und Düngung der Nutzpflanzen ist auf die von RUDOLF STEINER begründete „biologisch-dynamische Lehre" einzugehen, die sich in der Hauptsache auf die besondere Erzeugung höherwertiger Nahrungsmittel hin entwickelt hat. Diese Lehre nimmt an, daß die Pflanze auch ohne menschliches Zutun, vor allem ohne die mineralischen Handelsdünger, die abgelehnt werden, unter dem Einfluß kosmischer und terrestrischer Strahlenkräfte bestmöglich wächst. In der starken Einschätzung eines natürlich-harmonischen Ausgleiches liegt unzweifelhaft eine ethische Note, aber es wäre unmöglich, im Hinblick auf die zwangsläufige ernährungswirtschaftliche Lage in Deutschland einem etwaigen allgemeinen Verlangen nach ungedüngten Erzeugnissen Rechnung zu tragen. Der Nährstoffhaushalt des Bodens muß ausgeglichen erhalten bleiben, so daß er bei Mengenleistung vollwertig ernährte Pflanzen tragen kann, die dann auch für die menschliche und tierische Ernährung nicht minderwertig sein können. Zur vollständigen Nährstoffversorgung unserer stark beanspruchten Böden müssen neben der wirtschaftseigenen Düngung (Stallmist, Jauche, Gründüngung, Kompost) die Handelsdünger — die ältere und zu Mißverständnissen führende Bezeichnung „Kunstdünger" ist ungerechtfertigt — mitherangezogen werden. Eine gute Auswirkung hat die Erörterung über die biologisch-dynamische Wirtschaftsweise jedenfalls, daß die da und dort gelegentlich allzu stark hervortretende Einschätzung bzw. Überschätzung der Anwendung der mineralischen Handelsdünger etwas zurückgetreten ist zugunsten der besseren Einschätzung der „natürlichen" Kräfte des Humus, der humusliefernden Maßnahmen und deren pfleglichere Behandlung. Das eine und das andere ist notwendig; extreme Forderungen schießen am Ziele vorbei. Die Erträge zweier wichtiger Volksnahrungsmittel — Roggen und Kartoffel — haben sich beispielsweise seit der Anwendung von Handelsdüngern etwa verdoppelt. Diese Steigerung ist freilich auch durch Verbesserung der Bodenbearbeitung und der Heranziehung leistungsfähiger Pflanzensorten mitbedingt (etwa zur Hälfte)[1].

Wissenschaft und Praxis bemühen sich seit einigen Jahren, Einblick zu gewinnen, ob und wie die vom Menschen beeinflußte Pflanzenernährung sich auf

---

[1] Heute (1938) muß in Deutschland ein Bauer auf 2,1 Hektar landwirtschaftlicher Nutzfläche ebensoviel erzeugen, wie um 1880 etwa 3 Bauern auf 4,9 Hektar. Die Zahl der städtischen Verbraucher ist in der gleichen Zeit von rund 26 Millionen auf etwa 54 Millionen gestiegen, während die landwirtschaftliche Bevölkerung von etwa 19 Millionen auf 13,5 Millionen gefallen ist. Wenn um 1880 herum ein Bauer zwei Städter zu ernähren hatte, so muß der von 1938 vier Städter ernähren.

die Vitaminbildung in der Nutzpflanze auswirkt. Es bedarf noch weiterer ausgedehnter und wiederholter Versuche unter den stark wechselnden natürlichen Bedingungen, bis gesicherte Angaben gemacht werden können; es ist zu erwarten, daß die Stickstoffdüngung neben starker Ertragserhöhung — besonders bei Blattgemüse, Petersilie — erhöhten Carotingehalt (Provitamin A) ergibt, die mit der Steigerung der Bildung des Chlorophylls einhergeht (Steigerung auf etwa die doppelte Menge); es sind auch Anhaltspunkte gegeben, daß mit der Vermehrung des Blattgrüns eine gewisse Steigerung des Vitamins C einhergeht. Für die Forschung und die Versuchspraxis liegt hier noch ein wichtiges Gebiet offen; nicht nur die Umstände der Vitaminbildung sind wichtig, auch die Entstehung und Konzentration anderer pflanzlicher Stoffe von Sonderwirkung und des Mineralstoffverhältnisses der Nutzpflanzen unter dem Einfluß von Boden, Klima, Ernährung, Ernte und dgl. sind wissenswert und ihre Ergründung wird der Ernährungslehre manche wichtige Hilfe leisten.

e) Die Ernährung der menschlichen Nutztiere.

Die Nährstoffbilanz zeigt, daß für die menschliche Ernährung des deutschen Gesamtvolkes der Eiweißbedarf im wesentlichen gedeckt ist; innerhalb des Volkes ergeben sich nicht unerhebliche Schwankungen hinsichtlich der Verteilung, da der Eiweißverbrauch der sozial bessergestellten Schichten 2—3mal so hoch ist wie der der wenigerbemittelten Schichten. Mit dem zu erwartenden Steigen der Bevölkerungszahl und des Lebensstandards muß eine erhebliche Mehrerzeugung von Lebensmitteln kommen, die neben einem stark ansteigenden Verbrauch an Fetten, Obst und Gemüse, auch einen größeren Bedarf an tierischen Lebensmitteln zu decken hat. Dabei spielt die biologische Umwandlung von ursprünglich pflanzlichen Erzeugnissen über die Nutztierhaltung eine ausschlaggebende Rolle, so daß auch über die tierische Ernährung einiges anzugeben ist.

Die Grundlage der Erörterung hierzu ist die KELLNERsche Fütterungslehre, die sich auf den physiologisch-chemischen Erkenntnissen des Nahrungsumsatzes aufbaut. Bei der Deckung des Futterbedarfs wird natürlich auf die sehr verschiedenen Leistungen der Nutztiere — Arbeit, Milchleistung, Fleisch- und Fettleistung — Rücksicht genommen; hierbei spielen die Verhältnisse von Eiweiß einerseits zu Fett und Kohlehydraten andererseits eine ausschlaggebende Rolle; bei den Futterrationen werden Verdaulichkeit, Stärkewert und Nährstoffverhältnis ausgedrückt. Das Nährstoffverhältnis zeigt, wieviel auf ein Teil verdauliches Rohprotein verdauliche stickstofffreie Nichtproteinstoffe (Kohlehydrate, verdauliche Rohfaser und Fett) treffen; Jungtiere brauchen wegen ihres schnellen Wachstums ein Aufzuchtfutter mit hohem Eiweißanteil (Nährstoffverhältnis 1 : 5), erwachsene Tiere mit hoher Arbeits- oder Fettleistung ein Nährstoffverhältnis 1 : 7, erwachsene Tiere mit Fett- und Eiweißleistung (Milchkühe) 1 : 5, Erhaltungsfutter für erwachsene Tiere 1 : 10.

Im allgemeinen läßt sich sagen, daß der derzeitige deutsche Nutzviehbestand bei besserer Ernährung zu sehr viel größeren Leistungen imstande wäre. Die Verbesserung der Nutztierernährung zielt auf die Schließung der „Eiweißlücken" ab, im wesentlichen durch tauglichen Ersatz der sonst in riesigen Mengen aus dem Ausland eingeführten sog. „Kraftfuttermittel", d. h. den eiweißreichen Rückständen der Fett- und Ölgewinnung aus Produkten tropischer Gewächse (Cocos, Ölpalme, Erdnuß, Baumwollsamen, Sesam u. a.). Der „Fettlücke" in der menschlichen Ernährung entspricht die „Eiweißlücke" in der Nutzviehernährung.

Zur Lösung der wichtigen Frage, genügende Mengen von Eiweiß im Inland für die tierische Ernährung aufzubringen, sind folgende Wege beschritten worden; es wurden dabei schon sehr wesentliche Ergebnisse erzielt[1]:

1. Hebung der Menge und Güte der Grünlanderträge durch Ordnung der Wasserverhältnisse und angemessene Düngung, wobei die ausreichende Versorgung mit Kalk und Phosphaten von Belang ist; Steigerung des Feldfutterbaues und des Zwischenfruchtbaues; Anbau von Körnerleguminosen; hier gebührt der deutschen Pflanzenzüchtung der Ruhm, mit der Züchtung der Süßlupine eine Nutzpflanze eingeführt zu haben, die mit einem Gehalt von etwa 30% verdaulichem Rohprotein (Samen) für die Fütterung von größter Bedeutung wird, zumal sie als Pflanze des Sandbodens als Eiweißerzeuger für solche leichte nährstoffarme Böden in Betracht kommt.

2. Konservierung der Erzeugnisse des Grünlandes und des Feldfutterbaues. Neben der künstlichen und natürlichen Trocknung kommt der Einsäuerung in Silos und anderen Futterbehältern eine immer größere Bedeutung zu. Die Einsäuerungstechnik hat nach vielen Rückschlägen in den letzten Jahren so große Fortschritte gemacht, daß es jetzt möglich ist, an sich schwer silierbares basen- und eiweißreiches Grünfutter in eine einwandfreie Futterkonserve überzuführen. Die „Kaltvergärung" verdrängt die frühere Warmsilierung; von Wichtigkeit ist der schnelle Verbrauch des mit dem Preßfutter eingebrachten Luftsauerstoffs, dessen Ersatz durch Atmungskohlensäure und die möglichst rasche Bildung reichlicher Mengen von zuckerhaltigem Sickersaft, der die Hohlräume ausfüllt und den Nährboden für die Milchsäuregärung liefert. Je schneller und kräftiger die Milchsäuregärung einsetzt, desto gründlicher werden die konkurrierenden Buttersäureerreger und die Schimmelpilze zurückgedrängt und um so besser ist das Gärfutter. Die optimale Temperatur für die günstig wirkenden Milchsäurebakterien der Kaltsilage liegt bei 20—30° C; der Schimmelbefall wird durch strengen Luftabschluß hintangehalten. Bei der Silierung von eiweißreichem Grünfutter wird zur Unterdrückung von eiweißzersetzenden Mikroorganismen auch künstliche Säuerung (Salzsäure, Ameisensäure u. a.) als unterstützende Maßnahme angewandt.

3. Möglichster Ersatz des Eiweißes durch einfach gebaute stickstoffhaltige Stoffe. Diese Angelegenheit ist noch im Versuchsstadium. Aminosäuren (z. B. Glykokoll) und Säureamide (z. B. Harnstoff), beide großtechnisch herstellbar, können im Vormagen (Pansen) der Wiederkäuer durch die darin heimische Bakterienflora zu bakterieneigenen Eiweißstoffen aufgebaut werden, die dann nach dem Absterben der Bakterien als Futtereiweiß dienen.

4. Futterhefe. Holzzucker (BERGIUS-RHEINAU-Verfahren und SCHOLLER-TORNESCH-Verfahren) und Futterhefe ermöglichen eine Ausweitung unserer heimischen Futtergrundlage. Futterhefe ist gut zu bewerten; sie bringt nicht nur Nährstoffe im üblichen Sinne bei; sie leistet auch durch ihre besonderen Inhaltsstoffe wertvolle Beinahrung (Rachitisschutz und ähnliches).

5. Völlige Ausnützung der in den landwirtschaftlichen Gewerben anfallenden Abfallstoffe. Hier wird das von H. FINK ausgearbeitete Eiweiß-Schlempeverfahren eine wichtige Rolle spielen. In den Kartoffelbrennereien wird hiernach statt auf Spiritus auf eiweißreiche Schlempen gearbeitet: Aufschluß der Stärke, Verzuckerung der Stärke durch Malz, Beimpfung mit einer Wuchshefe unter Zugabe von Ammonsalzen. Dadurch wird der Rohproteinanfall (gegenüber dem üblichen Brennereiverfahren) um etwa 50% gesteigert.

6. Ausmerzung der schlechten Futterverwerter und Leistungskontrolle.

f) Pflanzenzüchtung.

An alle drei Gebiete der Erzeugung pflanzlicher Rohstoffe: Gärtnerei als intensivste Form, Landwirtschaft mit beschränkten Steigerungsmöglichkeiten und Forstwirtschaft als extensivste Form der Bodennutzung werden erhöhte Ansprüche gestellt. Alle Leistungssteigerungen hängen aber zuletzt und ausschließlich von den Pflanzen selbst ab, nämlich, ob sie die erhöhten Aufwendungen für die Bodenkultur auch wirklich ausnützen können. Unsere vor 100 Jahren angebauten Landsorten des Getreides stellen solche schlechte Nährstoffverwerter dar. Erst durch Auslese der leistungsfähigen Formen gelang es, die Erträge um 50% und mehr zu steigern.

---

[1] Auszugsweise angegeben aus K. SCHARRER: Chem.-Ztg **62**, 245f. (1938).

Das Zeitalter der Wildformen (Inkulturnahme von Wildpflanzen durch den Menschen) wurde durch das Zeitalter der Landsorten abgelöst, in dem unbewußt neue wertvolle Formen geschaffen wurden, dieses wieder durch das Zeitalter der Originalzuchten (im Laufe des 19. Jahrhunderts), das aus den Landsorten durch züchterische Arbeiten einzelne hochentwickelte Nutzpflanzen herausbildete (Roggen, Zuckerrübe). Damit war das wirtschaftlich-praktische Ziel angegeben. Zu Hilfe kam die Wiederentdeckung der MENDELschen Vererbungsregeln und ihre planmäßige und bewußte Anwendung auf die Pflanzenzüchtung. Damit hat das jetzige Zeitalter der Hochzüchtung begonnen, deren Arbeit sich auf alle volkwirtschaftlich wichtigen Pflanzen erstreckt und sich in einer noch vor kurzem für unmöglich gehaltenen großen Ausweitung unter Zuhilfenahme scharfsinniger, arbeitsteilender Organisation und aller erreichbaren botanischen, chemischen, physiologischen, mykologischen und anderen Hilfsmittel ihren hochgesteckten Zielen unermüdlich zustrebt. Diese Ziele sind unter anderem: Ertragssteigerung, Änderung der Zusammensetzung (Öl-, Eiweiß-, Kohlehydrat-, Fasergehalt, Verringerung unerwünschter Bestandteile z. B. der Bitterstoffe, der Alkaloide), Steigerung der Widerstandsfähigkeit der Kulturpflanzen gegen Krankheiten und Schädlinge, Kälte-, Frost- und Winterfestigkeit, Halm- und Gewebefestigkeit, Dürrefestigkeit, Anpassung an gegebene Bodenverhältnisse, Anspruchslosigkeit bezüglich der Nährstoffe, Ausreifedauer (Früh- bzw. Spätreife); bei gärtnerischen Kulturpflanzen: Verlängerung der Erzeugungsdauer (Vor- und Spätlegung der Ernte), Steigerung der Lagerfähigkeit; bei Forstpflanzen: Wüchsigkeit, Wiederherstellung der Bodenständigkeit.

Es kann hier nicht auf die Einzelheiten der großartigen Arbeit der Pflanzenzüchtung eingegangen werden; es muß deshalb auf das umfangreiche Schrifttum hingewiesen werden[1], insbesondere sind die züchterischen Arbeiten an der Lupine — eiweißreiche, aber giftfreie Futterlupinen, ölreiche Lupinen —, an der Sojabohne — frühreife und damit in Deutschland anbaufähige Sorten als Öl- und Eiweißlieferer —, am Weizen — kleberhaltige und damit backfähige Sorten —, an der Kartoffel — Frost- und Krebsfestigkeit —, an der Futterrübe — Spätreife mit Erhaltung der Blätter —, an den Faserpflanzen (Lein und Hanf) — hoher Faserertrag, neben hohem Ölertrag —, an den Öl- und an den Futterpflanzen wichtig.

Tabellarische Übersichten.

(Tabellen 1, 2, 3, 4, 5, 6, 7, 8, 9, 10 aus: H. v. D. DECKEN: Entwicklung der Selbstversorgung Deutschlands mit landwirtschaftlichen Erzeugnissen. 138. Sonderheft der Berichte über Landwirtschaft. Berlin: P. Parey 1938.)

Tabelle 1. Die Bodenbenutzung in Deutschland 1936.

	Mill. ha	%
Landwirtschaftlich genutzte Fläche	28,7	61
Forste, Holzungen	12,9	27
Moorflächen (unkultiviert)	0,4	1
Sonstiges Öd- und Unland	1,4	3
Haus- und Hofräume, Wege, Parke, Friedhöfe, Gewässer, Sportplätze u. a.	3,6	8
Gesamtfläche	47,0	100

---

[1] Einen sehr guten Überblick vermittelt: SENGBUSCH, R. v.: Pflanzenzüchtung und Rohstoffversorgung. Leipzig: Georg Thieme 1937.

Tabelle 2. Der Anteil der einzelnen Feldfrüchte an der pflanzlichen Erzeugung.
Schätzungen 1936.

	Anbaufläche	Produktion		
		Kalorien	Stärkewerte	Eiweiß
	Mill. ha	Bill. Kal.	Mill. t	
Getreide	12,09	93,4	22,6	2,31
Hackfrüchte u. dgl.	5,14	62,0	15,0	0,98
Grünland	8,86	43,6	10,5	1,55
Feldfutterbau	2,32	16,0	3,9	0,76
Brache	0,26	—	—	—
Insgesamt	28,67	215,0	52,0	5,60

Tabelle 3. Die Verwendung der Bodenerzeugnisse.

Verwendungsart	Bill. Kal.	%
Futter für Nutzvieh	130	65
Menschliche Ernährung	40	20
Gewerbliche Verarbeitung, Schwund, Verderb	30	15

Tabelle 4. Gesamtverbrauch an menschlichen Nahrungsmitteln in 1000 t.

	1909/1913	1928	1936
Pflanzliche Nahrungsmittel			
Roggen	5860	4700	4800
Weizen	5140	5100	4450
Roggenmehl	4100	3290	3648
Weizenmehl	3600	3774	3420
Anderes Getreide	654	636	537
Hülsenfrüchte	298	145	138
Speisekartoffeln	13000	11000	12800
Zucker	1180	1480	1511
Obst	2250	2081	2000
Südfrüchte	220	404	472
Gemüse	2400	2760	3890
Bier	6678	5456	3959
Trinkbranntwein in Mill. Liter (100teil. Alkohol)	204	83	66
Wein	300	336	419
Speiseöle und pflanzliche Speisefette	120	180	175
Margarine und Kunstspeisefette	200	462	445
Tierische Nahrungsmittel			
Fleisch	3142	3163	3215
Trinkmilch	7400	7500	7600
Butter	435	481	572
Käse	318	294	379
Speck, Schmalz und Talg	446	440	463
Süßwasserfische	87	88	83
Seefische	475	544	795
Eier	434	510	460
Honig	24	23	27

Tabelle 5. Die Zusammensetzung der deutschen Nahrung.
Schematisch in abgerundeten Zahlen; 1935/36.

	Mengen 1000 t	Werte[1] Mill. RM.	Kalorien Bill. Kal.	Mengen	Werte[1]	Kalorien
					v. H.	
Brot	9200	4680	21,2	18	16	30
Kartoffeln	12800	1040	9,7	26	3	13
Hülsenfrüchte	150	110	0,4	0	0	1
Zucker	1500	1130	5,8	3	4	8
Gemüse, Obst, Südfrüchte	6000	2800	2,3	12	10	3
Alkoholhaltige Getränke .	4400	3790	2,4	9	13	3
Fette insgesamt	1600	3430	13,7	3	12	19
davon Butter	545	1660	4,3	1	6	6
„ Margarine . . .	430	550	3,4	1	2	5
Trinkmilch aller Art . . .	9000	2110	5,6	18	7	8
davon Kuhmilch . . .	7600	1770	4,6	15	6	6
Käse	360	730	0,8	1	3	1
Fleisch insgesamt	3230	7000	6,1	6	24	9
davon Schweinefleisch.	1800	3940	4,2	3	14	6
„ Rindfleisch . .	870	1900	1,1	2	7	2
„ Kalbfleisch . .	185	400	0,3	0	1	0
„ Geflügelfleisch .	100	210	0,2	0	1	0
Fische	820	850	0,6	2	3	1
Eier	440	830	0,6	1	3	1
Sonstige Nahrungsmittel .	500	500	1,8	1	2	3
(Müllerei-Erzeugnisse, Reis, Teigwaren, Kakao, Honig, Süßwaren)						

[1] Werte im Einzelhandel.

Tabelle 6. Die Struktur des Nahrungsmittelverbrauches 1935/36.

Verbrauch an	Gewicht			Wert (Einzelhandel			Kalorien		
	ins-gesamt Mill.	je Kopf und Tag	%	ins-gesamt Mrd. RM.	je Kopf und Tag RM.	%	ins-gesamt Bill. Kal.	je Kopf und Tag Kal.	%
Pflanzliche Nahrungs-mittel	35	1,4	70	14	0,57	48	46,8	1910	66
Tierische Nahrungsmittel	15	0,6	30	15	0,61	52	24,2	990	34
Insgesamt	50	2,0	100	29	1,18	100	71,0	2900	100

Tabelle 7. Der „Soll"- und „Ist"-Verbrauch an Nahrungsstoffen.

	Soll-verbrauch[1]	Ist-Verbrauch 1934/36		Veraltete Norm	
				Voit[1]	Rubner[4]
	Je Person im Gewicht von 65—70 kg	Je Kopf der Be-völkerung[2]	Je Voll-verbrauch[3]	Für den mittel-schwer arbei-tenden Mann in Gewicht von je 70 kg	Je Kopf der Be-völkerung
Eiweiß in g . . .	70— 80	75	85	118	81
Fett in g	50— 70	97	119	56	81
Kohlehydrate in g .	400—500	397	457	500	411
Kalorien	2100—3200	2902	3342	3055 (Brutto)	2770

[1] Praktische Winke für die Ernährung; Schriftenreihe der Reichsarbeitsgemeinschaft für Volksernährung, 3. Aufl., H. 7, S. 26. Leipzig: Georg Thieme 1937.
[2] Durchschnittsgewicht = rund 48 kg.
[3] Durchschnittsgewicht = rund 56 kg.
[4] Rubner, M.: Deutschlands Volksernährung. Berlin 1930. — Ernähr. 2, H. 1, 13 (1937).

Tabelle 8. Die Versorgung mit eiweißhaltigen und ölhaltigen Pflanzenteilen.

	Verbrauch insgesamt	Davon aus dem		Inlandsanteil
		Ausland	Inland	
	1000 t			%
Ölsaaten und Ölfrüchte zusammen	1800	1675	125	7
Davon:				
a) im Inland erzeugbar				
Raps	105	5	100	95
Leinsaat	245	220	25	10
b) nicht im Inland erzeugbar				
Soja, Kopra, Erdnuß u. a.	1450	1450	—	—
Versorgung mit Ölkuchen	1200	1100	100	8
Versorgung mit pflanzlichen Ölen	750	700	50	7

Tabelle 9. Die Versorgung mit Ölfrüchten in 1000 t.

	1878	1900	1933	1936
Inländische Erzeugung (Raps, Rübsen. Lein) .	271	107	9	126
Einfuhrüberschuß	147	620	2286	1681

Tabelle 10. Der Nutzviehbestand Deutschlands.

Jeweils Anfang Dezember	Viehbestand insgesamt 1925 = 100	Pferde	Rindvieh		Schweine	Schafe	Ziegen	Hühner	Gänse	Enten	Bienenvölker
			Insgesamt	Milchkühe							
1925	100	3,9	17,2	9,1	16,2	4,8	3,8	64,1	5,3	2,0	1,6
1930	106	3,5	18,5	9,5	23,4	3,5	2,6	88,1	6,2	3,9	2,0
1936	112	3,4	20,1	10,1	25,9	4,3	2,6	88,4	5,9	2,7	2,5

Gesamtgewicht 11,7 Mill. t.

Erzeugung an Kuhmilch:

1925 17,5 Millrd. Liter: d. i. pro Kuh und Jahr 1900 Liter
1930 21,5 Millrd. Liter: „ „ „ „ „ „ 2300 Liter
1936 24,7 Millrd. Liter: „ „ „ „ „ „ 2445 Liter.

Schrifttum.

FRANCÉ, R. H.: Das Edaphon. Stuttgart 1909. Zit. bei FEUCHT, O.: Der Wald als Lebensgemeinschaft. Oehringen 1936.
SCHARRER, K.: Chem.-Ztg **1938**, 245f. (Übersicht).
VERNADSKY, W.: La geochimie. Paris: F. Alcan 1924.

IV. Die Verarbeitung der Nahrungsmittel.

Von W. DIEMAIR, Frankfurt a. M.

a) Die Zubereitung der Nahrungsmittel nach allgemeinen küchentechnischen Gesichtspunkten[1].

Seit urdenklichen Zeiten bereitet der Mensch die von der Natur dargebotenen Nahrungsstoffe zu, wobei die Art dieser Zubereitung als Ausdruck der jeweiligen Lebenshaltung und Kulturstufe eines Volkes gelten kann. So wird ver-

[1] Gute Übersicht bei K. TÄUFEL (1).

ständlich, daß die auf Erfahrung und Überlieferung gestützte Ernährungsweise „national" und „regional" in vielfacher Abwandlung erscheinen und die Stufen von der geschlossenen überlieferten Form einer durchschnittlichen Zubereitung bis zur „individuellen" Feinschmeckerkost durchlaufen muß. Wenn die breiten Grundlagen der Ernährungsformen auch im großen und ganzen erhalten geblieben sind, so hat sich doch, über Abwege und gelegentliche Irrwege hinweg, in der zweiten Hälfte des 19. Jahrhunderts eine merkbare Umwandlung in der Ernährung und damit auch in der Zubereitung der Nahrungsstoffe vollzogen. Sie ist im wesentlichen durch die Verstädterung und Industrialisierung, durch die Zusammenballung großer Menschenmassen in der Stadt und durch die dadurch bedingte Massenverköstigung bedingt, die sich auch auf die Lebensmittelherstellung auswirkten, indem die frühere „handwerksmäßige" und „haushaltsübliche" Verarbeitung vielfach in gewerbliche und großgewerbliche Wirtschaftsformen überging.

Diese zwangsläufige Entwicklung hat ihre Nachteile; sie hat aber auch die Aufgaben einer zweckmäßigen Gewinnung, Aufbereitung, Aufbewahrung, Lagerung und Haltbarmachung herausgestellt und zu brauchbaren Erkenntnissen und Erfahrungen geführt, die selbstverständlich noch einer umfangreichen Bearbeitung bedürfen.

Hierfür ist der Einsatz lebensmittelchemischer Forschungsarbeit unentbehrlich; sie muß unter anderem das Rüstzeug chemischer, physikalischer und technologischer Erfahrungen und Erkenntnisse schaffen, um die Aufgaben einer gesicherten Nahrungslieferung erfüllen zu helfen.

1. Die Verfahren der Zubereitung und ihr Einfluß auf die Inhaltsstoffe tierischer und pflanzlicher Lebensmittel.

Mit der *Zubereitung* der Lebensmittel sollen diese aus ihrem *rohen* Zustand in eine für die Verdauungsorgane leichter zugängliche Form übergeführt werden. Hier spielen sich vorwiegend Veränderungen ab, die eine *Löslichmachung* der Inhaltsstoffe zur Folge haben. Die küchentechnische Zubereitung ist also in erster Linie auf eine Verdauungsförderung ausgerichtet; die sich daneben abspielende Abtötung der in den Lebensmitteln vorhandenen, mehr oder minder schädlichen Kleinlebewesen (Bakterien, Schimmelpilze, Darmparasiten u. a.) ist nach der hygienischen Seite hin von nicht unwesentlicher Bedeutung.

Die Verfahren, welche der Mensch zur Zubereitung seiner Nahrung verwendet, sind mannigfach; sie erstrecken sich von einer mechanischen, äußeren Behandlung der Lebensmittel bis zur tiefgreifenden *chemischen* Stoffumwandlung. Dazu kommen noch die Reinigungsverfahren, welche die Entfernung von unerwünschten Begleitstoffen und verunreinigenden Bestandteilen bezwecken.

Hier interessieren vorwiegend solche Maßnahmen, welche mit einer Zustandsänderung und mit einer Stoffumwandlung der Lebensmittel verbunden sind, also *mechanische* Verfahren und solche, welche unter gleichzeitiger Anwendung höherer Temperaturen benützt werden[1].

α) Mechanische Verfahren.

Ihr Zweck liegt darin, insbesondere pflanzliche, in festen und daher mehr oder minder schwer zugänglichen Zellverbänden befindliche Nahrungsstoffe von ihren schwerverdaulichen Umhüllungen zu befreien; dies geschieht, worauf

---

[1] Von einer Schilderung *biochemischer* Arbeitsverfahren, also solcher, die sich unter Einwirkung von gewissen Kleinlebewesen und der von diesen abgesonderten Enzymstoffe abspielen, wurde Abstand genommen, z. B. Käse-Reifung, Sauermilch-Bereitung; auch die besonderen Gärverfahren: Herstellung von Bier, Wein, Branntwein, sollen nicht behandelt werden.

schon die ältesten Zubereitungsverfahren hindeuten, durch *Zerreiben, Klopfen,* schließlich *Schroten* und *Vermahlen.* Mitverbunden ist vielfach auch eine Sichtung und Siebung in verschiedene Bestandteile. Bei der haushaltsüblichen Zubereitung tritt eine Zerkleinerung der Speisen gewöhnlich erst nach dem Kochen ein (Zubereitung von Breikost).

β) Die Anwendung von Verfahren unter gleichzeitiger Verwendung erhöhter Temperaturen.

Die Anwendung höherer Temperaturen zur Speisenzubereitung geht in ihren einfachen Formen bis zu den Anfängen menschlicher Kultur zurück. Das *Rösten* über freier Flamme, das sich bis in unsere Zeit erhalten hat (Grillieren), das Braten des Fleisches ohne Zugabe von Wasser, stellen in ihren Grundzügen uralte Zubereitungsverfahren dar, die auch bei pflanzlichen Stoffen (Kaffee, Kakao, Gerste usw.) zum Zwecke einer erwünschten Duft-, Aroma- und Farbstoffbildung vielfach Anwendung finden.

Beim *Röstverfahren* hat man es mit Vorgängen zu tun, die beim Fleisch wie auch bei vegetabilischen Stoffen in einer mehr oder minder starken Veränderung der auf der Oberfläche sich befindenden Proteinstoffe (Fleisch) oder der Kohlehydrate (Zerealien u. a.), im letzteren Falle mit oder ohne gleichzeitigem Einbezug der Eiweißstoffe (Farbstoff-Melanoidinbildung), zum Ausdruck kommen. Das *Braten* spielt bei Vegetabilien nur eine untergeordnete Rolle. Erwähnenswert sind das *Schwitzen* und *Sautieren* (R. O. Neumann), ein dem Braten ähnlicher Vorgang, bei dem unter gleichzeitiger Anwendung von Fett das Kochgut leicht überkrustet wird.

Anders ist es mit dem nur auf vegetabilische Stoffe ausgerichteten typischen *Backprozeß*, der sich bei Temperaturen zwischen 200—250° C abspielt und den Zweck verfolgt, eine durch Hefe oder Sauerteiggärung vorher aufgelockerte, gare Mehlzubereitung in eine für die Verdauung leichter zugängliche Form überzuführen.

Neben diesen Verfahren stehen die Zubereitungsarten, die durch erheblichen und gleichzeitigen Wasserzusatz gekennzeichnet sind. Dabei unterscheidet man je nach der zugesetzten Wassermenge *Kochen* (Sieden) und *Dämpfen* (Dünsten). Beim Kochen unterscheidet man ein direktes Erhitzen des mit viel Wasser zugesetzten Lebensmittels über freiem Feuer bis zum Sieden oder ein indirektes Erhitzen im Wasserbad oder im Dampftopf.

Beim Dämpfen oder Dünsten erfolgt die Zubereitung unter gleichzeitiger Zugabe von wenig Wasser, oftmals in geschlossenen Gefäßen, so daß Temperaturen bis über 100° erreicht werden können. Der Kochprozeß verläuft im allgemeinen schneller, die Speisen werden rascher „gar".

Erwähnenswert ist noch das *Schmoren*, eine Zubereitungsart, bei der angebratene Lebensmittel in geschmolzenem Fett gedämpft werden; es findet bei vegetabilischen Stoffen wenig Anwendung. Eine in Frankreich vielfach gepflegte, aber auch anderweitig eingebürgerte Zubereitung ist das Dämpfen von Fleischstücken u. ä. im eigenen Saft, indem diese in besonders geformten Papierhülsen (Papillot) zubereitet werden.

2. Einfluß der Zubereitung auf die Inhaltsstoffe der Lebensmittel.

α) Mechanische Verfahren.

Durch Klopfen, Schlagen, Schroten, Vermahlen werden in erster Linie mechanische Veränderungen des Gefüges verursacht, die aber auch von stofflicher Art sein können, wenn entweder eine Abtrennung des eßbaren Anteils vom nichteßbaren oder, wie z. B. bei der Herstellung von Eikonserven, eine

Trennung vom Weißei und Eigelb erfolgt. Ein weiteres Beispiel bietet auch die Vorbereitung der zur Trocknung bestimmten Güter, wo, wie bei der Kartoffeltrocknung oder bei der Rübentrocknung, ebenfalls eine mechanische Zerkleinerung dem Trocknungsprozeß vorangehen muß. Auch bei der Nachbehandlung des Trockengutes (z. B. Trockenmilch, Kartoffeln, Blutmehl, Eier u. a.) handelt es sich um eine mechanische Zerkleinerung zwecks leichterer Verpackung des sonst sperrigen oder nicht gleichmäßig aussehenden Anfalls. Auch bei der Mehlzubereitung (worauf in einem anderen Abschnitt noch näher eingegangen wird) handelt es sich um eine Zerkleinerung des Ausgangsstoffes, bei der die darauffolgende Siebung und Sichtung eine wichtige Rolle spielen; der jeweilige Ausmahlungsgrad des Mehles bestimmt nicht allein das Aussehen, sondern insbesondere den Nährwert, die Verdaulichkeit und die Bekömmlichkeit der aus ihm gebackenen Brote, Gebäcke und Teigwaren.

β) Verfahren bei Anwendung erhöhter Temperaturen.

Bei der Herstellung und Zubereitung von Lebensmitteln spielt die Anwendung höherer Temperaturen eine wichtige Rolle. Diese Zubereitungsart wird auch im gewöhnlichen Sinne unter „Speisenbereitung" verstanden. Schon aus dem Grunde liegen bei dieser Art der Zubereitung verhältnismäßig viele Angaben über die sich hier abspielenden Veränderungen und Umwandlungen vor.

ϰ α) Tierische Lebensmittel.

Fleisch und Fischfleisch. In rohem Zustand wird Fleisch (Muskelfleisch), weder „rotes" noch „weißes", nur wenig genossen und dann in geschabter zerhackter Form, zumeist nach Zusetzen von Gewürzen. Rohes Fleisch ist eine vollwertige Nahrung. Eine erhebliche, bisweilen wenig beachtete Gefahr ist die mögliche Übertragung von Trichinen und Finnen beim Genuß von rohem Fleisch. Zur Ausbildung von appetitanregenden Geruchs- und Geschmacksstoffen und um Abwechslung in der Zubereitungsart und -form zu bringen, wird das Fleisch nach mehrtägigem Hängenlassen der Hitzeeinwirkung unterworfen; die hierbei einsetzenden Veränderungen chemischer und physikalischer Art sind beim *Kochen* und *Braten* verschieden und im Hinblick auf die Ernährung und Diätetik von großer Bedeutung.

Kochen des Fleisches und Fischfleisches mit Wasser. Wird Fleisch mit kaltem Wasser angestellt und dann erhitzt, so erfolgt zunächst eine Auslaugung, eine Herauslösung der löslichen Bestandteile. Dabei werden die äußeren Fleischschichten stärker beansprucht als die inneren, die weniger erwärmt werden. Bedingt wird dieser Temperaturunterschied durch das schlechte Wärmeleitungsvermögen des Fleisches, das noch gesteigert wird, wenn das Kochgut stark fetthaltig ist. Aus den von M. RUBNER gebrachten Zahlenwerten geht dies in übersichtlicher Weise hervor.

Von *löslichen* Stoffen gehen in das Wasser: Eiweißstoffe und deren Abkömmlinge, Fleischbasen und Mineralbestandteile.

Tabelle 1.

Fleischstück			Erforderliche Erhitzungsdauer in Min.
Seitenlänge cm	Oberfläche qcm	Gewicht g	
6	216	226	44,2
8	384	530	93,3
10	600	1054	126,7
11	726	1403	136,3

Wird eine Temperatur von etwa 60° C erreicht, dann tritt eine Koagulation der ausgeschiedenen Eiweißstoffe (Albumine) und eine Koagulation der Muskelproteine ein, wodurch sich die Fleischfaser zusammenzieht; mit dieser Schrumpfung der Muskelfaser ist eine Auspressung von „Fleischsaft" verbunden. Das Fleisch verliert dabei etwa 20—40% seines Gewichts (zur Hälfte Wasser und zur Hälfte feste Bestandteile), wie aus den Untersuchungen von W. HEUPKE (1)[1], K. S. GRINDLEY und T. MONJONIER und H. ECKART hervorgeht. Fett-

---

[1] Beim Quellen von Fleisch in Essigsäure (Sauerbratenbereitung) und darauffolgendem Kochen desselben büßt das Fleisch infolge seiner stärker voluminösen Struktur weniger an Gewicht ein.

reiche und große Fleischstücke zeigen bei Einhaltung der gleichen Zubereitungsbedingungen geringere Verluste als fettarme.

Bei weiterer Temperatursteigerung tritt eine Verfärbung des Fleisches ein, das Hämoglobin geht in Methämoglobin über, koaguliert; es entsteht der das gekochte Fleisch kennzeichnende graue Farbton.

Neben organischen Stoffen werden auch wesentliche anorganische Salze herausgelöst, deren mengenmäßiger Verlust von R. BERG festgestellt wurde; die Zahlenwerte decken sich gut mit den von H. GRINDLEY und T. MONJONIER gefundenen.

Tabelle 2. Verlust in % des Gehalts der ursprünglichen Substanz.

	Eßbares	Ammoniumoxyd $(NH_4)_2O$	Kaliumoxyd (K_2O)	Natriumoxyd (Na_2O)	Calciumoxyd (CaO)	Magnesiumoxyd (MgO)	Manganoxyd (Mn_2O_3)	Eisenoxyd (Fe_2O_3)	Aluminiumoxyd (Al_2O_3)	Salpetersäure (N_2O_5)	Phosphorsäure (P_2O_5)	Schwefelsäure (SO_3)	Chlor (Cl)
Rindfleisch-Kurzrippe	26,0	50,0	64,4	62,5	22,5	11,5	10,3	0,0	58,0	35,0	32,0	7,3	41,7

Aus bindegewebsreichem Fleisch werden ferner durch das Kochen *kollagene,* leimartige Stoffe herausgelöst, die sich nach dem Abkühlen unter Umständen als Gallerte ausscheiden.

Beim Kochvorgang in der geschilderten Weise erhält man also eine *kräftige* Fleischsuppe; es hinterbleibt aber ein *trockenes, gehaltarmes* Fleisch, über dessen Verluste in bezug auf einzelne Bestandteile, in Abhängigkeit von der Zubereitungsart, Tabelle 3 Aufschluß gibt.

Tabelle 3. Verteilung des Zubereitungsverlustes beim Garkochen des Fleisches auf seine Hauptbestandteile.

Art des Fleisches	Gesamtverlust, bezogen auf das rohe Fleisch in %	Verlust durch Garkochen, bezogen auf die im ursprünglichen Fleisch enthaltenen Mengen in %			
		Wasser	Stickstoffsubstanz	Fett	Asche
Rindfleisch, mager und mittelfett	35,2	45,1	8,5	10,4	48,6
Rindfleisch, fett	21,4	32,5	4,6	6,7	29,3
Kalbfleisch	28,7	36,5	6,6	7,7	28,8
Hammelfleisch	34,9	42,8	7,6	35,2	38,8
Schweinefleisch	24,5	39,9	5,9	6,6	34,2

Suppe oder Fleischbrühe. Da die Suppe oder Fleischbrühe in diätetischer Hinsicht eine nicht unwesentliche Bedeutung hat (darüber wird an anderer Stelle berichtet), soll hier noch einiges über ihre Inhaltsbestandteile bemerkt werden. Fleischbrühe und Fleischextrakte rufen starken Magensaftfluß hervor, und darin, weniger in ihrem an sich nicht hohen Gehalt an Nährstoffen, liegt ihre Bedeutung. Es sind besondere „Anregungsstoffe", Geschmacks- und Duftstoffe, über deren stoffliche Art noch nichts Abschließendes ausgesagt werden kann. Nach den Untersuchungen von A. PAYEN sind in einer aus 500 g Rindfleisch und 185 g Knochen zubereiteten Suppe 1,59—2,79% Trockensubstanz enthalten, die aus 1,25—1,68% organischen und 0,32—1,11% anorganischen Stoffen besteht; A. SCHWENKENBECHER fand 0,35—0,85% N-Substanz und 0,3—0,9% Fett in einer guten Suppe. E. WASER berichtet über eingehende Untersuchungen über die Geruchs- und Geschmacksstoffe, welche vorwiegend im „alkoholunlöslichen" Anteil auffindbar sind; dieser war aus 25% Mineralbestandteilen und 75% organischen Stoffen zusammengesetzt, wobei die mengenmäßige Verteilung in der organischen Substanz etwa folgende war:

Ammoniak 4,4%, Cystin 1,6%, Carnosin 16,6%, Kreatinin 2,7%, Kreatin 5,4%, Hypoxanthin 1,4%, Methylguanidin 1,3%, Glutaminsäure 7,0%, Ameisensäure 1,4%, Essigsäure 23,9%, Milchsäure 12,9%, organisch gebundener P 2,4%, N (in fraglicher Bindung) 7,2%. Über die Bedeutung der Suppen als anregendes Genußmittel und über die hier wirkenden Stoffgruppen von „*Sekretincharakter*" liegen bemerkenswerte Untersuchungen von A. BICKEL (1, 2) und von J. SCHWEITZER vor. A. KORCHOW, sowie A. BICKEL und A. KORCHOW beschäftigten sich mit dem Nachweis der Bestimmung des Carnosins und des Carnitins als den Trägern der anregenden Wirkung. Nach A. KRIMBERG sollen diese Stoffe mit Sekretinwirkung bereits vorgebildet im Fleisch vorliegen. In diesem Zusammenhang wären auch noch die aus den Eiweißstoffen durch Hitzeeinwirkung sich bildenden Substanzen vom Histidincharakter, sog. „Histobasen" zu erwähnen und die Melanoidine, Verbindungen zwischen Eiweißstoffen und Kohlehydraten, über deren physiologische Bedeutung in jüngster Zeit B. BLEYER, W. DIEMAIR, F. FISCHLER und K. TÄUFEL (1—6) (vgl. H. LÜERS) mehrere experimentelle Belege lieferten.

Eine Übersicht (Tabelle 4)[1] zeigt den Einfluß des *Kochens* auf das Fleisch und dessen Veränderung bezüglich der Inhaltsstoffe: Wasser, Eiweiß, Fett, Mineralstoffe und erklärt die durch Erfahrung gesicherte Tatsache, daß durch das Kochen nicht nur eine Geschmacksverbesserung eintritt, sondern vor allem auch eine Lockerung der Muskelfasern.

Tabelle 4. Einfluß des Kochens auf das Fleisch.

Art des Fleisches	Frisches Fleisch				Gekochtes Fleisch				Verlust in % des frischen Fleisches				
	Wasser %	Stickstoffsubstanz %	Fett %	Asche %	Wasser %	Stickstoffsubstanz %	Fett %	Asche %	Gesamt %	Wasser %	Stickstoffsubstanz %	Fett %	Asche %
Rind . .	71,25	21,14	6,17	1,05	60,32	30,04	8,59	0,83	35,17	32,15	1,84	0,64	0,51
Kalb . .	73,11	21,97	3,64	1,11	66,60	27,33	4,72	1,02	28,69	26,64	1,46	0,28	0,32
Hammel .	62,85	19,57	17,48	0,98	55,81	26,31	17,52	0,92	34,93	26,87	1,49	6,26	0,38
Schwein .	53,45	14,49	31,13	0,73	42,95	18,03	38,76	0,65	24,48	21,30	0,86	2,08	0,25
Huhn . .	—	—	—	—	59,05	34,20	3,75	3,00	—	—	—	—	—

Will man also ein saftiges, vollwertiges, „gargekochtes" Fleisch und eine weniger gehaltreiche Suppe erhalten [A. VOGEL; D. LOBANOW und S. BYKOWA (1, 2)], dann muß das Fleischstück in heißes Wasser eingelegt werden; dadurch erfolgt innerhalb kurzer Zeit eine Koagulation der Eiweißstoffe an den äußeren Teilen des Fleisches; es bildet sich eine Schicht, die den Austritt von Fleischsaft, Fleischbasen, Extraktstoffen, löslichen Eiweißverbindungen und Mineralstoffen verhindert.

Eine Schädigung des Fleisches hinsichtlich der *Vitamine* erfolgt durch die geschilderten Zubereitungsarten nicht oder nur unwesentlich, wie eingehende Untersuchungen von A. SCHEUNERT und H. BISCHOFF (1, 2) an mit rohem, gekochtem und autoklaviertem Fleisch gefütterten Ratten zeigen.

Das hier Gesagte gilt auch allgemein für die Zubereitung von *Fischfleisch*, wenn auch hier die Gewichtsverluste wesentlich von der Art des Fisches beeinflußt werden; dadurch ergeben sich große Schwankungsbreiten, wie sie in der von K. WILLIAMS gebrachten Zusammenstellung zum Ausdruck kommen.

Tabelle 5.

Fischfleisch	Verlust-%	Fischfleisch	Verlust-%
Schellfisch .	41,3	Steinbutt . .	19,4
Hering . . .	35,7	Aal	19,1
Forelle . . .	32,5	Seezunge . .	17,4
Kabeljau . .	27,8	Makrele . .	12,3
Salm	23,0		

Noch deutlicher treten diese Unterschiede der Zubereitungsverluste bei den Bestandteilen: Wasser, Stickstoff und Fett auf, sowie bei den Mineralbestandteilen, die in den nachfolgenden Tabellen zusammengestellt sind.

---

[1] Entnommen aus A. BEYTHIEN: Handbuch der Lebensmittelchemie, Bd. 3, S. 688. Berlin: Julius Springer 1936.

Tabelle 6. Zubereitungsverluste beim Kochen von Fischfleisch.

Art des Fisches	Verluste in % des Gehalts an ursprünglich „eßbarem" Anteil		
	Wasser	Stickstoffsubstanz	Fett
Scholle	11,70	0,83	8,60
Schellfisch	8,84	1,20	37,56
Knurrhahn	7,76	3,71	15,55
Zander	6,12	0,34	17,69
Kabeljau	4,93	0,22	17,09
Goldbarsch	3,41	0,88	13,08
Seelachs	2,55	1,87	0,44

Hier fallen neben den relativ hohen Verlusten an Wasser die großen Verluste an Fett auf, die bis zu 37 % betragen können und diejenigen bei Fleisch erheblich übertreffen. Großen Schwankungen unterliegt auch der Verlust an Mineralbestandteilen.

Tabelle 7. Verlust an Mineralbestandteilen beim Kochen von Fischfleisch.

Art des Fisches	Eßbares	Ammoniumoxyd $(NH_4)_2O$	Kaliumoxyd (K_2O)	Natriumoxyd (Na_2O)	Calciumoxyd (CaO)	Magnesiumoxyd (MgO)	Manganoxyd (Mn_2O_3)	Eisenoxyd (Fe_2O_3)	Aluminiumoxyd (Al_2O_3)	Salpetersäure (N_2O_5)	Phosphorsäure (P_2O_5)	Schwefelsäure (SO_3)	Chlor (Cl)
Karpfen . .	13,7	50,0	11,5	21,9	4,2	12,6	31,4	58,8	8,8	25,0	0,9	5,4	14,4
Schleie . .	10,1	57,0	35,7	50,5	13,2	4,3	3,1	36,4	86,4	15,7	22,2	17,7	68,1
Zander . .	26,1	27,4	27,7	30,8	6,8	12,3	0,6	20,0	4,7	25,7	21,9	13,4	27,7
Rotzunge .	26,3	51,0	51,4	50,5	15,2	30,5	6,3	16,9	—	65,3	40,2	4,6	30,9

Braten und Rösten (Grillieren des Fleisches). Wenn auch das Kochen des Fleisches wirtschaftlicher ist (geringer Eiweiß- und Fettverlust), so wird doch dem *Braten* und *Rösten*, als der vollkommeneren Zubereitungsart, der Vorzug gegeben. Hier verhindert die durch Einwirkung hoher Hitzegrade gebildete Kruste den Verlust an wertvoller Eiweiß- und Fettsubstanz; der Fleischsaft bleibt im überkrusteten Fleischstück, dessen Muskelfasern aber trotzdem die erwünschte Weichheit und Lockerung erfahren (A. JUCKENACK), in einem guten Anteil erhalten.

Die Gewichtsverluste erstrecken sich vornehmlich auf den Wassergehalt, der vom rohen frischen Fleisch mit 70—80 % auf etwa 65—72 % in leichtgebratenem und auf 65 %

Tabelle 8. Zusammensetzung von gebratenem Fleisch.

Nr.	Bezeichnung	Wasser %	Stickstoffsubstanz %	Fett %	Stickstofffreie Extraktstoffe %	Asche %
1	Beefsteak	55,80	30,80	10,35	—	3,05
2	Roastbeef	69,25	25,50	2,75	—	2,50
3	Lendenbraten	68,39	25,90	3,46	—	2,25
4	Rinder- (Schmor-) Braten . .	57,00	30,65	7,55	—	4,80
5	Kalbsbraten	61,97	29,38	5,15	—	3,50
6	Kalbsschnitzel	61,00	22,30	6,00	3,20	7,50
7	Hammelbraten	66,30	26,10	4,10	—	3,50
8	Hammelkotelett	65,60	19,15	11,60	0,80	2,85
9	Schweinebraten	55,67	28,53	13,50	—	2,30
10	Schweinskotelett	58,05	21,45	16,65	2,05	1,80
11	Rehbraten	64,65	28,20	2,80	2,00	2,35
12	Rehschlegel, gespickt	55,40	29,70	9,40	—	5,50
13	Hasenbraten	48,20	47,50	1,40	0,20	2,70
14	Hahnenbraten	53,75	38,10	3,95	1,05	3,15

in starkgebratenem Fleisch herabsinkt. Beim Braten ohne Fett sollen geringere Nährstoffverluste auftreten als beim Braten mit Fett, das einen Teil der wertvollen Inhaltsstoffe wie Eiweiß, Fett und Mineralstoffe aufnimmt (H. S. GRINDLEY). Dauer und Art des Bratens lassen nur gewisse Schwankungen bei den einzelnen Bestandteilen erkennen. Um eine ungefähre Vorstellung von diesen Zubereitungsverlusten, bezogen auf die einzelnen Inhaltsbestandteile, und vor allem über die Zusammensetzung von gebratenem Fleisch verschiedener Sorten zu erhalten, wird die Zusammenstellung (Tabelle 8) angeführt [A. BEYTHIEN (1)].

Die Angaben über die beim Braten von *Fischfleisch* sich vollziehenden Stoffveränderungen sind noch sehr lückenhaft; die wenigen Untersuchungen sind auf CHR. ULRICH (Einfluß des Bratens in Öl) zurückzuführen.

Tabelle 9. Zubereitungsverluste beim Braten von Fischfleisch.

Fischart	Verluste in % des Gehalts an ursprünglich „eßbarem" Anteil		
	Wasser	Stickstoff-substanz	Fett
Merlan	5,2	15,99	+ 402
Scholle	12,79	32,51	+ 324
Seelachs	12,88	0,80	13,82

Die beim Rösten und Braten auftretenden Temperaturen liegen höher als diejenigen beim Kochen (etwa 200° gegenüber etwa 100° C), so daß die auf der Oberfläche einsetzenden Koagulationserscheinungen zu einer Krustenbildung führen, welche durch Wenden des

Tabelle 10. Einfluß des Bratens in Öl auf die Zusammensetzung des Fischfleisches.

In 100 g eßbarem Anteil sind enthalten in g	Schellfisch		Seelachs	
	frisch	gebraten	frisch	gebraten
Trockensubstanz	19,11	35,95	19,57	39,79
Wasser	80,89	64,05	80,43	60,21
Rohfett (Ätherextrakt)	0,33	10,10	0,20	7,29
Stickstoffsubstanz (N · 6,25) . . .	16,20	22,13	16,95	29,05
Asche (Mineralbestandteile) . . .	1,06	1,17	1,04	1,51
Sonstige Stoffe (Differenz) . . .	1,52	2,55	1,38	1,94

Fleisches und gelegentliches Übergießen mit Bratensaft noch gefördert wird. Mit dieser Krustenbildung steigert sich die schlechtere Wärmeleitung, das Muskelgewebe wird im Innern des Fleischstückes nur unvollständig aufgeschlossen oder „gar", und man erhält eine an Inhaltsstoffen wertvolle Zubereitung („englisch").

Dämpfen, Dünsten, Schmoren des Fleisches sind Zubereitungsarten, welche eine Zwischenstufe zwischen Kochen und Braten darstellen und deren Erzeugnisse auch hinsichtlich der chemischen und physikalisch-chemischen Veränderungen ihrer Inhaltsstoffe eine Zwischenstellung zwischen gekochtem und gebratenem Fleisch einnehmen.

Milch. Beim Erhitzen der Milch in haushaltsüblicher Weise, also beim *Kochen* der Milch (Temperatur rund 100° C[1]), treten tiefgreifende Veränderungen ein. Im Haushalt und dort, wo zur längerfristigen Aufbewahrung kein Eis- oder Kühlschrank zur Verfügung steht, werden die Milch und milchhaltigen Säuglingsnährmischungen zum Zwecke längerer Haltbarmachung gekocht.

Beim Kochen der Milch ändern sich zunächst einmal der eigentümliche Geruch und Geschmack, aber auch Farbe und äußeres Aussehen. Das Maß dieser Änderungen hängt von dem Grad des ursprünglichen Frischzustands der Milch ab. Dabei treten Kochgeruch und Kochgeschmack auf, die zum

---

[1] Die Erhitzung der Milch unter 100° C, das Pasteurisieren, in ihren verschiedenen Anwendungsformen (Kurzzeit-, Moment- und Dauererhitzung) und ihre technologische Durchführung sollen an anderer Stelle behandelt werden.

Teil von einer „Caramelisierung" herrühren, deren Stärke durch die Temperatursteigerung, die Erhitzungsdauer, durch die verschiedene Säuerung und den verschiedenen Salzgehalt der Milch bestimmt werden. Die beim Erhitzen der Milch in offenem Gefäß entstehende „Haut" besteht aus Albumin, Globulin und Casein, welche Fettkügelchen miteinschließen. Über die Entstehung dieser Haut (Folgeerscheinung der Wasserverdunstung) liegen Untersuchungen von R. RETTGER vor, der das Ausbleiben der Hautbildung beim Aufgießen einer Ölschicht beobachten konnte.

Bei der Erhitzung der Milch treten ferner Veränderungen ein, die sich aus der Veränderung des Proteingefüges ergeben (A. WEINLIG). Zunächst wird das Albumin betroffen, das bei Temperaturen um 60° C mit dem Lactoglobulin koaguliert und bei weiterer Wärmezufuhr stärker denaturiert wird, wobei nach O. RAHN, in Übereinstimmung mit W. GRIMMER, C. KUSTENACKER und J. BERG, möglicherweise eine hydrolytische Spaltung der geronnenen Eiweißstoffe eintritt, die ihrerseits wieder vom Säuregrad abhängt. Auch am Milchcasein treten mit steigender Temperatur Abbauerscheinungen auf (W. FLEISCHMANN), welche zusammen mit den anderen Proteinveränderungen von F. KIEFERLE und J. GLOETZL studiert wurden; die geringere Labempfindlichkeit hocherhitzter Milch kann gleichfalls als ein Beweis für die Caseinzersetzung gelten.

Eine Verringerung bzw. Zerstörung der in der frischen Milch enthaltenen Enzyme (Peroxydasen, Perhydridasen, Katalasen, Lipasen, Diastasen u. a.) tritt beim Erhitzen der Milch zwangsläufig ein, ebenso eine weitgehende Verminderung des Vitamins C, wenn die Milch beim Erhitzen belüftet wird. Kurzes Aufkochen der Milch und die sog. Schnellerhitzungsverfahren der Milchtechnik sind für die Erhaltung von Vitamin C weniger schädlich. Der Vitamin B-Komplex der Milch ist ziemlich kochbeständig.

Ei. Nährwert und Wohlgeschmack, vor allem aber die back- und küchentechnischen Vorzüge (Emulgierwirkung, Farbvertiefung) sind es, die das Ei zu einem sehr beliebten Stoff bei der haushaltsüblichen und gewerblichen Herstellung von Speisen (Bäckerei, Teigwarenherstellung, Speiseeisfabrikation u. a.) machen. Auch in diätetischer Hinsicht ergeben sich vielseitige Verwendungsmöglichkeiten des Eies, z. B. für die Zubereitung von Krankenspeisen. Die Verwendung des Eies[1] in der Küche ist, abgesehen von seiner zusätzlichen Verarbeitung in der Speise, eine sehr vielfältige. In *rohem* Zustand, d. h. ungekocht, werden Eier nur wenig genossen; in der Krankenkost, wo sie mit Rotwein, Südwein (mit und ohne Zucker), Milch und Fleischbrühe verquirlt werden, sind sie in dieser Form geschätzt. In dieser Zubereitungsform scheinen auch die beim Genuß von Rohei bisweilen beobachteten Verdauungsstörungen nicht aufzutreten [A. BICKEL (3); CH. WOLF und E. OESTERBERG; F. MAIGNON].

Kochen (Sieden). Je nach der Zeitdauer, in welcher die Eier mit der Schale im kochenden Wasser verweilen, erhält man weich- und hartgekochte Eier; die erstgenannten verbleiben etwa 3—5 Minuten in siedendem Wasser, die letzteren etwa 10—15 Minuten, je nach der Größe des Eies.

Beim Kochen gerinnt zunächst die unter der Schale liegende Eiweißschicht, bei Fortdauer der Erhitzung aber auch das Eigelb, das beim weichgekochten, kurzfristig erhitzten Ei durch das koagulierte Weißei geschützt wird[2].

---

[1] Hier soll nur die Rede vom Hühnerei sein, da die anderen Eier: Enten-, Kiebitz-, Gänse-, Perlhuhn-, Truthuhn-, Tauben-, Pfauen-, Straußenei als solche wenig allgemeine Verwendung finden. Enteneier spielen eine erhebliche Rolle für die Herstellung der Eikonserven (Trockenei, Trockeneiweiß, Eidotterkonserve u. ä.).

[2] Ein besonders lockeres, zartes Eiweißgefüge erhält man nach C. VON NOORDEN durch 10 Minuten langes Einlegen der Eier in Wasser von 60° und darauffolgende 2 Minuten lange Temperatursteigerung auf 80° C. Über die beim Kochen von Eiern im Eiinhalt beobachteten Temperaturen liegen Untersuchungen von H. und CH. MÜLLER (1, 2) vor.

Da das weichgekochte Ei infolge seiner kaum veränderten, aber doch zum Teil „gar"-gemachten Inhaltsstoffe keine starke Magenbelastung darstellt und außerdem gewisse für die Verdauung nachteiligen Stoffe eine Inaktivierung erfahren haben, so wird diese Art der Zubereitung im Haushalt und in der Diätküche bevorzugt.

Beim hartgekochten Ei sind Weißei und Eidotter weitgehend geronnen (koaguliert), weshalb bei ihrem Genuß eher das Gefühl der Magenvölle ausgelöst wird. Neben dem Kochgeschmack ist der gleichzeitig auftretende trockene „mehlige" Geschmack bemerkenswert; ein solches Ei wird infolge seiner schlechteren Verteilbarkeit schlechter im Magen aufgeschlossen, womit die gelegentlichen Magenbeschwerden nach dem Genuß von hartgekochten Eiern erklärbar werden.

Die Zubereitung der *Soleier* geht so vor sich, daß das Ei nach dem Hartkochen längere Zeit in Kochsalzlösung gelegt wird, wodurch eine Erhärtung des Eiinhalts erfolgt. Die beim Kochvorgang auftretenden Veränderungen in den Gewichtsverhältnissen zeigt nachfolgende Übersicht.

Tabelle 11. Veränderungen bei 10 Minuten lang gekochten Eiern.

| Behandlung der Eier | An-zahl der Eier | Zusammensetzung | | | | | Kochverluste |
| | | des ganzen Eies | | | des Eiinhalts | | |
		Dotter %	Eiklar %	Schale %	Dotter %	Eiklar %	%
Roh	11	33,7	54,8	11,6	38,1	61,9	—
	8	30,3	58,1	11,6	34,3	65,7	—
	21	31,4	56,8	10,0	36,4	63,6	1,8
Gekocht, an der Luft gekühlt	10	30,0	56,5	11,0	34,7	65,3	2,5
	10	30,7	56,0	11,3	35,4	64,6	2,0
	8	34,4	55,0	10,7	38,5	61,5	0,1 ⎫ Gewichts-
Gekocht und in Wasser ge-	7	32,7	57,4	10,6	36,3	63,7	0,7 ⎭ zunahme
kühlt	9	31,6	57,2	10,9	35,6	64,4	0,3
Roh ⎫ 15 Tage im Eis-	3	35,2	52,5	11,1	40,1	59,9	1,2
Gekocht ⎭ schrank gelagert	3	34,4	51,6	10,2	40,1	59,9	3,8

Andere Zubereitungsformen, bei denen der Eiinhalt zur Geltung kommt:

Beim *Pochieren* wird das „*verlorene Ei*" erhalten; den Eiinhalt läßt man möglichst vorsichtig (damit die Form des Eies nicht leidet) in mit Essig versetztes siedendes Wasser gleiten; die Koagulation der Eiweißstoffe unter dem Einfluß der Hitze und der Säure geht hier rasch vor sich und das Ei erstarrt zu einer harten festen Masse.

Braten. Eine beliebte Zubereitung ist das Spiegelei (Setzei) und das Rührei. Hier wird der Eiinhalt mit heißem Fett auf der Pfanne „gar"-geschmort; die Temperatur ist höher als beim Kochen.

Beim *Spiegelei* sorgt man dafür, daß das Ei vorsichtig auf das gewöhnlich bis zur Bräune erhitzte Fett so aufgegossen wird, daß das Eigelb möglichst weich erhalten bleibt und nur das Weißei koaguliert. Hier bilden sich dann an den Randpartien dunkelgefärbte wohlduftende Röststoffe. Will man dies tunlichst vermeiden (z. B. bei der Krankenkost, bei der diese Stoffe unerwünscht sein können), dann bereitet man das Setzei durch Erhitzen in der angefetteten Pfanne über heißem Dampf (Wasserbad) zu.

Beim *Rührei* wird zunächst der Eiinhalt (mit oder ohne Milchzusatz) tüchtig verquirlt und so auf das heiße Fett aufgegossen; vorsichtiges Rühren bewirkt, daß sich an den Randstellen keine verkrusteten (schwerer bekömmlichen) Teilchen bilden und daß in der Hauptsache das Eiklar unter gleichzeitiger Schonung des Eigelbproteins koaguliert. Die Zubereitung auf dem Wasserbad bei Temperaturen um 100° ist für die Krankenkostzubereitung üblich. Für den Wohlgeschmack dieser Eierzubereitung sind die Duft- und Bratstoffe verantwortlich, welche, abhängig von der Zubereitungsart, in größerer oder geringerer Menge auftreten.

Eierteigwaren und Eierbackwaren werden im Abschnitt „Mehl" behandelt.

$\beta\beta$) Pflanzliche Lebensmittel.

Mehl- und mehlartige Zubereitungen. Von den Getreidefrüchten und ihren Zubereitungsformen sollen nur diejenigen behandelt werden, welche praktisches Interesse und auch in diätetischer Hinsicht eine Bedeutung haben.

Das durch die Aufbereitung des Getreidesamens entstehende *Mehl* stellt für die Ernährung einen wichtigen Rohstoff dar, der je nach der Verarbeitung verschiedenartige und verschieden bekömmliche Zubereitungen liefert: Suppen und Breie, Fladen und Gebackenes (Brot, Gebäcke, Teigwaren)[1].

Ausgangsstoffe. Zur Herstellung von mehlartigen Zubereitungen werden folgende Getreidearten (Gramineen) benutzt: Weizen, Roggen, Reis, Mais, Gerste, Hafer, Hirse, ferner finden noch andere stärkemehlhaltige Pflanzen Verwendung: Manihot, Sago und Buchweizen. Echter Sago wird aus dem Mark von Palmen, Manihot- (Tapioka-) Stärke wird aus den riesigen Wurzelknollen des Manihot, einer überall in den Tropen angebauten Euphorbiacee, gewonnen. Tapioka- und Kartoffelstärke wird auch zu „Sago" verarbeitet. Buchweizen ist der Samen einer Polygonacee. Die Körnerfrüchte enthalten im wesentlichen in ihrer Trockensubstanz: Stärke, Proteine, „Rohfasern", Mineralstoffe und Fett. Um den stärkereichen Mehlkörper aus diesem Verband gewinnen zu können, muß die Körnerfrucht *gemahlen* werden; dieser Vorgang ist die *Müllerei.*

Mehlbereitung. Sie zeigt das Bild der Entwicklung von ursprünglicher Handhabung zu hochentwickelter Technik. Die durch die großstädtische Brotversorgung gesteigerten Ansprüche einer raschen, zweckmäßigen Mehlbelieferung verlangten die Erstellung neuzeitlicher Müllereieinrichtungen. Von der ursprünglich gepflogenen, aus der Handmüllerei hervorgegangenen „Flachmüllerei" ging man zur „Hochmüllerei" über. Hat man früher im Handbetrieb das ganze Getreidekorn mit seinen Hüllen (Schalen) vollkommen zermahlen und dann erst in verschiedene Anteile durch Sieben getrennt, so wird heute bei der technisch entwickelten Hochmüllerei auf geriffelten Walzen der Mehlkern von den Schalen getrennt. Das gereinigte Korn wird in einen Vorbereiter gebracht, wo es feuchter Wärme ausgesetzt wird. Durch diese „feuchte" Behandlung erfolgt eine leichtere Trennung des „Mehlkerns" von den Schalen. Diese werden durch Spitz-, Schäl- und Bürstenmaschinen entfernt, wobei auch der Keimling und das Bärtchen verschwinden. Dies hat seine technische Begründung darin, daß beim Übergang des fetthaltigen Keimlings die Lagerfestigkeit des Mehles stark verringert wird; solche Mehle verderben schnell. — Hierauf erfolgt die eigentliche Vermahlung, d. h. die Zerkleinerung des Mehlkörpers bei gleichzeitiger Abtrennung der Kleie und Schalenbestandteile auf Walzenstühlen. Die hier anfallenden Erzeugnisse werden in Plansichtern nach Schrot, Dunst, Grieß und Mehl sortiert. Grieß und Dunst kommen (bei Weizenvermahlung) in Putzmaschinen; Siebe und Windströme sondern die mit Schalen angereicherten Anteile ab, die unter anderem einem weiteren Walzenstuhl zugeführt werden; die mehr oder weniger kleiefreien Anteile werden schließlich auf Glattwalzen ausgemahlen. Die Zerkleinerung der Schrote erfolgt in gleicher Weise[2].

Das in Großmühlen gewonnene Mehl erfährt vielfach eine Bleichung (H. REITER) mit Hilfe chemischer Mittel (organische Peroxyde, Stickoxyde u. a.), eine Maßnahme, die sich aus einer nicht richtigen Lenkung der Verbraucherwünsche herausgebildet hat und den Zweck verfolgt, möglichst weißes, d. h. künstlich aufgehelltes, den in USA. u. a. Weizenländern handelsüblichen Weizenmehlen ähnliche Mehle in den Verkehr zu bringen. Vom backtechnischen Standpunkt aus sind diese Maßnahmen nicht erforderlich, vom ernährungsphysiologischen

---

[1] Die bei uns heute verbreitete Brotnahrung und ihre Zubereitungsform ist eine Folgeerscheinung unserer Zivilisation. Aus dem Breiesser wird der Brotesser; diese Entwicklung spielte sich über folgende Zwischenstufen ab: Suppe- und Brei-, Fladen- und dann Brotbereitung. Es leben heute auf der Erde noch etwa $^3/_5$ Breiesser gegenüber $^2/_5$ Brotessern. Die eigentliche Brotbereitung ist nur etwa 2000 Jahre alt und steht in einem gewissen Zusammenhang mit der Gärung. Die für die Bierbrauerei verwendeten Ausgangsstoffe wurden zu „Bierbroten" gebacken (geröstet). Mit der weiter vorwärtsschreitenden Entwicklung der Körnerzerkleinerung über die Mahlsteine zur Handmühle, der dadurch möglichen Mehlbereitung, wurde die Fladenbereitung (Trocknen und leichtes Rösten auf heißen Flächen) entwicklungsfähig; aus den Erfahrungen mit „gärenden" Brotteigen und Mehlbreien entwickelte sich die bewußte Gärführung des Brotteiges durch Säuerung bzw. Hefe.

[2] Mit Nachdruck wird vielfach dafür eingetreten, daß mit Rücksicht auf die Erkenntnisse und Erfahrungen der Ernährungslehre nicht mit soviel „Passagen" bei der Mehlzubereitung gearbeitet werden soll. Die Herstellung hellerer Mehle soll auf die für feinere Backwaren unumgänglich benötigten Mengen beschränkt bleiben, während für die tägliche Nahrung dunklere Mehle zu bevorzugen sind. Es ist im allgemeinen Interesse zu fordern, daß sämtliche Anteile des Getreidekornes zu einem „Vollkornmehl" verarbeitet werden (vgl. F. LAMPRECHT).

Standpunkt aber sind sie abzulehnen, wie überhaupt grundsätzlich von chemischen Hilfsstoffen bei der Lebensmittelzubereitung weitestgehend Abstand genommen werden soll; sie sollen nur in ganz bestimmten Fällen zur Behebung dringender mißlicher Umstände, in jeweils mengenmäßig beschränktem Umfang, in jeweils genau bekannten Stoffen und möglichst unter unmißverständlicher Kennzeichnung der Fertig- oder Zwischenprodukte verwendet werden. Die Bleichung des Mehls zerstört in unnötiger Weise das in den eingestreuten Fetttröpfchen gelöste Carotin A (Provitamin A); die zu feine Ausmahlung verringert mit dem Schalenanteil den Gehalt der Mehle an dem Vitamin B-Komplex. Diese „ensoriöse" Vitaminverarmung des Mehls und damit des Brotes ist im Hinblick auf die ohnedies knappe Vitaminversorgung bei brotreicher Nahrung abzulehnen.

Bei Roggen- und Weizenmehlen gibt es bestimmte *Typenarten*[1], die durch den Ausmahlungsgrad charakterisiert sind[2].

Suppen und Breie. Ein Unterschied zwischen diesen Zubereitungen besteht nur in ihrer Beschaffenheit, die wiederum durch den Wassergehalt bestimmt wird. Dünnflüssige Aufgüsse mit einem Wassergehalt von über 90% sind *Suppen*, zähflüssige mit einem Wassergehalt von über 70—80% nennt man *Breie*.

Tabelle 12. Inhaltsstoffe der Mehle verschiedenen Ausmahlungsgrades.

Mahlerzeugnisse	Eiweiß	Fett	Kohle-hydrate	Roh-faser	Asche	Wasser
Roggenbackschrot Type 1800 (Ausmahlung etwa 0—97%)	8,7	1,5	72,06	1,6	1,54	14,5
Roggenmehl Type 1370 (Kommißmehl) Ausmahlung etwa 0—85%)	8,0	1,5	73,93	0,9	1,17	14,5
Roggenmehl Type 997 (Ausmahlung etwa 0—75%)	6,9	1,1	76,25	0,4	0,85	14,5
Roggenmehl Type 610 (Ausmahlung etwa 0—60%)	5,3	0,5	78,98	0,2	0,52	14,5
Weizenbackschrot Type 1700 (Ausmahlung etwa 0—97%)	12,6	1,9	68,15	1,8	1,45	14,5
Weizenmehl Type 630 (Ausmahlung etwa 0—73%)	11,8	1,5	71,46	0,2	0,54	14,5
Weizenmehl Type 405 (Ausmahlung 0—41%)	10,9	1,0	73,15	0,1	0,35	14,5

Zur Suppenbereitung verwendet man Grieße und Mehle oder ganze, geschälte bzw. geschrotete Körnerfrüchte: Gerste, Hafer[3], Hirse, Mais, Reis, Roggen, Weizen[4], Sago, welche mit Wasser aufgekocht oder in heiße Fleischbrühe od. dgl. eingebracht werden. Dabei wird die Stärke verkleistert, aufgeschlossen, zum Teil verzuckert und somit in eine

---

[1] Zusammengefaßt in der Anordnung der Hauptvereinigung der deutschen Getreidewirtschaft vom 11. 7. 1936.

[2] Für den Verbraucher ist der Hinweis wichtig, daß an die einzelnen Mehltypen ganz bestimmte Anforderungen hinsichtlich des Mineralstoffgehalts (Asche) gestellt werden, die wiederum vom Ausmahlungsgrad abhängig sind. So ist unter der Type „630 Weizenmehl" ein Mehl zu verstehen, das einen Aschegehalt von 0,630 g in 100 g Trockensubstanz aufzeigt. Der Ausmahlungsgrad ist um so niedriger, je höher der Kleieanfall ist, d. h. je mehr Schalebestandteile entfernt werden; das Mehl ist hell in der Farbe, aber ärmer an Eiweiß- und Mineralstoffen. Im Hinblick auf die ernährungsphysiologische Bedeutung der Schaleninhaltsstoffe dürfen z. B. Roggenmehltypen 610, 700 und 815 zur Zeit nicht hergestellt werden, wie überhaupt der Anregung zuzustimmen ist, hellere Roggenmehle als Type 997 nicht mehr herzustellen.

[3] Über den Wert des Hafers in der menschlichen Ernährung: H. Fasold: „Der Wert des Hafers in der täglichen Ernährung". Kassel: E. Pillardy 1937.

[4] *Grünkern* nennt man die aus einer besonderen Weizenart (Dinkel) gewonnenen, gedörrten, unreifen Körner. Aus diesen Mehlen und Grießen hergestellte Suppen sind insbesondere in den südlichen und südwestlichen Gegenden Deutschlands sehr beliebt.

für die Verdauung leichter zugängliche Form übergeführt. Aus Grießen und Mehlen hergestellte *Teigwaren*[1] geben ebenfalls eine beliebte Suppeneinlage.

Die aus Mehlen und Grießen zubereiteten *Breie* werden unter Zugabe von Zucker und Milch durch Erhitzen über freier Flamme oder auf dem Wasserbad und Einkochen bis zur Sirupkonsistenz hergestellt und geben ein vielgebrauchtes Nahrungsmittel, insbesondere für die Kinderernährung ab.

Fladen. Diese werden durch Backen eines aus Körnerfrüchten oder deren Grieß oder Mehl durch Zusatz von Wasser hergestellten Breies bereitet. An Stelle von Wasser wird vielfach auch Milch verwendet; zugleich erfolgt zur feineren Bereitung ein gleichzeitiger Zusatz von Eiweiß, Eigelb, Ganzei oder Zucker (es werden auch Gewürzstoffe: Vanille, Citrone, Früchte der verschiedensten Art verwendet). Um ein Anbrennen, ein Anlegen zu vermeiden, wird auf die Pfanne oder in die Backform Fett gegeben. Bei der Eierkuchenzubereitung wird auf das heiße, zerlaufene Fett der Teig gegossen, der dann durch die hohe Temperatur des Fettes an der dem Fett zugekehrten Seite sich bräunt; das Eiweiß gerinnt, die Stärke wird aufgeschlossen und verkleistert, das Wasser verdampft und es bildet sich eine braune, erwünschte, Röststoffe enthaltende Kruste.

Ein Zusatz von geschlagenem Eiweiß (Eierschnee) bewirkt eine weitgehende Auflockerung des Teiges[2], das Fertigprodukt wird flaumiger und ist so leichter bekömmlich. Will man die oberflächliche Durchdringung mit Fett (im Hinblick auf die diätetische Verwendung der Zubereitung) vermeiden, dann ist das Herausbacken in einer dickwandigen Pfanne empfehlenswert und das gleichzeitige Bedecken derselben mit einem guterhitzten Deckel [W. Heupke (1)].

Gebackenes (Brot und Kuchen). Diese Zubereitungen sind grundsätzlich dadurch gekennzeichnet, daß der aus den Rohstoffen zugerichtete Teig vor dem Backen *gelockert* wird. Die Brotherstellung vollzieht sich demnach in drei Abschnitten: Teigbereitung, Teiglockerung, Backvorgang.

Bei der Teigbereitung wird das Mehl mit einer seiner Beschaffenheit entsprechenden günstigen Wassermenge versetzt, die innerhalb gewisser Grenzen von Mehl zu Mehl schwanken kann. Ist die Wassermenge zu gering, so ist damit die Verkleisterung beim Backprozeß und die Quellung der Stärke ungenügend, ist sie zu groß, dann findet keine vollständige Abbindung der kolloiden Bestandteile statt und das Gebäck bleibt in der Krume feucht. Die Wasseraufnahme des Mehles ist unterschiedlich; so werden aus 100 Teilen Roggenmehl durchschnittlich 150 Teile, aus 100 Teilen Weizenmehl durchschnittlich 160 Teile Teig erhalten, Mengenverhältnisse, die je nach den Eigenschaften, dem Alter der Mehle usw. gewisse Schwankungen aufweisen können. Auch der Mineralstoffgehalt des Wassers spielt hier eine Rolle, wie auch die Teigbeschaffenheit selbst von seinem Salzgehalt abhängig ist. Der Fachmann weiß, daß der gesalzene Teig mehr „Stand" hat, weshalb auch auf 1 l Wasser oder Milch etwa 20—30 g Kochsalz verwendet werden. Das Mehl wird mit der auf etwa 35° erwärmten Teigflüssigkeit (Wasser, Milch oder mit Wasser verdünnter Milch), welche neben Kochsalz das Lockerungsmittel[3] (Reinhefe oder Sauerteig) enthält, vermengt,

---

[1] Teigwaren sind nach den Ausführungsbestimmungen zum Lebensmittelgesetz vom 12. 11. 1934 kochfertige Erzeugnisse, die aus Weizengrieß oder Weizenmehl von nicht höherer Ausmahlung als 70 Hundertteilen mit oder ohne Verwendung von Ei, durch Einteigen ohne Anwendung eines Gärungs- oder Backverfahrens, sowie durch Formen und Trocknen bei gewöhnlicher Temperatur oder bei mäßiger Wärme hergestellt werden. Den Teigen wird bisweilen auch Speisesalz zugesetzt. Es gibt *Eierteigwaren* (die mindestens 2,5 Hühnereier auf 1 kg Grieß oder Mehl enthalten müssen) und *eifreie* Teigwaren. Nach der äußeren Form unterscheidet man *Nudeln* (Bandnudeln, Schnittnudeln, Fadennudeln), *Spätzle, Makkaroni* (Rohrnudeln), *Spaghetti*. Daneben gibt es noch Teigwaren besonderer Art, die Milchteigwaren, Gemüse- und Kräuterteigwaren, Kleber-, Lecithin-, Vollkorn-, Graumehl- und Roggen-Teigwaren.

[2] Die Lockerung erfolgt hier mit der die kolloide Eiweißmasse durchsetzenden Luft, welche von Eiweißschaumbläschen eingehüllt ist. Durch diese beim Backen freiwerdende sich ausdehnende Luft wird der Teig gelockert.

[3] Neben diesen Lockerungsmitteln verwendet man noch andere Backhilfsmittel wie gewöhnliche und enzymangereicherte Malzextrakte, Quellungsmehle u. a., auf die hier im einzelnen nicht eingegangen werden kann. Es ist wichtig, daß von maßgebenden Stellen in Übereinstimmung mit den sachverständigen Fachkreisen eine Regelung in der Verwendung von Backhilfsmitteln angestrebt wird. Bei dieser Gelegenheit werden unnötige chemische Hilfsstoffe ausgeschaltet, wobei die vorläufig zur Anregung enzymschwacher, d. h. backtechnisch ungeeigneter, Weizenmehle — mit geringem oder zu schwachem Klebergehalt — unentbehrlichen, auch jeweils nur in sehr geringen Mengen den Mehlen zugesetzten Hilfsstoffe ihre Umgrenzung erfahren können. Von letzteren ist vorauszusetzen — die erprobten Hilfsmittel erfüllen auch diese Forderung —, daß sie beim Backvorgang wieder verschwinden bzw. in unschädliche Stoffe übergehen (z. B. Persulfate, die in Sulfate übergehen) = Mehlverbesserung; nicht zu verwechseln mit der Mehlbleichung.

mit Hilfe von Knetmaschinen oder der Hand durchgeknetet und der Teig an einem warmen Ort mehrere Stunden bei Temperaturen um 25—30° C sich selbst überlassen.

Durch die Hefe- bzw. Sauerteiggabe erfolgt eine künstliche Teiglockerung[1] durch Kohlendioxyd (Kohlensäure), welche die Zymase der Hefe aus dem gärfähigen Zucker bildet[2]. Zugleich findet eine Vermehrung der Hefezellen und der damit gegebenenfalls (im Sauerteig) vergesellschafteten Mikroorganismen, insbesondere der Milchsäurebakterien, die für die Reinhaltung des Sauerteiges unbedingt notwendig sind, statt. Die Teiglockerung erfolgt also im wesentlichen durch Gärungskohlensäure, die im Teig von den gequollenen Stärkekörnern und dem zähen Kleber (Gliadin und Glutenin) festgehalten und nicht freigegeben wird. Die bei der Sauerteigführung entstehende Milchsäure wirkt auf die Teigkolloide quellend (peptisierend). Das Volumen des Teiges nimmt beim „Garwerden" zu. Der gare Teig wird geformt und die erhaltenen Teigstücke werden im Backofen bei gleichmäßiger feuchter Hitze zu *Brot* bzw. *Gebäck* gebacken.

Dabei treten im geformtenTeig Veränderungen nach der chemischen und physikalischen Seite auf, die einmal in der Form des Teigstückes zum Ausdruck kommt, welche vom plastischen Zustand in einen festeren Zustand übergeht. Ferner wird auch der Geschmack erheblich verändert. Durch die im Backofen herrschenden Temperaturen (Weizenbrot etwa 200—230° C, Roggenbrot etwa 230—250° C) verdunstet zunächst das Wasser auf den äußeren oberen und unteren Anteilen, dadurch verkleistern sie, und ein Teil der darin enthaltenen gequollenen Stärke wird in Maltose und Dextrine übergeführt. Durch die weitergehende Wasserverdunstung erhärtet die äußere Schicht, sie färbt sich gelb bis braun, im wesentlichen durch die sich aus den Zucker- und Eiweißstoffen bildenden „Röstprodukte", die vorwiegend aus Caramel und aus Melaninen bestehen. Die äußere braun gefärbte Schicht nennt man Rinde. Die hier einsetzenden Caramelisierungserscheinungen werden durch Einblasen von Wasserdampf zwecks Bildung einer schönen, gelb bis gelbbraunen, an Röststoffen reichen Oberfläche begünstigt. Über die beim Backen beobachteten Einflüsse auf die wasserlöslichen Stoffe des Brotes berichten A. HEIDUSCHKA und I. DEININGER, während über die Backveränderung der Stärke Untersuchungen von I. KATZ (1, 2) vorliegen.

Infolge des schlechten Wärmeleitungsvermögens der Krume herrscht im Innern des Brotes nur eine Temperatur um 100° C, so daß hier die Veränderungen nicht so tiefgreifend sind und sich auch viel langsamer abspielen. Die Eiweißstoffe beginnen bei etwa 65—70° C zu koagulieren, wodurch die kolloiden Eigenschaften, insbesondere ihr Wasserbindungsvermögen verändert werden; fernerhin verkleistert die Stärke, und beide zusammen, geronnenes Eiweiß und verkleisterte Stärke, liefern das Gefüge des Brotinneren. Da infolge der schlechten Wasserverdunstung genug Wasser vorhanden ist, so erfolgt auch eine teilweise Umwandlung der Stärke in Dextrin mit einer gleichzeitigen schwachen Caramelisierung. Die freiwerdenden Gärungsgase sammeln sich im Backofen an und werden mit den Schwaden abgesaugt[3].

Läßt man Brot liegen, so wird es „alt", es treten Veränderungen ein, die nicht mit der Veränderung des Feuchtigkeitsgehalts in Zusammenhang stehen, sondern vielmehr im wesentlichen kolloider Art sind. Es handelt sich um Entquellungserscheinungen, durch welche das Gefüge der Krume, das ein Eiweiß-Kohlehydratgerüst ist, zusammenfällt. Wasserverdunstung tritt beim „Altbackenwerden" des Brotes kaum ein; denn die Erfahrung zeigt, daß man durch Erhitzen auf etwa 70° C die frische Brotbeschaffenheit wieder herbei-

---

[1] Die in einem Teig aus Mehl und Wasser selbsttätig spontan einsetzende Gärung durch die Tätigkeit der Mikroorganismen (Bakterien und Hefen) kann auch zur Teiglockerung genügen; aus praktischen Gründen ist man aber im Großbetrieb von der spontanen Gärführung abgekommen. Neben diesen Verfahren der Teiglockerung gibt es noch ebensolche *mechanische* (nach DAUGLISH wird die Kohlensäure unter Druck in den Teig gepreßt) und *chemische*, wo durch Zusatz von kohlensauren Salzen und gleichzeitige chemische Entbindung der Kohlensäure für eine Auflockerung gesorgt wird. Von den verwendeten Stoffen dieser Art „Backpulver" sind zu nennen: Weinsteinbackpulver (Weinstein und Na-Bicarbonat), Phosphatbackpulver (primäres und sekundäres Ammoniumphosphat und Na-Bicarbonat) u. a., die aber weniger bei der Brotbereitung als vielmehr bei der Kuchenbereitung eine Bedeutung erlangt haben. Ohne Zweifel führt die Teiggärung zur vollkommenen Ausbildung der Gebäcke.

[2] Über die Verwendung des dabei entstehenden und beim Backprozeß freiwerdenden Alkohols liegen zahlreiche Untersuchungen vor [vgl. J. GERUM (2)].

[3] Die Entwicklung der Backöfen ging von einem am Anfang mit Holz geschürtem Mauergewölbe zum Kanalofen, dann zum Dampfbackofen und schließlich zum neuzeitlichen Großofen über, in dem die Teigstücke auf einem endlosen Band langsam den Ofen durchwandern und als fertiges Brot verlassen. Als Heizung dienen neben Holz: Kohle, Koks, Gas und elektrischer Strom.

führen kann, d. h. es gelingt eine Umkehrung des Vorganges. Das „Altbackenwerden" ist in den bereits angegebenen Arbeiten von I. KATZ behandelt.

Brotsorten. An den Anfang dieses Abschnittes ist die Entschließung der Brotkonferenz im Reichsgesundheitsamt vom Jahr 1935 zu stellen: „Die Reichsarbeitsgemeinschaft für Volksernährung ruft die zuständigen Fachgewerbe auf, unter Heranziehung aller Kräfte auf wissenschaftlichem und praktischem Gebiet sofort die Arbeit aufzunehmen und dem Volke und der Volksernährung mit dem besten Brot zu dienen". Eine begriffliche Umreißung für das „beste Brot" ist schwierig, um so mehr, da Sitte, Gewohnheit und Liebhaberei auch hier mit hineinspielen, es sind daher auch hier die wissenschaftlichen Erkenntnisse und Erfahrungen (H. WIRZ, W. KRAFT) richtunggebend, welche in den letzten Jahren gesammelt wurden und die Grundlage zu einer zweckmäßigen Brotzubereitung darstellen. Auf Grund dieser Erkenntnisse ist es richtig, daß heute wieder dem Vollkornbrot der Platz eingeräumt werden muß, der ihm gebührt, der Platz über dem Weizenbrot. Der Eiweißfaktor, der Vitamingehalt, die Mineralbestandteile, die cellulosehaltigen Stoffe („Rohfasern"), die Geschmacksstoffe und der Ausnutzungsfaktor sprechen für die volle Ausmahlung des Getreidekorns, also für die Herstellung von Vollkornbroten[1].

Nach der Brotmarktordnung werden sämtliche Brotsorten in Deutschland in zwei Gruppen eingeteilt: nämlich in *ortsübliche* Brote: Roggenschrotbrot (S-Brot), Roggenbrot (R-Brot), Roggenmischbrot (RM-Brot), Weizenmischbrot (WM-Brot), Weißbrot (Wasserware, W-Brot) und *Spezialbrote*.

Die heute auf dem Verordnungsweg verfügte Streckung der für die Verarbeitung auf Brot bestimmten Getreidebestandteile ist aus den Verordnungen der hauptwirtschaftlichen Vereinigung für Getreide- und Futtermittel zu entnehmen (A. KAISER)[2]. Neben den bekannten, zur Zeit hergestellten üblichen Roggen- und Weizenbroten gibt es eine Reihe von Spezialbroten, die sich zunehmender Beliebtheit erfreuen und die insbesondere auch in der Krankenkost eine Bedeutung haben; es sind dies Brote, die in einem besonders gestalteten Verfahren oder aus besonders hergestellten Rohstoffen bereitet werden. Damit sollen im wesentlichen Brote mit besserer Verdaulichkeit und Ausnützbarkeit geschaffen werden; der an sich schlechteren Ausnutzbarkeit der Schalenbestandteile wird durch entsprechende Zurichtung und Vorbehandlung des Korns begegnet.

Grau- und Schwarzbrote. Es sind dies Brote, die aus einem gewöhnlichen Roggenmehl unter Zusatz von Nachmehlen und Kleie hergestellt werden, z. B. das „Kommißbrot" und das Graubrot des Rheinlandes, Westfalens u. a.

Kommißbrot. Verwendet wird ein bis zu 82% ausgemahlenes unvermischtes Roggenmehl, oder aber, wie dies in vielen Zivilbäckereien der Fall ist, Roggenmehl, dem Feinkleie und Weizennachmehl zugesetzt wird.

Graubrot. Auch dieses wird aus einem ähnlichen Mehl mit etwa 80—82% Ausmahlung, hergestellt, welches dem Brot durch die vorhandenen Schalen- und Kleiebestandteile seine graue Farbe verleiht. Eine scharfe Grenze zwischen Grau- und Schwarzmehl gibt es nicht, die einzelnen Übergänge vom Graumehl zum kräftig schmeckenden Schwarzmehl sind durch die Wahl des Ausmahlungsgrades bestimmbar. Wesentlich ist, daß die Schalenteilchen ziemlich gleichmäßig verteilt sind.

---

[1] Deutschland mit Deutschösterreich ist aus klimatischen Gründen und gemäß seiner Bodenverhältnisse ein Roggenland (wie Polen, Rußland, Finnland, Schweden). In den westlichen und südlichen Ländern Europas gedeiht Weizen besser; diese Länder (wie auch U.S.A., Kanada) sind Weizenländer. Diese grundsätzlichen Voraussetzungen beherrschen das landesübliche Brot; übertriebene Abweichungen von diesen Gegebenheiten sind unnatürlich.

[2] Verordnung der HWG. und F. vom 10. 4. 1937, 10. 7. 1937 und 1. 11. 1937. Die Anforderungen, die heute auf Grund der bestehenden Beimischungsverordnung (Verwendung von Maisbackmehl, Kartoffelstärkemehl, Kartoffeltrockenerzeugnissen, Trockenmagermilch, Milcheiweißpulver, Nährcasein) an den Brothersteller gestellt werden, setzen große Erfahrung und fachtechnisches Geschick voraus, um die etwaigen technischen Schwierigkeiten zu beheben und Brot von guter Beschaffenheit herzustellten.

Was die Verarbeitung dieser beiden Brotmehle anbelangt, so unterscheidet sie sich ziemlich stark von derjenigen der Feinbrotmehle. Die Lockerung geschieht durch Sauerteiggärung, die bei 25—30° geführt wird. Die so erhaltenen schweren und feuchten Teige verlangen eine Ausbackung mit anhaltender Hitze, wobei diese nicht unter 250° C sinken soll.

Grahambrot ist ein Weizenschrotbrot, das seinen Namen nach dem amerikanischen Arzt GRAHAM führt. Die Beschaffenheit dieses Brotes, das ähnlich wie Weizenschrot zusammengesetzt ist, hängt von der Zubereitung, insbesondere von der Gärführung ab. Während die einen Verbraucher (Vegetarier) ein Brot mit natürlicher Lockerung (spontane Gärung) verlangen und alkoholische Gärung ablehnen, wird von den meisten Bäckern mit Hefegärung gearbeitet, welche sicherer ist als die spontane. Die Erfahrung zeigt, daß die durch Hefegärung gewonnenen Gebäcke gleichmäßiger in der Krume ausfallen.

Von den zahlreichen Spezialbroten seien nur einige wichtige herausgegriffen, die eine gewisse Volkstümlichkeit erlangt haben.

Knäckebrot ist ein Vollkornbrot, das nach schwedischem Vorbild hergestellt wird und ein aus Roggenschrot gewonnenes, mittels Hefegärung gelockertes Flachbrot ist. In Schweden wird es auf dem Land aus ungegorenem Teig in runden Scheiben hergestellt, die durchlocht auf Fäden oder Holzstangen aufbewahrt werden. Bei uns wird der zu dünnen Platten ausgewalzte Teig in Stücke zerteilt und kurz, etwa 7—8 Minuten, gebacken; hierauf kommt das Gebäck zum Nachtrocknen in einen besonderen Trockenraum, wo es auf einen Wassergehalt von etwa 5—6% herabgetrocknet wird. Dadurch erhält es ein hartes, knusperiges Gefüge und wird lagerfest. Für die ausgezeichnete Verwendbarkeit dieses Brotes in der Diätetik spricht sich W. HEUPKE (1) aus, da es infolge seiner Wasserarmut den Magensaft gut aufnimmt, leicht zerfällt und daher ohne Schwierigkeiten auch vom Magenkranken vertragen werden kann. HEUPKE empfiehlt, Knäckebrot frühzeitig bei der Schonungskost zu verabreichen.

Klopferbrot. Hier wird das gereinigte, etwas geschälte, möglichst trockene Korn in Schlagkreuzmühlen zerkleinert (Trennung von Mehl und Kleie findet nicht statt). Dieses Vollkornmehl von nicht sehr feiner, aber gleichmäßiger Beschaffenheit wird in üblicher Weise mit Teigflüssigkeit (Wasser und Milchsäurebildner) bei niedriger Temperatur angeteigt, getrocknet und hierauf verbacken. Die von KLOPFER eingeführte Zerkleinerung der Mehle, die keine Kleieteilchen mehr erkennen lassen, liefern bei weitem lockerere Brote als die handelsüblichen Graubrotmehle.

Steinmetzbrot. Zur Verbackung kommen hier Mehle, die aus einem von der äußeren holzigen Schale befreiten Korn stammen. Dies erreicht man dadurch, daß das Korn nach dem Waschen kurz eingeweicht wird, wodurch die äußere Schale zum Quellen kommt, sich lockert und dann leicht in besonderen Vorrichtungen abgestreift werden kann. Samenschale, Aleuronschicht und Keimling bleiben erhalten. Das so anfallende Korn kann entweder fein gemahlen oder weniger fein geschrotet werden. Das Brot ist ein vorzügliches Vollkornbrot, dessen Qualität noch gesteigert wird, wenn es nach der von STEINMETZ angegebenen Vorschrift gebacken wird, nämlich in einer Backform, deren Seitenwandungen aus Ton, deren Boden aus Eisenblech besteht. Durch diese Maßnahme wird an der äußeren Schicht die Krustenbildung hinausgeschoben, die vom Boden her aufsteigende Backhitze wirkt sich längere Zeit in der Brotkrume aus, so daß für eine weitgehende Verkleisterung und Dextrinierung der Stärke gesorgt wird.

Simonsbrot. Die Herstellung dieses Brotes fußt auf der Überlegung von AVEDYK und GELINCK, nämlich das Getreidekorn sehr stark quellen zu lassen und hierauf unter Druck zu einer breiigen Masse zu verarbeiten. Zu diesem Zweck wird das gereinigte Getreide in geeigneten Behältern mit Wasser von 50° C 6—12 Stunden eingeweicht, das erhaltene gequollene Korn geht hierauf durch eine „Teigmühle", welche einen groben Brotteig liefert. Dieser wird mit Sauerteig oder Hefe angeknetet, geformt, zur Gare gesetzt und dann in warmen Öfen bei reichlichem Wasserdampf etwa 12 Stunden ausgebacken. Krume und Kruste zeigen eine ziemlich gleichmäßige dunkelbraune Farbe.

Finklerbrot. Da nach Ansicht von FINKLER eine vollkommene Feinvermahlung der Kleiebestandteile auf trockenem Weg nicht gelingt, empfiehlt er einen Aufschluß der feuchten Kleie in einem besonderen Mahlverfahren unter gleichzeitiger Einwirkung von Reibung und Druck und unter Zuhilfenahme von Kalkwasser, Kochsalz, Säuren und Alkali, was den Zerkleinerungsvorgang ganz erheblich erleichtert. Die Kleiebestandteile, vor allem aber die Nährstoffe enthaltenden Zellwandsubstanzen werden erfaßt, und man erhält nach der Zerkleinerung einen homogenen Kleiebrei ohne sichtbare Schaleteilchen. Dieser Brei wird getrocknet, vermahlen und unter Zusatz von Mehl in üblicher Weise verbacken. Das Mehl führt den Namen „*Finklan*-Mehl".

Schlüterbrot. Auch hier wird, allerdings auf andere Weise, zwecks besserer Verdaulichkeit ein Aufschließen der Kleie durchgeführt. Zunächst gewinnt man aus dem Roggenkorn Feinmehl, Nachmehl und Kleie, die ziemlich grob sein soll. Diese wird mit Wasser zu einem

Teig angerührt, der bei Temperaturen um 60° C unter Luftabschluß eine gewisse Zeit erwärmt wird. Diese erhaltene feuchte Masse, die infolge der Wirksamkeit der diastatischen Enzyme reichlich verzuckerte Stärke, Dextrine und Caramel enthält, wird auf Walzen getrocknet, fein vermahlen und liefert ein braunes, hocharomatisches Mehl, das viel Röstprodukte enthält. Durch Mischen mit Nachmehl und Feinmehl werden Brote von beliebter Geschmacksbeschaffenheit erhalten.

Pumpernickel, ein schwarzes Roggenbrot von großer Nahrhaftigkeit, allerdings etwas schwerer Verdaulichkeit. Diese Brotsorte wird aus Roggenmehl (geschrotet) hergestellt, das mit einer mit Sauerteig und Rübensirup versetzten Teigflüssigkeit angeteigt wird. Der geformte Teig wird in einem geschlossenen Ofen bei reichlichem Wasserdampf und bei etwa 120—150° C herausgebacken. Da hierbei der Teig eine Wasserdampfbehandlung erfährt, kommt es zwar zur Ausbildung hocharomatischer Röststoffe und zu einer weitgehenden Dextrinierung und Caramelisierung, aber nicht zu einer Krustenbildung. Es ist üblich, das Brot in Scheiben zu schneiden, diese in Pergamentpapier zu wickeln und in Dosen (zur Erhöhung der Haltbarkeit) nochmals zu sterilisieren.

Diabetikerbrote. Sie sind für Zuckerkranke bestimmt, die ein kohlehydratarmes Gebäck genießen sollen. Eine Herabdrückung des Kohlehydratgehalts gelingt durch Erhöhung des Zusatzes anderer Stoffe, insbesondere von Fett und eiweißhaltigen Stoffen, welche in Form von Sauer- und Keimlingsmehl und anderen Pflanzenmehlen erfolgt. Der Kohlehydratgehalt soll bei Diabetikergebäcken 30% nicht übersteigen. Die Herstellung dieser Gebäcke ist infolge der unterschiedlichen Quellfähigkeit der Eiweißmehle ziemlich schwierig.

Andere Gebäcke. Hierher gehören alle feineren Bäckerei- und Konditoreierzeugnisse: Kuchen, Keks usw., die aus mehr oder minder schweren Kuchenteigen bestehen, d. h. aus Teigen, die Butter und andere Fette, Zucker, Eier, Gewürze und Früchte enthalten. Diese Teige werden nicht mehr mit Hefe gelockert, da Hefe in solchen Teigen nur schwer gärt, sondern mit Backpulver, die um so mehr und um so besser hier wirken, je schwerer der Teig ist. Die Reaktionsfähigkeit der Backpulverbestandteile wird zwar durch das Fett oder das Eigelb zunächst verzögert, da die Löslichkeitsbedingungen sehr ungünstig sind: aber diese langsame Kohlensäureentbindung ist wünschenswert und wird angestrebt. Aus den so zubereiteten Teigen können die verschiedenartigsten Kuchen und kuchenähnliche Gebäcke in sehr unterschiedlicher Form hergestellt werden.

Gemüse. Gemüse — hierunter sollen alle Feld- und Gartengemüse verstanden sein — wird in *rohem* Zustand (Tomaten, Gurken, Karotten u. a.) genossen: zumeist aber erfolgt eine Zubereitung durch Kochen (Erhitzen mit Wasser), seltener durch Braten (Erhitzen mit Fett).

Das *Kochen* verfolgt den Zweck, die an cellulosehaltigen Bestandteilen („Rohfaser") reichen Gemüse aufzuschließen, um dadurch die Nahrungsstoffe freizulegen, aufzulockern und so der Verdauung zugänglicher zu machen. Dem eigentlichen Kochvorgang geht gewöhnlich ein Einweichen (Hülsenfrüchte) oder ein kurzfristiges Überbrühen mit heißem Wasser voraus. Durch dieses Überbrühen sollen etwaige vorhandene Kleinlebewesen (Mikroorganismen) abgetötet, zum anderen aber nicht erwünschte Bestandteile, die der Zubereitung einen faden, unangenehmen, strengen, bitteren Geschmack verleihen, entfernt werden[1].

Von diesen Maßnahmen werden aber, wie aus vielen Untersuchungen hervorgeht, nicht allein die wertlosen, unerwünschten Inhaltsbestandteile betroffen, sondern auch wertvolle, ernährungswichtige Stoffe. Die Angaben über die Verluste durch das Wässern und Brühen gehen ziemlich auseinander, da die Behandlungsweise (Zerkleinerungsgrad, Wassermenge, Zeit, Temperatur usw.) die Durchlässigkeit der Zellwände und damit die Diffusion der Inhaltsstoffe beeinflußt [H. CLASSEN; E. SPRECKELS (1)]. Hier seien die bemerkenswerten Untersuchungsergebnisse von R. BERG angeführt, der sich eingehend mit den Verlusten an organischen und anorganischen Inhaltsbestandteilen beschäftigte.

---

[1] Dieses Überbrühen ist in der Konservenindustrie vielfach üblich (Blanchieren) und stellt hier ebenfalls eine hygienische und zugleich eine konserventechnische Maßnahme dar (Volumenverringerung).

Tabelle 13. Verluste der Gemüse an organischen und Mineralbestandteilen beim Abbrühen.

	Verluste in % des Gehalts der ursprünglichen Substanz			
	Spinat	Rosenkohl	Grünkohl	Weißkraut
Trockensubstanz	19,2	24,0	34,1	48,1
Rohprotein	19,5	24,0	40,4	46,2
Fett (Ätherextrakt)	5,3	47,8	50,2	45,1
Stärke	26,5	15,3	17,7	81,8
Zucker	31,7	56,5	80,7	72,2
Rohfaser	0,9	0,8	0,7	10,2
Freie Säure (als Citronensäure berechnet) . .	91,6	36,8	42,1	45,0
Ammoniumoxyd $(NH_4)_2O$	82,8	45,9	90,5	77,6
Kaliumoxyd (K_2O)	79,1	53,8	84,0	93,7
Natriumoxyd (Na_2O)	82,3	80,4	88,8	93,6
Calciumoxyd (CaO)	32,0	11,9	33,5	76,9
Magnesiumoxyd (MgO)	73,8	30,0	50,0	76,6
Phosphorsäure (P_2O_5)	62,8	30,6	39,8	72,5
Schwefelsäure (SO_3)	49,9	69,0	68,7	44,4
Chlor (Cl)	70,7	48,3	69,5	63,8

Eine wertvolle Ergänzung zu diesen Ergebnissen bringen in neuerer Zeit A. MIER-
MEISTER, der im Gegensatz zu BERG einen geringeren Verlust an Mineralstoffen bei gekochtem *Spinat* auffindet, sowie E. SPRECKELS (2) und P. KÖPKE, welche sich mit den
Untersuchungen über die Abbrühverluste in Abhängigkeit von der Erhitzungsdauer, der
Schnittgröße des Gemüses, der Menge des Brühwassers und seiner Zusammensetzung
(kochsalzhaltig) beschäftigten. KÖPKE ermittelt, unter Einhaltung gleichmäßiger Versuchsbedingungen, 40% Verlust an Gesamtextrakt bei Gemüse, das gekocht, und 10%
bei ebensolchem, das gedämpft wurde. Unter Berücksichtigung einer haushaltsüblichen
Zubereitung ermittelte SPRECKELS bei *Kohlrabi* und grobgeschnittenem *Weißkraut* Verluste
zwischen 10 und 16,6% an organischen Nährstoffen, besonders wenn beim Wurzelgemüse
anstatt Säulen, Scheiben geschnitten wurden; auch für *Brechbohnen* gilt diese Beobachtung
bei 10 Minuten langer Abkochung. *Schnittbohnen* und *gehobeltes Kraut* sollen nicht so
lange gekocht werden. Die küchenmäßige Zubereitung von *Spinat* und *Mangold* fordert
die meisten Verluste. Diese Untersuchungen stehen in Übereinstimmung mit den früheren
Beobachtungen, wonach das Wässern in 2,5%iger Kochsalzlösung keine Veränderung der
Lösungsverhältnisse zur Folge hat.

Es ist naheliegend, daß sich auch beim „Garkochen" derartige Verluste an Nährstoffen
und Mineralbestandteilen äußern müssen, die ihrerseits wieder von der Vorbereitung des
Kochgutes abhängen, wie C. GRIEBEL und A. MIERMEISTER mit ihren Untersuchungen an
geschälten und ungeschälten *Kartoffeln* dartun konnten.

Diese Verluste an Nährstoffen erstrecken sich, wie auch aus der angeführten Übersicht
hervorgeht, in erster Linie auf lösliche Bestandteile, auf Extraktstoffe: Kohlehydrate,
lösliche Eiweißverbindungen und ihre Spaltprodukte (Aminosäuren), schwefelhaltige Verbindungen, Mineralstoffe (organische und anorganische Salze), Duft- und Aromastoffe.
Da aber mit der Einwirkung höherer Temperaturen auch chemische Veränderungen eintreten, z. B. Verzuckerung der Stärke, Hydrolyse der Eiweißstoffe, so werden auch von
diesen löslich gemachten kolloiden Bestandteilen gewisse Mengen in das Kochwasser

Tabelle 14. Kohlehydratverlust von Gemüsearten bei der Zubereitung.

		Zucker + Stärke		
Gemüseart	Zubereitung	berechnet auf 100 g Gemüse		Verlust durch das Kochen in % der ursprünglichen Menge
		Rohgemüse %	nach dem Garkochen %	
Kohlrabi		3,09	2,43	21,4
Rosenkohl	In üblicher	5,06	1,56	69,2
Spinat	Weise in	2,97	0,85	71,4
Blumenkohl	Salzwasser	2,10	1,40	33,4
Winter-Krauskohl	gar gekocht	6,75	3,20	52,6
Zittauer Riesenzwiebel		8,90	3,70	58,5

gehen; dasselbe gilt auch für etwaige Caramelisierungsprodukte und für Fett. Es sei noch erwähnt, daß das Überbrühen der *Pilze* und das Weggießen des Kochwassers in den meisten Fällen (selbst wenn es sich nicht um die Zubereitung vermeintlich giftiger Pilze handelt) sehr empfehlenswert ist, wenn auch hier große Verluste an Nährstoffen eintreten [TH. SABALITSCHKA und F. RIESENBERG (1, 2); J. GERUM (1)].

Bisweilen sind aber solche Nährstoffverluste nicht unerwünscht, so z. B. bei der Diabetikerkost, wo insbesondere die Verminderung an verdaulichen Zuckerstoffen angestrebt wird. Wie diesbezügliche experimentelle Arbeiten von F. KRAUS beweisen, ist dies durch entsprechende Auswahl der Zubereitungsart der Gemüse erreichbar; hier können Zubereitungsverluste bis etwa 70% (Spinat) eintreten.

Ein weiteres Interesse verdienen die Untersuchungen, welche sich mit dem Zubereitungsverlust an Vitaminen beschäftigen; sie wurden in jüngster Zeit in umfangreichem Maße angestellt. Darüber berichten unter anderem die Arbeiten von J. FENTON, M. OLIVER, W. KLODT, A. SCHEUNERT, I. RESCHKE und E. KOHLEMANN (1, 2) sowie von W. LINTZEL, G. HOFFMANN und H. GORES (vgl. auch G. HOFFMANN). Die experimentellen Ergebnisse der Untersuchungen über den Vitamin C-Verlust in Abhängigkeit von der Zubereitungsart ergeben sich aus nachfolgender Übersicht:

Tabelle 15. Vitamin C-Gehalt und -Verlust (in % der Ausgangsmenge) tischfertiger Gemüse.

	Milligramm Ascorbinsäure bezogen auf 100 g Ausgangsmaterial								
	Roh	Kurz gekocht (30—40 Minuten) mit Kochwasser		Lang gekocht (1—2 Stunden) mit Kochwasser		Kurz gekocht ohne Kochwasser		Lang gekocht ohne Kochwasser	
		Gehalt	Verlust %	Gehalt	Verlust %	Gehalt	Verlust %	Gehalt	Verlust %
Rosenkohl .	79,0	77,3	— 2,1	—	—	43,8	—44,6	—	—
Spinat . .	78,3	48,9	—37,5	—	—	29,7	—62,1	—	—
Rotkraut .	57,3	58,4	+ 1,9	55,9	— 2,4	32,7	—42,9	40,9	—28,8
Wirsing . .	56,7	35,5	—36,1	24,3	—57,1	12,9	—77,3	9,6	—83,1
Kohlrabi .	37,6	26,7	—29,0	—	—	8,9	—76,3	—	—
Blumenkohl	23,8	26,6	+12,0	—	—	6,5	—72,6	—	—
Rote Rübe.	21,8	—	—	20,1	— 7,8	—	—	20,1	— 7,8
Weißkraut .	18,0	15,5	—13,7	14,9	—17,2	10,3	—42,8	0	—100,0

— nicht untersucht

Die Vitamin C-Verluste bewegen sich zwischen rund 15% (kurz gekocht mit Kochwasser) und rund 60% (kurz gekocht ohne Kochwasser), ferner zwischen rund 20% (lang gekocht mit Kochwasser) und rund 55% (lang gekocht ohne Kochwasser).

Nach eigenen Beobachtungen, über die an anderer Stelle berichtet werden soll, sind die nach der TILLMANS-Methode ermittelten und im Schrifttum angegebenen Vitamin C-Werte für Gemüse und Obstkonserven mit großer Vorsicht aufzunehmen.

LINTZEL und seine Mitarbeiter[1] stellen in Übereinstimmung mit KLODT fest, daß der Kochvorgang selbst nur eine unwesentliche Verminderung des Vitamin C-Gehalts hervorruft; kurzes Kochen mit Verwendung des Kochwassers erweist sich am günstigsten; hier waren nur Verluste von 15% an Vitamin C (gegenüber dem unbehandelten Gemüse) feststellbar. Auch längeres mehrstündiges Kochen wirkt sich bei gleichzeitiger Mitverwendung des Kochwassers nicht besonders ungünstig aus, mit Ausnahme bei Wirsing, wo ein starker Vitaminverlust eintrat.

Eine Kochwasserentfernung nach kürzerem oder längerem Kochen kann einen Vitaminverlust von etwa 60% bewirken.

In ähnlicher Richtung bewegen sich die SCHEUNERTschen Untersuchungen, wonach Dämpfen der Gemüse (Rosenkohl, Grünkohl, Kartoffeln) zu den geringsten Verlusten führt, während Kochen im Wasser einen nicht unbedeutenden Vitamin C-Verlust zur Folge hat, weshalb SCHEUNERT ebenfalls die Mitverwendung des Kochwassers dringend empfiehlt. Warmhalten in der Kochkiste führt zu einer fortschreitenden Verminderung des Vitamin

---

[1] Die Vitamin C-Werte wurden mit Hilfe der Titration des Trichloressigsäureauszuges mit Dichlorphenol-indophenol nach F. TILLMANS in der Ausführung von A. SCHEUNERT bestimmt.

C-Gehalts, die je nach der Art des Gemüses schon nach 2 Stunden sehr erheblich sein kann; besonders trifft dies für die an sich nicht besonders Vitamin C-reichen Kartoffeln zu, vor allem dann, wenn diese geschält verarbeitet und vor dem Kochen in Wasser eingelegt werden. Beim Dämpfen mit der Schale wurden Verluste bis zu 9,3% festgestellt, ohne Schale 18,2%, dagegen beim Kochen ohne Schale 28,6%.

Aufbewahren und Stehenlassen der Gemüse unter Luftzutritt und die sich hierbei einstellenden Oxydationsmöglichkeiten (vor allem dort, wo durch die Zerkleinerungsart eine große Angriffsfläche gegeben ist) bewirken wechselnde Vitamin C-Verluste, die aber größer sind als diejenigen beim Kochvorgang. Während also diese Vorbehandlung mit Wasser bei den Blatt-, Stengel- und Knollengemüsen aus den dargetanen Gründen vermieden, zum mindesten aber zeitlich beschränkt werden soll, wird sich bei reifen Leguminosenfrüchten (Bohnen, Erbsen, Linsen) das Einweichen in Wasser kaum vermeiden lassen. Diese Gemüsearten werden zum Zwecke des „Erweichens" der äußeren Schalenbestandteile und des Inhalts in Wasser gelegt und nach Ablauf einer gewissen Zeit gekocht. Aus der Erfahrung geht hervor, daß hierbei der Härtegrad des Wassers eine besondere Rolle spielt; harte Wässer wirken schlechter als weiche, wobei Jahrgang, Herkunft, Ernte, Sortenauswahl der Frucht sich in unterschiedlicher Weise äußern können. Die Vorstellung, daß es sich hierbei um die Bildung von schwerlöslichen oder unlöslichen Calcium-Magnesium-Verbindungen mit Eiweißstoffen (Calcium-Magnesium-Legumin) handelt, konnte nicht experimentell bewiesen werden, auch die neueren Untersuchungen von I. VAN DER MAREL und A. MÖLLER liefern keinen Beweis für diese Vorstellung. Dagegen scheinen die Pektinstoffe mit den Kalksalzen des Wassers schwerlösliche Verbindungen zu geben, die ihrerseits, je nach dem Grad ihrer Kochbeständigkeit, das „Garwerden" des Gemüses beeinflussen können. Vielfach werden in neuerer Zeit wieder Kochkisten und Dampfkochtöpfe zur schonenden Zubereitung von Gemüsen empfohlen.

Bei der Verwendung von *Kochkisten* wird das Gemüse in einem Topf der Kochkiste auf offener Flamme angekocht, und zwar entsprechend der für Gemüse in der Kochvorschrift angegebenen Vorkochzeit; dabei richtet sich diese, vom wirklichen Kochen an gerechnet, nach der Dauer des „Garkochens". Abgesehen von dem bisweilen auftretenden typischen „Kochgeschmack" ist ein längeres Warmhalten des Gemüses in der Kochkiste deshalb nicht zu empfehlen, da nach A. SCHEUNERT und J. RESCHKE eine fortschreitende Verminderung des Vitamin C-Gehaltes eintritt, die schon nach 2 Stunden so erheblich sein kann, daß das Gemüse nicht mehr als eine ausreichende Vitamin C-Quelle anzusprechen ist. Es ist daher zweckmäßig, bei Verwendung der Kochkiste im Haushalt zur Sicherung der Vitamin C-Zufuhr zusätzlich Salate oder Obst mitzuverwenden.

Bei der Zubereitung im *Dampfkochtopf (Bavaria, Rapid, Siko* u. a.) wird das Gemüse im Dampf des eigenen oder zugesetzten Wassers gedämpft, und zwar in Einsätzen aus Aluminium und Jenaer Glas, die in den Kochtopf eingelegt werden. Der Topf ist mit einem Deckel mit Bügelverschluß und Dampfventil versehen. Der Kochtopf ist auf der Innenseite emailliert und ist für Kohlen- und Gasherde, für Spiritus-, Benzin- und Petroleumkocher und für elektrische Kochplatten verwendbar.

Empfindliche Gemüse: Spinat, Winterkohl, Mangold, Rosenkohl u. a. werden möglichst kurz (etwa 2—10 Minuten gedämpft). Es empfiehlt sich einmal ein Einlegen des Gemüses in den vorher heiß gemachten Topf, zum anderen ein sofortiges Herausnehmen nach der vorgeschriebenen Dämpfzeit, die sich wiederum nach der Härte des verwendeten Wassers und nach der Gemüsequalität richtet. Die kurze Dämpfdauer wirkt sich bei gleichzeitiger Mitverwendung des Kochwassers gut auf den Geschmack sowie auf die Inhaltsbestandteile der Gemüsezubereitung aus; Angaben hierüber sind in dem einschlägigen Schrifttum nur lückenhaft auffindbar.

Braten und Rösten. Diese Art der Zubereitung findet nur vereinzelt Verwendung, z. B. bei Kartoffeln, wo unter Zugabe von Fett über kleiner Flamme, oder bei Gemüse bei gleichzeitiger Zugabe von Fett und Wasser die Zubereitung erfolgt. Auch hier tritt eine rasche Schrumpfung der äußeren Schichten ein; sie erhärten, so daß nur im Innern das Wasser zur Wirksamkeit kommt, wobei

Tabelle 16. Vitamin C-Gehalt und -Verlust gedünsteter Gemüse. (Milligramm Ascorbinsäure bezogen auf 100 g Ausgangsmaterial.)

	Roh	Gedünstet (15—25 Minuten)	
		Gehalt	Verlust %
Rosenkohl	79,0	66,9	— 15,3
Spinat	78,3	—	—
Rotkraut	57,3	40,9	— 28,6
Wirsing	56,7	22,3	— 60,7
Kohlrabi	37,6	35,8	— 4,8
Blumenkohl . . .	23,8	18,9	— 20,6
Rote Rübe . . .	21,8	—	—
Weißkraut . . .	18,0	12,6	— 30,0

die bereits behandelten Verkleisterungs- und Koagulationserscheinungen einsetzen. Die Verluste beschränken sich ausschließlich auf den Wassergehalt, bei der angegebenen Dünstung mit Fett auch auf Vitamin C, wie die jüngsten Untersuchungen von W. LINTZEL erkennen lassen.

Obst. Zu den wichtigsten Bestandteilen des Frischobstes, das man seiner botanischen Beschaffenheit nach in Stein-, Kern- und Beerenfrüchte einteilt, gehören: *Wasser, Stärke, Zucker, Fruchtsäuren, Gerbstoff- und Eiweißverbindungen, Pektinstoffe, Mineralstoffe, Cellulosebestandteile („Rohfaser"), Ergänzungsstoffe (Vitamine), Fermente, Geschmacks-, Farb- und Duftstoffe.* Je nach Herkunft, Standort, Rasse, Züchtung, Düngung, Ernte, Alter und Lagerung kann der Gehalt dieser Inhaltsstoffe mehr oder weniger großen Schwankungen unterworfen sein.

Beim Zubereiten des Obstes durch Kochen treten gleichfalls Veränderungen ein, die im allgemeinen eine bessere Verdaulichkeit und leichtere Bekömmlichkeit des Kochgutes zur Folge haben. Die gereinigten, zerkleinerten oder ganzen, geschälten oder ungeschälten Früchte werden gewöhnlich mit kaltem Wasser (mit und ohne Zugabe von Zucker, Citrone, Zimt) angestellt, die Temperatur allmählich gesteigert und so lange beim Sieden gehalten, bis die Frucht weich geworden ist. Dadurch werden die Fruchtschalen rissig, brechen auf, der Zellsaft ergießt sich teilweise oder ganz in das Kochwasser, die Cellulosebestandteile quellen und die Pektinstoffe, welche in wechselnder Menge in den Mittellamellen eingeschlossen sind, werden aus dem schwerlöslichen Zustand in eine leichter wasserlösliche Hydratform übergeführt. Je nach der Zubereitungsart der Früchte (ganz, zerteilt, geschält oder ungeschält) treten in das Anstellwasser infolge der günstigen Diffusionsbedingungen reichlich wasserlösliche Stoffe aus, insbesondere Zucker, Fruchtsäuren und Salze, Mineralbestandteile und neben wenig löslichen Stickstoffverbindungen auch Duft- und Aromastoffe. Ein Hinweis auf die Mitverwendung des Erhitzungswassers ist nicht erforderlich, da es üblich ist, das Kochwasser mitzuverwenden. Anders ist dies bei der Diabetikerernährung, welche eine kohlehydratarme Fruchtzubereitung verlangt, was bei Nichtmitverwendung des Kochwassers, wie die Untersuchungen von C. VON NOORDEN und H. SALOMON beweisen, gut möglich ist.

Das Dämpfen der Früchte im *Weckapparat* und ähnlichen Geräten wird auch zur Entsaftung der Frucht verwendet, dabei liegen die Früchte auf Sieben, wo sie durch das Kondensat entlaugt werden und der dabei anfallende Fruchtauszug in einen gesonderten Behälter aufgefangen wird. Dadurch können gute aromatische Fruchtauszüge gewonnen werden. An

Tabelle 17. **Zuckergehalt von rohen und gekochten Früchten (nach Entfernung des Kochwassers).**

Frucht	Gehalt an Zucker	
	in der rohen Frucht %	in der gekochten Frucht nach Entfernung des Kochwassers %
Apfel	11,7	6,1
Pfirsich. . . .	9,5	1,8
Zwetsche . . .	8,3	2,9
Butterbirne . .	7,3	2,0
Aprikose . . .	7,0	1,9
Weichsel . . .	6,9	2,4
Kochbirne . .	3,2	0,2

Stelle dieser geschilderten Warmdiffusion kann auch die Kaltwasserdiffusion treten, wo trockener Zucker auf die zerkleinerten Früchte (meistens Beerenfrüchte) einwirkt. Das Erzeugnis, ein gezuckerter Fruchtextrakt, wird mit Hilfe von Tüchern (Kolieren) von den Obstrückständen befreit. Dieses Verfahren der Fruchtsaftbereitung ist eines der ältesten und beruht auf den Osmoseerscheinungen, hervorgerufen durch reichliche Zuckermengen.

b) Zubereitung der Nahrungsmittel nach konserventechnischen Gesichtspunkten für das Lebensmittelgewerbe und für die Vorratswirtschaft.

1. Zweck der Haltbarmachung, biochemische und mikrobiologische Veränderungen an den Nahrungsmitteln.

Die Zielsetzung, die für die Ernährung erforderlichen Lebensmittel vor der Verderbnis zu schützen, ist von grundlegender volkswirtschaftlicher Bedeutung. Es stehen daher alle Fragen, die sich mit der Erhaltung der Lebensmittel, mit ihrer Konservierung gegen die zerstörenden Angriffe von Kleinlebewesen beschäftigten, im Blickpunkt volksgesundheitlichen, volkswirtschaftlichen, aber auch wissenschaftlichen Interesses.

Naturstoffe, die zur Aufrechterhaltung des Lebens bestimmt sind, sind nicht unbegrenzt haltbar; sie sind vorwiegend organischer Herkunft und infolge ihrer reichhaltigen Zusammensetzung einer mehr oder minder großen Veränderlichkeit nach chemischer oder biologischer Richtung ausgesetzt. Es ist also der Zweck der Haltbarmachung, tierische und pflanzliche Naturstoffe gegen die ungünstigen Einflüsse biochemischer und mikrobiologischer Art durch geeignete Maßnahmen zu schützen, wobei für die Erhaltung ihres natürlichen Zustandes weitgehend Vorsorge getroffen werden muß[1].

Veränderung biochemischer Art. Hierher gehören Vorgänge, die in physikalischen, chemischen, fermentativen und kolloidchemischen Veränderungen zum Ausdruck kommen, deren Ursachen aber auf eine enzymatische Tätigkeit, sowie auf äußere Einflüsse: Licht, Luft, Luftfeuchtigkeit, Wärme, auch im Zusammenhang mit Metallspurenwirkung und anderen Katalysatoren zurückzuführen sind.

Es würde zu weit führen, wenn hier die einzelnen enzymatischen Reaktionen für jedes Lebensmittel beschrieben würden, es sollen nur allgemein diese Wirkungen gekennzeichnet werden. Der biochemische Stoffabbau, in dessen Verlauf Biokatalysatoren regelnd eingreifen, besteht zunächst im wesentlichen in einer hydrolytischen Spaltung der Großmoleküle zu einfacheren, worauf dann an den Spaltungsprodukten gewisse Umsatzreaktionen eintreten, welche sinnenphysiologische Veränderungen zur Folge haben. Solche Vorgänge können wertverbessernd und daher erwünscht sein, wie z. B. die Reifung des Fleisches nach dem Eintritt der Totenstarre, die Nachreife des Obstes bis zur Vollreife und die Bildung von Duft- und Geschmacksstoffen bei der Fermentierung des Tees, der Kakaobohne, die Aromabildung bei der Vanilleschote u. a. Diese Veränderungen chemischer und biochemischer Art, die durch die Inhaltsbestandteile des Materials bedingt sind, können aber auch wertvermindernd sein, indem sie Aussehen, Geruch, Geschmack und Konsistenz nachteilig beeinflussen, und können schließlich soweit gehen, daß Genußuntauglichkeit des Nahrungsstoffes infolge Bildung gesundheitsschädlicher, ekelerregender, ja sogar giftiger Abbaustoffe und schließlich vollständiges Verderben eintritt.

Die verschiedenen, bei der Veränderung der Nahrungsstoffe beteiligten Enzyme sind die *Hydrolasen,* welche bekanntlich einfache hydrolytische Spaltungen an den hochmolekularen Kohlehydraten, Proteinen, Fetten bewirken; hierher gehören die *Carbohydrasen, Proteasen* und *Lipasen.* Die *Desmolasen* beschleunigen diejenigen Vorgänge, bei welchen die Bindungen im C-System unter Abgabe freier Energie gelöst werden; es sind dies die „Stoffwechselfermente", zu welchen insbesondere der Enzymkomplex der Gärung, *Zymase*

---

[1] Die durch Tiere (Ratten, Mäuse, Vögel, Insekten usw.) verursachten Veränderungen und gesundheitsschädlichen Verunreinigungen sollen hier nicht besprochen werden.

mit den verschiedenen Einzelenzymen, gehört und die *Oxydoreduktasen* (Dehydrasen), *Peroxydasen* und *Katalasen*.

Die Kenntnis der in den einzelnen Lebensmitteln auftretenden Veränderungen und ihrer Ursachen ist im Hinblick auf die Wahl eines zweckentsprechenden Haltbarmachungsverfahrens von großer Wichtigkeit.

Fleisch und Fischfleisch. Das Warmblüterfleisch macht vom Beginn der Schlachtung ab bis zum eigentlichen Verbrauch erwünschte Veränderungen durch, die durch die Totenstarre, also durch Veränderungen des Quellungszustandes eingeleitet werden, wobei durch enzymatisch gebildete Milchsäure (Glykolyse) die Muskelfasern für Wasser durchlässig werden, quellen und sich verkürzen; dann erfolgt allmählich die *Reifung*, indem durch die Milchsäure und enzymatische Tätigkeit eine Gerinnung der Eiweißstoffe einsetzt, was eine Auspressung von Wasser aus der Muskelfaser und damit eine Lösung der Totenstarre zur Folge hat. Autolytische Vorgänge, verbunden mit der Entstehung von Aminosäuren, Nucleinbasen, Ammoniak, und die Umwandlung des Bindegewebes in leimähnliche Stoffe machen das Fleisch mürbe, leicht verdaulich und verleihen ihm durch das gleichzeitige Auftreten von Essig- und Milchsäure einen angenehm säuerlichen Geschmack. Gehen diese enzymatischen Zersetzungsvorgänge weiter, so bildet sich der sog. „Hautgout", der aber zum Teil auch durch eine Bakterientätigkeit entstanden sein kann. Eine besondere Art der autolytischen Zersetzung ist die stinkende, sauere Gärung, welche bei Wild und Geflügel auftritt, das noch lebenswarm verpackt wird, und die man als „Stickigkeit" bei Schlachttieren und als „Verhitzung" bei Wildfleisch bezeichnet. Hervorhebenswert ist hier das Fehlen von Ammoniak, das Auftreten von Schwefelwasserstoff und von einem süßlichwiderlichen Geruch, neben der Verfärbung der Unterhaut ins Grüne und der Muskulatur nach Kupferrot. Während nun das Warmblüterfleisch beim „Abhängen" durch die normalen enzymatischen Vorgänge an Güte gewinnt, erleidet das Kaltblüterfleisch, *Fischfleisch*, fast stets eine Verschlechterung, indem hier Reifungs- und Fäulnisvorgänge unvermittelt ineinander übergehen. Fischfleisch ist stärker mit Mikroorganismen verunreinigt, die schon unmittelbar nach dem Einsatz enzymatischer Reifungsvorgänge ihre Wirksamkeit entfalten.

Fette. Die hier auftretenden Veränderungen oxydativer und autoxydativer Art [G. HEFTER und H. SCHÖNFELD; H. SCHMALFUSS, H. WERNER und A. GEHRKE (1—5)], die ebenfalls beim Fleisch und Fischfleisch eine wichtige Rolle spielen, sind durch äußere Einflüsse: Licht, Luft, Luftfeuchtigkeit und durch fermentativ-katalytische Umsetzungen bedingt, an welchen auch Metallspuren beteiligt sein können. Man unterscheidet zwischen *Talgigwerden*, *Aldehydigwerden* (Aldehydranzigkeit) und *Ketonigwerden* (Parfümranzigkeit), Reaktionsabläufe, welche die Bildung der verschiedensten chemisch-charakteristischen Stoffe zur Folge haben.

K. TÄUFEL (2) bringt folgende Übersicht über die Möglichkeiten des Verderbens der Naturfette.

Fettverderben.

I. Chemische Ursachen.	*II. Biologische Ursachen* (Kleinlebewesen).
1. Hydrolyse (Sauerwerden, Seifigwerden).	1. Hydrolyse (Sauerwerden, Seifigwerden).

2. Oxydative Vorgänge:
  a) Aldehydbildung (Ranzigkeit),
  b) Ketonbildung,
  c) Bildung von Oxy-Fettsäuren bzw. Molekülvergrößerung durch Polymerisation oder Kondensation (Talgigkeit).
	2. Oxydative Vorgänge:
	  Bildung von Methylketonen (Parfümranzigkeit).

3. Nicht näher bekannte Umsetzungen.	3. Nicht näher bekannte Umsetzungen.

Die Zerfallsprodukte beim autoxydativen Verderben bringt nachfolgende Tabelle 18 (G. HEFTER und H. SCHÖNFELD).

Durch das Verderben der Fette ist das Verderben zahlreicher fetthaltiger Lebensmittel bedingt, z. B. von Fleisch, Fischfleisch, Trockenmilch, fetthaltigen Gebäcksorten, Kaffee, Nüssen usw.

Milch und Käse. Die hier auftretenden Veränderungen sind vorwiegend mikrobiologischer Art.

Eier. Hier treten chemische, physikalische und kolloidchemische Umsetzungen auf, die man als *Altern* bezeichnet. Die Wasserverdunstung durch die Poren bedingt eine Gewichtsabnahme, ein Absinken des spezifischen Gewichts, was von der Art der Aufbewahrung, Temperatur, Luftbewegung, Luftfeuchtigkeit und von der Schalendicke abhängt. Die durch die Wasserabgabe nach außen hervorgerufenen osmotischen Druckunterschiede zwischen Weißei und Dotter veranlassen Konzentrationsverschiebungen zwischen diesen beiden Eianteilen, wobei nach dem Ort der höheren Konzentration, dem Dotter, Wasser

Tabelle 18. Neu gebildete Stoffe beim oxydativen Abbau der Fette.

Leicht flüchtige Produkte	Indifferente Produkte	Aldehyde	Ketone	Säuren	Peroxyde
Kohlenmonoxyd, Kohlendioxyd (Produkte des tiefgehenden Zerfalls)	Wasser (vom Molekelzerfall herstammend)	Formaldehyd, Capryl-, Heptyl-, Nonyl-, Epihydrin-Azelainaldehyd. Die Aldehyde liegen frei oder gebunden (z. B. Epihydrinaldehyd) vor	Vorhanden; Art noch unbekannt (Methylketone?)	Ameisen-, Essig-, Propion-, Butter-, Valerian-, Capron-, Heptyl-, Capryl-, Nonyl-, Caprin-, Azelain-. Dioxystearin-, Oxystearin-, Ketostearin-, Kork-, Sebacinsäure usw.	Vorhanden; ihre Art noch nicht aufgeklärt

hinwandert und aus diesem gelöste Stoffe (Salze) zum Weißei abwandern. Hydrolytische, enzymatische Vorgänge verursachen eine allmähliche Veränderung des morphologischen Baues des Eiinhalts, sowie die Bildung verschiedener Spaltprodukte. Ein echtes *Trypsin* (A. K. BALLS und T. SWENSON) bewerkstelligt den Abbau des Mucins und damit eine allmähliche Verflüssigung des dicken Weißeies, während im Dotter neben diastatischen (J. MÜLLER und J. MASUYAMA; T. KOGA) und glykolytischen (O. STEPANEK) Enzymen, Lipasen bzw. Esterasen (R. AMMON und E. SCHÜTZE) (Cholinesterasen, Tributyrasen), proteolytische, autolytische und ereptische Fermente wirksam sind. Charakteristisch ist der „Altgeschmack" der Eier, an dem nach den bisherigen, noch ziemlich lückenhaften Angaben Ammoniak und freie Aminosäuren beteiligt sein sollen; die beobachtete geringe Zunahme der Summe von anorganischem Phosphat und Glycerinphosphorsäure im Eiinhalt, sowie die deutliche Zunahme der Phosphate im Weißei sind erwähnenswert.

Obst und Gemüse. Bei diesen Lebensmitteln gehen die bereits beim Wachstum ablaufenden, durch Enzymgruppen geleiteten Vorgänge weiter; hier haben wir es mit einem „lebenden" Organismus zu tun, dessen enzymatische Stoffwechselvorgänge durch äußere Einflüsse: Wasser, Luft, Wärme und Licht bestimmbar sind. Zu erwähnen sind die Veratmung der Fructose und Glucose, die Aufspaltung des Rohrzuckers, die Verbrennung der Fruchtsäuren, was insbesondere dann der Fall ist, wenn der Zuckervorrat zu Ende geht. Hierher gehört auch der Abbau der Pektinstoffe durch Pektolasen und Pektinasen (Weichwerden der Frucht), die Resorption der organischen Säuren, des Fettes, der wachsartigen Verbindungen, der Abbau der Eiweißstoffe und die Veränderung der Gerb- und Bitterstoffe durch katalytisch-oxydative Enzymgruppen. Hervorhebenswert ist auch der Wechsel der grünen Farbe von Obst und Gemüse während der Reife nach Hellgelb bis Gelb.

Mit diesen biochemischen Veränderungen gehen nach langer Aufbewahrung und Lagerung vielfach histologische Veränderungen einher, die in einer Strukturveränderung im Fruchtfleisch, an den Zellwänden, in einer Auflockerung der Gewebspartien zum Ausdruck kommen, und schließlich in einer vollständigen Zerstörung derselben; hier setzen dann bakteriologische Veränderungen ein. Hand in Hand mit diesen Reaktionsabläufen treten physikalische Veränderungen infolge der Wasserverdunstung ein, die sich in einem Gewichtsverlust äußern; diese Wasserverdunstung kann so deutlich werden, daß die elastischen Schalenbestandteile eintrocknen, rissig werden und das Eindringen von Mikroorganismen ermöglichen.

Veränderungen mikrobiologischer Art. In der Praxis ist eine scharfe Grenze zwischen biologischen und biochemischen Veränderungen wohl kaum zu ziehen, da diese Vorgänge von einem gewissen Zeitpunkt ab gleichzeitig ablaufen und schließlich ineinander übergehen können.

Fleisch und Fischfleisch. Unter den Bakterien des Fleisches wurden häufig gefunden: Bact. fluorescens, Bact. proteus, Bac. mycoides, Bac. subtilis sowie Bac. mesentericus neben Mikrokokken und Sarcinen (A. TUMPOMSKI; W. LANGE und K. POPPE). Diesen ausgesprochenen Fäulnisbakterien stehen die Bakterien der Enteritisgruppe nahe, deren gelegentliches Vorkommen vom gesundheitlichen Standpunkt aus von Wichtigkeit ist. Sie erzeugen gefährliche Toxine, weshalb ihr Nachweis bei der bakteriologischen Untersuchung des Fleisches eine bedeutende Rolle spielt [A. BEYTHIEN (2)]. Sehr selten findet sich auch noch ein toxinbildender, sehr gefährlicher Sporenbildner, der Bac. botulinus, der im Sporenzustand sehr hitzebeständig ist und daher besondere Beachtung verdient.

Die Verkeimung des *Fischfleisches* geht vor allem von der Haut und von den Kiemen aus; auch können Infektionen von der Darmseite her erfolgen. Hier treten neben den üblichen

Fäulnisbakterien, von welchen die Bakterien der Fluorescenzgruppe vorherrschen (F. Schönberg; F. Schönberg und S. Debelic), auch die harmlosen Leuchtbakterien auf, welche sehr sauerstoffbedürftig sind und sobald die Fäulnisbakterien eine erhebliche Keimzahl erreicht haben, verschwinden.

Fette. Für die Verseifung der Fette sind sowohl Bakterien als auch Hefen und Schimmelpilze verantwortlich; so wird die Ketonranzigkeit durch Schimmelpilze und der Abbau der Ölsäure durch Bakterien verursacht. Neben diesem Fettstoffabbau kommen bei Butter und Margarine auch noch Eiweiß und Milchzucker als Ausgangsstoffe für schädliche Umsetzungen durch Mikroorganismen in Frage. Als Butterschädlinge sind vor allem die häufig mit dem Waschwasser in die Butter gelangenden Bakterien der Fluorescenzgruppe verantwortlich (A. J. Virtanen); daneben treten Schimmelpilze: Cladosporium, Dematium. Fusarium und auch Hefen auf, die Geschmacksveränderungen und Fleckenbildung auslösen (M. Grimmes, V. C. E. Kennelly und H. C. Cummens; K. J. Demeter). Als Margarineschädlinge kommen die gleichen Mikroorganismen wie bei Butter in Frage, doch zeigt sich Margarine durch den bisweiligen Zusatz von Konservierungsmitteln widerstandsfähiger gegen schädliche Bakterien als Butter. Als Infektionsquellen kommen für Margarine und Butter neben der Milch vor allem die Geräte, das Waschwasser, die Verpackungsstoffe und nicht zuletzt die Arbeitsräume in Frage (K. J. Demeter).

Milch und Käse. Der Keimgehalt der Handelsmilch bewegt sich zwischen einigen hunderttausend und mehreren Millionen Keimen in 1 ccm. Diese Verunreinigungen werden verursacht beim Melken, bei der Berührung der Milch mit der Stalluft und mit den Geräten. Vorwiegend sind es Milchsäurebakterien, die durch Säurebildung verhindern, daß Fett- und Eiweißzersetzer überhand nehmen. Die Milchsäurebildner der Milch gehören zu den Streptokokken, doch kommen daneben auch Langstäbchen vor, die mit Vertretern der unechten Milchsäurebakterien und der Coli aerogenes-Gruppe vergesellschaftet sind. Sie erzeugen neben Milchsäure Kohlensäure und Wasserstoff, sowie flüchtige organische Säuren und unangenehme Geschmacksstoffe; sie werden auch für den sog. Stall- und Rübengeschmack der Milch verantwortlich gemacht (H. Weigmann). Ferner treten aerobe und anaerobe Sporenbildner (W. Henneberg und Christiansen) sowie Bakterien der Fluorescenzgruppe auf (H. C. Olsen und B. H. Hammer). Neben den Spaltpilzen kommen auch noch Hefen, wenn auch in geringer Zahl vor, die insbesondere in stark gezuckerter Kondensmilch häufig Bombagen hervorrufen (H. C. Olsen und B. H. Hammer).

Da die bei *Käse* durch Mikroorganismen hervorgerufenen Veränderungen vorwiegend wünschenswerter Art sind, sollen die daran beteiligten Kleinlebewesen im einzelnen nicht erörtert werden.

Eier. Durch das Eindringen von schädlichen Keimen durch die Poren der Schale wird eine nachträgliche Infektion (J. Grossfeld) verursacht (Fäulnisbakterien neben Schimmelpilzen). In erster Linie sind Proteusarten als Fäulniserreger zu erwähnen, weiterhin Fluorescenten, Colibakterien, Kokken und fäulniserregende Bacillen (H. Baumgarten; A. Janke und L. Jirak). Bei ihrer Wirksamkeit entstehen unter anderem Kohlensäure, Wasserstoff, Schwefelwasserstoff und Skatol (J. Grossfeld und G. Peter). Auch das Auftreten von pathogenen Keimen (H. Willführ, F. Fromme und H. Bruns) (Enteneier) wurde beobachtet. Bei den vorkommenden Schimmelpilzen handelt es sich um Penicillium-, Aspergillus- und Cladosporiumarten, die meist Fleckenbildungen im Eidotter bzw. im Weißei verursachen.

Obst und Gemüse. Obst ist in erster Linie der natürliche Fundort von Hefe- und Schimmelpilzen, unter welchen vor allem Penicillium und Botrytisarten, neben Mucor-, Fusarium- und Cladosporiumarten (O. Schneider und H. Orelli; L. Linsbauer; L. Wittmack) vorkommen. Auch säureliebende und säurebildende Stämme, vor allem Essigbakterien, kommen vor, die die Wirksamkeit der Eiweißzersetzer unterbinden.

Die Zahl der auf *Gemüsen* gefundenen Bakterien- und Pilzarten ist sehr groß. Es kommen vor allem Mikrokokken und milchsäurebildende Streptokokken, sowie von den sporenlosen Stäbchen Vertreter der Coli- und Aerogenesgruppe vor, schließlich aber auch Sporenbildner und Pilze. Unter den letzteren sind die bekannten Schimmelpilze (Penicillium und Mucor) sowie Botrytis und Sklerotinia erwähnenswert. Wenn auch die Pilze der Menge nach hinter den Bakterien zurückstehen, so machen sie sich doch bei der Aufbewahrung von Gemüse infolge der stärkeren Ausbreitung des Mycels deutlicher bemerkbar als die Bakterien. Pathogene Pilze greifen die Gewebe der eingelagerten Gemüse an und machen sie durch Fleckenbildung unansehnlich. Die Fäulnis der Wurzelgemüse wird durch Sklerotinia libertiana, die der Blattgemüse durch Botrytis- und Penicilliumarten verursacht. Unter den pathogenen Schädlingen kann besonders Bac. phytophthora großen Schaden anrichten (Kartoffel).

2. Die Verfahren der Haltbarmachung.

Wie auf vielen anderen Gebieten der Technologie, so herrschten auch hier lange Zeit im wesentlichen praktische Erfahrungen vor, die aber allmählich durch wissenschaftliche Erkenntnisse und Beobachtungen erweitert wurden mit dem Ziel, die sich bei der Haltbarmachung abspielenden Vorgänge durch Anwendung geeigneter Maßnahmen technologischer, chemischer und physikalisch-chemischer Art zu lenken. Die zahlreichen Verfahren der Konservierung teilt man zweckmäßigerweise ein in solche, welche auf einer *physikalischen* und in solche, die auf einer *chemischen* Grundlage aufgebaut sind. Zu den physikalischen Verfahren gehören: Kühlverfahren mit und ohne Schutzgas, Gefrierverfahren, Pasteurisierung, Sterilisierung, Trocknung, Filtrieren und verschiedene neuere Verfahren; zu den chemischen Methoden gehören das Salzen, Räuchern, Pökeln, Einsäuern, Zuckern und die Anwendung chemischer Konservierungsmittel.

α) Physikalische Verfahren.

Kühlverfahren (mit und ohne Schutzgas), Gefrierverfahren. Die Erkenntnis, daß die beschriebenen Veränderungen an Nahrungsstoffen durch niedrige Temperaturen zurückgedrängt werden, veranlaßte zur Schaffung geeigneter Lagerungsbedingungen unter Verwendung von Wärmeentzug (künstlicher Kälte). Dabei stellt die Verschiedenartigkeit der zu lagernden Lebensmittel hinsichtlich ihrer Zusammensetzung und späteren Verwendung bestimmte Anforderungen an die technische Durchführung der Kühlung. Zu gewissen Jahreszeiten können wohl die kälteren Außentemperaturen für Abkühlungszwecke dienen, doch macht die Unsicherheit dieser „unständigen" Kältelieferung, die in der wärmeren Jahreszeit irgendwie ergänzt werden muß, und schließlich der Umstand, daß diese Art Kältezufuhr keine regulierbare ist, eine Erzeugung von künstlicher Kälte auf maschinellem Wege notwendig.

Die *Erzeugung* erfolgt auf verschiedene Arten, auf deren Einzelheiten nur insoweit eingegangen werden soll, als es zum Verständnis der später zu erörternden Fragen notwendig erscheint. Die weitaus größte Verbreitung, insbesondere in Haushaltungen, hat der *Eisschrank* gefunden, wo die Kühlung des Gutes durch Luft erfolgt, welche durch in isolierte Eisbehälter eingebrachte Eisstücke abgekühlt wird. Neben diesen Kältespeichern haben sich in den letzten Jahren die „maschinell" betriebenen Kühlschränke für den Haushalt, die maschinell betriebenen Kühlanlagen für die großen, mittleren und kleineren gewerblichen und industriellen Betriebe herausgebildet. Hier handelt es sich ausschließlich um die Gewinnung von Kälte auf dem Wege der Kompression und Kondensation.

Leicht zu verflüssigende Gase (Ammoniak, Kohlensäure, Schweflige Säure, Methylchlorid) werden mit Hilfe besonderer Einrichtungen zur Flüssigkeit verdichtet, wobei für die Beseitigung der dabei erzeugten Wärme durch Kühlvorrichtungen gesorgt wird; durch den beim Verdunstenlassen des verflüssigten Gases eintretenden Wärmeentzug aus der umgebenden Luft oder der Kühlsole erfolgt die *Abkühlung.* Diese Arbeit leistet die Kältemaschine, die Kompressionsmaschine, von der es je nach der Wahl des Kältemittels verschiedene Typen gibt. Die moderne Kältemaschine spielt nun einerseits bei der Herstellung von Kunsteis (zum Zwecke der Inbetriebnahme von Eisschränken und anderen Kühleinrichtungen für den Transport auf Schiffen oder auf der Eisenbahn) eine Rolle, andererseits aber bei der unmittelbaren Kühlung des Kühlgutes. Dazu bedient man sich der Kühlschränke[1] und Kleinkälteanlagen in Haushaltungen und im Kleinbetrieb, in Krankenhäusern, Warenhäusern, Nahrungsmittelfabriken und verwandten Gewerben oder überall dort, wo es sich um die Unterbringung großer Lebensmittelvorräte auf längere Frist handelt wie z. B. in Schlachthöfen, Großmarkthallen usw., wo große Kühl- und Gefrierhäuser zur Verfügung stehen. Die Entwicklung zeigt deutlich, daß solche Kühl- und Gefrierhäuser großen Maßstabs zur Aufbewahrung von tierischen und pflanzlichen Erzeugnissen aller Art heute unentbehrlich geworden sind; die Errichtung solcher Lagerräume in allen Großstädten des In- und Auslandes legen dafür beredtes Zeugnis ab.

Kühl- und Gefrierverfahren (die beide mit Hilfe der geschilderten Einrichtungen durchgeführt werden können) unterscheiden sich grundsätzlich voneinander durch ihren Temperaturbereich, während in dem einen Fall Temperaturen um $\pm\,0°$ bis $+\,5°$ C vorherrschen, werden in dem anderen Fall Temperaturen von $-\,12°$ bis $-\,15°$ C angewendet.

Die Kühlung erfolgt im Haushalt sowohl wie im Großbetrieb mit Luft, die bei einem bestimmten Feuchtigkeitsgehalt und mit einer entsprechenden Geschwindigkeit das Kühlgut berührt. Luft mit hohem Feuchtigkeitsgehalt oder schlechter, mangelhafter Luftbewegung

---

[1] Es gibt auch Trocken-Absorptionsschränke, bei welchen das verdampfende Kältemittel von einem trockenen Absorptionsmittel (Calciumchlorid) aufgesaugt wird. Dieses wird durch eine elektrische Heizpatrone erwärmt und das Kältemittel wieder herausgetrieben; hierbei wird das Kältemittel wieder flüssig und fließt in den Verdampfer zurück, so daß sich der Vorgang ununterbrochen wiederholen kann.

bewirkt eine feuchte Oberfläche des Kühlgutes, die einen günstigen Nährboden für Bakterien und Schimmelpilze darstellt. Gute Luftzirkulation sorgt für eine gleichmäßige Durchkühlung des Raumes und des Gutes und vermeidet Luftstockungen.

Auch bei der Kühllagerung verwendet man zusätzlich ein indifferentes Schutzgas, wie Kohlensäure (besonders bei der Obstlagerung) oder Stickstoff. Die Ozonverwendung bezweckt neben einem bakteriologischen Effekt die Beseitigung des typischen Fleischgeruches, der sich namentlich in Kühlhäusern und in Schlachthöfen bemerkbar macht. Hierher gehört auch die Kühllagerung von *Eiern* bei gleichzeitiger Anwendung eines Schutzgases nach dem Verfahren von LESCARDE und EVERAERT, wo die Eier in einem großen Autoklaven bei einer Temperatur von — 1° C, einem Luftfeuchtigkeitsgehalt von 80% und einem Gasgemisch von 95% Kohlensäure und 5% Stickstoff eingelagert werden.

Wenn auch die Frage nach der Wirtschaftlichkeit des kombinierten Verfahrens bei der Obstlagerung noch der Beantwortung bedarf, so zeigen doch diesbezügliche Untersuchungen, daß eine Kohlensäure-Kaltlagerung eine Verbesserung und eine Verlängerung der Lebensdauer des Obstes bedeutet, insbesondere aber eine Erhöhung der Widerstandsfähigkeit gegen Pilzbefall zur Folge hat (W. SCHWARTZ). Gute Erfolge wurden bei 5—10° C in einem Luftgemisch von 15% Kohlensäure + 10% Sauerstoff (bzw. 10% Kohlensäure und 11% Sauerstoff) (M. TUCHSCHNEID) erzielt. Neben Kohlensäure wurden auch Stickstoff, verdünnte Luft, Methan als Schutzgas herangezogen, doch liegen hierüber noch zu wenig praktische Erfahrungen vor.

Da die Kaltlagerung trotz der neuzeitlichen Verbesserungen nur eine beschränkte Haltbarmachung sichert, wandte man sich dem *Gefrierverfahren* zu, welches eine uneingeschränkte Haltbarkeit bei geringer Qualitätsbeeinflussung verbürgt. Hier unterscheidet man drei Verfahren: Gefrieren an Luft, Gefrieren in Bädern und Gefrieren durch Berühren mit schnellverdampfenden Kältemitteln.

Beim Gefrieren in kalter Luft, die mit Hilfe der beschriebenen Einrichtungen erzeugt wird, verwendet man bei mehrmonatiger Aufbewahrung Temperaturen um — 9° C und einen Luftfeuchtigkeitsgehalt von 90—95% bei stillstehender Luft. Da die Gefriergeschwindigkeit einen großen Einfluß auf Güte und Qualität des Gefriergutes ausübt und tierische und pflanzliche Gewebe um so besser erhalten bleiben, je rascher sich der Gefrierprozeß vollzieht, ist man vom Gefrierenlassen in Luft zum Gefrierenlassen in Bädern übergegangen, d. h. zu *Schnellgefrierverfahren*, wobei die Kühlsohle direkt mit dem Gefriergut in Berührung kommt. Dieses Verfahren von OTTESEN wird aber nur bei Fleisch und Fischfleisch, nicht aber bei Gemüse verwendet.

Als *Kühlsole* finden Anwendung Lösungen von Kochsalz, welchen teils zum Zweck einer Temperaturerniedrigung Glycerin (etwa 15—20%) und zum Zwecke der Farbstofferhaltung des Gefriergutes Alkali, Ammoniak, Soda oder Kalk zugesetzt wird. Der Gefrierprozeß geht bei Temperaturen um — 18° bis — 20° C vor sich. Wenn auch dieses Verfahren gut eingeführt ist, so sind doch grundsätzlich praktische Nachteile mit ihm verbunden, die einmal darin beruhen, daß trotz aller Vorsichtsmaßnahmen Spuren von Kühlsole in die äußeren Gewebspartien eindringen, die zwar weniger den Geschmack als die Farbe verändern, zum anderen aber in der technischen Durchführung, welche besondere Einrichtungen und Anlagen verlangt (R. PLANK). Ein wesentlicher Nachteil ist, daß nur Temperaturen von etwa — 20° C und nicht tiefere (erwünscht wäre eine Temperaturgrenze von — 30° C) erreicht werden können.

Neben dem OTTESEN-Verfahren haben sich für Fischfleisch noch die Verfahren von L. HENDERSON, O. DAHL und R. PIQUES eingeführt, wo die Fische in besonderen Behältern, Kisten, Trommeln, Pfannen u. a. ebenfalls durch Eintauchen in Kältesole zum Gefrieren gebracht werden. Ist der Fisch gefroren, dann erfolgt nach dem Abspülen des Salzwassers mit Wasser von 50° C die *Glasierung* durch Überziehen mit einer dünnen Eisschicht durch nochmaliges kurzfristiges Eintauchen in Wasser von ± 1° C. Neben den Tauchverfahren sind noch Soleberieselungsverfahren von M HIRSCH und W. H. TAYLOR anzuführen, wo das Gefriergut, an Haken aufgehängt, von der Kühlsole berieselt wird, und die Methode von. M. ZAROTSCHENZEFF, bei welchem die Sole durch Düsen zerstäubt in Nebelform auf das Gefriergut trifft; durch diese Solezerstäubung wird ein besserer Wärmeübergang und damit eine Verkürzung der Gefrierzeit erzielt.

Zu diesen *direkten* Verfahren gehört auch das Gefrieren in rasch verdampfenden Kältemitteln, insbesondere in Kohlensäure (A. ROMANOFF, R. PLANK und J. KUPRIANOFF) und die unmittelbare Berührung des Lebensmittels mit Kohlensäureschnee (J. GOOSMANN), welche alle den Vorteil der kurzen Gefrierdauer und damit einer gewissen Wirtschaftlichkeit haben; auch Dimethyläther und Difluordichlormethan wurden vorgeschlagen, doch liegen hierüber keine abschließenden Untersuchungsergebnisse vor, wie überhaupt gerade auf diesem so bedeutungsvollen Gebiet noch zahlreiche verantwortungsbewußte wissenschaftliche Forschungen dringend erforderlich sind.

Infolge der geschilderten Nachteile der direkten Schnellgefrierverfahren ist man zu dem *indirekten* übergegangen, wo das Gefriergut nur mittelbar, durch eine Wand von der

Kühlsole getrennt, mit dieser in Berührung kommt. Hierher gehören die schon in großtechnischem Maßstab durchgeführten Verfahren von P. W. PETERSEN, A. H. COOKE, W. TAYLOR, G. BIRDSEYE, welche sowohl für Fleisch und Fischfleisch, als für Obst und Gemüse angewendet werden. Im Prinzip arbeiten die Verfahren so, daß das Gefriergut auf oder zwischen Aluminiumplatten (oder anderen Metallplatten) oder auf einem endlosen Metallband liegend oder in einer Eiszelle zusammengepreßt der Kältesole indirekt ausgesetzt wird. Als Kühlmittel können Chlormagnesium- und Chlorcalciumlösungen verwendet werden, deren kryohydratischer Punkt bei — 33,6° C bzw. — 55° C liegt.

Der beim PETERSEN-Verfahren unvermeidliche hohe Energieaufwand zur Erreichung tiefer Gefriertemperaturen in einer möglichst hohen Gefriergeschwindigkeit wird bei dem Plattenverfahren (keine Luftzwischenräume) wesentlich herabgesetzt. Die Gefriertemperaturen liegen zwischen — 23° C bis — 35° C, die Gefrierdauer beträgt je nach der Art des Gefriergutes 40—50 Minuten.

Trocknen. Die Frischhaltung der Nahrungsmittel durch Trocknung beruht darauf, daß diesen das Wasser und damit den Mikroorganismen der Nährboden für ihre Weiterentwicklung entzogen wird. Von Lebensmitteln werden vorwiegend getrocknet: Fleisch, Fisch, Milch, Eier, Obst und Gemüse, schließlich eiweißhaltige Abfallstoffe aus den Brauereien, wie Hefe, aus den Fleisch- und Fischindustrien Blut, Knochen und Eiweißstoffe. Während die letzten, die weniger als Nahrungsstoffe, denn als Düngemittel und Kraftfuttermittel Verwertung finden, keine so hohen Anforderungen an den Trocknungsprozeß stellen, sind diese für die zur Ernährung bestimmten Trockengüter recht beachtlich (W. KOENIGER). So darf das Trockengut gegenüber dem Ausgangsmaterial keine erheblichen Verluste an wertvollen Bestandteilen (Eiweiß, Stärke, Mineralstoffe) aufweisen und möglichst keine Einbuße an Vitaminen erleiden. Geschmack und Geruch, Farbe und Aussehen müssen „natürlich" bleiben, und es soll bei nachträglicher Wasseraufnahme durch das Trockengut der ursprüngliche physikalische Zustand, dieselbe Konsistenz wieder erreicht werden. Vom Standpunkt der Haltbarkeit aus muß das Trockengut einen Mindestfeuchtigkeitsgehalt von etwa 10% aufweisen, der sich im Verlauf der Lagerung nicht wesentlich nach oben verschieben darf; vom ökonomischen und wirtschaftlichen Standpunkt aus muß auch auf die entsprechende Form geachtet werden, welche im Hinblick auf die Verpackung und Aufbewahrung nicht zu sperrig sein soll, und schließlich sollen die Trocknungskosten möglichst gering sein.

Zur erfolgreichen technischen Durchführung nach den oben angegebenen Gesichtspunkten sind zahlreiche Apparate und Einrichtungen in der verschiedensten Form und in den verschiedensten Ausmaßen ausgearbeitet worden, die im einzelnen hier nicht abgehandelt werden können. Grundsätzlich besteht aber ihr Zweck darin, das Wasser weitgehend aus den zu trocknenden Gütern zu entfernen, was in der Lebensmittelindustrie durch Überleiten des Ausgangsstoffes auf dampfbeheizte Walzen *(Walzentrockner)* oder durch Zerstäubung des zu trocknenden Gutes mit und ohne vermindertem Druck *(Zerstäubungstrockner)*, schließlich durch Verwendung von erwärmter Luft oder überhitzten Dämpfen, welche die Feuchtigkeit aufnehmen und Wärme an das zu trocknende Material abgeben, erfolgt. Hierfür stehen verschiedene Typen von Trockenapparaten zur Verfügung: *Trommel-, Jalousie-, Kammer-, Kanal-, Band-, Umlauftrockner* u. a.

Pasteurisieren und Sterilisieren. Bei diesen Verfahren handelt es sich darum, Mikroorganismen, Bakterien, Schimmelpilze und ihre Keime (Sporen) bei bestimmten, durch Erfahrung und Praxis festgelegten Temperaturen abzutöten unter weitestgehender Schonung und Erhaltung der äußeren Beschaffenheit, der Farbe, des Aromas, der Duft- und Geschmacksstoffe und der Ergänzungsstoffe (Vitamine). Findet die Pasteurisierung gewöhnlich bei Temperaturen unter 100° C statt, so wird bei der Sterilisierung mit höheren Temperaturen gearbeitet (105—120° C), die aber ebenfalls sehr unterschiedlich sind, je nachdem, ob eine fraktionierte oder kontinuierliche Sterilisation erfolgt.

Die Verfahren der Pasteurisierung und Sterilisierung werden zur Haltbarmachung von Milch, von Obst und Gemüse und schließlich zur Gewinnung trinkbarer Obst-, Frucht- und Gemüsesäfte mit gutem Erfolg angewendet. Zu dieser Gruppe gehören auch diejenigen Verfahren, bei welchen mit oder ohne gleichzeitige Eindickung (Marmeladen und Konfitüren, Dicksaft und Pektinherstellung) in offenen oder geschlossenen Gefäßen gearbeitet wird.

Filtrieren. Im Gegensatz zur Pasteurisation, bei der die Mikroorganismen durch die angewandten Temperaturen weitgehend abgetötet werden und als tote Körper in der Flüssigkeit verbleiben, werden bei der „Kaltfiltration" die Mikroorganismen aus der Flüssigkeit mechanisch entfernt. Dazu bedient man sich besonders feinporiger Filterplatten (Entkeimungsschichten, E.K.-Schichten), mit welchen die schädigenden Gärungserreger und Bakterien herausgefiltert werden. Diese Filter bestehen aus gepreßten Filterscheiben aus Asbest- und Zellstoff; sie sind in Metallrahmen eingelegt und in einem Apparat mit Metallbügelverschluß zu einem Filteraggregat vereinigt, dessen Leistungskapazität von der Zahl und Größe der Filterplatten bestimmt wird. Die Sterilität dieser Filterplatten wird von der Herstellerfirma dauernd überwacht[1].

Verschiedene neuere Verfahren. Erwähnenswert sind hier alle diejenigen Verfahren, die nur zum Teil in der Praxis Eingang gefunden haben und über deren Brauchbarkeit zur Zeit noch Untersuchungen im Gange sind.

Das HOFIUS-Verfahren zur Konservierung von Milch beruht darauf, daß Milch oder Sahne in besonderen Gefäßen mit Sauerstoff unter Druck von 8—10 atü bei Temperaturen von 6—10° C gelagert wird, wobei die Milch an Geschmack und Geruch nichts einbüßen soll. Nach Ansicht von Fachleuten soll der Konservierungseffekt dadurch bedingt sein, daß unter der Einwirkung des Sauerstoffes die „freien" oder „aktiven" Gruppen der in den Bakterien vorhandenen Enzymstoffe „abgebunden" werden. Eine ähnliche Erscheinung haben wir auch bei der Kohlensäuredrucklagerung von Fruchtsäften nach BÖHI-SEITZ, wo Fruchtsäfte nach vorangegangener Entschleimung unter Kohlensäuredruck von 8 atü bei 14° C gelagert und dabei die in ihnen enthaltenen Mikroben in einen biologisch „latenten" Zustand versetzt werden, so daß keine Gärung eintreten kann.

Über die Behandlung von Milch, Eiern und Fruchtsäften mit ultraroten und ultravioletten Strahlen, über die Entkeimung durch Elektrolyse, durch Hochfrequenzwellen, stille elektrische Entladung usw. liegen noch zu wenig praktische Erfahrungen vor.

Die für die Wasserentkeimung mit Erfolg herangezogene *Katadynisierung* hat sich bei Fruchtsäften nicht bewährt. Das ionisierte Silber wird größtenteils schon an der Kontaktoberfläche von den Kolloiden adsorbiert und entionisiert, weshalb eine Wirkung auf die Flüssigkeitsschichten nicht mehr möglich ist. Ein von J. MATZKA in ähnlicher Weise durchgeführtes Verfahren zur Herstellung keimfreier Moste und Fruchtsäfte beruht auf der Beobachtung, daß die Giftwirkung von Metallionen auf Mikroorganismen nicht allein dem bactericiden, oligodynamischen Effekt zuzuschreiben ist, sondern auch gewissen elektrolytischen Strömungen, wobei gleichfalls Metallionenabspaltung erfolgt. Ein von I. MATZKA in dieser Richtung angefertigter Apparat soll die Herstellung keimfreier Flüssigkeiten ermöglichen.

Schließlich wäre auch noch die Herstellung von Obstdicksäften nach dem MONTI-Verfahren durch Ausgefrieren in rotierenden Trommeln und darauffolgende Eindickung zu erwähnen und das KRAUSE-Verfahren, wo in einer besonderen Führung der Gefrierprozeß die Säfte durch Abkühlung und Krystallisation in eine feste und flüssige Phase zerlegt. So erhält man formbeständige Körper aus beiden Phasen, die unmittelbar in die Trennungsvorrichtung (Zentrifuge, Nutsche) eingesetzt werden können, worin dann die Trennung der flüssigen von der festen Phase erfolgt. Es sind bisher mehrere Versuche mit verschiedenen Fruchtarten angestellt worden.

β) Chemische Verfahren.

Salzen. Die Anwendung von Kochsalz zum Zweck der Haltbarmachung ist uralt. Der Konservierungseffekt ist trotz hoher Kochsalzgaben nur sehr beschränkt, da eine vollständige Abtötung der Mikroorganismen nicht erreichbar ist; es findet wohl eine Abschwächung. aber keine Vernichtung statt, wobei insbesondere bei Fäulniserregern (Bac. botulinus). bei Kokken und wilden Hefen die Lebenstätigkeit deutlich gehemmt wird. Dabei beruht die Wirkung des Kochsalzes darauf, daß es das Wasser entzieht und somit eine Herauslösung wasserlöslicher Extraktbestandteile bedingt, welche einen besonders günstigen Nährboden für Kleinlebewesen darstellen. Eine weitgehende Wirkung tritt bezüglich der geruchlichen und geschmacklichen Veränderungen ein, die vielfach bei Fleisch und Fischfleisch beobachtet werden.

Pökeln. Neben Kochsalz werden im Fleischgewerbe regelmäßig kleine Mengen von Salpeter (Natriumnitrat) verwendet, wodurch eine Steigerung der fäulnishemmenden Wirkung des Kochsalzes erreicht und insbesondere die Zersetzung von Eiweißstoffen verhindert wird. Beim Einsalzen und Pökeln, also beim Einlegen der Fleischstücke in 15—20%ige Kochsalzlösung, oder beim Bestreuen des Fleisches mit Kochsalz bildet sich eine Lake aus dem austretendem Fleischsaft. Dabei wird der rote Farbstoff zerstört. Um denselben aber zu erhalten, setzt man Salpeter (1—2%) und etwas Zucker zu, wobei durch das aus dem Salpeter gebildete Nitrit und aus dem Fleischfarbstoff Stickoxydhämoglobin gebildet wird, das bei höherer Temperatur in das Stickoxydhämochromogen übergeht, das kochbeständig ist. Es werden Trocken-, Naß- und Schnellpökelverfahren angewendet. An Stelle

---

[1] Das Verfahren im technischen Ausmaß stammt von Dr. F. SCHMITTHENNER, dem wissenschaftlichen Mitarbeiter der Seitz-Werke G.m.b.H., Bad Kreuznach, welche die E.K.-Schichten und die notwendigen Filtereinrichtungen herstellt.

von Kochsalz-Salpeter-Gemenge wird auch das Nitrit-Pökel-Salz angewendet, das eine geringe Menge von Nitrit enthält und das den Salpeter entbehrlich macht (Vermeidung des Salpetergeschmacks).

Räuchern. Das Verfahren beruht darauf, daß dem Räuchergut das Wasser entzogen wird, wodurch das locker gewordene Gewebe für die mit dem Rauch eindringenden antiseptischen Stoffe: Essigsäure, Ameisensäure, Methylalkohol, Aceton, Formaldehyd, Phenole, Kresole usw. aufnahmefähiger wird. Man unterscheidet zwischen *Kalt-*, *Heiß-* und *Schnellräucherung.*

Einsäuern. Man unterscheidet zwischen freiwilliger Säuerung und einer unter Säurezusatz erfolgenden. Bei der freiwilligen Säuerung wird in Gegenwart von zugesetztem Kochsalz aus dem im Gemüse vorhandenen vergärbaren Zucker Milchsäure gebildet, die konservierend wirkt.

Zuckern. Zur Erreichung der Haltbarkeit wird bei wasserreichen, insbesondere flüssigen Lebensmitteln ein Zuckerzusatz verwendet, der infolge seiner wasserbindenden Fähigkeit die Entwicklung von Kleinlebewesen verhindert und dadurch die Lebensmittel vor bakterieller Zersetzung schützt.

Chemische Konservierungsmittel. Die vom Reichsgesundheitsamt herausgegebenen Entwürfe zu Verordnungen über Lebensmittel und Bedarfsgegenstände (1932) sehen für Deutschland eine allgemeine Regelung[1] der scharf umstrittenen Konservierungsmittelfrage vor. Aus den aufgestellten allgemeinen Leitsätzen geht hervor, daß in der Lebensmittelindustrie nur dann Konservierungsmittel verwendet werden dürfen, „wenn aus gesundheitlichen, technischen oder wirtschaftlichen Gründen die Notwendigkeit der Zulassung für ein bestimmtes Lebensmittel nachgewiesen ist. Lebensmittel, die vom Verbraucher in berechtigter Erwartung als „frische" Lebensmittel gekauft werden (Milch, Fleisch), sollen einen Konservierungsmittelzusatz nicht erhalten. Ein Konservierungsmittel ist allgemein nur zulässig, sofern nachgewiesen ist, daß durch den Zusatz dem Lebensmittel nicht der Anschein einer Beschaffenheit verliehen wird, die geeignet ist, den Verbraucher über den wirklichen Zustand zu täuschen. Die gebräuchlichen Zusatzstoffe: Speisesalz, Speisefette, Speiseöle, Zuckerarten, Essigsäure fallen nicht unter die Konservierungsmittelverordnung".

Sonstige Hilfsstoffe und Verpackung. Diese Verwendungsart chemischer Stoffe unterscheidet sich grundsätzlich von der vorstehenden dadurch, daß das chemische Hilfsmittel nicht auf eine bakteriologische Wirkung abgestellt ist, sondern auf eine physikalische, nämlich die, das Lebensmittel vor den zerstörenden Einflüssen von Licht, Luft, Luftfeuchtigkeit und Wärme zu schützen und dadurch sekundär ablaufende biochemische Vorgänge und die dadurch bedingten stofflichen Veränderungen zu verzögern oder zu verhindern. Dies wird in vielen Fällen durch geeignete Verpackungsstoffe erreicht. Bei den Pergamentpapieren und ihren Ersatzstoffen sind vor allem diejenigen erwähnenswert, welche Zusätze von Harz, Kunstharz, Kautschuk, Latex, Wachsen, Paraffinen, Fettsäuren und deren Abkömmlinge, sulfonierte Öle u. a. Weichmachungsmittel erhalten. Solche Stoffe werden bisweilen auch in Form von Überzügen aufgebracht, die als wäßrige Emulsionen oder als Seifen aufgetragen werden; auch finden Gelatine, Casein und andere Eiweißstoffe, welche durch Härtung widerstandsfähig gemacht werden, Verwendung. Für *Fleisch* hat sich eine Papiersorte gut bewährt, die durch Tränken mit gehärtetem Ricinusöl gewonnen wird (B. BLEYER und W. DIEMAIR; O. BAUER), und weiterhin wird für die gleichen Zwecke ein sog. Dreischichtenwirkstoff mit Erfolg angewendet, welcher nach der dem Fleisch zugekehrten Seite eine Celluloseschicht, darauf eine Gelatineauflage und darüber eine Schicht wasserdichten Firnis trägt. Zum Schutz gegen das Eindringen von Mikroorganismen und gegen zu starke Verdunstung werden *Eier* entweder in heißes Öl von 115° C getaucht oder damit bespritzt oder in mit Wachs und Öl getränktes Papier eingepackt. Die Erkenntnis des Einflusses von Licht, Luftsauerstoff, Wärme und anderen Faktoren auf die oxydativen Veränderungen der Fette und fetthaltigen Stoffe veranlaßte zur Benutzung von Verpackungsmaterial, welches durch Zusatz bestimmter, die chemisch-aktiven Lichtstrahlen absorbierender Stoffe diese Einflüsse weitgehend ausschaltet. Solche Spezialpapiere wie z. B. *Ultramert* u. a. werden vielfach mit gutem Erfolg angewendet. Ein elastischer und luftdichter Überzug, der sich besonders zur Verpackung von *Obst* eignet, wird durch Behandlung von Holzwolle mit 1%iger Celluloselösung erhalten, indem man nach Zugabe von Leim als Bindemittel den erhaltenen Stoff zu einem Schichtkörper auspreßt. Ähnlich wie bei der Eierkonservierung werden auch Früchte durch Eintauchen in Paraffinlösungen (mit oder ohne Zusatz eines Desinfektionsmittels) gegen Verdunstung geschützt.

---

[1] Eine gesetzliche Regelung hat vorerst in Deutschland nur bei Fleisch, Fetten, Milch und Milcherzeugnissen sowie Wein stattgefunden.

3. Die Haltbarmachung verschiedener Lebensmittel nach den beschriebenen Verfahren und deren Einfluß auf die Inhaltsbestandteile.

α) Physikalische Verfahren.

Kühlverfahren (mit und ohne Schutzgas) und Gefrierverfahren. *Fleisch.* Das Fleisch frisch geschlachteter Tiere bietet einen guten Nährboden für die Mikroorganismen, die in ihrer Entwicklung durch die hohe Temperatur, den Wassergehalt und die Feuchtigkeit im Schlachtraum noch begünstigt werden. Das Kühlverfahren bietet die Möglichkeit, die Lebensfähigkeit der Mikroorganismen zu hemmen, und zwar durch die niedrige Temperatur und die Wahl eines entsprechenden Luftzustandes. Durch die Temperatursenkung erfolgt eine rasche Abführung der Wärme, durch die Regulierung der Luftfeuchtigkeit eine Herabsetzung der Oberflächenfeuchtigkeit des Fleisches (Abtrocknung des Fleisches) [R. Heiss (1)]. Dadurch wird eine leichte Austrocknung der äußeren Schichten bewirkt, die ihrerseits das Innere vor einem weiteren Wasserverlust schützt und somit die enzymatischen Reifungsvorgänge begünstigt. Unmittelbar nach der Schlachtung wird der Tierkörper zum Zwecke der Auskühlung in eine Vorhalle gebracht, dann in einen Vorkühlraum (Temperatur $+1$ bis $+3°$ C), wo das Fleisch bei einem Luftfeuchtigkeitsgehalt von 80—90% und einer Luftgeschwindigkeit von 2 m pro Sekunde etwa 24—48 Stunden hängen bleibt. Von hier aus wandert es in den eigentlichen Kühlraum, wo die Abkühlung mit kalter, trockner Luft erfolgt; die Temperaturen bewegen sich um 0 bis 1° C und werden in Fleischkühlräumen zweckmäßigerweise so tief gehalten, wie es zur Vermeidung des Gefrierens gerade noch zulässig ist (W. Schwartz und W. Bender); die Feuchtigkeitsregulierung erfolgt durch Luftkühler, die Lufterneuerung soll nach M. Tuchschneid das 4—6fache des Kühlrauminhalts betragen. Von den Kühlräumen wandert das Fleisch je nach Bedarf in die Verkaufsläden oder Markthallen oder in die Lagerräume, wo es bei Temperaturen von 0 bis 1° C und einem relativen Feuchtigkeitsgehalt von 80—90% lagert und „reift". Für den Lagerungsvorgang hat die Luftbewegung nur den Zweck einer gleichmäßigen Einhaltung des Luftzustandes in allen Teilen des Lagerraumes; denn das Bakterienwachstum und die Verdunstung lassen sich nach W. Schwartz und E. Loeser durch Regelung des Luftzustandes innerhalb der bei der Kühllagerung zulässigen Grenzen nicht verhindern. Die maximale Lagerdauer beträgt 15—20 Tage.

Sowohl bei der Kühlung als bei der Kühllagerung verwendet man ein Schutzgas, nämlich ozonhaltige Luft, die mit Hilfe sog. Ozonisatoren in die Kühlräume (etwa 0,3 mg in 1 cbm Luft) eingebracht wird, dort einen bakteriologischen Effekt erzielt und zugleich den typischen Geruch des Fleisches beseitigt[1].

Veränderungen bei der Kühlung und Kühllagerung. Während die histologischen Veränderungen nicht nennenswert sind (zum Unterschied von Gefrierfleisch), sind doch die physikalischen hervorzuheben, die in einem Gewichtsverlust infolge Wasserverdunstung beruhen, der je nach Größe des gelagerten Fleischstückes, der Fleischart, des Luftzustandes, der Lagerdauer usw. unterschiedlich sein kann und sich etwa zwischen 2% (12stündige Lagerung) und 4,5% (14tägige Lagerung) bei Rindfleisch bewegt. Kalb-, Hammel- und Schweinefleisch verhalten sich ähnlich. Weit wichtiger aber sind die biochemischen Vorgänge enzymatischer Art, die auch bei diesen Temperaturen weiterlaufen und in einem Weichwerden, Mürbewerden des Fleisches zum Ausdruck kommen. Zu nennen sind die durch glykolytische Enzyme bedingte Glykolyse, die Bildung von Milchsäure aus Zucker und dem in der Muskulatur vorhandenen Glykogen, die Aciditätsverschiebung von schwachalkalisch nach sauer, wodurch das bei der Totenstarre koagulierte Muskeleiweiß gelöst

---

[1] Nach jüngsten Untersuchungen von R. Heiss (3) hatte die Ozonisierung nur während der Durchkühlung eine bakterienvermindernde Wirkung, nicht während der Lagerung.

wird, quillt, locker wird und daher leichter verdaulich ist. Die Eiweißstoffe werden enzymatisch teilweise bis zu den Aminosäuren abgebaut; neben Milchsäure wird Essigsäure und Formaldehyd gebildet, durch Mitbeteiligung von „Aromabakterien" ein Ausbau des Geschmacks und Geruches erzielt. Durch die mit Ozon verbesserte Kühlhausluft tritt auch eine günstige Farbveränderung ein, indem das Hämoglobin in das stärker rote Oxyhämoglobin übergeht und dem Fleisch ein schöneres Aussehen verleiht [R. Heiss (2)].

Wie aus zahlreichen Untersuchungen hervorgeht, verhindert die niedrige Kühlhaustemperatur eine weitere nennenswerte Vermehrung und Weiterentwicklung der Mikroorganismen, die auch durch die oberflächliche Verdunstung des Wassers erschwert wird — auch ein Eindringen von außen her wird dadurch unterbunden. Der Anfangskeimgehalt des Fleisches (W. Schwartz und W. Bender) (der möglichst niedrig zu halten ist, weil dadurch besonders bei tiefen Temperaturen die Lagerdauer wesentlich verlängert werden kann), sowie Kühlund Lagerbedingungen (Luftzustand) bestimmen die Entwicklungsfähigkeit der Kleinlebewesen ebenso wie die biochemischen Veränderungen, die sich wertverbessernd auswirken solange, als die beschriebenen Lagerungsbedingungen eingehalten werden. Bei Nichteinhaltung einer zweckentsprechenden Kühlhausführung kann eine Verschlechterung, ja sogar eine Genußuntauglichkeit des Fleisches eintreten. Auch für die Aufbewahrung von Fleisch, das vom Wild und Geflügel stammt, wird die Kühlhauslagerung herangezogen, wobei dieselben Voraussetzungen, Bedingungen, Maßnahmen und Vorsichtsmaßregeln wie für Fleisch Geltung haben.

Fischfleisch. Entgegen alten Vorstellungen zeigen neue Erfahrungen, daß Fische auf längere Zeit im Frischzustand erhalten werden können unter der Voraussetzung, daß sie nach dem Fang gleich ausgeweidet werden. Die Ursachen zum Verderben liegen hier bei enzymatischen Vorgängen, welche beim Kaltblüter von bei tiefen Temperaturen noch wirksamen Enzymen ausgelöst werden, sowie in mikrobiologischen Zersetzungserscheinungen, die auf ein Mindestmaß durch die Kühllagerung herabgesetzt werden müssen.

Die kühltechnische Aufbewahrung entspricht derjenigen von Frischfleisch, erfolgt also in Kühlräumen mit kalter Luft, aber auch durch Kühlung mit Eis und Schnee (Transport auf Schiffen und auf der Bahn); hier müssen die Fische so in fein zerriebenes Eis (besser Schnee) in Kisten eingepackt werden, daß sie, ganz damit umgeben, nicht mit Luftsauerstoff in Berührung kommen. Es wird auch die Verwendung von Eis aus filtriertem Meerwasser empfohlen, das in besonderen Behältern durch Einblasen von Luft von —15° C zu feinem „Scherbeneis" gefroren wird. Über die Höhe der Lagerungstemperatur gehen die Meinungen noch auseinander; während die einen —1° bis —2° C empfehlen, setzen sich die anderen für höhere Temperaturen von +2° bis +3° ein, bei welchen das Eis schmilzt, die Fischoberfläche feucht und ein Eintrocknen der Schleimsubstanzen verhindert wird. Die Luftfeuchtigkeit der stillstehenden, nicht bewegten Luft beträgt 90—95%. Hat man bei Seewassereis schon eine gewisse bactericide Wirkung durch den Salzgehalt, so kann diese noch durch gleichzeitige Verwendung eines chemischen Stoffes gesteigert werden (Aktiveis). Als Desinfektionsmittel werden dem Gefrierwasser Ca- und Na-Hypochlorit in Mengen von etwa 0,01% oder ionisiertes Silber (Katadyneis) oder Wasserstoffperoxyd zugesetzt. Dadurch gewinnt man Eis, das ein Eindringen von Bakterien aus der Luft verhindert, selbst wenn es schmilzt. Der sicherste Schutz vor der Auslaugung durch Schmelzwasser, sowie gegen Bakterienbefall ist aber ein Einschlagen der Fische nach dem Abwaschen mit Salzwasser in Pergamentpapier und darauffolgende Verpackung in Eis.

Veränderungen bei der Kühlung und Kühllagerung. Auch hier sind es — wie beim Fleisch — enzymatische Vorgänge, die in der Bildung von Milchsäure (Glykolyse), in einer Zunahme der löslichen Eiweißverbindungen zum Ausdruck kommen und die „Reifung" bedingen. Auffallend und nur schwer zu vermeiden ist das Gelbwerden des Fischfleisches (Übergang von Hämoglobin zum Methämoglobin), was zum Teil durch enzymatische Vorgänge, zum Teil aber durch Bakterientätigkeit bedingt zu sein scheint. Gegen diese störenden Farbveränderungen hat man mit Erfolg ein Eintauchen der Fische in Pufferlösungen (mit Zusatz von Alkalinitrit) herangezogen. Neben diesen Vorgängen ist noch das Talgigwerden des Fischfleisches durch Oxydationsenzyme anzuführen, insbesondere bei fetten Fischen, die, ohne daß Fäulniserscheinungen bemerkbar werden, einen typischen ranzigen Geruch und Geschmack annehmen. Diese Beobachtung kann man insbesondere dann machen, wenn der Feuchtigkeitsgehalt der Kühlhausluft zu niedrig ist, die Oberfläche des Fisches austrocknet, wodurch Fettsubstanz mit Luft in Berührung kommt und oxydiert wird. Meerwasser, Darminhalt, Lagereis, Luft und Lagerräume sind die Infektionsquellen für Fischfleisch, es ist also von außen und von innen her ein Bakterienbefall möglich und daher ein dringendes Erfordernis, den Fisch unmittelbar nach dem Fang auszuweiden und niedrigen Temperaturen auszusetzen. Insbesondere sind es Proteus- und Colibakterien u. a., die das Fischeiweiß zunächst in einfachere Eiweißverbindungen: Albumosen, Peptone, Aminosäuren, schließlich in Ammoniak, Indol und Skatol zerlegen, welche durch einen unangenehmen Geruch auffallen; bei weitergehender Zersetzung treten die bekannten giftigen Ptomaine auf.

Die physikalischen Veränderungen sind ähnlich wie beim Fleisch und äußern sich in einem Gewichtsverlust infolge Wasserverdunstung, sei es auf der Oberfläche oder aber von innen heraus.

Milch und Milcherzeugnisse. Milch ist ein besonders empfindliches Nahrungsmittel, das ohne besondere Maßnahmen nicht längere Zeit aufbewahrt werden kann. Es muß für einen raschen, geschützten Transport von der Erzeugerstätte zum Verbraucher gesorgt werden, wobei sich schon früher die Abkühlung der Milch durch Einstellen in Eis gut bewährt hat. Heute, bei der fast in allen Ländern durchgeführten Zentralisierung der Milchversorgung wurden, ihrem Umfang entsprechend, technische Maßnahmen ergriffen, welche eine weitgehende Kühlung auf raschestem Wege gewährleisten.

Der Zweck der Kühlung ist der, die geseihte oder zentrifugierte Milch vor einer Vermehrung der Mikroorganismen zu schützen und damit eine Verlängerung der Haltbarkeit herbeizuführen. Berieselungskühler verschiedener Bauart, welche auf der Innenseite durch einen Gegenstrom von kaltem Wasser oder Sole gekühlt sind, nehmen auf einer welligen Fläche die Milch auf, die sich hierbei bis etwa 2°—3° C über die Temperatur des Kühlwassers abkühlt. Zugleich wird beim Passieren der Kühlfläche gelüftet und dadurch der Stallgeruch abgegeben. Die Temperaturen für Milchkühlung liegen um $+ 2°$ C. An Stelle dieser Berieselungskühler werden noch andere Typen verwendet. In neuzeitlichen Betrieben bedient man sich an Stelle dieser Kühleinrichtungen der Kühlmaschinen.

Die so gekühlte Milch wird entweder in größeren Milchbassins gesammelt oder in verschlossenen Kannen dem Transport übergeben, wobei zu beachten ist, daß die Milch auch nach dem Kühlen kühl gehalten wird, was vor allem dann gilt, wenn nur Wasserkühlung möglich war. Im Kühlraum kann Milch in entsprechenden Behältnissen einige Wochen bei 0° bis $+ 2°$ C gelagert werden.

Die *Butter* wird nach der Butterung vielfach in Holzfässer eingeschlagen, die vorwiegend aus Buchenholz oder Weißkiefernholz gefertigt sind. Um die Stockfleckigkeit der Butter zu vermeiden, werden die Fässer mit einem Innenschutz versehen, der in Form einer Auskleidung mit Pergamentpapier oder aber aus Aluminium- oder Zinnfolien angebracht wird. An Stelle von Aluminium- und Zinnbelagen wird auch eine dünne Wachsschicht zusammen mit einer Pergamentschicht verwendet. Die Lagerung erfolgt im Kühlhaus bei Temperaturen von —4° bis —6° C und einem Feuchtigkeitsgehalt von 70 bis 80%. Zur Vermeidung einer Strukturveränderung und eines bröckeligen Aussehens geht man von zu niedrigen Lagerungstemperaturen ab. Es ist auch darauf zu achten, daß die Butter von allen Seiten mit kühler Luft in Berührung kommt[1].

Veränderungen bei der Kühlung und Kühllagerung. Bei Milch sind die *physikalischen* Veränderungen (Zunahme der Viscosität) ebenso wie die *biochemischen* im Verlauf der kurzen Lagerzeit sehr gering. Dagegen ist aber die Beeinflussung des Geschmackes und der Haltbarkeit infolge bakterieller Wirkung bisweilen recht bedeutend, vor allem zur Sommerzeit, wo große Schwankungen der Außentemperatur einsetzen.

---

[1] F. KIERMEIER empfiehlt für die Einlagerung von bakteriologisch einwandfreier Butter die Senkung der Lagerungstemperatur auf — 15° C (vgl. auch M. SEITNER; H. DIPPERN; R. KELLERMANN).

Säure- und labbildende Kokken, Fettspalter und Eiweißlöser treten auf, welche ihre enzymatische Tätigkeit bei Temperaturen von 0° bis +5° C noch entfalten können. Daher kommt es, daß selbst gut gepflegte Milch nach zu langem Transport „süß gerinnt" oder aber beim Aufkochen „käst". Die Aufspaltung des Caseins, die Vergärung des Milchzuckers unter Bildung von Milchsäure, der Abbau der Proteinstoffe und die Zunahme des Säuregrades sind Folgeerscheinungen der Mikrobentätigkeit.

Wenn sich bei der Lagerung der Butter unter den günstigsten Lagerungsbedingungen unerwünschte Veränderungen biochemischer, physikalischer und bakteriologischer Art vollziehen[1], dann liegen die Ursachen weniger in der Lagerhaltung, als vielmehr in einer schlechten Verarbeitung, in einer fehlerhaften Zusammensetzung der Butter oder bei anderen Fehlern der Herstellung. Ranziditätserscheinungen treten bei Einhaltung zu hoher Lagerungstemperaturen und bei Schwankungen im Luftfeuchtigkeitsgehalt ein; Risse, in welchen Kochsalz oder andere Salze ausgeschieden werden, gehen auf Herstellungsfehler zurück. Der Gewichtsverlust beträgt nach dreimonatiger Lagerung etwa 1%, nach sechsmonatiger Lagerung 2%, doch treten auch hier je nach dem Ausgangs-Wassergehalt Schwankungen ein. Hervorhebenswert ist die Feststellung, daß die Zahl der Bakterien schon bei Temperaturen von +5° C sinkt, und zwar um einen höheren Betrag als bei tieferen Temperaturen; auch ist auf die Weiterentwicklung von Schimmelpilzen zu achten, die selbst bei Temperaturen von −4° C bis −6° C nicht gehemmt wird und die der Butter einen unangenehmen Geschmack verleihen können.

Auch für Speisefette, Kunstspeisefette, Käse und andere Milcherzeugnisse gelten diese Ausführungen.

Eier. Zur Kühlhauslagerung eignen sich nur frische, gesunde, höchstens 8 Tage alte Eier. Zur Überprüfung auf Eignung werden die Eier mit besonderen Durchleuchtungsapparaten (Ovolux-Lampe) bei Temperaturen um +5° C in einem Vorraum des Kühlhauses durchleuchtet. Es ist dabei auf die Unversehrtheit der Schale, Größe und Lage des Luftraumes, Dichte des Eiklars, Durchsichtigkeit und auf Fleckenbildung zu achten. Das Arbeiten in bereits vorgekühlten Räumen hat den Zweck, einen Temperaturausgleich zwischen angelieferter Ware und Kühlhaustemperatur allmählich herbeizuführen und somit ein Beschlagen der Eischale mit Feuchtigkeit zu vermeiden.

Die Aufbewahrung der Eier erfolgt in Kisten aus Eschen- oder Tannenholz, nicht aber aus Kiefernholz, da dieses leicht Harzgeruch an die sehr empfindlichen Eier abgibt. Gut geeignet sind auch Pappbehältnisse, aber unwirtschaftlich. Um eine etwaige Geschmacksabgabe des Holzes zu vermeiden, werden die Kisten leicht ausgekalkt. Trockene Holzwolle (nicht feucht, Geschmacksabgabe!) schützt die Eier vor Druck, Stoß und Bruch. Die geeignete Lagertemperatur ist 0° bis +1° C, niedrigere Temperaturen haben sich als ungeeignet erwiesen. Die Temperatur muß über die ganze Lagerungszeit hindurch eine einheitliche sein; die Schwankungsbreite soll 1° C nicht übersteigen und soll günstigenfalls $^3/_{10}$° C innerhalb 24 Stunden betragen. Die Luftfeuchtigkeit beträgt 75—80% mit Schwankungen innerhalb 10% in 24 Stunden. Feuchtigkeitsgehalte unter 75% sind wegen der Verdunstung und Austrocknung nicht zu empfehlen. Für eine gleichmäßige Luftzirkulation und ein gleichmäßiges Durchstreichen der Luft durch sämtliche Gebinde sorgt ein kräftiger Propeller, der immer frische Luft durch die auf Lattenrosten stehenden Kisten von unten her durchbefördert. Auf diese Art und Weise können Eier in gutem Zustand vom April bis Dezember aufbewahrt werden. Nach etwa 5monatiger Aufbewahrung im Kühlhaus können die Eier noch weich gekocht werden, nach 7—9monatiger Aufbewahrung dienen sie nur mehr für Kochzwecke (Braten und Speisenbereitung).

Veränderungen bei der Kühlung und Kühllagerung. Von den *physikalischen* Veränderungen sind die Gewichtsverluste durch Verdunstung anzuführen, die in der ersten Zeit der Lagerung größer sind, sich aber dann infolge der allmählich zunehmenden Konzentration des Weißeies verringern. Es kann eine Verschiebung des Eigelbes eintreten, indem dasselbe zum höchsten Teil des Eies aufsteigt und an der Schalenhaut hängen bleibt, eine Erscheinung, die auf Dichtigkeitsunterschiede zwischen Weißei und Dotter zurückzuführen sind.

---

[1] Für das Verderben der Butter macht A. Lembke die von den Mikroben abgesonderten Enzyme verantwortlich.

Die Gewichtsabnahmen bewegen sich zwischen 0,75—1% innerhalb eines Monats, zwischen 3—4,5% innerhalb 6—7 Monaten. Von den biochemischen Veränderungen werden sowohl das Weißei wie das Eigelb betroffen; im Weißei findet eine Aufspaltung der Eiweißstoffe bis zu den Albumosen und Peptonen statt, es tritt eine Verschiebung der Säuregradsverhältnisse ein, indem der ursprünglich, schwach basische Inhalt schwach sauer wird. Bei zu langer Lagerung (8—9 Monate) ändert sich mitunter auch die Farbe des Eiweißes; es wird gelblich, rosa, kann sogar trüb und körnig werden; hier handelt es sich aber um eine weitgehende Zersetzung, die auch geruchlich und geschmacklich bemerkbar ist. Hervorhebenswert sind noch enzymatische und autolytische Vorgänge am Eidotter, die mit einer Ammoniakbildung einhergehen welche etwa 4,0 mg Ammoniak in 100 g Eigelb nach dreimonatiger Lagerung erreicht. Fett und Phosphatide können eine Aufspaltung erleiden, woran gleichzeitig Mikroorganismen beteiligt sind. Säuremenge und gebildetes Ammoniak geben Anhaltspunkte für die Dauer der Lagerung, die aber nach eigenen Versuchen [W. DIEMAIR (1)] noch durch die Menge abspaltbarer Schwefelverbindungen belegt werden können.

Geruch und Geschmack sowie die Ergänzungsstoffe bleiben unter der Voraussetzung günstigster Lagerungsbedingungen über 6 Monate hindurch unverändert.

Da Hühnereier vom Hühnerhof her schon mit Bakterien befallen sind, ist die Möglichkeit zum Eindringen derselben in das Eiinnere durch die Poren gegeben. Allein schon durch die Temperatursenkung und die dadurch bedingte Volumenveränderung wird Außenluft in das Innere gesaugt, und so können Sporen, Bakterien, Schimmelpilze in das Innere gelangen (F. FERDINANDOFF). Schimmelpilze sind sehr gefürchtet, sie setzen sich auf der Eischalenhaut fest und verursachen Flecken von grüner, grauer, brauner und roter Farbe in wechselnder Größe. Das Zusammenballen des Eigelbs zu einer käseähnlichen Masse ist auf eine Mikrobentätigkeit zurückzuführen.

Obst und Gemüse. Ein weiteres passendes Beispiel für die Anwendung der Kälte ist die Obst- und Gemüselagerung. Wie schon erwähnt, hat hier die Kühlung die Aufgabe, vorwiegend biochemische Reaktionsabläufe zu verzögern und dadurch den Reifungsprozeß möglichst weit hinauszuschieben. Schon aus diesen Gründen ist die erste Voraussetzung für eine erfolgreiche Arbeit eine richtige Obstauswahl. Gelagert können Steinobst, Kernobst und Beerenobst werden. Das Obst muß gesund sein, es darf nicht zu wenig reif, aber auch nicht „voll-" oder „überreif" sein, es soll „baumreif" zur Lagerung kommen. Nach gründlicher Vorsortierung soll es spätestens 4—5 Tage nach der Pflücke ins Kühlhaus kommen, wo es zunächst zum Temperaturausgleich in einen Raum von $+5°$ C gebracht wird, wo eine Umpackung in Lagerkisten erfolgt. Für das Verpackungsmaterial gelten die auf Seite 229 aufgeführten Richtlinien [1]. Sollte im Vorraum ein zu starker Feuchtigkeitsniederschlag beobachtet werden, dann sorgt man für die Beseitigung durch Ventilatoren. Hierauf kommt das Obst, in Lattenkisten und in Holzwolle oder Papier verpackt, in den eigentlichen Kühlraum, in dem nach praktischen Erfahrungen Temperaturen von $0°$ bis $—1°$ C nicht überschritten werden sollen und in welchem Temperaturschwankungen tunlichst vermieden werden. Der Feuchtigkeitsgehalt wird mit 70—80% angegeben (PLANK empfiehlt bei $0°$ C einen Feuchtigkeitsgehalt von 90%), um einerseits zu starke Wasserverdunstung, andererseits Schimmelbildung zu vermeiden. Die Luftbewegung beträgt 0,2 m/sec., und außerdem muß für eine dauernde Frischluftzufuhr gesorgt werden in der Weise, wie sie an anderer Stelle (Eier) bereits beschrieben wurde.

Diese Kühllagerung verbindet man auch gleichzeitig mit der Verwendung eines indifferenten Schutzgases, nachdem man erkannt hat, daß in einem Raum mit erhöhtem Kohlensäure- und vermindertem Sauerstoffgehalt die Lebensdauer des Kühlgutes verlängert werden kann und zugleich die Widerstandsfähigkeit gegenüber Schimmel- und Bakterienbefall gesteigert wird [2].

---

[1] Für Obst und Gemüse verwendet man auch eine, vor allzu starker Verdunstung schützende Verpackung, wozu Ölpapiere, Transparit- und Cellophanpapiere erfahrungsgemäß gut geeignet sind; mit diesen Papieren werden die Behältnisse ausgeschlagen.

[2] Zu diesem Zweck werden auch andere inerte Gase verwendet (W. SCHWARTZ.)

Bei der Kühllagerung von *Gemüse* gilt bezüglich Auswahl, Verpackung, Transport zum Kühlhaus usw. das gleiche wie für Obst[1]. Als Lagerungsgemüse kommen in Frage: Kopfkohl (Weiß-, Wirsing-, Rotkohl), Spinat, Sellerie, Tomaten, Zwiebeln, Kartoffeln u. a. Für Temperatur, Feuchtigkeitsgehalt und Luftzirkulation gelten die gemachten Angaben, die zwar keine Norm darstellen und von Fall zu Fall, je nach Gemüseart, Sorte, Alter, Ernte und Erntebedingungen gewisse Änderungen erfahren können. Zusammenfassend kann auf Grund der vorliegenden praktischen Erfahrungen ausgesagt werden, daß Kohlpflanzen, Spinat, Salatgewächse, Gurken, Tomaten, Spargel und Wurzelgewächse sich bei Temperaturen von 0° bis —1° C und 75—85% Luftfeuchtigkeit gut aufbewahren lassen. Eine Ausnahme machen die Kartoffeln, welche nur Temperaturen von + 5° bis + 7° C vertragen; bei Kälte treten leicht Gefrierschädigungen auf, die sich in einer Verfärbung und in dem Auftreten schwarzer Flecken äußern. Zwiebeln lassen sich dagegen am besten bei —2° bis —3° C lagern, da bei einem Feuchtigkeitsgehalt von 90—95% die geringsten Gewichtsverluste eintreten.

Veränderungen bei der Kühlung und Kühllagerung. Die enzymatisch-katalytischen Vorgänge gehen weiter und sollen weitergehen, und es sind daher die auftretenden Veränderungen biochemischer Art: Abbau der Kohlehydrate, der Eiweißkörper, der hochmolekularen Pektinsubstanzen, der Fruchtsäuren (Esterbildung), der Gerb- und Farbstoffe nur erwünscht. Die Veränderung des grünen Farbstoffes nach Gelb geht gleichzeitig mit der Verfärbung der Samen vor sich, die von Weiß nach Braun wechseln, ohne daß aber diese Kernverfärbung ein Anhaltspunkt für den Reifungsgrad zu sein braucht. Vitamine und anorganische Bestandteile erleiden keine Veränderungen. Während der Lagerung wird Wasser bei der Atmung verbraucht. Der vorwiegend größere Teil aber verdunstet, wodurch ein Gewichtsverlust (Schrumpfung, Falten- und Runzelbildung) eintritt, was aber nur bei unsachgemäßer Lagerhaltung der Fall ist. Solche Gewichtsverluste sind abhängig vom Reifegrad, der Dicke der Schale, der Größe der Frucht usw. Erwähnenswert sind auch noch die sog. „Lagerkrankheiten", die man dem Wesen nach sehr gut kennt, ohne daß man Sicheres über ihre Ursachen weiß; es sind Krankheiten nicht parasitärer Art, deren Auftreten durch anormal ablaufenden Stoffwechsel bedingt ist und die äußerlich an Verfärbungen erkannt werden können. Es sind dies die „Tüpfelkrankheit", der „oberflächliche Brand", der „innere Zusammenbruch", die „Fleischbräune".

Die größten Feinde der Kühlräume sind die Schimmelpilze, welche an den Zellschäden weniger beteiligt sind, sondern erst das durch weitgehende chemische, biochemische oder physikalisch-chemische Veränderungen anfällige oder schon kranke Gewebe befallen und zerstören.

Infolge der zeitlich beschränkten Haltbarmachung durch die Kühlung ging man zu den *Gefrierverfahren* über, die zur Konservierung von tierischen Stoffen (weniger von pflanzlichen) schon vor dem Krieg bekannt waren, die aber Erzeugnisse von nur wenig ansprechender Beschaffenheit lieferten. Zielbewußte, planvolle Forschungsarbeiten setzten in den letzten Jahren ein, welche sich mit den physikalischen und kolloidchemischen Veränderungen des Zellgewebes beim Gefrierprozeß beschäftigten und an welchem besonders R. Planck (Karlsruhe i. B.) beteiligt war und noch ist. Er konnte in langjährigen Arbeiten zeigen, daß die Gefriervorgänge in der Zelle von der Menge des den kolloiden Stoffen zugehörigen Wassers abhängig sind und daß die Gefriergeschwindigkeit von ausschlaggebender Bedeutung für den Gefrierprozeß ist. In einem Zellverband kommt das Wasser zum Teil in „freier" Form, zum Teil an die kolloiden Stoffe „gebunden" vor; während nun der freie Anteil leicht entzogen werden kann, muß der Wasserentzug beim kolloidgebundenen Anteil nur mit Vorsicht geschehen, da sonst die Kolloidstruktur des Zellgewebes und damit die Rückbildungsfähigkeit (wichtig für den Auftauprozeß) leiden. Da nun die Verteilung des kolloidgebundenen Anteils im tierischen Gewebe verhältnismäßig geringer

---

[1] Man ist auch hier von der Lagerung durch Aufschichten (Pyramidenschichtung) abgegangen und benutzt zur Lagerung Gebinde und Lattenkisten in beschriebener Weise, neben anderen Behältnissen.

ist als im pflanzlichen, so können hier auch tiefere Temperaturen zur Anwendung kommen. Man unterscheidet drei Arten von Gefrierverfahren: Gefrieren an Luft, in Bädern und durch Berührung mit schnellverdampfenden Kältemitteln.

Fleisch und Fischfleisch. Das schon vor dem Krieg in den großen transozeanischen Exportschlächtereien eingeführte Verfahren beruht darauf, das bei etwa $+3°$ C gut vorgekühlte Fleisch (meist ganze Tiere oder große Stücke davon, die so aufzuhängen sind, daß sie ganz von der kalten Luft bestrichen werden) in einem Gefrierraum bei $-10°$ bis $-18°$ C (in Amerika wird auf $-21°$ C bis $-23°$ C eingestellt) in *Luft* ausgefrieren zu lassen. Die relative Luftfeuchtigkeit im Gefrierraum beträgt 85—90 %, ein stündlicher, etwa 10—15facher Luftwechsel ist angebracht; für einen guten Luftzustand ist Vorsorge zu treffen. Bei einer Verweildauer von etwa 6 Tagen ist die Temperatur im Fleisch auf etwa $-5°$ bis $-8°$ C gesunken (bei Temperaturen von $-21°$ C bis $-23°$ C innerhalb von 2—3 Tagen), was mit Hilfe von Thermometern überwacht wird; das so beinhart gefrorene Fleisch wird hierauf gelagert. Die Lagerung des nicht verunreinigten, verschimmelten oder geruchlich schlechten Fleisches erfolgt durch Aufstapelung in Lagerräumen bei $-6°$ bis $-8°$ C und einem Feuchtigkeitsgehalt von 87—92 % und einer täglichen 2—3fachen Lufterneuerung. So gelingt es, die Lagerdauer bei Erhaltung der natürlichen Beschaffenheit (nach dem Auftauen) auf etwa 4—6 Monate auszudehnen.

Beim Gefrierenlassen in der Kältesole ist zwar die Gefriergeschwindigkeit eine größere, sie schließt aber dafür den Nachteil der Farbveränderung mit ein, so daß dieses Verfahren zweckmäßigerweise nur dann Anwendung findet, wenn das Fleisch unmittelbar nach dem Gefrieren an die Verkaufsstellen weitergeleitet werden kann und keine zu lange Lagerungsdauer durchlaufen muß. Hier wird das OTTESEN-Verfahren angewendet, indem das Fleisch in einen Korb aus verzinktem Eisenblech gelegt wird, der zunächst zum Zwecke der Anfeuchtung der Oberfläche des Fleisches einige Minuten in Wasser von $0°$ getaucht wird, wodurch sich ein dünner Eisbelag (Glasur) bildet, die ein Eindringen von Kühlsole verhindern soll. Hierauf wird der Korb in einen Generator mit Kochsalzlösung und Glycerin (Temperatur $-15°$ bis $-20°$ C) gesenkt; hier gefriert das Fleischstück in etwa 5 Stunden durch. Nach Herausnahme des Fleisches aus der Kältesole wird es kurz in Wasser mit $0°$ getaucht und somit von den anhaftenden Soleresten befreit und wiederum glasiert. Das Verfahren von ZAROTSCHENZEFF findet auch bei Fleisch Anwendung und zeichnet sich gegenüber dem Eintauchverfahren durch größere Zeitersparnis (rasche Gefriergeschwindigkeit) aus.

Veränderungen beim Gefrieren und bei der Lagerung. Es wurde schon darauf hingewiesen, daß sich Gefrier- und Kühlverfahren grundsätzlich durch die Anwendung verschiedener Temperaturen unterscheiden, und daß somit auch Unterschiede in den Veränderungen bestehen müssen. Dies gilt insbesondere für die kolloidphysikalischen Veränderungen, welche so geleitet werden müssen, daß nach dem Auftauungsprozeß ein Fleisch von „natürlicher" Beschaffenheit vorliegt. Nach allgemeinen Erfahrungen sind die Veränderungen im Muskelgewebe um so weniger reversibel, je mehr Wasser sich beim Gefrieren abscheidet: es darf also das Fleisch nur bei Temperaturen gefroren werden, bei welchen die Permeabilität der Zellmembran erhalten bleibt und demzufolge die Muskelfaser nach dem Auftauen des Fleisches den Fleischsaft wieder vollständig aufnimmt. Es darf also nicht unterhalb der kritischen Temperaturen gearbeitet werden, da sonst zu viel ausgetretenen Wassers gefriert und nicht mehr in die Zelle eindringen kann. Diese Kolloidveränderungen, die äußerlich schon Gefrierfleisch vom Frisch- und Kühlfleisch unterscheiden lassen, zeigt besonders deutlich das mikroskopische Bild auf, wonach die äußeren Fleischschichten, in welchen der Gefrierprozeß am raschesten abläuft, viele kleine runde, ovale oder spaltenförmige Hohlräume, die gleichmäßig über die Muskelfaser verteilt sind, erkennen lassen. Diese Hohlräume sind mit Eiskrystallen angefüllt; die Muskelfaser, die sich beim Gefrieren um etwa 10% ihres Volumens erweitert, quillt an, die Hohlräume verengen sich und sind im mikroskopischen Bild kaum mehr erkennbar. In tieferliegenden Schichten, wo das Gefrierenlassen langsamer erfolgt, ist eine geringere, aber der Form nach größere Eiskrystallbildung festzustellen, während in den innersten Schichten keine Eiskrystalle mehr in den Hohlräumen auftreten. Die Verschiedenartigkeit dieser Eiskrystallbildung ist durch die Bestandteile des Muskelprotoplasmas, durch die gelösten Salze und durch die Eiweißstoffe bedingt. Je schneller der Gefrierprozeß abläuft, desto kleiner und feiner verteilt sind die Eiskrystalle und desto leichter und besser vollzieht sich der Auftauprozeß.

Das *Auftauen* des Fleisches muß langsam erfolgen, es sollen dabei die kolloiden Bestandteile des Zellgewebes Zeit haben, den beim Gefrieren abgegebenen Fleischsaft wieder aufzusaugen, was beim raschen Auftauen verhindert wird; der Fleischsaft rinnt hier nach außen ab, ein Teil der wertvollen Extraktstoffe geht verloren und das Fleisch wird trocken, leer, zäh und geschmacklos. Es haben sich verschiedene Auftauverfahren eingebürgert; das einfachste und sicher arbeitende Verfahren ist das Hängenlassen des Fleisches bei einer Raumtemperatur von 0° bis +1° C (die langsam auf + 5° bis + 8° C erhöht wird) und einem Feuchtigkeitsgehalt von 90%. Ein Ventilator sorgt für die notwendige Luftbewegung. Hier läßt man das Fleisch etwa 4 Tage hängen, senkt dann die Temperatur auf 0° bis +1° C, den Feuchtigkeitsgehalt auf 75—80% und läßt das Fleisch „reifen". Hierzu ist nur eine Zeit von 6—8 Tagen (gegenüber einer ebensolchen von 10—14 Tagen beim Frischfleisch) notwendig. Neben diesem Auftauungsverfahren wird noch das von ALCOOK-WAGSTAFF mit elektrisch beheizten Nadeln und dasjenige von RAYSON durch Rotation mit Hilfe einer besonderen Aufhängevorrichtung verwendet.

Die biochemischen Veränderungen vollziehen sich erwartungsgemäß nur in sehr beschränktem Maße, da bei Temperaturen um —10° C die Enzymtätigkeit stark verzögert und gehemmt ist. Für eine gewisse Enzymtätigkeit spricht aber die geringe Zeitbeanspruchung des Gefrierfleisches für die „Reifung" gegenüber Frischfleisch. Die Ansichten über die Wirksamkeit proteolytischer Enzyme und die Bildung von Eiweißspaltstoffen, sowie über die bei tiefen Temperaturen auftretenden flüchtigen Säuren gehen stark auseinander und werden nur dürftig durch experimentelle Ergebnisse gestützt. Auch die oxydativen Veränderungen sind hervorhebenswert, da sie nach J. GAUTIER doch erheblicher sind, als ursprünglich erwartet wurde; die Ursachen dazu liegen vor allem in der technischen Durchführung des Gefrierprozesses, der sich bei vollem Luftzutritt vollzieht. Selbst die niedrigen Temperaturen begünstigen zusammen mit dem Luftsauerstoff und der Luftfeuchtigkeit die Ranziditätserscheinungen, welche nach 6—8 Monate langer Lagerung insbesondere bei fetthaltigem Fleisch beobachtet wurden. Im Hinblick auf diese oxydativen Veränderungen empfiehlt es sich, Vögel mit Gefieder, Hasen, Rehe usw. mit dem Fell auszugefrieren und zu lagern; auch Kälber werden mit dem Fell gefroren, insbesondere in Norddeutschland, wo kein zu großer Wert auf die Erhaltung der hellen Farbe des Kalbfleisches gelegt wird.

Auch die mikrobiologischen Veränderungen treten stark zurück, da bei so niedrigen Temperaturen das Wachstum der Kleinlebewesen herabgedrückt wird. Bisweilen können Schimmelpilze, Penicilium- und Mucorarten auftreten, welche dem Fleisch grüne, braune oder schwarze Flecken verleihen, die aber durch Abreiben mit einem Tuch leicht entfernbar sind.

Bei Fischfleisch verwendet man ebenfalls direkte und indirekte Gefrierverfahren, bei den direkten die Tauch-, Spül- und Berieselungsverfahren (OTTESEN, HENDERSON, DAHL, PIQUES), bei welchen die gut gereinigten entweideten Fische unmittelbar mit der Kühlsole bei Temperaturen von —20° C bis —25° C in Berührung kommen, und zwar in besonderen Apparaten, welche hier im einzelnen nicht beschrieben werden sollen. HENDERSON empfiehlt, vor dem Gefrierenlassen die Fische etwa 1 Stunde in mit einem Desinfektionsmittel (H_2O_2, Caporit) versetztes Seewasser einzulegen. Das Verfahren von M. ZAROTSCHENZEFF hat sich auch hier gut eingeführt. Von den indirekten Verfahren wird vorwiegend das von P. W. PETERSEN angewendet, bei dem die Fische in Gefrierzellen (aus verzinktem Eisenblech) eingepackt und 1—2 Stunden in einen Gefriergenerator bei Temperaturen um —29° bis —34° C zum Ausgefrieren gebracht werden. Hierauf werden die Gefrierzellen kurz in warmes Wasser getaucht, wodurch sich die zu einem Block gefrorenen Fische trennen. Diese Blöcke werden nach dem Abrinnenlassen des Wassers in Kisten verpackt und bei Temperaturen von —10° C gelagert. Von den Schnellgefrierverfahren soll nur kurz das auch für „Fischfilets" vielfach in Amerika und England in groß- und kleintechnischem Maßstab durchgeführte COOK-Verfahren besprochen werden, das mit einer Einrichtung folgender Bauart betrieben wird (R. PLANK): Der Apparat besteht aus Aluminiumplatten, auf deren Unterseite zahlreiche wärmeleitende Rippen angebracht sind; diese Platten werden auf Bändern durch eine endlose Kette mit 1 m/Sek. Geschwindigkeit über eine flache, mit Kühlsole gefüllte Rinne so geführt, daß die Rippen tief in die Sole eintauchen. Auf jeder Platte liegen die Fleisch- oder Fischsteaks, welche bei einer Temperatur von —15° C in 40 Minuten durchgefrieren. Diese relativ geringe Gefriergeschwindigkeit kann dadurch erhöht werden, daß auf die Gefrierware ein gutleitender Metalldeckel gelegt wird, dessen umgebogene Enden in die Kühlsole tauchen, so daß infolge Ableitung der Wärme auf diesem Wege einerseits und durch den Boden andererseits ein rascheres Ausgefrieren erreicht wird. C. BIRDSEYE und J. HALL entwickelten Mehrplattenapparate für kleinere und ortsbewegliche Anlagen. Hier kommt das meist verpackte Gefriergut zwischen die Metallplatten, welche durch Kühlrohre, in denen sich die Kältesole befindet, abgekühlt werden; das Gefriergut kann auch zwischen zwei endlosen Bändern aus Metall geführt werden, gegen deren Rückseite Kühlsole mit —40° C gespritzt wird.

Die nach diesen Verfahren gefrorene Fischware muß unter Einhaltung der beim Fleisch angegebenen Bedingungen möglichst langsam aufgetaut werden, wobei aber die Auftaumethode und die Geschwindigkeit ohne wesentlichen Einfluß auf die Haltbarkeit und auf die Gütebeschaffenheit des Gefriergutes sind. Zum Auftauen benutzt man Luft oder Wasser von 0° C, zweckmäßigerweise strömendes eisgekühltes Wasser.

Veränderungen beim Gefrieren und bei der Lagerung. Bei längerer Lagerung im Gefrierhaus treten vorwiegend oxydative und proteolytische Enzyme in Tätigkeit, die das Fett in der besprochenen Weise verändern bzw. eine, wenn auch stark verzögerte Aufspaltung der Eiweißstoffe bewirken, die in einer Zunahme des Albumosen- und Aminosäurestickstoffes zum Ausdruck kommen soll; hierüber im Schrifttum vorliegende Angaben sind sehr lückenhaft. Die histologischen Veränderungen stehen in Übereinstimmung mit denjenigen beim Frischfleisch; dasselbe gilt auch für die physikalischen Veränderungen, die sich in einem Gewichtsverlust äußern, der sich beim Gefrieren in Luft zwischen 3—5%, beim Gefrieren in Salzwasser zwischen 1—2% bewegt.

Milch- und Milcherzeugnisse. Die zahlreichen Versuche, pasteurisierte und homogenisierte Milch im indirekten Verfahren gefrieren zu lassen, verliefen nur zum Teil befriedigend, selbst die Anwendung von Schnellgefrierverfahren, die eine Entmischung der Milch verhindern sollten, Verpacken in Pappe- oder in Cellophanbehältnisse, Ausgefrierenlassen bei —40° C nach der Entlüftung und Lagerung bei —18° C lieferte ein nach Süßrahm schmeckendes Erzeugnis, das über 30 Tage unverändert haltbar war. Auch bei Milch spielt der Auftauprozeß eine wesentliche Rolle, langsames Auftauen ist günstiger als schnelles, da hier teilweise Gerinnung und Ausflockung vom Casein eintritt. Die mehr oder minder stark auftretenden oxydativen Veränderungen, die Gefahr der Entmischung, sowie die Schwierigkeit bei der Lagerung (Wasserstoff- oder Stickstoffatmosphäre) sind die Gründe, warum sich die Gefrierverfahren großtechnischen Maßstabs für Milch nicht eingeführt haben. Gefrorene Sahne wird in Amerika vertrieben.

Eier. Wirtschaftliche, ökonomische und technische Gründe veranlaßten zur Einführung der Gefrierverfahren zur Haltbarmachung von Eiern. Die Bedeutung dieser Art Eierkonservierung geht aus der Tatsache hervor, daß etwa 60% der gesamten Eierproduktion der Welt in dieser Form Verwendung finden.

Die Zubereitung der Eiermasse erfolgt in der Weise, daß die gutsortierten Eier mit der Hand zerschlagen und von der Schale befreit werden; der Eiinhalt wird zur Entfernung etwaiger Schalenreste oder anderer zufälliger Verunreinigungen durch ein Metallsieb gesiebt und kommt von hier aus in einen doppelwandigen Mischer (aus verzinktem Eisenblech), der mit Kältesole gekühlt wird. Hier erfolgt mit Hilfe von Schaufeln eine gründliche Durchmischung von Weißei und Eidotter (vorsichtig, zwecks Vermeidung von Schaumbildung, die den Gefrierprozeß erschwert) zu einer homogenen Masse, die auf 0° C abgekühlt in Blechbüchsen abgefüllt und hier mit kalter Luft ausgefroren wird. Die Gefrierdauer beträgt bei —17° C bis —19° C etwa 30 Stunden. Diese Gefrierzeit kann durch Anwendung von Schnellgefrierverfahren (BIRDSEYE-HALL-Apparat) wesentlich herabgesetzt werden. Die Lagerung erfolgt bei —12° bis —14° C und einer relativen Luftfeuchtigkeit von 80—85%. Zweckmäßigerweise erfolgt das Auftauen durch Eintauchen der Büchsen in Wasser von + 10° C, wobei aber darauf hingewiesen werden muß, daß aufgetaute Eimasse schlecht haltbar ist und daher schnell ihrem Verwendungszweck zugeführt werden soll.

Bezüglich der *Veränderungen* ist nur die Gerinnung der Eimasse nach dem Auftauen erwähnenswert, die aber durch Zusatz von Zucker (Dextrose, Lävulose und Saccharose in abfallender Reihenfolge) aufgehalten werden kann.

Obst, Gemüse und Obsterzeugnisse. Die Erfolge der Obstfrischhaltung durch Gefrierenlassen sind trotz der noch großen Schwierigkeiten, die insbesondere durch die wechselnde äußere Beschaffenheit des Obstes bedingt sind, unverkennbar. Allerdings gelingt eine Konservierung nicht durch direktes Gefrierenlassen des Obstes, sondern nur durch Gefrierenlassen mit Zuckerzusatz oder in Zucker- oder Salzlösungen des durch Waschen und Abbrühen gereinigten Obstes. Vorkühlen der Früchte und der Zuckerlösung, Gefrieren in kleinen Gefäßen und Behältnissen beschleunigen den Gefrierprozeß und verringern die nachteiligen Veränderungen. Je nach dem Säuregrad der verwendeten Früchte erfolgt der mengenmäßige Zuckerzusatz, der sich zwischen 30 und 60% bewegen kann und „trocken" oder „naß" erfolgt. Als Behältnisse dienen Blechdosen, Cellulosebehältnisse, Holzfässer, die man zweckmäßigerweise mit einer Innenauskleidung (Paraffin) versieht. Die nicht bis zum Rand mit Früchten gefüllten Behältnisse (Ausdehnung der Obstmasse) werden verschlossen und bei —10° bis —12° C ausgefroren. Früchte, die nach dem Auftauen roh genossen werden, werden nach M. W. TUCHSCHNEID in Zuckerlösungen mit etwa 40% Zucker gefroren, ebensolche, die nach dem Auftauen gekocht werden, gefriert man in einem Syrup mit einem Zuckergehalt von 50—55%.

Gute Erfolge wurden bei direktem Gefrieren durch Ausgefrierenlassen des Obstes in Kisten auf Gestellen aus Kühlrohren bei —20° C und darauffolgende Lagerung bei der gleichen Temperatur erzielt, wobei durch Anbringen von Ventilatoren für eine kräftige Luftumwälzung und damit für eine Beschleunigung des Gefrierprozesses gesorgt wird. Ein in jüngster Zeit auch in Deutschland vielfach erprobtes Verfahren ist das von den Amerikanern übernommene Gefrierenlassen der gereinigten Früchte in Kartons, die in Wachspapier verpackt und bei Soletemperaturen von —45° C nach C. BIRDSEYE gefroren werden. Was die Lagerungstemperatur anbetrifft, insbesondere aber den Luftzustand, so sind diese stark verschieden je nach der Art und dem Reifezustand des verwendeten Obstes. So kann ganz allgemein ausgesagt werden, daß als Lagerungstemperatur gewöhnlich diejenige des Gefrierverfahrens angewandt wird.

Zur Herstellung von Obstsäften haben sich zwei Verfahren mit Erfolg eingeführt, einmal das Gefrieren des auf 0° C vorgekühlten entlüfteten und in verparaffinierte Pappbehälter abgefüllten Saftes durch Eintauchen in Kühlsole bei —20° C bis —25° C, zum anderen das Gefrieren in stark bewegter Luft bei —20° C; zu diesem Zweck wird der entlüftete Fruchtsaft im Vakuum im Gefrierbehälter mit direkter Verdampfung teilweise gefroren, hierauf unter Stickstoffatmosphäre verschlossen und endgültig ausgefroren.

Gemüse wird nach den für Obst angegebenen Bedingungen (aber ohne Zuckerzusatz) nach dem Blanchieren (wobei ein Zusatz von Citronensäure, schwefliger Säure oder Kochsalz zwecks Abtötung der Enzyme erfolgt) im direkten oder indirekten Verfahren gefroren. Hervorhebenswert ist auch hier die Anwendung des geschilderten BIRDSEYE-Verfahrens zur Konservierung von Erbsen und Bohnen.

Wenn auch über das zweckmäßige Auftauen von Obst und Gemüse noch recht wenig Erfahrungen und keine ausreichenden Angaben vorliegen, so kann ganz allgemein auch hier für einen langsam geleiteten Auftauvorgang eingetreten werden, damit Veränderungen der Farbe, des Geschmackes und des Aromas möglichst geringfügig sind.

Veränderungen beim Gefrieren und beim Lagern. Bei so tiefen Temperaturen behandeltes Obst und Gemüse zeigt vorwiegend physikalische Veränderungen, die sich in einer Volumenverminderung, in einem Gewichtsverlust und einer Veränderung der äußeren Beschaffenheit (Konsistenz) bemerkbar machen. Solche Gewichtsverluste treten auch beim Auftauen der gefrorenen Pflanzenteile ein, wo ein mehr oder minder großer Teil des Saftes mit löslichen Nährstoffen ausfließt und nach dem Auftauen vom Zellgewebe nicht mehr aufgenommen werden kann. Die chemischen Veränderungen, über die im Schrifttum nur vereinzelte lückenhafte Angaben auffindbar sind, betreffen vor allem abbauende enzymatische Vorgänge, welche in einer Aufspaltung der Pektin- und der Gerbstoffe, in einer Veränderung des Farbstoffes und schließlich in einer geruchlichen und geschmacklichen Veränderung zum Ausdruck kommen. Über das Verhalten des Vitamins C bei der Gefrierkonservierung berichtet K. PAECH und gibt an, daß bei *Obst* durch stärkere Temperaturerniedrigung die Zerstörung des Vitamins C vollkommen aufgehoben werden kann und daß die Ergebnisse, die nach der biologischen Methode erhalten werden, dartun, daß z. B. kühlgelagerte Preiselbeeren bei einer Kühllagerung um +4,5° C nach 7—8 Monate langer Lagerung praktisch kein Vitamin C mehr enthalten, während bei derselben Lagerzeit bei Temperaturen um —17,8° C nur ein geringfügiger, bei —26° C aber überhaupt kein Vitaminschwund eingetreten war. Beim *Gemüse* liegen die Verhältnisse insofern ungünstiger, als viele Gemüsearten zwecks Abtötung der Enzyme vor dem Einfrieren kurz aufgekocht werden, wobei auch das wasserlösliche Vitamin C betroffen wird. Trotzdem scheint aber die Gefrierkonservierung weit weniger als das Einkochen in Dosen die Vitamine zu schädigen (J. Fellers).

Trockenverfahren. *Fleisch und Fleischabfälle.* Während bei den vorstehend erörterten Verfahren das Fleisch in seinem ursprünglichen Zustand, ohne wesentliche stoffliche Veränderung, erhalten bleibt, treten beim Trocknen Veränderungen in der Zusammensetzung und im Geschmack ein, die aber in der Regel dem Käufer erwünscht sind. Das seit uralten Zeiten bekannte Verfahren der Trocknung von Fleisch an der Sonne wird vielfach noch in südlichen Gegenden, in Südamerika, in Indien usw. angewendet, indem das entfettete Fleisch in Streifen zerschnitten, an der Luft getrocknet (Charque, Tessajo) und hierauf zu Pulver zerstoßen und mit Fett vermischt wird (Pemikan). Nach der Art der Herstellung, bei der auch eine gewisse bakterielle Zersetzung eintreten kann, haften diesen Erzeugnissen eigenartige, dem deutschen Verbraucher weniger zusagende Geruchs- und Geschmacksstoffe an. Diese Art der Trocknung von Fleisch wird in Deutschland in großem Maßstab nicht durchgeführt.

In diesem Zusammenhang sind die als Dünge- und Kraftfuttermittel oder für andere technische Zwecke hergestellten Trockenerzeugnisse aus Abfällen der Schlachthäuser, der Konservenfabriken usw. anzuführen. Diese werden so gewonnen, daß das Ausgangsmaterial in besonderen Zylindern gedämpft, vom Leim und von der Fettsubstanz befreit, hierauf in Kugelmühlen zerkleinert, in Trommeltrocknern getrocknet und dann zu Fleischmehl vermahlen wird. Hierher gehört auch die Verarbeitung von Blut als Dauerware, eine Aufgabe, die gerade im Hinblick auf den gesteigerten Eiweißbedarf als Futter- und Kraftmittel neuerdings in Angriff genommen wird. Neben diesem Verwendungszweck dient das Blut auch für technische und pharmazeutische Zwecke (W. Ziegelmayer).

Fisch und Fischabfälle. Hier spielt auch bei uns die Trocknung eine weit wichtigere Rolle als bei der Haltbarmachung von Fleisch. Vielfach wird bei Fisch die natürliche Trocknung angewendet, die aber auch aus wirtschaftlichen Gründen durch die künstliche ersetzt wird. Die natürliche Trocknung an der Luft geht so vor sich, daß der gut gesäuberte und entweidete Fisch im Freien bei Wind und Sonne zum Trocknen aufgehängt (Stockfisch, ungesalzen) oder aber z. B. der Klippfisch (klippa = schneiden) auf der Küste, wo die bakterienarme Luft die Herstellung eines haltbaren Erzeugnisses erleichtert, ausgebreitet wird; die Vorbehandlung mit Salz und Salpeter unter Zusatz von Pfeffer und anderen Gewürzen bewirkt eine gewisse zusätzliche Konservierung. Man benutzt auch bisweilen Backöfen (in Rußland stellt man die bekannten *Snjetok* auf diese Weise her) oder wie in England luftige Hallen, die mit Koksöfen beheizt werden. Aus wirtschaftlichen Gründen ist man von diesen zeitraubenden und von den klimatischen Verhältnissen abhängigen Trocknungsmethoden ab- und zur künstlichen Trocknung übergegangen, und zwar zur Trocknung mit Hordentrocknern.

Veränderungen bei der Trocknung. Durch den Wasserentzug treten physikalische Veränderungen (Gewichtsabnahme, Konsistenzveränderung) ein, die aber mit Rücksicht auf die Erhaltung der Wasseraufnahmefähigkeit „reversibel" sein müssen; die Quellfähigkeit muß erhalten bleiben, damit bei genügender Wässerung das Trockenerzeugnis ungefähr dieselbe Wassermenge aufnimmt, als es beim Trocknen verloren hat, eine Anforderung, die bezüglich der Ausgiebigkeit des getrockneten Fisches von besonderer Bedeutung ist. Die bisweilen auftretenden unangenehmen Geruchs- und Geschmacksstoffe sowie die durch oxydative Enzyme bedingten Farbveränderungen an den Randpartien können durch sorgfältige Auswahl des Rohmaterials und dessen gründliche Überwachung bei der Vorbehandlung und Trocknung vermieden werden.

Aus den Abfällen bei der Fischverarbeitung wird Fischmehl gewonnen, an das als Kraftfuttermittel gewisse Anforderungen gestellt werden; es soll frei von Tran und möglichst kochsalzarm sein, was durch Vermischen von kochsalzarmen mit stärker kochsalzhaltigen Fischmehlen erreicht werden kann; gründliches Auswaschen der Abfälle mit Wasser ist empfehlenswert.

Milch. Der Trocknung von Milch ist in den letzten Jahren besondere Aufmerksamkeit geschenkt worden, und die hierfür in Frage kommenden Verfahren erfuhren eine wesentliche Verbesserung nach der technischen und nach der wirtschaftlichen Seite. Grundsätzlich werden zur Milchtrocknung zwei Verfahren angewendet: *Filmtrocknung* und *Zerstäubungstrocknung*.

Viel verwendet ist die *Filmtrocknung*, Walzentrocknung, die in Vakuumapparaten (PASSBURG, EKENBERG, GOVERS und BUFLOOK) und in Apparaten ohne Vakuum (HATMAKER, GABLER-SALITER-MEISTER) durchgeführt wird. Wie der Name schon sagt, wird hier die Milch in dünner Schicht auf geheizten, beweglichen Metallwalzen getrocknet. Bei der *Zerstäubungstrocknung* wird die Milch mit Hilfe einer Zerstäubungseinrichtung in erhitzte Luft geblasen, so daß sie getrocknet auf dem Boden des Gehäuses anlangt; oder es wird die Milch in dünnem Strahl auf einen sich mit großer Geschwindigkeit drehenden Teller gespritzt, von wo sie in kleinste Teile zerrissen an die Wandung und auf den Boden des umgebenden Gehäuses geschleudert wird und als getrocknetes Pulver zu Boden fällt (PERCY, STAUF, GRAY-JENSEN, KRAUSE).

Diese beiden Verfahren liefern gute Erzeugnisse. Während früher uneingedickte Milch verarbeitet wurde, verwendet man heute aus wirtschaftlichen Gründen vorwiegend vorher eingedickte Milch, die ein körniges, nicht so voluminöses, aber für die Verpackung brauchbareres Pulver liefert. Beim Walzenverfahren werden Betriebstemperaturen (Walzenfläche) von $+115°$ bis zu $130°$ C erreicht, beim Zerstäubungsverfahren niedrigere. Daraus ergibt sich, daß die Löslichkeit der Zerstäubungsmilchpulver größer ist als diejenige der Walzenmilch, da hier der Kolloidzustand (Denaturierung von Eiweißstoffen, Koagulation von Casein) weitergehend verändert ist als bei der Zerstäubungsmilch. Durch einen Zusatz von Natriumcitrat und Natriumbicarbonat wird mit Erfolg die „Löslichkeit" des Caseins aufrecht erhalten. (In Deutschland ist der Gebrauch solcher Hilfsstoffe durch das Milchgesetz verboten.) Je nach der Herstellungsweise besitzt das Trockenmilchpulver ein unter dem Mikroskop leicht erkennbares verschiedenes Aussehen; das Walzenpulver besteht aus kleinen welligen Schuppen, das Zerstäubungspulver aus Glasperlen ähnlichen Bläschen. Infolge der mehr oder minder starken hygroskopischen Beschaffenheit des Milchpulvers wird es zweckmäßigerweise luftdicht in gut verzinnten Weißblechdosen oder in paraffinierten Pappdosen (Perga-Packung) trocken und kühl aufbewahrt.

Veränderungen bei der Trocknung und Lagerung. Hier sind vor allem die oxydativen und autoxydativen Veränderungen (Talgig- und Ranzigwerden) am Fett erwähnenswert, von welchen das Walzenpulver weniger befallen wird als das Zerstäubungspulver, da ersteres weniger Luftbläschen mit einschließt. Gute Erfolge erzielt man bei einer Lagerung der Milchpulver in einer Kohlensäure- oder Stickstoffatmosphäre. Über die Wirksamkeit der fettspaltenden Enzyme, sowie über diejenige anderer oxydativer und reduktiver Enzyme und ihrer Beteiligung bei den Ranziditätserscheinungen gehen die Ansichten sehr auseinander; jedenfalls sind nach dieser Richtung die Unterschiede zwischen Trockenpulver und Zerstäubungspulver sehr deutlich, was schon aus der Beobachtung hervorgeht, daß im Zerstäubungspulver die Oxydasen und Peroxydasen noch erhalten sind, während dies im Walzenpulver nicht mehr der Fall ist.

Von den Ergänzungsstoffen werden die Vitamine B_1 und B_2 durch die Walzentrocknung kaum geschädigt (A. SCHEUNERT), doch ist es durchaus vorstellbar, daß die zumal bei erhöhter Temperatur sauerstoffempfindlichen Vitamine A und C nicht vollständig erhalten bleiben; nähere Angaben hierüber liegen im einschlägigen Schrifttum nicht vor. Trotzdem hat man, wie auch aus den jüngsten Veröffentlichungen hervorgeht (K. SCHEER), keine schlechten Erfahrungen mit Trockenmilch bei der Säuglingsernährung gemacht.

Mikrobiologische Veränderungen sind nur bei unsachgemäßer Lagerhaltung oder bei schlechter Verarbeitung (Trocknung und Verpackung) möglich; denn die in Trockenpulvern überlebenden Bakterien sind mengenmäßig ganz gering, es sind im Walzenpulver hauptsächlich nur Sporen von Buttersäurebakterien und einzelne vegetative Zellen erhalten, während im Zerstäubungspulver Milchsäurebakterien, Hefen, Schimmelpilze und vereinzelt Colibakterien und Sarcina lutea auffindbar sind. Pathogene Keime wurden nicht gefunden. Der Zusatz von Milchsäuretrockenkulturen vor der Trocknung schützt vor dem Auftreten eines fauligen Geschmackes, der bisweilen bei aufgelöster Trockenmilch beobachtet wurde.

Hierher gehören auch die verschiedenen *Milcheiweißpräparate*, die als Trockenerzeugnisse gewonnen werden- und die in der Kinder- und Säuglingsernährung eine wichtige Rolle spielen; schließlich ist getrocknete Buttermilch zu erwähnen, die als Geflügelmastfutter gute Verwendung findet.

Eier. Die bereits aufgeführten Schwierigkeiten bei der Konservierung des ganzen Eies mit Schale, sowie die technische Verwendung einzelner Bestandteile des Eies (Weißei) veranlaßte zur Herstellung von Eiertrockenerzeugnissen, die insbesondere in den Balkanländern, in China und in Südrußland eine wesentliche wirtschaftliche Bedeutung haben. Zur Gewinnung solcher Erzeugnisse sind Aufbereitungsanlagen notwendig, die in Sortiermaschinen, Klopfeinrichtung, Klärbottiche, Hordentrockner (für Eiweiß), Vakuum-, Walzentrockner und Zerstäubungstrockner (für Eigelb und Ganzei) aufgeteilt sind.

Der Vorgang vollzieht sich in der Weise, daß die aussortierten Eier aufgeschlagen, Dotter und Weißei von der Schale getrennt und entweder als Vollei oder als Dotter nach dem Passieren der Siebvorrichtungen (Entfernung mitgerissener Zellelemente, Eifäden usw.) auf Walzen im Vakuum oder durch Zerstäubung getrocknet werden. Der Trocknungsprozeß wird so geleitet, daß eine Gerinnung des Eiweißes nicht eintreten kann. Ein geschlossenes System schützt weiterhin vor Bakterienbefall und unerwünschter Luftbeeinflussung, was bei der Zerstäubungstrocknung vor allem dann nicht in dem Maße der Fall ist, wenn mit Preßluft gearbeitet wird.

Das *Weißei* muß vor der Trocknung (im Lufttrockenschrank bei Temperaturen von $+45°$ bis $+50°$ C auf Schalen aus Glas oder hochpoliertem Zinkblech) einen etwa 3—4tägigen Klärprozeß durchlaufen, bei dem durch Zusatz von Essigsäure und Terpentinöl als Klärmittel eine Entfernung von Zellhautresten und Dotterbeimengungen u. a. erfolgt.

Das so getrocknete Eiweiß (farblose bis schwachgelb gefärbte Blättchen) bzw. das Eigelb oder Volleipulver werden vor der Verpackung zur Nachtrocknung frischer Luft in besonderen Trocknungsräumen ausgesetzt und dann erst in mit Zinneinlagen versehene Holzkisten abgepackt, gelagert oder dem Versand übergeben.

Veränderungen bei der Lagerung. Am Trockeneigelb mit seinem hohen Fett- und Lecithingehalt werden die oxydativen Veränderungen begünstigt, welche durch die noch aktiven Enzyme einschließlich der durch den Trocknungsvorgang hineingelangenden Metallspuren (Eisen, Kupfer) ausgelöst werden. Einen Gradmesser für die Größe der Zersetzungserscheinungen gibt der Gehalt an freien Fettsäuren und bei der starken Erhöhung des Säuregrades auch der veränderte Geruch und Geschmack des Erzeugnisses ab. Bakterielle Veränderungen treten nur dann ein, wenn infolge unzweckmäßiger Lagerhaltung der Feuchtigkeitsgehalt zunimmt, nach J. GROSSFELD das Lecithin zur Quellung bringt, und dadurch die Dottermasse einen guten Nährboden für Mikroorganismen abgibt. Jedenfalls ist die Trocknungsart von wesentlichem Einfluß auf den Keimgehalt des Trockenerzeugnisses. So wurden beim Walzeneigelbpulver viel niedrigere Keimzahlen beobachtet als beim Zerstäubungspulver.

Obst und Gemüse. Auch hier konnte das Ziel der Herstellung guten Trockenobstes und Trockengemüses erst dann erreicht werden, als man in der Erkenntnis der durch Hitzeeinwirkung im pflanzlichen Gewebe auftretenden Veränderungen (wertverbessernder und wertvermindernder Art) zweckmäßige technologische Maßnahmen einführen konnte[1]. Während Pfirsiche und Aprikosen in Deutschland immer Einfuhrware bleiben werden, können aus Äpfeln, Birnen, Pflaumen u. a. einheimischen Erzeugnissen bei zweckentsprechender Trocknung Produkte von hoher Güte und Beschaffenheit erhalten werden.

Im Rahmen dieser gedrängten Ausführungen ist eine Schilderung des Herstellungsganges bei jeder einzelnen Obstart nicht möglich und auch nicht angebracht, es soll vielmehr eine allgemeine Einführung in den technologischen Werdegang von Trockenobst und Trockengemüse gebracht werden.

Für die Zwecke der Trocknung von Obst und Gemüse bedient man sich im allgemeinen der Trockenschränke und Trockenkammern, wo das zu trocknende Gut bei Temperaturen um $+50°$ bis $+70°$ C und bei einer Trocknungsdauer von 6—10 Stunden auf Horden lose geschichtet von der Trockenluft umspült wird. Für empfindliche Stoffe, die ein öfteres Umwenden beim Trocknen nicht vertragen, werden vorwiegend Kammertrockner mit fahrbaren Horden benutzt. Mit Hilfe dieser entwickelten Trocknungssysteme ist man in der Lage, Trockenerzeugnisse zu gewinnen, die in Farbe, Geruch, Geschmack, Bekömmlichkeit und hinsichtlich der Inhaltsbestandteile frischen Produkten wenig nachstehen.

Je nach der Obstart ist die vor dem Trocknen eingeschaltete Vorbehandlung (Sortierung, Reinigung, Zerkleinerung, Entkernung), die im Hinblick auf eine etwaige Luftbeeinflussung rasch erfolgen muß, verschieden und richtet sich nach dem gewünschten Enderzeugnis. Bei Äpfeln und Birnen wird einer Oxydasewirkung und der so bedingten Verfärbung des Trockengutes dadurch begegnet, daß man die frisch geschälten Früchte in eine Flüssigkeit aus Kochsalz, Citronensäure und Kaliumbisulfit taucht oder einer direkten Schwefelung (Verbrennen von Schwefelschnitten) aussetzt.

Was das Trocknen von *Gemüse* (alle Kohlarten, Schnittbohnen, Spinat, Zwiebeln usw.) anbelangt, so gilt bezüglich der technischen Durchführung das für Obst Gesagte. Es werden die gleichen Einrichtungen benützt, die Trocknung erfolgt mit Rücksicht auf eine tunlichste Erhaltung der Inhaltsbestandteile schonend. Der Arbeitsgang geht so vor sich, daß nach einer maschinell erfolgten Reinigung mit Wasser das Gemüse kurz gekocht (blanchiert) und hierauf in kaltes Wasser getaucht wird; das so behandelte zu trocknende Gut wird auf Horden ausgebreitet, zerzupft, um eine möglichst gleichmäßige Trocknung zu erzielen. Bei der Trocknung spielt der Wassergehalt des Ausgangsmaterials eine große Rolle, von ihm hängt die Regulierung der Trockentemperatur ab. Man beginnt bei niedriger Temperatur (etwa $35°$ C), steigert dann langsam auf $70°—80°$ C, um ein zu schnelles Eintrocknen zu verhindern und das Material möglichst zu schonen. Je nach dem Ausgangsmaterial trocknet man

---

[1] E. HOPKINS empfiehlt ein neues Schnelltrocknungsverfahren, in dem das zu trocknende Gut vermahlen, mit schwefliger Säure behandelt und Rückstand und Lösungen gesondert getrocknet werden.

auf etwa 9—12% Wasser herunter. Die so erhaltenen Trockenerzeugnisse werden in mit Papier ausgeschlagenen Holzbehältern oder in Pappkartons verpackt und trocken und luftdicht gelagert; für Trockengemüse (locker und zu Preßwürfeln gepreßt) verwendet man auch durchsichtige Cellophanpackungen. Werden die von den Herstellerfirmen angegebenen Zubereitungsvorschriften: Einweichen, Kochen, Binden mit Mehlschwitze usw. genau eingehalten, so erhält man wohlschmeckende Gemüsekochungen. Bei den im Handel befindlichen Trockengemüsen bzw. deren Zubereitungen ist der Geschmacksunterschied auffallend; während die einen an den Geschmack von frischem Gemüse sehr nahe herankommen, schmecken die anderen leer, strohig und ausgelaugt; solche Unterschiede sind einmal auf die Art der Trocknung, zum anderen auf die schlechte Auswahl des zur Trocknung bestimmten Frischgemüses zurückzuführen.

Eindicken mit und ohne Zugabe von Zucker. *Fleisch.* Die Entstehung von Fleischextrakt verdanken wir einer Anregung J. v. LIEBIGS, der auf die Bedeutung der einzelnen Inhaltsbestandteile von Fleisch für die Ernährung hinwies. Fleischextrakt ist der eingedickte albumin-, leim- und fettfreie Wasserauszug des frischen ·Fleisches. Die Herstellung erfolgt in der Weise, daß das durch Maschinen zerkleinerte, magere, möglichst fett- und sehnenfreie Fleisch im Gegenstromprinzip in Diffusionsanlagen mit warmem Wasser bei etwa 90° C ausgelaugt wird. Die Brühe wird von den Fleischteilen durch Siebe abgetrennt, durch Separierung und im Klärkessel von Fett, Albumin und Fibrin befreit, durch Filterpressen filtriert und schließlich im Vakuumapparat und zuletzt in offenen Pfannen eingedickt, bis ein dicker brauner Extrakt entsteht. Die Zusammensetzung des Fleischextraktes geht aus der nachfolgenden Übersicht hervor:

Tabelle 19. Zusammensetzung von Fleischextrakt.

Bestimmungen	Liebigs Extrakt %	Bestimmungen	Liebigs Extrakt %
Wasser	16,94—23,00	Purinbasen-Stickstoff .	0,70
Organische Stoffe . . .	57,50—62,50	Ätherextrakt	0,03—1,06
Gesamtstickstoff	8,49—9,60	Asche	18,27—22,33
Ammoniak-Stickstoff . .	0,30—0,39	Natriumchlorid (NaCl)	2,62—3,81] der
Albumosen-Stickstoff . .	0,98—2,01	Phosphorsäure (P_2O_5) .	2,40—7,93] Asche
Kreatinin-Stickstoff . .	1,14—2,42		

Die ausgelaugten Fleischrückstände werden getrocknet und zerkleinert und kommen als Fleischmehl oder Fleischpulver in den Handel. Zur Gewinnung von 1 kg Fleischextrakt werden im Durchschnitt 23—25 kg mageres Rindfleisch benötigt [A. BEYTHIEN (3); U. KLUENDER].

Neben Fleischextrakt stellen *Fleischbrühextrakt* und *Fleischbrühwürfel* beliebte Erzeugnisse dar. Während man unter Fleischbrühwürfeln in Würfelform gebrachte Mischungen von Fleischextrakt oder eingedickter Fleischbrühe, Fetten, Suppenwürzen, Gemüseauszügen, Gewürzen und Kochsalz versteht[1], handelt es sich bei den Fleischbrühextrakten um Auskochungen von Fleisch mit sehr viel Fett.

Milch. Zu den Milchdauerwaren gehört auch die *Kondensmilch*, eine eingedickte Milch, die mit oder ohne Zusatz von Zucker aus Voll-, Mager-, Buttermilch und Rahm gewonnen wird. Die Herstellung der *gezuckerten* Kondensmilch vollzieht sich so, daß die sorgfältig ausgewählte und gereinigte Milch vorgekocht und nach Zusatz von etwa 16% Zucker (technisch reiner Saccharose) in Vakuumpfannen im Verhältnis 2,5 : 1 eingedickt wird. Durch das Vorkochen wird eine

---

[1] Dtsch. Nahrgsmittelrdsch. **12**, 162 (1914).

teilweise Abtötung der Mikroorganismen bezweckt, zum anderen aber eine „Härtung" der Eiweißstoffe und eine Ausscheidung des Albumins in feinsten Flöckchen erreicht, so daß nachträgliche Veränderungen der Milch in der Dose weitgehend vermieden werden. Die heiße Milch fließt in die Vakuumverdampfer, wo sie bei 57°—60° C solange eingedickt wird, bis das Kondensat eine Konzentration von 33,5° Bé (Temperatur 15,5° C) anzeigt. Hierauf wird die Milch rasch unter Umrühren auf 24°—26° C abgekühlt, um die Bildung größerer Milchzuckerkrystalle, die das Erzeugnis sandig und grießig machen, zu vermeiden. Das Enderzeugnis, das gleichmäßig sirupös und glänzend sein soll, wird in vorher sterilisierte Weißblechdosen abgefüllt.

Dampft man die gezuckerte Milch zu einer schneidbaren plastischen Masse ein, so erhält man „Blockmilch", welche in Papier oder in Paraffinhüllen verpackt in den Handel kommt (verwendet bei der Milchschokoladeherstellung).

Ungezuckerte Kondensmilch (evaporierte Milch) wird sowohl aus Vollmilch wie aus Magermilch gewonnen, unterscheidet sich aber in ihrem Herstellungsgang nicht wesentlich von der gezuckerten.

Die verwendete Vollmilch wird homogenisiert, dann bei 95° C innerhalb 5 bis 10 Minuten, zur Ausscheidung koagulierbarer Eiweißstoffe, vorgekocht und hierauf in kontinuierlich arbeitenden Vakuumapparaten im Verhältnis 2 bis 2,7 : 1 eingedickt. Nach dieser Aufbereitung wird die Milch gekühlt, in Dosen abgefüllt und im Vakuum bei 0,5 at 20 Minuten lang sterilisiert.

Aus Buttermilch und sonstiger besonders gesäuerter Milch werden durch Eindicken — mit und ohne Zucker — verschiedene Sauermilchkonserven hergestellt, die in der Säuglingsernährung eine Rolle spielen.

Veränderungen bei der Eindickung und Lagerung. Als Kondensmilchfehler gelten das „Sandigwerden", das im wesentlichen auf Milchzuckerausscheidungen beruht, das Dick- und Käsigwerden, das auf einen hohen Eiweißgehalt und die Tätigkeit säurebildender und labbildender Mikroorganismen zurückzuführen ist, sowie die Klumpenbildung. Hierher gehört auch das Zusammenfallen der Milch, das, wie die Klumpenbildung, auf einer Peptonisierung beruht. Auch in ungesüßter, nachsterilisierter Milch sind Sporenbildner aufgefunden worden, welche typische Geschmacksveränderungen, zum Teil auch Gasbildungen verursachen, während die beobachtete Knötchenbildung durch einen Schimmelpilz (Aspergillusart) hervorgerufen wird. Solche Veränderungen sind die Folge einer ungenügenden oder ungleichmäßigen Sterilisierung der Milch oder der Dosen, oder einer Verunreinigung des Zusatzmaterials (Zucker). Die häufiger bei ungezuckerter als bei gezuckerter Milch auftretenden Bombagen werden sowohl von aeroben (Colibakterien, Hefen) wie von anaeroben Bakterien (Buttersäurebakterien) verursacht, wie auch ein wenig hitzebeständiges Stäbchenbacterium an dem Auftreten eines fischigen Geruches beteiligt ist. Das an den Nähten der Dosen bisweilen beobachtete Ziehen und Dickwerden und die damit verbundene Bräunung kann durch unsaubere Lötarbeit (ungenügende Entfernung des Lötwassers) bedingt sein. Die vielfach mehr oder weniger starke bräunliche Farbe ungezuckerter Kondensmilch beruht auch auf einer Überhitzung der Milch. Bezüglich des Vitamingehalts der Kondensmilch sei auf die Ausführungen bei „Trockenmilch" hingewiesen (S. 237).

Obst. Nach den von der Hauptvereinigung der Deutschen Gartenbauwirtschaft-Berlin aufgestellten Normativbestimmungen sind Obstdicksäfte dickflüssige, auch in offenem Zustand haltbare Zubereitungen, welche aus dem unvergorenen Saft von frischem Obst in geklärtem Zustand, doch ohne weitere Vorbehandlung, durch Eindampfen im Vakuum oder durch Einengung mittels Kälte ohne weitere Behandlung hergestellt werden. Während bei Trauben- und Kernobstdicksäften die Herstellung ohne Zuckerzusatz erfolgt, werden

Beeren- und Kirschdicksäfte (auch Orangen- und Citronensäfte) mit technisch reinem Verbrauchszucker versetzt, wobei der Gesamtzuckergehalt des Enderzeugnisses nicht weniger als 62 g und nicht mehr als 68 g in 100 g betragen soll.

Die Eindickung der Säfte durch Kälte nach dem MONTI- oder KRAUSE-Verfahren wurde bereits auf Seite 224 beschrieben, es handelt sich hier um Verfahren, die noch wenig in Deutschland, aber in Italien, Ungarn und in der Schweiz in größerem technischen Maßstab durchgeführt werden. Führt man eine Anreicherung des Saftes durch Wasserentzug in der Wärme so weit durch, daß im Konzentrat ein natürlicher Zuckergehalt von etwa 60—65% vorhanden ist, so bewirkt dieser bereits eine Konservierung des Saftes; von wirtschaftlichem und technologischem Standpunkt aus wird man daher vor allem Säfte mit hohem Zuckergehalt verarbeiten (Äpfel, Birnen, Trauben).

Die Herstellung erfolgt in der Weise, daß der frischgepreßte, geklärte, geschönte und blankfiltrierte Saft einwandfreier Früchte im Vakuum bei möglichst niedriger Temperatur eingedickt wird; die Einhaltung von Temperaturen um $+40°$ bis $45°$ C ist zur Erhaltung des Aromas, der Farbe, der Geruch- und Geschmacksstoffe sowie aller für die Ernährung wichtigen Inhaltsbestandteile unbedingt erforderlich; man bedient sich sog. Schnellumlaufverdampfer, in welchen der Fruchtsaft während des Verdampfens sich im Kreislauf bewegt und bei welchen der Saftzulauf mit Hilfe eines Regelventils so geregelt wird, daß die eintretende Saftmenge stets der verdampfenden Flüssigkeitsmenge entspricht. Neuerdings werden diese Verdampfer auch mit sog. Aromaabscheidern gebaut, welche die Rückgewinnung der zuerst übergehenden aromareichen Anteile gestatten. Die auf diese Weise erhaltenen Erzeugnisse führen nach der Verdünnung mit Wasser die Bezeichnung ,,Obstgetränke, aus Dicksaft hergestellt‘‘, nicht ,,Süßmost‘‘, da der Saft bei der Eindickung ziemlich weitgehende strukturelle Veränderungen erleidet.

Hierher gehört auch die Herstellung von Konfitüren (aus Obst hergestellte dickbreiige, streichfähige Zubereitungen aus 45 Teilen Obstfruchtfleisch und höchstens 55 Teilen Verbrauchszucker) und Marmeladen, dickbreiige, streichfähige Zubereitungen, die durch Einkochen von frischem Obstfruchtfleisch oder von Obstpulpe oder Obstmark und technisch reinem Verbrauchszucker im Gewichtsverhältnis 45 : 55 hergestellt werden. Man unterscheidet Einfrucht- Mehrfrucht- und gemischte Marmeladen. Beim Eindicken von Fruchtsäften mit Zucker, mit oder ohne Verdickungsmittel, erhält man Gelee.

In jüngster Zeit werden auch Gemüsedicksäfte (Karotten, Tomaten, Knollensellerie u. a.) mit oder ohne Zuckerzusatz durch schonende Einengung im Vakuum hergestellt, Erzeugnisse, welche durch ihren guten Geruch und Geschmack und durch ihre natürliche Beschaffenheit (hoher Vitamingehalt) auffallen.

Pasteurisieren und Sterilisieren. *Fleisch- und Fischkonserven.* Auch bei diesen Ausführungen soll ohne Rücksichtnahme auf Einzelfälle an Hand einer Übersicht ein Einblick in den technischen Werdegang dieser volkswirtschaftlich bedeutungsvollen Industrie gegeben werden (Versorgung von Heer und Marine, Verproviantierung von Dampfern und Speisewagen, Massenverpflegung).

Bei der fabrikatorischen Herstellung wendet man zwei Verfahren an, das Einbüchsen von vorgekochtem, gedämpftem Fleisch und das Einbüchsen von rohem Fleisch mit darauffolgender Sterilisation. Will man Fleischkonserven einer bestimmten Geschmacksrichtung erhalten (z. B. Gulasch, Braten u. dgl.), dann ist ein Vorkochen einschließlich einer küchenmäßigen Zubereitung notwendig; für die Herstellung von Massenkonserven genügt das Einbüchsen von Rohfleisch. Nach der Vorbehandlung des gut ausgekühlten Fleisches (Zerteilung, Entfernung von Knochen, Dämpfen) wird dasselbe in zylindrische Weißblechdosen eingelegt, diese mit Fleischbrühe aufgefüllt, verschlossen, evakuiert (um eine gute Schnittfestigkeit zu erhalten) und im Wasserbad oder im Autoklaven sterilisiert. Für die Dauer und Temperatur lassen sich keine Richtlinien festlegen; diese sind je nach Fleischart und Dosengröße verschieden und bewegen sich zwischen 118°—125° C, bei welcher Temperatur z. B. $^1/_2$ kg-Dosen (Rindfleisch) 60—65 Minuten, 1 kg-Dosen etwa 120—125 Minuten gehalten werden sollen. Rindfleischkonserven (Cornedbeef aus Pökelfleisch mit Gelatinezusatz), Schweine- und Rindfleischkonserven (Gulasch), Hammelfleischkonserven, Wild- und Geflügel-, Schinken- und schließlich Wurstkonserven werden auf diese Weise unter Zusatz von Fleischbrühe, Gewürzen, Salz oder Gemüseeinlagen der verschiedensten Art hergestellt. Um die Haltbarkeit zu erhöhen, werden Fleischkonserven zum Schutz gegen die äußere Beeinflussung durch Licht, Luft, Luftfeuchtigkeit und Temperaturschwankungen, nicht zuletzt gegen das Eindringen von Bakterien, mit luftundurchlässigen Überzügen (Paraffin, Gelatine u. a.) versehen; durch diese Maßnahmen, sowie durch die Lagerung in kühlen, gleichmäßig temperierten Räumen kann die Haltbarkeit wesentlich verlängert werden.

Die Herstellung von *Fischkonserven* (Vollkonserven) dieser Art ist viel schwieriger, da das zarte Fischfleisch empfindlich gegen Erhitzen ist. Um dasselbe widerstandsfähiger für die Sterilisierung zu machen und ihm den nötigen Salzgeschmack zu verleihen, werden die Fische nach gründlicher Reinigung und entsprechender Aufbereitung gedämpft, vorgeräuchert, in Öl erhitzt oder in Salzwasser gekocht oder vorgetrocknet; nach einer solchen Vorbehandlung wird der Fisch in Dosen verpackt, mit Aufgüssen oder Tunken versetzt und im Autoklaven bei etwa 110° C sterilisiert. Die Herstellung von *Ölsardinen* erfolgt so, daß die vom Kopf befreiten Fische gesalzen, getrocknet und in heißes Öl von 110° C getaucht werden; dann werden sie in die Dosen gepackt, mit heißem Öl (Olivenöl) übergossen, verschlossen und im Autoklaven etwa eine Stunde sterilisiert.

Veränderungen bei der Sterilisierung. Ganz allgemein gelten hier die Beobachtungen über die Veränderungen von Fleisch und Fischfleisch beim Kochen, welche auf S. 198—202 eingehend beschrieben worden sind. Erwähnenswert sind nur die bei Fischkonserven bisweilen beobachteten geruchlichen und geschmacklichen Veränderungen infolge Aufspaltung von Eiweißstoffen bei gleichzeitiger Metalleinwirkung (Zinn). Die Bildung von Schwefelwasserstoff und anderen flüchtigen Schwefelverbindungen ist gleichfalls auf die Hitzeeinwirkung mit gleichzeitiger Metallbeeinflussung zurückzuführen, seltener auf bakterielle Zersetzungserscheinungen, bei welchen es zur Bildung von Ammoniak, Trimethylamin oder von Ptomainen kommt.

Milch. Die Erhitzung der Milch zum Zwecke der Abtötung und Schwächung von Mikroorganismen und einer Erhöhung der Haltbarkeit ist für Deutschland nach dem Reichsmilchgesetz vom 31. 7. 1930 und der zusätzlichen Verordnung vom 3. 4. 1934 in der Weise geregelt, daß als anerkannte Pasteurisierverfahren gelten sollen: *Hocherhitzung* auf 85° C, *Kurzzeiterhitzung* auf 71°—74° C, *Dauererhitzung* auf 62°—65° C (auf die Dauer von mindestens einer halben Stunde) *Hocherhitzung im Wasserbad* von mindestens 85° C (auf die Dauer von mindestens 1 Minute). Die einzelnen Verfahren werden mit besonderen technisch vervollkommneten Apparaten betrieben, von welchen nur der *Biorisator* von LOBECK, der *Montana*-Erhitzer, der *Stassano*-Apparat, der TÖDTsche Momenterhitzer und der *Astra*-Plattenerhitzer aufgeführt seien, deren Anwendung so zu erfolgen hat, daß bei möglichster Schonung des natürlichen Charakters der Milch, der Erhaltung der Vitamine und des Wohlgeschmackes, alle schädlichen Krankheitskeime, sowie die technisch störenden Mikroorganismen vernichtet werden.

Veränderungen bei der Pasteurisierung. Es läßt sich nicht vermeiden, daß der Rohgeschmack der Milch durch die Pasteurisierung verloren geht und an seine Stelle ein süßlicher Geschmack (Kochgeschmack) tritt, der um so deutlicher wird, je höher die Pasteurisiertemperatur liegt. Es kann auch eine leichte Zersetzung des Caseins eintreten, eine Denaturierung von Albumin, eine Veränderung der Milchsalze, die sich in Form von Tricalciumphosphat oder Citrat ausscheiden. Infolge Entweichens von Kohlensäure tritt auch eine Veränderung des Säuregrades ein. Dagegen bleiben die arteigenen Enzyme (Peroxydase, Katalase, Perhydridase) ebenso erhalten, wie der widerstandsfähige Vitamin B-Komplex, der unempfindlicher ist als das Vitamin C, das weitgehend zerstört wird. Milchsäure-, Coli-, Aerogenesbakterien gehen ebenso wie die eiweißverflüssigenden Bakterien zugrunde (R. STROHECKER), während gewisse thermophile Bakterien, Anaerobier und Farbstoffbildner ebenso wie Streptococcus mastitis, Bac. paratyphus, Tuberkelbacillen und Staphylococcus aureus ziemlich hitzebeständig sind, eine Erscheinung, welche durch die Gegenwart gewisser Hüllstoffe (Caseinflocken, Epithelzellen) begünstigt wird. Hefen werden leicht abgetötet, wie überhaupt nach H. WEIGMANN 99% aller Keime durch eine fachgemäße Pasteurisierung vernichtet werden.

Die *Sterilisierung* der Milch, die Erhitzung auf 112°—117°C (es werden auch Temperaturen von 120°—130°C angewendet), hat nur mehr Bedeutung für Säuglingsmilchen und deren Mischungen und für Dauermilch.

Eier. Auch eine Dosenkonservierung von Eiern findet statt, allerdings unter gleichzeitigem Zusatz eines Konservierungsmittels. Die Eier werden in einer Dose mit Wasser übergossen, das Benzoesäure, Weinsäure und Kochsalz enthält; die Dosen werden verschlossen und 30 Minuten lang bei 85° C erhitzt.

Obst, Gemüse, Obsterzeugnisse. Abgesehen von einigen Verschiedenheiten in der Vorbereitung (Waschen, Schälen, Entkernen, Zerkleinern) ist der Herstellungsgang der einzelnen Obstkonserven grundsätzlich der gleiche. Die Haltbarmachung wird in Gläsern oder in Dosen vorgenommen, wobei das Einlegen der Früchte in Gläser und die Sterilisierung derselben mehr Sorgfalt verlangt als diejenige von Dosen. Die Herstellung erfolgt in der Weise, daß das gutsortierte, gereinigte Obst (geschält, entkernt, zerteilt, gestichelt) mit und ohne Zusatz von Zucker gedämpft (blanchiert)[1], in Gläser oder Dosen verpackt, mit Zuckerlösung von 20°—24° Bé übergossen und im offenen Kessel etwa 18 Minuten (1 kg-Dose) gekocht wird. Während bei dickschaligen Früchten (z. B. Äpfel, Birnen, Kirschen u. a.) das Blanchieren in Wasser vorgenommen wird, werden dünnschalige Früchte (Erdbeeren, Himbeeren) entweder in einer Zuckerlösung blanchiert oder nur mit einer warmen Zuckerlösung übergossen, oder, was die einfachste Konservierungsart ist, die gewaschenen und entstielten Beeren unmittelbar in die Dosen gepackt, mit 23°—24° Bé starker Zuckerlösung übergossen und nach dem Stehenlassen über Nacht die Dosen oder Gläser aufgefüllt, verschlossen und dann sterilisiert. Sollte eine Färbung notwendig sein, dann empfiehlt es sich, statt der einfachen Zuckerlösung eine solche, die auf 10 l etwa 10 g unschädlichen Farbstoff enthält, zu verwenden. Um nachteilige Folgen bei ungenügender Sterilisierung oder eine Beschädigung und schließlich Undichtigkeiten bei Glas- und Dosenkonserven zu verhindern, ist die Aufbewahrung und Lagerung in gleichmäßig temperierten, trocknen, kühlen Räumen vorzunehmen. Gefärbte Konserven sind als solche zu kennzeichnen.

Zu den unter Zuhilfenahme von Wärme haltbar gemachten Obsterzeugnissen gehört auch der *Süßmost*, ein zum unmittelbaren Genuß bestimmtes, praktisch alkoholfreies Getränk, das durch Pressen von unvergorenem, frischem Obst mit und ohne nachfolgende Filtration hergestellt und durch Entkei-

---

[1] Ein Blanchieren soll aber infolge der dabei auftretenden Verluste möglichst vermieden werden.

mungsfiltration oder Pasteurisation haltbar gemacht wird [W. DIEMAIER (2);
W. HEUPKE (2)]. In gewerblichen Betrieben wird zur Haltbarmachung das
Durchlaufpasteurisierverfahren unter Verwendung der BAUMANNschen Ent-
keimungsglocke oder das Plattenkurzzeiterhitzungsverfahren (Astra-Platten-
erhitzer) angewendet (H. SCHNEGG und H. KIPPHAHN). Voraussetzung für einen
einwandfreien Pasteurisierungseffekt ist die Verwendung eines geklärten,
filtrierten Mostes, da dieser wesentlich keimärmer ist als ungeklärter und bereits
bei Temperaturen von 65°—70° C steril erhalten werden kann. Für nicht geklärte,
aber filtrierte Moste empfiehlt es sich, mit der Temperatur auf 75° C zu gehen.
Die so erhaltenen Moste werden noch warm in die Lagerfässer oder Glasballons
gefüllt oder aber kalt abgefüllt (Astra-Verfahren). Beim Abfüllen auf Flaschen
empfiehlt sich eine nachträgliche Pasteurisierung im Wasserbad; Kühllagerung
ohne Temperaturschwankungen steigert die Haltbarkeit der Erzeugnisse.

Die Herstellung der *Gemüse- und Pilzkonserven* geht über die Reinigung
(Gemüsewaschmaschinen) zur küchenmäßigen Zurichtung (Schälen, Enthülsen),
dann zur Sortierung und zum Vorbrühen (Blanchieren) und Vorkochen. Um den
Verlust wertvoller Nährstoffe auf ein Mindestmaß zu beschränken oder nach
Möglichkeit ganz zu vermeiden, darf das Vorkochen nur kurze Zeit dauern.
Die früher bisweilen auftretenden grundsätzlichen Bedenken gegen das Blanchieren sind mit Rücksicht auf den hygienischen und bakteriologischen Erfolg
zum Teil fallen gelassen worden. Mit dem Vorbrühen kann ein Bleichen und
das „Grünen" mit Kupfersalzen bei Bohnen, Erbsen verbunden sein[1]. Nach
dem Bleichen und Grünen sind die in fließendem Wasser rasch ausgekühlten
Gemüse geeignet zum Einlegen in die Dosen, die nach dem Befüllen unmittelbar
mit Aufgußwasser oder 0,5—1%iger Kochsalzlösung so vollgefüllt werden, daß
das Wasser überläuft (vollständige Luftverdrängung); hierauf werden sie verschlossen und evakuiert und im Autoklaven in Dampf oder in mit Wasser gefüllten Autoklaven sterilisiert. Sterilisationsdauer und Temperatur müssen
von Fall zu Fall festgelegt werden; gewöhnlich bewegen sich die Temperaturen
zwischen 115°—120° C. Nach dem Auskühlen der Dosen erfolgt Lagerung in
trocknen luftigen Räumen.

Veränderungen bei der Pasteurisierung und Sterilisation. Über die Einfluß-
nahme von Wärme auf Obst und Gemüse wurde bereits auf S. 212—215
berichtet.

Filtration. Die Haltbarmachung durch Filtration wird insbesondere für
Wein und für Süßmoste angewendet und unterscheidet sich grundsätzlich vom
Pasteurisieren dadurch, daß die Mikroorganismen (Bakterien, Schimmelpilze,
Hefen) mit Hilfe feinporiger Filter (Entkeimungsfilter = E.K.-Filter) entfernt
werden (F. SCHMITTHENNER). Der Arbeitsgang erfolgt so, daß die keltertrüben,
oft sehr schleimigen Säfte mit geeigneten Schönungsmitteln geschönt oder enzymatisch entschleimt werden und so glanzhell filtriert durch das Entkeimungsfilter gehen. Dieses Filter besteht aus mehreren, hintereinander geschalteten
engporigen E.K.-Schichten aus gepreßtem Asbest und Cellulosestoff, welche alle
Mikroorganismen zurückhalten.

Die Einlagerung des Saftes geht so vor sich, daß der Saft durch das vorher
mit Dampf sterilisierte E.K.-Filter mit Hilfe einer Pumpe gepreßt wird und
unter Einhaltung aseptischer Arbeitsbedingungen in die keimfrei gemachten
Lagerbehälter geleitet oder auf Flaschen abgefüllt wird. Zur Einlagerung großer
Saftmengen wird heute fast ausschließlich das Kohlensäuredruckverfahren von

---

[1] Von ausländischen Autoren wird stark für ein Verbot der Grünung eingetreten; vgl.
S. SCHMIDT-NIELSEN und AUDUN YRI, A. SCHEUNERT und F. PLENKKE (3), E. REMY. Dieser
ablehnenden Stellungnahme ist im allgemeinen beizutreten; man muß leider da und dort eine
übermäßige „Grünung" beobachten, die auch technisch-wirtschaftlich nicht gerechtfertigt ist.

BÖHI-SEITZ angewandt, bei dem der vorgeklärte und filtrierte Saft in Drucktanks (ihre Auskleidung besteht aus Glasemaille oder aus einer wachsartigen plastischen Masse) gepumpt wird, in welchen er unter 7 at Kohlensäuredruck bei 150° C lagert. Die Abfüllung erfolgt nach dem Durchgang durch ein E.K.-Filter auf Transportdruckfässer oder nach der Entspannung der Kohlensäure auf Flaschen.

β) Chemische Verfahren.

Salzen, Pökeln, Räuchern. *Fleisch und Fischfleisch.* Das gewöhnliche *Einsalzen*, bei der haushaltsüblichen und kleingewerblichen Zubereitung von *Fleisch* verwendet, kommt im Großgewerbe bei der Konservierung von *Fischfleisch*, bei *Fleisch* im Zusammenhang mit der *Pökelung* in Frage, wo Kochsalz zusätzlich neben anderen Stoffen benutzt wird, sowie bei der Bereitung von gesalzener *Butter* und beim „Übersalzen" von *Gemüse*.

Bei *Fischfleisch* stellt das Salzen ein beliebtes, vielfach angewandtes Konservierungsverfahren dar; man unterscheidet zwischen *Leichtsalzung*, *Mittelsalzung*, *Hart-* und *Kalt*salzung. Die leichte und mittlere Salzung erfolgt am Land, und zwar so, daß die gekehlten, gut ausgebluteten Fische nur sehr schwach mit Salz bestreut werden und nicht allzu dicht in Tonnen gepackt und dort mit einer Salzlösung aufgefüllt werden. Der so bereitete Fisch lagert zur Ausreife im Kühlhaus bei +2° C. Die Hartsalzung von Heringen wird auf dem Fangschiff vorgenommen, wo die Fische in besprochener Weise gesalzen und gepackt, dann aber erst auf dem Land handelsüblich umgepackt werden; dieses Verfahren hat man neuerdings dahin abgeändert, daß man die Fische frisch in Eis packt, mit Salz bestreut, an Land bringt und hier erst nach nochmaligem Salzen handelsüblich verpackt. Die Kaltsalzung wird in der Weise vorgenommen, daß die Fische in einer Kältemischung aus Eis und Kochsalz gesalzen werden. Die *Lagerung* von gesalzenen Fischen erfolgt in kalten Lagerräumen. Wie beim Fleisch, schließt sich auch beim Fischfleisch (gewisse Sorten) an das Salzen das Räuchern an, das in verschiedenen Verfahren zur Anwendung kommt.

Butter. Das Salzen der Butter wird vornehmlich in Norddeutschland und in Dänemark vorgenommen. Wenn auch hierüber nur lückenhafte Untersuchungsergebnisse vorliegen[1], so kann doch gesagt werden, daß eine starke Salzgabe bei Butter (Exportbutter über 5%) keine bessere Haltbarkeit zur Folge hat, ja sogar den Geschmack nachteilig beeinflussen kann. Wichtig ist für die Haltbarkeit der Butter die Reinheit des Salzes; dasselbe muß frei sein von Mikroorganismen und frei von chemischen Verunreinigungen, wie Magnesium- und Calciumchlorid, die der Butter einen bitteren Geschmack verleihen. Zweckmäßigerweise behandelt man zwecks Erreichung der notwendigen Feinkörnigkeit und Reinheit das Salz durch längeres Trocknen in Trockenöfen. Es gibt besondere Salzsorten: Buttersalz.

Gemüse. Auch Gemüse, Kohl, Spinat, Rüben, Bohnen, Erbsen und Pilze können durch starkes Salzen haltbar gemacht werden, doch kommt dieser Art der Konservierung nur eine beschränkte Bedeutung zu. Das gewaschene, geputzte Gemüse wird zu diesem Zweck mit etwa 25—30% des eigenen Gewichtes mit Kochsalz versetzt, bleibt so einige Stunden stehen und scheidet dabei Wasser ab, fällt zusammen und kommt in eine aus löslichen Kohlehydraten, Eiweißstoffen und anderen Extraktstoffen bestehende Lake zu liegen, welche bei ihrem hohen Salzgehalt Gärerscheinungen und Schimmelbildung unterbindet. Der Zusatz eines Konservierungsmittels erhöht die Haltbarkeit.

Mit dem *Pökeln* wird die Haltbarkeit des Fleisches erhöht, ohne daß aber dabei die Eigenschaften des Frischfleisches erhalten bleiben. Neben

---

[3] In jüngster Zeit berichtet G. VALENTINE über den Einfluß des Salzens auf den Geschmack der Butter.

Kochsalz wird zur Steigerung der fäulnishemmenden Wirkung und zur Erhaltung des Farbstoffes Salpeter (Natriumnitrat) verwendet, der nach dem allmählichen Umsetzen zu Nitrit das kochbeständige rote Stickoxydhämoglobin bildet. An Stelle von Nitrat darf unter besonderen Vorsichtsmaßregeln und Einschränkungen auch Nitrit (Nitritpökelsalz) verwendet werden, das im Lebensmittelverkehr aber nur für die Pökelung freigegeben wurde[1]. Unter „Pökelfleisch" versteht man ganz durchgepökeltes Muskelfleisch, das auch in den innersten Schichten den Geruch des frischen Fleisches verloren hat; es ist von bestem Gefüge, hat glatte Schnittflächen, behält beim Kochen unter gewöhnlichen Verhältnissen die rote Farbe auch nach dem Erkalten und enthält erheblich mehr Kochsalz als frisches Fleisch. Man wendet zur Pökelung dreierlei Verfahren an, die *Trocken*pökelung, die *Naß*pökelung und die *Schnell*pökelung, von welchen die Trocken- und Naßpökelung in einem Arbeitsgang ausgeführt werden. Bei der Trockenpökelung werden die Fleischstücke mit dem Pökelsalz eingerieben und dann in Behältern (meist Holzbottiche) aufeinander geschichtet; bei der Naßpökelung wird das Fleisch in die Pökellake (auf 20 l Wasser etwa 3 kg Kochsalz, 50 g Salpeter und 500 g Zucker), die vor dem Gebrauch aufgekocht, entschäumt und abgekühlt wird, eingelegt. Die Durchpökelung größerer Stücke dauert mehrere Wochen. Neuerdings wurde ein *Schnell*pökelungsverfahren eingeführt, bei welchem frisch zubereitete, eiweißfreie Salzlake mit 25° Bé in die Blutgefäße des Fleisches nach dem Eintritt der Totenstarre eingespritzt wird, wodurch eine Art Zellenpökelung eintritt.

Bei der *Kalträucherung*, die insbesondere für gepökeltes Fleisch oder Fischfleisch in Frage kommt, wird der Rauch durch Verschwelen von trockenem Sägemehl (Buche, Eiche, Erle und Wacholderzweige) erzeugt. Der Rauch von weichem Nadelholz ist wegen seiner terpentinartigen Beimengungen ebenso ungeeignet wie Torf-, Stein- oder Braunkohlenfeuerung, die das behandelte Räuchergut ungenießbar machen. Der Rauch durchströmt mit einer Temperatur von etwa 20° C die Räucherkammer. Bei der *Heißräucherung* benutzt man gleichfalls den Rauch von Hartholz, aber in Räucheröfen, welche Rauchtemperaturen von 70—100° C ergeben; während im ersten Fall das Räuchergut etwa 3—4 Wochen in der Rauchkammer verbleibt, verweilt es bei der Heißräucherung nur wenige Stunden in den Räucheröfen. Beim *Schnellräuchern*[2] wird das Fleisch in rohen Holzessig getaucht oder in Abkochungen von Ruß mit Kreosotlösung und Wacholderöl und dann an der Luft getrocknet.

Durch den Räucherungsvorgang werden dem Fleisch, je nach der Dauer der Räucherung, etwa 10—40% Wasser entzogen, was eine gute Austrocknung an den äußeren Schichten zur Folge hat, welche stärker mit Kleinlebewesen befallen sind als die inneren.

Einsäuern. Die freiwillige Säuerung, die zur Herstellung von Sauerkraut, Gurken, Bohnen usw. dient, geht so vor sich, daß das Gemüse (zerkleinert oder nicht zerkleinert) in Holzbottiche gebracht, dort nach Zusatz einer Kochsalzlösung und zwecks Beschleunigung der spontanen Gärung mit saurer Milch oder mit einer Milchsäurereinkultur versetzt wird und etwa 4—5 Wochen verschlossen stehen bleibt. Zur Verbesserung des Geschmacks setzt man bisweilen Citronensaft oder Wein (bei Sauerkraut) oder Gewürze und Kräuter (Weinlaub, Dill usw. bei Gurken) zu. Nach Ablauf dieser Zeit ist die Gärung beendet und das Gemüse kann in Gläsern, Blechdosen oder Steingutgefäßen verpackt und gelagert werden. Bei der künstlichen Säuerung ist die Verarbeitung des Gemüses

---

[1] Gesetz über die Verwendung salpetrigsaurer Salze in Lebensmitteln (Nitritgesetz vom 19. 6. 1934, Reichsgesetzbl. 1, 513).

[2] Diese Verfahren, die vielfach nur eine natürliche Räucherung vortäuschen sollen, sind nach dem Entwurf einer Verordnung über Konservierungsmittel unzulässig (s. S. 250).

ähnlich, nur werden die rohen oder schon vergorenen Gemüse mit einem Aufguß von mildem Gewürzessig versehen.

Bei *Essigfrüchten* erfolgt eine Vorkochung der verarbeiteten Früchte und hierauf ein Einlegen in eine Flüssigkeit aus Weinessig, Zucker und Gewürzen (Nelken, Zimt u. a.).

Zuckern. Durch das Zuckern der Früchte erhält man glasiertes, kandiertes Obst, das in Konditoreien und Bäckereien als Belegobst oder als Zusatz zu Gebäcken, Lebkuchen usw. verwendet wird. Die Herstellung vollzieht sich in der Weise, daß die gut sortierten Früchte nach dem Bleichen und Weichkochen mit heißer Zuckerlösung von 16°—24° Bé übergossen werden und mit dieser Lösung über Nacht stehen bleiben, worauf sie am folgenden Tag in dieser Lösung aufgekocht werden, um dann wieder zwei Tage in einem möglichst kühlen Raum stehen zu bleiben. Diese Behandlung mit Zuckerlösung wird in wechselnden Zeitabschnitten und mit einer stärkeren Zuckerlösung drei bis vier Wochen lang fortgesetzt, bis zum Schluß eine Zuckerlösung von 38° Bé zur Anwendung kommt, in der die Früchte nochmals aufgekocht werden. Die Citrusfruchtschalen (Citronat) und Orangenschalen (Orangeat) werden nicht in der Zuckerlösung gekocht, sondern mit heißer Zuckerlösung steigender Konzentration übergossen. Verwendet werden die in Süditalien gesammelten Früchte der Citrus medica, var. cedro, welche nach der Reinigung, Halbierung, Entkernung, Entfleischung und Gärung in Salzwasser, in Fässer verpackt verschickt werden; zur Orangeatherstellung dienen nur bittere Apfelsinen.

Das *Glasieren* und *Kandieren* der Früchte erfolgt nach dem Trocknen der gezuckerten Früchte (im Trockenschrank oder an der Luft) durch Einlegen in milchigtrübe, heiße Zuckerlösung (Glasieren) oder durch Rollen der Früchte in feinstem Krystallzucker (Kandieren).

Chemische Konservierungsmittel. Die nach dem ausgeführten Verordnungsentwurf für Deutschland getroffene Begriffsbestimmung bringt zum Ausdruck, daß als Konservierungsmittel nur *chemische* Stoffe zu verstehen sind (nicht physikalische Verfahren), die dazu dienen Kleinlebewesen in ihrer Entwicklung zu hemmen oder abzutöten. Speisesalz, Zucker, Gewürz, Essig, Weinsäure, Citronensäure, Speiseöl sind keine Konservierungsmittel im Sinne des Entwurfes. Die Kennzeichnung eines Konservierungsmittelzusatzes bei Lebensmitteln, die in Packungen und in Behältnissen in den Verkehr gebracht werden, ist geplant etwa mit der Angabe ,,chemisch konserviert'', mit oder ohne Benennung des Konservierungsmittels, jedenfalls aber mit Benennung der Borsäure (endgültige Festsetzung wird die erwartete Verordnung bringen). Bei *Eiern* handelt es sich nicht um eine Konservierung im Sinne der getroffenen Begriffsbestimmung, da der *genießbare* Anteil des Eis nicht unmittelbar mit dem Konservierungsmittel in Berührung kommt.

Eier. Neben der Behandlung der Schale mit Desinfektionsmitteln (Kochsalz, Salicylsäure, Borsäure mit Wasserglas, Alkohol, Benzoesäure, Kaliumpermanganat und andere) mit anschließender trockner Aufbewahrung, wird in den meisten Fällen das Einlegen der Eier in desinfizierender Flüssigkeit vorgenommen.

Diese Art der vielfach haushaltsüblichen Aufbewahrung hat ihren Vorzug darin, daß eine Eintrocknung der Eier, welche von der Konservierungsflüssigkeit umgeben sind, vermieden wird. Allgemeine Bedeutung erlangt hat das Einlegen der Eier in *Kalkwasser* und in *Wasserglaslösung*. Das Kalkwasserverfahren hat den Vorteil der Einfachheit und Billigkeit, aber den Nachteil, daß die Schale des Eies leicht brüchig wird und beim Kochen aufreißt. Die Ansichten über den bisweilen auftretenden laugenhaften Geschmack der Eier gehen auseinander; feststeht aber, daß das Weißei der Kalkeier nicht gut zu Schnee geschlagen werden kann.

Das gleichfalls in Haushaltungen vielfach verwendete Einlegen der Eier in Wasserglaslösungen ist billig und gewährleistet eine sichere Haltbarkeit. Auch diese Eier platzen beim Kochen auf, eine Erscheinung, die durch Anbohren des Eies an der stumpfen Seite mit einer starken Nadel (Entweichen der Luft aus den verklebten Poren) verhindert werden kann. Das Weißei eignet sich besser zum Schneeschlagen als dasjenige der Kalkeier.

Für die Bereitung einer geeigneten Kalklösung gibt es zahlreiche Vorschriften; die einen verwenden reine Kalklösungen, die anderen Kalklösungen mit Zusatz von Kochsalz und Weinsäure. Das vielfach gebrauchte Konservierungsmittel *Garantol* besteht aus pulvrisiertem, gelöschtem Kalk und Ferrosulfat. Eine brauchbare Lösung ist diejenige aus 2,5 kg gebranntem Kalk, 12,5 g Kochsalz und 20 g Weinsäure (für 100 Eier). Eine geeignete Wasserglaslösung wird durch Verdünnen der käuflichen 33—35%igen Natron-Wasserglaslösung (Dichte 1,34) mit der 10fachen Menge Wasser erhalten. Mit dieser Mischung werden die Eier in einem Steintopf übergossen. Die Wasserglaslösung erstarrt zu einer Gallerte, in der die Eier mehrere Monate ohne Veränderung aufbewahrt werden können.

Die gute Brauchbarkeit der Eierkonservierung, sei es mit Wasserglas, Garantol oder Kalkwasser, geht aus den Untersuchungen von R. Römer[1] hervor, die erkennen lassen, daß von diesen drei Konservierungsmitteln die Wasserglaskonservierung (trotz des höheren Verlustes an Knickeiern) den Vorzug verdient.

Tabelle 20.

	Wasserglas	Garantol	Kalkwasser
Zahl der Eier . . .	76000	14000	32000
Konservierungsdauer	April/Mai bis November/Januar	Mai—Dezember	Mai/Juni bis November/Dezember
Verdorbene Eier . .	662 = 0,81%	4,25 = 3,03%	1938 = 6,06%
Knickeier	2396 = 3,15%	194 = 1,39%	269 = 0,84%
Gesamtabgang . . .	3,96%	4,42%	6,90%

Eine nicht erschöpfende Übersicht soll die nach dem Entwurf für die gebräuchlichsten Lebensmittel zuzulassenden Konservierungsmittel aufzeigen (Tabelle 21).

Neben den hier aufgeführten werden noch für eine Reihe anderer Lebensmittel: flüssiges Obstpektin, Limonaden, Zucker- und Schokoladenwaren, Speiseeiskonserven, Speisegelatine, Speisesenf, flüssige und halbflüssige Kaffee-Extrakte und Kaffee-Ersatzextrakte, Malzextrakte, von den Herstellern und vom Handel Konservierungsmittel der beschriebenen Art in jeweils verschiedener Menge beansprucht.

Von seiten des Lebensmittelgewerbes und des Lebensmittelhandels wurden vielfach Abänderungsvorschläge für diesen Entwurf eingebracht. Die Zahl der Konservierungsmittel muß jedenfalls auf ein Mindestmaß beschränkt und ihre Anwendung nur dort zugelassen werden, wo sie unbedingt erforderlich ist; es ist zu erstreben, die physikalischen Verfahren soweit auszubauen, daß sie mit Erfolg auch dort zur Anwendung gebracht werden können, wo heute noch chemische Konservierungsmittel Verwendung finden und technisch unentbehrlich erscheinen.

---

[1] R. Römer: Dtsche. landw. Geflügelztg. **27**, 555 (1924).

Tabelle 21.

Lebensmittel	Konservierungsmittel	Höchstzulässige Gewichtsmenge des Konservierungsmittels in 100 g der Lebensmittel mg
Zubereitungen von Fischen und Krustentieren	Ester[1], in Mischungen untereinander und Hexamethylentetramin . . . . oder Mischung aus Ester und Hexamethylentetramin	50 25 75
Lachs	Ester . . . . oder Mischung aus Benzoesäure und Para-chlorbenzoesäure auch in Form ihrer Natriumsalze	25 50
Appetitsild, Anchovis, Gabelbissen	Borsäure . . . . oder Benzoesäure	500 500
Kaviar	Hexamethylentetramin . . . . . . oder Borsäure	100 500
Krabben, Krabbenkonserven	Borsäure	900
Flüssiges Eigelb	Benzoesäure . . . . oder Benzoesaures Natrium . . . . oder Ester	1000 1200 800
Margarine	Benzoesäure . . . . oder Benzoesaures Natrium . . . . oder Ester	200 240 80
Gemüsedauerware: Aufguß für Gurken und rote Rüben	Benzoesäure . . . . oder Benzoesaures Natrium . . . . oder Ester	200 240 80
Obsterzeugnisse:		
Obstsäfte (Fruchtmuttersäfte) zur Weiterverarbeitung, ausgenommen Kirschsäfte aller Art, Orangensaft, Citronensaft	Benzoesaures Natrium . . . . . . oder Ameisensäure (25%ige Lösung) oder Schweflige Säure . . . . . . oder Kaliumpyrosulfit . . . . . . oder Ester	180 1000 125 SO_2 435 90
Kirschsäfte aller Art, Orangensaft, Citronensaft	Benzoesaures Natrium . . . . . . oder Ameisensäure (25%ige Lösung) oder Schweflige Säure . . . . . . oder Kaliumpyrosulfit . . . . . . oder Ester	180 1600 125 SO_2 435 90
Obstkonfitüren, Marmeladen, Pflaumenmus	Benzoesäure, benzoesaures Natrium, Ameisensäure, Ester, in wäßrigen oder weingeistigen Lösungen zum Benetzen von Pergamentpapier, das zum Bedecken der Oberfläche des fertigen Erzeugnisses in dem Lieferungsgefäß dient	—
Obstsaft zum unmittelbaren Genuß, ausgenommen Traubensaft	Schweflige Säure . . . . oder Kaliumpyrosulfit	12,5 SO_2 45
Trockenobst	Schweflige Säure	200 SO_2

[1] Unter der Bezeichnung „Ester" sind zu verstehen die Para-Oxybenzoesäureäthyl- und Propylester auch in Form der Natriumverbindungen und in Mischungen untereinander.

Schrifttum.
Zusammenfassende Darstellungen.
Bei dem zahlreichen eingesehenen Schrifttum war es nicht möglich, für jeden übernommenen Gedanken und für jede Angabe die Hinweise zu benennen. Die verschiedenen einzelnen Angaben sind gesondert aufgeführt. Außer den damit aufgezeigten Belegen wurden vor allem die nachstehenden Schriften benutzt.

Bömer, A., A. Juckenack u. J. Tillmans: Handbuch der Lebensmittelchemie. Berlin: Julius Springer 1933—1937.

EBERLEIN, L.: Die neueren Milchindustrien. Dresden: Theodor Steinkopff 1937.

FLEISCHMANN, W. u. H. WEIGMANN: Lehrbuch der Milchwirtschaft. Berlin: Paul Parey 1932.

GROSSFELD, J.: Handbuch der Eierkunde. Berlin: Julius Springer 1938.

HEUPKE, W.: Diätetik, die Ernährung des Gesunden und Kranken. Dresden: Theodor Steinkopff 1936.

JACOBSEN, E.: Handbuch für die Konservenindustrie, Konservenfabriken und den Konservengroßbetrieb. Berlin: Paul Parey 1926.

KEDENBURG, H.: Kältetechnik und Kühlbetrieb. Berlin: Deutsche Arbeitsfront G.m.b.H. 1937.

MEHLITZ, A.: Süßmost. Braunschweig: Dr. Serger & Hempel 1938.

NEUMANN, M. P.: Brot und Brotgetreide. Berlin: Paul Parey 1929.

RASMUSSON, L.: Die Lebensmittel und ihre Aufbewahrung. Hannover: M. Schaper 1931.

SCUBIN, L.: Die Kühllagerung von Erzeugnissen des deutschen Gemüse- und Obstbaues und ihre Bedeutung für die Versorgung Deutschlands. Bremerhaven: Elbe-Weser-Verlag 1935. — SERGER, H. u. H. KRAUSE: Konserventechnisches Tagebuch. Braunschweig: Serger & Hempel 1938.

TUCHSCHNEID, M.: Die kältetechnische Verarbeitung rasch verderblicher Lebensmittel. Kirchhain, N.-L.: Brücke-Verlag 1936.

ZIEGELMAYER, W.: Unsere Lebensmittel und ihre Veränderungen. Dresden: Theodor Steinkopff 1932. — Rohstofffragen der deutschen Volksernährung. Dresden: Theodor Steinkopff 1937.

Einzelarbeiten.

AMMON, R. u. E. SCHÜTZE: Biochem. Z. **275**, 216 (1935). — AVEDYK u. GELINCK: Zit. nach M. P. NEUMANN: Brotgetreide und Brot, S. 446. Berlin: Paul Parey 1929.

BALLS, A. K. and T. SWENSON: Ind. Chem. **26**, 570 (1934). — BAUER, O.: Dtsch. Lebensmittelrdsch. **1**, 1 (1937). — BAUMGARTEN, H.: Zbl. Bakter. I **1929**, 213. — BERG, R.: Z. angew. Chem. **27**, 148 (1914). — BEYTHIEN, A.: (1) Handbuch der Lebensmittelchemie, Bd. 3, S. 677. Berlin: Julius Springer 1936. — (2) Handbuch der Lebensmittelchemie, Bd. 3, S. 783. Berlin: Julius Springer 1936. — (3) Fleischerzeugnisse. Handbuch der Lebensmittelchemie, Bd. 3, S. 867. Berlin: Julius Springer 1936. — BICKEL, A.: (1) Beitr. Path. u. Ther. Ernährgsfr. **5**, 75 (1914). — (2) Arch. Verdgskrkh. **46**, 1 (1929). — (3) Z. Volksernährg **10**, 260 (1935). — BICKEL, A. u. A. KORCHOW: Biochem. Z. **199**, 434 (1928). — BLEYER, B. u. W. DIEMAIR: Forschungsdienst, Reichsarbeitsgemeinschaften der Landbauwissenschaft, H. 8, S. 561. 1938. — BLEYER, B., W. DIEMAIR, F. FISCHLER u. K. TÄUFEL: (1) Biochem. Z. **286**, 408 (1936). — (2) Biochem. Z. **289**, 27 (1936). — (3) Ernährg **1**, 181 (1936). — (4) Biochem. Z. **292**, 301 (1937). — (5) Dtsch. Lebensmittelrdsch. **18**, 209 (1937). — (6) Ernährg **1**, 30 (1938).

CLASSEN, H.: Chem.ztg **41**, 339 (1917).

DEMETER, K. J.: Molkereiztg (Hildesheim) **1937**, Nr 4, 5, 6. — DIEMAIR, W.: (1) Nicht veröffentlicht. — (2) Dtsch. med. Wschr. **1936**, 62, 1081. — DIPPERN, H.: Molkereiztg (Hildesheim) **52**, 820 (1938).

ECKART, H.: E. JAKOBSENs Handbuch für Kons.-Ind., Bd. 2, S. 871. Berlin: Paul Parey 1926.

FELLERS, I.: Amer. J. publ. Health **25**, 1340 (1935). — FENTON, J.: J. Nutrét **14**, 63 (1937). — FERDINANDOFF, F.: Zit. nach W. TUCHSCHNEID. — FLEISCHMANN, W.: Lehrbuch der Milchwirtschaft, S. 303. Berlin: Paul Parey 1932.

GERUM, J.: (1) Z. Unters. Lebensmitt. **41**, 103 (1921). — (2) Z. Unters. Lebensmitt. **63**, 51 (1932). — GRIEBEL, C. u. A. MIERMEISTER: Z. Unters. Lebensmitt. **52**, 458 (1926). — GRIMMER, W., C. KUSTENACKER u. I. BFRG: Biochem. Z. **137**, 472 (1923). — GRIMMES, M., V. C. E. KENNELL and H. A. CUMMENS: Sci. Proc. royal Dublin Soc. **19**, 549 (1930). — GRINDLEY, K. S. and T. MONJONIER: U.S. Dep. agricult. Bull. **141** (1904). — GROSSFELD, G. u. G. PETER: Z. Unters. Lebensmitt. **69**, 16 (1935).

HEFTER, G. u. H. SCHÖNFELD: Chemie und Technologie der Fette und Fettprodukte, Bd. 1, S. 421. Wien 1936. — HEIDUSCHKA, A. u. I. DEININGER: Z. Unters. Lebensmitt. **40**, 161 (1920). — HEISS, R.: (1) Die Wärme. Z. Dampfkessel- u. Masch.betr. **56**, 72 (1933). — (2) Z. Kälteind. **40**, 53 (1933). — (3) Z. Fleisch- u. Milchhyg. **48**, 281 (1938). — HENNEBERG, W. u. W. CHRISTIANSEN: Molkereiztg (Hildesheim) **44**, 47 (1930). — HEUPKE, W.: (1) Arch. Verdgskrkh. **57**, 243 (1935). — (2) Dtsch. med. Wschr. **1936**, 62, 1077. — HOFFMANN, G.: Über den Vitamin C-Gehalt zubereiteter Gemüse und Gemüsekonserven im Winter. Inaug.-Diss. Jena 1937. — HOFIUS, J.: Molkereiztg (Hildesheim) **49**, 1408 (1935). — HOPKINS, E.: Bull. agricult. chem. Soc. Japan **13**, 119 (1937).

JANKE, A. u. L. JIRAK: Z. Unters. Lebensmitt. **69**, 436 (1935). — JUCKENACK, A.: Was haben wir bei unserer Ernährung im Haushalt zu beachten. Berlin: Julius Springer 1923.

KAISER, A.: Dtsch. med. Wschr. **1937** II. — KATZ, I.: (1) Z. f. physik. Chem. **95**, 104, 136, 147 (1915). — (2) Z. physik. Chem. **96**, 288, 314 (1915). — KELLERMANN, R.: Molkereiztg

(Hildesheim) **52**, 522 (1938). — KIEFERLE, F. u. J. GLOETZL: Milchwirtsch. Forschgn. **11**, 62 (1930). — KIERMEIER, F.: Molkereiztg (Hildesheim) **52**, 818 (1938). — KLODT, W.: Münch. med. Wschr. **1937** II, 1449. — KLUENDER, U.: Chem. ztg **44**, 837 (1930). — KOENIGER, W.: Forschungsdienst, Reichsarbeitsgemeinschaften der Landbauwissenschaft, H. 6, S. 356. 1937. — KÖPKE, P.: Pharmaz. Z.halle **58**, 507, 521 (1917). — KOGA, T.: Biochem. Z. **141**, 430 (1923). — KORCHOW, A.: Biochem. Z. **190**, 188 (1927). — KRAFT, W.: Brot, Volksgesundheit und Nahrungsfreiheit. Dresden: Müller G. m. b. H. 1936. — KRAUS, F.: Z. diät. Ther. **1**, 69 (1898). — KRIMBERG, A.: Z. physiol. Chem. **48**, 412 (1906).

LAMPRECHT, F.: Mehl und Brot, Schriftenreihe der Reichsarbeitsgemeinschaft für Volksernährung. Leipzig: Johann Ambrosius Barth 1937. LANGE, W. u. K. POPPE: Arb. ksl. Gesdhamt **33**, 127 (1910). — LEMBKE, A.: Forschgsdienst **5**, 303 (1938). — LINSBAUER, L.: Obstzüchter **55** (1913). — LINTZEL, W., G. HOFFMANN u. H. GORES: Z. Ernährg **3**, 2 (1938). — LOBANOW, D. u. S. BYKOWA: (1) Z. Unters. Lebensmitt. **69**, 313 (1936). — (2) Z. Unters. Lebensmitt. **70**, 150 (1935). — LÜERS, H.: Tagesztg Brauerei **34**, 704 (1936).

MAIGNON, F.: C. r. **166**, 919 (1918). — MAREL, I. VAN DER: Pharm. Weekbl. (holl.) **59**, 82 (1922). — MATZKA, J.: Oligodynamische Phänomene der Konservierung. Intermat Grasse (A.M.), Frankreich, 1936. — MIERMEISTER, A.: Z. Unters. Lebensmitt. **57**, 235 (1929). MÖLLER, A.: Z. Unters. Lebensmitt. **58**, 608 (1929). — MÜLLER, H. u. CH.: (1) Arch. f. Hyg. **114**, 341 (1935). — (2) Z. Fleisch- u. Milchhyg. **46**, 345 (1936). — MÜLLER, J. u. J. MASUYAMA: Z. Biol. **21**, 542 (1900).

NEUMANN, R. O.: Erg. Hyg. **10**, 1—188 (1929). — NOORDEN, C. VON u. H. SALOMON: Handbuch der Ernährungslehre. Berlin: Julius Springer 1920.

OLIVER: M.: J. chem. Soc. **55**, 153 (1936). — OLSEN, H. C. and B. H. HAMMER: Jowa State Coll. J. Sci. **10**, 37 (1935).

PAECH, K.: Ernährg **2**, 167 (1937). — PAYEN, A.: Zit. nach A. BEYTHIEN, Handbuch der Lebensmittelchemie, Bd. 3, S. 688. Berlin: Julius Springer 1936. — PLANK, R.: Z. VDI **76**, 1089 (1932).

RAHN, O.: Milchwirtsch. Forschgn **2**, 273 (1925). — REMY, E.: Arch. f. Hyg. **107**, 139 (1932). — REITER, H.: Beih. zur Zeitschrift Ernährg **1**, 1 (1937). — RUBNER, M.: Arch. f. Hyg. **55**, 225 (1906).

SABALITSCHKA, TH. u. F. RIESENBERG: (1) Ber. dtsch. pharmaz. Ges. **32**, 48 (1922). — (2) Ber. dtsch. pharmaz. Ges. **33**, 12 (1923). — SAITNER, M.: Molkereiztg (Hildesheim) **52**, 802 (1938). — SCHEER, K.: Z. Volksernährg **12**, 93 (1937). — SCHEUNERT, A.: Die Vitamine. Handbuch der Lebensmittelchemie, Bd. 1, S. 768. Berlin: Julius Springer 1933. — SCHEUNERT, A. u. H. BISCHOFF: Biochem. Z. (1) **219**, 186 (1930). — (2) Biochem. Z. **220**, 191 (1930). — SCHEUNERT, A., J. RESCHKE u. E. KOHLEMANN: (1) Biochem. Z. **288**, 261 (1936). — (2) Z. Vorratspfl. u. Lebensmittelforschg **1**, 238 (1938). — (3) Z. Unters. Lebensmitt. **74**, 21 (1937). — SCHMALFUSS, H., H. WERNER u. A. GEHRKE: (1) Margarineind. **25**, 215, 242, 265 (1932). — (2) Margarineind. **26**, 3, 87 (1933). — (3) Fettchem. Umsch. **40**, 102 (1933). — (4) Margarineind. **27**, 93, 167 (1934). — (5) Angew. Chemie **47**, 414 (1934). — SCHMIDT-NIELSEN, S. u. AUDUN YRI: Kgel. Norske Vidensk. Selsk. **9**, 65 (1936). — SCHMITTHENNER, F.: Das Weinblatt. Dtsch. allg. Weinfachztg **1937**, H. 42—45, 2. — SCHNEGG, H. u. H. KIPPHAHN: Obst- u. Gemüseverwertgsind. **34** (1935). — SCHNEIDER, H. u. O. ORELLI: Zbl. Bakter. II **32**, 161 (1911). — SCHÖNBERG, F.: Berl. tierärztl. Wschr. **1930** I, 429. Ref. Zbl. Bakter. I **100**, 431 (1930). — SCHÖNBERG, F. u. S. DEBELIC: Berl. tierärztl. Wschr. **1933** I, 396. — SCHWARTZ, W.: Z. angew. Chem. **48**, 629 (1936). — SCHWARTZ, W. u. W. BENDER: Zbl. Bakter. **95**, 33 (1936). — SCHWARTZ, W. u. E. LOESER: Zbl. Bakter. **91**, 395 (1935). — SCHWEITZER, A.: Biochem. Z. **107**, 256 (1920). — SCHWENKENBECHER, A.: Inaug.-Diss. Marburg 1900. Zit. nach A. BEYTHIEN, Handbuch der Lebensmittelchemie, Bd. 3, S. 688. Berlin: Julius Springer 1936. — SPRECKELS, E.: (1) Z. Unters. Lebensmitt. **34**, 241 (1917). — (2) Z. Unters. Lebensmitt. **34**, 400 (1917). — STEPANEK, O.: Zbl. Physiol. **18**, 188 (1904). — STROHECKER, R.: Handbuch der Lebensmittelchemie, Bd. 3, S. 98. Berlin: Julius Springer 1936.

TÄUFEL, K.: (1) Handbuch der Lebensmittelchemie, Bd. 1, S. 1249. Berlin: Julius Springer 1933. — (2) Z. Unters. Lebensmitt. **72**, 287 (1936). — TUCHSCHNEID, M.: Die kältetechnische Verarbeitung schnell verderblicher Lebensmittel. Kirchhain, N.-L.: Brücke-Verlag 1937. K. Schmersow. — TUMPOMSKI, A.: Z. Hyg. **37**, 278 (1901).

ULRICH, CHR.: Arch. Pharmaz. **249**, 68 (1911).

VALENTINE, G.: New Zealand J. Agricult. **56**, 41 (1938). — VIRTANEN, A. J.: Internationale Milchwirtschaftskongreß Kopenhagen 1931, Sect. 2. Deutsche Ausgabe. — VOGEL, A.: Chem. Zbl. **15**, 693 (1884).

WACHOLDER, R.: Biochem. Z. **295**, 237 (1938). — WASER, E.: Z. Unters. Lebensmitt. **40**, 289 (1920). — WEIGMANN, H.: Handbuch der praktischen Käserei. Berlin 1933. — WEINLIG, A.: Forschg Milchwirtsch. u. Molkereiwes. **2**, 127 (1922). — WILLFÜHR, H., F. FROMME u. H. BRUNS: Veröff. Med. Verw. **39**, 339 (1933). — WILLIAMS, K.: Chem. News **104**, 271 (1911).; C. **1**, 427. 1912. — WIRZ, H.: Vortrag, gehalten anläßlich des internationalen Kongresses für Brotindustrie. Leipzig 1936. — WITTMACK, L.: Früchtehand. **1920**, Nr 40. — WOLF, CH. u. E. OESTERBERG: Biochem. Z. **40**, 234 (1912).

B. Pathologie und Therapie
der Ernährungskrankheiten.
I. Unterernährung und Überernährung.

Von **Alfred Schittenhelm**, München.

Mit 1 Abbildung.

Wenn auch eine fehlerhafte Ernährung vielfach als Ursache von allerhand Krankheitszuständen angegeben wird und diätetische Kuren wie Heilfasten, Rohkost, vegetarische Diät, eiweißarme, kochsalzfreie Ernährung u. a. m., sowie Verabreichung der verschiedensten Vitamine großer Beliebtheit sich erfreuen, so ist andererseits doch nur eine relativ geringe Anzahl festumschriebener Krankheitsbilder bekannt, bei denen man mit Sicherheit eine ganz bestimmte Fehl- oder Mangelnahrung als Ursache angeben kann. Oftmals sind angenommene Zusammenhänge nur durch theoretische Überlegungen, mehr oder weniger belegte Behauptungen und tatsächliche oder scheinbare Erfahrungen gestützt, ohne daß eine exakte Beweisführung oder kritische Bewertung unter voller Berücksichtigung tatsächlich vorhandener Grundlagen und andererseits der Lücken in unserem Wissen durchgeführt sind.

Die experimentelle Medizin hat uns viele Zusammenhänge verstehen gelehrt. Namentlich auf dem Gebiet der Vitamine sind bedeutende Entdeckungen und Erkenntnisse zu verzeichnen. Durch die Möglichkeit der Reindarstellung dieser einfachen Stoffe und die Auffindung von relativ leichten Methoden, sie qualitativ und quantitativ zu erfassen, ist man in der Lage, ihr Vorhandensein und ihre Wirkungen zum Teil sogar ihren eigenen Stoffwechsel und ihre intermediäre Bedeutung einer exakten Prüfung zu unterziehen. Wesentlich schwieriger liegen die Dinge bei den anderen Nahrungsbestandteilen. Schon bei den leichter zu erfassenden Mineralstoffen stößt man auf erhebliche Hindernisse (z. B. Jod, Eisen, Kupfer u. a.), die bei den komplizierten organischen Nahrungsstoffen, den Kohlehydraten und Fetten, ganz besonders aber den Eiweißarten und ihren komplexen Verbindungen (Hämoglobin, Thyreoidin, Nucleoproteid, Glucoproteid usw.) noch größer sind. Man kann wohl sagen, daß man auf diesem Gebiet oft erst einen oberflächlichen Überblick gewonnen hat, über die Einzelheiten aber nur ungenügend und lückenhaft orientiert ist. Die Mehrzahl der vorliegenden Ernährungsversuche früherer Zeit sind noch ohne Kenntnis der Vitamine und ihrer Bedeutung angestellt und müssen vielfach erst unter anderen Bedingungen wiederholt werden. Da ferner der synthetische Aufbau bestimmter tierischer oder pflanzlicher Eiweißstoffe, Kohlehydrate oder Fette noch nicht durchzuführen ist und man über die wirkliche Zusammensetzung, vor allem verschiedenartiger Eiweißstoffe zwar in mancher Hinsicht gute aber noch keineswegs genügende oder gar vollkommene Kenntnis hat, so klaffen hier große Lücken, die auszufüllen, noch viele Arbeit kosten wird, wenn die bestehenden Schwierigkeiten sich überhaupt bewältigen lassen. Bis zur Darmwand läßt sich das Schicksal der zugeführten Eiweißstoffe noch einigermaßen sicher verfolgen. Dahinter beginnt sofort die Unsicherheit. Über Einzelheiten des Aufbaus und Abbaus der vielen Eiweißstoffe im Körper wissen wir nur wenig. Erst ihre Stoffwechselendprodukte können wir wieder im Urin und Kot fassen.

Aus den vorstehenden Kapiteln gehen die *Hauptaufgaben der Ernährung* hervor, die darin bestehen, daß die Nahrung alle für den Aufbau und das Wachstum des Organismus nötigen Stoffe liefert, daß sie seine optimale Zusammensetzung und deren Erhaltung durch vollen Ersatz der durch den Ablauf der Lebensvorgänge eintretenden Abnutzung der Gewebe ermöglicht, daß der innere Stoffumsatz störungslos abläuft, daß die zur Erhaltung notwendige Energie und die Kraft zur Arbeitsleistung gesichert ist. Es ist ohne weiteres klar, daß die Unterernährung die volle Erfüllung der Aufgaben irgendwie mangelhaft gestaltet. Aber auch die Überernährung ist auf die Dauer schädlich und führt zu Krankheitszuständen, die für Leben und Leistung des einzelnen ebenso bedeutungsvoll sind wie die durch Unterernährung herbeigeführten.

a) Hunger.

Der absolute akute Hunger ist die stärkste Form der Unterernährung, gleichzeitig auch die einfachste Form der Ernährung. Das Gesetz der Erhaltung der Energie zwingt den Organismus, zur Aufrechterhaltung seiner Lebensfunktionen (Wärmehaushalt, Atmung, Herz und Kreislauf, Sekretion, evtl. auch körperliche und geistige Leistung u. a.) sich von innen heraus also von eigenen in Blut und Geweben vorhandenen Stoffen zu erhalten *(endogene Ernährung)*. Wenn kein *Wasser* zugeführt wird, scheint das Wasserbedürnis durch das aus den einschmelzenden Körperbestandteilen stammende Wasser einigermaßen ausreichend gedeckt werden zu können (z. B. winterschlafende Tiere). Nach einem authentischen Laienbericht ließ sich ein Amritsarfakir 40 Tage lang in einem festen Sarg und einem besonders errichteten Mausoleum begraben. Vorher machte er ein streng bewachtes Training von 20 Tagen durch, in dem er nur Milch trank und außerordentliche Mengen von Abführmitteln zu sich nahm. Als am Ende der 40 Tage der Sarg geöffnet wurde, schien es dem Fakir nicht gerade schlecht zu gehen, wenn er auch etwas blasser aussah. Am Abend war er bei einem ihm zu Ehren gegebenen Empfang anwesend. MORGULIS vergleicht seinen schlafähnlichen Zustand mit dem Winterschlaf der Tiere unter Hervorhebung einiger besonderer Merkmale. Bei *gleichzeitiger Wasserzufuhr* soll der Hunger angeblich länger ertragen werden können. Der Hungerkünstler Succi trank während seines 31tägigen Hungerns täglich etwa $^3/_4$ Liter eines kohlensauren Wassers mit geringem Cl-Gehalt (BRUGSCH) manchmal auch mehr (LUCIANI). Trotz der überstandenen Hungerzeit besaß der etwa 50jährige Mann noch eine recht gut entwickelte durchaus nicht schlaffe Muskulatur; wenn auch die Haut sich in großen Falten leicht abheben ließ, so war ihm doch ein erhebliches Fettpolster verblieben. Er hatte 27 Pfund, das sind 17,2% seiner Gesamtgewichtes abgenommen. Ein anderes Mal hungerte er 40 Tage mit 25,3% Gewichtsverlust (LUCIANI). Levanzin verlor bei 31tägigem Fasten 22% seines Gewichtes; er befand sich danach in ausgezeichnetem Gesundheitszustand (BENEDICT).

Das *Heilfasten* entspricht nicht völlig dem absoluten Hunger, da bei ihm geringe Mengen von Obstsäften und Tees evtl. mit etwas Zucker gereicht werden, welche wohl geeignet sind, gewisse Gefahren des Hungerns (Acidosis, Vitaminmangel) fernzuhalten oder zu mindern. Trotzdem wird das Heilfasten sehr verschieden vertragen. Manche halten es 40 Tage und länger aus, bei anderen treten in der ersten kritischen Periode derartige alarmierende Erscheinungen auf (Erbrechen, Schweiße, Durchfälle, Ohnmachten), daß eine teilweise Ernährung (Obst-, Rohkost-, Milchfasten) einsetzen muß. BUCHINGER spricht dabei von „Rückvergiftungs-Reizstößen". Leider liegen bisher nur wenig analytische Untersuchungen vor, am meisten noch von GROTE, die aber auch noch nicht eine volle Deutung gestatten. In diesen Fällen handelt es sich stets um mehr oder weniger kranke Personen, wodurch der Einfluß des Fastens bzw. Hungerns modifiziert werden könnte.

Wie lange absoluter Hunger ertragen werden kann, hängt von dem körperlichen und seelischen Zustand ab, unter dem er angetreten und ausgehalten werden muß. Starke seelische Belastung durch Angst und Sorge oder Peinigungen kürzen die Lebensdauer ab. Andererseits sind freiwillige Hungerkuren, z. B. Merlatti in Paris bis 50 Tagen ohne stärkere Schädigung beschrieben. Das längste beim Menschen beobachtete Hungern, der Hungerstreik des Bürgermeisters von Cork McSwiney, währte bis zu seinem Tode 75 Tage. Der Ernährungszustand, aus dem das Hungern angetreten wird, die allgemeine Körperbeschaffenheit und der Zustand der wichtigen Organe spielen natürlich im Hinblick auf die ertragbare Dauer eine große Rolle. Daher kommt es, daß die Widerstandsfähigkeit gegen absoluten Nahrungsmangel bzw. die Zeit bis zum Hungertode in weiten Grenzen zwischen 17 und 76 Tagen (MORGULIS) schwankt.

Das *klinische Bild* ist kurz folgendes: Beim Hungernden fällt rein äußerlich die Abmagerung auf, das Gesicht wird mager und faltig, die Hautfarbe blaß, die Schleimhäute sind mäßig injiziert, der Mund wird trocken, die Zunge belegt, es stellt sich Mundgeruch ein, evtl. treten in den allerersten Tagen Magenschmerzen ein — Succi nahm deshalb anfänglich ein Opiat —, die Sekretion der Speicheldrüsen erlahmt, die der Verdauungssäfte wird ebenso geringer wie die Gallenabsonderung, ohne aber völlig aufzuhören, die Leber verkleinert sich, die Herztätigkeit wird langsam, der Puls kleiner und seltener, die Atmung etwas rascher, die Harnausscheidung verringert sich je nach Flüssigkeitszufuhr, der Stuhlgang erfolgt seltener und hört auf — Succi hatte z. B. nach 16tägigem Hungern keinen Stuhlgang mehr (BRUGSCH) —, der Urin wird durch relativ vermehrte Phosphorsäureausscheidung sauer, es findet sich ein erhöhter Gehalt an Calcium und Magnesium (Einschmelzung von Knochen), das Verhältnis von Kalium zu Natrium verändert sich zugunsten des ersteren (Verbrauch von kaliumreicher Muskelsubstanz), die Kochsalzausscheidung verringert sich bis auf Spuren (Einsparung von Kochsalz), es erscheint Aceton (FR. v. MÜLLER) und β-Oxybuttersäure (BRUGSCH). Die Alkalireserve im Blut sinkt, das Säurebasengleichgewicht verändert sich, die Atmung reguliert durch CO_2-Abdunstung, die Blutreaktion wird nicht verändert. Die Stickstoffausscheidung im Urin verringert sich bis auf niedrigste Werte (2—3 g täglich), der Prozentgehalt des Harnstoffs zum Gesamtstickstoff (normal 90% Harnstoff) verschiebt sich allmählich zu Ungunsten des Harnstoffs, dafür erhöht sich der Ammoniakgehalt (normal 2—5%, bei Succi 15—35% nach BRUGSCH), auch die Aminosäuren steigen an, der Grundumsatz erniedrigt sich, die Körpertemperatur sinkt etwas ab. Kurz vor Eintritt des Hungertodes kommt es zu einer Steigerung der Ausfuhr stickstoffhaltiger Bestandteile, zu einer erhöhten Abgabe des Kreatins bei Verminderung des Kreatinins, zu Beschleunigung von Puls und Atmung u. a. m.

Diese klinischen und analytischen Erhebungen stimmen mit den übrigen Beobachtungen gut zusammen. In den ersten Tagen des Hungerns wird zunächst die beschränkte Menge Glykogens aufgebraucht, dann bestreitet der Hungernde seinen Bedarf zum größten Teil aus seinem Vorrat an Fett. Als Zeichen des Kohlehydratmangels und der lebhaften Fettverbrennung kommt es zu einer Vermehrung der Acetonkörper. Die dadurch eingeleitete azidotische Stoffwechselrichtung wird durch vermehrte Abgabe von Erdalkalien und dann durch Ammo-

niakbildung unter Einschränkung der Harnstoffsynthese kompensiert. Je mehr
Fett zur Deckung des Bedarfs herangezogen werden kann, je größer also davon
zu Beginn der Hungerperiode vorrätig ist, desto länger kann sich die eiweißsparende Wirkung des Fettes bemerkbar machen, desto länger hält sich der
erforderliche Aufbau der lebenswichtigen Organe und deren Funktion, desto
besser und länger wird der Hunger ertragen. Erst nach Aufbrauch dieser Stoff-
reserven kommt es zur *prämortalen Steigerung des Eiweißverbrauchs*, die sich
in der erhöhten Stickstoffausscheidung im Urin kundgibt, zur Kreatinurie,
zur starken allgemeinen Herabsetzung des Stoffwechsels, zum Fallen der Körpertemperatur usw. führt. Der Hungernde wird unfähig, neues Kohlehydrat zu
bilden (aus Eiweiß und Fett), so daß, sobald der Körpergewichtsverlust sich der
40%-Grenze nähert, das Glykogen aus dem Gewebe gänzlich verschwindet. Die
schweren degenerativen Veränderungen führen nun zum Tode des Organismus.

Die folgende tabellarische Übersicht von E. VOIT (3) zeigt die *Verteilung des Stoff-
verbrauchs auf die einzelnen Körperorgane* bei einem *im Hunger* verendeten Kater:

Auch die *innersekretorischen Drüsen* zeigen erhebliche Gewichtsverluste. Bei Tauben verloren nach McCARRISON Hypophyse und Schilddrüse 26,8 bzw. 33,3% an Gewicht, die Thymus 89,7%, Hoden und Eierstöcke 61,6 bzw. 73,3%; im Gegensatz zu allen inneren Organen nahmen die *Nebennieren* an Gewicht zu, sie wogen nach dem Hunger 25,2% mehr als bei normalen Tauben. Auch bei anderen Tieren finden sich ähnliche Beobachtungen.

Organ	Prozent des ursprünglich Vorhandenen	Prozent des Gesamtverlustes des Körpers
1. Fett	97	26,2
2. Milz	66,7	0,6
3. Leber	53,7	4,8
4. Hoden	40,0	0,1
5. Muskeln	30,5	42,2
6. Blut	27,0	3,7
7. Nieren	25,9	0,6
8. Haut	20,6	8,8
9. Darm	18,0	2,0
10. Lungen	17,7	0,3
11. Pankreas	17,0	0,1
12. Knochen	13,9	5,4
13. Zentralnervensystem	3,2	0,1
14. Herz	2,6	0,02
15. Gesamter übriger Rest des Körpers	36,8	5,0

Aus allen, auch aus den für den Menschen vorliegenden Untersuchungen geht hervor, daß *vor allem das Fettgewebe* (93% nach CHOSSAT, VOIT u. a.) *beim Hun-*

gern zugrunde geht. Die *verschiedenen Organe beteiligen sich ungleichmäßig* an
der Bedarfsdeckung; am meisten geben nach den genannten Untersuchern
die drüsigen Organe und die Skeletmuskeln, dann Haut, Nieren und Lungen
ab, wenig Knochen, am wenigsten das Blut bzw. die roten Blutzellen (das
Plasmaeiweiß vermindert sich), das Herz und das Zentralnervensystem, so daß
offenbar diejenigen Organe, deren Tätigkeit für das Leben am wichtigsten ist,
im längeren Hunger auf Kosten der übrigen Organe ernährt werden und ihre
Arbeit ausführen. Ihre Zellen siegen im Kampf um die geringen zur Verfügung
stehenden Nahrungsstoffe.

Beim *Kleinkind* bestehen ähnliche Verhältnisse. Dabei ist aber hervorzuheben, daß bei länger dauerndem Nahrungsmangel *das Wachstum des Skelets
auf Kosten der anderen Organe zunächst weitergeht* (GÜNTHER und PAULA HERTWIG).
*Das natürlich ernährte Kind (Brustkind) überwindet den Hunger leichter als das
unnatürlich ernährte (Flaschenkind).* Die Ausscheidung der Acetonkörper ist
größer als beim Erwachsenen, beim Brustkind aber geringer als beim Flaschenkind. Der Grundumsatz ist wie beim Erwachsenen herabgesetzt. Auch beim
Kind wird zuerst das Glykogen, dann der Fettvorrat verbraucht.

*Der normale hungernde Organismus arbeitet im ganzen genommen möglichst
ökonomisch.* In den Anfangstagen muß er seine Regulationen erst den ver-

änderten Verhältnissen anpassen. Dann aber schränkt er seinen Stoffwechsel in allen Teilen auf das niedrigste Maß ein. Er steht in dem Stadium des *physiologischen Hungers oder regulierten Fastens*, an dessen äußerster Grenze er die Eigenschaften des *krankhaften Hungers* anzunehmen beginnt, der in kurzem zum Erschöpfungstode führt (LUCIANI). Er verwendet zunächst für seinen Bedarf alles wertlose, überflüssige und weniger wichtige Depot- und Organmaterial. Das Körpereiweiß greift er so wenig wie möglich an. Jene Zellen, die Material zur Bestreitung des Stoffwechsels abgeben müssen, führen dieses dem Blute nicht in zelleigenem Zustand, vielmehr abgebaut zu [ABDERHALDEN (5)]. Dafür sprechen ferner Untersuchungen über den Aminosäurengehalt des Blutes in verschiedenen Gefäßgebieten (BOLTON und PAYLING), wonach bei vollständigem Hungern die Aminosäuren allgemein stark abnehmen, aber in der Vena cava inferior noch am meisten vorhanden sind, weil diese aus der Muskulatur Aminosäuren zugeführt bekommt. Die Verarmung der Organe an Eiweiß bzw. deren Bausteinen zeigen Untersuchungen von SCHENK und WOLLSCHITT, wonach der Tryptophangehalt des koagulierbaren Anteils vom Leberprotein sehr stark absinkt, während die Gesamtmenge des Tryptophans im Extrahierbaren ansteigt. Nach SCHENK kann sich der Bau von Eiweißstoffen weitgehend ändern, ohne daß diese in ihrem physiko-chemischen Verhalten Unterschiede aufweisen. Auf die heute wieder aufgenommene Frage der Variabilität des Eiweißaufbaues und seiner „Abartung" werden wir bei der Unter- und Überernährung weiter einzugehen haben.

Interessant ist in den überaus sorgfältigen und wichtigen Untersuchungen LUCIANIs, daß die Ausscheidung von *Schwefel* im Urin im Verlauf des Hungerns bei dem Hungerkünstler Succi immer weiter zurückging, viel mehr als die Stickstoffausscheidung, welche sich kaum änderte. Dadurch steigt der Quotient N/S, der in den ersten 10 Hungertagen sich zwischen 16 und 19 bewegte, besonders in der vierten Woche schnell und steil an und erreicht Werte von 28—32. Die Ausscheidung des Phosphors ist dagegen während des Fastens relativ höher als die des Stickstoffs. Vielleicht liegt hierin ein Hinweis darauf, daß *der Körper mit dem Verbrauch seiner schwefelhaltigen Verbindungen im Eiweiß immer sparsamer wird* und z. B. die so außerordentlich wichtige Cystingruppe möglichst unangetastet läßt, um seinen Vorrat an Schwefel und schwefelhaltigen Stoffen aufrecht zu erhalten, während er phosphorhaltige Verbindungen verschwenderischer verbraucht (Knochen usw.).

Im akuten Hunger scheinen sich *keine sicheren Symptome eines Vitaminmangels* zu zeigen. Weder beim physiologischen Hunger mancher Tiere (winterschlafende Tiere, Hunger bei periodischer Wiederkehr der Geschlechtstätigkeit z. B. beim männlichen Seehund Alaskas während drei Monaten, beim Lachs während seines montalelangen Aufenthaltes im Süßwasser bis zur Laichzeit, Hunger während der Metamorphose der Axolotls, der Kaulquappe, der Verpuppung von Insekten u. a.), noch bei ausgedehntem Hungern von Menschen und Tieren werden über Erscheinungen berichtet, die als Vitaminmangelsymptome zu deuten sind. Bei BRUGSCH finde ich allerdings die Angabe, daß Succi am 30. Hungertag Nasenbluten bekam und zu Kollapsen neigte; er nahm deshalb eine gezuckerte Citronenlimonade, die offenbar nach seinen Erfahrungen am günstigsten wirkte (C-Vitaminmangel?). Die anderen Berichte (LUCIANI, BENEDIKT u. a.) geben keine ähnlichen Beobachtungen. Wahrscheinlich spart der hungernde Organismus auch im Verbrauch seines Vitaminvorrats aufs äußerste. Daß manche Symptome der B_1-Avitaminose im Hungerzstand auftreten (Bradykardie, Senkung der Temperatur u. a.), wird mehrfach hervorgehoben; besonders deutlich wird es bei der Ödemkrankheit (s. S. 269). Dennoch besteht *keine Gleichheit*. Es gelingt hierfür den experimentellen Nachweis zu erbringen (E. und R. ABDERHALDEN): Der überlebende Darm von Tauben, die an den Erscheinungen einer B_1-Avitaminose leiden, ist durch Acetylcholin erheblich weniger erregbar, d. h. man muß die für den Darm von normal ernährten Tauben und von *Hungertauben* erforderliche Acetylcholinmenge, welche eben eine tonussteigernde Wirkung ergibt, ganz erheblich erhöhen, um einen Erfolg zu erzielen. Die Funktionsänderungen bei B_1-Avitaminose sind also anderer Art und haben mit den Auswirkungen des Hungers nichts zu tun. *Alle im Hunger auftretenden Symptome und Veränderungen lassen sich zwanglos aus dem Mangel an Nahrungsstoffen erklären, Vitaminmangel scheint dabei keine oder höchstens eine ganz untergeordnete Rolle zu spielen.*

Über den *Hungertod* selbst hat man keine rechte Vorstellung, worauf schon LUCIANI hinwies. Er erfolgt meist, wenn das Defizit des ursprünglichen Gewichtes 40—45% beträgt. Dabei ist es bekannt, daß bei seinem Eintritt immer noch ziemlich viel Material an Fleisch usw. und mitunter auch an Fett zum Verzehren übrigbleibt. Es kann also nicht reiner Materialmangel, also Mangel an Verbrennungsstoffen überhaupt sein, was zu dem manchmal überraschend schnell einsetzenden Umschwung des regulierten Hungers in die krankhafte Endphase und schließlich zum Tod führt. Offenbar ändert sich die Zusammensetzung des Organismus und seines Protoplasmas doch so, daß dieser funktionsunfähig wird. Die normalen Regulationen können nicht mehr vor sich gehen.

b) Unterernährung und einseitige Ernährung.

Die Vorgänge beim vollkommenen Hunger sind aufs genaueste erforscht und relativ leicht zu übersehen. Bei der Unterernährung handelt es sich um *calorisch nicht ausreichende* oder *qualitativ falsch zusammengesetzte* Ernährung, also um *partiellen Nahrungsmangel*, um den Ausfall oder um unterschwellige Zufuhr eines oder mehrerer für den Organismus wesentlicher Stoffe. Die letztere ist in ihren Folgen oft viel schädlicher als absoluter Hunger, zumal der Vorgang meist unübersichtlich und unbemerkt erfolgt, die Folgen sich erst allmählich und schleichend einstellen und die Zusammenhänge nicht erkannt und verstanden werden. Der physiologische Hunger arbeitet ökonomisch. *Die qualitative Unterernährung und wohl auch die quantitative*, die meist auch qualitativ unzulänglich sein wird, *arbeiten unökonomisch*. Im inneren Stoffwechsel macht sich dieser Unterschied geltend, es kann mit dem Verbrauch wichtiger Stoffe (Aminosäuren von der Bedeutung des Cystins usw., Vitamine usw.) nicht so haushälterisch umgegangen werden, wie im absoluten Hunger, weil sie im inneren Stoffwechsel und zum Umsatz der zugeführten artfremden unzulänglichen Nahrungsstoffe vermehrt verbraucht werden. Die Unterernährung ist erheblich schwieriger zu übersehen, ihre Folgen sind weniger leicht zu erklären, es läßt sich auch die experimentelle Untersuchung durch vollständige Ausschaltung eines bestimmten Bestandteils aus der Kost häufig kaum ermöglichen. Für die *Vitamine* liegen heute die Verhältnisse relativ einfach und so hat man auf diesem Gebiete die meisten Fortschritte zu verzeichnen. Auch für manche *Mineralstoffe* liegen klare Verhältnisse vor. Anders verhält es sich für die *komplizierten Nahrungsstoffe*, die hier im wesentlichen erörtert werden sollen. Was das *Wasser* anbelangt, so entspricht vollkommener Mangel der Wasserzufuhr dem Leben unter Hungerbedingungen, da mit jeder Nahrungszufuhr auch Wasser eingenommen wird. Lufttrockene Nahrungsmittel enthalten ja immer noch etwa 9—14% Wasser. Entzieht man im Experiment bei Fortdauer der Ernährung mit getrockneten Nahrungsstoffen das Wasser, so kommt es zu starker Erhöhung der Ausscheidung von Stickstoff, Phosphor und Schwefel im Harn als Ausdruck eines vermehrten Eiweißzerfalls. Bei der großen

17*

Bedeutung des Wassers für den Gesamthaushalt der Zellen und den Ablauf aller Lebens- und Stoffwechselvorgänge ist es klar, daß völlige Entziehung mit der Leber nicht vereinbar ist.

1. Quantitative, calorische Unterernährung, Abmagerung und Magersucht.

Eine calorische Unterernährung, bei der die Zusammensetzung der Nahrung eine richtige, ihr Caloriengehalt aber unzureichend ist, wird bei langer Dauer sich in zunehmender *Abmagerung* und Gewichtsabnahme äußern. In den meisten Fällen handelt es sich dabei um krankhafte Vorgänge, um psychische oder körperliche Schäden verschiedenster Art. Die Nahrungsaufnahme leidet durch *Mangel an Appetit und an Hungergefühl*, die sich normalerweise nach dem Bedarf richten, hier aber durch krankhafte Vorgänge eine Störung erfahren. So liegt es bei psychischen Erkrankungen, sei es schwerer Hysterie oder Geisteskrankheit, bei denen verringerte Nahrungsaufnahme bis zur völligen Nahrungsverweigerung mit evtl. deshalb notwendiger Zwangsernährung vorkommt. Bei körperlichen Krankheiten wie Verengerung bis zum Verschluß der Speiseröhre durch schrumpfende Narben nach Verätzungen, Oesophagus-Divertikel, krampfartige Zustände (Oesophago-, Cardio-, Pylorospasmus), Tumoren u. a. sind die Verhältnisse durch die mechanische Behinderung bei Magen-Darmerkrankungen aller Art, Infektionskrankheiten, bösartigen Geschwülsten u. a. m. durch Sekretionsstörungen, toxische Einflüsse usw. kompliziert Die Unterernährung und die daraus folgende Magerkeit ist also eine *sekundäre* Erscheinung. Die Symptome und Folgen solcher chronischer Unterernährung ähneln weitgehend denen beim absoluten Hunger, wenn auch das Bild sich langsamer entwickelt, es wird aber vielfach abgeändert durch die Einflüsse der Krankheit, welche die Unterernährung bedingt z. B. toxisch-infektiöser oder toxischer Art und auch dadurch, daß die Ernährung vielfach außer der quantitativen auch eine qualitative Minderwertigkeit besitzt, so daß die letztere sich in besonderen Symptomen bemerklich macht.

Die *Magersucht*, also die *Magerkeit infolge endogener konstitutioneller, innersekretorischer oder zentral-nervöser Ursachen* soll hier nur kurz erwähnt werden. Hierher gehören in erster Linie die verschiedenen Formen *endokriner Magersucht*: Die thyreogene Magersucht mit dem Extrem des Morbus Basedowi, die epirenale bzw. corticale Magersucht mit dem Extrem der ADDISONschen Krankheit, die hypophysäre mit dem Extrem der SIMMONDSschen Kachexie. Die Ursache der Magerkeit liegt zum Teil in Regulationsstörungen des Hungergefühls bzw. Appetits und damit verbundener calorischer Unterernährung, zum Teil in Störungen des endogenes Stoffwechsels geklärter und ungeklärter Art. Hierher gehört auch der Diabète maigre mit seinen unverhältnismäßig großen Wasserausscheidungen. Als *konstitutionelle Magersucht* können die habituellen Schlechtesser bezeichnet werden, die zu gewissen Zeiten des Lebens z. B. in Kindheit oder Pubertät oder aber ihr ganzes Leben lang ein *abnorm geringes Hungergefühl* wohl als Ausdruck einer Eigenheit ihrer *zentralen Regulation*, die evtl. auch zu einem abnorm raschen Sättigungsgefühl und auf diese Weise zu verminderter Nahrungsaufnahme führt, besitzen und darum chronisch unterernährt sind. Sie stellen sich mit ihrem ganzen Stoffwechsel auf die gleichbleibend niedere Nahrungszufuhr ein. Sie zeigen nicht selten Besonderheiten des Körperbaus z. B. den asthenischen Typus. Das Hauptkontingent stellt das weibliche Geschlecht, bei dem auch bewußt aus Eitelkeitsgründen nicht selten eine relative Unterernährung eingehalten wird. Die meist erbmäßig bedingte familiäre konstitutionelle Magerkeit bei normaler Nahrungszufuhr, Gesundheit und Leistungsfähigkeit sei der Vollständigkeit halber nur erwähnt.

2. Qualitative Unterernährung
mit oder ohne calorische Unterwertigkeit. Einseitige Ernährung.

Die Folgen und Auswirkungen qualitativer Unterernährung, bei der also *ein bestimmter lebensnotwendiger, vom Organismus nicht selbst zu bildender Nahrungsbestandteil fehlt*, lassen sich im wesentlichen vorerst nur in experimentellen Untersuchungen am Tier exakt erweisen. Beim Menschen kommt ihr sicherlich gleichfalls eine große Bedeutung zu. Das soziologische Problem der zweckmäßigen Ernährung spielt besonders in Zeiten von Krieg und Hungersnot, aber auch im alltäglichen Leben ärmerer Volksschichten eine wichtige Rolle. Darüber hat uns ganz besonders der Weltkrieg einen tiefen Einblick gegeben. Immerhin ist es vielfach nicht mit Sicherheit abzugrenzen, inwieweit die chronische calorische Unterernährung, inwieweit die qualitativ fehlerhafte Nahrung im einzelnen Fall eine Rolle spielt. Wo wirtschaftliche Not auf die Nahrungszufuhr bestimmend wirkt, wird sicherlich die qualitative Beschaffenheit und Zusammensetzung ebenfalls leiden müssen. *So verbindet sich zwangsweise die quantitative und qualitative Unterernährung.* Während diese in Friedenszeiten nur in bestimmten Bevölkerungskreisen gefunden wird, ist sie im Krieg zu einer allgemeineren Erscheinung geworden, weil die Abschnürung der Einfuhr und die Unmöglichkeit der Produktionssteigerung im eingeschlossenen Gebiet einen Mangel an wichtigen Ernährungsstoffen vor allem Eiweiß und Fett zur Folge hatten, dessen schädliche Auswirkungen nach den verschiedensten Richtungen in erschreckender Weise sich bei uns im Gesundheitszustand der Bevölkerung, wie auch in der Zahl und Beschaffenheit der unter diesen Verhältnissen geborenen Kinder bemerkbar machten. Ehe ich die Einzelheiten dieser Folgezustände erörtere möchte ich zum besseren Verständnis derselben einen kurzen Überblick über einige wichtige Resultate der experimentellen und klinischen Forschung geben, die auch einen Einblick in die Fragen einseitiger *Ernährung und der Zwei-Nährstoffsysteme* vermitteln.

Eiweiß. Durch zahlreiche Arbeiten von E. ABDERHALDEN (1) und seinen Mitarbeitern wurde erwiesen, daß die *Vollwertigkeit eines Eiweißkörpers für den Eiweißersatz in erster Linie von seiner chemischen Zusammensetzung abhängt.* Fehlt ein wichtiger Baustein, z. B. das Tyrosin, Tryptophan, Lysin u. a. oder wird er künstlich aus dem den Eiweißkörper zusammensetzenden Aminosäurengemisch herausgenommen, dann verliert dieser seinen Wert als Eiweißersatzmittel und kommt nur mehr als Energiespender in Betracht. Je vollkommener seine Zusammensetzung ist und je mehr sein Aminosäurengemisch demjenigen entspricht, das der Körper zum Ersatz seines im Zellstoffwechsel verbrauchten Eiweißes benötigt, desto restloser kann der Eiweißkörper dazu herangezogen werden. In dieser biologischen Ungleichwertigkeit der einzelnen Eiweißstoffe liegt die Erklärung für die Feststellung RUBNERs, daß es *nicht ein, sondern viele N-Gleichgewichte* gebe, *je nach der Art der zugeführten N-haltigen Nahrungsstoffe.*

ABDERHALDEN (1) formulierte danach das Gesetz des Minimums im Jahre 1906 folgendermaßen: „Der Umfang der Synthese aus den Spaltstücken richtet sich nach den in der geringsten Menge vorhandenen Bausteinen." Dieses Gesetz mußte später eine Einschränkung erfahren durch den Nachweis, daß die Körperzellen im Stande sind, viele Aminosäuren aus anderen aufzubauen. ABDERHALDEN (1) hat ferner 1906 (mit RONA) bereits folgenden Grundsatz ausgesprochen: „Dadurch daß dem Körper stets ein großer Überschuß von Eiweiß zugeführt wird, ist ihm die Möglichkeit geboten, aus den Bausteinen diejenigen in genügender Zahl auszuwählen, deren er für den Aufbau der eigenen Körpereiweißstoffe bedarf."

In langfristigen Tierversuchen wurde sodann bewiesen, daß es mit Eiweißgemischen der verschiedensten Herkunft bei gleichgroßem Stickstoffgehalt der jeweils verfütterten Menge durchaus gelang, das N-Gleichgewicht auf gleicher Höhe zu halten. Es kommt also darauf an, daß die *Eiweißnahrung von den Verdauungsfermenten leicht aufspaltbar ist und in dem Gemisch der Verdauungsendprodukte sämtliche wichtigen Bausteine in geeigneter Menge enthalten sind* [FRANK und SCHITTENHELM (2)]. Schon KARL v. VOIT und MUNK war es aufgefallen, daß der *Leim als alleiniges Nahrungseiweiß das Stickstoffgleichgewicht auf die Dauer nicht halten* kann. Es zeigte sich später, daß dem Leim die Aminosäuren, Tryptophan und Tyrosin fehlen und daß er auch Phenylalanin nur in Spuren enthält. Durch lange und eingehende Versuche haben dann namentlich OSBORNE und MENDEL, sowie HOPKINS weitere Klärung gebracht, wonach die ersteren die Eiweißkörper in physiologisch vollkommene und unvollkommene einteilten. Zu den unvollkommenen gehört z. B. der pflanzliche Eiweißkörper Zeïn (aus Mais), dem Tryptophan und Lysin fehlt. Ernährt man Tiere mit Zeïn als alleinigem Eiweißspender, so gehen diese nach einiger Zeit zugrunde; es ist mit ihm weder Erhaltung des Lebens noch Wachstum zu erreichen. Ernährt man junge Tiere mit Zeïn + Tryptophan, so reicht die Zufuhr zur Erhaltung des Lebens, aber nicht zum Wachstum, das erst erzielt wird, wenn auch noch Lysin zugegeben ist. Besonders wichtig ist ferner das Cystin. Alles in allem wurde festgestellt, daß *der menschliche und tierische Organismus nicht imstande ist, bestimmte, im Körpereiweiß stets vorhandene Aminosäuren aus irgendwelchen Bausteinen zu bilden, daß er diese also in Mindestmengen,* die bis jetzt mit Ausnahme des Tryptophans (2,5—3 g nach FÜRTH) noch nicht festgelegt sind, *zugeführt erhalten muß*: 1. Die *carbocyclischen Verbindungen* Tryptophan, Histidin, Prolin, Tyrosin und Phenylalanin; 2. die *schwefelhaltige Cystingruppe* mit ihrem unentbehrlichen, nicht oxydierten Schwefel und 3. die *Diaminosäuren* wie Lysin und Arginin. Welche dieser Aminosäuren für die Erhaltung des Wachstums nötig sind, hat ROSE neuerdings festgelegt. Die Notwendigkeit der anderen Aminosäuren und ihre Wirkung im Organismus ist noch nicht genügend geklärt. Die oben zitierte ABDERHALDENsche Formulierung aus dem Jahre 1906 hat sich also als richtunggebend durchaus bestätigen lassen.

Diese Erkenntnisse der verschiedenen biologischen Wertigkeit der Eiweißkörper sind von weittragender Bedeutung. RUBNER hat immer wieder mit großem Nachdruck darauf hingewiesen, daß ein Individuum, das sich in seiner Kost an der unteren Grenze seines Eiweißbedarfs hält oder halten muß (Armenkost, Hungersnot), sich sofort der *Gefahr einer Eiweißverarmung* aussetzt, sobald unvorhergesehene Mehranforderungen wie leichte Erkrankungen, namentlich des Magen-Darmkanals, leichte Fieberattacken, Mehrarbeit körperlicher oder geistiger Art, Alkoholintoxikation u. a. m. seinen Eiweißbedarf vorübergehend erhöhen, ohne daß die Kost entsprechend geändert wird. Dasselbe gilt natürlich auch für eine fehlerhaft zusammengesetzte Nahrung, die nicht genügend vollwertiges Eiweiß enthält. Daß diesen Grundsätzen tatsächlich eine große praktische Bedeutung zukommt, werden wir später sehen.

Der von C. VOIT und KORKUNOFF aufgestellte Begriff des Eiweißminimums ist also nur ein relativer. Das zeigt sich auch in neueren Versuchen von C. RÖSE. In viele Jahre lang durchgeführten *Selbstversuchen* kam auch er zu der Erkenntnis, daß der *Eiweißmindestbedarf bei den verschiedensten Nahrungsmitteln in recht weiten Grenzen schwankt, je nach der Verdaulichkeit und biologischen Wertigkeit ihres Eiweißes.* Bei Milch konnte er schon mit 20,5 g Eiweißzufuhr Stickstoffgleichgewicht erreichen, bei Kartoffeln mit 26,5 g, bei Bananen erst mit 46 g. Von Kohlrüben und Wirsing konnte er beim besten Willen nicht so große Mengen aufnehmen, um Stickstoffgleichgewicht zu erzwingen; 8 Pfund Wirsing und 13,5 Pfund Kohlrüben mit 67 g und 79 g Roheiweiß wären dazu erforderlich gewesen. Bei säureüberschüssigen Nahrungsmitteln insbesondere bei Brot und Fleisch hat Röse die schon 1910 von Thomas festgestellte Tatsache bestätigt, daß man damit den anfänglich gefundenen geringsten Eiweißbedarf nicht halten kann, was bei Zulage von Basen möglich ist. *Kartoffeln und Milch ergänzen sich vortrefflich* und können nach seinen Versuchen als die *wichtigsten Volksnahrungsmittel* gelten. Mit 38—40 g Eiweißzufuhr täglich hielt er sich 15 Jahre lang in bester Gesundheit und Leistungsfähigkeit. Aus weiteren Versuchen ersieht man, daß sein Stickstoffgleichgewicht, wenn es sich an seiner Minimumgrenze hielt, durch Schnupfen, Grippe, Bronchitis, Bergkrankheit u. a. sofort empfindlich gestört wurde, andererseits machte er bei der knappen Eiweißzufuhr hohe Bergtouren ohne Beschwerden und ohne Stoffwechselstörung. Endlich sind noch zwei *Selbstversuche* von Röse *mit sicherem Eiweißmangel* (Unterbilanz) anzuführen. Beim ersten ernährte er sich mit Kartoffeln, Butter und Wirsing bei nur 23 g Eiweißzufuhr, während sein Eiweißmindestbedarf bei dieser Kost mindestens 28 g betrug, beim zweiten mit 23,35 g Kartoffeleiweiß ohne Beigabe von Milch. Beide Male stellten sich *nach 5 Monaten Krankheitserscheinungen* ein (Appetitlosigkeit, mangelnde Arbeitslust, gedrückte Gemütsstimmung). Geringe Eiweißmehrzufuhr behob die Beschwerden.

Die Selbstversuche von Röse zeigen, daß er, ähnlich wie Hindhede, mit geringen Eiweißmengen bei calorisch ausreichender Kost völlig auskam und sich dabei besser und leistungsfähiger fühlte wie mit der früher genommenen eiweißreichen Fleisch- und Milchkost, sie lassen aber auch die *Gefahren* erkennen, die in einer solchen Kost liegen, da bereits kleine Gesundheitsstörungen durch den dabei eintretenden erhöhten Eiweißumsatz das Stickstoffgleichgewicht erschüttern und ein Eiweißdefizit herbeiführen. Die Warnung Rubners und vieler anderer vor einer Verallgemeinerung gelungener Einzelversuche hat also seine volle Berechtigung. Ein mit den Ernährungsgesetzen vertrauter Forscher wird sich immer seine Kost zweckmäßig zusammensetzen können. Die große Masse der Bevölkerung ist dazu nicht in der Lage. Bei der Festlegung der Eiweißzufuhr in Zwangslagen wie Krieg und Mißernte müssen daher viele andere Gesichtspunkte in Betracht gezogen werden. Der Streit um die optimale Eiweißmenge in der Nahrung hat einerseits zur Erkenntnis geführt, daß man auch mit der meist eiweißarmen vegetabilischen Nahrung vollwertige Ernährung erzielen kann und daß die früher geforderten sehr hohen Eiweißmengen nicht nötig sind, daß aber andererseits für den erwachsenen Menschen etwa 60—80 g *Eiweiß pro Tag* gefordert werden müssen. Auf Grund experimenteller Arbeiten und der Selbstversuche von E. Schmid hat Bickel (3) darauf hingewiesen, daß zu einer optimalen Eiweißversorgung wenigstens 80 g Eiweiß bei ausreichender calorischer Ernährung und 70 kg Körpergewicht nötig werden, wobei mindestens die Hälfte aus biologisch hochwertigem Milch-, Eier- und Fleischeiweiß bestehen soll. Der Organismus muß die biologisch weniger wertvollen Eiweißstoffe durch vollwertige ergänzen können, er muß aber auch einen gewissen Überschuß erhalten und besitzen, um die vielfältigen mit dem Eiweißstoffwechsel in Abhängigkeit und Verkettung stehenden Vorgänge in den Geweben möglichst gut durchführen zu können. Ein Defizit muß sich also nach vielfachen Richtungen auswirken.

Die verschiedenen Nahrungseiweißformen und die einzelnen Aminosäuren greifen nicht nur in den *Aufbau der Eiweißstoffe des Organismus und deren Verbindungen,* sondern auch in den *inneren Betriebsstoffwechsel* (Bickel) in ganz verschiedener Weise bald fördernd bald hemmend ein. Die einzelnen Aminosäuren haben noch besondere Aufgaben. Ich weise z. B. auf die *Bildung der Hormone und anderer wichtiger intermediärer Wirkstoffe* hin, auf die Beziehungen des Thyroxins und Adrenalins zum Tyrosin, des Cholins zum Glykokoll, des Histamins zum Histidin, ferner darauf, daß andere enge Zugehörigkeit zum Eiweiß haben, bzw. bestimmt zusammengesetzte Eiweißsplitter sind, z. B. das Insulin, welches ein cystinhaltiges Polypeptid ist (FREUDENBERG und DIRSCHERL), das thyreotrope Hormon u. a. m. Das zu den Redoxsubstanzen zählende Glutathion ist ein Tripeptid aus Glutaminsäure, Cystein und Glykokoll, das ebenso wie das Cystein selbst durch Reduktion besonders leicht bei saurer Reaktion in die Disulfidform (Cystin) übergeführt und durch Oxydation bei alkalischer Reaktion in die Sulfhydrilform (Cystein) zurückversetzt werden kann; deshalb spielen diese Stoffe bei den Atmungsvorgängen im Gewebe eine wichtige Rolle und ebenso als Aktivatoren einer Reihe von fermentativen Prozessen u. a. m., so daß sie für die Regulierung des Ablaufs des intermediären Stoffwechsels große Bedeutung haben. Auch im gelben Ferment ist die Lactoflavin-5-Phosphorsäure mit einem spezifischen Eiweißkörper vereinigt, der reich an Diaminosäuren ist und auch Cystein und Tryptophan sowie Histidin neben anderen Aminosäuren enthält (R. KUHN und DESMELLE). Dazu kommen das Hämoglobin, Nucleoproteid, Thyreoidin u. a. m. Ich will mich mit diesen wenigen Hinweisen begnügen, die aber schon den Weg anzeigen, wo sich Eiweißmangelnahrung vielleicht intermediär auswirken kann. Leider sind unsere Kenntnisse über Einzelheiten in pathologischem Geschehen noch recht bescheidene.

Kohlehydrate. Während beim *Kind*, besonders dem Säugling und Kleinkind die Zufuhr von Kohlehydraten nicht entbehrt werden kann, sie also einen notwendigen nicht ersetzbaren Nahrungsstoff darstellen, wird vom erwachsenen Menschen eine nahezu kohlehydratfreie Kost lange Zeit ohne ernste Schäden ertragen. Es tritt jedoch regelmäßig eine *Azidose* (Acetonkörperbildung und -ausscheidung) ein, die allerdings meist keine bedrohliche Höhe erreicht. Bei reichlichem Eiweißangebot bleibt die Acidose aus, indem die in Kohlehydrate sich umsetzenden Aminosäuren des Eiweißes als solche ihre antiketogene Wirkung entfalten.

Eine einseitige **Eiweiß-Fettkost** ist für den Menschen auf die Dauer unzweckmäßig. Sie stellt an seine Organe erhöhte Arbeitsanforderungen und verlangt von ihnen ein vermehrtes Anpassungsvermögen. Von einer bestimmten Grenze ab wird der Körper, wie bei den meisten einseitigen Ernährungsarten unrationell arbeiten. Die Folgen werden sich dann in verschiedenen, individuell wechselnden Richtungen in Form von Krankheitserscheinungen und Krankheiten einstellen.

Fett und Lipoide. Zufuhr von *neutralen Fetten* kann wahrscheinlich entbehrt werden. Ihnen kommt also *keine ausschlaggebende Rolle* im Sinne von solchen Nahrungsstoffen zu, die nicht durch andere ersetzt bzw. vom Körper selbst aus diesen aufgebaut werden können. Allerdings findet sich die Angabe, daß Ratten erst dann wachsen, wenn der in besonderer Weise zusammengesetzten Nahrung ungesättigte Fettsäuren zugesetzt werden (zit. nach ABDERHALDEN[2]). Ihr Wert besteht in ihrem Calorienreichtum, der es erlaubt, die Nahrungsquanten von Eiweiß und Kohlehydraten zu einem Teil einzusparen, vorausgesetzt, daß die isodynamen Mengen der Fette in geeigneter, leicht verdaulicher und assimilierbarer Form und Menge gereicht werden. Sie können im Körper als wichtiges Reservematerial aufgespeichert werden, das in Zeiten des Bedarfs sich als besonders wertvoll erweist. Sie sind ferner die Träger und Begleitstoffe wichtiger Vitamine bzw. Lipoide. Daß *gewisse Lipoide und deren Bausteine* unbedingt zugeführt werden müssen, hat W. STEPP schon im Jahre 1909 im HOFMEISTERschen Laboratorium erkannt. Es hat sich ergeben, daß das *Problem der Unentbehrlichkeit der Lipoide (und* damit der mit diesen in den Nahrungsstoffen gemengten *Fette) aufs innigste mit dem Vitaminproblem verknüpft* ist. Die STEPPschen Feststellungen, die von HOPKINS bestätigt und ergänzt wurden, zeigten den Weg für die spätere Auffindung wichtiger Ergänzungsstoffe (Vitamin A u. a. siehe unter Vitamine). Unsere Kenntnisse über die Lipoidgruppe und deren Stoffwechsel sind heute äußerst unbefriedigende.

Daß *Ernährung mit* **Kohlehydrat und Fett unter Ausschluß von Eiweiß** längere Zeit Gewichtsverlust verhüten, für kurze Zeit sogar Gewichtszunahme erreichen kann, haben ABDERHALDEN und HIRSCH gezeigt. **Fetternährung allein**, die aber nicht lange ertragen wird, wirkt ebenso eiweißsparend, was daran erkannt wird, daß im Harn weniger Stickstoff ausgeschieden wird als beim Hungern (GRAFE). Nach großen Fettgaben fanden BICKENBACH und JUNKERSDORF nach vorherigem Hungern, daß auf einen kurzen Anstieg des Blutzuckers eine ausgesprochene *hypoglykämische* Phase folgt, wobei der Blutzuckerwert bis auf 30 mg-% heruntergehen kann, um dann wieder zu hyperglykämischen Werten anzusteigen. Plötzliche Überladung der Hungerleber mit Fett schwemmt noch vorhandenes Glykogen aus und hemmt sodann erneute nachträgliche Bildung und Stapelung; vielleicht besteht auch eine Einwirkung auf das Pankreas.

Auf **kohlehydratarme fettreiche** Kost reagieren gesunde Personen gewöhnlich nicht mit ihrem Blutzucker, zuweilen finden sich Erniedrigungen auf 0,05% (BEGTRUP und ROSLING, ODIN). Von SCHRÖDER wurde während einer *Fett und Gemüsekost*, bei einer gesunden Studentin *hypoglykämischer Shockzustand* beobachtet. Die nebenstehende Tabelle zeigt die Verhältnisse am besten.

Während sich die Versuchsperson schon vom ersten Tag an nicht recht wohl fühlte, wurde sie am 4. Tag somnolent, die Atmung tief wie beim Koma, dabei bestand subjektives Gefühl von Atemnot und starker Acetongeruch. 15 Minuten nach Einnahme von 12 g Zucker in Tee waren alle Erscheinungen und Beschwerden verschwunden. Die Zuckerausscheidung mit dem Urin am 5. Tag entspricht den Beobachtungen beim sog. *„Hungerdiabetes"*, d. h. einer Glykosurie, die auftritt, sobald zu einer kohlehydratfreien sonst ausreichenden Kost zum ersten Male Kohlehydrate zugelegt werden. Er wird damit erklärt, daß infolge vorübergehender Inaktivität des Pankreasinselapparates zunächst die Glykogensynthese erschwert wird.

Ich bin mir bewußt, daß ich nur einen höchst mangelhaften Überblick über die Fragen der qualitativ minderwertigen und einseitigen Ernährung

Versuchstage	Zusammensetzung der Kost · Fett (g)	Kohlehydrat (g)	Eiweiß (g)	Totale Flüssigkeitszufuhr (g)	Calorien	Körpergewicht (kg)	Kost	Harn · Menge (ccm)	Spez. Gewicht	Zucker	Eiweiß	Gerhardts Reaktion (g)	Aceton (%)	Blutzucker (%)
1.	226	20	24	1507	2277	62	Gewöhnliche Kost	1350	1,020	—	—	—	0,008	0,094
2.	226	23	25	1455	2295	62,5	Fett- und Gemüsekost	1600	1,018	—	—	—	0,35	0,081
3.	176	19	22	1790	1810	61,1	"	1600	1,017	—	—	+	0,86	0,061
4.	175	13	13	1500	1731	60,7	"	1700	1,016	—	—	+	1,21	0,045
5. Tag	—	—	—	—	—	59,9	"	1890	1,013	—	—	++	1,31	0,052
Nacht	—	—	—	—	—	—	"	690	1,023	—	—	+	0,85	0,120
	—	—	—	—	—	—	Gewöhnliche Kost	300	1,027	+	—	?	0,03	—

gegeben habe. Es konnte hier auch nur auf einige besonders wichtige Feststellungen hingewiesen werden, die das Verständnis meiner weiteren Erörterungen erleichtern. Im Vordergrund des Interesses steht entschieden das Eiweiß und seine Bausteine. Die Fette und Kohlehydrate kommen erst in zweiter Linie. Sie sind aber andererseits besonders wichtig, weil die sie enthaltenden Nahrungsmittel gleichzeitig vielfach die Lieferanten für die Vitamine sind, die die Nahrungsstoffe ergänzen und ihre qualitative und quantitative Verwertung sichern helfen. Weitere Einzelheiten darüber bringen die späteren Kapitel. Hier soll als charakteristische scharf umschriebene Erkrankungsform der qualitativen Unterernährung die Ödemkrankheit eine ausführlichere Besprechung erfahren.

3. Ödemkrankheit (Hungerödem).

Der englische Physiologe STARLING führte im Jahre 1919 in einem offiziellen Bericht über die Ernährungsverhältnisse in Deutschland den Zusammenbruch der nationalen Widerstandskraft darauf zurück, daß die Stadt-, besonders die Arbeiterbevölkerung ausgehungert war. Dadurch sei es zu weitverbreiteter Gleichgültigkeit, Verdrossenheit und Hoffnungslosigkeit gekommen. Er meinte, daß diese Bevölkerungsschicht Deutschlands wie ein Kranker wieder zur Gesundheit aufgefüttert werden müsse und daß mindestens eine oder auch zwei Generationen vorübergehen würden, bevor Deutschland seine frühere Leistungsfähigkeit wieder erlange. Glücklicherweise hat sich diese Prophezeiung STARLINGs nicht erfüllt. Mit seiner Behauptung aber von der Aushungerung großer Bevölkerungsschichten Deutschlands während des Weltkriegs und noch nachher, die von den Feindstaaten systematisch betrieben wurde mit dem Ziel, Deutschlands Bevölkerung bewußt zu verringern und zu demoralisieren, hat er vollkommen Recht gehabt.

Nach einer Denkschrift „Die deutsche Volksernährung und der englische Aushungerungsplan", die unter Mitarbeit zahlreicher Ernährungsphysiologen und Wirtschaftspolitiker von ELTZBACHER im Jahre 1915 herausgebracht wurde, betrug der tägliche Verbrauch an Nahrungsmitteln auf den Kopf der Bevölkerung *vor* dem Krieg (bei 66,6 Millionen Einwohnern) 92,2 g Eiweiß, 106,0 g Fett, 530,5 g Kohlehydrate und 3642 Calorien. Davon entfielen auf den *Zuschuß vom Ausland* 25,7 g Eiweiß, 45,0 g Fett, 43,6 g Kohlehydrate und 715 Calorien also 28% des Eiweißes und 20% der Calorien. Die Vorschläge, das Defizit zu decken bzw. unschädlich zu machen und die Mittelmächte vor allzugroßer Verknappung der Lebensmittel zu bewahren, haben ihr Ziel nicht erreicht.

Die Verteilung der vorhandenen Nahrungsstoffe mußte so geschehen, daß die volle Ernährung für alle diejenigen gesichert war, von deren Tätigkeit in erster Linie der Verlauf des Krieges abhing, also der Angehörigen des Feldheeres und der Kriegsindustrie einerseits und der Produzenten mit ihren Arbeitskräften, also der gesamten Landbevölkerung andererseits, welche sich ihren Bedarf von vornherein einbehalten durfte und nur den Überschuß für die Allgemeinheit abzuliefern hatte. Die *erste* Gruppe litt keinen ausgesprochenen Mangel, wenn auch eine Beschränkung schon hier einsetzte. Bei ihr kam es daher auch nicht zum Auftreten von schweren Erscheinungen der Unterernährung oder gar der Ödemkrankheit.

Die große Masse der Zivilbevölkerung bildete die *zweite* Gruppe, welche von den Lebensmitteln sich ernährte, die ihr die Rationierung zugestand. Wie diese ungefähr aussah, zeigt am besten die folgende Tabelle 1.

Zulage von nichtrationierten Nahrungsmitteln (Gemüse usw.) ergänzte diese Nahrungsgrundlage, soweit die Möglichkeit dafür bestand. Die Wohlhabenden dieser Gruppe kamen nach einer auf Veranlassung von FR. v. MÜLLER

angestellten Ermittlung z. B. in Weiden (Bayern) auf 2280 Calorien mit 75,6 g
Eiweiß, für die minderbemittelten Arbeiterkreise berechnet sie 2243 Calorien
mit 54,4 g Eiweiß. In anderen Städten Deutschlands dürften die Werte wesentlich niedriger gelegen haben. Die Unterernährung konnte vielfach am erheblichen
Abfall des Körpergewichts festgestellt werden. Ödemkrankheit hat sich weniger
gezeigt; wenigstens fehlte die sichtbare
Ödemansammlung.

Die *dritte* Gruppe war am schlechtesten
gestellt. Zu ihr gehörte die ärmere Bevölkerung vor allem der Großstädte, die sich
nicht genügend gehaltvolle Nahrungsmittel
kaufen konnte, und diejenigen Menschen,
denen die Nahrung vorgesetzt wurde, ohne
daß sie auf deren Zusammenstellung Einfluß
hatten, vor allem also die Insassen von
Gefängnissen und Gefangenenlagern. Die zunehmende Verknappung der Nahrungsmittel
zwang besonders im Rübenwinter 1916/1917

Tabelle 1. Rationierte Nahrung.

Jahr	Ort	Eiweiß g	Ca- lorien
1916	Berlin	36,3	1312
1917	Berlin	33,2	1200
1917	München	45,9	1709
1916	Wiesbaden	32,2	1398
1917	Breslau	31,0	1161
1917	Gießen	49,97	1328[1]
1917	Dresden	—	1200
1917	Hamburg	25,2	1185

[1] Wahrscheinlich zu hohe Werte.

dazu, zuerst die Ernährung der Gesamtbevölkerung einigermaßen sicherzustellen. Daher war bei diesen Gruppen die Unterernährung am stärksten; sie
stellte auch das Hauptkontingent für die Ödemkrankheit.

Bei der Berechnung der Nahrung von 9 Angehörigen der Berliner Armen-
bevölkerung wurde eine *Eiweißaufnahme von 25—50 g bei 1400—1800*, bei
einer Person sogar *nur 880—1228 Calorien* gefunden (LOEWY und BRAHM).
Diese Stichprobe ergab also, daß die *Ernährung calorisch ungenügend* war und
der *Eiweißgehalt nur wenig über dem Minimum oder darunter* lag. Das dauernd
abgesunkene Körpergewicht lag bei allen untersuchten Personen unter 50 kg.
Der wesentliche Teil dieser Nahrung waren Brot und Kartoffeln, die 50 oder
höher bis 100% des Nahrungseiweißes lieferten; ihr calorischer Anteil an der
Nahrung lag mit der unteren Grenze erheblich höher. Daneben kamen als
Hauptnahrung nur selten Teigwaren und Mehl in Suppenform, gewöhnlich
nur Gemüse, aber in unzureichenden Mengen in Betracht. Fette fehlten meist
völlig, vereinzelt wurden kleine Mengen Zucker oder Obst zugeführt. Die eiweißarme, calorisch minderwertige Nahrung litt also auch an Fettmangel und an
der einförmigen Zusammensetzung der Kohlehydratspender; nur die Aufnahme
verschiedener Gemüse gab etwas Abwechslung.

In den größeren Städten betrug im Frühjahr 1916 die Fleischportion etwa
15% der Friedensportion. Nach RUBNER war die rationierte Kost im Winter
1916/17 auf die Hälfte der Friedenskost gesunken (1344 Reincalorien mit 31 g
Eiweiß). In Berlin entfielen nach KONRICH im April 1917 auf Kopf 1089 Calorien
mit 24 g Eiweiß. Von 1916 ab war Butter und Zucker rationiert, die Obst- und
Gemüseversorgung war schwierig.

Ähnliche Ermittlungen liegen von JANSEN aus einer Irren- und einer Strafanstalt vor, in denen Ödemkrankheit auftrat. Er errechnete für herumgehende
Nichtarbeiter 1126, für Werkstättenarbeiter 1762 Calorien. Ähnlich verhält
es sich bei *meinen eigenen Erhebungen* an Arbeiterbataillonen im östlichen
Kriegsgebiet, bei denen ich für den Februar 1917 als täglichen Durchschnitt
bei Leichtarbeitern 1557,3 Calorien, bei Schwerarbeitern 1893 Calorien berechnete,
bei einer Eiweißzufuhr von 50—60 g (fast nur pflanzliches). Auch BÜRGER
findet im Januar 1917 bei einem Arbeiterbataillon im westlichen Kriegsgebiet
eine tägliche Calorienmenge von 1260—1723 bei einem Eiweißgehalt von 35 bis
55 g, einer Fettzufuhr von 8—37 g, einer Kohlehydratmenge von 248—383.

Allen diesen Nahrungsbeispielen aus der Kriegszeit ist also gemeinsam, daß das *Caloriendefizit* gegenüber dem Calorienbedarf bei einer entsprechenden Körperleistung *wenigstens mit 50%, öfter wohl höher* angenommen werden muß. Die qualitative Minderwertigkeit des Brotes, das die Hauptnahrung bildete und das vielfach als Mehlersatz einen Zusatz von Rüben, Kleie und Spelzstreumehl enthielt, führte sicherlich durch die schlechte Ausnutzbarkeit erhebliche Verluste herbei, die nicht genügend eingerechnet sind. Der *Eiweißgehalt* war an der unteren Grenze der Norm oft wohl auch darunter, besonders wenn man berücksichtigt, daß das zugeführte Eiweiß schwer ausnutzbares und pflanzliches war (schwer verdauliches Klebereiweiß, Rübeneiweiß u. a.). Kartoffeln fehlten infolge der Mißernte. Milch gab es nicht, Fett nur sehr wenig, so daß als Energiespender im wesentlichen nur Kohlehydrate zur Verfügung standen.

Die *Folge dieser Nahrung war zwangsläufig eine erhebliche Unterernährung*, wobei damit gerechnet werden kann, daß das *Eiweiß vielfach nicht nur quantitativ sondern auch qualitativ ungenügend* war. Dazu kam häufig, daß die Nahrung als Suppe oder Brei also sehr wasserhaltig genossen wurde und daß zur Erzielung eines besseren Geschmackes ein erheblicher Salzzusatz erfolgte.

Die **klinischen Erscheinungen,** welche durch die minderwertige Ernährung hervorgerufen wurden und von mir auf Grund meiner Erfahrungen im Weltkrieg (zum Teil mit SCHLECHT) eine ausführliche Darstellung und Erklärung fanden, sind in mancher Hinsicht denen gleich, welche bereits als Folgen absoluten Hungerns angegeben wurden. Die viele Monate und Jahre sich hinziehende quantitative und qualitative Unterernährung bringt aber zusätzliche Symptome und verändert stark das Krankheitsbild gegenüber der einfachen Hungersymptomatologie.

Der *Gewichtsverlust* beträgt *10—30 kg*, manchmal noch mehr. Wenn die Ödemkrankheit in voller Höhe ist, so zeigt sie als *charakteristische Merkmale* eine mehr oder weniger *hochgradige ödematöse Schwellung der Haut, Polyurie und Pollakisurie, Bradykardie und Hypotonie*. Dieses Krankheitsbild zeigt aber nur ein Teil der Unterernährten und oft wurde es bei diesen erst ausgelöst durch irgendeine Gelegenheitsursache wie eine intensive körperliche Anstrengung, Einwirkung großer Kälte, interkurrente Erkrankungen besonders des Darmkanals meist diarrhöischer Art, eine Bronchitis, Ruhr, Fleckfieber u. a. m. Dann konnte das Ödem plötzlich großes Ausmaß annehmen. Bei anderen kommt es *nicht* zum Ödem, sie bleiben im *präödematösen Stadium* und zeigen ohne Ödeme dieselben Symptome also Polyurie und Pollakisurie, Hypotonie und Bradykardie, erniedrigten Serumeiweißindex u. a. m. *(Ödemkrankheit ohne Ödeme).*

Das vorhandene Präödem, der vermehrte Wasserreichtum der Gewebe, täuscht nicht selten einen guten Ernährungszustand vor.

Im *Prodromalstadium* verhalten sich die einzelnen sehr verschieden. Manche haben keinerlei Klagen und kommen erst mit vollausgebildeten Ödemen in Behandlung, andere werden leicht ermüdbar, zunehmend leistungsunfähiger und apathisch. Ihre Hautfarbe wird fahl, sie frieren leicht, klagen über allerhand Schmerzen im Kopf und in den Gliedern. Dabei sind *nie Herzbeschwerden oder Kurzatmigkeit* vorhanden. Der Appetit bleibt gut, es werden oft noch gewaltige Nahrungsmengen verschlungen.

Ohne Ödem oder nach Entwässerung desselben ist die Haut blaß, schlaff, dünn, trocken, in großen Falten abhebbar. Rippen und Schlüsselbeine treten hervor, die Intercostalräume sinken ein. Das Fettpolster fehlt völlig, die Muskulatur ist zuweilen noch leidlich gestaltet, oft stark atrophisch. Die Körpertemperatur ist normal oder unternormal.

Das *Ödem* lokalisiert sich häufiger, wie beim dekompensierten Herzkranken, an den unteren Extremitäten und abhängigen Partien, oft auch wie beim Nephritiker an den Augen und im Gesicht, das gedunsen wird. Bei schweren Fällen besteht Ödem des Scrotums und Penis, des Rückens, besonders der unteren Partien, zuweilen auch der Hände. Bei manchen Kranken stellt sich Höhlenhydrops ein: Ascites, Hydrothorax, aber nie Hydroperikard.

Im Gegensatz zum nephritischen und kardialen Ödem besteht eine ausgesprochene *Polyurie* mit lästiger *Nykturie*, die sich nicht selten mit Pollakisurie und Enuresis nocturna kombinieren. Mengen von 6—7 Liter Urin im Tag sind keine Besonderheit, das spezifische Gewicht ist natürlich niedrig.

Der *Puls* ist *bradykardisch*, schwankt zwischen 30 und 50 Schlägen in der Minute bei normalem Elektrokardiogramm, das höchstens eine verlängerte Überleitungszeit zeigt. Es handelt sich um eine *Sinusbradykardie*. Der *Blutdruck* ist auffallend niedrig, der systolische kann bis 65 mm Hg herabgesetzt sein. Das *Herz* ist in der Regel *normal groß*, die Lungen gesund, abgesehen von Komplikationen. Oft bestehen Diarrhöen (Gärungsstühle). Das Nervensystem zeigt nichts Besonderes.

Irgendwelche Anzeichen von Funktionsstörungen *innersekretorischer Drüsen* besonderer Art sind nicht vorhanden.

Wichtig ist das nicht seltene Auftreten von *Nachtblindheit*, die viele Wochen bestehen bleibt, es treten ferner *Ulcerationen auf der Binde- und Hornhaut* auf.

Das *Blut* zeigt auch im Ödemstadium normale oder etwas erniedrigte Hämoglobinwerte, die Zahl der Erythrocyten ist meist normal oder unternormal, selten übernormal. Bei einem Teil der Kranken besteht eine *geringe Neigung zu Anämie* hypochromer Art, zuweilen ist der Färbeindex leicht erhöht. Makrocytose ist nie vorhanden. Öfter findet sich *Leukopenie*, meist erlebt man normale Leukocytenwerte.

Auffallend ist der *niedrige Serumeiweißwert*, der, anstatt normal 7—9%, zwischen 4 und 7% liegt, im Mittel bei *5,8%*; der niedrigste Wert war nach meiner Beobachtung 3,94%. Diese Erniedrigung fand sich bei ödemfreien und ödematösen Kranken. Die *Hypalbuminose* ist eine *echte und eine Teilerscheinung der allgemeinen Verarmung an Gewebseiweiß*. Auch der Gehalt an *Fett* und *Lipoiden* ist im Blute vermindert bei vermehrtem Cholesterin, der *Blutzuckergehalt* ist nicht selten *herabgesetzt*, manchmal normal, zuweilen nach Ödemausscheidung übernormal. Der *Kochsalzgehalt* des Blutes liegt meist in normalen Grenzen, der Calciumwert vielfach erniedrigt.

Im vermehrten *Urin* fällt der *hohe Kochsalzgehalt* von 30—50 g täglich auf; es wurden bis 150 g tägliche Ausscheidung beobachtet. Eiweiß, Zucker, Acetonkörper u.a. sind nie vorhanden. Es besteht eine *negative Kalkbilanz* mit erhöhter Kalkabgabe, die Kaliumausfuhr ist anfangs gleichfalls erhöht.

Pathogenese. Die *Ödemkrankheit* mit und ohne Ödem also der ihr zugrunde liegende starke Grad von Gewebsschwund, welcher sich autoptisch durch den völligen Verbrauch des Fettes auch im Körperinneren (perirenales, epi- und perikardiales Fettgewebe usw.), die starke Atrophie der Haut, Muskulatur, vor allem der parenchymatösen Organe (Leber, Herz, Hoden, Schilddrüse usw.) bei auffallend großen Nebennieren (s. analoger Befund bei absolutem Hunger), Glykogenfreiheit von Leber und Muskulatur kennzeichnet, ist eine klare *Folge der quantitativen und qualitativen Unterernährung*. Die Nahrung ist einseitig auf Kohlehydrate eingestellt, ohne daß diese so reichlich und nutzbar zur Verfügung stehen, um die Kost calorisch ausreichend zu gestalten. Um so mehr kommt der Mangel an Fett und besonders an Eiweiß zur Geltung, welche letzteres vielfach an oder unter der Grenze des Eiweißminimums liegt und aus Eiweißstoffen besteht, die, an sich schwer ausnutzbar, in übergroßen Mengen würden

zugeführt werden müssen, wie die vorne angeführten Feststellungen z. B. von
Röse klar zeigen. Daraus ergibt sich ohne weiteres, daß die Möglichkeit
einer mindestens zeitweisen *biologischen Unterwertigkeit des zugeführten Eiweißes*
gegeben ist und daß also dann die notwendigen Aminosäuren nicht in ihrer
Gesamtheit oder wenigstens nicht in ausreichender Menge zugeführt werden.
Der Unterschied gegenüber dem absoluten Hunger liegt in der Eigenart des
Stoffwechsels und der Neigung zur Ödembildung, ausgesprochenen Bradykardie
und Hypotonie u. a. m. Bei der Auslösung der Ödeme spielt die *übergroße Zufuhr
von Wasser und Kochsalz* eine wichtige Rolle.

Es wirft sich natürlich sofort die *Frage* auf, *ob* die Eigenheiten der Ödemkrankheit bzw. der ihr zugrunde liegenden Unterernährung mit einer *Hypo-
oder Avitaminose evtl. partieller Art* in Zusammenhang gebracht werden muß,
zumal im Krieg eine Häufung von Fällen klarer Vitaminmangelzustände (Skorbut, Rachitis, Xerophthalmie usw.) vorkam. Dazu kommt, daß die Ödem-
kranken zuweilen Symptome zeigen kann, wie Nachtblindheit, Xerophthalmie,
Skorbut, Osteopathien osteomalazischer oder spätrachitischer Art und daß auch
die B-Vitaminmangelkrankheit manche Ähnlichkeit mit der Ödemkrankheit hat.
Die *Beriberi-Krankheit* unterscheidet sich aber schon dadurch, daß sie bei calorisch vollwertiger Nahrung, der nur der B-Vitaminkomplex fehlt, eintritt, daß
das klinische Bild Eigenheiten, die der Ödemkrankheit fehlen, zeigt wie die
polyneuritischen und kardiovasculären Symptome (vergrößertes Herz, verstärkte Herzaktion, frequenter Puls), und daß auch der intermediäre Stoffwechsel manche Verschiedenheiten aufweist. Wenn also auch oberflächliche
Ähnlichkeiten zwischen den beiden Krankheiten bestehen und manche gleichartigen Symptome in ihrem Entstehungsmechanismus sich ähneln, so handelt
es sich doch nicht um gleichartige, sondern grundsätzlich verschiedene Erkrankungen. Die anderen Avitaminosen unterscheiden sich prinzipiell von der
Ödemkrankheit, wenn auch ohne weiteres zuzugeben ist, daß Kombinationen
der Ödemkrankheit mit Avitaminosen verschiedener Art vorkommen können.
Die Eigenart der Nahrung bzw. der zugeführten Nahrungsmittel (Konservenform,
Fehlen von frischem Fleisch, Gemüse und Obst, Verwendung von Schmalz-
ersatz u. a. m.) bedingen eine Herabsetzung und ein zeitweiiges Fehlen von
Vitaminen vor allem von A und D, während B und C in der Regel genügend
vorhanden gewesen sein dürften.

Was die Neigung zur *Ödembildung* anbelangt, so liegt diese bei reinem Hunger
mit Wasserzufuhr nicht vor. Sie ist also etwas besonderes. Das Ödem entsteht
extrarenal und ist weder mit organischen Veränderungen der Nieren noch des
Herzens zu erklären. Die Ödembereitschaft wird verursacht durch eine schwere
Dekompensation des ganzen Apparates, der die normale Wasser-Salzbindung
im Körper sichert und den Austausch zu einem geregelten macht. Sie beruht
auf der schweren Schädigung der Gewebe, des protoplasmatischen Inhalts der
Zelle und seiner Membranen sowie der Capillaren im Sinne einer erhöhten
Durchlässigkeit. Es handelt sich also um die *Folgen des Gewebsnährschadens*
vielfältiger und doch besonderer Art, an der sich auch das *Blut* beteiligt.
Die Verminderung des Plasmaeiweißkörpers, welche besonders die Albumin-
fraktion betrifft (Weech und Ling, Bruckmann, D'Esopo und Peters u. a.)
führt zu einer stärkeren Senkung des kolloidosmotischen (onkotischen) Drucks,
wodurch die Ödementstehung begünstigt wird.

Experimentelle Untersuchungen bringen weiteren Einblick. Schon 1914
gelang es Tachau im Hofmeisterschen Institut bei Mäusen, welche mit frischem
feuchtem Kommisbrot und Salzen (Chlornatrium, Natriumphosphat, Natrium-
lactat) gefüttert wurden, also eine Wasser-, Salz- und kohlehydratreiche Kost
erhielten, Ödem zu erzeugen. Amerikanische Forscher (Denton und Kohmann,

Frisch, Mendel und Peters, Shellburne und Eggloff, Weech, Selling und Goettsch) haben neuerdings bei Ratten aber auch an Hunden durch besonderes Futter Ernährungsödem mit Hypoproteinämie erzeugt. In Deutschland hat H. Luckner diese Beobachtung bestätigt und wichtige neue Tatsachen gefunden. Danach wird durch langdauernde Fütterung der Versuchstiere mit Futter, das im wesentlichen aus Karotten und Steckrüben (dazu Stärke, etwas Palmin und ein Salzgemisch nach McCollum und Davis) besteht, regelmäßig Ödembildung erzeugt. Nach langdauernder Weißkohlfütterung wird Ödementstehung gelegentlich, nach Kohlrabifütterung nie beobachtet. Die Zulage der Vitamine A, B_2, C, D hat keinen Einfluß auf die Ödembildung, durch Zulage von Vitamin B_1 wird sie verzögert, aber nicht verhindert (verbesserte Resorptionsverhältnisse im Magen-Darmkanal). Durch Zusatz von 0,5% Casein zur Karottengrundkost wird Ödembildung verhindert und ein geringes Wachstum der Versuchstiere erzielt, bei Zusatz von nur 0,25% Casein tritt sie nach längerer Versuchsdauer (90—100 Tage) auf. Zusatz der Aminosäuren Glykokoll, Asparaginsäure, Tyrosin, Tryptophan bleibt ohne Einfluß. *Die Ödembildung wird aber verhindert durch Zusatz von Cystin und Glutathion zum Futter in kleinen Mengen* (0,25% Cystin, 0,1 g Glutathion). *Das Casein ist bei niedriger Dosierung dem Cystin unterlegen, bei höherer infolge der vom Cystin nicht erreichten Förderung des Wachstums überlegen* (vgl. die früher berichteten Versuche von Osborne und Mendel mit Zeïn). Die Cystinwirkung besteht nach Luckner wahrscheinlich darin, daß in dem Eiweiß der Grundkost zu wenig Cystin für die Plasmaproteinbildung enthalten ist. Übrigens ist es interessant, daß, ähnlich wie bei der zur Ödemkrankheit führenden Unterernährung, es auch im Rattenexperiment *nicht* bei allen Tieren zur Ödembildung kommt, daß vielmehr vereinzelt statt Wasserretention eher *Austrocknungserscheinungen* beobachtet werden. Es kann sich die Wasserretention auch auf die Bildung von Ascites beschränken.

Die Lucknerschen Feststellungen, die durch genaue mit Scriba ausgeführte histologische Untersuchungen ergänzt werden, wobei sich eine weitgehende Parallele zu den Befunden bei der menschlichen Ödemkrankheit ergaben, sind eine vorzügliche experimentelle Beweisführung, die unser Wissen auf eine festere Grundlage stellte und die Auffassung untermauerte, welche wir durch unsere Untersuchungen bekamen. *Danach ist die Entstehung des experimentellen Ernährungsödems eine Unterernährung mit biologisch unterwertigem Eiweiß*, ein Mangel an Vitamin B_1 kann durch Störung der Nahrungsresorption das Manifestwerden der Ödeme beschleunigen. Daß die Cystinzulage für die Fähigkeit des Organismus, Plasmaproteine zu regenerieren, bedeutungsvoll ist (Luckner), zumal Albumin etwa 6% Cystin enthält, ist einleuchtend. Daneben aber dürfte sich doch der Mangel an Cystin und vielleicht anderer Aminosäuren auch im Gewebsaufbau bemerklich machen. Die Annahme einer quantitativen *und qualitativen* Unterernährung für die menschliche Ödemkrankheit besteht also zu Recht, ebenso wie die Feststellung, daß es sich bei ihr *nicht* um eine primäre Avitaminose handelt.

Die *Therapie* bestätigt diese Auffassung. *Es gelingt rasch und leicht, durch einseitige Zulagen von geeignetem Eiweiß in Form von frischem Fleisch* unter gleichzeitiger Hebung der Gesamtcalorienmenge über den Normalbedarf *die Krankheit zu heilen*. Diese Tatsache wird überall hervorgehoben. Interessant ist die Angabe von Liu, Chu, Wang und Chung, daß die *Heilung* Ödemkranker *mit vegetabilischem Eiweiß nur schwer* gelingt und daß davon *gegenüber tierischem Eiweiß die doppelte Menge nötig* ist. Der relativ geringe Gehalt des vegetabilischen Eiweißes an Cystin ist die Erklärung, wobei ferner von Bedeutung sein dürfte, daß manche pflanzlichen Eiweißstoffe wie z. B. das Gliadin kein

Lysin enthalten. Vielleicht liegt hier die Ursache dafür, daß LUCKNER mit Cystin bei seinen Ratten wohl die Ödeme verhindern, die Hemmung des Wachstums aber nicht beseitigen konnte, für das nach OSBORNE und MENDEL die Lysinzufuhr notwendig ist (Versuche mit Zeïn).

4. Andere Störungen bei unvollständiger Nahrungszufuhr.

Das Beispiel der gut erforschten Ödemkrankheit lehrt, daß charakteristische schwere Ernährungsstörungen durch unvollständige Nahrung hervorgerufen werden können, wobei die biologische Minderwertigkeit des Eiweißes, die durch quantitativ zu geringe Zufuhr eiweißhaltiger vegetabilischer Nahrungsstoffe besonders in Erscheinung treten muß, die Hauptrolle spielt. Durch quantitative Vergrößerung der Menge oder durch Variation verschieden zusammengesetzter Eiweißträger müßte sich eine zweckmäßige Ergänzung zur biologischen Vollwertigkeit ergeben können. Die Beschränkung auf wenige, vielfach gleichartige Eiweißträger macht bei der geringen Zufuhr eine Ergänzung unmöglich und die biologische Minderwertigkeit zu einem ausschlaggebenden Krankheitsfaktor. Wir sind in der Erkenntnis von Krankheitszuständen, welche auf diese Weise entstehen können, noch stark zurück. Es ist sicher anzunehmen, daß sie in größerer Zahl vorliegen.

α) Mehlnährschaden.
(CZERNY und KELLER)

Die über Wochen fortgesetzte einseitige Ernährung mit Mehl, die in Suppenform unter Zugabe von wenig oder keiner Kuhmilch vielfach beim Säugling durchgeführt wird, hat manche Folgen mit der Ödemkrankheit gemeinsam. Die mit der Mehlsuppe ernährten Säuglinge nehmen zunächst stark an Gewicht zu und sehen scheinbar blühend aus. Dabei handelt es sich aber um eine starke Wassereinlagerung in die Gewebe, die auch als Ödem erscheinen kann, sog. *hydropische Form*. Die Wasserbindung, sitzt aber sehr locker, so daß leicht ein erheblicher Gewichtssturz infolge Wasserverlust auftritt. Es kommt daneben auch eine von anfang an *atrophische Form* vor mit vermehrter Muskelspannung, die unter dem Einfluß großer Wasserverluste bei jungen Kindern auch bei andersartigen Ernährungsstörungen zu finden ist. Die Erkrankung wird also durch *Inanition und abnorme Wassereinlagerung* charakterisiert.

Die Körnerfrüchte haben etwa 60% Kohlehydrate, wenig Calcium, wenig Natrium und wenig organisch gebundenen Schwefel. Das relativ knapp vorhandene Eiweiß hat einen *geringen Bestand an Lysin und Cystin*. Die Nahrung ist also relativ reich an Kohlehydrat, das den Verbrauch von B_1 steigert und so leicht zu Mangelerscheinungen führen kann. Andererseits ist sie *calorisch minderwertig*, da das Fett fehlt und es nicht ohne weiteres möglich ist, isodyname Mengen von Kohlehydraten in Form von Mehl dem Kleinkind beizubringen, ohne das Nahrungsvolumen außerordentlich zu vergrößern (ROMINGER). Dadurch aber wird auch die Eiweißmenge, wenn auch nicht absolut, so doch im Hinblick auf die biologische Minderwertigkeit relativ zu klein. Es handelt sich also um eine *Minimalernährung*, deren Unterschreitung leicht zu quantitativer und qualitativer Unterernährung führt.

Die *Behandlung* muß auf die Zufuhr der fehlenden Nahrungsbestandteile Eiweiß, Fett und Salze eingestellt werden. Sie hat aber beim atrophischen Säugling mit dessen schlechter Nahrungsverträglichkeit überhaupt zu kämpfen. Die Umstellung auf die abgeänderte Nahrung muß daher allmählich erfolgen.

β) Einfluß der Unterernährung auf die Sexualorgane.

Daß unzureichende Ernährung zu *Amenorrhöe und Dysmenorrhöe* führen kann, hat der Weltkrieg besonders klar ergeben. Die Häufigkeit der Amenorrhöe unter dem einer Klinik zugehenden Krankengut beträgt im Frieden etwa 0,4—0,8%, vom Jahre 1916/17 an aber stieg die Frequenz nach Angaben aus Deutschland und auch aus neutralen Ländern auf 3—10%, zum Teil noch höher (R. Schröder). Besonders deutlich zeigt sich der Einfluß der Unterernährung in einer Statistik von Kurtz aus der Berliner städtischen Anstalt für Epileptische. Von 142 Frauen im Alter von 16—44 Jahren, die bis zum Krieg regelmäßig menstruierten und während des Krieges dauernd in der Anstalt waren, haben nur 9,2% = 13 Kranke ihre Regel behalten, 129 Kranke = 90,8% bekamen Amenorrhöe. Seit Juni 1919 war die Regel bei einer größeren Zahl wiedergekommen. Das Körpergewicht sank durchschnittlich um $^1/_8$. Die Kost war entsprechend der Zwangswirtschaft durchgeführt, zeigte also Eiweiß- und Fettmangel. Die einseitig zusammengesetzte und quantitativ zu geringe Nahrung wurde als der schädigende Faktor angesehen. Schröder wendet sich gegen den Ausdruck „Kriegsamenorrhöe", weil die ätiologisch faßbaren Faktoren

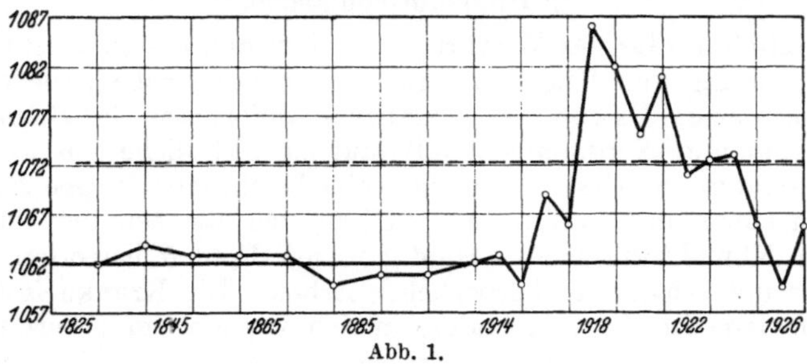

Abb. 1.

sich ausnahmslos unter die bisher bekannten Ursachen einreihen ließen, ohne neue Gesichtspunkte zu bringen. Nur die Häufung, an der aber auch oft vermehrte körperliche Arbeit, psychische Insulte u. a. mitschuldig waren, ist das Besondere der „Kriegsamenorrhöe".

Eine Erscheinung sei noch kurz erwähnt, weil sie namentlich von A. Bayer in Beziehung zur Unterernährung des Mannes gebracht wurde, nämlich das *Ansteigen der Knabenziffer unter Neugeborenen des Weltkrieges*. Schon früher wurde darauf von Düsing und v. Firks hingewiesen. Sie steigt offenbar nur nach längerer Kriegsdauer. Die Kurve (Abb. 1) zeigt, daß die Knabenziffer, die sich in Bayern in den vielen Jahren vorher immer auf ungefähr gleicher Höhe hielt, im Jahr 1918 einen Anstieg aufweist, der erst im Jahre 1925 wieder auf die Norm zurückging. Auch Lenz neigte der Ansicht zu, daß die Unterernährung durch Erschwerung der Befruchtung die erhöhte Knabenziffer verursacht habe.

Bayers Ausführungen über die Nahrungsverschlechterung und Verknappung decken sich ungefähr mit meinen beim Hungerödem gebrachten. Die wesentlichen Folgen des lang dauernden qualitativen und quantitativen Eiweißmangels ergeben sich aus der Bedeutung des Eiweißes als „zentralem Protoplasmabestandteil" [Bickel (3)], dessen Qualität abnimmt. Die Oxydationsstörungen im Körper führen zur Erschwerung des Körpergetriebes, die Organe werden empfindlicher gegen Krankheit und Nährschäden, das Wachstum wird gehemmt, der Zellaufbau gestört, besonders in Geweben mit rascherem Umbau (Verdauungs- und Milchdrüsen, Endometrium, Keimdrüsen). Der Eiweißmangel war nach Bayer geeignet, in erster Linie das Protoplasma der Samenbildungszellen und Keimzellen zu schädigen, vielleicht über die Leydigschen Zwischenzellen und damit zu einer Einschränkung der dynamischen Leistungsfähigkeit der Spermatozoen zu führen. Er läßt es offen, ob daneben noch ein Mangel an Vitamin A, an Mineralien (Calcium und Phosphor) und an Vitamin B_1 eine

Rolle spielt. Auch Romeis nimmt eine Schädigung des generativen Keimdrüsenanteils durch längerdauernde Unterernährung an, während nach ihm die Zwischenzellen weniger beeinflußt erscheinen. Das Hodengewicht, das bei absolutem Hunger weniger leidet als das Körpergewicht, nimmt bei chronischer Unterernährung stärker ab. Durch die Schädigung des Spermatozoenprotoplasmas vergrößert sich nach Bayer ein schon vorher bestehender Unterschied in der Beweglichkeit der männlich und weiblich bestimmenden Spermatozoen, so daß die Proportion der Zielgruppe zugunsten der männlich bestimmenden Spermatozoen verändert wird. Die Folge ist die Vermehrung von männlichen Befruchtungen. Es ist möglich, daß mit der Keimzellschädigung auch eine Beeinträchtigung der Lebenskraft der Kinder verbunden ist und daß die Unterernährung in dieser Richtung nicht nur in Zeiten der Not, sondern in geringem Umfang dauernd auf den Volkskörper einwirkt.

γ) Hungerosteomalacie.

In der zweiten Hälfte des Weltkrieges und in den ersten Nachkriegsjahren wurde eine Häufung von Knochenerkrankungen beschrieben, die als Rachitis tarda, Osteomalacie, Osteoporose, Arthritis deformans bezeichnet wurden (besonders Wien und Norddeutschland) und eigentümliche Misch- und Übergangsformen zeigten, so daß sie schwierig in eine bestimmte Gruppe von Knochenerkrankungen einzureihen waren. Sie stellten sich zur Zeit der Pubertät und besonders im Klimakterium ein. Häufig waren Frauen betroffen, aber auch junge Männer mit schwererer körperlicher Arbeit. Die Krankheit begann mit Schmerzen in den Knochen, besonders in den Rippen, im Kreuz und in den Hüften. Es stellten sich dann Gehstörungen, Watschelgang, Zusammensinken des Rumpfes und schließlich Gehunmöglichkeit und Bettlägerigkeit mit Verkrümmung der Knochen ein. Die Kranken schienen frühzeitig zu altern (Grauwerden der Haare, Ausfallen der Achsel- und Schamhaare, Fettschwund, Hypotonie der Muskeln). Das Becken hat, wie allgemein berichtet wurde, zum Unterschied von der klassischen puerperalen Osteomalacie keine groben Formveränderungen gezeigt.

Die Hauptrolle in der Entstehung der Hungerosteomalacie spielen soziale Faktoren, vor allem mangelhafte und ungenügende Ernährung (Eiweiß-, Calcium-, Phosphorarmut), wobei vermutlich wie bei der Rachitis dem Mangel an Vitaminen besonders D eine wichtige Bedeutung zukommt. Durch erhöhte Kalkzufuhr allein war es nicht möglich, die Knochenstörung zu beheben.

δ) Anfälligkeit für Infektionen bei Unterernährung.

Daß die Unterernährung durch ungenügende und biologisch minderwertige Nahrung die Anfälligkeit für Infektionen stark steigert, ist bekannt. Der Hunger allein scheint keinen derartigen Einfluß zu haben, viel eher könnte man das Gegenteil annehmen (heilsame Wirkung von Hungerkuren und zweckmäßig beschränkter Ernährung bei manchen Infektionszuständen). Der Unterernährte aber zeigt eine erheblich verminderte Widerstandskraft. Furunkulose, Pneumonien, Grippeinfektionen und Erkältungskrankheiten aller Art, Ruhr, Tuberkulose u. a. m. traten in größerer Häufung auf, die Kindersterblichkeit nahm zu. Zur Erklärung der verminderten Infektionsresistenz wird man nicht allein die Unterernährung verantwortlich machen dürfen, es spielt vielmehr hierbei auch der Mangel an Vitaminen, vor allem A eventuell C, eine Rolle.

ε) Einfluß der Unterernährung auf das Blut.

Inwieweit Blutzusammensetzung und Blutbildung von der Ernährungsfrage beeinflußt werden, ist nur zum Teil geklärt. Eisenmangelanämien sind anerkannt

und bewiesen. Die Beziehungen der Ernährungslage zu den organischen Bestandteilen des Hämoglobins liegen aber noch völlig im dunkeln. Nur vereinzelt
findet man entsprechende Untersuchungen.

WHIPPLE und ROBSCHEID-ROBBINS fütterten Hunde, die durch wiederholte
Blutentnahme auf einen bestimmten *Anämie*grad gebracht waren, mit Brot
unter Zugabe bestimmter Aminosäuren. Bei Zufütterung von natürlichem
Histidin, das im Globin in besonders großer Menge enthalten ist, konnte eine
größere Zunahme des Hämoglobins festgestellt werden als bei Kontrolltieren,
die dasselbe Futter *ohne* Histidin erhielten. Ob dabei das Histidin zur Bildung
des Globins verwandt wird oder ob es in Beziehung zu den Pyrrolkernen zu
bringen ist, lassen sie unentschieden. Auffallend ist, daß bei anämischen Hunden
oft durch Eisen allein ohne Zufuhr von Eiweiß und sonstigen hämoglobinbildenden Stoffen eine starke Hämoglobinbildung stattfindet. Dabei muß das
Material aus dem Körper selbst stammen.

Die *Hämoglobine* verschiedener Tierarten unterscheiden sich voneinander
z. B. durch verschiedenen Schwefelgehalt (VALER). Da das Hämin wohl überall
die gleiche Konstitution aufweist, glaubt man, daß die Ursache für das verschiedene Verhalten des Hämoglobins (verschiedene Löslichkeit, Krystallisationsfähigkeit u. a.) beim Globin liege. So stellt BARCROFT die Frage, die er eine
große und allgemeine nennt, ob das Globin vielleicht ein Beispiel dafür sei,
daß alle Proteine sich ändern. E. G. SCHENCK stellte Untersuchungen über
das Globin bei Tieren, gesunden und kranken Menschen an, wobei er speziell
den Monoaminosäuren-, Hexonbasen-, Arginin-, Lysin- und Histidinstickstoff
bestimmte. Dabei stellten sich erhebliche Differenzen zwischen den Globinen
der einzelnen Tierarten heraus, wodurch er den Beweis für erbracht hält, daß
die *Verschiedenheit ihrer Hämoglobine auf Unterschiede im Bau des Globins*
beruhen. Aber auch beim Menschen nimmt er auf Grund seiner Untersuchungen
verschiedene Globine an, deren Zusammensetzung z. B. vom Alter der Blutkörperchen abhängig ist. Bei hypochromen Anämien hat nach SCHENK das
Globin die gleiche Zusammensetzung wie im jugendlichen Organismus, bei der
BIERMERschen Anämie aber findet er „gealtertes" Globin. Er nimmt an, daß
die Lebenslänge eines Erythrocyten proportional der Spanne sei, über welche
sich das Globin hinweg verändern kann. In anderen Untersuchungen, auf die
ich noch zu sprechen komme, nimmt SCHENK eine Abhängigkeit der Organeiweißkörper von der Ernährung an. Wenn er auch das Globin nicht einschloß,
so besteht, wie auch die Untersuchungen von WHIPPLE und ROBSCHEID-
ROBBINS angeben, doch die Möglichkeit, daß die Ernährungslage sich irgendwie
in die Blut- und Hämoglobinbildung einschalten kann.

Für die Zusammensetzung der *Blutplasma- bzw. Serumeiweißkörper* scheinen
die Bestandteile des Nahrungseiweißes, wie schon erwähnt wurde und weiterhin
noch ausgeführt wird, von Bedeutung zu sein.

c) Überernährung.

Die Überernährung kann eine *einseitige* (Eiweiß-, Fett- und Kohlehydratmast) oder eine *allgemeine* sein. Die einseitige Überernährung spielt beim
Menschen im Rahmen der allgemeinen Ernährung durch übermäßige Betonung
eines Ernährungsbestandteiles eine wichtige Rolle. Am deutlichsten treten die
Folgen der Überernährung beim Kleinkind zutage.

1. Überernährung beim Kleinkind.

Die *Überfütterungsdyspepsie,* d. h. die quantitative Überernährung mit eines
an sich zweckmäßig zusammengesetzten Nahrung kann akute Störungen der

Verdauungsablaufes (Verzögerung der Magenentleerung eventuell mit bakteriellen Zersetzungen unter Mitbeteiligung des Darms) auslösen. Bei *lange fortgesetzter quantitativer Überernährung* setzt neben den Störungen des Verdauungsvorgangs eine *schwere Schädigung des Stoffwechsels* ein. Dabei ist es nicht gleichgültig, in welcher Form der Überschuß gegeben wird. Es wurde festgestellt, daß eine in abnorm großer Menge verfütterte Milchmischung stets nach einiger Zeit durch die sich in einer Richtung wegen des Übermaßes geltend machende Schädigung *einer* Komponente als insuffiziente oder falsche Nahrung erweist. Praktisch spielen also bei den durch Überfütterung hervorgerufenen Ernährungsstörungen die *qualitativen* Ernährungsfehler die Hauptrolle (ROMINGER).

Der *Milchnährschaden* kann manchmal durch ein dauerndes Überangebot von Muttermilch mit oder ohne Verdauungsstörungen eintreten. Eine viel tiefergreifendere Störung folgt der dauernden Überfütterung mit *Kuhmilch,* bei der einer *Periode der Mästung* mit steilem Gewichtsanstieg (starke Wasseranreicherung im Gefolge der Mastfett- und Masteiweißeinlage, etwa 4mal so viel wie beim Erwachsenen) eine solche des Nichtgedeihens und schließlich eine *Periode der Dystrophie bzw. Pädatrophie* mit Gewichtsabnahme, Änderung des Allgemeinzustandes, Fettseifenstühlen und Herabsetzung der Widerstandsfähigkeit gegen Infektionen sich anschließen. Nach ECKSTEIN und ROMINGER kommt bei der Milchüberfütterung dem *Fettüberschuß nur im Verein mit dem Eiweißüberangebot und dem Kohlehydratmangel* eine pathogenetische Bedeutung bei, die Milchdystrophie ist nach ihnen der Ausdruck einer partiellen Inanition an Kohlehydrat.

Die *verdünnte Kuhmilch als Dauernahrung ist minderwertig,* nicht nur weil sie kein arteigenes Eiweiß enthält, das ja andere Nahrungen auch nicht haben, sondern weil die im Hausstand fertiggestellten Milchmischungen oft *zu wenig Kohlehydrat, auch zu wenig Fett* und *nur ein Minimum an Vitaminen* (D und C) enthalten (ROMINGER).

Die dauernde *Überfütterung mit kohlehydratreichen Nahrungsmischungen* führt zu einer abnormen Wasserretention und einem steilen Gewichtsanstieg. Die Wasserbindung ist nur eine lockere; bei geringfügigen Störungen, z. B. kleinen Infekten, kommt es zu raschem Gewichtssturz. Man spricht von einer hydropigenen Wirkung der Kohlehydrate; der starke Verbrauch von B_1-Vitamin, wie er mit vermehrter Kohlehydratverabreichung zwangsläufig verbunden ist, mag bei Kohlehydratmast verbunden mit ungenügender Zufuhr dieses Vitamins zu einem verminderten Angebot desselben und damit zu hydropischen Störungen (ähnlich der hydropischen Form der Beriberi) führen.

Überfütterung mit Fett von längerer Dauer, wie sie mit verhältnismäßig eiweißreichen Nahrungsgemischen vorkommen, machen als Ausdruck der abnormen Fettverarbeitung Fettseifenstühle und bei gleichzeitigem relativem Mangel an Kohlehydraten schwere Ernährungsstörungen wie beim Milchnährschaden. Neben der Korrelation der Nährstoffe spielt bei der *akuten* Fettschädigung (Durchfälle infolge der im Magen-Darmkanal durch Bakterientätigkeit entstehenden niederen Fettsäuren) die konstitutionelle Empfindlichkeit eine große Rolle; dieselben Kinder vertragen die fettreiche Frauenmilch, aber nicht das Kuhmilchfett (NIEMANN).

Überfütterung mit Eiweiß fällt beim Kind mit der Kuhmilchüberfütterung zusammen; dieser Milchschaden ist aber kein Eiweißnährschaden. Zusatz von Casein zur Frauenmilch wird restlos resorbiert und glatt verarbeitet (STOLTE).

2. Überernährung beim erwachsenen Menschen.

Eine *Eiweißmast* kann man nur nach längerer Dauer von Hunger und Unterernährung und in der Rekonvaleszenz nach abzehrenden Krankheiten erzielen.

Der Körper reißt in diesen Fällen Eiweißmaterial zum Aufbau neuen Protoplasmas an sich. Bei Menschen, die sich an eine erhöhte körperliche Arbeit gewöhnen, kommt es durch die Arbeitshypertrophie der Muskulatur zu einem stärkeren Eiweißansatz. Man braucht aber hier keine übergroße Menge von Nahrungseiweiß, wenn Fette und Kohlehydrate in genügender Menge zur Verfügung stehen. Ähnlich liegt es bei der schwangeren und nährenden Frau wie beim wachsenden Kinde. Eine reine Eiweißkost wird nach kurzer Dauer mit starken Unlustgefühlen beantwortet; große Eiweißmengen können nur zusammen mit reichlich Kohlehydrat genossen werden. Dabei kommt es dann zu einer Stickstoffretention bzw. *positiver Stickstoffbilanz*, die aber bald ihre Grenzen hat. Der *retinierte Stickstoff* gehört *zum Teil stickstoffhaltigen Schlacken des zersetzten Nahrungseiweißes* an, die vorübergehend zurückgehalten werden, *zum Teil* entspricht er *retiniertem Eiweiß*, das aber nicht aktives Protoplasma bzw. lebendes Zelleiweiß ist, sondern *Vorratseiweiß* (RUBNER), das als zirkulierendes Eiweiß [v. VOIT (1)] in den Körpersäften und in Tropfen- und Schollenform in den Zellen besonders der Leber [BERG (1—4), CLARA, SÜNDER u. a.] eingelagert wird[1]. Im Bedarfsfall wird dieses Vorratseiweiß zuerst verbraucht und schützt also das Protoplasmaeiweiß vor Zerfall. Der größte Teil des übermäßig zugeführten Eiweißes wird verbrannt, er tritt durch seine spezifisch-dynamische Wirkung in den Kraftwechsel ein und führt zu einer übermäßigen Wärmebildung, die als „Luxuskonsumption" (FRERICHS u. a.) bezeichnet wird. Eine lang dauernde übergroße Eiweißzufuhr zur Erzielung eines möglichst hohen Bestandes an totem Vorratseiweiß wird allgemein abgelehnt, zumal sie mit einer starken Dauerbelastung des Stoffwechsel einhergeht und die Gefahr der Retention schädlich wirkender Eiweißschlacken (Ptomaine, Amine usw.) in sich birgt.

Der *günstige Einfluß einer beschränkten Eiweißzufuhr*, sowie einer auf den Bedarf eingestellten Nahrungsaufnahme überhaupt, hat sich im Krieg vielfach da, wo vorher ein Übermaß zugeführt wurde, an der Abnahme und dem günstigeren Verlauf gewisser Erkrankungen (Diabetes, Gicht u. a.) kenntlich gemacht. *Die schädliche Auswirkung zu großer Mengen von Nahrungseiweiß*, besonders tierischem, läßt sich für die Basedowsche Krankheit und die Thyreotoxikosen überhaupt, Leber und Nierenkrankheiten, Herz- und Gefäßerkrankungen, Migräne, Hautkrankheiten, Blutkrankheiten wie Polycythämie u. a. m. mit Sicherheit beweisen. Übermäßige Fleischverzehrer können vor allem *bei vorhandener* Disposition (erblich oder erworben) bei sich das Einsetzen derartiger Erkrankungen beschleunigen oder hervorrufen. Sie leiden nicht selten an Verstopfung und Darmgasbildung mit allen unangenehmen und schädlichen Nebenwirkungen (intestinale Autointoxikation, Belastung des Kreislaufes u. a. m.).

---

[1] In jüngster Zeit glauben die chinesischen Forscher TRE-YEN LIANG und SIN WAI WU Beziehungen zur Hypophyse gefunden zu haben. Sie stellen fest, daß pyroninophile Gebilde in der Leber, also die Produkte der Eiweißspeicherung, nur nach Eiweiß-, nicht nach Kohlehydrat- oder Fettfütterung auftreten. Bei längerem Hungern verschwinden die Gebilde, welche die verschiedenen spezifischen Eiweißreaktionen geben. Wenn man einer eiweißgemästeten Ratte Serum von einem 24 Stunden hungernden Hund einspritzt, dann werden die Eiweißschollen in seiner Leber restlos entfernt, während das Serum gefütterter Hunde wirkungslos ist. *Im Hungerserum* befindet sich *also eine Substanz, welche die Eiweißschollen mobilisiert*, die aber nach Fütterung wieder aus dem Serum verschwindet. Längeres Hungern vergrößert die Menge der betreffenden Substanz. Ein auf besondere Art hergestellter *Extrakt aus dem Hypophysenvorderlappen* bringt die Eiweißschollen der Leber gleichfalls zum Verschwinden. Die Verfasser nehmen nach ihren Untersuchungen eine Identität der in diesem Extrakt befindlichen Substanz mit der des Hungerserums an. Es handelt sich nach ihrer Ansicht um ein *Eiweißstoffwechselhormon*, das sie in Parallele zu dem Kohlehydratstoffwechselhormon bes Hypophysenvorderlappens von ANSELMINO und HOFFMANN setzen. Eine Nachprüfung dieser Feststellungen liegt meines Wissens bis jetzt nicht vor.

Dauernde Überernährung jeder Art ist bei dem mageren Menschen ebenso *unzweckmäßig* wie bei dem zum Fettansatz neigenden. Der gesamte Verdauungs- und Stoffwechselapparat wird laufend über Gebühr in Anspruch genommen. Diese überflüssige Mehrarbeit wirkt sich auf den ganzen Organismus aus. Je nach der konstitutionellen Verfassung des einzelnen können mit der Zeit bald da bald dort Schäden ausgelöst werden, deren Zusammenhang mit den fortlaufenden Ernährungsfehlern wohl anzunehmen, vorerst aber häufig nicht exakt zu beweisen sind. Diese Unsicherheit verführt unkritische und oftmals auch kenntnislose Ernährungsreformer allzu leicht zu unhaltbaren und völlig unbeweisbaren Behauptungen und Ernährungsreformvorschlägen, welche sich fernab von den praktisch wichtigen und physiologisch notwendigen Grundlagen halten.

Sicher ist, daß dauernde Überernährung *Fettleibige* züchtet, wobei die Konstitution des einzelnen den Ausschlag gibt, was schon aus der allgemeinen Beobachtung hervorgeht, daß manche mageren Personen viel und manche fette wenig essen. Die Tätigkeit des endokrinen Systems (Schilddrüse, Inselorgan der Bauchspeicheldrüse, Hypophyse-Zwischenhirnsystem usw.) und die Bereitschaft zur Assimilation, über deren oft familiär bedingte Eigenheit wir, was die wirklichen Ursachen anbelangt, keineswegs genügend orientiert sind, geben dabei einen wichtigen Ausschlag.

Wie bei der konstitutionellen Magerkeit von habituellen Schlechtessern geredet wird, so kann bei der Fettleibigkeit, die nicht durch eine krankhafte Funktion der endokrinen Drüsen bedingt ist, von *habituellen Vielessern* gesprochen werden, bei denen die Regulation des Hunger- oder des Sättigungsgefühles in entgegengesetzter Richtung mangelhaft funktioniert. Das Nahrungsbedürfnis ist nicht wie beim normalen erwachsenen Menschen auf den täglichen Bedarf eingestellt, sondern geht gewohnheitsmäßig darüber hinaus (FR. V. MÜLLER). So kommt es zur überreichlichen Nahrungszufuhr. Die schädlichen Folgen der Fettleibigkeit auf den Organismus sind allgemein bekannt und anerkannt; sie brauchen daher hier nicht weiter ausgeführt zu werden.

Während der empfindliche Organismus des Kleinkindes auf Fehlnahrung jeglicher Art rasch und intensiv reagiert, trifft das gleiche für den Erwachsenen nicht zu. Durch seine erworbenen Anpassungsfähigkeiten und seine besser und intensiver arbeitenden Regulationsvorrichtungen werden die Folgen bei geringen Fehlern leicht und vollständig kompensiert. Schwerere und dauernd erfolgende Ernährungsfehler wirken sich oft erst nach mehr oder weniger langer Zeit, nach Jahren und Jahrzehnten aus, schneller vielleicht wenn auch noch andere schädigende Momente dazukommen. Sicher ist aber, daß die Beachtung einer in Menge und Zusammensetzung möglichst zweckmäßigen Ernährung für die Gesundheit von ebenso großer Bedeutung ist, wie sie im Krankheitsfall eine heilende Wirkung entfalten kann.

3. Einfluß der Mast und Fettsucht auf die Sexualfunktionen.

Schon lange weiß man, daß gemästete Tiere wenig geeignet zur Fortpflanzung sind. Durch H. STIEVE sind eingehende Untersuchungen über den Einfluß der Mästung auf die Sexualorgane angestellt. Eine zur Zeit der Geschlechtsruhe erfolgende Mast hat bei der Gans zur Folge, daß die Samenbildung ausbleibt. In Übereinstimmung mit dieser Unterentwicklung des generativen Hodenanteils bleiben auch die Geschlechtsorgane (Glied, Samenleiter) auf jugendlicher Entwicklungsstufe. Die LEYDIGschen Zwischenzellen dagegen vermehren sich sehr erheblich. Er hat ferner eine Rückbildung der Eifollikel beobachtet. Wenn die Mast erst nach Einsetzen der Vorbrunst einsetzt, dann wird der physiologische Brunstgewichtsverlust, der durch den Verbrauch von

Reservedepots für das Wachstum der Keimorgane entsteht, verhindert, das Hodenwachstum verstärkt sich und der Ablauf der Samenreifung wird beschleunigt. STIEVE meint, daß die Ausbildung des Zwischengewebes im weitesten Sinne von der Ernährung abhängig sei. Er stellte ferner eine vermehrte Produktion von Eifollikeln fest. Zu ähnlichen Resultaten kommt SALLER bei der weißen Maus; bei dieser zeigen sich aber individuelle Unterschiede, indem manche wenig oder nicht, andere stärker beeinflußt werden.

Vielleicht können diese Feststellungen eine Erklärung geben für die Beobachtung von *Azoospermie* im Gefolge von Fettsucht (KISCH). Sodann soll sich im Verlauf der Fettsucht häufig schon in jungen Jahren *Impotenz* einstellen. (KISCH, FÜRBRINGER u. a.), die durch Entfettung wieder behoben werden kann, ein Beweis für die unmittelbare Abhängigkeit von der Fettsucht (v. NOORDEN). Bei fettleibigen Frauen trifft man öfter frühzeitige *Menstruationsstörungen*, die nach Entfettung wieder verschwinden. In diesen Fällen scheint also die Überernährung eine schädigende Wirkung auf die Sexualorgane auszuüben.

4. Einige experimentelle Feststellungen und Ausblicke.

Der außerordentliche Einfluß, den die Ernährung auf den Körperbestand und damit auch sicherlich auf seine Funktionen ausübt, mögen einige Beispiele zeigen. Von JUNKERSDORF (1) liegen Untersuchungen über den *Einfluß des Hungers und verschiedenartiger Ernährung bzw. Mast auf die Leber*, speziell über das Verhältnis ihres Gewichtes zum Gesamtkörpergewicht vor, die sehr eindrucksvoll sind und daher in der Tabelle wiedergegeben werden sollen.

Tabelle 2. Lebergewicht in Beziehung zum Körpergewicht (Hundeversuche).

Fütterung	Mittelwert in %	Erklärung	Autor
Eiweiß-Fett, normal . .	3,5	—	PROFITLICH
Fleisch, normal	3,3	—	PAVY
Hunger	2,7	Glykogenarmut	JUNKERSDORF
Einseitige Eiweißnahrung	4,2	Abnahme des Fettgehalts, Glykogenzunahme, Eiweißansatz bzw. Anlagerung	JUNKERSDORF
Glykogenmast (Kohlehydratnahrung) . . .	6,4	—	PAVY
Glykogenmast (Fleisch-Kohlehydrat)	6,58 5,58[1] 12,43[2]	Abnahme des Fettgehalts, Glykogenzunahme, Ablagerung bzw. Aufspeicherung von Eiweiß in irgendeiner Form, aber auch Hyperplasie des Lebergewebes	JUNKERSDORF
Eiweißfütterung (Fleisch) nach vorausgegangener Glykogenmast	3,3 3,25[1]	Abnahme des Glykogens, Zunahme des Fetts, Ursache spezifischer Reiz bzw. Giftwirkung unphysiologischer Eiweißabbauprodukte?	JUNKERSDORF

Die Tabelle zeigt, wie *stark das Gewicht der Leber* im Verhältnis zum Gesamtkörpergewicht *je nach Ernährungszustand und Ernährungsart schwankt* und *wie verschieden* dabei im einzelnen Fall *ihr Aufbau bzw. das sie zusammensetzende Material* ist. Sie zeigt ferner, daß Glykogenmast anders wirkt, wenn Eiweißmast vorherging. *Ernährung und jeweilige Stoffwechsellage üben also*

---

[1] Auf glykogenfreie Leber berechnet. — [2] Höchstwert.

einen bestimmenden, klar erkennbaren Einfluß auf die wechselnde Zusammensetzung der Leber aus.

E. G. SCHENK hat diese Untersuchungsresultate *vom Standpunkt der Eiweißfrage* aus zu deuten versucht: Im Hungerzustand wird mit dem Fett ein Teil des Eiweißes oder besser Eiweißkomplexes, der die Beziehungen zum Fett aufrechterhält, verbrannt und kann nicht — wie stets bei zureichender Ernährung — neu ersetzt werden. Demgemäß kann Fett ebenfalls nicht wieder angesetzt, also auch nicht aus Kohlehydrat gebildet werden. Glykogen ist viel unabhängiger vom Eiweiß; es kann daher sogar über den normalen Gleichgewichtszustand hinaus eingelagert werden. Erst mit dem Zufluß neuer Aminosäuren in der Nahrung kann sich das Eiweiß des lebenden Gewebes wieder so umorganisieren, daß es zur Fettablagerung (und -bildung) fähig wird. So ist es zu erklären, daß in den Versuchen von JUNKERSDORF (1—3) bei hungernden Hunden, die mit Kohlehydratkost genährt werden, zuerst eine starke Zunahme des Leberglykogens bis auf 12% stattfindet, daß aber bei nachfolgender überreichlicher Eiweißkost das Glykogen stark abnimmt, während der Fettgehalt der Leber steigt. Er vermutet, daß zu den Bausteinen des Eiweißes u. a. „Verbindungsbrücken" zum Fett (allgemein gesprochen) und zum Kohlehydrat gehören. Ein Teil des Fettes der Organe kann ja erst nach peptischer Verdauung extrahiert werden.

In jedem Teil eines lebenden Organismus haben nach SCHENK *die diesem eigentümlichen Eiweißstoffe eine gewisse Spanne, innerhalb der sie sich verändern können.* Die Richtung, nach der sie sich jeweils umbauen, hängt nicht nur von den Eiweißbausteinen ab, die ihnen aus der Nahrung und den Körpersäften jederzeit zuströmen und zur Verfügung stehen, sondern auch von den zu verarbeitenden Kohlehydraten und Fetten und über diese hinausreichend von einer Summe von regulierenden Faktoren.

Als Maß für den Umbau des Eiweißes und dessen Größe bestimmten SCHENK und WOLLSCHITT in Leber, Nieren, Herz und Muskeln das lebensnotwendige *Tryptophan,* sowohl in den koagulierbaren Proteinen als auch in deren Filtraten und in diesen auch die freien Aminosäuren. Es zeigte sich, daß *der Anteil des Tryptophans am Gesamteiweiß entsprechend den verschiedenen Ernährungszuständen stark schwankte* (Hunger, Fett-, Kohlehydrat oder Eiweißmast) und *daß je nach dem Organ Ausmaß und Richtung der Schwankung verschieden war.* Außerdem wechselte die Reaktion auf peroral zugeführtes Tryptophan, indem es teils in das Gewebseiweiß aufgenommen, bei einem anderen Ernährungszustand *nicht* aufgenommen werden konnte.

Auch der Bau der isolierten *Serumproteine beim Menschen* ist beim gleichen Individuum nicht nur an verschiedenen Tagen, sondern auch zu verschiedenen Tageszeiten ein verschiedener (FISCHER und BLANKENSTEIN, LANG und BAUER, SCHENK und SCHLÜTER); es zeigt sich dann der Einfluß der Nahrung, das wechselnde Bedürfnis der Gewebe an bestimmten Aminosäuren u. a. m. Freilich konnte ABDERHALDEN (5) mit der Abwehrfermentreaktion nicht mit Sicherheit tiefgreifendere Unterschiede der Serumproteine, die durch die Nahrungsart entstanden sind, wohl aber individuelle Unterschiede nachweisen. Auch er hält eine weitere Verfolgung dieser Verhältnisse für nötig.

Den Bluteiweißkörpern kommen bekanntlich wichtige Transportfunktionen zu (BENNHOLD), sowohl den Plasmaproteinen wie den Eiweißsoffen der roten Blutzellen. Manches spricht dafür, daß bestimmte Gruppen dabei besonders wichtig sind.

Hier dürfen, obwohl es nicht direkt dazu gehört, die Feststellungen von K. DIRR angeführt werden, daß im Eiweiß des Blutserums, das eine positive Takata-Ara-Reaktion gibt, Tryptophan vermehrt, Cystin vermindert ist, während sich der Arginin- und Tyrosingehalt etwa gleich dem des Takata-negativen Serum verhält. Der positive Ausfall der Takata-Reaktion ist also nicht nur durch eine quantitative Vermehrung des gröber dispersen Eiweißanteils bedingt, sondern *primär durch eine qualitative Veränderung der Eiweißmoleküle*, was sekundär eine Bildung größerer Aggregate bewirken kann. Die auslösende Ursache liegt hier in der Schädigung der eiweißbildenden Organe wie Leber, Milz, Knochenmark bzw. des diesen gemeinsamen reticuloendothelialen Systems.

Schon 1914 hat TACHAU (1 und 2) in seinen im HOFMEISTERschen Institut ausgeführten Versuchen gezeigt, daß eine an sich qualitativ und quantitativ zureichende Nahrung ungeeignet sein und nicht zur Erhaltung des Lebens dienen kann, wenn eine starke Verschiebung des Verhältnisses der einzelnen Hauptnährstoffe vorgenommen wird. Mäuse könnten mit Kommißbrot, in dem das Verhältnis von Kohlehydrat zu Eiweiß wie 8,5 : 1 war, sehr lange am Leben gehalten werden, während sie zugrunde gingen, wenn der Kohlehydratgehalt des Kommißbrotes durch Tränken mit 50% Traubenzuckerlösung auf ein Verhältnis von 11,5 : 1 gebracht wurde. Ebenso ungünstig wirkte eine erhebliche Verschiebung des Nährstoffverhältnisses zugunsten des Fettes. TACHAU (1 und 2) meinte, daß man neben anderem an eine Einrichtung des intermediären Stoffwechsels denken müsse, welche die Ausnützung bestimmter Nährstoffe z. B. Kohlehydrate von der Mitwirkung anderer z. B. des Eiweißes abhängig mache. Möglicherweise sei auch der vielleicht vorhandene Widerwillen der Tiere gegen eine so ausgesprochene einseitig schmeckende Nahrung nur ein Ausdruck für das Bestehen einer solchen Einrichtung. Was freilich die schädliche Wirkung der Kohlehydratzulage zu einer in jeder Beziehung ausreichenden Kost anbelangt, so hat ABDERHALDEN (3) in Versuchen an der Taube bewiesen, daß es sich dabei um einen Mangel an B_1-Vitamin handelt. STEPP und SCHROEDER haben dann gleichartige Beobachtungen am Menschen gemacht, andere sind gefolgt (KITAMURA, BRÖDER und GUGEL). Die Angabe ABDERHALDENs, daß zwischen dem Umfang des Kohlehydratumsatzes und der erforderlichen Vitamin B_1-Menge enge Beziehungen bestehen, hat sich als richtig erwiesen.

Die neueren Erkenntnisse scheinen darauf hinzuweisen, daß *der stoffliche Auf- und Umbau der Organe in enger Verknüpfung mit dem Gesamt- und Energiestoffwechsel steht, die von deren Funktionstüchtigkeit abhängig sind.* Dabei fällt dem Eiweißanteil des Protoplasmas eine besondere Rolle zu. Richtige Ernährung ist eine wichtige physiologische Vorbedingung für den normalen Ablauf aller Lebensvorgänge, falsche Ernährung kann auch über den irgendwie abgeänderten Organbau zu pathologischen Zuständen führen. Das Erfolgsorgan muß aber eine Verfassung besitzen, welche seine optimale Reaktionsfähigkeit gewährleistet. Merkwürdigerweise hat die Art der Ernährung Einfluß auf die Stärke der Reaktion gewisser Hormone. Bei eiweißreicher Ernährung ist Thyroxin wirksamer, wie bei eiweißarmer; kohlehydratreiche Ernährung steigert die Wirkung des Insulins, während diejenige des Adrenalins umgekehrt bei kohlehydratarmer Nahrung eine Steigerung erfährt (ABDERHALDEN). Auch JUNKERSDORF (1 und 2) hat mit seinen Mitarbeitern einen Einfluß von Art und Menge zugeführter Nahrungsstoffe auf den Wirkungsgrad stoffwechselphysiologisch wichtiger Hormone festgestellt. Welche tiefen Probleme der Proteinsynthese im physiologischen und pathologischen Leben innewohnen, wie sie mit Entwicklung und Wachstum, mit Vererbung und Gestaltung und vielem anderen eng verbunden sind und wie vielgestaltig und wechselvoll sie vor sich gehen, hat soeben RONDONI erörtert. Aber auch er hebt hervor, daß eine bessere Einsicht in den Spaltungsstoffwechsel der Gewebe und die synthetischen Vorgänge dringend notwendig ist. Daß bei allen diesen Fragen der Ernährung und damit der Zufuhr lebenswichtiger Stoffe auch eine Rolle zufällt, ist klar. Die Probleme, welche mit den wechselnden Verhältnissen der Ernährung in Art und Menge, mit der einseitigen Betonung eines Hauptnährstoffes oder der qualitativen Minderwertigkeit zusammenhängen, konnten hier vielfach nur angedeutet werden. Ihre befriedigende Erklärung steht noch in weiter Ferne.

Schrifttum.

ABDERHALDEN, E.: (1) Z. physiol. Chem. 42—80 (1904—1912). — (2) Verh. Ges. Verdgs.krkh. 12, 69 (1934). — (3) Verh. dtsch. Ges. inn. Med., 50. Kongreß 1938. — (4) Pflügers Arch. 240, 647 (1938). — (5) Fermentforschung 1938, im Erscheinen. — ABDERHALDEN, E. u. BUADZE: Fermentforsch. 14, 333 (1934). — ABDERHALDEN, E. u. WERTHEIMER: (1) Pflügers Arch. 203, 438 (1924). — Pflügers Arch. 205, 547, 559 (1924). — (3) Pflügers Arch. 206, 491 (1924). — (4) Pflügers Arch. 207, 222 (1925). — ABDERHALDEN, E. u. R.: (1) Klin. Wschr. 1938 II, 1195. — (2) Pflügers Arch. 240, 388 (1938).

BAYER, A.: Arch. Gynäk. 165, 591 (1938). — Benedict, F. G.: A Study of prolonged fasting. Publ. Carnegie Inst. Washington 1915. — BENNHOLD, H.: Über die Vehikelfunktion der Eiweißkörper. Erg. inn. Med. 42, 273 (1932). — BERG, W.: (1) Anat. Anz. 42 (1912). — (2) Z. mikrosk.-anat. Forsch. 7 (1926). — (3) Z. mikrosk.-nat. Forsch. 28 (1932). — (4) Z. exper. Med. 88 (1933). — BICKEL, A.: (1) Hippokrates 1936, 1229. — (2) Dtsch. med. Wschr. 1937 I, 228. — (3) Über die Beziehungen der Qualität des Nahrungseiweißes zum Ablauf des Betriebsstoffwechsels. Basel: Schwabe & Co. 1938. — BICKENBACH, W. u. P. JUNKERSDORF: Arch. f. exper. Path. 132, 129 (1928). — BOLTON, CH. and W. PAYLING: J. of Physiol. 89, 269 (1937). — BORNSTEIN, A. u. K. HOLM: Stoffwechsel bei einseitiger und normaler Ernährung. Handbuch der normalen und pathologischen Physiologie, Bd. 5, S. 28. 1928. — BRUGSCH, TH.: Z. exper. Path. u. Ther. 1, 419 (1905). — BUCHINGER, O.: Das Heilfasten. Stuttgart u. Leipzig: Hippokratesverlag 1935. — BÜRGER, M.: Die Ödemkrankheit. Erg. inn. Med. 18 (1920).

CLARA, MAX: Z. Zellforsch. 21, 119 (1934).

DIRR, K.: Z. exper. Med. 104, 328 (1938).

ELTZBACHER, P.: Die deutsche Volksernährung und der englische Aushungerungsplan. Denkschrift. Braunschweig: F. Vieweg & Sohn 1915.

FREUDENBERG, K. u. W. DIRSCHEL: Z. physiol. Chem. 202, 192 (1931).

GABBE, E.: Glutathion. Luftfahrtmed. 2, 188 (1938). — GREFE, E.: (1) Die pathologische Physiologie des Gesamtstoff- und Kraftwechsels bei der Ernährung des Menschen. München: J. F. Bergmann 1923. — (2) Der Stoffwechsel bei Anomalien der Nahrungszufuhr. Handbuch der normalen und pathologischen Physiologie, Bd. 5, S. 212. 1928. — GREFE, E. u. A. WEISSMANN: Dtsch. Arch. klin. Med. 143, 350 (1924). — GUGGISBERG, H.: (1) Die Hungerosteomalacie. Halban-Seitz' Biologie und Pathologie des Weibes, Bd. III, S. 215. 1924. — (2) Die Bedeutung der Vitamine für das Weib. Halban-Seitz' Biologie und Pathologie des Weibes, Bd. VIII/3, S. 1720. 1929.

HEINSEN, H. A. u. K. H. OSTERWALD: Z. exper. Med. 101, 212 (1937). — HERBRAND, V. u. K. H. JAEGER: Cystein. Med. Klin. 1938 II, 1432. — HERTWIG, G. u. P.: Handbuch der normalen und pathologischen Physiologie, Bd. XVI/1, S. 865. 1930.

JANSEN, W. M.: Die Ödemkrankheit. Leipzig: F. C. W. Vogel 1920. — JUNKERSDORF, P.: (1) Pflügers Arch. 186, 238, 254 (1921). — (2) Pflügers Arch. 187, 269 (1921). — (3) Pflügers Arch. 192, 305 (1921). — JUNKERSDORF, P. u. Mitarb.: (1) Pflügers Arch. 211, 414, 612 (1926). — (2) Pflügers Arch. 216, 549 (1927).

KONRICH: Mil.ärztl Z. 49, 1. — KUHN, R. u. P. DESMELLE: Ber. dtsch. chem. Ges. 70, 1907 (1937).

LEHMANN, K., FR. MÜLLER, J. MUNK, H. SENATOR u. N. ZUNTZ: Virchows Arch. 131, Suppl.-H. (1893). — LIANG, TSE-YEN and SIN WAI WU: Chin. J. Physiol. 12, 125 (1937). — LIU, S. H., H. J. CHU, S. V. WANG and H. L. CHUNG: Proc. Soc. exper. Biol. a. Med. 291, 250 (1937). — LUCIANI, LUIGI: Das Hungern. Hamburg u. Leipzig: Voß 1890 (gesammelte Literatur). — LUCKNER, H.: Z. exper. Med. 103, 563 (1938). (hier ausführliches Literaturverzeichnis). — LUCKNER, H. u. K. SCRIBA: Z. exper. Med. 103, 586 (1938) (hier ausführliches Literaturverzeichnis).

McCARRISON, R.: Indian J. med. Res. 6, 275 (1919). — MORGULIS, SERGIUS: Hunger und Unterernährung. Berlin u. Wien: Julius Springer 1923 (gesammelte Literatur). — MÜLLER, E.: Die Bedeutung des Kuhmilchfettes für die Säuglingsernährung. Stuttgart: Ferdinand Enke 1937. — MÜLLER, FR.: Schweiz. med. Wschr. 1935 II, 1065. — MUSEHOLD: Die Ernährung des Feldheeres. Handbuch der ärztlichen Erfahrungen im Weltkrieg, Bd. 7: Hygiene.

NOORDEN, C. v.: Die Fettsucht, 2. Aufl. Wien u. Leipzig: Hölder 1910.

RÖSE, E.: Z. exper. Med. 94, 579 (1934) (hier weitere Literaturangaben). — ROMEIS, B.: Einwirkung auf die Zwischenzellen durch Beeinflussung des gesamten Organismus (Wirkung von Mast und Hunger). Handbuch der normalen und pathologischen Physiologie, Bd. XIV/1, S. 735. 1926. — ROMINGER, E.: Öff. Gesdh.dienst 3, 41 (1937). — ROMINGER, E. u. A. ECKSTEIN: Physiologie und Pathologie der Ernährungs- und Verdauungsvorgänge im frühen Kindesalter. Handbuch der normalen und pythologischen Physiologie, Bd. 3. 1927. — RONDONI, P.: Klin. Wschr. 1938 II, 1601.

SCHENK, E. G.: Über die Beteiligung des Eiweiß an den Lebensvorgängen. Erg. inn. Med. 46, 269 (1934) (ausführliches Literaturverzeichnis). — SCHITTENHELM, A.: Ödemkrankheit in Avitaminosen und verwandte Krankheitszustände. Berlin: Julius Springer 1926. — SCHITTENHELM, A. u. F. FRANK: (1) Z. physiol. Chem. 70, 98 (1910). — (2) Z. physiol. Chem. 73, 157 (1911). — SCHITTENHELM, A. u. H. SCHLECHT: Die Ödemkrankheit. Z. exper. Med. 9 (1919). — SCHRÖDER, INGA: Acta med. scand. (Stockh.), Suppl. 26, 157 (1928) (hier weitere Literatur). — SCHROEDER, R.: Die Pathologie der Menstruation. Halban-Seitz' Biologie und Pathologie des Weibes, Bd. III, S. 945. 1924. — STARCK, E.: Versuche über ganz einseitige Ernährung. Leipzig: S. Hirzel 1932. — STARLING, E. H.: Food conditions in Germany. Lond: His Maj. Stationary Office 1919. — STAUB, H.: (1) Z. klin. Med. 91, 44 (1922). — (2) Z. klin. Med. 93, 89, 123 (1922). — STEPP, W.: Einseitige Ernährung und ihre Bedeutung für die Pathologie. Erg. inn. Med. 15, 257 (1917) (ausführliches Literaturverzeichnis). — STEPP, W. u. H. SCHRÖDER: Münch. med. Wschr. 1936 I, 763. — STIEVE: Pflügers Arch. 200, 492 (1923). — SÜNDER, L.: Z. mikrosk.-anat. Forsch. 41, 541 (1937).

TACHAU, P.: (1) Biochem. Z. 65 (1914). — (2) Biochem. Z. 66 (1914).

VOIT, E.: (1) HERMANNs Handbuch der Physiologie, Bd. 6, S. 1 (1881). — (2) Z. Biol. 30, 510 (1893). — (3) Z. Biol. 46, 167 (1895).

WHIPPLE, H. and F. S. ROBSCHEIT-ROBBINS: Proc. Soc. exper. Biol. a. Med. 36, 629 (1937).

V. Avitaminosen und Hypovitaminosen.

a) Vitaminmangelzustände.

1. Mangel an Vitamin A.

Von **A. PILLAT**, Graz.

Mit 6 Abbildungen.

α) Einleitung. Historisches.

Erst in den letzten zwei Jahrzehnten ist es möglich geworden, das klinische Bild der Vitamin A-Mangelerkrankung des Menschen zu umreißen. Es konnte dies erst geschehen, als Untersuchungen an Tieren und Beobachtungen am Menschen ergeben hatten, daß zum normalen Wachstum und Gedeihen des tierischen Organismus außer den Hauptbausteinen der Nahrung, den Eiweißstoffen, Kohlehydraten, Fetten und Salzen noch ganz bestimmte andere Stoffe notwendig sind (FALTA und NOGGERATH, KNAPP, STEPP, OSBORNE und MENDEL), ohne welche eine harmonische Verwertung der genannten Baustoffe nicht möglich ist. Diesen „akzessorischen Faktoren" wurde etwas später der Name *Vitamine* gegeben (FUNK).

Schon im grauen Altertum waren Krankheiten bekannt, welche durch Zufuhr bestimmter Nahrungsmittel auffallend leicht geheilt werden konnten. So wird schon im Papyrus Eber, sowie in posthipokratischen Schriften erwähnt, daß die Nachtblindheit durch Essen von Leber geheilt werden kann und in einem alten chinesischen Buche über Augenkrankheiten aus der Tang-Dynastie (620 bis 907) wird für diese Krankheit die Einnahme von gepulverter Leber von Fledermäusen, Schweinen oder Schafen empfohlen (PI). Welche Stoffe in der Leber diese Heilung bewirkten, war freilich ganz unbekannt.

Seit ungefähr 100 Jahren kennt die klinische Medizin das Bild eigenartiger trockener Flecke an der Bindehaut des Augapfels, die später nach BITOT benannten *Flecke*, die anscheinend von RAU zuerst 1836 das erstemal genauer beschrieben wurden, und das schwere Krankheitsbild der *Keratomalacie*, der „Verschwärung der Hornhaut" *als Zeichen einer ungenügenden und unzweck-mäßigen Ernährung*. Dieses letztere Krankheitsbild ist 1827 von JOSEF BROWN beim Menschen anscheinend erstmalig beschrieben worden. Erst seit einigen Jahrzehnten wissen wir, daß der Lebertran für diese Erkrankungen eine ans Wunderbare grenzende heilende Kraft besitzt.

Man kannte also die drei Krankheitsbilder der *Nachtblindheit*, der *Binde-hautxerose* und der *Hornhautverschwärung*, hatte aber und konnte gar keine Vor-stellung davon haben, wie nahe diese ganz verschiedenen klinischen Bilder, welche scheinbar in gar keinem Zusammenhang miteinander standen, zusammen-gehörten, geschweige daß man sie als Auswirkung des Fehlens *eines einzigen* Stoffes in unserem Stoffwechsel erkennen konnte.

Die Erkenntnis solcher Zusammenhänge war erst möglich, als die zusätz-lichen Nahrungsstoffe, welche FUNK in London als *Vitamine* bezeichnet hatte, näher untersucht und ihre Funktion im Tierversuch festgestellt worden war. Auf diese Tierversuche und auf die anderen grundlegenden, besonders chemischen Arbeiten hier näher einzugehen, verbietet der zur Verfügung stehende Raum und die Aufgabe, *das klinische Bild des Vitamin A-Mangels beim Menschen* darzustellen. Bei den einzelnen Unterabschnitten soll auf die wichtigsten experi-mentellen Arbeiten kurz hingewiesen werden, so weit sie die bisher am Menschen vorliegenden Beobachtungen stützen und zu deren Verständnis notwendig sind. Andererseits muß festgestellt werden, daß nicht alle bei der A-Avitaminose der Tiere gewonnenen Erfahrungen ohne weiteres auf den Menschen übertragen werden können, da es sich beim Menschen nie um einen so brüsken und konse-quenten Vitamin A-Entzug wie im Tierversuch handelt und weil der Zeitraum, innerhalb dessen es beim Menschen, besonders beim Erwachsenen zum Ausbruch der Mangelsymptome kommt, ein viel größerer ist als beim Tiere. Während dieses Zeitraumes werden die Beziehungen, welche zwischen den einzelnen Vitaminen im menschlichen Körper bestehen, in ganz bestimmter Weise geändert, und dadurch läuft die Erkrankung in mancher Beziehung anders ab als im Tier-versuch. Die Kenntnis dieser Beziehungen der Vitamine untereinander, sowie der Vitamine zu den Hormonen ist beim Menschen noch gering. Ferner haben gerade die Tierversuche gezeigt, wie verschieden leicht oder schwer die Vitamin-A-Mangelsymptome innerhalb der Säugetierreihe hervorgerufen werden können. Während es einzelnen Untersuchern bei Ratten bis zu 98% (EMMET) gelang, Keratomalacie zu erzeugen, galt es lange Zeit für unmöglich, z. B. bei Affen die klassischen Augensymptome hervorzubringen.

Es unterliegt kaum einem Zweifel, daß es bereits 1816 MAGENDIE gelungen ist, im Tierversuch gewisse Vitamin A-Mangelsymptome, natürlich ohne daß er von den wirksamen Stoffen irgendeine klare Vorstellung hatte, zu erzeugen: Bei seinen Hunden, die er mit Zucker und destilliertem Wasser fütterte, traten zentrale durchbohrende Hornhautgeschwüre auf. Doch erst 90 Jahre später einsetzende Tierversuche rollten die Probleme der Ernährung vom Standpunkt der hier in Rede stehenden zusätzlichen Nährstoffe bewußt auf. 1906 sahen FALTA und NOGGERATH bei Ratten, welche sie mit Casein, Schweinefett, Stärke, Dextrose und anorganischen Salzen gefüttert hatten, in der 4. Woche eine mit Krustenbildung einhergehende Bindehautentzündung auftreten, die bis zum Tode der Tiere andauerte und in einigen Fällen zur „Panophthalmie" führte. FALTAs Schüler P. KNAPP setzte diese Versuche mit besonderer Berücksichtigung der Bindehauterkrankung und der dabei gefundenen Keime fort und erklärt diese Bindehautentzündung aus dem Fehlen eines ganz bestimmten, noch unbe-kannten Bestandteils der Nahrung. 1909 berichtet STEPP, daß *weiße Mäuse mit einer sonst völlig ausreichenden, aber ihrer Alkohol-Äther-löslichen Substanzen befreiten Nahrung* nicht am Leben erhalten werden können. Er schloß daraus, daß diese zum Leben unentbehrlichen Stoffe wegen ihrer Löslichkeit in Alkohol und Äther den Lipoiden zugehören müßten, daß diese Stoffe aber nicht unter den Neutralfetten zu suchen seien. Es folgen dann die Arbeiten der amerikanischen Autoren OSBORNE und MENDEL (1912 und 1913), welche bei Ratten, die mit eiweißfreier Milch, Stärke und mit Schweinefett ernährt wurden, Wachstumsstörungen, Diarrhöen, Appetitlosigkeit und eine „infektiöse Augenentzündung", die sog. *Xerophthalmie* fanden. *Alle Erscheinungen ließen sich durch Lebertran leicht heilen.* Im gleichen Jahre berichtet ERDMANN über Xerose und Keratomalacie bei Kaninchen, wenn diese Tiere 4 Monate lang mit einem „kalkarmen Grundfutter" ernährt wurden. Und 1915 sprechen GOLDSCHMIDT und FREISE, GOLDSCHMIDT und FRANK von „experimenteller Keratomalacie" bei ihren mit einer zureichenden, aber alkoholextrahierten Nahrung gefütterten Ratten, eine Erkrankung, die durch Zufügung der fehlenden, zum Leben notwendigen Substanzen wieder geheilt werden konnten. Es folgen dann während des Weltkrieges die Arbeiten amerikanischer Forscher, so McCOLLUM und DAVIS (1915), die in der „Xerophthalmie" der fettfrei ernährten Ratten das Fehlen des *„fettlöslichen Faktors A"* in der Nahrung erkennen, weitere Arbeiten von OSBORNE und MENDEL (1915, 1916, 1919) SHERMAN, DRUMMOND und MELLANBY, durch welche die alten klinischen Beobachtungen von GAMA LOBO (1866) über die sog. *brasilianische Augenentzündung bei Negerkindern*, die als „gastrisch-hepatischen Ursprungs" angesehen wurden, die Berichte über *Keratomalacie im Säuglingsalter von* PURFALL (1876), welche auf mangelhafte Ernährung zurückgeführt wurde, die Beobachtungen DE GOUVEAS (1883) über Hemeralopie, Xerose und Zerstörung der Hornhaut bei infolge Unterernährung „kachektischen Sklaven" auf Zuckerplantagen, die Berichte INOUYES (1896) *aus Japan* über *das Vorkommen schwerer Epidemien von Xerose und Keratomalacie bei Kindern* im Inneren des Landes, und die von MORI (1904) über 1400 Kinder mit dem sog. „Hikan", erst unserem Verständnis nähergebracht wurden. Die klinischen Berichte aus *Dänemark* von C. E. BLOCH (1918, 1921) über die sog. *Dystrophia alipogenetica* und von ELEGVAD (1919, 1923) über das Vorkommen der Xerophthalmie in Dänemark waren schon auf das Fehlen des fettlöslichen Vitamin A in der Nahrung eingestellt. Auf Grund dieser neuen Erkenntnisse setzen Berichte über die durch Vitamin A-Mangel bedingten Augenerkrankungen aus aller Herren Länder ein, aber erst PILLAT konnte 1929 auf Grund eines reichen Krankengutes in China beim Menschen das Krankheitsbild des Vitamin A-Mangels aus seiner Begrenzung, es handle sich dabei vorzugsweise um eine Augenkrankheit, herausheben und bewußt dieser alten Anschauung *die Lehre von der Gesamterkrankung des menschlichen Organismus durch Vitamin A-Mangel* entgegenstellen. Er betonte als erster, von rein klinischen Beobachtungen ausgehend, daß es sich um eine Erkrankung handle, die das gesamte Ektoderm des Menschen und seine Abkömmlinge betreffe.

Es folgt dann in den experimentellen Arbeiten jene wichtige Epoche, in welcher man im Lebertran neben dem fettlöslichen „antixerophthalmischen" Vitamin A den antirachitischen Faktor D kennen lernte, welcher als erster in seiner chemischen Konstitution erkannt und rein dargestellt wurde (WINDAUS, POHL, LINSERT, ROSENHEIM, WEBSTER u. a.) und schließlich die Erkennung und *Reindarstellung des Vitamin A* bzw. dessen Vorstufe, *des Carotins*, welche mit dem Namen STEENBOCK, H. v. EULER, KARRER, R. KUHN und WINTERSTEIN u. a. unlöslich verbunden ist. Erst jetzt konnte man mit Hilfe chemisch reiner und genau dosierbarer Substanzen den Heilwert des Vitamin A bei den verschiedenen Mangelerkrankungen bestimmen und darangehen, auf chemischem Wege mit der von CARR und PRICE gefundenen Reaktion mit Antimontrichlorid die Anwesenheit des Vitamin A im Blute und in den verschiedenen Organen des Menschen unter normalen und pathologischen Bedingungen festzustellen.

Diese Arbeiten bedeuten in ihrer Gesamtheit eines der stolzesten Abschnitte der modernen Forschung und Heilkunde und sind die Grundlagen, welche dem Denken und Handeln des modernen Arztes eine neue Richtung geben werden.

Beim Menschen unserer Breitengrade sind *Avitaminosen*, d. h. das gänzliche Fehlen eines Vitamins selten. Es handelt sich bei uns meist um *Hypovitaminosen*. Das gilt besonders für das Vitamin A. Will man die A-Hypovitaminosen verstehen, muß das klinische Bild der A-Vitaminose bekannt sein, wobei es aber unmöglich ist, mit diesen beiden Namen etwa scharf umrissene Krankheitsbilder herauszustellen. Wenn man sich vor Augen hält, daß *das Vitamin A in Beziehung zu allen ektodermalen Geweben steht, so geht schon daraus die Vielfalt der pathologischen Erscheinungen hervor, welche an den verschiedenen Organen durch verschiedene Intensität des A-Mangels noch um so bunter wird.*

Die Darstellung der Klinik und Pathologie des Vitamin A-Mangels beim Menschen soll mit den *Erscheinungen am Auge* als ihren *klassischen Symptomen* begonnen werden. Ihm werden die anderen Organe und Organsysteme folgen. Vorausgestellt sei, daß der Ablauf und die Ausbildung des klinischen Bildes verschieden ist, je nachdem es sich um Kinder oder Erwachsene handelt. *Der wachsende Organismus*, dessen Bedarf an Vitamin A ein viel größerer ist als der des Erwachsenen, *zeigt eine Zusammendrängung der verschiedenen Vitamin A-Symptome auf einen kurzen Zeitraum und einen viel schnelleren und schwereren Ablauf der einzelnen „Stadien".* Schwerer Vitamin A-Mangel führt beim Kleinkind zum Tode. Beim Erwachsenen treten die Symptome erst bei langdauerndem A-Mangel klinisch in Erscheinung, entwickeln sich langsam, die einzelnen Stadien bleiben lange bestehen und führen kaum je zum Tode. Gemeinsam ist beiden, daß alle Zeichen der Erkrankung fast mit der Sicherheit eines Versuches auf Zufuhr von Vitamin A in reiner Form (Vogan), in Form von Lebertran oder Vitamin A-haltiger Nahrung verschwinden und daß dadurch der normale Zustand in kurzer Zeit wiederhergestellt wird, mit Ausnahme jener Körperteile, an denen Zerfall lebender Substanz zu narbiger Ausheilung führen mußte.

β) Vitamin A und Auge.

Die Nachtblindheit (Hemeralopie). Sie stellt den leichtesten Grad des Vitamin A-Mangels dar und besteht darin, daß die Betroffenen in der Dämmerung schlechter sehen als Normale und sich daher schwerer zurechtfinden. Halten sich die Kranken längere Zeit im Dunkeln auf, muß in leichten Fällen kein auffallender Unterschied im Dunkelsehen gegenüber einem Normalen gefunden werden. Es sei ausdrücklich bemerkt, daß nicht von allen Kranken die Nachtblindheit spontan angegeben wird, auch wenn es sich nicht um Kinder oder Geisteskranke handelt, und daß selbst höhere Grade manchmal erst auf Befragen zugegeben werden, und durch Untersuchung festgestellt werden müssen.

Adaptationstypen. Bei dieser Störung des Lichtsinnes handelt es sich einerseits um eine *verlangsamte Adaptation* und andererseits um eine *Erhöhung der Reizschwelle gegen geringe Lichtquantitäten*, so daß Bilder geringerer Helligkeit, welche eine normale Netzhaut noch wahrnehmen kann, von diesen Kranken nicht mehr gesehen werden. Die Adaptation wird mit den verschiedenen Photometern und Adaptometern gemessen, deren handlichste Form das 5-Punkt-Adaptometer von BIRCH-HIRSCHFELD in der neuen Ausführung von Zeiß ist, die Erhöhung der Reizschwelle am genauesten mit den TSCHERNIGschen photometrischen Gläsern. Danach ergeben sich *drei Haupttypen* der Hermalopen: Typus I: Die Adaptation ist normal, die Reizschwelle erhöht. Typus II:

Die Adaptation ist verspätet, die Reizschwelle normal. Und Typus III: Die Adaptation ist verspätet und die Reizschwelle erhöht (BIRCH-HIRSCHFELD).

Namengebung. Die hier in Rede stehende Nachtblindheit, welche früher „idiopathische" oder „essentielle" genannt wurde, bezeichnet BIRNBACHER (1927) zuerst und mit Recht als *Mangelhemeralopie* und kennzeichnete sie als durch das Fehlen des Vitamin A in der Nahrung bedingt. Dadurch sind die anderen Namen wie „Kriegs- oder Schützengraben-Hemeralopie" und der Streit über deren Ursachen hinfällig geworden. Außer dem verminderten Angebot des Vitamin A mit der Nahrung spielt bei der *Kriegshemeralopie* der erhöhte Verbrauch des Vitamin A durch vermehrte körperliche Arbeit und psychische Aufregung eine wichtige Rolle. Daß auch die mangelnde Fähigkeit, das in der Nahrung dargebotene Vitamin A in normaler Weise vom Darm aus aufzunehmen, zur Nachtblindheit führen kann, konnte zuerst von EDMUND (1925) bei einem 58jährigen Mann mit Darmstörungen nachgewiesen werden. In diesen Fällen, welche COLLEVATI (1931) als *Dysvitaminose* bezeichnet wissen will, kann die Nachtblindheit manchmal besser durch parenteral zugeführtes Vitamin A geheilt werden. Ungenügende Ausnützung des Vitamin A im Darm dürfte auch in jenen Fällen vorliegen, bei denen die reichliche *Anwesenheit von Askaris* (HARIGOPAL-Indien 1926) oder von *Anchylostoma duodenale* (POYALES 1927) im Darmtrakt zu Hemeralopie geführt hatte.

Blausinn. Zugleich mit dem Lichtsinn ist bei der Mangelhemeralopie auch der *Blausinn herabgesetzt*, was sich ebenfalls leicht mit Hilfe des 5-Punkt-Ataptometers zeigen läßt. Selbst bei geringer Herabsetzung des Lichtsinnes kann die Blauempfindung schon stark gestört sein.

Gesichtsfeldstörungen. Diese betreffen in leichten Fällen von Hemeralopie die *Außengrenzen für Blau und Rot*, welche *konzentrisch eingeengt* erscheinen, besonders wenn die Beleuchtung bei der Untersuchung herabgesetzt wird. In schweren Fällen tritt eine *Inversion der Farbgrenzen* ein, indem das Blaufeld enger wird als das Rotfeld oder indem sich die Gesichtsfeldgrenzen dieser beiden Farben an einzelnen Stellen überschneiden. Bei lang dauerndem Vitamin A-Mangel kann auch schon bei Tageslichtuntersuchung eine beträchtliche konzentrische Einengung des Gesichtsfeldes für Farben und Weiß vorhanden sein (BIRCH-HIRSCHFELD 1916).

Sehschärfe. Bei normaler Beleuchtung wird die Sehschärfe bei vielen Fällen von Hemeralopie normal gefunden, *bei herabgesetzter Beleuchtung sinkt sie aber schneller als beim normalen*, eine Tatsache, die sich leicht aus der Lichtsinnstörung erklärt. Darüber hinaus gibt es aber eine oft auffallend starke Herabsetzung der Sehschärfe bei schweren und langdauernden Hemeralopiefällen, die wohl nur mit einer Schädigung der Netzhautzapfen im anatomischen Sinne durch Vitamin A-Mangel zu erklären ist.

Über *Veränderungen des Augenhintergrundes* soll weiter unten berichtet werden.

Nachkriegshemeralopie. Wie es in der Zeit *vor* dem Weltkrieg die durch Vitamin A-Mangel bedingte Nachtblindheit immer und in allen Erdteilen gegeben hat, wie die sog. Kriegshemeralopie *während* des Weltkrieges von allen Fronten gemeldet wurde, so liegen auch aus der Zeit *nach* dem Krieg aus vielen Ländern Berichte vor. So sah BONDI (1922) Hemeralopien in Iglau infolge mangelhafter Ernährung in den Krisenjahren der Nachkriegszeit, MERZ-WEIGANDT berichtet das gleiche aus dem Egerland, BEN-ADAMANTIADIS (1925) über Fälle aus einem Waisenhaus, KUBLI (1925) über „epidemisches Auftreten" in Leningrad, CERKASOV (1930) ebenfalls aus Rußland nach einer Mißernte, LJUBIN (1931) über Fälle bei Waldarbeitern aus den westbosnischen Waldgebieten, ROBALINHO CAVALCANTI (1934) aus den Dürregebieten des nordöstlichen Brasiliens und CvETOJOVIC (1936) über Hemeralopievorkommen aus armen Gegenden Serbiens.

Daß aber Hemeralopie viel verbreiteter ist, als man allgemein annimmt, geht aus *Reihenuntersuchungen an Kindern* hervor, die angestellt wurden, um bei Kindern geringe Grade von Vitamin A-Mangel zu entdecken. So fanden JEANS und ZENTMIRE (1934) unter 213 Kindern einer orthopädischen Ambulanz in Jowa (USA.) 45 Hemeralope, FRANDSEN (1935) solche unter den Schulkindern in Armen- und Arbeitshäusern, selbst in ihrer Privatpraxis, und JEANS und ZENTMIRE (1936) bei Landkindern in Jowa 21%, bei Stadtkindern der oberen Schulklassen 56%, bei Kindern in den unteren Schulklassen sogar 79% Hemeralopie.

Jahreszeitliches. Wenn auch Fälle von Nachtblindheit zu jeder Jahreszeit bekannt geworden sind, so sind doch alle großen „Epidemien" im *Frühjahr* aufgetreten. BIRNBACHER (1927) zeigt den „Frühjahrsgipfel" bei seinen sich

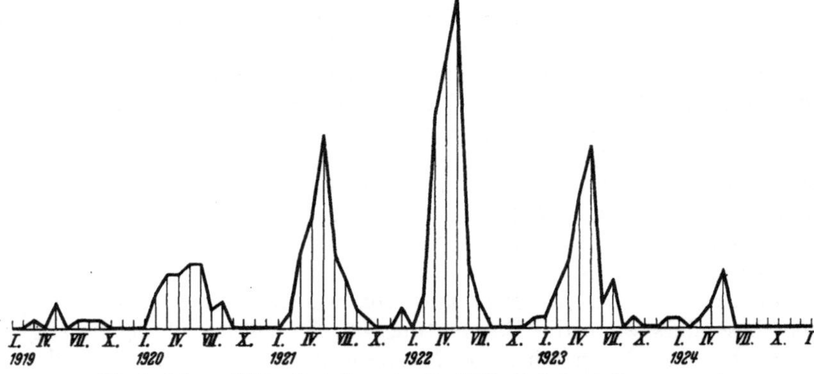

Abb. 1. Jahreszeitliche Verteilung der Nachtblindheit (nach BIRNBACHER).

über 5 Jahre erstreckenden Beobachtungen graphisch auf (s. Abb. 1) und macht hierfür klimatisch-meteorologische Einwirkungen verantwortlich, die im Frühjahr zu einer Steigerung des physiologischen „Aufbrauchprozesses" führen. Zweifellos benötigt gerade der kindliche Organismus im Frühjahr infolge seiner erhöhten Wachstumsenergie mehr Vitamin A als z. B. im Winter. Wichtig ist, daß in den Frühjahrsmonaten der Vitamin A-Gehalt des wichtigsten Nahrungsmittels, *der Milch*, sinkt (BLOCH), weil die Kühe zu dieser Zeit des Grünfutters entbehren und die Ersatzfutterstoffe (Ölkuchen, SAUNTE 1918) so gut wie kein Vitamin A besitzen. Auf diese Weise wird die Mindestgrenze von 1 mg Carotin pro Tag in der Nahrung unterschritten (KÜHNAU 1936) und es kommt zum Ausbruch der Mangelerkrankung.

Alter und Geschlecht. Die Mangelhemeralopie befällt meist *jüngere* Leute. In den meisten „Epidemien" lag das Maximum um das 20. Lebensjahr. Dies gilt jedoch nur für Männer. Es ist das Verdienst von BIRNBACHER, zuerst darauf hingewiesen zu haben, daß gerade in dem Alter (2. und 3. Lebensjahrzehnt), in welchem die Männer am häufigsten an Hemeralopie erkranken, die Frauen am seltensten befallen werden. In fast allen Berichten überwiegt die Zahl der Männer die der Frauen bei weitem. BIRNBACHER zählte in seinem großen Wiener Krankengut aus den Jahren 1919—1924 292 Männer und nur 38 Frauen. Nach ihm ist der Vitamin A-Bedarf im geschlechtsreifen Alter (Same und Ei zeichnen sich durch einen großen Vitamin A-Reichtum aus) ein außerordentlich großer. Mit der Abgabe des Samens treten große Verluste von Vitamin A beim Manne auf. Die Frau hingegen hält im gestationsfähigen Alter das

Vitamin A ganz besonders hartnäckig fest und speichert es in allen möglichen Körpergeweben auf. Bei Kindern, sowie nach dem 45. Lebensjahr läuft die Häufigkeitsziffer der Nachtblindheit bei Mann und Frau parallel.

Hingegen *erkranken schwangere Frauen* nicht selten *gegen Ende der Schwangerschaft*, wenn diese in das Frühjahr oder in die frühen Sommermonate fällt (KLAFTEN 1923). BIRNBACHER und KLAFTEN sahen 1921—1922 unter 3392 Schwangeren 9 Fälle von Hemeralopie, EDMUND und CLEMMESEN (1936) sogar unter 20 Graviden 13 mit gestörter Dunkelanpassung. Während die ersten beiden Autoren den durch den Schwangerschaftsprozeß vermehrten Vitamin A-Bedarf des weiblichen Organismus für die Hemeralopie verantwortlich machen, sehen letztere den Grund in einer durch häufiges Erbrechen gegebenen Resorptionsstörung. *Die Nachtblindheit der Schwangeren verschwindet meist wenige Tage nach der Geburt des Kindes.* Sie kann aber in den nächsten Schwangerschaften wieder auftreten. BIRNBACHER und KLAFTEN sahen bei einer Frau in allen acht Schwangerschaften Nachtblindheit.

Histologisches. Anatomisch-histologische Untersuchungen der menschlichen Hemeralopie liegen wohl bisher noch nicht vor. Man ist daher auf die Befunde in der Netzhaut von Tieren angewiesen, welche Vitamin A-frei ernährt wurden und bei denen neben einer klinisch sichtbaren Xerose oder Keratomalacie das Mitvorhandensein einer Hemeralopie angenommen werden konnte. Während SUGITA bei Ratten neben einer spärlichen *Zerstörung der Außenglieder des Neuroepithels der Netzhaut eine Lipoidanreicherung* der Pigmentepithelzellen der Netzhaut fand, wird von IBATA (1930) und PALLIN (1933) diese Lipoidanhäufung nicht bestätigt, ja sogar von einer ausgesprochenen *Lipoidverarmung der Außenglieder der Stäbchen und Zapfen* gesprochen. KOYANAGI berichtet über *Pigmentschwund in den Pigmentepithelzellen* der Netzhaut.

Im Blute von Hemeralopen haben TAUMI (1923) und SAKI (1936) eine bedeutende *Verminderung der Lipoide* gefunden, die nach Lebertranverabreichung rasch schwand.

Sehpurpur-Regeneration. Es ist bemerkenswert, daß die Nachtblindheit mit einer *verzögerten Neubildung des Sehpurpurs in der Netzhaut* einhergeht, was zuerst von FRIDERICIA und HOLM (1923, 1925) und HOLM (1924) an Ratten beschrieben und nach ihm von anderen Forschern (UYEMURA, AMENOMIYA, TANSLEY, KUWANA) bestätigt wurde. Man darf wohl annehmen, daß auch bei der Hemeralopie des Menschen eine unzulängliche Regeneration des Sehpurpurs vorhanden ist. Während bei normalen Ratten der Sehpurpur nach Aufenthalt im Dunkeln in 2 Stunden regeneriert ist, dauert dies bei Vitamin A-frei ernährten Tieren 4—6 Stunden und länger. Daß diese verzögerte Sehpurpurregeneration wirklich vom Vitamin A-Mangel des Versuchstieres abhängt, wurde von KUWANA (1934) bei Vitamin A-frei ernährten Kaninchen dadurch bewiesen, daß Zugabe von Vitamin B, C und D zur Nahrung Hemeralopie nicht verhüten konnte, während die Nachtblindheit bei Zugabe von Vitamin A gänzlich ausblieb. Mit Hilfe des Elektroretinogramms konnte CHARPENTIER (1936) nachweisen, daß hemeralope Ratten in der gleichen Zeit viel weniger Sehpurpur bilden als Normaltiere. In diesem Zusammenhange ist es interessant, daß im *Winterschlafe der Tiere*, während welches der Vitamin A-Gehalt des Körpers ein sehr geringer sein muß, nach AMENOMIYA (1930) auch die Sehpurpurbildung abnimmt.

Da es heute feststeht, daß die Netzhaut eines der Vitamin A-reichsten Gewebe des menschlichen Körpers ist (HOLM, YUDKIN), lag es nahe, den Sehpurpur selbst als Carotin bzw. Vitamin A anzusehen. Sehpurpur gibt aber die CARR-PRICEsche Resektion nicht und HAUROWITZ (1933) wie v. EULER und HELLSTRÖM (1933) konnten keine chemischen Beziehungen zwischen Carotin bzw. Vitamin A und Sehpurpur finden. Dennoch ist zur Bildung und Regeneration des Sehpurpurs Vitamin A notwendig, welches der Netzhaut vor allem anscheinend durch die Aderhautgefäße zugeführt werden muß (JEGHERS).

Diagnose. Die Mangelhemeralopie beim Menschen läßt sich zusammenfassend durch folgende Untersuchungsmethoden feststellen:

1. Durch die Bestimmung der *Adaptation* und des *Lichtunterscheidungsvermögens* (5-Punkt-Adaptometer von BIRCH-HIRSCHFELD).

2. Durch die Aufnahme des *Gesichtsfeldes* bei herabgesetzter Beleuchtung.

3. Durch die Bestimmung der *Sehschärfe bei herabgesetzter Beleuchtung.*

4. Durch *Vitamin A-Bestimmung* im Blute.

5. Wie bei Vitamin A-frei ernährten Tieren, so geht auch bei Kindern der Hemeralopie eine *Störung der Gewichtszunahme und des Körperwachstums* voraus.

6. Die Mangelhemeralopie heilt sicher innerhalb weniger Tage *bei Zufuhr von Lebertran oder reinem Vitamin A* (Vogan dreimal 5 Tropfen täglich, das ist 8000—24000 biol. Einheiten).

7. Unterstützend ist in einem gewissen Hundertsatz der positive *Befund am Augenhintergrund* (s. unten).

8. Für die Diagnose Hemeralopie ist der *Nachweis anderer Zeichen* des Vitamin A-Mangels am Körper, vor allem von Xerose oder Präxerose wichtig.

Die Xerosis epithelialis. Betrachtet man die Nachtblindheit als erstes und mildestes Zeichen des Vitamin A-Mangels am menschlichen Auge, so kann man die Bindehautxerose mit einem gewissen Recht als deren *zweites Stadium* ansehen. Es sind wohl fast alle Fälle von Xerose mit Hemeralopie vergesellschaftet. Angaben im Schrifttum, daß bei Xerose keine Nachtblindheit vorhanden war, beruht wohl meist auf den subjektiven Angaben der Kranken und darauf, daß nicht mit geeigneten Apparaten die Adaptation untersucht wurde.

Klinisches Bild. Unter *Xerose der Bindehaut* versteht man ein eigenartiges *Trockenwerden der Bulbusbindehaut* mit anschließender *Auflagerung weißlicher Massen*, welche eingetrocknetem Seifenschaum ähneln. Es erkrankt zuerst die Bindehaut des Lidspaltenbereiches unter dem Bild kleiner, oft dreieckiger, an den Hornhautrand angrenzender Fleckchen, der sog. BITOT*schen Flecke*, welche so klein sein können, daß sie der Beobachtung leicht entgehen, wenn man nicht die Bulbusbindehaut spiegeln läßt oder sie mit Hilfe einer seitlichen Beleuchtung genau absucht. *Keinerlei entzündliche Rötung verrät diese Xerose.* In unkomplizierten typischen Fällen ist der Bulbus blaß, ja oft blässer als normal. Denn die Verhornung der oberflächlichen Epithelzellagen führt zum Undurchsichtigwerden der sonst wasserklaren Bindehaut und dadurch verschwinden die im subepithelialen Gewebe gelegenen kleinen Bindehautgefäße.

In schweren bzw. in lang dauernden Fällen von Vitamin A-Mangel breiten sich die im Lidspaltenbereich gelegenen Flecke auf die Umgebung aus und in ihrer Nachbarschaft sieht man bei Augenbewegungen eine *feinste Fältelung der Bindehaut.*

Namengebung. Um Mißverständnisse zu vermeiden, sei vorgeschlagen, *beim Menschen* bei dem in Rede stehenden Krankheitsbild von *Xerosis epithelialis* bzw. BITOT*schen Flecken* zu sprechen. Die im Schrifttum gebrauchten Namen Xerophthalmie, Xerophthalmus, Dystrophia xerophthalmica usw. sind irreführend, sie sind begrifflich ungenau und von den verschiedenen Forschern bald für die echte Bindehautxerose, bald für die Keratomalacie und alle anderen Vitamin A-Mangelsymptome am Auge gebraucht worden, so daß man oft in experimentellen Arbeiten nicht recht weiß, welche Veränderung eigentlich gemeint ist. Der Name *Bindehautxerose* ist für dieses zweite Stadium eindeutig und genau.

Einteilung. Es gibt eine *Xerosis epithelialis der Bindehaut des Bulbus, der Hornhaut* und in ganz seltenen Fällen eine solche *der Lidbindehaut.* In europäischen Ländern kommt fast nur die erste Art vor, in Indien, China, Rußland, Japan und Brasilien aber kann man auch die schwereren Formen echter Xerose heute noch sehen.

Die Xerosis epithelialis der Bulbusbindehaut erscheint in drei klinischen Formen: 1. Als BITOT*sche Flecke*, 2. als *unregelmäßige große xerotische Flecke* und 3. als „*lederartige" Umwandlung der Bulbusbindehaut.*

Zu 1. Die BITOT*schen Flecke* sind in den meisten Fällen an beiden Augen vorhanden, bilden sich zuerst im temporalen Lidspaltenbereich, sind aber meist temporal *und* nasal vom Hornhautrand sichtbar, sie können aber auch nur an einem Auge nasal oder temporal vorhanden sein. Eine Statistik über ihre Verteilung liegt aus neuerer Zeit (1936) von UEGAKI aus Japan vor. Ihre Größe kann 1—15 mm betragen. Die Bindehautxerose kann auch als einzelne xerotische Inseln auftreten. Sie heilt, indem ein großer Fleck in einzelne kleine zerbricht, zwischen denen die Bulbusbindehaut wieder normal aussieht. Sekretion oder Rötung des Aufapfels sind nicht vorhanden.

Zu 2. Die *unregelmäßigen, großen xerotischen Flecke* an der Bulbusbindehaut liegen ebenfalls vorzugsweise im Lidspaltenbereich, weichen meist nach unten zu ab, können sich aber auch unter dem deckenden Oberlid als sichelförmige oder längliche weiße Flecke finden.

Zu 3. Dauert der Vitamin A-Mangel sehr lange, dann kommt es beim Erwachsenen zu einer eigenartigen *Umbildung der Bulbusbindehaut*: Die seifenschaumartigen Auflagerungen verschwinden allmählich und machen einer diffusen, hochgradigen Mattigkeit der ganzen Bulbusbindehaut um die Hornhaut herum Platz, die Bindehaut wird im ganzen dicker, rötet sich und legt sich in derben konzentrischen Falten zum Hornhautrand.

Die Xerosis epithelialis corneae. Sie ist hauptsächlich eine Vitamin A-Mangelerscheinung *des Erwachsenen* (PILLAT 1930), bei dem, wie oben bemerkt, alle Stadien des Vitamin A-Mangels gedehnter verlaufen und als eigene Krankheitsbilder imponieren, während bei dem schnellen Verlauf der kindlichen A-Avitaminose die Hornhautxerose zwar vorkommt, meist aber nur Stunden dauert und schnell in das Bild der Keratomalacie übergeht. Auch bei der Hornhautxerose kann man drei Formen unterscheiden:

1. Die *Hornhautxerose* ist die *unmittelbare Fortsetzung der* BITOT*schen Flecke*. Dabei kann die Xerose auf die peripheren Hornhautteile beschränkt bleiben, sie kann größere Teile der Hornhaut einnehmen, wobei sie sich meist auf die untere Hornhauthälfte fortentwickelt oder sie kann, von nasal und temporal kommend, die Hornhaut mit einem breiten xerotischen Band überziehen.

2. Die *Hornhautxerose steht nicht im Zusammenhang mit der Bindehautxerose*. Diese Form ist als die reinste Hornhautxerose zu bezeichnen; sie ist seltener als die erstgenannte. Die xerotischen Inseln der Hornhautmitte können klein und in einer Vielzahl vorhanden sein, sie können eine große Ausdehnung haben und sie können zentral oder peripher liegen. Diese Form der Hornhautxerose kommt besonders vor Hornhautnarben leicht zur Entwicklung.

3. Die Hornhautxerose befällt vorzugsweise *große Flächen am Limbus*. Dabei kommt es entweder zum sichelförmigen Übergreifen großer BITOTscher Flecke auf die benachbarten Hornhautteile oder zur schaumigweißen Überlagerung peripherer Hornhautteile am unteren oder oberen Limbus, wobei meist an diesen Stellen gleichzeitig eine beträchtliche Xerose der Bulbusbindehaut vorhanden ist.

Fast in allen diesen Fällen ist die *Sensibilität der Hornhaut und Bindehaut* stark herabgesetzt.

Die echte Xerose der Lidbindehaut als Vitamin A-Mangelsymptom ist selten. PILLAT konnte sie bei Erwachsenen meist am Unterlid beobachten; sie ist immer auffallend scharf begrenzt und mit einer umschriebenen Xerose des intermarginellen Saumes des Unterlides verbunden.

Verlauf und Dauer der Xerose. Alle drei Formen der Xerose können beim Erwachsenen längere Zeit bestehen, ohne daß es z. B. bei der Hornhautxerose zum Zerfall des Epithels oder zur Keratomalacie kommt. Pinselt man die schaumigen Auflagerungen ab, so findet sich unter ihnen eine trockene Epithelfläche, welche makroskopisch keine größeren Defekte erkennen läßt. Die seifenschaumartigen Auflagerungen bilden sich schon nach wenigen Stunden wieder an denselben Stellen.

Alle Formen der Bindehaut- und Hornhautxerose sind jederzeit bei Zufuhr von Vitamin A rasch und vollständig rückbildungsfähig und hinterlassen keine Spuren. Doch kann sich andererseits die Hornhautxerose des Erwachsenen zur Keratomalacie umbilden.

Unter Vitamin A-Zufuhr schwinden BITOTsche Flecke oft in 48 Stunden, ausgedehntere Xerosen in 3—10 Tagen. NAROG (1928) bemerkt ganz richtig, daß in manchen Fällen von Xerose die Hemeralopie später verschwindet als die xerotischen Flecke.

Geschlecht und Lebensalter. Die Xerosis epithelialis kommt häufiger bei Erwachsenen als bei Kindern vor. Die meisten Fälle werden zwischen dem 15.—30. Lebensjahr beobachtet.

Im geschlechtsreifen Alter sind wie bei der Nachtblindheit *Männer häufiger befallen als Frauen.* Vor der Geschlechtsreife besteht kein wesentlicher Unterschied in der Häufigkeitsziffer der Xerose bei Knaben und Mädchen.

Es gibt auch eine echte *Xerose der Säuglinge,* nicht nur als schnell durchlaufenes Stadium *vor* der Keratomalacie, sondern als selbständiges Krankheitsbild, aber *nur dann, wenn auch die Mutter an Xerose leidet,* also ein chronischer Vitamin A-Mangel bei Mutter und Kind vorhanden ist (MORI 1922).

Bakteriologischer Befund. Macht man von den xerotischen Stellen der Bulbusbindehaut oder Hornhaut mit einem Platinspatel einen *Epithelabstrich,* so findet man bei der mikroskopischen Untersuchung zahllose in *Verhornung begriffene Epithelzellen,* welche meist *mit den Saprophyten des Bindehautsackes reichlichst bewachsen* sind. Am häufigsten findet man die *Xerosebacillen,* die man früher für die Erreger der schaumigen Flecke gehalten hat. Doch sind diese Keime ebenso wie die häufig vorhandenen *Pneumokokken* und *Staphylokokken* als harmlose Saprophyten aufzufassen, welche auf den degenerierten Epithelzellen schrankenlos wuchern, weil ihnen die Epithelzellen keine Abwehrkraft mehr entgegen setzen. Doch sei betont, daß man auch xerotische Flecke mit wenigen oder gar keinen Keimen antrifft und daß andererseits die Bindehaut in der Nachbarschaft xerotischer Flecke eine sehr reichliche Keimbewucherung aufweisen kann.

Bei Zufuhr von Vitamin A und Heilung der Mangelerkrankung verschwinden die Keime rasch von der Bindehaut.

Histologische Befunde. Die xerotischen Flecke bestehen aus *Para- und Hyperkeratose der Bulbusbindehaut.* Die oberflächlichen und kernlosen Schichten sind verhornt und zeigen auf weite Strecken hin *Keratohyalinkörnchen* eingelagert. *Fett* findet sich nicht nur in und zwischen den Zellen der Hornschicht, sondern auch in den tiefen Zellagen (HAMADA 1930, 1933). Das schaumige Aussehen der xerotischen Flecke wird teils durch eine Abhebung der oberflächlichen verhornten Zellagen von den tieferen Epithelschichten, teils durch Luftbläschen in den oberflächlichen Epithelschichten bedingt.

Die an *Tieren* durch Vitamin A-freie Ernährung hervorgerufene Xerose gleicht der menschlichen Erkrankung. Interessant ist, daß KOHASHI (1929) auch *durch Lanolinverfütterung* bei Kaninchen eine echte Hornhautxerose nach 100 bzw. 127 Tagen erzielen konnte. Lanolin besitzt nicht nur kein Vitamin A, sondern scheint den Vitamin A-Gehalt des Körpers in vermehrter Weise zu beanspruchen.

Xerose und Allgemeinleiden. Daß die Ursache für die Xerosis epithelialis die Vitamin A-Verarmung des Organismus ist, erhellt nicht nur aus den Erfahrungen am Menschen, aus der Heilbarkeit des Leidens durch Zufuhr von Vitamin A, sondern auch aus Versuchen an Tieren, die Vitamin A-frei oder -arm ernährt wurden. Doch ist der Vitamin A-Mangel bei der menschlichen Xerose nicht immer im Gesamtzustand des übrigen Körpers ausgedrückt. Nur *bei Kindern wird Gewichtsabnahme, Aufhören des Wachstums und Anfälligkeit für*

Infektionen angetroffen. Doch wird selbst bei Kindern mit Xerose im Schrifttum nicht selten über „guten Ernährungszustand" und Fehlen aller anderen Zeichen berichtet (TOLLER 1922, NIDA 1927 u. v. a.), was nur besagt, daß zwar die Ernährung quantitativ, nicht aber qualitativ hinreichend war.

Mehr Interesse beanspruchen jene Berichte über Xerose des Menschen, die mit Allgemeinleiden vergesellschaftet waren, wobei entweder *Ernährungsstörungen* (Duodenalulcus, PICARD 1927; Steatorrhöe, RIDDELL 1933) *Leberschädigungen* (Ikterus, NICOLAU 1936 u. a.) oder *allgemeine Infektionen* (Masern, TERRIEN und BLUM 1931), *Störungen der Drüsen mit innerer Sekretion* (Myxödem, KRÜMMEL 1935) oder aber allgemein *degenerative Zustände des Körpers* (Idiotie, Turmschädel, Megalocornea, KEIZER 1933) die Ursache für den Vitamin A-Mangel abgeben, sei es daß bei genügendem A-Angebot dessen Aufnahme durch ein Darm-Leberleiden herabgesetzt ist, sei es daß durch chronische oder akute Infektionskrankheiten (Masern, Tuberkulose, Lues) der Vitamin A-Gehalt des Körpers in erhöhtem Maße durch kürzere oder längere Zeit drainiert wird.

Augenxerose ohne allgemeinen Vitamin A-Mangel. Daß es örtliche Xerosen am Auge ohne nachweisbaren Mangel an Vitamin A-des Körpers gibt, scheint sicher zu stehen. So konnte PILLAT (1934) durch Monate hindurch einen sonst kräftigen 24jährigen Mann beobachten, der an einer *Acne-Rosacea-Keratitis mit Pannus* beider Augen litt und bei dem sich auf beiden Augen große Xeroseflecke an der Bulbusbindehaut wie an der Hornhaut fanden, ohne daß reichlich zugeführter Lebertran und Vitamin A-reiche Ernährung etwas an dem Zustand ändern konnten. Auch CAOCCI (1931) sah bei einem 62jährigen Mann *nach einem Trauma* einen 6—7 mm großen xerotischen Fleck. Es scheint in diesen Fällen die *Xerose Ausdruck einer örtlichen Gewebsschädigung* vielleicht in dem Sinne zu sein, daß durch das entzündlich veränderte Gewebe, durch das Trauma eine Barriere geschaffen wird, durch welche das Körpervitamin nicht an die erkrankten Stellen heran oder hier nicht zur Wirkung kommt. Ähnlich zu erklären sind vielleicht die bekannten Xerosen bei Trachom der Bindehaut, wo durch die anatomische Umwandlung der Bindehaut (Narbenbildung) eine örtliche Vitamin A-Verarmung des Gewebes herbeigeführt wird.

Die Keratomalacie. Das dritte klassische Symptom des Vitamin A-Mangels beim Menschen ist die Keratomalacie, die Hornhautverschwärung der alten Autoren.

Die Erkrankung befällt vorzüglich *Kleinkinder* vom 2.—4. Monat nach der Geburt bis zum 2.—4. Lebensjahr, aber auch ältere Kinder und wie wir heute wissen, auch Erwachsene, die an schwerem Vitamin A-Mangel leiden. Es sei betont, daß die Erkrankung beim Kleinkind viel schneller verläuft als beim Erwachsenen. Daraus folgt, daß man die einzelnen Phasen der Erkrankung beim Erwachsenen besser verfolgen kann als beim Kind, bei welchem vom Beginn der Hornhauterkrankung bis zur Zerstörung der Hornhaut oft nur wenige Tage, ja oft nur Stunden vergehen. Keratomalaciekranke Kinder sterben häufig (in BLEGVADs Reihe 21,5% Mortalität), Erwachsene nie. Diese Tatsache kennzeichnet am besten die große Bedeutung des Vitamin A-Mangels beim Kind und beim Erwachsenen.

Beim *Kleinkind* läßt sich das Vorstadium der Nachtblindheit nicht nachweisen, und das Bild der Xerosis epithelialis kommt infolge der meist den ganzen Tag geschlossenen Augen nicht im oben erwähnten Sinne der seifenschaumartigen Flecke zur Entwicklung, sondern wird ersetzt durch das Bild der „Präxerose" der Bindehaut (s. unten) und durch eine feine, charakteristische, trockene Fältelung der ganzen Bulbusbindehaut, die sich in wenigen Stunden oder Tagen entwickelt. Hingegen sind die Allgemeinzeichen *großer Hinfälligkeit, welker Haut, Appetitlosigkeit, diarrhöischer Stühle und eigenartig heißeren Schreiens* ausgebildet und beherrschen das Krankheitsbild. Die Hornhauterkrankung setzt schlagartig ein.

Beim Erwachsenen geht der Keratomalacie die Hemeralopie oft durch Monate voraus. Es entwickeln sich dann BITOTsche *Flecke,* große unregelmäßige *Xerosen der Bindehaut und Hornhaut* von langer Dauer, oft eine eigenartige *Pigmentierung der Bindehaut und Haut* (s. unten), manchmal das Bild der *Präxerose der Hornhaut* und erst nach Monaten setzt die Hornhauttrübung ein, deren Zerfall langsamer vor sich geht. Über das Krankheitsbild der Keratomalacie der Erwachsenen berichten während und nach dem Weltkrieg SAUNTE und ZLOCISTI (1917), BLEGVAD (1923) aus Dänemark, WRIGHT (1922) aus Indien, NAROG (1928) aus Polen, PILLAT (1929) aus China, DAVIS (1932), CRITSCHLEY und MEADOWS (1933), THORSON (1934) aus Nordamerika, DERKAC (1936) aus Jugoslawien und WEGNER (1936) aus Kiel.

Daß es aber auch schon *unmittelbar nach der Geburt,* ja sogar *in utero* eine Keratomalacie geben kann, beweisen zwei Fälle, die von RUMBAUER (1927) und PILLAT (bei MAXWELL 1932) veröffentlicht wurden. RUMBAUER sah bei einem 7-Monatekind 24 Stunden nach der Geburt ein Hornhautinfiltrat auf einem Auge, das nach 6 Tagen bei gleichzeitigem Brechdurchfall des Kindes durchbrach. Gonokokken waren nicht vorhanden. Die Mutter war stark anämisch, sonst aber gesund. Und PILLAT sah bei einer 35jährigen Chinesin ein *neugeborenes Kind mit beiderseitig eingeschmolzenen Hornhäuten,* die sich 17 Tage nach der Geburt zu einem Leukoma adhaerens umgewandelt hatten. Die Mutter litt an einer Osteomalacie (Vitamin D-Mangel).

Gemeinsam ist allen Fällen von *Keratomalacie die vollständige Reizlosigkeit des Auges, die Blässe der Bindehaut und das Fehlen jeder Entzündung bis zu jenem Zeitpunkt, in welchem die tiefere Geschwürsbildung der Hornhaut beginnt.* Selbst dann noch gibt es Fälle, die bis zum Durchbruch des Hornhautgeschwürs kaum eine Injektion des Bulbus aufweisen.

Außerordentlich charakteristisch ist die mehr oder minder hochgradige *Herabsetzung der Hornhautsensibilität,* die auch im Stadium der Xerosis epithelialis bereits vorhanden ist (JOHN 1931), die den Blinzelreflex seltener erscheinen läßt und daher wie im Tierversuch (ARCHANGELSKI 1935) mit zur weiteren Austrocknung der Bindehaut und Hornhaut beiträgt. Die Sensibilitätsherabsetzung geht oft so weit, daß man mit dem Platinspatel von der Bindehaut und Hornhaut Epithel abstreichen kann, ohne daß man vorher Cocain eintropfen muß, und es gibt Fälle, wo die ganze Hornhaut bis zum Rand weggeschmolzen ist und die beiden Irides bloßlagen und das Kind beim Öffnen und Schließen der Lider keinen Schmerz verspürte.

Klinisches Bild. Tritt eine entzündliche Reaktion des Bulbus ein, dann verschwinden die Xeroseflecken der Bindehaut rasch und machen meist einer düster-blauroten, lederartigen Beschaffenheit der Bulbusbindehaut Platz. Aus dem Fehlen der Xerose den Schluß ziehen zu wollen, daß man es in solchen Fällen nicht mit echter Keratomalacie zu tun hat, wie SIE BOEN LIEN aus Niederländisch-Indien angibt, ist vollkommen abwegig.

Auf die verschiedenen klinischen Bilder dieser Hornhauterkrankung hier näher einzugehen, verbietet der zur Verfügung stehende Raum. Das in der Mitte der Hornhaut beginnende, rasch gegen die Peripherie fortschreitende Geschwür ist manchmal, besonders in den Frühjahrs- und Sommermonaten, zumal in den heißen Klimaten, mit der Ausbildung eines *Hypopyon* in der Vorderkammer vergesellschaftet, ohne daß die Regenbogenhaut selbst entzündet ist. Kein anderer Geschwürsprozeß der Hornhaut achtet die Limbusgrenze so wenig wie die Keratomalacie, so daß die Geschwürsbildung oft bis in die angrenzende Sklera hineinreicht.

Blindheit. Der traurige Ausgang in ein- oder doppelseitige Blindheit ist bekannt und vollzieht sich unter der Entwicklung des Leukoma adhaerens, des Staphyloma corneae oder der Atrophia bulbi. In Nordchina (CHANG 1910) und Südindien (WRIGHT 1931) steht die *Keratomalacie an erster Stelle der Er-blindungsursachen* und auch in Niederländisch-Indien ist ein großer Prozentsatz blinder Knaben (TIJSSEN 1934) auf die Keratomalacie zurückzuführen. Die entsetzlichen Bilder eingesunkener Augenhöhlen (Abb. 2) oder weit vorstehender staphylomatöser Augen (Abb. 3) sind das traurige Ende des schweren Vitamin A-Mangels. Auch in europäischen Ländern ist die Blindenzahl nach Keratomalacie durchaus nicht gering und unter dem Krankengut BLEGVADs (1923) in Dänemark machte sie von 453 Fällen 27% aus.

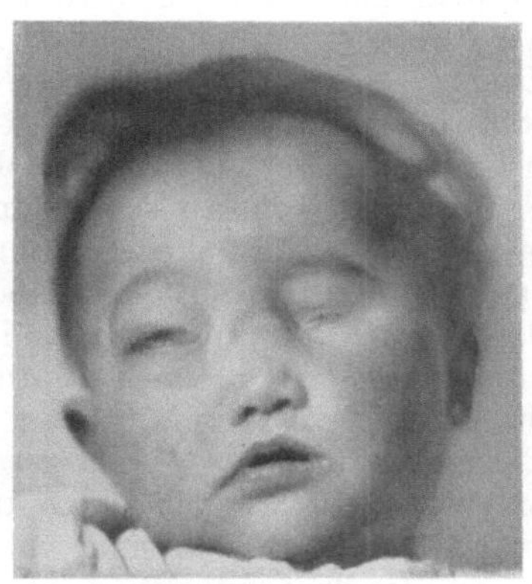

Abb. 2. Atrophia bulbi nach Keratomalacie.

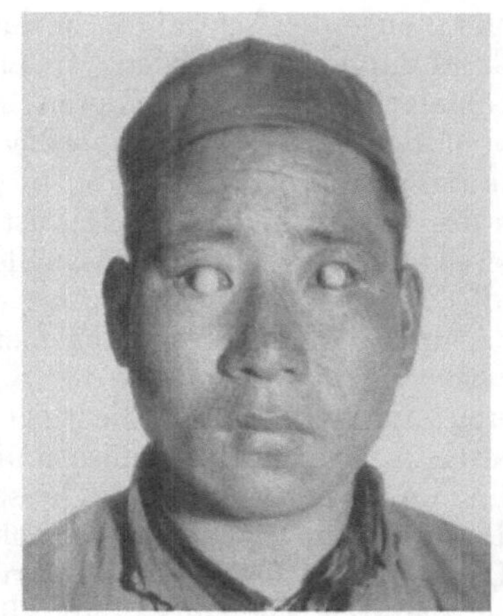

Abb. 3. Staphylombildung nach Keratomalacie.

Vorkommen. Die Keratomalacie kommt auf der ganzen Welt vor. Berichte über größere Reihen nach dem Weltkrieg liegen vor: aus Dänemark von KIILERICH (1917, 28 Fälle), BLOCH (1919, 1921), BLEGVAD (1919, 1923, 1924, 453 Fälle) und WIDMARK (1924), aus Deutschland von STOLTE aus Breslau (1922), R. HAMBURGER aus Berlin (1923), GRALKA aus Breslau (1923, 30 Fälle) und WEGNER aus Kiel (1936, 30 Fälle), aus Polen von NAROG (1928), aus der Schweiz von WIELAND (1934), aus Ägypten von TOBGY und WILSON (1933), aus Britisch-Indien von WRIGHT (1922) und VISWALINGAM (1928), aus Niederländisch-Indien von HAAS aus Sumatra (1931, 35 Fälle), von WILLE (1933, 88 Fälle) von TIJSSEN (1936) und HOAT (1936), aus China von K. L. HSU (1927, 64 Fälle) und PILLAT (1929), aus Mandschurien von GOW (1934, 1003 Fälle) und aus Japan von TAKEMOTO (1935) und HIRO und YAMATA (1936, 46 Fälle), und aus Kuba von GUIRAL (1924, 60 Fälle). Einzelbeobachtungen liegen zahlreich aus vielen Ländern vor.

Ernährung. Die Ursache der Keratomalacie liegt im Vitamin A-Mangel des Organismus, der sich bei stark wachsenden Kleinkindern mit ihrem Vitamin A-Bedürfnis schwerer auswirkt als bei größeren Kindern oder bei Erwachsenen. Dieser Vitamin A-Mangel ist nach BLEGVAD (1923) bedingt entweder durch *verminderte Aufnahme* a) infolge Vitamin A-Mangel in der Nahrung, b) infolge verminderter Vitamin A-Resorption im Darm *oder durch erhöhten Verbrauch*, a) infolge starken Wachstums oder b) bei schweren Krankheiten.

Im Schrifttum ist wiederholt über Fälle von *Keratomalacie bei Brustkindern* berichtet (PILLAT 1922, JENDRALSKI 1923, KOTIKAS 1935, POPOVICIU und

MIKALESCU 1936 u. a.). In solchen Fällen liegt entweder eine Resorptionsstörung vor (PILLAT) oder die Mutter leidet selbst an Vitamin A-Mangel und
liefert dem Kinde eine bereits Vitamin A-arme Milch (JENDRALSKI, KOTIKAS).
Die Wichtigkeit der Ernährung der Muttertiere geht aus der Untersuchung
von POLAK und STOKVIC (1932) bei Vitamin A-frei ernährten Ratten hervor,
deren Jungtiere während der Lactation nach 7—9 Wochen an „Xerophthalmus“
erkrankten.

Von der *falschen Ernährung der Kleinkinder* geben die zahlreichen Berichte
Zeugnis. Wir wissen heute, daß es nicht der „Mehlnährschaden“ (CERNY),
auch nicht die Fettarmut (BLOCH, Dystrophia alipogenetica) ist, welche die
Keratomalacie verursacht, sondern einzig und allein das Fehlen oder die ungenügende Menge des Vitamin A in den verschiedenen Nahrungsmitteln, die dem
Kleinkind dargeboten werden. In Ländern, in denen auch *bei den Erwachsenen*
Keratomalacie und die anderen Mangelsymptome vorkommen, sind zwei
Faktoren Schuld: 1. Eine *einseitige, dem Lande eigentümliche Grundnahrung*,
welche die gesamte Bevölkerung in einer Art Zwielichtzone des Vitamin A-Ge-
haltes des Organismus hält. Das ist z. B. in China der Fall, dessen Bewohner
unsere alltäglichen Vitamin A-Quellen in der Nahrung nicht zu sich nehmen,
d. h. die weder Milch, noch Butter oder Eier in ihrer landesüblichen Nahrung
kennen und deren Zubereitungsmethoden (langes und wiederholtes Kochen
des Fettes in der Sonne auf der Straße) die letzten Vitamin A-Mengen ihrer
Nahrung zerstören. Und 2. die *große Armut weiter Bevölkerungsschichten*, welche
die Beschaffung grüner Gemüse und Vitamin A-haltiger Fette im Winter und
Frühling unmöglich macht. Ein klassisches Beispiel dafür, wie die Volksgesundheit durch eine unzweckmäßig gelenkte Ausfuhrwirtschaft Schaden leiden kann,
war Dänemark während des Weltkrieges, wo die eigene Bevölkerung an Vitamin A dadurch verarmte, daß alle Butter an die kriegführenden Staaten
geliefert wurde und im Lande eine minderwertige Margarine ohne Vitamin A
zurückblieb. Die hohen Erkrankungsziffern an Keratomalacie und Xerose
waren die Folge.

Daß bei Menschen mit normalem Vitamin A-Gehalt, besonders aber bei
solchen mit geringer Vitamin A-Reserve *bei Auftreten von Magendarmerkran-*
kungen eine Vitamin A-Verarmung infolge erschwerter Aufnahme des Vitamin A
aus dem Darm eintritt, leuchtet ein und erklärt das rasche Auftreten der
klassischen Mangelsymptome z. B. bei Dysenterie, Cholera, Typhus, beim
Sommerdurchfall kleiner Kinder usw.

Andererseits zehrt ein *vermehrter Verbrauch von Vitamin A bei akuten und*
chronischen Infektionskrankheiten am Vitamin A-Bestand des Organismus und
kann zu einer Insuffizienz führen. So verstehen wir die Berichte älterer Forscher,
die als Ursache der Keratomalacie schwere Allgemeinerkrankungen, Tuberkulose,
Lues, Masern, Scharlach, Wurmkrankheiten, Kala azar, Flecktyphus usw.
angeben. HIRO und YAMADA (1936) beschuldigen neuerdings die *Masern* als
jene Erkrankung, welche den Vitamin A-Stoffwechsel der Kinder am empfind-
lichsten stören. NAKASHIMA und TAKAGAWA (1934) sahen bei einem 4jährigen
Kind mit *Chlorom der Orbita* Keratomalacie auftreten, die jedenfalls auf die
Tumorkachexie zurückzuführen ist. HAAS (1931) beschuldigt bei seinen Fällen
auf Sumatra besonders die zahlreichen *Darmparasiten* (Askaris) und die *Dys-*
enterie und A. FUCHS berichtet über *Keratomalacie bei schwangeren Frauen* aus
dem Staate Mysore in Vorderindien. Besonderes Interesse beanspruchen die
beiden im Schrifttum niedergelegten Fälle von KRÄMER (1921) und SALVIOLI,
wo eine *Erythrodermia desquamativa* mit Keratomalacie vergesellschaftet war.
Diese Hautkrankheit wird selbst als durch Nährschäden bedingt angesehen.

Allgemeinzeichen bei Keratomalacie. Von all diesen Krankheiten, welche die Keratomalacie auf dem Wege über den Vitamin A-Mangel fördern oder auslösen, sind jene *Krankheiten* scharf zu trennen, *die sich erst im Verlaufe einer Keratomalacie entwickeln.* Es war schon den älteren Ärzten bekannt, daß bei den Keratomalaciekindern fast immer eine *Diärrhöe*, oft *Fieber*, *Bronchitis*, *eine eigenartige Heiserkeit*, *Anämie*, *welke Haut* und bei vielen der *Tod* eintritt, wobei als Sektionsbefund bzw. als *Todesursache* z. B. von BLEGVAD (1924) angegeben werden: Pneumonie, Bronchitis purulenta, Enteritis, infantile Atrophie, fettige Degeneration der Leber, Stauungsleber, Pyelitis, Cystitis, Nephrolithiasis usw. Aber erst PILLAT (1929) hat durch seine Beobachtungen an chinesischen Keratomalaciefällen *die begleitende Systemerkrankung als echte Manifestation des Vitamin A-Mangels am Körper* des Menschen erkannt und sie als eine Systemerkrankung größten Stils, als *ektodermale Allgemeinerkrankung* bezeichnet. Von diesen Allgemeinerkrankungen ist weiter unten die Rede.

Diese Zusammenschau der verschiedensten Krankheitszeichen beim Menschen war aber nur möglich durch die experimentellen Arbeiten am Tier, besonders an Ratten.

Außer den schon eingangs erwähnten Namen seien hier noch die wichtigsten Arbeiten von HOPKINS (1920), STEPHENSON und CLARK (1920), OSBORNE und MENDEL (1921), WASON (1921), STEENBOCK, NELSON und HART (1921), HOLM (1922, 1923), MORI (1922), HAYASHI (1922), YUDKIN und LAMBERT (1923), KUHLGATZ (1926), BELLAVIA (1927), FRANK (1930) u. a. genannt, die neben den Augenerscheinungen auch die übrigen Veränderungen des Tierkörpers berücksichtigten. Besonderes Interesse beanspruchen die Tierversuche von McCOLLUM, SIMMONDS und BECKER (1922, 1925), VON MORI (1923) und JONES (1927), die auf die *Bedeutung des Salzgehaltes in der Nahrung in bezug auf das Zustandekommen der Keratomalacie* hinweisen.

Histologisches. Histologisch handelt es sich bei der Keratomalacie um eine fortschreitende *Nekrose der Hornhaut*, die durch einen Leukocytenwall gegen das gesunde Gewebe hin abgegrenzt wird. Bemerkenswert ist das Vorkommen von *Fett* in den Zellen des Hornhautepithels, in und zwischen den Hornhautlamellen, das als Ausdruck einer Fettdekomposition angesehen wird (JAENSCH 1927).

Bakteriologisches. Bakteriologisch finden sich in den nekrotischen Hornhautteilen, aber auch an den noch nicht zerfallenen Randteilen der Hornhaut sowie am Epithel der Bulbusbindehaut ähnlich wie bei der Xerosis epithelialis *alle saprophytären Keime des menschlichen Auges in starker Vermehrung.* Inwieweit sie einen leicht entzündlichen Reiz unterhalten, kann heute noch nicht mit Sicherheit gesagt werden. Am Geschwürsprozeß als solchen sind sie unschuldig.

Chemisches. Mit der Verbesserung der chemischen Untersuchungsmethoden kann nun auf verhältnismäßig einfache Weise das Vitamin A bzw. der Carotingehalt des Blutes bestimmt werden. S. B. LIAN (1937) hat jüngst diesen Weg bei 16 Fällen von Nachtblindheit, Xerose und Keratomalacie beschritten und fand in diesen Fällen von klinisch einwandfreiem Vitamin A-Mangel in 100 ccm Serum 14—69 I.E.-Carotin bzw. Vitamin A nach der CARRE-PRICE-Reaktion. Die Kontrolluntersuchungen an 30 gesunden Eingeborenen (Malayen) ergab 42—178 I.E. Durch solche systematische Untersuchungen wird sich bezüglich fraglicher Vitamin A-Erkrankungen in Zukunft Klarheit erzielen lassen.

Die Präxerose der Hornhaut und Bindehaut. Mit der Darstellung der drei Hauptkrankheitsbilder ist das klassische Bild des Vitamin A-Mangels und unsere Kenntnisse, die wir bis vor kurzem von dieser Erkrankung hatten, erschöpft. 1930 war es möglich, das Bindeglied zwischen der Xerosis epithelialis und der Keratomalacie der Erwachsenen zu finden (PILLAT), welches als *Präxerose* bezeichnet wurde. Dieses Krankheitsbild tritt *selbständig bei Erwachsenen*

meist in den Frühjahrsmonaten auf und besteht in einer diffusen, fast gleichmäßigen Mattigkeit der ganzen Hornhaut. Diese verursacht dem Kranken
meist stärkere Sehbeschwerden, als man nach dem Aussehen der Hornhaut
annehmen würde, jedenfalls deshalb, weil die Hemeralopie mit zur Herabsetzung
der Sehschärfe beiträgt. Vielleicht gehört auch jene Form der Keratitis superficialis, die 1936 von STOCKER bei Menschen mit geschwächtem Allgemeinzustand beschrieben wurde und von denen er sagt, daß sie beim Säugling zur
Keratomalacie, bei älteren Kranken zu Epitheldefekten führen, zur Präxerose.
STOCKER sah auf Vogan schlagartige Besserung.

Klinische Formen. Man kann nach der Häufigkeit abnehmend A. eine
Praexerosis corneae, B. eine *Präxerosis der Bulbus-* und C. eine solche der *Lidbindehaut* unterscheiden.

Die *vier Hauptzeichen*, die in reiner Form nur bei der Präxerose der Hornhaut vorkommen, sind:

1. der Glanzverlust der Hornhaut bzw. Bindehaut,
2. die verminderte Sensibilität,
3. das sog. Austrocknungssymptom und
4. der charakteristische bakteriologische Befund.

An der Bulbusbindehaut kommt noch eine feine, schon oben erwähnte
knitterige Fältelung der sonst ganz normalen, blassen Bindehaut dazu, die
hauptsächlich bei Augenbewegungen sichtbar wird.

Dabei sind an anderen Vitamin A-Mangelsymptomen vorhanden: fast
immer Hemeralopie, Veränderungen des Blaugesichtsfeldes und der Sehschärfe
und oft BITOTsche Flecke oder andere Formen der Xerosis epithelialis.

Zu 1. Der *Glanzverlust der Hornhaut*, der vor der dunklen Pupille am deutlichsten sichtbar ist, besteht nach Untersuchungen an der Spaltlampe in einer
Hyper- und Parakeratose der Hornhaut. Die Epithelschüppchen bleiben auf
der Hornhautoberfläche liegen und erscheinen als graue Stippchen.

Zu 2. Die *verminderte Sensibilität*, die manchmal recht hochgradig sein
kann, beruht einerseits auf der Parakeratose, andererseits auf einer Abstumpfung
der Trigeminusendigungen, die im Epithel enden.

Über Hornhautnarben ist sowohl die Mattigkeit sowie die Herabsetzung der
Sensibilität am deutlichsten.

Zu 3. Hält man die Augenlider mit den Fingern 15—30 Sekunden offen, so
trocknet die Hornhautoberfläche, manchmal auch die Bindehautoberfläche flecken-
oder inselförmig aus, als ob Wasser auf einem heißen Stein verdunsten würde.
Diese Austrocknung, die durch einen seltenen Lidschlag begünstigt wird, ist
hauptsächlich auf die xerotische Beschaffenheit der Epithelzellen der Hornhaut
bzw. auf die Hyperkeratose zurückzuführen, andererseits hängt sie in Fällen
von lang dauernden Vitamin A-Mangel wohl mit einer verminderten Funktion
der Tränendrüse zusammen.

Zu 4. Am meisten charakteristisch ist aber der *bakteriologische Befund*;
schabt man mit einem Platinspatel Epithelzellen von der Hornhaut oder Bindehaut ab, so findet man diese mit denselben Keimen bewuchert, die bei der
Xerosis epithelialis oder bei der Keratomalacie vorhanden sind, d. h. es besteht
auf diesen Epithelzellen ein *schrankenloses Wachstum der normalen Bindehautsaprophyten ohne die leichteste Entzündung des Auges*: Nämlich der *Xerosebacillen*,
der *Pneumokokken*, des *Diplobacillus* MORAX-AXENFELD, des *Staph. albus* und
gelegentlich des KOCH-WEEKS-Bacillus. Die meisten Keime finden sich gewöhnlich an der *Hornhaut*, dann folgt die Bulbus- und schließlich die Lidbindehaut. Es herrschen jene Keime bei der Präxerose vor, die zufällig an den
betreffenden Augen schon früher als Schmarotzer anwesend waren.

Der Keimreichtum ist für das Vorhandensein eines Vitamin A-Mangels am Auge ebenso beweisend wie z. B. der Nachweis keratinisierter Epithelzellen.

Histologisch charakterisiert KREIKER (1930) die Präxerose mit dem Verschwinden der Becherzellen aus der Bindehaut und mit der zunehmenden Mehrreihigkeit des Epithels. Verhornung tritt später hinzu. — Ähnliche präxerotische Veränderungen bei der Avitaminose der Ratten und Kaninchen hat ROLLET (1930) bei Spaltlampenuntersuchung seiner Versuchstiere nachgewiesen.

Während die *Präxerose* beim Erwachsenen Wochen und Monate bestehen kann, ist sie *bei Kindern ein kurzdauernder Zustand*, oft nur von Stunden, vor dem keratomalacischem Zerfall der Hornhaut.

Die Präxerose kann auf Zufuhr von Vitamin A rasch heilen, wobei die Keime in kürzester Zeit von der Bindehaut verschwinden. Sie kann aber auch beim Erwachsenen beim Andauern des Vitamin A-Mangels in die Keratomalacie, seltener in eine echte Hornhautxerose übergehen.

Mumifizierung der Hornhaut. Neben diesen häufigen Krankheitsbildern am Auge gibt es ein anscheinend seltenes Bild das Vitamin A-Mangels der Hornhaut, das bisher nur einmal beobachtet werden konnte (PILLAT 1932), die *Mumifizierung*, die *trockene Gangrän* der Hornhaut, die im Gegensatz zur „Malacie", der Erweichung, der eitrigen Einschmelzung der Hornhaut steht.

Die Mumifizierung besteht darin, daß die verhornenden und noch nicht verhornten Epithelzellenlagen auf der Hornhaut liegen bleiben und eine trockne Kruste bilden, unter welcher das Hornhautparenchym zwar trocken und getrübt, aber nicht geschwürig zerfallen ist. *Die trockne Epithelmasse liegt der Hornhaut wie ein Deckel auf und läßt sich im ganzen mit einem Spatel ablösen.*

Bei der *histologischen* Untersuchung lassen sich die 8—10 der Hornhaut aufgelagerten Epithelzellagen gut darstellen. Die einzelne Zelle hat ihre Form bewahrt, die Zellgrenzen sind erhalten, das Protoplasma ist vollkommen eingetrocknet und dieser Rest mit Pigment oder dessen Vorstufen angefüllt. Der Zellkern ist überall erhalten, aber ebenfalls vertrocknet. Es fehlt jedes Zeichen der Entzündung oder der Erweichung. Ein ähnlicher Wasserverlust des Gewebes bei Erhaltenbleiben der Form der einzelnen Zellen muß auch als histologisches Substrat für die tiefergelegenen Hornhauttrübungen angenommen werden.

Daß es bei Vitamin A-Mangel zu einer so hochgradigen Mumifizierung des Auges kommen kann, ist wohl nur daraus zu verstehen, daß die Tränensekretion hochgradig abgenommen und die gesamte Bindehaut epidermisiert ist. In diesem epidermisähnlichen Zustand des Gewebes bleibt die verflüssigende Wirkung der Keime und weißen Blutzellen aus.

Dieser „trockene Brand" der Hornhaut ist jedenfalls als Fortentwicklung der Xerosis epithelialis der Hornhaut anzusehen und ist nur an der Hornhaut möglich, weil diese keine Gefäße aufweist. Er kommt nur bei sehr lang dauerndem Vitamin A-Mangel der Erwachsenen zustande.

Pigmentierung der Bindehaut. Bei lang anhaltendem Vitamin A-Mangel des Körpers kommt es, bei Erwachsenen deutlicher als bei Kindern zu einer verschieden intensiven Pigmentierung der Bindehaut, die zuerst an pigmentierten Rassen (bei Indern von WRIGHT und KIRKPATRICK, bei Japanern von MORI, bei Chinesen von PILLAT und bei Zigeunern von PUSCARIU und NITZULESCU) beobachtet wurde, die aber auch bei Europäern nicht fehlt, wenn sie auch nicht so in die Augen springt (NAROG bei Polen und PILLAT bei Deutschen).

Nach den Untersuchungen PILLATS an Chinesen (1929, 1931) *begleitet diese Pigmentierung alle Stadien des Vitamin A-Mangels*, ist also bei der Hemeralopie, Xerosis epithelialis, Keratomalacie, Präxerose in gleicher Weise zu finden und stellt geradezu ein Frühsymptom (C. H. CHOU 1930, MATSUOKA 1932) des

Vitamin A-Mangels dar. Sie ist sogar dann im histologischen Schnitt nachzuweisen, wenn sie bei der klinischen Untersuchung noch nicht in Erscheinung
tritt (PILLAT 1932, chinesischer Text, englisches Autoreferat). Diese Pigmentierung ist am auffälligsten und frühesten in der Gegend des inneren Augen-
winkels (Plica semilunaris und Karunkel) vorhanden, dann folgt die Bindehaut
des unteren Fornix, des Unterlides, dann die des Bulbus und des oberen Lides.
Sie kann diffus oder fleckig sein und gibt der ganzen Bindehaut meist ein schmut-
ziges Aussehen. Wie alle anderen Vitamin A-Mangelsymptome verschwindet
auch die Pigmentierung der Bindehaut unter Lebertran oder reiner Vitamin A-
Zufuhr, nur viel langsamer (4—8 Wochen, PILLAT) als die anderen Mangelsymptome. Das Pigment wird allmählich mit den Zellen, in denen es liegt,
im Verlauf der physiologischen Erneuerung des Epithels an der Oberfläche
der Bindehaut abgestoßen.

Histologisches. Die Pigmentwucherung betrifft zum weitaus größten
Teile *das Epithel*, nur zu einem geringen das subepitheliale Bindegewebe. PILLAT
konnte einwandfrei nachweisen, daß es sich um *Melaninpigment* handelt, welches
in den tiefen und oberflächlichen Epithelzellagen entsteht, und zwar in zweifacher
Form:

1. *In Dendriten- oder Ausläuferzellen*, also in eigentlichen Melanoblasten in
den tiefen und mittleren Epithellagen. Die Ausläufer umspinnen besonders die
nichtpigmentierten Basalzellen mit ganzen Netzen.

2. Als *Kappenpigment* in den mittleren und oberflächlichen Zellagen. Diese
Kappen umgeben immer den distalen Pol des Zellkernes.

3. Als *Pigment in spindelförmigen Zellen* in den subepithelialen Lagen der
Conjunctiva.

Die Pigmentbildung kommt nur *lebensfähigen* Zellen zu (PILLAT), das Pigment
liegt nur intracellulär, nicht in den Zellzwischenräumen, wie MORI und NAROG
behaupten. Es ist besonders interessant, daß MORI (1924) diese bräunliche
Pigmentierung schon bei einem 15 Tage altem Kind nachweisen konnte.

Auch bei Vitamin A-frei ernährten Kaninchen wurde Pigment von MATSUOKA
(1934) gefunden. WRIGHT hatte die Verfärbung der Bindehaut ursprünglich
als „ikterisch" bezeichnet und mit einer Leberschädigung in Zusammenhang
gebracht. PILLAT und KING (1929) konnten aber in Reihenuntersuchungen
am Menschen nachweisen, daß das Pigment sicher nicht biliären Ursprunges ist.

Der Zweck der Pigmentbildung ist wohl 1. Schutz des Kernes in der einzelnen
Zelle (Kappenpigment) und 2. Schutz der generativen Basalzellen durch die
Ausläuferzellen (Melanoblasten) (PILLAT 1932).

Augenhintergrund und Vitamin A-Mangel. Die Augenhintergrundsbefunde
sind zwar zweifellos als der sichtbare Ausdruck der *Netzhautschädigung* bei der
Nachtblindheit anzusehen und auch als „Befunde bei idiopathischer Hemeralo-
pie" im Schrifttum niedergelegt. Da sie sich aber bei allen Stadien des Vitamin
A-Mangels am Auge zeigen (PILLAT), so sollen sie hier am Ende der klinischen
Besprechung der Augensymptome zusammengestellt werden.

Die widersprechenden, zum Teil sicher unrichtigen Angaben über Augenhintergrundsbefunde bei der sog. Kriegshemeralopie müssen hier wegfallen,
wenn auch der eine oder andere Befund (JESS 1917) sicher dem Vitamin A-Mangel
zuzuschreiben ist.

Erst auf Grund der in Japan und China erhobenen Befunde (UYEMURA 1928,
A. FUCHS 1928, IMAI 1930, SHINDO 1930, PILLAT 1933 und UEGAKI 1936), denen
sich ähnliche Befunde aus Europa anschließen (HOLLWICH 1937), lassen sich
nach PILLAT folgende Augenhintergrundsbilder als für den Vitamin A-Mangel
der Netzhaut typisch aufstellen:

1. *Diffuse Übersäung der ganzen Fundusperipherie mit weißen, kleinen Stippchen*, die in den Netzhautaußenschichten liegen. Die Stippchen können bis gegen die Fovea heranreichen.

2. Auftreten von *Gruppen weißer Stippchen* in verschiedenen peripheren Fundusanteilen, an denen die Netzhaut diffus zart getrübt erscheint. Zwischen diesen gruppierten Stippchen liegen normale Netzhautteile.

3. *Größere weiße Herde*, die mehr zentral in der Netzhaut liegen, häufig aber mit kleinen Gruppen peripherer Herde vergesellschaftet sind.

4. *Diffuse zarte Grautrübung der Netzhaut, von der Papille gegen die Peripherie zu allmählich abnehmend*, ohne Einlagerung von Fleckchen. Diese diffuse Trübung ist auch bei den Typen 1—3 meist vorhanden.

5. *Graue Ringtrübungen um die Papille*, die zur Annahme einer Stauungspapille oder Papillitis verführen kann.

6. Auftreten einer großen Anzahl von zahlreichen, auffallend *matten Reflexen in der Netzhautmitte*, wohl als Zeichen für eine gewisse Unebenheit und Verdickung der Foveagegend.

Voraussetzung für das Zustandekommen der Fundusveränderungen ist der *lang dauernde Vitamin A-Mangel des Körpers*. Bisher sind solche Befunde bei Kleinkindern, deren Vitamin A-Mangel zu stürmischen und schnell verlaufenden Krankheitserscheinungen führt, nicht bekannt geworden. Hingegen darf man bei Keratomalacie der Erwachsenen ähnliche Fundusbefunde erwarten, sobald einmal das histologische Bild dieses Zustandes hinreichend sicher bekannt sein wird. Eine Augenspiegeluntersuchung dieser Fälle ist ja leider unmöglich.

Über das pathologisch-anatomische Substrat der weißen Stippchen ist noch nichts Sicheres bekannt. Ein Fall, den PILLAT histologisch untersuchen konnte, zeigt eine Verklumpung von Zellen der Netzhautaußenschichten, die aus ihrem Verband herausgelöst, eine Art Konkrementbildung in den Netzhautaußenschichten bilden. In leichteren Fällen, wo die ophthalmoskopisch gesehenen Stippchen schneller verschwinden, könnte es sich um eine Art „trüber Schwellung" der Netzhautelemente handeln, die in leichteren Fällen wieder rückgängig gemacht werden kann.

Nach den bisher vorliegenden Beobachtungen verschwinden die meisten weißen Fundusherde und die Gesichtsfeldeinschränkung auf Lebertran später als die Hemeralopie und die Xerose (PILLAT) in 1—4 Monaten. Ob jene hellen Herde in der Fundusperipherie, die SCULLICA (1935) als Rarefizierung des Pigmentepithels ansieht und die sich durch Lebertran nicht beeinflussen ließen, überhaupt mit dem Vitaminmangel etwas zu tun haben, muß dahingestellt bleiben.

Bemerkenswert ist, daß bei einem Falle von angeborener Nachtblindheit bei einer 35jährigen Japanerin KITAHARA (1930) dieselben weißen Stippchen im ganzen Fundus finden konnte.

Erkrankung der Tränenorgane beim Vitamin A-Mangel. Die Tränendrüsen. Nicht nur bei der Keratomalacie, sondern auch bei lang dauernder Xerosis epithelialis fällt die manchmal hochgradige Trockenheit des Bindehautsackes beim Menschen auf. Wenn diese auch zum Teil auf die zunehmende Verhornung der Epithelzellen der Bindehaut und auf die frühzeitig einsetzende Abnahme der konjunktivalen Becherzellen zurückzuführen ist, so handelt es sich nicht allein um ein Nichthaften der Tränenflüssigkeit an den xerotischen Stellen, sondern um eine tatsächliche *Verminderung der Menge der Tränenflüssigkeit* (PILLAT, VERNCO).

Diese hat nach PILLAT folgende Ursachen: 1. Infolge der verminderten Hornhaut- und Bindehautsensibilität und des verminderten Lidschlages fällt der normale reflektorische Anreiz auf die Tränendrüse weg.

2. Bei länger dauerndem Vitamin A-Mangel tritt eine *Schädigung des Drüsenepithels der Tränendrüsen* ein, die zur verminderter Sekretion führt.

3. Beruht in fortgeschrittenen Fällen von Keratomalacie die verminderte Tränensekretion mit auf einer *Unterbrechung des Reflexbogens* infolge Miterkrankung des N. trigeminus.

Eine systematische histologische und funktionelle Untersuchung der Tränendrüsen beim Menschen steht noch aus.

Bei Vitamin A-frei ernährten Ratten und Kaninchen haben YUDKIN (1922), MORI, LAMBERT und YUDKIN (1923), OKAMOTO (1925), TREACHER COLLINS (1930) und KRZYWANEK (1932) auf degenerative und entzündliche Veränderungen der Tränendrüse, auf Vakuolisierung der Drüsenzellen und Keratinisierung der Ausführungsgänge hingewiesen. YUDKIN, LAMBERT und MORI sind soweit gegangen, die alte irrige Meinung, daß bei der Xerose das Versiegen der Tränenflüssigkeit das Primäre sei, wieder zum Leben zu bringen: Auch bei der Keratomalacie sei die Austrocknung infolge verminderter Tränenflüssigkeit das Primäre und die Infektion mit Bakterien das Sekundäre.

Beim Menschen stellt sich die Tränensekretion mit Heilung der anderen Vitamin A-Mangel Symptome am Auge unter Vitamin A-Zufuhr prompt wieder ein.

Der Tränensack. Bisher liegt nur eine einzige Beobachtung aus China vor, welche eine Mitbeteiligung des Tränensackes an der A-Avitaminose wahrscheinlich macht: T. H. PI berichtet über eine *Dakryocystitis bei einem Falle von Hemeralopie* und *Xerose*, bei welchem der eigenartig dicke, weiße, fast krümelige Eiter, der sich aus dem Tränensack ausdrücken ließ, *Xerosebacillen in Reinkultur* beherbergte. Dieses Vorkommen von Xerosebacillen im Tränensack wäre wohl nur so zu erklären, daß sich die Zylinderepithelzellen des Tränensackes in ein Plattenepithel umwandeln, und daß diese Zellen den Nährboden für die Xerosebacillen wie an der trockenen Bindehaut abgeben.

Lider und Vitamin A-Mangel. Daß auch die Lider an der Avitaminose teilnehmen, soll hier nur kurz gestreift werden:

A. Die Lidhaut. Die Krankheitszeichen bei länger dauerndem Vitamin A-Mangel sind:

1. Eine eigenartige Trockenheit;
2. vermehrte Schuppenbildung;
3. diffuse oder fleckige Pigmentierung;
4. gelegentliche Schwellung der Oberlider und
5. Abscesse und Geschwüre, welche meist von den Talgdrüsen ausgehen.

B. Der Lidrand. Mit einem Übergangsepithel bedeckt, nimmt der intermarginelle Saum frühzeitig an der „Epidermisierung" infolge Vitamin A-Mangel teil. Der Reihe nach treten folgende Veränderungen auf:

1. Blässe und *Glanzlosigkeit*, verursacht durch die Keratinisierung und Epithelhyperplasie und das Fehlen bzw. die Abnahme des Talges der MEIBOMschen Drüsen.

2. Auftreten einer anfangs trockenen blassen *Blepharitis* infolge der Hyper- und Parakeratose des Epithels, die später zu einer entzündlichen Blepharitis infolge der Zersetzung der Epithelmassen und der in diesen vorhandenen Keimen wird.

3. Auftreten eines „*Sekretes*" in den Lidwinkeln, das hauptsächlich aus abgeschilferten Epithelzellen der Lidränder und der Bindehaut und aus Bakterienmassen besteht, und in welchem polynukleäre Leukocyten fast ganz fehlen.

4. Das Bild der *echten Lidrandxerose*, d. h. das Auftreten weißer, seifenschaumartiger Auflagerungen, welche meist auf die Bindehaut der Lider übergreifen und die Haut-Schleimhautgrenze gegen die Bindehaut hin verschieben.

C. Die Liddrüsen. 1. *Aufhören der Funktion der* MEIBOM*schen Talgdrüsen* infolge Umwandlung des Drüsenepithels und Keratinisierung des Ausführungsganges.

2. Das Auftreten von „*akuten Chalazien*" bzw. hordeolumartigen Drüsenabscessen: Diese mit einem rahmigen Inhalt versehenen Chalazien können innerhalb weniger Stunden auftreten. Sie sind entweder vollständig blasse Pseudogeschwülste oder sie wandeln sich bei Hinzutreten pathogener Keime in akut-entzündliche Hordeola interna um, die rasch erweichen und durchbrechen.

3. *Komedonen der Lidhaut* als Ausdruck der Hyperkeratose und Verlegung der Talgdrüsen der Lider.

Alle diese Erscheinungen heilen in wenigen Tagen auf Zufuhr von reichlich *Lebertran oder Vogan* und beweisen so ihren unmittelbaren Zusammenhang mit dem Vitamin A-Mangel. Sie sind sämtlich der Ausdruck der Schädigung der epithelialen Elemente der Lider durch den Vitamin A-Mangel.

Linse und Vitamin A-Mangel. Bisher liegen *beim Menschen* nur folgende Beobachtungen von PILLAT (1930) vor: Bei Fällen von 2—3 Monate dauernder *Präxerose* Jugendlicher, bei denen eine genügend sichere Beobachtung der Linse mit dem Hornhautmikroskop noch möglich war, ließ sich eine *Veränderung des vorderen Linsenchagrins* im Sinne eines „Alterns der Linse" feststellen: Während bei Jugendlichen der vordere Linsenchagrin lebhaft silbrig glitzert, war er bei den Kranken von jener bräunlichen, wie gehämmertes Kupfer aussehender Beschaffenheit, die man sonst nur bei Linsen jenseits des 50. Lebensjahres oder in noch höherem Alter findet.

Ferner konnten bei zwei Fällen von Präxerose Jugendlicher, die ohne Vitamin A-Zufuhr wochenlang in Beobachtung gehalten wurden, *Linsentrübungen ähnlich den „senilen Staubtrübungen"* in den oberflächlichen und tieferen Anteilen der vorderen Rinde beobachtet werden, die vorher nicht da waren.

Es ist selbstverständlich, daß sich aus diesen spärlichen Beobachtungen kein sicherer Schluß auf eine Starbildung durch den Vitamin A-Mangel ziehen läßt. Theoretisch muß aber wohl die Möglichkeit zugegeben werden, weil es sich bei der Linse um ein epitheliales Organ handelt und dieses wie alle anderen epithelialen Organe des Menschen durch den Vitamin A-Mangel Veränderungen der Struktur erleiden könnte.

Die bisher vorliegenden Tierversuche an Ratten widersprechen sich: Der von v. SZILY und ECKSTEIN (1923, 1924 und 1925) behaupteten Schichtstarbildung durch Vitamin A-arme Ernährung bei Jungratten, die von SCHREIBER (1925), LEVINA (1926) und FEDE (1926) bestätigt wurde, steht die absolute Ablehnung durch STEPP und FRIEDENWALD (1924), JESS (1925), GOLDSCHMIDT (1927) und YOSHIMOTO (1928) entgegen. Diese Tierversuche bedürfen unter geänderter Versuchsanordnung dringend der Fortsetzung.

Vitamin A-Mangel und Auge als Ganzes. Das Kapitel der Beziehungen von Vitamin A und Auge soll aber nicht geschlossen werden, ohne einer Beobachtung von STARKIEWICZ (1917) aus dem Weltkrieg zu gedenken, welche im Lichte neuester Tierversuche größte Beobachtung verdient und ihre Aufklärung findet.

Dieser Autor berichtet über 10 Fälle von *angeborenem Anophthalmus* bzw. *Mikrophthalmus unter der armen Bevölkerung* des Dombrauer Kohlenbeckens in Polen. Diese Fälle sind alle im zweiten Kriegsjahr aufgetreten und *die Mütter hatten fast alle Hemeralopie und Hungerödem*, eine auch Lues mitgemacht.

Für dieses Vorkommnis beim Menschen geben wohl die wichtigen Feststellungen von HALE (1935) Aufklärung, dem es durch Vitamin A-freie Ernährung von Zuchtsäuen, welche 160 Tage vor und 30 Tage nach der Konzeption kein Vitamin A bekommen hatten, gelang, 42 Ferkel *blind*, eine ganze Anzahl sogar *ohne Augen* zur Welt zu bringen. In einem Wurf wurden alle 10 Ferkel *mit Anophthalmus* geboren. Einige hatten akzessorische Ohren, subcutane

Cysten und Nierenmißbildungen. Als Beweis dafür, daß keine erbliche Belastung der Tiere vorlag, dient, daß dieselben Zuchttiere, Vitamin A-reich ernährt, vollkommen normale Ferkel zur Welt brachten.

Diese Versuche greifen an die Wurzel der Organentwicklung, ja an die Wurzel des Lebens, beweisen die Wichtigkeit der Vitamine und die außerordentlich engen Beziehungen zwischen Sehorgan und Vitamin A. Die Beobachtung vom TANSLEY (1936), daß bei Vitamin A-frei ernährten Ratten und Muttertieren die Jungen 12 Tage nach der Geburt Störungen im Aufbau der Stäbchen und eine mangelhafte Entwicklung des Sehpurpurs zeigen, ist nur ein weiteres Bindeglied in dieser Auffassung. Ob demgegenüber Zusammenhänge, die z. B. von DOR (1933) zwischen Vitamin A-Mangel und Schielen angenommen werden, indem Schielen als Entwicklungshemmung infolge mangelhafter Ernährung hingestellt wird, bestehen, ist recht zweifelhaft und muß weiteren Untersuchungen zur Klärung überlassen bleiben. Nicht anders steht es wohl mit der Annahme von STREBEL (1936), daß das Myopieproblem mit dem Vitamin A als Wuchsstoff auch des Auges zusammenhängt.

Andere Augenkrankheiten und Vitamin A-Mangel. Es ist seit vielen Jahrzehnten bekannt, daß Lebertran bei manchen Augenkrankheiten zur Heilung wesentlich beiträgt, ja oft unerläßlich ist. Das klassische Beispiel ist die Keratoconjunctivitis ekzematosa s. scrophulosa, bei der die alten Augen- und Kinderärzte rein aus der Erfahrung heraus Lebertran verordneten. Es ist kein Zweifel, daß bei vielen dieser Kinder und Kranken Vitamin A in der Nahrung fehlte und daß dessen Zufuhr die allgemeine Widerstandskraft gegen die Infektion steigerte und so zur Heilung des Augenleidens führt. Neue Reihenversuche mit Vitamin A bei der *Keratitis ekzematosa* von FEDE (1928) und PAVIA und DIEZ (1937) u. a. beweisen dies. Es ist auch kein Zweifel, daß manche andere Augenerkrankung z. B. Keratitis ex acne rosacea (PICK 1937), Keratitiden verschiedener Herkunft, Verätzungen, Verbrennungen (RATSCHEWSKIJ 1937), ja daß selbst einmal ein Trachom schneller und leichter durch Vitamin A-Zufuhr heilt (BUFFINATON 1931), aber es sollte ein weiter Schritt bis zu der Frage sein, ob Trachom eine Mangelerkrankung genannt werden darf (ROYER 1926, KENDALL und GIFFORD 1930). Auf diese Fragen kann aber hier nicht näher eingegangen werden.

γ) Haut und Vitamin A-Mangel.

Die Hauterscheinungen beim Vitamin A-Mangel des Menschen sind zuerst systematisch von PILLAT (1929) studiert worden und lassen sich etwa folgendermaßen einteilen:

Veränderungen der Farbe der Haut. Die normale rosige Hautfarbe ändert sich in ein Fahlgelb, Aschgrau oder Dunkelgrau bei Kindern wie bei Erwachsenen, je länger der Vitamin A-Mangel dauert. Diese Farbänderung tritt zuerst im Gesicht auf, besonders an den Schläfen und der Stirn, an den Streckseiten der Unterarme und der Unterschenkel, an der Haut der Brust, über dem Sternum, später auch am Rücken und in der Glutealgegend. Bei den schwarzen Ugandas verzeichnet LOEWENTHAL (1933, 1935) die Umwandlung der dunklen Körperfarbe in ein Schwarzgrau, besonders an den Streckseiten der Extremitäten, den Hüften und der Glutealgegend.

Diese Farbänderung der Haut ist bedingt a) durch eine mit der Dauer der Erkrankung zunehmende *Undurchsichtigkeit des Epithels*, so daß die Gefäße des Corium durch das Epithel nicht mehr durchschimmern können. Dies beruht einerseits auf einer *Vermehrung der Zellagen* im Epithel, andererseits auf dem *zunehmenden Wasserverlust der Epithelzellen* und auf *vermehrter Verhornung*.

b) Durch *vermehrte Pigmentierung*: PILLAT (1929) hat diese vermehrte Pigmentierung als erster klinisch und histologisch nachgewiesen und sie in Parallele mit der Pigmentvermehrung der Bindehaut des Auges gestellt. Diese Pigmentierung erscheint vor allem in der Haut des Gesichtes, welche in lang dauernden Fällen von Vitamin A-Mangel ein Chloasma uterinum-ähnliches Aussehen annehmen kann, an den Streckseiten der Extremitäten und an der Haut der Brust, später an der des Rückens. Einen besonderen Pigmentreichtum zeigen früher erkrankte Hautstellen: So verfärben sich z. B. alte Scabiesnarben intensiv dunkel. Die gleichen Befunde sind von FRAZIER und HU (1931, 1934) ebenfalls am chinesischen Krankengut Nordchinas erhoben und histologisch mitgeteilt worden. Mittels der BLOCHschen Dopareaktion konnten MU, FRAZIER und PILLAT (1937)

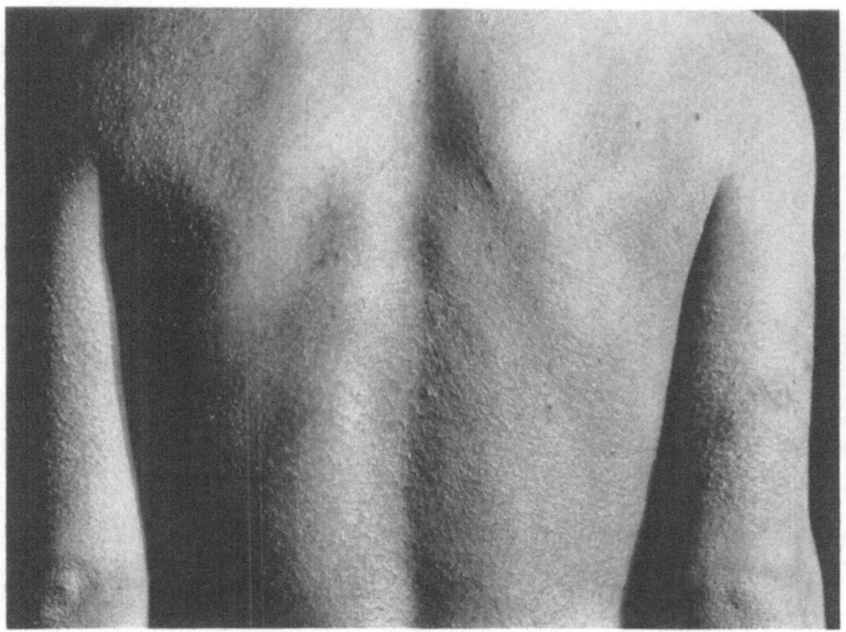

Abb. 4. Hyperkeratose des Stammes.

Melanin bildende Fermente in vermehrter Menge in der Haut bei Vitamin A-Mangel des Menschen nachweisen und dadurch wird bewiesen, daß das Pigment in den tiefen Lagen der Haut ebenso wie in der Bindehaut des Auges (PILLAT) gebildet wird.

Trockenheit der Haut (Xeroderma). Auf dieses Symptom wurde bei Keratomalacie schon von GOUVEA, später bei indischen Fällen von WRIGHT hingewiesen, in China wurde es von PILLAT fast in allen Fällen gefunden und später von anderen Untersuchern festgestellt (FRAZIER und HU, NICHOLLS 1933, LOEWENTHAL 1933, GOODWIN 1934). PILLAT berichtet, daß sich die Haut mancher Kranken wie mit Mehl bestaubt anfühlt (s. Abb. 4) und daß man durch leichtes Kratzen mit dem Fingernagel die oberflächlich trockne, pigmentierte Haut heller werden sieht. Infolge der starken Schuppenbildung des ganzen Körpers war das Bett mancher Kranken früh wie mit Mehl bestaubt.

Die Trockenheit der Haut hat eine zweifache Ursache. Sie ist bedingt durch: a) eine *Hyper- und Parakeratose* (PILLAT, FRAZIER und HU), b) eine *Unterfunktion der Talg- und Schweißdrüsen*, die lange vorher auftritt, bevor histologische Veränderungen dieser Drüsen sichtbar sind (PILLAT).

Daß alle diese klinischen und histologischen Symptome wirklich auf den Vitamin A-Mangel zurückzuführen sind, geht aus der Tatsache hervor, daß sie auf Lebertrandarreichung und Vogan in kurzer Zeit verschwinden. Besonders das Wiederauftreten der Tätigkeit der Schweißdrüsen vollzieht sich gelegentlich in dramatischer Art, indem solche Kranke besonders an Stirn, Kinn und Brust selbst bei Bettruhe tagelang schwitzen (PILLAT).

Besonders an den Streckseiten der Extremitäten bleiben die hyperkeratotischen Epithelzellen in Verbänden liegen und können ganze Plaques (FRAZIER und HU) bilden.

In schweren Fällen von Vitamin A-Mangel kommt es infolge Schwindens des subcutanen Fettes zur *Schlaffheit und Fältelung*, aber auch zu grober Faltenbildung der Haut, so daß das Gesicht ein maskenartiges Aussehen bekommt und *der Kranke gealtert* aussieht. Durch Vitamin A-Zufuhr bessert sich dieser Zustand und ruft eine „Verjüngung" hervor, wie sie auffallender und in kürzerer Zeit durch kein anderes Mittel in der Medizin erreicht werden kann.

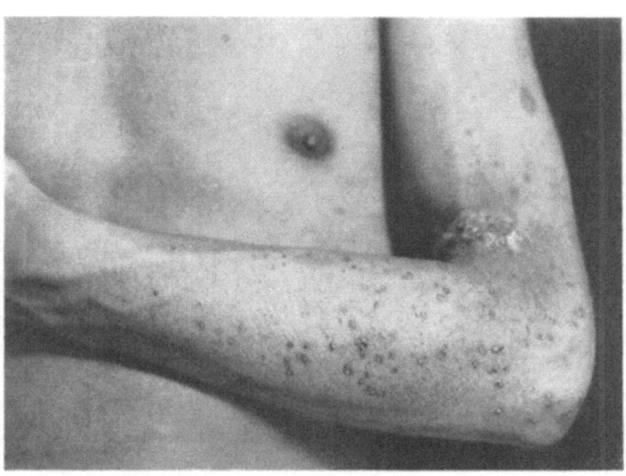

Abb. 5. Keratosis pilaris bei allgemeinem Vitamin A-Mangel.

Efflorescenzen an der Haut. Diese beruhen zum Teil auf der allgemeinen Parakeratose und Hyperkeratinisierung der Haut zum Teil auf dem Dazutreten einer Infektion infolge allgemein herabgesetzter Widerstandsfähigkeit der Epithelzellen gegen die Keime.

Nach den bisher beim Menschen vorliegenden Befunden (PILLAT 1929, FRAZIER und HU 1931, 1934, 1936, LOEWENTHAL 1933, 1935, NICHOLLS 1933 und GOODWIN 1934) lassen sich folgende Efflorescenzen an der Haut als für den Vitamin A-Mangel typisch unterscheiden:

a) Eine *Keratosis pilaris* der Streckseiten der Extremitäten (s. Abb. 5), der Hüftgegend und des Stammes, die in ausgesprochenen Fällen zum Bilde der „Krötenhaut" führen kann. Die einzelnen Efflorescenzen sind häufig dunkler pigmentiert als die umgebende Haut. In den follikulären Bildungen findet sich häufig das abgebrochene eingerollte oder verkümmerte Haar. Histologisch finden sich oft enorme Hornmassen im Haarfollikel.

b) *Komedonen der Haut* des Gesichtes, besonders der Stirn- und Wangengegend, auch der Augenlider. Sie sind oft so zahlreich, daß das Gesicht dieser Kranken wie berußt aussieht. Nachdem die Talgdrüsen ihre Sekretion eingestellt haben, bildet sich zuerst das Epithel der Ausführungsgänge in ein der äußeren Haut ähnliches Epithel um, die Zellen verhornen, bleiben im Ausführungsgang liegen und das sezernierende Drüsenepithel bildet sich in ein uncharakteristisches Epithel um. In der Umgebung der Komedonen sieht man oft vermehrte Schuppenbildung der Haut.

c) Durch Infektion der follikulären Efflorescenzen wie der Komedonen kommt es zu *acne- oder furunkelartigen Efflosescenzen* der Haut zuerst im Gesicht, auf der Stirn, an den Lidrändern, später auch an anderen Körperstellen.

d) Auch jener Zustand, der von PILLAT als *Dermomalacie* bezeichnet wurde, ist nur eine Folge der in die inaktiven Hautdrüsen und verlegten Haarfollikel eingedrungenen Keime, die bei lang dauerndem Vitamin A-Mangel und besonders zur Sommer- und Regenzeit an Virulenz gewinnen und zu weitreichenden *Einschmelzungen des subcutanen Gewebes mit mehr oder minder ausgiebiger oberflächlicher Geschwürsbildung* führen können. Das Charakteristische dieser Dermomalacie ist das Fehlen äußerlich auffallender Entzündungserscheinungen bei weitgehender Unterminierung der Haut, die zu kleinen oder großen Senkungsabscessen führt. Als Beweis für den Zusammenhang mit dem Vitamin A-Mangel mag die Beobachtung von PILLAT dienen, nach dem die chirurgische Behandlung (Incision, Drainage) solcher Hautzerfallshöhlen nutzlos ist, solange der Vitamin A-Mangel anhält. Andererseits heilen diese oft multiplen Absceßhöhlen des Gesichtes und des Stammes ohne jede örtliche Behandlung, lediglich auf Zufuhr von reichlich Vitamin A oder Lebertran.

Als Beweis dafür, daß nicht eine allgemeine Sepsis oder irgendein pathogener Hautkeim diesen Zerfall der Haut verursacht, mag die Tatsache dienen, daß man *in den verschiedenen Höhlen der Haut* ein und desselben Kranken *die verschiedensten Keime als vorherrschend*, manchmal eine *Vielheit* von ihnen in *einer* Absceßhöhle antrifft. Ähnlich wie bei der Keratomalacie des Auges vermehren sich jene Keime schrankenlos, die an der betreffenden Körpergegend im normalen Zustand vorhanden waren.

Schon 1923 hat MESKA die Ansicht ausgesprochen, daß bei den parasitären Dermatosen des Menschen das Fehlen des Vitamins in der Nahrung teils eine Disposition schafft, teils die Erkrankung viel schwerer als beim normal ernährten Menschen verlaufen läßt. Auch H. MACKAY (1934) sah bei Reihenuntersuchungen von Vitamin A-armen englischen Kindern eine vermehrte Empfänglichkeit der Haut für kleinere Infektionen.

Veränderungen der Haare und Nägel. a) *Die Haare.* Bei der menschlichen Avitaminose liegen nur spärliche Beobachtungen vor. Sie stammen von Untersuchern, die Gelegenheit hatten in Ländern, in denen schwerer Vitamin A-Mangel nichts Seltenes ist (DE GOUVEA in Brasilien, KIRKPATRICK und STEPHENSON in Indien, PILLAT in China), den Vitamin A-Mangel des Erwachsenen zu beobachten. Diese Veränderungen bestehen der Schwere nach geordnet in:

1. Glanzverlust und Trockenheit der Haare,

2. Ausfall der Haare und

3. Bleichen der Haare.

Ob es sich hierbei um einen Pigmentverlust der alten oder um defekte Ausbildung neuer Haare ohne Pigment handelt, muß weiteren Beobachtungen überlassen werden.

b) Über *Veränderungen der Nägel* liegt bisher nur eine Beobachtung von PILLAT (1929) vor, der bei einem 45jährigen Mann mit beiderseitiger Keratomalacie und allen Zeichen schweren Vitamin A-Mangels am Körper die Nägel der Finger und Zehen trocken und glanzlos und längsgerillt fand. Sie hatten eine schmutzig gelbe, hornartige Färbung, weil sie weniger durchscheinend waren als normale. An der Oberfläche konnte man kleine Hornschuppen loslösen.

Im Gegensatz zu diesen spärlichen Befunden beim Menschen liegen bei Tieren, besonders bei Ratten und Kaninchen viele Beobachtungen über die Veränderungen des Haarkleides vor und GUDJONSSEN (1930) machte die Beobachtung, daß ein reichlicher Haarausfall bei seinem Vitamin A-frei ernährten Ratten erst dann eintrat, wenn wieder reichlich Vitamin A zugeführt wurde. Er spricht von einer „periokularen Reaktion", weil die Ausbildung einer haarlosen Zone um die Augen seiner Versuchstiere charakteristisch war.

Hervorgehoben sei, daß alle die erwähnten Veränderungen der Haut und ihrer Anhangsgebilde ohne jede örtliche Behandlung auf Zufuhr von *Vitamin A* in einer erstaunlichen Weise heilen und wie schon oben erwähnt, zu einer *Verjüngung des ganzen äußeren Menschen in kurzer Zeit führen* können.

Neben diesen oben angeführten Vitamin A-Mangelsymptomen der Haut gibt es sicher eine Anzahl von Hauterkrankungen, bei denen Zufuhr von Vitamin A als Heilmittel deshalb in Betracht kommt, weil entweder der betreffenden Erkrankung eine A-Hypovitaminose zugrunde liegt oder weil die Zufuhr von Vitamin A die Widerstandskraft der Haut im allgemeinen gegen Infektionen und Degenerationen erhöht und die einzelne Epithelzelle in ihrer Lebenskraft stärkt. Um nur ein Beispiel zu nennen, konnte W. MÜLLER (1936) bei einem Falle von *Dermatitis exfoliativa generalisata* (WILSON BROCQ), der allen anderen Behandlungsversuchen trotzte, durch Zufuhr von Vogan eine auffallende Besserung des Hautzustandes in wenigen Tagen erzielen. Bemerkenswert sind auch die Erfolge, die bei Furunkulose mit Vogan in gewissen Fällen zu erzielen sind (BAETZNER 1937).

d) Veränderungen der Atmungsorgane und Vitamin A-Mangel.

Bis in die jüngste Zeit war über Veränderungen der Atmungswege beim Menschen bei Vitamin A-Mangel nicht viel bekannt. Man hatte zwar seit jeher das eigenartig heißere Schreien keratomalacischer Kinder zur Kenntnis genommen und wußte, daß viele solcher Kinder einer Bronchopneumonie erliegen, hatte aber diese Zeichen kaum in Zusammenhang mit dem Vitamin A-Mangel gebracht. Erst seit den Beobachtungen an Erwachsenen mit Vitamin A-Mangel kann man (PILLAT) übersichtlich die *Veränderungen der Schleimhaut des Atmungstraktes* von einem einheitlichen Gesichtspunkte aus, dem der allgemeinen Epithelschädigung, beim Menschen wie folgt zusammenfassen:

Veränderungen der Nase. *Die Haut- und Schleimhautgrenze der Nase rückt weiter hinauf.* Die Schleimhaut der Regio respiratoria wird eigenartig grau bis gelblichgrau, trocken. Blasse Borken und Krusten tragen zum trockenen Aussehen des Naseneinganges bei. In schweren Fällen fehlt das Rot der Schleimhaut bis weit hinauf, da die *Epithelzellen* ganz so wie an der Bindehaut des Auges eine *Metaplasie im Sinne einer Epidermisierung* mitmachen. Damit im Zusammenhang steht eine *Zunahme der Keime der Nase*: Xerosebacillen werden in großer Anzahl gefunden und können leicht Veranlassung zur Verwechslung mit Diphtheriebacillen geben. Diese klinischen Befunde an der Nasenschleimhaut (PILLAT) sind durch die anatomischen Befunde von BLACKFAN und WOLBACH bei Keratomalaciekindern bestätigt worden.

Das *Auftreten von Ozoena bei Erwachsenen mit langdauerndem Vitamin A-Mangel* ist ein sehr auffallendes Symptom und durch eine hochgradige Atrophie der Nasenschleimhaut, Umwandlung der Epithelzellen in solche der äußeren Haut und eine hochgradige Parakeratose mit Liegenbleiben und Zersetzung der trockenen Borken bedingt. Wird reichlich Vitamin A zugeführt, schwindet die Ozoena in 6—10 Tagen. Lues war in allen Fällen PILLATS auszuschließen. Auch GLASSCHEIB (1936) und GRIEBEL (1936) nahmen für einen Teil der Ozoenen Vitamin A-Mangel an und konnten *durch Vitamin A-Zufuhr Heilung* erzielen und an Tieren die entsprechenden Veränderungen (Atrophie der Nasenschleimhaut und des Knochens) hervorbringen (GLASSCHEIB).

Auch in den *Nasennebenhöhlen* konnten BLACKFAN und WOLBACH eine keratinisierende Metaplasie der Schleimhautzellen bei der anatomischen Untersuchung von an Keratomalacie gestorbenen Kindern feststellen, und auch SHURLEY und TURNER (1929) berichten über Infektionen der Nebenhöhlen bei Vitamin A-Mangel.

Abnahme des Riechvermögens bei schwerem Vitamin A-Mangel der Erwachsenen: Chinesische Kranke gaben spontan an, daß ihnen das Essen keine Freude mache, weil sie nicht riechen, was sie zu essen bekämen (PILLAT). (Die starken Laucharten sind in China ein wichtiges Ingedriens der täglichen Nahrung.) Es ist wohl die Annahme berechtigt, daß auch die zum Riechen bestimmten Sinnesepithelzellen der Regio olfactoria ihre spezifische Funktion zum Teil einbüßen und jedenfalls auch anatomisch verändert werden können. *Mit Heilung der Nachtblindheit oder Keratomalacie trat das normale Riechvermögen wieder auf.*

Heiserkeit ist nicht nur bei keratomalacischen Kindern, sondern auch bei Erwachsenen als ein konstantes Symptom zu finden und beruht nach PILLAT auf einer anatomischen *Metaplasie der Epithelzellen des Pharynx und Larynx,* was ebenfalls von BLACKFAN und WOLBACH (1933) pathologisch-anatomisch am Menschen bestätigt werden konnte.

In der **Trachea und ihren Drüsen** kommt es nach BACKFAN und WOLBACH ebenfalls zur keratinisierenden Metaplasie des Epithels und am Tier sind solche Veränderungen an Trachea und Larynx schon 1922 von MORI nachgewiesen worden.

Die Bronchitis ist bei Erwachsenen ebenso zu finden wie bei Kindern mit Vitamin A-Mangel (PILLAT). Diese Bronchitiden zeichnen sich durch unglaublich pfeifende und grob rasselnde Atmungsgeräusche aus und sind durch ein zähschleimiges Sekret charakterisiert, das kaum herausbefördert werden kann. Ohne jede andere Behandlung als Vitamin A-Zufuhr heilen alle diese Erkrankungen schlagartig in wenigen Tagen. CRIMM und SHORT (1937) konnten an jungen Hunden, die Vitamin A-arm ernährt wurden, ebenfalls Metaplasie des Bronchialepithels histologisch nachweisen.

Die terminale Bronchopneumonie der Kinder ist wohl nur zum Teil auf Entzündung infolge Überhandnehmen von Keimem, zum größteren Teil wohl darauf zurückzuführen, daß nicht nur das Epithel der Bronchien und Bronchiolen, sondern auch das der Alveolen seinen respiratorischen Charakter verliert und sich in eine weniger differenzierte Form umwandelt. Der Tod ist zum Teil als durch Mangel an Sauerstoff bedingt aufzufassen, also als Erstickung anzusehen (PILLAT).

ε) Verdauungstrakt und Vitamin A-Mangel.

Die Veränderungen durch Vitamin A-Mangel am Verdauungstrakt des Menschen beginnen mit diesem selbst und sind bei ausgesprochenem A-Mangel weitgehende, bei A-Hypovitaminose geringgradiger. Bei der A-Avitaminose finden sich nach der Zusammenfassung von PILLAT (1929, 1935):

Veränderungen des Lippenrot als Ausdruck eines Undurchsichtigwerdens der Epithelzellen der Übergangsschleimhaut infolge Zunahme der Schichten und Keratinisierung der Zellen. Dadurch nimmt das Lippenrot einen bläulichen Beiton an.

Verwischung der Haut-Schleimhautgrenze, indem der äußere Anteil des Lippenrotes seinen Schleimhautcharakter ganz oder teilweise verliert, die äußere Haut also auf Kosten der Schleimhaut gegen die Mundhöhle zu hinaufrückt. *Vollständige Epidermisierung des Übergangsepithels* ist die histologische Grundlage für dieses klinische Zeichen.

Auftreten von fleckförmiger oder diffuser *Pigmentierung im Lippenrot* infolge Vermehrung der Melanoblasten in der Basalzellenschicht des Übergangsepithels. Diese Pigmentierung ist in Parallele mit der Pigmentierung der Bindehaut des Auges und der Haut zu setzen, tritt aber später auf als diese.

Trockenheit der Mundschleimhaut als Ausdruck dafür, daß auch in der Mundhöhle die *Epithelzellen den Schleimhautcharakter verlieren* und sich mehr dem Charakter der äußeren Haut nähern. Diesem Zustande geht eine zarte Trübung und manchmal fleckige *Mattigkeit der Schleimhaut* an gewissen Stellen: Am harten und weichen Gaumen, an der den Molaren gegenüberliegenden Wangenschleimhaut und besonders in der Umgebung der Ausführungsgänge der großen Speicheldrüsen voraus. Die von AYKROYD (1936) bei avitaminotischen indischen Kindern gesehene *Mundwinkelstomatitis* ist wohl als Zeichen

eines schrankenlosen Wachstums der Keime am Übergangsepithel des Mund-
einganges und als verminderte Widerstandskraft der Epithelzellen gegen Infektionen anzusehen und findet ihre Parallele im Bakterienreichtum der Lidränder
des Auges und der dort häufig vorhandenen Blepharitis.

Veränderungen in der Sekretion der Speicheldrüsen. Bei lang dauerndem
Vitamin A-Mangel wird weniger Speichel abgesondert, so daß die Mundhöhle
schon aus diesem Grunde trockener als normal erscheint. Anatomische Untersuchungen über die Glandula parotis, sublingualis, submaxillaris liegen beim
Menschen bisher nur von BLACKFAN und WOLBACH (1933) an Kindern vor,
die an Keratomalacie litten und an Pneumonie gestorben waren. Es dürfte
wohl keinem Zweifel unterliegen, daß auch die *kleinen serösen und mukösen
Drüsen der Mundhöhle* ähnliche Veränderungen eingehen. Bei Ratten mit
Vitamin A-Mangel sind Veränderungen der Drüsenzellen der Speicheldrüsen,
des Larynx und der Trachea schon von MORI (1922) nachgewiesen worden.

Über **Veränderungen der Zähne und des Zahnfleisches** durch reinen Vitamin A-
Mangel ist beim Menschen bisher nicht viel bekannt, da anscheinend auf diesem
Gebiet besonders schwer auseinanderzuhalten ist, was dem Vitamin A- und
was dem Vitamin D-Mangel zugehört. BLOCH (1931) lehnt nach seinen Beobachtungen in Dänemark einen Einfluß von Vitamin A auf die Entwicklung der
Zähne oder der Zahncaries ab, während MELLANBY (1930) einen gewissen *Einfluß auf die Gingivitis und Pyorrhöe* bei Kindern und WOLBACH und HOWE (1933)
eine reparatorische Fähigkeit des Vitamin A auf die Bildung der Schneidezähne
bei Albinoratten und Meerschweinchen annimmt. Entgegen BLOCH nehmen
MELLANBY u. a. doch einen Einfluß des Vitamin A auf die *Entwicklung des
Zahnkeimes* als sicher an.

Veränderungen im Salzsäuregehalt des Magens wurden beim Menschen erstmalig in einer Reihenuntersuchung von PILLAT und H. C. CHANG (1932) festgestellt, die bei Fällen von Präxerose, Nachtblindheit und Keratomalacie *Hypo-
oder Anacidität* nach der Histaminmethode fanden und auf eine Herabsetzung
der Funktion der Magendrüsen bzw. auf eine anatomische Umwandlung der
Drüsenzellen in unspezifische Zellen schlossen. Der Grad der Magensäure-
verminderung steht in einem gewissen Verhältnis zur *Dauer* des Vitamin A-
Mangels und ließ sich *durch Zufuhr von Vitamin A in kurzer Zeit beheben* (PILLAT
und CHANG). Auch BOLLER und WILL (1936) konnten nachweisen, daß sich die
Magensäurebildung beim Menschen durch Vitamin A-Zufuhr beeinflussen läßt:
Bei subaciden Kranken stieg der Salzsäuregehalt auf Vogan, Normacide wurden
hyperacid und Fälle von sub- oder anacider Gastritis verloren nach einigen
Tagen bei Verabreichung von 3mal 5 Tropfen Vogan die Magenbeschwerden,
der Appetit hob sich, Durchfälle hörten auf und das Gewicht stieg an. Und in
einer großen Reihenuntersuchung von 150 Magendarmkranken konnte CHRI-
STIANSEN (1936) die enge Verbindung von Vitamin A-Gehalt des Körpers und
dem Zustand des Verdauungskanals nachweisen, indem sie *unter diesen
150 Kranken 60% Nachtblinde* fand, *die alle eine Achylie* aufwiesen. Nicht
unwichtig erscheint die Feststellung von ihr, daß auch jene Vitamin A-reich
ernährten Menschen eine Nachtblindheit zeigen können, die zur Regelung des
Stuhlganges regelmäßig *Paraffinöl* einnehmen, da dieses die Resorption des
Vitamin A im Magendarmkanal verhindern soll. FALTA (1936) und WENDT
(1936) konnten auf Vitamin A-Zufuhr (Vogan) *bei Kranken mit konstitutioneller
Magersucht* Gewichtszunahmen erzielen und sehen im Vitamin A *ein ausgezeich-
netes Mittel für Mastkuren.* WENDT weist darauf hin, daß das Vitamin A einen
erheblichen *Einfluß auf den Fettstoffwechsel* im Sinne einer Einschränkung der
Fettverbrennung hat und daß nach ABELIN auch der Glykosegehalt der Muskulatur bei Tieren eine etwa 50%ige Steigerung erfahren kann.

Das Auftreten von **Durchfällen und schleimig-blutigen Stühlen** beim Vitamin A-Mangel der Kinder wie der Erwachsenen muß heute als sicher angenommen werden, wenngleich anatomische Untersuchungen beim Menschen noch nicht vorliegen. Bei Beurteilung von Darmerkrankungen muß man sich allerdings besondere Vorsicht und Selbstkritik auferlegen, da das post hoc und propter hoc nicht immer klar auseinanderzuhalten ist. Sicher steht (Hsu 1927, PILLAT 1929), daß das Auftreten einer Keratomalacie in vielen Fällen von einer mehr oder minder schweren Diarrhöe begleitet ist und systematische Stuhluntersuchungen am Menschen haben ergeben, daß eine andere Ursache als Vitamin A-Mangel für diese Durchfälle nicht zu finden war. PILLAT hat daher angenommen, daß diesen Diarrhöen eine doppelte Ursache zugrunde liegt: Einmal eine *schrankenlose Vermehrung und vielleicht einseitige Ausrichtung im Wachstum der Darmkeime* und dadurch bedingte *abnorme Gärungs- und Fäulnisvorgänge im Darmkanal* und andererseits eine *Störung in der Funktion* der den Darmkanal auskleidenden *Epithel- und Drüsenzellen.* Mit Recht hat STEPP (1936) auf die durch diese beiden Faktoren bedingte Resorptionsstörung von Vitamin A und die dadurch hervorgerufene Vitamin A-Verarmung des Körpers hingewiesen, wodurch ein bedenklicher Fehlerkreis entstehen kann. Wichtig für die Vitamin A-Ätiologie dieser Magendarmstörungen ist die Tatsache, daß selbst *schwere Durchfälle* in wenigen Tagen *auf orale* (PILLAT) oder *parenterale* Zufuhr (BLEQVAD) von Vitamin A *aufhören* und in kurzer Zeit Heilung sowie Zunahme des Körpergewichtes eintritt. Wichtig ist die Feststellung von WENDT, daß in Fällen von Gastroenteritis mit beschleunigter Dünndarmpassage der Carotin- und Vitamin A-Spiegel im Blute absinkt.

Die Verhältnisse bei experimenteller Avitaminose von Tieren in bezug auf den Magendarmtrakt sind hauptsächlich in den Arbeiten von P. KNAPP (1909), McCARRISON (1920) und WOLBACH, BURT und HOWE (1925) dargestellt.

Über avitaminotische Veränderungen *der großen, dem Verdauungstrakt angehängten Drüsen* wissen wir beim Menschen sehr wenig. Über das *Pankreas* liegen klinische Beobachtungen nicht vor. Nur BLACKFAN und WOLBACH fanden bei der Sektion keratomalacischer Kinder die Ausführungsgänge dieser Drüsen in 6 von 11 Fällen *keratinisiert* und das *sekretorische Epithel selbst verändert.*

Auch über **Veränderungen der Leber** bei Fällen von Vitamin A-Mangel beim Menschen ist noch wenig bekannt. Aus den Untersuchungen von PILLAT und KING (1929) bei Erwachsenen mit Keratomalacie eines oder beider Augen und mit Pigmentierung der Bindehaut, Veränderungen an der Haut und den Schleimhäuten scheint hervorzugehen, daß eine schwere Schädigung der Leberparenchymzellen (nach der Lävulose-Toleranzprüfung) nicht vorliegen muß. Bei der außerordentlich wichtigen Rolle, die nach unseren heutigen Kenntnissen der *Leber als Speicherorgan von Carotin und Vitamin A* zukommt, darf dieser Befund wohl als Beweis dafür angesehen werden, daß selbst bei hochgradigem Vitamin A-Mangel aller anderen epithelialen und drüsigen Organe die Leber immer noch so viel Vitamin A enthält, daß ihre strukturelle und funktionelle Intaktheit im Interesse der Erhaltung des Lebens gewahrt bleibt. Damit stimmt die Tatsache überein, daß auch die Sektionsbefunde keratomalacischer Kinder keine gröberen strukturellen Veränderungen der Leber melden. Nur BLACKFAN und WOLBACH berichten bei ihren Kindern über „Atrophie" der Leber.

Im Gegensatz zu diesen spärlichen Befunden an der Leber bei Menschen mit Vitamin A-Mangel stehen die zahlreichen Berichte von *Miterkrankung des Auges im Sinne einer A-Avitaminose oder A-Hypovitaminose bei Leberleidenden.* Die älteren Untersucher sprechen von einer „Ophthalmia hepatica" (BAAS

WEISS, HORI, BAMBERGER, ELSCHNIG, VOLLBRECHT u. a.) und verstanden
darunter das Auftreten von Nachtblindheit, Xerosis epithelialis, Keratomalacie
und Pigmentierung der Bindehaut bei Menschen mit chronischem Leberleiden.
Auch nach dem Weltkriege wurden solche Fälle immer wieder berichtet und
wir verstehen heute leicht, daß es beim Zusammenbruch der Leberfunktion
zu Vitamin A-Mangelsymptomen verschiedenen Grades kommen muß. JESUS
DE GONZALEZ erklärt 1921 die Nachtblindheit als Folge einer unregelmäßigen
Tätigkeit der Leber, die nicht genügend „Hormone" für die Netzhaut hervor-
bringt und SANTOS (1920) berichtet über *Hemeralopie bei einem Kranken mit
Leberkrebs*, WAGNER (1923, 1924) weist auf Grund seiner Beobachtungen bei
Kindern mit Leberinsuffizienz, Ikterus und Lebertumor, welche Xerose und
Keratomalacie sechsmal schneller als Normale bekamen, der Leber eine wichtige
regulatorische Funktion im Haushalt der Vitamine zu. Über ähnliche Fälle
berichten ESPILDORA LUQUE (1927), KNÖPFELMACHER und REITER (1929),
WEEKERS und HUBIN (1928) und können ihre am Menschen gemachten Beob-
achtungen auch im Tierversuch bestätigen (WAGNER, KNÖPFELMACHER und
REITER). OWEN und HENNESSY (1932) sahen bei einem Neger mit Ikterus
und fettiger Degeneration der Leber zuerst Hemeralopie und dann beiderseitige
Keratomalacie auftreten und schließlich trotz Lebertrandarreichung den Tod
eintreten, und stellen wie schon frühere Untersucher fest, daß Vitamin A infolge
der Lebererkrankung nicht aufgenommen werden konnte. In systematischen
Untersuchungen konnten SCHNEIDER und SCHNEIDER und WIDMANN (1934,
1935) nachweisen, daß eine geschädigte Leber das mit der Nahrung aufgenommene
Carotin nicht mehr in Vitamin A umwandeln kann, während aber in gewissen
Fällen oral zugeführtes Vitamin A (Vogan) noch gut verwertet wird. Sie konnten
auch nachweisen, daß der Vitamin A-Umsatz der Leber an den Glykogenumsatz
dieses Organs gekoppelt ist. Dieselben Forscher fanden bei der *Ostitis deformans
Paget* auffallend niedrige Vitamin A-Werte im Blut und konnten durch
Vitamin A-Darreichung die Leberfunktion bessern und den Vitamin A-Spiegel
im Blute heben und die Ostitis deformans günstig beeinflussen.

Angesichts dieser ausgesprochenen *Ersatzwirkung des Vitamin A bei Darniederliegen der Leberfunktion* nennt LINNEWEH (1936) das Vitamin A geradezu
„Leberschutz" und empfiehlt bei grobknotiger Lebercirrhose mit chronisch rezidi-
vierendem Ikterus Vogan neben Leberextrakten und Kohlehydratdarreichung.

Ob die Beobachtung von DOMINICI und OLIVA (1934), welche bei Fällen
mit Lebercirrhose die *Diurese durch Vitamin A wesentlich beeinflussen* konnten,
während dies bei Menschen mit normaler Leber nicht gelang, auf einer „funktionellen" Änderung der Leber beruht, muß vorläufig offen gelassen werden.

Beobachtungen von W. SCHMIDT und C. L. A. SCHMIDT (1930), VON VERZAR
(1933), GRAEVES und SCHMIDT (1935) und ALTSCHULE (1935) weisen auf die
Rolle der *Galle bei der Vitamin A-Resorption* aus dem Darme hin: Auf Grund
von Beobachtungen an 11 Kindern mit kongenitaler Atresie der Gallengänge,
denen bei Lebzeiten genügend Vitamin A zugeführt wurde und die trotz Fehlens
von Xerose und Keratomalacie histologisch sehr deutliche Epitheldegeneration
an den Schleimhäuten im Sinne einer Hypovitaminose aufwiesen, schließt
ALTSCHULE, daß Vitamin A bzw. Carotin infolge Abwesenheit der Galle aus
dem Darme nicht genügend resorbiert wird. Bei diesen Fällen kann der Vitamin-
A-Mangel infolge Fehlens der typischen Augensymptome leicht übersehen
werden. Freilich scheint auf Nachtblindheit nicht untersucht worden zu sein.

Interessant ist die Feststellung von VAN LEERSUM (1928), daß sich bei Vitamin A-frei ernährten Ratten häufig infolge Calciumablagerung *Gallensteine*
finden, sowie der Bericht von v. BERGMANN (1936), daß Vitamin A-frei ernährte
Tiere nach Entfernung der Gallenblase einen *Choledocusstein* bekamen.

ζ) Urogenitaltrakt und Vitamin A-Mangel.

Da die A-Avitaminose des Menschen eine Systemerkrankung des ektodermalen Gewebes im weitesten Sinne ist, mußten sich auch am epithelialen Apparat des Urogenitaltraktes Veränderungen finden. Auf diese hat PILLAT (1929) zuerst hingewiesen. Sie lassen sich heute etwa folgendermaßen übersichtlich zusammenfassen:

Die Veränderungen in der Niere sind durch *Konkrementbildung* gekennzeichnet. Daneben spielt die *Resistenzverminderung der Epithelzellen* besonders im Nierenbecken *gegen Bakterieninfektion* eine wichtige Rolle.

PILLAT (1935) hatte auf die Tatsache hingewiesen, daß in China auffallend viele Menschen, selbst Kinder, an Blasen- und Nierensteinen leiden und hatte dies mit dem geringen Vitamin A-Gehalt der durchschnittlichen Nahrung des Chinesen und mit den häufigen Vitamin A-Mangelerkrankungen in diesem Lande in Zusammenhang gebracht. Im selben Jahre berichtet HIGGINS über Beobachtungen beim Menschen, wonach *Nierensteine*, welche infolge ihrer Größe durch den Ureter nicht durchtreten können, dies nach einer Vitamin A-Kur vermochten und daß Kranke mit früher reichlichem Steinabgang nach Vitamin A-Zufuhr 2 Jahre lang symptomlos blieben, ferner daß bei systematischer Vitamin A-Behandlung die *Steinrückfälle* von 16,4% auf 4,7% fielen. Diese Befunde sind röntgenologisch kontrolliert. Auf Grund dieser und eigener Erfahrungen weist H. J. LAUBER (1937) auf die Wichtigkeit der Vitamin A-Zufuhr nach Steinoperationen zur Verhütung neuer Konkrementbildung hin.

Die *Entstehung solcher Steine* hatte PILLAT in der *Umwandlung und Abschilferung der Nierenepithelzellen*, besonders denen des Nierenbeckens vermutet. VAN LEERSUM hatte schon 1928 bei Vitamin A-frei ernährten Ratten in den Nierentubuli Epithelzellen, die mit Kalk inkrustiert waren, gesehen, welche nach ihm mit dem Urin in die Blase gelangen und dort zum Kern für größere Steine werden können. Auch HEUPKE sah bei Tieren *Phosphatsteinbildung* mit Hämaturie und rät bei Entzündungen des Urogenitaltraktes Vogan und Lebertran zu verabfolgen.

Infolge Verlust oder Abschwächung des Abwehrvermögens der Nierenepithelzellen gegen Infektionen kommt es leichter als bei Normalen zu *Pyelitis* oder *Pyelocystitis*. REYER konnte die Säuglingssterblichkeit an *Pyurie* durch reichliche Zufuhr von Vitamin A im Verein mit Vitamin C von 30% auf 3—4% herabdrücken und SCHACHENMAYER sah bei Pyelocystitis ebenfalls gute Erfolge, wenn durch drei Wochen täglich 10—20 Tropfen Vogan gegeben wurden.

In der Harnblase des Menschen sind die Veränderungen im wesentlichen dieselben wie in der Niere bzw. im Nierenbecken: Durch Vitamin A-Mangel tritt eine *Umwandlung der Epithelzellen* in mehr oder minder verhornende Zellen auf, diese werden in vermehrtem Maße abgeschilfert, können bei alkalischer Reaktion des Harnes, die häufig durch bakterielle Infektion hervorgerufen wird, mit Phosphatsalzen inkrustiert werden und so an Ort und Stelle zu *Steinbildung* Veranlassung geben. Vitamin A heilt nach SEYDERHELM (1935) vor allem die Infektion beim Menschen und bei Affen und führt so zur Verhütung der Steinbildung.

Zahlreiche Erfahrungen bei Vitamin A-frei ernährten Tieren, meist Ratten, deuten in derselben Richtung: PERLMANN und WEBER (1928) berichten über 25%, GUDJONSSON (1931) bei 1138 Sektionen von Ratten über 50—60% von Konkrementen und Infektionen im Urogenitaltrakt. BLISS, LIVERMORE und PRATHER (1933) fanden bei Vitamin A- und B-Mangel in 61,8%, bei reinem A-Mangel in 57% ihrer weißen Ratten Steine aus Calcium- und Magnesiumphosphat und HIGGINS (1935) sah sogar bei 85% seiner Ratten Blasen- und bei 42% Nierensteine, wenn der Vitamin A-Mangel 250 Tage dauerte. Dieser Autor berichtet auch über *Verschwinden der Steine* bei 12 Ratten, wenn 30—60 Tage Vitamin A verabreicht wurde und über ähnliches auch beim Menschen. H. C. HOU (1936) sah bei zusätzlichem Vitamin D-Mangel noch mehr Steinbildung als bei A-Mangel allein, ebenso bei sehr hohem und sehr niedrigem Caseingehalt sowie bei Verminderung von Calcium und Phosphor in der Kost. Die Steine bestanden aus Tripelphosphat.

Urethritis. Daß es in ganz schweren und lang dauernden Fällen von Vitamin A-Mangel zu einer *massenhaften Ansammlung von Epithelzellen der Blase und der Urethra* kommen kann, beweist eine in China gemachte Beobachtung von PILLAT (1929), wo sich bei einem Manne mit Keratomalacie aus der Harnröhre jeden Morgen ein Tropfen dicken, rahmigen Sekretes entleerte, das sich bei der mikroskopischen Untersuchung als eine Ansammlung von Epithelzellen aus den verschiedenen Teilen der Harnwege erwies und nur wenig weiße Blutzellen, bei wiederholter Untersuchung keine Gonokokken aufwies. Dieser „Katarrh" der Harnröhre verschwand von selbst mit Heilung der anderen Vitamin A-Mangelsymptome auf Lebertran ohne jede örtliche Behandlung. W. SCHMIDT (1937) berichtet, daß das Übergangsepithel der Harnröhre bei Vitamin A-frei ernährten Ratten in verhornendes Epithel umgewandelt wird.

Die unter dem Einfluß des Vitamin A-Mangels eintretenden *Veränderungen im Urin* sind kurz zusammengefaßt: a) *Alkalinurie* und b) das *Auftreten von Blasen- und Nierenepithelzellen* im Harn (SPENCER 1930, 1931, BLACKFAN und WOLBACH 1933). Beide Autoren weisen mit Recht darauf hin, daß der Nachweis abnorm vieler Epithelzellen im Harn für die klinische Diagnose Vitamin A-Mangel sehr kennzeichnend und wichtig ist.

Ob es beim Vitamin A-Mangel *des Menschen* charakteristische Veränderungen an den **männlichen und weiblichen Sexualdrüsen** gibt, ist bisher nicht sicher bewiesen. Alle diesbezüglichen Meldungen beruhen auf der Übertragung der am Tiere gewonnenen Befunde auf den Menschen. Es besteht kein Zweifel, daß die Sexualdrüsen beträchtliche Mengen Vitamin A besitzen und es auch zu speichern vermögen. Doch ähneln die Symptome des Vitamin A-Mangels hier so sehr dem nahe verwandten Vitamin E-Mangel (Degeneration der Samenkanälchen, Veränderungen des Keimepithels, Störungen in der Implantation des Eies, Sterilität), daß selbst am Tier bisher eine klare Scheidung noch nicht möglich war.

Immerhin ist ein Symptom, die *Kolpokeratose der Ratten* wohl als sicheres Zeichen des Vitamin A-Mangels anzusehen (KUHN und BROCKMANN 1933, W. SCHMIDT 1933 und M. FRANK 1936) und diagnostisch wichtig, indem es bei Ratten nach FRANK eines der ersten Zeichen und der Verhornung des Schleimhautepithels an anderen Körperstellen gleichzusetzen ist. Daß ähnliche Umwandlungen des Epithels im Uterus, in den Ovarien und Testes beim Menschen vorhanden sein könnten, liegt durchaus im Bereiche der Möglichkeit.

HALBAN (1935) hat bei *Kolpokeratose des Menschen*, bei *Amenorrhöe und Kraurosis vulvae* Vitamin A zugeführt und berichtet über gewisse Erfolge. Doch ist damit noch nicht der Beweis erbracht, daß diese Zustände des Menschen etwa als A-Hypovitaminosen angesehen werden dürfen. Auch die Frage, ob Vitamin A dazu berufen ist, das Sexualhormon beim Menschen zu steuern, bedarf noch weiterer Klärung durch das Tierexperiment und durch die Beobachtung beim Menschen.

Auch der Einfluß des Vitamin A auf den *Brunstzyklus* (KUHN und BROCKMANN) ist beim Menschen noch nicht sichergestellt.

η) Nervensystem und Vitamin A-Mangel.

Über Veränderungen des peripheren oder zentralen Nervensystems ist beim Vitamin A-Mangel des Menschen bisher wenig Sicheres bekannt. Immerhin soll auf folgendes aufmerksam gemacht werden:

Die **Sensibilitätsstörung der Hornhaut** ist bei Keratomalacie, aber auch bei Xerose und besonders Präxerose der Hornhaut oft so hochgradig, daß man sie kaum mit der Geschwürsbildung oder der Hyper- und Parakeratose der oberflächlichen Hornhautepithelzellen allein erklären kann, so daß schon ältere Autoren und neuerlich wieder PILLAT (1929) an eine primäre, den übrigen A-Mangelsymptomen zugeordnete *Schädigung des Trigeminusstammes* gedacht haben. Dafür spricht auch der oft subepitheliale Beginn der Keratomalacie, welche in diesem Falle Ausdruck einer neurotrophischen Störung der Hornhaut sein könnte.

Gelegentlich der *Herabsetzung der Tränensekretion* wurde ebenfalls auf die Möglichkeit hingewiesen, daß es sich dabei um eine **nervöse Störung des Trigeminusstammes** handeln könnte. E. FUCHS führt in seinem Lehrbuch der Augenheilkunde einen Fall an, bei dem CIRINCIONE bei der Sektion eines an Xerose und Keratomalacie Verstorbenen eine Entzündung des Ganglion ciliare und Gasseri gefunden hat.

Älteren und neueren Untersuchern von an Vitamin A-Mangel erkrankten Menschen ist die allgemeine **Stumpfheit** von Kindern und Erwachsenen aufgefallen. Diese Kranken liegen oft tagelang vollkommen apathisch im Bette, reagieren nur langsam auf Anrede und scheinen in einem Stupor dahinzudämmern (PILLAT). Erst die Zufuhr von Lebertran bringt nach Tagen eine Änderung dieses Verhaltens mit sich. Weiteres berichtet PILLAT bei einem Fall von Keratomalacie über einen *positiven Babinski*, der von dem Neurologen DE VRIES kontrolliert wurde und den dieser unter Vitamin A-Zufuhr wieder schwinden sah.

Diese spärlichen Beobachtungen beim Menschen werden ergänzt durch die Untersuchungen an Tieren: ABERLE (1934) berichtet an Vitamin A-frei ernährten Ratten über eine gewisse Plumpheit der Bewegungen, Inkoordination und völlige Lähmung der Extremitäten, alle Erscheinungen wurden durch Lebertran geheilt. Ähnliches sahen DEBRE und BUSSON (1934) und MELLANBY (1934, 1935) studierte die Veränderungen des peripheren und zentralen Nervensystems am Kaninchen, Hunden und Ratten. Die anatomische Untersuchung zeigte degenerierte Fasern und Demyelinisation im Trigeminus wie im Ganglion Gasseri, Degeneration der Hornhautnerven, ferner Degeneration des 1. und 2. Neurons des afferenten Nervensystems, besonders des N. opticus, des sensiblen Trigeminus und beider Octavi, Degeneration der ventralen, bei sehr langem Vitamin A-Mangel auch der dorsalen Wurzeln, Myelindegeneration in den aufsteigenden Rückenmarkssträngen, im hinteren Längsbündel, im Tractus rubro-spinalis und vestibulo-spinalis und schließlich Degeneration in den Zellen des Nucleus ruber dendatus und im Oculomotoriuskern, und ZIMMERMANN und COWGILL weisen darauf hin, daß diese Nervenveränderungen bestehen bleiben, auch wenn sich die Ratten sonst vom Vitamin A-Mangel erholen. Jedenfalls sind weitere Beobachtungen und Untersuchungen am Menschen dringend notwendig.

ϑ) Blut und Vitamin A-Mangel.

Die Zahl der *roten* Blutkörperchen und ihre Form erfährt durch den Vitamin A-Mangel beim Menschen keine merkbare Veränderungen. Die geringe Zahl der roten Blutkörperchen in der Zusammenstellung von PILLAT und C. S. YANG (1930) ist nicht dem Vitamin A-Mangel, sondern den anderen allgemeinen Infektionskrankheiten wie Tuberkulose, Typhus, Flecktyphus oder parasitären Darmerkrankungen, Dysenterie usw. zuzuschreiben.

Die Zahl der **weißen Blutkörperchen** ist in vielen Fällen von lang dauerndem Vitamin A-Mangel am Auge wie Keratomalacie und Praexerosis corneae nicht unwesentlich (bis zu 25000, PILLAT) erhöht und PILLAT und YANG sahen in 50% bei Keratomalacie der Erwachsenen eine mäßige *Leukocytose* bis 14000.

Die Auszählung der Weißen ergibt fast in allen diesen Fällen eine deutliche *Vermehrung der polymorphkernigen Leukocyten*, während die *Lymphocyten absinken*. An der Zahl der großen Mononukleären, der Eosinophilen und Mastzellen scheint sich nichts Wesentliches durch den Vitamin A-Mangel zu ändern. Die Blutbefunde von PILLAT und YANG beim Erwachsenen werden bei Kleinkindern und im Tierversuche von M. FRANK (1934) bestätigt, der ebenfalls eine

Vermehrung der polynukleären Leukocyten und eine Lymphopenie für charakteristisch hält.

Die **Zahl der Blutplättchen** ist nach M. Frank normal, nach Vanysek (1932) bei keratomalacischen Kindern vermindert. Bei Kindern, denen hohe Dosen von Vogan (5 × 30 Tropfen) gegeben wurden, sah Lorenz (1937) Anstieg, Gleichbleiben oder Abfall der Blutplättchen, je nachdem die Zahl vorher unter, auf oder über dem Durchschnitt gestanden war.

Über Anämie bei Keratomalacie berichten fast alle alten und neuen Untersucher. Hsu (1927) und Pillat (1929) fanden *Hämoglobinwerte* von 50 bzw. 35 und Pillat und Yang (1930) sprechen sich nach Ausschluß aller anderen Faktoren dafür aus, daß mindestens in 7 von 35 untersuchten Fällen der Vitamin A-Mangel die alleinige Ursache für die Anämie sein mußte. Sie konnten durch Zufuhr von Lebertran das Blutbild sowie die Hämoglobinwerte mit Heilung der klinischen Vitamin A-Mangelzeichen in kurzer Zeit zur Norm zurückkehren sehen. Ebenso berichtet Frank bei Ratten über Anämie mittelschweren Grades.

Die **Blutgerinnung** soll nach Frank *verzögert* sein.

Die **Blutsenkungsgeschwindigkeit** wurde von I. John (1931) nicht wesentlich geändert gefunden, wenn auch drei Keratomalaciefälle während der Heilung eine Zunahme der Senkungsgeschwindigkeit aufwiesen. Nach Frank ist das Fibrinogen im Blutplasma vermindert.

ι) Körpertemperatur und Vitamin A-Mangel.

Erhöhung der Körpertemperatur wurde bei Keratomalacie besonders bei Kleinkindern von vielen Untersuchern beobachtet, jedoch war man geneigt, sie als Ausdruck der meist vorhandenen Durchfälle oder der gleichzeitig bestehenden Bronchitis oder sogar der Keratomalacie anzusehen. Bei der Keratomalacie der Erwachsenen liegt die Temperatur meist zwischen 37 und 38,5° C, kann jedoch auch höhere Werte erreichen. Diese Temperatur schwankt während des Tages um 1—1¹/₂° C und es

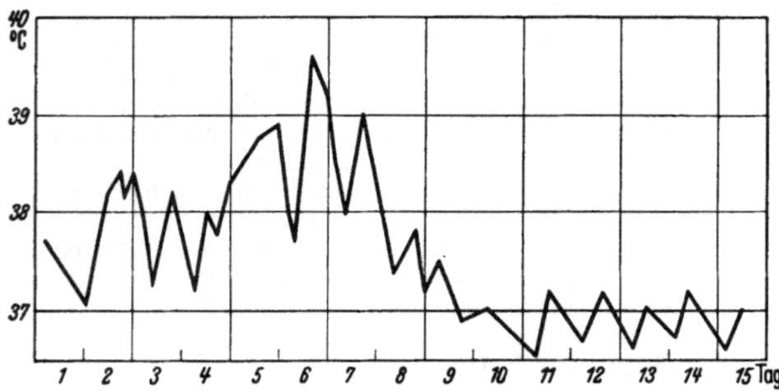

Abb. 6. Typische Temperaturkurve bei Vitamin A-Mangel.

dauert selbst nach Zufuhr von Lebertran oder Vitamin A-Präparaten 8 bis 10 Tage, bis sie zur Norm zurückkehrt (s. Abb. 6). Pillat (1929) erklärt diese Temperatursteigerung *als den Ausdruck der durch den A-Mangel veränderten Hautatmung:* Die Funktion der Schweiß- und Talgdrüsen der Haut ist aufgehoben und das gesamte Epithel des Körpers im Sinne vermehrter Hornbildung verändert. Dadurch kommt es zu einem *ungenügenden Austausch der Blutgase* durch die Haut, die *Oberflächenverdunstung wird gleich Null* und es tritt dadurch eine *Wärmestauung im Körper* ein. Sobald sich unter Vitamin A-Zufuhr der Zustand der Haut und der Hautdrüsen ändert, fällt die Temperatur ab. Gleichzeitig vorhandene Hautinfektionen bzw. die in ihnen enthaltenen Keime spielen für die Temperatursteigerung nur eine untergeordnete Rolle, der Zerfall am Auge, d. h. die Keratomalacie gar keine. Für die Annahme, daß es sich in diesen Fällen um eine Reizung des Wärmezentrums handeln könnte, liegt bisher keine Stütze vor.

ϰ) Allgemeine Definition der Vitamin A-Mangelerkrankungen beim Menschen.

So ist die *Vitamin A-Mangelerkrankung des Menschen* durch die Erkenntnisse theoretischer Art, durch die Untersuchungen an Tieren und nicht zuletzt durch klinische Beobachtung aus der Enge der Augenerkrankungen hinausgewachsen in das Gebiet der Gesamtmedizin als ein beredtes Zeichen dafür, daß die Organe des menschlichen Körpers in enger Wechselbeziehung stehen und daß hinter unserem Leben zwei große treibende und erhaltende Kräfte stehen, die *Hormone und die Vitamine.* Wir haben erkennen gelernt, daß die *Vitamin A-Mangelerkrankung des Auges in seiner klassischen Dreiheit: Nachtblindheit, Xerose und Keratomalacie auf einer Schädigung epithelialer Elemente des Auges, des Sinnesepithels der Netzhaut, des Pigmentepithels und des Epithels der Bulbusbindehaut und Hornhaut beruht, daß alle anderen epithelialen Elemente des Auges und seiner Anhangsgebilde wie Lidbindehaut, sekretorisches Epithel der Tränen- und Talgdrüsen mitbeteiligt sind, daß darüber hinaus die Haut mit all ihren Anhangsgebilden wie Haare, Nägel, Talg- und Schweißdrüsen, also das ganze Integumentum commune eine Veränderung ihrer epithelialen Anteile im Sinne einer zunehmenden Verhornung des Deckepithels und Metaplasie des Drüsenepithels erleidet, daß ferner die Schleimhautbekleidung der Atmungswege, des Verdauungs- und Urogenitaltraktes sich vom Epithel mit spezifischer Funktion in solches mit mehr oder minder gemeiner Deckfunktion umwandelt und daß durch die Beeinträchtigung der Epithelzellen der großen Körper- und der Fortpflanzungsdrüsen weitgehende Änderungen im Ablaufe der biologischen Funktion des menschlichen Körpers (innere Sekretion, Fortpflanzung) zustande kommen, daß also der Vitamin A-Mangel des Menschen eine Zustands- und Funktionsänderung aller ektodermalen Gewebe verursacht und so zu einer Systemerkrankung größten Stiles wird.*

Diese Umwandlung hat weiter zur Folge, daß das Gleichgewicht: Körperzelle zu parasitärem Keimgehalt der Epithelzellen im Sinne eines schrankenlosen Wachstums der letzteren (Zunahme der normalerweise vorhandenen Saprophyten an Schleimhaut und Haut in ganz ungewöhnlicher Weise) geändert wird und daß die *verminderte biologische Abwehrkraft der Epithelzelle zur Anfälligkeit allen möglichen Infektionen gegenüber führt,* so daß für das Vitamin A das Schlagwort des „antiinfektiösen Vitamins" geprägt wurde.

Es war notwendig, das Krankheitsbild des Vitamin A-Mangels beim Menschen *mit aller Einseitigkeit* zuerst einmal herauszustellen, und all die verschiedenen Krankheitszeichen am Körper von einem einheitlichen Gesichtspunkte aus sehen zu lernen und zu beweisen, daß auch all die voneinander so grundverschiedenen Beschwerden wie Nachtblindheit, Diarrhöe, Hornhautzerfall, Achylie, Pigmentzunahme und Anämie mit *einem* Mittel, dem Vitamin A, in wunderbarer Weise und fast mit der Sicherheit eines Experimentes heilen können.

Daß diese bewußte Einseitigkeit durch den Gedanken gemildert werden mußte, daß vielleicht manche der erwähnten Krankheitserscheinungen sich aus dem *Zusammenspiel und der Gegenwirkung des Vitamins A mit den anderen Vitaminen des Menschen* herausgebildet haben, ist ja für den Forscher selbstverständlich. Denn alle Dinge der belebten Welt sind erst durch ihre Wechselbeziehung zueinander. Es kann nicht Aufgabe der Darstellung des Vitamin A-Mangels „beim Menschen" im Rahmen dieses Buches sein, diese Wechselbeziehung auch nur so weit wie wir sie heute kennen, aufzuzeigen. Es hätte dies zur Voraussetzung erst einmal darzulegen, wie sich unter normalen Verhältnissen das Vitamin A im Körper verteilt, wie es unter pathologischen Verhältnissen sich verschiebt und verschwindet und wie die einzelnen Körperfunktionen dadurch geändert und beeinflußt werden, kurz alle gegen- und zusammenlaufenden Beziehungen zwischen den einzelnen Organen, zwischen den Vitaminen untereinander und zwischen

Vitaminen und Hormonen darzustellen. In diese Frage von größter Wichtigkeit
für die klinische Medizin haben in letzter Zeit die Arbeiten vieler Forscher Licht
gebracht, von denen nur die wichtigsten genannt seien: STEPP, KÜHNAU, KOL-
LATH, WENDT, SCHROEDER, JUSATZ, GAETHGEN u. a. Diese Untersuchungen
sind erst möglich geworden, seitdem wir das *Vitamin A als reinen Körper* durch
die Arbeiten von STEENBOCK, H. v. EULER, KARRER, R. KUHN und WINTER-
STEIN u. a. zu Versuchszwecken in die Hand bekamen und auch die Isolierung
seiner Vorstufe, des Carotins, gelungen war.

λ) Vitamin A in den Körpergeweben.

Vitamin A wird vom Menschen mit der pflanzlichen Nahrung als α-, β- und
γ-*Carotin* und als *Kryptoxanthin* (KUHN und GRUNDMANN 1934) und mit der
tierischen Nahrung als fertiges Vitamin A aufgenommen. Es wird dann aus
dem Darm durch die Lymphkanäle über den Ductus thoracicus dem Blute
zugeführt. DRUMMOND, BELL und PALMER (1935) konnten an einem Fall von
Chylothorax im Chylus das Vitamin A mit Fettsäuren verestert fast vollständig,
von Carotin aber nur einen geringen Teil finden. Das mit dem Blute der Leber
zugeführte Carotin wird daselbst *mit Hilfe der Carotinase in Vitamin A gespalten*
und das *Vitamin A in der Leber gespeichert.* In der Leber finden sich pro Gramm
245 Blau-Einheiten (KÜHNAU, SCHROEDER, STEPP und WENDT). Der Mensch
braucht nach STEPP an Vitamin A minimal 1 mg, optimal 5 mg täglich. Sowohl
Vitamin A-Synthese wie Menge verhalten sich bei den verschiedenen Tieren
sehr verschieden. Setzt man z. B. die Vitamin A-Synthese nach Carotinzufuhr
bei der Ratte gleich 100, so beträgt diese Fähigkeit nach AHMAD, BASKIR und
RHAZAN (1933) beim Huhn 24, beim Kaninchen 16, bei Tauben 1,2 und bei
der Katze 0. Den Fleischfressern scheint diese Umwandlungsfähigkeit fast
gänzlich zu fehlen. Für die Resorption des Vitamin A aus dem Darme ist die
Anwesenheit von Neutralfetten in der Nahrung unerläßliche Voraussetzung.
Ist infolge eines Gallenabschlusses beim Menschen die Fettresorption stark
gestört, dann geht nach WENDT Vitamin A verloren.

Außer in der Leber wird Vitamin A fast in allen Körperorganen gespeichert,
und zwar, wie es scheint, vorwiegend in den *Reticuloendothelzellen.* Frauen
speichern mehr als Männer. In der *Gravidität* enthält die Leber 95% des gesamten
Vitamin A-Vorrates (GAETHGEN). Der Rest verteilt sich vorwiegend auf Lunge
und Niere. Nach MOORE (1931) soll die Leber Vitamin A-Vorräte für 100 Jahre
speichern können. Aufgenommenes Carotin wird in den Organen nie vollständig
in Vitamin A aufgespalten; ein Teil bleibt als Carotin erhalten, welches
bei Vitamin A-Entzug (Krankheiten, Vitamin A-freie Ernährung) schwindet
(MOORE). VAN QUERNER (1935) glaubt, das Vitamin A bei Untersuchung mit
dem Fluorescenzmikroskop *im Leuchtstoff* annehmen zu dürfen.

Im Blute wurde Vitamin A quantitativ zuerst *von Eekelen* (1931) und seinen
Mitarbeitern nachgewiesen. In 10 ccm Menschenblut fanden sich 0—0,3 R.E.
Vitamin A, bei der Kuh 0,3 Vitamin A und 14 γ Carotin, beim Hund und
Schwein 0,5—10 Vitamin A und beim Kaninchen 2 R.E. Vitamin A, nach
KÜHNAU, SCHROEDER, STEPP und WENDT 20—50 L.E. Vitamin A und 20—30 γ
Carotin. In den roten Blutkörperchen ist kein Vitamin A enthalten. Carotin
und Vitamin A sind nur im Serum, nicht im Blutplasma nachweisbar (SCHNEIDER
und WIDMANN 1935).

Die *jahreszeitlichen Schwankungen von Vitamin A im Blutserum* bei Gesunden
sind nach STEPP und WENDT (1937) gering, dagegen die von Carotin sehr stark.
Im *Alter* nimmt das Blutcarotin zu, das Vitamin A ab. *Gesunde Kinder* enthalten
im Blut nach DOST (1937) durchschnittlich 0,134 mg-%, kranke Kinder

0,097 mg-%. Das Blut der Vena hepatica enthält weniger Carotin als die Vena portae, arterielles Blut enthält ebenfalls weniger Carotin als das Blut im rechten Herzen. BINET und UNGAR schließen daraus, daß Leber wie Lunge auch Carotin zurückhalten.

Die Netzhaut enthält ebenfalls große Mengen von Vitamin A, was bereits aus den Fütterungsversuchen von HOLM (1929) hervorgeht: Ratten mit Keratomalacie, welche mit Kalbsnetzhaut gefüttert wurden, zeigten Heilung. Versuche mit weißer und grauer Hirnsubstanz ergaben, daß im *Gehirn weniger Vitamin A* vorhanden ist als in der Netzhaut. Auch in der Schweineretina fand sich (YUDKIN 1931) viermal mehr Vitamin A als in der Butter, während Vitamin A in der Aderhaut fehlt. WALD (1935) fand in der Säugerretina (Schwein, Schaf, Rind, Katze) im Durchschnitt 22 γ-Vitamin A, in der Trockensubstanz, in der Froschretina sogar 400 γ. Geringe Mengen Vitamin A sollen auch im Pigmentepithel der Netzhaut und in der Aderhaut bei obengenannten Tieren vorhanden sein.

Ausscheidung von Vitamin A. Der Überschuß von Vitamin A wird nach den Angaben von KÜHNAU, SCHROEDER, STEPP und WENDT (1936) mit den *Faeces* ausgeschieden. Im Urin, Galle, Sperma, Liquor und Schweiß konnte es bei Normalen nicht nachgewiesen werden. Nach WENDT enthält der Tagesstuhl Normaler 30—245 Blau-Einheiten A, nach Belastung mit 3—20 Tropfen Vogan täglich nach 12—30 Tagen 1000—10000 Blau-Einheiten. Der Überschuß von Vitamin A wird also mit dem Stuhl ausgeschieden. Bei Kranken mit Resorptionsstörungen im Darm (Ikterus, Carcinoma peritonei) tritt nach Belastung sofort erhöhte Blauausscheidung im Stuhle auf.

Im Harn tritt bei Normalen auch bei starker Vitamin A-Belastung keine Ausscheidung von A auf (SCHNEIDER und WEIGAND 1937), hingegen wohl bei Kranken mit Tuberkulose, Carcinom oder Infektionskrankheiten und nach BOLLER, BRUNNER und BRODATY (1937) hauptsächlich bei Kranken mit Ikterus nach Gallengangverschluß, mit Nephritis oder Nephrose, bei schwerer Lebercirrhose und bei lobärer Pneumonie vor der kritischen Entfieberung, also meist dann, wenn Niere und Leber gleichzeitig geschädigt sind.

μ) Vitamin A-Gehalt bei allgemeinen Erkrankungen.

Beim *Diabetes* finden sich sowohl in der Leber als auch im Blutserum *erhöhte Vitamin A-Werte*, nach BRANDALEONE und RALLI (1934) im Blute im Durchschnitt 0,262 mg-% gegenüber 0,109 mg-% beim Normalen. Auch die Carotinwerte im Blutserum sind erhöht. *Insulin* hat auf diese Zahlen keinen Einfluß. Im *Coma diabeticum* soll sich wenig Vitamin A im Blute finden. Den hohen Vitamin A- und Carotingehalt der Leber bei Diabetischen erklären RALLI, BRANDALEONE und MANDELBAUM (1935) mit einer Umwandlungsstörung des Carotins in Vitamin A.

Bei *Pankreaserkrankungen, Ikterus, Lebercirrhose, Anaemia perniciosa* und *Basedow* findet sich sowohl im Blutserum wenig Carotin und Vitamin A als auch in der Leber wenig Vitamin A. Alle diese Erkrankungen gehen mit einem *erhöhten Vitamin A-Verbrauch* einher (KÜHNAU, SCHROEDER, STEPP und WENDT). Daß bei experimenteller Phosphorvergiftung in der Leber gleichviel Vitamin A gespeichert wird wie beim Gesunden (LASCH 1935), scheint dafür zu sprechen, daß die Vitamin A-Speicherung unabhängig von der Fettspeicherung vor sich geht.

Bei *Basedow und Lebererkrankungen* nimmt sowohl Blutcarotin wie Vitamin A ab, bei *Diabetes* und *im Alter* das Blutcarotin zu, das Vitamin A aber ab (STEPP und WENDT 1937).

v) Fetus und Vitamin A.

Während der weibliche Organismus Vitamin A und Carotin reichlicher speichert als der männliche, tritt in der Schwangerschaft bei der Frau ein größerer Vitamin A-Bedarf auf. Damit im Einklang ist die Erfahrung, daß Frauen im geschlechtstüchtigen Alter weniger an Hemeralopie leiden als Männer im gleichen Alter (BIRNBACHER) und daß andererseits in der Schwangerschaft Nachtblindheit häufig vorkommt (KLAFTEN und BIRNBACHER s. S. 289). Nach E. VOGT (1929) ist der Vitamin A-Verbrauch in der zweiten Schwangerschaftshälfte größer als in den ersten, weil der Fetus schneller wächst. Vitamin A ermöglicht erst das intrauterine Wachstum und die normale Entwicklung des Fetus. VOGT nimmt an, daß der weibliche Organismus auch im *Fettpolster* Vitamin A-Reserven anlegt. Infolge der erhöhten Vitamin A-Abgabe an den Fetus ist der *Vitamin A-Spiegel im Schwangerenblut herabgesetzt* (GAETHGENS 1937), ja in 36% war überhaupt kein Vitamin A im Serum nachweisbar. Der Carotingehalt bleibt aber normal und die Leber zeigt vermehrte Speicherungsfähigkeit für Vitamin A und Carotin.

Der Fetus speichert das von der Mutter bezogene Vitamin A in der Leber (VOGT 1929), und zwar enthält die fetale Leber ungefähr dieselbe Vitamin A-Menge wie die Leber des Erwachsenen (v. EULER, ZONDEK und KLUSSMANN 1932, NEUWEILER 1936, nach WENDT weniger als die des Erwachsenen), während Carotin entweder nicht oder nur in kleiner Menge (13,5 γ-%, GAETHGENS 1937) gefunden wird. Die fetale Leber enthält in den ersten Monaten der Schwangerschaft mehr Vitamin A und Carotin als am Ende derselben.

Die Placenta dient hierbei anscheinend als ein zeitweiliges Speicherorgan für Carotin und Vitamin A: Ihr Gehalt an Carotin schwankt von 1—300 γ-%, ihr Vitamin A-Gehalt von Spuren bis 125 L.E.-% (GAETHGENS 1937). WENDT (1936) spricht demgegenüber von der Placenta als einem „Sperrorgan", da sie aus dem mütterlichen Blut nur geringe Mengen von Carotin und Vitamin A passieren läßt.

Im Fruchtwasser findet sich Carotin von Spuren bis 24 γ-%, Vitamin A von Spuren bis 10,5 L.E.-%. Vitamin A ist besonders im *meconiumhaltigen* Fruchtwasser vorhanden.

Im *postfetalen Leben* erhält das Kind seinen Vitamin A-Bedarf durch die Milch der Mutter, die unmittelbar nach der Entbindung sehr reich an Carotin und Vitamin A ist. 4—8 Tage nach der Geburt sinkt der Carotingehalt plötzlich, der Vitamin A-Gehalt langsamer (EEKELEN und DE HAAS 1934). Einige Wochen später weist die Frauenmilch den gleichen Carotin- und Vitamingehalt auf wie die Kuhmilch.

Es ist bemerkenswert, daß das *Colostrum* je nach der Jahreszeit bei Kühen 10—100mal mehr Vitamin A enthält als die Milch: 80—100 γ-Carotin, 50 Blau-Einheiten Vitamin A gegen 10—20 γ-Carotin und 5 Blau-Einheiten Vitamin A in der Frauenmilch. Am ersten Lebenstage erhält z. B. das Kalb durch das Colostrum soviel Vitamin A als durch die Milch in 20—50 Tagen (DANN 1933).

Der *Vitamin A-Gehalt der Milch* hängt in weitem Maße von dem Vitamin A-Gehalt der mütterlichen Nahrung, von der Aufnahmefähigkeit des Darmkanales und von der Abwesenheit Vitamin A-verbrauchender Allgemeinerkrankungen (Tuberkulose, Diabetes, Nierenleiden, Lebercirrhose, perniziöse Anämie usw.) ab. Schon McCOLLUM und SIMMONDS (1918) haben auf die stillende Mutter als einen Sicherheitsfaktor in der Ernährung der Jungen hingewiesen und es ist ohne weiteres verständlich und durch viele Berichte von Nachtblindheit und Keratomalacie bei Brustkindern belegt, daß trotz natürlicher Ernährung mit Muttermilch A-Hypovitaminosen auftreten können (FÁSOLD und PETERS 1933).

γ) Beziehungen des Vitamin A zu anderen Vitaminen.

Es wurde schon oben erwähnt, daß die klinische Darstellung der A-Avitaminose des Menschen notgedrungen eine einseitige sein mußte. Denn ein bestimmtes Vitamin kann nicht fehlen, ohne daß das Zusammenspiel aller Vitamine aus dem Gleichgewicht gebracht wird. Mit Recht hat zuerst KOLLATH in interessanten Untersuchungen und Überlegungen darauf hingewiesen, daß das klinische Bild, welches sich durch Fortfall eines bestimmten Vitamins aus der Nahrung des Menschen ergibt, eigentlich das Bild des Wirkens jener Vitamine wiedergibt, welche übrig bleiben und daß dieses Bild durch Synergismus und Antagonismus des weggefallenen Vitamins mit den übriggebliebenen bestimmt wird.

Über diese *gegen- oder gleichlaufenden Beziehungen der Vitamine* wissen wir heute noch nicht allzuviel. Wir verdanken das bisher Bekannte hauptsächlich den Untersuchungen von JUSATZ, THOENES, KOLLATH, WENDT und SCHROEDER, KÜHNAU und STEPP.

So ist es bemerkenswert, daß die *Erscheinungen des Vitamin A-Mangels* bis zu einem gewissen Grade *dem der D-Hypervitaminose entsprechen* und daß umgekehrt *durch überreiche Zufuhr von Vitamin A Erscheinungen hervorgerufen werden, die dem Vitamin D-Mangel entsprechen* (JUSATZ 1934, THOENES 1935). Dieser *Antagonismus von A und D*, also der beiden fettlöslichen Vitamine, scheint aber nur bei Anwendung großer Dosen dieser Vitamine zurecht zu bestehen. Anders ausgedrückt läßt sich feststellen, daß eine D-Hypervitaminose durch Zufuhr von viel Vitamin A kompensiert werden kann, oder daß eine D-Hypervitaminose relative A-Avitaminose erzeugt. Doch ist dieser letzte Satz nicht umkehrbar (THOENES). Im normalen Leben scheint demnach zur Aufrechterhaltung der normalen Zellfunktionen ein Gleichgewichtszustand zwischen A- und D-Vitamin unbedingt nötig zu sein.

Aber auch zwischen dem fettlöslichen Vitamin A und den beiden wichtigen wasserlöslichen Vitaminen B_1 und B_2 und Vitamin C bestehen nach Fütterungsversuchen an Tieren gewisse Antagonismen. Bezüglich der B-Vitamine kann noch nichts Sicheres ausgesagt werden, da Fütterungsergebnisse mit dem reinen B_1 und B_2 noch nicht vorliegen. Hingegen wurde das antagonistische Verhalten von *Vitamin A und C* durch Untersuchungen von WENDT und SCHROEDER an der Klinik von STEPP klargestellt. Diesen beiden Untersuchern gelang es eine durch Voganfütterung bedingte A-Hypervitaminose durch Zugabe von Vitamin C zur Nahrung aufzuheben. Weiter ließ sich zeigen, daß sich die Speicherung von Vitamin A in der Leber nach reichlicher Vitamin A-Zufuhr durch gleichzeitige Zufütterung von Vitamin C vermindern bzw. verhindern ließ. Und RUTHARD konnte schon 1930 zeigen, daß Ratten, die Vitamin A-frei ernährt wurden, dann eine deutlich erhöhte Neigung zur Keratomalacie selbst bei Gewichtszunahme und ungestörtem Wachstum aufwiesen, wenn diesen Tieren gleichzeitig viel Vitamin B und C zur Nahrung zugegeben wurde.

Wenn man also auch von einem gewissen *Antagonismus* von Vitamin A und D und von A und C sprechen kann, so besteht, besonders unter normalen Bedingungen zwischen den einzelnen Vitaminen ein *Synergismus* in bezug auf gewisse biologische Funktionen beim Menschen und Tier: so wirken z.B. Vitamin B, A, C und D *wachstumsanregend*, A, D, C und B *knochenbildend* (KÜHNAU 1937).

Solche Synergismen und Antagonismen bestehen aber nun nicht nur zwischen den einzelnen Vitaminen, sondern auch zwischen Vitaminen und Hormonen und zwischen Vitaminen und anderen Stoffwechselbausteinen, z. B. den Salzen. Auf die Beziehungen zwischen Vitaminen und Hormonen wird in einem gesonderten Kapitel (s. S. 451f.) hingewiesen. Die anderen Beziehungen sollen nur dadurch angedeutet werden, daß z. B. bei den Fütterungsversuchen von McCollum, Mori und Stepp bei Ratten, die Vitamin A-frei ernährt wurden, lange keine A-Avitaminose auftrat, diese aber sofort einsetzte, wenn das Mineralsalzgleichgewicht der Nahrung durch übermäßige Zufuhr von Kochsalz gestört wurde.

o) Poly-Avitaminosen beim Menschen.

Während die Frage von Synergismus und Antagonismus der Vitamine untereinander sowie des Vitamin A und der Hormone bisher hauptsächlich nur im Tierversuch studiert werden konnte, seien einige Beispiele von polyavitaminotischen Erscheinungen beim Menschen angeführt:

A- und D-Avitaminose. Während C. E. Bloch (1924) behauptete, daß *Keratomalacie und Rachitis* höchst selten bei ein und demselben Kind angetroffen wurden, sah schon 1928 Brusselmans bei einem rachitischen Knaben A und C Mangelsymptome und nahm für seinen Fall eine Polyavitaminose an. Das gleichzeitige Vorkommen von Keratomalacie und Rachitis konnte bei chinesischen Kindern durch A. A. Weech (1930) durch Röntgenuntersuchung der Knochen und Blutchemie sicher festgestellt werden und Püschel (1935) berichtet, daß bei rachitischen Zwillingen Detavit (A- und D-Vitaminpräparat) besser wirkt als Vigantol allein, was darauf hinweist, daß bei diesen Kindern auch eine A-Hypovitaminose vorhanden war, deren Heilung auch für die Heilung der Rachitis nicht ohne Bedeutung war.

A- und B-Avitaminose. Wiederholt konnte in Ländern mit viel *Beri-Beri* bei den Kranken auch *Hemeralopie* beobachtet werden und Mellanby erwähnt, daß *Pellagra fast immer mit Vitamin A-Mangel* verbunden ist, was allerdings von Christiansen (1936) in bezug auf die Pellagra in Rumänien nicht bestätigt werden konnte.

A- und C-Avitaminose. Wie in früheren Zeiten manche Beobachter so hat auch Zlocisti (1917) während des Weltkrieges *skorbutische* Soldaten mit *trockener Bindehaut und mit Hornhautgeschwüren* gesehen und Wieland (1936) berichtet über ein $6^1/_2$ Monate altes Kind, das nach 6 Monate langer Ernährung mit fettfreier Trockenmilch *Keratomalacie und Skorbut* bekam und bei dem nach Vitamin A- und C-Zufuhr beide Prozesse zur Heilung kamen. Gorczycki und Ravina (1937) hatten Erfolge mit Vitamin C bei der Behandlung von Nachtblinden und nehmen daher an, daß es sich bei der Adaptationsstörung um eine Polyavitaminose handle.

π) Die A-Hypervitaminose.

Beim Menschen wurde dieses Krankheitsbild bisher nicht beobachtet, was darauf zurückzuführen ist, daß beim Menschen nicht annähernd so hohe Dosen selbst bei langdauernder Vitamin A-Zufuhr einverleibt werden, als dies bei Tieren zur Erzeugung dieses Krankheitsbildes geschehen ist. Es ist ferner bemerkenswert, daß die A-Hypervitaminose bisher nur bei Ratten und Mäusen, nicht aber bei Katzen und Hunden erzeugt werden konnte. Wenn dieses Krankheitsbild für die menschliche Pathologie bisher wenigstens belanglos ist, so soll doch zu seiner Charakterisierung im Rahmen einer Ernährungslehre kurz folgendes gesagt sein:

Gibt man Albinoratten je 100000 I.E. Vitamin A in Form von Vogan per os, so tritt nach 5—8 Tagen *Wachstumsstillstand, Gewichtsverlust* (v. Drigalski 1933), *Appetitlosigkeit und Erschöpfung* (Asayama 1937) ein. Die Haare werden struppig und fallen besonders um die Schnauze herum aus (Finucci 1935) und es tritt selbst bei geringerer täglicher Vitamin A-Zufuhr (20000—40000 I.E. Vitamin A, Colazzo und Rodriguez 1933, Ypsilanti 1935) nach einiger Zeit (3—4 Wochen) der *Tod* ein.

Am Auge kommt es zur *eitrigen Bindehautentzündung, zu Lidödem, Ausfall der Cilien und zum Exophthalmus.* Keratomalacieähnliche Erscheinungen wurden nie beobachtet. STRAUSS (1934) sah bei Verfütterung von 20000 I.E. Vitamin A (Vogan) nach 6 Wochen bei seinen Ratten zwar eine eitrige Conjunctivitis, aber keinen Exophthalmus. Betreffs des eigenartigen Exophthalmus werfen COLAZZO und RODRIGUEZ die Frage auf, ob dieses Symptom auf dem Wege über die bei A-Hypervitaminose vergrößerte Schilddrüse zustande kommt, beantworten sie jedoch nicht. FINUCCI fand dabei eine Verlangsamung der Epithelregeneration der Hornhaut nach Verätzung des Hornhautepithels durch Silbernitrat.

Charakteristisch ist ferner eine oft enorme *Anreicherung des Cholesterins im Blute und in den Organen,* besonders im Hirn und in den Reticuloendothelien, *Neigung zu Spontanfraktur* der Knochen (ASAYAMA) und Verlangsamung der Callusbildung (FINUCCI). Aus der Tatsache, daß bei A-Avitaminose eine Verarmung, bei A-Hypervitaminose eine Anreicherung des Cholesterins im Organismus statthat, muß man schließen, daß *Vitamin A eine regulierende Wirkung auf den Cholesterinstoffwechsel* ausübt. PAPKE (1937) fand eine fortschreitende hyperchrome *Anämie* der Tiere bei hyperplastischem Mark mit Reifungsstörungen und Ausschwemmungshemmung und sieht darin eine direkte toxische Wirkung des Vitamin A auf das Knochenmark. In der Milz fand er kein Hämosiderin.

Daß ROSSI (1933) in seinen Fütterungsversuchen keine A-Hypervitaminose hervorrufen konnte und sogar erhöhtes Wachstum gegenüber den Kontrolltieren fand, ist wohl auf das Präparat (Amunine der Firma Byla, Paris) und die zu geringe Dosierung zurückzuführen.

Bei der *histologischen* Untersuchung findet sich eine Verfettung der KUPFFERschen Sternzellen in der Leber, der Pulpazellen in der Milz, der Endothelien der Lungencapillaren und der Endothelien der Glomeruli der Niere bzw. der Harnkanälchen und der Nierenrinde sowie Zellvermehrung des Plattenepithels der Haut und Schleimhaut besonders in den Hornschichten und zahlreichen Mitosen (DOMAGK und DOBENEK 1933). Auch *am Auge* fanden sich im Ciliarkörper und in der Aderhaut *von Lipoid durchsetzte Histiocyten* (ASAYAMA 1937).

Bemerkenswert ist, daß sowohl dem Vitamin A-Mangel wie der Vitamin A-Überdosierung gewisse Erscheinungen, wie der Wachstumsstillstand, *gemeinsam* sind.

ϱ) Vitamin A-Mangel bei Tieren.

Vitamin A-Mangel bei *in Freiheit lebenden Tieren* wird selten beobachtet (STANG), am häufigsten wohl beim Geflügel, vielleicht auch bei einigen Haustieren wie Schwein, Ziege, Schaf, Rind und Pferd. LEGER (1936) sah Fälle von Xerophthalmus auf einer Hühnerfarm, McCLENDON (1924) bei Truthühnern, der sich mit Vollfettkäse und Eidoter heilen ließ und RUMBAUER (1922) berichtet über Keratomalacie bei 3 Enten, die in einer Farm mit gedämpften Kartoffeln und Gerstenschrott gefüttert wurden. Ob eine Keratitis parenchymatosaartige, ausgedehnte Hornhautentzündung bei 2 Malteserhunden (COLLET und PIERRE 1934), die auf Lebertran heilte, als Vitamin A-Mangelerkrankung aufzufassen ist, muß dahin gestellt bleiben. STANG berichtet, daß bei der sog. Schnüffelkrankheit der Schweine (Ostitis fibrosa) Xerophthalmus auftreten kann und stellt es als fraglich hin, ob die sog. Mondblindheit der Pferde als Vitamin A-Mangel angesehen werden darf. Bei einem Saugfohlen mit chronischem Durchfall wurde eine Hornhautxerose beobachtet (HAAG 1922).

Die *zu Versuchszwecken erzeugten A-Avitaminosen* betreffen meist kleine Tiere, hauptsächlich Ratten, weiße Mäuse und seltener Meerschweinchen und Kaninchen. An *Hühnern* haben GUERRERO und CONCEPCION (1922) mit poliertem Reis und einem Reisextrakt (Tikitiki Extract) „Xerophthalmie" erzeugt und SEIFRIED und WESTHUES (1930) berichten, daß sie nur bei jungen Hühnern Keratomalacie erzeugen konnten, bei alten Tieren kam es nur zur Xerose am dritten Lid am 23. Tag (SEIFRIED). Die von LOPEZ und STEINER (1935) an Hühnern gefundenen A-Mangelsymptome wie Ablagerung kleiner Knoten harnsauerer Salze im Oesophagus und in den Ureteren, Vergrößerung der Gallenblase, Entzündung der Nieren und punktförmige Blutungen und Geschwüre im Darm weichen wesentlich von dem bisher Bekannten ab. HETLER (1934) berichtet, daß es *auch bei Affen* (Macacus rhesus) gelang, Keratomalacie zu erzeugen. Doch gingen diese Tiere häufig an Darmerscheinungen zugrunde, bevor die Xerose ausbrach.

σ) Vitamin A-Behandlung.

Das Hauptfeld der Anwendung des Vitamin A sind in erster Linie die Vitamin A-Mangelerkrankungen klassischer Prägung, also vor allem Nachtblindheit, Xerose und Keratomalacie und alle damit zusammenhängenden Krankheitszeichen am Auge, der Haut, des Atmungs- und Verdauungskanales, des Nervensystems, des Pigmentapparates und des Blutes. Wenn irgendwo in der Heilkunde so gilt beim Vitamin A-Mangel, daß man im Zweifelsfalle die Diagnose ex juvantibus stellen kann. Alle oben erwähnten Zeichen schwinden, wenn sie dem Vitamin A-Mangelkomplex angehören, soweit nicht tiefgreifende anatomische Veränderungen vorhanden sind, auf Zufuhr von Vitamin A mit der Sicherheit eines Versuches meist in wenigen Tagen. Schwieriger wird die Frage schon dann, wenn die übrigen Krankheitszeichen nicht mit den typischen Augenerkrankungen verbunden sind. So berechtigt und überzeugend in einem solchen Falle die Vitamin A-Behandlung sein wird, so schwer kann oft die Diagnose sein.

So wichtig es heute auch ist, daß wir für die Forschung und Behandlung *standardisierte Vitamin A-Präparate* haben, so wenig empfehlenswert wäre es, die *natürlichen Vitamin A-Quellen* in der Behandlung unserer Kranken ungenützt zu lassen. Denn sie enthalten meist nicht nur das eine dem Körper fehlende Vitamin, sondern auch andere Vitamine zu gleicher Zeit in einem möglichst günstigen gegenseitigen Verhältnis, so daß diese natürlichen Vitamin A-Quellen, die Nahrungsmittel und der Lebertran, den pathologischen Gegebenheiten d. h. den vielfach vorhandenen Polyvitaminosen vielmehr gerecht werden als ein reines Präparat.

Zu den hauptsächlichen *Vitamin A-Quellen aus dem Pflanzenreich* gehören: Grüne Erbsen, Bohnen, Salat, Spinat, Karotten, grüner Kohl, Wirsingkohl, Tomaten, Aprikosen, Orangen und Pfirsiche, *zu den tierischen* Lebertran, Fischleber, Leber überhaupt, Butter, Eidotter, Vollmilch, Rahm und Käse. Freilich ist gerade der Zufuhr dieser Nahrungsmittel, die für eine zweckmäßige Ernährung des ganzen Volkes von größter Bedeutung sind, beim Kranken, besonders beim Kleinkinde durch die häufige Mitbeteiligung des Magendarmtraktes eine gewisse Grenze gezogen. Doch wurden sie besonders in Gestalt von Leberdarreichung seit alters mit Erfolg bei den Mangelerkrankungen angewendet und später hauptsächlich vom Lebertran verdrängt.

Zur Lebertranbehandlung soll hier nur das eine gesagt werden: Man verabreicht gewöhnlich zu viel Lebertran als zu wenig, überlastet den Magendarm und stellt dadurch, wenn man z. B. dreimal täglich einen Eßlöffel voll geben läßt, eine zu große Anforderung an die Überwindungskraft besonders unserer kleinen Kranken. Daß solche Dosen selbst bei schwerem Vitamin A-Mangel nicht nötig sind, beweist eine Beobachtung (PILLAT), nach welcher ein einziger in der klinischen Ambulanz verabreichter Löffel Lebertran bei chinesischen Soldaten mit Keratomalacie hinreichte, daß der Hornhautprozeß nach 8 Tagen im Stadium guter Heilung gefunden wurde, obgleich in der Zwischenzeit die alte einseitige Mehlnahrung im Militärlager fortgesetzt worden war. An Stelle von Lebertran empfehlen AYKROYD und WRIGHT (1937) das *Öl der Palme Glacis guinensis* aus Westafrika, das den Vitamin A-Gehalt eines guten Lebertranes aufweisen soll. Es soll besonders bei Darmleiden gut vertragen werden.

Um den Darm zu umgehen, kann Lebertran besonders der VON POULSSON *hergestellte Lebertranextrakt subcutan* oder *intramuskulär* ($^1/_2$—1 ccm täglich) gegeben werden (BLEGVAD 1923, SOMMER 1926), ja selbst *subconjunctivale* Injektionen mit wäßrigem Extrakt bestrahlten Lebertrans (MALMSTRÖMS Extrakt) sind empfohlen worden (LIDSTRÖM 1926).

Reines Vitamin A. Das beste deutsche Vitamin A-Präparat ist das *Vogan* (E. Merck, Darmstadt), das aus hochwertigen Fischleberölen gewonnen wird. Es enthält kein Carotin, hingegen ganz kleine Mengen Vitamin D. Es enthält in 1 ccm 40000 biologische R.E. = 120000 I.E. Als biologische Einheit gilt jene kleinste Gabe pro Tier, die bei wenigstens 8 von 10 Vitamin A-frei ernährten Ratten, täglich verabreicht, nach 30 Tagen eine Gewichtszunahme um mindestens 15 g bewirkt und den Ausbruch der charakteristischen Augenveränderungen verhütet. Es kommt in flüssiger und fester Form in den Handel.

Die *ölige Lösung* in Tropffläschchen zu 5—10 ccm: Die durchschnittliche Tagesdosis sind 5—10 Tropfen, d. h. 8000—16000 biologische Einheiten auf einmal oder auf mehrere Male verteilt. Sie ist am besten am Anfang der Mahlzeiten in warmer Suppe, Tee, Milch u. dgl. zu verabreichen.

Die *feste Form* kommt in Schachteln mit 50 Dragées in den Handel. Eine Dragée sind 4000 biologische = 12000 I.E. 2—4 Dragées täglich gekaut oder ungekaut.

Heute sind fast in allen Ländern reine Vitamin A-Präparate hergestellt worden *(Aveolum, Vitamin Lorenzini, Halivitan,* Richter-Budapest usw.). Auch Kombinationen von Vitamin A und D werden vielfach hergestellt. *Detavit*: (E. Merck, 1 g Detavit enthält 2400 I.E. Vitamin A und 200 I.E. Vitamin D). Es riecht und schmeckt nicht nach Tran. Erwachsene nehmen $^1/_2$—1 Eßlöffel täglich, Kinder $^1/_2$—1 Teelöffel voll. Andere A und D-Präparate sind: *Adexolin* (Glaxolaboratories, London), *Radiostoleum* (British Drug houses, London).

Die 4 Hauptvitamine A, B, C und D sind im *Nestrovit* (Nestle-La Roche, Schweiz) enthalten: Eine Tablette enthält 6500 I.E. Vitamin A, 65 I.E. Vitamin B, 200 I.E. Vitamin C und 650 I.E. Vitamin D.

Vogan wird bei Keratomalacie, Xerose oder Nachtblindheit dreimal täglich zu 10 Tropfen verabreicht und führt rasch zur Besserung, bzw. Heilung der Augenkrankheiten (KUNZ, VOGELS, WIELAND 1934, SIEGL 1935). Als subcutane oder intramuskuläre Injektion (bei Kindern $^1/_2$ ccm, bei Erwachsenen 1 ccm täglich) leistet es ebenfalls außergewöhnliches in der Behandlung der Keratomalacie (BRUGSCH 1934). Ähnliche Erfolge werden mit dem italienischen Vitamin Lorenzini als intragluteale Injektion erzielt (CARMI 1927).

Viel *höhere Dosen von Vogan* müssen *bei der Basedowschen Krankheit* gegeben werden. Nach WENDT sind täglich 3×30 bis 3×50 Tropfen Vogan per os erforderlich. Dabei empfiehlt es sich von Zeit zu Zeit den Vitamin A-Spiegel des Blutserums zu kontrollieren und diesen bei 5—10 Blau-Einheiten zu halten.

Für alle anderen Zwecke, Behandlung der Achylie, Magersucht, dystrophische Säuglinge, allgemeine Körperschwäche, in der Gravidität oder bei stillenden Müttern wird man mit 3×5 oder 3×10 Tropfen täglich sein Auslangen finden.

Auch *zur örtlichen Behandlung in Form von Tropfen oder Salben* eignet sich das Voganöl vorzüglich. Es leistet bei der Behandlung von *Hornhautgeschwüren,* bei *torpider Epithelregeneration,* bei *Keratitis bullosa, Keratitis neuroparalytica und bei Hornhautverätzungen,* aber *auch bei Bindehautentzündungen* (Conjunctivitis phlyctaenulosa, akute Conjunctivitiden) sowie bei Lidrandentzündungen Gutes (HEINSIUS 1937) und hat sich auch in der Wundbehandlung der Chirurgen *bei Verbrennungen, Röntgenschäden der Haut* (LÖHR, LAUBER u. a.) gut bewährt.

Das *Carotin* (Provitamin A) ist ebenfalls auf Grund günstig ausgefallener Tierversuche (RANDOIN und NETTER 1933) zur Behandlung der Vitamin A-Mangelerkrankungen beim Menschen herangezogen worden (BRUGSCH 1933). Man löst 0,1 g reines krystallisiertes Carotin in 100 ccm Arachisöl und gibt Kindern 5—10 ccm Öl per os täglich. Bei Hordeolosis und der phlyktänulären Augenentzündung wurde es als *subcutane* Injektion (0,5—1 ccm einmal injiziert, M. C. TAI 1936) und örtlich bei Keratitiden und Hornhautgeschwüren mit Erfolg angewendet.

Schrifttum.

ABELIN, J.: Biochem. Z. **215**, 162 (1929). — Z. Vitaminforsch. **4**, 120 (1935). — ABERLE, S. B. D.: J. Nutrit. **7**, 445 (1934). — ACHILLE: Quadr. Miliz. **3**, 82 (1936). — AHMAD, BASHIR and RHAZAN: Indian J. med. Res. **20**, 1033 (1933). — ALTSCHULE: Arch. of Path. **20**, 845 (1935). — AMENOMIYA, J.: Acta Soc. ophthalm. jap. **34**, 492, 1249 (1930); **35**, 132 (1931). — ARCHANGELSKIJ, W. N.: Sborn. vosn sorok nauc. dejat. sasl. dejat. nauki M. J. AWERBACH **49** (1935). — ASAYAMA, R.: Acta soc. ophthalm. japn. **41**, 718 (1937). — AYKROYD, W. R.: Trans. ophthalm. Soc. U. Kingd. **50**, 230 (1930). — AYKROYD, W. R. and B. G. KRISHNAN: Indian med. Gaz. **71** (1936). — AYKROYD and WRIGHT: Indian J. med. Res. **25**, 7 (1937).

BAEZTNER, W.: Zbl. Chir. **1937**, Nr 6, 322. — BALACHOWSKI et RATSCHEWSKI: Bull. Soc. Chim. biol. Paris **16**, 220 (1934). — BELLAVIA, A.: Boll. Ocul. **6**, 1 (1927). — BEN ADAMANTIADIS: Annales d'Ocul. **162**, 449 (1925). — BERGMANN, V.: Mschr. Geburtsh. **1936**, 101. — BINET et UNGAR: Soc. méd. des Hospit. Paris **48**, 499 (1933). — BIRCH-HIRSCHFELD: Graefes Arch. **92**, 273 (1916). — 40. Heidelberg. Ber. **1916**, 197, 226. — BIRNBACHER, TH.: Abh. Augenheilk. **1927**, H. 4. — Wien. klin. Wschr. **1928** I, 698. — BIRNBACHER u. KLAFTEN: Z. Augenheilk. **51**, 309 (1923). — BITOT: Gaz. méd. Paris **1863**, 435. — BLEGVAD: Hosp.tid. (dän.) **1919**, 1252. — Ugeskr. Laeg. (dän.) **85**, 942 (1923). — C. r. Soc. Biol. Paris **89**, 197 (1923). — Acta ophthalm. (Københ.) **1**, 172 (1923). — Bibl. Laeg. (dän.) **115**, 300 (1923). — Amer. J. Ophthalm. **7**, 89 (1924). — BLISS, A. R. jr., G. R. LIVERMORE and E. O. PRATHER: J. of Urol. **30**, 639 (1935). — BLOCH, C. E.: Ugeskr. Laeg. (dän.) **1917**, 279; **1918**, 775. — Jb. Kinderheilk., **39** III. F., 405 (1919). — J. of Hyg. **19**, 283 (1921). — Amer. J. Dis. Childr. **27**, 139 (1924). — Hosp.tid. (dän.) **1931**, H. 10, 265. — BOILER, R., O. BRUNNER u. E. BRODATY: Wien. Arch. inn. Med. **31**, 1 (1937). — BONDI, M.: Klin. Mbl. Augenheilk. **69**, 341 (1922). — BOYLE, P. E.: J. dent. Res. **1933**, H. 1, 39. — BRANDALEONE and RALLI: Proc. Soc. exper. Biol. a. Med. **32**, 200 (1934). — BRAUN, R.: Zbl. Ophthalm. **33**, 545 (1935). — BROWN, J.: Edinburgh J. med. Sci. **3**, 218 (1827). — BRUGSCH, H.: Dtsch. med. Wschr. **1933** I, 325. — Münch. med. Wschr. **1934** II, 1062. — BRUNN, v.: Münch. med. Wschr. **1937** I, 223. — BRUNNER, BARONI u. KLEINAU: Hoppe-Seylers Z. **236**, 257 (1935). — BRUSSELMANS, P.: Vlaamsch. geneesk. Tijdschr. **1928** II, 773. — BUFFINATION, W. R.: South. med. J. **24**, 300 (1931). — BUSCHKE, W.: Z. Vitaminforsch. **5**, 37 (1936).

CAOCCI, G.: Arch. Ottalm. **38**, 528 (1931). — CARMI, A.: Soc. ital. Oftalm. Roma, 14. Okt. 1926. — Atti Congr. Oftalm. **1927**, 244. — CERKASOV, J.: Arch. Oftalm. (russ.) **7**, 599 (1930). — CHANG, S. P.: Nat. med. J. China **16**, 370 (1930). — CHARPENTIER, G.: Acta ophthalm. (Kobenh.) Suppl. **9**, 85 (1936). — CHOU, C. H.: Nat. med. J. China **16**, 365 (1930). — CHRISTIANSEN, J.: Ugeskr. Laeg. (dän.) **1936**, 1073. — Dtsch. med. Wschr. **1936** II, 1262. — CHU, F. T. and C. K. LIN: Chin. med. J. **53**, 413 (1938). — COLAZZO, J. A. u. J. S. RODRIQUEZ: Klin. Wschr. **1933** II, 1732. — COLAZZO, TORRES and RODRIGQUEZ: Ann. int. Med. **3**, 523 (1934). — Klin. Wschr. **1934** II, 1678. — COLLET, P. et M. PIERRE: Bull. Soc. Sci. vet. Lyon **37**, 1381 (1934). — COLLEVATI, U.: Atti Congr. oftalm. **128** (1931). — CORNET, E.: Annales d'Ocul. **171**, 484 (1934). — CRIMM, P. D. and D. M. SHORT: Amer. J. Physiol. **118**, 477 (1937). — CRITCHLEY, M.: Proc. roy. Soc. Med. **26**, 49 (1932). — CRITCHLEY and MEADOWS: Proc. roy. Soc. Med. **26**, 308 (1933). — CVETOJEVIC, M.: Vojno san. Glasnik. (russ.) **7**, 23 (1936).

DANN, W. J.: Biochemic. J. **27**, 1998 (1933). — DAVIS, W. T.: J. amer. med. Assoc. **98**, 1640 (1932). — DEBRE, R. et A. BUSSON: Bull. Soc. Péditr. Paris **32**, 56 (1934). — DE GOUVEA: Graefes Arch. **29**, 166 (1883). — DERKAC, V.: Klin. Mbl. Augenheilk. **78**, 386 (1927); **96**, 380 (1936). — DINULSECU si NESTIANU: Cluj. med. (rum.) **8**, 493 (1927). — DOMAGK, G. u. P. v. DOBENEK: Virchows Arch. **290**, 385 (1933). — DOMINICI, G. u. G. OLIVA: Ref. Dtsch. med. Wschr. **1934** II. — DOR, L.: Bull. Soc. franç. Ophthalm. **46**, 431 (1933). — DOST, F. H.: Klin. Wschr. **1937** I, 273. — DRIGALSKI, W. v.: Klin. Wschr. **1933** I, 308: **1934** I. — DRUMMOND, BELL and PALMER: Brit. med. J. **1935** I, 1208. — DUMONT, A.: Ann. Soc. belge Méd. trop. **14**, 49 (1934).

EDMUND, C.: Acta ophthalm. (Københ.) **2**, 225 (1925). — EDMUND, C. u. SV. CLEMMESEN: Acta med. scand. (Københ.) **89**, 69 (1936). — On deficiency of Vitamin A and visual

Dysaptation 92 S. Kobenhagen u. London 1936. — EEKELEN, VAN: Arch. néerl. Physiol. **16**, 281 (1931). — Acta brev. neederl. **1**, 65 (1931). — EEKELEN, EMMERIE, JULIUS und WOLFF: Acta brevia neerl. Physiol. **2**, 155 (1932). — EEKELEN en DE HAAS: Nederl. Tijdschr. Geneesk. **1934**, 2671. — ELEWAUT: Arch. méd. belges **78**, 345 (1925). — Clin. ophthalm. **15**, 69 (1926). — ELIZALDE, P. DE: Arch. argent. Pédiatr. **5**, 316 (1934). — EMMET, A. D.: Science (N. Y.) **52**, 157 (1920). — ERBEN, F.: Ref. Dtsch. med. Wschr. **1933** II. — ERDMANN: Klin. Mbl. Augenheilk. **52**, 520 (1914). — ESPILDORA LUQUE: Arch. Oftalm. Buenos Aires **2**, 155 (1927). — EULER, H. v. och HELLSTRÖM: Sv. kem. Tidskr. **45**, 203 (1933). — EULER, v., ZONDEK och KLUSSMANN: Sv. Vet., Acad. Kemi **11**, 1 (1932).

FALTA, W.: Wien. klin. Wschr. **1936** I, 254. — FALTA u. NOGGERATH: Beitr. chem. Physiol. u. Path. **7**, 313 (1906). — FASOLD u. PETERS: Münch. med. Wschr. **1933** II, 1427. — Z. exper. Med. **92**, 57 (1933). — FEDE, N. DI: Giorn. Ocul. **7**, 8 (1926). — FEDE, N. DI: Lettura ofthalm. **5**, 279 (1928). — FINUCCI, V.: Arch. ital. Chir. **39**, 519 (1935); **41**, 480 (1935). — FRANDSEN, H.: Acta ophthalm. (København), Suppl. **4**, 1—160 (1935). — Hosp.tid. (dän.) **1935**, 4. — FRANK: Mschr. Kinderheilk. **13**, 424 (1915). — FRANK, A.: Erg. inn. Med. **1930**. — FRANK, M.: Mschr. Kinderheilk. **60**, 350 (1934). — Med. Klin. **1936** II, 1077. — FRAZIER and HU: Arch. int. Med. **48**, 507 (1931). — Trans. 9. Kongr. Far Eastern Assoc. trop. Med. Nanking **1**, 461 (1934). — Arch. of Dermat. **33**, 825 (1936). — FREISE, E., GOLDSCHMIDT u. A. FRANK: Mschr. Kinderheilk. **13**, 42 (1915). — FRIDERICIA, L. S. og E. HOLM: Bibl. Laeg. (dän.) **115**, 441 (1923). — Amer. J. Physiol. **73**, 67 (1925). — FUCHS, A.: Klin. Mbl. Augenheilk. **81**, 849 (1928); **94**, 244 (1935). — FUCHS, E.: Lehrbuch der Augenheilkunde, 12. Aufl., S. 208. 1910. — FUNK, C.: Die Vitamine und ihre Bedeutung. Wiesbaden: J. F. Bergmann 1914.

GAETHGENS, G.: Klin. Wschr. **1937** II, 1073, 1075. — Arch. Gynäk. **164**, 189 (1937). — GAMA LOBO: Klin. Mbl. Augenheilk. **4**, 65 (1866). — GENCK, GR.: Mschr. Kinderheilk. **24**, 251 (1922). — GLASSCHEIB, A.: Ref. Mschr. Ohrenheilk. **1936**, 70. — GOLDSCHMIDT, M.: Graefes Arch. **90**, 354 (1915). — Klin. Mbl. Augenheilk. **66**, 924 (1921); Klin. Wschr. **6**, I, 635 (1927). — GONZALEZ, JES. DE, J.: Arch. of Ophthalm. **20**, 575 (1920). — An. Soc. mexic. Oftalm. y Otol. **2**, 152 (1921). — Rev. cub. Oto-Neuro-Oftalm. **4**, 111 (1922). — GOODWIN, G. P.: Brit. med. J. **1934**, 115. — GORCZYCKI, Z.: Schweiz. med. Wschr. **1937** I, 250. — GOW, W. H.: Chin. med. J. **48**, 885 (1934). — GRAB, W.: Münch. med. Wschr. **1937** I, 605, 647, 687, 729. — GRAEVES, J. A. u. C. L. A. SCHMIDT: Amer. J. Physiol. **111**, 492 (1935). — GRALKA, R.: Mschr. Kinderheilk. **26**, 217 (1923). — GRIEBEL: Ther. Ber. **13**, 316 (1936). — GRINKER, R. R. and E. KANDEL: Arch. of Neur. **30**, 1287 (1933). — GUDJONSSON, SK. V. Acta ophthalm. (København) **8**, 184 (1930). — Exp. on Vitamin A deficiency in rats and the quantitative determination of Vitamin A. Kobenhagen: Levin & Munksgaard 1930. — Bibl. Laeg. (dän.) **123**, 331 (1931). — GUERRERO, L. E. and J. CONCEPCION: Philippine J. Sci. **17**, 99 (1920). — GUIRAL, R.: Rev. cub. Oto-Neurol-Oftalm. **1**, 610 (1919). — Arch. de Oftalm. **24**, 481 (1924).

HAAG, FR.: Diss. Gießen 1922. — HAAS, J. H. DE: Meded. Dienst. Volksgezdh. Nederl. Indië **20**, 1 (1931). — HALBAN: Zbl. Gynäk. **1935**, 44. — HALE, FR.: Amer. J. Ophthalm. **18**, 1087 (1935). — HAMADA, C.: Acta Soc. ophthalm. jap. **37**, 1362 (1933); **34**, 685 (1930). — HAMBURGER, R.: Dtsch. med. Wschr. **1923** II, 1301. — HAMPEL, F.: Gyógyászat **1920**, 292. — HARIGOPAL, A. R.: Indian med. Gaz. **61**, 130 (1926). — HAUROWITZ, F.: Med. Klin. **1933** II, 1148. — HAYASHI, Y.: Tohoku J. exper. Med. **3**, 107 (1922). — HEINSIUS: Med. Klin. **1937** I, 252. — HETLER, R. A.: J. Nutrit. **8**, 75 (1934). — HETLER, R. A. and W. M. JAMES: Amer. J. Ophthalm. **17**, 1048 (1934). — HIGGINS, CH. C.: J. amer. med. Assoc. **1935**, Nr 13. — New England J. Med. **213** (1935). — HIRO, Y. u. M. YAMADA: Mschr. Kinderheilk. **65**, 438 (1936). — HITOMI, T.: Acta Soc. ophthalm. jap. **39**, 645 (1935). — HOAT, O. D.: Geneesk. Tijdschr. Nederl.-Indië: **1936**, 1101. — HOLLMANN, G. F.: Med. Sborn. etc. (russ.) **1923**, 144. — HOLLWICH: Klin. Mbl. f. Augenheilk. **98**, 3891 (1937). — HOLM, E.: C. r. Soc. Biol. Paris **87**, 463 (1922). — Bibl. Laeg. (dän.) **114**, 221 (1922). — Graefes Arch. **111**, 79 (1923). — Bibl. Laeg. **116**, 590 (1924). — Hosp.tid. (dän.) **67**, 40 (1924). — Amer. J. Physiol. **73**, 79 (1925). — Acta ophthalm. (København) **7**, 146 (1929). — Hosp.tid. (dän.) **1929** I, 139. — HOPKINS, G.: Brit. med. J. **1920** II, 147. — HORI: Heidelberg. Ber. **1895**, 175. — Arch. Augenheilk. **31**, 393 (1895). — HOU, H. C.: Chin. med. J. **50**, 1481 (1936). — HSU, K. L.: China med. J. **41**, 825 (1927).

IBATA, S.: Acta Soc. ophthalm. jap. **34**, 1, 487 (1930). — IMAI, R.: Acta Soc. ophthalm. jap. **34**, 771 (1930).

JACKSON, E.: Amer. J. Ophthalm. **20**, 642 (1937). — JAENSCH, P. A.: 46. Heidelberg. Ber. **1927**, 265, 286. — Graefes Arch. **119**, 198 (1927). — JEANS, P. C. and Z. ZENTMIRE: J. amer. med. Assoc. **102**, 892 (1934); **106**, 996 (1936). — JENAS, P. C., E. BLANCHARD and P. C. TENMIRE: J. amer. med. Assoc. **108**, 451 (1937). — JEGHERS, H.: Ann. int. Med. **10**, 1304 (1937). — JENDRALSKI, F.: Klin. Mbl. Augenheilk. **71**, 28 (1923). — JESS: 40. Heidelberg. Ber. **1916**, 210, 226. — Dtsch. med. Wschr. **1917** I, 681. — Z. Ophthalm. u. Grenzgeb. **6**, 1, 113 (1922). — Klin. Mbl. Augenheilk. **74**, 49 (1925). — Z. Augenheilk. **82**, 177 (1934). —

Dtsch. med. Wschr. **1936 I,** 627. — JOHN, I.: Arch. of Ophthalm. **5,** 374 (1931). — Amer. J. Ophthalm. **14,** 590 (1931). — JONES, J. H.: J. of biol. Chem. **75,** 139 (1927). — JUSATZ: Naunyn-Schmiedebergs Arch. **170,** 176 (1933). — Z. Vitaminforsch. **3,** 268 (1934).
KAUPE: Münch. med. Wschr. **1934 II.** — KEEFER, CH. N.: New England J. Med. **205,,** 1086 (1931). — KEEFER and YANG: C. S. Nat. med. J. China **15,** 419 (1929). — KEIZER. D. P. R.: Arch. Méd. Enf. **36,** 301 (1933). — KENDALL, A. J. and S. R. GIFFORD: Arch. of Ophthalm. jap. **34,** 1000 (1930). — KLAFTEN, E.: Z. Geburtsh. **85,** 485 (1923). — Zbl. Gynäk. **47,** 1288 (1923). — KNAPP, P.: Z. exper. Path. u. Ther. **5,** 147 (1908). — KNÖPFEL-MACHER, W. u. F. REITER: Z. exper. Med. **68,** 232 (1929). — KOHASHI, M.: Okayama-Igakkai-Zasshi (jap.) **41,** 1633 (1929). — KOLLATH: Z. Vitaminforsch. **2,** 266 (1933). — Erg. Hyg. **14,** 382 (1933). — KOTIKAS, A.: Mschr. Kinderheilk. **63,** 108 (1935). — KRÄMER, R.: Wien. med. Wschr. **1921 I,** 1063. — KREIKER, A.: Graefes Arch. **124,** 191 (1930). — KRÜMMEL, H.: Diss. Berlin 1935. — KRZYWANEK, FR. W.: Handbuch der Ernährungskunde und Stoffwechsel der landwirtschaftlichen Nutztiere, Bd. 4, S. 714. 1932. — KUBLI, F.: Russk. oftalm. Ž. **7,** 227 (1928). — KUHLGATZ, W.: Diss. Rostock 1926. — KUHN u. BROCKMANN: Klin. Wschr. **1933 I,** 972. — KUHN u. GRUNDMANN: Ber. dtsch. chem. Ges. **67,** 593 (1934). — KÜHNAU, J.: Dtsch. med. Wschr. **1936 I,** 621; **1937 I,** 352. — KÜHNAU u. STEPP: Münch. med. Wschr. **1933 I,** 87. — KUNZ, E.: Klin. Mbl. Augenheilk. **92,** 74 (1934). — KURIKS, O.: Eesti Arst **9,** 485 (1930). — KUWANA, Y.: Acta Soc. ophthalm. jap. **38,** 1305 (1934).
LAMBERT, R. A. and A. M. YUDKIN: J. of exper. Med. **38,** 25 (1923). — LASCH: Klin. Wschr. **1934 II,** 1534; **1935 II,** 1070. — LAUBER, H. J.: Med. Welt **10,** H. 8, 255 (1936). — Bruns' Beitr. **164,** 365 (1936). — Med. Klin. **1937 II,** 1729. — LEERSUM, C. VAN: J. of biol. Chem. **79,** 461 (1928). — LEGER, G.: Bull. Acad. vet. France **9,** 119 (1936). — LEVINA, L.: Festschrift für AWERBACH, S. 157. 1926. — LEVINE, J.: Arch. of Ophthalm. **9,** 453 (1933). — LIAN, S. B.: Geneesk. Tijdschr. Nederl.-Indië **73,** 105 (1933); **1937,** 1786. — LIDSTRÖM: Acta ophthalm. (København) **4,** 43 (1926). — LINNEWEH: Med. Klin. **1936 I.** — LJUBLIN, J.: LIJEČN. Vjesn. (serbo-kroat.) **53,** 907 (1931). — LOEWENTHAL, L. J. A. A.: Arch. of Dermat. **28,** 700 (1933). — Ann. trop. Med. **29,** 407 (1935). — LOEWENTHAL and NICHOLLS: Lancet **1934,** 709. — LOPEZ, C. et A. STEINER: Bull. internat. Epizootics **10,** 336 (1935). — LORENZ, E.: Mschr. Kinderheilk. **68,** 205 (1937).
MACKAY, H. M. M.: Arch. Dis. Childr. **9,** 65, 133 (1934). — MAGENDIE: Memoires sur les propriétés nutritives des substances, pui ne contiennent pas d'Azote. Paris 1816. Zit. nach ARLTS Lehrbuch. — MANVILLE, J. A.: Arch. int. Med. **35,** 549 (1925). — MAR, P. G. and B. E. Read: Chin. J. Physiol. **10,** 273 (1936). — MARINOSCI, A.: Ann. Ottalm. **58,** 593 (1930). — MATSUOKA, H.: Acta Soc. ophthalm. jap. **36,** 1709 (1932); **37,** 48, 61 (1933); **38,** 99 (1934). — MAYOU, S.: Trans. ophthalm. Soc. U. Kingd. **24,** 9 (1904). — McCARRISON: Brit. med. J. **1,** 822 (1920). — Indian J. med. Res. **11,** 323 (1923). — McCLENDON, G. C.: Proc. Soc. exper. Biol. a. Med. **22,** 184 (1924). — McCLENDON, J. F. and C. SHUCK: Proc. Soc. exper. Biol. a. Med. **20,** 288 (1923). — McCOLLUM: The newer knowledge of nutrition, 3. Ed. 1925. — Lancet **1928,** 148. — Annual Rev. Biochem. **5,** 379 (1936). — McCOLLUM and DAVIS: J. of biol. Chem. **19,** 245 (1914); **21,** 179 (1915); **23,** 181 (1915). — McCOLLUM and SIMMONDS: Amer. J. Physiol. **46,** 275 (1918). — McCOLLUM, SIMMONDS and BECKER: J. of biol. Chem. **53,** 313 (1922); **64,** 161 (1925). — McCOLLUM, SIMMONDS, BECKER and SHIPLEY: J. of biol. Chem. **53,** 293 (1923). — MELLANBY, M.: Rekord **1921.** — Proc. roy. Soc. Med. **27,** 1503 (1930). — J. of Path. **38,** 391 (1934). — Brain **58,** 141 (1935). — MENACHO, M.: Arch. de Oftalm. (span.) **28,** 145 (1928). — MERZ-WEIGANDT, CHR.: Klin. Mbl. Augenheilk. **71,** 362 (1923). — MESKA, A.: Bratislav. lék. Listy **2,** 293 (1923). — MONRAD, ŠV.: Ugeskr. Laeg. (dän.) **1917,** 1177. — MOORE: Biochemic. J. **25,** 275 (1931). — MORETTI, E.: Ann. Ottolm. **58,** 778 (1930). — MORI, M.: Jb. Kinderheilk. **59,** 175 (1904). — MORI, SH.: Nippon Gank-Zasshi (jap.) **26,** 14 (1922). — Hopkins Hosp. Bull. **33,** 357 (1922). — J. amer. med. Assoc. **79,** 197 (1922). — Amer. J. Hyg. **3,** 99 (1923). — J. of orient. Med. **2,** 103 (1924). — MOURIQUAND, G., J. ROLLET and CHAIX: Bull. Histol. appl. **8,** 72 (1931). — MOURIQUAND, ROLLET et COURBIERES: C. r. Acad. Sci. Paris **200,** 787 (1935). — MU, J. W., C. N. FRAZIER and A. PILLAT: Chin. J. Physiol. **11,** 247 (1937). — MÜLLER, W.: Münch. med. Wschr. **1936 II,** 2116.
NAKASHIMA, M. u. Y. TAKAZAWA: Chuo Ganka i Ho **26,** H. 1 (1934). — NAROG: Polska Gaz. lek. **5,** 963 (1926). — Arch. of Ophthalm. **45,** 25 (1928). — NEUWEILER: Z. Vitaminforsch. **5,** 104 (1936). — NICHOLLS, L.: Indian med. Gaz. **68,** 681 (1933). — NICOLAU, L.: Cluj. med. (rum.) **17,** 324 (1936). — NIDA: Bull. Soc. Ophtalm. Paris **1927,** 133. — NISHIYAMA, K.: J. med. Assoc. Formosa **32,** Nr 9 (1933).
OKAMOTO, T.: Jap. med. World **5,** 180 (1925). — OSBORNE and MENDEL: J. of biol. Chem. **13,** 233 (1912); **15,** 311 (1913); **16,** 423 (1913).; **20,** 379 (1915); **24,** 37 (1916); **37,** 186 (1919); **76,** 905 (1921). — OWEN, H. B. and R. S. F. HENNESSY: Trans. roy. Soc. trop. Med. Lond. **25,** 367 (1932).
PALLIN, P.: Graefes Arch. **131,** 447 (1933). — PAPKE, W.: Z. exper. Med. **101,** 648 (1937). PAVIA, L. J. y M. DIEZ: Rev. otol. etc. y Cir. neur. sud-amer. **12,** 12 (1937). — PEDICO, O.:

Lett. oftalm. **7**, 577 (1930). — PERLMANN u. WEBER: Münch. med. Wschr. **1928 II**. — PETERS, A.: Münch. med. Wschr. **1924 I**, 223. — PI T. H.: Chin. Med. J. **48**, (1934). — PICARD: Bull. Soc. Ophtalm. Paris **1927**, 561. — PICK: Z. Z. Augenheilk. **92**, 230 (1937). — PILLAT, A.: Klin. Mbl. Augenheilk. **68**, 646 (1922). — Arch. of Ophthalm. **2**, 256, 399 (1929). — Nat. med. J. China **15**, 585, 614 (1929). — China med. J. **43**, 907 (1929). — Graefes Arch. **124**, 486 (1930); **125**, 173 (1930). — Z. Augenheilk. **73**, 183, 244 (1931). — Graefes Arch. **127**, 575 (1931); **128**, 201, 361 (1932). — Nat. med. J. China **18**, 808 (1932). — Z. Augenheilk. **79**, 200 (1932). — Arch. of Ophthalm. **9**, 25 (1933). — Z. Augenheilk. **80**, 189 (1933); **82**, 324 (1934). — Mercks Jb. **1935**, 34. — PILLAT bei PR. MAXWELL: J. Obstetr. **39**, 764 (1932). — PILLAT, A. and H. C. CHANG: Chin. Med. J. **46**, 254 (1932). — PILLAT, A. and G. KING: Brit. J. Ophthalm. **13**, 506 (1929). — PILLAT, A. and C. S. YANG: Arch. of Ophthalm. **4**, 309 (1930). — PLETNJEV, A. W.: Z. Vitaminforsch. **6**, 140 (1937). — POLAK, A. u. J. A. STOKVIS: Acta brevia neerl. Physiol. **2**, 224 (1932). — POPOVIC, J.: Serb. Arch. ges. Med. **29**, 820 (1927). — POPOVICIU, GH. si O. MIHALESKU: Cluj. med. (rum.) **17**, 14 (1936). — POULSSON, E.: J. Grieg, Bergen, Norwegen 1923. — POWERS, G. F., S. A. PARL and SIM-MONDS: J. of biol. Chem. **55**, 575 (1923). — POYALES, F.: Med. ibera **21**, 391 (1927). — PÜSCHEL, E.: Ref. Kinderärztl. Prax. **35**, H. 5 (1935). — PURFAHL: Hirschbergs Beitr. prakt. Augenheilk. **1876**. — PURTSCHER, O.: Graefes Arch. **50**, 80 (1900). — PUSCARIU, E.: Cluj med. (rum.) **12**, 47 (1931). — PUSCARIU, E. and J. NITZULESCU: Brit. J. Ophthalm. **15**, 18 (1931).

QUERNER, FR. R. VON: Klin. Wschr. **1935 II**, 1213.

RALLI, BRANDALEONE and MANDELBAUM: J. Labor. clin. Med. **20**, 1266 (1935). — RALLI, E. P., E. B. GRESSER and G. FLAUM: Arch. of Ophthalm. **14**, 253 (1935). — RANDOIN, L. et R. NETTER: Bull. Soc. Chim. biol. Paris **15**, 706 (1933). — RATSCHEWSKIJ, F.: Klin. Wschr. **1934 I**, 918. — Vestn. Oftalm. (russ.) **10**, 63 (1937). — RAU: Rev. Ophtalm. de la Lit. méd. de 1840—41 par F. CUNIER, Paris **1842**, 166. — RAVINA, A.: Presse méd. **1937 I**, 651. — RIDDELL, W. J. B.: Trans. ophthalm. Soc. U. Kingd. **53**, 295 (1933). — ROBALINHO CAVALCANTI, L.: Arqu. brasil. Neuriatr. **17**, 16 (1934). — RÖNNE, H.: Klin. Mbl. Augenheilk. **57**, 381 (1916). — Ugeskr. Laeg. (dän.) **1917**, 1488. — ROLLET, J.: Bull. Soc. Ophtalm. Paris **6**, 403 (1930). — ROSSI: Z. Vitaminforsch. **2**, 194 (1933). — ROYER, B. FR.: J. amer. med. Assoc. **87**, 482 (1926). — RUDY, H.: Verständliche Wissenschaft, Bd. 27. Berlin 1936. — RUMBAUER: Klin. Mbl. Augenheilk. **68**, 829, 744 (1922). — RUTHARDT, M.: Arch. Kinderheilk. **90**, 252 (1930).

SALVIOLI: Sperimentale **78**, 5 (1924). — SANTORI, G.: Boll. Ocul. **10**, 132 (1931). — SANTOS, F.: Espangna oftalm. **5**, 186 (1920). — SAUMTE, O. H.: Ugeskr. Laeg. (dän.) **1917**, 525; **1918**, 989. — SCHMIDT, W.: Virchows Arch. **291**, 432 (1933). — SCHMIDT, W. u. C. L. A. SCHMIDT: Univ. California Publ. Physiol. **7**, 211 (1930). — SCHNEIDER: Klin. Wschr. **1935 I**. — SCHNEIDER, E. u. E. WIDMANN: Klin. Wschr. **1934 II**; **1935 I**, 670; **1935 II**, 1786. — SCHNEIDER, E. u. H. WEIGAND: Klin. Wschr. **1937 I**, 441. — SCHREIBER: Z. Augenheilk. **56**, 198 (1925). — SCHROEDER, H.: Med. Klin. **1936 II**, 1018. — Z. exper. Med. **107**, 373 (1937). — SCULLICA, F.: Boll. Soc. ital. Peditr. **2**, 100 (1933). — Ann. Ottalm. **63**, 721 (1935). SEIFRIED, O.: Arch. Tierheilk. **69**, 250 (1935). — SEIFRIED, O. u. M. WESTHUES: Arch. Tierheilk. **62**, 223 (1930). — SEKI, Z.: Nippon-Gankakkai-Zasshi (jap.) **10**, H. 5 (1926). — SEYDERHELM, R.: Klin. Wschr. **1935 II**. — Dtsch. med. Wschr. **1936 I**, 625. — SEYDER-HELM u. GREBE: Leipzig: Johann Barth 1935. — SHINDO, S.: Acta Soc. ophthalm. jap. **34**, 1487 (1930). — SHURLEY, B. R. and R. G. TURNER: Trans. Sect. Laryng. etc. Amer. med. Assoc. **1929**, 75. — SIEGEL, J.: Ref. Med. Klin. **1935 I**, 644. — SOMMER: Z. Augenheilk. **60**, 219 (1926). — SPENCE, J. C.: Acta pediatr. (Stockh.) **11**, 541 (1930). — Arch. Dis. Childh. **6**, 17 (1931). — STANG, V.: Verh. 11. internat. tierärztl. Kongreß **3**, 848 (1931). — STARKIEWICZ, S.: Zdrowic **1917**, 379. — STEENBOCK, H. and E. M. NELSON: J. of biol. Chem. **56**, 355 (1923). — STEPHENSON, M. and A. B. CLARK: Biochemic. J. **14**, 502 (1920). — STEPHENSON, S.: Trans. ophthalm. Soc. U. Kingd. **18**, 55 (1898). — Ophthalmoskope **10**, 14 (1910). — STEPP, W.: Zbl. Ophthalm. **6**, 369 (1921). — Erg. inn. Med. **23**, 66 (1923). — Klin. Wschr. **1924 II**, 2327; **1925 II**, 1640. — Erg. Physiol. **24**, 67 (1925). — Ref. Klin. Mbl. Augenheilk. **78**, 90 (1927). — STEPP u. GYÖRGI: Avitaminosen und verwandte Krankheitszustände. XII. 817 S. Berlin: Julius Springer 1927. — Verh. dtsch. Ges. inn. Med. **1934**, 384. — Ernährg **1**, 26 (1936). — Ref. Münch. med. Wschr. **1936 II**. — Med. Welt **2**, 337 (1937). — STEPP u. FRIEDENWALD: Klin. Wschr. **1924 II**, 2325. — STEPP, KÜHNAU u. SCHROEDER: Die Vitamine und ihre klinische Anwendung, 2. Aufl. Stuttgart: Ferdiand Enke 1937. — STEPP u. SCHROEDER: Klin. Wschr. **1936 I**, 548. — STEPP u. WENDT: Dtsch. Arch. klin. Med. **180**, 640 (1937). — STOCKER, FR.: Schweiz. med. Wschr. **1936 I**, 335. STOLTE, K.: Klin. Mbl. Augenheilk. **68**, 739 (1922). — STRANSKY, E.: Jb. Kinderheilk. III. F., **104** (54) (1924). — STRAUSS, K.: Beitr. path. Anat. **94**, 345 (1934). — STREBEL, J.: Klin. Mbl. Augenheilk. **97**, 394 (1936). — SUGITA: Nippon-Gankakkai-Zasshi (jap.) **27**, 931 (1923). — SWEET, L. K. and H. J. KANG: Amer. J. Dis. Childr. **50**, 699 (1935). —

SZILY, V.: Klin. Mbl. Augenheilk. **71**, 217 (1923). — SZILY u. ECKSTEIN: Klin. Mbl. Augen-heilk. **71**, 545 (1923). — Klin. Wschr. **1924** I, 15; **1925** I, 919.

TAI, M. C.: Chin. med. J. **50**, 1453 (1936). — TAKEMOTO, Y.: Chuo Ganka Iho **27**, H. 7, 19 (1935). — TANSLEY, H.: J. of Physiol. **71**, 442 (1931). — Biochemic. J. **30**, 839 (1936). — TAUMI: Eesti Arst **2**, 213 (1923). — TERRIEN, F. et J. BLUM: Bull. Soc. Ophtalm. Paris **6**, 342 (1931). — THOENES, F.: Dtsch. med. Wschr. **1935** II, 2079. — THORSON, J. A.: J. amer. med. Assoc. **103**, 1438 (1934). — TIJSSON, J.: Nederl. Tijdschr. Geneesk. **1934**, 5452. — Geneesk. Tijdschr. Nederl.-Indië **1936**, 2891. — TOBGY: Bull. ophthalm. Soc. Egypt **28**, 238, 79 (1936). — TBOBGY, A. F. and R. P. WILSON: Bull. ophthalm. Soc. Egypt **26**, 69 (1933). — TOLLER, E.: Mitt. Ges. inn. Med. Wien **21**, 100 (1922). — TOMII, K.: Mitt. med. Akad. Kioto **11**, 1 (1934). — Acta Soc. ophthalm. jap. **40**, 2248 (1936). — DE LA TORRIENTE, RIVAS, J.: An. Hosp. Jos y Adela **3**, 221 (1932). — TREACHER, C. E.: Trans. ophthalm. Soc. U. Kingd. **50**, 201 (1930).

UEGAKI, U.: Chuo Ganka Iho **28**, H. 11, 18 (1936). — UEGATI, N.: Acta Soc. Ophthalm. jap. **40**, H. 8 (1936). — UYEMURA, M.: Klin. Mbl. Augenheilk. **81**, 186, 471 (1928).

VANYSEK, J. F.: Českoslov. Oftalm. **3**, 131 (1937). — VENCO, L.: Arch. Ottalm. **37**, 309 (1930). — VERZAR, F.: Nutrit. Rev. **2**, 441 (1933). — Erg. Biol. **10**, 101 (1934).— VISVALINGAM, A.: Malaya med. J. **1928**. — VIUSA, F.: Espagna oftalm. **5**, 1, 161 (1920). — VOGELS, A.: Ther. Ber. **1934**, 27. — VOGT, E.: Münch. med. Wschr. **1929** II. — Dtsch. med. Wschr. **1931** I, 1110.

WAGNER, R.: Arch. f. exper. Path. **97**, 441 (1923). — Wien. med. Wschr. **1924** II, 1100. — Mitt. Ges. inn. Med. Wien **25**, 106 (1926). — WALD: Amer. J. Physiol. **109**, 107 (1934). — J. gen. Physiol. **18**, 905 (1935). — WASON, J. M.: J. amer. med. Assoc. **76**, 908 (1921). — WEECH, A. A.: Amer. J. Dis. Childr. **39**, 1153 (1930). — WEEKERS et HUBIN: Bull. Soc. belge Ophtalm. **57**, 15 (1928). — WEGNER, H.: Diss. Kiel 1936. — WENDT, H.: Ref. Münch. med. Wschr. **1935** II. — Münch. med. Wschr. **1935** II, 1679; **1936** I 808. — Klin. Wschr. **1935** I, 9; **1936** I, 222; **1937** II, 1175. — WENDT u. SCHROEDER: Z. Vitaminforsch. **4**, 206 (1935). — WIDMARK, E.: Lancet **1924**, **206**, 1206. — WIELAND, E.: Scitti med. in onore R. JEMMA **2**, 1395 (1934). — Münch. med. Wschr. **1934** I. — Schweiz. med. Wschr. **1936** II. — WILL, G.: Ref. Klin. Wschr. **1936** II, 1281. — WILLE, W. A.: Geneesk. Tijdschr. Nederl.-Indië **73**, 279 (1933). — WOLBACH, S. B. and P. R. HOWE: J. of exper. Med. **42**, 753 (1925). — Proc. Soc. exper. Biol. a. Med. **22**, 402 (1925). — Amer. J. Path. **1933**, H. 1, 275. — WOLFF, OVERLOFF u. VAN EEKELEN: Dtsch. med. Wschr. **1930** II. — WRIGTH, R.: Brit. J. Ophthalm. **6**, 161 (1922). — Lancet **1931** I, 800.

YOSHIMOTOT, R.: Arch. Augenheilk. **99**, 160 (1928). — YPSILANTI, H.: Klin. Wschr. **1935** I, 90. — YUDKIN, A. M.: J. amer. med. Assoc. **79**, 2206 (1922). — Arch. of Ophthalm. **53**, 416 (1924); **6**, 510 (1931). — J. amer. med. Assoc. **101**, 921 (1933). — Arch. of Ophthalm. **14**, 112 (1935). — YUDKIN and LAMBERT: J. of exper. Med. **38**, 17 (1923).

ZIMMERMANN, H. M. and G. R. COWGILL: J. Nutrit. **11**, 411 (1936). — ZLOCISTI, TH.: Klin. Mbl. Augenheilk. **59**, 572 (1917).

2. Mangel an den Vitaminen des B-Komplexes (einschl. Segelschiff-Beriberi).

α) Beriberi.

Von **W. SCHÜFFNER**, Amsterdam.

Mit 6 Abbildungen.

Definition. Eine Krankheit, die durch mehr oder weniger ausgebreitete Störungen des peripheren Nervennetzes und der gesamten Muskulatur (einschließlich des Herzens) gekennzeichnet ist. Diese entstehen, wenn die tägliche Nahrung unzureichende Mengen Vitamin B_1 = Aneurin enthält. Sie finden ihren morphologischen Ausdruck in einer typischen Entartung von Nerv und Muskel und äußern sich klinisch durch begleitende oder anschließende Läh-mungen.

Die Erkrankung steht in enger Abhängigkeit von dem Grade und der Dauer des Vitaminmangels, ferner sind manche Nerven- und Muskelgruppen mehr, andere weniger für die Schädigung empfänglich. Rechnet man dazu einen individuell wechselnden Widerstand, dann darf man ein vielgestaltiges Bild der Krankheit erwarten.

Beriberi kommt sporadisch oder epidemisch vor. Die letztere Form, die heute stark in den Hintergrund getreten ist, ließ an eine Infektion denken und führte zu der Bezeichnung *Polyneuritis* oder *Neuritis multiplex*. Beide Namen sollte man als irreleitend fallen lassen. Der anatomische Prozeß, welcher der Krankheit zugrunde liegt, ist eine Polyneurodegeneration, hat also nichts mit einer Entzündung zu tun. Der indische Name „Beri Beri" dagegen hat sich im Zeitalter der Vitaminforschung, die durch das Studium der B_1-Avitaminose eingeleitet wurde, eingebürgert und ist heute allgemein geläufig.

Verbreitung, örtlich und zeitlich. Als eine von der Kost abhängige Krankheit tritt die Beriberi da auf, wo die gebräuchliche Ernährung einen Mangel an Aneurin ausgesetzt ist. Aus Gründen, die später ausführlich behandelt werden, trifft dies am meisten für die Völker zu, die gewohnt sind, Reis (auch Sago) als Hauptnahrung zu sich zu nehmen. Damit wird das Reich der Beriberi fast ausschließlich in die warmen und heißen Zonen der Erde verlegt. Japan, Niederländisch-Indien und Südamerika waren die Länder, aus denen man zuerst und am meisten von Beriberi hörte, während in ausgedehnten Bezirken Afrikas die Krankheit kaum bekannt war. Das änderte sich aber, als z. B. beim Bau von Eisenbahnen die Kost der Negerarbeiter, die aus Bananen bestand, zweckmäßigkeitshalber durch importierten Reis ersetzt wurde. Nun brach auch unter den Negern die Beriberi in heftigster Weise aus.

Wo der Reis eine geringe oder gar keine Rolle bei der Ernährung spielt, ist die Beriberi zwar nicht ausgeschlossen, aber sie bleibt dann eine mehr oder weniger große Seltenheit. Es sind dann stets besondere Umstände nötig, um den für die Gesundheit gefährlichen Mangel an Vitamin B_1 zustande zu bringen. Man kann daher Fällen von Beriberi begegnen, wo sie vom Standpunkte der reinen Reistheorie nicht zu erwarten sind, unter anderem im gemäßigten und kalten Klima.

Betrachtet man die jahreszeitliche Verteilung der Beriberi in verschiedenen Ländern, dann hat es auf den ersten Blick den Anschein, als ob der Gipfel der Kurve regelmäßig in eine bestimmte Saison fiel. Für Japan geben SCHEUBE über die Zeit von 1878—1880 und MIURA aus Kyoto (ohne Jahresangabe) die folgenden Ziffern:

	Jan.	Febr.	März	April	Mai	Juni	Juli	Aug.	Sept.	Okt.	Nov.	Dez.
SCHEUBE .	14	13	32	50	72	103	133	73	42	20	7	4
MIURA . .	93	105	178	316	640	826	1356	1181	831	564	257	109

Die Monate Mai bis September sind also in Japan am meisten belastet. Ein anderes Bild lieferte die Morbiditätsziffer bei Arbeitern auf Tabakspflanzungen in Sumatra:

Jan.	Febr.	März	April	Mai	Juni	Juli	Aug.	Sept.	Okt.	Nov.	Dez.
56	41	17	8	13	5	6	10	3	2	20	41.

Die Steigerung beginnt hier im November, um im Januar den Höhepunkt zu erreichen. Beide Beispiele haben ein Gleiches: Das Maximum der Fälle liegt in den Monaten des größten Regenfalles. Doch würde man fehl gehen, wenn man die Krankheit mit dem Klima in direkte Verbindung bringen wollte. Was dagegen spricht, waren in Sumatra u. a. die Verhältnisse in den Gefängnissen: Hier blieb die Kurve der Erkrankungen das ganze Jahr hindurch auf annähernd gleicher Höhe. Das regelmäßige Ansteigen der Beriberi unter den Tabaksarbeitern hing daher zusammen mit der Veränderung der Lebensweise: Der Teil der Arbeiter, unter dem die Beriberi ihre Opfer fand, wurde in den Monaten Oktober bis Januar auf das Etablissement konzentriert, hatte hier eine sitzende

Lebensweise (Sortieren der Tabaksblätter) und wurde aus gemeinschaftlicher Küche verköstigt. Bei der Zubereitung des Reises wurden aber regelmäßig, wie sich später herausstellte, grobe Fehler gemacht, mit dem Erfolg, daß die Krankheit ebenso regelmäßig mit größerer Heftigkeit erschien. Die in den Feldern bleibenden Arbeiter hatten nicht zu leiden. In der nun folgenden Pflanzperiode, die wieder die gesamte Arbeiterschaft aufs Feld brachte und die Sorge fürs Essen jedem einzelnen überließ, ging die Krankheit wieder zurück. Der Sommergipfel in Japan scheint mit dem Altern des vorjährigen Reises zusammenzuhängen; hier ist es die neue Ernte, welche die Krankheit zurückdrängt. Diese Beispiele mögen genügen, um zu zeigen, daß die zweifellos vorhandene Abhängigkeit der Beriberi von der Jahreszeit ihren tieferen Grund in bestimmten Faktoren der Lebensweise hat.

Was das Vorkommen der Krankheit im Laufe der Jahre betrifft, so gibt hierfür die Statistik der niederländisch-indischen Armee eine gute Vorstellung (s. Abb. 1).

Im ersten Abschnitt von 1863 an bleibt die Kurve, ebenso wie in den früheren Jahren, fast auf dem 0-Niveau. Das will nicht besagen, daß man die Beriberi beim Heere nicht kannte. Bereits im Jahre 1611 berichtet der erste General-Gouverneur der ostindischen Kompagnie, PIETER BOTH: „Hier regeert onder de onzen een plaag, genaamd Beri Beri, waarvan zy geheel worden impotent van handen en beenen". Zum erstenmal wird hier der Name Beriberi in Europa genannt. Aus BONTIUS' Werken

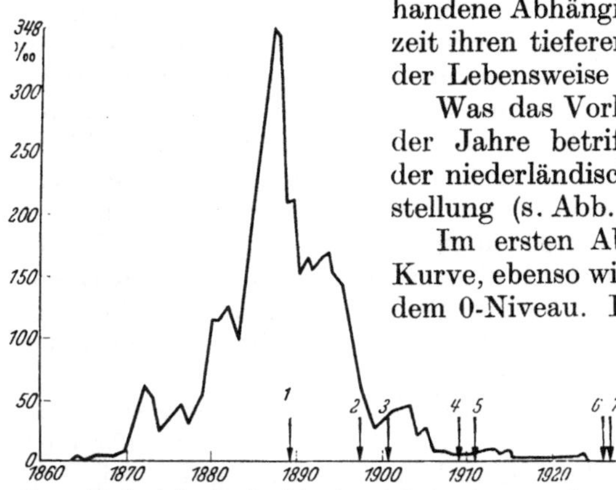

Abb. 1. Verlauf der Beriberi in der niederländisch-indischen Armee von 1863—1924. Die Steigung wurde verursacht durch Ernähren mit Maschinenreis ohne die nötige Kompensation durch reichlich aneurinhaltige Zukost. Einige geschichtliche Daten: *1* Entdeckung von CHR. EIJKMAN 1889; *2* Sammelforschung von A. VORDERMAN 1897, *3* „Partialhunger" von GRIJNS 1901; *4* Lipoidforschung von STEPP 1908; *5* „Vitamin" von CAS. FUNK 1912; *6* Reindarstellung des B, von JANSEN und DONATH 1926; *7* Formel des B, von WINDAUS und R. WILLIAMS 1931.

(1627—1631) wurde die Krankheit genauer bekannt. Er selbst machte sie im Anschluß an Dysenterie durch, „genas aber mit Gottes Hilfe". — 1845 noch finden wir einen Hinweis, daß Beriberi eine seltene Krankheit sei.

So blieb es bis zum Anfang der obenstehenden Kurve. Nun aber, etwa 1870, geht die Zahl der Kranken in die Höhe, um nach einem kleinen Abfall gewaltig anzusteigen, mit dem Gipfel etwa 1886. In diesem Jahr erkrankten 33,5%, also ein Drittel des Heeres, mit 1,85% Todesfällen! Die Reaktion auf einen derart unerwünschten und gefährlichen Zustand war die Entsendung einer wissenschaftlichen Expedition, 1887, unter PEKELHARING und WINKLER, denen EIJKMAN als Assistent beigegeben war. Danach senkt sich die Kurve in mehreren Staffeln wieder, um 1910 den Stand vor 1870 zu erreichen. Diese eigenartige, sich in drei Jahrzehnten abspielende Katastrophe ist heute nicht anders zu erklären, als daß auf dem Gebiete der Reiskost, vor allem durch die stets reichlicher werdende Verwendung maschinell bearbeiteten Reises, für unsere heutigen Begriffe fundamentale Fehler gemacht wurden (s. unter Reis), die man dann nach 1889, dem Jahr der EIJKMANschen Entdeckung, nach und nach zu vermeiden lernte.

Rasse, Geschlecht und Alter. Die Beriberi macht hier, wie wir heute annehmen dürfen, keinen Unterschied. Unter gleichen Bedingungen der Ernährung erkrankt der Europäer ebenso gut wie der Farbige, die Frau wie der Mann, Kinder ebenso wie Erwachsene. Da die Ernährung aber großem Wechsel unterworfen ist, kann die Beriberi bei den drei Kategorien sehr ungleich auftreten, ja man kann selbst gewisse Regelmäßigkeiten wahrnehmen. Z. B. erkrankten von dem Personal der niederländisch-indischen Marine die Europäer nur mit 0,6%, die Inländer dagegen mit 36,4%. Von den Arbeitsleuten auf Tabaksplantagen standen, was die Häufigkeit der Erkrankung anlangt, die Chinesen in den Jahren 1897—1910 mit 1,5% oben an, die Javanen folgten mit nur 0,3% Erkrankungen, aber nahezu refraktär schienen die Frauen mit 0,1% zu sein. Aus Japan wird ebenfalls berichtet, daß das weibliche Geschlecht wenig unter Beriberi zu leiden hat. Doch konnte schon SCHEUBE hiervon Ausnahmen sehen, in Pensionaten usw. ,,Kommt das weibliche Geschlecht unter die gleichen Bedingungen, dann scheint die Immunität abzunehmen.'' Als man später dieser vermeintlichen Immunität auf den Grund ging, blieb davon kaum etwas übrig. Nur bei Hühnerversuchen konnte man eine Spur davon finden. Hähne erkrankten bei aneurinarmer Diät rascher als Hennen. Dies läßt sich erklären durch die größeren Vitaminausgaben, die die Geschlechtstätigkeit bedingt. In ähnlicher Weise ist auch die schwangere Frau, die ja für das werdende Kind mitsorgen muß, für das Entstehen der Beriberi prädestiniert, man braucht also nicht zu dem vagen Begriff einer verminderten Immunität zu greifen.

Daß auch das Säuglingsalter der Beriberi ausgesetzt ist, wurde erst in den letzten 20 Jahren genauer bekannt.

Ätiologie. Die Kenntnis der Ursachen der Beriberi hat sich in den letzten 75 Jahren entwickelt, nicht allein, weil in diesem Zeitalter das Suchen nach der Ätiologie die vornehmste Aufgabe der Biologie war, sondern weil ihr vermehrtes Auftreten die Beriberi zu einer brennenden Frage machte. Bis zur Entdeckung der experimentellen B_1-Avitaminose durch EIJKMAN, waren es in der Hauptsache 3 Theorien, die das Rätsel der Krankheit zu lösen versuchten, und zwar nahm man an, die Beriberi sei:

1. *eine Infektionskrankheit.* Vor allem die grundlegenden Arbeiten von BÄLZ und SCHEUBE waren hierfür eine große Stütze. Schon der Name Polyneuritis epidemica ließ an einen Infektionsstoff denken. Das massenhafte Vorkommen in Kasernen, Gefängnissen, Asylen, Pensionaten, auf Plantagen und Schiffen, war damals kaum anders als durch eine Infektion zu erklären. Im Zeitalter der großen KOCHschen Entdeckungen war es denn auch kein Wunder, daß nach den schuldigen Bakterien gesucht wurde, so von OGATA in Japan, von PEKELHARING und WINKLER auf Java, und von MANSON, der ein Miasma annahm. Doch gab es viele Beobachtungen epidemiologischer Art, die nicht, oder nur auf dem Umwege der Hypothese, mit einem lebenden Krankheitsstoff in Einklang zu bringen waren. So z. B. das Vorkommen auf Schiffen fast nur unter der farbigen Besatzung, nicht unter den Europäern, das Verschontbleiben der Tamils (Vorderindier) bei längerer Untersuchungshaft, während Chinesen unter den gleichen Umständen rasch der Krankheit zum Opfer fielen. Die Infektionstheorie wirkte sich dadurch nachteilig aus, daß sie im Gegensatz zu den beiden anderen Theorien die Maßnahmen gegen die Seuche in vollkommen verkehrte Bahnen leitete: Man suchte die Krankheit mit Desinfektion von Hausrat und Wohnungen zu bekämpfen, z. B. in Atjeh, wo die ,,Sublimatkanone'' eine gewisse Berühmtheit erlangte!

Die Theorie ist heute fast ganz verlassen, auf eine mögliche Ausnahme wird später gewiesen.

Während SCHEUBE noch 1894 den Gedanken, daß Beriberi ihre eigentliche und wesentliche Ursache in einer mangelhaften Nahrung habe, weit von sich weist, wurde

2. *verkehrte Ernährung* von anderen für das Entstehen der Krankheit verantwortlich gemacht. Damit kam man der Lösung schon näher, wie die zwei

folgenden lehrreichen Vorbilder zeigen. Im Jahre 1874 war es der holländische Marinearzt VAN LEENT, dem der Unterschied zwischen den hohen Krankenziffern der farbigen Bemannung gegenüber der europäischen, die fast von Beriberi frei blieb, auffiel. Er suchte den Grund in der Kost und wußte es bei der Admiralität durchzusetzen, daß das malayische Schiffsvolk statt der inländischen Reistafel das europäische Menu bekam. Die Beriberi-Ziffer der indischen Marine sank von 60% auf 7%. Er setzte die günstige Wirkung auf Rechnung des höheren Gehaltes an Eiweiß und Fett. Noch näher kam der Wahrheit der Generalarzt der japanischen Marine, TAKAKI, der im Jahre 1884 aus ähnlichen Gründen das Menu auf der Kriegsflotte veränderte. Er gab anfangs mehr Fleisch, Eier, Gemüse u. a., und verminderte die Reisration, die er durch Gerste, Weizen und Brot ersetzte. Die Erkrankungsziffer fiel im gleichen Jahr von 23% auf 12%, im folgenden Jahr, 1885, wo noch weniger Reis gegeben wurde, auf 1,5%, 1886 auf 0,3% und blieb von 1887 an auf Null. Ein überraschender Erfolg, bei dem das bewundernswerte darin liegt, daß er möglich wurde, ohne daß man den inneren Zusammenhang kannte!

3. *die Beriberi sei eine Intoxikation.* Bei dieser Theorie tritt der Reis noch mehr in den Mittelpunkt. Ähnlich dem Lathyrismus und dem Ergotismus sollte sich auch im Reiskorn durch Verderben ein Gift bilden, das den Symptomenkomplex der Beriberi hervorrufen könne. Obwohl die Analyse für die Anwesenheit eines Giftes keinerlei Anhaltspunkte gab, sind aus dieser Theorie doch zwei Wege hervorgegangen, auf denen die Beriberi hätte wirksam bekämpft werden können. Das eine war die Empfehlung von VAN DIEREN, den Reis so zu behandeln, wie es die Dorfbevölkerung tat. Der Reis wurde hier bis zum Tage des Gebrauchs in der Spelze bewahrt, konnte also, wie er annahm, nicht verderben. Wenn schon die Erklärung falsch war, die Tatsache blieb bestehen, daß Beriberi auf dem Lande nahezu unbekannt war (s. unter „Reis"). Die andere Erkenntnis verdanken wir BRADDON, der zuerst darauf wies, daß der „cured" oder „parboiled" Reis, den die Tamils in Madras genießen, vor Beriberi schützte. Dieser Reis macht eine besondere Behandlung durch, die ihn besser konserviert. Wie wir später sehen werden, war auch hier der Grund, daß er so günstig wirkte, nicht der Schutz vor dem Verderben, sondern ein anderer.

Im Jahre 1889 machte dann CHR. EIJKMAN seine fundamentale Entdeckung, mit der in der Geschichte der Beriberi ein neues Zeitalter beginnt: Die Krankheit wurde für den Tierversuch zugänglich und von dem Reiskorn wurde ein bestimmter Anteil, das Pericarp, als der Teil erkannt, dessen Fehlen der Krankheit in die Hand arbeitete.

Wie so manchesmal bei Entdeckungen, hat auch hier der Zufall eine glückliche Rolle gespielt. Während EIJKMAN noch die bakteriologischen Arbeiten der Kommission unter PEKELHARING und WINKLER fortsetzte, trat unter den Hühnern des Laboratoriums in Batavia eine Krankheit auf, die sich in einer Lähmung der Beine äußerte und weiter aufsteigend bis zur Rumpf-, Hals- und Kopfmuskulatur, zum Tode führte. Anatomisch ging die Krankheit ebenso wie die Beriberi mit einer Nervendegeneration einher, und wurde daher von EIJKMAN Polyneuritis gallinarum genannt, eine Hühnerseuche, die man früher auch schon gesehen hatte (SCHNEIDER). Die Krankheit verschwand spontan wieder, bevor EIJKMAN bei seinen bakteriologischen Untersuchungen, die seinen Gedankenkreis noch beherrschten, etwas gefunden hatte. Aber als er nun den Hergang der Hühnerseuche zurückverfolgte, fand er, daß die Hühner eine Zeitlang, abweichend von dem Gewohnten, mit gekochten Reisabfällen aus der Spitalküche gefüttert waren und daß die Seuche fast mit dem Tage erlosch, wo wieder das gewöhnliche Futter, das Reiskorn in der Spelze, gegeben wurde. Daran knüpfte EIJKMAN seine entscheidenden Experimente, nämlich absichtliches Füttern mit verschiedenem Reis und fand so, daß die Hühnerkrankheit entstand, wenn dem Reiskorn die eiweißreiche Rindenschicht durch die küchenmäßige Behandlung entzogen war. Durch vergebliche Versuche, das Pflanzeneiweiß durch tierisches Eiweiß zu ersetzen und durch den Nachweis, daß die Mineralsalze keinen Anteil an der Pathogenese hatte, wurde das Wesentliche immer mehr auf besondere Eigenschaften der Reiskleie konzentriert: Der Anfang eines Weges durch den Irrgarten der Beriberi war freigelegt.

Den ersten größeren Beweis für die Richtigkeit erbrachte 1897 A. VORDERMAN, durch eine eingehende Untersuchung von 101 Gefängnissen mit 282000 Insassen auf Java und Madura. Während Höhenlage, Bau der Gefängnisse u. a. keine Beziehung zur Beriberi erkennen ließen, war die Beziehung zur Art der Reiskost überzeugend. VORDERMAN teilte die Gefängnisse in drei Klassen ein, je nachdem sie mit ganz geschliffenem, seines Pericarps beraubtem Reis (A), mit halb geschliffenem (B), oder mit ungeschliffenem Reis (C) versorgt waren. Beriberi kam vor in:

51 Gefängnissen mit Reis A 36mal; 1 Kranker auf je 36 Insassen,
13   ,,   ,,   ,, B 6mal; 1   ,,   ,, ,, 416 Insassen,
37   ,,   ,,   ,, C 1mal; 1   ,,   ,, ,, 10725 Insassen.

Vor allem die Krankenzahlen sind sprechend, ungeschliffener Reis gab beinahe 300mal weniger Anlaß zu Beriberi als geschliffener! Daß diese klassische Arbeit keinen sofortigen Umschwung in der Beriberi-Frage brachte, ist eines der Rätsel, die in der Wissenschaft immer wiederkehren.

EIJKMANs Nachfolger GRIJNS stellte dann 1896—91 fest, daß die Fähigkeit, gegen Beriberi zu schützen, auch vielen anderen Nahrungsmitteln, wenn auch im verschiedenen Grade, eigen war. Zugleich konnte er zeigen, daß auch Nahrung, die kein Amylum enthielt, die Krankheit hervorzurufen vermochte; z. B. wenn er die Versuchstiere, Hühner oder Tauben mit ausgekochtem Fleisch fütterte. Die Krankheit kam so los vom Reis und wurde auf eine viel breitere Grundlage gestellt.

Ein weiterer bedeutsamer Fortschritt war der Nachweis, daß der schützende Stoff bei längerer Erhitzung auf 120° seine Wirksamkeit verlor, und endlich war es GRIJNS, der auf Grund seiner Versuche 1901 zum ersten Male aussprach: „Es kommen in den natürlichen Nahrungsmitteln Stoffe vor, die nicht ohne ernsten Schaden für die peripheren Nerven gemißt werden können". In der Folgezeit wird das Problem weiter von MAURER, AXEL HOLST, BRADDON, SCHAUMAN in Angriff genommen, sowie von STEPP, der die Frage von anderer Seite anfaßte.

Die praktischen Lehren aus diesen klassischen Untersuchungen haben sich nur sehr langsam — mit einzelnen Ausnahmen — durchgesetzt, und noch viel länger hat es gedauert, bis der rätselhafte Stoff, der die Beriberi fernhält, aus den Nahrungsmitteln abgeschieden und rein dargestellt werden konnte. Zwar hatte schon EIJKMAN, vor allem aber FRASER und STANTON (1911) gezeigt, daß sich aus 100 g Reiskleie der wirksame Bestandteil quantitativ bis auf 5 g organische eiweißfreie Substanz einengen ließ. FUNK meinte in dem gleichen Jahre selbst zur Reindarstellung eines in noch viel geringerer Menge wirksamen Konzentrats gekommen zu sein, mußte aber seine Pyridinbase, die er *Vitamin* nannte, wieder zurückziehen. Der Name Vitamin ist geblieben. Erst JANSEN und DONATH waren 1926 so glücklich, das Vitamin B, in krystallinischer Form rein zu gewinnen, wobei sie berechnen konnten, daß dieses Edelsalz nur den 0,00006 Teil der Reiskleie ausmachte! Etwa zwei Jahre später stellte WINDAUS die richtige Formel auf, die $C_{12}H_{16}ON_4S \cdot 2HCl$ lautet. Nach den letzten Forschungen besteht das Vitamin B_1 aus 2 Ringen, einem Pyrimidin und einem Thiazolderivat, verbunden durch eine CH_2-Brücke. An der Hand dieser Struktur haben fast gleichzeitig GREWE. ein Schüler von WINDAUS, WILLIAMS in Amerika, sowie ANDERSAG und WESTPHAL den Wirkstoff synthetisch herstellen können. Im Prinzip ist damit die Frage des Vitamins B_1 gelöst, der weiteren Erforschung der Beriberi wurde die feste Basis gegeben.

Die Klinik der Beriberi. So vielgestaltig das Bild der Beriberi sein kann, bei Massenerkrankungen, die wir einfachheitshalber Epidemien nennen, trifft man im großen und ganzen auf eine recht große Eintönigkeit. Fälle aus solchen Epidemien lege ich der folgenden Beschreibung zugrunde.

Die ersten Zeichen der aufkommenden Krankheit bestehen in leichterer Ermüdung bei körperlicher Arbeit, die mehr oder weniger rasch zunimmt und in einer Schwäche der Beine, der Hände und Arme, die schließlich in Lähmungen übergeht. Das kann in wenigen Tagen geschehen. Gleichzeitig, oder auch schon zuvor, manchmal erst später, klagen die Kranken über Vertaubungsgefühl, Kriebeln und Ameisenlaufen in Füßen und Händen. Es kann auch Hyperästhesie vorhanden sein. Die Herabsetzung des Gefühls geht gewöhnlich nicht in vollkommene Anästhesie über, sie breitet sich aber zentripetal aus. Ein weiteres Kardinalsymptom sind die Ödeme, die mit großer Regelmäßigkeit den akuten Prozeß begleiten. Sie treten gewöhnlich zuerst an den Unterschenkeln auf, und zwar zunächst weniger deutlich an den Knöcheln als prätibial. Später, wenn die Ödeme zunehmen, verwischt sich dieses Verhältnis. Zum Teil sind die Ödeme direkte Äußerungen der spezifischen Schädigung, die der Mangel an B_1, wie wir noch sehen werden, hervorruft. Zum anderen Teil müssen sie als Folgen einer besonderen Zirkulationsstörung, des vierten Kardinalsymptoms der Beriberi, aufgefaßt werden. Der Kranke beginnt unter Herzklopfen und Kurzatmigkeit zu leiden, Symptome, die objektiv ihren Ausdruck in einer Dilatation des Herzens und großer Labilität des Pulses finden. Schon bei leichten Anstrengungen schnellt dieser in die Höhe. Die kardiovasculären Symptome, ebenso wie das Ödem, je nach der Art des Falles mehr oder weniger schwer entwickelt, vermißt man bei genauer Beobachtung *in keinem* Falle.

Von seiten der übrigen Organe merkt man im Anfangsstadium wenig. Die Temperatur ist normal, Lungen und Bronchien bleiben frei, die Urinausscheidung ist unverändert. Es findet sich kein Eiweiß im Harn. Dagegen besteht meist eine Neigung zur Verstopfung. Die Sehnenreflexe erlöschen, nachdem vorübergehend eine Steigerung auftritt.

Der weitere Verlauf ist davon abhängig, ob der Mangel an B_1 unterbunden und die richtige Diät eingeleitet wird. Geschieht dies, dann setzt mit dem Tage der Kostveränderung die Heilung ein. Bleibt der Mangel bestehen, so entwickelt sich der Prozeß weiter. Die sensible Störung breitet sich nach oben aus, die zunehmende Muskellähmung macht den Patient bettlägerig und im weiteren Verlauf vollkommen hilflos. Die Lähmung ist eine aufsteigende. Nach den Muskeln der Extremitäten folgt die Rumpfmuskulatur und das Zwerchfell. Am längsten halten gewöhnlich die Intercostalmuskeln aus. Sie funktionieren noch, wenn schon die heisere, krächzende oder tonlose Stimme die Lähmung der kleinen Muskeln des Kehlkopfs und der Stimmbänder, und das maskenartige Gesicht die Facialislähmung verrät. Wenn der Zustand der Lähmung soweit gediehen ist, muß die Behandlung rasch kommen, sonst geht der Kranke durch Atemlähmung, Schluckpneumonien, Sepsis infolge Decubitus u. a. zugrunde.

Wird die zweckmäßige Diät eingeleitet — in der früheren Zeit allein vom Zufall abhängig — so kann auch noch ein extremer Zustand in rasche Besserung und vollkommene Heilung übergehen. Der Verlauf ist dann folgender. Zuerst lassen die Ödeme nach, bei Kranken, wo sie das Bild beherrschten und die Haut glänzend gespannt war, beginnt sich die Hautfältelung wieder zu zeigen. Das

Gesicht schwillt ab und unter starker Vermehrung der Urinmenge ist in wenigen Tagen von der Wassersucht nichts mehr zu sehen. Nun wird deutlich, welche Verwüstung der Nährschaden ausgerichtet hat: Der gelähmte Körper hat einen beträchtlichen Teil seiner Muskelmasse verloren, an den mageren Extremitäten tritt die Modellierung von Knochen und Gelenken unnatürlich zutage; der Rumpf hat ein skeletartiges Aussehen angenommen. An den gelähmten Füßen bildet sich rasch eine starke Spitzfußstellung heraus, und bei Mangel an fachgemäßer Pflege kommt es zum Durchbeugen der Knie und zur Subluxation der Tibien. Die Hände nehmen am häufigsten eine der Radialislähmung gleichende Stellung an. In ihnen zeigt sich bei weiterer Besserung das erste Leben. Es dauert nun 6—12 Monate, selten länger, bis sich die Lähmungen wieder vollkommen verloren haben, die Kraft wieder zurückgekehrt ist. Früher verschwinden die sensiblen Störungen. Die Beriberi ist demnach heilbar; als große Ausnahme bleiben Folgen zurück, aber selbst diese mehr dadurch, daß bei der Pflege (Entstehen von Decubitus, Gelenkveränderungen) etwas versäumt wurde.

Die Heilungsperiode wird also durch das Bild der Muskelatrophie beherrscht, die sich je nach der Schwere der Ernährungsstörung mehr oder minder hatte ausbreiten können. Bei der Einteilung der Beriberi findet man diesen Zustand meistens als eine eigene Erscheinungsform der Beriberi angegeben. Man spricht dann von einer trockenen oder atrophischen Form und stellt ihr gegenüber die nasse oder hydropische Form. Das ist meines Erachtens eine unrichtige Vorstellung. Der aktive Prozeß, der durch die schädigende Wirkung des Vitaminmangels unterhalten wird, geht wohl stets mit Ödemen einher. In dem einen Falle sind sie stark entwickelt, in dem anderen muß man danach suchen. Zwischen diesen beiden Extremen liegen die möglichen Abstufungen. Fehlt jede Spur von Ödem bei einem gelähmten Patienten, so darf man dies als ein Zeichen ansehen, daß die Krankheit zum Stehen gekommen ist. Der schwerste Hydropiker kann also bei richtiger Therapie in die reinste Form der sog. atrophischen Beriberi übergehen. Es ist ein Folgezustand, der nun Monate andauert und sich langsam bessert, bis die Reparation vollkommen abgeschlossen ist. Eine primär atrophische Beriberi gibt es daher kaum, sie kann aber vorgetäuscht werden, wenn das Ödem im aktiven Stadium übersehen wurde.

Besondere Symptome der Beriberi. Die sensiblen wie die motorischen Nervenstörungen treten symmetrisch auf, und zwar mit so großer Regelmäßigkeit, daß einseitige Reiz- oder Lähmungserscheinungen differentialdiagnostisch geradezu gegen Beriberi sprechen würden. Sie beginnen an der Peripherie und steigen dann zum Rumpfe auf. Der aufsteigende Charakter kann so augenfällig sein, daß sich die Ähnlichkeit mit der LANDRYSchen Paralyse aufdrängt. Einer meiner jüngeren Kollegen in Sumatra, der neurologische Vorbildung hatte, diagnostizierte denn auch seine erste Beriberi-Epidemie prompt als eine Epidemie von LANDRYScher Paralyse! Die ergriffenen Muskeln sind gegen Druck empfindlich, besonders deutlich ist dies an den Waden ausgesprochen, wo Druck geradezu heftigen Schmerz hervorrufen kann.

Die beginnende Lähmung der Beine wird am ersten deutlich durch das Unvermögen, sich aus der Kniebeuge schnell und elastisch zu erheben. Bei Massenuntersuchungen auf Beriberi spielt darum die Prüfung der Kniebeuge eine große Rolle, Schwerfälligkeit bei dieser Bewegung muß in Ländern, wo man Beriberi erwarten darf, unmittelbar den Verdacht einer Beriberi erwecken. Wird die Lähmung stärker, dann kann man den Beriberiker schon am Gang erkennen: mühsam und steif und bald nur noch mit Hilfe eines Stockes möglich. Dieser leicht spastische Gang geht im späteren Stadium in den der schlaffen

Lähmung über, und da die Strecker gewöhnlich stärker ergriffen sind als die Beuger, bildet sich der für Peronaeuslähmung charakteristische Hahnentritt aus.

Die elektrische Erregbarkeit der Muskeln verändert sich genau nach den Gesetzen, die wir nach Durchschneidung mit Degeneration des distalen Nervenastes kennen. Sie bleibt bei Destruktion der Nerven monatelang bestehen. In Fällen, wo es nur durch eine funktionelle Störung der Nervenleitung zu Lähmungen kommt, bildet sich naturgemäß die Entartungszuckung nicht aus. Der Muskel bleibt für den faradischen Strom erregbar. Mehr als theoretische Bedeutung kommt der elektrischen Untersuchung nicht zu.

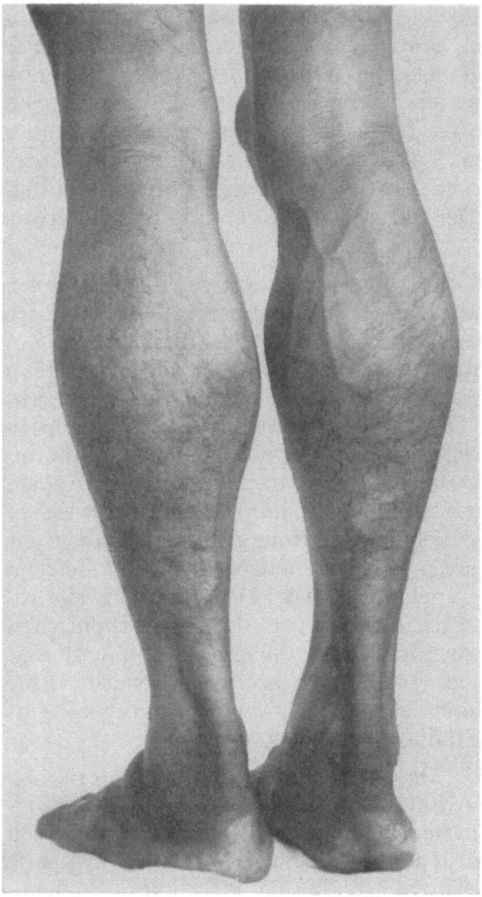

Eine Sonderstellung nimmt eine Erscheinungsform der Beriberi ein, die man bei akutem, epidemieartigem Auftreten der Beriberi häufiger sehen kann. Hierbei fällt die starke Schwellung der Waden auf, die sich bretthart anfühlen, als ob die Muskeln im Zustande der Kontraktion wären (s. Abb. 2). Die Haut darüber ist gespannt, von Ödem ist aber wenig nachzuweisen, auch nicht an den Fußknöcheln, deren Form sich noch gut abhebt. WENCKEBACH hat in einem solchen Fall eine Probeexcision machen lassen. Beim Einschneiden lief kaum ein Tropfen Blut noch Flüssigkeit aus der Wunde, es bestand also kein interstitielles Ödem; das frei bewegliche Umsatzwasser war nicht vermehrt. Dagegen quollen die Muskelbündel aus dem Spalt der Fascie stark hervor, als Zeichen, daß die Sehnenhülle die Muskelmasse kaum bergen konnte. Bei mikroskopischer Untersuchung waren die Fasern dicker als normal, offenbar durch Vermehrung des intrafibrillären, gebundenen Bestandwassers. Der

Abb. 2. Durch intrafibrilläres Ödem angeschwollene Waden, charakteristisch für manche Fälle beginnender Beriberi. (Nach WENCKEBACH.)

Gang solcher Leute fällt besonders durch seine Steifheit auf. Bei richtiger Therapie schwellen die Waden rasch ab, mit oder auch ohne zurückbleibende Lähmung. Das intracelluläre Ödem, das hier so überzeugend zutage tritt, scheint spezifisch für den Prozeß der Beriberi zu sein. Wieweit das übrige Muskelsystem daran teilnimmt und ob noch andere Muskelgruppen (u. a. die Kaumuskeln) hierfür prädestiniert sind, ist noch nicht genügend erforscht, nur am Herzmuskel scheint mit großer Regelmäßigkeit Ähnliches zu geschehen (s. u.).

Neben dem spezifischen, avitaminotischen Ödem (AALSMEER) nimmt das interstitielle Ödem einen dominierenden Platz ein. Dies Ödem, das durch erhöhte Liquordiapedese der Capillären und durch Füllung der intercellulären Räume

entsteht, kann sich bei Beriberi bis zu den höchsten Graden ausbilden, und ist
dann kaum von dem Hydrops einer Nephrose zu unterscheiden. Doch ist es
in seiner Entwicklung verschieden. Während das Ödem der Nephrose gewöhnlich
zuerst um die Augen, im Gesicht, sowie am Scrotum auffällt, bleiben diese
Partien beim Beriberi-Ödem gerade lange Zeit unbeteiligt. Auch mit den
Ödemen bei einfacher Dekompensation des Herzens, die nach hydrostatischen
Gesetzen zuerst an den Knöcheln der Füße entstehen, hat das Beriberi-Ödem
wenig gemein. Hände und Füße werden meist gleichzeitig betroffen, erst im
späteren Verlauf verwischen sich die Unterschiede.

Nach Einsetzen der Therapie beginnt unter Steigen des arteriellen Druckes
die Ausscheidung des zurückgehaltenen Wassers fast unmittelbar. Das folgende
Beispiel macht dies deutlich:

Kuli Tjo ah Tjon, 28 Jahr, Beriberi incipiens. Starke Ödeme der Beine. Patellar-
reflexe gesteigert, mühsamer, steifer Gang. Ameisenlaufen in den Füßen. Urin: frei

von Eiweiß. Erhält sofort „cured"
Reis. Schon den nächsten Tag steigt die
Urinmenge, die Ödeme verschwinden,
und danach beginnt das Gewicht wieder
langsam zu steigen (s. Tabelle).

Dieses rasche Reagieren auf die
spezifische Therapie ist ein weiteres
Merkmal, wodurch sich das Beriberi-Ödem von anderen unterscheidet. Es war das schon Bontius

	Ge-wicht K°	Urin-menge	Spez. Ge-wicht	P$_2$O$_5$	Puls-druck
20. 6. 1911	63	360	1029	0,69	130
21. 6. 1911	62	1390	1010	1,14	150
24. 6. 1911	58,5	4800	1008	2,64	167
26. 6. 1911	54,5	3130	1009	1,95	170
30. 6. 1911	53	2520	1008	1,34	166

aufgefallen, der besonders hervorhebt, daß in Java der Hydrops viel leichter
zu kurieren sei als in seinem Vaterland (Holland).

Der cardiovasculäre Komplex. Die Erscheinungen seitens des Herzens und
der Gefäße nehmen einen ganz besonderen Platz ein, ja häufig sind sie es fast
allein, die das ganze Krankheitsbild beherrschen. Die Beteiligung des Herzens
zeigt sich im Anfang der Krankheit durch eine leicht vermehrte Pulsfrequenz,
die schon bei geringen Anstrengungen ungewöhnlich zunimmt. Mit dieser Labilität des Herzschlages können sich schon früh Herzklopfen, Beklemmungsgefühl
und Kurzatmigkeit verbinden. Bei zunehmender Schädigung wird die Unruhe
des Herzens tastbar und durch leichtes Wogen der Herzgegend sichtbar. Die
Perkussion kann nun schon eine geringe Verbreiterung der Herzdämpfung
nachweisen, mit lauten Herztönen und doppeltem 2-Ton, aber gleich- und regel-
mäßigem Puls. Solche geringe Herzveränderungen, die selbstverständlich nicht
allein pathognomonisch für Beriberi sind, vermißt man sehr selten, sie sind
als ein Frühsymptom anzusehen und treten schon auf, ehe noch eine Abnahme
der Muskelkraft nachzuweisen ist.

Beim Fortschreiten des Krankheitsprozesses hängt die weitere Beeinflussung
des bereits stärker arbeitenden Herzens in erster Linie davon ab, welchen Verlauf
die allgemeine Nerven- und Muskelschädigung nimmt. Bildet sich jetzt rasch
die periphere Lähmung aus, die den Kranken am Arbeiten hindert und ihn
binnen wenigen Tagen aufs Lager wirft, dann hat das, wie zuerst Aalsmeer
erkannte, für den Kranken den Vorteil, daß die erzwungene Bettruhe das Herz
schont. Trotz der deutlichen Störungen bleibt es den Anforderungen gewachsen,
auch wenn die Lähmung der Skeletmuskulatur weiter nach oben steigt. Ja, es
kann seinen Dienst weiter tun, bis der Tod infolge Lähmung der respiratorischen
Muskulatur durch Ateminsuffizienz erfolgt.

Halten dagegen die Muskeln der Extremitäten länger stand, oder verzögert
sich aus Gründen, die uns unbekannt sind, die weitere Ausbreitung der Lähmung,
dann kann der scheinbare Vorteil für den Kranken zum Nachteil ausschlagen.
Der Kranke, der sich trotz des warnenden Herzklopfens und der Oppression

nicht von körperlicher Arbeit und Bewegung zurückhalten läßt, kann das Herz so schwer belasten, daß sich plötzlich eine Insuffizienz entwickelt, die binnen Stunden oder wenigen Tagen mit dem Tode endet.

Dieser katastrophale Zustand, schon von SCHEUBE beschrieben, ist heute unter dem japanischen Namen „Shoshin" bekannt: Es ist ein Bild kurzen, aber qualvollsten Ringens mit dem Tode, das man einmal gesehen haben muß, um es nie wieder zu vergessen.

In seiner akutesten Form entwickelt es sich in wenigen Stunden. Bei den Kranken, die bis dahin noch ihrem Berufe nachgingen (z. B. Soldaten, die des Morgens noch Dienst taten, oder, wie ich es selbst noch sah, chinesische Kulis, die während sitzender Arbeit krank wurden, schon auf dem Wege nach Hause zusammenbrachen) steigert sich das Herzklopfen, die Präkordialangst und die Atemnot zu unerträglicher Höhe. Sie werfen sich auf ihrem Lager unaufhörlich von einer Seite auf die andere, versuchen auch wohl aufzusitzen, um sofort wieder niederzufallen. Mit den Händen greifen sie nach der Herzgegend und dem Epigastrium, wo sie heftigen Schmerz zu empfinden scheinen; oder sie klammern sich an alles, was sie in der Nähe fassen können, als ob es ihnen Hilfe schaffen könnte. Die Atmung ist krampfhaft, von Stöhnen und ab und zu von lautem Schreien begleitet, das schon von weitem den Kranken mit Shoshin ankündigt, der da mit Todesschweiß auf der Stirne und angsterfüllten Augen auf seinem Lager liegt. Die Extremitäten sind kühl, doch reißt der Kranke jede Bedeckung weg. Bei genauerer Untersuchung findet man im Gesicht Cyanose, die Halsvenen pulsieren; noch öfter sind sie prall gefüllt. In der Herzgegend, schon von weitem sichtbar, wogt und wühlt es. Die Verbreiterung, perkussorisch oder durch Röntgenstrahlen festgestellt, betrifft besonders das rechte Herz, wie es schon das Wühlen verrät. Auskultatorisch kann der Befund auch jetzt noch, wie oben beschrieben, normal sein, häufiger aber hört man ein systolisches Geräusch, am stärksten an der Basis, das durch übermäßige Erweiterung der Tricuspidalis entsteht. Auffallend ist die Vergrößerung der Leber, die das Zwerchfell nach oben treibt, und nach WENCKEBACH und AALSMEER geradezu eine mechanische Erschwerung der Atmung verursacht. Die Palpation ist schmerzhaft, bei voller Ausbildung des Shoshin wird die Pulsation des Organs deutlich fühlbar, als Folge der Insuffizienz der Tricuspidalis.

Der Kranke ist in diesem Zustand natürlich vollkommen appetitlos; nur nach Wasser verlangt er. Häufiges Erbrechen trägt dazu bei das Leiden des Patienten, der fast bis zur letzten Minute bei Besinnung bleibt, noch ärger zu machen. Die Urinsekretion stockt mehr oder weniger, bisweilen stellen sich Durchfälle ein.

In früherer Zeit waren diese Fälle ohne Ausnahme dem Tode verfallen. Die gewöhnlichen Herzmittel blieben hier ohne die geringste Wirkung; ich selbst hatte sogar den Eindruck, daß sie den Herztod noch beschleunigten. Heute dagegen, wo wir über das spezifische Mittel, das Aneurin, verfügen, ist es gelegentlich möglich, wenn man nicht zu spät kommt, Kranke selbst aus diesem äußerst bedrohlichen Zustand zu retten. Ein erneuter Hinweis, daß das Beriberi-Herz seine eigene, von anderen Herzstörungen abweichende Pathogenese hat.

Außer diesen foudroyanten Fällen von Soshin kann man auch solche beobachten, wo der Herzkomplex in geringerer Heftigkeit tagelang andauert, jeweilen von ruhigen Pausen unterbrochen. Indessen stehen auch diese Kranken vor dem plötzlichen Bankrott des Herzmuskels, wenn nicht bei Zeiten der richtige Weg der Therapie eingeschlagen wird.

Nach dem Tode findet man im Thorax ein Bild, das mit großer Regelmäßigkeit wiederkehrt. Ich nehme die Beschreibung vorweg und folge hierbei in erster Linie WENCKEBACH und AALSMEER, denen wir grundlegende Arbeiten über das Shoshin verdanken. Das Herz ist stark vergrößert, hauptsächlich durch Dilatation, in gewissem Grade auch durch Verdickung der Muskulatur. Der größte Teil der Volumenzunahme kommt auf Rechnung des rechten Herzens, das die ganze Vorderseite einnimmt und breit der Brustwand anliegt. Als besonders voluminös fällt der Conus arteriosus dexter auf, während vom linken Ventrikel fast nichts zu sehen ist (s. Abb. 3). Der ebenfalls stark gereckte, rechte Vorhof, durch dessen papierdünne Wand das Blut blauschwarz durchschimmert und die strotzenden Venenstämme weisen auf eine abnorme Überfüllung des rechten Kreislaufs. Aufgeschnitten fällt das Herz als schlaffer Sack zusammen, die Muskulatur ist mürbe und läßt sich mit dem Finger leicht durchbohren, obschon die Ventrikelwand an Dicke über das Normale zugenommen hat. Die Semilunarklappen sind schlußfähig, der Tricuspidalring dagegen zeigt einen Grad von Erweiterung, der es verständlich macht, daß seine Segel bei Lebzeiten nicht mehr geschlossen haben können. Das rechte Herz muß also unmittelbar in die Venae cavae gepumpt haben. Damit erklärt sich der Leberpuls.

Von Bedeutung ist bei Shoshin das Verhalten der großen Arterien. Schon lange war bekannt, daß an ihnen häufig kräftige Gefäßtöne entstehen, bisweilen so, daß man sie schon ohne Instrumente hören kann (pistolshot sound). Je nach dem Zustande des Kranken findet man die Gefäßtöne mehr oder weniger

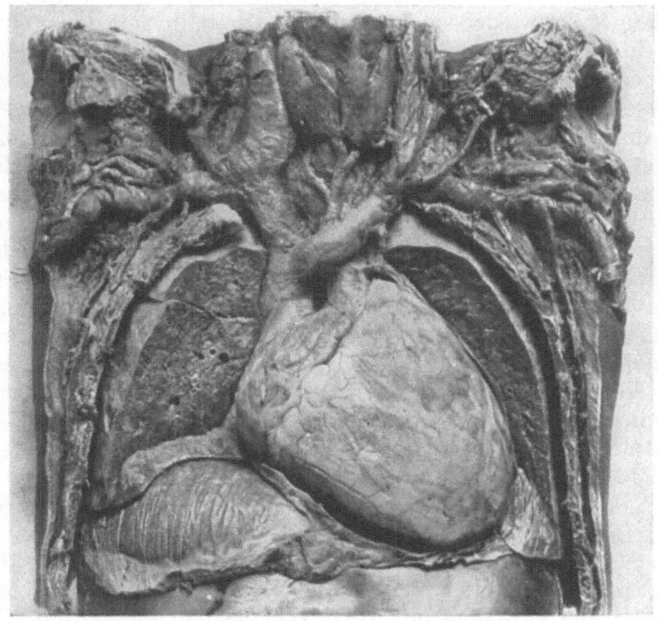

Abb. 3. In situ fixiertes Shoshin-Herz. (Originalpräparat dem Tropeninstitut zu Amsterdam überlassen von Prof. K. F. WENCKEBACH). Herz enorm dilatiert, besonders die rechte Hälfte, die breit der Brustwand anliegt; Venen bis aufs äußerste gefüllt; Conus pulmonalis unter der Vena anonyma sin. (Nach WENCKEBACH.)

ausgebreitet. Bei voll ausgebrochenem Shoshin ist der Ton an der A. cruralis, der brachialis, selbst noch kleineren Stämmen wahrnehmbar. Bei geringerem Grade der Herzstörung hört man ihn allein an der cruralis und wenn der Zustand noch leichter ist, tönt das Arterienrohr auch da noch nicht.

Das auch anderweitig vorkommende, bei Beriberi aber besonders deutliche Phänomen, steht in enger Beziehung zum Blutdruck und zum Ablauf der Pulswelle. Im „Shoshin" kann man anfangs noch einen normalen Maximalwert haben, der Minimaldruck dagegen ist dann schon lange zuvor auf niedrige oder nicht mehr meßbare Werte gesunken. Dieser Abfall aber, den man bei anderen Kompensationsstörungen kaum in gleicher Weise antrifft, ist es, der die Bedingungen zur Entstehung des Gefäßtones schafft. Fällt dann sub finem auch der systolische Druck, so leitet das Schwächerwerden der Töne das definitive Versagen des Herzens ein. Bei Besserung dagegen beginnt der Minimaldruck wieder zu steigen, er wird aufs neue meßbar und das Tönen der Arterien verschwindet in umgekehrter Reihenfolge, wie es gekommen ist. Man hat daher an dem Verfolgen des Blutdruckes und der Gefäßtöne ein sehr brauchbares Mittel, den jeweiligen Stand der Krankheit zu beurteilen.

Es lag nahe, zur Besserung des Shoshins, Adrenalin zu geben, um durch Kontraktion der präcapillären Arterien den Zufluß zum überfüllten Herzen zu verringern. SHIMAZONO, der dies zuerst versuchte, hatte jedoch keinen Erfolg damit, ja der Zustand verschlimmerte sich eher. AALSMEER ist darauf näher eingegangen und hat gefunden, daß das Adrenalin beim Beriberi-Kranken eine bis dahin nicht bekannte Reaktion hervorruft. Spritzt man nämlichKranken, die sich auf dem Wege der Besserung befinden und den Gefäßton schon verloren haben, subcutan Adrenalin ein (1 ccm der 1°/$_{00}$igen Lösung), dann beginnt das Herz schon nach wenigen Minuten stärker und schneller zu schlagen, das Wühlen der Herzgegend wird wieder sichtbar, der Minimaldruck sinkt, bis zu unmeßbaren Werten, die Gefäßtöne werden hörbar, oder falls sie noch nicht ganz verschwunden waren, wieder viel lauter. Das Adrenalin ruft daher einen Zustand hervor, der im Wesen dem Shoshin, auch was die subjektiven Erscheinungen, das Unbehagen, Herzklopfen, Angst, betrifft, gleich ist. Diese geradezu paradoxe Reaktion des Adrenalins, die frühestens, nach einer halben Stunde wieder abzuklingen beginnt, darf fast als pathognomonisch für die aktive Beriberi angesehen werden. Bei noch bestehendem Shoshin ist der Versuch nutzlos, ja sogar schädlich und daher unerlaubt, bei zweifelhaften Fällen aber, wo man sich fragt, ob eine bestehende Unruhe und Labilität des Herzens auf Beriberi beruht, ist der dann ungefährliche Versuch, den man von 5 zu 5 Minuten kontrolliert, für die Diagnose ausschlaggebend. Daß bei Basedow der Versuch in ähnlicher Weise ausfällt, tut ihrer Brauchbarkeit gegenüber Beriberi wenig Abbruch. Bei in Heilung begriffener Beriberi weist die ausbleibende Adrenalinreaktion vermutlich den Zeitpunkt an, wo im Körper der Mangel an Aneurin ausgeglichen ist und der Herzmuskel und das Gefäßsystem unter Einfluß seiner funktionstüchtig gewordenen Nerven wieder normal arbeitet.

Den gesamten cardiovasculären Symptomenkomplex, der die akute Beriberi mit so großer Regel- und Gesetzmäßigkeit begleitet und der so mancherlei Rätselhaftes enthält, hat WENCKEBACH neuerdings versucht auf folgende Weise zu erklären: Die erste Veränderung, eine Quellung der Muskelfasern, die der Aneurinmangel hervorruft, hat eine Schwächung des gesamten Herzmuskels zur Folge. Er reagiert darauf subjektiv mit Herzklopfen, funktionell mit Labilität der Schlagfolge und äußerlich mit Dilatation beider Herzhälften. Eine zweite Veränderung betrifft das periphere Stromgebiet, das sich erweitert und breiter wird. Unter solchen Umständen kann das linke Herz, als das kräftigere, seine Arbeit ohne weitergehende Dilatation und Hypertrophie leisten. Für das rechte Herz aber kommt früher oder später, je nach der Heftigkeit der Stoffwechselstörung, der Augenblick, wo es der zugeführten Blutmenge nicht mehr Herr wird. Es kommt zu einer Überfüllung, die man durch die Verbreiterung der Dämpfung nach rechts nachweisen kann; äußerlich deuten die gestauten Halsvenen auf den vermehrten Druck, das Wühlen der Herzgegend auf die forcierten Kontraktionen des rechten Ventrikels. Von einem Spitzenstoß ist nichts zu fühlen.

Im letzten Akt verliert die Muskulatur immer mehr ihren Tonus, der Tricuspidalring erweitert sich maximal, die schon bestehende Schlußunfähigkeit der Klappensegel wird eine vollkommene; und damit ist das Schicksal besiegelt.

Das Wesentliche der WENCKEBACHschen Auffassung besteht also darin, daß die Überlastung des rechten Herzens sich nicht durch übermäßiges Arbeiten gegen erhöhte Widerstände entwickelt, sondern daß es der primär kranke Muskel ist, der das gewöhnliche, ihm vom linken Herzen gelieferte Blutquantum nicht mehr bewältigen kann. Dem linken Herz dagegen, obwohl auch krank und dadurch geschwächt, wird die Arbeit erleichtert dadurch, daß der Widerstand im peripheren Netz durch relative Erweiterung der Arteriolen oder

Präcapillaren sinkt (ebenfalls eine Folge der Avitaminose). Körperliche Anstrengungen (z. B. eine Geburt) geben diesem Zustand den Rest, die Venen werden überströmt und das rechte Herz ertrinkt in dem Blutschwall.

Lungen. Gegen das Ende kann sich Lungenödem entwickeln, sonst aber nehmen die Lungen wenig an dem Krankheitsprozeß teil. Doch leidet der Kranke entsetzlich unter Widerständen, die das Atemholen durch Raumbehinderung im Thorax, vergrößertes Herz, stark geschwollene Leber sowie die hierdurch erschwerte Zwerchfellarbeit, das vielleicht auch schon geschwächt ist, erfährt.

Blut. Eine bestimmte Veränderung der Leukocytenformel wird bei Beriberi nicht beobachtet; auch das rote Blut wird nicht merkbar beeinflußt. Findet man Verschiebungen, so muß man darauf achten, ob sie nicht von einem anderen Zustand, an dem der Kranke schon zuvor litt, bedingt sind. So fand ich in Sumatra stets erhöhte Zahlen von Eosinophilen, die aber als Ursache die eine oder andere Wurminfektion hatten. Wohl sollen nach INADA, DE LANGEN u. a. die Thrombocyten während der aktiven Periode vermehrt sein. Die Senkungsgeschwindigkeit erfährt bisweilen eine geringe Beschleunigung. Über den Gehalt an Blutzucker und Cholesterin schwanken die Angaben.

Pathologische Anatomie. Wir verdanken deutschen Forschern in Japan, BÄLZ und SCHEUBE, die Erkenntnis, daß bei Beriberi die peripheren Nerven das Substrat der Krankheit sind. Die Beschreibung des degenerativen Prozesses, die sie 1882 geben, hat im allgemeinen heute noch ihre Gültigkeit. Später haben WINKLER (1887), DÜRCK (1908), MATARO NAGAYO (1912) und SHIMAZONO (1927) die besonderen Vorgänge genauer erforscht, denen dann 1928 WENCKEBACH und AALSMEER, ferner MEBIUS und WEISS und WILKINS (1937) folgen.

Wenn auch im Rückenmark an den Vorderhornganglienzellen vereinzelt Vakuolisation, von DÜRCK in zwei chronischen Fällen Entartung der Hinterstränge gefunden wurde (ob wirklich zur Beriberi gehörig, ist nicht sicher), primär greift der Nährschaden, den wir Beriberi nennen, am Nerv und Muskel an.

In frischen Fällen mit ausgesprochener Lähmung während des Lebens bieten die betroffenen Nerven das folgende Bild. Die normalerweise gleichmäßige, nur mit RANVIERschen Einschnürungen abgesetzte Markscheide ist bei vielen Fasern in eine unregelmäßige, klein- oder grobschollige Masse zerfallen. Viele der Schollen sind gleichmäßig rund oder oval, sie füllen den Neurilemmschlauch an, soweit der Platz nicht vom flüssigen Neuroplasma eingenommen wird. In anderen Fasern ist das zerfallene Mark in Fett übergegangen und nach Resorption der Fetttröpfchen kann dann die leere Nervenscheide zusammenfallen. Das ist aber ein vorübergehender Zustand, da mit dem Zerfall des Markes eine lebhafte Wucherung der Kerne der SCHWANNschen Scheide beginnt und fortschreitet, bis endlich die vormalige Nervenfaser durch eine mehr oder weniger geschlossene Kette von ovalen, blasigen Kernen ersetzt ist. Diese Wucherung der SCHWANNschen Scheide wurde zuerst von DÜRCK in ihrem Wesen richtig erkannt und erhielt von ihm den Namen *Kernstrangfaser.* In fortgeschrittenen Fällen kann der Nerv, dessen Achsenzylinder dabei zugrunde gegangen ist, zum größten Teil aus Bündeln dieser Kernfasern bestehen. Früher sah man sie als bindegewebige Entartung der Nerven an, das ist nach DÜRCK heute nicht mehr haltbar. Die Kernstrangfaser behält ihren eigentlichen Charakter als spezifisches Gewebe, ihre Matrix bleibt die Bahn, in die sich bei Regeneration der Achsenzylinder wieder einsenken kann.

Das Gesamtbild der Neurodegeneration, die nichts von einer Entzündung hat, gleicht vollkommen dem Vorgang, der nach Nervendurchtrennung als WALLERsche Degeneration bekannt ist, nur mit dem Unterschiede, daß sich diese zentrifugal fortsetzt. Bei Beriberi verläuft der Prozeß zentripetal, jedoch so, daß sie meist vor der Vorderhornzelle halt macht. Damit steht die Heilbarkeit der Beriberi im Einklang — ohne erhaltene Vorderhornzelle wäre sie undenkbar.

Alle peripheren Nerven können dem Beriberi-Prozeß unterliegen, für manche Nervenstämme z. B. N. peroneus und radialis besteht eine besondere Empfänglichkeit. Wichtig ist, daß auch der N. phrenicus und vagus erkranken können, wobei dann Herz und Zwerchfell in Mitleidenschaft gezogen werden.

Mutatis mutandis spielt sich der Krankheitsvorgang im Muskel, als dem distalen Ende des Neurons ab. Auch da findet man Vakuolisierung, Einschmelzung der Faser, dann Wucherung der Sarkolemmkerne. Beim Skeletmuskel endet dieser Vorgang mit weitgehender Atrophie. Der Herzmuskel mit seiner lebenswichtigen Funktion kann natürlich niemals so weit degenerieren. Damit kommen wir zu einem anderen Abschnitt der pathologischen Anatomie des Nerven, in den unsere Kenntnisse jedoch noch kaum eingedrungen sind. Es handelt sich um das, was der WALLERschen Degeneration vorausgeht. Während es nämlich bei kompletter Degeneration Monate dauert bis sich der Nerv wieder neu bildet und die Funktion wieder zurückkehrt, beobachtet man oft Beriberi, die mit ausgedehnten Lähmungen rasch eintritt, aber bei richtiger Therapie fast ebenso rasch in wenigen Tagen wieder verschwindet. Was hierbei anatomisch geschieht, wissen wir nicht. Mit der Annahme, daß in diesem Fall in den Nerven nur einzelne Fasern entartet waren, kommt man nicht weiter, da die vorübergehende Lähmung sich über große Gebiete erstrecken kann, deren gesamte Innervierung hapert. Es ist wahrscheinlich, daß der Nerv über den ganzen Querschnitt in anderer, minder eingreifender Weise geschädigt ist, genügend, um ihn außer Funktion zu setzen (s. u.).

Von den übrigen Organen bleibt, nachdem das Herz bereits besprochen wurde, nur noch wenig zu sagen übrig. Für die Beurteilung kommen Kranke, die das aktive Stadium der Beriberi überstanden haben und nun gelähmt ihre Wiederherstellung abwarten, nicht in Betracht. Wenn sie sterben, so ist die Todesursache meist eine interkurrente Krankheit. Der Leichenbefund steht dann abgesehen von Nerven und Muskeln in keiner Beziehung zur Beriberi. Man kann daher nur die akut an Beriberi Gestorbenen für die Frage heranziehen. In der Hauptsache findet man hier Organe mit venöser Stauung, besonders hochgradig in der Leber und in den Lungen. Letztere sind häufig gebläht oder es besteht Lungenödem. Seröse Ergüsse in die Körperhöhlen können bei akutem Shoshin fast ganz fehlen. Sie treten aber regelmäßig auf bei Kranken, bei denen sich die Zirkulationsstörung länger hinzog, und bei denen, wo das Ödem im Vordergrund stand.

Auch die Darmschleimhaut, hauptsächlich die des Dickdarms, kann hyperämisch sein, mit reichlicher, schleimiger Absonderung, bisweilen selbst Blutbeimengungen, ohne daß von einer Dysenterie die Rede ist. Etwas spezifisches für die Beriberi haben aber alle diese Erscheinungen nicht.

Experimentelle Beriberi. Das Bedürfnis nach Aneurin geht durch das ganze Tierreich. Seit von EYKMAN das Tierexperiment in die Beriberiforschung gebracht wurde, hat man das an einer großen Zahl von Tieren feststellen können. Die meisten Tierarten sind auf die Zufuhr des Vitamins von außen, d. h. mit der Nahrung, angewiesen. Bei einzelnen wird es im eigenen Körper aufgebaut, jedoch nicht durch die Körperzellen, sondern auf einem Umwege von Bakterien, die beim Parasitieren auf der genossenen Nahrung das Edelsalz als Stoffwechselprodukt liefern. Das vollzieht sich z. B. bei dem Rind im Panzen: Das gebildete Vitamin wird von hier von den Körpersäften aufgenommen (BECHDEL, THEILER). Die Kuh kann daher Milch mit reichlich B_1-Vitamin geben, trotz vitaminloser

Fütterung. Bei der Frau geschieht dergleichen nicht; hier ist der Gehalt der Muttermilch ausschließlich von dem der Nahrung abhängig.

Etwas ähnliches bemerkte FRIDERICIA bei seinen Rattenversuchen. Während ein Teil der Tiere typisch krank wurde (s. u.), widerstand ein anderer Teil der B_1-armen Nahrung, besonders wenn man den Tieren die Gelegenheit ließ, ihre eigenen Faeces zu fressen. Wurden andererseits diese Faeces krankgewordenen Tieren gegeben, so ging die Lähmung wieder zurück und das Tier gesundete. Diese äußerst wichtigen Versuche sind von anderen (ROSCOE, BLISS) bestätigt worden, man sieht besonders dann reichlich positive Resultate, wenn die Nahrung einen Zusatz von Kartoffelmehl enthält. Man könnte daraufhin annehmen, daß die „Refektion" (FRIEDERICIA) an die Anwesenheit von gewissen Nahrungsstoffen, hier also Kartoffelmehl, gebunden ist. Der Vorgang scheint jedoch verwickelter zu sein. Zweifellos sind es auch hier Bakterien, die das Aneurin synthetisieren, und zwar Bakterien aller Art. Dabei spielt die pH des Darminhaltes eine besondere Rolle. Saure Reaktion begünstigt bei refizierenden Ratten die Produktion von Aneurin, alkalische beeinträchtigt sie. Neuerdings wird selbst angenommen, daß der sauren Reaktion noch eine andere Bedeutung zukommt, und zwar die, daß nur in den sauren Abschnitten des Intestinaltractus das Aneurin von der Schleimhaut resorbiert werden kann. Wir sind hier aber gewiß noch nicht am Ende unserer Vorstellungen.

Solange das Gebiet der „Refektion" noch unbekannt war, gab das Laboratoriumexperiment häufig unverständliche Ausschläge und man beschränkte sich daher auf diejenigen Tiere, die mit größerer Regelmäßigkeit auf die aneurinarme Nahrung antworteten. Außer dem klassischen Tier, dem Huhn, mit dem EIJKMAN arbeitete, eignen sich vor allem die kleinere Taube und, wo man sie haben kann, die verschiedenen Reisvögel (der größere Spermestes oryzivora, und der kleinere, von JANSEN viel gebrauchte Munia maja).

Die Art, wie sie auf den Mangel an Aneurin reagieren, ist nicht bei allen Tiersorten die gleiche. Wohl sieht man fast regelmäßig als einleitendes Symptom die Abnahme der Freßlust und Abnahme des Gewichtes. Tauben, die anfangs die stark geschliffenen Reiskörner willig nehmen, lassen sie später liegen und picken nur das notwendigste auf, um nicht zu verhungern. Daß in Wirklichkeit die Freßlust nicht erloschen ist, wird sofort deutlich durch die Gier, mit der sie sich auf zugeworfene Vollkörner oder Grünfutter stürzen, selbst wenn schon Lähmungen vorhanden sind. Es ist nur die unzweckmäßige, unnatürliche Nahrung, die den Tieren widersteht, eine Art instinktiver Warnung. Der Mensch besitzt diesen angeborenen Schutz nicht oder wenigstens nicht in dem Grade. Ich sah chinesische Arbeiter fast bis zum Tage, wo das tödliche Shoshin ausbrach, mit Appetit ihre Reismahlzeit, die für sie so unheilvoll war, nehmen.

Bei Nahrungsverweigerung der Vögel hilft man sich mit „Stopfen". Damit erreicht man zugleich, daß, wie MAURER zuerst bemerkte, die Lähmungen früher, fast um die Hälfte der sonst notwendigen Zeit, ausbrechen. Ein Analogon hierzu konnte man in Deli unter den neu eingewanderten chinesischen Arbeitern sehen. Diese gesunden, kräftigen Bauern entwickeln bei ihrer schweren Arbeit begreiflicherweise einen gesunden Appetit, den sie an dem reichlich zur Verfügung stehenden Reis, ein ihnen willkommenes, weil bekanntes Gericht, stillen konnten. Unter diesen starken Reisessern suchte sich die Beriberi bei Epidemien mit Vorliebe ihre Opfer, während die älteren Leute, die sich an Beikost aller Art gewöhnt hatten und darum weniger Reis nahmen, verschont blieben. Man hat in früherer Zeit in dieser Erscheinung eine Stütze für die Intoxikationstheorie sehen wollen. Heute steht fest, daß der Verdauungsprozeß *selbst* Vitamin nötig hat, und daß gerade bei der Assimilation größerer Kohlehydratmengen der Vorrat an B_1, wenn er nicht von außen genügend ersetzt wird, rasch verbraucht wird (siehe später unter den Ursachen, die den Ausbruch der Beriberi befördern). Die kritische Grenze, jenseits deren die Symptome manifest werden, kann so in kurzer Zeit erreicht werden.

Zu den Anfangssymptomen bei Beriberi gehört beim Hahn auch die Cyanose des Kammes. Weiter bilden sich Muskelschwäche und Lähmung heraus, zunächst in den Beinen und im Schwanz, der nicht mehr aufrecht getragen wird. Schwäche der Extensoren zwingt die Tiere zu sitzen, beim Versuche wegzulaufen, fallen sie vornüber. Flügellähmung erscheint erst zuletzt, wenn die Lähmung des übrigen Körpers fast vollkommen geworden ist; die Tiere liegen dauernd, sind dyspnoisch, können nicht mehr schlucken, und gehen nun rasch zugrunde. Bei Hühnern haben die Lähmungen mehr schlaffen Charakter, bei Tauben sieht man im fortgeschrittenen Stadium beinahe regelmäßig einen Spasmus der Halsmuskulatur, wobei der Kopf hintenüber gezogen wird (s. Abb. 4). Bei allen Vögeln nehmen die Faeces eine mehr schleimige Beschaffenheit an, ein Zeichen, daß auch die Verdauung leidet.

Abb. 4. Taube mit spastischer Kopfhaltung (SCHAUMANN).

Die Untersuchung der Nerven ergibt ein ähnliches Bild, wie es bei der menschlichen Erkrankung beschrieben wurde. An Zupfpräparaten in Osmiumsäure läßt sich die WALLERsche Entartung leicht demonstrieren. Es ist gewöhnlich nur ein Teil der Fasern davon betroffen; bei einem anderen Teil ist der Prozeß schon abgelaufen. Der Rest kann noch ein scheinbar normales Aussehen haben. Es waren diese Nervenbefunde, die EIJKMAN bestimmten, die Hühnererkrankung, wenn auch nicht gleich, so doch in Parallele zur Beriberi zu stellen.

Experimentelle Untersuchungen größeren Stiles bei Säugetieren verdanken wir zuerst SCHAUMANN, der außer den gewöhnlichen Laboratoriumstieren, auch den Affen, den Hund und die Ziege heranzog. Die Reihe ist seitdem weit ausgebreitet worden. Bemerkenswert ist es, daß sich das Meerschweinchen zu solchen Versuchen wenig geeignet erweist. AXEL HOLST entdeckte hierbei die große Empfänglichkeit dieses Tieres für Skorbut und gab somit auch dieser Mangelkrankheit eine experimentelle Grundlage. Leicht dagegen erkranken Ratten an der Beriberi. Bei jungen Tieren setzt 1—2 Wochen nach der aneurinfreien Fütterung das Wachstum aus, dann erscheint Schwäche und Lähmung der hinteren Extremitäten, die Körpertemperatur sinkt, und nach etwa 4 bis 6 Wochen erfolgt der Tod. Wie oben aber schon bemerkt, muß man besonders bei Ratten mit der Möglichkeit rechnen, daß eine Refektion eintritt und der Versuch dann anders ausfällt wie man erwartete. Ferner hat man bei der Zusammenstellung der Versuchsnahrung darauf zu achten, daß allein das Aneurin der Nahrung entzogen wird, der Rest des B-Komplexes aber, sowie die übrigen Vitamine, erhalten bleiben. Sonst gehen die Ratten ein, lange bevor sich Beriberisymptome entwickeln konnten.

Zum Schlusse sei darauf hingewiesen, daß sich auch bei niederen Tieren, wie bei den Fröschen, ja selbst bei Insekten, der Aneurinmangel als schwere Störung auswirkt. An der Drosophila hat man, wie VAN'T HOOG gezeigt hat, sogar ein sehr brauchbares Material, um die Refektion auszuschalten. Man züchtet zu diesem Zwecke die Fliege aus Eiern, die man von anhaftenden Bakterien durch ein Desinfizienz befreit hat, auf sterilem Nährboden beliebiger

Zusammensetzung. Bei Anwesenheit von Aneurin fliegen aus den gezählten Eiern 100% reife Tiere aus, bei Mangel daran, je nach dessem Grade, weniger oder überhaupt keine; die Larven sterben vorzeitig ab. Die Methode erfordert nur wenig Zeit und geringe Kosten, ist quantitativ einzustellen und eignet sich darum für Wertbestimmungen. Ähnliche Verhältnisse werden neuerdings bei den Bakterien gefunden.

Endlich sind auch beim Menschen einige Versuche angestellt worden. In Reisländern, wo an sich Beriberi vorkam, waren solche Experimente zwecklos, dagegen konnte es in anderen Ländern seinen Wert haben, nachzuweisen, daß auch dort bei unzweckmäßiger Nahrung Beri-Beri entsteht. Bekannt ist das Experiment von MOSKOWSKI (im ZUNTZschen Institut in Berlin, 1912), bei dem sich die typischen Symptome, Parästhesien, Muskelschwäche und Druckschmerz, Ödeme und Herzerscheinungen entwickelten. Wenn auch ausgesprochene periphere Lähmungen fehlten, die Herzsymptome allein schon machen es wahrscheinlich, daß MOSKOWSKI durch den Versuch bis an die Schwelle des Shoshins gebracht wurde. Was man beweisen wollte, war damit bewiesen.

Wieweit kann man sich nach unseren heutigen Kenntnissen das Wesen der Beriberi erklären?

Die anatomischen Veränderungen, die so regelmäßig an den peripheren Nerven zu finden waren, sind lange Zeit für unsere Vorstellungen über die Beriberi bestimmend gewesen. Im Nervengewebe meinte man den primären Angriffspunkt der Noxe finden zu können; die übrigen Erscheinungen, Ödem und Muskelerkrankung wurden als sekundär angesehen.

Neuerdings nehmen vor allem WENCKEBACH und AALSMEER, auch MEBIUS an, daß der Vorgang in umgekehrter Richtung verläuft, nämlich daß es die Muskelfaser sei, die zuerst von der spezifischen Schädigung getroffen werde. Sie stützen sich dabei auf die Erfahrung, daß bei akutestem Shoshin am Vagus, dessen Degeneration nach der geläufigen Auffassung die cardiovasculären Symptome hervorrufen soll, *keine* oder nur *geringe* Veränderungen gefunden werden können, während der Herzmuskel gequollen, gedehnt und erschlafft, also schon makroskopisch erkrankt erscheint.

Als weiteren Beweis für die Richtigkeit ihrer Ansicht dient ihnen das manchmal vorkommende eigenartige Anschwellen einzelner Skeletmuskeln wie die oben beschriebene der Waden oder der Kaumuskulatur (die eine Parotitis vortäuschen kann); hier hat WENCKEBACH das intracelluläre Ödem, die Quellung der Muskelfaser, deutlich nachweisen können. Von MEBIUS geschah dasselbe am Herz.

Die Wahrheit liegt bei der Verwandtschaft von Nerv und Muskel vermutlich in der Mitte. Anatomisch sind die beiden eine Einheit. Der Achsenzylinder, in Struktur der Muskelfibrille sehr ähnlich, geht kontinuierlich in den Muskel über. Man hat daher alles Recht anzunehmen, daß auch beide für die spezifische Noxe empfänglich sind, wobei bald beide zugleich, bald der eine oder andere Teil zuerst und am heftigsten getroffen wird. Dementsprechend entwickelt sich das klinische Bild in seiner Vielgestaltigkeit. Beim Nerven kommt ferner in Betracht, daß er gegen intracelluläre Veränderungen, besonders solche des Axoplasmas, außerordentlich empfindlich ist. Es leidet dann sofort die Leitung, während mikroskopisch noch kaum etwas wahrzunehmen ist. Solche funktionelle Störungen der Vagusleitung werden ausreichen können, um das Herz, das der Muskelfaserquellung wegen schon schwerer arbeitet, ganz zum Versagen zu bringen. Am Vagus braucht also eine WALLERsche Degeneration dann noch nicht eingetreten zu sein.

Andererseits wird es nun begreiflicher, daß die richtige Therapie so schnell die Leitung wieder herstellt und daß so ein gefahrdrohender Zustand, wie das Shoshin, ebenso rasch, wie er gekommen ist, wieder vorbeigehen kann. Ein ähnliches Beispiel lieferten uns gehäufte Fälle von Beriberi, die im Anschluß an Malaria auftraten. Die betroffenen Leute standen an der Grenze des Vitaminmangels, das Fieber konsumierte den Rest, und so kam die Krankheit sozusagen über Nacht; binnen einigen Stunden war Aufstehen unmöglich. Bei sofort gegebener vitaminreicher Kost waren die Lähmungen auch wieder binnen wenigen Tagen verschwunden. Auch hier kann es allein die funktionelle Störung des gesamten Querschnittes sein, die rasch große Muskelgebiete lähmt, ohne daß die anatomische Läsion höhere Grade angenommen hat.

Was nun die feinsten Vorgänge bei Beriberi betrifft, tasten wir noch im Dunkeln. Wohl hat man eine Reihe Einzelerfahrungen. Man weiß z. B., daß bei B_1-Mangel die Gewebsatmung herabgesetzt ist. Außerdem ist bekannt, daß die Kohlehydratverdauung für sich selbst einen höheren Aufwand von Aneurin beansprucht als eine Nahrung, bei der die gleiche Calorienmenge durch Fett geliefert wird. Erwähnt wurde schon die celluläre Quellung, das Ödem der Fibrillen, das den gesamten Nerv funktionsunfähig machen kann, das dagegen den Muskel anfangs nur schwächt. Aber eine Synthese dieser und anderer Faktoren steht noch aus. Neuerdings hat man die Ursache der genannten Symptome unter den Abbauprodukten des Kohlehydratstoffwechsels finden wollen, unter anderen in der Brenztraubensäure (PETERS). Dieser giftige Stoff bildet sich nach Untersuchungen am Tier und Mensch (PLATT und LU) in wachsender Menge beim Ausbruch der Lähmungen. Man könnte hier aufs neue von einer Gifttheorie sprechen, die sich nun aber auf den intermediären Stoffwechsel bezieht, also pathogenetischer Natur ist. Mit der früheren, von uns abgelehnten ätiologischen Gifttheorie hat sie nichts zu tun. Ferner ist wohl sicher, daß das Pyrophosphat des Aneurins das Coferment der Carboxylase ist, des Fermentes, das CO_2 aus Brenztraubensäure freimacht (LOHMANN).

Verlaufseigentümlichkeiten. Inkubation, Dauer der Krankheit stehen in voller Abhängigkeit zu dem Grad und der Dauer des Vitaminmangels. Bei geringgradigem Mangel erhält man rudimentäre Bilder, mit Perioden von Zu- oder Abnahme der Symptome, die sich über Monate hinziehen, bei starkem Mangel an Aneurin werden die Zeiten verkürzt, der Zusammenbruch erfolgt schnell. Bei einer Bevölkerungsgruppe, deren Aneurinversorgung sich dem Schwellenwert nähert, genügt die geringste weitere Verminderung, um den Ausbruch der Krankheit auszulösen. In früherer Zeit, wo die Gefängnisse in Indien noch die Herde der Beriberi waren, ließ die gleiche Gefangenenkost Chinesen oft schon nach kaum einer Woche erkranken, Tamils dagegen, die dank ihrer Ernährung mit „cured rice" (s. u.) eine Reserve an Aneurin mitbrachten, hielten es bis zu drei Monaten aus, bevor auch bei ihnen die Beriberi erschien.

Von anderen Einflüssen, die den Ausbruch der Beriberi befördern, wird von Beriberi-Kennern die sitzende Lebensweise genannt. Das reichliche, einseitige Essen von gehaltlosem Reis wurde schon besprochen. Erwähnt wurde auch der Einfluß der Malaria, aber es können auch andere fieberhafte Erkrankungen den gleichen Effekt haben, wie z. B. die Pneumonie, und vor allem der Typhus. Die erhöhten Ansprüche, die das Fieber an den Stoffwechsel stellt, erschöpfen den Aneurinvorrat binnen kürzester Frist. Die Lähmung der Extremitäten, die nach Abklingen des Fiebers erfolgt, hat zu der früher geläufigen Auffassung einer posttyphösen Polyneuritis geleitet. Daß wir diese Koincidenz heute durch zweckmäßige Ernährung vermeiden können, ist wohl die beste Wiederlegung der „Polyneuritis" gewesen.

Es wurde nämlich die sog. „Polyneuritis typhosa" noch durch ein Moment beeinflußt, das man lange übersehen hat: die Schondiät. Dies Moment kann sich auch bei anderen Krankheiten ohne Fieber auswirken, ich habe daher diese Erscheinungsformen als „Diät-Beriberi" zusammengefaßt. Dazu gehören Fälle wie folgender: Eine Dame wird wegen Magenleiden auf Diät gesetzt, alle festen Speisen, Gemüse, Früchte werden ihr verboten. Nach zwei Monaten erscheinen Parästhesien, prätibiales Ödem, rasches Ermüden: Die Initialsymptome der Beriberi. In einem anderen Falle waren es Amöbencysten, die den behandelnden Arzt, zugleich besorgter Ehemann, dazu veranlaßten, seiner Frau eine blande Diät (Konserven, Milch und Mehlkost) vorzuschreiben. Hier waren es außer Schwere in den Beinen und Parästhesien, vor allem Herzklopfen und Herzdilatation, die den Beriberi-Anfall ankündigten. In beiden Fällen gingen die Symptome weg, als bei der Wahl der Kost auf die Vitamine geachtet wurde. — Auf den Dysenteriesälen in Indien starben in früherer Zeit die Patienten, soweit sie sich nicht rasch besserten, in erschreckender Häufigkeit an Beriberi. Die zur Heilung des Darmes notwendig gehaltene Schondiät, die in Europa mit wenig Ausnahmen ohne Anstand gegeben werden konnte, brachte die Farbigen mit ihrer geringen Reserve an Edelstoffen rasch in den Zustand des Defizits. Außer der Beriberi, die sich entwickelte, war es dann auch die Abnahme der Resistenz gegen die Darminfektion, die das Ende beschleunigte.

Beim Stande unserer heutigen Kenntnis müssen solche Fälle von „Diät-Beriberi", der auch Diabetiker und Schwangere ausgesetzt sind, als Kunstfehler angesehen werden —: sie sind vermeidbar.

Daneben steht eine zweite Gruppe von Beriberi, für die der Arzt nicht verantwortlich ist, sondern die Kost und Lebensweise, die der Kranke sich selbst wählt. Für Reisländer war dies leicht nachzuweisen. Die heute in den Städten des fernen Ostens noch reichlich vorkommende Beriberi beruht durchgehend darauf, daß die Auswahl der Nahrungsmittel, besonders der Reissorte, unrichtig ist (s. u.) Aber auch in Ländern, wo Reis höchstens eine Zukost ist, mußte man erwarten, daß unter Umständen eine tägliche Nahrung genossen wird, die ungenügende Mengen Aneurin enthält. In der Tat hat man solche Fälle, die als „Einheimische Beriberi" gelten dürfen, beobachtet (STEPP und SCHROEDER bei übermäßigem Zuckergenuß, BRÖDER und ENGEL ebenfalls nach Ernährung mit zu viel Süßigkeiten). In Amerika findet man, neuerdings darauf aufmerksam geworden, die „Einheimische Beriberi" selbst recht zahlreich (STRAUSS, WEISS und WILKINS). Alkoholische Polyneuritis, toxische Polyneuritis bei Schwangerschaft, postinfektiöse Polyneuritis, der KORSAKOFF-Komplex und ähnliche irreführende Namen, die das eigentliche Wesen verschleierten, werden dort heute zur Beriberi geschlagen. Ich glaube, daß man damit auf dem rechten Wege ist, und nicht bang zu sein braucht, daß man jetzt schon zuviel diagnotiziert, was man früher vollkommen übersah. Übrigens muß man heute noch einen Schritt weiter gehen, d. h. nicht nur die manifeste Beriberi in Europa diagnostizieren, sondern auch die latente, mit anderen Worten nachforschen, ob die Versorgung der einzelnen Bevölkerungsklassen mit Aneurin (natürlich auch mit anderen Vitaminen) genügend ist (s. u.).

Endlich gibt es Ausnahmefälle, wo trotz reichlicher Aneurinzufuhr, sich doch Beriberi-Symptome entwickeln, die „enterogene Beriberi". Das kann zwei Ursachen haben. Einmal kann die Schleimhaut durch die spezifische

Schädigung die Fähigkeit verloren haben, Vitamin aufzunehmen. Die in der Regel vorhandene Diarrhöe weist bereits auf eine gestörte Resorption. Vielleicht sind es auch Darmbakterien, die aber nicht, wie bei der Refektion, Vitamin liefern, sondern es angreifen. Man könnte hier an eine Infektion denken, die wir für gewöhnlich ablehnen. Die Wirkung der Bakterien kann entweder in Abbauen bestehen, dann ist das Aneurin für den Körper verloren; oder sie ziehen es aus der Nahrung und nehmen es unverändert auf, wie es unter anderem die Hefezellen tun. Das weitere Schicksal des Vitamins wird dann davon abhängen, ob die Bakterienzelle mit den Faeces den Körper lebend oder tot verläßt. Lebend nimmt sie auf jeden Fall ihren Gehalt mit, das Vitamin geht dann ebenfalls dem Körper verloren; stirbt die Zelle noch im Darm ab, dann *kann* das in ihr enthaltene Vitamin dem Körper wieder zugute kommen. Der Zustand der Darmschleimhaut, resorptionsfähig oder nicht, gibt in diesem Falle den Ausschlag. Nun wir über exakte quantitative Methoden verfügen, wird es sich feststellen lassen, auf welchem Wege das genossene Vitamin bei enterogener Beriberi dem Körper entzogen wird.

Die Heilung solcher Fälle erreicht man durch stärkere Zufuhr von Vitaminen nicht. Dagegen hat eine gründliche Veränderung der Darmflora durch eine 3—5tägige Milchkur mit minimalen Kalomeldosen einen günstigen Effekt, der sich vor allem in raschem Verschwinden der Ödeme unter Steigen des Blutdruckes und starker Diurese äußert. Setzt man nun langsam die Mischkost ein, so kommen die Vitamine wieder zu ihrem Recht, der Kranke heilt. Heute steht die parenterale Einverleibung des Aneurins zur Verfügung, doch besitzen wir noch keine Erfahrung, ob sie allein im Stande ist, den Umschlag hervorzubringen oder ob es nicht vorzuziehen ist, sie mit der Milchkur zu verbinden.

Beeinflussung des Krankheitsbildes durch gleichzeitigen Mangel anderer Vitamine. Der Defekt in der Nahrung braucht nicht einseitig das Aneurin, sondern kann auch andere Vitamine betreffen. Bereits die soeben besprochene enterogene Form gibt Anlaß an diese Möglichkeit zu denken, und zwar des diarrhöischen, kopiösen und oft gärenden Stuhles wegen, der stark an Veränderungen, wie sie bei Sprue vorkommen, erinnert; unkomplizierte Beriberi geht meist mit angehaltenem Stuhl einher. Deutlicher tritt der kombinierte Vitaminmangel in den Fällen zutage, wo zugleich pellagröse Hautveränderungen, mit oder ohne Diarrhöen erscheinen. Hier handelt es sich dann um Mangel an anderen Faktoren des B-Komplexes, vielleicht Nicotinsäureamid oder Adermin (KUHN), Stoffe, die auch zur Sprue in Beziehung zu stehen scheinen. Bei beiden Kombinationen findet man auch Symptome psychischer Depression, die dem Bilde der reinen Beriberi fremd sind. Ferner gehört hierher die von NOCHT beschriebene Segelschiff-Beriberi, bei der sich der Skorbut, die C-Mangelkrankheit, mit Beriberi vergesellschaftet. Das Krankheitsbild verändert sich insofern, als die Ödeme mehr wie die Lähmungen auf den Vorgrund treten; der Verlauf ist ein langsamer, rasch ist dagegen bei geeigneter Diät (und darum charakteristisch) die Wiederherstellung. Ein anderes Symptom, das bei Segelschiff-Beriberi beschrieben wird, aber das ich auch in Beriberi-Zeiten viel unter den Tabakkulis sah, ist die Nachtblindheit, die auf ungenügende Versorgung mit Vitamin A deutet. Alle diese Erscheinungen stellen wir heute außerhalb des eigentlichen Beriberi-Prozesses und sehen in ihnen Komplikationen, zu denen eine in mehrfacher Hinsicht unzureichende Ernährung Anlaß gibt.

Epidemiologie. Seit sich die fundamentellen Kenntnisse bezüglich der Beriberi und ihrer Bekämpfung durchgesetzt haben, hat die Beriberi in den Reisländern ein anderes Gesicht angenommen. Früher waren es die Epidemien, welche die Krankheit so gefürchtet machten. Sie erschienen meistens da, wo eine größere Menschengruppe aus einer Küche versorgt wurde, auf Schiffen,

Internaten, Gefängnisse, Kasernen usw. Da dies oft Betriebe der Regierung waren, prägte VAN DIEREN die Bezeichnung: Krankheit der Staatskostgänger. Die Bezeichnung trifft in der gegenwärtigen Zeit in den Reisländern nicht mehr zu. Epidemien unter den „Staatskostgängern" waren leicht und einfach zu vermeiden, sie kommen daher heute, ja, noch besser gesagt, sie *dürfen* heute nicht mehr vorkommen!

Doch ist die Krankheit in den Reisländern nicht verschwunden, in Einzelfällen erscheint sie noch zahlreich genug. Solche Fälle entstehen immer wieder aufs neue, da es dem einzelnen überlassen bleibt, seine Nahrung zu wählen, wie er will. Oben erwähnte ich bereits, daß der Mensch nicht wie das Tier instinktiv gewarnt wird. Ahnungslos nimmt er die verkehrte Nahrung bis zum Ausbruch der Krankheit.

In der Hauptsache sind es die Städte, in denen die Einzelfälle vorkommen. Die Landbevölkerung nimmt, ebenso wenig wie früher, daran Teil. *Die Epidemiologie der Beriberi ist begründet in der Behandlung des Reises.* Für die relativ wenigen Ausnahmefälle in Ländern, wo der Reis bei der Ernährung keine Rolle spielt, sucht sich die Krankheit ihren eigenen Weg.

Der Reis in seiner Bedeutung für die Beriberi. Während man Roggen und Weizen fein mahlt und das Mehl zu Brot verbäckt, wird der Reis ebenso allgemein in seiner ursprünglichen Form als

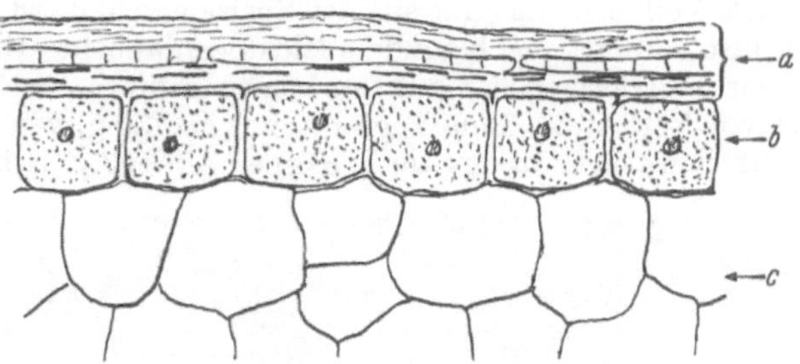

Abb. 5. Querschnitt durch die Wand des Reiskorns nach Entfernung der holzigen Spelze. *a* Die zusammengewachsene Fruchtwand und Samenschale; *b* Aleuronzellen-Lage. *Hier sind die Vitamine enthalten! c* Stärkezellen, Mehlkern. Bei rotem, schwarzem oder anders gefärbtem Reis wird in den unteren Zellagen von *a* das Pigment gebildet. Das „Silberhäutchen" ist im botanischen Sinn *allein* die Fruchtwand. Was man gewöhnlich darunter versteht, umfaßt auch die tieferen Schichten. So ist bei total geschliffenem Reis, Tafelreis, auch die Aleuronschicht und selbst die oberste Stärkezellenlage weggenommen.

Korn gegessen. Von der Behandlung, die er hierbei erfährt, hängt es ab, ob das fertige Gericht für die Gesundheit schädlich geworden ist oder nicht.

Das Reiskorn am Halme ist ebenso wie das Korn der übrigen Zerealien von einer holzigen Schale, der Spelze, umgeben (s. Abb. 5 und 6). Der Inhalt läßt sich leicht herausschälen und erscheint als ein glatter, mit Längsrinnen versehener ovaler Kern, der je nach der Sorte von einer weißen — roten — schwarzen Haut umgeben ist mit unzähligen Übergängen der Farbe und Form. Entwicklungsgeschichtlich betrachtet, stellt die Haut die verwachsene Fruchtwand und Samenschale (Pericarp) dar, mit einer äußeren Epidermis, die im reifen Zustand ein glasartiges Cellulosehäutchen vorstellt (das eigentliche „Silberhäutchen"), und verschiedenen anderen Zellagen, darunter auch die pigmentführende. Nimmt man diese Hüllen weg (im großen geschieht das durch „Schleifen" des Reises), dann kommt jetzt der eigentliche Kern mit seinen Nährstoffen zum Vorschein, dessen Aufbau mit einer Lage großer, kubischer, stark gekörnter Zellen beginnt — der Aleuronlage, die als Träger des Pflanzeneiweißes und der Vitamine ihre besondere Bedeutung hat. Der Reiskeim besteht fast ausschließlich aus solchen Zellen. Wird auch diese Schicht mit dem Keim entfernt (im großen stellt der Abfall die „Kleie" dar), dann folgt nun der eigentliche Sameninhalt, der sich aus sehr großen, mit Stärkekörnern gefüllten Zellen zusammensetzt. Im reifen Korn sind von der Zelle selbst nur Reste geblieben, die als Zwischenwände fungieren; auch sie enthalten noch reichlich N-Substanzen, aber so gut als keine Edelstoffe. Betreffend die Zusammensetzung sind in der folgenden Tabelle einige Werte zusammengestellt.

Lufttrocken! per 100 g	Wasser	N-Substanz	Fett	Kohlehydrate	Cellulose	Asche	P_2O_5	Aneurin in γ
Vollkornreis (Lonzainereis) . . .	13,2	8,4	1,4	73,5	1,7	1,8	0,9	250
Nach Waschen	—	—	—	—	—	—	0,89	250
Nach Kochen	—	—	—	—	—	—	0,89	250
Feinster Tafelreis (stark geschliffen)	12,5	7,1	0,8	77,3	1,0	0,9	0,22	40
Nach Waschen	—	—	—	—	—	—	0,20	25
Nach Kochen (Kochwasser erhalten)	—	—	—	—	—	—	0,20	25
Kochwasser weggeschüttet . .	—	—	—	—	—	—	0,19	10

Als Vollkorn, also nur aus der Spelze geschält, ist der Reis eine Nahrung, die ein fast vollwertiges, besonders leicht verdauliches Eiweiß enthält, mit reichlich Aneurin. Waschen hat auf ihn keinen Einfluß, das erhaltene Pericarp schützt ihn vor Verlusten. Eine Tagesration von 750 g, wie sie ein arbeitender Chinese leicht bewältigt, bringt dem Körper also 63 g N-haltiger Substanz (Eiweiß) und 1,9 mg Aneurin ein, mehr als er nötig hat.

Bei allen reisessenden Völkern aber ist es Gewohnheit, das Reiskorn noch weiter zu bearbeiten, und es von seinem Pericarp plus Aleuronlage (im gewöhnlichen Sprachgebrauch und erweitertem Sinn „das Silberhäutchen") zu befreien. Es bleibt dann zuletzt nur der harte Stärkekern übrig. Zwischen den beiden Extremen liegen die Mittelsorten. Die Zahlen der Tabelle zeigen die Zusammensetzung eines „geschliffenen", dann polierten und eventuell noch glasierten Reises im Vergleich mit dem Vollkornreis, sowie den Schaden, den der Schleifprozeß anrichtet. Die stickstoffhaltige Substanz leidet dabei nur wenig, sie wird auf $^6/_7$, die P_2O_5 auf $^1/_2$, das Aneurin aber auf $^1/_6$ des ursprünglichen Bestandes (von 250 auf 40 γ) herabgesetzt. Damit ist jedoch das äußerste noch nicht erreicht. Weitere erhebliche Verluste an Edelstoffen erfährt der Reis, der durch Schleifen seines Schutzhäutchens beraubt ist, noch durch das Waschen. Nach Waschen fällt das Aneurin auf $^1/_{10}$ (25 γ). Diesen Gehalt behält er als fertiges Gericht, wenn er in seinem Kochwasser gar gekocht wird. Wird er dagegen gar gedämpft, wobei der halbgare Reis noch einmal gewaschen wird, dann geht mit dem Koch- bzw. Waschwasser wiederum ein Teil des Aneurins weg, es bleibt dann nur 10 γ; die Reisration von 750 g bringt dann dem Körper

Abb. 6. Roter Reis (Oryza sativa). A Das Reiskorn ganz; B noch halb in der Spelze; C Vollkorn mit dem unverletzten Pericarp, seinen Rinnen, und dem links unten gelegenen Keim; D Pericarp halb abgeschliffen, wobei auch die Aleuronlage losläßt. (halbgeschliffener Dorfreis); E Korn fast ganz abgeschliffen, nur in einer Rinne noch ein Rest des Pericarps, auch der Keim ist jetzt ausgefallen (Tafelreis, maschinell hergestellt); bei den feinsten Sorten wird der Schleifprozeß noch weiter getrieben. Gehalt an Aneurin bei C 250 γ, bei D etwa 160 γ, bei E 40 γ (Analyse aus Laboratorium B. C. P. JANSEN).

nicht mehr als 0,075 mg Aneurin ein, ein verzweifelt kleiner Rest! Für den Kuli, der bei der großen Kohlehydratmenge eher mehr als 1 mg täglich nötig hat, ist es unter solchen Umständen unmöglich, das fehlende Aneurin aus der bei ihm schmal bemessenen Zukost zu beziehen, und er fällt der Beriberi zur Beute.

Man fragt mit Recht, warum ist das Schleifen des Reises nötig? In der Hauptsache hat dies drei Gründe. Fein geschliffener Reis hat reinen Reisgeschmack, Reis mit erhaltenem Silberhäutchen dagegen erinnert an Hafermus und wird darum für minderwertig angesehen. Zweitens gewinnt er für das Auge durch sein schneeweißes, duftiges Aussehen, während der nicht- oder halbgeschliffene Reis sein Pigment mitbringt und je nach der Farbe das Gericht gelblich, rötlich oder schwarz macht. Beides sind eigentlich keine stichhaltigen Gründe, man kann sich, wie die Erfahrung lehrte, ohne Mühe daran gewöhnen; aber die Mode verlangt nun einmal die geschliffene Qualität als das feinere. Wenn der einfache Inländer ein Geschenk machen will, dann bringt er tadellos geschliffenen Reis!

Der dritte Grund ist von größerer Bedeutung, er gilt für den Großhandel: Einmal ist der geschliffene Reis viel länger haltbar, er schimmelt nicht und bleibt darum für lange Zeit marktfähig. Dann aber sitzt in dem Schleifabfall ein Teil des Gewinnes der Reismühlen. Die Bauern bzw. Reisaufkäufer erhalten ihr Produkt, das vom Felde kommt, von der Großmühle geschliffen zurück, und zwar gratis! Als Schäl- und Schleifpreis gilt die Spelze, mit der die Kessel geheizt werden und die anfallende Kleie. Diese letztere besitzt als Kraftfuttermehl einen hohen Wert. An diesen Gewohnheiten des Großbetriebes sind bisher alle Bemühungen des Hygienikers, die Beriberi-Gefahr einzudämmen, gescheitert (s. u.).

Doch erscheinen auf dem Reismarkte stets auch billigere Sorten, mit mehr Bruch, die nicht restlos geschliffen sind und daher stets noch auf der Oberfläche mehr oder weniger Fragmente der Aleuronzellen enthalten. Der Geübte sieht das mit dem bloßen Auge. Durch Eintauchen in verdünnte LUGOLsche Lösung wird es deutlicher: Die nacktgelegten Stärkezellen färben sich blau, die Reste der Aleuronzellen bleiben als kleine, gelbliche Flecken unverändert. In den Längsrinnen selbst kann noch Pigment erhalten sein. Diese Sorten führen dann noch größere Mengen von Aneurin mit sich, genug, um die Gesundheit zu erhalten. Werden sie aber monatelang aufgestapelt, dann lockern sich diese Zellreste unter dem Einfluß von Feuchtigkeit, Sauerstoff und vor allem durch Ansiedlung von Bakterien, und es bleibt nach dem Waschen nur mehr der steinharte Stärkekern übrig. Das Alter des Reises hat also auch einen gewissen schädlichen Einfluß, wie es bei der Beriberi-Kurve in Japan (s. o) zum Ausdruck kommt.

Manche epidemiologische Erfahrung findet in der Art und Weise, wie der Reis behandelt wird, ihre Erklärung. Die Landbevölkerung blieb frei von Beriberi. Warum? Sie bewahrt ihre Reisernte nur gedroschen, also noch in der Spelze für eigenen Gebrauch in großen Behältern oder selbst kleinen Scheunen. In dieser Form hält sich Reis fast unbegrenzt. 50jähriger Reis enthielt noch seine Edelstoffe! Von seinem Vorrat enthülst und schleift der Inländer wöchentlich nur soviel, wie er für seinen Konsum nötig hat. Der Reis bleibt also immer frisch, das ist *ein* Vorteil. Ein zweiter Vorteil ist in der primitiven Bearbeitung begründet. Enthülsen und Schleifen geschieht mit der Hand durch Stampfen des Reises in einem Trog mit einem schweren Stampfer. Das kostet doppelte Arbeit, wenn das Korn vollkommen geschliffen werden soll. Für die tägliche Kost begnügt sich daher der Inländer mit halb geschliffenem

Reis, nur für besondere Gelegenheiten macht er sich die größere Mühe zur Herstellung eines tadellosen Reises. Minder Arbeit und doch gesündere Kost!

Anders in den Städten, die mit Reis, der maschinell bearbeitet wurde, versorgt werden. Mit der Maschine ist es ein leichtes, den idealen, beim Inländer beliebten Schleifgrad zu erreichen. Der Städter genießt also den Schutz nicht, den begreifliche Bequemlichkeit dem Dorfbewohner verleiht; damit steht in Städten der Beriberi das Tor offen.

Ein zweites Beispiel. Auf einer Plantage machte die Beriberi der Arbeiterschaft schwer zu schaffen, die Nachbarplantage hatte nichts zu leiden. Dabei bezogen beide den Reis als gleiche Marke, von dem gleichen Reishändler! War es hier denn doch etwas anderes? Bei genauerer Nachfrage ergab sich, daß auf der einen Plantage der Reis einem langen Waschprozeß unterworfen und das Kochwasser weggeschüttet wurde. Reis mit noch viel Resten des Silberhäutchens würde das vertragen haben, eine Sorte aber, die an sich bereits an der Grenze stand, mußte durch die intensive Behandlung bis auf kümmerliche Reste verarmen. Denselben Reis kaufen heißt daher nicht, denselben Reis essen!

Auf der Insel Banka, bekannt durch ihren Zinnreichtum, herrschte die Beriberi jahrelang unter den etwa 20000 chinesischen Kulis verheerend, bis man endlich im Jahre 1912/13 zur Ernährung mit ungeschliffenem Reis überging; nun war es mit einem Schlage aus. Als ich im Jahre 1917 zur Inspektion kam, fand ich in der Tat unter den Arbeitern der Staatszinnminen keine Spur mehr von Beriberi — dagegen reichlich unter der malaiischen Dorfbevölkerung, die nach dem Obengesagten gegen Beriberi hätte geschützt sein müssen. Die Erklärung lag in einer Veränderung der Lebensweise begründet. Die Bevölkerung hatte früher ihren eigenen Reis gebaut, dann sich aber je länger je mehr der Gartenkultur des schwarzen Pfeffers zugewandt. Da diese Kultur gewinnbringend ist, wurde die Bevölkerung rasch wohlhabend, unterließ nun den Reisbau, importierte weißen Reis und damit eine Krankheit, die den Dörfern bis dahin fremd war. Ähnliches erlebten neuerdings andere Gegenden, deren Bevölkerung zugunsten des Rubberbaues das Reispflanzen aufgab.

Alle diese Ausnahmen stellen sich bei genauerem Nachforschen als Bestätigung der Regel heraus. Auch Einzelfälle, wie der folgende, sind in dieser Beziehung lehrsam. In dem Kulihospital der Senembah Maatschappij, früher ein Herd der Beriberi, war nach gründlicher Kostreform jahrelang kein autochtoner Fall von Beriberi mehr vorgekommen. Eines Tages erscheint der höchste javanische Angestellte mit ausgesprochenen Symptomen der Beriberi. Wie konnte das möglich sein, wo er doch denselben Reis, wie ihn das von Beriberi freie Hospital bezog, erhielt? Nachfragen ergab, daß die Frau den Kulireis für ihren Mann nicht gut genug fand und sich daher regelmäßig die Arbeit machte, ihn noch einmal überzustampfen. Der wertvolle Anteil des Reiskorns wurde damit restlos entfernt, und die gute Absicht schlug zum Schaden des Mannes aus. Der Mann wurde nach seiner Heilung der beste Propagandist für rationelle Reiskost.

Zum Schluß noch der „cured" oder „parboiled rice", der, wie wir oben sahen, von manchen Völkern des Ostens gegessen wird. Seine Bereitung beginnt mit 24stündigem Wässern des ungeschälten Reises (also noch in unverletzter Spelze). Dann wird er etwa 20 Minuten gekocht, bis die Spelze durch den quellenden Kern eben gesprengt wird, um danach scharf an der Sonne getrocknet zu werden. Beim Stampfen springt nun die Spelze leicht ab, während die Aleuronschicht fester mit dem Kern verklebt ist und dem Stampfen größeren Widerstand entgegensetzt. Maschinell läßt sich allerdings auch dieser Reis weiß schleifen. Nach AYKROYD aber ist das dann weniger nachteilig, da bei dem Halbgarkochen das Aneurin in den erweichten Stärkekern imbibiert und so trotz des Schleifens im Kern reichlicher erhalten bleibt.

Diagnose und Prognose. Die Diagnose der Beriberi als Epidemie macht keine Mühe, schwieriger kann sie bei sporadischer Beriberi sein. Nicht, wenn es sich um reisessende Bevölkerung handelt, hier muß man stets auf die Krankheit gefaßt sein und bei verdächtigen Symptomen zuerst an Beriberi denken. Aber in Europa, wo „einheimische Beriberi" doch immer eine Ausnahme ist, wird man sich bei Anwesenheit der Kardinalsymptome wie Parästhesien an Händen und Füßen, cardiovasculäre Beschwerden, Muskelschmerz und Muskelschwäche erst an die Möglichkeit einer Koincidenz mit Aneurinmangel gewöhnen müssen.

Ein großes Hilfsmittel hat man an der Diagnose ex juvantibus; der Versuch einer Anti-Beriberi-Therapie gibt rasch und sicher einen Ausschlag, und er ist unschädlich für den Fall, daß er bei einem Kranken geschah, bei dem sich der Verdacht nicht bestätigte. Eher kann die Unterlassung eine Sünde sein!

Für besondere Fälle mit Zirkulationsstörungen leichter Art ist die Adrenalinprobe von AALSMEER eine wertvolle Methode, um die Diagnose in die richtige Bahn zu bringen.

Endlich kann ganz neuerdings die quantitative Bestimmung des Aneurins im Urin für die Diagnostik der Beriberi herangezogen werden. Die hierfür nötige Methode beruht darauf, daß Aneurin in alkalischer Lösung durch Oxydation in Thiochrom übergeht, das im ultravioletten Licht je nach seiner Konzentration mehr oder weniger stark fluoresciert. Diese Eigenschaft haben JANSEN und seine Schule benutzt, um die Menge des Thiochroms quantitativ, unter Einschaltung einer Selenzelle und eines Galvanometers zu messen. Die Resultate sind, nach Kontrollversuchen zu urteilen, ungleich exakter, und vor allem in viel kürzerer Zeit zu gewinnen, als es mit Tierversuchen möglich ist! Selbst mit sensibilisierten Tieren (d. h. solchen, die man dicht an der Schwelle der Avitaminose hält) braucht die Probe doch immer noch 2—3 Tage; jetzt sind es kaum ebenso viele Stunden. Die Methode wird vor allem für die Diagnose im Großen Dienst tun können, um bei einer reis- oder sagoessenden Bevölkerung festzustellen, ob und wie sehr sie sich mit ihrer Ernährung der Beriberi-Gefahr aussetzt. Auch für die Untersuchung von Schwangeren und Stillenden hat sie mit Rücksicht auf die Säuglings-Beriberi Bedeutung.

Die Prognose darf bei dem heutigen Stande unserer Kenntnis günstig lauten. Beriberi ist in jedem Stadium heilbar, vorausgesetzt, daß die Therapie nicht allzu spät einsetzt.

Die Therapie richtet sich nach dem Bilde, das ein Beriberi-Kranker bietet. Sofortiges Eingreifen erfordern die Fälle von akuter Herz-Beriberi, dem Shoshin. Ist dieser Zustand sehr rasch und heftig über den Kranken hereingebrochen, dann kann die Therapie gewöhnlich nichts mehr retten. Aber die weniger fulminanten Fälle, wo ohne Behandlung der Tod erst nach 2—3 Tagen erfolgen würde, sind für die Behandlung dankbare Objekte. Nur halte man sich hierbei nicht mit Campher, Digitalis oder Strophantin, die doch ohne Wirkung sind, auf, sondern verleibe ohne Verzug den fehlenden Stoff dem Körper ein. Man gibt das krystallinische Aneurin, wie es unter verschiedenen Namen fabrikmäßig, sei es auf natürlichem, sei es auf synthetischem Wege hergestellt wird (Betabion, Betaxin u. a.) intramuskulär oder besser intravenös. Manche glauben mit 5 mg täglich auszukommen, doch wird von amerikanischer Seite auf höhere Dosen, 20 bis 50 mg, angedrungen. Nebenwirkungen sind nicht zu befürchten, man hat selbst nach 100 mg Aneurin in einer Injektion nichts davon gesehen. Was der Körper nicht brauchen kann, wird zum Teil mit dem Urin wieder ausgeschieden, wie Versuche von WESTENBRINK lehren. Der Effekt des Mittels kann schon nach

10—15 Stunden bemerkbar sein, die Unruhe legt sich, das Beklemmungsgefühl
läßt nach, die Atmung wird wieder freier. Chemisch ist die Besserung nachzuweisen durch den Rückgang der Brenztraubensäure, die sich im Blute angehäuft
hatte. Nach 1—2 Tagen kann die Szene total verändert sein. Man gibt dann das
Aneurin noch einige Tage durch, bis sich die Dilatation des Herzens vollkommen
zurückgebildet hat. Danach hilft man sich weiter mit Einnehmen des Mittels
oder überläßt die endgültige Besserung einer zweckmäßigen Diät.

Während der kritischen Periode wird von AALSMEER eine Blutentziehung
zur zeitweiligen Entlastung des rechten Herzens empfohlen. Auch eine Pitressin-
injektion nach WENCKEBACH käme in Betracht (nicht Adrenalin). Pitressin
(aus dem Hinterlappen der Hypophyse hergestellt) verursacht eine Verengerung
des peripheren Gefäßnetzes, das zuvor abnorm erschlafft war. Nun kann das
linke Herz nicht mehr soviel Blut in die Zirkulation werfen, das rechte Herz
bekommt leichtere Arbeit. Schon nach wenigen Sekunden merkt man dies an
dem Nachlassen des knallenden Crural-Tones, der diastolische Druck stellt sich
wieder her und das Herzklopfen verschwindet. Nach etwa $^3/_4$ Stunde beginnt
langsam wieder der alte Zustand, aber es ist doch kostbare Zeit gewonnen,
die das Intervall bis zur Wirkung des eigentlichen Heilmittels überbrücken
helfen könnte.

Wird das Bild der Beriberi von Lähmungen oder Ödemen beherrscht,
dann kann man therapeutisch mit der richtigen Einstellung der Diät auskommen,
eventuell unterstützt durch Einnehmen von Aneurinpräparaten. Man verordnet ungeschliffenen Reis oder, wenn er nicht zu haben ist, läßt man Kartoffeln (als Pellkartoffeln), in Indien vor allem die süße Kartoffel (Batate),
Leguminosen und frische Gemüse essen; die Veränderung des Speisezettels wirkt
meist in wenigen Tagen, oft zauberhaft[1]. In Indien (in Japan nach SCHEUBE
schon von alters her) erfreut sich eine Sojabohnenart (Phaseolus radiatus,
jap. Azuki, malaiisch Kadjang idju) eines besonderen Rufes als Heilkost. Wie
alle Leguminosen kann man sie nur als Zusatzkost gebrauchen, da sie sonst
rasch widersteht. Aber 100—150 g wurden vom Inländer willig genommen,
vor allem, wenn man sie mit Zucker gab. Mit ihrem großen Vitamingehalt,
vielleicht auch durch andere Bestandteile, beeinflußt sie die Ödeme günstig,
die mit gewaltigen Harnfluten vom Körper abziehen. Mit Unrecht hat man ihr
daraufhin allgemein diuretische Eigenschaften zugelegt; bei Ödemen anderer
Art läßt sie im Stich.

Außer dem heute vorhandenen reinen Aneurin, gibt es noch eine Anzahl
Präparate, in denen man das Vitamin der Nahrungsmittel konzentrierte. In
Niederländisch-Indien benutzt man hierfür Fullerserde (Kaolin), das aus Flüssigkeiten Vitamine absorbiert und stellt damit Tabletten von $^1/_4$ g her, die $^1/_4$ mg
Aneurin enthalten. Ein älteres Präparat ist das Oryzanin von SUZUKI, während
aus Hefe, die von SCHAUMANN als Träger reichlichen Aneurins erkannt wurde,
das Marmite hergestellt wird, das als Zusatz zu Suppen vortrefflich schmeckt.
Diese Stoffe enthalten noch andere Faktoren des B-Komplexes, geben darum
vielleicht noch mehr als die reine Substanz und haben so heute noch ihren Wert.

Die sonstige Behandlung des Beriberi-Kranken, vor allem die der Lähmungen, folgt den Regeln der internen Medizin und braucht daher hier nicht
besprochen zu werden. Die Therapie der enterogenen Beriberi wurde schon
oben behandelt.

Die Verhütung der Krankheit. Beriberi ist bei Lebens- und „Zwangsgemein-
schaften" (VAN LOGHEM), die aus einer Großküche ernährt werden, mit Sicher-

---

[1] Viel weniger ist die Tapioka-Wurzel zu empfehlen (manihot utilissima). Sie hat
zwar den Vorteil, beim Anbau große Erträge zu geben, aber bei der Zubereitung geht sie
der Vitamine verlustig. Außerdem birgt der Gehalt an Blausäure gewisse Gefahren.

heit zu verhüten. Die Sicherheit des Erfolges bei richtiger Wahl und richtiger Zubereitung der Lebensmittel, ist groß genug, um es zu rechtfertigen, daß solche Volksgruppen unter gesetzlichen Schutz gestellt werden. Wir sahen früher, welche scheinbar unbedeutenden Eingriffe ein Reisgericht gesundheitsschädlich machen können. Man muß also beginnen, so wenig wie möglich abgeschliffene Reissorten zu wählen, dann darauf achten, daß das Waschen auf das notwendigste beschränkt wird, und endlich, daß der Reis in seinem Kochwasser gargekocht wird. Gibt man noch entsprechende Zukost, dann ist die Beriberi endgültig aus solchen Volksgruppen verbannt.

Viel schwerer ist die Verhütung der Beriberi bei der freien Bevölkerung. Die Herrschaft der Feinschmeckerei, der Gewohnheit und der Mode, die alle einen schneeweißen Reis verlangen, ist hier so groß, daß das Problem, den einzelnen zu schützen, bisher allen Bemühungen getrotzt hat. Auf den Philippinen z. B. hatte der damals noch amerikanische Hygieniker es zu einem Gesetzentwurf gebracht, der den Import von geschliffenem Reis verbot. Die Annahme des Gesetzes erwies sich als unmöglich, weil die Reisgroßmühlen und der Reishandel in den Reisländern die Lieferungen verweigerten. Auf Banka (s. o.) griff der einsichtige Gouverneur 1917 das Problem radikal an, indem er ebenfalls auf der Insel den Import von geschliffenem Reis durch eine Verordnung verbot. Als das Justizministerium dahinter kam, mußte die segensreiche Maßregel wieder aufgehoben werden; sie war diktatorial und darum ungesetzlich!

So bleibt hier kaum etwas anderes übrig, als geduldig das Volk zu belehren und Propaganda für das *richtige Reisgericht* zu machen. Es ist begreiflich, daß man weiter kommt, wenn der Reis als das Hauptgericht, sein eigenes Vitamin mitbringt, als wenn der Organismus für die nötige Menge auf die Zukost, die dann aber richtig gewählt werden muß, oder auf Vitamintabletten angewiesen ist. Vielleicht läßt es sich noch einmal durchsetzen, daß die feinsten Reissorten, die total abgeschliffen sind, im Kleinhandel nur mit der Bezeichnung erscheinen dürfen: als tägliche Mahlzeit schädlich, nur als Zusatzkost zu nehmen!

Wird die Belehrung etwas helfen? SCHIMAZONO beurteilt seine Landsleute in dieser Beziehung wenig hoffnungsfreudig: Selbst Leute, die von Beriberi geheilt waren und die durch Schaden hätten klug werden müssen, konnten es nicht lassen, zum weißen Reis zurückzukehren! Damit erklärt sich zugleich das Rezidivieren, das man früher zu Unrecht für Beriberi pathognomonisch hielt.

Für Europa mit der ausnahmsweisen Beriberi würden sich prophylaktische Maßregeln erübrigen, wenn man neuerdings nicht daran zu zweifeln begänne, ob die Versorgung mit B-Vitamin in allen Bevölkerungsschichten wohl genügend ist. Die manifeste Beriberi wird hier zwar dank dem Brot und der Kartoffel als Hauptnahrung bei der großen Masse fast auf dem Nullstand gehalten, aber Andeutungen finden sich doch, daß man darauf nicht allzufest vertrauen darf. In Holland fand WESTENBRINK bei schwangeren Frauen, die in der Hauptsache Weißbrot aßen nur 40 γ Aneurin im Tagesurin, bei Braunbrot Essenden dagegen 150 γ im Mittel. Ödeme und Nervenstörungen waren bei der ersten Gruppe viel häufiger; es ist nicht ausgeschlossen, daß bei solchen an der Schwelle des Mangels stehenden Frauen, auch die Resistenz gegen Infektionen herabgesetzt wäre. So verlangt auch in Europa die Sorge für die Volksgesundheit, daß der richtigen Wahl der Nahrung hinsichtlich des Aneurins einige Aufmerksamkeit geschenkt wird.

Schrifttum.

AALSMEER: Blutdruck und Gefäßton bei Beriberi. Wien. Arch. inn. Med. **21** (1931). — AALSMEER u. WENCKEBACH: Herz und Kreislauf bei Beriberi. Wien: Urban & Schwarzenberg 1929. — ANDERSAG u. WESTPHAL: Über die Synthese des antineuritischen Vitamins. Ber. dtsch. chem. Ges., Ser. B **70**, 2037, 2054 (1937).

Bälz: Über die in Japan vorkommenden Infektionskrankheiten. Z. klin. Med. 4, 616 (1882). — Bälz u. Miura: Beriberi oder Kakke. Menses Handbuch, 2. Aufl. Leipzig: Johann Ambrosius Barth 1914. — Bechdel: c. s., Synthesis of Vitamin B_1 in the rumen of the cow. J. of biol. Chem. 80, 131 (1928). — Bergel and Todd: The new Synthesis of Thiochrome. J. chem. Soc. Lond. 1938, 26. — Braddon: The cause and prevention of Beri Beri. London 1907.

Caspari u. Moskowski: Weiteres zur Beriberi-Frage. Berl. klin. Wschr. 1913 II.

Dürck: Untersuchungen über die Beriberi. Jena: Gustav Fischer 1908.

Eykman: (1) Eine beriberi-ähnliche Krankheit der Hühner. Virchows Arch. 148, 523 (1897). — (2) Ernährungspolyneuritis. Arch. f. Hyg. 58, 150 (1906).

Fraser and Stanton: (1) The Etiology of Beri Beri. Inst. med. Res., Kuala Lumpur 1909. — (2) The Etiology of Beri Beri. Singapore: Kelley & Walch 1911. — Fridericia: Refection. J. of Hyg. 27, 70 (1927). — Funk: Die Vitamine, 3. Aufl. München: J. F. Bergmann 1924.

Grewe: (1) Über das antineuritische Vitamin. Z. physiol. Chem. 242, 89 (1936). — (2) Die Konstitution des Aneurins. Naturwiss. 24, 657 (1936). — Grijns: Polyneuritis gallinarum I. Geneesk. Tijdschr. Nederl-Indië 41 (1901)

Holst, Axel u. Frölich: Über experimentellen Skorbut. Z. Hyg. 72, 1 (1912). — t'Hoog, van: Aseptic culture of insects in vitamin research. Z. Vitaminforsch. 4, 300 (1935).

Jansen, B. C. P.: A chemical Determination of Aneurin. Rec. Trav. chim. Pays-Bas et Belg. (Amsterd.) 55, 11 (1936). — Jansen en Donath: Aneuritisch Vitamine. Chem. Weekbl. 23, 201 (1926).

Lohmann: Untersuchungen über die Co-Carboxylase. Biochem. Z. 294, 188 (1937).

Mataro, Nagayo: Pathologische Anatomie der Beriberi. Verh. jap. path. Ges. 2. Tgg 1902. — Maurer: Die Ätiologie der Beriberi und Psilosis. Geneesk. Tijdschr. Nederl.-Indië 43 (1903). — Mebius: Oedeem Theorie der Beri Beri. Nederl. Tijdschr. Geneesk. 72, 3986 (1928)

Nocht: Beriberi. Menses Handbuch der tropischen Krankheiten, 3. Aufl. Leipzig: Johann Ambrosius Barth 1924. (Ausführliche Literatur).

Pekelharing u. Winkler: Mitteilung über die Beriberi. Dtsch. med. Wschr. 1887 II. — Peters: Pyruvate Oxidase in Brain. Co-Carboxylase. Biochemic. J. 31, 2240 (1937). — Platt and Lu: Chem. and Clinical findings in Beri Beri. Quart. J. Med. 5, 355 (1936).

Schaumann: Weitere Beiträge zur Ätiologie der Beriberi. Arch. Schiffs- u. Tropenhyg. 1909, Beih. 6. — Scheube: Die japanische Kakke (Beriberi). Dtsch. Arch. klin. Med. 31/32 (1883). — Scheunert u. Schieblich: Über Vitaminbildung durch Aspergillus oryzae. Biochem. Z. 286, 66 (1936). — Schimazono: Beriberi, Avitaminosen. Berlin: Julius Springer 1927. — Schüffner: Ist Beriberi auch eine in Europa heimische Krankheit? Münch. med. Wschr. 1913 I, 642. — Schüffner u. Kuenen: (1) Über den Einfluß der Behandlung des Reises. Arch. Schiffs- u. Tropenhyg. 1912, Beih. — (2) Beriberi. Arch. Schiffs- u. Tropenhyg. 16, 293 (1913). — Stepp: Experimentelle Untersuchung über die Bedeutung der Lipoide. Biochem. Z. 1909, 452. — Stepp u. Schröder: Beriberi-Erkrankung durch übermäßigen Zuckergenuß. Münch. med. Wschr. 1936 I, 763.

Tauber: A color Test for Thiamin (Vitamin B_1). Science (N. Y.) 86, 594 (1937).

Veen, van: De invloed van wasschen en stoomen ... Geneesk. Tijdschr. Nederl.-Indië 73, No 15 (1933). — Vorderman: Onderzoek der rijstvoeding in 100 gevangenissen op Java .. Batavia 1897.

Weiss and Wilkins: The nature of cardiovascular disturbances. Ann. int. Med. 11, 104—147 (1937). — Wenckebach: Het raadsel van het stervende Beri-Beri hart. Geneesk. Tijdschr. Nederl.-Indië 72 (1932). — Westenbrink: Aneurinestofwisseling en zwangerschap. Nederl. Tijdschr. Geneesk. 82, 1076 (1938). — Williams: Synthesis of Vitamin B_1. J. amer. chem. Soc. 58, 1504 (1936). — Windaus: C. s., Die Darstellung von krystallisiertem Vitamin B_1. Nachr. Ges. Wiss. Math.-physik. Kl. Göttingen, 13, 207 (1931).

β) Die B_1-Hypovitaminose als europäisches Ernährungsproblem.

Von H. Schroeder, München.

Noch vor einigen Jahren nahm man vielfach an, daß in den nichttropischen Ländern die Versorgung mit dem B_1-Vitamin im allgemeinen ausreichend sei und ein Mangel an diesem Wirkstoff als Krankheitsursache nicht in Frage komme. Zahlreiche Untersuchungen aus den letzten Jahren haben nun aber ergeben, daß sowohl die europäischen als auch die amerikanischen Kostformen wenig mehr als den Mindestbedarf an Vitamin B_1 (das ist die Menge, die gerade ausreicht, um Mangelsymptome zu verhüten) enthalten. Es ist zwar richtig, daß sich gerade über den Vitamin B_1-Bedarf keine allgemein gültigen Angaben machen lassen, da er von vielen Faktoren wie z. B. Menge und Art der Nahrungsaufnahme, Intensität der Stoffwechselvorgänge, Körpergewicht, Außentemperatur abhängt und auch während fieberhafter Krankheiten, während der Gravidität, der Lactation und schließlich bei einer erhöhten hormonalen und Stoffwechseltätigkeit im Kindesalter und im Frühjahr ganz wesentlich erhöht ist. Doch scheint nach den neuesten Veröffentlichungen aus allen Teilen der Welt der Mindestbedarf beim gesunden Erwachsenen um 500—600 γ täglich zu liegen. Es sei aber ausdrücklich betont, daß diese Menge sicher nahe der unteren Grenze liegt und lange nicht unter allen Umständen den Anforderungen des Organismus genügt. Baker und Wright haben denn auch Fälle von echter Beriberi bei Kostformen beobachtet, die sicher mehr als 1 mg Vitamin B_1 enthielten. Hierbei ist allerdings zu berücksichtigen, daß die Resorption des Vitamins im Magen-Darmkanal ungenügend sein kann. Von großer klinischer Bedeutung ist jedenfalls der Umstand, daß die Spanne zwischen der eben zur Erhaltung der Gesundheit ausreichenden und der zum optimalen Gedeihen notwendigen Menge beim Vitamin B_1 besonders groß ist.

Bei Kindern fand Knott ein optimales Wachstum, wenn die Vitamin B_1-Zufuhr ungefähr 0,1 mg pro Kilogramm Körpergewicht betrug, das ist eine Menge, die das Sechsfache des berechneten Mindestbedarfes ausmacht. Wir nehmen an, daß zur optimalen B_1-Versorgung des erwachsenen Menschen 1—2 mg täglich erforderlich sind. Wie überaus sinnvoll übrigens die Natur waltet, beweist eine Untersuchung von Kögl und Haagen-Smit, nach der der Vitamin B_1-Gehalt einer einzelnen Erbse sehr gut übereinstimmt mit der Menge, die notwendig ist um maximales Wachstum bei einem ausgeschnittenen Keimling zu erzielen.

Wie es nun mit der Deckung des B_1-Bedarfes in unserem Volke aussieht, zeigt eine Tabelle von Scheunert:

Tabelle 1. Vitamin B_1-Versorgung einer Vollperson nach Scheunert.

| | Reichsstatistik 1927/1928 | | | | v. Tyszka 1932—1933 | | | |
| | Arbeiter | | Beamte | | Arbeiter | | Erwerbslose | |
	g	Vita-min B_1-Gehalt in γ	g	Vita-min B_1-Gehalt in γ	g	Vita-min B_1-Gehalt in γ	g	Vita-min B_1-Gehalt in γ
Tägliche Kost ohne Milch . . .	—	420	—	474	—	536	—	216
Brot und Kartoffeln								
Kartoffeln	421	252	422	252	492	296	845	508
Summe		672		726		832		724
Weißbrot 0—60% Weizen, 0 bis 40% Roggen	307	98	300	96	366	108	372	120
Schwarzbrot 0—82% Weizen. 0—94% Roggenvollkorn . .	307	424	300	414	366	506	372	514
Weizenvollkorn	307	638	300	624	366	762	372	774

Aus dieser Aufstellung geht sehr deutlich die wichtige Rolle der Kartoffeln und des Brotes in unserer Nahrung für eine ausreichende Versorgung mit dem B_1-Vitamin hervor. Die Milch braucht dabei nicht besonders berücksichtigt zu werden, da 250 ccm nur 160 γ Vitamin B_1 enthalten. Von großer Bedeutung ist dagegen die Kartoffel, wie besonders das Erwerbslosenbeispiel zeigt. Allerdings sind bei dem geringen B_1-Gehalt der Kartoffeln ganz erhebliche Mengen zu einer wesentlichen Anreicherung der Kost mit dem antineuritischen Vitamin notwendig. Ganz besonders wichtig ist die Rolle des Brotes. Die gezeigte Tabelle beweist einwandfrei, daß ein Weiß- und Graubrotverzehr eine optimale Versorgung mit dem B_1-Vitamin nicht zu sichern vermag. Nur durch Verwendung eines hochausgemahlenen, kleiehaltigen Brotes wird die Vitamin B_1-Darreichung in allen Kostsätzen in den Bereich der optimalen Zufuhr gehoben.

Es ist also wirklich so wie SCHÜFFNER, der ausgezeichnete Kenner der tropischen Beriberi, schon 1913 sagte, daß es „der Edelgehalt des Brotes und der Kartoffeln gewesen ist, der die europäischen Völker vor der epidemischen Beriberi geschützt hat." Dieser Autor drückte zur gleichen Zeit den Wunsch aus, daß die wichtige Lehre, die wir so klar und eindeutig aus der Beziehung des Reises zur Beriberi gewonnen haben, doch den Anstoß geben möchte, eine Bewegung zur Vollkornausnutzung in Fluß zu bringen. Leider ist damals dieser Appell ungehört verhallt. Im Gegenteil sind durch den Übergang zu einer ballastarmen Kost unter Rückgang des Brotverbrauches und Bevorzugung des Weißbrotes und durch die vermehrte Verwendung von Zucker und raffinierten Produkten, die Vitamin B_1-haltigen Nahrungsmittel immer mehr ausgeschaltet worden. Erst in den letzten Jahren ist, gefördert durch die Ergebnisse experimenteller Untersuchungen, ein erfreulicher Umschwung festzustellen. Heute ist man ernsthaft bemüht, ein geschmacklich einwandfreies und bekömmliches Vollkornbrot herzustellen und zu einem Volksbrot zu machen.

Im Zusammenhang mit der B_1-Hypovitaminose als Ernährungsproblem verdient noch ein Punkt ganz besondere Beachtung, nämlich der Verlust an Vitamin B_1 durch die übliche Zubereitung der Speisen. TISDALL hat darauf hingewiesen, daß beim Kochen von Blattgemüse und Kartoffeln mehr als die Hälfte des im Rohgemüse enthaltenen B_1-Vitamins ins Kochwasser gehen kann. Beim Kochen von Schweine- und Rindfleisch ist der Verlust bedeutend geringer. Dringend zu fordern ist deshalb die Einführung einer vernünftigen Kochweise, so z. B. die Zubereitung des Gemüses durch Dämpfen, bei dem die Zerstörung des Vitamins lange nicht so erheblich wie beim Kochen ist. Bei der Ernährung unserer Kranken verdient der B_1-Gehalt der verschiedenen Kostformen unsere besondere Aufmerksamkeit. Nach unseren Berechnungen ist in einer ganzen Reihe von Diäten kaum der Mindestbedarf gedeckt. Dabei ist nicht einmal der Circulus vitiosus berücksichtigt, der dadurch eintritt, daß eines der ersten Symptome der B_1-Unterernährung eine Appetitlosigkeit ist, die natürlich eine weitere Herabsetzung der Vitaminzufuhr bedeutet.

Zusammenfassend kann man also sagen, daß unter gewissen Umständen auch bei unserer Bevölkerung die Voraussetzung für den Eintritt eines primären B_1-Mangels gegeben ist. Daneben liegt gerade bei den weißbrot- und zuckeressenden Kulturvölkern die Gefahr eines relativen B_1-Mangels vor, mit anderen Worten, es wird im Verhältnis zu dem großen Kohlehydratumsatz zu wenig Vitamin B_1 aufgenommen. Schließlich kann der in unseren Breitengraden eintretende B_1-Mangel auch sekundärer Natur sein, d. h. bedingt durch den erhöhten B_1-Bedarf im Gefolge der bereits erwähnten Krankheitszustände oder, analog dem Verhalten des C-Vitamins, durch Behinderung der Resorption des Vitamins bei Magen-Darmaffektionen. Die letztere Form der B_1-Avitaminose ist als enterogene bezeichnet worden.

Diese Erwägungen veranlaßten SCHÜFFNER schon vor dem Kriege zur Frage: „Ist die Beriberi eine auch in Europa heimische Krankheit?" Obwohl damals ausgesprochene Erkrankungen an Beriberi auf unserem Erdteil noch nicht beschrieben waren, hielt SCHÜFFNER die Behauptung für berechtigt, daß diese

Mangelkrankheit auch bei uns vorkommt. Tatsächlich hat man in Europa in den letzten Jahren eine Reihe von Erkrankungen an Beriberi beobachtet, die teils auf einem primären und sekundären (BRAUCHLE und STAEHELIN, A. MEYER, ENGEL) teils auf einem enterogenen B_1-Mangel (STEPP und SCHROEDER, GÉRONNE, GARAMVÖLGYI) beruhten. Allerdings ist in unseren Breitengraden eine reine B_1-Avitaminose ungewöhnlich. Bei der einheimischen Beriberi handelt es sich vielmehr meistens um ein Krankheitsbild, bei dem ein Mangel an mehreren Vitaminen besteht. Die akute tropische Beriberi stellt dagegen eine ausgesprochene B_1-Avitaminose dar, die dadurch zustande kommt, daß infolge des raschen Krankheitsverlaufes keine Zeit zur Ausbildung von anderen Mangelerscheinungen bleibt.

Während ausgesprochene Erkrankungen an Beriberi bei uns immerhin nur vereinzelt auftreten, ist der Folgezustand lang fortgesetzter B_1-armer Ernährung gar nicht selten. Experimentell wurde schon 1912 von FRASER und STANTON festgestellt, daß sich eine körperliche Schädigung fast zugleich mit Beginn einer B_1-armen Ernährung bemerkbar macht, obgleich die klassischen Symptome der Beriberi erst nach 3—4 Monaten auftreten. Die Symptome der latenten B_1-Hypovitaminose bestehen in Obstipation, Appetitlosigkeit, Muskelschwäche, Gliederschmerzen, Kopfschmerzen, sind also so uncharakteristisch, daß die Diagnose oft nur ex juvantibus gestellt werden kann. Leider gab es bis vor kurzem keine klinisch brauchbare Methode, die uns eine Erforschung des Vitamin B_1-Stoffwechsels im gesunden und kranken Menschen ermöglichte. Erst im letzten Jahr ist durch die JANSENsche Thiochrommethode diese Lücke ausgefüllt worden. Bei unseren eigenen Untersuchungen haben wir in Übereinstimmung mit anderen Autoren gefunden, daß die tägliche Ausscheidung an Vitamin B_1 im Harn 100—400 γ beträgt. Bei Vitamin B_1-armer Ernährung sinkt die Menge. Nach Darreichung des B_1-Vitamins erfolgt ein prompter Anstieg. Nach peroraler Belastung mit steigenden Vitaminmengen wird ein prozentual immer geringerer Anteil in den Harn ausgeschieden. Nach einer gewissen Zeit nimmt die Vitaminausscheidung ein gestimmtes Gleichmaß an. Es hat sich nun gezeigt, daß größere Dosen von dem reinen B_1-Stoff (mehr als 5 mg) nur unvollkommen resorbiert werden. Ein großer Anteil geht in die Faeces über und ist dort nachzuweisen. Bei intravenöser Injektion scheint je nach dem Grade der Absättigung das Vitamin B_1 im Organismus retiniert zu werden. Bei normaler Kost wird nach unseren Untersuchungen ungefähr 5 mg von 10 mg intravenös verabfolgtem B_1-Vitamin ausgeschieden. Doch kann bei B_1-reicher Ernährung (reichliche Mengen eines guten Vollkornbrotes) nahezu die gesamte Menge des verabreichten Vitamins in den Harn ausgeschieden werden. Das Speicherungsvermögen des menschlichen Organismus für den B_1-Stoff scheint nur gering zu sein. In den Magensaft wird er normalerweise nicht ausgeschieden. Auch nach intravenöser Injektion des B_1-Vitamins haben wir nur Spuren davon im Magensaft wieder gefunden.

Schrifttum

BAKER and WRIGHT: Biochemic. J. **29**, 1802 (1935). — BRAUCHLE u. STAEHELIN: Med. Welt **1933**, 340, 341, 826.

ENGEL: Med. Welt **1937 II**, 1277.

FRASER and STANTON: J. trop. Med. **14**, 333 (1911).

GARAMVÖLGYI: Külonlenyomat a Népégészégügy (ung.) **1936**. — GÉRONNE: Verh. dtsch. Ges. inn. Med. **1936**, 96.

KNOTT: J. Nutrit. **12**, 597 (1936). — KÖGL u. HAAGEN-SMIT: Z. physiol. Chem. **243**, 209 (1936).

MEYER, A.: Klin. Wschr. **1937 II**, 1593.

SCHEUNERT: Forschgsdienst **3**, 11 (1937). — SCHÜFFNER: Münch. med. Wschr. **1913 I**, 642. — STEPP u. SCHROEDER: Münch. med. Wschr. **1936 I**, 763.

TISDALL: J. amer. med. Assoc. **105**, 1583 (1935).

γ) Das Vitamin B₂.

Von J. Kühnau, Wiesbaden.

Als sich kurz nach dem Kriege an Stelle der von den Funktionen abgeleiteten Namen für die Vitamine Buchstabenbezeichnungen einbürgerten und das von C. Funk 1911 entdeckte antineuritische Vitamin den Buchstaben B erhielt, schrieb man ihm außer der beriberiverhütenden auch noch eine wachstumsanregende Wirkung zu. Nur wenige Jahre später (1925) konnten jedoch Seidell und Smith in Amerika zeigen, daß der Wachstumseffekt des sog. B-Vitamins in Wirklichkeit durch das Zusammenwirken zweier verschiedener wasserlöslicher Diätfaktoren zustande gebracht wird, deren einer sich als identisch mit dem antineuritischen Vitamin erwies, während der andere sich durch seine Hitze- und Alkalibeständigkeit von diesem deutlich unterschied. Daß sich die biologischen Leistungen dieses zweiten Faktors nicht auf die Wachstumsanregung beschränkten, konnte zur gleichen Zeit Goldberger zeigen, indem es ihm gelang, durch Verfütterung einer Diät, die von den B-Vitaminen nur den antineuritischen Anteil enthielt, bei Ratten ein der menschlichen Pellagra ähnliches Krankheitsbild zu erzeugen. Seither wird von dem antineuritischen oder B_1-Vitamin ein Vitamin B_2 als „Pellagraschutzstoff" oder (zu Unrecht, da die meisten anderen Vitamine auch Zuwachswirkungen besitzen) als „Wachstumsvitamin" unterschieden. Diesem Vitamin schrieb man auch eine blutregenerierende Wirkung zu. Bald ergab sich aber, daß es gelingt, bei Ratten Pellagra ohne Wuchsstillstand (Sure und Smith) oder diesen ohne begleitende Pellagra (Sherman und Sandels), endlich auch Pellagra ohne Anämie (Guha) zu erzeugen. Man war daraufhin genötigt, das ursprüngliche Vitamin B_2 in einen „Pellagraschutzstoff", einen „Wachstumsfaktor" und einen „Anämiefaktor" aufzuteilen. Jeder dieser Faktoren erwies sich später wiederum als nicht einheitlich, ohne daß es bisher gelungen wäre, die Individualität aller Teilkomponenten des „Vitamin B_2-Komplexes" sicherzustellen. Dieser ist nach unserem heutigen Wissen ein schwer trennbares Gemisch einer großen, bisher nicht genau bekannten Zahl von Wirkstoffen, von denen bisher nur ein kleiner Teil rein dargestellt ist und die nicht nur fast stets gemeinsam vorkommen, sondern auch funktionell aneinander gekoppelt sind, so daß die Leistungen der einzelnen Teilfaktoren nur mit größten Schwierigkeiten gegeneinander abgegrenzt werden können. Dazu kommt, daß der Bedarf an diesen Teilfaktoren bei den einzelnen Tierarten ganz verschieden ist; einige werden von allen Tieren, andere nur vom Menschen, wieder andere nur von gewissen Säugern benötigt. Zur Klärung der Frage, wieweit der B_2-Komplex für den Menschen von Bedeutung ist, kann also der Tierversuch nicht oder nur mit größter Vorsicht herangezogen werden. Die große Fülle von Einzeltatsachen, die die Erforschung der Wirkungsweise des B_2-Komplexes und seiner Bestandteile ergeben hat, läßt sich nur dann zu einem Bild von einigermaßen geschlossenem Gesamteindruck ordnen, wenn man die zahlreichen Teilfaktoren des B_2-Komplexes nach ihren physiologischen Leistungen in mehrere große Gruppen zusammenfaßt. Dies ist deswegen möglich, weil nach unserem bisherigen Wissen die einzelnen Vitamine der B_2-Gruppe entweder für das Wachstum oder für die Hautfunktion oder für die Blutbildung unentbehrlich sind. Eine auf diesem Prinzip basierte Einteilung der Komponenten des B_2-Komplexes ist in Tabelle 1 wiedergegeben. Eine gewisse Unzulänglichkeit der darin zum Ausdruck kommenden Dreiteilung liegt darin, daß die Leistungen der einzelnen Teilfaktoren sich nicht streng auf die Funktion, nach der sie in Tabelle 1 rubriziert sind, beschränken; so ist z. B. der Wuchsfaktor Lactoflavin bei der Ratte auch für die normale Hautfunktion und Blut-

bildung (György) erforderlich, gehört also eigentlich gleichzeitig auch zu jeder
der beiden anderen Gruppen. Diese Überschneidungen entwerten aber nicht
das der Tabelle zugrunde liegende Einteilungsprinzip, das jeweils die biologisch

Tabelle 1. Teilfaktoren des B_2-Komplexes.
(Vorkommen: Hefe, Leber, Weizenkeimlinge, Reiskleie.)

Bezeichnung	Zugeordnete Mangelerscheinung	Notwendig für
A. Wuchsfaktoren		
1. Lactoflavin	Wachstumstillstand, Dermatitis, Katarakt	Säugetiere, Vögel
2. Cozymase	Wachstumstillstand	Ratte
3. Faktor W	Wachstumstillstand	Ratte
B. Hautfaktoren		
4. Pellagraschutzstoff (Nicotinsäure)	Pellagra, Dermatitis, Stomatitis, Gastroenteritis, Porphyrinurie	Mensch, Affe, Hund, Schwein
5. Vitamin B_6 (Adermin) . .	„Rattenpellagra", Akrodynie	Ratte
6. Filtratfaktor	„Hühnerpellagra"	Huhn, Taube
C. Blutfaktoren		
7. Hämogen	Knochenmarkssperre[1] (Perniciosa!)	Mensch, Affe Schwein?
8. Xanthopterin	Abnahme der Erythrocytenzahl	Mensch (Kind), Ratte
9. Reifungsfaktor	Panmyelophthise, Agranulocytose	Mensch, Hund, Ratte
10. Tropenanämieverhütender Faktor	Megalocytose	Mensch, Affe
11. Anämiefaktor der Taube .	Sichelzellenanämie	Taube

[1] Nur gemeinsam mit l-Tyrosin und einem Purin (Xanthopterin?) sowie nach Bindung
an das Magensaftprinzip (Hämogenase) wirksam.

bedeutsamsten Funktionen der Einzelfaktoren berücksichtigt. — Die in der
angelsächsischen Vitaminliteratur bestehende Tendenz, die Blutfaktoren als
besondere Vitamine von der B_2-Gruppe abzutrennen (Chick), erscheint deswegen
nicht hinreichend begründet, weil zwischen den Anämiefaktoren und den anderen
B_2-Komponenten engste biologische Wechselbeziehungen bestehen und gerade
die wichtigsten Vertreter der B_2-Gruppe, Lactoflavin und Nicotinsäure, einen
bedeutenden Einfluß auf die Blutbildung ausüben.

Der am besten bekannte Teilfaktor des B_2-Komplexes ist das *Lactoflavin*
(oft und nicht ganz korrekt auch als Vitamin B_2 schlechthin oder als Wachstumsvitamin bezeichnet). Seine Erforschung und Reindarstellung nahm ihren Ausgang von der Beobachtung, daß alle wachstumswirksamen B_2-Präparate aus
Organen, Eiklar, Milch oder Hefe eine gelbe Farbe und gelbgrüne Fluorescenz
aufwiese, deren Intensität mit der Wachstumsförderung parallel ging. Durch
diese Beobachtung auf die Möglichkeit von Zusammenhängen von Zuwachs-
wirkung und Farbstoffcharakter hingewiesen, stellten mehrere Forschergruppen
(Kuhn, György, Wagner-Jauregg; Ellinger, Koschara) fest, daß gelbe,
grünfluorescierende, wasserlösliche Farbstoffe in der Natur weit verbreitet
sind. Der Hauptvertreter dieser Farbstoffklasse (Flavine, Lyochrome) wurde
Lactoflavin genannt. Es hat die Bruttoformel $C_{17}H_{20}N_4O_6$, bildet gelbe Krystalle
vom Schmp. 293^0 und ist über ein rotes, radikalartiges Zwischenprodukt (Semi-
chinon) hinweg zu einem farblosen Leukoderivat reversibel reduzierbar. Seine
Konstitution ist folgende:

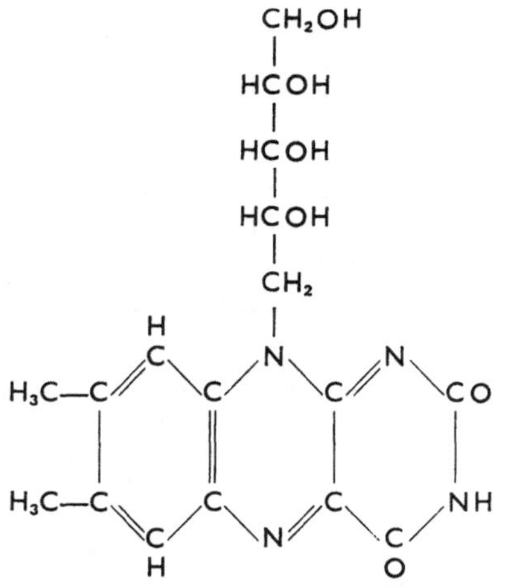

$$
\begin{array}{c}
CH_2OH \\
| \\
HCOH \\
| \\
HCOH \\
| \\
HCOH \\
| \\
CH_2
\end{array}
$$

Innerhalb des Körpers findet sich das Lactoflavin nur in der Netzhaut, außerdem in Milch und Urin in freier Form vor; überall sonst im tierischen wie im pflanzlichen Organismus liegt es gebunden an Phosphorsäure und Eiweiß als Proteid vor. Das mit der Nahrung aufgenommene und aus etwa vorhandener kolloider Bindung durch Darmfermente freigemachte Lactoflavin wird bereits in der Darmschleimhaut wieder enzymatisch mit Phosphorsäure verestert; die Bindung an Eiweiß findet erst im Innern des Organismus statt. Es gibt mehrere solcher Flavin-Eiweißverbindungen. Die bekannteste von ihnen — und wahrscheinlich die eigentliche Wirkform des Vitamins — ist das sog. „gelbe Ferment" (Flavinenzym). Seine biologische Funktion, die gleichzeitig die Grundlage der wachstumsfördernden Qualität des Lactoflavins ist, besteht darin, daß es als Wasserstoffüberträger bei der biologischen Oxydation der Glucose und gewisser Kohlehydratabbauprodukte (ROBISON-, NEUBERG- und HARDEN-YOUNG-Ester, Glycerinaldehyd, Äthylalkohol, Milch-, Äpfel-, Citronensäure) fungiert. Die genannten Substrate werden nach Aktivierung durch spezifische Fermente durch die noch zu besprechenden Pyridinnukleotide (Codehydrase I und II) dehydriert, die dabei entstehenden Dihydropyridinnucleotide geben ihren Wasserstoff an die sog. Diaphorase (EULER-ADLER-HELLSTRÖM; von DEWAN und GREEN Coenzymfaktor genannt) weiter, von welcher wiederum der Wasserstoff (wahrscheinlich) auf das gelbe Ferment übertragen wird. Dessen Leukoform wird in der Zelle. entweder von Cytochrom c (THEORELL) oder von Fumarsäure (SZENT-GYÖRGYI), aber nicht von Sauerstoff reoxydiert. Ganz eindeutig gesichert ist die Reaktionskette, die vom Substrat zum letzten Wasserstoffacceptor führt, noch nicht. Jedenfalls ist das gelbe Ferment nicht die einzige Wirkform des Lactoflavins im Organismus. Die Lactoflavinphosphorsäure ist imstande, sich mit verschiedenen Eiweißkörpern zu verbinden und so je nach der Natur des Eiweißpartners als Bestandteil verschiedener Fermente aufzutreten. In der Milch kommt neben freiem Flavin ein „gelbes Ferment" vor, dessen Aufbau und Eigenschaften von denen des klassischen gelben Ferments verschieden sind (GREEN, CORRAN). Ein drittes gelbes Ferment fanden EULER und Mitarbeiter in der Leber. Lactoflavin vermag sich endlich mit Adenylsäure zu einem Lactoflavin-Adenin-Dinukleotid zu verbinden (WARBURG-CHRISTIAN, KARRER). Dieses Dinukleotid wurde bisher in Hefe, Leber- und Nierengewebe gefunden. Es bildet ebenso wie die Lactoflavinphosphorsäure lockere Eiweißverbindungen von Fermentcharakter. Solche Flavindinucleotidenzyme sind z. B. die d-Aminosäureoxydase (KREBS, WARBURG), die Xanthinoxydase (BALL) und wahrscheinlich auch die Glyoxalase (BERSIN). BALL hat noch einige weitere in tierischen Geweben nachgewiesen. Man sieht daraus, daß das Lactoflavin in sehr viele Teilprozesse des Stoffwechsels eingreift. Die von ihm katalysierten Oxydationsvorgänge bilden in ihrer Gesamtheit den blausäureunempfindlichen Teil der Zellatmung. Lactoflavin hat dementsprechend einen spezifisch-aktivierenden Einfluß auf die Restatmung HCN-vergifteter Gewebe (Gehirn und Netzhaut: FLEISCHMANN-PICHLER; periphere Nerven: WEIDNER). Neben diesen am Gesamtorganismus sich manifestierenden Effekten übt das Lactoflavin aber noch spezielle organgebundene Wirkungen aus. Besonders eng sind die Beziehungen des Lactoflavins zum Auge. Die Netzhaut ist das flavinreichste Gewebe des Körpers; die des Dorsches z. B. enthält 50 mg-% Lactoflavin. THEORELL hat die chemischen Veränderungen des Netzhautflavins beim Sehvorgang eingehend studiert. Seine Funktion besteht offenbar darin, daß es beim Dämmerungssehen kurzwelliges Licht in gelbgrünes Fluorescenzlicht umwandelt, für welches das Auge maximale Empfindlichkeit besitzt (v. EULER). Auch die Atmungsvorgänge in der Linsensubstanz sind an die Anwesenheit von Lactoflavin geknüpft. Damit hängt zusammen, daß bei der Ratte Flavinmangel zu Kataraktbildung führt (DAY-DARBY). FISCHER fand, daß Kataraktlinsen im Gegensatz zu normalen kein Lactoflavin enthalten. Das angebliche „kataraktverhütende Vitamin", lange Zeit für einen besonderen Teilfaktor des B_2-Komplexes gehalten, ist identisch mit Lactoflavin. Für die klinische Bedeutung seiner kataraktverhindernden Wirkung spricht, daß bei der Coeliakie, die mit Resorptionsstörungen des aufgenommenen Lactoflavins einhergeht, häufig Linsentrübungen beobachtet werden (BENNET-HUNTER-VAUGHAN). Von anderen organotropen Effekten des Lactoflavins ist bisher nur wenig bekannt. Nach DIETRICH und PENDL wirkt es positiv inotrop auf das hypodyname Froschherz. Ähnlich den Vitaminen A und B_1 ist auch das Lactoflavin ein Antagonist des Schilddrüsenhormons. Es verhindert den Eintritt der Nebennierenhypertrophie nach Thyroxindarreichung (HOEN, OEHME). Klinisch wichtig ist auch, daß Lactoflavin entgiftend auf Schwermetalle wirken kann. Es bildet, wie KUHN und Mitarbeiter zeigten, ein unlösliches und daher ungiftiges Thalliumsalz. Damit hängt wohl zusammen, daß die Thalliumvergiftung bei der Ratte wesentlich milder verläuft, wenn reichlich Lactoflavin zugefüttert wird. Es verlängert die Lebensdauer thalliumvergifteter Ratten und verhindert die für diese Vergiftung typischen Degenerationserscheinungen an den endokrinen Organen. Neuerdings sind auch beim Lactoflavin funktionelle Wechselbeziehungen zu anderen Vitaminen bekannt geworden, wie sie in der Vitaminphysiologie eine so große Rolle spielen. So verringert Lactoflavinzufuhr den Bedarf an B_1-Vitamin und verlängert die Lebensdauer von beriberikranken Ratten (ELLIS, ZMACHINSKY). F. G. HOPKINS zeigte, daß Ascorbinsäure, die in reiner Lösung gegen Sonnenlicht ganz unempfindlich ist, in Gegenwart von kleinsten Lactoflavinmengen einer schnellen und vollständigen Photooxydation bei Einwirkung von Sonnenlicht unterliegt. Dieser sensibilisierende Effekt des Lactoflavins wird durch gleichzeitig anwesendes Glutathion unterdrückt. Aus der oben beschriebenen Tatsache der Hintereinanderschaltung von Pyridinnucleotiden und gelbem Ferment bei der Kohlehydratoxydation geht hervor, daß Lactoflavin und Pellagraschutzstoff, also die wichtigsten Teilfaktoren des B_2-Komplexes, in synergistischen Beziehungen stehen (die Pyridinnucleotide sind die Wirkformen des Pellagravitamins, s. u.).

Trotz unserer recht genauen Kenntnis der biologischen Funktionen des Lactoflavins sind bisher die Symptome der Lactoflavin-Avitaminose bei Tier und Mensch — abgesehen vom Wachstumsstillstand — so gut wie unbekannt. GYÖRGY beobachtete bei flavinfrei ernährten Ratten eine Dermatitis mit charakteristischen Haarveränderungen und eine damit zusammenhängende hochgradige

Neigung zur Verlausung. Bei Hunden bewirkt Lactoflavinmangel in der Nahrung Bradykardie, Kollaps, Nervenzelldegenerationen, Gelbfärbung der Leber und Anämie (SEBRELL-ONSTOTT; GYÖRGY). Diese Symptome, die noch einer genaueren Analyse bedürfen, treten aber erst nach langdauerndem Flavinentzug auf. Beim Menschen kennt man bisher keine Lactoflavin-Avitaminose. Lediglich NEUWEILER konnte nachweisen, daß bei Säuglingen ein durch Flavinmangel bedingter Wachstumsstillstand vorkommen kann. Besonders gefährdet sind in dieser Hinsicht Brustkinder, da Frauenmilch nur 15—50 γ, Kuhmilch dagegen 120—180 γ Lactoflavin im Liter enthält.

Die Existenz anderer zum B_2-Komplex gehöriger Wuchsfaktoren ist bisher nur im Tierversuch nachgewiesen worden. Interessanterweise gehört zu ihnen die Cozymase, jenes schon erwähnte wichtige Hilfsferment des Kohlehydratabbaus (v. EULER). Sie ist als Rattenwachstumsvitamin nicht vollwertig durch die in ihrem Molekül enthaltene Nicotinsäure ersetzbar, was im Hinblick auf den Vitamincharakter der Nicotinsäure (s. u.) bedeutsam ist. Ein anderer, chemisch noch nicht definierter Rattenwachstumsfaktor der B_2-Gruppe, Faktor W genannt, ist von FROST und ELVEHJEM beschrieben worden.

Auf dem Gebiet der zum B_2-Komplex gehörigen Hautfaktoren, also derjenigen Vitamine, deren Zufuhr vor allem für die normale Hautfunktion und das Haarwachstum benötigt wird, ist die Forschung manche Irrwege gegangen, ehe die Individualität der einzelnen hierher gehörigen Wirkstoffe klargestellt werden konnte. Erst in jüngster Zeit ist hier ein entscheidender Fortschritt dadurch erzielt worden, als man erkannt hat, daß je nach der Tierart verschiedene Vitamine zur Verhütung von Hautfunktions- und Haarwuchsstörungen („Pellagra") benötigt werden. Die 1925 zuerst von GOLDBERGER beschriebene und von ihm für identisch mit der menschlichen Pellagra gehaltene „Rattenpellagra" wurde 1934 von GYÖRGY als besondere Avitaminose erkannt, die durch das Fehlen eines vom Pellagraschutzstoff des Menschen verschiedenen Vitamins, des sog. Vitamins B_6, verursacht wird. Auch die bis vor kurzem noch mit der Pellagra des Menschen zusammengeworfene sog. Hühnerpellagra ist, wie kürzlich DANN festgestellt hat, eine Avitaminose für sich. So kennt man heute drei Haut- („Pellagra") Schutzstoffe, von denen einer für den Menschen, einer für die Ratte und ein dritter für das Huhn unentbehrlich ist. Der erste wird außer vom Menschen auch von Schwein und Hund benötigt — sein Fehlen in der Kost verursacht beim Hund die als „black tongue" oder „Stuttgarter Hundeseuche" bekannte Krankheit —, nicht aber von der Ratte, während umgekehrt das Vitamin B_6 für den Menschen entbehrlich zu sein scheint. Die chemische Natur des letztgenannten, auch als Adermin bezeichneten Vitamins ist etwa gleichzeitig in Deutschland (KUHN, WENDT) und in Amerika (KERESZTESY, STEVENS; GYÖRGY) aufgeklärt worden. Das aus Hefe und Reiskleie krystallisiert dargestellte Adermin ist eine Base der Formel $C_8H_{11}NO_3$ (Schmp. des Chlorhydrats 205°). Sein Molekül enthält einen Benzolring mit einem Phenolhydroxyl und ein heterocyclisches stickstoffhaltiges Ringsystem. Ebenso wie das Lactoflavin ist auch das Adermin innerhalb der Zelle an Eiweiß verankert; diese Eiweißverbindung, das Adermin-Protein, ist die eigentliche Wirkform des Vitamins B_6, über dessen biologische Funktion allerdings bisher kaum etwas bekannt ist.

Um so interessanter und bedeutsamer ist die Tatsache, daß im letzten Halbjahr das seit 12 Jahren die Vitaminforscher beschäftigende Problem des zur Verhütung und Heilung der menschlichen Pellagra erforderlichen Diätfaktors eine überraschende Lösung gefunden hat. Nachdem lange Zeit hindurch von sehr sachverständiger Seite der Avitaminosecharakter der Pellagra bestritten und diese Erkrankung ausschließlich auf den Genuß minderwertigen Eiweißes zurückgeführt wurde, steht jetzt fest, daß die menschliche Pellagra und die ihr wesens-

gleichen Erkrankungen bei Affe, Schwein und Hund durch einen wohldefinierten
Diätfaktor geheilt werden, also echte Avitaminosen sind. Die Identifizierung
dieses Diätfaktors verdanken wir ELVEHJEM und Mitarbeitern. Sie stellten fest,
daß die Pellagra des Hundes durch Zufuhr kleinster Mengen einer schon lange
bekannten, einfach gebauten Substanz, der Nicotinsäure (Pyridin-β-carbonsäure) in kürzester Zeit zum Verschwinden gebracht werden kann und daß nicht
unbeträchtliche Mengen dieser Substanz (in Form ihres Amids) in den pellagrawirksamen Leberpräparaten des Handels vorkommen. In rascher Folge erschienen dann in Amerika und England Veröffentlichungen, die diese Beobachtungen bestätigten und über verblüffende Heilerfolge der Nicotinsäureanwendung bei der Pellagra des Menschen und den analogen Erkrankungen des Hundes
und Schweines berichteten. Der so erwiesene Vitamincharakter der Nicotinsäure ist deswegen von besonderem Interesse, weil ihr Amid, das ebenfalls
Pellagrawirksamkeit besitzt, schon 1935 von WARBURG als ein Bestandteil
tierischer und pflanzlicher Zellen, und zwar als Baustein der beiden schon
erwähnten am Kohlehydratabbau beteiligten Hilfsfermente Codehydrase I
(Cozymase) und II erkannt worden war. Es ergab sich daraus die Folgerung,
daß analog den anderen wasserlöslichen Vitaminen Aneurin, Lactoflavin und
Ascorbinsäure auch das Pellagravitamin, die Nicotinsäure, nach Aufnahme mit
der Nahrung im Organismus durch Anlagerung anderer Molekülgruppen und
Bindung an Eiweiß in körpereigene Wirkstoffe von Fermentcharakter umgewandelt und so in der Zelle verankert wird. Die Nicotinsäure ist offenbar ebenso
wie die Vitamine B_1 und C ein Stoff, der von jeder lebenden Zelle benötigt wird,
denn schon die niedrigst organisierten Lebewesen, die Bakterien, bedürfen ihrer
zum normalen Wachstum (LWOFF; MÜLLER). In Anbetracht ihres Vitamincharakters und ihrer großen biologischen Bedeutung muß der einfache chemische
Bau der Nicotinsäure auffallen. Sie ähnelt in dieser Hinsicht der Ascorbinsäure,
mit der sie auch insofern eine Analogie aufweist, als die Ratte auf die Zufuhr
beider Vitamine mit der Nahrung nicht angewiesen ist; nicotinsäurefreie Diäten,
die bei Mensch, Hund und Schwein Pellagra erzeugen, werden von der Ratte
ohne jede Störung der Gesundheit vertragen. Wie die Ascorbinsäure spielt
also offenbar auch die Nicotinsäure bei den niederen Wirbeltieren (Nagern) die
Rolle eines Hormons, bei den höheren die eines Vitamins.

Mit der Feststellung der Pellagrawirksamkeit der Nicotinsäure ist aber
das Problem des Pellagravitamins noch nicht gelöst. Es hat sich nämlich gezeigt,
daß zwar Leber und Muskelfleisch reichlich Nicotinsäure enthalten (frei oder
als Amid), daß aber ihr Vorkommen in der Pflanzenwelt ein recht beschränktes
ist und daß gerade die pellagrawirksamsten pflanzlichen Nahrungsmittel nicotinsäurefrei sind. KLEIN und seine Mitarbeiter untersuchten auf mikrochemischem
Wege über 90 Pflanzenarten auf ihren Gehalt an Nicotinsäure und fanden diese
Substanz nur dreimal, nämlich in der Kohlrübe, roten Rübe und Reispflanze
(aus Reiskleie hatte C. FUNK schon 1912 Nicotinsäure isoliert); sonst kommt
Nicotinsäure nur noch in der Hefe vor. Man muß also annehmen, daß für die
Heilwirkung pflanzlicher Produkte bei Pellagra nicht die Nicotinsäure selbst,
sondern ein ihr verwandter Körper verantwortlich ist. Als solcher kommt das
in der Pflanzenwelt weit verbreitete Alkaloid Trigonellin in Frage. Der Samen
des Bockshornklees (Trigonella foenum graecum), in dem JAHNS 1885 das Trigonellin entdeckte und der dies Alkaloid in großer Menge (nicht aber Nicotinsäure!)
enthält, dient in Ägypten seit Jahrhunderten als wirksames Volksmittel gegen
Pellagra. Zwischen Trigonellin und Nicotinsäure bestehen enge biologische
Wechselbeziehungen. In der Säugetierleber findet sich Trigonellin neben Nicotinsäure, ebenso im normalen menschlichen Harn. Wir konnten es auch in relativ
großer Menge aus Rindernebennieren isolieren. Verfütterte Nicotinsäure wird

im Hundeorganismus in Trigonellin umgewandelt. Dieser Methylierungsvorgang findet in der Leber statt. Umgekehrt vermag, wie wir fanden, Leberbrei zugesetztes Trigonellin teilweise zu entmethylieren. (In diesem Zusammenhang sei auf das fast konstante Vorkommen von Leberschädigungen bei Pellagra hingewiesen). Der Organismus kann also Nicotinsäure und Trigonellin ineinander umwandeln, und es ist möglich, daß das Trigonellin bis zu einem gewissen Grad die Nicotinsäure als Pellagraschutzstoff zu vertreten vermag. Diese Frage ist noch nicht geklärt. Sie wird noch dadurch kompliziert, daß die eigentliche Wirkform des Pellagraschutzstoffs sicher nicht mit der Nicotinsäure bzw. ihrem Amid identisch ist. Alle bisher rein dargestellten wasserlöslichen Vitamine sind durch die gemeinsame Eigenschaft reversibler Oxydier- bzw. Reduzierbarkeit gekennzeichnet. Das gilt auch für die Pyridinderivate mit fünfwertigem Stickstoff, zu denen unter anderem das Trigonellin und die beiden Codehydrasen gehören, nicht aber für die freie Nicotinsäure und ihr Amid, deren Stickstoff dreiwertig ist. Die Wahrscheinlichkeit, daß wie alle anderen wasserlöslichen Vitamine auch die Aktivform des Pellagraschutzstoffs ein reversibles Redoxsystem bildet, gibt gleichzeitig einen Hinweis auf den biologischen Wirkungsmechanismus dieses Stoffes. Der Energieinhalt aller thermodynamisch reversiblen Redoxsysteme ist durch ein bestimmtes Redoxpotential gekennzeichnet, das vor allem auch für die physiologischen Leistungen dieser Systeme maßgebend ist. Messungen von DEWAN-GREEN (Cozymase) und KARRER-BENZ (Nicotinsäureamid-jodmethylat) haben ergeben, daß die Nicotinsäurederivate mit fünfwertigem Stickstoff das negativste Potential, also im Gleichgewichtszustand des Systems die größte Reduktionsintensität von allen wasserlöslichen Vitaminen aufweisen. Die Reduktionsprodukte der Körper vom Trigonellintyp gehören zu den stärksten Reduktionsmitteln, die wir kennen. Zweifellos bedingt dieser extrem niedrige Potentialwert die besondere biologische Funktion des Pellagraschutzstoffs.

Über diese Funktion lassen sich bereits einige auch für den Kliniker wichtige Angaben machen. Der relativ hohe Trigonellingehalt der Nebennieren deutet auf eine bestimmte Funktion dieser Organe im Haushalt des Pellagraschutzes hin. ASCHOFF hat als einer der ersten auf die Häufigkeit von Nebennierenveränderungen bei Pellagra hingewiesen. Das klinische Bild dieser Krankheit wird durch Symptome der Nebenniereninsuffizienz mitbestimmt; diese treten häufig so in den Vordergrund, daß addisonähnliche Zustände resultieren (THANN-HAUSERs „Freiburger Symptomenkomplex") und werden auch bei der der Pellagra verwandten Sprue beobachtet, hier allerdings vor allem in Form von Störungen der Darmresorption (VERZÁR). Wie für die meisten anderen Vitamine ist offenbar auch für den Pellagrastoff die Nebenniere gleichzeitig Depotorgan und Wirkungsvermittler. Die eigentliche Funktion des Pellagravitamins erstreckt sich auf zwei Teilgebiete des Stoffwechsels, den Aufbau des Blutfarbstoffs und die Verwertung des Nahrungseiweißes. Eisenverluste und Porphyrinurie sind zwei für die Pellagra typische Stoffwechseldefekte. Große Eisengaben beeinflussen schon ohne Diätmaßnahmen die Pellagrasymptome günstig. Der Grad der Porphyrinausscheidung geht der Schwere der pellagrösen Erkrankung genau parallel. Die Symptome der Pellagra sind denen der idiopathischen und toxischen Porphyrien in vieler Hinsicht, vor allem auch insofern ähnlich, als sie durch Sonnenlicht ausgelöst oder verschlimmert werden können. Das im Pellagraharn auftretende Porphyrin ist ein Gemisch von Koproporphyrin I und III, was beweist, daß die Porphyrinausscheidung bei Pellagra nicht durch vermehrten Blutfarbstoffabbau, sondern durch eine Entgleisung der Hämoglobinsynthese bedingt ist. Perorale Gaben von Nicotinsäure vermögen nun nicht nur die Porphyrinurie bei Pellagra innerhalb 24 Stunden zu beseitigen,

sondern auch toxische Porphyrien (bei Sulfanilamid- und Barbitursäurever-
giftung) und solche bei Leberaffektionen. Dieser Heileffekt und das Zusammentreffen von Anämie, Eisenverlusten und Porphyrinurie bei Pellagra deutet
darauf hin, daß der Pellagraschutzstoff für den Aufbau des Hämins beim
Menschen unentbehrlich ist. Offenbar steht sowohl die Synthese des Proto-
porphyrins III wie die Einfügung des Eisens in den Porphyrinring unter der
Kontrolle des Pellagravitamins.

Die zweite biologische Hauptfunktion des Pellagravitamins besteht darin,
daß der Organismus seiner zur normalen Eiweißverwertung bedarf. Seit Jahrhunderten ist das gehäufte endemische Auftreten der Pellagra in Landstrichen
bekannt, deren Einwohner sich von Mais oder Weizengrieß als einziger Eiweißquelle ernähren. Die vor allem von E. MELLANBY vertretene Ansicht, daß es
sich hierbei um eine Giftwirkung von Eiweißbegleitstoffen, sog. Toxaminen,
handle, hat sich nicht beweisen lassen. Die Giftwirkung geht vielmehr vom
Eiweiß selbst aus. COWGILL und MELNICK konnten durch Verfütterung von
Gliadin (dem Protein des Weizengrießes) bei Hunden Krämpfe und Nervenveränderungen hervorrufen, die denen bei Pellagra ähnlich waren; bei Ratten
wirkte dagegen Gliadin nicht giftig. Damit stimmt überein, daß der Pellagraschutzstoff wohl vom Hund, nicht aber von der Ratte benötigt wird. TSCHERKES
hat dementsprechend aus dem in Leber und Hefe vorhandenen B_2-Komplex
ein „eiweißentgiftendes" Vitamin herausarbeiten können, das vom Vitamin B_6,
Hämogen und Vitamin H verschieden ist und alle Eigenschaften des Pellagra-
stoffes besitzt. Dieser ist also zur Verwertung gewisser, vor allem pflanzlicher
Eiweißkörper im Organismus von Mensch und Hund unentbehrlich; wie er diese
Verwertung vermittelt, ist unbekannt. Merkwürdigerweise scheinen Porphyrinurie und Giftwirkung pflanzlicher Eiweiße gekoppelte Reaktionen zu sein.
Das gleichzeitige Auftreten beider Symptome findet sich nicht nur bei der Pella-
gra, sondern auch bei der Buchweizenkrankheit (Fagopyrismus) und der in
Italien häufigen Bohnenvergiftung (Lathyrismus, Fabismus), zwei Erkran-
kungen, die im Lichte heutigen Wissens wohl als relative Pellagraschutzstoff-
Avitaminosen zu deuten sind.

Verhältnismäßig wenig wissen wir bisher von den Faktoren der dritten
Gruppe des B_2-Komplexes, den zur Bildung der normalen Blutzellen erforderlichen Vitaminen. Die Abgrenzung ihrer Funktionen macht besondere Schwierigkeiten. Zwei Tatsachen bilden Ausgangspunkt und Grundlage ihrer Erforschung:
Die von MINOT und MURPHY entdeckte Heilwirkung der Leber bei Perniciosa
und von CASTLE und STRAUSS gemachte Feststellung, daß der perniciosawirk-
same Leberstoff im Magen durch eine Reaktion zwischen dem CASTLEschen
Ferment (Hämogenase) und einem Vitamin, dem „extrinsic factor" oder Hämogen
entsteht. Der Mechanismus dieser Reaktion ist noch unbekannt. Sicher ist es
kein proteolytischer Vorgang, wie oft angenommen wird, denn das sehr hitze-
und alkalibeständige Hämogen ist kein Eiweißkörper. Von ROTH wird die
Umwandlung von Hämogen in den Perniciosastoff mit der von Glykogen in
Glucose verglichen, also als Molekülverkleinerung gedeutet, während CASTLE
ursprünglich das Gegenteil, nämlich die Vereinigung von „extrinsic" und „intrinsic factor" anzunehmen geneigt war. Das Hämogen findet sich in Hefe, Weizen,
Gerste, Reiskleie, aber auch im Säugetierorganismus jenseits des Magendarm-
kanals, vor allem in Muskulatur, Leber, Niere, Gehirn, während der Perniciosastoff nur in der Leber vorkommt, und zwar intra vitam nur in kleinsten Mengen.
Die Reaktion zwischen Hämogen und Hämogenase ist also reversibel; der aus
dem Darm resorbierte Perniciosastoff wird in den Geweben wieder in Hämogen
zurückverwandelt und als solcher gespeichert. Nur die Leber ist imstande, das
in den Organen gestapelte Hämogen in dem zur Aufrechterhaltung der normalen

Erythrocytenregeneration erforderlichen Ausmaß in Perniciosastoff zu verwandeln, enthält also als einziges Organ neben Magen und Dünndarm eine
Hämogenase. Der reichliche Gehalt der Leberextrakte an Perniciosastoff ist
auf eine postmortale Steigerung der Wirksamkeit dieser Hämogenase zurückzuführen. Der Perniciosastoff (Anahämin) ist nach DAKIN ein Polypeptid;
seine Aufgabe ist die Vermeidung der „Knochenmarkssperre", also die Aufrechterhaltung der Abgabe einer den Verschleiß kompensierenden Menge reifer
Erythrocyten seitens des Knochenmarks. Für sich allein ist er wirkungslos;
er bedarf vielmehr zur Ausübung seiner physiologischen Funktion der Mitwirkung
des Tyrosins und eines Purinkörpers. Es scheint nach den Untersuchungen von
JACOBSON, daß nicht das Tyrosin selbst, sondern ein aus ihm in der Leber entstehendes rot gefärbtes, reversibel reduzierbares Oxydationsprodukt, das 5,6-Chinon
der Dihydroindol-2-carbonsäure (identisch mit dem „roten Körper" von FRIED
HEIM), der eigentliche Aktivator des Perniciosastoffs ist. Die zweite zu dessen
Komplettierung notwendige Substanz von Purincharakter ist anscheinend
ebenfalls ein Farbstoff, und zwar identisch mit dem Xanthopterin, dem gelben
Farbstoff der Citronenfalterflügel und des Wespenleibes. Dieses Purinderivat
hat nach den Untersuchungen von TSCHESCHE und WOLF die Spezialaufgabe,
die Zahl der roten Blutzellen (unabhängig von deren Hämoglobingehalt) auf
normaler Höhe zu halten; er ist auch im Organismus höherer Tiere (Leber, Harn)
und in pflanzlichen Materialien (Klee, Kartoffeln) gefunden worden und offenbar
weit verbreitet. Die Anämie, die die sog. Rattensprue (ROMINGER) begleitet,
wird durch Xanthopterin geheilt. Zu seiner vollen Wirkung ist die Anwesenheit
von Eisen in der Kost erforderlich. Durch chemische Methoden ließ sich von
den Vitaminkomponenten (bzw. -vorstufen) des Perniciosastoffs noch ein
Vitamin abtrennen, das von Mensch, Affe und Hund benötigt wird und das
Auftreten megalocytärer Anämien verhütet (WILLS-CLUTTERBUCK-EVANS);
es scheint kein Farbstoff zu sein. Ein weiterer, offenbar für alle Säugetiere
lebenswichtiger, aber noch nicht isolierter Teilfaktor des B_2-Komplexes ist zur
Aufrechterhaltung der gesamten Knochenmarksfunktion notwendig; bei seinem
Fehlen in der Kost nimmt die Zahl aller Zellelemente fortschreitend ab und es
kommt schließlich zum Krankheitsbild der Panmyelophthise (Aleukie) oder
der Agranulocytose. Das erste Symptom des Mangels an diesem „Reifungsfaktor" ist eine Granulopenie; sie wird beim Menschen als Folge ungenügender
Resorption des Vitamins, z. B. bei Gastroenteritiden (WENDT) oder Perniciosa
sowie als Begleitsymptom anderer B_2-Komplex-Avitaminosen (Pellagra, Sprue)
häufig beobachtet. Doch kommt auch die voll entwickelte Panmyelophthise
als Folge unzureichender Vitaminzufuhr beim Menschen vor. In Rußland,
dem Land furchtbarer unfreiwilliger Massenexperimente auf dem Gebiet der
Ernährung, treten in gewissen ländlichen Distrikten während jedes Frühjahrs
Epidemien von hämorrhagischer Aleukie auf. Das Brotgetreide bleibt in diesen
Gegenden den Winter über im Freien unter der Schneedecke liegen und wird
im Frühjahr nach der Schneeschmelze noch feucht zu Brot verbacken, welches
längeres Zeit als einziges Nahrungsmittel dient; in dieser Zeit treten die Aleukiefälle auf. MILLER und RHOADS konnten weiter zeigen, daß die Zufuhr des
aleukieverhindernden Reifungsfaktors zur Entgiftung jener aromatischen oder
heterocyclischen Substanzen notwendig ist, die entweder im Darm als Eiweißfäulnisprodukte entstehen (Phenol- und Indolderivate) oder als Arzneimittel
bzw. Gifte von außen her aufgenommen werden (Benzol, Pyramidon) und die
sämtlich eine toxische Wirkung auf das Knochenmark ausüben. Der Reifungsfaktor steht in einer noch unklaren synergistischen Beziehung zur Nicotinsäure
(GYÖRGY). Es gibt endlich noch einen Teilfaktor des B_2-Komplexes, dessen
Fehlen bei der Taube eine charakteristische „Sichelzellenanämie" hervorruft.

Man kennt solche Anämieformen auch beim Menschen, ohne bisher alimentäre Einflüsse auf ihre Entstehung in Betracht gezogen zu haben.

All diese verwickelten Verhältnisse auf dem Gebiet des B_2-Komplexes machen es verständlich, daß die *therapeutische Auswertung* der hier bestehenden Möglichkeiten noch nicht über Anfänge hinausgediehen ist. Das Haupthindernis einer planmäßigen Therapie mit B_2-Vitaminen ist der Umstand, daß die Vitamine der B_2-Gruppe fast stets gemeinsam vorkommen und daher auch bei Mangelernährung gemeinsam zu fehlen pflegen, und daß es aus diesem Grunde keine den einzelnen Faktoren des B_2-Komplexes zugeordnete *reine* Avitaminosen, sondern nur gemischte (B_2-Komplex-) Mangelkrankheiten gibt, die ihre spezifische Ausprägung nur durch das Vorwiegen des einen oder anderen Teilfaktordefizits erhalten. Eine weitere Schwierigkeit für die Therapie liegt darin, daß die bei diesen B_2-Komplexmangelkrankheiten oft im Vordergrund stehenden Magen-Darmsymptome nicht nur Folge, sondern ebensogut Ursache der Erkrankung sein können, insofern als primäre Magen-Darmstörungen die Vitaminresorption verhindern können. (So erklärt sich auch, daß bei manchen B_2-Avitaminoseformen wie der Sprue auch Anzeichen eines A-, C- und D-Vitaminmangels vorhanden sein können.) Es wird sich dann leicht ein Circulus vitiosus entwickeln, indem die Störung der Resorption von Vitaminen der B_2-Gruppe, die für die normale Magendarmfunktion unentbehrlich sind, eine weitere Verschlimmerung der schon bestehenden gastrointestinalen Beschwerden verursachen kann. Man hat sogar angenommen, daß nicht nur die Resorption des Hämogens, sondern auch die der anderen B_2-Faktoren nur unter chemischer Mitwirkung von Bestandteilen der intakten Magen-Darmmucosa möglich sei. PETRI hat nämlich menschliche Pellagra mit Magenschleimhautpräparaten heilen können. Da aber dieser Heilerfolg erst nach etwa zweimonatiger Darreichung des Magenpräparates in Erscheinung trat, während Nicotinsäure denselben Erfolg in 1 bis 2 Tagen bewirkt, ist anzunehmen, daß der günstige Effekt der Magenpräparate bei Pellagra nur ein indirekter ist und auf einer Verbesserung der Resorption des in der Nahrung enthaltenen Pellagraschutzstoffes beruht.

Von allen Teilfaktoren des B_2-Komplexes stehen bisher nur Lactoflavin und Nicotinsäure in Form reiner Handelspräparate zur Verfügung. Klar umrissene Indikationen für die therapeutische Anwendung von *Lactoflavin* gibt es noch nicht, da man die Symptome der Lactoflavinavitaminose beim Menschen nicht kennt. STEPP sah eine günstige Wirkung des Lactoflavins auf den Blutzucker des Diabetikers, die wohl mit der wichtigen Rolle des Flavinenzyms im Kohlehydratstoffwechsel zu erklären ist. Lactoflavin in großen Dosen ist ferner, wie oben ausgeführt, als Antidot bei chronischen Schwermetallvergiftungen geeignet. Auf Grund der Untersuchungen von VERZÁR kommt bei Cöliakie die Applikation von Flavinphosphorsäure (in Form von Hefekonzentraten) in Frage. Nach den Erfahrungen von LAUBER steigert Lactoflavin ganz allgemein die Abwehrkräfte des Organismus. Vielleicht hängen damit die von GANAPAHTI berichteten Erfolge der Flavinapplikation bei Tuberkulose zusammen. Nach STÄHLER ist Lactoflavinzufuhr für die normalen Beschaffenheit des Scheidensekrets erforderlich und leistet Gutes in der Fluortherapie. Im Meerschweinchenversuch verhindert Lactoflavin den Eintritt des anaphylaktischen Shocks (DOXIADES, LEMKE); diese Beobachtung eröffnet therapeutische Ausblicke auch beim Menschen und gibt die Möglichkeit einer Erklärung dafür, daß Lactoflavininjektionen Asthmaanfälle coupieren und verhüten können (KALTER).

Schärfer umschrieben ist das Anwendungsgebiet der *Nicotinsäure*. Während des letzten Jahres sind in schneller Folge so zahlreiche Berichte über die schlagartige und kaum je versagende Heilwirkung dieser Substanz bei Pellagra veröffentlicht worden, daß das Problem einer rationellen Pellagratherapie als gelöst angesehen werden kann. Auch in Deutschland sind bereits Fälle von sporadischer und sekundärer Pellagra erfolgreich mit Nicotinamid behandelt worden. Bei einer Dosierung von 0,5 g täglich per os verschwinden Dermatitis, Glossitis, Stomatitis, Enteritis und Porphyrinurie meist innerhalb von 2 Tagen. Bisweilen werden Hautrötung, Jucken und Hitzegefühl als harmlose und kurzdauernde Nebenwirkungen angegeben. Auf Grund der bei Pellagra gemachten Erfahrungen ist auch bei Stomatitiden, Plaut-Vincent-Angina, Colitis ulcerosa und ADIE-schem Syndrom die Darreichung von Nicotinsäure zu empfehlen, teilweise auch schon mit Erfolg versucht worden. Wie schon erwähnt, beseitigt Nicotinsäure auch nichtpellagröse Porphyrinurien verschiedenster Ätiologie in kürzester Zeit. Ein besonders großes Anwendungsgebiet scheint sich der Nicotinsäuretherapie in der Dermatologie zu eröffnen. Wie neueste Beobachtungen zeigen, bewirkt Nicotinsäuredarreichung bei Hydroa aestivalis, exfoliierenden Erythrodermien und allen Formen der Lichtüberempfindlichkeit meist eine schlagartige, allerdings nur bei fortgesetzter Medikation anhaltende Besserung des klinischen Bildes.

Für die Behandlung aller Erkrankungen, an deren Entstehen eine mangelhafte Zufuhr der übrigen Faktoren des B_2-Komplexes maßgebend oder mitwirkend beteiligt ist, kommen nur die Hefe- und Leberpräparate des Handels in Frage, in denen alle diese Teilfaktoren enthalten sind. Das gilt vor allem für die tropische und europäische Sprue einschließlich der Coeliakie und für die megalocytären Graviden- und Tropenanämien, aber auch für die diesen Anämien verwandte „Perniciosa mit erhaltener Magensalzsäuresekretion", die eine echte Hämogen-Avitaminose darstellt, während bei der echten Perniciosa nur ein relativer, durch das Fehlen der zur Hämogenresorption erforderlichen Hämogenase bedingter Vitaminmangel vorliegt. Gelegentlich treten auch bei Infektionskrankheiten (Lepra) und konstitutionellen Erkrankungen (SWIFT-FEERsche vegetative Neurose) Symptome eines relativen B_2-Komplexmangels, die auf Leberextraktzufuhr verschwinden. Auch die ihrer Ätiologie nach noch so unklare multiple Sklerose weist in ihrer Symptomatologie oft Ähnlichkeiten mit dem Pellagrasyndrom auf (vor allem hinsichtlich ihrer häufigen Kombination mit Anacidität und Magen-Darmstörungen), so daß die von GOWLLAND, GOODALL, HAMMERSCHLAG, DATTNER u. a. beobachteten Erfolge der Lebertherapie bei multipler Sklerose und die Heilwirkung Vitamin B-reicher Kost bei der kindlichen Form dieser Erkrankung (RIETSCHEL) nicht überraschen und auf die in dieser Form zugeführten B_2-Vitamine bezogen werden müssen. Endlich stellen Panmyelophthise und Agranulocytose, wie oben begründet und durch zahlreiche Erfahrungen belegt, erfolgversprechende Anwendungsgebiete der Vitamin B_2-Therapie dar, die hier am besten mittels großer Dosen von Leberextrakt durchgeführt wird.

So ergibt sich, daß trotz der vielen bereits gewonnenen Erkenntnisse auf dem Gebiet des Vitamin B_2-Komplexes noch eine Fülle von Problemen ihrer Lösung und ein Übermaß therapeutischer Möglichkeiten seiner Auswertung harrt.

Schrifttum.

Übersichten s. bei KÜHNAU: Verh. dtsch. Ges. inn. Med., 50. Kongreß **1938**, 371. — STEPP-KÜHNAU-SCHROEDER: Die Vitamine und ihre klinische Anwendung, 4. Aufl. Stuttgart 1938 (in Vorbereitung).

δ) Über Pellagra.

Von **W. MOLLOW**, Sofia.

Mit 4 Abbildungen.

Die Pellagra ist eine gewöhnlich chronische, selten akute, endemisch auftretende Erkrankung, gekennzeichnet durch im Frühjahr und Herbst aufflackernde Erscheinungen seitens des Magen-Darmtrakts, des Nervensystems, der Psyche und besonders auffallende Störungen der Haut, hauptsächlich ihrer dem Sonnenlicht ausgesetzten Teile. Als endemisches Leiden befällt sie meistens die schlecht verpflegten Volksschichten, deren Nahrung überwiegend aus Mais besteht.

Seit 1915, nach Rolph und O'Leary, wird auch die sog. sekundäre Pellagra — wahrscheinlich mit dem früheren „Pellagroid" identisch — beschrieben, die zumeist Kranke betrifft, die entweder an Magen-Darmstörungen bekannter Natur (Carcinoma ventriculi, Magen-Darmstenosen, Kolitiden u. a.) oder an psychische Erkrankungen, häufig in den Irrenanstalten, leiden. Die Stellung der sog. sekundären Pellagra gegenüber der echten, primären, ist noch unentschieden und wird weiter ausführlicher besprochen.

Die frühesten Kenntnisse über die Pellagra verdanken wir dem spanischen Arzte Casal, der die ersten Fälle schon im Jahre 1735 beobachtet und 1762 in einem diesbezüglichen Werk veröffentlicht hat. Er nannte das Leiden „Mal de la Rosa" und betrachtete es als eine Abart der Lepra. Casal erkannte auch schon den Zusammenhang mit der Sonnenbelichtung. Sein Buch wurde von Thiérry, der in Spanien bei Casal das Leiden kennen lernte, ins Französische übersetzt und auf diese Weise der wissenschaftlichen Welt bekannt gemacht. Im Jahre 1771 erkannte der berühmte italienische Gelehrte Frappoli das Leiden als eine selbständige Erkrankung und gab ihr den Namen Pellagra, aus dem italienischen Pella — Haut und agra — rauh. d. h. rauhe Haut.

Die Krankheit war damals in der Lombardei, im Friaul und in der Provinz Venedig sehr stark verbreitet, so daß der österreichische Kaiser Josef II. sich veranlaßt sah, ein besonderes Spital für Pellagrakranke zu schaffen. Gerade diese weitausblickende Entscheidung gab Strambio die Möglichkeit, ein großes Material zu beobachten und seine Erfahrungen in einem Werke zu veröffentlichen, dem bald andere, mehr polemischer Natur folgten.

Thouvenel hatte zwar 1796 den Zusammenhang der Pellagra mit der Maisernährung erkannt, aber erst Mazzuri sprach dies 1810 klarer aus, indem er der Maisverschimmelung im Frühjahr und Herbst die Hauptschuld zuschrieb und daraufhin Lombroso zu weitgehenden Untersuchungen veranlaßte.

Das Leiden wurde — wie bereits erwähnt — erstmals in Spanien, 1750 in Italien, viel später (1818) in Südfrankreich beobachtet; 1833 wurden Pellagrafälle aus Rumänien und in weiten Abständen dann auch von der Balkanhalbinsel, Österreich-Ungarn und Bessarabien (in Rußland) gemeldet. In den letzten Jahren wurde ein sehr starkes Auftreten des Leidens in Südrußland und Turkestan festgestellt; so 1929 in Westgeorgien — 50000 Erkrankungsfälle bei einer Gesamtbevölkerung von 1300000 (3,8%!).

Erwähnenswert ist weiter die Ausbreitung des Leidens in Amerika. Es war ja naheliegend anzunehmen, daß falls wirklich die Maisernährung Ursache des Leidens ist, Amerika die Wiege der Pellagra sei. Nach der mir zugänglichen Literatur werden jedoch die ersten Pellagrafälle erst im Jahre 1900 bei den Indianern von Bambino erwähnt. Es folgen dann weitere Beobachtungen in Mexiko (Provinz Yukatan und Campeche), Brasilien, Cuba und Hawai. Wohl mit der besseren Erkenntnis der Klinik des Leidens hat sich die Pellagra auch in den Vereinigten Staaten in größerer Anzahl feststellen lassen. Nach Philippo Rho hat sich die Erkrankung rasch, besonders im Südosten, aber auch nach dem Norden der Vereinigten Staaten zu verbreitet und oft einen bösartigen Verlauf genommen. Im Jahre 1923 schätzte man die Zahl der Pellagraerkrankungen noch auf 26000 in 26 Staaten; einige Jahre später erhöht sie Lavinder auf 50000.

Flinker schätzt in seiner Monographie aus dem Jahre 1935 die Zahl der Pellagrosen in Rumänien auf 50000 Fälle.

Außer dieser endemischen Form, werden sporadische Pellagrafälle, sog. sekundäre Pellagra, in allen Teilen Europas beobachtet (Hess-Thaysen).

Die Pellagra befällt gewöhnlich Erwachsene im Alter von 20—50 Jahren; kleine Kinder erkranken selten, Säuglinge anscheinend überhaupt nicht. Dem Geschlechte nach erkranken die Frauen viel häufiger als die Männer, so nach der Statistik von Babes, die mit den Angaben von Flinker übereinstimmen, soll auf 69% Frauen nur 31% Männer. Nach meiner eigenen Statistik, über 57 in den letzten 10 Jahren beobachteten Fälle, überwiegt die Zahl der Männer die der Frauen (30 : 27 = 53% : 47%). Ich muß aber gleich bemerken, daß die Beobachtungszahl zu gering ist, um weitergehende Schlußfolgerungen zu gestatten.

Es scheint mir noch bemerkenswert, daß die Pellagra sehr häufig geistig minderwertige Individuen befällt, sei es, daß gerade diese Leute eine gewisse Prädisposition haben, sei es, daß sie sich eben wegen ihres Zustandes viel schlechter ernähren und somit leichter einer Avitaminose verfallen. Mit Rücksicht jedoch auf den Umstand, daß in den letzten Jahren speziell in Dänemark sog. sekundäre Pellagra bei psychisch Kranken häufig beobachtet wurde, möchte ich dieser Tatsache doch eine gewisse Bedeutung beimessen und eine Prädisposition bei psychisch Alterierten annehmen.

Pathogenese. Über die Pathogenese der Pellagra sind sehr viele Theorien aufgestellt. Die Erkenntnis, daß die Pellagra in Ländern endemisch auftritt, wo die Bevölkerung als Hauptnahrung Mais gebraucht, war Anlaß, den Mais als Ursache anzusehen. In dieser Richtung gibt es viele Theorien; in erster Linie die *Intoxikationstheorie von Lombroso*, wobei man hauptsächlich der Maisverschimmelung die Schuld gibt. Später dachte man an eine *Vergiftung mit Phenylamin*, das im Mais enthalten ist; man machte das *Fehlen gewisser Aminosäuren* verantwortlich (Cystin, Tryptophan, Lysin), bis Funk einen *Vitaminmangel* in den Vordergrund stellte. Die meisten dieser Theorien sind widerlegt und gehören eher der Geschichte der Pellagraforschung an.

Die *Infektionstheorie*, die vorwiegend in Amerika Anhänger hatte, gilt als widerlegt, besonders nach den Feststellungen der Pellagrakommission (Thompson-MacFadden). Die *Wassertheorie* von Alessandrini, sowie die *Nematodengenese* der Pellagra, wollen wir nur erwähnen.

Wichtig, aber nicht wahrscheinlich erscheint die *Theorie der allgemeinen Unterernährung*, die unter anderen von Bonhoeffer und Ceelen verfochten wird. Die Tatsache, daß während einer allgemeinen Unterernährung eines Volkes z. B. in Kriegs- und Epidemiezeiten ein gehäuftes Auftreten der Pellagra unbekannt ist, widerlegt mit Entschiedenheit eine derartige Annahme.

Sabry hatte die sog. *Dopatheorie* aufgestellt. Nach seiner Ansicht wird die Pellagra durch ein Gift erzeugt, das mit dem Dioxyphenylalanin, der Muttersubstanz des menschlichen Pigments, identisch ist. Dieses Gift ist im Mais enthalten und erzeugt eine Hyperpigmentierung, die nach dem Verfasser typisch für Pellagra wäre. Aus Gründen, die Flinker in seinem Buche ausführlich bespricht, müssen wir diese Theorie ablehnen. Die *Behandlung mit Natriumthiosulfat*, die von Sabry auf Grund seiner Theorie vorgeschlagen wurde, hat nach Flinker *keinen Erfolg gezeigt*. Ich habe dieses Mittel nicht geprüft, weil ich mit Hefe und Nicotinsäure sehr gute Resultate erzielte.

Wenn wir auch *die photodynamische Theorie* als zu einseitig ablehnen, so bleiben eigentlich nur noch zwei Theorien, die eine Berechtigung haben.

Die *Vitamintheorie* spielt zur Zeit wohl die Hauptrolle. Funk hatte bereits 1913 die Meinung ausgesprochen, daß die Pellagra durch Vitaminmangel erzeugt werde. Diese unbewiesene Vermutung wurde durch die Untersuchungen von Goldberger stark gestützt. Goldberger hatte nämlich durch Experimente mit vitaminarmer Nahrung eine der menschlichen Pellagra ähnliche, seiner Ansicht nach identische Krankheit bei Ratten erzeugt, die sog. Rattenpellagra. Manche Autoren, speziell FLINKER, lehnen die Identität mit der menschlichen Pellagra ab, trotzdem aber hat gerade diese Feststellung zu großen Fortschritten auf dem Gebiete der Pellagragenese und -therapie geführt. Nach GOLDBERGER ist das Leiden durch das Fehlen des Vitamin B_2 (Pellagra preventive factor) bedingt. Nach den letzten Untersuchungen von KÜHNAU besteht das Vitamin B_2 aus drei Komponenten, und zwar aus einem wachstumsfördernden Vitamin — dem Lactoflavin, aus dem anämieverhütenden und dem dermatitisverhütenden Faktor, der eigentlich vor Pellagra schützt und auch als Vitamin B_6 bezeichnet wird.

Nach STEPP, wohl dem besten Vitaminforscher der Gegenwart, ist die Pellagra eine komplexe Mangelkrankheit, bedingt nicht nur durch Mangel an Vitamin B_2-Komplex, sondern auch an Vitamin H und anderen lebenswichtigen Aminosäuren, die wahrscheinlich durch das Fehlen des Vitamins H, das für die normale Eiweißverdauung erforderlich ist, nicht vollkommen abgebaut werden, so daß giftige Eiweißabkömmlinge (Dioxyphenylamin?) im Blutkreislauf auftreten und die Hauterscheinungen erzeugen. STEPP und seine Mitarbeiter schildern das Krankheitsbild einer unzureichenden B_2-Zufuhr bei Menschen, das im großen und ganzen vollauf dem der menschlichen Pellagra entspricht. Was diese selbst anbelangt, so scheidet STEPP die primäre, mehr endemische, von der sekundären, mehr sporadischen Form, indem er bei der zweiten Resorptionsstörungen infolge organischer Erkrankungen des Magen-Darmtrakts annimmt; sie soll bei peroraler Behandlung mit Vitamin B_2-Komplex, zum Unterschied von der primären Pellagra, nicht reagieren und nur auf parenterale Einverleibung ansprechen. Hierbei wendet er sich gegen FLINKERs Annahme, es gäbe keine sekundäre Pellagra, da die gastrointestinalen Erscheinungen ebenso gut Ursache wie Folge eines Vitamin B_2-Mangels sein können. Solange gerade dies nicht bewiesen worden ist, kann man aber die gastrointestinale Theorie nicht als widerlegt ansehen. Im Gegenteil kann man, wie es MOLLOW (2) bereits getan hat, beide Theorien vereinen.

Ich komme nun zur neu aufgestellten *gastrointestinalen Theorie von* FLINKER. Ausgehend von der Tatsache, daß bei der Pellagra recht häufig gastrointestinale Störungen der Manifestierung des Leidens vorausgehen, daß ferner lange vor Ausbruch der typischen Erscheinungen nicht selten Achylie besteht, die nach FLINKER durch die grobe, schwerverdauliche Nahrung, Alkoholmißbrauch und vielleicht durch Nematodeneinwirkung erzeugt wird, spricht er sich für eine einheitliche Ätiologie der primären und sekundären Pellagra aus und somit gegen das Bestehen einer sekundären Form. Mit Rücksicht auf das häufige Bestehen verschiedener Magen-Darmstörungen, z. B. Achylien, Colitiden usw., ohne Pellagraerscheinungen aufzuweisen, nimmt FLINKER entweder eine persönliche Disposition oder Mangel an Drüsensäften oder gar Störungen der Resorption an und überläßt alles dies der späteren Forschung.

Zur Stütze der gastrointestinalen Theorie möchte ich hier vor allem die Feststellungen dänischer Forscher anführen, die bei Hunden durch Magenresektion Pellagraerscheinungen erzeugten. Namentlich SVEND PETRI hat bei einer elektiven Magen-Duodenumresektion nach längerer Zeit Erscheinungen beobachtet, die der menschlichen Pellagra ziemlich ähnlich sind. Der Verfasser nimmt an, daß diese Erscheinungen durch Mangel an Vitamin B_2 erzeugt werden und glaubt, das Vorhandensein einer Eigenschaft des normalen Magensafts festgestellt zu haben, die einen Einfluß auf die Ausnutzung des Vitamin B_2 hat. In einer weiteren Arbeit, die er zusammen mit OSCAR WANSCKER, ELSE und STUBBE TEGLBJÄRG 1937 veröffentlicht hat, bespricht er von neuem die

Ätiologie der Pellagra, die Unzulänglichkeit der Vitamintheorie und bekräftigt
seine Ansicht über die gastrointestinale Genese mit neuen Versuchen der Pellagrabehandlung mit normalen Magenpräparaten. Die Zahl der Fälle ist allerdings
nicht sehr groß (6), jedoch sind die Resultate immerhin wichtig genug, erwähnt
zu werden.

SVEND PETRI geht bei seinen Untersuchungen von der Tatsache aus, daß
zwischen perniziöser Anämie und Pellagra gewisse Beziehungen bestehen. Da
die perniziöse Anämie häufig nach Magenresektion auftritt und auch durch
Behandlung mit Magenpräparaten geheilt werden kann, ferner sowohl bei der
perniziösen Anämie als auch bei der Pellagra Achylie beobachtet wird, so sind
sicher gewisse Beziehungen vorhanden.

MOLLOW (1) hatte bereits im Jahre 1928 hierüber berichtet und eine weitgehende Ähnlichkeit festgestellt. So hatte er auf die Veränderungen des Magen-
Darmtrakts (Glossitis, Achylie, Diarrhöe), des Nervensystems (funikuläre Myelose)
und auf die Blutveränderungen anämischer Art hingewiesen. FLINKER hat
nachher sehr ausführlich darüber berichtet und MOLLOWs Feststellungen bestätigt.

Mit Berücksichtigung der gastrointestinalen Veränderungen und der anämischen Erscheinungen, manchmal perniziöser Art, macht MOLLOW (2) die Annahme, daß die Magenschleimhaut normalerweise zweierlei Faktoren ausscheidet, einen antianämischen und einen antipellagrösen, die verschiedene
Angriffspunkte besitzen und ihre eigenen Funktionen erfüllen. In diesem Falle,
analog mit der Annahme des CASTLEschen Prinzips bei der perniziösen Anämie,
können wir zwei Faktoren bei der Entstehung der Pellagra annehmen — einen
exogenen, pellagraverhütenden Faktor, Vitamin B_2-Komplex und einen endogenen, der nicht oder nicht immer mit der Säurefunktion der Magenschleimhaut
im Zusammenhang steht. Eine solche Hypothese gibt zunächst der Vitaminlehre recht, andererseits schreibt sie aber auch den gastrointestinalen Funktionsstörungen die gebührende Rolle zu. Den Beweis eines endogenen Pellagrafaktors
kann man vorläufig nicht sicher erbringen, doch bestehen verschiedene Hinweise
darauf; vor allem der Nachweis von SVEND PETRI, daß der normale Magensaft
gewisse Eigenschaften besitzt, den Vitamin B_2-Komplex leichter zu verdauen.
Nach Erscheinen der Arbeit MOLLOWs folgte die hier zitierte von SVEND PETRI,
in der er der Vermutung MOLLOWs zustimmt. In seinen weiteren Untersuchungen
bespricht er die Art der Ventrikelpräparate, die eine therapeutische Wirkung
ausüben und legt den Gedanken nahe, daß das Neuropoietin oder ein unter
dessen Mitwirkung entstandenes Produkt, den Antipellagrafaktor darstellen soll.
Allerdings bedürfen diese Untersuchungen weiterer Klärung.

Mit dieser Annahme muß man auch die Existenz der sog. sekundären Pellagra
ablehnen.

Die von MOLLOW (2) aufgestellte Hypothese gibt sowohl der Vitamin- als
auch der gastrointestinalen Theorie recht. Immerhin vermag sie noch nicht
alle Erscheinungen zu erklären. Wenn die Anämien, die bei der Pellagra häufig
bestehen, durch das Fehlen der beiden Faktoren im Magensaft zur Genüge
erklärt werden können, läßt sich das von den Hauterscheinungen nicht behaupten.
Es steht fest, daß die Haut durch das Sonnenlicht stark beeinflußt wird, und
zwar periodenweise im Frühjahr und Herbst. Analog der Haematoporphyria
congenita, bei der das Hämatoporphyrin im Blute kreisend die Hauterscheinungen erzeugt und aktiviert, könnte man an eine ähnliche Erscheinung auch
bei der Pellagra denken. HEGLER hatte schon vor Jahren Porphyrin im Harn
nachgewiesen. Der Nachweis des Porphyrins im Blute gilt bisher als nicht
gelungen, wohl wegen der technischen Schwierigkeiten. Ich möchte hier nicht

unerwähnt lassen, daß Störungen des Eisenstoffwechsels außer durch die Beobachtungen der Anämie bei Pellagra, auch durch die Untersuchungen von Bliss
Thomason und Higgan Chalioungui bezüglich der Rattenpellagra und Behandlung der menschlichen Pellagra festgestellt worden sind. Diese Beziehungen
jedoch sind noch unklarer, hypothetischer Natur. Stepp denkt an katalytische
Wirkung.

In zweiter Linie wird das Aufflackern des Leidens im Frühjahr und Herbst
nicht erklärt. Spielt das vegetative System eine Rolle, oder soll man dies
durch die veränderte Nahrungsweise im Frühjahr und Herbst erklären? Es ist
somit die Pellagra, was die Pathogenese und Ätiologie anbelangt, eine sehr
komplexe Frage. Wir sind der Erklärung nahegekommen, doch bleibt für die
Zukunft noch viel zu erforschen übrig.

Klinik. Die Krankheit beginnt gewöhnlich langsam und verläuft chronisch.
Selten werden akute Formen beobachtet. Wie lange Zeit es dauert, bis das
Leiden manifest wird, läßt sich schwer feststellen, da die ersten Erscheinungen
häufig kaum zu merken sind.

Die Symptome des Leidens bestehen in Magen-Darmerscheinungen, Hautveränderungen, Krankheitszeichen seitens des Nervensystems und der Psyche.

Die wichtigsten und schwerwiegendsten Erscheinungen sind die Störungen
seitens des Verdauungstraktes, die augenfälligsten und für die Stellung der
Diagnose bedeutendsten — die Erscheinungen seitens der Haut.

Die ersten, jedoch nicht immer zu Bewußtsein kommenden Symptome
betreffen den Magen-Darmtrakt. Die Patienten verlieren ihren Appetit;
eine Bulimie, wie sie von Neusser in Rumänien beschrieben worden ist, habe
ich nur einmal beobachtet. Gewöhnlich liegt der Appetit darnieder. Manchmal
haben die Kranken Lust, Saures zu genießen. Die Patienten fühlen eine Span-
nung im Leibe; nach dem Essen haben sie das Gefühl der Schwere in der Magengegend und klagen häufig über Sodbrennen, Aufstoßen, mitunter Übelkeit
und Brechreiz. Erbrechen ist eine seltene Erscheinung. Flatulenz und Bauch-
schmerzen findet man häufig. Ebenso oft sind die Klagen seitens der Zunge;
dieselbe schwillt an, rötet sich, an den Seitenpartien sieht man deutlich die
Zahneindrücke. Die Rötung der Zunge und ihr Anschwellen nimmt mit der
Zeit ab und koinzidiert nicht mit den Hauterscheinungen. Langsam wird die
Zunge blaß, glatt, die Papillen atrophieren, es erscheinen kleine, manchmal
tiefere Furchen. Die Kranken, die erst ein brennendes Gefühl hatten, klagen
über stechende Schmerzen, besonders beim Essen etwas schärferer Nahrung.
Häufig haben die Kranken einen erheblichen Speichelfluß.

Hierzu gesellen sich Darmerscheinungen. Die Kranken bekommen, unter
geringgradigen spastischen Schmerzen, Abführen erst flüssiger, manchmal mit
Schleim vermengter Massen, mitunter von dysenterieartiger Beschaffenheit;
in anderen Fällen können die Durchfälle einen gastrogenen Charakter erhalten,
indem sie unverdaute Nahrungsreste aufweisen; es kommen, wenn auch viel
seltener, Fettstühle vor, die eher an Sprue erinnern. Recht häufig besteht Verstopfung oder abwechselnd Durchfall und Verstopfung. Diese Magen-Darmerscheinungen können den anderen lange vorangehen und einen Saisoncharakter
zeigen. In den meisten Fällen jedoch, nachdem die geschilderten Erscheinungen
einige Monate angehalten haben, treten im Frühjahr oder Herbst Symptome
seitens der Haut auf.

Ich möchte aber unterstreichen, daß sehr häufig bei den ersten Erscheinungen
an der Haut sowohl eine atrophische Glossitis als auch Achylie bestehen,
die zu ihrer Entwicklung geraume Zeit brauchen, so daß die Annahme vollkommen berechtigt ist, daß die Magen-Darmerscheinungen denen an der Haut

kürzere oder längere Zeit vorangehen. In diesem Stadium des klinischen Verlaufs — Pellagra sine Pellagra — ist die Diagnose ungemein schwierig und die Krankheit wird meist mit anderen Magen-Darmleiden verwechselt.

Untersucht man den Magenchemismus bei einer manifesten Pellagra, so findet man in der Mehrzahl der Fälle eine ausgesprochene histaminresistente Achylie. Von den neueren Autoren hat speziell FLINKER auf dieses Symptom hingewiesen und es nicht nur als Folge, sondern als Ursache betrachtet. Nach meinen eigenen Untersuchungen ist die Achylie kein regelmäßiges Zeichen; so habe ich in 77 genau nach dieser Richtung beobachteten Fällen bei 78% eine komplette Achylie, in 11,6% eine Hypacidität und in 10,6% eine Normacidität gefunden.

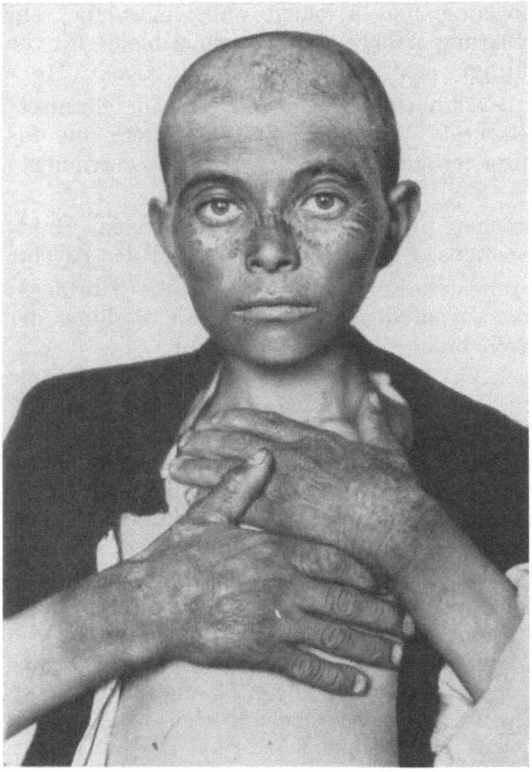

Die ersten Hauterscheinungen treten gewöhnlich im Frühjahr auf — in Bulgarien anfangs April — seltener im Herbst, August - September. Die dem Sonnenlicht ausgesetzten Teile der Haut, also gewöhnlich die unbedeckten, röten sich. Die Haut schwillt an, manchmal bis zur Blasenbildung; nachträglich kann es zur eitrigen Infektion derselben kommen. Auf diese Weise (wie man es auf Abb. 1 sieht) bekommen die Kranken ein typisches Aussehen. Es werden in erster Linie die Handrücken befallen, und zwar mehr daumenwärts als gegen die Kleinfingerseite; die Haut über den Fingern wird viel weniger angegriffen. Die Veränderungen sind scharf gegen die Umgebung am Hemdschlusse abgeschnitten. Das

Abb. 1. 16jähr. Bursche mit Pellagraerythem, am Gesicht im Abklingen begriffen.

Gesicht wird ebenso verändert, vor allem die Stirn, die Wangen, der Nasenrücken und das Kinn (Erythematodes- oder Rosaceagegend, MERK). Auch hier sind die Veränderungen nicht gleichmäßig und gewisse Teile werden gar nicht oder schwächer befallen, so das Oberlid, die Haut unter der Nase bzw. der Unterlippe. Am Halse erscheint ein Band, das bei offen getragenem Hemd an der Brust eine Ausbreitung gegen das Sternum erfährt und den typischen CASALschen Kragen darstellt. Die Haut am Fußrücken barfüßiger Personen wird oft im gleichen Sinne verändert. Außer diesen dem Lichte ausgesetzten Hautbezirken werden auch andere betroffen, und zwar häufig an Stellen, die anderen Reizen — zumeist mechanischer Natur — ausgesetzt sind. So sieht man recht häufig Erscheinungen an der äußeren Ellenbogenseite, manchmal sind es die Achselhöhlen oder die Haut über den Knien. RILLE beschreibt Veränderungen über den Schultern (sog. Epaulettenform). Ich beobachtete einen auf Abb. 2 dargestellten Fall, der eine stillende Frau betraf, die außer den typischen Veränderungen an Händen, Gesicht, auch solche an den Ellenbogen — von einem Streifen gesunder Haut abgetrennt —, Achselhöhlen und einen etwa zehnmarkgroßen Strich, pigmentierten rauh erhabenen Fleck, über dem Schlüsselbein darbot. Derselbe wurde wohl durch die Gurten (Bänder) bedingt, die dazu dienen das Wickelkind auf dem Rücken der Frau zu tragen, wie es unsere Bauernweiber zu tun pflegen.

Die akuten Erscheinungen dieser Dermatitis dauern 1—2 Wochen an, um langsam abzuklingen. In erster Reihe nimmt die Rötung ab, die Haut bekommt einen rostbraunen oder braunen Anstrich, schwillt ab, Falten können sich emporheben, es tritt Schuppung ein — in Form von ziemlich großen Lamellen. In vielen Fällen entstehen Rhagaden, die sich gegen die Subcutis ausbreiten und manchmal sogar recht tiefe Hautrisse zurücklassen. Nach Abstoßen der Hautschuppen bleibt eine straff gespannte, leicht gerötete Hautoberfläche zurück, die mitunter die Muskelsehnen stark hervortretend durchscheinen läßt und an der Peripherie von noch nicht endgültig abgefallenen Hautschuppen abgegrenzt wird. Nach Abstoßen derselben erscheinen die Handrücken wie von einer feinen neuen Haut bedeckt. Das gleiche gilt auch für die anderen betroffenen Teile. Nach einigen Wochen erscheint die Haut pigmentiert. Wiederholt sich das Erythem öfter, so bleiben die genannten Teile pigmentiert, die Haut wird rauh —

Abb. 2. 36jähr. Frau, bemerkenswert der Fleck über dem rechten Schlüsselbein.

es entwickelt sich eine *typisch lokalisierte Hyperkeratose*, namentlich über den Fingergelenken. Handfläche und Fußsohle bleiben gewöhnlich unberührt. Doch wird mit der Zeit die Haut auch hier dicker und rauher. Ob beim Auftreten des Erythems diese Teile betroffen werden, möchte ich verneinen. FLINKER beschreibt zwar eine Abschuppung und gelbliche Verfärbung dieser Teile, doch läßt er selbst die Frage offen, ohne sie endgültig zu entscheiden.

FLINKER beschreibt ähnliche Veränderungen über den Knien und der Trochantergegend. Ich glaube, es sind keine Folgen eines Erythems daselbst, sondern solche der schlechten Hauternährung in Verbindung mit mechanischem Reiz zurückzuführen.

Außer diesen typischen Hautveränderungen werden sog. *präludierende Pellagraerytheme* flüchtiger Natur beschrieben, die den eigentlichen Pellagraerscheinungen vorangehen *Allgemeine Pellagraerytheme* werden erwähnt nur

auf Grund einer allgemeinen Pigmentierung der Haut. THANNHAUSER glaubt
an endokrine Einwirkungen.

Die Pathogenese dieser Hauterscheinungen ist noch nicht endgültig entschieden. Es steht fest, daß sie manchmal von anderen Pellagrasymptomen begleitet sind, besonders von Durchfall, so daß wir annehmen dürfen, beide wären auf
eine und dieselbe Ursache zurückzuführen bzw. durch diese bedingt. Die Einwirkung des Lichtes besteht ohne Zweifel. Man hat (auch ich) erfolglos versucht,
Erythemerscheinungen an unbelichteten Stellen durch Sonnenlicht zu erzeugen.
FLINKER ist es gelungen, durch Senfpflaster an unbelichteten Stellen ein typisches
Erythem bei Pellagrösen zu erzeugen. Es steht für mich fest, daß bei der Pellagra
lichtsensibilisierende Substanzen im Blute kreisen, die vom Licht aktiviert ihre
Einwirkung auf die Haut entfalten. Anscheinend sind diese Stoffe entweder
leicht zersetzlich, oder sie werden nur zeitweise gebildet, so daß sie eben periodenweise im Blute kreisen. Analog der angeborenen Hämatoporphyrinurie kann
man an ein Porphyrin denken; doch ist dies eine bloße Vermutung, die unbewiesen bleibt.

Außer der Haut werden auch die Schleimhäute befallen. So findet man in
vielen Fällen, daß die Lippen trocken und mit kleineren oder größeren Borken
bedeckt sind. Die Mundschleimhaut schwillt an und rötet sich, manchmal
bilden sich auch kleine Aphthen aus.

Andere trophische Erscheinungen bemerkt man an den Fingernägeln. Dieselben werden dünner, brüchiger, mitunter verändern sie auch ihre Form und
bekommen das Bild der Koilonychie. Beim Fehlen von Hautpellagrasym-
ptomen und Anwesenheit einer Achylie mit mehr oder weniger ausgesprochener Anämie kann man das Krankheitsbild mit dem einer Chloranämie nach
KAZNELSON verwechseln.

Mit dem Erscheinen dieser wichtigsten Krankheitszeichen der Pellagra
treten weitere Symptome auf, vor allem Allgemeinerscheinungen. Die Kranken
fühlen sich sehr matt und abgeschlagen, sie haben keine Arbeitslust, werden
leicht müde, bekommen eine üble Laune und leiden an Schwindel, Kopfschmerzen
und Appetitlosigkeit. Diese Symptome können vor den Hauterscheinungen
auftreten und das Bild einer Neurasthenie geben; in anderen Fällen folgen sie
auf den manifesten Erscheinungen der Pellagra und bilden mitunter geradezu
den Übergang zu den schweren psychischen und Nervenstörungen.

Die *Nervenerscheinungen* spielen eine wichtige Rolle. Sie können, wie bereits
erwähnt, gleich anfangs auftreten, sind aber gewöhnlich — besonders die
schweren Störungen — Zeichen einer fortgeschrittenen Krankheit. Die mannigfaltigen Erscheinungen hat FLINKER in folgende Syndrome zusammengefaßt:
Das spastische Syndrom, das spastisch-ataktische, das Syndrom der motorisch-
sensiblen Erscheinungen von peripherem Typus, das bulbäre, das palidostriäre
Syndrom; weiter unterscheidet er das Syndrom der Pupillenstörungen, das
vasomotorisch-trophische und das neurasthenisch-hypochondrische Syndrom,
das schon einen Übergang zu psychischen Störungen bildet. Wie aus der Aufzählung der Syndrome hervorgeht, sind die Nervenstörungen ziemlich sym-
ptomenreich. Meistens bilden sich spastische oder spastisch-ataktische Erscheinungen, die durch Veränderungen der Hinter- und Seitenstränge bedingt sind,
wobei sich mannigfaltige Symptome einstellen können. Die Reflexe können
erloschen oder gesteigert sein; manchmal treten auch pathologische Reflexe
auf. Auch periphere Störungen polyneuritischer Natur werden, wenn auch
selten, beobachtet. Man kann in diesen Fällen auch an eine Polyavitaminose
bzw. Vitamin B_1-Mangel denken. Krämpfe tonischer und klonischer Natur
werden auch beschrieben. Auch Athetose, selbst epileptische Anfälle werden
(meines Erachtens zu Unrecht) der Pellagra zugeschrieben.

Der Liquor weist nach den meisten Autoren keinen pathologischen Befund auf. COTZEN hingegen hatte bei einigen Kranken eine Lymphocytose und Globulinreaktionen festgestellt. Es ist dringend notwendig, diese Resultate nachzuprüfen.

Die psychischen Veränderungen sind keine seltene Erscheinung, zumal in letzter Zeit Pellagra bei psychisch Kranken häufig beobachtet worden ist. Die Zusammenhänge sind hier nicht vollkommen aufgeklärt. Jedenfalls möchte ich auf Grund eigener Beobachtungen unterstreichen, daß gewisse psychische Zustände eine Prädisposition zur Erkrankung an Pellagra bilden. Der amerikanische Psychiater ROSSI unterscheidet depressive und konfusive Formen. BONHÖFFER hält in seiner im Jahre 1923 erschienenen Arbeit die Psychosen bei Pellagra für exogene Reaktionsformen, wobei er einerseits das Prävalieren der ängstlich-depressiven Vorstellungen, andererseits den Wechsel der Erscheinungen hervorhebt. Akute Psychosen sind selten und werden gewöhnlich durch andere, nicht immer sicher deutbare Klagen eingeleitet.

Bevor ich die Symptomatologie abschließe, möchte ich noch auf zwei Organe bzw. Organsysteme die Aufmerksamkeit lenken: Erstens das Blut und zweitens die endokrinen Drüsen. Was das Blut anbelangt, so hat man verschiedene Veränderungen beschrieben. Gewöhnlich liegt das Bild einer sekundären Anämie mit einem nicht sehr niedrigen Hämoglobingehalt vor; in anderen Fällen eine hypochrome Anämie vom Charakter der Chloranämie. Dazu gesellen sich die Achylie und die Nagelveränderungen, die dem Bilde ein besonderes Gepräge verleihen und bei Fehlen von Hauterscheinungen zur Verwechslung mit Chloranämie führen können; auch Bilder einer hyperchromen Anämie, die der perniziösen Anämie sehr nahestehen, habe ich im Jahre 1928 beschrieben. Gerade diese Beobachtungen gaben Veranlassung, an einen Zusammenhang mit der Magen-Darmfunktion zu denken. In meinen eigenen Fällen (57 genau untersuchte) war in 63% das Bild einer hypochromen Anämie (2300000 bis 4200000, Hämoglobin mäßig herabgesetzt — Index zwischen 0,7 und 0,8), in 12,3% das einer stärker ausgeprägten hypochromen Anämie (Färbeindex ungefär 0,4—0,5) und in 24,6% eine hyperchrome Anämie (Index über 1) vorhanden. Bei allen bestand mäßige Anisocytose, Poikilocytose und Polychromatophilie; man fand jedoch nie Formen, die auch für eine Reizung des Knochenmarks sprechen würden. Was *das weiße Blutbild* anbelangt, so hatten wir Zahlen zwischen 4000—8000 in 67,2%, wovon in 40% zwischen 4000—5000 eine Leukocytose bis 15000 in 24,1% und nur in 8,6% eine Leukopenie. Das Verhältnis der einzelnen weißen Blutkörperchen zueinander war folgendes: in 18% Polynucleose, meistens bestand eine Lymphocytose, nie Eosinophilie (die Eosinophilen fehlten fast immer ganz). Das weiße Blutbild bei Pellagra können wir daher als Neigung zu Leukopenie mit Lymphocytose beschreiben, jedoch kann auch Leukocytose mit Polymyelose bestehen.

Die Symptome der endokrinen Störungen sind letzthin von THANNHAUSER hervorgehoben worden, der in seiner Freiburger Trias auf gewisse endokrine Zeichen hinwies und sie als Folge, nicht als Ursache auffaßte. Nach THANNHAUSER besteht sein Freiburger Symptomenkomplex aus folgenden endokrinen Zeichen: Pigmentation, Adynamie, Kalkverarmung der Knochen und Neigung zu Spontanfrakturen und Osteophytenbildung an den Phalangen und Metakarpalknochen; manchmal tetanieartige Erscheinungen mit positivem CHVOSTEKschen Phänomen. Daß eine Krankheit wie die Pellagra auch die endokrinen Drüsen in Mitleidenschaft ziehen würde, steht unter keinem Zweifel. Mit Rücksicht auf das spätere Auftreten dieser Veränderungen kann man sie nur als Folge betrachten.

Es besteht ferner eine *Störung des Eisen- und Schwefelstoffwechsels*. Auch Veränderungen im Zuckerstoffwechsel sind festgestellt; leider hat man sie noch zu wenig erforscht. Die Angabe von RUSSELEN über Diabetes insipidus bei Pellagra hat sich nicht bestätigt.

Seitens der übrigen Organe beobachtet man selten Erscheinungen, die eigentlich bei jeder lang dauernden Krankheit auftreten können und nichts Charakteristisches für die Pellagra darstellen.

Diagnose. Im Bilde der Pellagra prävalieren Erscheinungen seitens des Magen-Darmtrakts, der Haut und des Nervensystems. Der Verlauf ist chronisch, mit langsam auftretender Kachexie oder unheilbarer Psychose; doch gibt es Fälle, bei denen Remissionen von mehreren Jahren trotz der gleichen Nahrung beobachtet werden, während in anderen Fällen die Krankheit, unter Erscheinen von heftigen Diarrhöen oder von Symptomen seitens des Nervensystems und der Psychose, sehr rasch verläuft und in einigen Monaten tödlich endet. Gerade in solchen Fällen kann man sich des Eindrucks nicht erwehren, daß es sich um eine Intoxikation handelt. Die Diagnose bei ausgebildeten Fällen von Pellagra ist nicht schwer zu stellen, immerhin bei geringer Kenntnis des Leidens kann man es mit Erythema multiforme oder gewissen artifiziellen Dermatitiden verwechseln. Sind aber Hautsymptome gar nicht aufgetreten oder bereits abgeklungen, so kann man die Pellagra mit den verschiedensten Erkrankungen verwechseln. Mit Rücksicht auf die Magen-Darmerscheinungen kommen in Betracht: Chronische Gastritiden und Kolitiden, Magenkrebs, Dysenterie, Morbus Addisoni; andererseits kommen verschiedene Anämien in Betracht um so mehr als ein Teil davon mit Erscheinungen einer funikulären Myelose einherläuft. Unter Berücksichtigung der Nervensymptome kann man das Leiden mit einer multiplen Sklerose, Tabes dorsalis, kombinierter Hinter- und Seitenstrangerkrankung, Neurasthenie und manchen Psychosen verwechseln. Das einzige sichere Symptom außer den anamnestischen Angaben ist das Verhalten der Haut bzw. das Auftreten eines typischen Erythems. Die übrigen Anzeichen — wie die Zungenveränderung, die Achylie, die Durchfälle, wie auch die Nervenstörungen — sind Erscheinungen, die bei vielen anderen Leiden auftreten, so daß erst ein Syndrom bestehend aus Achylie, Hauterythem, Nervenstörungen, Anämie (vielleicht auch Leukopenie mit Lymphocytose) uns die Diagnose Pellagra sichert.

Pathologische Anatomie. Die Autopsie ergibt bei allen Pellagrakranken eine hochgradige Abmagerung mit einer Atrophie auch der inneren Organe. Am Herzen ist sehr oft eine braune Atrophie vorhanden; die Nieren sind geringgradig verändert. Hingegen hat man sehr augenfällige Veränderungen des Magen-Darmtrakts beschrieben. Der Magen weist häufig einen chronischen Katarrh auf, es können auch hämorrhagische Läsionen auftreten; zudem besteht eine ausgesprochene Atrophie der Magenschleimhaut. Auch die Darmschleimhaut atrophiert stark und die Wand wird, wie ich es selbst einigemal beobachtete, fast papierdünn. CEELEN hat eine Colitis bzw. eine Enterocolitis cystica beschrieben, bei welcher der epitheliale Drüsenapparat völlig schwindet, bis auf die cystisch ausgebildeten, mit Schleim angefüllten Reste.

Wichtig sind die *Veränderungen des Nervensystems*. Am Gehirn wird hauptsächlich die Rindensubstanz betroffen. Sie wird atrophisch unter dem Bilde der NISSELschen primären Reizung (PENTSCHEW, OSTERTAG u. a.). Die Ganglienzellen werden gebläht, runden sich ab, das Protoplasma homogenisiert und der Kern wird peripher verlagert. Man spricht auch von hyaliner Degeneration der Blutgefäße, doch sind das Erscheinungen, die nach PENTSCHEW auch bei anderen Schädigungen auftreten, somit für die Pellagra nicht charakteristisch sind, wie KOZOWSKY gemeint hat. Im Rückenmark bestehen Degenerationserscheinungen in den Hinter- und Seitensträngen, die aber auch bei anderen Leiden, wie Anämie, Leukämie und Carcinoma vorkommen und somit auch nichts Charakteristisches darstellen.

Die *Behandlung der Pellagra* muß mit Rücksicht auf ihre Genese vor allem auf die Ernährung das Hauptgewicht legen. Wir wissen, daß der Mais an gewissen Aminosäuren sehr arm und auch sein Vitamingehalt niedrig ist, so daß in erster Linie bei der endemischen Pellagra Verbot der Maisnahrung wichtig ist. Da die Kranken ziemlich unterernährt sind und an Vitaminmangel leiden, so muß man für eine genügende Calorien- und Vitamin B_2-Komplexzufuhr sorgen. Aus Untersuchungen von CHICH-COPPING, EDGAR und GYÖRGY ist klar geworden, daß zur Heilung und Verhütung die gleichzeitige Zufuhr des Vitamins B_2 und B_6 erforderlich ist. Nach STEPP entfalten sie ihre größte Wirksamkeit bei gleichzeitiger Zufuhr beider Vitamine. Es ist weiter zu bemerken, daß der Gehalt an Vitamin B_2 bzw. B_6 nicht parallel geht. So können gewisse Nahrungsmittel (Eiklar z. B.) sehr viel Vitamin B_2 enthalten, während Vitamin B_6 gar nicht nachweisbar ist; umgekehrt enthält Fischfleisch jeder Art beinahe kein Vitamin B_2, während Vitamin B_6 in großen Mengen vorhanden ist. Als Nahrungsmittel, die nach dieser Richtung in Betracht kommen, stehen an erster Stelle Fischfleisch, Leber, Eigelb, Salat, Spinat, Tomaten, Erbsen und Kohl.

Aus einer Tabelle, die wir dem Werke STEPPs entnehmen, ersieht man dies besonders deutlich.

B_6-Gehalt von Nahrungsmitteln in Ratteneinheiten
(pro 100 g frischer Substanz; nach GYÖRGY).

Rindsleber	330	Eiereiweiß	0
Rindsherz	130	Milch	100
Kalbfleisch	130	Lachs, Hering, Schell-	
Rindsmuskel	100	fisch	200
Hühnerfleisch	100	Schellfischleber	50

Mit Rücksicht darauf, daß die Fischnahrung ziemlich teuer ist, muß man Sorge tragen, daß die Ernährung der leidenden armen Bevölkerung zum Teil durch die öffentlichen Stellen übernommen und rationell durchgeführt wird.

Mit Rücksicht auf die Achylie und die Neigung zu Durchfällen, ist eine passende Diät anzuordnen. Es ist dies besonders in bezug auf rohes Gemüse und Obst wichtig, die zwar genügende Mengen des Vitamins B_6 enthalten, aber eben durch die Diät nur in beschränkten Mengen erlaubt sind und in diesem Falle durch andere B_6-haltige wirksame Stoffe (evtl. Hefe) ersetzt werden können.

Als Heilmittel der Pellagra gelten dann noch folgende Präparate: die Hefe in erster Linie. Man gibt 1—2 Eßlöffel Trockenhefe. Ich habe seit Jahren Bierhefe (4—5 Teelöffel) mit sehr gutem Resultat gebraucht. Man gibt sie gewöhnlich nach dem Essen; sie wird ohne Beschwerden gut vertragen. Die Pellagraerscheinungen gehen schnell zurück. Unter Berücksichtigung des hohen Vitamin B_6-Gehalts der Leber wird — besonders bei heftigen Magen-Darmstörungen — Leberextrakt parenteral gegeben. In dieser Hinsicht hat das Campolon SPIES und FLINKER ausgezeichnete Dienste geleistet. Ich möchte es besonders bei stärkeren evtl. hypochromen Anämien ganz besonders empfehlen, wo es mich sehr gute Erfolge erzielen ließ. SABRY hat die Anwendung des Natriumthiosulfats in Form von Injektionen empfohlen, doch soll nach FLINKER diese Therapie erfolglos geblieben sein.

Amerikanische Autoren haben besonders in den letzten zwei Jahren über sehr günstige Ergebnisse bei der Pellagrabehandlung mit Nicotinsäure berichtet.

Tatsächlich werden (wie dies aus den vorliegenden Bildern zu ersehen ist) sowohl die Haut-, als auch die Magen-Darmerscheinungen sehr günstig beeinflußt. Auf den beigelegten Bildern (Abb. 3 und 4) sieht man die Hauterscheinungen

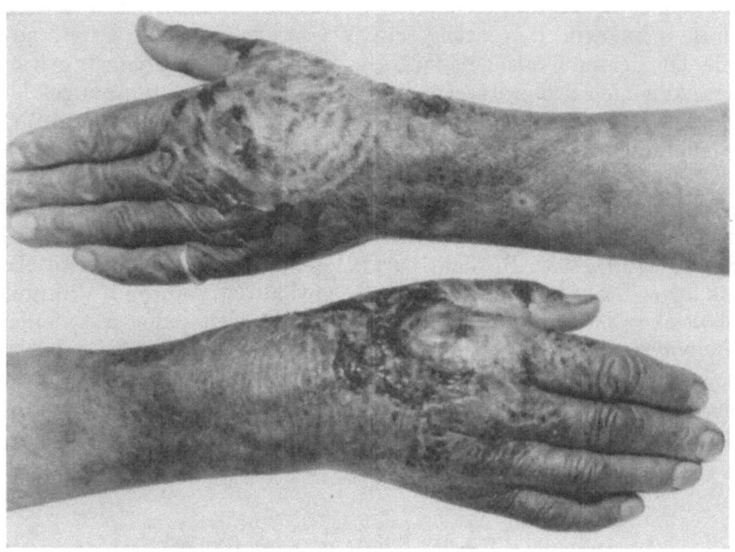

Abb. 3. 54jähr. Frau, pellagröse Handveränderung vor der Behandlung.

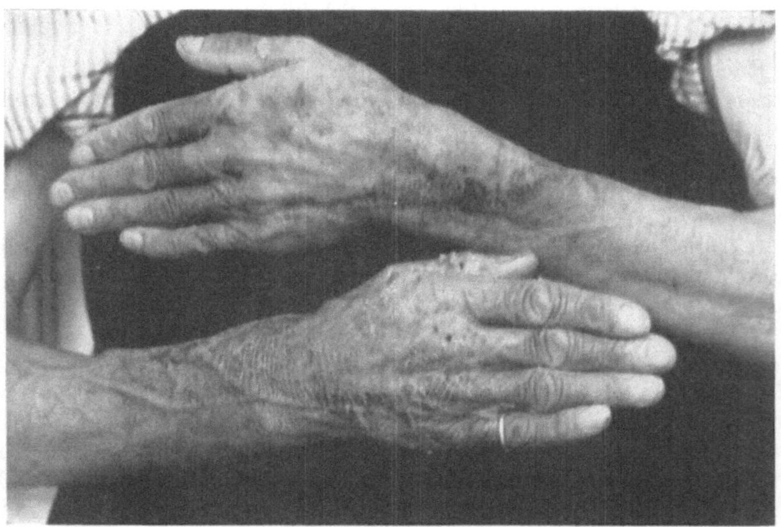

Abb. 4. Dieselbe Frau 8 Tage nach der Behandlung mit Nicotinsäure.

vor und nach siebentägiger Behandlung mit Nicotinsäureanhydridinjektionen. Die nässende Haut trocknet ein, die Abschuppung geht viel schneller vor sich, die Rhagaden überhäuten sich rasch. Der Allgemeinzustand bessert sich zusehends.

Bei der „sekundären“ Pellagra kommen dieselben Maßnahmen in Betracht. Auch hier ist die Zufuhr von Vitaminen und die Campolon-Einverleibung von sehr gutem Erfolg gekrönt.

Um die endemische Pellagra zu bekämpfen, muß man vor allem das Schwergewicht auf eine Änderung der Ernährung der Bevölkerung legen. Eine Propagierung der vitaminreichen Ernährung ist auch das beste Mittel zur Bekämpfung dieses Leidens, wie dies in Italien in einem solchen Maßstab betrieben wurde, daß die Pellagra dort seit dem Kriege nach Durchführung der sozialen Maßnahmen Mussolinis erloschen ist.

Schrifttum.

FLINKER: Pellagra. Erg. inn. Med. 1935.

MOLLOW: (1) Über Beziehungen der Pellagra zur perniziösen Anämie. Arch. Schiffs- u. Tropenhyg. 1928. — (2) Über sekundäre Pellagra. Knolls Mitt. f. Ärzte, Jubiläumsausg. 1936. — (3) Über Nagelveränderungen bei Pellagra. Arch. Schiffs u. Tropenhyg. 1937.

PHILIPPO RHO: Die Pellagra. MENSES Handbuch der Tropenkrankheiten, 1926.

STEPP, KÜHNAU u. SCHROEDER: Die Vitamine, 1936. — SVEND PETRI: Experimentelle Untersuchungen über gastrogene Anämien. Acta path. scand. (Københ.) 13, Fasc. 3 (1936). SVEND PETRI, OSCAR WANSCKER, ELSE u. H. P. STUBBE TEGLBJÄRG: Acta med. scand. (Stockh.) 93, Fasc. IV/V (1937).

3. Mangel an Vitamin C.

Von WILHELM STEPP, München.

Mit 2 Abbildungen.

α) Einleitung.

Seitdem die Konstitution des Vitamin C, für das die Bezeichnung *Askorbinsäure* sich eingeführt hat, bekannt ist, hat man sich bemüht, den Stoffwechsel der einfach gebauten Verbindung aufzuklären; die Bestrebungen in dieser Richtung wurden wesentlich gefördert durch die synthetische Darstellung der Substanz, die schon nach kurzer Frist in beliebigen Mengen zur Verfügung stand. Man überzeugte sich sehr bald davon, daß die Substanz für Tier und Mensch praktisch völlig ungiftig ist, und es konnte der Versuch gemacht werden, beim Menschen Mengen, die das 10-, ja 20fache der nach der ersten groben Überschlagsrechnung als Tagesbedarf anzusehenden Menge betragen, zu geben. Es zeigte sich sofort, daß die im Überschuß verabreichten Vitaminmengen den Organismus durch den Harn unzerstört verlassen. Hat der Organismus von dem lebenswichtigen Stoff längere Zeit hindurch zu wenig bekommen, so wird in dem Augenblick, in welchem eine reichliche Zufuhr einsetzt, die Askorbinsäure im Körper zurückgehalten und erst nach einiger Zeit setzt die Ausscheidung des „Überschusses“ so ein, wie beim Gesunden. Man hat diese Feststellungen so gedeutet, daß bei ungenügender Zufuhr ein *Defizit* des Organismus sich entwickelt, zu dessen Beseitigung die später etwa im Überschuß zugeführten Mengen ganz oder teilweise zurückgehalten werden, bis der Organismus abgesättigt ist; wie man des weiteren sehr bald feststellte, können die verschiedensten Verhältnisse des normalen Lebens (ungewöhnliche körperliche Anstrengungen, der Zustand der Gravidität, der Lactation usw.), aber auch krankhafte Zustände (Infektionen, Intoxikationen, Stoffwechselstörungen), den Bedarf gewaltig hinaufsetzen, so daß bei einer unter den gewöhnlichen Verhältnissen ausreichenden Zufuhr eine Verarmung des Organismus an dem lebenswichtigen Stoff zustande kommt.

Bei der Verfolgung dieser so wichtigen Beziehungen kam man zu der auch in rein praktischer Hinsicht so bedeutsamen Feststellung, daß es durch Vitaminmangel bedingte krankhafte Zustände gibt, bei denen alarmierende Erscheinungen, insbesondere die klassischen Symptome des absoluten Mangels zunächst völlig fehlen.

Wenn, wie hier schon kurz ausgeführt werden konnte, die Spanne zwischen der Minimalmenge, unterhalb deren die charakteristischen Mangelsymptome auftreten, und dem Optimum groß ist, so leuchtet ohne weiteres ein, daß *Zustände von relativem Mangel*, wenn diese Bezeichnung im Gegensatz zu dem Begriff des absoluten Mangels erlaubt sein mag, viel häufiger sein müssen als diejenigen, die auf gänzlichem Mangel beruhen. Diese kommen zwar hin und wieder auch bei uns in Mitteleuropa und in Deutschland vor, aber sie sind selten. Um so häufiger sind die anderen Zustände; sie sollen daher hier auch eingehender geschildert werden, obwohl sie noch eines weiteren, eingehenden Studiums bedürfen.

Die der klinischen Forschung zukommende Aufgabe, einmal den Begriff der *Hypovitaminose* möglichst scharf zu umgrenzen und dann den Weg ihrer diagnostischen Erfassung anzugeben, ist in ihrer praktischen Wichtigkeit im Hinblick auf einige Befunde aus den letzten Jahren jetzt noch viel klarer erkannt worden. STEPP und SCHRÖDER konnten den Nachweis führen, daß das Vitamin C bei Erkrankungen des Magen-Darmkanals leicht zu Verlust geht. In Reagensglasversuchen studierten sie die Frage, ob und inwieweit Mikroorganismen (Bakterien und Kokken, wie Typhus-, Paratyphus-, Colibacillen, Streptokokken usw.) das Vitamin C zu zerstören vermögen. Es konnte ganz einwandfrei gezeigt werden, daß das Verhalten der verschiedenen, unter krankhaften Verhältnissen auch den Magen und Darm des Menschen besiedelnden Krankheitserregern kein gleichartiges war; es gab Stämme, die das Vitamin C nach entsprechender Verweildauer im Brutschrank fast restlos zerstörten und wiederum andere, die es völlig unversehrt ließen. Es wurden alsdann klinische Versuche angestellt an Magen-Darmkranken mit pathologischer Magen-Darmbesiedlung und im sog. „*Absättigungsversuch*" festgestellt, ob ein Defizit vorhanden, gegebenenfalls wie groß es sei. Solche Versuche, die zum Teil in größerem Umfang von EINHAUSER ausgeführt wurden und von den verschiedensten Seiten bestätigt werden konnten, zeigten nun einwandfrei, daß selbst bei reichlicher Vitaminzufuhr infolge pathologischer Verhältnisse im Magen-Darmkanal ein *Vitamindefizit* erheblicheren Ausmaßes entstehen kann.

Noch eine andere Möglichkeit der Entstehung eines Vitamindefizits bei an sich ausreichender Zufuhr muß, wie sich weiter zeigte, erwogen werden, die nämlich auf dem Wege einer *Resorptionsstörung*. Die Resorption aller Nahrungsstoffe und auch der Vitamine kann z. B. gestört sein, wenn, wie das für die meisten Formen der Gastroenteritis gilt, die Peristaltik des Dünndarms stark gesteigert ist; in diesem Falle durcheilt der Speisebrei den Dünndarm so schnell, daß die Zeit für die vollständige Resorption nicht ausreicht. Noch auf anderem Wege kann man sich des weiteren eine Resorptionsstörung entstanden denken: Bei *ungenügender Vitaminversorgung des Körpers* leiden unter anderem auch die Funktionen des Magen-Darmkanals, und zwar nicht nur die motorischen und sekretorischen, sondern auch die resorptiven Eigenschaften (STEPP). Diese Erkenntnis ist deshalb von erheblicher Bedeutung, weil sie einen Circulus virtiosus erkennen läßt, der sehr verhängnisvoll werden kann: Es kann einmal infolge von ungenügender Zufuhr oder durch Zerstörung der Vitamine im Magen-Darmkanal ein Defizit entstehen, als dessen Folge eine Resorptionsstörung auftritt, die sich weiter ungünstig auf die Vitaminaufnahme auswirkt, ganz abgesehen davon, daß der Magen-Darm selbst erkranken kann, oder aber es liegt eine primäre Erkrankung des Magen-Darmkanals vor, die die Vitaminaufnahme ungünstig beeinflußt; dann entwickeln sich Mangelzustände mit Verschlechterung der Resorption usw. Das Ergebnis ist in allen Fällen das gleiche: Darmstörung — Verschlechterung der Resorption — Zunahme der Darmstörung, eine Kette ohne Ende.

Bei der außerordentlich starken Verbreitung von Magen-Darmstörungen müssen die hier kurz geschilderten Zusammenhänge in der Zukunft sehr viel sorgfältiger als bisher beachtet werden (STEPP).

β) Bedarf an Vitamin C.

Einigermaßen zutreffende Angaben über den Bedarf des Menschen an Vitamin C zu machen, war erst nach eingehenden Studien und nach Beschreitung mancher Irrwege möglich. Beim Tier bestand im Experiment die Möglichkeit, entweder die durch vitaminfreie Ernährung erzeugten Krankheitserscheinungen (der manifesten Avitaminose) durch Zufuhr großer Dosen des reinen Stoffes zum Verschwinden zu bringen und die Dosis ausfindig zu machen, bei der das Tier gesund erhalten werden kann — *kurativer Test*, oder — *prophylaktischer Test* — durch Zugabe von Askorbinsäure zum vitaminfreien Futter, die „gesund erhaltende" Dosis festzulegen. SZENT-GYÖRGYI hat erst kürzlich die Frage des Bedarfs berührt und mit Recht die Frage aufgeworfen: Was heißt gesund? Die Tatsache, daß die gewöhnliche Betrachtung eines Tieres den „Eindruck" völliger Gesundheit ergibt, besagt noch lange nicht, daß nicht das Auffinden feiner und allerfeinster Untersuchungsmethoden plötzlich gewisse Veränderungen an dem oder jenem Organ erkennen läßt, die durch das Vitamin C beseitigt werden können und also wohl sicherlich auf den Vitaminmangel zurückgeführt werden müssen. Das zeigt also, daß der Begriff des Bedarfs sich gewandelt hat mit der fortschreitenden Erkenntnis. Dabei muß eines noch mit allem Nachdruck festgestellt werden: Wir wissen aus den Forschungen über das Vitamin B_1, daß hier der Bedarf außer von all den Faktoren, die sicherlich bei den meisten Vitaminen von Bedeutung sind (erhöhter Bedarf bei fieberhaften Erkrankungen, bei Stoffwechselstörungen, bei der Frau im Zustand der Gravidität usw.), in erster Linie bestimmt wird von dem jeweiligen Umsatz der Kohlehydrate. Beim Vitamin C wußten wir von solchen Beziehungen bisher nichts; auf neuere Untersuchungen zu dieser Frage komme ich weiter unten zu sprechen. Liegt es nicht nahe, anzunehmen, daß bei dem engen Zusammenspiel zwischen den einzelnen Vitaminen, das ja bekannt ist, noch andere Wechselwirkungen, die sich im Stoffwechsel vollziehen, hier hereinspielen? Es muß dies angedeutet werden, um der Forschung den Weg für neue Betrachtungen frei zu halten.

Unter Berücksichtigung all dessen, was heute an Beobachtungen zur Frage des Bedarfs vorliegt, wird man mit allem Vorbehalt sagen dürfen, daß *unter den mittleren Verhältnissen der Norm der gesunde Mensch pro Tag etwa 50—60 mg Askorbinsäure benötigt*; wenn wir sagen „benötigt", so ist damit gleichzeitig zum Ausdruck gebracht, daß hier der *Minimaltagesbedarf* gemeint ist. Die Untersuchungen von WACHHOLDER und HAMEL haben diesen Wert neuerdings auf Grund eines sehr sorgfältigen Vorgehens wieder festgelegt. Körperliche Arbeit steigert den Bedarf ganz ausgesprochen. H. SCHRÖDER hat an der STEPPschen Klinik an der Hand des C-Vitaminspiegels im Blut nachweisen können, daß schwere körperliche Anstrengungen (wie z. B. ein 20 km Gepäckmarsch) den Bedarf hinaufsetzen, eine Feststellung, zu der auch WACHHOLDER auf andere Weise gelangte. Daß bei der Feststellung des Bedarfs das methodische Vorgehen sehr stark ins Gewicht fällt, ist selbstverständlich, soll indessen doch noch eigens erwähnt werden. Die holländische Schule, VAN EEKELEN und Mitarbeiter geben einen etwas höheren Wert bis zu 70 mg pro Tag an; sie berechnen den *Bedarf im allgemeinen auf 0,83—0,84 mg pro Kilogramm Körpergewicht. Beim wachsenden Organismus liegt der Bedarf sehr viel höher, beim Säugling beträgt er 6 mg pro Kilogramm Körpergewicht, so daß sich der absolute Bedarf für ein 3 Monate altes Kind auf 25—35 mg pro Tag errechnet.*

Wie im folgenden zu zeigen sein wird, ist die Zufuhr von Vitamin C in den Mengen, die den Bedarf decken würden, sicherlich bei einem großen Teil der Menschen, besonders während des Winters, durchaus nicht gewährleistet — und trotzdem kommt es nicht zu manifesten Mangelsymptomen. WACHHOLDER konnte nun zeigen, daß der Organismus den lebenswichtigen Stoff einzusparen vermag, wenn eine anfangs überreichliche Zufuhr langsam herabgesetzt wird bis zu eben noch ausreichenden Mengen, die dem Minimum entsprechen. Diese Grenze liegt nach WACHOLDER bei 50—55 mg pro Tag; wie schwer selbst dieser Wert in den Wintermonaten erreicht wird, soll im folgenden dargelegt werden. Erklärt wird die Fähigkeit des Körpers zur „Einsparung" mit einer Verminderung der oxydierenden Kraft des Blutes gegenüber der Askorbinsäure. Diese soll sich zeigen bei einem Sättigungsdefizit von etwa 600 mg.

γ) Deckung des Bedarfs an Vitamin C mit der Nahrung.

Wie außerordentlich vielgestaltig die Verhältnisse sein können, unter denen es zu einer Verarmung des Organismus an Vitamin C kommt, wurde in den vorausgehenden Kapiteln eingehend erörtert. Neben ungenügender Zufuhr des lebenswichtigen Stoffes in der Nahrung kann erhöhter Verbrauch, Zerstörung des Vitamins im Magen-Darmkanal, Verschlechterung der Resorption dazu führen, daß trotz ausreichender Aufnahme schließlich ein Mangelzustand sich geltend macht. Die Nachforschung, wo in einem gegebenen Fall der Fehler liegt, hat indessen immer zu beginnen mit der Prüfung der Nahrung. In den letzten Jahren sind die meisten Nahrungsmittel, die in unserer Ernährung eine Rolle spielen, sorgfältig untersucht worden, so daß man im allgemeinen sehr wohl in der Lage ist, mit einiger Sicherheit zu beurteilen, wieviel Vitamin C in einer bestimmten Kostform vorhanden ist. Dabei muß allerdings sofort eine Einschränkung gemacht werden. Die in der Literatur angegebenen Zahlen sind von verschiedenen Untersuchern mit zum Teil recht verschiedenen Methoden erhalten worden; es hat sich im Laufe der letzten Jahre aber immer mehr gezeigt, daß manche der anfangs für zuverlässig gehaltenen Methoden der Kritik nicht stand halten konnten. Neben den analytischen Ungleichheiten muß des weiteren berücksichtigt werden, daß *der Vitamin C-Gehalt der pflanzlichen Nahrungsprodukte in hohem Maße abhängig* ist von den verschiedensten Faktoren, wie *Standort, Beschaffenheit des Bodens (Düngung!), Jahreszeit, Keimungszustand, Zeitdauer seit der Ernte* usw.

Noch eine Bemerkung grundsätzlicher Natur zur Bestimmung des Vitamin C in Lebensmitteln muß gemacht werden: Es liegt in der Natur der Methoden, die meist Anwendung finden, daß außer Vitamin C selbst noch andere Substanzen mitbestimmt werden. Ihr Anteil kann das eine Mal größer sein als das andere Mal. VETTER und WINTER haben z. B. bei der Untersuchung von Hagebutten in dem gleichen Material durch die biologische Prüfung nur $^3/_5$ des nach dem titrimetrischen Verfahren erhaltenen Wert gefunden. So haftet allen Bestimmungen eine gewisse Unsicherheit an. Es sollte deshalb überall da, wo Entscheidendes ausgesagt werden soll, die biologische Prüfung im Tierversuch am Skorbut-Meerschweinchen zur Sicherung der auf chemischem Wege erhaltenen Resultate nicht unterlassen werden.

Daß man bei der Beurteilung des Vitamin C-Gehalts einer Nahrung den für das rohe Nahrungsmittel angegebenen Wert nicht übertragen darf auf das tisch-

fertige Gericht, ist selbstverständlich, und ebenso selbstverständlich gilt das für die Art der *Zubereitung.* Während kurzfristiges Kochen nicht eine erhebliche Verminderung des Gehalts zur Folge haben muß, ist langdauerndes Erhitzen unter allen Umständen verhängnisvoll; weiter unten folgt eine Tabelle (nach VETTER und WINTER), aus der der Vitamin C-Gehalt wichtiger Nahrungsmittel in frischem Zustande und nach normaler Lagerung und Zubereitung zu ersehen ist.

Sieht man die Nahrungsmittel, die für unsere Ernährung in erster Linie Verwendung finden, auf ihren Askorbinsäuregehalt durch, so muß festgestellt werden — was durch die praktische Erfahrung längst erhärtet ist —, daß die *Kartoffel* dasjenige Nahrungsmittel ist, das für die breiten Schichten der Bevölkerung in Mitteleuropa der Hauptlieferant des Vitamin C ist; *Gemüse und Obst,* deren große Bedeutung für eine rationelle Ernährung durch die Forschung der letzten Jahrzehnte erst ins richtige Licht gerückt wurde, machen gewichtsmäßig ja leider immer noch nur einen verhältnismäßig unbedeutenden Anteil unserer Kost aus; zum Teil hat dies wirtschaftliche Gründe. In anerkennenswerter Weise wird heute in allen Kulturländern das möglichste getan, um hier Wandel zu schaffen. Wegen der großen Bedeutung der *Kartoffel* muß hier ganz kurz einiges über ihren Gehalt an Askorbinsäure ausgeführt werden. Beachtung verdient zunächst einmal die Feststellung (ich folge hier den ausgezeichneten Darlegungen von VETTER und WINTER), daß der *Gehalt in außerordentlich weiten Grenzen schwankt zwischen 0,5 und 32 mg-%.* Die starken Schwankungen des Vitamingehaltes bei den einzelnen pflanzlichen Nahrungsmitteln sind von Anfang allen Forschern aufgefallen. In neuerer Zeit hat sich mit immer größerer Klarheit herausgestellt, welche Faktoren außer der Pflanze selbst (Art, Sorte usw.) hier entscheidend sind. Es sind dies erstlich der *Boden in seiner besonderen Zusammensetzung,* zweitens die *Düngung,* drittens *Besonnung* und *allgemeine Witterungsverhältnisse, Bodenbearbeitung* und *allgemeine Pflege;* dies sind nur die wichtigsten uns zur Zeit bekannten Umstände, die für die Vitaminbildung an den Pflanzen von Bedeutung sind. Während des *Lagerns* erleidet die Kartoffel erhebliche Verluste an Vitamin C; nach einigen Autoren betragen sie bei einer Lagerdauer von 6—7 Wochen 50%, nach anderen bis zu 70%. Für die Schweizer Kartoffelsorten wurde ein *mittlerer Gehalt von etwa 12 mg-%* festgestellt.

Die eben genannten Schweizer Forscher teilen die *Nahrungsmittel, die als Vitamin C-Träger in erster Linie in Frage kommen, in 4 Gruppen ein.* Da die Verhältnisse in Deutschland nicht wesentlich verschieden liegen, möchte ich die Angaben der Schweizer Gelehrten hier folgen lassen: *An erster Stelle* stehen die *Früchte,* deren äußerste Extreme zwischen 2 und 400 mg liegen, während als Mittel der Wert von 19,5 mg errechnet wurde (die Werte verstehen sich immer für 100 g Frischmaterial). Unterteilt man die Früchte nach Kernobst, Beerenobst, Steinobst und Südfrüchten, so ergeben sich hierfür die Mittelwerte in entsprechender Ordnung: 4—38—7 und 40 mg. *Beerenobst und Südfrüchte* sind also durch einen *besonders hohen Gehalt* ausgezeichnet.

An *zweiter Stelle* folgen die *Gemüse* mit den Extremen von 5 und 50 mg und dem Mittel von 18,5 mg; *an dritter Stelle die Kartoffel* (die schon erwähnt wurde — mit den Extremen von 1—32 mg und dem Mittel von 12 mg), *an vierter Stelle die Milch* (Extreme zwischen 0,5 und 3 mg, im Mittel 2 mg). Wenn wir dieser Übersicht hinzufügen, daß wir uns durch den Genuß von Brot, Fleisch, Fisch, Eiern und Fett praktisch keinerlei Vitamin C zuführen, so dürfte es selbst unter Berücksichtigung all der Schwierigkeiten, die einer exakten Erfassung des Vitamin C-Gehalts einer Kost im Wege stehen, doch möglich sein, ihn einigermaßen richtig zu beurteilen.

Freilich muß dabei noch berücksichtigt werden, daß *zu den Verlusten durch Lagerung* (für den überwiegenden Teil der Menschen, besonders in den Städten lebenden, kommen frische, aus dem Boden entnommene Nahrungsmittel sicherlich nicht in Frage) noch *die Verluste durch die Zubereitung kommen*; diese entstehen einmal durch das *Kochen* selbst und dann durch die Extraktion beim Kochen, wobei das Vitamin in das *Kochwasser* übergeht. Die Verluste können so bedeutend sein, daß in dem tischfertigen Gericht häufig nur noch ein kleiner Bruchteil des ursprünglichen Gehalts vorhanden ist.

Die folgende Tabelle (nach VETTER und WINTER) ist durchaus geeignet, eine befriedigende Schätzung des Vitamin C-Gehalts einer Kost zu erlauben.

Askorbinsäuregehalt einiger Nahrungsstoffe in mg pro 100 g.

(Offene Zahlen = in frischem Zustande; Zahlen in Klammern = normal gelagerte und zubereitete Nahrungsmittel.)

Gemüse.

Rosenkohl	50 (50)		Spinat	15 (4)
Sauerkraut	50 (20)		Tomaten	15 (10)
Blumenkohl	50 (20)		Kartoffel	12 (3—10)
Weißkraut	40 (20)		Bohnen grün	10 (7)
Brunnenkresse	30 (25)		Kopfsalat	8 (7)
Rotkohl (Kraut)	30 (8)		Rüben rot	8 (7)
Radieschen	20 (25)		Endivie	5 (4)
Erbsen	20 (10)		Gurken	5 (5)
Kohlrabi	20 (8)		Karotten	5 (3)
Spargel	20 (18)		Zwiebel	5 (3)
Wirsing	20 (3)			

Beeren.

Johannisbeeren schwarz	120 (110)		Himbeeren	20 (17)
Erdbeeren	50 (40)		Johannisbeeren rot	20 (17)
Stachelbeeren	25 (22)		Brombeeren	10 (12)
			Heidelbeeren	10 (9)

Stein- und Kernobst.

Citronen	50 (50)		Pfirsiche	10 (8)
Orangen	50 (50)		Äpfel	5 (3)
Melonen	25 (25)		Pflaumen (Zwetschgen)	5 (5)
Mandarinen	20 (20)		Birnen	2 (2)
Rhabarber	10 (6)		Trauben	2 (2)
Bananen	10 (10)			
Kirschen	10 (9)			

Säfte, Milch, Fleisch, Verschiedenes.

Hagebuttenmus	400		Milch	2 (2)
Hagebuttenmarmelade	125		Fisch	1 (1)
Citronensaft	50 (50)		Rindfleisch	1 (1)
Orangensaft	50 (50)		Schweinefleisch	1 (1)
Apfelmus	5 (5)		Brot	0
Butter	0			
Eier	0			
Fett	0			
Käse	0			

VETTER und WINTER, die beiden mehrfach genannten Schweizer Forscher, haben in Zusammenarbeit mit dem statistischen Amt der Stadt Basel umfassende *Untersuchungen über die Ernährung von Familien des Mittelstandes angestellt*. Dabei ergab sich, daß die heute als notwendig angesehenen *Minimalwerte* für das Vitamin C, das in der Nahrung aufgenommen wird, besonders *in den Winter- und Frühjahrsmonaten nicht erreicht werden*. Und selbst da, wo, wie etwa während der Hochsommermonate, die Zahlen stark hinaufschnellen (wenn z. B. aus dem eigenen Garten Beerenobst reichlich geerntet werden kann), darf nur ein vorübergehendes Auffüllen der Reserven angenommen werden, da es eine Speicherung auf längere Frist beim Vitamin C nicht gibt.

Es muß also auf Grund der sorgfältigen Erhebungen der Schweizer Forscher festgestellt werden, daß *in weiten Kreisen der Schweizer Bevölkerung die Vitamin C-Aufnahme ungenügend ist, so daß die Gefahr einer C-Hypovitaminose gegeben ist*; bei uns in Deutschland liegen die Verhältnisse sicher nicht anders. Die Gefahr ist besonders groß bei denjenigen Individuen, die an *Magen- und Darmstörungen* leiden; sicherlich befindet sich unter ihnen ein erheblicher Prozentsatz, wo mit Vitaminverlusten im Magen oder im Darm gerechnet werden muß. Denken wir des weiteren an den gesteigerten Vitaminverbrauch bei Infekten und an die verminderten Abwehrkräfte bei latentem C-Mangel, so erscheint das Defizit noch in einem anderen Licht. Eine weitere, noch nicht genügend studierte Beziehung des Vitamins C zur körperlichen Arbeitsleistung bedarf unter dem Gesichtswinkel des Vitamin C-Bedarfs dringend der weiteren Bearbeitung (H. SCHROEDER). In zahlreichen Untersuchungen wurde die *Soldatenkost* einer genauen Prüfung unterzogen und dabei festgestellt, daß diese meist den Vitamin C-Bedarf nicht deckt; insbesondere von KRAMER wurde darauf hingewiesen. Man wird sich also die Frage vorzulegen haben, ob nicht gerade bei den Menschen, von welchen besonders schwere körperliche Leistungen verlangt werden, für besonders reichliche Zufuhr gesorgt werden müßte. Diese Frage führt zu ganz außerordentlichen Konsequenzen, vor denen wir unsere Augen nicht verschließen dürfen.

d) Stoffwechsel des Vitamin C.

Das Vitamin C ist, wie bereits erwähnt, das einzige Vitamin, das aus der Größenordnung herausfällt, in der die Vitamine in unserem Körper eine Rolle spielen. Nachdem man seine Konstitution kennengelernt hatte, wurden sehr bald Verfahren zu seiner quantitativen Bestimmung angegeben; es dauerte nur kurze Zeit, bis man in der Lage war, sein Verhalten nach der Aufnahme in den Körper zu verfolgen. Man fand es in den meisten Organen, allerdings in sehr verschiedener Konzentration; die wichtigsten mögen in entsprechender Reihenfolge genannt werden: Nebenniere, Linse des Auges, Gelbkörper, Gehirn, Hypophyse, Pankreas, Kammerwasser. Als bedeutendes Speicherorgan hat sich dann der Dünndarm erwiesen. Das Blut enthält Vitamin C in einer Menge von 8—12 mg pro Liter. Wie durch VAN EEKELEN u. a., auch durch zahlreiche Untersuchungen in der Klinik des Verfassers von HERM. SCHROEDER gezeigt werden konnte, ist man in der Lage, durch eine einfache Bestimmung des Blutwertes einen aufschlußreichen Einblick in die Vitamin C-Verhältnisse des Organismus zu bekommen. Ob und inwieweit die Angaben WACHHOLDERs über verschiedene Typen (hinsichtlich der Ausscheidungsschwelle) zutreffen, bedarf noch weiterer Prüfung.

Während unsere Kenntnisse von dem Gehalt des Blutes an Askorbinsäure noch verhältnismäßig spärlich sind (es waren anfangs erhebliche methodische Schwierigkeiten zu überwinden), liegen Untersuchungen über die *Verhältnisse im Harn* in gewaltiger Zahl vor. Dabei sei betont, daß im Harn neben Askorbinsäure zahlreiche andere reduzierende Substanzen vorhanden sind, die bei der Bestimmung zu Täuschungen führen können. Die normale Tagesausscheidung an Vitamin C ist nach neueren Arbeiten sehr gering, sie schwankt um Werte von 1 mg. Verfolgt man die Ausscheidung im Harn einer gesunden Versuchsperson, der mehrere Tage hindurch 300 mg Vitamin C zugeführt wird, so steigt der Wert etwa am 4. Tage sprunghaft an, und es kommt zu einer Ausscheidung von etwa 80—90 % der eingeführten Menge. Die zwangl_Ṣ Ṣeste Deutung, die diesen Feststellungen gegeben wurde, war die, daß der Organismus sich nach Möglichkeit absättigt und den verbleibenden Überschuß ausscheidet. Macht man den gleichen Versuch bei einem Menschen, der *lange Zeit* hindurch unzureichende Mengen aufgenommen hat, so tritt die Ausscheidung mit entsprechender Verzögerung ein. Den umgekehrten Weg kann man gehen, wenn man bei einem Menschen über seinen Vitaminbestand Aufschluß erhalten will. Das im folgenden geschilderte Vorgehen ist besonders geeignet, wenn zu tagelangen Versuchen die Zeit fehlt. Man gibt dann größere Mengen (500—2000 mg) im Laufe weniger Stunden und untersucht den Harn 3—5 Stunden nach der letzten Gabe. Findet man in der letzten Portion eine Verdoppelung der Reduktionskraft (die den Wert von 5 mg-% übersteigen muß), so ist das Defizit behoben (GANDER und NIEDER-BERGER). Ein *Defizit* kann, wie noch eingehend besprochen werden wird, seine Ursache ebenso in einer ungenügenden Zufuhr wie in einem vermehrten Verbrauch haben. Physiologisch scheint eine *Abnahme des Vitamin C-Gehalts der Organe mit dem fortschreitenden Lebensalter* zu sein. Nach A. GIROUD liegen beispielsweise die Zahlen für die *Nebennieren* in den ersten 10 Lebensjahren zwischen 50 und 60 mg-%, sie bewegen sich bis zum 45. Lebensjahr um etwa 40 mg-% und gehen dann zurück auf etwa 23 mg-%. Die tieferen Zusammenhänge dieser Feststellungen sind uns bis jetzt nicht bekannt.

Noch recht dunkel sind die Beziehungen des Vitamin C zu den bei den *allergischen Phänomenen* sich abspielenden Stoffwechselvorgängen, über die WENDT[1] in einem der folgenden Kapitel berichtet. Sicher ist, daß *im Zustand der Hypovitaminose der anaphylaktische Shock in besonders schwerer Form auftritt.* Bei ausgesprochener *C-Avitaminose* scheint er *ganz zu fehlen*, was DIEHL durch die Vorstellung erklärt, daß der Körper bei völligem Vitaminmangel zu dieser aktiven Leistung nicht mehr befähigt ist.

Nach Beobachtungen DIEHLs bei Asthmakranken unserer Münchner Klinik waren Erfolge durch Vitamin C bei denjenigen Kranken zu erzielen, bei welchen ein Vitamindefizit bestand. Bei Asthmatikern mit normalen Vitamin C-Verhältnissen war eine Beeinflussung nicht festzustellen.

ε) Ausfallserscheinungen.

So charakteristisch die Erscheinungen auch sind, die bei Verarmung des Körpers an Vitamin C (durch ungenügende Aufnahme oder erhöhten Verbrauch) auftreten, so ist der Einblick in die Zusammenhänge noch recht unbefriedigend; konnte doch von KOLLATH der Nachweis erbracht werden, daß bei Tieren, die das C-Vitamin selbst leicht zu bilden vermögen und daher bei einer Kost, die bei Meerschweinchen Skorbut erzeugt, völlig gesund bleiben, durch Entzug sämtlicher wasserlöslicher Vitamine Skorbut hervorgerufen werden kann. Der Mechanismus der Skorbutentstehung ist also zur Zeit noch nicht zu übersehen; sicherlich spielen hier der Synergismus und Antagonismus der Vitamine ihre besondere Rolle.

Unbeschadet dieser Feststellungen muß man feststellen, daß sowohl beim Menschen wie bei den skorbutempfindlichen Tieren der Vitaminmangel sich immer wieder in der gleichen Weise geltend macht. *Die Störungen spielen sich vor allem an den dem Mesenchym* entstammenden Organsystemen ab. Die charakteristischen Blutungen sind durch eine *Funktionsstörung der Endothelzellen* zu erklären: *Die intracelluläre Kittsubstanz kann nicht mehr gebildet werden.* Es handelt sich hier offenbar um einen Vorgang von allgemeiner Bedeutung, wie Untersuchungen an Gewebskulturen gezeigt haben. Die Stützgewebe vermögen

---

[1] In dem Abschnitt „Vitamine und Infektion" des Kapitels über Beziehungen der Vitamine zu einigen besonders wichtigen Krankheitszuständen.

ohne Vitamin C offenbar den für den Zusammenhalt der Fasern notwendigen Klebstoff nicht zu bilden. So erklären sich die Blutungen ins Zahnfleisch, in die Muskulatur, in das Unterhautzellgewebe, in die Haut; wenn wir die Häufigkeit berücksichtigen, so würden in erster Linie Gelenke und Periost zu nennen sein.

Die zweite Gruppe von Veränderungen spielt sich am Knochensystem ab. Infolge von Desorganisation der Knorpelzellen kommt es zu Osteoporose mit Neigung zu Frakturen, die besonders gerne an der Grenze zwischen Epiphyse und Diaphyse auftreten und früher als *Epiphysenlösungen fälschlich* gedeutet wurden; weiter gelten Blutungen in den Markraum und an den Frakturstellen als charakteristisch. In ganz besonderer Weise wirkt sich der C-Mangel im Zahnsystem aus, worauf hier etwas näher eingegangen werden soll, weil die Zahnveränderungen sich ganz besonders frühzeitig einstellen; obwohl die Zähne entwicklungsgeschichtlich von der Haut abstammen und das C-Vitamin vor allem Beziehungen zum Mesenchym zeigt, so werden die Zähne wegen der innigen Beziehungen zu den Kiefern von den Störungen mitbetroffen. In ihrem Mittelpunkt steht eine Degeneration der Odontoblasten, an ihre Stelle tritt Bindegewebe. Die Folge davon ist eine Faltung der Innenseite des Dentinkegels und die Umwandlung der Pulpa in ein kanalloses Hartgewebe.

In allerletzter Zeit ist von BRINCH (Kopenhagen) ein eingehendes Studium der dentalen und paradentalen Gewebsveränderungen bei einem Fall von Skorbut unternommen worden, aus dem hervorgeht, daß neben den Veränderungen an den Zähnen selbst das interalveolare Gewebe der Sitz einer ausgesprochenen Osteoporose ist. Im weiteren Verlauf der Erkrankung entwickeln sich mehr oder weniger schwere entzündliche Veränderungen des Zahnfleisches, das eine schwammige Beschaffenheit annimmt, blaurot verfärbt ist und leicht blutet.

Beim Meerschweinchen hat man schließlich noch am *Geschlechtsapparat* regelmäßig Veränderungen gefunden: Im Ovar sind Follikelapparat und Eizellen schwer gestört, dabei fehlen die Corpora lutea vollkommen. Erst in den letzten Jahren hat man weiter erkannt, daß das *Vitamin C einen Einfluß auf die Blutbildung* hat; die *Skorbutanämie* ist durch Verlangsamung der Erythropoese zu erklären. Das rote Knochenmark kann degenerieren und aplastisch werden. Übrigens wirkt das Vitamin C auch auf die Granulocyten und Megakariocyten insoferne, als es ihre Bildung überwacht.

Das Bild des Meerschweinchenskorbuts. Für die Kenntnisse des menschlichen Skorbuts ist die Entdeckung des experimentellen Skorbuts durch HOLST und FRÖLICH von größter Bedeutung geworden. Die beiden Forscher hatten zu Versuchen über experimentelle Polyneuritis auch das Meerschweinchen als Versuchstier herangezogen. Dabei zeigte es sich, daß diese Tiere bei reiner Körnerkost in 3—4 Wochen unter den Erscheinungen des Skorbuts, so wie sie vom Menschen längst bekannt waren, zugrunde gingen. Später wurden von den verschiedensten Autoren Modifikationen der skorbuterzeugenden Diät angegeben, da die reine Körnerkost oftmals die Tiere schon zu einer Zeit tötete, zu welcher die typischen skorbutischen Veränderungen noch gar nicht entwickelt waren. Im Lister Institut in London beispielsweise fütterte man die Tiere (meist mit einem Gewicht von 350 g) mit einem aus Hafer und Kleie bestehenden Gemisch mit einer Beigabe von 60 g autoklavierter Milch (1 Stunde auf 120° C erhitzt) täglich.

Die Tiere erkranken dann nach etwa 30 Tagen an den typischen Symptomen. Zuerst setzen offenbar Gelenkschmerzen ein, da die Tiere sich weniger bewegen. Dann entwickelt sich eine starke Schwellung der Gelenke. Schon zu dieser Zeit können Spotanfrakturen auftreten. Man findet die Tiere auf der Seite und auf dem Rücken liegend, die schmerzenden Glieder werden (offenbar zur Schonung) ausgestreckt. Man spricht von ,,*Skorbutstellung*''; zeitweilen beobachtet man auch, daß die Tiere mit dem Kopf auf der Erde liegen — ,,*scurvy face ache position*'' der Engländer — was sich höchstwahrscheinlich durch Schmerzen am Kiefer und im Zahnfleisch erklärt. Das Zahnfleisch der Tiere ist in diesem Stadium in der Tat aufgelockert, blutet leicht, die Zähne sitzen locker, so daß sie unschwer mit den Fingern entfernt werden können. In der Folge kommt es zu Nahrungsverweigerung, dann gehen die Tiere rasch zu Ende.

Pathologisch-anatomisch wird das makroskopische Bild beherrscht von Blutungen (in die Gelenke, in die Muskulatur — vor allem der Kiefer —, weiter in die Intercostalmuskulatur) und von Frakturen im Bereich des ganzen Skelets. Bemerkenswert ist ferner die rosenkranzartige Auftreibung der Knorpelknochengrenzen der Rippen, die Anlaß gab, von pseudorachitischen Veränderungen zu sprechen; indessen ist in Wahrheit das Bild sowohl makroskopisch wie mikroskopisch von dem bei der Rachitis verschieden. Im einzelnen wäre noch zu bemerken, daß an den Gelenken die Epiphysen gewaltig aufgetrieben sein können; hier tritt (an der Diaphysen-Epiphysengrenze) mit Vorliebe eine Fraktur auf, die, wie erwähnt, früher als Epiphysenlösung angesprochen worden war. Die Neigung zu Frakturen erklärt sich aus einer starken Verarmung der Knochen an Kalksalzen. Es handelt sich um eine fortschreitende Osteoporose durch Funktionsschwäche der Osteoblasten bei vermehrter Tätigkeit der Osteoklasten. Im Markraum tritt an die Stelle des runden zelligen lymphoiden Marks ein gefäßarmes sog. Faser- oder Gerüstmark, welches vorwiegend aus Spindel- und Sternzellen, sowie aus feinen Bindegewebsfasern besteht. Die Knochenbrüchigkeit kann sehr stark sein, so daß trotz vorsichtigsten Hantierens bei der Sektion eine Fraktur entsteht. An den *Brustorganen* ist außer leichten Blutungen am Perikard oder an den Pleuren, einer mäßigen Herzvergrößerung mit Perikardialerguß und pneumonischen Infiltrationen nicht viel festzustellen.

Am Magen-Darmkanal finden sich neben Erosionen im Magen und im Zwölffingerdarm (zeitweise auch richtige Ulcerationen) allgemeine Blutüberfüllung der gesamten Darmschleimhaut.

An den *Zähnen* ist der Befund außerordentlich charakteristisch: Die Bildung des Dentins geht zurück, die kollagenen Fasern verschwinden aus den feinen Dentinkanälchen; das alles sind Störungen, die auf die ungenügende Bildung von Osteoblasten zurückgeführt werden müssen.

ζ) Der menschliche Skorbut.

Die Erkenntnis, daß der Skorbut des Menschen dann zum Ausbruch kommt, wenn dem Körper ungenügende Mengen des Vitamin C zur Verfügung stehen, wobei es für den Effekt gleichgültig ist, ob die Ursache eine zu geringe Zufuhr, ein zu starker Verbrauch ist oder etwa gar Verluste im Magen-Darmkanal angenommen werden müssen, hat in den letzten Jahrzehnten eine große Zahl von Forschern zu erneutem Studium des ganzen Problems veranlaßt.

Die *Entstehung* des Skorbuts kann heute im Einzelfalle mit derselben Sicherheit klargelegt werden wie bei epidemischem Auftreten. Wie oben ausführlich dargelegt wurde, kennt man heute ziemlich genau den Gehalt der verschiedenen Nahrungsmittel an Vitamin C, man weiß auch, in welchem Maße der ursprüngliche Gehalt vermindert werden kann durch Lagerung, durch Erhitzen, durch Extraktion (Verluste durch Weggießen des Kochwassers usw.) durch Konservierung usw. Da es des weiteren aus zahllosen Beobachtungen bekannt ist, daß bei akuten und chronischen Infektionskrankheiten, ebenso wie bei gewissen Stoffwechselkrankheiten und bei malignen Neubildungen zu einem starken

Verbrauch an Vitamin C kommt, verstehen wir heute unschwer die plötzliche
Entstehung des Skorbuts im Zusammenhang mit einer hochfieberhaften oder
anderen infektiösen Erkrankungen. Und nicht viel anders liegen die Verhältnisse
bei lang bestehenden Magen-Darmerkrankungen; neben Resorptionsstörungen
und Zerstörungen des Vitamins im Darm spielt häufig dann auch eine einseitige,
über einen langen Zeitraum durchgeführte Schonungskost eine Rolle.

So finden heute alle Angaben über das Auftreten des Skorbuts in sporadischer,
endemischer oder epidemischer Form aus älterer oder neuerer Zeit eine zwanglose

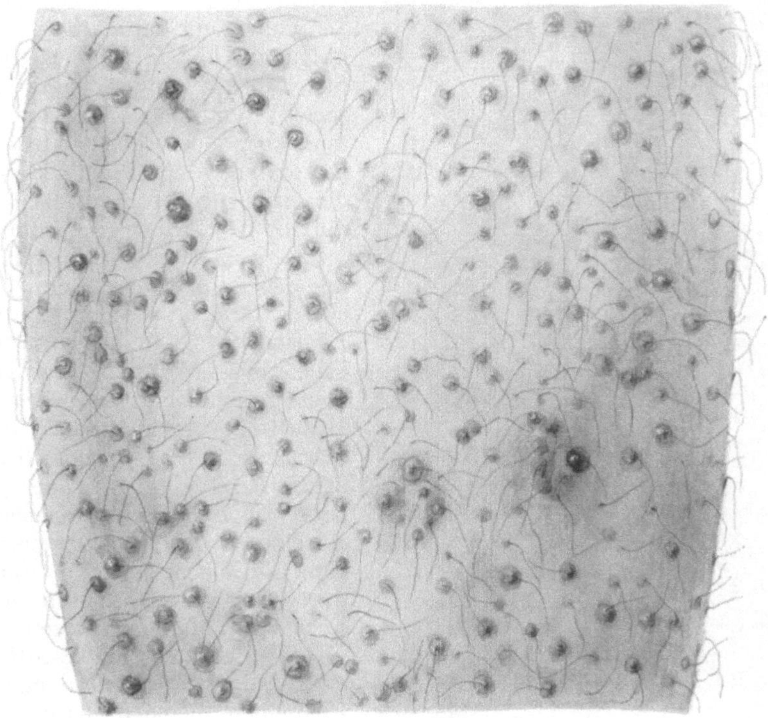

Abb. 1. Typische Veränderungen der Haut beim Skorbut (Hyperkeratose mit Blutungen). (Nach SALLE.)

Erklärung; das gilt insbesondere auch für die Skorbutepidemien während
des Weltkriegs. Unter den zahlreichen Faktoren, die eine Rolle beim Ausbruch
der Krankheit spielen, treten besonders zwei hervor, auf die hier besonders
hingewiesen werden soll: einmal körperliche Anstrengungen, dann akute und
chronische Infektionskrankheiten; unter letzteren steht an erster Stelle die
Tuberkulose.

Klinik des Skorbuts. In den Fällen, in welchen der Skorbut als reine Mangelkrankheit durch Fehlen des Vitamin C auftritt, entwickelt sich das Krankheitsbild schleichend. Die Kranken werden blaß, die Haut weist einen schmutzig-
fahlen, gelbbräunlichen Ton auf, sie nimmt eine eigentümliche, trockene, spröde
Beschaffenheit an, die Hautbälge treten stark hervor; man spricht von *Keratosis pilaris, K. superficialis* (auch von *Lichen scorbuticus*), wobei nicht entschieden ist, ob da, wo diese Hautveränderungen sehr stark ausgesprochen
sind, nicht vielleicht auch ein Mangel an Vitamin A mitspielt (vgl. Abb. 1).
An diese Möglichkeit wird man insbesondere denken müssen, wenn gleichzeitig

eine *Hemeralopie* zu beobachten ist. Die subjektiven Erscheinungen, über die die Kranken in dieser Zeit klagen, sind eine auffallende Müdigkeit und Abgeschlagenheit verbunden mit Herzklopfen und Atemnot, selbst bei geringen Anstrengungen. Daneben bestehen häufig rheumatische Beschwerden, besonders an den Unterschenkeln — *Skorbutrheumatismus*.

Die *richtige Deutung dieser Erscheinungen, die heute leicht möglich ist durch die Untersuchung des Blutes und des Harns auf Vitamin C*, sofern man nur überhaupt bei unklaren Allgemeinsymptomen an einen Vitaminmangelzustand denkt, ist in früherer Zeit meist nur da erfolgt, wo gleichzeitig bei anderen Individuen, die unter ähnlichen Bedingungen lebten, wie der Kranke, Skorbut mit seinen charakteristischen Symptomen bestand. Es muß aber gleich hinzugefügt werden, daß dieses Stadium der Latenz durchaus nicht von allen Kranken durchlaufen wird. Bei manchen setzt nicht selten die Erkrankung mit den dramatischen Symptomen ein, die ihre Natur sofort enthüllen. Es sind dies schwere Blutungen ins *Zahnfleisch*, in die *Muskulatur* (wobei die besonders angestrengten Muskeln bevorzugt werden), in das *subcutane Gewebe* und schließlich in die *Haut selbst*. Die hier gegebene Reihenfolge, in welcher die einzelnen Organe vorzugsweise von den Blutungen betroffen werden, wird durchaus nicht in jedem einzelnen Falle eingehalten, aber sie entspricht doch im wesentlichen den Beobachtungen, die man bei Epidemien machen kann; Blutungen in die *Gelenke* und unter das *Periost* treten jedenfalls meist nicht zu Beginn der Erkrankung auf. *Diagnostisch besonders wichtig* sind außer den *Hautblutungen* in Form dunkelroter teils kleinerer,

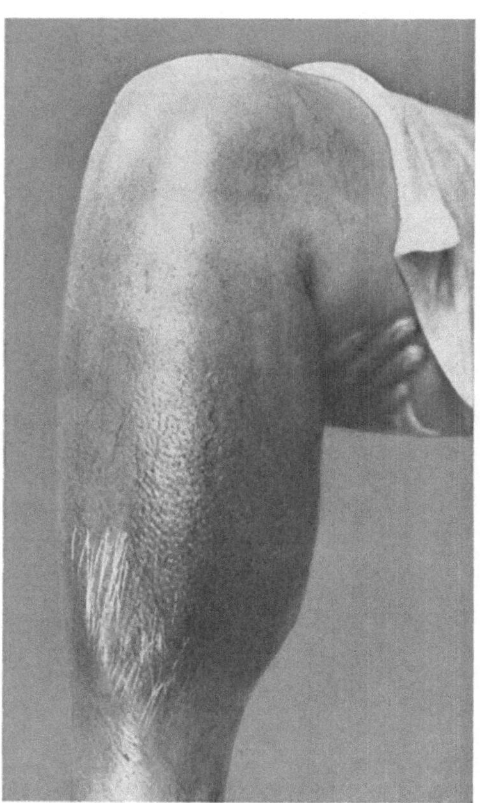

Abb. 2. Charakteristische Hautveränderungen an dem durch Blutungen in der Tiefe geschwollenen Unterschenkel. Aus Avitaminosen (nach SALLE).

teils größerer Flecke (besonders in der Umgebung der Haarfollikel) oder in Form ausgedehnter Suggilationen, die von tiefem Blaurot in der Mitte in der Peripherie mehr ins Gelbliche oder Grünliche hinüberspielen, *die Blutungen in die Waden*, die stark anschwellen und außerordentlich schmerzhaft sind (vgl. Abb. 2); die Kranken zeigen dann, da sie die schmerzenden Muskeln schonen wollen, einen eigenartigen Gang mit gebeugten Knien und Spitzfußstellung — *Tänzerinnengang*. Die Schmerzhaftigkeit der Muskeln wird oft deutlich durch tiefen Druck auf die Muskeln, worauf die Kranken durch blitzartiges Zusammenzucken reagieren; dies erinnert an das durch Druck auf die Epiphysen ausgelöste sog. Hampelmannphänomen beim Skorbut des Kindes. Im weiteren Verlauf kann es im Bereich der Muskelblutungen zu bindegewebiger Induration, zu Zirkulationsstörungen und chronischem Ödem kommen.

Eine besondere Besprechung verdienen die *Veränderungen des Zahn-fleisches*. Obwohl sie nicht immer anzutreffen sind, müssen sie als ein häufiges und charakteristisches Zeichen gelten. Das Zahnfleisch, zuallererst die sog. Interdentalpapillen, erscheinen geschwollen, aufgelockert, blaurötlich verfärbt; bei Berührung kommt es leicht zu Blutungen. Im weiteren Verlauf kann das Zahnfleisch, das immer mehr schwammige Beschaffenheit annimmt, so stark wuchern, daß die Zähne förmlich überdeckt werden; dabei werden die Zähne locker und fallen leicht aus. Wichtig ist, daß die Zahnfleischveränderungen nur da auftreten, wo Zähne vorhanden sind; sie fehlen beim Kinde ebenso wie im Munde des zahnlosen Greises. Wo Zahncaries und Parodontose schon bestanden haben, kommt es zu einer schweren, das Zahnfleisch tiefgreifend zerstörenden *Gingivitis*, die der PLAUT-VINCENT*schen Stomatitis* sehr stark gleicht; nicht selten hat man auch Spirochäten und fusiforme Stäbchen nach-weisen können. Da Veränderungen am *Knochen beim Erwachsenen* sehr zurück-treten, sollen die besonders für den kindlichen Skorbut typischen Veränderungen an anderer Stelle besprochen werden. *Blutungen in die inneren Organe* gehören beim Erwachsenen gleichfalls zu den Seltenheiten. Indessen gelingt der Nachweis von Blut im Stuhl bei aufmerksamer Untersuchung nicht selten. *Im Blut* findet man oft, jedoch durchaus nicht in allen Fällen, die Zeichen einer *sekundären Anämie*, die früher als rein posthämorrhagisch angesehen wurde; manche Beob-achtungen, insbesondere die rasche Besserung nach Vitaminbehandlung, die durchaus nicht strenge Abhängigkeit von der Schwere der Blutung deuten in anderer Richtung; die *Leukocytenzahlen* wurden meist in normalen Grenzen schwankend gefunden. *Eine Verminderung der Thrombocytenzahl* besteht *nicht*, auch im Ausstrichpräparat wird bei sorgfältigster Prüfung nichts Pathologisches gefunden. Die *Blutgerinnungszeit* zeigt keine Abweichung von der Norm.

Das RUMPEL-LEEDEsche Phänomen ist in der Regel positiv; es liegt also eine Capillarwandschädigung vor, die auf einer ungenügenden Bildung der Kittsubstanz beruht.

Von klinischen Erscheinungen muß noch des skorbutischen *Fiebers* gedacht werden, das in manchen Fällen auftritt, ohne daß auch die genaueste Unter-suchung eine Klärung zu geben vermöchte. Wir selbst verfügen über solche Beobachtungen und mußten feststellen, daß irgendeine Infektion als Erklärung nicht zu finden war. Ein *Milztumor* ist nur da nachweisbar, wo eine Infektion vorhanden ist. Ob die Veränderungen im *Elektrokardiogramm*, wie sie OEHNELL mehrfach beschrieb (inkompletter Schenkelblock), mit Blutungen in das Reiz-leitungssystem zusammenhängen, ist noch nicht klar. *Blutungen* ins innere Ohr können zum Auftreten eines MENIÈRE führen, *Blutungen* in die Nerven-stämme (besonders im Bereiche der unteren Extremitäten) Neuralgien hervor-rufen. Eine Neigung zu Darmblutungen besteht unzweifelhaft, und wir erinnern uns der Warnung vor starkwirkenden Abführmitteln, die schon vor sehr langer Zeit IMMERMANN ausgesprochen hat. Seitdem man in der Lage ist, durch Unter-suchungen des Harns auf Askorbinsäure latente Mangelzustände aufzudecken und zu studieren, hat man gewisse und charakteristische Allgemeinsymptome, wie allgemeine Mattigkeit mit „rheumatischen" Schmerzen in den Beinen, Appetitmangel, Atemnot, Druck auf der Brust („cardio-respiratory syndrome" von A. F. HESS) — starke Beschleunigung der Atmung und der Herztätigkeit (bis zu 60 Atemzügen und 150 Pulsschlägen pro Minute) sind besonders für den Säuglingsskorbut charakteristisch — richtig als *Prodromalerscheinungen* zu deuten gelernt; wir kommen darauf bei der Besprechung der C-Hypovita-minosen zurück.

Der *Verlauf der Erkrankung* darf, wenn man die neuen Erfahrungen, besonders während des Krieges berücksichtigt, im allgemeinen als nicht schwer bezeichnet werden. Wie anders lauten die Angaben aus früherer Zeit; wir erinnern uns besonders der Worte von LIND, daß die Seemacht Großbritanniens durch den Skorbut schwerer getroffen worden sei als durch die feindlichen Flotten von Spanien und Frankreichs zusammen. Bei den Skorbutepidemien der letzten Jahrzehnte sah man Todesfälle nur da, wo gleichzeitig schwere Infektionen mit im Spiele waren; in früherer Zeit sind plötzliche Todesfälle durch Versagen des Herzens beschrieben worden. Nach ASCHOFF und KOCH sind es vor allem Infektionen, besonders die *Tuberkulose*, die *Dysenterie* und die *Diphtherie*, die gefürchtet werden müssen, weil sie beim Skorbut zur Katastrophe führen können. Nach einer Berechnung von SALLE beträgt die Mortalität 3,6—9%, wenn man einer statistischen Bearbeitung eine Reihe von Gruppen mit unterschiedlicher Erkrankung und verschiedenem Allgemeinzustand zugrunde legt.

Wenn die *einseitige Ernährung*, die zum Skorbut führt, *nicht nur das Vitamin C betrifft, sondern auch andere Vitamine*, und wenn vielleicht auch gar noch ein Mangel an hochwertigem Eiweiß besteht, so können Krankheitsbilder entstehen, in denen das *Bild des reinen Skorbuts durch manche Züge, die dieser Erkrankung an sich nicht zugehören*, verändert erscheinen.

Wir erinnern uns bei dieser Gelegenheit noch einmal, daß es höchst *zweifelhaft ist, ob man von einer einheitlichen Pathogenese des Skorbuts sprechen kann*, nachdem es gelungen ist, im Experiment an der Ratte, die mit der üblichen Vitamin C-freien Nahrung gar nicht skorbutkrank gemacht werden kann, die typischen Symptomen hervorzurufen, sobald man der Nahrung alle wasserlöslichen Vitamine entzieht. Auf die höchst merkwürdige Erscheinung, daß der Mensch trotz Mangel an Vitamin C nicht an Skorbut erkrankt, wenn eine intensive Ultraviolettbestrahlung zur Einwirkung kommt, daß vielmehr dann eine an *Sprue* erinnernde Krankheit eintritt, sei schon hier verwiesen. So ist die Frage, ob zum Bild des echten Skorbuts Ödem gehört — beim Barlow des Säuglings sind Ödeme etwas nicht seltenes — noch sehr umstritten. Nach allem, was man heute weiß, müssen für solche Fälle hier außer dem Mangel an C-Vitamin noch andere Fehler in der Nahrung angenommen werden.

Bezüglich des *pathologisch-anatomischen* Befundes muß auch auf das Bild verwiesen werden, das vom experimentellen Meerschweinchenskorbut entworfen wurde und das beim kindlichen Skorbut noch zu schildern sein wird. Für die Lokalisation der Blutungen spielen unzweifelhaft funktionell-mechanische Momente eine wichtige Rolle. Neben Blutungen in die diejenigen Muskeln, die besonders stark beansprucht werden, finden sich Blutungen ins Fettgewebe der Haut, wie auch der Gelenkkehlen. Nerven und Gefäße werden dabei unter Umständen aufs Schwerste komprimiert, was die *rheumatischen Beschwerden* beim Skorbut ohne weiteres erklärt.

Im übrigen sind die ausgesprochensten Veränderungen an den *Knochen* festzustellen, wie denn überhaupt das dem Mesenchym entstammende Stützgewebe (Knorpel, Knochen, Muskulatur vor allem) dem pathologischen Geschehen besonders ausgesetzt ist. An den Knochen ist die Spongiosa hochgradig rarefiziert; die Osteoblasten sind zahlenmäßig stark vermindert. Sehr deutlich sind die Veränderungen (ganz wie beim BARLOW) an der Knorpel-Knochengrenze der Rippen beim Jugendlichen ausgeprägt. Im Knocheninnenraum tritt an die Stelle des Fettmarks Gerüstmark und später Fasermark. Das anatomische Bild ist durchaus nicht immer sehr ausgesprochen, und es kommt nicht ganz selten vor, daß die Sektion eine sichere Todesursache anzugeben nicht erlaubt.

Stoffwechsel. Es wurde bereits mehrfach darauf hingewiesen, daß die klinischen Symptome des Skorbuts aus dem, was man über die Rolle der Askorbinsäure im Leben der Zelle weiß, nicht erklärt werden können; wir verweisen auf die Ausführungen im Abschnitt „Physiologie". Schon vor Jahrzehnten hat man den Versuch gemacht, etwaige Veränderungen des Stoffwechsels aufzudecken, besonders nachdem von WRIGHT das Bestehen einer Azidose gezeigt worden war.

Die Untersuchung des Stoffwechsels hat eindeutige Veränderungen bisher nicht ergeben; die Bestimmung der Alkalireserve (40—45%) zeigt eine leichte Azidosis an. Hinsichtlich der Mineralstoffe konnten konstante Veränderungen nicht gefunden werden. Die Angaben über den Blutkalk schwanken, das Magnesium dagegen soll vermindert sein. Der Grundumsatz erwies sich als normal. Der enge Zusammenhang der innersekretorischen Drüsen mit der Funktion der Vitamine, der in den letzten Jahrzehnten eingehend studiert wurde, läßt die Beobachtung von NOBEL und WAGNER verstehen, der zufolge Verfütterung von Schilddrüsensubstanz die Entstehung des Skorbuts beschleunigt. Ganz abgesehen davon, daß ganz offenbar eine Beschleunigung des Stoffwechsels den Vitamin C-Verschleiß hinaufsetzt, spielt hier der von v. EULER aufgefundene und von WENDT und SCHRÖDER in der Klinik des Verfassers näher untersuchte Antagonismus zwischen den Vitaminen A und C auf der einen Seite und der Antagonismus zwischen Vitamin A und Schilddrüse auf der anderen Seite eine Rolle.

Des weiteren verstehen wir im Lichte der neueren Kenntnisse über das Zusammenspiel von Vitaminen und Hormonen manche zunächst schwer deutbare klinische Beobachtungen bei Skorbutkranken, z. B. die, daß unter den gleichen Lebensbedingungen die einzelnen Menschen verschieden schnell an Skorbut erkranken. Wenn wir hier von Konstitution sprechen, so meinen wir damit doch im Grunde nichts anderes als die Gesamtheit der endokrinen und neurovegetativen Regulationen.

Der Nachweis des Vitamin C im Blut und im Harn. Die von VAN EEKELEN angegebene Methode der quantitativen Bestimmung der Askorbinsäure im Blut hat sich sehr rasch eingeführt. Die damit erhaltenen Resultate sind durchaus genau und zuverlässig. Wir haben im letzten Jahre bei einer großen Zahl von Kranken und Gesunden solche Blutuntersuchungen durchgeführt und glauben uns jetzt schon ein recht zutreffendes Bild von den Verhältnissen machen zu können.

Die Schwankungen des Askorbinsäurespiegels im Blut sind außerordentlich groß. Die niedrigsten Werte liegen bei 1—2 mg-$^0/_{00}$, die höchsten bei 12 bis 14 mg-$^0/_{00}$ uud darüber. Nach Belastung mit intravenösen Gaben von 500 mg pro Tag können Zahlen bis zu 24 mg-$^0/_{00}$ erhalten werden.

Im folgenden seien die Bestimmungsmethoden für Blut und Harn kurz angegeben.

Bestimmung von Askorbinsäure im Blut. Das Blut soll nicht mehr als einige Stunden alt sein. Etwa 25 ccm werden durch 25 mg Kaliumoxalat vor der Gerinnung geschützt. In einem Zentrifugenglas von etwa 200 ccm Inhalt werden zu 20 ccm Blut 20 ccm 10%iger Trichloressigsäure zugefügt und mit einem Glasstab durch Rühren gut vermischt (etwa 1—2 Minuten). Danach werden 10 ccm 20%iger Quecksilberacetatlösung zugegeben, und das ganze schnell gemischt. Dann wird das Zuviel an Trichloressigsäure durch Zufügen von soviel $CaCO_3$ (pro analysi) abgesättigt, bis Kongorotpapier nicht verfärbt und blaues Lackmuspapier rot gefärbt wird. Ein geringes Übermaß an $CaCO_3$ schadet nichts. Es ist unerläßlich, die Trichloressigsäure zu neutralisieren, weil selbst unter H_2S Askorbinsäure in diesem Milieu auf die Dauer unbeständig ist. Nach Neutralisieren wird rasch zentrifugiert (1—2 Minuten), danach die überstehende Flüssigkeit schnell filtriert und mit H_2S durchströmt (etwa 3 Minuten). Der

Zeitabstand zwischen dem Zugeben von Quecksilberacetat und dem Durchleiten von H_2S darf nicht länger als 5 Minuten betragen, da das Vitamin sonst teilweise irreversibel oxydiert wird. Das als Sulfid ausfallende überflüssige Quecksilber wird abfiltriert. Das in einem weiten Reagensglas aufgefangene Filtrat wird nochmals einige Minuten mit H_2S durchströmt, dann wird es gut verkorkt und über Nacht im Dunkeln aufbewahrt. Am folgenden Tag wird das H_2S durch einen sauerstofffreien Stickstoff- oder Kohlensäurestrom vertrieben (Kontrolle mittels Bleiacetatpapier). 5 ccm der zu untersuchenden Lösung werden in ein weißes Porzellanschälchen pipettiert und 1 ccm 10%ige Trichloressigsäure zugegeben. Dann wird titriert (tropfenweises Zufließenlassen des Indicators aus der Mikrobürette!). Der Endpunkt der Titration gilt als erreicht, wenn die Rotfärbung mindestens für 5 Sekunden deutlich erkennbar bleibt.

Untersuchung im Harn. (Zit. nach STEPP-KÜHNAU-SCHROEDER: „Die Vitamine und ihre klinische Anwendung." Stuttgart: Ferdinand Enke 1938.)

Für die Bestimmung des Vitamin C im Harn hat sich eine von JEZLER und NIEDERBERGER beschriebene Titrationsmethode bewährt, die im Prinzip der TILLMANSschen gleicht:

In 3 oder mindestens 2 Parallelbestimmungen werden je 10 ccm Harn in etwa 300 ccm fassende Erlenmeyer-Kölbchen pipettiert. Jede Portion wird mit 1 ccm Eisessig angesäuert und mit etwa 100 ccm destilliertem Wasser verdünnt. Der Kölbcheninhalt dient als Vorlage für die Dichlorphenolindophenollösung, die aus einer 50 ccm-Bürette so lange zugetropft wird, bis die entstehende Rötung während 30 Sekunden bestehen bleibt. Das Resultat muß in Berücksichtigung der Gesamturinmenge in Milligramm angegeben werden. Außerdem ist auf den Leerwert zu achten.

Wichtig ist, daß die Titration nur $^1/_2$—2 Minuten in Anspruch nimmt, da sonst andere reduzierende Substanzen stören. Die Vorlage ist ständig leicht zu schütteln. Ferner muß darauf geachtet werden, daß die verdünnende Wassermenge 100 ccm nicht wesentlich überschreitet, da der Wasserwert den Leerwert merklich erhöht. Der Farbumschlag ist stets bei Tageslicht oder bei einer Tageslichtlampe zu beurteilen. Sehr vereinfacht ist die Methode durch genau dosierte Farbstoffmengen in Tablettenform, die von den Firmen Hoffmann-La Roche und E. Merck in den Handel gebracht werden. Jede Tablette entspricht 1 mg Askorbinsäure. Man kann also durch einfaches Lösen der Tabletten in destilliertem Wasser eine Indicatorflüssigkeit in der gewünschten Stärke in ganz kurzer Zeit herstellen.

Bei vergleichenden titrimetrischen und colorimetrischen Askorbinsäurebestimmungen hat sich gezeigt, daß der Wert der verschiedenen beschriebenen Methoden je nach dem zu untersuchenden Material schwankt. Für die Bestimmung von tierischen Organen hat sich die Methylenblaumethode nach MARTINI und BONSIGNORE sehr bewährt.

Bei Harnen, die sehr reich sind an Askorbinsäure (wie das z. B. nach Belastung der Fall ist), hat es sich als vorteilhaft erwiesen, mit dem Harn eine bestimmte Menge Farblösung (TILLMANS' Reagens) bis zur Entfärbung zu titrieren, d. h. den umgekehrten Weg zu gehen wie sonst; der Vorteil dieses Vorgehens besteht darin, daß man den Umschlagspunkt viel leichter erkennen kann.

Der Skorbut der Kinder — BARLOWsche Krankheit. Der *Skorbut des Säuglings* ist identisch mit dem Skorbut des Erwachsenen, er unterscheidet sich von ihm nur insoweit, „als es die Wachstums-, Lebens- und Ernährungsverhältnisse dieses Alters bedingen" (CZERNY-KELLER). Auch die *Erkrankung des Kindesalters* zeigt von dem Bild des Säuglingsskorbuts nur unwesentliche Abweichungen; das wurde insbesondere auch in den letzten Jahrzehnten mehrfach, so von W. TOBLER, auf Grund umfangreicher Erfahrungen in Wien wieder mit allem Nachdruck betont.

Wie beim Skorbut der Erwachsenen geht dem Ausbruch der charakteristischen Erscheinungen ein „latentes" Stadium voraus; „manifest" wird die Erkrankung dann durch ein bestimmtes Ereignis, ein Trauma, eine Infektion, eine Impfung u. dgl. Schon vorher fällt häufig eine sehr starke Erhöhung der *Herzfrequenz* auf von 150—200 pro Minute (ohne Veränderung des Elektrokardiogramms); die Respiration ist dabei nicht selten noch stärker beschleunigt, bis zu 60, so daß das Verhältnis Puls : Respiration zuweilen 2 : 1 wird, statt wie in der Norm etwa 4 : 1. *An der Spitze der klassischen Symptome* stehen die

Knochenveränderungen, erst in einem gewissen Abstand folgen die *Blutungen* (besonders ins Zahnfleisch; das gilt allerdings nicht für den Säugling). Die Knochenveränderungen, soweit sie schwerer Art sind, künden sich an durch heftigste Schmerzen, die das Kind zu vollkommen bewegungslosem Liegen im Bett zwingen; in leichteren Fällen, in welchen die spontanen Schmerzen nicht so heftig sind, ruft ein plötzlicher Druck auf die unteren Femurepiphysen einen blitzartigen Schmerz hervor, der die Kinder zu ruckartigem Auseinanderziehen der Ober- und Unterextremitäten veranlaßt (Hampelmannphänomen von HEUBNER). *Subperiostale Hämatome* können zu sichtbaren Schwellungen führen, Blutungen in der Orbita erzeugen eine *Protrusio bulbi*, solche ins Augenlid sind ohne weiteres zu erkennen, besonders auch in den bekannten Verfärbungen von blaurot bis in die gelbgrünen Farbtöne; subdurale Blutungen führen zu Hirndrucksymptomen mit Krämpfen und meningealen Reizerscheinungen.

Besonders in die Augen fallend und diagnostisch wichtig sind die Auftreibungen an der Knorpel-Knochengrenze der Rippen; man spricht von einem *skorbutischen Rosenkranz*. Merkwürdig dabei ist das Aussehen des Thorax: Die knorpeligen Rippenteile mitsamt dem Sternum sehen wie abgebrochen und nach innen gedrückt aus, d. h. es besteht ein starker Knick an der stark gelockerten Verbindung zwischen Knochen und Knorpel. Es kann hier ebenso zu richtigen Frakturen kommen, wie in den Röhrenknochen. Die besondere Lokalisation an der Diaphysen-Epiphysengrenze hat Anlaß gegeben, fälschlich von einer Epiphysenlösung zu sprechen.

Zahnfleischblutungen sind beim Säugling eine große Seltenheit, beim älteren Kind ebenso wie beim Erwachsenen etwas häufiges. Wo Zähne vorhanden sind, kommt es fast immer zu den beim Skorbut des Erwachsenen beschriebenen schwammig-wulstigen Veränderungen des Zahnfleisches. *Blutungen in die Schleimhäute* der einzelnen Organe kommen sehr wechselnd und verschiedenartig vor. Dagegen sind die Hautblutungen beim Kinde vorwiegend auf die obere Körperhälfte lokalisiert, ganz im Gegensatz zu den Verhältnissen beim Erwachsenen. *Muskelblutungen* finden sich beim Säuglingsskorbut nicht, dagegen sind sie beim Kleinkind und beim älteren Kind eine regelmäßige Erscheinung.

Als besonders wichtig müssen die *ruhrartigen blutigen Durchfälle* und die Beimengungen von *Erythrocyten im Harn* (manchmal in Form einer richtigen Hämaturie) bezeichnet werden; zuweilen entwickelt sich auch das Bild einer echten Glomerulonephritis. Ödem ist beim Säuglingsskorbut kein seltenes Vorkommnis (im Gegensatz zum kindlichen und Erwachsenenskorbut); neben dem „Oedema scorbuticum invisibile", das sich häufig nur in sonst nicht erklärbaren Gewichtsschwankungen anzeigt, ist es oft genug direkt sichtbar — Gedunsenheit des Gesichtes, Lidödem — und läßt schließlich sich an den Schienbeinen in Form tief eindrückbarer Dellen erkennen.

Die Gewichtskurve der skorbutkranken Säuglinge zeigt Wachstumshemmung oder gar Wachstumsstillstand. Nicht selten ist der *Gewichtsstillstand* das einzige Symptom eines latenten Skorbuts; die Vermutung wird zur Gewißheit, wenn durch Zufuhr von Vitamin C die Gewichtskurve zu rascherem Anstieg kommt.

Von großem Interesse und auch von erheblicher praktischer Bedeutung ist die beim latenten Skorbut vorhandene *Anfälligkeit gegen Infektionen*, die sog. *Dysergie* von ABELS; es handelt sich hierbei um nichts anderes als um ein starkes Absinken der Resistenz, als deren Folge Infekte nicht nur leichter haften, sondern auch länger bestehen bleiben und zu Rezidiven neigen. Im Verlauf dieser Infekte, die, wie man heute aus Untersuchungen des Vitamin C-Stoffwechsels weiß, mit einem vermehrten Vitaminverbrauch einhergehen, kommt es nun plötzlich zu skorbutischen Manifestationen: Blutungen in die Haut, in die Schleimhäute, Harnblutungen usw. Nach dem, was man heute weiß, darf man behaupten, daß *Kinder mit besonderer Anfälligkeit gegen Infekte auf latenten Skorbut verdächtig sind.*

Wenn es erlaubt ist, aus dem, was man aus den Erfahrungen bei Erwachsenen gesammelt hat, einen Schluß zu ziehen auf die Verhältnisse beim Kind, so wird man annehmen dürfen, daß es in Zukunft möglich sein wird, *durch die Untersuchung des Vitamin C-Spiegels im Blute einen latenten Skorbut zu entlarven.*

Es ist höchst bemerkenswert, daß der *Skorbut nur bei künstlich ernährten Säuglingen* auftritt — ein völlig anderes Verhalten wie bei der Beriberi, wo das Brustkind früher erkrankt als seine Mutter. Der *Säuglingsskorbut*, der vor dem Ende des zweiten Monats kaum je zur Beobachtung kommt, hat seine *größte Häufigkeit im 8. oder 9. Monat.* Komplikationen mit Rachitis sind keine Seltenheit, die Beurteilung der Knochenveränderungen ist dann allerdings außerordentlich schwierig.

Ätiologie. Im Lichte der Forschungsergebnisse der letzten Jahre macht es heute keinerlei Schwierigkeiten, die Entstehung des kindlichen Skorbuts in einem gegebenen Fall aufzuklären: Immer kann ein Mangel an Vitamin C nachgewiesen werden. Die *Kuhmilch*, an sich schon arm an Askorbinsäure, erleidet durch die Eingriffe, die an ihr vorgenommen werden (Pasteurisieren, Kochen; Kondensieren; Zusätze, wie beispielsweise Wasserstoffsuperoxyd) noch weitere Verluste; metallene Gefäße (z. B. aus Kupferlegierungen) sind wegen der katalytischen Oxydationsförderung der Metallsalze besonders bedenklich. Wenn nun eine solche vitaminarme bzw. vitaminfreie Milch zur Herstellung von Zubereitungen mit Produkten aus Getreidefrüchten (Mehlen usw.), die völlig frei von Vitaminen C sind, Verwendung findet, so enthält eine solche Nahrung außerordentlich wenig Askorbinsäure oder sie ist völlig frei davon. Wir erinnern nur an das, was in dem Abschnitt „Deckung des Bedarfs an Vitamin C mit der Nahrung" ausgeführt wurde. Von prinzipieller Bedeutung ist die Feststellung H. Schroeders, daß durch die Ultraviolettbestrahlung das Vitamin C in der Milch schnell zerstört wird. Merkwürdigerweise wird dabei die l-Askorbinsäure nur reversibel oxydiert; sie ist aber — nach dem Ausfall des biologischen Versuchs — dann antiskorbutisch völlig unwirksam.

Es muß noch hinzugefügt werden, daß, ebenso wie beim Erwachsenen, auch beim Kind im Falle von Darmstörungen mit Vitamin C-Verlusten im Körper gerechnet werden muß (Zerstörung im Dünndarm, Erschwerung der Resorption) und daß beim Vorliegen einer Infektion der Vitaminverbrauch so stark in die Höhe gehen kann, daß die vielleicht sonst ausreichende Zufuhr nicht genügt.

Diagnose des Skorbuts. Die Diagnose begegnet in ausgesprochenen Fällen keinerlei Schwierigkeiten; vor allem dann, wenn die Erscheinungen am Zahnfleisch sehr ausgesprochen sind und die Erhebung der Anamnese die Zusammenhänge erkennen läßt. In anderen Fällen gilt es, den Skorbut gegen die verschiedenen Formen der hämorrhagischen Diathese abzugrenzen. Die *essentielle Thrombopenie* mit der charakteristischen Verlängerung der Blutungszeit und der Verminderung (bzw. dem vollständigen Fehlen) der Thrombocyten im Blute ist leicht zu erkennen; ebenso die *Hämophilie* mit der Störung des Gerinnungsmechanismus des Blutes, als deren Folge die Gerinnung sich über viele Stunden erstreckt.

Beim Skorbut ist sowohl die Blutungs- wie die Gerinnungszeit normal, die Zählung der Thrombocyten ergibt die gleichen Verhältnisse wie beim Gesunden; das Rumpel-Leedesche *Phänomen* läßt als Ursache der Blutungsneigung die ungenügende Abdichtung der Capillaren sofort erkennen. Infolgedessen ist dieses Zeichen von großer diagnostischer Bedeutung. Wir begegnen ihm sonst nur bei toxischer Capillarwandschädigung durch Infektionen; freilich ist es nicht bei allen Fällen von Skorbut vorhanden.

Liegt eine Infektion klar zutage, so dürfen wir einen positiven Rumpel-Leede als Hinweis dafür betrachten, daß die hämorrhagische Diathese in die Gruppe der Schönlein-Henochschen Erkrankungen gehört; sie wird auch als Capillartoxikose bezeichnet. Es darf dabei allerdings nicht vergessen werden, daß bei den engen Beziehungen des Vitamin C zur allgemeinen Resistenz (und der damit gegebenen großen Häufigkeit von Infektionen bei C-Mangel) die Frage, ob ein Skorbut (bzw. eine C-Hypovitaminose) oder eine echte Capillartoxikose vorliegt, in jedem Falle erneut geprüft werden muß.

Sicherlich wird in Zukunft *die Prüfung des Vitamin C-Spiegels im Blut* ebenso wie die der *Ausscheidung im Harn* vor und nach Belastung unsere Kenntnisse entscheidend fördern und dazu beitragen, daß die Diagnose der skorbutischen Zustände eine sichere Basis erhält. Zur Zeit liegen Untersuchungen dieser Art beim Skorbut nur in bescheidener Zahl vor.

Wir glauben sagen zu dürfen, daß *Blutwerte zwischen 1 und 2 mg pro Liter* (vielleicht von 3 mg abwärts) bei Symptomen, die sonst an Skorbut denken lassen, absolut für diese Diagnose sprechen. Die Tatsache freilich, daß einerseits bei so niedrigen Blutwerten ganz plötzlich Skorbutsymptome sich zeigen können, sobald ein bestimmter Faktor (Infektion, übermäßige Körperarbeit u. dgl.) hinzutritt, während andererseits Beobachtungen bekannt sind, wo trotz niedrigen C-Spiegels nach der ganzen sonstigen Situation nicht von latentem Skorbut gesprochen werden kann, weist darauf hin, daß für die Entstehung der Erkrankung noch andere, bisher nicht näher bekannte Zusammenhänge von Bedeutung sind.

Im *Urin von Skorbutkranken* fanden wir nach der Titration mit Dichlorphenolindophenol (statt 15—20 mg pro Tag, wie beim Gesunden) eine stark verminderte Ausscheidung von 5—8 mg, wobei wir uns freilich darüber im klaren sind, daß das Titrationswerte sind, die wahrscheinlich gar nicht Askorbinsäure anzeigen.

Es möge an dieser Stelle des Selbstversuches eines jungen Kollegen gedacht werden, der sein Verhalten bei Vitamin C-freier Ernährung studieren wollte. Als der Versuch begonnen wurde, betrug der Gehalt des Blutes an Askorbinsäure 12 mg pro Liter, nach 3 Wochen war der Wert auf 3 mg herabgesunken; die Ausscheidung im Harn ging in dieser Zeit von 18 auf 10 mg pro Tag zurück. Die Versuchsperson erhielt nun zur Beseitigung des Vitamindefizits während mehrerer Tage 1000 mg Askorbinsäure intravenös, dann unter Beibehaltung der vitaminfreien Kost 50 mg peroral; dabei stieg der Blutwert auf 7—8 mg pro Liter an, ging aber über diesen Wert nicht hinaus. In der Folge machte die Versuchsperson eine heftige Gastroenteritis durch (Fischvergiftung?), dabei sank der Blutspiegel auf 5 mg pro Liter ab.

Therapie des Skorbuts. *Die sichere Heilwirkung von frischer Nahrung, insbesondere von frischem Obst und Gemüse,* sowie von Kartoffeln ist seit langer Zeit bekannt; vor allem stehen die *Citronen und Apfelsinen* in dem Rufe einer besonderen Wirksamkeit. Wie wir heute wissen, gibt es Früchte mit noch viel höherem Gehalt an Askorbinsäure, insbesondere die bei uns heimischen *Hagebutten* mögen hier genannt sein. Seitdem uns die Forschung das Vitamin C in reiner Form als Askorbinsäure in die Hand gegeben hat, hat man Heilversuche mit dem isolierten Stoff unternommen. Dabei ergab sich nun die interessante und praktisch wichtige Tatsache, daß *die Askorbinsäure,* peroral gegeben, oft versagt, *bei intravenöser Darreichung* dagegen *schlagartig wirkt.* Wir erklären uns diese Beobachtungen aus der von Stepp vermuteten und später in Gemeinschaft mit Schroeder gezeigten Empfindlichkeit des Vitamin C gegen chemische und bakterielle Einflüsse bei Erkrankungen des Magens und Darms; verändert sind Magen und Darm beim Skorbut ja meist. Es empfiehlt sich daher, wenn man eine rasche und sichere Wirkung haben will, größere Mengen (300—500 mg pro die) mehrere Tage intravenös einzuspritzen. Wo die intravenöse Applikation auf Schwierigkeiten stößt, kann man zur *intra-*

muskulären greifen, seitdem das Natriumsalz der Askorbinsäure zur Verfügung steht. Kann das Vitamin C nicht parenteral verabreicht werden, so geben es wir mit Vorliebe mit Citronen- oder Apfelsinensaft. Es scheint sicher zu sein, daß diese Anwendungsform selbst da Erfolge hat, wo die reine Askorbinsäure keine Wirkung zeigt. Es soll an dieser Stelle nicht die Frage aufgeworfen werden, inwieweit die Vorstellung, daß in gewissen Früchten, wie in der Citrone und Apfelsine, das Vitamin C in Gemeinschaft mit einem Stabilisator (oder Schutzstoff) vorkommt, zutrifft. sondern nur die Beobachtung als solche entsprechend hervorgehoben werden.

Als geradezu *großartig* müssen *die Erfolge der Vitamintherapie beim Skorbut der Säuglinge und der Kinder* bezeichnet werden, Während man besonders beim Säugling früher Schwierigkeiten hatte, größere Mengen von Frucht- und Gemüsesäften beizubringen, steht der Darreichung selbst von größeren Mengen von Askorbinsäure nichts im Wege. Die Dosis von 30—50 mg kann unbedenklich gegeben werden, da schädliche Wirkungen selbst nach größeren Mengen niemals gesehen wurden; auch bei kleinen Kindern und Säuglingen kann unter Umständen die parenterale Darreichung des Natriumsalzes der Askorbinsäure (intramuskulär) notwendig werden.

Im einzelnen wäre über den Erfolg der Vitamintherapie noch einiges zu sagen. Die Blutungen des Zahnfleisches stehen oft schlagartig, das Zahnfleisch verliert seine schwammige Beschaffenheit, wird straff und fest, die Kranken blühen auf, bekommen Appetit. Bei den Kindern bilden sich die Knochenveränderungen oft in der kurzen Spanne von 2—3 Wochen zurück, wobei die Heilung sich röntgenologisch einwandfrei verfolgen läßt. Die hier geschilderte Vitamintherapie bringt in frischen Fällen alle Symptome rasch zum Verschwinden, sodaß lokale Maßnahmen meist überflüssig sind. Anders liegen die Dinge, wenn etwa der Skorbut ein Individuum befällt, bei dem bereits eine Paradentose und Zahncaries bestand; hier kann es zu destruierender Gingivitis mit schwerster Eiterung kommen; zuweilen liegt das Bild einer Stomatitis Plaut-Vincenti vor mit dem Befund von Spirillen und fusiformen Stäbchen. Die Anwendung dünner Perhydrollösungen (zur Reinigung) mit nachfolgender Pinselung mit einer adstringierenden Lösung (etwa Tinct. Myrrhae, Tinct. Ratanhiae a̅a̅) sind hier das Gegebene; manchmal kann auch die Anwendung von Neosalvarsan (intravenös und lokal) notwenig werden. Bei alten ausgedehnten Muskelblutungen befördert lokale Wärmeapplikation die Resorption und wirkt sich günstig aus bei sekundären entzündlichen Veränderungen. Gegen die skorbutische Anämie ist meist nichts Besonderes zu tun, in besonderen Fällen kann eine Bluttransfusion angezeigt sein. Ob und inwieweit das *askorbinsaure Eisen* rascher das Blut normalisiert als die Askorbinsäure selbst, ist noch nicht ganz klargestellt.

Die *Prophylaxe des Skorbuts* wird in dem Abschnitt „Hypovitaminosen" eingehend behandelt werden.

η) Klinisches Bild der Hypovitaminosen.

In der Einleitung wurde ausführlich dargelegt, daß der Begriff der C-Hypovitaminose erst dann scharf gefaßt werden konnte, als man in die quantitativen Verhältnisse des Vitamins im Organismus — Aufnahme, Speicherung, Verbrauch, Ausscheidung — einen klareren Einblick bekommen hatte. Es wurde des weiteren darauf hingewiesen, welche Schwierigkeiten die Beantwortung der Frage nach dem Bedarf bereitete: Eine Vitaminmenge, die im Tierversuch zunächst vollkommen ausreichend erscheint, weil das Tier einen vollkommen gesunden Eindruck macht, kann bei Anwendung feinerer Untersuchungsmethoden sich als unzureichend erweisen, wenn sich nämlich etwa herausstellt, daß mikroskopisch ein Organ, wie das Zahnsystem, Veränderungen aufweist, die nicht feststellbar sind, wenn die Vitamindosis verdoppelt oder verdreifacht wird. Man muß also aus solchen Beobachtungen den Schluß ziehen, daß Vitaminmangel in den verschiedensten quantitativen Abstufungen die Ursache von Funktionsstörungen und anatomischen Veränderungen sein kann, die, beurteilt nach dem Bild der ausgeprägten Avitaminosen, zunächst in keiner Weise an einen solchen Zusammenhang denken lassen, deren Verschwinden bei ausreichender Vitaminzufuhr jedoch die Beziehungen über jeden Zweifel klarmacht.

Wenn man nun bedenkt, daß eine ausreichende Versorgung mit Vitamin C — ausreichend nach unseren heutigen Begriffen — bei unserer derzeitigen Ernährung etwa in Mitteleuropa sehr häufig nicht gewährleistet ist (es sei hier nochmals auf die Ausführungen in dem Abschnitt über die Deckung des Bedarfs verwiesen), so darf man geradezu mit Sicherheit ein häufiges Vorkommen der C-Hypovitaminose erwarten. Und wenn wir uns der Tatsache erinnern, daß bei Erkrankungen des Magen-Darmkanals die zur Resorption gelangende Vitaminmenge vielleicht nur ein Teil des aufgenommenen Betrages ist und weiter, daß in anderen Fällen infolge des gesteigerten Verbrauchs selbst eine reichliche Zufuhr unzureichend ist, so wird uns klar, auf wie vielfältige Weise eine Hypovitaminose entstehen kann.

Allgemeinerscheinungen der einfachen primären C-Hypovitaminose. Unter einfachen unkomplizierten C-Hypovitaminosen soll der Zustand verstanden sein, der durch ungenügende Aufnahme von Vitamin C hervorgerufen wird, ohne daß Erkrankungen vorliegen, deren Beziehungen zum Vitaminstoffwechsel bekannt sind (Erkrankungen des Magen-Darms, akute und chronische Infektionen, gewisse Stoffwechselerkrankungen usw.). Das reinste Bild dieser Erkrankung ist verwirklicht in dem Zustand, der dem Ausbruch des Skorbuts so häufig vorausgeht und den wir bereits geschildert haben (klinisches Bild des Skorbuts): Allgemeine Schwäche und Hinfälligkeit, Unlust und Unfähigkeit zu körperlicher und geistiger Leistung, depressive Stimmung, Nachlassen des Appetits, Neigung zu Kurzatmigkeit, ziehende „rheumatische" Schmerzen. Solche Angaben müssen besonders nachdenklich stimmen, wenn sie von Menschen stammen, deren Leben bis dahin von körperlicher und geistiger Regsamkeit erfüllt war und bei denen man niemals Anlaß hatte, an nervöse Zustände zu denken. Im übrigen weist die eigenartige Blässe mit einer merkwürdigen Trockenheit der Haut, die oben beschrieben wurde, den kundigen Arzt darauf hin, daß hier ein krankhafter Zustand vorliegen muß. Von hier bis zum vollentwickelten Skorbutbild gibt es unzählige Übergänge. Es soll beispielsweise nur darauf hingewiesen werden, daß solche Patienten eines Tages durch die Tatsache beunruhigt werden, daß beim Zahnputzen das Zahnfleisch auffallend leicht blutet. Nicht selten sind in solchen Fällen die Interdentalpapillen geschwollen und blaurötlich verfärbt. Wenn das Krankheitsbild auf dieser Stufe stehenbleibt, so ist man berechtigt von einer C-Hypovitaminose zu sprechen.

Die *Diagnose* wird gesichert einmal durch den *Nachweis einer Verminderung des Vitamin C im Blut*, des weiteren durch die *Untersuchung des nativen Harns* sowohl wie durch die *Prüfung der Ausscheidungsverhältnisse nach Zufuhr größerer Askorbinsäuremengen* (am besten intravenös). Obwohl der menschliche Organismus das C-Vitamin nicht in größerem Umfang zu speichern vermag, werden in solchen Fällen doch 1500—2000 mg und darüber retiniert, wenn man größere Mengen von Askorbinsäure (etwa 300—500 mg) täglich intravenös injiziert; es erscheinen dann die unter normalen Verhältnissen sehr bald zur Ausscheidung kommenden Mengen erst nach einigen Tagen; eine Feststellung, die man so deutet, daß die zugeführte Menge erst zur Absättigung verwendet wird, um dann nach Auffüllung der Reserven der Ausscheidung zu verfallen.

*Die Untersuchung des Blutes und die Verfolgung der Ausscheidungsverhält-
nisse im Harn* (vor und nach Belastung) ist deswegen von so großer Bedeutung,
weil sie uns die notwendige feste Basis gibt, auf der die Erforschung der Hypovitaminosen weitergeführt werden kann.

Man wird also bei unklaren Schwächezuständen, die mit ziehenden, zunächst
als rheumatische Erscheinungen imponierenden Schmerzen einhergehen, wenn
der objektive Befund eine ' merkwürdige, nicht ohne weiteres zu erklärende
Blässe ergibt mit eigenartig trockener Haut und Neigung zu Zahnfleischblutungen
an eine Hypovitaminose zu denken haben. Weitere wichtige Anhaltspunkte
kann dann die sorgfältige Erhebung der Anamnese ergeben.

Außer der geschilderten Herabsetzung der gesamten Vitalität muß die ungewöhnlich große Anfälligkeit der unter Vitaminmangel stehenden Menschen
gegen Infektionen noch einmal besonders betont werden, obschon der Begriff
„herabgesetzte Vitalität" die geringe Resistenz gegen infektiöse Schädlich-
keiten in sich schließt; insbesondere sind es die sog. Erkältungskrankheiten, die
in erster Linie zur Beobachtung kommen. Die Infektionen ziehen sich überdies
auffallend lange hin, und es besteht eine Neigung zu Rezidiven. Durch amerikanische Forscher wurde darauf hingewiesen, daß bei Hypovitaminosen Wunden
schlecht heilen; auch besteht eine erhöhte Blutungsbereitschaft, nicht nur am
Zahnfleisch, sondern ganz allgemein; es kommt leicht zu Nasenbluten, nach
harmlosen Kontusionen entstehen blaue Flecke usw.

Außerordentlich lehrreich ist ein Vorkommnis, das seinerzeit F. G. Hopkins beschrieben
hat (McCollum und Simmonds). In einem englischen Internat wurde während des Winters
eine auffallende Veränderung im Verhalten der Schüler beobachtet. Die vorher guten
Leistungen ließen plötzlich nach, die Schüler wurden auffallend reizbar und unruhig. An
den allgemein hygienischen Bedingungen konnte es nicht liegen, denn diese waren vorzüglich. Auch die Ernährung erwies sich hinsichtlich des Caloriengehalts als ausreichend;
allerdings mußte festgestellt werden, daß Obst und frische Gemüse in gänzlich unzureichenden Mengen angeboten wurden. Die Jungens hatten diesen Mangel in der Ernährung
instinktiv dadurch ausgeglichen, daß sie sich in einem kleinen Laden, der sich in der Nähe
des Internats befand, von ihrem Taschengeld Obst kauften. Der Eigentümer dieses Ladens
starb um jene Zeit, und der Laden wurde geschlossen. So hatten die Schüler keine Gelegenheit mehr, sich mit Obst zu versorgen. Als diese Zusammenhänge klargelegt waren und die
mangelhafte Ernährung in Ordnung gebracht war, gewannen die Jungens sehr rasch ihre
alte Frische und Spannkraft wieder.

Zu jener Zeit, als Hopkins diese Beobachtungen machte, hatte man noch
nicht die Möglichkeit, durch Blut- und Urinuntersuchung die Diagnose eines
präskorbutischen Zustandes zu erhärten; allein die sorgfältige Anamnese führte
hier auf den richtigen Weg.

Die Gefahr einer mangelhaften Zufuhr von Vitamin C ist besonders in den
Winter- und Frühjahrsmonaten (kurz vor Erscheinen der Frühgemüse) gegeben.
Zu jener Zeit sind auch unsere hauptsächlichsten Vitaminträger (Kartoffeln und
Wintergemüse) durch Lagern vielfach in ihrem Gehalt stark beeinträchtigt.
So wird heute ganz allgemein angenommen — und, wie auch wir glauben, mit
Recht —, daß die sog. *Frühjahrsmüdigkeit* auf ungenügende Versorgung des
Körpers mit Vitamin C zurückgeführt werden muß.

Eine Frage, die hier nur gestreift werden kann, die aber sicher Beachtung
verdient, ist die, ob nicht öfters eine kombinierte Hypovitaminose angenommen
werden muß. Es ist ja bekannt und wird in dem Abschnitt „B_1-Avitaminose"
(bzw. B_1-Hypovitaminose) ausführlich besprochen, daß die Ernährung, wie sie
in Mitteleuropa üblich ist, fast durchweg unzureichend ist hinsichtlich der Vitamine des B-Komplexes. Nun ist über die engeren Beziehungen zwischen dem
C-Stoff und den Teilfaktoren des B-Komplexes so gut wie nichts bekannt, wir
wissen nur, daß die Kohlehydratverbrennung sich ohne B_1 (und wahrscheinlich
auch die übrigen Faktoren der B-Gruppe) nicht regelrecht vollzieht, wir wissen

aber auch, daß bei schwerer körperlicher Arbeit der Bedarf an C steigt; da nun die Muskelarbeit letzten Endes mit Kohlehydraten bestritten wird, so müssen wir auch eine Beteiligung des C-Stoffes hierbei annehmen. Es bestehen hier sicherlich noch manche, vorläufig gänzlich unbekannte Beziehungen zwischen den wasserlöslichen Vitaminen. Des weiteren ist gerade in den letzten Jahren auf die Entstehung der *Zahncaries* und *der Parodontose* durch Mangel an den wasserlöslichen Vitaminen hingewiesen worden; und zwar hat man die Zahncaries vorwiegend mit B_1-Mangel, die Parodontose mit C-Mangel in Zusammenhang gebracht; von anderer Seite wurde ein kombinierter Mangel für das Entstehen der ersteren angeschuldigt. Alle diese Fragen sind zur Zeit noch nicht spruchreif, aber sicherlich muß eine ganz plötzlich auftretende *Parodontose* Anlaß sein, an eine C-Hypovitaminose zu denken und die entsprechenden Untersuchungen, die hier Aufklärung bringen können, vorzunehmen.

Die schon erwähnte Blutungsneigung glaubten GÖTHLIN und SEYDERHELM durch Prüfung der „Endotheldichte" der Capillaren im RUMPEL-LEEDE-Versuch erfassen zu können; man legt die Staubinde wie zur Messung des Blutdrucks am Oberarm an und läßt einen Druck, der 20 mg Hg über dem diastolischen Blutdruck liegt, 3 Minuten einwirken. Dann wird die Binde abgenommen und nach einer Pause von etwa 2 Minuten nachgesehen, ob Blutungen aufgetreten sind. Bei vielen Kranken, die unter C-Mangel leiden (und bei denen sowohl die Untersuchung des Urins wie die des Blutes in diesem Sinne sprechen), wird dieser sog. GÖTHLIN-Test häufig positiv gefunden. Eine ganze Reihe von Nachuntersuchern hat sich zu der Brauchbarkeit dieses Testes geäußert. Die Urteile lauten recht verschieden, so daß man annehmen muß, daß für die Abdichtung der Capillaren noch andere Faktoren von Bedeutung sind; wir erinnern hier an die noch nicht geklärte Frage des Vitamin P.

Diagnose der Hypovitaminose. Im folgenden möge noch einmal kurz das Vorgehen besprochen werden, das den sicheren Nachweis einer Hypovitaminose erlaubt. Einen wichtigen Einblick gibt zunächst die Bestimmung des Vitamin C-Spiegels im Blut. Die Mittelwerte liegen, wie schon erwähnt wurde, zwischen 8 und 12 mg pro Liter. Höhere Werte sind bei Ernährung mit reichlich Obst und Gemüse nicht selten, es wurden Zahlen bis zu 14 mg-$^0/_{00}$ gefunden und darüber. In diesem Zusammenhang sei noch erwähnt, daß von den *Olympiakämpfern*[1], die instinktiv eine an Vitamin C reiche Kost bevorzugten, *Mengen bis zu 300 mg pro Tag aufgenommen wurden;* leider wurde ihr Blutspiegel nicht bestimmt. *Werte unter 4 mg-$^0/_{00}$ müssen als pathologisch angesehen werden.* Finden wir bei einem auf C-Hypovitaminose verdächtigen Menschen einen solchen Blutwert, so muß der Absättigungsversuch unternommen werden, nachdem vorher der *Leerwert des Urins* bestimmt ist. Dieser beträgt beim *Skorbut 8—10 mg in 24 Stunden* (als Askorbinsäure berechnet), *bei der Hypovitaminose wird man einen Wert von 10—15 mg* annehmen dürfen.

Zur weiteren Klärung der Verhältnisse kann man nun große Dosen Vitamin C intravenös injizieren, etwa 500—1000 mg pro Tag (in ein- oder zweimaliger Dosis) und diese Dosis am nächsten oder übernächsten Tag wiederholen, bis etwa 2000—3000 mg einverleibt sind. Ein Organismus, dessen Depots gefüllt sind, wird schon nach 3—5 Stunden im Urin eine reichliche Ausscheidung zeigen. Man kann also schon aus der erhöhten Ausscheidung in einer Urinprobe 3—5 Stunden nach Einverleibung großer Vitamin C-Mengen wichtige Rückschlüsse ziehen. Eine weitere Verfolgung der Ausscheidung während der kommenden Tage ergibt, daß die Hauptmenge des zugeführten Stoffes wieder ausgeschieden wird.

---

[1] Bei den Kampfspielen 1936.

Schließlich kann die Diagnose „ex juvantibus" bestätigt werden. Wenn auf energische Vitamintherapie die beschriebenen Störungen, wie Zahnfleisch-, evtl. Hautblutungen, verschwinden, der GÖTHLIN-Test negativ wird, die allgemeine Leistungsfähigkeit steigt, das Aussehen sich bessert, so sind das gewichtige Argumente, die man nicht übersehen kann.

Die „perorale Absättigung" erscheint uns methodisch nicht so sicher wie die intravenöse, und zwar besonders dann, wenn wir nicht ganz sicher sind, daß Magen und Darm ganz tadellos funktionieren.

Sekundäre C-Hypovitaminosen. *Infektionskrankheiten.* Ein erhöhter Verbrauch von Vitamin C wurde erstmalig bei akuten und chronischen Infektionen (sowie bei Diabetes mellitus und malignen Tumoren) von H. SCHROEDER an der Klinik des Verfassers festgestellt. Aus dem Tierexperiment war die große Anfälligkeit bei unzureichender Versorgung mit Vitamin C längst bekannt, aber auch umgekehrt die unheilvolle Rolle, die Infektionen beim Ausbruch und beim Verlauf des Skorbuts spielen; wir verweisen auf die Ausführungen in dem Kapitel über Skorbut. Nun ist freilich aus den Versuchen mit einer qualitativ unzureichenden Ernährung längst bekannt, daß dabei die allgemeine Resistenz der Versuchstiere stark absinkt, was sich ohne weiteres aus dem veränderten Ablauf der Stoffwechselvorgänge erklärt; insofern wäre also die Feststellung hinsichtlich des Vitamin C nichts grundsätzlich Neues. Auf der anderen Seite konnte von JUSATZ gezeigt werden, daß sowohl die *Antikörperbildung,* wie die *Bactericidie des Blutes* durch Zufuhr von Vitamin C erhöht wird; eine Verarmung des Körpers wird also das Gegenteil erwarten lassen. Dazu kommt noch, daß auch bei den *allergischen Vorgängen* die Askorbinsäure eine besondere Rolle zu spielen scheint, und wenn wir uns vorstellen, wie eng das Vitamin C mit den Funktionen der Nebenniere verknüpft ist, deren Bedeutung im Abwehrkampf gegen Infektionen seit langem bekannt ist, so mag man ermessen, wie außerordentlich verwickelt die Dinge liegen.

Besonders genau untersucht wurden von akuten Infektionen die *Pneumonie* und die *Diphtherie,* von chronischen die *Tuberkulose.* In den meisten Fällen wurde ein starkes Defizit beobachtet, d. h. bei Zufuhr größerer Mengen (intravenös oder peroral) wurden im Gegensatz zum Verhalten beim Gesunden erhebliche Mengen retiniert. Man hat infolgedessen bei allen Infektionskrankheiten reichliche Zufuhr von Vitamin C zu empfehlen, um das Entstehen einer Hypovitaminose zu verhüten. Bei der Untersuchung der Verhältnisse bei vielen anderen Infektionskrankheiten *(Polyarthritis rheumatica, Erysipel,* HEINE-MEDINsche Erkrankung, *Meningitis, Masern, Scharlach, Keuchhusten, Grippe)* wurde immer wieder ein erhöhter Verbrauch von Vitamin C festgestellt; auch bei Infektionen, die chirurgischer Behandlung bedürfen, fiel dasselbe auf; unter anderem sah man, daß bei den meisten *Osteomyelitiden* ein Mangel an Vitamin C vorliegt. Auf Einzelheiten kann hier nicht eingegangen werden.

Bei den *Erkrankungen des Magen-Darmkanals,* deren Ursachen so außerordentlich verschieden sein können (unter Umständen spielt auch Mangel an anderen Vitaminen, z. B. an Vitamin B_1, eine Rolle), kann eine C-Hypovitaminose selbst bei reichlicher Zufuhr entstehen, wenn durch chemische oder bakteriologische Vorgänge eine Zerstörung des Vitamins im Magen oder im Darm herbeigeführt wird. Der an sich kranke Magen (bzw. Darm) kann dann unter dem Einfluß des Vitaminmangels (der, wie oben erwähnt, die Verdauungsorgane in besonderer Weise schädigt) einem tiefergreifenden Krankheitsprozeß unterliegen, die Ausheilung verzögert oder gänzlich verhindert werden. Man hat aus diesen Erwägungen auch den Gedanken geäußert, daß vielleicht das Chronischwerden einer Gastritis oder eines Ulcus auf diese Weise zu erklären sei. Es kann so ein verhängnisvoller *Circulus vitiosus* entstehen (STEPP). Noch ein weiterer Umstand kann sich in diese Zusammenhänge einschalten und ungünstig auswirken. Magen-Darmkranke vertragen häufig diejenigen Nahrungsmittel schlecht, die durch einen höheren Gehalt an Vitamin C ausgezeichnet sind, und so hat man zu einer Zeit, zu welcher man von der Existenz der Vitamine nichts wußte und glaubte, die Nahrungsmittel nach ihrer Verträglichkeit und ihrem Caloriengehalt ausreichend beurteilen zu können, in der Diätotherapie der Erkrankungen der Verdauungsorgane fast ausschließlich Zerealien bzw. deren Produkte (mit oder ohne Milch) verwendet und Gemüse und Fruchtsäfte ganz oder nahezu ausgeschaltet. *So wurde die Ernährungstherapie in früherer Zeit den Magen-Darmkranken geradezu zum Verhängnis. Ja, es kann nicht bezweifelt werden, daß Hypovitaminosen durch eine solche einseitige Diät geradezu hervorgerufen wurden.* Ihre Symptome erklärte man dann als Folgen des Magenleidens. Die Zusammenhänge liegen heute so klar, daß diese Arten von Hypovitaminosen unter allen Umständen vermieden werden müßten. In mehreren Arbeiten von EINHAUSER aus der Klinik des Verfassers wurden diese Beziehungen eingehend geschildert; ebenso konnte aus dem gleichen Institut von DIEHL gezeigt werden, daß der Addisonismus bei chronischer Gastroenteritis auf einer Verarmung des Organismus und auch sicherlich der Nebennieren an Vitamin C durch die Darmstörung beruht.

Während *Schwangerschaft und Lactation* ist der Bedarf an allen Vitaminen stark erhöht; das gilt im besonderen Maße auch für das Vitamin C. Zwar ist eine Zeitlang behauptet worden, die Frucht sei imstande, das Vitamin C zu synthetisieren, doch wurde gegen diese Auffassung geltend gemacht, daß gerade in der Gravidität häufig ein Defizit festgestellt werden konnte. Nach manchen Autoren sollen ungefähr *60—70% aller Graviden ein solches Defizit* aufweisen; diese Angaben stützen sich zum Teil auf Untersuchungen des Blutspiegels, zum Teil auf Ausscheidungsversuche; das Defizit soll nach den Angaben einiger Autoren bis zu 2000 mg Askorbinsäure betragen. Mit Rücksicht auf die große Häufigkeit von C-Hypovitaminosen hat man auch die Frage erwogen, ob nicht vielleicht manche Schwangerschaftsbeschwerden als Erscheinungen des C-Mangels gedeutet werden müssen, und weiter hat man ganz allgemein die Schwangerschaftstoxikosen unter diesem Gesichtswinkel betrachtet. Eine sichere Stellungnahme zu dem Problem ist zur Zeit wohl noch nicht möglich, indessen muß bemerkt werden, daß mehrfach, so besonders von W. GLOOR-MEIER (Zürich), unter energischer Vitaminbehandlung das Zurückgehen von hartnäckigem Schwangerschaftserbrechen und anderen Beschwerden beobachtet wurde.

Die Frage des Vitamin C in der *Schwangerschaft* ist dadurch wieder sehr aktuell geworden, daß man in der *Placenta große Mengen von Askorbinsäure* hat feststellen können, so daß ihr Gehalt nur von dem der Nebenniere und der Leber übertroffen wird. Die Deutung dieser Befunde nimmt an, daß die Placenta das Vitamin C speichert und nach Bedarf dem Fetus zur Verfügung stellt. In Zeiten, in denen der mütterliche Organismus wenig von dem für den Aufbau der Frucht so wichtigen Stoff zur Verfügung hat, stehen in der *Placenta* große Mengen bereit (zwischen 4,5 und 37,5 mg-%). Es scheint so zu sein, daß selbst bei geringem Angebot in der Nahrung die Placenta verhältnismäßig viel von dem so wertvollen Vitamin zurückhält, und zwar sind es die Deciduazellen, in denen es gestapelt wird.

Während der *Lactation* verliert der mütterliche Organismus dauernd bedeutende Mengen von Vitamin C durch die Milch. Der Gehalt der *Frauenmilch* wurde allerdings sehr wechselnd gefunden; *er schwankt zwischen 4 und 7 mg-%;* jedenfalls ist er erheblich höher als der der Kuhmilch (mit etwa 2—3 mg-%).

Wenn eine Mutter 800—1000 g Milch liefert, so würde sie damit etwa 40 bis 50 mg Askorbinsäure pro Tag verlieren. Das ist eine ansehnliche Menge, und man versteht, wie leicht ein Vitaminmangel auftreten kann, wenn nicht für entsprechende Zufuhr gesorgt wird. Da die Verhältnisse hinsichtlich der anderen Vitamine ganz ähnlich liegen, ist es leicht zu verstehen, daß *in der Lactation ähnlich wie in der Gravidität die Gefahr kombinierter Hypovitaminosen* gegeben ist. Die Krankheitsbilder sind aber heute, wo wir auch die Vitamine B_1 und A fassen können, durch entsprechende Untersuchungen schnell zu klären.

Da, wie in der Einleitung ausgeführt wurde, das *Zahnsystem* außerordentlich fein auf Vitaminmangel reagiert, bedarf die Frage, ob und inwieweit der Zahnverfall, der in steigendem Maße überall bei den Kulturvölkern besorgniserregend zugenommen hat, Ausdruck eines Vitaminmangels ist, einer sorgfältigen Prüfung. Es soll hier vor allem die Beziehung der *Parodontose* zu einem Mangel an Vitamin C besprochen werden, da hierzu zahlreiche Forschungen aus den letzten Jahren vorliegen. Im Mittelpunkt der Veränderungen, die zu dem Bild der Parodontose führen, scheint ein fortschreitender *Knochenschwund im Alveolarfortsatz* zu stehen, der insbesondere von BRINCH, KRAMER und DEMOLE auf Mangel an Vitamin C bezogen wurde. Eine sorgfältige Untersuchung der *dentalen* und *paradentalen Gewebsveränderungen* beim Skorbut durch BRINCH gibt dieser Vorstellung eine neue gewichtige Stütze. In dem gleichen Sinn sprechen die therapeutischen Erfahrungen, die von den verschiedensten Autoren bei der Behandlung der Parodontose mit reichlichen Mengen von Vitamin C gemacht wurden. Die *Zahnfleischentzündung* bildete sich überraschend schnell zurück, gelockerte Zähne wurden wieder fest. Ganz erstaunliche Besserungen wurden — in Übereinstimmung mit diesen Beobachtungen — bei der *Gingivitis gravidarum* gemacht; während in diesen Fällen regelmäßig ein Vitamin C-Defizit festgestellt werden konnte, fehlte ein solcher bei Schwangeren ohne Stomatitis. *Es wird Aufgabe gemeinschaftlicher Forschung des Klinikers und Zahnarztes sein*, dieses so außerordentlich bedeutsame Problem einer endgültigen Klärung zuzuführen.

Daß die mangelhafte Bildung des Schmelzes bei ungenügender Zufuhr von Vitamin C der Entstehung von *Zahncaries* Vorschub leisten kann, ist leicht einzusehen. Insofern ist also eine Beziehung der Askorbinsäure auch zu dieser Zahnerkrankung gegeben.

Die Beziehungen des Vitamin C zum Stoffwechsel des Knochen, die mehrfach (im Kapitel Skorbut, dann im Zusammenhang mit der Parodontose) erwähnt wurden, haben Anlaß gegeben, die *Frage der Callusbildung bei Knochenbrüchen* in diesem Zusammenhang zu überdenken. In der Tat konnte einwandfrei festgestellt werden, daß in vielen Fällen, in denen eine Fraktur ungewöhnlich lange Zeit zur Ausheilung braucht, ein Defizit an Vitamin C besteht; die Erklärung für die verlangsamte Callusbildung wurde in einer unzureichenden entzündlichen Reaktion und Kollagenbildung gefunden. Wir wissen ja aus der Neigung zu Spontanfrakturen beim Skorbut und aus den röntgenologischen und anatomischen Untersuchungen des Knochensystems bei der vollentwickelten Avitaminose, wie die osteoporotischen Vorgänge die Knochenfestigkeit beeinträchtigen.

Störungen der inneren Sekretion bei Mangel an Vitamin C sind zur Zeit im einzelnen noch nicht mit voller Schärfe zu fassen. Man wird wohl mit Sicherheit behaupten können, daß der Mangel mehrerer Vitamine die Funktion aller Hormondrüsen schwer beeinträchtigt, daß dagegen die Ausschaltung eines einzelnen Vitamins sich in den besonderen Beziehungen des betreffenden Stoffes zu dem einen oder anderen innersekretorischen Organ auswirkt. Bekannt ist der Reichtum der Nebennieren und der Hypophyse an Askorbinsäure. In der Tat konnte gezeigt werden, daß *das Vitamin C als Stabilisator des Adrenalins* enge Beziehungen zum Pigmentstoffwechsel hat. Die Beobachtungen H. SCHROEDERS an der Klinik des Verfassers über die Hemmung der Dopareaktion durch

Askorbinsäure haben dazu geführt, bei gewissen *Pigmentierungen* (wie z. B. im Verlauf einer leichten Nebenniereninsuffizienz —. Addisonismus) das Vitamin parenteral zu verwenden; in vielen Fällen mit gutem Erfolg. Umgekehrt wird eine pathologische Pigmentierung im Zusammenhang mit anderen Erscheinungen Anlaß geben, an eine Hypovitaminose zu denken.

Von großem, nicht nur wissenschaftlichen, sondern auch praktischem Interesse sind die in den letzten Jahren aufgefundenen *Beziehungen zwischen dem Vitamin C und den allergischen Vorgängen*. Wenn es richtig ist, was von manchen Autoren behauptet wird, daß ein erheblicher Prozentsatz aller Menschen (bis zu 30%) allergisch sei, so wird man in der Zukunft die Frage eines Zusammenhanges von Allergie mit Vitamin C-Mangel im Auge behalten müssen; hierzu bitten wir die Ausführungen im Kapitel über allgemeine Biologie der Vitamine zu vergleichen.

Prophylaxe des Skorbuts und der Hypovitaminosen. Obwohl die Prophylaxe nach dem, was in den Abschnitten über den Bedarf an Vitamin C und seine Deckung ausgeführt wurde, keiner eingehenden besonderen Besprechung mehr bedarf, soll das wichtigste im folgenden noch einmal zusammengefaßt werden. Unter den Verhältnissen, die in Mitteleuropa und vor allem in Deutschland gegeben sind, ist Sorgfalt und Überlegung bei der Zusammenstellung der täglichen Nahrung nötig, wenn man sich stets genügende Mengen von Vitamin C zuführen will. Das gilt insbesondere für die Winter- und die ersten Frühjahrsmonate. Die ausführlich besprochenen Arbeiten von VETTER und WINTER haben dies erst neuerdings wieder überzeugend klar gemacht. Wo die wirtschaftlichen Verhältnisse es erlauben, stets, auch während des Winters, genügend Frischnahrung auf den Tisch zu bringen, sind die Erfordernisse einer vernünftigen Ernährung leicht erfüllt. Bei der großen Mehrzahl der Menschen dagegen treten gerade die Träger des Vitamin C, da ihr Calorienwert verhältnismäßig gering ist, quantitativ in den Hintergrund, zumal ihr Preis relativ hoch ist.

Aus diesem Grunde ist es unbedingt nötig, daß die wohlfeilen Nahrungsmittel, die als die Grundlage der Versorgung mit Vitamin C für den großen Durchschnitt der Bevölkerung zu gelten haben, nicht durch falsche Behandlung noch eine erhebliche Einbuße an dem wertvollen Stoff erleiden. An erster Stelle sind hier die *Kartoffeln* zu nennen. Nun ist es sehr schwer, wenn nicht unmöglich, zahlenmäßige Angaben darüber zu machen, wieviel an Kartoffeln im Durchschnitt von der Bevölkerung täglich verzehrt wird. Das wäre aber nötig, um einigermaßen abschätzen zu können, wieviel dabei an Vitamin C aufgenommen wird. Nehmen wir also etwa 400 g Kartoffeln pro Tag und Kopf an, so würden in dieser Menge im günstigsten Falle 40 mg aufgenommen werden. Höchstwahrscheinlich ist aber dieser Wert viel zu hoch angesetzt. Wir erinnern uns daran, daß die Spanne zwischen dem niedrigsten und höchsten Wert bei der Kartoffel nach VETTER und WINTER sehr groß ist — zwischen 3 und 10 mg! Berücksichtigt man die Verluste durch Lagerung und Zubereitung, so kommt man unter Umständen auf sehr niedrige Werte, und es erscheint ausgeschlossen, daß wir uns bei Aufnahme von 400 g Kartoffeln die benötigte Menge von 40 mg zuführen. *Es ist also unbedingt nötig, neben den Kartoffeln auch immer reichlich Gemüse auf dem Tisch erscheinen zu lassen; vor allem auch Rohgemüse, Salat u. dgl.* Während des Winters sind die folgenden Gemüse in erster Linie zu haben: Rosenkohl, Blumenkohl, vor allem Weißkohl (Weißkraut), Sauerkraut, Wirsing, Karotten, um nur das wichtigste zu nennen. Alle diese Gemüse, insbesondere das Weißkraut, sollten *nicht gekocht*, sondern *gedämpft* werden, da beim Kochen erhebliche Mengen zu Verlust gehen. Im übrigen ist ebenso verhängnisvoll, wie das Kochen an sich, das lange Stehen der tischfertigen Speisen auf dem Herd. Es ist dabei gar nicht immer notwendig, daß die Speisen weiterkochen, allein schon die längere Einwirkung höherer Temperaturen wirkt vitaminzerstörend. Das haben die interessanten Beobachtungen von BRAUER im Krankenhaus Eppendorf vor mehreren Jahren sehr eindrucksvoll gezeigt. *Die Speisen sollen also nach Möglichkeit kochfrisch genossen werden!* Obwohl die *Zwiebeln* nicht sehr gehaltreich sind, spielen sie doch eine gewisse Rolle und sollten nicht vergessen werden. Wird regelmäßig *frisches Obst* nebenher gegessen, so können hierdurch unter Umständen (besonders bei Genuß von Citronen und Apfelsinen) erhebliche Mengen von Vitamin C zugeführt werden. Es soll indessen nochmals mit allem Nachdruck auf die in *Deutschland heimische Hagebutte* hingewiesen werden, die in Form des *Hagebuttenmarks* nicht nur einen wohlschmeckenden Brotaufstrich liefert, sondern bei richtiger Zubereitung (es soll Kochen über $^1/_2$ Stunde vermieden werden!) größere Mengen des wertvollen Stoffes uns zugeführt.

Besonders gefährdet sind bei nicht sehr ausgiebiger Vitaminzufuhr die *Frauen im Zustand der Gravidität und Lactation,* wie dies bereits ausführlich besprochen wurde. Die außerordentliche Wichtigkeit einer richtigen Ernährung in dieser Zeit ihres Lebens müßte endlich zur allgemeinen Kenntnis kommen, und jeder Arzt, jede Pflegerin und Schwester sollte, wo dies nur immer möglich ist, auf diese Zusammenhänge hinweisen. Ähnlich liegen die Dinge bei *akuten und chronischen Infektionskrankheiten* in der Rekonvaleszenz und bei schwerer körperlicher Beanspruchung; es scheint, daß auch starke geistige Arbeit und seelische Anspannung mit einem starken Vitaminverbrauch einhergehen.

Die Möglichkeit, daß *bei Erkrankungen des Magen-Darmkanals* trotz ausreichender Zufuhr erhebliche Verluste entstehen und nur ein Bruchteil der aufgenommenen Mengen zur Resorption gelangt, wurde an anderer Stelle ausführlich besprochen. Hier soll nur darauf hingewiesen werden, daß auch bei einfacher Achylia gastrica, die ihrem Träger gar nicht zum Bewußtsein zu kommen braucht, durch Vitaminzerstörung eine Hypovitaminose entstehen kann. EINHAUSER hat in der Klinik des Verfassers gezeigt, wie wichtig es hierbei ist, daß diese Störung richtig behandelt wird; das erste freilich ist ihre Erkennung.

Von ganz großer Bedeutung für das Heranwachsen einer gesunden neuen Generation ist die ausreichende Versorgung nicht nur des *Säuglings* und des *Kleinkindes,* sondern der ganzen noch im *Wachstumsalter* befindlichen Jugend. Für diese gilt in noch höherem Maße als beim Erwachsenen die Forderung einer genügenden Versorgung mit Vitamin C.

Bei der großen Verbreitung, die heute *konservierte Gemüse und Früchte* in der Volksernährung spielen, muß die Frage, ob und inwieweit Maßnahmen, die zur Konservierung benützt werden, den Gehalt an Vitaminen vernichten oder vermindern, besprochen werden. Wie aus den zur Zeit vorliegenden Untersuchungen hervorgeht, müssen die *Konserven praktisch als frei von Vitamin C* angesprochen werden; die Einwirkungen, denen die Gemüse und das Obst bei der Konservierung ausgesetzt werden, sind so einschneidend, daß die Askorbinsäure zum größten Teil verlorengeht. Die Angaben, die einen unverminderten Vitamingehalt behaupten, entsprechen meist nicht den Tatsachen. Es muß verlangt werden, daß die Untersuchung auf Vitamin C in den Konserven nicht nur mit chemischen Methoden, sondern auch im Tierversuch durchgeführt wird. Das Problem ist von so großer Bedeutung, daß *eine gesetzliche Regelung der Grundsätze,* nach denen das Konservieren zu erfolgen hat, *notwendig ist*; Schritte in dieser Richtung sind bereits im Gange (WIRZ).

Es ist behauptet worden, daß *das sog. flüssige Obst,* d. h. Obstsäfte aus Trauben, Äpfeln, Zwetschgen, Kirschen, Birnen usw. ihren vollen Vitaminbetrag behielten, wenn bei der Herstellung richtig verfahren würde (keimfreie Filtration, Sättigung mit Kohlensäure oder Pasteurisierung); in Wirklichkeit hat die Untersuchung solcher Proben niemals einen nennenswerten Gehalt festzustellen erlaubt, wobei bemerkt werden muß, daß der Gehalt der genannten Obstsorten an sich kein sehr großer ist. Nicht viel anders liegen die Verhältnisse bei den Säften aus Citronen und Apfelsinen, die als Orangeaden oder dgl. im Handel erhältlich sind. Der Gehalt an Askorbinsäure bei diesen Säften ist entweder nur sehr gering oder gleich Null.

Man wird also nach Möglichkeit auf die Nahrungsmittel, wie sie uns die Natur liefert, zurückgreifen müssen. Der Gedanke, prophylaktisch Askorbinsäure, d. h. das reine Vitamin sich zuzuführen, liegt nahe, da Vitamin C-haltige Nahrungsmittel nicht immer erhältlich sind, und da man des weiteren niemals weiß, inwieweit der Vitamingehalt durch Lagerung usw. vermindert ist. *Im allgemeinen erscheint es nicht zweckmäßig, Vitamine in reiner Form aufzunehmen, es sei denn, daß eine ganz strenge Indikation vorliegt oder besondere Verhältnisse gegeben sind, wie im Zustand der Schwangerschaft, der Lactation, bei Infekten u. dgl. Unser Widerstreben gegen die wahllose Aufnahme von Vitaminen liegt darin begründet, daß unser Einblick in das quantitative Verhalten der Vitamine in den Naturprodukten noch gänzlich unzureichend ist.* Aus den Studien über den Antagonismus der Vitamine wissen wir des weiteren, daß einseitige Vitaminzufuhr das Vitamingleichgewicht im Organismus stören kann. In den nordischen Ländern hat man indessen, was betont werden muß, wegen der Schwierigkeit einer ausreichenden Versorgung mit frischen Gemüsen und frischem Obst, solche Versuche mit Erfolg unternommen. Gegen solche Versuche ist an sich nichts einzuwenden, nur scheint mir, daß man mit einer generellen Empfehlung der Zufuhr reiner Vitamine so lange Zurückhaltung üben sollte, bis unsere Kenntnis der Zusammenhänge weiter fortgeschritten ist.

Schrifttum.

Zusammenfassende Darstellungen.

SEYDERHELM: Die Hypovitaminosen. Leipzig: Johann Ambrosius Barth 1938. — STEPP u. GYÖRGY: Avitaminosen und verwandte Krankheitszustände. Berlin: Julius Springer 1927. — STEPP, KÜHNAU, SCHROEDER: Die Vitamine und ihre klinische Anwendung. Stuttgart: Ferdinand Enke 1938. — STEPP, RUZICKA: Ergebnisse der Vitamin- und Hormonforschung. Leipzig: Akademische Verlagsgesellschaft 1938. — STEPP u. VOIT: Skorbut. Neue Deutsche Klinik, Bd. 10. 1932.

Einzelarbeiten.

ASCHOFF u. KOCH: Skorbut. Jena: Gustav Fischer 1919.
BRINCH: Paradentium 1937, Nr 6.
DIEHL, F.: Dtsch. Arch. klin. Med. **175**, 177 (1933).
EEKELEN, V.: Biochemic. J. **30**, 2291 (1936). — EEKELEN, V., EMMERIE u. WOLFF: Z. Vitaminforsch. **6**, H. 2 (1937). — EINHAUSER, M.: (1) Münch. med. Wschr. **1936** I, 923. (2) Z. exper. Med. **98**, 461 (1936). — (3) Arch. Verdgskrkh. **62** (1937).
GANDER u. NIEDERBERG: Münch. med. Wschr. **1936** II, 1386. — GIROUD: Erg. Vitamin. u. Hormonforsch. **1**, 68 (1938). — GLOOR u. MEYER: Erg. Vitamin- u. Hormonforsch. **1** (1938). — GÖTHLIN, G. F.: Nord. med. Tidskr. **4**, 225 (1932).
HAMEL: Klin. Wschr. **1937** II. — HESS, A. F.: Scurvy. Philadelphia a. London 1920.
IMMERMANN: Zit. nach SALLE. Avitaminosen. Berlin: Julius Springer 1927.
JUSATZ: (1) Klin. Wschr. **1932** I, 36. — (2) Klin. Wschr. **1934** I, 95, 727. — (3) Z. exper. Med. **1933**, 529. — (4) Z. Vitaminforsch. **4** (1934).
KOLLATH: Klin. Wschr. **1932** II, 1841. — KRAMER: Dtsch. Mil.arzt **2**, 489 (1937).
MARTIN u. BONSIGNORE: Biochem. Z. **273**, 170 (1934). — McCOLLUM u. SIMMONDS: Neue Ernährungslehre. Berlin u. Wien: Urban & Schwarzenberg 1928.
OEHNELL, H.: Arch. Verdgskrkh. **51**, 281 (1932).
SCHEUNERT, RESCHKE u. KOEHLMANN: Biochem. Z. **288**, 261 (1936). — (2) Vortr. 1. Tagg Arb.gem. Cariesforsch. Berlin 1936. Zahnärztl. Mitt. **1936**. — SCHRÖDER: (1) Klin. Wschr. **1935** I. — (2) Dtsch. med. Wschr. **1938** I, 469. — STEPP: Münch. med. Wschr. **1936** II, 1119. — STEPP, W. u. H. SCHRÖDER: Klin. Wschr. **1935** I. — SZENT-GYÖRGYI: Dtsch. med. Wschr. **1937** II, 1789.
VETTER u. WINTER: Z. Vitaminforsch. **7**, H. 2 (1938).
WACHHOLDER: Klin. Wschr. **1938** I, 5. — WACHHOLDER u. HAMEL: (1) Klin. Wschr. **1937** I, 10. — (2) Klin. Wschr. **1937** II, 1740. — WENDT u. SCHROEDER: Z. Vitaminforsch. **1935**, H. 3. — WIETERS: Mercks Jber. **51** (1937). — WIRZ: Reichsparteitag 1937.

4. Mangel an Vitamin D.

Von **H. Schönfeld**, Berlin.

Einleitung. Ebenso wie die anderen Vitamine hat das Vitamin D vielfach medikamentöse Anwendung gefunden, besonders bei den verschiedenen Formen der Kindertuberkulose, ferner bei Infektionskrankheiten und auch zur Unterstützung der Knochenfrakturheilung. Eine *spezifische*, d. h. einen Vitaminmangelzustand ausgleichende Wirkung des Vitamin D kann indessen lediglich bei den zur Rachitisgruppe gehörigen Krankheitszuständen als erwiesen gelten. Eine nichtrachitische D-Avitaminose kennen wir nicht, und selbst die Rachitis beansprucht, wie wir sehen werden, innerhalb der Vitaminmangelkrankheiten eine Sonderstellung.

Begriffsbestimmung der Rachitis. Ätiologie. Die Rachitis ist eine Stoffwechselstörung, die sich im wesentlichen in einer mangelhaften oder ausbleibenden Verkalkung der Wachstumszonen der Knochen sowie in einer vermehrten Bildung osteoiden, kalklosen Gewebes äußert. In schwereren Formen kommt es darüber hinaus zu einer *Ent*kalkung des fertigen Knochengewebes. Diese Erscheinung beherrscht das Bild der Rachitis jenseits der Wachstumsperiode, der Osteomalacie, während die charakteristischen Veränderungen am wachsenden Knochen bei der Rachitis des frühen Kindesalters im Vordergrund stehen. Es kann als ein biologisches Gesetz gelten, daß wachsende Gewebe leichter in Unordnung geraten als ruhende, um so leichter, je rascher sie wachsen. Dementsprechend führen am wachsenden Organismus schon geringe Grade der zugrunde liegenden Stoffwechselstörung zu rachitischen Veränderungen am Knochen, während der Erwachsene nur unter extremen Bedingungen rachitisch wird. Doch ist schon jenseits der Säuglingszeit Rachitis auch in den Zeiten raschen Wachstums im Verhältnis zur Häufigkeit der Säuglingsrachitis eine Seltenheit und kommt auch da nur unter besonderen Bedingungen zustande.

Sofern wir uns bei der Begriffsbestimmung der Rachitis nur an die pathologischen Vorgänge am Knochen halten, sind wir berechtigt, alle uns bekannten Formen dieser Krankheit — Säuglingsrachitis, Spätrachitis mit allen ihren Sonderfällen, Osteomalacie, sowie die spontane und experimentelle Tierrachitis — als etwas Einheitliches, Gleichartiges anzusehen.

Es entstehen aber die größten Schwierigkeiten, wenn wir versuchen, die auslösenden Momente unter einen einheitlichen Gesichtspunkt zu bringen, also etwa unter den der D-Avitaminose.

Daß die rachitische Knochenerkrankung die *Folge* der immer zugleich nachweisbaren Stoffwechselstörung ist und nicht die primäre Krankheit, das können wir heute als einigermaßen gesichert gelten lassen, wenigstens ist es gelungen, die Stoffwechselstörung *vor* dem Sichtbarwerden der Knochenveränderung nachzuweisen. Auch gelingt es im Tierversuch, durch Beeinflussung des Stoffwechsels die typische rachitische Knochenerkrankung zu erzeugen. Trotz gleichartiger Erscheinungen an den Knochen sind es aber, soweit wir das heute übersehen können, durchaus verschiedenartige Bedingungen, die eine zur Rachitis führende Stoffwechselstörung auslösen können.

Damit kommen wir zu der Frage, wie weit wir berechtigt sind, die Rachitis ganz allgemein als Avitaminose oder überhaupt als Ernährungskrankheit im weitesten Sinne aufzufassen.

Eine Reihe schon seit langem bekannter Tatsachen mußte dazu führen, die Ursache der Rachitis in einer ganz anderen Richtung zu suchen. Die Rachitis ist eine Krankheit der gemäßigten Zonen, in tropischen und subtropischen Gegenden kommt sie sehr selten vor, in den Tropen höchstens während der

Regenzeit. In den Rachitisländern befällt sie am häufigsten solche Kinder, die vorwiegend in dunklen Zimmern gehalten werden, während Kinder, die der Luft und der Sonne ausgesetzt werden, seltener oder wenigstens viel weniger schwer erkranken. Umgekehrt hat man beobachtet, daß in sonnenreichen Ländern die Krankheit fast nur bei solchen Säuglingen auftritt, die aus rituellen Gründen nie ins Freie gebracht werden, wie das z. B. bei den Anhängern des Purdahsystems in Indien der Fall ist. Ferner weiß man schon seit etwa 100 Jahren, daß im Hochgebirge die Rachitis so gut wie nicht vorkommt. Besonders auffallend ist die jahreszeitliche Abhängigkeit der Rachitis: sie verschwindet, wenn auch nicht völlig, im Hochsommer und häuft sich immer mehr im Laufe des Winters, bis gegen das Ende der Winterzeit der Gipfel erreicht wird.

Diese Tatsachen zwingen zu der Vermutung, daß für das Zustandekommen der Rachitis klimatische Faktoren mitspielen müssen. Die exakte Analyse dieser Faktoren bot aber lange Zeit unüberwindbare Schwierigkeiten. Man hatte auch hier um so mehr Erklärungen zur Hand, je weniger man tatsächlich davon wußte. So hat KASSOWITZ auf Grund der Beobachtungen über die Häufigkeit der Rachitis in dunklen unhygienischen Wohnungen den Begriff des „Stubenklimas" erfunden. „Riech- und Ekelstoffe", „respiratorische Noxen" sollten eine toxische, rachitogene Wirkung ausüben.

Doch hat man schon vor 50 Jahren daran gedacht, in der Sonnenstrahlung den entscheidenden, rachitisverhütenden Faktor zu suchen. Der Beweis für diese Vermutung konnte jedoch nicht erbracht werden, solange es unmöglich war, andere Einflüsse auszuschalten, die neben der Sonne möglicherweise mitspielen konnten, Lebensweise, Pflege, Ernährung usw.

Im Jahre 1919 gelang es HULDSCHINSKY, rachitische Kinder durch Bestrahlungen mit der Quarzquecksilberlampe zu heilen. Damit war die antirachitische Wirkung der Strahlung erwiesen und zugleich ein Weg gezeigt, diese Wirkung experimentell unter Ausschaltung sonstiger möglicherweise mitwirkender Faktoren zu erforschen. So konnte sehr bald bewiesen werden, daß es tatsächlich nur das Ultraviolettspektrum ist, dem die spezifische antirachitische Eigenschaft zukommt und daß auch nur ein kleiner Abschnitt dieses Spektrums wirksam ist, nämlich der Bereich von etwa 280—313 $\mu\mu$. Alle anderen Behauptungen, daß auch langwelligere Strahlen einerseits, kurzwelligere, insbesondere auch die Röntgen- und Radiumstrahlen andererseits die Rachitis heilen könnten, sind bisher unbewiesen geblieben.

Mit der Tatsache, daß die spezifische Strahlenwirkung an den ultravioletten Anteil des Sonnenlichtes gebunden ist, stimmen die Beobachtungen über manche Besonderheiten der geographischen Verteilung der Rachitis sehr gut überein. Das Ultraviolettspektrum der Sonne ist in den rachitisfreien tropischen Zonen im Vergleich zu den Rachitisländern viel gleichmäßiger über die Jahreszeiten verteilt und vor allem wesentlich breiter und intensiver. In unseren Gegenden ist im Winter der wirksame Teil der Sonnenstrahlung kaum noch nachweisbar. Außerdem absorbiert der Gehalt der Atmosphäre an Rauch, Staub, Ruß und Nebel bis 99% des Sonnenultravioletts, daraus erklärt sich zum Teil wenigstens, die hohe Rachitismorbidität in Großstädten und Industriegegenden gegenüber ländlichen Bezirken.

Da der bei weitem größte Teil der ultravioletten Strahlen von der Haut absorbiert wird, lag von vornherein die Vermutung nahe, daß die antirachitische Strahlenwirkung irgendwie durch Vermittlung der Haut zustande kommen müßte. Doch kam man zunächst über Vermutungen nicht hinaus. Als gelöst konnte das Problem schon deshalb nicht angesehen werden, weil manche, ebenfalls zum Teil schon lange bekannte Beobachtungen mit der Lichttheorie allein nicht zu erklären waren.

Hierzu gehört die Tatsache, daß unter sonst gleichen Bedingungen künstlich ernährte Säuglinge der Rachitis in viel höherem Maße anheimfallen als Brustkinder, die schwersten Grade der Rachitis werden, wenigstens in unseren Gegenden, überhaupt nur bei künstlich ernährten Säuglingen gesehen. Schon daraus geht hervor, daß neben der Strahlenwirkung Ernährungsmomente für die Rachitisgenese von Bedeutung sein müssen. Im gleichen Sinne spricht die Häufung der sonst relativ seltenen Spätrachitis in den Hungerjahren der letzten Kriegs- und der Nachkriegszeit.

Von Anfang an stand mit der Lichttheorie die Tatsache in Widerspruch, daß in der sonnenarmen arktischen Zone die Rachitis nur sehr selten und in schwereren Graden so gut wie gar nicht vorkommt. Die Behauptung, daß sie dort ganz fehle, hat sich als Irrtum erwiesen. Zwar hat man festgestellt, daß die arktische Sonne verhältnismäßig reich ist an ultravioletten Strahlen, doch reicht dieser Umstand nicht aus, um das Ausbleiben der Rachitis in der langen arktischen Winterszeit zu erklären, um so weniger, als Wohnweise und Bekleidung in jenen Gegenden eine erhebliche Strahleneinwirkung auf den Körper der Kinder verhindern.

Es ist heute kaum noch zu bezweifeln, daß die fisch- und tranreiche Ernährung jener arktischen Völker den rachitisverhütenden Faktor darstellt. Obwohl aber der Dorschlebertran schon seit langer Zeit bei den nördlichen Küstenvölkern Europas als Volksmedizin gegen Rachitis bekannt ist, hat es merkwürdig lange gedauert, bis die antirachitische Wirkung des Trans allgemeine wissenschaftliche Anerkennung gefunden hat. Besonders in Deutschland ist gerade von kritischen und erfahrenen Kinderärzten eine spezifische Wirkung des Lebertrans geleugnet worden. Das ist, wie wir heute wissen, auf den wechselnden und oft durchaus ungenügenden D-Vitamingehalt der gewöhnlichen käuflichen Trane zurückzuführen. Jedenfalls haben viele deutsche Kinderärzte im Lebertran nur ein brauchbares Vehikel für die Medikation des freien Phosphors gesehen, dem man nach KASSOWITZ die antirachitische Wirkung allein zuschrieb. Doch erkannte man später, daß die in vielen Fällen nicht zu bezweifelnde Heilwirkung des Phosphorlebertrans nicht an den Phosphorzusatz gebunden ist und andererseits erwiesen sich andere tierische und pflanzliche Öle im Vergleich zum Lebertran als völlig unwirksam.

In tierexperimentellen Untersuchungen ist dann gezeigt worden, daß tatsächlich nicht das Lebertranfett selbst den antirachitischen Wirkstoff darstellt, sondern daß dieser im Unverseifbaren des Lebertrans enthalten sein muß (ZUCKER, PAPPENHEIMER und BARNETT).

Damit war die Grundlage für die Vitamintheorie der Rachitis geschaffen. Anfänglich glaubte man, daß dem fettlöslichen antikeratomalacischen Vitamin A auch die rachitisverhütende Wirkung zukomme. Dem Kinderarzt mußte diese Annahme auf Grund klinischer Erfahrungen wenig wahrscheinlich sein. Denn gerade *die* Ernährungsstörung, in deren Verlauf die Keratomalacie häufig auftritt, nämlich der Mehlnährschaden, verläuft in der Regel ohne Rachitis.

MELLANBY (1) und weiter McCOLLUM (2) haben dann auch bald festgestellt, daß die antirachitische und antikeratomalacische Wirkung verschiedener Fettarten keineswegs parallel gehen. Butterfett erwies sich als antirachitisch fast unwirksam bei ausgesprochen hohem antikeratomalacischen Effekt und Lebertran verlor die antikeratomalacische, nicht aber die antirachitische Wirkung, wenn man während 12—20 Stunden unter Erhitzung auf 100° einen Luftstrom durchleitete. Auf Grund dieser Beobachtungen konnte McCOLLUM (2) dem Vitamin A ein besonderes antirachitisches Vitamin D gegenüberstellen.

Mit diesen Forschungsergebnissen hatte man sich von der Lichttheorie scheinbar weit entfernt, bis A. HESS (1) die Brücke geschlagen hat zwischen der Vitamin- und der Lichttheorie auf Grund des ebenso einfachen wie genialen Gedankens, tierische und pflanzliche Nahrungsstoffe durch Bestrahlung mit ultravioletten Strahlen antirachitisch zu aktivieren.

Pflanzliche Stoffe erwiesen sich als besonders leicht durch die Strahlung beeinflußbar. Auch die Reindarstellung des Vitamin D durch WINDAUS ist bekanntlich zuerst bei Aufarbeitung pflanzlicher Substanzen, Secale und später auch Hefe, geglückt. Erst in jüngster Zeit ist von BROCKMANN (1) aus Thunfischtran das D-Vitamin tierischer Herkunft rein dargestellt worden, es hat sich erwiesen, daß es mit dem pflanzlichen D-Vitamin nicht identisch ist. Schon bald nach den ersten therapeutischen Versuchen mit dem WINDAUS-schen Präparat wurde von seiten der Kinderärzte die Behauptung vertreten, daß zwar die Heilwirkung des bestrahlten Ergosterins unverkennbar, die Heilung durch Lebertran bzw. durch Höhensonne jedoch „physiologischer" sei. Diese Behauptung, die sich nur auf klinische Eindrücke stützen konnte, ist nunmehr exakt nachprüfbar, seit wir imstande sind, unter Ausschluß aller Nebenwirkungen das Vitamin der Phytosterin- und der Cholesterinreihe klinisch miteinander zu vergleichen.

Daß durch die Ultraviolettbestrahlung das in der Haut vorhandene Provitamin aktiviert wird, ist durch A. HESS (2) u. a. auch direkt experimentell sichergestellt worden, durch Verfütterung bestrahlter Haut ist es gelungen, Ratten bei rachitogener Diät rachitisfrei zu halten.

Rachitis als Vitaminmangelkrankheit. Die Bestrahlungsbehandlung der Rachitis kann als eine indirekte Vitaminbehandlung bezeichnet werden. Es liegt damit ein in der Biologie der Vitamine einzigartiger Fall vor, es besteht aber kein Anlaß, auf Grund *dieser* Besonderheit die Rachitis nicht als Avitaminose im strengen Sinne gelten zu lassen.

Daß auch heute noch trotz der unbezweifelbaren Heilwirkung des Vitamin D die Einordnung der Rachitis in die Gruppe der typischen Avitaminosen auf Schwierigkeiten stößt, beruht auf anderen Tatsachen und Beobachtungen, auf die weiter unten zurückzukommen ist. Zunächst soll nur der wesentlichste Punkt hervorgehoben werden. Die strengwissenschaftliche Berechtigung, einen pathologischen Zustand als Avitaminose zu bezeichnen, kann immer erst dann vorliegen, wenn der Nachweis erbracht ist, daß der Krankheitszustand durch *Weglassen* des Vitamins in der Nahrung *hervorgerufen* werden kann. Das muß um so mehr betont werden, als heute eine sehr ausgesprochene Neigung besteht, auf Grund von mehr oder weniger sicher heilenden Wirkungen irgendeines Vitamins bei den verschiedenartigsten Krankheitszuständen diese Krankheiten als „latente" Vitaminmangelkrankheiten anzusehen.

Daß die Säuglingsrachitis als Folge eines D-Vitaminmangels sich entwickelt, können wir nur indirekt daraus schließen, daß durch Zufuhr des Vitamins, sei es durch Verfütterung, sei es durch Bestrahlung, die Entstehung der Krankheit mit Sicherheit verhütet werden kann. Die Tatsache, daß die Rachitis beim Säugling in der Regel nicht vor dem 4. Lebensmonat zur Beobachtung kommt, läßt vermuten, daß der Säugling mit einem Vorrat an Vitamin D geboren wird, der ihn in den ersten Lebensmonaten vor der Rachitiserkrankung schützt. Angeborene Rachitis kommt bei uns nicht vor, in Ländern, wie China, wo die Osteomalacie häufig ist, hat man Rachitis bei Neugeborenen beobachtet (MAXWELL), deren Mütter schon vor der Entbindung schwer an Osteomalacie erkrankt waren. Auch im Tierexperiment ist angeborene Rachitis beobachtet worden, wenn die Muttertiere schwer rachitisch waren (SUGIYMA).

In Übereinstimmung hiermit steht die Erscheinung, daß Frühgeborene und auch Zwillinge fast gesetzmäßig an Rachitis erkranken, wenn sie nicht prophylaktisch D-Vitamin erhalten. Man kann wohl annehmen, daß in diesen Fällen die Vitaminspeicherung in utero ungenügend ist. Daß im tierischen Organismus überhaupt aktives Vitamin D gespeichert werden kann, ist nicht zu bezweifeln. Die besondere Rachitisdisposition bei Frühgeborenen hängt allerdings zum Teil auch mit der besonders großen Wachstumsgeschwindigkeit solcher Kinder zusammen. Je rascher das Wachstum, um so leichter entsteht floride Rachitis. Es ist nicht ausgeschlossen, daß dieses Moment allein schon für die Rachitisgefährdung der Frühgeborenen maßgebend ist.

Die rachitische Stoffwechselstörung. Die Lösung dieser Grundfragen würde wahrscheinlich gleichbedeutend sein mit der Aufklärung des Wesens der rachitischen Stoffwechselstörung. Davon sind wir jedoch trotz der unendlichen darauf verwandten Arbeit anscheinend noch weit entfernt.

Zwei Tatsachen sind schon seit langem bekannt: der Gehalt des rachitischen Knochens an Phosphor und Kalk ist im Vergleich zu normalem Knochen erheblich herabgesetzt und im Stadium der floriden Rachitis zeigt sich im Stoffwechselversuch eine hochgradig verschlechterte Bilanz dieser beiden Stoffe, gelegentlich kann man sogar negative Bilanzen feststellen. Die vermehrte Phosphor- und Kalkausscheidung erfolgt in der Hauptsache durch den Darm. Durch Erhöhung der Kalk- und Phosphorzufuhr ist es nicht möglich, eine Verbesserung der Bilanzen zu erreichen. Es bestehen zunächst zwei Erklärungsmöglichkeiten: Entweder ist der rachitisch erkrankte Knochen nicht mehr imstande, Phosphor und Kalk aufzunehmen, oder die Mineralien gehen infolge einer Störung der Resorption zu Verlust. Da die Bilanzstörung oft schon *vor* dem Sichtbarwerden der Knochenveränderungen nachgewiesen werden kann, ist die erste Annahme, die eine primäre Erkrankung der Knochen voraussetzt, nicht sehr wahrscheinlich. Die Entscheidung der Frage aber, ob eine Störung der Darmresorption im Mittelpunkt der rachitischen Stoffwechselstörung steht, ist schon deshalb außerordentlich schwierig, weil ja der Darm für Phosphor und Kalk nicht nur Resorptions-, sondern auch Ausscheidungsorgan ist, so daß es im Stoffwechselversuch nicht sichergestellt werden kann, wieweit die Bilanzverschlechterung durch gestörte Resorption, wieweit sie durch erhöhte Ausscheidung bedingt ist. Die Versuche, aus dem Verhalten des mit dem Urin ausgeschiedenen Kalks und Phosphors indirekt Schlüsse auf die Resorptionsverhältnisse zu ziehen, haben zu keinem beweisenden Ergebnis geführt. Der Urinkalkgehalt ist im Stadium der floriden Rachitis gegenüber der Norm nicht verändert, im Heilungsstadium kann er sogar abnehmen. Die Angaben über die Phosphatausscheidung in den verschiedenen Stadien der Rachitis sind nicht einheitlich, ohne Zweifel kommt im floriden Stadium eine Erhöhung des Urinphosphors vor, wenn der Anstieg auch verhältnismäßig hinter der vermehrten Ausscheidung im Darm zurückbleibt. Man könnte also höchstens von einer relativen Hypophosphaturie sprechen. Im Heilungsstadium sinkt, wenigstens bei Brustkindern, die Phosphorausscheidung im Urin regelmäßig ab.

Es ist demnach nicht möglich, aus dem Verhalten von Urinphosphor und Urinkalk sicheres Beweismaterial für eine rachitische Resorptionsstörung zu erbringen. Auch der von WARKANY nachgewiesene flachere Verlauf der Serumphosphatkurve bei rachitischen Kindern nach peroralen Phosphorgaben kann nicht im Sinne einer Resorptionshemmung gedeutet werden, da das gleiche Verhalten auch bei parenteraler Phosphorzufuhr zu beobachten ist (HEYMANN).

Im Tierversuch hat BERGHEIM eine verminderte Phosphorresorption durch den Dickdarm nachweisen können, doch darf man hieraus nicht ohne weiteres bindende Schlüsse auf die Verhältnisse bei der menschlichen Rachitis ziehen, schon deshalb nicht, weil der Dickdarm unter normalen Bedingungen im wesentlichen Ausscheidungs-, nicht Resorptionsorgan ist.

Wenn also die vermehrte Phosphor- und Kalkausscheidung weder als Folge einer primären Knochenerkrankung, noch im Sinne einer Resorptionsstörung aufgefaßt werden kann, bleibt nur die Annahme übrig, daß Phosphor und Kalk infolge einer Störung der intermediären Stoffwechselvorgänge nicht ausgenutzt und deshalb in den Darm abgegeben werden.

Als wichtigstes Zeichen einer derartigen Störung gilt die für die rachitische Stoffwechselstörung pathognomonische Hypophosphatämie. Beim normalen Säugling beträgt der Gehalt des Serums an anorganischen Phosphaten etwa 4,5—5,5 mg-%, im Zustande der floriden Rachitis sinkt dieser Wert auf 2 bis 3 mg-% und darunter herab. Im Vergleich hierzu ist das Serumcalcium bei der unkomplizierten Rachitis mengenmäßig wenig verändert, die normalen Werte liegen zwischen 9 und 11 mg-%, bei der Rachitis liegen sie gewöhnlich an der unteren Grenze der Norm, in schweren, längerdauernden Fällen werden Senkungen bis zu 8 mg-% beobachtet; die Senkung des Phosphorwertes geht aber immer voran.

Diese Tatsachen bilden die Hauptstütze für die in den letzten Jahren fast ausschließlich vertretene Annahme, nach der, entgegen den ursprünglichen Vermutungen, die primäre Störung den *Phosphat*stoffwechsel betrifft und die Kalkstoffwechselstörung eine sekundäre Erscheinung darstellt. Mit dieser Auffassung stehen die Ergebnisse in Übereinstimmung, die von ROMINGER und Mitarbeitern in langfristigen Bilanzuntersuchungen gewonnen sind. Danach beginnt die Stoffwechselstörung mit der Verschlechterung der Phosphatbilanz, ebenso äußert sich der Heilungsvorgang zuerst in einer gewaltigen Verbesserung derselben. Die Veränderung der Kalkbilanz folgt in beiden Phasen nach. Die Kalkverluste würden danach nur deshalb erfolgen, weil die Phosphate aus irgendwelchen Gründen nicht verwertet werden.

Experimentell ist nachgewiesen, daß rachitischer Knochen sich in gesundem Serum normal mineralisiert (SHIPLEY, KRAMER und HOWLAND). Auch das spricht dafür, daß der Rachitis nicht eine primäre Erkrankung am Knochen selbst zugrunde liegen kann, daß vielmehr die Störung der Mineralisation des Knochens unmittelbare Folge einer Veränderung des Serums sein muß. Am einfachsten wäre die Vorstellung, daß infolge des erniedrigten Serumphosphorgehalts dem Knochen zu wenig Phosphor zum Aufbau der zur normalen Ossifikation notwendigen Phosphorkalkverbindungen zur Verfügung steht. Damit liefe das ganze Problem tatsächlich im wesentlichen darauf hinaus, die Entstehung der Hypophosphatämie zu erklären. Da die Resorptionstheorie nicht erwiesen ist, kann man auch die Hypophosphatämie nicht ohne weiteres als Folge einer Resorptionsstörung auffassen, was an sich eine naheliegende Erklärung wäre. Man könnte auch vermuten, daß die intermediäre Aufspaltung der organischen Phosphorverbindungen gehemmt sein könnte. Dafür besteht aber kein Anhaltspunkt. Im Gegenteil, es findet sich bei der floriden Rachitis in der großen Mehrzahl der Fälle eine Vermehrung der Phosphatasen (DEMUTH), sie ist so ausgesprochen, daß man sogar empfohlen hat, sie an Stelle des Serumphosphates für die blutchemische Diagnose der Rachitis zu verwenden.

Im übrigen ist es nicht sehr wahrscheinlich, daß die *Menge* des anorganischen Phosphates im Serum für die Ossifikationsstörung am Knochen ausschlaggebend ist. Im Röntgenbild kann man die beginnende Verkalkung bei heilender Rachitis bereits nachweisen, *bevor* ein Anstieg des Serumphosphates festzustellen ist. Es ist also eher daran zu denken, daß die für die Knochenmineralisation notwendigen Phosphorverbindungen in einer ungeeigneten Form vorhanden sind oder daß es an bestimmten organischen Phosphorverbindungen fehlt. Doch haben sich für derartige Vermutungen keine sicheren experimentellen Grundlagen finden lassen. Nach Untersuchungen von HESS (3) muß im Serum ein

bestimmter Phosphorkalkkomplex enthalten sein, fehlt er, so kommt eine
Verkalkung des Epiphysenknorpels nicht zustande. Die Wirkung des antirachitischen Vitamins würde dann darin bestehen, daß sie die Bildung dieses
Komplexes ermöglicht oder bewirkt, daß die Kalk- und Phosphorkomponenten
in geeigneter Form zur Verfügung stehen.

Es ist vorerst noch nicht möglich, über diese hypothetischen Vorstellungen hinaus etwas Sicheres über das Wesen der rachitischen Stoffwechselstörung und damit über den Angriffspunkt des Vitamin D auszusagen. Neuerdings hat die Möglichkeit, daß das Vitamin für die Kalkresorption von Bedeutung ist, sogar an Wahrscheinlichkeit gewonnen (NICOLAYSEN). Und die
Verfolgung des Kalk- und Phosphatspiegels im Serum nach einmaliger Verabreichung einer großen Vitaminmenge hat gezeigt, daß hierbei ein sehr rasch
eintretender Anstieg des Serumkalkes erfolgt, dem der Phosphatanstieg erst
nachfolgt (BRAULKE). Es scheint also, daß sogar die so lange Zeit gültige Lehre
von der primären Phosphatstoffwechselstörung ins Wanken gerät und die
ursprüngliche Vermutung, daß die rachitische Stoffwechselstörung in erster
Linie den Kalk betrifft, wieder zu Ehren kommt.

Wie schon oben gesagt ist, beweist die Tatsache, daß durch das Vitamin
die rachitische Stoffwechselstörung beseitigt werden kann, noch keineswegs,
daß die Auslösung derselben durch einen *Mangel* an antirachitischem Vitamin
zustande kommen muß. Es kann hier nur angedeutet werden, welche Möglichkeiten für die *letzte* Entstehungsursache der Rachitis noch in Frage kommen
können. Man hat immer wieder versucht, Dysfunktionen inkretorischer Drüsen
verantwortlich zu machen, nach- und nebeneinander hat man die Thymusdrüse,
die Epithelkörperchen, die Nebennieren und die Schilddrüse in den Mittelpunkt
der Rachitispathogenese stellen wollen. Von anatomischen und funktionellen
Veränderungen, die im Verlauf einer floriden Rachitis an diesen Drüsen gefunden
worden sind, ist jedoch in keinem Falle sichergestellt, ob sie im Sinne einer
Rachitisursache oder -folge gedeutet werden müssen, sofern sie überhaupt im
kausalen Zusammenhang mit der Grundkrankheit stehen. Auf eine Drüsen-
funktionsstörung deutet vielleicht die bei florider Rachitis auftretende Diastase-
vermehrung im Urin.

Die bei florider Rachitis nachweisbare *azidotische* Stoffwechselrichtung wird
heute allgemein als eine *Folge* der rachitischen (GYÖRGY) Stoffwechselstörung
angesehen, es handelt sich wohl um eine durch die Phosphatverluste bedingte
Stoffwechselverlangsamung. Es kann allerdings dabei ein Circulus vitiosus entstehen, da die Azidose ihrerseits wieder zu Vermehrung der Phosphatausscheidung führt.

**Die Bedeutung der Ernährung für Entstehung und Verhütung der Rachitis.
Experimentelle Tierrachitis.** Die Frage, ob die Rachitis tatsächlich als Avitaminose aufgefaßt werden kann, wird noch besonders durch den Umstand erschwert,
*daß Ernährungseinflüsse für die Entstehung der Krankheit von sehr großer Bedeutung
sind.* Einen grundsätzlichen Unterschied gegenüber anderen Vitaminmangelkrankheiten bedeutet dies an sich nicht, es ist bekannt, daß z. B. die B_1-Avitami-
nose langsamer oder schneller manifest wird, je nach der Zusammensetzung
der vitaminfreien Nahrung. Immerhin ist dabei letzten Endes der Vitaminmangel das ausschlaggebende Moment.

Demgegenüber kommt wenigstens die *experimentelle Rattenrachitis* auch bei
völlig vitaminfreier Ernährung nur zustande, wenn die Nahrung in ganz
bestimmter Weise zusammengesetzt ist.

Es ist zuerst McCOLLUM (1) gelungen, durch Verfütterung synthetischer
Diäten bei Ratten Knochenveränderungen zu erzeugen, die denen bei der
menschlichen Rachitis weitgehend gleichen. Damit war ein Versuchsobjekt

gewonnen, das sowohl für die Erforschung pathogenetischer Fragen als auch zur Testung antirachitischer Mittel sich als außerordentlich wertvoll erwiesen hat.

Entscheidend für die Entstehung oder das Ausbleiben dieser experimentellen Rachitis ist das gegenseitige mengenmäßige Verhältnis des in der Versuchsnahrung enthaltenen Phosphors und Kalks. Wird ein bestimmter optimaler Quotient Ca/P eingehalten, bleibt die Rachitis aus, auch wenn die Nahrung frei von Vitamin D ist und das Versuchstier im Dunkeln gehalten wird. Jede Veränderung des Quotienten, sei es durch Vermehrung oder Verminderung des Zählers oder des Nenners führt zur Entwicklung rachitischer Erscheinungen. Indessen zeigen sich gewisse bemerkenswerte Unterschiede, je nachdem ob der Quotient durch Verminderung des Kalk- oder des Phosphoranteils verändert wird. Bei der „kalkarmen" Rachitis entwickeln sich an den Knochen neben den eigentlich rachitischen deutlichere osteoporotische Prozesse. Die „phosphorarme" Rachitis wiederum weist insofern biologische Besonderheiten auf, als sie schon durch Hunger ohne Vitaminzufuhr geheilt wird, was bei der kalkarmen Form nicht der Fall ist.

Beide Formen heilen aus, wenn mit der Nahrung oder durch Bestrahlung Vitamin D gegeben wird. Sie heilen jedoch auch schon dann aus, wenn die Verschiebung des Quotienten wieder ausgeglichen wird.

Wir können also die experimentelle Rattenrachitis als eine „fakultative Avitaminose" bezeichnen. d. h. der Organismus ist, sowohl in bezug auf die Heilung wie die Verhütung, auf das Vitamin nur dann angewiesen, wenn die Nahrung unzweckmäßig zusammengesetzt ist.

Es fragt sich nun, welche Folgerungen sich aus diesen Beobachtungen für die menschliche Spontanrachitis ergeben. Die häufig wiederholte Behauptung, daß ganz allgemein aus den bei der rein experimentellen Rachitis gewonnenen Beobachtungen keine Schlüsse auf die Pathogenese der Spontanrachitis gezogen werden dürfen, ist nicht berechtigt. Bei jungen Hühnchen z. B., die leicht an Spontanrachitis (sog. Beinschwäche) erkranken, kann durch die gleiche Versuchsanordnung, die zur Rattenrachitis führt, ebenfalls eine experimentelle Rachitis hervorgerufen werden, deren Erscheinungen auch in stoffwechselchemischer Hinsicht mit der spontanen Hühnerrachitis und andererseits auch mit der menschlichen Spontanrachitis weitgehend übereinstimmen.

Die außerordentlich große Bedeutung von Ernährungseinflüssen ist in erster Linie bei der Säuglingsrachitis zu erkennen. Brustmilchkinder erkranken viel seltener als mit Tiermilch ernährte Säuglinge, vor den schwereren Graden der Rachitis schützt Frauenmilch unter normalen Bedingungen mit Sicherheit. Und dies ist der Fall, obwohl die Frauenmilch ärmer an D-Vitamin ist als die Kuhmilch. Damit scheint eine wesentliche Analogie zu den Verhältnissen bei der experimentellen Rattenrachitis gegeben zu sein, es liegt nahe, auch hier die Unterschiede im Phosphor- und Kalkgehalt der Nahrung für die Rachitisentstehung bzw. -verhütung verantwortlich zu machen. Tatsächlich unterscheiden sich Frauen- und Kuhmilch in dieser Hinsicht ganz erheblich. Die Errechnung des Quotienten ergibt aber, daß eher bei Frauenmilch als bei Kuhmilch eine erhöhte Rachitisgefährdung erwartet werden müßte. Nun soll nach neueren Untersuchungen nicht nur der Quotient als solcher, sondern auch die absoluten Mengen des mit der Nahrung gegebenen Phosphors und Kalks für die Entstehung der Rattenrachitis von Bedeutung sein (Querido), in dem Sinne, daß erhebliche Verminderung der Phosphor- und Kalkzufuhr allein schon rachitisbegünstigend wirken würde. Damit werden jedoch die Schwierigkeiten noch größer, denn die Frauenmilch enthält etwa 7mal weniger Kalk und 5mal weniger Phosphor als die Kuhmilch, eine Tatsache, die nebenbei eindringlich lehrt, wie zwecklos es ist, die Säuglingsrachitis durch Fütterung mit Phosphor und Kalk verhüten und heilen zu wollen. Es versagt hier also die Analogie zur Rattenrachitis völlig. Man hat sie durch die Hypothese zu retten versucht, daß vielleicht die Verschiebung des Quotienten erst im Säuglingsdarm vor sich gehe. Daß es nicht möglich ist, eine derartige Annahme zu beweisen, geht aus dem hervor, was wir bei Besprechung des Phosphor- und Kalkstoffwechsels erörtert haben. Nach ROMINGER ist die von ihm und seinen Mitarbeitern bei Kuhmilchernährung festgestellte Supermineralisierung des Säuglingsorganismus für die Rachitisgefährdung des Flaschenkindes von Bedeutung. Dabei könnte schließlich auch eine Verschiebung des Quotienten innerhalb des Körpers zustande kommen. Diese Besonderheit des Mineralstoffwechsels bedingt beim Kuhmilchkind nach ROMINGER einen erhöhten Verbrauch an Vitamin D.

Nun liegen die Verhältnisse insofern noch wesentlich komplizierter, als ja nicht nur in bezug auf Phosphor und Kalk, sondern auch auf alle anderen Salze und organischen Bestandteile bei Vergleich der beiden Milchen ganz erhebliche quantitative und qualitative Unterschiede bestehen. Es wäre also denkbar, daß die rachitogenen Eigenschaften der Kuhmilch an die organischen Nährstoffe derselben gebunden sein könnten. Derartige Vermutungen sind schon von älteren Pädiatern geäußert worden, sie haben durch neuere Untersuchungen, die vor allem auf MELLANBY (2) zurückgehen, festere Grundlagen erhalten. Es ist von MELLANBY festgestellt und von zahlreichen Nachuntersuchern bestätigt worden, daß in Zerealien, besonders im Hafermehl ein rachitogener Faktor enthalten ist, der als „Toxamin" bezeichnet wird, und im Tierversuch die Rachitisentstehung begünstigt. Durch Säurehydrolyse geht die rachitogene Wirkung verloren. Dieser Rachitisfaktor ist auch in der Milch nachgewiesen. Es ist heute noch gar nicht zu übersehen, welche Bedeutung diese Forschungsergebnisse für das ganze Rachitisproblem haben werden.

Vorläufig können wir also nur soviel sagen, daß die Art der Ernährung nicht nur für die experimentelle Tierrachitis, sondern auch für die Entstehung und Verhütung der menschlichen Spontanrachitis von sehr großer Bedeutung ist. Wie die Rattenrachitis kann auch die Säuglingsrachitis durch Hunger allein günstig beeinflußt werden. Und leichte Grade der Säuglingsrachitis heilen bei Übergang zu Frauenmilch mitunter ohne weitere Vitaminzufuhr aus; es ist damit theoretisch die Möglichkeit gegeben, eine Nahrung zu finden, die ohne Vitaminmitwirkung die Säuglingsrachitis zur Heilung bringen könne. Die Frauenmilch genügt sowohl in bezug auf Verhütung wie Heilung dieser Anforderung in praxi nicht, sie zeigt aber die grundsätzliche Möglichkeit.

Wir sind also berechtigt, wie die experimentelle Rattenrachitis, so auch die Säuglingsrachitis als eine „fakultative" Avitaminose anzusehen.

Spätrachitis und Osteomalacie. Sonderformen der Rachitis. Trotz aller Schwierigkeiten und Unstimmigkeiten erscheint es beinahe leichter möglich zu sein, eine engere pathogenetische Beziehung zwischen der spontanen Säuglingsrachitis und der experimentellen Rattenrachitis zu konstruieren, als zwischen Säuglingsrachitis und der menschlichen *sog. Spätrachitis.*

Die während der Säuglingszeit auftretende Rachitis heilt, auch wenn sie unbehandelt bleibt, im 2.—3. Lebensjahr anscheinend von allein aus. Man bringt diese Erscheinung mit der jenseits der Säuglingszeit nachlassenden Wachstumsgeschwindigkeit in Zusammenhang. In der späteren Kindheit, bis zur Pubertät, entsteht eine floride Rachitis, also die eigentlichen Spätrachitis im Vergleich zur Häufigkeit der Säuglingsrachitis ganz außerordentlich selten und nur unter besonderen Bedingungen. Ein gewisser Zusammenhang mit den Zeiten rascheren Wachstums im Sinne einer Häufung zwischen 5.—8., sowie zwischen 12.—16. Lebensjahr scheint zu bestehen, ist aber nicht sehr ausgesprochen.

Die Entstehung der Säuglingsrachitis wird durch Überfütterung begünstigt, hingegen übt Hunger, wie wir gesehen haben, eine ausgesprochen rachitisverhütende und heilungsbegünstigende Wirkung aus. Säuglinge mit schweren Hungerschäden sind in der Regel frei von Rachitis. Im Gegensatz hierzu häuft sich die Spätrachitis in Zeiten des Hungers, auch die Osteomalacie entwickelt sich in erster Linie auf der Grundlage des Hungers, wie besonders Beobachtungen aus China beweisen. In Deutschland haben wir eine besondere Häufung der Spätrachitis in den Hungerjahren der Kriegs- und Nachkriegszeit gesehen. Die stoffwechselchemischen Verhältnisse sind bei den Spätformen der Rachitis weniger systematisch durchforscht, als bei der Säuglingsrachitis. Grundsätzliche Besonderheiten gegenüber der letzteren scheinen nicht zu bestehen. Die Hypophosphatämie tritt oft nicht so ausgesprochen in Erscheinung wie bei der Rachitis des Säuglings, wobei man berücksichtigen muß, daß der anorganische Phosphor im Serum mit zunehmendem Alter allmählich absinkt. Beim älteren Kind und beim Erwachsenen ist ein Serumphosphorwert von 3 mg-% als normal anzusehen.

Es ist unwahrscheinlich, daß die Hungerrachitis mit einer zu geringen Vitaminzufuhr zusammenhängt. Die beiden einzigen Nahrungsmittel, die aktives Vitamin D in nennenswerter Menge enthalten, Lebertran und Eigelb, spielen in der Durchschnittsernährung des größeren Kindes und Erwachsenen keine entscheidende Rolle. Es wäre ja auch dann wieder zu fragen, warum der hungernde Säugling ohne Eigelb und Lebertran und ohne sonstige orale Vitaminzufuhr rachitisfrei bleibt. Nun hat man behauptet, daß in solchen Hungerzeiten auch die Zufuhr an Provitamin unzureichend sei. Dieser Erklärungsversuch kann nicht befriedigen. Denn es ist immer wieder beobachtet worden, daß auch die Hungerspätrachitis im Sommer, also unter dem Einfluß der Sonnenwirkung ausheilt und im Winter wieder manifest wird, sofern die Hungerschädigung weiterbesteht. Also muß genügend aktivierbares Provitamin im Körper vorhanden sein. Am wahrscheinlichsten erscheint die Annahme einer Erschöpfung des Vitaminbestandes bei der *Schwangerschafts*osteomalacie, da die Mutter aktives Vitamin D an den Fetus abgibt. Dazu kommt der Aufbau des fetalen Knochensystems aus mütterlicher Substanz, so daß in diesem Sonderfalle wohl vorstellbar ist, daß exogener Vitaminmangel die Krankheit auslösen kann.

Damit steht auch in Übereinstimmung, daß zur Heilung der Schwangerschaftsosteomalacie sehr große Mengen von Vitamin D notwendig sind. Die eigentliche Spätrachitis beansprucht hingegen auch insofern eine Sonderstellung, als sie sich gegenüber Vitamin D-Zufuhr nicht selten durchaus refraktär verhält, während eine wirkliche Vitaminresistenz bei der Säuglingsrachitis praktisch nicht vorkommt.

Eine Unbeeinflußbarkeit durch Vitamin D zeigt sich relativ häufig bei den im ganzen seltenen sporadischen Fällen von Spätrachitis, wie wir sie außerhalb von Hungerzeiten beobachten und bei denen meist auch anamnestisch eine schwerere exogene Hungerschädigung nicht festgestellt werden kann. Mitunter hat man in solchen Fällen eine Wirkung des zugeführten Vitamin D erst bei Nahrungsänderung, Umstellung auf alkalische Kost, beobachtet.

So gibt uns die Spätrachitis eigentlich noch größere Rätsel auf als die Säuglingsrachitis.

Verhältnismäßig oft findet man bei der genauen Untersuchung von Kindern mit Spätrachitis Besonderheiten, die vermuten lassen, daß da die Rachitis nur Teilerscheinung einer schweren Anlagestörung darstellt.

Ein Teil dieser Fälle weist schwere funktionelle Nierenstörungen auf. Man faßt sie unter dem Begriff der *renalen Rachitis* zusammen. Meist besteht gleichzeitig

eine oft sehr erhebliche Wachstumshemmung. Die rachitischen Symptome entwickeln sich gewöhnlich erst lange Zeit nach dem Manifestwerden der Wachstumsstörung. Es ist dieser renale Zwergwuchs also keineswegs eine *Folge* der
Rachitis, vielmehr liegt hier der seltene Fall vor, daß eine Rachitis sich auf dem
Boden einer Wachstumshemmung entwickelt. Die renale Rachitis ist keine
ganz seltene Krankheit, so daß es heute als ärztliche Regel gelten muß, in jedem
Falle von Spätrachitis eine genaue Nierenfunktionsprüfung durchzuführen. Bei
der röntgenologischen Untersuchung und bei der Obduktion findet man meist
schwere Mißbildungen der Niere und der ableitenden Harnwege.

GYÖRGY hat die renale Rachitis als ein Beispiel dafür angesehen, daß durch
Verschiebung des Quotienten Ca : P im Organismus unmittelbar eine Rachitis
ausgelöst werden kann. Bei den ersten Fällen nämlich, die man genauer untersuchen konnte, fand sich im Gegensatz zur gewöhnlichen Rachitis eine beträchtliche Erhöhung des anorganischen Serumphosphatwertes und im weiteren Verlauf
eine Senkung des Serumkalkes. Die Phosphatstauung kann als Folge der Nieren-
ausscheidungsstörung gedeutet werden. In den letzten Jahren hat sich die
Kasuistik erheblich vermehrt und dabei hat sich gezeigt, daß die Verschiebung
des Phosphor- und Kalkwertes keineswegs eine obligate Voraussetzung für die
Entstehung der rachitischen Erkrankung ist. Es sind Fälle beobachtet worden,
bei denen lange Zeit hindurch wie bei der gewöhnlichen Rachitis eine Erniedrigung
des anorganischen Serumphosphors bestand, erst mit zunehmender Insuffizienz
der Nierenfunktion entwickelte sich eine *Hyper*phosphatämie.

Es kann also nicht die renale Rachitis, wie GYÖRGY gehofft hatte, ohne
weiteres zur Klärung der Rachitispathogenese überhaupt verwertet werden.
Auch die Pathogenese der renalen Rachitis selbst muß vorerst noch als durchaus
unaufgeklärt gelten. Gegenüber der Behandlung mit Vitamin D verhält sie
sich nicht einheitlich, die meisten Fälle werden durch Zufuhr von Vitamin D
nicht beeinflußt, gelegentlich kann man jedoch, wenn auch nur vorübergehende
Heilwirkungen erkennen. Nach einer neueren Auffassung, die besonders von
LOESCHKE vertreten wird, ist die renale Rachitis ebenso wie der Zwergwuchs
überhaupt nicht als ein *Folge*zustand der Nierenkrankheit anzusehen, sondern
Nierenleiden, Wachstumshemmung und Rachitis sind gleichgeordnete Erscheinungen einer gemeinsamen schweren Anlagestörung. Diese Annahme hat
viel Wahrscheinlichkeit für sich, denn man findet ganz allgemein, daß Mißbildungen, ob sie anatomisch nachweisbar sind oder sich nur in funktionellen
Störungen äußern, selten ganz isoliert auftreten, es zeigt sich bei genauer Untersuchung fast immer, daß mehrere Störungen nebeneinander vorhanden sind.

Im gleichen Sinne sind vielleicht auch solche Fälle von Spätrachitis aufzufassen, bei denen gleichzeitig Erscheinungen eines Diabetes mellitus oder auch
Diabetes insipidus festzustellen sind. Auch bei ihnen versagt die Vitaminbehandlung. Versuche, einen Kausalzusammenhang zwischen der Rachitis und
der Störung des Kohlehydrat- bzw. Wasserstoffwechsels zu konstruieren, sind
vorerst rein hypothetischer Natur.

Dem Verständnis zugänglicher erscheinen Rachitisfälle, die — schon im
Säuglingsalter — zusammen mit schweren Leberstörungen auftreten. Sie sind
als *Rachitis hepatica* von GERSTENBERGER (1) beschrieben worden. Klinisch
und stoffwechselchemisch verhalten sie sich wie die gewöhnliche Säuglingsrachitis, unterscheiden sich von ihr jedoch durch fast völlige Vitamin D-Resistenz.
Es liegt hier die Vermutung nahe, daß, wie auch GERSTENBERGER annimmt,
durch die Leberfunktionsstörung die Resorption des Vitamins erschwert oder
unmöglich ist. Auch bei angeborener Gallengangsatresie kommt diese vitamin-
resistente Form der Säuglingsrachitis vor.

Auch die bei Kindern mit *intestinalem Infantilismus* (chronische Verdauungs-insuffizienz jenseits des Säuglingsalters, HEUBNER-HERTERsche Krankheit, Coeliakie) zuweilen, wenn auch keineswegs gesetzmäßig erscheinende *Rachitis* kann mit einer Resorptionsstörung in Zusammenhang gebracht werden, ob dabei die mangelnde Resorption von Kalk und Phosphaten oder von Vitamin D das wesentliche Moment darstellt, ist nicht entschieden. Jedenfalls ist die Vitamin-behandlung bei diesen Fällen oft ebenfalls erfolglos. Mitunter findet man bei dieser Krankheit nur eine mäßige Hypophosphatämie ohne erkennbare rachitische Erscheinungen an den Knochen, meist zeigt das Röntgenbild lediglich eine, manchmal sehr erhebliche, Osteoporose, wahrscheinlich die Folge der gehemmten Kalkresorption.

Spasmophilie. Unter bestimmten, im einzelnen noch nicht völlig aufgeklärten Bedingungen kommt es im Verlauf der rachitischen Erkrankung im Säuglings-alter zu einer plötzlichen Steigerung des anorganischen Serumphosphates weit über die Normalwerte. Besonders leicht geschieht das in der ersten Frühjahr-zeit, man hat daraus auf einen Zusammenhang mit jahreszeitlich bedingten hormonalen Umstimmungen geschlossen („hormonale Frühjahrskrise").

Zugleich mit dem Auftreten der Phosphatstauung sinkt der Serumkalk auf mitunter sehr niedrige Werte ab, bis herab zu etwa 5 mg-%. Mit dieser blut-chemischen Umstellung, die gewissermaßen das Spiegelbild des Verhältnisses Ca : P bei der unkomplizierten Rachitis darstellt, scheint die Hautbedingung gegeben zu sein für das Manifestwerden der *Säuglingstetanie (Spasmophilie)*. Diese Störung tritt also nur auf der Grundlage einer floriden Rachitis auf, sie kann nicht als selbständiges Krankheitsbild angesehen werden. Die Heilung erfolgt auf dem Umwege über die Rachitis, d. h. mit der Vitaminbehandlung der Rachitis verschwindet auch die Spasmophilieneigung. ROMINGER hat diese Tetanieform als „Heilkrise" der Rachitis aufgefaßt, nach dieser Annahme sollen plötzlich eintretende spontane oder durch Behandlung bedingte Heilungsvor-gänge den spasmophilen Anfall auslösen können. Dieser Hypothese stehen aber neuere Beobachtungen gegenüber, nach denen durch einmalige Gabe einer großen Vitaminmenge eine sehr rasch einsetzende Heilung der Rachitis erzielt wird, ohne daß dabei bisher spasmophile Attacken beobachtet worden sind, wie nach jener Hypothese zu erwarten gewesen wäre. Es scheint im Gegenteil diese Behandlungsmethode auf die manifeste Spasmophilie selbst außerordentlich günstig zu wirken. Wahrscheinlicher ist es, daß im Gegenteil *ungenügende* Behandlung und damit verbundene Verzögerung der Heilung und Rezidiv-neigung eine erhöhte Spasmophiliegefährdung schaffen kann, wie das von GERSTENBERGER (2) angenommen wird.

Es ist nicht ausgeschlossen, daß neben diesen auslösenden Faktoren eine angeborene und vererbbare Veranlagung des Nervensystems wesentlich beteiligt ist. Es sind gegenüber der großen Häufigkeit der Säuglingsrachitis immer nur wenige Kinder, bei denen sich trotz gleicher äußerer Bedingungen eine manifeste Tetanie entwickelt, nicht selten läßt sich in den Familien dieser Kinder eine Neigung zu Nervenkrankheiten verschiedener Art feststellen. Die beim Neu-geborenen und andererseits im späteren Alter auftretenden Tetanieformen haben keine Beziehung zur Rachitis und gehören nicht in den Rahmen dieses Kapitels.

Rückblick. Bei einem zusammenfassenden Überblick über die bisherigen Ergebnisse der Rachitisforschung können wir soviel sagen, daß es berechtigt ist, die Säuglingsrachitis ebenso wie die experimentelle Tierrachitis als „fakul-tative" Avitaminose aufzufassen. Ebenso ist die Annahme gerechtfertigt, daß die Schwangerenosteomalacie im wesentlichen durch einen Mangel an Vitamin D hervorgerufen wird. Es ist aber nach dem bis jetzt vorliegenden Beobach-tungsmaterial nicht möglich, alle Zustandsbilder, die unter dem Begriff der

Spätrachitis zusammengefaßt werden mit Einschluß der Hungerrachitis, auch nur als fakultative Avitaminosen gelten zu lassen. Man kann Krankheitsformen nicht als Vitaminmangelschäden auffassen, deren Entstehung durch Vitaminmangel auch indirekt nicht erwiesen ist und die durch Zufuhr von Vitamin D nicht geheilt werden können. Auch bei den durch Vitamin beeinflußbaren Formen ist die zur Erzielung einer Besserung notwendige Vitaminmenge so auffallend groß, daß man diese Fälle auf Grund des Behandlungserfolges nicht ohne weiteres als Vitaminmangelschäden auffassen kann, wenn man bedenkt, daß der normale Erwachsene bzw. nur noch langsam Wachsende allem Anschein nach sehr geringe Mengen Vitamin D braucht, um rachitisfrei zu bleiben. Denn weder die Ernährung noch die Lebensweise des arbeitenden Menschen gibt die Gewähr für eine erhebliche exogene oder endogene Belieferung mit aktivem Rachitisschutzstoff.

Klinik der Rachitis. Begleitkrankheiten. Rachitis und Wachstum. Zahncaries. Als wichtigstes und leicht feststellbares klinisches Frühsymptom der Säuglingsrachitis gilt seit jeher die Kraniotabes. Sie wird außerdem in der Praxis mit in erster Linie für die Beurteilung des Behandlungserfolges verwertet. Jedoch hat dieses scheinbar so eindeutige und einfache Symptom Anlaß zu mancherlei Irrtümern gegeben, die sich auf die ganze Rachitislehre ausgewirkt haben. Von älteren Kinderärzten ist lange Zeit und mit großer Entschiedenheit die Behauptung vertreten worden, daß angeborene Rachitis eine häufige Erscheinung sei, während sie, wie wir heute wissen, nur ganz selten und nur unter ganz besonderen Bedingungen vorkommt. Diese Behauptung stützt sich auf die Beobachtung, daß bei neugeborenen Säuglingen mitunter eine umschriebene Weichheit der Schädelknochen besteht. Nach der heute fast allgemein angenommenen, vor allem von WIELAND verfochtenen Auffassung ist diese angeborene Schädelweichheit nicht rachitischer Natur. Sie verschwindet ohne Behandlung innerhalb der ersten Lebenswochen. Blutchemisch und röntgenologisch sind keinerlei Anhaltspunkte für eine floride Rachitis zu finden. Von der echten rachitischen Kraniotabes unterscheidet sich diese angeborene Schädelweichheit durch die Lokalisation, man findet sie besonders zu beiden Seiten der Pfeilnaht an den Parietalia auf der Höhe des Schädels („Kuppenweichheit“), während die rachitische Kraniotabes stets am Hinterhaupt im Bereich der Lambdanaht beginnt, allerdings ebenfalls vorwiegend an den Parietalien, nicht, wie oft unrichtig angegeben wird, am Occipitale. Letzteres ist nur in schweren fortgeschrittenen Fällen an der Erweichung beteiligt.

Auch zur Beurteilung des Heilungsvorganges ist die Kraniotabes nicht sehr geeignet. Sie ist nicht selten noch deutlich vorhanden, wenn im Röntgenbild der Röhrenknochen die Heilungserscheinungen schon sicher erkennbar sind.

Gelegentlich tritt bei Säuglingen etwa im 3. Lebensmonat eine geringgradige Kraniotabes auf, die nach einiger Zeit auch ohne antirachitische Behandlung wieder verschwindet, ohne daß aus dem sonstigen klinischen Befund, dem Röntgenbild und der blutchemischen Untersuchung die Diagnose einer floriden Rachitis gestellt werden kann. Ob es sich in solchen Fällen doch um leichteste Formen einer echten Rachitis handelt, ist nicht sicher zu sagen, um so weniger, als die röntgenologische Untersuchung der beteiligten Knochenabschnitte selbst technisch nicht möglich ist. Man wird vorsichtshalber solche Kinder auf jeden Fall antirachitisch behandeln, zumal die Erscheinung besonders bei Frühgeborenen beobachtet wird, die an sich sehr rachitisgefährdet sind. Es ist nicht ausgeschlossen, daß diese eigenartige Form der Kraniotabes ursächlich mit einem zu geringen Kalkvorrat bei den Frühgeborenen zusammenhängt, der durch die sehr spärlichen Kalkmengen, die bei Ernährung mit Frauenmilch dem Kinde zugeführt werden, nicht kompensiert werden kann.

Da überdies neben der angeborenen Kuppenweichheit als allerdings seltene Fälle angeborene Mißbildungen in Form von Lückenschädeln vorkommen, muß die Kraniotabes jedenfalls mit einiger Kritik für die Rachitisdiagnose verwertet werden. Als praktische Regel jedoch empfiehlt es sich, im Falle einer vom 3.—4. Lebensmonat an in Erscheinung tretenden Kraniotabes antirachitisch zu behandeln, auch wenn es nicht möglich ist, die Diagnose röntgenologisch und blutchemisch zu sichern.

Zu den allgemeinen Frühsymptomen der Rachitis beim Säugling gehören verstärkte Schweißabsonderung, besonders im Bereich des Kopfes, Hin- und Herwetzen des Kopfes auf der Unterlage, wodurch Haarverluste an den betroffenen Kopfabschnitten auftreten können. Im weiteren Verlaufe werden die Kinder meist blaß; es handelt sich hierbei oft nur um eine „Scheinanämie", bei der Blutuntersuchung ergibt sich keine nennenswerte Herabsetzung der Hämoglobin- und Erythrocytenzahlen. In manchen Fällen von Rachitis — keineswegs immer den schwersten — entwickelt sich jedoch eine ausgesprochene, mitunter sehr hochgradige Anämie mit Vermehrung der weißen Zellen. und großem Milz- und Lebertumor. Diese JAKSCH-HAYEMsche Anämie ist eine charakteristische Begleitkrankheit der Säuglingsrachitis, bei rachitisfreien Kindern tritt sie in der typischen Form nicht auf. Trotzdem ist es keine „rachitische" Anämie im eigentlichen Sinne. Das ist durch die Tatsache bewiesen, daß unter antirachitischer Behandlung zwar die Rachitis, niemals aber die begleitende Anämie ausheilt.

Derartige Anämien entwickeln sich vor allem bei einseitiger Überfütterung mit Tiermilch, der gleichen Noxe also, die auch die Entstehung der Rachitis begünstigt.

Eine häufige, in schwereren Fällen nie fehlende weitere Begleiterscheinung der Rachitis ist die Hypotonie der Muskulatur; sie macht sich besonders auch an den Bauchdecken bemerkbar und hat dann den rachitischen „Froschbauch" zur Folge, an dessen Entstehung außerdem der bei schwererer Rachitis häufig bestehende Meteorismus beteiligt ist. Als ein pathognomonisches Rachitis-symptom kann diese Tonusstörung nicht aufgefaßt werden, die Behauptung, daß es sich um eine der Knochenrachitis gleichgeordnete „rachitische Myopathie" handle, ist in keiner Weise erwiesen, wenn es auch theoretisch durchaus vor-stellbar ist, daß die Phosphatstoffwechselstörung für die chemischen Vorgänge in der Muskulatur von Bedeutung sein könne. Es sei in diesem Zusammenhang nur kurz auf Versuche von HENTSCHEL und ZOLLER hingewiesen, die in der Muskulatur rachitischer Ratten eine Beeinträchtigung der Lactacidogensynthese festgestellt haben.

Sehr häufig, wenn auch nicht in allen Fällen, machen sich bei rachitischen Säuglingen nervöse und psychische Erscheinungen bemerkbar. Die Gesamt-stimmung verschlechtert sich, die Kinder werden unlustig, schreien, besonders bei Berührung, oft aber auch ohne erkennbare Motive. Der Bewegungstrieb läßt nach, statische Fortschritte bleiben aus oder gehen wieder verloren. Mit-unter entwickelt sich ein eigenartiger Zustand des Stumpfsinns mit katalepsie-artigen Erscheinungen. Man hat diese Symptome unter den Begriff der „cere-bralen" Rachitis gebracht, doch kann auch hier die Annahme eines spezifisch-rachitischen Zustandes nicht als gesichert gelten. Mit der Ausheilung der Grundkrankheit bilden sich alle diese Erscheinungen zurück, die Hemmung der motorischen und geistigen Entwicklung gleicht sich rasch oder allmählich völlig aus.

Es ist daran festzuhalten, daß alle diese Störungen von seiten der Musku-latur, der Psyche und des Nervensystems mit Einschluß der motorischen Hemmungen nur dann als rachitisch bedingt angesehen werden dürfen, wenn

gleichzeitig die rachitische Knochenerkrankung einwandfrei nachgewiesen ist.
Die Nichtbeachtung dieser Regel hat schon verhängsnisvolle Fehldiagnosen zur
Folge gehabt.

Neben, vielleicht auch schon vor der Kraniotabes, treten äußerlich nachweisbare Skeleterscheinungen an den Knorpelknochengrenzen der Rippen auf, sie
verdicken sich und bilden damit den bekannten rachitischen Rosenkranz. Auch
bei Bewertung dieses Symptoms ist Kritik und Erfahrung notwendig, da beim
jungen Säugling die Knorpelknochengrenzen der Rippen bei palpatorischer
Untersuchung auch unter normalen Bedingungen etwas verdickt erscheinen.

Als besonders charakteristisches Skeletsymptom der Säuglingsrachitis gelten
die durch enchondrale Knorpelwucherung hervorgerufenen Epiphysenschwel-
lungen an den Röhrenknochen der Extremitäten, vor allem am distalen Radius-
und Ulnaende. Aber auch diese Veränderungen müssen gegen die auch am
normalen Knochen vorhandenen fühl- und sichtbaren Verdickungen der Knochen-
enden abgegrenzt werden. Am ausgesprochensten zeigen sie sich bei älteren
Säuglingen und ermöglichen dann oft auch noch längere Zeit nach der Rückbildung der rachitischen Störung die Diagnose („Zwiewuchs"). Sie beweisen
also nichts in bezug auf die Aktivitätsdiagnose.

Ziemlich typische Knochenverdickungen treten in schwereren und sich länger
hinziehenden Fällen auch am Schädel auf, sie sind bedingt durch Osteophyt-
wucherungen auf den platten Knochen. Besonders bemerkbar machen sie sich
an den Parietalia und Frontalia und verursachen so das rachitische Caput
quadratum. Differentialdiagnostisch kommt hier höchstens die Lues congenita
in Frage.

Zug- und Druckwirkungen rufen sehr bald Deformierungen der erweichten
Knochen hervor, im Anfang und beim jungen Säugling mitunter ausschließlich
am Schädel durch Abplattung der auf der Unterlage aufliegenden hinteren oder
seitlichen Schädelabschnitte und vor allem im Bereich des mechanisch besonders
in Anspruch genommenen Brustkorbs. Durch Zugwirkung von seiten des Zwerchfells bildet sich die sog. HARRISONsche Furche. Im übrigen muß aber betont
werden, daß keineswegs alle Thoraxdeformitäten, die in späterem Alter gefunden
werden, als Rachitisfolgen gedeutet werden dürfen.

Gerade die bekanntesten Formen, die Schusterbrust, Trichterbrust und die
Hühnerbrust brauchen mit Rachitis gar nichts zu tun zu haben, es handelt
sich, besonders in den sehr ausgeprägten Fällen wohl häufiger um echte, oft
erbliche Mißbildungen. Auch die Verbiegungen der Wirbelsäule werden wesentlich häufiger mit einer überstandenen Rachitis in Zusammenhang gebracht als
es tatsächlich berechtigt ist.

Man muß sogar grundsätzlich die Forderung aufstellen, daß in jedem Einzelfalle einer im allgemeinen als typische Rachitisfolge geltenden Skeletanomalie
(z. B. Coxa vara, O-Beine) kritisch geprüft werden muß, ob ein Kausalzusammenhang mit einer überstandenen Rachitis tatsächlich sicher ist. Es besteht eine
vererbbare Anlage zu derartigen Verbildungen, deren Manifestation allerdings
durch eine rachitische Erkrankung begünstigt werden kann. In einem Falle
eigener Beobachtung hatte sich bei einem Ammenkinde, deren Mutter sehr starke
O-Beine aufwies, eine erhebliche bleibende Krümmung der Tibien entwickelt,
obwohl die fortlaufende sorgfältige Kontrolle des dauernd in klinischer Beobachtung gehaltenen Kindes niemals im Röntgenbild irgendwelche Zeichen einer
floriden Rachitis erkennen ließ.

Nebenbei sei erwähnt, daß bei jungen Säuglingen eine mitunter nicht unerhebliche nach außen konvexe Krümmung beider Tibien eine normale Erscheinung
ist, es wird sehr oft irrtümlich die Diagnose einer Rachitis gestellt, obwohl die
Krümmung gar nicht mit einer rachitischen Erkrankung erklärt werden könnte,

da sie zu einer Zeit zur Beobachtung kommt, wo eine mechanische Beanspruchung der Beine im Sinne einer Belastung noch gar nicht erfolgt ist. Diese physiologischen Krümmungen bilden sich gegen Ende der Säuglingszeit von allein zurück.

Ob nun aber Skeletverbiegungen rachitisch bedingt sind oder nicht, keinesfalls kann aus ihnen auf eine Floridität des rachitischen Prozesses geschlossen werden. Wenn eine Rachitis bestanden hat, dann ist sie oft schon lange abgeklungen, es ist durchaus zwecklos, jedes Kind mit O-Beinen jahrelang mit antirachitischen Mitteln zu behandeln, wie das immer wieder geschieht.

Neben den psychischen und nervösen Hemmungserscheinungen beobachtet man bei der floriden Rachitis anatomische Entwicklungsstörungen: langes *Offenbleiben der Fontanellen, Zurückbleiben des Wachstums* und *der Zahnbildung.*

Die Größe der Fontanelle, wenigstens der großen vorderen Fontanelle, und die Zeit, innerhalb derer vollständiger Fontanellenschluß eintritt, ist individuell ziemlich verschieden. Offenbleiben der großen Fontanelle über den 15.—16. Lebensmonat hinaus kann indessen als sicheres Rachitiszeichen gelten, die Schließung erfolgt nicht selten erst längere Zeit, nachdem die Rachitis als solche zur Ausheilung gekommen ist, was wiederum für die Frage von Bedeutung ist, ob bei jeder jenseits der normalen Schließungszeit noch offenen Fontanelle unbedingt antirachitisch behandelt werden soll.

Auf das Gesamtwachstum, besonders das Längenwachstum kann sich die Rachitis auf zweierlei Art hemmend auswirken. Einmal wird durch rachitische Verbiegungen der unteren Extremitäten das Längenmaß beeinflußt. Das ist selbstverständlich. Viel schwieriger ist die Frage, ob der rachitische Prozeß als solcher unmittelbar zu einer Wachstumshemmung führt. Das ist an sich bei einer Krankheit, die sich vorwiegend an den Wachstumszonen der Knochen abspielt, außerordentlich wahrscheinlich. Aus der röntgenologischen Beobachtung der Heilungsvorgänge, auf die weiter unten zurückzukommen ist, ergibt sich aber kein Anhalt dafür, daß das Längenwachstum der Knochen im Stadium der floriden Rachitis nennenswert eingeschränkt ist. Jedenfalls ist eine bleibende schwere Wachstumsstörung höchstens bei ganz hochgradiger durch Jahre hindurch florid bleibender Rachitis zu erwarten. Ob die Wachstumshemmung bei dem sog. rachitischen Zwergwuchs tatsächlich eine *Folge* der Rachitis darstellt, ist ebensowenig erwiesen wie etwa bei dem Zwergwuchs der renalen Rachitis.

In diesem Zusammenhang ist zu erwähnen, daß von manchen Autoren dem D-Vitamin *neben* der antirachitischen noch eine unmittelbar das Wachstum fördernde Wirkung zugeschrieben wird. So sollen Kinder, die etwa von der 10. Lebenswoche bis zum Abschluß des ersten Lebensjahres dauernd Vitamin D erhalten hatten, am Ende dieser Zeit um etwa 3 cm größer gewesen sein, als unbehandelte Kontrollkinder (SLYKER u. a.). Es ist aber wohl zweifelhaft, ob aus diesem Ergebnis auf eine spezifische, wachstumsbeschleunigende Wirkung des Vitamins geschlossen werden kann.

Daß der Durchbruch des Milchgebisses durch die floride Rachitis gehemmt wird, ist eine gesicherte klinische Tatsache. Doch ist auch hier die individuelle Schwankungsbreite der Zahnungstermine in Rechnung zu stellen, andererseits braucht bei den leichteren Graden der Rachitis der Zahndurchbruch nicht verzögert zu sein.

Wieweit die bei Kindern häufig am bleibenden Gebiß auftretenden, oft schon unmittelbar nach dem Durchbruch zu beobachtenden Zahnveränderungen, die sog. Schmelzdefekte und die für das Kindesalter typische zirkuläre Caries als rachitisch bedingt gelten können, ist umstritten. Daß die rachitische Stoffwechselstörung die Verkalkungsvorgänge an den Zähnen beeinflußt, ist sehr wahrscheinlich. Da die Verkalkung der bleibenden Gebißanlage in die Zeit fällt, in der die Säuglingsrachitis am häufigsten florid ist, muß die Annahme sehr nahe liegen, daß die Säuglingsrachitis sich ungünstig auf die Entwicklung der bleibenden Zähne auswirken könne. Immerhin steht es fest, daß derartige Zahnveränderungen, insbesondere die zirkuläre Caries, auch bei Kindern vorkommen, die soweit das zu ermitteln ist, nie rachitisch gewesen sind. Da aber andererseits diese Zahnkrankheiten am häufigsten in den Schichten gefunden werden, unter denen auch die Zahl der Rachitiserkrankungen am höchsten ist, muß an der Wahrscheinlichkeit einer engen Beziehung zwischen der Säuglingsrachitis und den Zahnstörungen der späteren Kindheit festgehalten werden. Wenn es erst gelungen sein wird, eine wirklich die gesamte Bevölkerung umfassende Rachitisprophylaxe durchzuführen, müßten dann zwangsläufig auch diese Zahnkrankheiten selten werden.

MELLANBY (3) hat als erster zahlenmäßig nachgewiesen, daß durch systematische Vitamin D-Zufuhr eine weitgehende Verhütung der Zahncaries möglich ist. Entsprechend behandelte Schulkinder wiesen im Mittel 1,4 cariöse Zähne auf gegenüber 5,1 bei unbehandelten Kontrollkindern. Die Wirkung des Vitamins beruht in einer Verhütung von Hypoplasien und Fissuren, durch die der Boden für die Entwicklung der Caries geschaffen wird. Daraus wird auch verständlich, daß die Vitamin D-Behandlung der Caries selbst keinen erkennbaren Nutzen haben kann.

In der Symptomatologie der Spätformen der Rachitis stehen, besonders in den Anfangsstadien, subjektive Beschwerden im Vordergrund: Rasche Ermüdbarkeit, Beschwerden beim Stehen und Gehen, reißende und ziehende Schmerzen, die oft in die Muskeln und Gelenke lokalisiert werden, so daß sowohl bei der Osteomalacie wie bei der Pubertätsspätrachitis „Rheumatismus" die häufigste Fehldiagnose darstellt; in vielen Fällen wird infolgedessen die Rachitis erst erkannt, wenn an den erkrankten Knochen Knickungen und Brüche auftreten.

Am stärksten werden gewöhnlich die unteren Extremitäten von den spätrachitischen Veränderungen betroffen, doch können auch andere Skeletteile schwerer befallen werden. Nur der Schädel bleibt fast immer frei, insbesondere gibt es keine Kraniotabes als Frühsymptom. Verbiegungen treten am meisten an den Beinen in Erscheinung, die extrem schweren Erweichungen und Verbiegungen, wie sie die Osteomalacie in ihren schwersten Fällen charakterisieren, kommen bei der Spätrachitis innerhalb des Kindesalters und der Pubertät auch bei jahrelangem Bestehen nicht vor. Spätrachitische Epiphysenverdickungen treten nur bei jüngeren Kindern deutlicher hervor.

Die Reifeentwicklung kann bei Spätrachitikern verzögert sein. Ob das als Folge der Rachitis zu deuten ist, kann nicht sicher entschieden werden, es ist nicht ausgeschlossen, daß auch da eine konstitutionelle Besonderheit vorliegt, auf deren Grundlage sich sowohl die Entwicklungshemmung wie die rachitische Störung entwickelt.

Röntgendiagnostik. Sicherer als die klinische ist für die Erkennung sowohl der Säuglingsrachitis wie der Spätformen die Röntgenuntersuchung. Sie ist neben der blutchemischen Untersuchung unbedingt notwendig, wenn die Diagnose der Rachitis mit *wissenschaftlicher* Sicherheit gestellt werden soll.

Der große Wert der Röntgenuntersuchung liegt darin, daß wir im Röntgenbild die spezifischen rachitischen Knochenveränderungen fast wie am anatomischen Präparat sehen können.

Die Diaphyse des gesunden Röhrenknochens grenzt sich gegen die röntgenologisch nicht in Erscheinung tretende Epiphyse mit einem feinen, glatten und gleichmäßigen Schattenstreifen scharf ab; das Substrat dieses Schattenstreifens ist die präparatorische Verkalkungszone. Unmittelbar dahinter erkennt man im Röntgenbild eine schmale helle Zone, die dem primordialen Markraum entspricht. Die Diaphyse selbst zeigt eine mäßig dichte, gleichmäßig feinmaschige Struktur. Die rachitische Störung beginnt mit einer Unterbrechung der präparatorischen Verkalkung, der Knorpel selbst wächst, wenn auch ungeordnet weiter, die Verkalkungslinie wird unregelmäßig, weist Lücken auf und verschwindet in schweren, fortgeschrittenen Fällen vollständig; zwischen dem wuchernden osteoiden Gewebe ragen die noch vorhandenen Spongiosabälkchen unregelmäßig gegen die Epiphyse vor, im Röntgenbild zeigt sich das Schaftende gleichsam ausgefranst. Bei jungen Säuglingen entsteht in schweren Fällen der Eindruck, als sei das Schaftende weggewischt. Bei älteren Säuglingen, anscheinend besonders dann, wenn die Stützfunktion der Röhrenknochen schon eine Rolle spielt, entsteht eine stärkere Knorpelwucherung in den Randteilen des Schaftendes, mit eingelagerten Kalkresten, die sich in diesem Bereich am längsten halten; auf diese Weise entsteht die Becherform der rachitischen Epiphysen.

Mit fortschreitender Rachitis verändert sich auch die Spongiosastruktur, die physiologische Resorption fertigen Knochengewebes wird nicht mehr durch neue Knochenbildung ausgeglichen, statt dessen wuchert ein kalkloses osteoides Gewebe. Das Röntgenbild zeigt an Stelle der gleichmäßigen Zeichnung eine grobe unregelmäßige, ungleichmäßig dichte, maschige Struktur. Am äußeren Rande der verdünnten Corticalis erscheinen zarte, manchmal ziemlich breite Schattensäume, die durch periostale Osteophytbildung bedingt sind, sie treten besonders an den Konkavseiten gekrümmter Knochen in Erscheinung und regelmäßig auch im Bereich von Infraktionsstellen. Mit fortschreitender Heilung nimmt die Schattenintensität infolge Kalkeinlagerung immer mehr zu. An der Epiphyse erkennt man das Einsetzen des Heilungsvorganges an dem Erscheinen einer neuen präparatorischen Verkalkungslinie, die je nach der Dauer des rachitischen Prozesses entweder noch im Bereich der alten oder mehr oder weniger distal von ihr sich entwickelt. Wie WIMBERGER gezeigt hat, liegt die neue Verkalkungszone ungefähr dort, wo man sie erwarten müßte, wenn der Knochen nicht rachitisch geworden wäre. Das heißt also, daß durch die rachitische Störung eine wesentliche Hemmung des Längenwachstums der Röhrenknochen nicht hervorgerufen wird. Mit fortschreitender Heilung verschwindet die Lücke zwischen der neuen Verkalkungszone und der Spongiosa des Knochenschaftes. Die Strukturunregelmäßigkeiten der Diaphyse bilden sich erst allmählich zurück.

Bei den Rachitisformen jenseits des Säuglingsalters und besonders jenseits der Wachstumszeit treten röntgenologisch die Veränderungen an den Metaphysen zurück hinter den osteoporotischen Erscheinungen des Knocheninnern. Eine bemerkenswerte Erscheinung sowohl bei der Säuglings- wie bei der Spätrachitis sind die sog. Umbauzonen. Es zeigen sich im Röntgenbild quer den Knochenschaft durchsetzende schmale Aufhellungsstreifen, die Infraktionen vortäuschen, aber unscharf begrenzt sind. Wie LOOSER gezeigt hat, liegt dieser Erscheinung ein akuter Umbau des Knochens zugrunde, wobei an Stelle des lamellösen Knochens geflechtartiges Knochengewebe entsteht. Diese Umbauzonen entstehen hauptsächlich an Stellen vermehrter mechanischer Reizung.

Behandlung und Verhütung der Rachitis. So problematisch auch noch die Einordnung der Rachitis in die Gruppe der Vitaminmangelkrankheiten erscheinen mag, für die *Behandlung* ist heute die Zufuhr von Vitamin D die unbestrittene Methode der Wahl, man soll sie auch bei den Formen der Rachitis nicht unversucht lassen, die, wie wir gesehen haben, als mehr oder weniger vitaminresistent gelten müssen, mitunter erlebt man doch Überraschungserfolge.

Ob man die Vitaminbehandlung indirekt durch Bestrahlung oder durch Verabreichung von aktivem Vitamin D durchführt, ist grundsätzlich gleichgültig, bei sachgemäßem Vorgehen sind die Resultate gleich gut.

Jedoch ist im Falle der Strahlenbehandlung eine sichere therapeutische Wirkung nur mit künstlichen Lichtquellen zu erzielen. Die natürliche Sonnenbestrahlung soll so intensiv, als es sich nur irgend durchführen läßt, zur Unterstützung mitherangezogen werden, es besteht in Deutschland auf seiten des Publikums und auch bei manchen Ärzten teilweise noch eine erhebliche Scheu, Säuglinge einer intensiveren Sonnenstrahlung auszusetzen. Die Versuche, durch Verwendung von ultraviolettdurchlässigem Fensterglas den wirksamen Anteil des Sonnenspektrums auch in geschlossene Räume zu bringen, haben in Deutschland bisher praktisch noch keine wesentlichen Resultate ergeben. Es ist jedenfalls weniger kostspielig, die Kinder möglichst viel ins Freie zu bringen.

Die Wirkung des Ultraviolettlichtes beruht nach der heute gültigen Auffassung auf der Aktivierung des in der Haut angereicherten Provitamins, das ist schon aus dem Umstand zu schließen, daß der größte Teil der Strahlung in der Haut zur Absorption kommt. Es ist aber von v. SCHUBERT nachgewiesen worden, daß ein geringer Prozentsatz der jeweiligen Strahlendosis durch die Haut hindurch in das Blut gelangt und dort erst absorbiert wird. Diese wenig beachtete Tatsache ist möglicherweise für die Theorie der Strahlenwirkung nicht ohne Bedeutung.

Die Durchführung der Ultraviolettbehandlung ist technisch einfach. Man bestrahlt bei einem Abstand von 80—100 cm in einer Sitzung Bauch- und Rückenseite des unbekleideten, nur mit der Schutzbrille versehenen Kindes, anfangs mit einer Bestrahlungszeit von einer Minute und steigert allmählich auf höchstens 30 Minuten (je 15 Minuten für Bauch- und Rückenseite). Mit größeren Dosen soll man nie beginnen, weil die Strahlenempfindlichkeit der Haut des Kindes völlig unberechenbar ist. Besondere Dosierungsapparate sind für die Praxis überflüssig, man richtet sich nach dem Verhalten der Haut, indem man sich immer an der Grenze des Erythems hält. Stärkere gefährliche Verbrennungen sind bei einem derartigen vorsichtigen Vorgehen nicht zu befürchten.

Man bestrahlt in ein-, bis zweitägigen Abständen, bei noch größeren Pausen zieht sich die Behandlung zu sehr in die Länge. Im Durchschnitt ist bei nicht zu schweren Säuglingsfällen innerhalb von vier Wochen die Ausheilung erreicht, die Rachitis jenseits der Säuglingszeit erfordert gewöhnlich eine längere Behandlungsdauer.

Die Behandlung mit künstlicher Höhensonne ist in den letzten Jahren gegenüber der oralen Vitaminbehandlung etwas in den Hintergrund getreten, nicht weil sie unzuverlässiger, sondern weil sie kostspieliger ist.

Die direkte Vitaminbehandlung kann mit bestrahlten Sterinpräparaten oder mit Lebertran durchgeführt werden. Das entscheidende ist immer nur, daß die Beibringung der zur Erzielung des Heilerfolges notwendigen Vitaminmenge sichergestellt ist. Das war bei den Handelslebertranen früher vielfach nicht der Fall. Heute stehen standardisierte hochwertige Präparate zur Verfügung, die eine genaue Berechnung der notwendigen Heildosis ermöglichen. Die deutschen Vitamin D-Präparate sind nach internationalen Einheiten (IE.) standardisiert. Leider ist diese internationale Einheit noch nicht international durchgeführt, so daß beim Vergleich deutscher und mancher ausländischer Präparate umständliche Umrechnungen erforderlich sind.

Der „Vigantollebertran" ist mit Vitamin D soweit angereichert, daß er in 1 ccm 600 IE. enthält. Nach den vorliegenden Erfahrungen sind für die Behandlung einer leichteren Säuglingsrachitis etwa 4000—5000 IE. pro die ausreichend, in schweren Fällen wenigstens 7000 IE., bei Spätrachitis und Osteomalacie werden als notwendige Tagesmengen bis zu etwa 14000 IE.

angegeben, doch ist das gar nicht sicher festzulegen, da es eine gesetzmäßige Reaktion dieser Formen auf Vitamin D nicht gibt.

Für die Säuglingsrachitis würden danach vom Vigantollebertran täglich im Durchschnitt 8—10 ccm erforderlich sein, die in zwei Portionen geteilt gegeben werden, da es nicht zweckmäßig ist, einem Säugling in einer Gabe mehr als einen Kaffeelöffel Lebertran zu verabreichen.

Mit der Lebertranbehandlung werden dem Kinde zugleich mit dem Rachitisschutzstoff Calorien zugeführt, die beim jüngeren Säugling erheblich in Rechnung gestellt werden müssen. Ob diese Calorienzufuhr zweckmäßig ist, muß in jedem Einzelfalle überlegt werden. Weiter enthält der Lebertran immer erhebliche Mengen Vitamin A. Daß dieser Umstand für die Rachitisheilung Bedeutung hat, ist nicht erwiesen. Unter Umständen kann es jedoch wertvoll sein, dem Kranken auf diese Weise Vitamin A zuzuführen. Auch das hängt vom Einzelfall ab.

Als ein Nachteil des Lebertrans muß der schlechte Geschmack angesehen werden, beim Säugling spielt das eine geringere Rolle als bei älteren Kindern, die den Lebertran mitunter völlig ablehnen. Bei Verordnung wohlschmeckender Präparate muß man die Sicherheit haben, daß sie genügend Schutzstoff enthalten. Bei jüngeren darmempfindlichen Säuglingen ist die Verabfolgung des Trans unter Umständen bedenklich; wenn auch der Tran ein relativ gut verdauliches Fett ist, ist es doch nicht angezeigt, ihn bei Säuglingen mit akuten Darmstörungen zu verabfolgen.

Das sind in der Hauptsache die Gesichtspunkte, die bei der Frage berücksichtigt werden müssen, ob man den Lebertran in der Rachitistherapie anwenden soll. Daß im Lebertran das *tierische* D-Vitamin enthalten ist (im Vigantollebertran allerdings nur zu einem nichtkontrollierbaren Teil) ist ein besonderer Punkt, auf den noch zurückzukommen sein wird.

Auf jeden Fall besteht kein zwingender Anlaß, den Lebertran durch die bestrahlten Vitaminpräparate ganz verdrängen zu lassen.

Es hat den Anschein, daß heute in Deutschland die meisten Rachitisfälle mit Vigantol behandelt werden. Das Ausland verwendet das gleiche Präparat zum Teil in anderer Konzentration unter anderen Namen. Das heute gebräuchliche Vigantol ist eine ölige Lösung des D_2-Vitamin, in 1 ccm sind 0,3 mg krystallisiertes Vitamin enthalten (1 mg = 50000 IE.). Nach der bei uns üblichen Tropfenrechnung sind also zur Behandlung der Säuglingsrachitis pro die 6—12—15 Tropfen notwendig, die auf zwei bis dreimalige Gaben über den Tag verteilt werden. Bei 6 Tropfen täglich ist der Erfolg allerdings unsicher. Man setzt die Behandlung etwa 3—4 Wochen ohne Unterbrechung fort, im Röntgenbild ist die Heilwirkung spätestens nach 14 Tagen deutlich erkennbar. Da man in der Praxis meist nur auf die unsichere klinische Beurteilung angewiesen ist, wiederholt man die Kur vorsichtshalber nach einer etwa 8 bis 14tägigen Pause oder schließt eine Behandlung mit Lebertran oder Bestrahlung an.

Es ist eine merkwürdige Tatsache, daß noch heute der Wert einer so sicheren Methode, wie sie die Vigantolbehandlung darstellt, von vielen in der Praxis stehenden Ärzten angezweifelt wird. Das hat verschiedene Gründe. Einmal ist die sichere Beurteilung des Rachitisverlaufes auf Grund der äußerlich feststellbaren Symptome tatsächlich schwierig. Daß die Kraniotabes ein in vieler Hinsicht unsicheres Zeichen auch in Hinsicht auf die Erkennung von Heilungsvorgängen darstellt, ist schon gesagt. Wahrscheinlich hat HULDSCHINSKY die antirachitische Wirkung der künstlichen Höhensonne nur entdeckt, weil er seine Fälle röntgenologisch kontrolliert hat, was seine Vorläufer nicht getan hatten.

Dazu kommt, daß in der Praxis das Vigantol fast immer unterdosiert wird. Daran sind die inzwischen zwar verstummten, aber noch immer nachwirkenden alarmierenden Berichte über Vitaminschäden aus der Anfangszeit der

Vigantoltherapie schuld. Eine wichtige, viel zu wenig beachtete Ursache vieler Vigantolmißerfolge ist aber folgender: Für die Durchführung der Behandlung wird meist angeordnet, daß der Einfachheit halber die Tropfen in die Flasche zur Nahrung gegeben werden. Dabei bleibt aber der größte Teil der an sich sehr geringen Vigantolmenge infolge ihrer öligen Konsistenz mit dem unvermeidlichen Flaschenrest zurück und der Säugling erhält nur einen Bruchteil der verordneten Dosis. Es darf also das Vigantol, mit etwas Nahrung vermischt, nur mit dem Löffel verabreicht werden.

Wie sehr man auf Grund mitunter irrig gedeuteter klinischer und experimenteller Beobachtungen die Gefahren einer D-Hypervitaminose überschätzt hat, geht aus den Ergebnissen hervor, die in jüngster Zeit mit der Rachitisbehandlung durch einmalige Verabfolgung großer Dosen eines D-Vitaminkonzentrates erzielt worden sind. Bei dieser „Vitaminstoßtherapie" [HARNAPP (1), SCHIRMER u. a.] werden etwa 10 mg Vitamin D, das sind 500000 IE. als einmalige Dosis gegeben. Schädigungen im Sinne einer Hypervitaminose sind bisher nicht bekannt geworden, die Heilungsvorgänge setzen sehr rasch nach der Vitamingabe ein, schon nach 48 Stunden ist die Beeinflussung der blutchemischen Werte nachweisbar. Besonders günstig sind die Erfolge bei der rachitischen Tetanie, angezeigt ist die Methode ferner bei Fällen, die durch Infekte, besonders Pneumonien kompliziert sind, und schließlich überall da, wo die Durchführung einer fortlaufenden Behandlung in der Außenpraxis nicht gewährleistet ist. Eine Wiederholung des „Vitaminstoßes" scheint nur ausnahmsweise notwendig zu sein. Doch ist etwas endgültiges darüber noch nicht zu sagen, überhaupt müssen wohl erst noch mehr klinische Erfahrungen gesammelt werden, bevor das Verfahren allgemein in die Praxis Eingang finden kann.

Umstritten ist auch noch die Frage, ob sich Wirkungsunterschiede ergeben, je nachdem ob man mit Konzentraten arbeitet, die das Vitamin der Phytosterinreihe (D 2) oder das Vitamin der Zoosterinreihe (D 3) enthalten. Die alte Frage, ob das Lebertranvitamin dem bestrahlten Ergosterin überlegen ist, kann nunmehr eine exakte Beantwortung finden, nachdem es möglich ist, die von Zusätzen freien Vitamine in ihrer Wirkung miteinander zu vergleichen. Es ist vielfach behauptet worden, daß zwischen Lebertran, bestrahltem Ergosterin, bestrahltem Cholesterin, bestrahlter Milch und bestrahlter Hefe Wirkungsunterschiede bestünden. Eine Einigung konnte begreiflicherweise nicht erzielt werden. Beim Vergleich von reinem Vitamin D_2 und Vitamin D_3 wurden zunächst im Tierversuch nicht einheitliche biologische Unterschiede festgestellt, bei Rattenrachitis war Vitamin D_2, bei der Rachitis des jungen Hühnchens Vitamin D_3 überlegen. Bei der Säuglingsrachitis soll Vitamin D_3 günstiger wirken als D_2, sowohl bei fortlaufender Behandlung [BROCKMANN (2), HARTENSTEIN], wie beim Vitaminstoß [HARNAPP (2)]. Demgegenüber hat JACOBY bei keiner dieser Methoden greifbare Unterschiede zwischen Vitamin D_2 und D_3 feststellen können, weder klinisch, röntgenologisch noch blutchemisch.

Die *allgemeine* Ernährungsbehandlung der Rachitis des Säuglings ist insofern nicht von entscheidender Bedeutung, als es möglich ist, durch entsprechend intensive spezifische Behandlung jede Säuglingsrachitis unter Beibehaltung der gleichen Nahrung zu heilen, bei der sie entstanden ist, d. h. durch genügende Zufuhr von Vitamin kann jede in der Nahrung enthaltene Noxe kompensiert werden. Aber fast jede, die Rachitisentstehung begünstigende Ernährungsform führt meist noch zu anderen unspezifischen Schädigungen, die sich ihrerseits bei bestehender Rachitis besonders ungünstig auszuwirken pflegen: Anämie, erhöhte Neigung zu Durchfallstörungen, Herabsetzung der Resistenz gegen Infekte. Aus diesem Grunde muß in jedem Falle von Rachitis die allgemeine diätetische Behandlung aufs sorgfältigste eingestellt werden. Bei Kuhmilchernährung soll die Milchmenge höchstens $^1/_{10}$ des Körpergewichts betragen, als Gesamttagesmenge dürfen 500 g nicht überschritten werden. In schweren Fällen, bei Komplikation durch Infekte besonders, ist Übergang zu natürlicher Ernährung angezeigt.

Die gleichen Grundsätze sind auch bestimmend für die Ernährung des rachitis*gefährdeten* Säuglings. Bis zu einem gewissen Grade ist das jeder Säugling, wir haben gesehen, daß nicht einmal Frauenmilch einen völlig sicheren Schutz bedeutet.

Rachitisverhütende Säuglingsernährung ist also im wesentlichen gleichbedeutend mit zweckmäßiger Ernährung überhaupt, sie muß dementsprechend nach den Regeln der Säuglingsernährungslehre durchgeführt werden. Darauf kann in diesem Zusammenhang nicht weiter eingegangen werden. Nur ein Punkt muß noch erwähnt werden: bei den heute allgemein üblichen Methoden der künstlichen Säuglingsernährung werden Zerealien, Mehle, Schleime, besonders auch Haferschleime in großem Ausmaß als Zusätze zur Kuhmilch und zur Herstellung von Verdünnungsflüssigkeiten verwandt, also Nahrungsstoffe, die nach den oben erwähnten Untersuchungen von MELLANBY (2) rachitogene Eigenschaften haben. Es ist zwar nicht erwiesen, ob die Verfütterung solcher Zerealien innerhalb der künstlichen Säuglingsernährung für die Rachitisentstehung eine praktisch ins Gewicht fallende Rolle spielt, sollte sich das jedoch herausstellen, müßten die Methoden der Säuglingsernährung erheblich umgestaltet werden.

Daß die heute noch im Publikum und auch bei manchen Ärzten sehr beliebte Zufütterung der verschiedensten Kalkpräparate für die Heilung und Verhütung der Säuglingsrachitis von irgendwelchem Nutzen ist, dafür ist weder theoretisch noch auf Grund praktischer Beobachtungen ein Anhaltspunkt gegeben. Sie ist nur gerechtfertigt bei manchen Fällen von Spätrachitis und insbesondere bei *den* Formen der Osteomalacie, bei deren Entstehung Kalkmangel mit großer Wahrscheinlichkeit ursächlich mitbeteiligt ist. Aber auch da kann die Kalkzufuhr immer nur die Vitaminbehandlung unterstützen, niemals sie ersetzen.

Spezifische rachitisverhütende Maßnahmen sind unbedingt angezeigt bei Frühgeborenen und Zwillingen. Nach den im großen Umfang vorliegenden Erfahrungen ist bei solchen Kindern das Ausbleiben der Rachitis nur durch verhältnismäßig große Vitaminmengen sicherzustellen, etwa 3000—4000 IE. pro die. In welcher Form diese Dosis beigebracht wird, ist grundsätzlich ohne Bedeutung. Da Lebertrandarreichung aus diätetischen und fortlaufende Höhensonnenbestrahlung aus pflegerischen Gründen (Abkühlungsgefahr) bei Frühgeburten nicht zweckmäßig ist, wird die Rachitisprophylaxe bei diesen Kindern fast überall mit bestrahltem Ergosterin durchgeführt, den angegebenen Mengen an IE. entspricht eine tägliche Vigantolgabe von etwa 5—7 Tropfen, über 8 Tropfen braucht man nicht hinauszugehen. Es sind das Dosen, wie sie für die Behandlung einer leichteren Rachitis bei normalgeborenen Säuglingen ausreichen. Für diese letzteren genügen etwa 2 Tropfen täglich als prophylaktische Dosis, das sind etwa 1100 IE. Die Behandlung wird nicht ununterbrochen das ganze Säuglingsalter hindurch durchgeführt, nach jeweils vierwöchentlicher Darreichung werden ebensolange Pausen eingeschoben. In der für Rachitis gefährlichen Jahreszeit kann die Pause verkürzt und die Dosis um einen Tropfen pro die erhöht werden.

Die Durchführung einer derartigen fortlaufenden Prophylaxe erfordert von seiten der Pflege Geduld, Ausdauer und Zuverlässigkeit, Eigenschaften, auf die man sich nach den Erfahrungen aller Kinderärzte gerade in den Schichten nicht verlassen kann, in denen die Rachitisverhütung ganz besonders wichtig ist.

Eine das ganze Volk umfassende Rachitisbekämpfung ist nur durch Methoden möglich, bei denen die Mitwirkung der Umgebung des Kindes entbehrlich ist. Aussichtsreicher, als die fortlaufende Vitamin D-Behandlung wäre die einmalige prophylaktische Beibringung eines Vitaminkonzentrats, also der prophylaktische „Vitaminstoß".

Bevor dieser Weg begangen werden kann, müssen erst noch Erfahrungen gesammelt werden über die Wirkungsdauer einer derartigen Prophylaxe, insbesondere aber das Verhalten des Stoffwechsels bei nichtrachitischen Säuglingen unter dem Einfluß der einmaligen großen Vitamingabe. Die Gefahren einer Hypervitaminisierung scheinen bei Gesunden größer zu sein als bei Rachitikern.

Das Ideal wäre eine „stumme" Prophylaxe, d. h. es müßte nur eine derart mit Vitamin D angereicherte Tiermilch als Säuglingsnährung in den Handel kommen, daß die Verhütung der Rachitis gewährleistet ist. Das läßt sich auf verschiedene Weise erreichen: Direkt durch Bestrahlung der Milch, durch Zusatz von Vitamin D zur Milch oder durch Bestrahlung bzw. Vitaminfütterung der Kühe. Die Durchführung dieser Methoden stößt indessen auf sehr große praktische Schwierigkeiten. Die Bestrahlung des Milchviehs oder der Frischmilch ist außerordentlich kostspielig und zudem überflüssig, nachdem es möglich geworden ist, jede Milch durch Zusatz des reinen Vitamins beliebig antirachitisch anzureichern. Tatsächlich ist die Frischmilchbestrahlung durch das „Viproverfahren verdrängt worden, bei dem das bestrahlte Ergosterin mit Trockenmilch vermischt wird. Der Zusatz von 1 g dieses Vipropräparates zu 1 Liter Frischmilch reicht zur Erzielung des antirachitischen Effektes aus. Vom Standpunkte des Kinderarztes ist gegen die Verwendung eines solchen antirachitischen Trockenmilchpräparates nichts einzuwenden. Dagegen ist es nicht zweckmäßig, die Ernährung *nur* mit antirachitisch vorbehandelter Trockenmilch durchzuführen. Die Säuglingsernährung mit Trockenmilch, eine Methode, für die gegenwärtig eine gewisse Neigung besteht, kann keinesfalls als ein Fortschritt angesehen werden.

Nachdem die Wissenschaft alle Grundlagen für eine wirksame Rachitisbekämpfung zur Verfügung gestellt hat, ist ihre Durchführung nur noch eine Frage der Organisation. Die Ausrottung der Säuglingsrachitis ist ein lösbares Problem von höchster sozialer Bedeutung.

Schrifttum.

BERGHEIM: J. of biol. Chem. 70 (1926). — BRAULKE: Z. Kinderheilk. 59 (1937). — BROCKMANN: (1) Z. physiol. Chem. 241 (1936). — (2) Klin. Wschr. 1937.
DEHMUTH: Biochem. Z. 159 (1925).
GERSTENBERGER: (1) Verh. dtsch. Ges. Kinderheilk. Wiesbaden 1929. — (2) Verh. dtsch. Ges. Kinderheilk. Wiesbaden 1930. — GYÖRGY: Behandlung und Verhütung der Rachitis und Tetanie. Berlin 1929. (Gesamte internationale Literatur bis 1929.)
HARNAPP: (1) Klin. Wschr. 1936. — (2) Klin. Wschr. 1938. — HARTENSTEIN: Mschr. Kinderheilk. 1937. — HENTSCHEL u. ZOLLER: Z. Kinderheilk. 44 (1927). — HESS, A.: Z. Kinderheilk. 39 (1925). — (2) Jb. Kinderheilk. 112 (1926). — (3) Amer. J. Dis. Childr. 39 (1927). — HEYMANN: Z. Kinderheilk. 45 (1928). — HULDSCHINSKY: Dtsch. med. Wschr. 1919.
JACOBY: Klin. Wschr. 1938.
KASSOWITZ: Praktische Kinderheilkunde. Berlin 1911.
LOESCHKE: Arch. Kinderheilk. 1937. — LOOSER: Zbl. Chir. 1920.
MAXWELL: Proc. roy. Soc. Med. 28 (1935). — McCOLLUM: (1) J. of biol. Chem. 45 (1921). (2) J. of biol. Chem. 50 (1922). — MELLANBY: (1) Brit. med. J. 1922. — (2) Med. Res. Counc., Spec. Rep. Ser. 93 (1925). — (3) Brit. med. J. 1928.
NICOLAYSEN: Biochemic. J. 31 (1937).
QUERIDO: Acta brevia neerl. Physiol. 5, 25 (1935).
ROMINGER: Verh. dtsch. Ges. Verdgskrkh. Wiesbaden 1934.
SCHIRMER: Verh. dtsch. Ges. Kinderheilk. Würzburg 1936. — SCHUBERT, V.: Dtsch. med. Wschr. 1926. — SHIPLEY, KRAMER and HOWLAND: Amer. J. Dis. Childr. 30 (1925). SLYKER u. a.: Proc. Soc. exper. Biol. a. Med. 37 (1937). — SUGIYMA: Orient. J. Dis. Infants 21 (1936).
WARKANY: Z. Kinderheilk. 46 (1928). — WIMBERGER: Z. Kinderheilk. 35 (1923). — WIELAND: Erg. inn. Med. 6 (1910).
ZUCKER, PAPPENHEIMER u. BARNETT: Proc. Soc. exper. Biol. a. Med. 19 (1922).

5. Mangel an Vitamin E.

Von P. VOGT-MØLLER, Kopenhagen.

EVANS und BISHOP waren es, die bei ihren im Jahre 1922 und den folgenden Jahren ausgeführten Untersuchungen die Entdeckung machten, daß, wenn Ratten von klein auf mit verschiedenen synthetischen Kostformeln ernährt wurden, die der damaligen Anschauung gemäß vollwertig waren, die Tiere zwar nahezu normal wuchsen, daß Männchen wie Weibchen aber nach Verlauf einer gewissen Zeit steril wurden; bevor die Sterilität eintrat, waren die Tiere bisweilen imstande, zu befruchten und die Weibchen fähig, Nachkommenschaft zu liefern (Initialfertilität). Verschiedene Stoffe, natürliche Futterstoffe verschiedener Art oder Extrakte davon, konnten, wenn sie als Zusatz zum Futter verabreicht wurden, die Sterilität verhüten oder heilen. Es wurde angenommen, die Sterilität sei davon verschuldet, daß dem Futter ein fettlöslicher Faktor, das spätere Vitamin E fehlte. Die Vermutung bezüglich der Existenz dieses Vitamins wurde schnell einerseits von SURE (1923/24) und andererseits von MATTILL und seinen Mitarbeitern (1923) bestätigt.

Fortgesetzte Untersuchungen ergaben, daß die durch E-Avitaminose hervorgerufene *Sterilität* bei den beiden Geschlechtern von verschiedener Pathogenese war.

Beim Männchen erfolgte bei E-Avitaminose eine fortschreitende Degeneration und Funktionsunfähigkeit der Testikel, ein von zahlreichen Forschern beschriebenes Verhalten, welches nach MASONS gründlichen und klassischen Untersuchungen (1925, 1926, 1930, 1933) folgendermaßen zusammengefaßt werden kann: Wenn die Männchen von der Entwöhnung an 3—5 Monate lang mit Vitamin E-freiem Futter ernährt worden waren, betrug das mittlere Gewicht der Testikel nur 44% des normalen Gewichts. Die degenerativen Veränderungen in den Testikeln begannen, nachdem die Avitaminose 50—65 Tage gedauert hatte, und nach Verlauf von 100 Tagen hatte praktisch genommen kein einziges Rattenmännchen normale Testikel. Die verschiedenen Stufen in der Entwicklung der Degeneration konnten in Kürze folgendermaßen ausdifferenziert werden: Zuerst Zusammenballung der Spermatozoen in den Kanälen; sodann Verschwinden der Spermatozoen und Degeneration der Spermatiden, während deren Verschmelzung sich Riesenzellen mit zahlreichen Kernen bildeten; danach Degeneration der Spermatocyten und Spermatogonien, die nekrotisch zerfielen, während die Zahl der Riesenzellen abnahm und schließlich nur eine syncytiale Schicht der Sertolizellen übrigblieb; während der Rest des Epithels verschwand, blieben die Leydigzellen ebenso wie die Sertolizellen im großen ganzen intakt. EVANS und BURR (1927) fanden ähnliche histologische Veränderungen, und in den späteren Stadien der Avitaminose betrug das Gewicht der Testikel nur ein Drittel des normalen; makroskopisch waren sie pigmentiert und ödematös. In den späteren Stadien nahm auch der Geschlechtstrieb der Tiere ab.

Die degenerativen Veränderungen in den Testikeln waren anfänglich nicht gleichmäßig verteilt, an einzelnen Stellen fanden sich normale, an anderen pathologische Tubuli. Durch Zufuhr von Vitamin E konnte die Sterilität bei Rattenmännchen nur in den seltensten Fällen behoben werden; die mangelnde Fähigkeit der Regeneration ist eben charakteristisch für die hochgradige Veränderung, die die Samenzellen bei E-Avitaminose, und zwar schon auf einer sehr frühen Stufe derselben, erfahren.

MATTILL und Mitarbeiter (1924), EVANS (1925), EVANS und BURR (1927) und MASON (1925, 1926) legten, wie gesagt, den Grund zu der Pathogenese der Sterilität des Rattenmännchens, und zwar teils durch Beurteilung der physiologischen und pathophysiologischen Verhältnisse der Spermatozoen und teils durch Untersuchung der histopathologischen Verhältnisse des Testisgewebes. Später haben MASON (1930, 1933), KUDRJASCHOV (1930), JUHASZ-SCHÄFFER (1931), KORENSCHEVSKY (1933), ZAGAMI und SINDONI (1933) und RINGSTED (1936) weitere Beiträge dazu geliefert. Der letztere glaubt, die für die E-avitaminotische Testisdegeneration spezifischen Veränderungen seien teils gewisse der anfänglich (in seinen Versuchen etwa am 30. Tag der E-Avitaminose) auftretenden Phänomene, nämlich Cytoplasmabläschen und Spermatiden mit großen Residualcytoplasmaklumpen und teils das tardive Phänomen ausgeprägter Interstitialgewebsatrophie.

Es ist höchst bemerkenswert, daß Avitaminosis E die Sterilität *beim Weibchen* auf eine pathogenetisch ganz andere Weise hervorruft als beim Männchen. EVANS und BISHOPS Entdeckung ist in jeglicher Hinsicht bestätigt worden, zuletzt von URNER (1931). Das Ovar weist bei Avitaminosis E weder anatomische noch physiologische Veränderungen auf: Ovulation, Befruchtung des Eies, Nidation des befruchteten Eies und Bildung von Corpora lutea erfolgen anscheinend völlig normal und die Sterilität wird durch Resorption der implantierten Früchte verschuldet.

Nach EVANS und BURRs Untersuchungen (1927) verlief die Trächtigkeit in den ersten 7 Tagen normal; vom 8. Tage an erfolgte indessen Hemmung und Abnormität der fetalen Entwicklung, die etwa am 13. Tage den Tod der Früchte herbeiführten; danach erfolgt die Resorption der Früchte und später die der entsprechenden Plazenten. Besonders das Mesoderm der Früchte wies eine anormale Entwicklung auf; der Dottersack war von subnormaler Größe, mit weniger Zotten und mesodermalen Blutinseln als normaliter, auch die Entwicklung von Allantois war gehemmt, der mütterliche Teil der Plazenten war kleiner als normal, sonst aber von normaler Struktur; sie fuhren noch mehrere Tage, nachdem die Früchte damit aufgehört hatten, fort zu wachsen, wurden später aber auch resorbiert. Es wurde angenommen, an dem frühen Fetaltod seien Abnormitäten im Dottersack, das späte Allantoisleiden schuld.

Zur Erschöpfung der Vitamin E-Ablagerungen der Rattenweibchen war eine etwa zweimonatige Ernährung mit Vitamin E-freiem Futter erforderlich. Das hing teils davon ab, wie E-vitaminfrei das verabreichte Futter gewesen war und teils von dem Gehalt des Futtergemisches an gewissen Fettstoffen: Reichlich Schweinefett in dem Gemisch rief z. B. eine schnell erfolgende Sterilität mit Umgehung der Initialfertilität hervor. Sobald die avitaminotischen Weibchen genügend E-Vitamin erhielten, hörte die Sterilität auf, aber die über das genügende Maß hinaus vermehrte Zufuhr von Vitamin E bewirkte weder eine Vermehrung der Nachkommenschaft noch eine Erhöhung von deren mittlerem Gewicht.

Von diesen Tatsachen aus wird die *biologische E-Vitaminbestimmung* ausgeführt; qualitativ läßt sie sich einigermaßen genau ausführen, die quantitative Bestimmung ist aber noch mit wesentlichen Schwierigkeiten verbunden. Die prophylaktische wie auch die kurative Methode fußt auf dem Prinzip, die geringste effektive Dosis zu bestimmen, die das Erscheinen der Mangelsymptome verhindert (prophylaktische Methode) bzw die Mangelsymptome zum Schwinden bringt (kurative Methode). Wenn die kurative Methode benutzt wird, die nur bei Weibchen verwendet werden kann, kann man auf zweierlei Weise verfahren: Entweder wird die geringste effektive Einzeldosis bestimmt, d. h. die kurz nach der Befruchtung verabreichte geringste Dosis, die die Beendigung der Trächtigkeit und die Geburt lebender Jungen gewährleistet, oder die geringste effektive Tagesdosis, d. h. die geringste, an jedem der 21 Trächtigkeitstage verabreichte Dosis, die die Geburt lebender Jungen bewirkt. Bei E-Vitaminbestimmungen ist es am besten, die kurative Methode mit Verteilung der Testsubstanz auf die 21—22 Trächtigkeitstage zu benutzen.

Zur Ausführung biologischer E-Vitaminbestimmungen an Rattenweibchen ist ein ziemlich beträchtlicher Tierbestand erforderlich. Es müssen ständig geprüfte E-freie Testtiere wie auch normal ernährte zeugungsfähige Männchen zur Verfügung stehen. Der Fertilität der Männchen muß man sich durch ihre vorherige Paarung mit normalen Weibchen vergewissern. Zur Ausführung der Untersuchung ist es notwendig, den Zeitpunkt festzustellen, wo das Weibchen das Männchen annimmt, ob Oestrus, Samenerguß bzw. Befruchtung stattgefunden hat und schließlich, ob Gravidität, Pseudogravidität oder Resorption der Früchte erfolgt ist. Diagnostische Hilfsmittel sind dabei Vaginalabstrich und Gewichtskurve.

Um so schnell wie möglich E-vitaminfreie Testtiere zu erlangen, ist als Futtermischung für die zu den E-Vitaminuntersuchungen bestimmten *Zuchttiere* eine Kost zu empfehlen, die eine gewisse geringe Menge E-Vitamine enthält, die genügt, um die Fertilität der Zuchttiere durch Generationen aufrechtzuhalten, die aber gleichzeitig so mäßig ist, daß die Jungen mit so kleinen E-Vitamindepots ausgestattet werden, daß sie, wenn die Tiere mit E-vitaminfreiem Futter ernährt werden, im Laufe von 1—2 Monaten erschöpft sind. Als Mischfutter für die *Testtiere* ist eine in calorischer Hinsicht hinlängliche Kost zu verwenden, die alle notwendigen Ernährungsfaktoren[1] enthält mit Ausnahme von E-Vitamin, oder die so arm an E-Vitamin ist, daß Initialfertilität praktisch genommen ausgeschlossen ist. Wenn die Testtiere 31 Tage alt sind, werden sie mit E-vitaminfreiem Futter ernährt; wenn die Pubertät eintritt — am 40. bis 60. Tage — d. h. wenn die Vaginalmembran spontan schwindet, wird mit den täglichen Vaginalabstrichen begonnen. Danach werden die regelmäßig östrierten Ratten, wenn sie 80 Tage alt sind, mit normalen Männchen gepaart. Wenn die Resorptionsgravidität abgeschlossen ist, sind die Rattenweibchen zur E-Vitaminbestimmung tauglich. Von einigen Verfassern [BACHARACH und Mitarbeiter (1937, 1938)] werden die Tiere jedoch zu E-Vitaminuntersuchungen verwendet, ohne eine Resorptionsgravidität durchgemacht zu haben.

Nach RINGSTEDs Untersuchungen (1936) scheint es, als ob die histologischen Veränderungen in den Testikeln bei E-Avitaminose sich zur quantitativen biologischen Bestimmung von E-Vitamin verwenden lassen, da die E-Avitaminose mit charakteristischen histologischen Symptomen verbunden ist, deren Erscheinen durch prophylaktische Zufuhr von E-vitaminhaltigen Substanzen verhütet werden kann; da Testisveränderungen aber, wie gesagt, schwer zu heilen sind, kann lediglich von Benutzung der präventiven Methode die Rede sein. Da die Testisveränderungen nach Fütterung mit E-freiem Futter nach 30 Tagen — nach RINGSTED — deutlich und unzweifelhaft sowie gleichartiger sind als nach längerer Versuchszeit und da es wünschenswert ist, daß diese so kurz wie möglich ist, scheint dieser Zeitraum für die praktische Ausführung der Probe am geeignetsten zu sein. Als Einheit könnte dann nach RINGSTED die geringste E-Vitaminmenge gewählt werden, die, vom Entwöhnungszeitpunkte, dem 31. Lebenstage an täglich verabreicht, imstande wäre, das Erscheinen der Testisveränderungen bei den mit E-freiem Futter ernährten Tieren zu verhindern, aber durch die beträchtlichen Variationen in der individuellen Reaktion der Rattenmännchen auf E-Vitaminmangel kann die Bestimmung dergestalt erschwert werden, daß sie nur qualitativ wird.

---

[1] Es ist nicht zu vergessen, daß eine Reihe verschiedener Kostmängel die Fruchtbarkeit der Versuchstiere zu beeinflussen vermag, wenngleich zwischen der durch Mangel an Vitamin E verschuldeten und der durch Mängel anderer Art hervorgerufenen Unfruchtbarkeit ein ausgeprägter Unterschied besteht.

Wegen der Schwierigkeit der Bestimmung des E-Vitamins ist unser Wissen von dem *Vorkommen dieses Vitamins* in Futterstoffen u. dgl. in mancherlei Hinsicht noch verhältnismäßig unvollkommen. Evans und Burr (1927) und Sure (1930) haben über den E-Vitamingehalt verschiedener Stoffe berichtet. Im großen ganzen ist der tierische Organismus arm an E-Vitamin; es wird vorzugsweise, obwohl in geringer Menge, in Muskel- und Fettgewebe angetroffen, und nur, wenn die Tiere E-vitaminhaltiges Futter bekommen haben; die inneren Organe sind arm an E-Vitamin, beispielsweise ist es in Lebertran nicht enthalten. Es hat sich ferner herausgestellt, daß Rattenfrüchte dies Vitamin intrauterin aus dem Organismus der Mutter beziehen, sowie daß der geringe E-Vitamingehalt der Kuhmilch je nach der Ernährung der Kuh wechselt und z. B. zunimmt, wenn das Futter aus frischer Luzerne besteht.

Dieses Vitamin ist in verschiedenen Pflanzenprodukten enthalten. Weizenkeime und Weizenkeimöl sind die Hauptstoffe gewesen bei experimentellen und therapeutischen Untersuchungen sowie der Ausgangsstoff bei Versuchen der Konzentrierung und Reinherstellung. Auch Reisöl (ätherischer Extrakt aus Reisschleifmehl) hat sich als vortreffliche E-Vitaminquelle erwiesen; aus Lattichblättern und Baumwollsamenöl sind hochaktive E-Vitaminpräparate hergestellt worden. Neueste Untersuchungen haben das Vorhandensein von E-Vitamin in Palmöl erhärtet. Betreffs früherer Angaben über E-Vitamin in vegetabilischen Ölen und sonstigen Stoffen sei auf die Tabelle in „Vitamins, a Survey of Present Knowledge" (Medical Research Council 1932) verwiesen; bei diesen Angaben sind aber angesichts der großen Unsicherheit in bezug auf den E-Vitamingehalt der verschiedenen Öle gewisse Vorbehalte zu machen.

Die chemischen und physikalischen Verhältnisse des E-Vitamins sind recht gründlich geprüft worden. Vitamin E ist fettlöslich, es läßt sich aus dem natürlichen Produkt mit Äther, Aceton, Äthylacetat, Schwefelkohlenstoff usw. ausziehen; es ist in Wasser unlöslich; es ist sehr resistent gegen Erhitzung, Licht, Luft, Säure und Alkalien. Weizenkeimöl kann gekocht, getrocknet und gehärtet werden, ohne daß das darin enthaltene Vitamin zerstört wird. Durch Evans und Burrs (1927) und Mattills (1927) Untersuchungen wurde dargetan, daß das Vitamin E zugrunde geht, wenn Fett und Öl ranzig werden, und spätere Untersuchungen von Cummings und Mattill (1930/31), Mattill und Crawford (1930) und Olcott und Mattill (1934) haben ergeben, daß die durch die Sauerstoffaufnahme des betreffenden Fettstoffs hervorgerufenen Autooxydationsprozesse durch Bildung von Peroxyden und peroxydartigen Stoffen die Zerstörung des E-Vitamins herbeiführen. Durch einige Beobachtungen bei der Extraktion des Weizenkeimöls werden diese Befunde erhärtet, denn Vogt-Møller (1932) wies nach, daß mit peroxydhaltigem Äther ausgezogenes Weizenkeimöl nur $^1/_3$—$^1/_{10}$ derjenigen E-Vitaminmenge enthielt, die es enthalten hätte, wenn einwandfrei peroxydfreier Äther zur Extraktion benutzt worden wäre. Waddel und Steenbocks (1928, 1931) Methode zur Herstellung E-vitaminfreier Kost durch Vermischung gewöhnlichen Zuchttierfutters mit einer ätherischen Ferrichloridlösung dürfte auf der Zerstörung des E-Vitamins infolge der katalytischen Wirkung des Ferrichlorids auf die Peroxydbildung im Äther fußen.

Evans und Burr (1927) machten ihre ersten Versuche der *Herstellung von Vitamin E-Konzentrationen* mit Hilfe von Verseifung von Weizenkeimöl mit alkoholischem Kaliumhydroxyd; dabei verblieb das Vitamin E in dem unverseiften Teil, woraus es mit Hilfe von Pentan ausgezogen und weiterkonzentriert werden konnte, wobei das Pentan mit warmem Methylalkohol und dieser wiederum mit Petroleumäther ausgezogen wurde; nach der Ausfällung der inaktiven Sterine mit Digitonin und nochmaliger Verseifung mit warmem alkoholischem

Kaliumhydroxyd und erneuter Ausfällung mit Digitonin mit nachheriger Konzentrierung in kochendem Methylalkohol und schließlich fraktioneller Destillierung in vacuo, wurde ein Vitamin E-Präparat erzielt, welches zwar recht hochaktiv war, nach dessen Charakter aber in bezug auf die chemischen Verhältnisse des E-Vitamins nichts Sicheres ausgesagt werden konnte. Erst durch die Forschungen der jüngsten Zeit ist man der Chemie dieses Vitamins auf die Spur gekommen. Zahlreiche darauf bezügliche Versuche sind von OLCOTT (1934, 1935), OLCOTT und MATTILL (1931, 1934), sowie von DRUMMOND und Mitarbeitern (1935a, b) ausgeführt worden, aber erst EVANS', EMERSON und EMERSONs Versuche (1936) stellten einen Fortschritt dar; sie stellten Allophanate aus dem sterolfreien, nicht verseifbaren Teil des Weizenkeimöls her und zerlegten sie durch fraktionierte Krystallisation in vier krystallinische Allophanate, von denen zwei in nichtkrystallinische alkoholische Stoffe umgewandelt werden konnten, die von EMERSON und Mitarbeitern (1936) α- und β-Tocopherol genannt wurden und beide E-Vitaminwirkung hatten. EMERSON und Mitarbeiter haben ihre früheren Arbeiten im Jahre 1937 bestätigt und erweitert: α-Tocopherol ist aus Palmöl, Weizenkeimöl und Lattichblätterfett hergestellt worden, β-Tocopherol dagegen nur aus Weizenkeimöl; ein γ-Tocopherol ist aus Baumwollsamenöl, möglicherweise auch aus Palmöl hergestellt worden, seine Existenz ist aber unsicher. Außerdem haben KARRER und Mitarbeiter (1937) aus Weizenkeimöl ein neues Tocopherol, das Neotocopherol hergestellt und schließlich haben DRUMMOND und HOOVER (1937) Untersuchungen über die Tocopherole angestellt. Jüngst hat FERNHOLZ (1937) ermittelt, daß durch thermische Spaltung von α-Tocopherol Durochinol gebildet wird. Das dementsprechende Chinon wurde von McARTHUR und WATSON (1937) durch Behandlung von α-Tocopherol mit Selen isoliert. Ähnliche Ergebnisse werden von TODD und Mitarbeitern (1937) und von JOHN (1937) veröffentlicht, die aus konzentrierten Weizenkeimölpräparaten Pseudo-Cumotocopherol und Pseudo-Cumochinol herstellten. BERGEL und Mitarbeiter (1937) haben entsprechende Präparate aus β-Tocopherol hergestellt.

Diese Untersuchungen in Verbindung mit Aufschlüssen über die antioxygenen Eigenschaften der Tocopherole [OLCOTT und EMERSON (1937)] stützen FERNHOLZ (1937) Vermutung, die Tocopherole seien Mono-Ester von Durohydrochinon und die Vitamin E-Aktivität sei somit an ein oder mehrere Mono-Ester von Durochinol oder Pseudo-Cumochinol geknüpft, wenngleich dies mit den spektroskopischen Verhältnissen nicht ganz in Einklang steht. Durochinol, Pseudo-Cumochinol, und konzentrierte Vitamin E-haltige Präparate wie auch α- und β-Tocopherol absorbieren nämlich maximal bei 295 mμ, wogegen die Mono-Ester von Durochinol ihre maximale Absorption bei 283 mμ haben. EVANS' 2 Tocopherole scheinen keine qualitativen physiologischen, ihren physikalisch-chemischen entsprechenden Unterschiede aufzuweisen. Dagegen scheint das Pseudo-Cumotocopherol nach JOHN (1937) eine von Tocopherol verschiedene physiologische Wirkung zu haben, dieser Unterschied ist aber möglicherweise nur quantitativer Art. Diese Verhältnisse scheinen demnach keine ganz sichere Grundlage abzugeben für die von vielen Forschern angenommene Spaltung des E-Vitamins teils in Faktoren für Männchen und Weibchen, teils in für die Fruchtbarkeit und teils für das Wachstum bedeutungsvolle Faktoren, es hat sich aber gezeigt, daß es wahrscheinlich mehrere verschiedene Stoffe gibt, die E-Vitaminwirkung ausüben, gleichwie verschiedene chemische Stoffe bekanntlich D-Vitaminwirkung haben.

Im Jahre 1928 berichteten EVANS und BURR über Beobachtungen von *Hinterbeinparese bei infantilen Ratten, deren Mütter mit E-vitaminfreiem Mischfutter ernährt worden waren.* Die Paresen erschienen zwischen dem

20. und 25. Tage der Säugungszeit. Einige Tiere wiesen ein initiales schlaff-
paretisches Stadium auf, während bei der Mehrzahl der Tiere von Anbeginn
spastische Paresen auftraten; später erfolgte symmetrischer Haarschwund an
Hinterbeinen, Nates und Hinterkörper sowie Atrophie der Haut. In 20%
der Fälle schwand die Parese spontan; 35% der Tiere starben ohne vorherigen
Gewichtsverlust, während die übrigen alle früher oder später spastisch-paretisch
wurden. Durch Zufuhr von gelbem Mais, Maisöl, Weizenkeimöl und Lattich
konnte das Entstehen der Parese in 100% der Fälle verhütet werden, wenn
diese Stoffe früh genug, d. h. spätestens vom 15. Tage der Säugungszeit an
verabreicht wurden. Kurative Versuche mit E-vitaminhaltigen Stoffen waren
dagegen erfolglos. Daß E-Vitaminmangel die Ursache der Paresen war, wurde
durch den Nachweis der genauen Übereinstimmung zwischen der sterilität-
heilenden und der paresehindernden Fähigkeit des Weizenkeimöls wahrscheinlich gemacht; diese Beobachtung wurde erst im Jahre 1931 von MORELLE
erhärtet, der über ebensolche Paresen bei infantilen Ratten berichtete, deren
Mütter mit einem aus Mehl und Kleie bestehenden Futter ernährt worden waren.
Da Weizenkeime sich fähig erwiesen, das Entstehen der Paresen zu verhindern,
wurde E-Vitaminmangel auch als wahrscheinlichster Urheber derselben angenommen. MASON (1933) berichtete über ähnliche Beobachtungen, er vermochte
die jungen Ratten aber nicht am Leben zu erhalten und glaubte deshalb, das
sei auf die Schwierigkeit zurückzuführen, gerade diejenige E-Vitaminmenge zu
finden, die genügt, um die Ratten am Leben zu erhalten, und die zu knapp
ist, um die normale Entwicklung des Nervensystems in der Lactationsperiode
zu gewährleisten. Auch OLCOTT und MATTILL (1934) konnten EVANS' und
BURRs und MASONs Beobachtungen erhärten.

Nach diesen Untersuchungen ist es als höchst wahrscheinlich zu erachten,
daß das E-Vitamin für die normale Entwicklung des Nervensystems infantiler
Ratten während der Säugungsperiode notwendig ist. MASON (1933) lenkt die
Aufmerksamkeit auf die Analogie zwischen der enormen Entwicklung des
Zentralnervensystems in der Lactationsperiode und der außerordentlichen
Zellproliferation in den Testikeln und der wachsenden Frucht und deutet an,
das E-Vitamin spiele möglicherweise eine wesentliche Rolle für die Synthese
der Chromatinmoleküle oder die Erhaltung des normalen physikalisch-chemischen
Zustandes des Kernchromatins.

In Einklang mit diesen Beobachtungen neurologischer Störungen bei infantilen Ratten, die von mit E-vitaminfreiem Futter ernährten Müttern stammen,
stehen RINGSTEDs (1935) Beobachtungen ebensolcher Störungen bei ausgewachsenen Ratten, die niemals irgendwelchen E-Vitaminzuschuß erhalten hatten
und in der 15.—34. Versuchswoche von mehr oder weniger ausgeprägten Paresen
und Ataxie der Hinterbeine und neurotrophischen Störungen der Haut am
Schwanz, Hinterbeinen und Hinterkörper betroffen wurden. Kurative Versuche mit Weizenkeimöl waren auch in diesen Versuchen erfolglos. Auch BURR,
BROWN und MOSEBY (1937) ermittelten Lähmungen bei ausgewachsenen Ratten,
die mit E-vitaminfreiem Futter ernährt wurden. Im Jahre 1936 berichtete
LIPSHUTZ über eingehende Untersuchungen der bei infantilen Ratten, die von
E-vitaminfreiem Futter lebten, beobachteten Paresen; er bestätigte EVANS
und BURRs (1928) Beobachtungen und lieferte histopathologisches Material
zur Bestimmung der Läsionen im Zentralnervensystem, wobei sich herausstellte, daß sie ihren Sitz in GOLLs und BURDACHs Fasern sowie in den vestibulo-
tecto- und rubrospinalen Bahnen haben.

Hier sei erwähnt, daß GOETSCH (1930) bei Meerschweinchen und Kaninchen
Veränderungen der Muskulatur an Femur und Abdomen nach Ernährung mit
E-vitaminfreiem Mischfutter beobachtet hat. Die Tiere wuchsen 1—2 Monate,

danach blieb ihr Gewicht etwa 1 Monat konstant und nach einem geringfügigen Gewichtsverlust starben sie plötzlich. Gleichzeitig mit dem Aufhören des Wachstums stellten sich Schlaffheit und Muskelschwäche ein. Die von PAPPENHEIMER (1930) angestellte histologische Untersuchung deckte wachsartige und hyaline Nekrose der Myofibrillen und starke Proliferation der Muskelkerne auf. Das nekrotische Gewebe war durch interstitielle Fibrose und Lipomatose ersetzt. Die übrigen Organe, das Myokard, das periphere und das zentrale Nervensystem wiesen keinerlei pathologische Veränderungen auf. WOOD und HINES (1937) ermittelten ebensolche Veränderungen in der Muskulatur (ähnlich der Dystrophia muscularis progressiva) bei Meerschweinchen, denen E-Vitamin entzogen wurde.

Schließlich haben EINARSON und RINGSTED (1938) eine sehr eingehende Arbeit über den Einfluß chronischen E-Vitaminmangels auf das Zentralnervensystem und die Skeletmuskulatur ausgewachsener Ratten veröffentlicht. An Hand histologischer Untersuchungen gelangen sie zu folgendem Ergebnis: Weizenkeimöl enthält einen Faktor (Vitamin E), dessen Fehlen in der Kost im Zentralnervensystem eine Degeneration von ähnlicher Lokalisation und Ausdehnung bewirkt, wie sie sonst bei Tabes dorsalis und amyotrophischer lateraler Sklerose wahrgenommen wird. Meistens glichen die trophischen Veränderungen in der Muskulatur denjenigen, die bei spinaler progressiver Muskelatrophie angetroffen werden, in vereinzelten Fällen den bei Dystrophia muscularis progressiva beobachteten.

Das E-Vitamin scheint außer den bereits erwähnten Wirkungen auch *Einfluß auf das Wachstum* zu haben. Dies wurde ebenfalls durch EVANS' Untersuchungen aufgedeckt. Dieser Forscher (1928/29) bemerkte nämlich, daß seine weiblichen Kontrolltiere, die E-vitaminfreies Futter + täglichem Zuschuß einer genügenden Menge Weizenkeimöl erhielten, nach 7—8 Monaten besser wuchsen und gediehen als die Versuchstiere, die kein E-Vitamin erhalten hatten. Bei Rattenmännchen wurde ein ebensolches Verhältnis ermittelt. Das bessere Wachstum und der bessere Allgemeinzustand schienen von Geschlecht und etwaigen endokrinen Wachstumsstimuli unabhängig zu sein, denn ein ebensolcher Unterschied im Wachstum machte sich bei kastrierten Rattenmännchen bei E-vitaminfreier Fütterung und solchem Futter mit Zuschuß von Weizenkeimöl bemerkbar. Auch RANDOIN und NETTER (1934) wiesen nach, daß der tägliche Zusatz von 2 Tropfen Weizenkeimöl zu dem E-vitaminfreien Futter ein im Vergleich mit den Kontrolltieren, die kein Weizenkeimöl erhielten, besseres Wachstum und eine Verlängerung der absoluten Lebensdauer bewirkte. Da das benutzte Weizenkeimöl weder A-Vitamin noch Carotin enthielt, wurde angenommen, es enthalte einen oder mehrere neue unbekannte Wuchsfaktoren, die jedoch mit dem E-Vitamin wahrscheinlich nicht identisch sind. BLUMBERG (1935) hat einige Versuche veröffentlicht, die sich auf die etwaige Bedeutung des E-Vitamins für das Wachstum beziehen; im Gegensatz zu EVANS' Untersuchungen ergaben diese Versuche aber, daß der besagte Faktor, den BLUMBERG entweder als mit dem E-Vitamin identisch oder möglicherweise als neuen fettlöslichen Wuchsfaktor betrachtete, für die frühe und mittlere Wachstumsperiode eine Rolle spielte. OLCOTT und MATTILL (1936) fanden, daß konzentrierte E-Vitaminpräparate keinen oder zweifelhaften Einfluß auf das Wachstum infantiler Ratten hatten, und glaubten, die berichteten Ergebnisse in der Richtung seien auf andere Faktoren als das E-Vitamin zurückzuführen. Andererseits haben EMERSON und EVANS (1937) unlängst detaillierte Versuchsergebnisse veröffentlicht, durch die die früher von EVANS in bezug auf die Bedeutung des E-Vitamins für ausgewachsene Ratten veröffentlichten Ergebnisse erhärtet werden.

Schließlich hat MARTIN (1937) über Resultate berichtet, durch die BLUMBERGs Resultate bestätigt werden und die zu zeigen scheinen, daß E-Vitamin und Wuchsfaktor nicht identisch sind, da die auf die Stimulierung des Wachstums ausgeübte Wirkung mit dem Effekt auf die Erhaltung der Fruchtbarkeit keinen parallelen Verlauf nahm.

Aus den vorstehenden Ausführungen erhellt, daß sich über die Betätigung des E-Vitamins als Wuchsfaktor bislang nichts Bestimmtes aussagen läßt; diese Frage harrt noch ihrer endgültigen Lösung.

Die Vermutung, das E-Vitamin sei von Bedeutung für den materiellen Aufbau der Zellen, und zwar entweder als integrierender Teil der Moleküle in den Zellen oder als notwendiger Katalysator für gewisse Molekülsynthesen, hat die Anregung gegeben zu *Untersuchungen, ob das E-Vitamin evtl. Einfluß auf die Entwicklung experimenteller oder spontaner maligner Tumoren habe.*

Bei Ratten ermittelte EVANS (1928), daß sich bei E-Vitaminmangel bei Pseudograviditäten spontane Deciduomata bildeten. Beim Hühnerembryo beobachtete ADAMSTONE (1931) abnorme proliferative Prozesse im Blastoderm. DAVIDSON (1934, 1935) fand, daß E-Vitaminmangel die Carcinombildung bei mit Teer gepinselten Mäusen hochgradig förderte, daß die Zufuhr von sehr E-vitaminhaltigen Stoffen diese Entwicklung hingegen hinderte. ADAMSTONE (1934a, b, 1936) wies nach, daß E-Vitaminmangel bei Hühnchen eine Degeneration des Parenchyms der Eingeweide bewirkte, auf die eine starke Zellproliferation folgte, die große Ähnlichkeit mit malignem Zellwachstum hatte und sich bei der Untersuchung im Jahre 1936 als Lymphoblastoma erwies. Dagegen fand MARCHESI (1933), daß weder Mangel noch Überschuß an E-Vitamin Einfluß auf die Entwicklung von JENSENs Rattensarkom hatte. Ebensowenig fanden CAMERON und MELTZER (1937) und HADDOW und RUSSELL (1937) einen Einfluß des E-Vitamins auf die Carcinomentwicklung bei Mäusen, die mit Dibenzanthracen bzw. 3—4 Benzpyrin behandelt wurden. Isoliert stehen ROWNTREE, LANSBURY und STEINBERGs (1937) sowie DORRANCE und CICCONES' (1937) Berichte über das Vorkommen von Sarkom bei Ratten, die außer dem gewöhnlichen Mischfutter reichliche Mengen Weizenkeimöl erhielten. Da diese Ergebnisse indessen mit einer einzigen von vielen Ölproben erzielt wurden und bei Fütterung mit äquivalenten Mengen des unverseifbaren Teils des nämlichen Öls nicht reproduziert werden konnten, scheint es sicher zu sein, daß die Carcinomentwicklung nicht vom E-Vitamin verschuldet ist. Nach BACHARACHs Untersuchungen (1937/38) soll bei den Versuchsratten, wenn sie einen Zuschuß von 10% Weizenkeimöl erhielten, niemals die geringste Tumorbildung wahrgenommen worden sein.

Bei den letztjährigen Untersuchungen *der Physiologie des E-Vitamins* ist die Frage Gegenstand der Untersuchung gewesen, ob dieses Vitamin direkt in den materiellen Aufbau der Zellen (der Frucht, des Samenepithels, des Nervensystems) eingreift oder ob die bei Vitaminmangel wahrgenommenen pathologischen Verhältnisse darauf zurückzuführen sind, daß das für den Stoffwechsel gewisser anderer Gewebe (insbesondere der endokrinen Drüsen) erforderliche E-Vitamin fehlt, so daß abnorme Stoffwechselprodukte zirkulieren und das Gewebe beschädigen; und schließlich, ob das E-Vitamin an der Bildung gewisser Hormone beteiligt ist.

Wenn das E-Vitamin primär für den Stoffwechsel anderer Organe erforderlich wäre und die Veränderungen im Embryo, im Samenepithel und im Nervensystem sekundär wären, so wäre zu erwarten, daß die Veränderungen in den anderen Organen zu einem Zeitpunkte angetroffen würden, wo die bekannten E-Vitaminmangelsymptome noch nicht in Erscheinung getreten wären. Alle früheren darauf bezüglichen Untersuchungen ergaben aber bei E-Vitaminmangel normale histologische Verhältnisse; darauf, daß der Organismus unter gewöhnlichen Verhältnissen E-Vitamin benötigt, deutet der Umstand, daß die

Depots sich auch bei nicht trächtig werdenden Rattenweibchen zu vermindern schienen.

Die jetzt so bekannte Wechselbeziehung zwischen Hypophysenvorderlappen und Gonaden hat natürlicherweise zu vielen Untersuchungen im Hinblick auf etwaige Hypophysenveränderungen bei E-Vitaminmangel angeregt. Die bisherigen Ergebnisse sind zwar etwas verschieden und zum Teil sogar widersprechend, einige experimentelle Untersuchungen scheinen jedoch auf sichere pathohistologische Veränderungen teils in der Hypophyse und teils in der Schilddrüse zu deuten, welcher Zusammenhang zwischen diesen Veränderungen und den anderen E-Vitaminmangelsymptomen besteht, ist aber noch nicht sicher.

NELSON (1933) fand bei E-avitaminotischen Rattenmännchen eine Zunahme der basophilen Zellen im Hypophysenvorderlappen, d. h. Verhältnisse, die den bei Kryptorchismus oder nach Kastration wahrgenommenen glichen, bei Weibchen wurden dagegen keine Veränderungen ermittelt. Auch STEIN (1935) fand bei E-avitaminotischen Weibchen im Vorderlappen der Hypophyse keine Veränderungen im Gewicht, im Volumen und in den Zellenverhältnissen.

Im Jahre 1937 wies BARRIE indessen bei ausgewachsenen wie auch bei infantilen Ratten, denen E-Vitamin entzogen wurde, degenerative Veränderungen im Hypophysenvorderlappen sowie Hypoplasie in der Schilddrüse nach, weshalb er annahm, das E-Vitamin sei für die normale Funktion der Hypophyse unerläßlich. Diese Untersuchungen bestätigen ROWLANDS' und SINGERs Arbeit (1936), welche zeigte, daß Hypophysenextrakt von Ratten, denen E-Vitamin entzogen worden war, subnormale Mengen des Luteinisierungs- und Follikelreifungshormons enthielt, während Ratten, die von einem vorherigen E-Vitaminmangel geheilt waren, normale Verhältnisse aufwiesen. ROWLANDS und SINGER (1936) betonten jedoch, daß das Hypophysenvorderlappenhormon auf die E-avitaminotischen Symptome bei Rattenweibchen keinen Einfluß ausübte. Andererseits haben weder OLCOTT und MATTILL (1934) noch SAPHIR (1936) gefunden, daß Weizenkeimöl eine follikelreifende oder luteinisierende Wirkung ausübt. VERZARs Ergebnisse (1932), die darauf deuteten, daß gewisse gemutmaßte E-Vitaminmangelsymptome (Veränderungen in der Behaarung, niederer Stoffwechsel) durch Hypophysenvorderlappen-Extrakt aufgehoben werden könnten, stehen vorderhand vereinzelt da; bereits damals aber setzte VERZAR das E-Vitamin in Zusammenhang mit dem gonadotropen Hormon. Nach HERMAN NIELSENs Untersuchungen (1935) scheint das Vorhandensein des E-Vitamins, unter Mitwirkung des Chorionhormons, die Vorbedingung für die Bildung des Corpus luteum-Hormons zu sein, denn der Ausfall der FRIEDMANN-SCHNEIDERschen Schwangerschaftsreaktion, wobei durch Einspritzung von, das Chorionhormon enthaltendem, Schwangerenharn auf Kaninchenweibchen eine Luteinisierung der Ovarien hervorgerufen wird, hängt von der Versorgung der Tiere mit E-Vitamin ab; wenn das betreffende Tier in der Zeit, bevor die Reaktion stattfindet, dies Vitamin nicht erhalten hat, reagiert es schlecht oder sehr oft gar nicht, während es sonst positiv reagiert haben würde. Den letztjährigen Forschungen gemäß erscheint es jedoch zweifelhaft, daß Kaninchen E-Vitamin benötigen [zit. nach MATTILL (1938)].

Die vorstehend beschriebenen Untersuchungen sind hauptsächlich an Ratten angestellt worden. Embryonalresorption und Testisdegeneration sind auch *bei Mäusen* beschrieben worden [BEARD (1926), VOGT-MøLLER (1931, 1932)] und es ist jetzt als einwandfrei festgestellt zu erachten, daß das *E-Vitamin auch für andere Tiergruppen* Bedeutung hat.

CARD (1929) wies nach, daß junge Hennen bei E-freier Kost mehr unbefruchtete und weniger befruchtete Eier legten als normaliter und daß das Ausbrütungsprozent der letzteren allmählich auf Null herabsank. Durch Zuschuß von Weizen-

keimöl zum Futter wurde das Befruchtungsprozent schnell erhöht und die Eier
wurden wieder ausbrütbar. Versuche, das Befruchtungsprozent und das Ausbrütungsprozent bei Hühnern, die mit normalem Mischfutter ernährt wurden,
zu erhöhen, mißlangen hingegen, weil die allermeisten Futtergemische für Hühner
genügend E-Vitamin enthalten; wenn einzelne Hühner trotzdem augenschein-
lich an E-Vitaminmangel leiden, so mögen daran Stoffwechselstörungen oder
schlechte Resorption vom Darmkanal schuld sein.

CARD, MITCHELL und HAMILTON (1930) arbeiteten mit einem nach WADDEL
und STEENBOCKs Angaben (1928) zubereiteten Futtergemisch. Dies Futter
wurde jedoch schlecht vertragen, denn etwa $^1/_3$ der Hühnchen starben in der
Wachstumsperiode. Das erste Gelege von Eiern war fertil, die Entwicklung
stockte aber am 9. Tag, beim nächsten Gelege stockte sie am 4.—6. Tag und
bei späteren Gelegen noch früher. Bereits nach Verlauf von 24 Stunden ließ
sich eine Hemmung in der Entwicklung des Embryos feststellen, und ADAMSTONE
(1931), der die Hühnerembryonen von CARD, MITCHELL und HAMILTONs Versuchen einer genauen histologischen Untersuchung unterwarf, ermittelte, daß
die Gewebsdifferenzierung und das Wachstum bereits im ersten Tage deutlich
langsamer waren als normaliter. Der Tod der Embryonen hatte verschiedene
Ursachen und infolgedessen war der Zeitpunkt des Todes auch verschieden.
Einige Embryonen starben wegen mangelhafter Entwicklung des Kreislaufes
im 1.—2. Tage. Nur wenige überlebten den 4. Tag; zu dem Zeitpunkte hatte
sich eine mesodermale Zellproliferation (lethal ring) gebildet, die den Embryo
gänzlich umgab, die Nabelgefäße komprimierte und Asphyxie und Tod herbei-
führte. Bei vielen Embryonen wurden nach Verlauf von 3 Tagen an verschiedenen
Stellen Blutergüsse vorgefunden. Diese Blutergüsse waren vielleicht von spezifischen histiocytären Mesenchymzellen mit phagocytärer Funktion verschuldet.
Auch Blutungen konnten den Tod der Embryonen verursachen, und zwar
einerseits auf Grund des Blutverlustes, andererseits auf Grund der durch den
Blutverlust verursachten schweren Störung des Stoffwechsels.

BARNUM (1935) wies eine gewisse Proportionalität zwischen dem mit Hilfe
der kurativen Methode bestimmten E-Vitamingehalt der Futtermischung und
dem der Eier nach; auch konnte er CARDs (1929) und CARD, MITCHELL und
HAMILTONs (1930) Untersuchungsergebnisse erhärten. Er wies ebenfalls nach,
daß Eier mit niederem Ausbrütungsprozent, insbesondere Eier, wo der Embryo
im Laufe der ersten Woche starb, sehr wenig E-Vitamin enthielten. Durch
Weizenkeimzuschuß zum E-vitaminfreien Futter konnte der E-Vitamingehalt
der Eier auf die normale Höhe gebracht werden.

In einer späteren Arbeit hat ADAMSTONE (1934 a, b) gezeigt, daß, wenn
Hühnchen E-freies Futter bekommen, pathologische Veränderungen im Cerebel-
lum entstehen, die Ataxie und Muskelschwäche herbeiführen. Damit geht
Degeneration des Parenchyms der Eingeweide einher, auf die eine starke Zellproliferation folgt, welche, wie gesagt, Ähnlichkeit mit malignem Zellwachstum
hat. ADAMSTONE legt dem E-Vitamin infolgedessen einen indirekten Einfluß
auf den normalen Zustand und die mitotische Teilung der Zellkerne bei. ADAM-
STONE und CARD (1934) haben bei Hähnen eine langsame fortschreitende Testisdegeneration nachgewiesen, d. h. ähnliche Verhältnisse wie die bei Ratten und
Mäusen beobachteten.

Schließlich berichtet ENDER (1935), daß Eier von Hühnern, die ein E-vitamin-
armes Futtergemisch mit Überschuß an A-, B- und D-Vitaminen erhielten, von
geringer Fertilität und Ausbrütbarkeit waren. Durch Zuschuß von Weizenkeimöl zum Futter wurden Fertilität und Ausbrütbarkeit beträchtlich erhöht.

Im Jahre 1931 begannen VOGT-MØLLER und BAY einige Untersuchungen von
dem Gedankengange aus, die häufige *nichtinfektiöse Sterilität (Verwerfen) bei*

Kühen (und Säuen) sei möglicherweise nicht von eigentlichen pathologischen Veränderungen in Ovarien und Uterus verursacht, sondern sie habe vielleicht einen komplizierten ursächlichen Zusammenhang mit dem Prinzip und der Art der heutigen Haltung und Fütterung der Kühe (und Säue). Im großen ganzen werden die Kühe ja schon seit Generationen fast ausschließlich im Hinblick auf größtmöglichen Milchertrag und hohen Fettgehalt der Milch gewählt, wobei gleichzeitig der größte Teil der Abfallprodukte aus verschiedenen Industriebetrieben an sie verfüttert wird, und zwar hauptsächlich Öl- und Palmkernkuchen, die zum Teil wenig E-Vitamin zu enthalten scheinen. Demnach bestand die Möglichkeit, daß den Kühen oder wenigstens einigen derselben, E-Vitamin abginge, dessen Menge in der Milch sich, wie gesagt, von der Art des Futters abhängig erwiesen hat. Infolgedessen wurde angenommen, die Behandlung steriler Kühe (Verwerfer) mit E-Vitaminpräparaten könne sich als therapeutisch wertvolles Vorbeugungsmittel erweisen, um so mehr als Verwerfen bei Kühen im Sommer, wo sie frische Weiden abgrasen können, bei weitem nicht so häufig vorkommt wie in der Winterzeit. Die alte Erfahrung, daß die Sterilität bei Säuen durch Grünfutter behoben werden kann, scheint auch dafür zu sprechen, daß E-Vitaminmangel möglicherweise an der Sterilität schuld ist.

VOGT-MØLLER und BAY haben (1931a, b, 1934) Berichte veröffentlicht, aus denen zu entnehmen ist, daß intramuskuläre und subcutane Injektionen eines E-Vitaminpräparates (Weizenkeimöl) ein wertvolles therapeutisches Hilfsmittel zur Heilung chronischen Verwerfens bei sonst gesunden Kühen zu sein scheint. Auch bei Säuen hat Vitamin E sich zur Bekämpfung von Unfruchtbarkeit wirksam erwiesen. Vereinzelte Versuche der Anwendung von Vitamin E bei Stieren mit Hypofunktion der Testikel sind indessen negativ ausgefallen. In vielen Fällen von infektiösem Abort (verursacht durch Brucella abortus) scheint die Behandlung auch wirksam zu sein; diese Verhältnisse sind aber so schwer zu beurteilen, daß sichere Rückschlüsse nur aus einem sehr großen Material abgeleitet werden können. Solch ein gründlich bearbeitetes Material ist jedoch noch nicht vorhanden. Als Indikation für die Behandlung mit E-Vitamin ist deshalb bei Kühen (und Säuen) vorderhand zu verlangen, daß es sich um gesunde und frische Tiere ohne nachweisbare Veränderungen in den Geschlechtsorganen handelt, die trotz wiederholter Brunst nicht trächtig geworden sind. Die von VOGT-MØLLER und BAY erzielten Ergebnisse sind von anderen Forschern, z. B. von DRYERRE (1933) und TUTT (1934) erhärtet worden. Ferner hat MOUSSU (1937) bei Kühen mit infektiösem Abort durch prophylaktische Behandlung mit Weizenkeimöl außerordentlich günstige Resultate erzielt, während diese Behandlung nach RISSE (1937) in solchen Fällen nicht so befriedigend ist.

Im Jahre 1931 veröffentlichte VOGT-MØLLER einen Bericht über das ermutigende Ergebnis der *Behandlung habituellen Abortes* mit Weizenkeimöl.

In seinem ersten Artikel berichtete VOGT-MØLLER (1931) über 2 an habituellem Abort leidende Frauen, von denen die eine viermal und die andere fünfmal abortiert hatte; nach der Behandlung mit Weizenkeimöl erfolgte bei beiden die Geburt eines lebenden ausgetragenen Kindes. In einem späteren Artikel berichtete VOGT-MØLLER (1933) über 20 Fälle von habituellem Abort, die mit Weizenkeimöl oder sehr E-vitaminhaltigen Präparaten behandelt wurden. Diese Frauen hatten vorher 2—6mal abortiert und 17 derselben bekamen danach lebende Kinder. Die Behandlung einfacher Sterilität war hingegen nicht so ermutigend.

Nach VOGT-MØLLERs erstem Artikel berichtete JUHASZ-SCHÄFFER im Jahre 1933 über 5 Frauen mit habituellem Abort, die nach der Behandlung mit E-Vitamin sämtlich lebende Kinder gebaren und 1935 und 1936 veröffentlichten

WATSON und WATSON und TEW 35 Fälle von habituellem Abort, d. h. Frauen, die früher mindestens zweimal abortiert hatten und von denen 25 nach der Behandlung mit Weizenkeimöl die Schwangerschaft zu Ende führten. Außerdem veröffentlichten WATSON und TEW 11 Fälle mit je einem vorherigen Abort und 19 Fälle mit drohendem Abort, die sämtlich mit Weizenkeimöl behandelt wurden; 9 von den ersteren 11 Frauen bekamen lebende Kinder und unter den letzteren 19 waren 13, die die Schwangerschaft zu Ende führten. In 15 Fällen von primärer und sekundärer Sterilität war die E-Vitaminbehandlung erfolglos.

M'GONIGLE (1935), GIERHAKE (1936), TANBERG (1936, 1937) und MARTIUS (1937) haben ebenfalls über günstige Wirkung der E-Vitaminbehandlung bei habituellem Abort berichtet.

Schließlich hat VOGT-MØLLER (1936) über 52 Fälle von habituellem Abort berichtet, die mit E-Vitaminpräparaten behandelt wurden; darunter waren 38 Frauen, die zur normalen Zeit lebende Kinder bekamen. In den Jahren 1936 und 1937 hat CURRIE ebenfalls über sehr günstige Resultate der E-Vitamintherapie berichtet, denn 31 von 37 behandelten Frauen gebaren zur normalen Zeit lebende Kinder. In 14 von 15 Fällen von drohendem Abort erwies die Behandlung mit E-Vitamin sich wirksam.

Nach den bisherigen Erfahrungen scheint es also, daß die Behandlung habituellen Abortes mit Weizenkeimöl in einer beträchtlichen Anzahl Fälle (etwa 80%) eine durchaus günstige Wirkung hat; die Hauptindikation für diese Therapie muß vorderhand aber selbstredend der habituelle Abort sein, d. h. die Untersuchung der betreffenden Frau (und des betreffenden Gatten) muß ergeben, daß, abgesehen von dem habituellen Abort, den man beispielsweise genuinen habituellen Abort nennen könnte, nichts Pathologisches vorhanden ist.

Die Pathogenese der Fälle, bei denen die Behandlung sich effektiv erwiesen hat, ist dagegen noch nicht klar, da es kaum denkbar ist, daß die gewöhnliche Kost arm an dem anscheinend recht verbreiteten und recht resistenten E-Vitamin ist; meines Erachtens ist eher von versagender Fähigkeit der Resorption oder Ausnutzung des E-Vitamins bei den abortierenden Frauen die Rede, weshalb große Mengen davon zugeführt werden müssen, um den für den normalen Verlauf der Schwangerschaft notwendigen Bedarf zu decken.

Zugunsten eines ursächlichen Zusammenhanges zwischen habituellem Abort und Hypovitaminose E mag der Umstand sprechen, daß sich auch bei genuinem habituellem Abort oft herausstellt, daß die Frucht, auch wenn sie ganz ausgestoßen wird, pathologisch veränderte Schwangerschaftsprodukte enthält; es ist natürlich denkbar, daß diese Veränderungen in einigen Fällen erst postmortal entstanden sind, in anderen Fällen sind sie aber sicherlich schon zu einer Zeit, als das Ei noch entwicklungsfähig war, vorhanden gewesen.

Auch in anderer Hinsicht scheint ein ursächlicher Zusammenhang zu bestehen, nämlich in bezug auf den Cholesterinstoffwechsel bei habituellem Abort; im Gegensatz zu der bei normalem Schwangerschaftsverlauf beobachteten Hypercholesterinämie ist bei habituellem Abort mehrfach Hypocholesterinämie ermittelt worden. Nach VOGT-MØLLERS Beobachtungen (1936, 1937) scheint die bei habituellem Abort beobachtete Hypocholesterinämie sich von E-Vitaminzufuhr in günstigem Sinne beeinflussen zu lassen.

SHUTE (1936, 1937, 1938a, b, c) hat bei habituellem drohendem Abort und bei vorzeitiger Lösung der Placenta das E-Vitamin auch erfolgreich angewandt; er glaubt, im Blute bestehe während der Schwangerschaft ein Gleichgewicht zwischen dem E-Vitamin und dem Follikelhormon (oder einem follikelhormonähnlichen Stoff), wobei das E-Vitamin eine kontrollierende Wirkung auf dieses Hormon ausübe, d. h. seine unerwünschte Betätigung oder Anhäufung im Blute hindere. Schließlich glaubt YOUNG (1937), die E-Vitaminbehandlung sei bisweilen bei *Schwangerschaftstoxämien* effektiv, und QUIRAUD und NODET (1936) berichten über günstige Resultate bei der Behandlung *puerperaler Psychosen* mit E-Vitaminpräparaten.

Die Erfahrungen in bezug auf die Behandlung verschiedener *Sterililäts-formen beim Manne* sind noch zu gering, als daß sie gestatteten, etwas Bestimmtes über den therapeutischen Wert des E-Vitamins auf diesem Gebiete auszusagen.

Von der Mutmaßung ausgehend, das E-Vitamin bilde auf die eine oder andere Art die Grundlage für das Corpus luteum-Hormon und unter der wie gesagt noch etwas hypothetischen Voraussetzung, das E-Vitamin stehe möglicherweise mit dem gonadotropen Hormon in Verbindung, hat VOGT-MØLLER (1937) die *irreguläre glanduläre Hyperplasie* versuchsweise mit Weizenkeimöl behandelt. In dem vorläufigen Material handelt es sich jedoch nur um 5 Fälle, von denen 2 in günstigem Sinne reagierten, die anderen nicht. Sichere Rückschlüsse lassen sich also nicht daraus ableiten.

Man glaubte seinerzeit, das E-Vitamin sei von Bedeutung für die *Milch-sekretion*; nach späteren experimentellen Untersuchungen ist man von dieser Anschauung aber zurückgekommen. Da JUHASZ-SCHÄFFER (1933) jedoch mehrere Frauen bei Hypogalaktie erfolgreich mit E-Vitamin behandelt zu haben glaubte, hat VOGT-MØLLER (1937) an 8 Frauen jahrelang Versuche damit angestellt, deren Ergebnisse aber so geringfügig sind, daß sie durchgehends als negativ anzusprechen sind.

Nach EVANS und BURRs Untersuchungen (1928) scheint das E-Vitamin, wie zuvor erwähnt, für das *Nervensystem* von Wichtigkeit zu sein. RINGSTED (1935) und LIPSHUTZ (1936) haben jene Untersuchungen bestätigt und erweitert, die von VOGT-MØLLER übrigens an Hand eigener Untersuchungen erhärtet werden konnten.

Demgemäß hat VOGT-MØLLER (1937) zuerst einige Fälle von Myelopathia ex anaemia perniciosa, und später — auf Grundlage der zuvor erwähnten experimentellen Arbeit von EINARSON und RINGSTED (1938) über das histologische Bild des E-Vitaminmangels bei ausgewachsenen Ratten — einige Fälle von Tabes dorsalis, Encephalitis chronica, amyotrophischer Lateralsklerose und von Dystrophia musculorum progressiva versuchsweise mit Weizenkeimöl behandelt. Obwohl die Versuchsergebnisse bis zu einem gewissen Grade ermutigend sind, ist die Zahl der behandelten Fälle noch zu gering, als daß bestimmte Rückschlüsse daraus abgeleitet werden können. Es ist ja nämlich nicht ausgeschlossen, daß die Entwicklung dieser Krankheiten zum Teil dadurch verschuldet ist, daß den Kranken wegen eines Konstitutionsleidens im Zentralnervensystem so erhebliche Mengen von E-Vitamin zugeführt werden müßten, daß das gewöhnliche Quantum, wenn sie ungewöhnlichen infektiösen oder toxischen Einwirkungen ausgesetzt werden, nicht hinreichte; andererseits sind therapeutische Ergebnisse aber nur zu erwarten, wenn die Behandlung mit E-Vitamin zu einem sehr frühen Zeitpunkt während der Krankheit begonnen wird und große Dosen zur Anwendung kommen, da es für die E-avitaminotischen Gewebsveränderungen im Nervensystem wie auch in Testis und Früchten charakteristisch ist, daß sie, einmal entwickelt, irreversibel sind.

Schrifttum.

Da ein vollständiges Verzeichnis der seit der Entdeckung des E-Vitamins bis heute erschienenen darauf bezüglichen Arbeiten mehrere Seiten beanspruchen würde, sei außer den nachstehenden Übersichtsarbeiten und Monographien lediglich auf die wichtigsten früheren und in allerjüngster Zeit erschienenen Arbeiten verwiesen.

Übersichtsartikel und Monographien.

BACHARACH, A. L.: Recent Research on vitamin E. Nutrit. Abstr. a. Rev. 7, 811 (1937/38). — BROWNING, E.: The Vitamins. London 1931.

EINARSON, L. and A. RINGSTED: Effect of chronic vitamin E deficiency on the nervous system and the skeletal musculature in adult rats. Kopenhagen 1938. — EVANS, H. M.: Vitamin E. J. amer. med. Assoc. 99, 469 (1932). — EVANS, H. M. and G. O. BURR: The antisterility vitamine, fat-soluble E. Memoirs Univ. California 8 (1927).

JUHASZ-SCHÄFFER, A.: Das E-Vitamin. Erg. inn. Med. 45, 129 (1933).

MATTILL, H. A.: Vitamin E. J. amer. med. Assoc. 110, 1831 (1938). — McCOLLUM, E. V. and N. SIMMONDS: The Newer Knowledge of Nutrition, 4th Ed. New York 1929.

RINGSTED, A.: Testis Histopatologi ved E-Avitaminose (dän.). Kopenhagen 1936.

SHERMAN, H. C. and S. L. SMITH: The Vitamins, 2nd Ed. New York 1931. — STEPP, W., J. KÜHNAU u. H. SCHROEDER: Die Vitamine und ihre klinische Anwendung, 2. Aufl. Stuttgart 1937. — SURE, B.: Bull. Arkans. agricult. exper. Stat. 1930, Nr 250.

VERZAR, F.: Z. Vitaminforsch. 1, 116 (1932). — Vitamins: A Survey of present Knowledge. Medical Research Council Special Report Series Nr 167. London 1932. — VOGT-MØLLER, P.: Hosp.tid. (dän.) 75, 663 (1932).

Einzelarbeiten.

ADAMSTONE, F. B.: J. Morph. a. Physiol. 52, 47 (1931). — Anat. Rec. 60, Suppl. 36 (1934a). — Science (N. Y.) 80, 450 (1934b). — Amer. J. Canc. 28, 540 (1936). — ADAMSTONE, F. B. and L. E. CARD: J. Morph. a. Physiol. 56, 339 (1934).

BACHARACH, A. L. and E. ALLCHORNE: Biochemic. J. 32, 1298 (1938). — BACHARACH, A. L., E. ALLCHORNE and H. E. GLYNN: Biochemic. J. 31, 2287 (1937). — BARNUM, G. L.: J. Nutrit. 9, 621 (1935). — BARRIE, M. M. O.: Lancet 1937 II, 251. — BAY, F. and P. VOGT-MØLLER: Vet. J. 90, 288 (1934). — BEARD, H. H.: Amer. J. Physiol. 75, 682 (1926). — BERGEL, F., A. R. TODD and T. S. WORK: Chem. a. Ind. (Proc. biochem. Soc.) 56, 1054 (1937). — BLUMBERG, H.: J. of biol. Chem. 108, 227 (1935). — BURR, G. O., W. R. BROWN and R. L. MOSEBY: Proc. Soc. exper. Biol. a. Med. 36, 780 (1937).

CAMERON, A. T. and S. MELTZER: Amer. J. Canc. 30, 55 (1937). — CARD, L. E.: Poultry Sci. 8, 328 (1929). — CARD, L. E., H. H. MITCHELL and T. S. HAMILTON: Poultry Sci. 9 (1930). Proc. 22nd Annual Meeting. — CUMMINGS, M. J. and H. A. MATTILL: J. Nutrit. 3, 421 (1930/31). — CURRIE, D. W.: Brit. med. J. 1936 I, 752; 1937 II, 1218.

DAVIDSON, J. R.: Canad. med. Assoc. J. 31, 486 (1934); 32, 364 (1935). — DORRANCE, G. M. and E. F. CICCONE: Proc. Soc. exper. Biol. a. Med. 36, 426 (1937). — DRUMMOND, J. C. and A. A. HOOVER: Biochemic. J. 31, 1852 (1937). — DRUMMOND, J. C., E. SINGER and R. J. MACWALTER: Biochemic. J. 29, 456 (1935a); 29, 2510 (1935b). — DRYERRE, H.: Nature (Lond.) 132, 751 (1933).

EMERSON, G. A. and H. M. EVANS: J. Nutrit. 14, 169 (1937). — EMERSON, O. H., G. A. EMERSON and H. M. EVANS: Science (N. Y.) 83, 421 (1936). — EMERSON, O. H., G. A. EMERSON, A. MOHAMMAD and H. M. EVANS: J. of biol. Chem. 122, 99 (1937). — ENDER, F.: Z. Vitaminforsch. 4, 106 (1935). — EVANS, H. M.: Proc. nat. Acad. Sci. U.S.A. 11, 373 (1925). — Amer. J. Physiol. 85, 149 (1928). — J. Nutrit. 1, 23 (1928/29). — EVANS, H. M. and K. S. BISHOP: J. metabol. Res. 1, 319, 335 (1922). — EVANS, H. M. and G. O. BURR: J. amer. med. Assoc. 89, 1587 (1927). — J. of biol. Chem. 76, 273 (1928). — EVANS, H. M., O. H. EMERSON and G. A. EMERSON: J. of biol. Chem. 113, 319 (1936).

FERNHOLZ, E.: J. amer. chem. Soc. 59, 1154 (1937).

GIERHAKE, E.: Klin. Wschr. 1936 I, 220. — GOETTSCH, M.: Proc. Soc. exper. Biol. a. Med. 27, 564 (1930).

HADDOW, A. and H. M. RUSSEL: Amer. J. Canc. 29, 363 (1937).

JOHN, W.: Hoppe-Seylers Z. 250, 11 (1937). — JUHASZ-SCHÄFFER, A.: Arch. path. Anat. u. Physiol. 281, 3 (1931).

KARRER, P., H. SALOMON u. H. FRITZSCHE: Helv. chim. Acta 20, 1422 (1937). KOREN-CHEVSKY, V.: Proc. roy. Soc. Med. 26, 47 (1933). — KUDRJOSCHOV, B. A.: Endokrinol. 7, 91 (1930).

LIPSHUTZ, M. D.: Revue neur. 65, 221 (1936).

MARCHESI, F.: Riv. Pat. sper. 11, 396 (1933). — MARTIN, G. J. J.: Nutrit. 13, 697 (1937). — MARTIUS, H.: Med. Welt 1937, 407. — MASON, K. E.: Proc. nat. Acad. Sci. U.S.A. 11, 377 (1925). — J. of exper. Zool. 45, 159 (1926); 55, 101 (1930). — Amer. J. Anat. 52, 153 (1933). — MATTILL, H. A.: J. amer. med. Assoc. 89, 1505 (1927). — MATTILL, H. A., J. S. CARMAN and M. M. CLAYTON: J. of biol. Chem. 61, 729 (1924). — MATTILL, H. A. and B. CRAWFORD: Ind. Chem. 22, 341 (1930). — MATTILL, H. A. and N. C. STONE: J. of biol. Chem. 55, 55 (1923). — McARTHUR, C. S. and E. M. WATSON: Science (N. Y.) 86, 35 (1937). — M'GONIGLE, G. C. M.: Annual Rep. Med. Officer of Health,

Stockton-on-Tees **1935**, 49. — MORELLE, J.: C. r. Soc. Biol. Paris **108**, 804 (1931). — MOUSSU, R.: C. r. Acad. Sci. Paris **201**, 1228 (1935).
NELSON, W. O.: Anat. Rec. **56**, 841 (1933). — NIELSEN, HERMAN.: Ugeskr. Laeg. (dän.) **97**, 495 (1935).
OLCOTT, H. S.: J. of biol. Chem. **107**, 471 (1934); **110**, 695 (1935). — OLCOTT, H. S. and O. H. EMERSON: J. amer. chem. Soc. **59**, 1008 (1937). — OLCOTT, H. S. and H. A. MATTILL: J. of biol. Chem. **93**, 59 (1931); **104**, 423 (1934); **114**, XXVII Proc. (1936).
PAPPENHEIMER, A. M.: Proc. Soc. exper. Biol. a. Med. **27**, 567 (1930).
QUIRAUD, P. et CH. NODET: Paris méd. **1936**, 199.
RANDOIN, L. et R. NETTER: Bull. Soc. Chim. biol. Paris **16**, 595 (1934). — RINGSTED, A.: Biochemic. J. **29**, 788 (1935). — RISSE, W.: Jber. Vet.med. **61**, 99 (1937). — ROWLANDS, I. W. and E. SINGER: J. of Physiol. **86**, 323 (1936). — ROWNTREE, L. G., J. LANSBURY and A. STEINBERG: Proc. Soc. exper. Biol. a. Med. **36**, 424 (1937).
SAPHIR, W.: Endocrinology **20**, 107 (1936). — SHUTE, E.: J. Obstetr. **43**, 74 (1936). Amer. J. Obstetr. **33**, 429 (1937), **35**, 249 (1938a); **35**, 609 (1938b); **35**, 810 (1938c). — STEIN, S. I.: J. Nutrit. **9**, 611 (1935). — SURE, B.: J. of biol. Chem. **58**, 693 (1923/24).
TANBERG, A.: Nord. med. Tidsskr. **12**, 1785 (1936). — Tidsskr. norske Laegefor. **1937**, 187. — TODD, A. R., F. BERGEL, H. WALDMAN and T. S. WORK: Nature (Lond.) **140**, 361 (1937). — TUTT, J. P.: Vet. J. **89**, 416 (1933).
URNER, J. A.: Anat. Rec. **50**, 175 (1931).
VOGT-MØLLER, P.: Lancet **1931 II**, 182. — Acta obstetr. scand. (Stockh.) **13**, 219 (1933). — Klin. Wschr. **1936 II**, 1883. — Ugeskr. Laeger. (dän.) **99**, 625 (1937). — VOGT-MØLLER, P. and F. BAY: Vet. J. **87**, 165 (1931a). — Münch. tierärztl. Wschr. **1931 Ib**, 637.
WADDELL, J. and H. STEENBOCK: J. of biol. Chem. **80**, 431 (1928). — J. Nutrit. **4**, 79 (1931). — WATSON, E. M.: Canad. med. Assoc. J. **34**, 134 (1936). — WATSON, E. M. and W. P. TEW: Trans. amer. Assoc. obstetr. gynec. a. abdom. Surgeons **48**, 189 (1935a). Amer. J. Obstetr. **31**, 352 (1935b). — WOOD, E. L. and M. H. HINES: Proc. Soc. exper. Biol. a. Med. **36**, 746 (1937).
YOUNG, J.: Brit. med. J. **1937 I**, 953.
ZAGAMI, V. e M. SINDONI: Riv. Pat. sper. **10**, 25 (1933).

b) Über Beziehungen der Vitamine zu einigen besonders wichtigen Krankheitszuständen.

Von H. WENDT, München.

1. Über die Beziehungen der Vitamine zu den endokrinen Drüsen und ihren Störungen.

Die Begriffe Vitamine und Hormone haben mit der Vermehrung unserer Kenntnisse von dem Aufbau, dem Wesen und der Wirkungsweise dieser beiden Stoffgruppen in den letzten Jahren mancherlei Abänderungen erfahren. Waren bisher die Vitamine als Stoffe, die, ausschließlich in der Pflanzenwelt gebildet, mit der Nahrung dem tierischen Organismus fertig zugeführt werden, den Hormonen, die der Körper in bestimmten drüsigen Organen selbst herstellt, gegenübergestellt, so ergab sich bald immer mehr die Notwendigkeit, die Begriffe Vitamine und Hormone neu zu formulieren oder unter Aufgabe der einmal gezogenen Schranke, diese beiden Stoffgruppen von einem übergeordneten, gemeinsamen Gesichtspunkt aus zu betrachten. Man sieht daher heute in den Vitaminen und Hormonen ganz allgemein Katalysatoren und Reizstoffe der Natur und v. EULER hat vorgeschlagen, anstatt von Vitaminen und Hormonen von Vitacymen und Hormocymen zu sprechen und die ganze Gruppe von derartigen Stoffen als Ergocyme zu bezeichnen. Die Gründe, die die bisherige scharfe Trennung zwischen Vitaminen und Hormonen immer schwieriger erscheinen ließen, waren mannigfacher Art. Auf chemischem Gebiete konnte festgestellt werden, daß zwischen manchen Vitaminen und Hormonen eine nahe chemische Verwandtschaft besteht und daß das Aufbauprinzip bei Vertretern beider Gruppen annähernd das gleiche sein kann (Vitamin D und E sind wie die Sexualhormone Abkömmlinge der Steringruppe). Während bisher für die Gruppe der Vitamine als charakteristisch angesehen wurde, daß diese in der Pflanzenzelle gebildet und dem tierischen Organismus als fertige Stoffe zugeführt werden, konnte in mehreren Beispielen gezeigt werden, daß manche Vitamine in an sich unwirksamen Vorstufen vom Körper aufgenommen und hier erst in die wirksame Form umgewandelt werden (Umformung von Carotin in Vitamin A, Synthese des Lactoflavin zu Lactoflavinphosphorsäure, Vitamin B_2, Umformung von Ergosterin in Vitamin D). Andererseits nimmt der Körper Tyrosin auf, das er nicht selbst herzustellen vermag, um hieraus Hormone (Dijodtyrosin und Thyroxin) zu bilden. Des weiteren gibt es Stoffe, die für den Menschen Vitamincharakter haben, von manchen Tierarten aber im Sinne der Hormone im Körper selbst gebildet werden können (Vitamin C bei Hund und Ratte). Andere, für den Menschen unwirksame bzw. nur das Ausgangsmaterial für die Bildung eines Vitamines darstellende Stoffe, haben bei bestimmten Tieren den Charakter von Vitaminen, bei deren Fehlen in der Nahrung charakteristische Mangelsymptome auftreten können (Carotin bei der Entstehung der black tongue). Ebenso wie es Vitamine gibt, die nicht nur in der Pflanze, sondern auch von manchen Tieren gebildet werden, kennen wir aber auch Hormone, die in der Pflanzenwelt anzutreffen sind (Follikelhormon). Abgesehen hiervon hat die Forschung auch sehr nahe Beziehungen zwischen den Wirkungen der Vitamine und den Funktionen der Inkretdrüsen aufgedeckt. Es konnte gezeigt werden, daß zwischen Vitaminen und Hormonen vielfältige Wechselwirkungen, und zwar teils synergistische, teils antagonistische bestehen, und daß der Ablauf der normalen Lebensvorgänge nur dann gewährleistet ist, wenn das Wechselspiel zwischen Vitaminen und Hormonen ungestört ist.

Die Abhängigkeit der Funktion einer endokrinen Drüse von einer reichlichen Vitaminzufuhr ist am längsten bei der **Schilddrüse** bekannt. Es war durch Untersuchungen von ABELIN gezeigt worden, daß die experimentelle Hyperthyreose der Ratten durch eine sehr vitaminreiche Diät gebessert bzw. geheilt werden kann. Im weiteren Verlauf dieser Untersuchungen konnte sodann nachgewiesen werden, daß insbesondere dem **Vitamin A** ein starker Einfluß auf das Inkret der Schilddrüse zukommt, und daß umgekehrt auch der Vitamin A-Stoffwechsel von der Tätigkeit der Schilddrüse weitgehend beeinflußt wird. v. EULER und KLUSSMANN haben den ersten Hinweis auf diese Verhältnisse dadurch erbracht, daß sie zeigen konnten, daß im Tierversuch die wachstumfördernde Wirkung von Carotin und Vitamin A durch gleichzeitige Zufuhr von Thyroxin aufgehoben wird und daß in den Lebern hyperthyreoisierter Tiere Carotin und Vitamin A nicht mehr zur Ablagerung gebracht werden können[1]. Während es FASOLD und PETERS gelang, die durch Zufuhr großer Mengen von Vitamin A bedingte Hypervitaminose A durch Thyroxininjektionen zu verhindern bzw. zu heilen, konnte ABELIN umgekehrt die Wachstumshemmung eines Thyroxinüberschusses durch Vitamin A-Zufuhr aufheben und die grundumsatzsteigernde Wirkung des Schilddrüsenhormons, ebenso wie RAPPAI und ROSENFELD, durch Vitamin A-Zufuhr abschwächen. EUFINGER und GOTTLIEB gelang es, die metamorphosierende Wirkung des Thyroxins im Kaulquappenversuch durch Vitamin A aufzuheben. Aus diesen und anderen Untersuchungen (SCHNEIDER und WIDMANN) geht hervor, daß im Tier-

---

[1] v. EULER nahm auf Grund von Versuchen in vitro an, daß das Thyroxin durch das Vitamin A chemisch gebunden oder verändert und damit inaktiviert wird. SCHNEIDER dagegen meinte auf Grund späterer Untersuchungen, daß die Vitamin A-Wirkung über die Leber geht und FELLINGER und HOCHSTÄDT verlegten den Angriffspunkt des Vitamin A außerdem in den Komplex „thyreotropes Hormon—Schilddrüse".

versuch zwischen dem Vitamin A und dem Schilddrüseninkret ein direkter Antagonismus besteht, daß ein Thyroxinüberschuß im tierischen Organismus den Vitamin A-Verbrauch steigert und daß ein Vitamin A-Überschuß beim hyperthyreoisierten Tier die Thyroxinwirkung abschwächt. Einen weiteren wichtigen Beitrag zu der Frage des Zusammenhanges zwischen Carotin-Vitamin A-Haushalt und Schilddrüsenfunktion lieferten die Untersuchungen von VON FELLENBERG und FASOLD und HEIDEMANN, in denen gezeigt wurde, daß Ziegen, die eine fast farblose, reichlich Vitamin A, aber kein Carotin enthaltende Milch liefern, nach der Thyreoidektomie eine durch Carotin stark gelb gefärbte Milch sezernierten. Aus diesen Untersuchungen geht hervor, daß die Schilddrüse den wichtigen Prozeß der Umformung von Carotin in Vitamin A weitgehend beeinflußt und daß beim Ausfall der Schilddrüsenfunktion der Organismus die Fähigkeit zu dieser Umformung einbüßt. SCHNEIDER und WIDMANN konnten diese Befunde in weiteren Tierversuchen bestätigen und darüber hinaus zeigen, daß beim schilddrüsenlosen Tier außerdem die Speicherungsfähigkeit für Vitamin A in der Leber geschädigt ist. In eigenen Untersuchungen fanden wir bei Kranken mit schwerster Hyperthyreose einen stark erniedrigten Vitamin A-Spiegel im Serum bzw. ein völliges Fehlen desselben. Nach erfolgreicher Jodbehandlung bzw. nach Operation der Schilddrüse erhöhte sich der Vitamin A-Spiegel entsprechend der klinischen Besserung (WENDT). Ebenso wie in den oben erwähnten Tierversuchen wird man die Veränderungen des Vitamin A-Spiegels bei der menschlichen Hyperthyreose mit einer Steigerung des Vitamin A-Verbrauches durch die Überfunktion der Schilddrüse erklären können. Durch perorale Zufuhr von großen Dosen Vitamin A in Form des Vogan konnte bei Basedowkranken eine deutliche antagonistische Wirkung des Vitamin A gegenüber dem Schilddrüseninkret nachgewiesen werden, die sich besonders in starker Gewichtszunahme und Abnahme des gesteigerten Grundumsatzes bis zu normalen Werten zeigte (WENDT, FALTA, DIETRICH, ABELIN, VOIT, TISLOWITZ, NEIDHARDT). Auf Grund tierexperimenteller Untersuchungen hat ABELIN schon früher die Verabfolgung einer besonders Vitamin A-reichen Diät bei Basedowkranken empfohlen, wenn auch die klinischen Erfolge wahrscheinlich wegen zu geringen Vitamin A-Gehalts dieser Diät hinter den Erwartungen zurückblieben. FASOLD hat vor kurzem die Pubertätsstruma durch Vogan zum Verschwinden bringen können. Gleichzeitig blieben hierbei die Menses vorübergehend aus. ABELIN hat versucht, den Mechanismus der Vitamin A-Wirkung beim Basedow zu erklären und hat hierbei insbesondere auf zwei Möglichkeiten hingewiesen. Es ist bekannt, daß das Vitamin A sowohl beim Menschen als beim Tier den Lipoidspiegel des Serums erheblich zu steigern vermag (JUSATZ, WENDT). Diese Vorgänge sind den Veränderungen des Lipoidhaushalts bei der Hyperthyreose gerade entgegengesetzt. Das Vitamin A bekämpft also die Lipoidverarmung bei der Hyperthyreose. Ähnlich liegen die Verhältnisse beim Glykogenstoffwechsel. Während bei der Hyperthyreose der Glykogengehalt des Muskels und der Leber herabgesetzt ist, führt Vitamin A-Zufuhr beim gesunden Tier zu einer erheblichen Steigerung des Glykogengehalts in diesen Organen (ABELIN u. a.). Ob die geschilderten Wirkungen des Vitamin A hinsichtlich des Fett- und Glykogenstoffwechsels für seine antagonistische Wirkung gegenüber dem Schilddrüseninkret verantwortlich zu machen sind, bleibt zunächst dahingestellt. Nach FASOLD tritt bei Vitamin A-Zufuhr eine Senkung des Blutjodspiegels ein, was GUTZEIT und PARADE jedoch nicht bestätigen konnten. Eine weitere Klärung der Beziehungen zwischen Carotin-Vitamin A-Haushalt und Schilddrüsenfunktion beim Menschen konnte durch Untersuchungen an Kranken mit Myxödem und an Kretins herbeigeführt werden. Bei Belastungsversuchen mit reinem Carotin an Myxödemkranken fand sich eine deutlich verlangsamte und stark herabgesetzte Umwandlungsfähigkeit von Carotin in Vitamin A. Der Carotinspiegel stieg in derartigen Versuchen stark an, während der Vitamin A-Spiegel hierbei, im Gegensatz zu gleichartigen Versuchen an gesunden Menschen, unbeeinflußt blieb (WENDT). Die Kranken sind infolge ihrer herabgesetzten Schilddrüsentätigkeit also kaum in der Lage, zugeführtes Carotin in entsprechender Weise in Vitamin A umzuformen. In gleichem Sinne sprechen Befunde, die an Kretins erhoben werden konnten. Die Bestimmungen des Carotin- und Vitamin A-Gehalts des Serums bei Kretins ergaben stark erniedrigte Werte bzw. ein Fehlen des Vitamin A, wogegen die Carotinwerte meist erhöht waren (WENDT). Man wird diese auffallende Diskrepanz zwischen Carotin- und Vitamin A-Spiegel, insbesondere das in vielen Fällen vorhandene völlige oder fast völlige Fehlen des Vitamin A bei übernormal hohen Carotinwerten, als eine Umformungsstörung von Carotin in Vitamin A infolge des Darniederliegens der Schilddrüsenfunktion deuten können. Eine gewisse Unfähigkeit der Ablagerung von Vitamin A im Organismus mag entsprechend den Befunden am schilddrüsenlosen Tier (SCHNEIDER und WIDMANN) dabei eine Rolle mitspielen. Man wird eine Störung der Ablagerungsfähigkeit für Carotin auch in den Fällen von Kretinismus annehmen dürfen, bei denen der Carotinspiegel nicht erhöht oder sogar etwas erniedrigt war. Vergleicht man die Befunde des Vitamin A-Spiegels, die bei schweren Hyperthyreosen und bei Unterfunktion der Schilddrüse (Myxödem und Kretinismus) erhoben werden konnten, miteinander, so ergibt sich die zunächst merkwürdig erscheinende Tatsache, daß zwei völlig verschiedene und geradezu entgegengesetzte Störungen zu gleichen Veränderungen des Vitamin A-Gehalts, nämlich zu einem Verschwinden des Vitamin A aus dem Körper führen. Im Falle der Hyperthyreose aber kommt der Vitamin A-Verlust durch Mehrverbrauch von Vitamin A zustande, während das Absinken des Vitamin A im Körper bei der Athyreose in erster Linie durch die Unfähigkeit der Vitamin A-Bildung aus Carotin bedingt ist.

Die Umwandlungsstörung von Carotin in Vitamin A beim Myxödem und bei Kretins ist die wichtigste Umwandlungsstörung dieser Art, die wir bisher beim Menschen kennen. Daneben hat nur noch FUCHSBERGER über eine ähnliche Umwandlungsstörung bei Xanthelasma berichtet.

Es sei an dieser Stelle kurz erwähnt, daß mit großen Dosen Vitamin A (Vogan: 3×30 bis 40 Tropfen täglich) erhebliche Gewichtszunahmen auch bei nicht thyreogenbedingten Formen der Magersucht erzielt werden konnten (WENDT, FALTA). Der Mechanismus dieser Wirkung ist aber noch nicht klar zu übersehen.

Nahe Beziehungen bestehen auch zwischen **Schilddrüsenfunktion** und **Vitamin B_1.** Bei künstlicher Thyroxinzufuhr ist der Bedarf des Organismus an B_1 entsprechend der Anfachung der Stoffwechselvorgänge stark gesteigert, so daß eine unter normalen Verhältnissen ausreichende B_1-Zufuhr bei Vorliegen einer Hyperthyreose leicht zu B_1-Mangelerscheinungen führen kann. Aus diesen und noch anderen Gründen muß man daher bei der Basedowbehandlung auf reiche B_1-Zufuhr bedacht sein. Durch Zufuhr von B_1 werden die Basedowsymptome günstig beeinflußt (ABELIN, LÖHR, STURM). Auch STEPP ist wiederholt für reichliche B_1-Zufuhr beim Basedow eingetreten. Zwischen B_1 und Schilddrüsenfunktion bestehen vielleicht ähnliche antagonistische Beziehungen wie zwischen Thyroxin und Vitamin A. So kann im Rattenversuch die durch Thyroxinverabfolgung bedingte Wachstumshemmung durch B_1-Zufuhr ausgeglichen werden (SURE und BUCHANAN). Andererseits verläuft die B_1-Avitaminose unter dem Bild einer Hypothyreose mit Atrophie der Schilddrüse (VERZÁR, PIGHINI, KHIN). Schilddrüsen von Beriberi-Tieren enthalten viel weniger Thyroxin als normale (VERZÁR). Durch B_1-Mangel bedingte Hypothyreosen sind durch B_1-Zufuhr geheilt worden (WOHL). Bei Kühen ist bei B_1-armer Ernährung Kolloidstruma beobachtet worden, die durch B_1- und Jodzufuhr geheilt werden konnte (FISCHER). Auch für die Entstehung des endemischen Kropfes ist neben Jodmangel eine mangelhafte Versorgung mit B_1 verantwortlich gemacht worden. Die Thyroxinempfindlichkeit B_1-frei ernährter Tiere ist stark gesteigert, sie nimmt ab je größer die B_1-Zufuhr ist.

Zahlreiche Befunde sprechen ferner für Beziehungen der **Schilddrüsenfunktion** zum **Vitamin C,** wenngleich hier noch manche Unklarheiten herrschen. DEMOLE und IPPEN konnten im Tierversuch die tödliche Wirkung von Thyroxininjektionen durch gleichzeitige Zufuhr von Ascorbinsäure aufheben. Unter dem Einfluß des Thyroxin schwindet der Gehalt an Vitamin C in Leber, Milz und Nebenniere (MOSONY, PAAL und BRECHT). Umgekehrt fand MOSONY bei schilddrüsenlosen Ratten eine Zunahme des Vitamin C-Gehalts in den Nebennieren. Beim hyperthyreoisierten Meerschweinchen gelang es OEHME den gesteigerten Grundumsatz durch Ascorbinsäure herabzusetzen, und KNIPPING und KOWITZ konnten den beim Skorbut erhöhten Grundumsatz durch Vitamin C senken. Auch MOSONY und RIGO fanden beim Skorbut der Meerschweinchen eine Steigerung des Gasstoffwechsels, die durch Verabfolgung von Vitamin C wieder gesenkt werden konnte[1]. Bei Meerschweinchen, die mit einseitiger Skorbutkost ernährt waren, beschrieben KRAUSS und MONROE eine basedowartige Hyperplasie der Schilddrüse, die durch Ascorbinsäure verhindert, durch Hypophysenvorderlappenextrakte verstärkt werden konnte. KREITMAIR konnte durch kleine Dosen Vitamin C im Rattenversuch die Thyroxinwirkung auf den Gasstoffwechsel verstärken, durch große Dosen herabsetzen. PAAL beschrieb eine Herabsetzung der Schutzwirkung des Thyroxins im Acetonitrilversuch durch Ascorbinsäure bei der männlichen weißen Maus. Demgegenüber mußten SCHROEDER und DORMANN und SCHÄFER im Kaulquappenversuch feststellen, daß die Ascorbinsäure die Wirkung des Thyroxins in keiner Weise beeinflußt. SCHÄFER konnte des weiteren, ebenso wie SCHNEIDER und WIDMANN, einen Einfluß der Ascorbinsäure auf die Entwicklung der unter Einwirkung von thyreotropem Hormon stehenden Schilddrüse des Meerschweinchens nicht feststellen, während LOESER den Einfluß kleiner Dosen von thyreotropem Hormon auf die Schilddrüse durch große Ascorbinsäuregaben, aber nicht durch kleine Dosen hiervon, unwirksam machen konnte. Auch nach anderen Autoren (ELMER und Mitarbeiter, FISCHBACH und TERBRÜGGEN) hemmt das.Vitamin C die thyreotrope Wirkung des Hypophysenvorderlappens auf die Schilddrüse. Thyroxin führt bekanntlich zu einer Verarmung der Leber an Glykogen, während Vitamin C die Leber mit Glykogen anreichert. Diese Vitamin C-Wirkung geht wahrscheinlich nicht über die Schilddrüse, sondern ist als eine Hemmung diastatischer Fermente durch das C-Vitamin in der Leber zu deuten (HOLTZ, s. ferner FISCHBACH und TERBRÜGGEN). — Über das Verhalten des Jodspiegels unter dem Einfluß von Vitamin C liegen ebenfalls mehrere Untersuchungen vor. So fand McCARRISON bei C-frei ernährten Meerschweinchen einen Anstieg des Schilddrüsenjodgehalts. FASOLD berichtete über ein allerdings nur vorübergehendes Ansteigen des Blutjodgehalts beim Skorbut. In neuester Zeit hat sich besonders LÖHR mit dem Verhalten des Jodspiegels und der Vitamin C-Wirkung beschäftigt. Am normalen und am schilddrüsenlosen Hund

---

[1] Die Schilddrüsenaktivierung beim Skorbut deuten die genannten Autoren als Symptome einer Hypersympathicotonie. Zufuhr großer Vitamin C-Mengen führt dagegen zu einer Vagotonisierung (TISLOWITZ, BRUCH und VASILESCU, SCHADE, ASZÓDI).

senkte die Ascorbinsäure den Jodspiegel deutlich. Die den Blutjodspiegel steigernde Wirkung von Thyroxin konnte durch Ascorbinsäure ausgeschaltet bzw. behoben werden. Auch bei Basedowkranken wurde durch 6—12 Wochen dauernde Redoxonbehandlung der Blutjodspiegel in etwa der Hälfte der Fälle stark gesenkt. Beim Basedow besteht eine C-Hypovitaminose höheren Grades, die nach Bestrahlung oder Operation zurückgeht (THADDEA und RUNNE). Durch Vitamin C-Behandlung konnten bei solchen Kranken erhebliche Gewichtszunahmen und Besserungen der übrigen Basedowsymptome erzielt werden. Von GUTZEIT und PARADE wurden diese Ergebnisse jedoch nicht bestätigt.

In engem Zusammenhang mit der Frage, ob das **D-Vitamin** einen Einfluß auf die **Schilddrüsentätigkeit** ausübt, steht die Frage, ob der Schilddrüse eine Bedeutung für die Genese der Rachitis zukommt. NITSCHKE und Mitarbeiter haben nachgewiesen, daß bei der floriden Rachitis des Menschen der Grundumsatz regelmäßig gesenkt ist. Sie haben damit die Beobachtung anderer Autoren (BALDWIN, NELSON und McDONALD, SEEL) bestätigt, die bei der Rattenrachitis schon früher eine Senkung des Umsatzes beobachten konnten. Bei der Rachitis findet sich nach NITSCHKE des weiteren eine Senkung des Jodspiegels. Die Jungen dunkellebender schilddrüsenloser Ratten erkrankten sehr rasch an rachitischen Veränderungen, während Kontrolltiere nicht operierter Mütter von diesen Veränderungen frei blieben (NITSCHKE). Des weiteren haben AUB und Mitarbeiter eine Beteiligung der Schilddrüse an der Regulierung des Phosphorstoffwechsels nachgewiesen. Nach BERGFELD zeigen normal ernährte Ratten, wenn sie im Dunkeln leben, eine histologisch hochaktive, stark sezernierende Schilddrüse, während hellebende Tiere eine ruhige, langsam sezernierende Schilddrüse aufweisen. Bei ultravioletter Bestrahlung der im Dunkel lebenden Tiere blieben die genannten Schilddrüsenveränderungen aus. NITSCHKE konnte das gleiche erzielen, wenn er das ultraviolette Licht durch Vitamin D ersetzte (vgl. BENHOLD-THOMSON, GLANZMAN). KUNDE und CARLSON haben bei Kaninchen trotz Verabfolgung normaler Kost typische rachitische Veränderungen sich entwickeln sehen, wenn den Tieren die Schilddrüse totalexstirpiert worden war. Von anderen Autoren sind diese Befunde in Zweifel gezogen worden (vgl. BESSAU, THOENES). Es wurde darauf hingewiesen, daß bei Athyreose das Wachstum fast vollständig sistiert, so daß hierbei rachitische Veränderungen nicht zu erwarten sind, da Wachstum bekanntlich eine Voraussetzung der Rachitis ist (BESSAU). Die Rachitis ist durch Verabfolgung von Schilddrüse, entgegen den Meinungen anderer Autoren (Tierexperimente von NITSCHKE) nicht heilbar (THOENES, FASOLD). Nach FASOLD senkt Vitamin D den Jodspiegel nicht. Die „Thyreoprive Rachitis" war nicht durch Vitamin D heilbar. Wenn wir das Bisherige zusammenfassen, so finden sich also bei der D-Avitaminose, der Rachitis, nach Untersuchungen einiger Autoren Veränderungen des Umsatzes, des Jodstoffwechsels usw., die denen einer Schilddrüsenunterfunktion entsprechen könnten. Andererseits findet sich bei der Vitamin D-Vergiftung eine beträchtliche Steigerung des Grundumsatzes über die Norm, obgleich hierbei keine entsprechenden Schilddrüsenveränderungen nachgewiesen werden konnten (KRAUSS, SCHNEIDER und NITSCHKE). Dieselben gegensätzlichen Verhältnisse zwischen histologischem Schilddrüsenbild und Umsatzveränderungen waren übrigens auch in den weiter oben erwähnten Versuchen von BERGFELD vorhanden, insofern als die Umsatzwerte sowohl bei hell- wie bei den dunkellebenden Tieren unverändert waren, obgleich bei den Dunkeltieren entsprechend dem Schilddrüsenbefund ein höherer Umsatz zu erwarten gewesen wäre. Recht interessant sind Untersuchungen von NITSCHKE über den Winterschlaf. Von zoologischer Seite wird dem Ausfall des oxydationssteigernden Schilddrüsenhormons eine bedeutende Rolle für die

Entstehung des Winterschlafes zuerkannt. NITSCHKE hat die im Winterschlaf eintretende Involution der Schilddrüse in Abhängigkeit zu der im Herbst eintretenden Abnahme der Sonnenbestrahlung und damit zu einer Abnahme des Vitamin D-Bestandes des Organismus gebracht und gezeigt, daß der Winterschlaf durch Verfütterung von Vitamin D (Vigantol) verhindert werden kann. Die Wirkung des Vigantols wurde mit einer Steigerung der Oxydationen und mit dem fördernden Einfluß des D-Vitamins auf die Schilddrüsentätigkeit erklärt. Alles in allem wird man sagen müssen, daß über die Beziehungen zwischen D-Vitamin und Schilddrüsenfunktion noch manche Unklarheiten bestehen und daß viele der mitgeteilten Befunde einander sehr widersprechen.

Beziehungen des **D-Vitamins** scheinen auch zur **Nebenschilddrüse** vorzuliegen. Vitamin D-Mangel führt zur Größenzunahme der Nebenschilddrüse, D-Vitaminanreicherung zur Verkleinerung des Organs (SORAUER, HIGGINS und SHEARD, NONIDES und GOODALE u. a.). Bekannt ist die Epithelkörperchenhyperplasie bei der Rachitis (ERDHEIM). Beide Stoffe, das D-Vitamin und das Nebenschilddrüsenhormon, sind die maßgeblichen Regulatoren des Phosphor- und Kalkstoffwechsels. Doch ist der Wirkungsmechanismus beider Stoffe sehr verschieden. Während der Angriffspunkt des Parathormons in den Knochen zu verlegen ist, greift das D-Vitamin am Darm an. Ersteres mobilisiert den Kalk des Knochens und erzeugt auf diese Weise eine Hypercalcämie, letzteres verbessert die Resorption von Calcium und Phosphor und aktiviert die phosphatabspaltenden Fermente des Darmes. Eine ähnliche Wirkungsweise wie das Parathormon entfaltet das Vitamin D nur, wenn es in großen toxischen Dosen gegeben wird, wobei es dann, im Gegensatz zu seiner Wirkung in kleineren und mittleren Dosen, den Knochen entkalkt, eine beträchtliche Hypercalcämie erzeugt und zu schweren Kalkablagerungen in den Geweben führt. (Nach HOLTZ liegt hierbei keine Vitamin D-Wirkung, sondern eine solche des Calcinosefaktors vor.) Beim Parathormon ist eine ähnliche Umkehr seiner Wirkungsweise bei veränderter Dosierung nicht bekannt. Eine Erhöhung des Blutkalkes durch Vitamin D kann auch am nebenschilddrüsenlosen Tier erzielt werden, woraus zu schließen ist, daß die D-Wirkung anscheinend nicht über die Nebenschilddrüse erfolgt. Bei der Rachitisbehandlung kann das Vitamin D nicht durch Parathormon ersetzt werden. Wenn auch in Tierversuchen durch große Dosen Vitamin D ein ähnlicher Effekt bei der Tetanie erreicht werden kann wie durch Parathormon, so ist trotzdem das Vitamin D zur Tetaniebehandlung nicht geeignet. Von ausgezeichneter Wirkung bei der Tetanie ist das sog. A.T. 10 (Calcinosefaktor), ein Bestrahlungsprodukt des Ergosterins (HOLTZ). Von manchen Autoren wird dagegen zur Behandlung der Frühjahrstetanie das Vitamin D empfohlen, da die Frühjahrstetanie eine Phase der D-Avitaminose und keine Unterfunktion der Nebenschilddrüse darstellen soll.

Der **Nebenniere (Rinde)** fällt die bedeutsame Rolle zu, aus einem an sich unwirksamen Körper, dem Lactoflavin, durch Kuppelung mit Phosphorsäure einen biologisch aktiven Stoff, die Lactoflavinphosphorsäure, das eigentliche **Vitamin B$_2$** zu bilden (VERZÁR und Mitarbeiter). Das Lactoflavin stellt also nur ein Provitamin dar, aus dem erst mit Hilfe einer endokrinen Drüse das fertige Vitamin gebildet wird. Da das nebennierenlose Tier zu dieser Synthese nicht mehr befähigt ist, stellt es sein Wachstum ein. Nebennierenlose Ratten (VERZÁR und LASZT) können weder durch Lactoflavin allein, noch durch Nebennierenrindenhormon allein, sondern nur durch Lactoflavin und Nebennierenhormon oder durch Lactoflavinphosphorsäure am Leben und bei normalem Wachstum erhalten werden. Auch die gestörte Fettresorption nebennierenloser Tiere kann sowohl durch Rindenhormon wie durch Flavinphosphorsäure beseitigt werden. Das Rindenhormon kann also durch Flavinphosphorsäure ersetzt werden. Bei der Pellagra finden sich anatomische Veränderungen der Nebennierenrinde (ASCHOFF) und auch die Adrenalinempfindlichkeit fehlt hierbei. Da die Nebenniere an der Regulierung des Schwefelhaushalts maßgebend beteiligt ist, sind wohl auch die bei Pellagra vorhandenen Störungen des Schwefelstoffwechsels (Fingernägel) und insbesondere die erfolgreiche Behandlung dieser Erkrankung mit schwefelreicher Diät mit der Funktion der Nebenniere in Zusammenhang zu bringen (KÜHNAU). Für die normale Funktion der Nebenniere sind vom B_2-Komplex mindestens zwei Faktoren, und zwar Vitamin B_2 und B_6 erforderlich.

Auch zwischen **Vitamin B_1** und **Nebennierenrinde** bestehen Wechselbeziehungen. Bei B_1-Avitaminose atrophieren sämtliche Organe, nur die Nebennierenrinde zeigt sogar eine beträchtliche Hypertrophie (FUNK und DOUGLAS, VERZÁR und PETER, McCARRISON). Auch Muskelarbeit, die den B_1-Verbrauch steigert, führt zu ähnlichen Rindenveränderungen, wofür nach PERJÉS vermehrter Verbrauch von B_6 verantwortlich zu machen ist. Man hat in der Hypertrophie der Nebennierenrinde einen Schutz gegen B_1-Mangel gesehen (VERZÁR). Nebennierenlose Tiere sterben viel eher, wenn sie vorher B_1-frei gehalten worden sind. Umgekehrt kann die Taubenpolyneuritis bei B_1-freier Kost durch Nebennierenrindenextrakte geheilt werden (SCHMITZ und Mitarbeiter). Auch die Hypercholesterinämie, die bei Beriberi oft beobachtet wird, dürfte mit der gestörten Nebennierenfunktion zusammenhängen.

Eine wichtige Rolle in der Physiologie der **Nebenniere** spielt ferner das **Vitamin C.** Auffallend ist zunächst der große C-Reichtum der Nebenniere (SZENT-GYÖRGY), der besonders in der Zona fasciculata und Zona reticularis anzutreffen ist. Beim C-Mangel nimmt nach McCARRISON die Nebenniere an Größe stark zu, histologisch finden sich in ihr Blutungen und degenerative Veränderungen in Rinde und Mark. Dabei nimmt der Gehalt der Nebenniere an Adrenalin ab, ebenfalls natürlich auch der Gehalt an Vitamin C. Nach v. EULER und KLUSSMANN vermindern Adrenalininjektionen den Vitamin C-Gehalt der Nebenniere. Zusätze von Vitamin C zu einer Adrenalinlösung steigern (KREITMAIR) am narkotisierten Kaninchen den Adrenalineffekt auf den Blutdruck etwas — auch die Wirkung des Rindenhormons beim Addison soll durch Vitamin C verstärkt werden können[1] — während große Dosen Vitamin C allein den Blutdruck senken (SCHROEDER). Zusätze von Ascorbinsäure zu einer Adrenalinlösung vermögen die Wirksamkeit des Adrenalins längere Zeit zu erhalten, indem die Ascorbinsäure die Oxydation des Adrenalins, die leicht an der Rotfärbung zu erkennen ist, verhindert. Vielleicht gibt dies die Erklärung für die Steigerung der Adrenalinwirkung bei Zusätzen von Vitamin C. Beim Addison ist eine stark verminderte C-Ausscheidung im Harn beschrieben worden. Auch Belastungsversuche mit Vitamin C verliefen ähnlich wie bei anderen C-Hypovitaminosen (s. bei SIWE). Sowohl die Hautpigmentierung bei Addison wie noch einige andere Pigmentanomalien lassen sich durch Zufuhr von Ascorbinsäure erheblich bessern (MORAWITZ, SCHROEDER). Bei der C-Avitaminose treten manchmal ebenfalls Pigmentierungen auf, die auf Vitamin C rasch verschwinden. Das Vitamin C wird außer in der Nebenniere noch in anderen Organen, die mit dem Pigmentstoffwechsel im Zusammenhang stehen, sehr reichlich gefunden, so z. B. in der Hypophyse (Melanophorenhormon des Vorderlappens, Ritinitus pigmentosa, Gravidität, Hypophysentumoren). Schon vor diesen Untersuchungen hatte SZENT-GYÖRGY die Bildung eines melanoiden Pigments durch Oxydation eines Phenols in vitro durch Ascorbinsäure hemmen

---

[1] Nach anderen Autoren hat Ascorbinsäure auf den Verlauf des Addison keinerlei Einfluß. Auch soll sie die Wirkung von Rindenextrakten nicht verbessern können (TISLOWITZ).

können. Auch in Gewebsschnitten kann die BLOCHsche Reaktion (Dopa-Reaktion) durch Vitamin C verhindert werden (SCHROEDER). Nach LOCKWOOD und HARTMANN sollen Rindenextrakte die Ausnutzung des Vitamin C fördern, so daß experimenteller Skorbut allein durch Rindenextrakt verhindert werden kann. Pigmentanomalien können auch bei der A-Avitaminose auftreten (Pigmentierung des Conjunctivaepithels, PILLAT), bei der die Nebenniere im Gegensatz zu der B- und C-Avitaminose atrophiert. Ein Einfluß von Nebennierenextrakten auf den Verlauf der A-Avitaminose konnte nicht nachgewiesen werden.

Recht schwierig zu übersehen sind die Beziehungen der **Vitamine** zum **Kohlehydratstoffwechsel.** Ebenso wie dieser nicht nur vom Pankreas, sondern auch von anderen Hormondrüsen beeinflußt wird, sind auch mehrere Vitamine am Kohlehydrathaushalt beteiligt. Es ist im einzelnen vielfach noch nicht zu übersehen, wo die Vitamine im Kohlehydratstoffwechsel angreifen. Es handelt sich bei den Vitaminwirkungen meistens nicht um direkte Einwirkungen auf den Inselapparat der Bauchspeicheldrüse, sondern um Vorgänge, die außerhalb der direkten Insulinwirkungen liegen. Die Beziehungen der Vitamine zum Kohlehydratstoffwechsel hat vor kurzem SCHROEDER aus unserer Klinik zusammengestellt. Hier seien nur einige besonders wichtige Feststellungen kurz hervorgehoben. Der höchste bisher beobachtete **Carotin- und Vitamin A-**Spiegel findet sich beim **Diabetes mellitus** (VAN EEKELEN, WENDT u. a.). Zur Erklärung dieses Verhaltens sind teils besondere Stoffwechselstörungen angenommen worden, teils denkt man an eine alimentäre Genese. Eine Beeinflussung des Carotin-Vitamin A-Spiegels durch Insulin findet beim Diabetes nicht statt (WENDT, BABUDO und VON QUERNER u. a.). Demgegenüber haben ROLLER und BAUEREISEN im Tierexperiment kürzlich gewisse antagonistische Beziehungen zwischen Vitamin A und Insulin festgestellt. Die Vitamine A und C vermögen, wie weiter oben bereits beschrieben, den Glykogengehalt der Leber zu steigern. Der Angriffspunkt dieser beiden Vitamine liegt dabei wohl nicht am Inselapparat (thyreotropes Hormon, Thyroxin, Leber bzw. Hemmung diastatischer Fermente s. oben). Die insulinähnliche Wirkung der Hefe (BICKEL, v. EULER, SVANBERG, SCHÜLEIN) ist wahrscheinlich in erster Linie durch das **Lactoflavin** bedingt (SCHROEDER). Dieses senkt beim Diabetiker bei intravenöser Injektion den Blutzucker. B_1 und Lactoflavin führen zu einem Anstieg des Glykogengehalts der Leber. Einen interessanten Beitrag zu der Frage der Bedeutung des Vitamin B für den Kohlehydratstoffwechsel lieferte vor kurzem MARTIN, indem er zeigen konnte, daß bei pankreaslosen Hunden bei B-freier Diät allmählich ein Nachlassen der Insulinwirksamkeit auftritt, so daß schließlich selbst sehr große Insulingaben (8fache Anfangsmenge) nicht mehr imstande sind, die Glykosurie zu unterdrücken. Durch Gaben von B_1 und B_2 (B_1 allein war unwirksam) konnte die ursprüngliche Wirksamkeit des Insulins sehr rasch wieder hergestellt werden und die Glykosurie verschwand auf die anfänglichen kleinen Insulindosen hin. Bekannt ist ferner der gesteigerte Verbrauch von B_1 bei zunehmendem Kohlehydratkonsum. B_1 senkt den Blutzucker normaler Versuchstiere und verstärkt die Wirkung kleiner Insulindosen, schwächt aber andererseits die Krampfwirkung großer Insulindosen ab (LABBÉ, LAJOS, TISLOWITZ). Bei Beriberi ist der Blutzucker erhöht. TISLOWITZ verlegt den Angriffspunkt der B_1-Wirkung in die Hypophyse. Von klinischer Seite wird die Wirkung des B_1 auf den Diabetes sehr verschieden beurteilt. STEPP konnte bei der B_1-Behandlung des Diabetes bisher keine Erfolge sehen. Auch v. DRIGALSKI lehnt jedwede Wirkung der Hefe auf die Stoffwechsellage des Diabetes ab. Nach intravenöser Injektion von **Ascorbinsäure** sinkt ebenfalls beim gesunden Menschen der Blutzucker ab (STEPP, SCHROEDER, ALTENBURGER),

nicht dagegen beim Kranken mit hohem Vitamin C-Verbrauch, wozu auch
der Diabetes gehört (SCHROEDER). Die Insulinwirkung auf den Blutzucker
kann durch Ascorbinsäure verstärkt werden. ASZÓDI und MOSONYI konnten nach intravenöser Injektion des Vitamin B_1 und C im Hundeblut eine
Mehrabsonderung von Insulin nachweisen. Der Angriffspunkt des Vitamin C
wurde auf die Vagusendigungen verlegt. Unsere Kenntnisse über die Beziehungen
des **D-Vitamins** zum Kohlehydrathaushalt sind noch sehr mangelhaft. Erwähnt
sei nur, daß PINCUSSEN bei Versuchstieren, die mit bestrahltem Hafer gefüttert wurden, eine Blutzuckererhöhung und eine Steigerung der Glykogenablagerung in der Leber feststellen konnte. In Atmungsversuchen mit Leber-
schnitten fand sich bei derartigen Tieren ein hoher Respirationsquotient. Das
Vitamin D scheint nach diesen Versuchen den Kohlehydratstoffwechsel steigern
zu können.

Mehrere Vitamine stehen in nahen Beziehungen zur Funktion des **Genital-
apparates.** Bei vitaminfreier Kost treten bei Tieren keine Brunsterscheinungen
auf bzw. es kommt überhaupt nicht zur Geschlechtsreife, die Geschlechtsdrüsen
bleiben klein und es finden sich in ihnen schwere anatomische Veränderungen.
Auch beim Menschen machen sich bei entsprechender Mangelkost schwere
Störungen der Genitalfunktionen bemerkbar. So wurde in den letzten Kriegsjahren infolge der fehlerhaften und besonders vitaminarmen Ernährung bei
zahlreichen Frauen eine oft Jahre hindurch anhaltende Amenorrhöe und Sterilität
beobachtet. Palpatorisch fanden sich bei diesen Frauen die Zeichen der Genital-
atrophie. Die Beziehungen der einzelnen Vitamine zu den Geschlechtsdrüsen
sind, insbesondere was den Menschen anbelangt, erst sehr ungenügend erforscht.
Einen sehr hohen Gehalt weisen die Sexualdrüsen an **Vitamin A** auf. Der weibliche Organismus besitzt eine viel größere Speicherungsfähigkeit für Vitamin A
als der männliche. Bei Vitamin A-Mangel erkranken daher die Männer eher
als die Frauen an A-Avitaminose (Hemeralopie, BIRNBACHER, vgl. auch GIER-
HAKE) (ähnliche Verhältnisse scheinen auch beim Vitamin D vorzuliegen). Bei
Vitamin A-Mangel sind bei männlichen Tieren Veränderungen der Samenkanälchen und des Keimepithels, bei Weibchen Resorptionssterilität beschrieben
worden. Die Veränderungen gleichen sehr denen, die bei Mangel an Vitamin E
auftreten. Bei Vitamin A-Mangel findet sich außerdem Erlöschen des Geschlechts-
triebes, Störung der Befruchtung und der Implantation des Eies. Befruchtung
und Erhaltung der Schwangerschaft sind an die Anwesenheit von A-Vitamin
gebunden. Zur Bestimmung des Vitamin A wird bekanntlich der sog. Kolpo-
keratosetest verwandt. Mangel an Vitamin A führt nämlich bei der Ratte zu einer
Art von Daueroestrus (Kolpokeratose), der durch Zufuhr von Vitamin A sofort
behoben werden kann. Histologisch ist dieser Daueroestrus vom echten Oestrus
abzutrennen. Carotin und Vitamin A finden sich außer im Ovar auch in großer
Menge in der Hypophyse. A-Avitaminose verhindert die Wirkung der gonatropen
Hormone der Hypophyse (ABERLE). In interessanten Versuchen haben ABELIN
und WIDMER festgestellt, daß der durch Thyroxin unterbrochene Brunstzyklus
der Ratte durch eine vitamin- und lipoidreiche Diät (Basedowdiät) wieder
hergestellt werden kann. Bei der Amenorrhöe des Menschen und bei der Kraurosis
vulvae sind therapeutische Versuche mit Zufuhr von Vitamin A unternommen
worden, die bisher befriedigend verlaufen sind (HALBAN). Auch habitueller
Abort ist mit Erfolg mit Vitamin A behandelt worden (VOGT). Hierbei ist
allerdings wohl in erster Linie an eine Wirkung des Vitamins A auf das Epithel
der Uterus-Schleimhaut (Epithel-Schutzvitamin) zu denken. Eine große Bedeutung für den Ablauf der Ovarialfunktion kommt auch dem **Vitamin C**
zu. Bei C-Mangel treten häufig als erste Symptome der Avitaminose Menstruationsstörungen auf. Bei trächtigen Tieren führt Vitamin C-Mangel regelmäßig

zum Verwerfen (KRAMER, HARMANN und BRILL). LEY konnte habituellen Abort mit Erfolg mit Vitamin C behandeln. Bei hochgradiger Avitaminose sind primordiale Follikel kaum noch vorhanden, es fehlen ferner die Corpora lutea. In Ovarienbezirken, die einen reifenden Follikel enthalten, findet sich etwa doppelt soviel Vitamin C als in solchen ohne reifenden Follikel (LEY). Diese Vermehrung ist dahin zu deuten, daß das Vitamin C in den Atemvorgang der Zelle als Atmungskatalysator eingeschaltet wird. Eine Beteiligung am Hormonaufbau kommt dabei wahrscheinlich nicht in Frage (TONUTTI und MATZNER). Sehr reich an Vitamin C ist ferner das Corpus luteum graviditatis. Vom B_1-Vitamin sei erwähnt, daß B_1-Mangel während des Wachstums zu einer Genschädigung führen kann, die erst in der zweiten Tochtergeneration in Erscheinung tritt. Es findet sich in der zweiten Generation zu 22% eine kongenitale Pylorusobliteration (MÜLLER). In Indien und Amerika ist B_1-Mangel als Ursache der Neigung zu Frühgeburten ermittelt worden (WILLS). Bei Mangel des ganzen B-Komplexes findet sich bei Tieren Atrophie der Follikel, Aufhören des Zyklus, die Konzeption leidet oder es tritt Abort auf. Bei der Geburt finden sich häufig Wehenschwäche und später Störungen der Involution des Genitale. Von allergrößter Bedeutung sind die Beziehungen des **Vitamin E** zur Genitalfunktion. Hierüber hat VOGT-MØLLER in dem Kapitel „Mangel an Vitamin E" in diesem Buche berichtet, so daß auf eine besondere Darstellung verzichtet werden kann.

Auf den vorangehenden Seiten sind die wichtigsten Beziehungen der Vitamine zu den einzelnen innersekretorischen Drüsen, zur Schilddrüse und Nebenschilddrüse, zu den Nebennieren, zum Inselorgan des Pankreas und zu den Geschlechtsdrüsen zusammengestellt worden. Dagegen haben die Beziehungen der Vitamine zur Hypophyse eine gesonderte Darstellung nicht erfahren. Die Hypophyse ist bekanntlich als das den anderen innersekretorischen Drüsen übergeordnete Inkretorgan anzusehen, das in weitem Umfange die Funktionen der übrigen Drüsen reguliert. Aus diesem Grunde sind die Beziehungen der Vitamine zur Funktion der Hypophyse, soweit Unterlagen vorhanden sind, in den entsprechenden Kapiteln über die Wechselwirkungen der Vitamine mit den einzelnen Inkretdrüsen abgehandelt worden. Eine besondere Betrachtung der die Hypophyse betreffenden Vitaminwirkungen erübrigt sich daher.

Unsere Kenntnisse über die Wechselwirkungen der Vitamine und Hormone sind bei der Vielfältigkeit dieses interessanten und bedeutsamen Gebietes, wie wir gesehen haben, leider noch sehr lückenhaft. So ist uns insbesondere der feinere Mechanismus der ineinandergreifenden Vitamin- und Hormonwirkungen noch nicht ausreichend bekannt. Die Wechselwirkungen der Vitamine und Hormone treten teils im Sinne eines Zusammenspieles, teils im Sinne eines Gegenspieles zutage, wogegen ein Ersatz von Vitaminen durch Hormone und umgekehrt wohl kaum in Frage kommt. Denn auch bei synergistischem Verhalten dürften die Angriffspunkte der beiden Stoffgruppen wahrscheinlich verschieden sein. Darüber hinaus sind die Vitamine an dem Ablauf von Fermentreaktionen (DESMOLASEN) beteiligt. Es wird noch einer ausgedehnten Forschungstätigkeit bedürfen, bis wir völlig klare Einblicke in dieses schwierige Wechselspiel erhalten.

2. Vitamine und Infektion.

Die Widerstandskraft des Organismus gegenüber Infektionen ist weitgehend von einer quantitativ und qualitativ ausreichenden Ernährung abhängig, während Mangelnahrung die Anfälligkeit in dieser Richtung stark erhöht. Das Auftreten von Seuchen bei Ernährungskatastrophen ist hinreichend bekannt. Zu einer qualitativ ausreichenden Ernährung gehört auch eine genügende

Versorgung des Organismus mit Vitaminen. Nicht im Vitamingleichgewicht befindliche Organismen weisen eine erhöhte Anfälligkeit gegenüber Infekten auf. Bei den meisten Vitaminmangelzuständen kommt es zu sekundären Infektionen, die oft den Tod herbeiführen. Bei Ernährung mit einem sonst normalen, aber durch Erhitzen auf 120° vitaminarm gemachten Mangelfutter sinkt bei Laboratoriumstieren die bactericide Kraft des Blutes auf Null. In diesem Zustand sind die Tiere nicht mehr in der Lage, Antikörper bei Immunisierungsversuchen zu bilden. Zahlreiche Beobachtungen sprechen dafür, daß die Verhältnisse auch beim Menschen ähnlich liegen. Die Rolle, die die einzelnen Vitamine bei der Infektionsabwehr bzw. Infektionsbekämpfung spielen, ist sehr verschiedenartig. Wir kennen Vitamine, denen ein steigernder Einfluß auf die bactericiden Abwehrkräfte zukommt und solche, die vor allem eine schützende Wirkung auf die den verschiedensten Infektionen besonders ausgesetzten Schleimhäute ausüben und dadurch infektionsverhütend wirken. Bei Infektionskrankheiten, insbesondere bei schweren und sich lange Zeit hinziehenden Infektionen, findet des weiteren ein fast alle Vitamine betreffender Mehrverbrauch von Vitaminen statt (Fiebereffekt), so daß der Organismus im Verlauf derartiger Infektionen an Vitaminen verarmt und sich Hypovitaminosen entwickeln können. Man muß daher bei derartigen Erkrankungen auf eine genügende Vitaminzufuhr bedacht sein und nicht, wie es besonders früher öfter geschah, durch Verordnung vitaminarmer Diätregimen (z. B. beim Typhus abdom.) einer weiteren Vitaminverarmung des Organismus Vorschub leisten. Auch ist zu bedenken, daß im Verlauf von langdauernden Infektionskrankheiten sich häufig Sekretionsstörungen des Magens (Achylie) entwickeln, die durch Resorptionsstörungen oder durch Zerstörung von Vitaminen im Magen-Darmkanal ebenfalls zu einer Vitaminverarmung führen. Es können sich somit verschiedene Faktoren für das Zustandekommen einer für den Infektionsablauf gefährlichen Hypovitaminose summieren.

Dem **Vitamin A** ist von zahlreichen Forschern die Bezeichnung antiinfektiöses Vitamin zugeschrieben worden. Diese Bezeichnung ist insofern nicht ganz zutreffend, als das Vitamin A im Gegensatz zu anderen Vitaminen anscheinend keinen Einfluß auf die bactericide Kraft des Blutes ausübt. Zugaben von Vitamin A sind im Gegensatz zu manchen anderen Vitaminen nicht in der Lage, die bei vitaminarmer Ernährung geschwundenen bactericiden Abwehrkräfte wieder zu heben (PFANNENSTIEL, JUSATZ). Im Verlauf aller Infektionskrankheiten nimmt der Vitamin A-Spiegel des Blutes stark ab, so daß das Vitamin A fast völlig aus dem Blutserum verschwinden kann (SCHNEIDER). Wir haben bei schweren Pneumonien in zahlreichen Fällen diese Abnahme des Vitamin A kurvenmäßig verfolgt und konnten, nach einem vorübergehenden Anstieg, am Ende der Erkrankung häufig Nullwerte für Vitamin A feststellen. Man kann dieses Absinken des Vitamins A sicherlich nicht allein auf einen Mehrverbrauch im Infekt zurückführen, sondern muß auch wohl die Frage aufwerfen, ob nicht allergische Reaktionen hierbei eine wichtige Rolle spielen. Denn im Verlauf des anaphylaktischen Shocks verschwindet das Vitamin A ebenfalls aus dem Blut, während zu Beginn des Shocks manchmal erhöhte Vitamin A-Werte gefunden werden. Es findet also offenbar im Shock eine Ausschüttung des Vitamin A aus der Leber mit anschließendem raschen Verbrauch in der Peripherie statt (DIEHL und WENDT). Auch bei der Diphtherie verschwindet das Vitamin A in schweren toxischen Fällen völlig aus dem Serum und bei mit Diphtherietoxin vergifteten Hunden konnten wir es sowohl in der Leber wie im Blut kaum noch nachweisen. Häufig kommt es bei fiebernden Kranken im Gegensatz zum Gesunden auch zu einer Vitaminausscheidung mit dem Harn, die allerdings bei ihrer Geringfügigkeit keineswegs für die hierbei zu findenden, oft starken Vitamin A-Verluste des Organismus verantwortlich gemacht werden kann.

Die Bedeutung des Vitamins A für die Verhütung bzw. den Ablauf von Infektionen liegt sicherlich in erster Linie auf anderem Gebiete als dem der Steigerung der bactericiden Abwehrkräfte. Das Vitamin A ist notwendig für die Intaktheit der Struktur der Epithelien, sowohl der Schleimhaut wie der Cornea, wie der Haut. Ist die Struktur der Epithelien gestört, so ist ihre Resistenz gegenüber allen möglichen Krankheitserregern stark herabgesetzt, und dem Angehen von Infektionen sind Tür und Tor geöffnet. Bei Vitamin A-Mangel kommt es zu schweren Störungen der Epithelstruktur, so daß die Bedeutung des Vitamins A für die Infektionsbekämpfung auf der Verhütung derartiger Veränderungen beruht. v. DRIGALSKI hat daher das Vitamin A als Epithelschutzvitamin bezeichnet. Das häufige Auftreten von Infektionen insbesondere der oberen Luftwege und der ableitenden Harnwege bei A-Mangelzuständen erklärt sich demnach aus dem Fehlen der Epithelwirkung des Vitamins. Die bei konsumierenden, mit einem starken Vitamin A-Verbrauch einhergehenden Erkrankungen, Allgemeininfektionen u. a., so häufig zu beobachtenden terminalen Pneumonien, Bronchopneumonien und Cystopyelitiden sind somit sicherlich zum Teil auf einen Vitamin A-Mangel zurückzuführen. Gerade für die Pneumonie ergibt sich daher die bemerkenswerte Tatsache, daß der durch die Pneumonie bedingte Vitamin A-Verlust sich seinerseits sehr ungünstig für die Abheilung der Pneumonie auswirken kann. Es besteht also auch hier ein gefährlicher Circulus vitiosus, insofern, als die primäre Krankheit zu einem Vitamin A-Mangel führt und dieser nun seinerseits den Verlauf der Erkrankung ungünstig beeinflußt. Man wird daher bei allen mit einem Vitamin A-Verlust einhergehenden Infektionen und anderen konsumierenden Erkrankungen auf eine genügende Vitamin A-Zufuhr bedacht sein müssen. Bei Infektionen der oberen Luftwege sind besonders von Kinderärzten sehr erfolgversprechende Mitteilungen über die Beeinflussung derartiger Infektionen durch reichliche Vitamin A-Gaben gemacht worden. In Amerika und England sind auch großzügige Massenversuche unternommen worden, um durch prophylaktische Zufuhr von Vitamin A oder von Carotin die Anfälligkeit gegenüber Grippe und anderen katarrhalischen Infektionen besonders während des Frühjahrs herabzusetzen. Bei der Schwierigkeit der Beurteilung derartiger Massenexperimente sind die Resultate bisher nicht ganz eindeutig ausgefallen. Ein wichtiges Problem stellt ferner die Bedeutung des Vitamins A für die Ausbreitung der Lungentuberkulose dar. Bei Rückgang der Vitamin A-Zufuhr (Buttermangel) ist immer wieder eine Zunahme der Lungentuberkulose beobachtet worden, so in Dänemark, Indien, Amerika, Afrika und bei der Hungerblockade bei uns in Deutschland.

Mit der Wirkung des Vitamins A auf die Epithelien der Harnwege und den bei A-Mangel häufig zu beobachtenden Cystopyelitiden steht in nahem Zusammenhang die Neigung zur Bildung von Phosphatsteinen. Diese Phosphatsteine entstehen sekundär infolge bakterieller Zersetzung des Harns im alkalischen Milieu. Im Tierversuch führt Vitamin A-Zufuhr bei A-avitaminotischen Tieren sowohl zur Heilung der Cystopyelitis wie der Steinbildung (HIGGINS). Die gleichen Erfolge konnte HIGGINS auch beim Menschen mit Phosphatsteinen und ammoniakalischer Zersetzung des Harns durch Verabreichung von Vitamin A (und Ansäuerungstherapie!) erreichen. Die Cystopyelitis heilte aus und die Steine gingen bröckelweise ab. Nach SEYDERHELMs ebenfalls günstigen Erfahrungen kommen für die Vitamin A-Therapie vor allem infizierte, doppelseitige Nierensteinfälle in Frage (2mal wöchentlich 1 ccm Vogan i.m.).

Eine allgemeine Verbreitung hat die Vitamin A-Therapie bei der Behandlung von Wunden aller Art mit Vitamin A-haltigen Salben (Lebertransalbe) gefunden (LÖHR). Auch hier wirkt das Vitamin A infolge seiner Epithelwirkung. Wundinfektionen können durch derartige Salben verhindert bzw. geheilt werden, die Wunden epithelialisieren sich rascher als sonst. Eine sehr günstige Beurteilung hat auch die Lebertrantherapie, d. h. das Einträufeln von Lebertran in eröffnete Osteomyelitiden erfahren (LÖHR). Die Epithelwirkung des Vitamins A zeigt sich also bei lokaler Anwendung auch ohne Vorliegen eines A-Mangels. Perorale Zufuhr von Vitamin A (Vogan 1—2mal täglich 1—2 Tropfen) wirkt fernerhin günstig bei hartnäckigen Furunkulosen (BAETZNER), bei Hyperkeratose (BILLATH) und bei Ekzemen lebensschwacher Kinder. Einträufeln von Vogan oder Einreiben einer 2%igen Vogansalbe in das Auge beschleunigt die Epithelialisierung bei allen möglichen, auch nicht avitaminotisch bedingten Hornhauteffektionen.

Ähnlich wie das Vitamin A besitzen auch die Faktoren des **Vitamin B-Komplexes** keine antiinfektiösen Eigenschaften. Steigerungen der Antikörperbildung lassen sich durch Zufuhr des Vitamin B-Komplexes oder einzelner seiner Faktoren, soweit sie in dieser Beziehung untersucht sind, nicht herbeiführen. Bei mit Staphylokokken und Streptokokken infizierten Tieren tritt durch Zufuhr des Vitamin B-Komplexes keine Resistenzstörung ein, so daß die Tiere ebenso zugrunde gehen wie ohne B-Zufuhr. Daraus ist aber noch nicht zu schließen, daß die Vitamine des B-Komplexes nun auch für die Infektverhütung ohne jede Bedeutung sind. Denn Versuchstiere mit B_2-Avitaminosen gehen ausnahmslos an Infektionen, und zwar an Bronchopneumonien und Gastroenteritiden zugrunde. So wird man auch für den Menschen bei ungenügender B_2-Komplexzufuhr eine Schwächung der Infektabwehr erwarten dürfen. Im Infekt ist der Vitamin B-Verbrauch stark gesteigert. Das ist besonders für das Vitamin B_1 sichergestellt. Von großer praktischer Bedeutung ist in diesem Zusammenhang die sog. postinfektiöse Polyneuritis. An ihrem Zustandekommen sind sicherlich zwei Umstände beteiligt, und zwar einmal eine nervenschädigende Wirkung des Toxins der betreffenden Infektionserreger und des weiteren ein durch den Infekt bedingter Mehrverbrauch von Vitamin B_1, die die Bereitschaft des Nervengewebes erhöht. Die postinfektiöse Polyneuritis ist nicht die einzige in unseren Breiten vorkommende Polyneuritisform, an deren Auftreten ein B_1-Mangel infolge Mehrverbrauch von Vitamin B_1 beteiligt ist. Die Schwangerschaftspolyneuritis wie die Polyneuritis der Stillenden sind ebenfalls durch den enorm erhöhten B_1-Verbrauch des graviden bzw. stillenden Organismus zu erklären. Schwangerschaftserbrechen beschleunigt häufig den Ausbruch der Erkrankung. Die diabetische Polyneuritis findet dagegen offenbar ihre Erklärung in einer Störung der Kohlehydrat- und B_1-Verwertung. In Europa tritt die postinfektiöse Polyneuritis besonders nach schweren Grippeerkrankungen, nach Pneumonien und nach Diphtherie auf. Auf reichliche B_1-Zufuhr, wobei oft sehr große Dosen von B_1 (10—15 mg B_1 in Form von Betaxin oder Betabion) injiziert werden müssen, sprechen alle die genannten Polyneuritiden oft ausgezeichnet an. Es sei darauf hingewiesen, daß auch die Beriberi in Südchina, Japan, Java, Ägypten und Brasilien sehr häufig nach fieberhaften Erkrankungen wie Malaria, Typhus, Ruhr und Pneumonie, aber auch im Verlauf von Schwangerschaften zum Ausbruch kommt (SCHRETZENMAYR). Eine B_1-Behandlung empfiehlt sich nicht nur bei den obengenannten Polyneuritisformen, bei denen ein erhöhter B_1-Bedarf sichergestellt ist, sondern ist vielfach auch bei anderen Polyneuritiden und Neuritiden (rheumatische Neuritiden, Facialisparesen, Trig. Neuralgie, Ischias, traumatische Neuritis, Polyradiculitis) von Erfolg gekrönt.

Ob auch bei dem Zustandekommen der Chorea, die bekanntlich meistens nach Infektionskrankheiten auftritt und die in vieler Hinsicht große Ähnlichkeit mit der kindlichen Beriberi hat, ein Vitamin B_1-Mangel mitbeteiligt ist, ist noch nicht geklärt. B_1-Injektionen haben nach Versuchen von KÜHNAU eine Heilwirkung bei Chorea nicht hervorrufen können, wogegen WIDENBAUER und SAUER durch Darreichung von Levurinose günstige Heileffekte erzielt haben.

Schließlich sei noch ein Wort über bestimmte toxische Polyneuritiden gesagt, wie sie durch Nicotin verursacht bzw. bei Sublimat-, Thallium- und Bleivergiftungen beobachtet werden. Auch diese Neuritiden können durch B_1-Injektionen günstig beeinflußt bzw. geheilt werden. Für ihre Entstehung nimmt KÜHNAU eine Störung der B_1-Verwertung infolge des Eindringens der genannten Gifte in den Körper an, so daß auch diese Polyneuritiden als Symptome eines relativen B_1-Mangels aufzufassen sind.

In seinem Verhalten bei Infekten hat das **Vitamin C** mit dem bereits besprochenen Vitamin A und B gemeinsam die Tatsache, daß der Vitamin C-Verbrauch im Verlaufe von Infektionskrankheiten ebenfalls stark gesteigert ist, so daß bei in gesunden Tagen eben noch ausreichendem Vitamin C-Angebot im Infekt leicht eine C-Hypovitaminose entstehen kann. C-avitaminotische Versuchstiere zeigen ebenso wie A und B avitaminotische Tiere eine erhöhte Anfälligkeit gegenüber Infekten. C-avitaminotische Versuchstiere pflegen meist an sekundären Infektionen zugrunde zu gehen. In anderer Hinsicht unterscheidet sich aber das Vitamin C in seinem Verhalten hinsichtlich der Infektionsabwehr wesentlich von den bisher besprochenen Vitaminen A und B. Im Tierversuch erhöhen Injektionen von Ascorbinsäure oder ihres Natriumsalzes die keimfeindliche Kraft des Blutes bis um das Vierfache, wobei die Erhöhung des bactericiden Index allerdings meist nur von kurzer Dauer ist, anscheinend deswegen, weil die Ascorbinsäure vom gesunden Körper sehr rasch wieder ausgeschieden wird. Auch bei Immunisierungsversuchen führen intravenöse C-Gaben zu einer deutlichen Verbesserung der Antikörperbildung gegenüber nicht mit Ascorbinsäure gespritzten Kontrolltieren, und Mangeltiere erlangen bei intravenöser C-Zufuhr ihre Fähigkeit, Antikörper zu bilden, in gleichem Maße wieder wie normal ernährte Tiere (PFANNENSTIEL, JUSATZ). Zusätze von Ascorbinsäure schwächen die Virulenz der meisten Krankheitserreger bis auf den Tuberkelbacillus deutlich ab.

Durch Ascorbinsäurezufuhr kann auch der anaphylaktische Serumshock bei Meerschweinchen aufgehoben werden (HOCHWALD). Bei C-armer Ernährung fällt der anaphylaktische Shock viel schwerer als bei normal ernährten Tieren aus, während bei schwerstem Mangel an Vitamin C im beginnenden Skorbut der anaphylaktische Shock oft überhaupt nicht mehr zustande kommt. Bei mäßiger Verminderung des Vitamin C sind also die Mechanismen, die den anaphylaktischen Shock verhindern bzw. kompensieren sollen, geschädigt, so daß derartige Tiere besonders schwere Erscheinungen bekommen. Im skorbutischen Stadium hingegen bringt der Organismus die Kraft zum anaphylaktischen Shock, der ja eine positive Zelleistung ist, überhaupt nicht mehr auf (DIEHL). Bei manchen Fällen von Asthma bronchiale sind durch Ascorbinsäureinjektionen günstige Resultate erzielt worden, und zwar bei solchen Fällen, bei denen ein Vitamin C-Defizit bestand. Aber auch bei diesen Fällen kommen häufig Versager vor, da die C-Stoffwechsellage ja nur einer von vielen Faktoren für die Entstehung bzw. Nichtentstehung einer allergischen Manifestation ist.

Eine große Bedeutung kommt der Vitamin C-Behandlung mancher Infektionskrankheiten zu. Die Steigerung des Vitamin C-Verbrauches bei den meisten Infekten wurde schon weiter oben erwähnt. Durch Belastungsversuche mit Vitamin C konnte gezeigt werden, daß bei den meisten Infektionen ein Vitamin C-Defizit besteht (SCHROEDER, THADDEA, HOFFMEISTER u. a.). Das Vitamin C wird besonders bei der Antikörperbildung verbraucht. Diese Beobachtungen erklären die so oft gemachte Feststellung, daß skorbutische Zustände besonders im Gefolge von Seuchen aufzutreten pflegen. Durch parenterale oder perorale Zufuhr von Vitamin C (200—300 mg Ascorbinsäure täglich) konnte der Verlauf der croupösen Pneumonie von zahlreichen Untersuchern günstig beeinflußt werden (Schroeder, Gander, Niederberger ,Hochwald u. a.). Auch soll durch rechtzeitig einsetzende Vitamin C-Behandlung das Auftreten von Bronchitiden und Pneumonien nach großen Operationen verhindert bzw. die Häufigkeit dieser Erkrankungen erheblich herabgesetzt werden können (E. Forster). Tonutti und Matzner haben festgestellt, daß die Leukocyten, die bei der Pneumonie die Auflösung des Fibrins in den Alveolen zu besorgen haben, mit Ascorbinsäure angereichert sind, und daß die Ascorbinsäure offenbar zum Aufbau des die Fibrinmassen verflüssigenden Enzyms der Leukocyten notwendig ist. Günstige Erfolge mit Ascorbinsäurezufuhr wurden ferner erzielt bei Polyarthritis rheumatica acuta, bei Scharlach, Masern, Diphtherie, Erysipel, Keuchhusten, Typhus, Grippe u. a. Beim Typhus sollte das Vitamin C wegen ungünstiger Resorptionsverhältnisse am besten parenteral gespritzt werden. Bei Diphtherie, bei der sich eine starke Herabsetzung des Vitamin C-Gehalts sowie anatomische Veränderungen in den Nebennieren finden, empfiehlt sich die gleichzeitige Verabfolgung von Vitamin C und Nebennierenrindenextrakten. Die Ascorbinsäure vermag zwar in vitro Diphtherietoxin zu entgiften, am Menschen aber konnte man sich bei der Diphtherie von einer Wirkung von Vitamin C allein ohne gleichzeitige Verabfolgung von Nebennierenextrakten nicht überzeugen. Trotzdem dürfte die Bedeutung des Vitamin C gerade für die Diphtherie außer Zweifel stehen. Das Zusammenfallen der Winter-Frühjahr-Diphtherie-Seuchenkurve mit den Zeiten der stärksten Vitamin C-Verarmung des Körpers ist sicherlich kein Zufall. Von zahlreichen Autoren ist die Diphtherie geradezu als toxische C-Avitaminose bezeichnet worden (v. Gagyi, King, Menton u. a.).

Bei der Lungentuberkulose besteht ebenfalls meist ein Vitamin C-Defizit, und durch systematische Vitamin C-Behandlung ist auch bei dieser Erkrankung von zahlreichen Untersuchern eine günstige Beeinflussung des Allgemeinbefundes erzielt worden. Es sei erwähnt, daß die Gerson-Sauerbruch-Herrmanns-Dorfersche Diät besonders reich an Vitamin C ist. Nach neueren Untersuchungen von Scholz und Mitarbeitern, von Pantschenko u. a. erhöht Ascorbinsäurezufuhr den Esterasespiegel des Blutes, und zwar bei Tuberkulosekranken noch stärker als bei Gesunden, so daß die Vitamin C-Therapie hiernach als eine Enzymtherapie aufzufassen ist. Die günstige Wirkung der Vitamin C-Behandlung bei Tuberkulose wurde von den genannten Autoren mit diesem Befund in Zusammenhang gebracht. Günstige therapeutische Resultate wurden auch bei der Behandlung von Infektionen der ableitenden Harnwege mit Vitamin C gesehen. Besonders eindrucksvoll scheinen die Erfolge bei Prostatikern mit chronisch fieberhafter Harninfektion zu sein (Alken). Einen gesicherten Platz hat sich das Vitamin C in der Klinik des weiteren durch seine Fähigkeit erworben, die Toxität wichtiger Arzneimittel herabzusetzen. So empfehlen sich, insbesondere bei schlechter Verträglichkeit, Zusätze von Ascorbinsäurelösungen (100 mg) bei Salvarsaninjektionen. Auch beim Germanin wurde durch gleichzeitige Verabfolgungen von Ascorbinsäure dem Germanin eine breitere Anwendungsbasis geschaffen.

Schon relativ frühzeitig wurde vermutet, daß es außer der Ascorbinsäure noch ein weiteres Vitamin C gibt. Es hat sich nämlich gezeigt, daß Fruchtsäfte (Citronen-, schwarze Johannisbeeren- und Holunderbeerensäfte) auch nach Zerstörung ihres Vitamin C-Gehalts noch eine antipneumonische Wirksamkeit gegenüber experimentellen Pneumokokkeninfektionen des Meerschweinchens aufweisen. Vitamin C-frei ernährte Meerschweinchen konnten durch die genannten Fruchtsäfte wirksamer gegen Pneumokokkeninfektionen geschützt werden als mit reiner Ascorbinsäure. Diese Wirkung der natürlichen Fruchtsäfte wurde von v. EULER auf das Vorhandensein eines zweiten Vitamins zurückgeführt, das als Antipneumoniefaktor bzw. als Vitamin J bezeichnet wurde. Es bleibt abzuwarten, ob sich die Existenz dieses Vitamins weiter bestätigen wird.

Das Vitamin D vermag nach Untersuchung von PFANNENSTIEL, JUSATZ u. a. ebenfalls am mit Mangelkost ernährten Versuchstier die bacterieiden Kräfte (z. B. gegen Typhusbacillen und Streptokokken) des Blutes zu steigern, solange es in mittleren Dosen verabfolgt wird. Die Erhöhung des bactericiden Index bleibt hierbei sogar noch lange Zeit nach Absetzen der Vitamin D-Zufuhr bestehen. Gleichzeitig vorgenommene Hefefütterung erhöht das Ansteigen der keimtötenden Kräfte des Blutserums. Überdosierung von Vitamin D hat das Gegenteil zur Folge. Hierbei tritt völliges Erlöschen aller bactericiden Kräfte ein. Aus der menschlichen Pathologie ist die große Anfälligkeit rachitischer Säuglinge gegenüber Bronchopneumonien bekannt, die mit einem Absinken der bactericiden Kräfte infolge D-Mangels zusammenhängen mag. Therapeutische Versuche mit Vigantol (3—5 Tropfen täglich) bei Lungentuberkulose haben die Erwartungen nicht erfüllt.

Aus dem Gesagten geht die große Bedeutung der Vitamine für die Infektabwehr und Bekämpfung deutlich hervor. Soll der Organismus gegen Infekte genügend geschützt werden, so ist es notwendig, daß unser Körper durch eine vitaminreiche Ernährung in dem normalen Vitamingleichgewicht gehalten wird. Des weiteren haben wir aber in den Vitaminen wichtige Stoffe in der Hand, die wir beim Auftreten von Infektionen zum Ausgleich eines eingetretenen Mangelzustandes und zur Erhöhung der Abwehrkräfte nutzbringend für unseren Organismus anwenden können.

3. Vitamine und Blutkrankheiten.

Die Beziehungen der Vitamine zu den Blutkrankheiten sind mannigfacher Art. Einmal kennen wir Blutkrankheiten, die verursacht sind durch das Fehlen bestimmter Vitamine oder gewisser Faktoren, an deren Zustandekommen Stoffe von Vitamincharakter maßgeblich beteiligt sind, andererseits sehen wir bei einigen Avitaminosen uncharakteristische Veränderungen des Blutbildes auftreten. Darüber hinaus sind durch Zufuhr von reinen Vitaminen Einflüsse auf die blutbildenden Organe erzielt worden, die wahrscheinlich mit der Wirkung dieser Vitamine unter physiologischen Bedingungen nichts mehr zu tun haben, die aber therapeutisch für die Behandlung von Blutkrankheiten nutzbar gemacht werden konnten. Unter den Blutkrankheiten, an deren Entstehung das Fehlen von Stoffen mit Vitamincharakter oder bestimmter Vitamin-Enzymkomplexe eine wesentliche Rolle spielen, haben besonders einige Anämien eine weitgehende Aufklärung erfahren.

1. Unter diesen Anämien ist in erster Linie *die perniziöse Anämie* (BIERMER) zu nennen. Bis zur Auffindung der so segensreichen Behandlung der BIERMERschen Anämie mit Leberpräparaten, die auch unsere Auffassung über das Wesen dieser Krankheit einer weitgehenden Klärung zuführen konnte, standen sich eine große Anzahl von Theorien über die Entstehungsweise der perniziösen Anämie gegenüber. Von diesen seien hier nur die Toxintheorie, die insbesondere an der pathologischen Dünndarmbesiedlung mit Bacterium coli anknüpfte und die Erythrolysetheorie genannt, die das Wesen der Erkrankung vor allem in dem verstärkten Abbau von roten Blutkörperchen in der Milz suchte. Alle diese Erklärungsversuche sind hinfällig geworden, als es durch die Entdeckung der Lebertherapie durch MINOT und insbesondere auch durch die weiteren Arbeiten

von CASTLE nachzuweisen gelang, daß mit dem Leberstoff ein für den normalen Blutstoffwechsel notwendiges Prinzip zugeführt wird, daß es sich also bei der BIERMERschen Anämie um eine Mangelkrankheit handelt. Die wichtigsten Gründe für die Aufstellung dieser Mangeltheorie waren die Tatsachen, daß es durch ausreichende Zufuhr des Leberstoffes gelingt, das Blutbild der BIERMER-schen Anämie vollständig zu normalisieren, daß nach Fortlassen der Leberzufuhr die Blutbildveränderungen sehr rasch wieder auftreten und daß der Leberstoff auf das Blutbild des gesunden Menschen überhaupt keine Wirkung ausübt. Die bei der perniziösen Anämie vorhandenen Veränderungen des Blutbildes und der blutbildenden Organe sind als die Folge des Fehlens des Leberwirkstoffes aufzufassen. Infolge des Fehlens dieses Stoffes schlägt bei der BIERMERschen Anämie der normale Blutbildungsmodus in den embryonalen Bildungstypus zurück, es wird das normale erythropoetische Gewebe durch megaloblastisches Knochenmark ersetzt. Das megaloblastische Knochenmark ist bei der BIERMERschen Anämie somit als der Ersatz für das des Leberwirkstoffes beraubte und daher funktionsunfähige normale erythropoetische Gewebe aufzufassen. Das megaloblastische Knochenmark findet sich dabei nicht nur in den Knochen, in denen normalerweise die Blutbildung vor sich geht, sondern auch das Fettmark der langen Röhrenknochen wird in rotes megaloblastisches Mark umgewandelt. Die Umwandlung des Fettmarkes in rotes Knochenmark ist als eine kompensatorische Vergrößerung des erythropoetischen Gewebes aufzufassen, durch die der des Leberwirkstoffes beraubte Organismus die Produktion minderwertiger und kurzlebiger Erythrocyten auszugleichen versucht. Denn das megaloblastische Knochenmark bildet nicht nur morphologisch veränderte (Megaloblasten-Megalocyten), sondern auch funktionell minderwertige Erythrocyten, die viel rascher dem Untergang geweiht sind als normale Erythrocyten. Die bei der BIERMERschen Anämie vorhandene gesteigerte Hämolyse erklärt sich somit zwanglos als eine sekundäre Erscheinung, die bei normaler Kraft der blutzerstörenden Organe allein durch das Auftreten wenig widerstandsfähiger und leicht abbaufähiger roter Blutkörperchen bedingt ist. Durch die Zuführung des Leberstoffes wird die bei der BIERMERschen Anämie des weiteren vorhandene Hemmung des Knochenmarkes zur weiteren Differenzierung aufgehoben. Es handelt sich also bei dem in der Leber vorhandenen wirksamen Prinzip um einen Reifungsstoff. Unter dem Einfluß dieses Reifungsstoffes beginnt fast schlagartig eine lebhafte Differenzierung der in großer Zahl vorhandenen unreifen Knochenmarkelemente, so daß diese ausschwemmungsfähig werden. Es kommt zu der bekannten, anfänglichen Reticulocytenkrise, die nach Einsetzen der vollen Leberwirkung bald wieder abklingt. Bei genügender Zufuhr des Leberwirkstoffes wird die normale Erythropoese wiederhergestellt und das als Ersatz für das darniederliegende erythropoetische Gewebe eingetretene megaloblastische Knochenmark verschwindet. Unter dem Einfluß des Leberwirkstoffes wird daher das rote Knochenmark der langen Röhrenknochen in normales Fettmark zurückverwandelt, und auch die gesteigerte Hämolyse macht infolge des Wiederauftretens normaler widerstandsfähigerer Erythrocyten einem normalen Blutabbau Platz. Ebenso wie die Erythropoese wird durch den Reifungsprozeß auch die pathologisch veränderte Leukopoese und Thrombopoese wieder normalisiert, die Leukopenie und Thrombopenie verschwinden und beide Zellenarten erreichen normale Werte.

Von entscheidender Bedeutung für die weitere Entwicklung der Anämieforschung war der fundamentale Versuch von CASTLE, der feststellen konnte, daß sich bei Einwirkung von normalem menschlichem Magensaft auf Muskelfleisch eine Substanz bildet, die, Perniciosakranken einverleibt, denselben therapeutischen Effekt auslöst wie Leber, während Magensaft oder Muskelfleisch allein sich als völlig unwirksam erwiesen. Wurde dieser Versuch mit dem Magensaft von Perniciosakranken angestellt, so zeigte das Produkt ebenfalls keinerlei Wirkung. Damit war der Magen in den Mittelpunkt der Betrachtungen über die Genese der BIERMERschen Anämie gerückt. Bei der perniziösen Anämie besteht bekanntlich immer eine Achylia gastrica mit Fehlen von Salzsäure und Pepsin im Magensaft. Dieser Mangel an Salzsäure und Pepsin kann aber das Entscheidende für das Ausbleiben des wirksamen Stoffes nicht sein. Denn in dem oben geschilderten CASTLEschen Versuch erwies sich von Salzsäure und Pepsin befreiter normaler menschlicher Magensaft wie der Magensaft von Achylikern ohne gleichzeitiges Bestehen einer perniziösen Anämie als wirksam. Aus diesen Versuchen mußte gefolgert werden, daß im normalen Magensaft ein bisher noch unbekannter Stoff vorhanden ist, (der mit Salzsäure und Pepsin nichts zu tun hat) dem die Funktion zukommt, aus bestimmten Nahrungsbestandteilen das die perniziöse Anämie verhütende Prinzip (Antiperniciosaprinzip) zu bilden. Der im normalen Magensaft vorhandene · Stoff fehlt bei den Kranken mit perniziöser Anämie, so daß diese nicht in der Lage sind, das Antiperniciosaprinzip zu bilden. Den im normalen Magensaft abgesonderten Faktor nannte CASTLE den „intrinsic factor" und den in der Nahrung enthaltenen Stoff, aus dem mit Hilfe des intrinsic factors das Antiperniciosaprinzip gebildet wird, den „extrinsic factor". Es stellen sich also die Verhältnisse so dar:

$$\text{Antiperniciosaprinzip} = \text{extrinsic factor} + \text{intrinsic factor}$$

oder nach der Nomenklatur von REIMANN:

$$\text{Hämon} = \text{Hämogen} + \text{Hämogenase.}$$

Der extrinsic factor (Anämiefaktor) findet sich im Muskelfleisch, im Hühnerei, in Malzextrakten, in Gerste, Weizenkeimlingen, Reiskleie und Hefe. Am reichsten ist er aber in der Leber enthalten, die nach Vorbehandlung mit normalem Magensaft eine etwa 30fache Wirkungssteigerung erfährt. Vollkommen frische Leber enthält kein fertiges Antiperniciosaprinzip, und aus derartigen frischen Lebern hergestellte Extrakte erwiesen sich daher bei der perniziösen Anämie als unwirksam (ROTH). Das fertige Antiperniciosaprinzip entsteht in der Leber erst nach dem Tode durch eine spezifische Autolyse. Man nimmt an, daß der fermentative Vorgang zur Bildung des Antiperniciosaprinzips sich in der Leber postmortal schrankenlos vollzieht, während des Lebens aber dosiert erfolgt. Die Annahme von CASTLE und STRAUSS, daß der exogene Faktor (Anämiefaktor) mit den bekannten Faktoren des Vitamin B_2-Komplexes identisch sei, hat sich nach Untersuchung anderer Antoren (DIEHL und KÜHNAU u. a.) nicht bestätigt. Auch mit B_1 ist der exogene Faktor nicht identisch, doch könnte er in nahen Beziehungen zu anderen Faktoren des B_2-Komplexes stehen. Das Hämogen besitzt keine Eiweißnatur, ist löslich in Wasser, 80%igem Alkohol und Aceton und ist sehr hitzebeständig. Demgegenüber ist über die Natur des thermolabilen inneren Faktors noch wenig bekannt, er wird als Ferment aufgefaßt und wird durch Pepsin und Trypsin angegriffen. LASCH hat im Magensaft außer Pepsin und Trypsin noch ein proteolytisches Ferment nachgewiesen, daß dem intrinsic factor weitgehend ähnelt und im Magensaft von Perniciosakranken fehlt.

Das fertige Antiperniciosaprinzip wird unter normalen Verhältnissen im Harn zur Ausscheidung gebracht (LEINER, WAKERLIN und WACHSLER), geht durch die Placenta in den fetalen Organismus und bei der Kuh auch in die Milch über. Die menschliche Placenta enthält reichlich Antiperniciosaprinzip (MACH), im fetalen Organismus wird es in der Leber gespeichert. Bei Perniciosakranken sind Leber und Harn frei von Hämogen, obgleich es mit der Nahrung aufgenommen wird. Der Grund hierfür dürfte wohl darin zu suchen sein, daß auch normalerweise das Hämogen nicht ohne weiteres in der Leber gespeichert wird, sondern erst nachdem im Magen entstandenes Antiperniciosaprinzip in die Stapelform desselben, in Hämogen, zurückverwandelt worden ist (REIMANN). Beim Schwein läßt sich durch Fehlen des extrinsic factors in der Nahrung ein der menschlichen Sprue bzw. der perniziösen Anämie ähnliches Krankheitsbild erzeugen, bei dem dann später auch der intrinsic factor im Magensaft verschwindet (MILLER und RHOADS). Der Hund besitzt dagegen überhaupt keinen intrinsic factor, sondern verwendet den exogenen Faktor direkt zur Blutbildung (SINGER, RICHTER-IVY-MEYER).

Gegen die Richtigkeit der CASTLEschen Vorstellungen sind Untersuchungen von MORRIS herangezogen worden, der durch Injektion von stark eingeengtem und durch Dialyse gereinigtem Magensaft völlige Remissionen bei perniziösen Anämien erzielt hat. Wahrscheinlich ist aber im Magensaft fertiges Antiperniciosaprinzip in minimalen Mengen vorhanden, das infolge starker Anreicherung in dem MORRISschen Magensaftkonzentrat wirksam wurde. Auch die Wirkung peroral zugeführter Magenpräparate (Ventraemon) dürfte dahin zu deuten sein, daß postmortal der intrinsic factor auf den extrinsic factor einwirkt und so wirksames Antiperniciosaprinzip entsteht.

Eine kurze Erörterung verlangt auch die Frage, ob bei der BIERMERschen Anämie nur der oben beschriebene Antiperniciosafaktor fehlt, oder ob nicht noch ein Mangel an anderen Stoffen vorliegt. Bei der Perniciosa finden sich bekanntlich in einer großen Zahl der Fälle Veränderungen des Nervensystems, die den Blutveränderungen keineswegs parallel gehen. Man sieht immer wieder Fälle mit schwersten Nervenerscheinungen, bei denen Blutbildveränderungen nur angedeutet vorhanden sind und umgekehrt Fälle mit schwersten Blutveränderungen bei fast intaktem Nervensystem. Das hat den Gedanken nahegelegt, daß das Auftreten der Nervenerscheinungen mit dem Fehlen des Antiperniciosaprinzips nicht zusammenhängt, sondern daß für sie das Fehlen eines anderen Faktors, eines antimyelitischen Prinzips, maßgebend ist. Dieses antimyelitische Prinzip dürfte dem Vitamin B_1 nahestehen oder mit ihm identisch sein. Durch Zufuhr von B_1-Präparaten sind die funikulären Erscheinungen der Perniciosa nicht nur gebessert, sondern oft sogar geheilt worden, solange nicht irreparable Veränderungen im Nervensystem vorlagen. Auch mit Frischleber, die reichlich B_1 enthält, sind zweifellose Erfolge erzielt worden. CASTLE vertritt die Auffassung, daß auch das B_1-Vitamin, um antimyelitisch wirken zu können, der Kupplung an ein endogenes Prinzip bedürfe.

2. Zu den sog. *sekundären perniziösen Anämien* gehört zunächst die Bothriocephalusanämie, die mit großer Wahrscheinlichkeit durch eine Schädigung der das CASTLE-Ferment abscheidenden Magen-Duodenalschleimhaut bedingt ist, also auch auf dem Nichtzustandekommen des Antiperniciosaprinzips beruht. Des weiteren wären hier zu nennen hyperchrome Anämien nach Magenresektion, bei Magencarcinom und Magenlues. Auch sie beruhen auf dem Nichtzustandekommen des Antiperniciosaprinzips infolge Fehlens des intrinsic factors. Die Entstehung mancher hyperchromer perniziöser Schwangerschaftsanämien wird meistens dahingehend erklärt, daß bei diesen das Antiperniciosaprinzip zwar gebildet wird, aber für die gesteigerten Bedürfnisse der Schwangerschaft nicht ausreicht. Auf Zerstörung des Antiperniciosaprinzips durch die besonderen veränderten Verhältnisse im Darm bzw. auf Resorptionsstörungen des Antiperniciosaprinzips (Resorptionsperniciosa) beruhen manche hyperchrome Anämien bei Sprue und Coeliakie. Bei ihnen ist also das CASTLE-Ferment vorhanden. In anderen Fällen von Sprue (mit Achylie) fehlt das CASTLE-Ferment, so daß

diesen der gleiche Entstehungsmodus zugrunde liegen dürfte wie der echten BIERMERschen Anämie (s. ferner Absatz 4).

3. *Die megalocytäre Tropenanämie* (tropische megalocytäre Gravidenanämie) wurde bisher auf das Fehlen des extrinsic factors in der Nahrung bei vorhandener Produktion des intrinsic factors zurückgeführt. Es dürfte sich aber bei der Tropenanämie und der ihr wesensgleichen experimentellen Hunde- und Affenanämie um das Fehlen eines besonderen Vitamins handeln, das im Gegensatz zum extrinsic factor aus seinen Lösungen durch Sättigung mit Ammonsulfat nicht ausgefüllt wird. Auch dieses hitzebeständige und alkohollösliche Vitamin kommt in Hefe, Weizenkeimlingen, Gerste und Leber vor. Zu seiner Wirksamkeit ist der intrinsic factor nicht erforderlich, doch kommt es zur vollen Wirkung erst bei gleichzeitiger Anwesenheit des Antiperniciosaprinzips. Die Tropenanämie ist heilbar durch Hefepräparate und Leber.

4. *Megalocytäre hyperchrome Mangelanämien*, die allein auf Vitamintherapie ansprechen, sind bei uns sehr selten. In einer kürzlich von HEILMEYER veranlaßten Rundfrage in der „Medizinischen Klinik" wurde auch die Frage zur Diskussion gestellt, ob einheimische Fälle von megalocytären hyperchromen Mangelanämien bekannt geworden sind, die ohne Leber durch Vitamintherapie heilbar sind. Diese Frage wurde von GÄNSSLEN, HENNING, HOFF, ROHR, SCHITTENHELM, SCHULTEN und WENDT verneint, und nur MEULENGRACHT konnte über einen einschlägigen Fall berichten. Immerhin kommen solche Fälle vor, und zwar können sie beobachtet werden bei allen Erkrankungen, die auf unzureichender B_2-Komplexzufuhr beruhen. Auf dem Fehlen welcher Teilfaktoren diese Anämien beruhen, kann nicht in jedem Falle gesagt werden. Sie reagieren allein auf B_2-Komplexzufuhr. Hierzu gehören hyperchrome Anämien, wie sie manchmal bei der Pellagra, bei Colitis ulcerosa und auch bei der Sprue beobachtet werden. Mit dem Fehlen des CASTLEschen Ferments haben diese Anämien nichts zu tun, da es bei ihnen wiederholt nachgewiesen worden ist. Es besteht also ein grundsätzlicher Unterschied gegenüber dem Entstehungsmechanismus der echten perniziösen Anämie, obgleich das klinische Bild sehr ähnlich sein kann. Die Anämie bei der Sprue stellt also nichts Einheitliches dar (s. S. 470, Absatz 2).

5. *Infolge ungenügender B_2-Zufuhr können aber auch hypochrome Anämien auftreten.* So sind die Anämien bei Sprue und Coeliakie durchaus nicht immer hyperchrom. Welche Faktoren für das Auftreten derartiger hypochromer Anämien verantwortlich zu machen sind, ist noch nicht bekannt. GYÖRGY konnte derartige hypochrome Anämien durch Lactoflavin heilen. Vielfach reagieren diese Anämien aber auch auf Eisen (Eisenresorptionsstörung). Auch wechseln bei den gleichen Patienten hyper- und hypochrome Formen miteinander ab bzw. gehen ineinander über.

6. Die bei Kindern vorkommende JAKSCH-HAYEMsche *alimentäre Anämie* kann ebenfalls durch Hefe gebessert bzw. geheilt werden. Es soll sich auch hierbei um die Wirkung besonderer, noch wenig bekannter Teilfaktoren des B_2-Komplexes handeln (BESSAU).

7. Bei Fehlen eines anderen Faktors und bei gleichzeitiger unzureichender Eisenzufuhr entsteht die *Ziegenmilchanämie* und die Rattensprue (ROMINGER und BOMSKOW). Dieser Faktor fehlt insbesondere in der Ziegenmilch, die allerdings reich an B_2- und B_6-Vitamin ist, er ist der gelbe, im menschlichen Harn vorkommende Farbstoff Uropterin (KOSCHARA), der als identisch anzusehen ist mit dem von WIELAND und SCHÖPF aus Citronenfaltern isolierten Farbstoff Xanthopterin. Er ist wahrscheinlich auch für die Perniciosaverhütung mit erforderlich. Auch scheint er am Zustandekommen des Krankheitsbildes der Sprue irgendwie beteiligt zu sein. Die Ziegenmilchanämie kann geheilt werden

durch Lebertherapie (hoher Eisengehalt!) und durch Hefe, Mohrrübenextrakte, Weizengrieß und Kuhmilch in Kombination mit Eisenpräparaten.

Meistens gehen die B_2-Komplexanämien, wie die Anämien nach unzureichender Zufuhr oder mangelhafter Verwertung des Anämiefaktors, mit einer Verminderung der Granulocyten einher. Umgekehrt ruft Zufuhr des Antiperniciosaprinzips bei Menschen und Tieren eine neutrophile Leukocytose hervor (POWERS-VAN DOREN, DEDICHEN). Verminderungen der Leukocyten gehören zum Krankheitsbild der perniziösen Anämie, sie wurden ferner bei Sprue und auch bei Pellagra beobachtet. Auf entsprechende Therapie verschwinden sie bzw. bilden sie sich zurück. Bei der Ratte kann durch B_2-komplexfreie Ernährung hochgradige Granulocytopenie erzeugt werden, die durch Hefezufuhr heilbar ist. Beim Hund entsteht durch B_2-komplexfreie Diät das Krankheitsbild der „akuten black tongue", bei dem schwerste ulceröse und gangränöse Stomatitis und hochgradige Granulocytopenie auftreten. Möglicherweise liegt auch bei der menschlichen sehr ähnlichen Agranulocytose und Panmyelophthise ein Vitaminmangel (B_2-Komplex) vor. Bei Agranulocytose sind vereinzelte Heilungen mit Lebertherapie beschrieben worden.

Manche Beobachtungen hatten anfangs daran denken lassen, daß auch zwischen dem **A-Vitamin** und der BIERMERSchen Anämie Beziehungen bestehen. Durch eine besondere A-freie Diät waren durch MELLANBY und HUGHES Strangdegenerationen des Rückenmarkes, ähnlich denen bei BIERMERScher Anämie erzeugt worden, und von einigen Autoren waren bei A-Mangel sogar hyperchrome Anämien beschrieben worden. Auffallend war ferner der Befund eines sehr niedrigen Carotin- und Vitamin A-Spiegels bei perniziösen Anämien, die längere Zeit nicht behandelt worden waren (WENDT). Nach Frischleberbehandlung steigt infolge des großen Vitamin A-Reichtums der Leber der Vitamin A-Spiegel im Serum der Perniciosakranken deutlich an. Die so hochwirksamen Leberpräparate wie z. B. Campolon sind aber frei von Vitamin A und bei erfolgreicher Campolonbehandlung bleibt der Vitamin A-Spiegel zunächst lange Zeit unverändert. Auch führt intensive Behandlung mit Vitamin A (Vogan) nicht zu einer Remission (WENDT). Es muß daher der Gedanke eines ursächlichen Zusammenhanges zwischen dem Vitamin A und dem Auftreten der perniziösen Anämie abgelehnt werden.

Nach SEYDERHELM und GREBE führt Vitamin A-Zufuhr bei Gesunden zu einem Anstieg der Reticulocyten, der durch Ausschwemmung von startbereiten Erythrocyten, aber nicht durch Mehrbildung erklärt wird. Auch soll das A-Vitamin einen regulatorischen Einfluß auf die Thrombocyten ausüben. Bei Thrombopenie wird durch Vitamin A-Zufuhr die Thrombocytenzahl erhöht, bei starker Vermehrung derselben über die Norm tritt nach A-Zufuhr eine Abnahme ein (LORENZ). Bei A-Avitaminose wurden von den meisten Untersuchern an Blutbildveränderungen hypochrome Anämien, Leukocytose, aber auch Fibrinogenmangel und Verzögerung der Gerinnung (FRANK) beschrieben.

Direkte Beziehungen des **Vitamin C** zu den Anämien scheinen nicht zu bestehen. Weder hyperchrome noch hypochrome Anämien können durch Vitamin C-Zufuhr allein gebessert oder geheilt werden. Jedoch tritt nach SEYDERHELM und GREBE nach parenteraler und enteraler C-Zufuhr ein Reticulocytenanstieg ein, der aber lediglich auf eine gesteigerte Emission von ausfuhrbereiten Erythrocyten aus dem Knochenmark, nicht hingegen auf eine echte Mehrproduktion zurückgeführt wurde. Bei saponinanämischen Katzen ist von KREITMAIR ein Ansteigen der Erythrocyten und des Hämoglobins nach Ascorbinsäurezufuhr beschrieben worden. Bei BIERMERScher Anämie scheint die gleichzeitige Verabfolgung von Campolon und Ascorbinsäure den Eintritt der Leberwirkung beschleunigen zu können, und auch bei der Eisenbehandlung hypochromer Anämien dürfte sich die Kombination von Eisenpräparaten mit Ascorbinsäure bewähren (BÖGER und MARTIN). Widersprechend sind die Angaben über die Beeinflussung der Leukocyten durch Vitamin C. Nach neueren Untersuchungen von SCHULTZ scheinen die Verhältnisse so zu liegen, daß dem Vitamin C eine Beeinflussung im Sinne der Regulierung und Normalisierung der Leukocytenwerte zukommt insofern, als bei Leukocytosen eine Erniedrigung und bei Leukopenie eine Tendenz zur Erhöhung der Leukocytenzahl durch Ascorbinsäurezufuhr einzutreten scheint. Ein therapeutisch verwertbarer Effekt der Ascorbinsäure auf den Verlauf der myeloischen Leukämie (EUFINGER und GAETHGENS) hat sich nicht bestätigen lassen. Bei C-Avitaminose findet sich Leukocytose (mit Lymphocytose) bei sekundärer Anämie, bei C-Überschuß dagegen Leukopenie (mit Lymphopenie), Zunahme der Eosinophilie und auch der Erythrocyten (ASZÓDI, ANDREN-URRA-REGLI, BÖGER-MARTIN, SCHADE u. a.).

Einen zweifellosen Einfluß hat die Ascorbinsäure auf die verschiedensten, mit Blutungen einhergehenden Krankheitsbilder. Nicht nur die hämorrhagische Diathese beim Skorbut wird durch Vitamin C prompt behoben, sondern auch bei den verschiedensten anderen Hämorrhagien sind ausgesprochene therapeutische Effekte durch Ascorbinsäurezufuhr erzielt worden. Beim Skorbut wird die Neigung zu Blutungen auf die Unfähigkeit der Endothelzellen zurückgeführt, die notwendige intracelluläre Kittsubstanz zu bilden. Die Ascorbinsäure soll den Stoff darstellen, ohne den die Stützgewebe keinen zwischenzelligen Klebestoff zu bilden vermögen. Blutungen treten nicht nur beim voll ausgebildeten Skorbut auf, sondern auch bei C-Hypovitaminosen konnte durch den sog. Göthlintest eine mangelnde Capillarfestigkeit mit Neigung zu Blutungen festgestellt werden. Durch Verabfolgung von Vitamin C bildet sich die Blutungsneigung rasch zurück. Auch hämorrhagische Diathesen im Gefolge von Infektionskrankheiten, bei denen durch Mehrverbrauch von C häufig ein Vitamin C-Defizit festgestellt worden ist, reagieren in der Regel gut auf Ascorbinsäure. Ferner ist es gelungen, Blutungen bei der WERLHOFSCHEN Erkrankung, der essentiellen Thrombopenie, und bei der SCHÖNLEIN-HENOCHSchen Purpura durch intravenöse Injektionen von Ascorbinsäure in Mengen von 300 mg täglich rasch zu beseitigen (BÖGER-SCHROEDER u. v. a.). Zweifellosen Erfolgen stehen aber auch Berichte über Versager gegenüber (s. bei WALTHER u. a.). Nach Vitamin C-Zufuhr sind beim Werlhof rasch auftretende Vermehrungen der Thrombocytenzahlen beobachtet worden, während häufig die Blutungen schon vor dem Anstieg der Thrombocyten zum Stehen gebracht werden konnten. Andere Autoren haben sogar Verminderungen der Plättchen nach langer fortgesetzter Zufuhr von Cebion beobachtet. Eine dankbare Behandlung ist in vielen Fällen die der Hämophilie mit Ascorbinsäureinjektionen (BÖGER und SCHROEDER). Die Ascorbinsäure wird am besten intravenös zugeführt, ist aber auch bei parenteraler Zufuhr wirksam. Es gelingt die stark verlängerte Gerinnungszeit völlig zu normalisieren und das weitere Auftreten von Blutungen zu verhindern. Nach Unterbrechung der Vitamin C-Zufuhr treten zwar meistens bald wieder verlängerte Gerinnungszeit und neue Blutungen auf, so daß die Behandlung bis auf kurze Pausen nicht unterbrochen werden darf. Aber auch bei der Behandlung der Hämophilie mit Vitamin C ist über zahlreiche Versager berichtet worden. Sehr gut sprechen weiter auf Ascorbinsäureinjektionen juvenile Genitalblutungen an (VOGT, JUNGHANS). Auch bei allen anderen Blutungen, insbesondere parenchymatösen Blutungen sollten Injektionen von Ascorbinsäure versucht werden. Die angewandte tägliche Dosis dürfte mit 300—500 mg Ascorbinsäure richtig bemessen sein. Nach zu langer Zeit durchgeführter Ascorbinsäurezufuhr mit sehr großen Dosen ist ein paradoxer Effekt auf die

Blutgerinnung beschrieben worden (TISLOWITZ). Der Wirkungsmechanismus
der Ascorbinsäure bei der Stillung von Blutungen ist nicht geklärt. In erster
Linie wird an eine Abdichtung der Gefäße gedacht. BÖGER und SCHROEDER
fanden nach Ascorbinsäureinjektionen eine Zunahme des Albuminanteils im
Blutserum, was nicht von allen Untersuchern bestätigt werden konnte. Der
Einfluß der Ascorbinsäure auf die Blutgerinnung wird zum Teil allein auf die
Säurewirkung zurückgeführt (KAPPIS-BAUMANN u. a.). Nach KÜHNAU wird die
Gerinnung des Blutes in vitro durch l-Ascorbinsäure bei einem ph > 7,4 be-
schleunigt. Dieser Effekt wird durch Spuren von Eisen verstärkt. KÜHNAU
erklärt die gerinnungsfördernde Wirkung der Ascorbinsäure mit einer Aktivierung
des Thrombins. Ebenso wie die l-Ascorbinsäure wirken auch alle anderen
Ascorbinsäureisomeren und -homologen auf die Gerinnung. Es dürfte also die
Wirkung der Ascorbinsäure auf die Blutgerinnung mit dem Vitamincharakter
nichts zu tun haben. Sehr wirksam soll ferner die Ascorbinsäure bei der par-
oxysmalen Hämoglobinurie sein (ARMENTANO und BENTSÁTH). Auch in vitro
vermag die Ascorbinsäure die Hämolyse zu hemmen.

Wenig unterrichtet sind wir noch über die antihämorrhagischen Vitamine,
das **Vitamin K und den Faktor T.** Das Vitamin K (DAM und SCHÖNHEYDER,
ALMQUIST und STOCKSTAD) ist fettlöslich, löslich ferner in Alkohol, Äther,
Aceton, nicht in Wasser, empfindlich gegen Alkali, aber hitzebeständig. Chemisch
ist es ein ungesättigtes Indolderivat. Es findet sich besonders reichlich in der
Schweineleber, in Tomaten, in vielen Kohlarten (Spinat, Wirsingkohl), im
Eidotter und im Kot von Hühnern und Menschen. Sein Fehlen führt bei jungen
Vögeln zu Hämorrhagien, Anämien und infolge Fehlens von Prothrombin zu
einer verzögerten Blutgerinnung. Die Bedeutung des K-Vitamins für den
Menschen steht noch nicht sicher. Therapeutische Versuche bei Hämophilie
lassen ein Urteil noch nicht zu. Dem Vitamin K steht nahe bzw. ist mit ihm
identisch der ebenfalls fettlösliche sog. Faktor T, der sich vor allem im Sesamöl und im Eigelb findet. Der Faktor T steigert bei Menschen und Ratten die
Thrombocytenzahl (SCHIFF und HIRSCHBERGER) und auch bei werlhofkranken
Kindern konnten die Blutplättchen durch reichliche T-Zufuhr normalisiert und
die Blutungen beseitigt werden (SCHIFF).

Zum Schluß sei kurz auf das Permeabilitätsvitamin, das **Vitamin P** ein-
gegangen. Das Vitamin P kommt neben dem Vitamin C im Citronensaft und in
Paprikaauszügen vor und stellt einen schwach gelblichen (daher sein Name
Citrin), in Wasser und Alkohol schwer löslichen Stoff dar, der chemisch als ein
Flavonderivat, und zwar wahrscheinlich als ein Diglykosid eines Flavons anzusehen ist. Das P-Vitamin verdankt seine Entdeckung durch ARMENTANO,
BENTSÁTH, BERÉS, RUSZNYAK und SZENT GYÖRGY der Beobachtung, daß
manche Fälle von Purpuraerkrankungen besser auf Citronensaft und Paprika-
auszüge reagieren als auf reines Vitamin C. Bei der vasculären Purpura, nicht
dagegen bei thrombopenischen Blutungen führt das P-Vitamin zu einem Sistieren
der Blutungen, indem es die Capillarresistenz und Permeabilität normalisiert.
Außer dem Citrin gibt es noch andere Flavonderivate, die eine P-Wirksamkeit
aufweisen. Der experimentelle menschliche Skorbut ist wahrscheinlich keine
reine C-Avitaminose, sondern eine gemischte C-P-Avitaminose. Abschließende
Urteile über die therapeutische Wirksamkeit des Citrins sind bisher noch nicht
möglich. Nach neueren Untersuchungen von MOLL und KUSSNER wird die
Existenz eines P-Vitamins überhaupt als noch nicht erwiesen erachtet.

4. Vitamine und Erkrankungen des Magen-Darmkanals.

Die Resorption der meisten bekannten Vitamine findet im Dünndarm statt.
Da das Angebot der Vitamine in der Nahrung in vielen Fällen kein übermäßig

großes ist, kann man sich leicht vorstellen, daß Störungen der Magen-Darm-
tätigkeit zu Resorptionsstörungen einzelner Vitamine führen und damit die
Ursache für das Auftreten von Mangelkrankheiten abgeben können. Des weiteren
muß an eine Zerstörung von Vitaminen infolge einer durch eine Magen-Darmerkrankung bedingten Milieuänderung wie durch eine pathologische Bakterienflora gedacht werden. So kann in vielen Fällen von genetisch zunächst unklaren
Hypo- oder Avitaminosen die Aufdeckung einer Magen-Darmerkrankung den
Schlüssel für die Erklärung der Mangelkrankheit abgeben. Außerdem aber
wissen wir auch, daß manche Vitamine für eine geregelte Tätigkeit des Magen-
Darmkanals unerläßlich sind, und daß bei ihrem Fehlen charakteristische Magen-
Darmstörungen auftreten. Es kann sich auf diese Weise ein gefährlicher Circulus
vitiosus ergeben insofern, als bei einer Magen-Darmerkrankung zunächst die
Resorption des betreffenden Vitamins gestört sein kann und alsdann der hier-
durch eintretende Vitaminmangel seinerseits zu weiteren Störungen der Magen-
Darmfunktion usw. führt.

Wenn wir im folgenden auf die wichtigsten Beziehungen der Vitamine zu
den Erkrankungen des Magen-Darmkanals eingehen, so sollen hierbei in erster
Linie die bei manchen Erkrankungen des Magen-Darmkanals vorhandenen
Störungen im Vitaminhaushalt erörtert werden. Die Bedeutung einzelner
Vitamine für den normalen Ablauf der Magen-Darmfunktionen kann dagegen
nur kurz gestreift werden, da diese, wie insbesondere die bei den klassischen
Avitaminosen auftretenden Ausfallserscheinungen am Magen-Darmkanal bereits
in den vorangehenden Kapiteln behandelt worden sind.

Die Resorption des **Vitamin A** als fettlösliches Vitamin ist streng an die
Anwesenheit von Neutralfett geknüpft. Bei allen Störungen der Fettresorption
kommt es daher auch zu Störungen der Vitamin A-Resorption. Jedoch scheint
die Galle für die Resorption des Vitamin A nicht unbedingt erforderlich zu sein.
Nach Untersuchungen von W. SCHMIDT und C. L. A. SCHMIDT, ferner von
J. A. GREAVES und C. L. A. SCHMIDT wird Vitamin A von experimentell ikterischen Ratten resorbiert, so daß die bei derartigen Tieren bei niedrigem Vitamin
A-Gehalt der Diät bald auftretende und für einen Vitamin A-Mangel charakteristische pathologische Verhornung des Vaginalepithels (Kolpokeratose) durch
orale Lebertranzufuhr zum Verschwinden gebracht werden kann. Im Gegensatz hierzu bleibt aber die orale Zufuhr eines Gemisches von α- und β-Carotin
bei ikterischen Ratten ohne Einfluß auf die A-Avitaminose, während bei parenteraler Einverleibung des Carotins die A-Avitaminose bald verschwindet.
Die ikterischen Tiere können also wohl Carotin ebenso wie normale Tiere in
Vitamin A umwandeln, sie können aber bei Fehlen der Galle im Darm kein
Carotin resorbieren. Zugabe von Gallensäure stellt die Resorption des Carotins
prompt wieder her. Ebenso wie Galle für die Vitamin A-Resorption nicht
unbedingt erforderlich ist, so wird etwas Vitamin A bei stärkerem Angebot
auch bei fehlendem Pankreas (Hundeversuche) resorbiert (RALLI, FLAMM,
JOFFE und STUECK). Der weitere Resorptionsweg des Vitamin A entspricht
ebenfalls dem der Fette, d. h. das Vitamin A wird vorwiegend über den Ductus
thoracicus resorbiert, in dem es auf der Höhe der Fettresorption reichlich nachzuweisen ist. Daß auch für den Menschen die Verhältnisse so liegen, kann aus
einer eigenen Beobachtung an einem Kranken mit Chylurie geschlossen werden,
bei dem jedesmal nach Zufuhr von Lebertran eine starke Ausscheidung von
Fett im Harn eintrat, in dem dann auch reichlich Vitamin A nachweisbar war.
Nach Einnahme von Lebertran steigt beim Gesunden der Vitamin A-Spiegel
im Blut deutlich an, und zwar findet sich der höchste Anstieg ungefähr zur
Zeit der stärksten Lipämie (WENDT).

Wenn auch für die Vitamin A-Resorption die Anwesenheit von Galle- und Pankreassekret, wie die oben angeführten Tierversuche zeigen, nicht unbedingt erforderlich ist, so ist bei dem Fehlen dieser Verdauungssekrete die A-Resorption doch stark beeinträchtigt, wahrscheinlich wohl deswegen, weil bei den betreffenden Störungen das A-Vitamin nicht aus dem unresorbierbaren Fett herausgelöst werden kann. Nur bei sehr reichlichem Überangebot von Vitamin A kann ein Absinken des Vitamin A-Blutspiegels bei den in Frage kommenden Störungen bis zu einem gewissen Grade aufgehalten werden. Ist das nicht der Fall, so kommt es bei Fehlen von Galle- oder Pankreassekret im Darm meist bald zu starken Vitamin A-Verlusten des Organismus. Dementsprechend finden sich insbesondere bei chronischen Pankreaserkrankungen mit Fettstühlen, ferner bei Ikterus mit Abschluß der Galle vom Darm stark erniedrigte Werte für Carotin und Vitamin A im Blutserum, und häufig ist bei längerem Bestehen der Resorptionsstörung überhaupt kein Vitamin A mehr im Blutserum nachzuweisen (WENDT) Mit diesen Feststellungen stehen zahlreiche, zum Teil sogar ältere klinische Beobachtungen im Einklang, die über Vitamin A-Mangelerscheinungen bei den genannten Krankheiten berichten (Literatur bei v. DRIGALSKI). Solche Fälle sind besonders aus der Hemeralopieliteratur bekannt, wo das Zusammentreffen von Nachtblindheit und chronischem Verschlußikterus schon früh beobachtet, allerdings anfänglich als Schädigung des Pigmentepithels durch Gallebestandteile gedeutet wurde. Bei Kindern, die an kongenitaler Atresie der Gallengänge verstorben waren, fand ALTSCHULE in einem großen Prozentsatz mikroskopisch wahrnehmbare deutliche Zeichen von Vitamin A-Mangel (Epitheldegeneration an der Schleimhaut). Sehr niedrige Werte, häufig sogar völliges Fehlen des Vitamin A im Serum finden sich auch bei der Lebercirrhose. WOLFF und BREUSCH und SCALABRINO konnten bei der Bestimmung des Vitamin A-Gehalts von cirrhotischen Lebern ebenfalls stark erniedrigte bzw. Nullwerte nachweisen. Ob diese Verminderung des Carotin- und Vitamin A-Gehalts allein auf Resorptionsstörungen zurückzuführen ist, oder ob hier die Lebererkrankung als solche die Schuld trägt, ist vorläufig ungeklärt. Bei akuten schweren Leberschädigungen waren nach eigenen Untersuchungen die Carotin-Vitamin A-Werte annähernd normal und auch WOLFF und BREUSCH und SCALABRINO fanden in den Lebern solcher Kranken ebenfalls normale oder mäßig erniedrigte Zahlen. Hiermit stimmen die Angaben von LASCH überein, der, was auch wir bestätigen konnten, bei experimenteller akuter schwerer Phosphorvergiftung ebenfalls kein Absinken des Vitamin A-Gehalts der Leber fand. Dagegen konnte ein Verschwinden des Vitamin A aus der Leber dann festgestellt werden, wenn vorher das Reticuloendothel stark geschädigt bzw. blockiert worden war (LASCH und ROLLER, WENDT und KÖNIG). Bei experimenteller Leberschädigung in längerem avitaminotischem Stadium fanden SCHNEIDER und WIDMANN bei reichlicher Carotinzufuhr eine Umformungsstörung des Carotins in Vitamin A, desgleichen GREAVES und SCHMIDT bei ikterischen Ratten. Bei Lebererkrankungen des Menschen sind derartige Umformungsstörungen der Leber bisher noch nicht bekannt geworden.

Kehren wir zurück zu den Resorptionsstörungen! Außer bei Ikterus mit acholischem Stuhl und bei chronischen Pankreaserkrankungen mit Fettstühlen ist die Vitamin A-Resorption noch bei zahlreichen anderen mit Fettresorptionsstörungen einhergehenden Erkrankungen gestört. So findet sich bei Bauchfellcarcinose, Amyloid des Darmes, abdomineller Lymphdrüsentuberkulose und bei chronischer Gastroenteritis mit beschleunigter Dünndarmpassage häufig ein starkes Absinken des Carotin-Vitamin A-Spiegels im Serum. In besonders hochgradigem Maße ist dies auch bei der Sprue der Fall, bei der wir nur noch Spuren von Vitamin A im Blutserum nachweisen konnten. Bekanntlich kommt es bei der Sprue ja auch nicht selten zu klinischen Erscheinungen einer A-Avita-minose. Bei allen genannten Erkrankungen läßt sich die starke Resorptions-störung des Vitamin A auch durch direkte Bestimmung des Vitamin A im Stuhl nachweisen (Wendt). Unter Vitamin A-Belastung in Form von Vogan (3mal 20 Tropfen täglich) konnten wir tägliche Vitamin A-Verluste mit dem Stuhl von mehreren Tausend bis zu 12000 Blaueinheiten beobachten (Ikterus, Leber-cirrhose, Carcinosis peritonei, Sprue), während beim gesunden Menschen unter gleichen Bedingungen nur relativ geringe Vitamin A-Mengen von durchschnitt-lich etwa 150 Blaueinheiten täglich ausgeschieden werden.

In jüngster Zeit haben wir an unserer Münchener Klinik Untersuchungen über *Hemeralopie* angestellt. Es zeigte sich dabei, daß die Adaptionsfähigkeit bei chron. Gastroenteritiden und bei Lebercirrhosen stark gestört sein kann. Ein Zusammenhang mit den starken Vitamin A-Verlusten derartiger Kranke ist zweifellos.

Allem Anschein nach ist der Darm auch an der Regulation des Vitamin A-Stoffwechsels maßgebend beteiligt. In Belastungsversuchen mit Vitamin A in Form von Vogan konnte von verschiedenen Untersuchern gezeigt werden, daß der Vitamin A-Spiegel des Blutserums hierbei rasch ansteigt, daß es aber trotz längerer Zeit fortgesetzter Voganzufuhr meist nicht gelingt, den Vitamin A-Spiegel des Serums nach Erreichung eines bestimmten, bei den einzelnen Versuchspersonen verschieden hochgelegenen Maximalwertes noch wesentlich weiter in die Höhe zu treiben. Man beobachtet sogar manchmal, daß der Vita-min A-Spiegel des Serums nach Erreichung eines Maximalwertes wieder etwas abfällt, obgleich Vitamin A in unverändert großer Menge weiter zugeführt wird. Diese merkwürdige Erscheinung konnte durch fortlaufende Vitamin A-Bestim-mungen im Stuhl während der Belastungszeit einer Klärung zugeführt werden. Es zeigte sich nämlich, daß unter den genannten Bedingungen die Vitamin A-Ausscheidung im Stuhl von einem bestimmten Zeitpunkt an (12.—30. Tag der Belastung) plötzlich von 100—200 Blaueinheiten auf mehrere Tausend Blaueinheiten in die Höhe geht. Man ist wohl berechtigt, hierin einen Regula-tionsmechanismus zu sehen, insofern als der Organismus bei überreichlichem Vitamin A-Angebot und nach Deckung seines Vitamin A-Bedarfs ein weiteres Anwachsen seines Vitamin A-Depots durch Ausscheidung des überflüssigen Vitamin A im Stuhl zu verhindern sucht. Ob es sich hierbei darum handelt, daß der Organismus im Sättigungszustand einfach die weitere Resorption abdrosselt oder ob er einen weiteren Anstieg seines Vitamin A-Gehalts dadurch verhindert, daß er bereits resorbiertes Vitamin A in den Darm ausscheidet, konnte bisher noch nicht geklärt werden (Wendt).

Bei Vitamin A-Mangel finden sich schwere Störungen der Magen-Darm-funktionen. Neben Veränderungen der Mundschleimhaut, die in Trübung und Glanzverlust der Schleimhaut und Mundwinkelstomatitis bestehen, kommt es im Magen zu einer Abnahme der Salzsäuresekretion bis zu völliger Achylie. Von seiten des Darmes finden sich schleimig-blutige Diarrhöen, die auf Leber-tran- bzw. Voganzufuhr meist ausgezeichnet ansprechen.

Therapeutisch ist Vitamin A in Form von Vogan (dreimal 5 Tropfen täglich vor den Mahlzeiten) insbesondere von Boller bei den verschiedensten Magen-Darmkrankheiten mit gutem Erfolg angewandt worden. Behandelt wurden durchweg nur schlecht ernährte Kranke aus ärmlichen Verhältnissen, bei denen Verschwinden der Magenbeschwerden bei Ulcus und Gastritis, Gewichtszu-nahmen und bei Subaciden eine Steigerung der Säuresekretion ohne sonstige Therapie erzielt werden konnten. Bei letzteren verschwanden auch wiederholt die Durchfälle.

Das B_1-Vitamin wird im Dünndarm resorbiert und besonders in der Muskulatur, in der Leber und im Herzen gespeichert. Mit dem Kot wird B_1 auch bei großem Angebot in der Nahrung nur in Spuren ausgeschieden. Eine Ausscheidung durch die Galle findet nicht statt. Dagegen findet sich B_1 in großen Mengen im Harn, und zwar gehen der Nahrungs- und Harn B_1-Gehalt weitgehend parallel.

Eine Ausscheidung von B_1-Vitamin soll des weiteren durch den Magensaft stattfinden, nur bei perniziöser Anämie und beim Diabetes aber soll es im Magensaft fehlen. Untersuchungen von SCHROEDER haben eine Ausscheidung von B_1 durch den Magensaft dagegen nicht bestätigen können. Nach CASTLE bedarf das B_1-Vitamin zum Wirksamwerden der Kupplung an einen endogenen Faktor des Magensaftes, ähnlich wie es vom Antiperniciosafaktor bekannt ist. Manche Tiere besitzen die Fähigkeit, das B_1-Vitamin im Magen-Darmkanal durch Wirkung von Darmbakterien selbst zu bilden. Die Ratte erkrankt auch bei B_1-freier Ernährung nicht an Beriberi, wenn sie Zutritt zu ihren eigenen Faeces hat und durch Koprophagie das im Darm gebildete und im Stuhl ausgeschiedene B_1-Vitamin wieder aufnehmen kann („Refektion"). Auch beim Rind ist eine B_1-Bildung im Magen-Darmkanal, und zwar durch die Bakterien des Panseninhalts, nachgewiesen. Beim Menschen findet dagegen eine bakterielle B_1-Synthese nur bei den mit Frauenmilch ernährten Säuglingen statt. Die Frauenmilchernährung bewirkt nämlich im Dickdarm des Kindes eine Bac. bifidus-Flora, die zur B_1-Synthese befähigt ist (BESSAU).

Das B_1-Vitamin ist notwendig für die Aufrechterhaltung des normalen Tonus der Magen-Darmmuskulatur. Des weiteren dürfte es eine wichtige Rolle bei den Resorptionsvorgängen, insbesondere bei der Fettresorption spielen. Bei Fehlen des B_1-Vitamins kommt es zu schweren Entzündungen der Magen-Darmschleimhaut (wahrscheinlich spielt hierbei aber auch das Fehlen anderer B-Faktoren eine wichtige Rolle), zu Magen- und Darmatonie (Megaoesophagus, Megacolon) und zum Aufhören der Salzsäuresekretion, die zur Appetitlosigkeit, einem wichtigen Symptom chronischen B_1-Mangels und damit zu weiterem B_1-Mangel führt. Die Magen-Darmveränderungen sollen zum Teil auch neurogen bedingt sein. C. HILL und MacCARRISON haben bei B_1-Mangel degenerative Veränderungen der AUERBACHschen Plexus festgestellt. Außerdem kommt es bei B_1-Mangel zu einer starken Herabsetzung der Aktivität der Pankreaslipase und -esterase. Primäre B_1-Avitaminose ist bei uns selten, wenngleich hervorgehoben werden muß, daß bei einem großen Teil der Bevölkerung die Gefahr eines chronischen relativen B_1-Mangels durch B_1-arme Ernährung nicht zu gering veranschlagt werden darf. Die Gefahr eines relativen Mangels ist gerade beim B_1-Stoff größer als bei jedem anderen Vitamin, weil die Spanne zwischen Minimum und Optimum hier besonders groß ist. Die ersten Zeichen einer chronischen B_1-Avitaminose sind häufig neben allgemeiner Schwäche und Kopfschmerzen Symptome von seiten des Magen-Darmkanals, und zwar Appetitlosigkeit und Obstipation. KÜHNAU hat in mehreren Fällen hartnäckiger Appetitlosigkeit bei Rheumatikern nach Versagen aller anderen Mittel durch 1—2 Injektionen von krystallisiertem B_1 eine sofortige erhebliche Besserung des Appetits und damit des Allgemeinbefindens beobachten können. Bei Hunden und Ratten hat B_1-freie Ernährung die Entwicklung von Magengeschwüren im Gefolge (DALLDORF-KELLOG, SURE-THATSCHER, HOWES-VIVIER), und auch die Häufigkeit des Auftretens von Magen- und Zwölffingerdarmgeschwür bei der skandinavischen Bevölkerung wird von manchen Autoren (SCHIÖDT) mit der B_1-Armut der Nahrung in Zusammenhang gebracht. Aber auch umgekehrt führt das Vorliegen von Magen-Darmkrankheiten nicht selten zu einer sog. sekundären B_1-Armut. Die in unseren Breiten auftretenden B_1-Mangelzustände sind fast ausschließlich sekundärer Natur und sind meistens mit einem Mangel der übrigen B-Faktoren kombiniert. Hierher gehören bei Colitis ulcerosa beobachtete Ödeme, die auf B_1-Zufuhr zum Verschwinden gebracht werden konnten (BROWN). Bei der Alkoholpolyneuritis spielt neben der Steigerung des B_1-Bedarfs durch den Alkoholkonsum die bei Alkoholikern fast stets vorhandene chronische Gastroenteritis zweifellos eine auslösende Ursache. Die Alkoholpolyneuritis geht außerordentlich häufig mit Achylie einher, die meist schon lange Zeit vor den Nervensymptomen vorhanden ist. Das Zusammentreffen von Magen-Darmerkrankung und Polyneuritis ist auch ohne das Vorliegen eines Alkoholabusus nichts Seltenes. Mit der Bezeichnung „gastrogene Polyneuritis" soll zum Ausdruck gebracht werden, daß bei diesen neuritischen Erkrankungen die Magen-Darmveränderungen als die Ursache der Nervenerscheinungen anzusehen sind. Und zwar führt die Magen-Darmerkrankung zu Resorptionsstörungen des B_1-Vitamins, wodurch dann leicht, insbesondere bei sonst eben nur ausreichender B_1-Aufnahme mit der Nahrung, B_1-Mangelerscheinungen, die Polyneuritis, auftreten können. Da, wie weiter oben bereits ausgeführt wurde, B_1-Mangel Magen-Darmveränderungen im Gefolge hat, kann sich hier der in der Einleitung ebenfalls bereits geschilderte Circulus vitiosus sehr unheilvoll auswirken. Wegen der gestörten Resorption ist bei diesen Erkrankungen die parenterale B_1-Verabfolgung die Therapie der Wahl. Doch sollte man immer auch auf Zufuhr der übrigen B-Faktoren bedacht sein, da meist auch ein gleichzeitiger Mangel an diesen mit vorliegt. Auf die Beziehungen der funikulären Myelose mit und ohne perniziöse Anämie zur Achylia gastrica und zur B_1-Resorption wurde bereits im Kapitel „Vitamine und Blutkrankheiten" eingegangen.

Von ganz großer Bedeutung sind die Beziehungen des **Vitamin B_2-Komplexes** zum Magen-Darmkanal. Die Symptome der den Magen-Darmkanal betreffenden B_2-Komplexmangelkrankheiten sollen hier nicht erörtert werden, da diese bereits in dem Kapitel über Mangel an den Vitaminen des B_2-Komplexes abgehandelt worden sind. Es gehören hierher die Pellagra, die Sprue und Coeliakie und verschiedene hyperchrome Anämien, wie z. B. die Anämie bei Sprue, Pellagra u. a. Was die Anämien betrifft, so sei auch auf das Kapitel: Vitamine und Blutkrankheiten verwiesen. Von den Beziehungen der einzelnen Faktoren des B_2-Komplexes zum Magen-Darmkanal war die in der Dünndarmschleimhaut vor sich gehende Kupplung des Lactoflavins an Phosphorsäure und die Abhängigkeit dieses die Vitaminwirksamkeit erst herstellenden Prozesses von der Funktion der Nebenniere ebenfalls bereits früher (S. 457) erwähnt. Lactoflavin wird im Harn und Stuhl ausgeschieden, in letzterem in doppelt so großen Mengen. Die Ausfuhr im Kot geht auch bei B_2-frei ernährten Tieren noch weiter. Bei jodessigsäurevergifteten Ratten kommt es unter bestimmten Bedingungen zu einer bakteriellen Synthese von Flavinphosphorsäure, ähnlich wie wir es beim B_1-Vitamin schon kennengelernt haben (Refektion). Vom PP-Faktor (pellagrapreventive) wissen wir, daß eine reine PP-Faktor-Avitaminose bisher nur beim Hund beobachtet worden ist. Ihre Symptome von seiten des Magen-Darmkanals, die wir auch als Teilerscheinungen der menschlichen Pellagra auftreten sehen, bestehen in schwerer Gastroenteritis mit blutigen Durchfällen. Der PP-Faktor bedarf ebenso wie der Anämiefaktor zum Wirksamwerden der Kupplung an einen vom Magensaft produzierten Stoff. So kommt es, daß für die Entstehung der Pellagra nicht nur eine mangelhafte Zufuhr des PP-Faktors von Bedeutung ist, sondern daß sie auch durch mangelhafte Verwertung des PP-Faktors infolge Fehlens eines endogenen, vom Magen abgesonderten Faktors entstehen kann[1].

---

[1] Nach neueren Untersuchungen ist der PP-Factor identisch mit dem Nicotinsäureamid, das nach VON EULER ein Bestandteil der Cocymase ist. Therapeutisch ist das Nicotinsäureamid bei Pellagra bereits mit Erfolg angewendet worden.

Dementsprechend konnte menschliche Pellagra durch Zufuhr von normalem Magensaft oder von Magenschleimhautpräparaten geheilt werden. Das bei der Besprechung der Ziegenmilchanämie bereits erwähnte Uropterin, das die sog. Rattensprue zu heilen vermag, ist wahrscheinlich auch für den Ablauf der normalen Darmfunktionen des Menschen von großer Bedeutung und ist wahrscheinlich identisch mit einem Vitamin, dessen Ausfall zu Stomatitis und schwerer Gastroenteritis mit Fettdiarrhöen führt.

Für den Arzt ist es wichtig zu wissen, daß nicht nur der B_2-Komplexmangel zu verschiedenen mit Magen-Darmveränderungen einhergehenden Avitaminoseformen führt, sondern daß auch bei an sich ausreichender Zufuhr des B_2-Komplexes Avitaminosen dann entstehen können, wenn bei dem Vorliegen nichtavitaminotisch bedingter Magen-Darmstörungen die Resorption des B_2-Komplexes oder einzelner seiner Faktoren gestört ist. In Frage kommen in dieser Beziehung solche Magen-Darmstörungen, die mit Durchfällen einhergehen. Wir sprechen dann von sog. sekundären Avitaminosen. Manchmal ist es sogar schwer zu entscheiden, ob eine vorliegende Magen-Darmerkrankung Ursache oder Folge einer B_2-Komplex-Avitaminose ist. Es ist an dieser Stelle an den bereits mehrfach erwähnten Circulus vitiosus zu erinnern, der darin besteht, daß bei einer Magen-Darmerkrankung zunächst die Resorption des Vitamins gestört ist und alsdann der hierdurch eintretende Vitaminmangel seinerseits zu weiteren Störungen der Magen-Darmfunktionen führt und so fort. Die Kenntnis dieser Verhältnisse ist auch für die Behandlung von größter Wichtigkeit insofern, als die Darreichung des Vitamins einmal parenteral zu geschehen hat, des weiteren aber diese Behandlung mit einer symptomatischen Therapie der Magen-Darmstörung kombiniert werden muß. So kann die sekundäre Pellagra, also diejenige, die sich nicht als Folge einer qualitativ unzureichenden Ernährung, sondern bei genügendem Angebot von B_2-Komplex auf dem Boden einer anderen Magen-Darmerkrankung, wie Colitis, Gastroenteritis, Magen- oder Darmcarcinom, Darmtuberkulose, nach Magen-Darmoperationen usw. infolge von Resorptionsstörungen entwickelt, nur mittels parenteraler Einverleibung B_2-komplexhaltiger Präparate (Leberextrakte) und durch Behandlung des Grundleidens gebessert bzw. geheilt werden. Die auf B_2-Komplexmangel beruhenden Magen-Darmstörungen des Menschen — auch die sekundären — gehen meistens mit einer Achylia gastrica einher. Auch scheint der B_2-Komplexmangel in Beziehung zur Ulcusgenese zu stehen, ferner zu entzündlichen Veränderungen der Gallenblase und insbesondere zur Colitis ulcerosa. Solche durch B_2-Komplexmangel bedingten Colitiden entstehen meistens infolge von Resorptionsstörungen des B_2-Komplexes bei chronischer Enteritis. Die durch Alkoholabusus bedingten Gastroenteritiden dürften in dieser Hinsicht eine besonders große Rolle spielen. Die in europäischen Ländern verbreitete Pellagra der Alkoholiker ist ebenfalls infolge Resorptionsstörungen des B_2-Komplexes durch die Alkoholenteritis zu erklären. Eine besondere Form der sekundären Pellagra ist der mit Knochenatrophie und Störung der Nebennierenfunktion (Mangel an B_2 und B_6) einhergehende sog. Freiburger Symptomenkomplex (THANNHAUSER, FROBOESE und THOMA). Primärer oder sekundärer B_2-Komplexmangel führt außer zu Gastroenteritiden und Colitiden auch zu schweren Fettresorptionsstörungen der Art, wie sie bei dem Krankheitsbild der Sprue, der Coeliakie und auch bei der Pellagra beobachtet sind. Die Magen-Darmstörungen, denen ein B_2-Komplexmangel zugrunde liegt, sind häufig mit Veränderungen der Zunge und Mundschleimhaut kombiniert. So finden sich Glossitis (sog. Erdbeerzunge), aphthöse und gangränöse Geschwürsbildungen und glatte Atrophie. Trockenhefe (100 g täglich), Hefeextrakte (Vitox, Marmid, Vegex), Leberextrakte (große Dosen Campolon, nicht Hepracton) und Extrakte von Weizenkeimlingen (250—300 g täglich) führen meist zur Heilung. Auch auf die oben erwähnten Gaben von menschlichem Magensaft bzw. von Magenpräparaten sei verwiesen. In neuester Zeit sind besonders bei manchen Colitiden Erfolge mit Lactoflavin-phosphorsäure beobachtet worden.

Ähnlich wie die Pellagra entsteht auch die Sprue und die wahrscheinlich wesensgleiche Coeliakie häufig im Anschluß an schon längere Zeit bestehende Magen-Darmerkrankungen. Bei der Sprue fehlt in vielen Fällen der CASTLEsche Faktor im Magensaft. Hyperchrome Anämien finden sich nicht nur bei diesen sondern auch in solchen Fällen, bei denen für die Annahme des Fehlens des Intrinsicfaktors keine Veranlassung besteht. Hier kann nur die Annahme einer Resorptionsstörung oder einer Zerstörung des Antiperniciosaprinzips im Darm eine Erklärung abgeben (HANSEN und v. STAA). Für diese Auffassung spricht die oft völlig erfolglose perorale Leberbehandlung der Anämie und die oft hohe Wirksamkeit der parenteralen Injektionsbehandlung. Neben den Symptomen des B_2-Komplexmangels finden sich bei der Sprue und Coeliakie noch andere Vitaminmangelerscheinungen, so der Vitamine B_1, C und D, die ebenfalls sekundär infolge Resorptionsstörungen oder durch Zerstörung der betreffenden Vitamine im Darm bedingt sind. Zu nennen sind Polyneuritis, Skorbut, Hautpigmentierungen, Haut- und Schleimhautblutungen, Knochenentkalkungen (teils Störung der Kalk-, teils der Vitamin D-Resorption), Tetanie, gesteigerte Nervenerregbarkeit und Strangdegenerationen. Auch Haarausfall, Ödeme, Stomatitis, Wachstumsstörungen und geringe Widerstandsfähigkeit gegenüber Infektionen sind entsprechend zu erklären.

In besonders nahen Beziehungen zu den Funktionen des Magen-Darmkanals steht auch das **Vitamin C.** Das Vitamin C wird bei den meisten Säugetieren in der Darmwand in großem Umfange gespeichert, so daß die Dünndarmwand neben Leber, Nebenniere und Hypophyse mit zu den wichtigsten Ascorbinsäuredepots zu zählen ist. Dieser Anreicherung des Vitamins C der Dünndarmwand scheint eine besondere Bedeutung des Vitamins C für die Darmfunktion zugrunde zu liegen; denn bei Vitamin C-armer Diät hält die Darmwand ihren Vitamin C-Bestand besonders hartnäckig fest, so daß die Darmwand erst später als andere Vitamin C-Depots an Vitamin C verarmen. Nach Einsetzen einer starken Vitamin C-Zufuhr füllt die Darmwand als erste ihre Vitamin C-Depots wieder auf, während die übrigen Depots erst in zweiter Linie gefüllt werden. Die Anreicherung des Vitamin C in der Darmwand ist nicht einfach dadurch zu erklären, daß das C-Vitamin bei der Resorption zu allererst in die Darmwand kommt, wo es einfach liegen bleibt bis die Darmwand maximal mit C-Vitamin aufgefüllt ist. Denn die bevorzugte Auffüllung der Darmwand mit Vitamin C findet auch bei parenteraler Einverleibung des Vitamin C bei skorbutischen Tieren statt. Die Aufgaben, die das Vitamin C in der Darmwand zu erfüllen hat, sind mannigfacher Art. Zunächst ist festgestellt, daß das Vitamin C einen bedeutenden Einfluß auf die Glucoseresorption ausübt (SCHROEDER). In der Fähigkeit des Vitamins C, Produkte des Eiweißabbaues entgiften zu können, dürfte ein weiterer Grund zu seiner Anreicherung in der Darmwand zu suchen sein. Sodann erkranken an Vitamin C verarmte Dünndärme besonders leicht an Enteritiden, und auch hinsichtlich der enteralen Tuberkuloseinfektion gibt Vitamin C-Reichtum der Darmwand einen bedeutenden Schutz gegenüber dieser Infektion ab (Meerschweinchenversuche von McCONKEY und SMITH). In Tierexperimenten konnte weiter festgestellt werden, daß sich bei mechanischer Verletzung der Duodenalschleimhaut Geschwüre nur bei Vitamin C-armer Diät entwickeln, während Armut der Diät an anderen Vitaminen nicht zu Geschwürsbildung führt, sofern dabei genügend Vitamin C verabfolgt wird. Auch führt Vitamin C-arme Kost an und für sich leicht zur Ausbildung von

Darmgeschwüren. Das häufigere Auftreten von Magen-Darmgeschwüren in der vitaminarmen Ernährungsperiode während des Frühjahrs scheint in dieser Richtung zu sprechen. Alle diese Erkenntnisse machen es zur Pflicht, beim Ulcus ventriculi und duodeni auf eine zusätzliche, besonders reichliche Vitaminzufuhr bedacht zu sein, um so mehr, als die meist gebräuchlichen Diätregimen bei diesen Erkrankungen besonders Vitamin C-arm sind (STEPP). Eine gute Diätzusammenstellung findet sich bei EULER und OTTO. Die parenterale Vitamin C-Verabfolgung mittels intravenöser Injektion von Ascorbinsäurelösungen hat besonders bei Blutungen, aber auch bei begleitender chronischer Gastroenteritis und besonders bei Kranken mit Anacidität einzusetzen. Denn chronische Gastroenteritiden führen häufig zu starken Störungen der enteralen C-Resorption, so daß auch bei genügendem Angebot in der Nahrung durch die Resorptionsstörung leicht eine C-Hypovitaminose oder gar ein Skorbut entstehen kann. Bei Krankheiten mit Sprue bzw. mit Coeliakie sind sekundäre Skorbuterkrankungen besonders häufig, und auch nach großen Operationen, insbesondere nach Magenresektionen, sind Zustände von Vitamin C-Verarmung nicht selten gesehen worden. Die bei Gastroenteritis manchmal anzutreffenden pathologischen Pigmentierungen, die auf intravenöse C-Zufuhr zum Verschwinden zu bringen sind, beruhen ebenfalls auf einem C-Defizit infolge gestörter Resorption (SCHROEDER und EINHAUSER). Bei Kranken mit Achylie wird nach Untersuchungen von EINHAUSER das C-Vitamin ebenfalls schlecht resorbiert. Gibt man derartigen Kranken peroral reines Vitamin C, so erscheint bei diesen Kranken auch nach wochenlanger Darreichung kein Vitamin C im Harn, was bei gesunden Menschen nach wenigen Tagen der Fall ist. Gibt man den Kranken mit Achylie das Vitamin C aber intravenös, so sieht man, daß nach einigen Tagen die Ausscheidungskurve des Vitamins C im Harn kontinuierlich anzusteigen beginnt. Anacide nützen also Vitamin C, das ihnen per os zugeführt wird, nur sehr mangelhaft aus. Bei Kranken mit chronischer Gastroenteritis fallen derartige Belastungsversuche ganz ähnlich aus. Dieser Ausfall der Belastungsversuche erklärt sich bei den Kranken mit Gastroenteritis zweifellos daraus, daß das Vitamin C bei ihnen wegen der Enteritis nicht resorbiert wird und bei der bestehenden Passagebeschleunigung im Dünndarm ungenützt den Darm durchläuft. Außerdem findet eine Zerstörung des Vitamin C im Magen-Darmkanal durch die bei Kranken mit chronischer Gastroenteritis und besonders mit Achylie vorhandene pathologische Keimbesiedlung der oberen Darmabschnitte mit Bact. coli, Staphylokokken und Streptokokken statt (STEPP und SCHROEDER), und bei den Anaciden ist das Vitamin C schon allein in dem alkalischen Magensaft nicht beständig. Es ist besonders bei Kranken mit Anacidität nicht gleichgültig, in welcher Form ihnen Vitamin C, auch bei peroraler Zufuhr, verabfolgt wird. Bei Darreichung des Vitamin C in Citronensaft wird die Resorption zweifellos verbessert, da außer der das Vitamin C stabilisierenden stark sauren Reaktion des Citronensaftes in diesem noch andere dem oxydativen Abbau der Ascorbinsäure entgegenwirkende Faktoren enthalten sind.

Über die Beziehungen des Vitamin D zum Magen-Darmkanal bleibt nicht mehr viel zu sagen, da das wesentliche bereits in den vorhergehenden Kapiteln miterwähnt ist. Ebenso wie die Resorption des fettlöslichen Vitamin A ist auch die Resorption des ebenfalls fettlöslichen Vitamin D auf das engste mit der Fettresorption verknüpft. Wir haben daher Störungen der Vitamin D-Resorption bei allen Fettresorptionsstörungen stärkeren Grades zu erwarten, wobei es gleichgültig ist, ob diese Fettresorptionsstörungen durch Fehlen der Galle oder des Pankreassaftes im Darm oder durch eine Erkrankung des Darmes selbst bedingt sind. Störungen der Vitamin D-Resorption führen zusammen mit der bei Fettresorptionsstörungen immer gleichzeitig vorhandenen Störung der Kalkresorption (Bildung von schlecht resorbierbaren Kalkseifen) zu schweren Knochenentkalkungen und zur Tetanie. Auf die besonders bei der Sprue und der Coeliakie auftretenden schweren diesbezüglichen Veränderungen wurde bereits weiter oben eingegangen. Auch bei Kranken mit langer Zeit bestehender totaler äußerer Gallenfistel wurden schwere Osteoporosen und Anämien beobachtet (SEYDERHELM und TAMMAN). Ähnliche Anämien zusammen mit Osteoporose finden sich auch bei Kranken mit Fettresorptionsstörungen anderer Ätiologie (Pankreas, Sprue). Zeichen eines vermehrten Blutabbaues fehlen bei diesen Anämien meist, und auch das weiße Blutbild ist unverändert. Auf intramuskuläre Injektionen von Vigantol bilden sich Anämie und Osteoporose meist gut zurück.

Schrifttum.

I. Vitamine und innere Sekretion.

ABELIN: (1) Biochem. Z. **228**, 198 (1930). — (2) Biochem. Z. **242**, 385 (1931). — (3) Klin. Wschr. **1931** II, 2205. — (4) Hoppe-Seylers Z. **217**, 109 (1933). — (5) Z. Vitaminforsch. **4**, 120 (1935). — (6) Schweiz. med. Wschr. **1936** II. — ABERLE: Kongreßbl. inn. Med. **75**, 562 (1934). — ASZÓDI: Biochem. Z. **291**, 34 (1937). — ASZÓDI u. MOSONII: Klin. Wschr. **1937** II, 1214.

BARBUDO u. v. QUERNER: Wien. Arch. inn. Med. **30**, 279 (1937). — BAUEREISEN: Im Druck. — BIRNBACHER: Münch. med. Wschr. **1928** II, 1113. — BRUCH u. VASILESCU: Klin. Wschr. **1936** I, 490, 1047.

DEMOLE u. JPPEN: Hoppe-Seylers Z. **235**, 226 (1935). — DIETRICH: Münch. med. Wschr. **1936** I, 313. — DRIGALSKI, v.: Arch. Verdgskrkh. **57** (1935).

EEKELEN, VAN: Arch. néerl. Physiol. **16**, 65 (1931). — EUFINGER u. GOTTLIEB: Klin. Wschr. **1933** II, 1397. — EULER, v.: (1) Ark. Kemi, Mineral., Geol. **1933**. — (2) Erg. Physiol. **34**, 360 (1933). — EULER, v. u. KLUSSMANN: Hoppe-Seylers Z. **213**, 21 (1932).

FALTA: (1) Wien. klin. Wschr. **1936** I. — (2) Dtsch. med. Wschr. **1936** II, 1620. — FASOLD: (1) Z. exper. Med. **92**, 57 (1933). — (2) Z. exper. Med. **94**, 35 (1934). — (3) Dtsch. med. Wschr. **1934** II, 1903. — (4) Klin. Wschr. **1937** I, 90. — FASOLD u. HEIDEMANN: (1) Münch. med. Wschr. **1933** II, 1427. — (2) Z. exper. Med. **92**, 57 (1933). — FELLINGER u. HOCHSTÄDT: Wien. klin. Wschr. **1936** II, 1339. — FISCHBACH u. TERBRÜGGEN: Klin. Wschr. **1937** II, 1125. — FUCHSBERGER: Dtsch. Mil.arzt **1937**, 154. — FUNK and DOUGLAS: J. of Physiol. **47**, 475.

GIERHAKE: Münch. med. Wschr. **1936** II, 1720. — GROLLMANN and FIROZ: J. Nutrit. **8**, 569 (1934). — GUTZEIT u. PARADE: Z. klin. Med. **133**, 541 (1938).

HOLTZ: Arch. f. exper. Path. **181**, 514 (1936).

INNES: Endokrinol. **14**, 129 (1934).

JUSATZ: Klin. Wschr. **1934** I, 95.

KNIPPING u. KOWITZ: (1) Münch. med. Wschr. **1923** I, 46. — (2) Fortbildgskurse Berl. Akad. ärztl. Fortbildg **1927**, 183. — KRAMER, HAMANN and BRILL: Amer. J. Physiol. **1933**. KREITMAIR: Arch. f. exper. Path. **176**, 326 (1934). — KÜHNAU u. STEPP: Münch. med. Wschr. **1933** I, 87.

LASCH: (1) Klin. Wschr. **1934** II, 1534. — (2) Klin. Wschr. **1935**, 1070. — LEY: (1) Arch. Gynäk. **164** (1937). — (2) Münch. med. Wschr. **1937** II, 1814. — LOCKWOOD u. HARTMANN: Endokrinol. **17**, Nr 5 (1933). — LOESER: (1) Arch. f. exper. Path. **184**, 23 (1936). — (2) Klin. Wschr. **1937** I, 788. — LÖHR: (1) Med. Welt **1936**, Nr 16. — (2) Med. Welt **1937**, Nr 4.

MARTIN: Z. physiol. Chem. **248**, 242 (1937). — MC.CARRISON: (1) Indian J. med. Res. **1921**. — (2) Indian J. med. Res. **1932**. — MOORE: (1) Lancet **1932**, 223, 669. — (2) Biochemic. J. **24** (1930). — MORAWITZ: Klin. Wschr. **1934** I, 324. — MOSONII: Hoppe-Seylers Z. **237**, 173 (1936). — MOSONII u. RIGO: Hoppe-Seylers Z. **1933**, 100.

NEIDHART: Ther. Gegenw. **1937**, 302. — NITSCHKE: Dtsch. med. Wschr. **1936** I, 629. OEHME: Klin. Wschr. **1936** I, 512.

PAAL u. BRECHT: Klin. Wschr. **1937** I, 261. — PILLAT: Graefes Arch. **127**, 575 (1931). PINCUSSEN: (1) Klin. Wschr. **1932** II. — (2) Strahlenther. **1934**, Nr 51, 685.

RAPPAI u. ROSENFELD: Pflügers Arch. **236**, 484 (1935). — ROLLER: Med. Klin. **1937** I.

SCHADE: Klin. Wschr. **1935** I, 60. — SCHÄFER: Klin. Wschr. **1936** I, 406. — SCHMITZ: (1) Biochem. Z. **183**, 328 (1927). — (2) Biochem. Z. **195**, 428 (1928/29). — SCHNEIDER u. WIDMANN: (1) Klin. Wschr. **1934** II, 1497. — (2) Klin. Wschr. **1935** I, 670. — (3) Klin. Wschr. **1935** II, 1154, 1786. — SCHROEDER: (1) Med. Klin. **1934** I. — (2) Verh. dtsch. Ges. inn. Med. Wiesbaden **1935**. — (3) Z. exper. Med. **101**, 373 (1937). — SCHROEDER u. DORMANN:

Endokrinol. **17**, 145 (1936). — SCHÜLEIN: Die Bierhefe als Heil-, Nähr- und Futtermittel. Dresden 1937. — SIWE: Klin. Wschr. **1935 II**, 1311. — STEPP, SCHROEDER u. ALTENBURGER: Klin. Wschr. **1935 I**, 933. — STRIECK: Biochem. Z. **277**, 279 (1935).
THADDEA u. RUNNE: Zit. nach THADDEA: Dtsch. med. Wschr. **1938 I**, 492. — THÖNES: Dtsch. med. Wschr. **1936 I**, 667. — TISLOWITZ: (1) Klin. Wschr. **1935 I**, 1641. — (2) Schweiz. med. Wschr. **1937 I**, 717. — TONUTTI u. MATZNER: Z. mikrosk.-anat. Forsch. **42**, 193 (1937).
VERZÁR: (1) Schweiz. med. Wschr. **1935 I**, 569. — (2) Schweiz. med. Wschr. **1937 I**, 823. VERZÁR u. PETER: Pflügers Arch. **206**, 675. — VOGT: (1) Münch. med. Wschr. **1931 II**, 1570. (2) Dtsch. med. Wschr. **1931 II**, 1110. — VOIT: Münch. med. Wschr. **1937 II**, 1619, 1783. WENDT: (1) Klin. Wschr. **1935 I**, 9. — (2) Münch. med. Wschr. **1935 II**, 1160, 1679. (3) Klin. Wschr. **1936 I**, 222. — (4) Münch. med. Wschr. **1936 I**, 808. — (5) Dtsch. med. Wschr. **1936 II**, 1213.

II. Vitamine und Infektion.

BAETZNER: Zbl. Chir. **1937**, 322. — BOLLER, BRUNNER u. BRODATY: Wien. Arch. inn. Med. **31**, 1 (1937).
DIEHL: Im Druck. — DIEHL u. WENDT: Im Druck. — DRIGALSKI, V.: Z. Vitaminforsch. **3**, 37 (1934).
FORSTER: Helvet. med. Acta **1937**, 676.
GAGYI: Klin. Wschr. **1936 I**, 190. — GANDER u. NIEDERBERGER: Münch. med. Wschr. **1936 II**, 1386.
HIGGINS: (1) Urologic Rev. (Amer.) **38**, 33 (1934). — (2) J. amer. med. Assoc. **104**, 1296 (1935). — HOCHWALD: (1) Zbl. inn. Med. **1935**, 769. — (2) Klin. Wschr. **1936 I**, 894. — (3) Wien. Arch. inn. Med. **29**, 53 (1930). — (4) Dtsch. med. Wschr. **1937 I**, 182.
JUSATZ: Z. Immun.forsch. **88**, 472, 483 (1936).
KING and MENTON: J. Nutrit. **10**, 129 (1935). — KÜHNAU: Münch. med. Wschr. **1933 II**, 1772.
LÖHR, W.: (1) Arch. klin. Chir. **179**, 312 (1934). — (2) Chirurg **6**, 5, 263 (1934). — (3) Zbl. Chir. **1934**, 31. — (4) Med. Welt **1936**, 553. — (5) Arch. f. exper. Path. **180**, 344 (1936).
PANTSCHENKO: Zit. nach SEYDERHELM: Die Hypovitaminosen. — PFANNENSTIEL: Med. Welt **1937**, 231.
SAUER: Jb. Kinderheilk. **148**, 80 (1936). — SCHNEIDER: (1) Arch. klin. Chir. **181**, 575 (1935). — (2) Dtsch. Z. Chir. **242**, 189 (1934). — SCHOLZ: Ber. I. internat. Kongreß Ther. Union in Bern **1937**. — SCHRETZENMAIR: Klin. Wschr. **1937 II**, 1737. — SCHROEDER u. STEPP: Klin. Wschr. **1935 I**, 147.
WIDENBAUER: (1) Klin. Wschr. **1935 I**, 608. — (2) Med. Welt **1936**, H. 49.

III. Vitamine und Blut.

ANDREN-URRA-REGLI: Klin. Wschr. **1937 I**, 421. — ARMENTANO u. BENTSÁTH: Klin. Wschr. **1936 II**, 1594. — ARMENTANO, BENTSÁTH, BERÉS, RUSZNYAK u. SZENT-GYÖRGYI: Dtsch. med. Wschr. **1936 II**, 1325. — ASZODI: Klin. Wschr. **1937 I**, 715.
BÖGER u. MARTIN: Münch. med. Wschr. **1935 I**, 899. — BÖGER u. SCHROEDER: (1) Klin. Wschr. **1934 I**, 842. — (2) Münch. med. Wschr. **1934 II**, 1335.
CASTLE: Science (N. Y.) **82**, 159 (1935).
DAM, SCHÖNHEYDER u. LEWIS: Biochemic. J. **31**, 22 (1937). — DEDICHEN: (1) Acta med. scand. (Stockh.) **90**, 195 (1936). — (2) Acta med. scand. (Stockh.) **78**, 250 Suppl. (1936). — DIEHL u. KÜHNAU: Dtsch. Arch. klin. Med. **176**, 149 (1933).
FRANK: Münch. med. Wschr. **1934 II**, 1942.
HEILMEYER: Med. Klin. **1938 I**. — HUGHES: J. Nutrit. **2**, 183 (1929).
KAPPIS u. BAUMANN: Münch. med. Wschr. **1937 II**, 1196.
LORENZ: (1) Dtsch. med. Wschr. **1936 II**, 1577. — (2) Mschr. Kinderheilk. **68**, 205 (1937). — (3) Z. Kinderheilk. **58**, 504 (1937).
MELLANBY: (1) J. amer. med. Assoc. **96**, 325 (1931). — (2) Lancet **1931 II**, 918. — MILLER and RHOADS: (1) Proc. Soc. exper. Biol. a. Med. **30**, 540 (1933). — (2) J. clin. Invest. **14**, 153 (1935). — (3) J. of exper. Med. **61**, 173 (1935). — (4) Amer. J. med. Sci. **191**, 453 (1936).
POWERS-VAN DOREN: J. clin. Invest. **14**, 649 (1935).
REIMANN u. Mitarb.: Z. klin. Med. **129**, 659 (1936). — ROTH: Klin. Wschr. **1936 II**, 1431.
SCHADE: Klin. Wschr. **1935 I**, 60. — SCHIFF u. HIRSCHBERGER: (1) Jb. Kinderheilk. **146** (N. F. **96**), 181, 191, 293 (1936). — (2) Jb. Kinderheilk. **147** (N. F. **97**), 81 (1936). — (3) Amer. J. Dis. Childr. **53**, 32 (1937). — SEYDERHELM u. GREBE: Vitamine und Blut. Leipzig: Johann Ambrosius Barth 1935. — SINGER u. WECHSLER: Klin. Wschr. **1936 I**, 668.
TISSLOWITZ: Klin. Wschr. **1936 I**, 830.
WENDT: Klin. Wschr. **1935 I**, 9.

IV. Vitamine und Magen-Darmkrankheiten.

ALTSCHULE: Arch. of Path. **20**, 845 (1935).

BOLLER: Z. klin. Med. **130**, 163 (1936). — BREUSCH u. SCALABRINO: Z. exper. Med. **94**, 569 (1934).

DALLDORF and KELLER: J. of exper. Med. **56**, 391 (1931). — DRIGALSKI, v.: Z. Vitaminforsch. **3**, 37 (1934).

EINHAUSER: (1) Z. exper. Med. **98**, 461 (1936). — (2) Arch. Verdgskrkh. **62**, 1 (1937). EULER u. OTTO: Med. Klin. **1938 I**, 709.

FROBOESE u. THOMA: Z. klin. Med. **124**, 478 (1933).

GRAEVES and C. L. A. SCHMIDT: Amer. J. Physiol. **111**, 492 (1935).

HANSEN u. v. STAA: Die einheimische Sprue. Leipzig: Georg Thieme 1936. — HOWES and VIVIE: Amer. J. Path. **12**, 689 (1936).

KÜHNAU: Dtsch. med. Wschr. **1937 I**, 352.

LASCH: Klin. Wschr. **1935**, 1070. — LASCH u. ROLLER: Klin. Wschr. **1936 II**, 1636.

McCONKEY u. SMITH: Chem. Zbl. **24 I**, 3230 (1934).

RALLI, FLAMM, JOFFE and STUECK: Amer. J. Physiol. **107**, 157 (1934).

SCHIÖDT: Acta med. scand. (Stockh.) **84**, 456 (1934). — SCHMIDT, W. and C. L. A. SCHMIDT: Univ. California Publ. Physiol. **7**, 211 (1930). — SCHNEIDER u. WIDMANN: (1) Klin. Wschr. **1934 II**, 1497. — (2) Klin. Wschr. **1935 I**, 670. — (3) Klin. Wschr. **1935 II**, 1786. — SCHROEDER u. EINHAUSER: Münch. med. Wschr. **1936 I**, 923. — SEYDERHELM u. TAMMANN: (1) Z. exper. Med. **1927**, 641. — (2) Z. exper. Med. **1929**, 539, 557. — STEPP u. SCHROEDER: Klin. Wschr. **1935 I**, 484. — SURE u. THATSCHER: Arch. of Path. **16**, 809 (1933).

THANNHAUSER: Münch. med. Wschr. **1933 I**, 291.

WENDT: (1) Klin. Wschr. **1935 I**, 9. — (2) Klin. Wschr. **1937 II**, 1175. — (3) XIV. Tagg dtsch. Ges. Verdgs- u. Stoffw.krkh. Stuttgart 1938. — WENDT u. KÖNIG: Klin. Wschr. **1937 II**, 1253. — WOLFF: Lancet **1932**, 617.

Weitere Literatur findet sich bei: STEPP, KÜHNAU u. SCHROEDER: Die Vitamine und ihre klinische Anwendung. Stuttgart: Ferdinand Enke 1937. — SEYDERHELM: Die Hypovitaminosen. Leipzig: Johann Ambrosius Barth 1938. — KÜHNAU, SCHROEDER, STEPP u. WENDT: Fortschritte der Vitaminforschung. Neue deutsche Klinik, Erg.-Bd. 4. 1936.

III. Allgemeine Diätetik.

Von HANS GLATZEL, Kiel.

Diätetik ist angewandte Ernährungslehre. Der Begriff „Diätetik" umgreift heute nicht mehr — wie im Sprachgebrauch vergangener Zeiten — das ganze Gebiet der leiblichen und seelischen Gesundheitsführung. Die *allgemeine Diätetik* im heutigen Sinn befaßt sich mit den Gesetzmäßigkeiten, nach denen der gesunde und kranke Mensch seine Ernährung gestaltet und nach denen sich verschiedene Ernährungsformen auf Befinden und Leistungsfähigkeit des Menschen auswirken. Die allgemeine Diätetik stützt sich dabei auf die Ergebnisse der Ernährungsphysiologie, der Klinik und der Geschichte, Geographie und Soziologie der Ernährung. Die Aufgaben der *speziellen Diätetik* liegen in der Beantwortung der Frage: Welche Nahrung erfüllt beim *einzelnen* Menschen am besten die gerade an diesen Menschen gestellten Anforderungen. Es geht dabei nicht um die Feststellung von Kostformen, mit denen der Mensch unter den gegebenen Bedingungen auskommen *kann. Es geht immer um die Feststellung jener Nahrung, mit der der Gesunde die an ihn gestellten Forderungen auf die Dauer am besten und leichtesten erfüllt, mit der der Kranke seine volle Leistungsfähigkeit am raschesten und vollkommensten wieder erreicht.*

Über die allgemeine Bedeutung der Ernährung ist kein Wort zu verlieren. Diätetische Heilbehandlung ist ebenso alt wie modern. Andererseits liegen die Ursachen krankhafter Störungen oft in einer fehlerhaften Ernährung. Die Diätetik muß also schon beim Gesunden einsetzen. Diätetische Behandlung heißt Beeinflussung durch Nahrungswahl und Eßgewohnheit. Neben ihr in der Therapie steht die Beeinflussung durch Strahlen, Gymnastik, Medikamente u. a. m.

Die Grenze der Diätetik nach der medikamentösen Seite läßt sich nicht scharf ziehen. Es ist Geschmackssache, ob man die Behandlung mit Eiweißpräparaten, reinen Vitaminen u. ä. zur diätetischen oder zur medikamentösen Therapie rechnet. Wir haben dieses Teilgebiet — man könnte es „Medikamentöse Diätetik" nennen — ins Gebiet der allgemeinen Diätetik hereingenommen, weil es in der Praxis davon nicht zu trennen ist.

In den letzten Jahren sind diätetische Fragen mehr als früher in den Vordergrund des allgemeinen Interesses getreten. An sich gewiß eine erfreuliche Erscheinung! Gleichzeitig sind damit aber der Diätetik Gefahren erstanden, gegen die wir immer wieder zu kämpfen haben. Diese Gefahren sind die sektiererische Einseitigkeit, die Überschätzung einzelner Kostformen aus Mangel an Erfahrung und Kritik, die Überschätzung diättherapeutischer Möglichkeiten überhaupt, die daraus oft folgende Unterschätzung der Diätetik und schließlich die *schematische* Anwendung bestimmter Kostformen bei bestimmten Diagnosen. So unentbehrlich und wirkungsvoll die Diätetik im Einzelfall sein mag — ein Allheilmittel ist auch sie nicht! Diätetische Maßnahmen müssen sich sinnvoll in den Rahmen der übrigen Heilmaßnahmen und Lebensgewohnheiten einfügen.

a) Allgemeine Diätetik des Gesunden.

Die Grenzen des Nährstoffbedarfs und der Nährstoffverträglichkeit. *Eine Einheitsernährung für alle Menschen gibt es nicht.* Die Ernährung des Menschen wird bestimmt durch äußere Lebensbedingungen, Klima und Boden, Tradition, Art und Umfang der täglichen Arbeit und durch besondere Anforderungen verschiedenster Art. Sie wird außerdem bestimmt durch individuelle Besonderheiten, durch Geschlecht und Lebensalter. Was für den einen zweckmäßigste Ernährungsform ist, das kann für den anderen völlig ungeeignet sein. Erstaunlich ist immer wieder die Sicherheit, mit der auf der ganzen Erde die Erfahrung zu den verschiedenartigsten, unter den gegebenen Bedingungen zweckmäßigsten Ernährungsformen hingeführt hat.

Im *Organismus selbst* liegt es begründet, daß Änderungen der Nahrungszufuhr nur innerhalb gewisser Grenzen mit Gesundheit und Leistungsfähigkeit verträglich sind. Mit weniger als etwa 1800 Calorien kommt ein gesunder erwachsener Mann auch bei völliger Ruhe kaum aus. Am anderen Ende stehen Schwerstarbeiter mit einem Tagesverzehr von 5000, 7000 Calorien und mehr. Wenn man von der stets notwendigen Eiweißzufuhr absieht, dann kann der Organismus ohne Schaden zu nehmen seinen *Bedarf an Brennwerten* ebensogut fast ausschließlich mit *Kohlehydraten* wie fast ausschließlich mit *Fett* decken. Das sind gesicherte ernährungsphysiologische Tatsachen. Nur in Ländern *europäischer* Zivilisation scheint die Häufigkeit der Zuckerkrankheit mit der Höhe des Fettverbrauches anzusteigen (relativer Vitamin- oder Mineralmangel?). *Völlig* fett- und kohlehydratfreie Ernährung kommt außerhalb des Laboratoriums nicht vor.

Die Erhaltung der vollen Leistungsfähigkeit und Widerstandskraft erfordert dagegen eine *Eiweißzufuhr,* die erheblich über jener Mindestmenge liegt, mit der sich der Körper eben ins *Stickstoff*gleichgewicht setzen kann. Nach der Meinung der sachkundigsten Ernährungsphysiologen schwankt das Eiweißoptimum, auf das es in der Diätetik ja allein ankommt, zwischen 0,8 und 1,5 g Eiweiß je Kilogramm und Tag — abhängig von der Art des Eiweißes, von der Gesamtnahrung, der Art der Tätigkeit, der äußeren Umgebung und vielen anderen Besonderheiten. Jahrelange ausschließliche Fleischnahrung vertragen auch Europäer ohne Schaden. Nur unter bestimmten Bedingungen scheint reichlichste Eiweißzufuhr infolge eines relativen Vitamin- oder Mineralmangels oder eines Mangels an einzelnen Aminosäuren bei hohem Überschuß an anderen gelegentlich zu nachweisbaren Störungen (Eiweißausscheidung, Nierenveränderungen) zu führen.

Der tägliche *Mineralbedarf* des Menschen hängt gleichfalls so stark von individuellen Besonderheiten und äußeren Umständen ab, daß man von einem Mindestbedarf schlechthin nicht reden kann. Untersuchungen verschiedenster Kostformen haben Mindestwerte folgender Größenordnung für den täglichen Bedarf ergeben: Natrium 4—5 g, Kalium 2—3 g, Calcium 0,7—2,0 g, Magnesium etwa 0,3 g, Phosphor 1,3—2,2 g, Chlor 6 g, Schwefel nur soweit schwefelhaltige Aminosäuren und (schwefelhaltiges) Vitamin B_1 notwendig sind. Über die notwendigen Mindestmengen von Eisen, Kupfer, Silicium, Jod u. a. lassen sich zahlenmäßige Angaben noch nicht machen. Es ist wohl möglich, daß unter bestimmten Bedingungen die optimale Leistungsfähigkeit bei noch geringerer Mineralzufuhr erhalten bleibt. Die Frage, ob die *Calcium*zufuhr gewisser Menschengruppen unzureichend ist, läßt sich trotz vieler Bemühungen noch keineswegs sicher beantworten. Alle bisherigen Ergebnisse sind vieldeutig. *Kochsalz* ist kein lebensnotwendiger Bestandteil der Nahrung (wohl aber Natrium und Chlor!). Das Kochsalz hebt jedoch in vielfacher Hinsicht die Leistungsfähigkeit und Anpassungsfähigkeit. Unmittelbare Schädigung durch starkes Salzen ist gelegentlich behauptet, niemals aber bewiesen worden. Durch Nahrungsmittel allein, d. h. ohne künstliche Zusätze ist eine „Übermineralisierung" ebensowenig zu befürchten wie eine „Übervitaminisierung".

Auch der *Vitaminbedarf* schwankt in weiten Grenzen. Für die folgenden Zahlen des täglichen Vitaminmindestbedarfs gelten dieselben Vorbehalte wie für die Mineralzahlen: Vitamin A entsprechend 1 mg Carotin; Vitamin B_1 0,50 mg; Vitamin B_2 1 mg; Vitamin C 20 mg; Vitamin D 0,002 mg. Ob der Mensch Vitamin E braucht, ist unsicher. Der Vitamin H- und P-Bedarf ist unbekannt. Es soll nicht verschwiegen werden, daß angesehene Forscher (z. B. SZENT-GYÖRGY) viel größere Mengen für notwendig halten, andere (z. B. RIETSCHEL) viel kleinere.

Hygiene des Essens. Ausreichende Zufuhr aller notwendigen Nahrungsstoffe, einwandfreie Rohstoffe, sachgemäße Verarbeitung der Nahrungsmittel und gute Küche und verständnisvolle Zusammenstellung des Speisezettels sind Grundvoraussetzungen richtiger Ernährung. Damit ist es aber noch nicht getan! Es kommt hinzu, was man die „*Hygiene des Essens*" genannt hat.

Von der *Einteilung der Mahlzeiten* hängt viel für das tägliche Wohlbefinden ab. Bestimmte Einzelregeln kann man aber niemals für *allgemein*verbindlich erklären. Die äußeren Lebensbedingungen, vor allem die Arbeitsverhältnisse der Menschen, sind verschieden, und die Frage kann immer nur heißen: Welche Einteilung ist *unter den gegebenen Verhältnissen* die zweckmäßigste? Für uns Europäer genügen 3 Mahlzeiten am Tag, wobei zweckmäßig die Hauptmahlzeit nicht am Mittag, sondern am Abend liegt. Der Hauptmahlzeit soll eine Ruhepause folgen. Bei der immer mehr zunehmenden Durcharbeitszeit gewährt die kurze Mittagspause aber nicht mehr die für eine umfangreiche Mahlzeit nötige Ruhe. Die beste Zeit für die Hauptmahlzeit ist der Abend nach getaner Arbeit — sofern das Abendessen nur mindestens 2—3 Stunden vor dem Schlafengehen liegt. Auf die neueren Erkenntnisse von der rhythmischen Tätigkeit der Organe, z. B. der Leber und der Niere, lassen sich diätetische Maßnahmen noch nicht gründen. — „*Gut gekaut ist halb verdaut*". Langsames Essen, körperliche und geistige Entspannung, gutes Kauen, sind Vorbedingungen der Bekömmlichkeit.

Die Zeitung gehört nicht auf den Eßtisch! Während des Krieges wurde dem ausgehungerten Deutschland das „Fletchern" empfohlen (H. FLETCHER 1911: Bei 30 Bissen 2500mal kauen!). Fletchern sollte die Resorption der Nahrung verbessern und damit den Gesamtbedarf vermindern. Leider hat sich dieser schöne Glaube als Aberglaube erwiesen. — Nur große *Wasser*mengen, die den Appetit vermindern, beeinträchtigen die Verdauung. Immerhin ist es nicht nötig, ausdrücklich Trinken zum Essen zu empfehlen. Kinder haben ein größeres Flüssigkeitsbedürfnis als Erwachsene! Die Wirkung von *Alkohol und Kaffee* ist so verschieden, daß sich für Alkohol- und Kaffeegenuß keine allgemein-gültigen Regeln aufstellen lassen. — Die Mundhöhle kühlt *heiße Speisen* ab und erwärmt *kalte*. Es kommt also weniger darauf an, wie heiß und wie kalt die Speisen *sind*, als darauf, wie rasch man sie *schluckt*. Rasch geschluckte heiße Speisen (dicke Breie und Suppen, fette Fleischbrühe mit einer Temperatur von etwa 50° C) lösen Schmerzen in der Magengegend aus und schädigen auf die Dauer die Schleimhaut. Starke Reize besonders für den leeren Magen und Darm sind rasch hinunter gegossene kalte Getränke. Heftig einsetzende Peristaltik, unter Umständen Kollapszustände, vielleicht auch einmal ein akut einsetzender Magen-Darmkatarrh sind die Folgen. — Und schließlich die *Reinlichkeit* beim Essen! In mancher Gaststätte vergeht dem Gast der Appetit, wenn er einen indiskreten Blick in die Küche tut. Eine gepflegte Umgebung, ein liebevoll gedeckter Tisch, lecker zugerichtete Speisen erhöhen Genuß und Bekömmlichkeit. Die unangenehmen Erlebnisse des Tages werden besser erst *nach* Tisch besprochen. Auch beim Bereden angenehmer Dinge soll man aber nicht über den ganzen Tisch einen feinen Sprühnebel verbreiten.

Klima- und bodengebundene Kostunterschiede. *Klima und Boden* bestimmen seit Jahrtausenden die Ernährung. Als Folge größerer Wärmeverluste ist der *Brennwertbedarf* im kalten Klima größer als im heißen, und im gemäßigten Klima winters größer als sommers. Kalte Zonen und Steppenländer bieten wenig *pflanzliche* Nahrung. Hier ist der Mensch vorwiegend auf *tierische*, d. h. fett- und eiweißreiche, kohlehydratarme Nahrung angewiesen. Umgekehrt tritt in pflanzenreichen Ländern die tierische Nahrung in den Hintergrund. In Europa nimmt von Norden nach Süden der Verzehr von Eiweiß und Fett, vor allem der Verzehr von tierischem Eiweiß und tierischem Fett langsam ab, der Verzehr von pflanzlichem Eiweiß und pflanzlichem Fett nimmt zu.

Am meisten *Eiweiß* (200—500 g täglich) essen die Eskimos und die als besonders widerstandsfähig bekannten sibirischen Nomaden. Auch in Afrika gibt es Nomadenstämme, die fast ausschließlich von tierischem Eiweiß leben. Die berühmten Massaikrieger essen im aktivsten Alter 3 Jahre lang nur Milch, Blut und halbrohes Fleisch. Am wenigsten Eiweiß verzehren Malaien und manche Neger: Etwas über 50 g meist pflanzliches Eiweiß von geringer biologischer Wertigkeit. Trotz aller Verschiedenheiten der Eiweißträger (Fleisch, Milch, Getreide, Reis, Soja) nehmen die meisten Menschen täglich zwischen 60 und 120 g Eiweiß zu sich (auf je 70 kg Körpergewicht berechnet). Einige Menschengruppen mit niedrigem Eiweißverzehr sind nachweislich unterernährt. Immerhin scheint es Menschengruppen in Indien und Ostasien zu geben, die mit geringeren Eiweißmengen leistungsfähig bleiben als die Europäer (bessere Eiweißausnutzung? andersartige Lebensweise?). Wirklich brauchbare und zuverlässige Untersuchungen in dieser Richtung besitzen wir aber nicht.

*Kohlehydrat*träger sind in der alten Welt vor allem Gerste, Hirse, Weizen, Roggen, Reis, seit dem 18. Jahrhundert die Kartoffel; in der neuen Welt sind es der Mais und die Kartoffel. *Fett* ist verschiedenartigster tierischer oder pflanzlicher Abkunft. Seine Herkunft besagt — wie bei den Kohlehydraten — nichts

Wesentliches für seinen Wert als Nahrungsmittel. Trotz der allerverschieden-
artigsten Nahrungsquellen ist es überall auf der Erde zu einer ausreichenden
Kohlehydrat- und Fettversorgung gekommen.

Über länderweise Verschiedenheiten des *Mineral- und Vitaminbedarfs* wissen
wir wenig. Ein Bedürfnis nach Kochsalz fehlt offenbar nur jenen eiweißreich
lebenden Menschen, die das Blut der Tiere mitgenießen. Im allgemeinen sind
tierische Nahrungsmittel arm an Vitamin C, pflanzliche arm an Vitamin D.
Im nördlichen Skandinavien waren schon in der Steinzeit Fichtenrinde, Kiefern-
sprossen, Wacholderbeeren und andere wetterharte Pflanzen Bestandteile der
täglichen Nahrung. Wo dieser Brauch sich hielt, trat niemals Skorbut auf!
Heute wissen wir, daß diese Sprossen, Rinden und Beeren zu den ergiebigsten
Vitamin C-Trägern gehören. Wesentlich pflanzliche, Vitamin D-arme Nahrung
ist nur in sonnenreichen Erdteilen möglich. Daß aber der Körper unter
dem Einfluß des Sonnenlichtes gerade Vitamin D bilden kann, ist seit einer
Reihe von Jahren bekannt. Daneben kommen für die Vitamin- und Mineral-
versorgung sicherlich noch die Gewürze und die Getränke in Betracht. Zu allen
Zeiten und in allen Ländern spielen sie ja in der täglichen Kost eine große
Rolle. Wieweit schließlich das Erdeessen, die Geophagie, der Vitamin-, Mineral-
oder sogar der Brennwertzufuhr dient, läßt sich mangels ausreichender Beobachtungen nicht entscheiden. Geophagie kommt in Asien, Afrika und Amerika,
ja selbst heute noch in Europa vor.

Erstaunlich ist die Zähigkeit, mit der *Eßgewohnheiten der Jugend* auch unter
ganz anderen Lebensbedingungen festgehalten werden. Nur schwer und langsam
gewöhnt sich der Organismus an andere Nahrungsformen. Erstaunlich stark
sind die traditionellen Bindungen. Der Ostasiate gewöhnt sich in Europa
niemals richtig an die europäische Kost, die Deutschen in Rußland kochen
noch nach Jahrhunderten nach einem anderen Speisezettel als die Russen und
ein richtiger Österreicher entbehrt im kartoffelreichen Preußen zeitlebens die
Mehlspeise und das Beuschl.

Sozial bedingte Kostunterschiede. Zu den klima- und bodenbedingten Unterschieden der Ernährung treten andere Unterschiede, gekennzeichnet durch die
Begriffe: *Industrialisierung, Verstädterung, Rückgang der körperlichen und Zunahme
der geistigen Beanspruchung.* Der Primitive kann sich bei günstiger Gelegenheit
gewaltig vollstopfen und danach wochenlang hungern. Der Europäer des
20. Jahrhunderts muß *regelmäßig* essen. Er hat die Anpassungsfähigkeit des
Primitiven an ungeregelte Nahrungszufuhr eingebüßt. Mit der Verschiebung der
äußeren Lebensbedingungen hat sich in den vergangenen Jahrzehnten — mangels
ausreichender Unterlagen ist eine zuverlässige Beurteilung des Verbrauches in
früheren Jahrhunderten nicht möglich — der Nahrungsmittelverbrauch stetig
verschoben. Unterbrochen von Schwankungen durch wirtschaftliche Zwangslagen
(Krieg, freiwillige oder erzwungene Autarkie, Wirtschaftsdepression, bewußte Verbrauchslenkung) stieg und steigt überall auf der Erde, wo abendländische Zivilisation herrscht, der Verbrauch von Fett und Fleisch, von Milch, Butter und Käse,
von Obst, Gemüse und Zucker. Der Verbrauch von Brotgetreide (hauptsächlich
von Roggen), von Hülsenfrüchten, Kartoffeln und Bier nimmt ebenso stetig ab.
Den größten Fleischverbrauch und gleichzeitig den größten Fett- und Zucker-
verbrauch haben der Reihe nach: Die Vereinigten Staaten, England, Deutschland,
Frankreich, Italien. Dieselbe Reihenfolge gilt für das Ausmaß der Industrialisierung dieser Länder, die umgekehrte für ihren Verbrauch an Brotgetreide.
Die Unterschiede der Ernährung zwischen reich und arm sind heute viel kleiner
als früher, wenn auch der Anteil des tierischen Eiweißes an der täglichen
Kost mit dem Einkommen steigt. Auf dem Land hat sich die Ernährung in

grundsätzlich *gleicher* Weise verschoben wie in der Stadt! Nur sind auf dem Land die Verschiebungen weniger stark ausgeprägt.

Solche stetige und allgemeine Verschiebungen über Jahrzehnte hin lassen sich nicht mit Schlagworten von „Naturentfremdung", „Verweichlichung", „Entartung" abtun. Wir glauben, daß in ihnen ein mächtiges *biologisches Bedürfnis* zum Ausdruck kommt. Heute stellt das tägliche Leben an uns *alle* Anforderungen, die es vor 100 oder 200 Jahren höchstens an *einzelne* gestellt hat: Intensivste Arbeit in scharfem Wettbewerb, starke Konzentrationsfähigkeit, erhöhte geistige Tätigkeit und Beweglichkeit und ständige Bereitschaft. Die Essenspausen sind kurz, häusliche Mahlzeiten oft unmöglich. Wir wissen aus vielen Beobachtungen, daß eiweißarme Ernährung die gesamte körperliche und seelische Spannkraft dämpft, die Funktionsabläufe verlangsamt. Eiweiß*reiche* Nahrung wirkt entgegengesetzt. Eine fleisch-, fett- und zuckerreiche Kost mit reichlichen Gemüse- und Obstzugaben enthält die notwendigen Nährwerte in konzentrierter Form. Nur eine *konzentrierte* Nahrung gibt aber die Gewähr, daß sich der heutige — oft mehr abgespannte als richtig hungrige — Mensch überhaupt ausreichend ernährt. Die mechanische Belastung der Verdauungsorgane und die kurze Essenspause stehen der Aufnahme großer Nahrungsmengen, wie sie eine mehl- und kartoffelreiche Kost mit sich bringt, störend entgegen. Für den Menschen, der viele Stunden hintereinander arbeiten muß, ist außerdem der hohe Sättigungswert des Fleisches wertvoll.

Es liegt im Wesen *jeder* Kostform, daß sie die *Entwicklung bestimmter Krankheiten* hemmt, die Entwicklung anderer erleichtert. So wird vermutlich auch unsere heutige Ernährung die Entwicklung gewisser Erkrankungen fördern, die Entwicklung anderer erschweren. Die Zunahme des Diabetes mellitus darf wohl als erwiesen gelten. Wenn unsere heutige Ernährung — d. h. also: eine fleisch-, fett-, zucker-, obst- und gemüsereiche, mehl- und kartoffelarme Kostform — gelegentlich für die Häufung anderer Krankheiten verantwortlich gemacht wird, so sind das bis jetzt noch nicht viel mehr als Vermutungen. Man hat — um nur ein Beispiel herauszugreifen — die Zunahme der Zahncaries auf unzureichendes Brotkauen zurückführen wollen. Der Beweis ist nicht gelungen abgesehen davon, daß $^3/_5$ der ganzen Menschheit kein Brot essen, ohne Schaden an ihren Zähnen zu nehmen. Die letzte Ursache der Caries kennen wir noch nicht. Die Kost des 20. Jahrhunderts hemmt andere Krankheiten als die Kost des 15. Jahrhunderts und sie fördert andere. Daß aber die Kost des 20. Jahrhunderts in besonderem Maße krankheitsfördernd sei, krankheitsfördernder als frühere Ernährungsformen, ist eine unbewiesene Behauptung.

Vegetarismus. Der *Vegetarismus* als Ernährungssekte ist uralt. Gewechselt haben seine geistigen Grundlagen: In Griechenland lagen sie in der Philosophie, im europäischen Mittelalter, in Indien, China und Japan lagen und liegen sie in der Religion, im modernen Europa in mythischen Vorstellungen von Naturverbundenheit. „Strenge" Vegetarier lehnen jede tierische Nahrung ab. Die gemäßigten erlauben Milch, Käse und Eier. Mit gemäßigter vegetarischer Kost kann der tätige Abendländer seinen Eiweißbedarf ohne weiteres decken. Mit streng vegetarischer Kost ist das jedoch nicht mehr möglich. Für Leistungen, wie sie von Mönchen und Sonderlingen in beschaulicher Zurückgezogenheit verlangt werden, mag auch die strenge Form genügen. Wieviel „strenge" Vegetarier es in Deutschland gibt, ist unbekannt.

Ernährung bei körperlicher und geistiger Höchstleistung. Wenn auch im Kampf um den Sieg die Ernährung natürlich nur einen Teilfaktor darstellt, so lassen sich doch *Spitzenleistungen mit diätetischer Hilfe leichter erzielen. Vorbereitungs-*

zeit (Training) und *Wettkampf* selbst sind diätetisch zu trennen. Der Brennwertbedarf steigt je nach Härte und Länge des Trainings auf das 2—3fache und höher. Als Trainingskost hat sich am besten eine Ernährungsform bewährt, die nicht grundsätzlich von der gewohnten Ernährung abweicht und die ganz in der Linie der Kostentwicklung der letzten Jahrzehnte liegt. Individuelle Besonderheiten und Besonderheiten der sportlichen Tätigkeit bestimmen in diesem Rahmen die Ernährungsform des Einzelnen. Der Eiweißbedarf liegt anscheinend um so höher, je größer die Arbeitsleistung in der Zeiteinheit, je „konzentrierter" sie ist. Vielleicht steht auch die Schärfe der Sinne mit der Eiweißzufuhr in Zusammenhang. Jedenfalls sollen die scharfsichtigen anatolischen Nomaden — ihre Sehschärfe geht bis zum 9fachen der „vollen Sehschärfe" des Europäers! — die Beobachtung gemacht haben, daß sie weniger gut sehen, wenn sie wenig Fleisch essen. Die Ernährung der Olympiakämpfer als Ernährung für beschränkte Zeit unter außergewöhnlichen Lebensbedingungen stellt sicher keine geeignete *Dauer*ernährung dar. Sie ist (in ihren Mittelwerten) sicher auch nicht die *einzige* Kostform, mit der man sportliche Höchstleistungen erzielen kann. Immerhin hat sie eines gezeigt: Die sportliche Elite der Welt schränkt während des Trainings ihre Nahrungsaufnahme keineswegs ein — sie ißt viel, gewaltige Mengen, und sie ißt vor allem viel Eiweiß, viel Obst und viel Gemüse. Der mittlere tägliche Verzehr der Teilnehmer aus 42 Nationen betrug 320 g Eiweiß, 270 g Fett, 850 g Kohlehydrate. Das sind insgesamt 7300 Calorien je Kopf (Bruttowerte). Vegetarier waren nicht darunter! Nach einer anderen Berechnung (Nettowerte mit Einschluß der *nicht*kämpfenden Begleitmannschaften) betrug der Verzehr 130—260 g Eiweiß (im Mittel 175 g), 135—230 g Fett, 560 g Kohlehydrate, insgesamt 4700 Calorien. Eine zweckentsprechende Trainingskost muß also offenbar reich sein an Eiweiß, Fett, Zucker, Gemüse und Obst und arm an Getreideerzeugnissen und Kartoffeln. 2—3 Stunden vor dem Wettkampf ist noch eine kleine Mahlzeit erlaubt. *Während des Kampfes* kommt höchstens die Zufuhr von Milch, Fleischsaft, Eigelb oder Traubenzucker in Frage — jedenfalls keine größere Mahlzeit.

Spitzenleistungen von *Vegetariern* — es sind bemerkenswerterweise *Dauer*leistungen — zeigen, daß man seinen Eiweißbedarf auch ohne Fleisch decken *kann*. Ob allerdings die vegetarischen Meister wirklich *strenge* Vegetarier waren, läßt sich heute nicht mehr feststellen. Das zu wissen wäre natürlich sehr wesentlich. Zuverlässige vergleichende Untersuchungen, z. B. bei einem Wettgehen über 50 kg, ergaben keine Unterschiede der Leistungsfähigkeit zwischen Fleischessern und Vegetariern. Daß vegetarische Ernährung ganz allgemein zu höherer Leistung befähigt als nichtvegetarische, ist eine unbewiesene Behauptung. Bewiesen ist zwar die überdurchschnittliche Leistungsfähigkeit *einzelner Vegetarier*. Bewiesen ist damit aber keineswegs, daß die vegetarische Lebensweise die *Ursache* der überdurchschnittlichen Leistungsfähigkeit war — vielleicht hätten diese Vegetarier *noch* mehr geleistet, wenn sie mehr Eiweiß gegessen hätten — und daß *jeder* Mensch bei vegetarischer Ernährung mehr leisten kann als bei gemischter Ernährung.

Völliger Kochsalz*entzug* während des Trainings ist ebenso unzweckmäßig wie überreichliche Kochsalz*zufuhr*. Die Flüssigkeitsaufnahme soll niedrig gehalten werden. Die Meinungen über den Wert von Kräftigungsmitteln (Phosphor-, Calcium-, Vitamin-, Traubenzucker-, Eiweiß- und anderen Präparaten) sind immer noch geteilt; übermäßig groß ist ihr Wert keinesfalls. Und manche Sportärzte lehnen alle solchen Mittel als *Dopingmittel* ab. Wenn man unter Dopingmitteln Stoffe versteht, die erregend oder beruhigend auf lebenswichtige Organe und Funktionen wirken, dann gehören dazu ohne Zweifel auch coffeinhaltige Präparate, Alkohol, echte Medikamente wie Atropin, Strychnin,

Baldrian und die Calcium-, Phosphor- und Natriumbicarbonat-Präparate. Die unzähligen „Nährpräparate" nehmen eine Zwischenstellung ein: Man kann sie ebensogut als Bestandteile einer gewählten Trainingskost betrachten.

Geistige Höchstleistung ist ohne große Nahrungs*menge* möglich. Für die *Auswahl* der Nahrungsmittel gelten etwa dieselben Gesichtspunkte wie bei körperlicher Höchstleistung — einschließlich der völligen oder fast völligen Nahrungsenthaltung in den kurzen Perioden schärfster Anspannung. Bei intensiver geistiger Arbeit tritt die Bedeutung einer differenzierten Kochkunst und Tischkultur stärker in den Vordergrund. Es ist wohl mehr als ein zufälliges Zusammentreffen, wenn geistig bedeutende Männer so oft ausgesuchte Feinschmecker sind.

Ernährung der Schwangeren und Stillenden. Höchstleistungen erfordert die *Schwangerschaft.* Über Schwangerenernährung gibt es unzählige Meinungen und Vorschriften. Wirklich begründet sind nur wenige. Der mütterliche Organismus muß die Stoffe zum Aufbau der Frucht liefern. Er muß sich daneben auseinandersetzen mit den Einflüssen, die der embryonale Organismus auf ihn ausübt. Im allgemeinen deckt die Frucht ihren Bedarf ohne Rücksicht auf den Zustand der Mutter. Unter einer Verknappung von Aufbaustoffen leidet also zunächst (oder allein) die Mutter. Der *calorische Mehrbedarf* der Schwangeren und Stillenden (5—10 bzw. 10—20%) wird bei frei gewählter Nahrung leicht gedeckt. Überernährung ist unerwünscht. Überzeugende Beweise für die Behauptung, man könne durch knappe Ernährung der Mutter das Wachstum der Frucht hemmen, scheinen bis heute nicht vorzuliegen. Eine Erhöhung der *Eiweißzufuhr* ist höchstens bei der Stillenden notwendig. Die Schwangere kann auch bei gleichbleibender Zufuhr *mehr* Stickstoff zurückhalten als das Wachstum von Frucht und mütterlichen Organen erfordert. Mindestens überflüssig ist aber auch eine allgemeine Beschränkung des Eiweißverzehrs bei der gesunden schwangeren Frau. Wir wissen nicht, welchen Einfluß auf kommende Generationen ein unterdurchschnittlicher Eiweißverzehr der Schwangeren haben würde.

Die gelegentlich gefundene Verminderung des *Calcium* im Schwangerenblut hat Veranlassung zur Verordnung von Calciumsalzen gegeben. Nach derselben Überlegung müßte man einem hypochlorämischen Herzkranken Kochsalz geben! Calcium*zufuhr* ist überdies keineswegs gleichbedeutend mit Calcium*resorption* und Calcium*ansatz!* Cariesbereitschaft, Tetanie, Schwangerschaftsosteomalacie, Ödemneigung sind keine Zeichen primären Calciummangels! Es sind Vitaminmangelzustände bzw. Zeichen hormonaler Gleichgewichtsstörung, die allerdings — wie andere Vitamin- und Hormonmangelzustände auch — bis zu einem gewissen Grad durch Calciumzufuhr ausgeglichen werden können. Eine Beschränkung der *Kochsalz*zufuhr während der normalen Schwangerschaft läßt sich nicht begründen. Auf Funktion und Krankheitsanfälligkeit der gesunden Niere hat der Kochsalzgehalt der Nahrung keinen Einfluß. Im ganzen genügen die *Mineralien* in einer für die Nichtschwangere ausreichenden Ernährung auch für den höheren Bedarf der Schwangeren und Stillenden, weil der schwangere und der stillende Organismus die mit der Nahrung aufgenommenen Mineralien offenbar besser ausnützt (vollständigere Resorption, verminderte Ausscheidung). Meist ißt ja auch die Frau in diesen Zeiten mehr. Infolge des Bedarfs der Frucht bzw. der Vitaminausscheidung mit der Milch ist der *Vitamin*bedarf der schwangeren und stillenden Frau gleichfalls erhöht. Obwohl sich der Organismus innerhalb gewisser Grenzen einer geringen Vitaminzufuhr anpassen kann, wird anscheinend bei an sich schon knapper Vitaminversorgung während der Schwangerschaft doch gelegentlich die Grenze nach unten überschritten. Vitaminmangelerscheinungen bei Schwangeren und Stillenden können so gedeutet werden: Nachtblindheit durch Vitamin A-Mangel, Förderung einer (primär innersekretorischen) Neigung zu Osteomalacie und Tetanie durch D-Mangel, Neuritiden, in Japan sogar Beriberi durch B_1-Mangel. Durch vitaminreiche Nahrungsmittel oder Vitaminpräparate lassen sich solche Mängel in der Regel beseitigen. Die Beziehungen zwischen Zahncaries und Vitaminmangel, zwischen Frühgeburt und Vitaminmangel sind noch nicht eindeutig geklärt.

Die diätetische Behandlung der *Schwangerschaftstoxikosen* mit ihren Nieren- und Leberstörungen unterscheidet sich nicht wesentlich von der diätetischen Behandlung solcher Störungen außerhalb der Schwangerschaft. Gehäuftes *Erbrechen* und Resorptionsstörungen können zu allgemeiner Unterernährung wie auch zu Azidose und Mangel an einzelnen Nahrungsbestandteilen (Eiweiß, Vitamin, Calcium) führen. *Schwangerschaftsosteomalacie und -tetanie* fassen wir heute als primäre Hypophysensymptome auf. Dasselbe gilt von den Veränderungen des Fettansatzes und den akromegalen Zügen der Schwangeren. Mit Hormongaben können wir leider noch nicht einzelne Hypophysenfunktionen nach Wunsch abändern. Die Osteomalacie wird aber erfolgreich bekämpft mit Vitamin A und D, die Tetanie mit Vitamin D und Calcium. Hier handelt es sich um Hormonaktivierungen durch Vitamine bzw. durch Calcium.

Unzulässig ist es, auf *Befunde unklarer Ursache und Bedeutung* diätetische Maßnahmen zu gründen und etwa Harnzuckerausscheidung mit Kohlehydrateinschränkung, Ketonkörperausscheidung mit Fetteinschränkung, Aminosäurenausscheidung mit Eiweißeinschränkung zu beantworten. Die „*Schwangerschaftsniere*" (primär eine Hypophysenzwischenhirnstörung?) und ihr stärkster Ausdruck, die *Eklampsie*, sind noch immer die gefürchtesten Gefahren der Schwangerschaft. Der Rückgang der Eklampsie bei Kriegskost 1916—1920 läßt an Zusammenhänge mit der Ernährung denken. Ob es wirklich der geringe Eiweiß- und Fettgehalt der Kriegskost war, ist noch nicht erwiesen! Eine *zuverlässige* diätetische Eklampsieprophylaxe gibt es heute so wenig wie eine diätetische Prophylaxe der Schwangerschaftsniere. Immerhin vermeidet man besser eine betont reichliche, vor allem eine betont fett- und eiweißreiche Ernährung. Ausgesprochene Einschränkung der Fett- und Eiweißzufuhr bei *jeder* Schwangeren ist jedoch unangebracht; sie führt leicht zu Eiweißunterernährung. Wenn sich dagegen die Zeichen einer Nieren- oder Lebererkrankung bemerkbar machen, dann muß natürlich diätetisch eingegriffen werden.

Säuglings- und Kinderernährung. Die Diätetik des Menschen beginnt *gleich nach der Geburt*. In den ersten 5—6 Monaten ist Milch seine ausschließliche Nahrung. Eiweiß- und Zuckergehalt der *Muttermilch* schwanken kaum, Mineral- und Fettgehalt in engen Grenzen. Praktische Bedeutung haben vor allen Dingen die von der Ernährung abhängigen Schwankungen des *Vitamin* A-, C- und D-Gehalts der Muttermilch. Der mütterliche Organismus muß ausreichend mit Vitamin A und C versorgt sein, wenn der Säugling genug davon bekommen soll. Die Vitamin A- und C-Abgabe mit der Milch erfolgt nur in den Grenzen der verfügbaren mütterlichen Bestände. B_1-Hypovitaminosen sind bei Brustkindern selten. Von Anfang an ist die Einhaltung fester *Fütterungszeiten* und regelmäßiger, 3—4stündiger Nahrungspausen unbedingt nötig. Nachts sollen Mutter und Kind Ruhe haben. In dieser Zeit wird der Grund gelegt zur Eßdisziplin, deren unschätzbarer Wert für den Säugling, für das Kleinkind und für den Erwachsenen außer Frage steht und die in jedem Lebensalter neu angestrebt werden muß.

Muttermilch ist noch immer die beste Säuglingsnahrung. Die „*künstliche*" *Ernährung* tritt beim gesunden Kind nur dann in ihre Rechte, wenn Muttermilch nicht verfügbar ist. Verschiedenartige Milchmischungen führen hier zum Ziel. Die früher üblichen Verdünnungen der Kuhmilch mit Wasser (Halbmilch,

Zweidrittelmilch) unter Zusatz von Zucker und Buttermehlschwitze haben nicht voll befriedigt. Sie treten heute an Bedeutung zurück gegenüber der Vollmilch mit Mondamin- und Zuckerzusatz, die durch organische Säuren (Milchsäure, Citronensäure) leichter verdaulich gemacht ist. — Die Darmflora des Kindes hängt von der Zusammensetzung seiner Nahrung ab. Die Darmflora bestimmt ihrerseits das Ausmaß der erwünschten Darmgärung auf der einen Seite, der unerwünschten Fäulnis auf der anderen Seite und damit weitgehend das Wohlbefinden des Säuglings. Beim Brustkind drängt der Bacillus bifidus die Fäulnis zurück und erzeugt den charakteristischen sauren Gärungsstuhl des gesunden Kindes. Das Vitamin B_1, das der Bacillus bifidus gleichzeitig aufbaut, scheint dem Säugling allerdings nicht zugute zu kommen. In dem Bestreben, die Bifidusflora auch beim künstlich ernährten Säugling zur Entfaltung zu bringen, hat BESSAU neuerdings ein besonderes Nahrungsgemisch angegeben. Es entspricht etwa einer Drittelmilch und enthält neben Vollmilch noch Mondamin, Citronensäure, Pepsin, Natronlauge, Cystin, Sesamöl, Eigelb, Milchzucker und Vitamin C. Ausreichende Erfahrungen mit diesem Nahrungsgemisch liegen noch nicht vor.

Am *Ende des ersten Lebenshalbjahres* beginnt die Zufütterung von Grieß, Reis, Gemüsebrühe und ähnlichem, schon früher die Zufütterung von Gemüse- und Obstrohsäften. Von der fettreichen, kohlehydratarmen Säuglingsernährung geht die Kost allmählich über in die fettarme, kohlehydratreiche kindliche Ernährung, die sich dann im Laufe der späteren Kindheit immer mehr der Ernährung des Erwachsenen angleicht. Milch als ein an biologisch hochwertigem Eiweiß, an Fett und Vitamin A und D reiches Nahrungsmittel sollte ein ständiger Nahrungsbestandteil der Kinderkost sein. Sauerkraut, Hülsenfrüchte, rote Rüben, Rettiche, werden von kleinen Kindern oft schlecht vertragen.

Einige *allgemeine Grundsätze* gelten für die ganze kindliche Ernährung: Regelmäßigkeit in Mahlzeiten und Nahrungspausen — keine Überernährung — kein Zwang zum Essen — Süßigkeiten nur als Ausnahmen — Vermeidung jeder Einseitigkeit (erfahrene Kinderärzte geben vom 2., ja schon vom Ende des 1. Lebensjahres an Fleisch) — Vermeidung starker Reize (Kinder sind gegen Geschmacks- und Geruchsreize empfindlicher als Erwachsene!).

Die Ernährung im Alter. *Im Alter* wird der Stoffumsatz langsamer. Der Rückgang der körperlichen Leistungsfähigkeit beginnt in sehr verschiedenen Lebensjahren, im Durchschnitt spätestens am Anfang des 7. Lebensjahrzehnts. Abbau und Ablagerungsvorgänge überwiegen den Aufbau; der Wassergehalt des Körpers sinkt. Der gesunde alte Mensch braucht weniger Nahrung und Wasser. Appetit und Körpergewicht gehen zurück — eine höchst zweckmäßige Anpassung an die verminderte Leistungsfähigkeit der Organe. Im Hinblick auf die Erhaltung eines bestmöglichen Kräftezustandes muß jedoch eine allzu starke Gewichtsabnahme ebenso vermieden werden wie die (nicht ganz seltene) mit dem Alter zunehmende Fettleibigkeit. Reichlichen und schwerverdaulichen Mahlzeiten sind die Verdauungs- und Kreislauforgane nicht mehr gewachsen. Völlegefühl, Druck in der Lebergegend, Kurzatmigkeit und Herzklopfen sind die gewöhnlichen Folgen. Ernste Störungen können durch Exzesse im Essen und Trinken ausgelöst oder gefördert werden.

Ernährung und Verdauung werden nicht selten durch den Zustand des Gebisses und die Neigung zu Verstopfung erschwert. Die verminderte Intensität der Geschmacks- und Geruchsempfindung, der „physiologische" Rückgang des Appetits und die mit zunehmendem Alter immer häufigere Subacidität des Magensaftes erhöhen das Bedürfnis nach stärkeren Geschmacksreizen. Sorgfältige Zubereitung des Essens, Gewürze, Fleischextraktivstoffe, unter Umständen auch Alkohol sind da unentbehrlich. Andererseits kann es aus mancherlei

Gründen notwendig werden, dem übertriebenen Gebrauch von Reizmitteln (Kaffee, Alkohol, Tabak) entgegenzutreten. Sehr reichlicher Fleisch- und Kochsalzverzehr ist im allgemeinen unerwünscht. Die Kost des alten Menschen kennzeichnet sich also durch Calorienarmut, durch die Vermeidung umfangreicher und schwerverdaulicher Speisen und durch das Hervortreten von Geschmacksreizen. Man soll alten Menschen niemals einen völligen Systemwechsel der Ernährung aufnötigen, wenn nicht ganz besonders dringende Gründe vorliegen, und man soll vor allen Dingen alle Änderungen langsam und allmählich vornehmen. Eine strenge diätetische Behandlung — gleichviel welcher Art — ist im Alter kaum oder nur noch sehr schwer möglich. Erzwungene, eingreifende Diätkuren bringen mehr Schaden als Nutzen.

b) Allgemeine Diätetik des Kranken.

Diätetik des Kranken heißt Krankenbehandlung mit „Diäten", d. h. Behandlung mit besonders ausgewählten Nahrungsmittelzusammenstellungen. Von bestimmten, auf *ein* Ziel ausgerichteten Nahrungsmittelzusammenstellungen erwarten wir bestimmte Auswirkungen auf den kranken Organismus: Abmagerung, Harnsäuerung, Kochsalzverarmung usw. Die *erstrebten* Auswirkungen auf den Organismus sind aber nicht die *einzigen* Auswirkungen der Kost: Ändert sich der Brennwertgehalt, dann ändert sich gleichzeitig der Kohlehydratgehalt, das Fett-Kohlehydratverhältnis, der Vitaminbedarf u. a. m. Obst- und gemüsereiche Kost z. B. ist gleichzeitig brennwertärmer, eiweiß- und kochsalzärmer, calcium- und Vitamin C-reicher als die übliche Durchschnittskost. *Jede Koständerung* stellt einen erheblichen Eingriff in das ganze Stoffwechselgeschehen des Körpers dar; ihre letzten Ausstrahlungen entziehen sich vielfach noch der genauen Kenntnis.

Wenn wir im folgenden eine Gliederung der allgemeinen Diätetik des Kranken versuchen, so geschieht das aus Gründen der Übersichtlichkeit. *Wir fassen dabei solche Kostformen zusammen, die* — bei allen Verschiedenheiten in Einzelzügen — *gemeinsame, therapeutisch nutzbar gemachte Grundzüge aufweisen.* Die *Sonderwirkungen* der Einzelkostformen, therapeutisch nicht selten von entscheidender Bedeutung, sollen damit in keiner Weise in den Schatten gestellt werden.

1. Brennwertreiche und brennwertarme Kostformen.

Trotz aller Verschiedenheit von Arbeit und Ernährung halten viele Menschen ihr *Körpergewicht* über Jahre hin auf gleicher Höhe. Die Regulation durch den Appetit allein würde dazu nicht genügen. Das Körpergewicht eines Menschen ist wesentlich bedingt durch das ihm eigene (von Mensch zu Mensch verschieden eingestellte) Gleichgewicht der Regulationsmechanismen des vegetativen Systems. Die Einflußmöglichkeiten der Umwelt darauf scheinen mit zunehmendem Lebensalter abzunehmen. Für jeden Menschen gibt es ein individuelles Höchstgewicht, das auch bei übermäßiger Nahrungsaufnahme nicht überschritten wird. Die Ernährung kann immer nur innerhalb gewisser Grenzwerte das Körpergewicht verändern. Von der Breite dieses Rahmens hängt das Ausmaß der diätetischen Behandlungsmöglichkeiten ab. Eine zuverlässige Beurteilung der ernährungstherapeutischen Erfolgsaussichten *vor* Beginn der Behandlung ist aber nur selten möglich, weil die verschiedenartigsten Regulationsstörungen zu Fettleibigkeit und Magerkeit führen können. Das Wesen der Störung im Einzelfall bleibt nicht immer, aber doch recht oft unklar. Bei dem einen Menschen lassen sich verhältnismäßig leicht dauerhafte Gewichtsveränderungen von 10 bis 20 kg erzielen; bei dem anderen ist in wenigen Tagen der Erfolg einer wochenlangen, mühsamen Diätbehandlung spurlos verschwunden.

Hebung des Körpergewichts und des Allgemeinzustandes, Bekämpfung der Appetitlosigkeit. Mit den Bemühungen um eine *ausreichende oder sogar überreichliche Brennwertzufuhr* erstreben wir nicht nur und nicht immer eine Vermehrung des Fettpolsters sondern auch Ansatz von Körpereiweiß und Hebung des gesamten Kräftezustandes. Gewichtszunahmen erzielen wir am leichtesten bei abgemagerten Genesenden und bei Menschen, die lediglich durch Nahrungsmangel an Gewicht verloren haben. Appetit und Nahrungsausnützung sind bei ihnen nicht wesentlich gestört. Hier genügt eine reichliche gemischte Kost. Unter Umständen muß man bei der Auswahl der Speisen auf die vorangehende Krankheit Rücksicht nehmen. Plötzliche, allzu starke Belastung der tätigkeitsentwöhnten Verdauungsorgane ist auf alle Fälle zu vermeiden.

Die *Appetitlosigkeit* des akut fieberhaft Kranken gibt als zweckmäßige Ruhigstellung der Verdauungsorgane zu diätetischer Bekämpfung keinen Anlaß. Bei *langdauernden* körperlichen und seelischen Krankheiten (Tuberkulose, M. Basedow, endogene Depression u. a.) kann es zu hartnäckiger Appetitlosigkeit und Abmagerung kommen. Selbstverständlich wird man vor Beginn der Diätbehandlung die Beseitigung der appetitstörenden Ursache anstreben. Oft gelingt das nicht. Das Vorhandensein bzw. Fehlen der notwendigen Abwehr- und Aufbaukräfte hängt aber nicht selten davon ab, ob es gelingt, der Appetitlosigkeit zum Trotz, den kranken Körper ausreichend zu ernähren oder nicht. Auch *lustlos* verzehrte Nahrung wird verwertet und oft kommt der Appetit beim Essen! Die diätetische Bekämpfung der Appetitlosigkeit erfordert viel Erfindungsgabe und Einstellung auf den Kranken. Als Regeln können gelten: häufige und kleine Mahlzeiten, sorgfältiges Anrichten, Abwechslung, Rücksicht auf Geschmack und Verlangen des Kranken, ausgiebige Verwendung von Würzen und Gewürzen (auch von Alkohol), gutes Zureden. „Stomachica" gibt es in Menge; sie helfen allesamt wenig. Führen diese Bemühungen nicht zum Ziel, dann muß man zum Insulin und schließlich zur künstlichen Ernährung greifen.

Manche sonst ganz gesunde Menschen nehmen ab oder bleiben untergewichtig trotz unverminderter, ja trotz vermehrter Nahrungsaufnahme und ungestörter Nahrungsresorption. Appetitstörungen sind dabei nicht selten. Ursachen solcher „*Magersucht*" sind Störungen der vegetativen Regulationen. Hier müssen alle Waffen der Appetitbekämpfung eingesetzt werden, um eine ausreichende bzw. überreichliche Nahrungsaufnahme (150—200% der für den Gesunden notwendigen) zu erreichen. Durch Kohlehydrate (Traubenzucker, süße Breie und Fruchtsäfte, Puddinge, Marmeladen) und durch Fette (Sahne, Butter, Öl, fetter Käse) läßt sich der Brennwert der Nahrung ohne allzu störende Umfangsvermehrung wesentlich steigern. Rohes Fleisch sättigt weniger als gebratenes. Bettruhe ist nicht immer empfehlenswert: Viele Menschen werden dabei so appetitlos, daß die geringe Brennwertersparnis durch die körperliche Ruhigstellung neben der Einschränkung der Nahrungszufuhr gar nicht ins Gewicht fällt. Die Erfolge einer rein diätetischen Behandlung Magersüchtiger sind nicht sonderlich ermutigend. Bei manchen steigt die Verbrennung mit der Zufuhr. Andere nehmen mit vieler Mühe einige Kilogramm zu. Kehren sie dann ins tägliche Leben zurück, dann ist in wenigen Monaten alles wieder wie es war.

Das Fasten. Den Bemühungen von Außenseitern ist es gelungen, der strengsten Form der Nahrungsbeschränkung, dem *Fasten,* immer mehr die Wertschätzung vergangener Zeiten zurückzuerobern. Die Grundlinien der Ernährungs- und Lebensvorschriften ärztlicher Außenseiter entstammen sehr oft einer merkwürdigen Verquickung von wissenschaftlich-biologischen Tatsachen mit mythischen Naturvorstellungen und Glaubensinhalten. So kommt es, daß *sachliche* Aussprachen über Heilverfahren wie das Fasten so schwer möglich sind und daß dieses und ähnliche Verfahren von kritischen Ärzten nur zögernd übernommen werden.

Fasten ist ein starker, nicht immer ungefährlicher Eingriff; er stellt auch an die Willenskraft des Kranken erhebliche Anforderungen. Keine Fastenkur ohne ärztliche Überwachung! Man kann Fast*tage* neben der täglichen Arbeit durchführen, nicht aber Fasten*kuren*. Am leichtesten fastet man in Gesellschaft und es ist das Geheimnis erfolgreicher Fastensanatorien, daß sie Kreise gleichgesinnter, vom Wert des Fastens überzeugter Menschen bilden. Eine Fastenkur dauert im allgemeinen 2—4, bei Fettleibigen bis zu 8 Wochen. Das *periodische* Fasten — 2- bis 3tägige Fastenperioden abwechselnd mit 14 Tagen vegetarischer Ernährung — tritt gegenüber dem länger dauernden einmaligen Fasten in den Hintergrund. Das stärkste Hungergefühl ist meist nach den ersten Fasttagen überwunden. Mit Unterbrechung durch Tage mit ausgesprochen guter Leistungsfähigkeit und gehobener Stimmung machen sich aber bei den allermeisten Menschen während der Dauer der ganzen Fastenkur Unpäßlichkeiten verschiedenster Art störend bemerkbar. Die körperliche und geistige Leistungsfähigkeit sinkt. Es läßt sich „sehr deutlich das Zurückziehen auf die eigene Person, eine zunehmende Gefühlskälte und Stumpfheit und eine zunehmende, sich bis zu Ausbrüchen steigernde Reizbarkeit feststellen. Dazu kommt eine zunehmende Vergeßlichkeit" (SCHENCK). Die Flüssigkeitszufuhr während der Fastenkur besteht in Kräutertee und Fruchtsäften. Großer Wert wird auf tägliche Darmentleerung durch ausgiebiges Klysma, auf gute Mundpflege und regelmäßige Bewegung gelegt. Häufig wird das Fasten mit der Anwendung von warmen Packungen und Waschungen, von Luft- und Sonnenbädern und Atemübungen verbunden. Gelegentlich kommt dazu das „Rödern" der Mandeln und das, was als „Heilende Seelenführung", als „Ausstreuen von Heilgedanken" bezeichnet wird. Medikamente scheinen bei Fastenden nicht selten stärker zu wirken.

Klinische Beobachtungen und physiologische Untersuchungen haben zur Unterscheidung verschiedener *Perioden des Fastens* geführt: In den ersten 4—5 Tagen stellt sich der Körper allmählich um und entleert seine Speicher (vor allem Wasser und Kochsalz). In der zweiten Periode, zwischen dem 8. und 12. Fasttag, steigt die Acetonkörperbildung stark an („Säurekrise"). Es folgt die dritte Periode, in der der Körper an den Hungerzustand angepaßt ist; sie dauert bis zum 20. Tag oder länger und ist am wenigsten mit störenden Erscheinungen verknüpft. Gegen Ende der dritten Periode kommt es zu Schwächezuständen, starkem Hunger, störendem Herzklopfen und tiefgreifenden Stoffwechselveränderungen — der Körper ist „ausgefastet". Spätestens zu diesem Zeitpunkt muß die Fastenkur abgebrochen werden. Das „Fastenbrechen" soll allmählich geschehen. Unvorsichtiges, zu rasches Fastenbrechen kann den Erfolg der ganzen Kur in Frage stellen. Nach Aufhören des Fastens kommt es zunächst zu starker Wasser- und Kochsalzspeicherung, erst im Anschluß daran zu allmählichem Aufbau von Körpergewebe unter Abgabe von Kochsalz und Wasser.

Bei der Vielfältigkeit der therapeutischen Maßnahmen, die oft gleichzeitig mit dem Fasten angewandt werden, läßt sich nicht immer entscheiden, welchen Anteil am Heilerfolg das Fasten selbst hat. Fastenkuren können als angezeigt gelten bei Fettleibigkeit, chronischer Verstopfung, enteritischen und dyspeptischen Zuständen und bei manchen Formen von Neurasthenie. Empfohlen werden Fastenkuren außerdem bei Kreislaufinsuffizienz, spastischen Zuständen der Blutgefäße, bei rotem Hochdruck, bei Ekzem und Psoriasis, bei Paradentose, allen Arten von akuten und chronischen Entzündungen, bei Colitis gravis, Epilepsie, bei Wunden und als Vorbereitung zu operativen Eingriffen. Daß Fastenkuren in all diesen Zuständen ebensoviel oder gar mehr leisten als andere, weniger eingreifende Verfahren (z. B. Rohkost oder salzarme Ernährung) hat noch niemand bewiesen. 2—3tägiges Fasten leistet oft Gutes bei akuten fieberhaften Krankheiten, bei akuten Nierenkrankheiten, Eklampsie und Krampfurämie. Lokale Erkrankungen des Verdauungskanals (Verätzungen, blutende Ulcera u. ä.) verbieten höchstens eine *perorale* Nahrungs- und Wasserzufuhr. Gegenindikationen des Fastens sind Tuberkulose, Krebs, M. Basedow und andere schwere innersekretorische Störungen, schwere organische Herzkrankheit und hohes Alter.

Entfettungskuren. Allmähliche Abmagerung läßt sich auch mit knapper Ernährung erzielen. Es gibt eine große Zahl von schematischen Kostvorschriften, *„Entfettungskuren"*, die sich an die Namen ihrer Schöpfer knüpfen. Alte geraten in Vergessenheit, neue (die sich von den alten nicht wesentlich unterscheiden) tauchen auf; es ist ein ständiges Kommen und Gehen. Gemeinsam ist den meisten jener Diäten der geringe Brennwert der Nahrung. Bis herab zu 25% des Bedarfs sollte man aber nur für kurze Zeit und unter ständiger ärztlicher Aufsicht gehen. Die gebräuchlichen Entfettungsdiäten sind besonders fett- und kohlehydratarm (Kohlehydratarmut entwässert auch!), arm an Kochsalz, verhältnismäßig reich an Eiweiß, Obst und Gemüse. Obst und Gemüse ermöglichen die Erfüllung einer Vorbedingung für jede erfolgreiche Entfettungskur: der Kranke muß satt werden. In Deutschland weniger beliebt und gebräuchlich sind jene Entfettungskuren, die den Kranken im wesentlichen auf ein einziges Nahrungsmittel beschränken: auf Milch (KARELL), auf Fleisch (BANTING-HARVEY) oder auf Kartoffeln (ROSENFELD). Schilddrüsenpräparate, Diuretica, Schwitzkuren und aktive körperliche Betätigung unterstützen die Wirkung der Diät. Zweckmäßig ist die Einschaltung brennwertärmster, „strenger" Tage (Zickzackprinzip). Bei allzu rascher Gewichtsabnahme (mehr als 1—2 kg je Woche) sind — wie auch beim Fasten — erhöhte Reizbarkeit, Herzklopfen, Depressionen und andere störende Erscheinungen nicht selten. Die größte Schwierigkeit liegt aber in der *Erhaltung* des Erreichten. Der Fettleibige muß — und das ist mindestens so wichtig wie die eigentliche „Kur" — seine alltägliche Ernährung und Lebenshaltung ganz auf Gewichtsabnahme einstellen. Es kommt dann oft noch zu weiteren Gewichtsabnahmen. In anderen Fällen nimmt der Kranke wieder zu, sobald die Kost etwas freier gestaltet wird.

Flüssigkeitseinschränkung. KARELL-Kur. SCHROTH-Kur. Einschränkung der Nahrungszufuhr ist oft mit knapper Wasserzufuhr verknüpft. In vielen Fällen ist die *Flüssigkeitseinschränkung* das Kernstück der Behandlung. 1—2tägiges strengstes Dürsten hat sich bei schweren akuten Nierenkrankheiten bewährt, Einschränkung der Flüssigkeits- (und Kochsalz-) Zufuhr überall dort, wo die Wasserausscheidungsfähigkeit der Niere geschädigt oder die wasserbindende Kraft der Gewebe erhöht ist. Bei Neigung zu entzündlichen Ergüssen, bei Bronchiektasen und chronischen Bronchitiden wird gleichfalls Flüssigkeitseinschränkung empfohlen; die Heilwirkungen sind hier nicht sehr überzeugend.

Einschränkung der Wasserzufuhr ist das wesentliche Kennzeichen der KARELL-*Kur* (täglich 5—6mal 200 ccm Milch) und der SCHROTHschen Trockenkur. Die Grunddiät der SCHROTH-Kur besteht aus altbackenen Semmeln, dicken Wasserbreien oder Reis- und Grießsuppen, die durch Zusätze von Citronensaft, Gewürzen, Zucker oder Kompott schmackhaft gemacht sind. Trockenperioden mit Verbot *jeder* zusätzlichen Flüssigkeitszufuhr und Trinkperioden mit begrenzten Mengen von Wein oder Obstsaft wechseln ab. Warmfeuchte Packungen unterstützen die Diät. Wie beim Fasten sollen in den ersten Tagen und zwischen dem 10. und 20. Tag allerlei störende Erscheinungen und Verschlimmerungen der Beschwerden auftreten. SCHROTH-Kuren werden — ähnlich

wie Fastenkuren — vor allem bei erhöhter Entzündungsbereitschaft der Haut
und Schleimhäute empfchlen, bei vegetativen Störungen (Urticaria, Ekzem,
Migräne), bei Neigung zu Eiterungen aller Art und schlechter Wundheilung. Ob
das Verfahren leistungsfähiger ist als andere weniger eingreifende diätetische
Maßnahmen, steht dahin.

Rohkost. Apfeltage bei Durchfallkrankheiten, Saftfasten. Eine Kostform
vielseitigster Verwendungsmöglichkeit ist die *Rohkost*. Unter Rohkost im heute
üblichen, von BIRCHER-BENNER bestimmten Sinn verstehen wir eine *ungekochte
Kost rein pflanzlicher Herkunft*. Rohkost ist arm an Eiweiß und Kochsalz, reich
an Kalium, Calcium und Magnesium, Vitamin A und C, Wasser und unverdaulichen Pflanzenbestandteilen. Oft wird ihr Basenüberschuß lobend hervorgehoben (vgl. unten). Rohkostnahrung erfordert große Nahrungsmengen, gutes
Gebiß und Zeit zum Essen. Über das Auftreten von Völlegefühl, Unlust,
Abgespanntheit und Verstopfung bei Rohkostnahrung klagen viele — und zwar
nicht nur in den ersten Tagen. Immerhin vertragen die meisten Menschen eine
auf wenige Tage begrenzte Rohkosternährung doch recht gut. Der an sich
geringe Brennwert kann durch Verwendung pflanzlicher Fette wesentlich erhöht
werden. Der Brennwertbedarf des Körpers bei Rohkost ist aber — entgegen
der Behauptung einzelner Rohkostanhänger — nicht geringer als bei landesüblicher gemischter Kost. Rohes Obst und rohes Gemüse wirkt im Magen als guter
Säurewecker. Brennwert- und Stickstoffgehalt werden bei Rohkost kaum
weniger gut ausgenützt als bei gekochter Gemüsekost, im ganzen aber doch
schlechter als bei der üblichen *gemischten* Ernährung. Unter Rohkost steigt
die Kotmenge und damit die Stickstoffausscheidung durch den Darm. Gelegentlich soll unter roher (und gekochter vegetarischer) Kost die Stickstoffbilanz
besser sein als unter gemischter Kost mit gleichem Stickstoffgehalt. Das sind
merkwürdige und noch klärungsbedürftige Einzelbefunde. Gesundheitliche
Schäden durch die reichliche Vitamin A-, Vitamin C- und Kaliumzufuhr sind
nicht zu befürchten. Auf ausreichende Vitamin D-Versorgung und auf die
Möglichkeit von Schädigungen durch Parasiten, Bakterien und chemische
Stoffe (Düngerreste, Schädlingsbekämpfungsmittel) muß geachtet werden.

Dauernde Rohkosternährung des ganzen Volkes hält kein Sachkundiger für
erstrebenswert. Empfohlen wird Rohkost für den Gesunden als mehrtägige
oder mehrwöchige Zwischenschaltung bei sonst freier Ernährung. Das ,,Zick-
zackprinzip" hat sich ja bei Gesunden und Kranken auch sonst vielfach bewährt.
So kann für den Gesunden eine Rohkostperiode Erholung, Reiz und Training in
einem sein. Die besten Erfolge mit Rohkostkuren berichten jene Anstalten, wo
Diät, physikalische Therapie und seelische Führung vereinigt werden. Als mehrwöchige Kur, als tageweise Zwischenschaltung bei im übrigen unbeschränkter
Ernährung und in Gestalt einzelner Obsttage hat sich die Rohkost ein weites
Feld erobert. Zweifellos Gutes sieht man bei wassersüchtigen und nichtwasser-
süchtigen Herz-, Gefäß- und Nierenkranken, vor allem auch bei akuter Nephritis,
bei parenchymatösen Lebererkrankungen, bei Fettsucht, Hautkrankheiten, entzündlichen Zuständen verschiedenster Art, akuten Infektionen und Zuständen
vegetativer Übererregbarkeit; bei Diabetes mellitus können Rohkosttage als
Schon- und Hungertag dienen. Manche berichten von Erfolgen mit Rohkost bei
Gicht, ,,rheumatischer Diathese", M. Basedow, Haut- und Knochentuberkulose
und nervösen Erschöpfungszuständen. Abgelehnt werden muß die Rohkost bei
allen zehrenden Krankheiten, bei organischen Nervenkrankheiten, schweren
Kreislaufstörungen, allen Arten von Anämie und gewissen innersekretorischen
Störungen. Bei Addison-Kranken kann es durch Rohkostbehandlung zu rapider
Verschlimmerung mit tödlichem Ausgang kommen!

32*

Für die Behandlung von akuten und chronischen Durchfallskrankheiten ist in den letzten Jahren eine Sonderform der Rohkost, die „*Apfeldiät*" die Behandlung der Wahl geworden. Man gibt täglich 1—2 kg rohe, mit der Schale geriebene Äpfel (ohne Kerne und Kerngehäuse) oder die entsprechende Menge Bananen, Heidelbeeren, Johannisbeeren oder Apfelpulver. Daneben ist höchstens etwas ungesüßter Tee erlaubt — nichts sonst, auch kein Medikament! Nach einem, fast immer nach zwei oder drei Tagen hören die Durchfälle auf und man kann vom 3.—4. Tag an langsam auf volle Kost übergehen. *Plötzlicher* Übergang läßt beim Erwachsenen nicht selten die Durchfälle erneut auftreten. Die Heilwirkung einer *ausschließlichen* Ernährung mit Obst, süßen Obstsäften, Zuckerwasser oder Marzipan bei Durchfall ist übrigens seit Jahrzehnten bekannt. Nur die gleichzeitige Verabreichung von Obst *und* anderen Speisen unterhält oder verschlimmert den Durchfall. Die Heilwirkungen der Apfel- bzw. Bananendiät beruhen auf ihrer Einseitigkeit und ihrer Eigenschaft als Hungerkost und fein kolloid-disperses Nahrungsmittel. Dazu kommt die spezifische Wirkung der stark quell- und adsorptionsfähigen Pektine (unterstützt durch die Wirkung der Rohfaser) und die verstärkte Peristaltik infolge des massigen Darminhalts. *Keine* wesentliche Bedeutung scheint der Gerbstoffgehalt der Diät, ihre gerinnungsfördernde und darmschleimhautdichtende Wirkung und ihre Kochsalzarmut zu haben.

Zwischen Fasten und Rohkost steht das *Saftfasten*, „die Rohsäftekur". Die großen Nahrungsmengen der Rohkost und die damit verbundenen Belastungen der Verdauungsorgane werden vermieden: Es gibt nur 3mal täglich je $^1/_4$ Liter Gemüse- oder Obstrohsaft, im ganzen 300—400 Calorien. Saftfasten empfiehlt sich vor allem dort, wo die Verdauungsorgane geschont werden sollen, wo der Schwerkranke die Arbeit des Kauens nicht zu leisten vermag und wo eine flüssigkeits- und vitaminreiche Ernährung angezeigt ist. Im übrigen sind die Indikationen die der Rohkost und Fastenkuren. Je nach Bedarf können Säftekuren mit salinischen Abführmitteln und Wasseranwendungen verbunden werden.

2. Diätetische Verschiebungen des Säure-Basen-Haushalts.

Die Lehre von der basenüberschüssigen Kost. Nach der Lehre RAGNAR BERGs lassen sich durch Verschiebungen des Säure-Basengleichgewichts, durch „basenüberschüssige Kost" vielfältige Heilwirkungen erzielen. BERG lehrt: „Wirklich gesund und dauernd gesund erhaltend ist die Nahrung erst, wenn sie mehr Äquivalente anorganischer Basen als Äquivalente anorganischer Säurebildner enthält." Basenüberschüssig sind nach BERG vor allem Kartoffeln, Milch und die meisten Obst- und Gemüsearten, säureüberschüssig Fleisch, Hülsen- und Körnerfrüchte, Käse. Bei säureüberschüssiger Nahrung häufen sich (immer nach BERG) „Schlacken" im Körper an; Eiweißzerfall und Ammoniakgehalt des Harns steigen. Der Körper neigt infolgedessen zu Tuberkulose, Gicht, Diabetes, Appendicitis, Nierenleiden, Krebs und anderen Krankheiten.

Die Lehre BERGs hat sich als unzutreffend herausgestellt: Klinische Beobachtungen, die eine spezifische Heilwirkung des Basenüberschusses beweisen, gibt es nicht. Die aktuelle Gewebsreaktion wird durch Ernährungseinflüsse gar nicht, die Blutreaktion kaum verschoben! Was sich verschiebt, ist praktisch nur die Reaktion des Harns. Die Unschädlichkeit säureüberschüssiger Nahrung ist erwiesen. Säureüberschüssig leben Tiroler und Eskimos und andere vollkräftige Völker, säureüberschüssig ist die SCHROTHsche Heilkost, säuernd wirkt das Fasten. Die säuernde oder alkalisierende Wirkung eines Nahrungsmittels läßt sich überdies *nicht* aus einer Summierung von chemischen Äquivalenten berechnen; Milch als *basen*überschüssiges Nahrungsmittel im Sinne BERGs führt z. B. zu ganz erheblicher Steigerung der *Säure*ausscheidung! Und auch *nicht*mineralische Nahrungsbestandteile können das Säurebasengleichgewicht verschieben. Von Nierenschädigung durch Ammoniakbildung — einen im Tierreich weit verbreiteten Mechanismus — ist nie etwas bekannt geworden. Eine eiweißsparende Wirkung durch basenüberschüssige Kost (wäre sie überhaupt erstrebenswert?) ist nicht erwiesen.

Säuerung und Alkalisierung als Therapie. Rascher *Wechsel der aktuellen Harnreaktion,* vor allem Verschiebungen nach der sauren Seite, hemmen in vitro das Wachstum gewisser Bakterien. So bestand die Aussicht, durch Verschiebung der Harnreaktion *Wachstum und Ausbreitung pathogener Keime in den Harnwegen zu hemmen.* Das ph-Optimum für Proteus- und Colibacillen liegt bei 6,5. Verschiebungen des Harn-ph sind durch Nahrungsauswahl allein nur in so engen Grenzen möglich, daß ihnen eine wesentliche Heilwirkung nicht zukommt. Säuerung und Alkalisierung des Harns bis zu ph-Werten von 5,0 und weniger und bis zu 8,0 und mehr gelingt hingegen leicht durch perorale Zufuhr von Ammonchlorid (täglich 9—15 g) oder Calciumchlorid (15—18 g) bzw. von Natriumbicarbonat (8—20 g). Die CO_2-Kapazität des Blutes ändert sich gleichzeitig. Bei fortlaufender Verabreichung dieser Salze ist die ph-Verschiebung am 3. Tag am stärksten. Durch Flüssigkeits*einschränkung* wird die Säuerung verstärkt, durch reichliche Flüssigkeits*zufuhr* die Alkalisierung. Neben der säuernden und alkalisierenden Wirkung der Salze fällt die entsprechende Wirkung der Kost gar nicht ins Gewicht. Eine betont säure- bzw. basenreiche Ernährung durch entsprechende Nahrungsauswahl — lästig werden vor allem die Sauertage empfunden — kann man also dem Kranken ersparen. „Säure-Basen-Tage" sind uns Hilfsmittel bei der diätetisch-medikamentösen Behandlung infektiöser Erkrankungen der Harnwege. In einzelnen Fällen soll man allein mit Säuerung schon Sterilität des Harns erzielen können.

Neuerdings wird *Mandelsäure* zur Behandlung infektiöser Harnwegserkrankungen empfohlen. Mandelsäure — als Calcium- oder Ammoniumsalz, d. h. als säuerndes Salz peroral gegeben — verschiebt die aktuelle Harnreaktion nach der sauren Seite. Die Säuerung des Harns ist für die Heilwirkung unerläßlich. Es scheint hier aber doch eine spezifisch bactericide Wirkung der Mandelsäure hinzuzukommen.

Säuerung und Alkalisierung durch Ammonchlorid, Calciumchlorid bzw. durch Natriumbicarbonat verschiebt nicht allein die Harnreaktion. Wie bei jeder einseitigen, vom Gewohnten abweichenden Mineralzufuhr kommt es zu *Änderungen des Mineralgehalts einzelner Organe* und damit unter Umständen auch zu *Änderungen gewisser Funktionsabläufe.* Hierher gehört eine Erscheinung, die einem am Krankenbett immer wieder auffällt: während der Sauertage ist die Stimmung des Kranken meist schlechter als während der Basentage — selbst wenn *keine* vermehrten Beschwerden bestehen! Man hat von einem Sympathicus-Adrenalin-Schilddrüsen-Überwiegen während der Säuerungsperiode, von Parasympathicus-Insulin-Cholin-Überwiegen während der Alkalisierung gesprochen. Im Blut scheint Säuerung zu Leukocytose, Vermehrung der Granulocyten und Linksverschiebung zu führen — Alkalisierung zu Leukopenie und Vermehrung der Lymphocyten. Umgekehrt soll sich das Säurebasengleichgewicht bei Leukocytose nach der sauren Seite verschieben. Es sind bei Säuerung-Alkalisierung viele funktionelle, chemische und morphologische Änderungen beobachtet worden. Interessant wäre z. B. — wenn sie die Beobachtung bestätigt — daß bei Alkalisierung der Vitamin C-Gehalt der Leber und Nebenniere ansteigt und die C-Ausscheidung im Harn sinkt; bei Säuerung sieht man das Umgekehrte.

Anlaß zu *praktischen diät-therapeutischen Maßnahmen* haben erst wenige derartige Beobachtungen gegeben: Man hat mit *säuernden Salzen* tetanische und epileptische Zustände bekämpfen können, weil Säuerung die motorische und sensible Erregbarkeit herabsetzt. Diuretica (Salyrgan u. a.) wirken ausgiebiger, wenn man den Körper vorher „angesäuert" hat. — *Alkalisierung* mit Natriumbicarbonat war vor allem in der Vorinsulinära bei azidotischen Diabetikern üblich. Wir verwenden Natriumbicarbonat (in Wasser gelöst per os oder in 4% Lösung intravenös) aber auch heute noch als Hilfsmittel zur raschen Beseitigung der diabetischen Azidose, weil es scheint, als ob dadurch die Angriffsmöglichkeiten des Insulins verbessert würden. Bei der nephritischen Azidose liegen die Dinge anders. Schwer Nierenkranke sind in ihrer Natriumausscheidungsfähigkeit geschädigt. Natriumbicarbonatgaben werden deshalb bei urämischer Azidose besser vermieden. Ihre günstige Wirkung wäre zudem rasch abgeklungen, da ja stets neue saure Stoffwechselabbauprodukte entstehen. Schließlich wird Alkalisierung mit Natriumbicarbonat zur Erhöhung der sportlichen Leistungsfähigkeit empfohlen; praktische Erfahrungen bleiben abzuwarten.

Ketogene Kost. In den angelsächsischen Ländern erfreut sich die „*ketogene*" *Kost* einer gewissen Beliebtheit. Ähnlich wie die vermehrte Chlor-Ausscheidung nach Ammonchlorid- und Calciumchloridzufuhr verschiebt eine starke Ketonkörperausscheidung das Harn-ph nach der sauren Seite. Reichliche Ausscheidung von Aceton, Acetessigsäure und Betaoxybuttersäure läßt sich leicht durch Fasten oder strengste Kohlehydrateinschränkung und erhöhten Fettverzehr erzielen (Fett : Kohlehydrat im Verhältnis 3—6 : 1 gegenüber 1 : 5 bei üblicher Ernährung). Heilerfolge mit ketogener Kost sind bei Infektionen der Harnwege und Epilepsie berichtet worden. Ohne ersichtlichen Grund versagt diese Kost in vielen Fällen vollständig. Verschlimmerungen (vor allem bei Epileptikern) sind beobachtet. Das Wesen der ketogenen Kost liegt offensichtlich *nicht* in der Ketonurie, *nicht* in der Säuerung des Harns. Worauf die beobachteten Heilerfolge zu beziehen sind, ist noch nicht klar. Hungerzustand infolge unzureichender Brennwertaufnahme, Wasserverarmung infolge der Kohlehydratbeschränkung, Phosphorverarmung infolge erhöhter Phosphatausscheidung müssen in Betracht gezogen werden.

Pemberton-Diät, „Antiretentional diet". Verminderter Gesamtbrennwert, starke Kohlehydrat- und mäßige Eiweißeinschränkung, Fettvermehrung und reichlich Obst und Gemüse sind die Kennzeichen der Pembertonschen Diät. Sie wird (fast nur in Amerika und England) bei chronischen Gelenkerkrankungen verordnet und ähnelt in ihrem Fett : Kohlehydratverhältnis (1—2 : 1) der ketogenen Kost. Heilwirkend soll vor allem die Unterernährung sein und die Entwässerung durch Kohlehydratbeschränkung. In Deutschland hat sich die Pemberton-Diät nicht durchgesetzt.

Es bleibt abzuwarten, ob die von Foeldes neuerdings angegebene „*antiretentional diet*" bessere Erfolge erzielt. Sie ist gleichfalls kohlehydratarm, dabei aber auch fettarm (Fettansatz und Wasseransatz gehen parallel), kochsalz- und wasserarm und soll verbunden werden mit kleinen Barbitursäure- und Atropingaben. Verstopfung, körperliche Anstrengung und Besonnung sind während der Behandlung zu vermeiden. Foeldes berichtet von Erfolgen bei Epilepsie und Migräne, bei Eklampsie, Angina pectoris, essentieller Hypertonie, perniziöser Anämie, Bronchialasthma und anderen allergischen Krankheiten.

Wunddiätetik. Verschiebungen des Säurebasengleichgewichts spielen bei der *Entzündung und Wundheilung* eine Rolle. Örtliche ph-Verschiebungen im gesunden und kranken Gewebe sind möglich. Sie können mit der Ernährung in Zusammenhang stehen, sind aber nicht immer und nicht immer *unmittelbar* vom Säure-Basengehalt der Zufuhr abhängig. *Örtliche Säureanwendung sowohl wie säurereiche Kost —* Säurung entwässert gleichzeitig — wird empfohlen bei *länger dauernden* entzündlichen Prozessen, d. h. bei schlecht heilenden Wunden und Phlegmonen, bei Osteomyelitis, Empyem, Erysipel, septischen Zuständen und offenen Infektionsherden aller Art. Dabei verfestigen sich anscheinend die Wundgranulationen, die Wunde reinigt sich rascher, Sekretion und Keimgehalt der Wunde gehen zurück. Vielleicht bestehen unmittelbare Beziehungen zwischen Bakterienwachstum und Säuregrad der Haut. Man hat nämlich gefunden, daß beim Gesunden auf schwachsauren oder neutralen Hautstellen mehr und mehrerlei Bakterien wachsen als auf der normalen, stärker sauren Haut. — Die Heilung *akuter* Entzündungen und *aseptischer* Wunden soll dagegen durch *allgemeine und örtliche Alkalisierung* beschleunigt werden.

Die wesentlichste diätetische Aufgabe bei der Bekämpfung jeder Entzündung, genauer: bei der Bekämpfung der mit jeder Entzündung verbundenen serösen Gewebsdurchtränkung, scheint aber doch in den meisten Fällen die *Einschränkung der Flüssigkeits- und Kochsalzzufuhr* zu sein: Säuernde Hungertage, säuernde Schrotkur, alkalisierende Rohkost, salzfreie Kost ohne Verschiebung des Säure-Basenhaushalts — alle können von gleich guten Erfolgen berichten.

HERRMANNSDORFER-GERSON-SAUERBRUCH-Kost. Aus den Bemühungen HERRMANNSDORFERs um eine Wunddiätetik und aus praktisch-diätetischen Erfahrungen GERSONs ist die HERRMANNSDORFER-GERSON-SAUERBRUCH*sche Diätbehandlung* der Tuberkulose hervorgegangen. GERSON hat seine Kostvorschriften im Laufe der Jahre häufig geändert, so daß man heute von einer HERRMANNSDORFER-SAUERBRUCH-Kost (H.-S.-Kost) und einer GERSON-Kost sprechen muß. Die H.-S.-Kost ist eine ungesalzene, verhältnismäßig kohlehydratarme, vitamin- und fettreiche Kost, die möglichst trocken zubereitet werden soll. Sie enthält nach einer Aufstellung HERRMANNSDORFERs für einen 60 kg schweren Mann durchschnittlich 90 g Eiweiß, 164 g Fett, 244 g Kohlehydrat, im ganzen 2886 Calorien und verschiebt das *Harn*-ph *(nicht* die CO_2-Kapazität des *Blutes!)* wenig nach der *sauren* Seite.

GERSON gibt heute kaum halb so viel Eiweiß wie HERRMANNSDORFER, dagegen unbeschränkt Kartoffeln, mehr Flüssigkeit (an Milch jedoch nur 250 g täglich), keinen Zucker, keine Hülsenfrüchte, keine Gewürze (bei HERRMANNSDORFER sind alle Gewürze erlaubt), dafür reichlich Obst- und Gemüsepreßsäfte, Lebertran und Mineralogen (ein Gemisch von anorganischen und organischen Calcium-, Natrium-, Magnesium- und Wismutsalzen). Diese GERSON-Kost verschiebt das Harn-ph nun nicht mehr nach der *sauren* sondern nach der *basischen* Seite.

Die ausgedehnten, langfristigen Beobachtungen und Erfahrungen mit der H.-S.-Diätbehandlung an Hunderten von Kranken ermöglichen uns heute eine abschließende Beurteilung. Die Erfahrungen gründen sich auf die ursprünglichen H.-G.-S.'schen Vorschriften — auf eine Diät also, die im wesentlichen der heutigen H.-S.-Diät entspricht. Manchmal ist Lebertran und Mineralogen dazugegeben worden. *Es steht heute einwandfrei fest, daß durch die H.-S.-Diät bei Lungentuberkulose ein größerer Heilerfolg als mit den bisher üblichen hygienisch-diätetischen Heilmethoden nicht zu erzielen ist.* Die H.-S.-Diät hat außerdem den Nachteil, daß sie teuer ist, daß sie an die Willenskraft des Kranken und an die Küchentechnik recht erhebliche Anforderungen stellt und daß — als Ausdruck des unspezifischen diätetischen „Reizes" — nicht selten Herdreaktionen mit Einschmelzungen und Verschlimmerungen auftreten.

Besser sind die Erfolge der H.-S.-Diät bei Knochen-, Gelenk- und Haut-
tuberkulose. Hier scheint sie in vielen Fällen doch weiter zu führen, als die
gebräuchlichen nichtdiätetischen Heilverfahren. Aller Wahrscheinlichkeit nach
würde aber einer *Beschränkung allein der Kochsalzzufuhr*, eine einfache „antiphlogistische" Ernährung (vgl. unten) die gleichen Dienste tun.

3. Entzug einzelner Nährstoffe.

Kochsalzfreie Ernährung und Kochsalzersatzmittel. Die *Beschränkung der
Kochsalzzufuhr* ist eine vielseitig wirksame diätetische Maßnahme. Die Auswirkungen einer kochsalzzusatzfreien Kost lassen sich durch Bevorzugung
Na- und Cl-armer Nahrungsmittel erhöhen. Man kann dagegen nicht — wie es
oft geschieht — von einem „Kochsalzgehalt" der unzubereiteten Nahrungsmittel
sprechen sondern nur von einem Natrium- und Chlorgehalt: Einmal enthalten
nämlich die Nahrungsmittel Natrium und Chlor nicht in äquivalenten Mengen.
Zudem wissen wir gar nicht, in welcher Bindungsform sie Natrium und Chlor enthalten; in Form des Kochsalzes sicher zum kleinsten Teil. Man kann also mit
gleichem Recht von kochsalzfreier wie von kochsalz*zusatz*freier Kost sprechen.
Kochsalzarm ist auch die Rohkost mit ihren Sonderformen, die SCHROTHsche
Trockenkost, die H.-S.'sche, die GERSONsche und andere Kostformen. Wenn man,
wie es meist geschieht, nach dem Chlorgehalt des Harns seinen Kochsalzgehalt
berechnet, dann dürfen bei strengster Kochsalzentziehung im 24stündigen
Harn nicht mehr als 0,8—1,0 g Kochsalz ausgeschieden werden. Die Natrium-
und Chlorverarmung des Körpers läßt sich durch diuretisch wirkende Medikamente beschleunigen.

Kochsalzentzug — je nach der Schwere des Zustandes mehr oder weniger
streng — ist bei allen allgemeinen und örtlichen Wasseransammlungen angezeigt:
Bei wassersüchtigen Herz- und Nierenkranken, bei Hungerödem, bei allergischen
Ödemen und zur Verhinderung von Hirnödem nach neurochirurgischen Eingriffen.
Streng kochsalzfreie Ernährung bewährt sich bestens bei arteriellem Hochdruck
und bei Lupus, vielfach Gutes sehen wir bei Ekzemen und anderen Hautkrankheiten, bei manchen allergischen Zuständen, beim Lymphatismus der Kinder und
bei entzündlichen Zuständen verschiedenster Art wie Phlegmonen, entzündlichen
Ödemen, Phlebitis, Eiterungen, starker Wundsekretion, Blepharitis, Conjunctivitis und Zahnwurzelentzündungen. In diesem Zusammenhang sind auch die
Heilerfolge der (kochsalzarmen) H.-S.-Diät bei Knochen- und Gelenktuberkulose
zu verstehen. Von manchen wird Kochsalzentzug bei chronischer Bronchitis,
bei Bronchektasen, bei Lungengangrän, Hyperhydrosis, Neuritis, entzündlichen
Magenkrankheiten und Magengeschwür empfohlen. Die Erfolge sind hier
wenig überzeugend. Eine erfolgreiche diätetische Behandlung Fettleibiger ist
ohne Kochsalzbeschränkung undenkbar. Schließlich unterstützt Kochsalzentzug
die Wirksamkeit der Brombehandlung der Epilepsie: Das Chlor der Körper-
bestände wird teilweise durch Brom ersetzt. Thrombose und Thrombosebereit-
schaft wird durch Kochsalzentzug weder begünstigt noch behindert.

Der *therapeutische Wirkungsmechanismus des Kochsalzentzugs* beruht auf Entwässerung, Senkung des Blutdrucks und Hemmung der Entzündungsbereitschaft.
Man setzt kochsalzarme Diät oft gleich mit *„antiphlogistischer Diät"*. Zu unrecht:
Zwar soll die Ernährung hochfiebernder akuter Kranker kochsalzarm sein. Die
eigentliche antiphlogistische Diät ist aber gleichzeitig eiweiß- und fettarm, reich
an Flüssigkeit, Kohlehydraten und Vitaminen — reich an Kostbestandteilen, die
gerade im Fieber in größerer Menge benötigt werden. Vielleicht wirken neben der
Kochsalzarmut bestimmte Stoffe dieser Kost (u. a. Vitamin P?) unmittelbar
auf Gewebe und Capillarendothel. Die reinste Form der antiphlogistischen Diät
ist das Saftfasten (vgl. oben).

Die kochsalzfreie Diät verzichtet auf einen wesentlichen Bestandteil der üblichen Nahrung. Vielen Menschen fällt die *Entbehrung der Geschmackswerte des Kochsalzes* sehr schwer. Kochsalzfreie Fleischextrakt- und Pflanzenpräparate bieten nur sehr unvollkommenen Ersatz. So hat man sich seit Jahren um brauchbare Ersatzstoffe für das Kochsalz bemüht. *Kochsalzersatzmittel* für Ödemkanke müssen vor allen Dingen natriumfrei sein, weil hier die günstige Wirkung des Kochsalzentzugs in erster Linie auf der Natriumverarmung des Körpers beruht. Bei Hypertonikern scheint der Chlorentzug das Ausschlaggebende zu sein. Die meisten der heute gebräuchlichen Ersatzmittel sind chlorfrei oder chlorarm, entsprechend der alten, als unzutreffend erkannten Meinung von der wasserbindenden Kraft des Chlors. Der Natriumgehalt jener Ersatzmittel liegt zum Teil nur wenig unter dem Natriumgehalt des Kochsalzes! Ihr Geschmack ist mehr oder minder kochsalzähnlich; viele sind nicht kochbeständig. Um den gleichen Würzwert zu erreichen, braucht man immer mehr Ersatzmittel als Kochsalz. Die Natriumarmut des Ersatzmittels wird durch die größere Menge, die man braucht, teilweise ausgeglichen und es *ist in der Regel zweckmäßiger, gegebenenfalls in beschränkter Menge Kochsalz zu erlauben und keine Ersatzmittel zu benutzen.* Man vermeidet damit Selbsttäuschungen.

Einige Kochsalzersatzmittel sollen als „physiologisch äquilibrierte" Salzgemische ganz unschädlich, ja heilwirkend sein. „Äquilibriert" nennt die chemische Physiologie eine Salzmischung, deren relativer Kationengehalt (d. h. das Verhältnis Na : K : Ca : Mg) dem Kationengehalt des Blutplasmas entspricht. *Nicht* äquilibriert in diesem Sinn ist die intracelluläre Flüssigkeit, das Meerwasser und der Mineralgehalt der Organe. Der Mineralgehalt der „natürlichen" Nahrungsmittel ist weit entfernt von jeder Äquilibrierung. Er wird durch Kochsalzzusatz nach der Äquilibrierung hin verschoben. Zusatz einer äquilibrierten Salzmischung zu natürlichen Nahrungsmitteln bewirkt also das Gegenteil! Neben dem Mineralgehalt der Nahrung (täglich 0,6—3, 8 g Ca, 2—4 g K) spielen allerdings die geringen Kalium-, Calcium und Magnesiummengen einer äquilibrierten Salzgemisches (in 10 g 0,07 g Ca, 0,15 g K) praktisch gar keine Rolle. Selbst wenn man nun aber den Darminhalt zu einer äquilibrierten Salzmischung machen könnte, wäre noch nichts erreicht: Die Salzmischung wird *nie als Ganzes resorbiert.* Die Mineralien werden *einzeln* resorbiert, und zwar verschieden rasch und verschieden vollständig. Dabei ist es gleichgültig, ob das Kalium, Calcium usw. aus Gemüse oder ob es aus einem anorganischen Salzgemisch stammt. Was aus dem Darm ins Blut abströmt, ist auf jeden Fall *keine* äquilibrierte Salzlösung mehr! Und wenn man endlich in die Pfortader eine äquilibrierte Salzlösung infundieren würde — auch damit wäre noch nichts erreicht, weil die Salzmischung *nicht unverändert an die Gewebe herangebracht* wird. Die Leber hält einen Teil der Mineralien zurück, gibt andere dazu und schon nach der Passage durch die Leber kann von einer physiologischen Äquilibrierung keine Rede mehr sein. *Die perorale Verabreichung äquilibrierter Salzmischungen ist demnach sinnlos.* Daß sie von kritischen Ärzten auch auf Grund klinischer Erfahrung abgelehnt wird, ist nicht verwunderlich. Es muß ausdrücklich betont werden, daß klinische Beweise für eine Heilwirkung bei Verwendung äquilibrierter Salzgemische als Nahrungszusatz nicht vorliegen. Wenn aber aus Unkenntnis der Dinge äquilibrierte Salzmischungen — sie bestehen (wie z. B. das Titrosalz) zu 86% aus Natrium und Chlor, d. h. aus Kochsalz! — Herz- und Nierenkranken verordnet werden, dann bedeutet das nichts anderes als eine fahrlässige Schädigung des Kranken durch den Arzt.

Kaliumarme Kost. Neben der kochsalzarmen spielt die *kaliumarme Ernährung* eine bescheidene Rolle. Sie soll — zusammen mit einer nicht zu kochsalzarmen Ernährung — die Krebsbereitschaft und die Neigung zu Thrombose und Embolie vermindern. Etwas Beweisendes wissen wir darüber aber nicht. Unbedingt geboten ist dagegen kaliumarme Ernährung und reichliche Kochsalzzufuhr beim Addisonkranken, dessen Natriumverluste unter kaliumreicher Ernährung stark ansteigen. Bei Ernährung mit (kaliumreicher) Rohkost kommt es bei diesen Kranken zu rapidem Verfall. Die Herstellung einer auf die Dauer genießbaren kaliumarmen Kost ist nicht leicht, weil alle Gemüse, Obst und Fleisch kaliumreich sind. Am kaliumreichsten von unseren gebräuchlichen Gemüse- und Obstarten sind Kartoffeln, Spinat, Kohlrabi, Bananen, Aprikosen, Johannisbeeren und Pflaumen. Der Speisezettel läßt sich erträglicher gestalten, wenn man die Nahrungsmittel in bestimmter Weise zubereitet (Kochen in reichlich Salzwasser, Fleisch in Pergamentsäckchen) und ihnen so einen Großteil ihres Kaliums entzieht. Beim Addisonkranken ist brennwertreiche, d. h. zucker- und fettreiche Ernährung besonders nötig, weil bei unzureichender Brennwertzufuhr kaliumhaltiges Körpergewebe eingeschmolzen wird. Ein solches Freiwerden großer Kaliummengen aus festen Gewebsbindungen verschlimmert aber den Allgemeinzustand des Kranken in höchst unerwünschter Weise.

Zur Frage des Purinkörper- und Oxalsäureentzugs. Gicht. Steinbildung in den Harnwegen. Der Harnsäurespiegel des Blutes ist bei der Gicht erhöht, im Gewebe kommt es zu Harnsäureniederschlägen. Bei der Nierensteinkrankheit fallen in den ableitenden Harnwegen Harnsäure-, Oxalsäure- und andere Konkremente aus. Nichts erscheint naheliegender als hier mit *harnsäurearmer und oxalsäurearmer Ernährung* einzusetzen. Die klinische Erfahrung hat diese einfache Überlegung leider nicht bestätigt.

Die *Gicht* gehört zu den allergischen Krankheiten. Es scheint, daß Abkühlung, seelische Erregung, geistige Anstrengung, übermäßige Beanspruchung der Verdauungsorgane die Reaktionsbereitschaft des Körpers erhöht, und daß der Körper unter diesen Umständen dann nicht nur auf Antigene *von außen* sondern auch auf *in ihm* entstandene Stoffe allergisch reagiert. Niederschläge von Harnsäure bilden sich dort, wo allergische Vorgänge die kolloidale Struktur des Gewebes verändert haben. Das Ineinandergreifen verschiedenster Funktionsabläufe erklärt die verhältnismäßig geringe therapeutische Bedeutung einer Beschränkung der Purinzufuhr. Immerhin kann auch einmal sehr reichliche Purinzufuhr einen Gichtanfall auslösen oder die Anfallsbereitschaft erhöhen. Man streiche also nur die purin*reichsten* Nahrungsmittel (Thymus, Leber, Niere) aus dem Speisezettel! Nur so weit ist purinarme Kost angezeigt. Kleine Purinmengen fördern die Harnsäureausscheidung. Im übrigen sind Bewegung, Wärme und Mäßigkeit die Kernstücke der Therapie. In diesem Rahmen müssen bei dem einen Kranken schwerverdauliche Fette, bei dem anderen Fleisch oder bestimmte Gewürze, beim dritten gewisse Weinsorten ausgeschaltet oder beschränkt werden. Lactovegetabile Ernährung erfüllt gleichzeitig eine Reihe solcher Forderungen. Bei vielen Kranken hat aber die Art der Ernährung — sofern sie Exzesse vermeidet — überhaupt keinen Einfluß auf den Krankheitsverlauf. Ein *grundsätzliches* Verbot von Fleisch, Kaffee, Tee, Kakao, Alkohol für *jeden* Gichtkranken läßt sich jedenfalls klinisch nicht begründen.

Neben Entzündung und Harnstauung (vielleicht auch Vitamin A-Mangel) sind neuroendokrine Regulationsstörungen ausschlaggebend für die *Steinbildung in den ableitenden Harnwegen.* Neuroendokrine Regulationen bestimmen weitgehend die Menge und Konzentration der ausscheidungspflichtigen Stoffe und der Schutzkolloide; sie bestimmen die Durchblutung und Funktion der Schleimhäute und den Tonus der Muskulatur. Es ist klar, daß Störungen jener Regulationen auch nur an *einer* Niere in Erscheinung treten können.

Eine diätetische Beeinflussung der Nierensteinkrankheit ist nur in engen Grenzen möglich. Neben Bekämpfung von Entzündung und Stauung und Entzug der purinreichsten Nahrungsmittel kann man bei *Harnsäuresteinen* Alkalisierung des sauren Harns und reichliche Flüssigkeitsausscheidung anstreben. Strengere Diätvorschriften leisten nicht mehr. Und auch die strengsten verhindern nicht mit Sicherheit die Bildung neuer Konkremente! Die Ansichten über die Schädlichkeit des Alkohols und der Gewürze sind geteilt. Allgemeine Verbote lassen sich auch hier nicht begründen. Zu Kochsalzverbot besteht kein Anlaß. — Die Oxalsäureausscheidung und die Neigung zu *Oxalatsteinen* und „Oxalurie" sind diätetisch noch schwerer zu beeinflussen. Von der üblichen Ausschaltung oxalsäurereichster Nahrungsmittel (Kakao, Feigen, Rhabarber, Spinat, Sauerampfer) und von Calciumgaben zur Behinderung der Oxalsäureresorption im Darm sieht man keine sehr ermutigenden Erfolge. Überdies läßt sich die im Darm stattfindende bakterielle Oxalsäure*bildung* aus Kohlehydrat diätetisch so gut wie gar nicht beeinflussen. — Ähnliches gilt für die Behandlung der *Phosphat- und Kalksteine* und der *Phosphaturie* mit Harnsäuerung (Erhöhung der Phosphatlöslichkeit) und der Bekämpfung der *Cystinsteine* mit Harnalkalisierung und Eiweißeinschränkung. Im Vordergrund stehen in allen diesen Zuständen jene allgemein-beruhigenden und ausgleichenden Maßnahmen, mit denen wir eine Beeinflussung des vegetativen Systems anstreben. Vielleicht erhöht Vitamin A-arme Ernährung die Konkrementbereitschaft (Schleimhautschädigung ?).

Kohlehydratarme Ernährung. Krebsfeindliche Diät. Ernährungsbehandlung des Diabetes mellitus. In der kochsalz- und kaliumarmen, in der purin- und oxalatarmen Diät ist wesentlich die Zufuhr *eines* Nahrungsbestandteils beschränkt. Es ist nicht — wie bei Rohkost, bei säureüberschüssiger Diät usw. — die *gesamte* Ernährung von Grund aus anders aufgebaut. Die Grenzen zwischen beiden Diätgruppen sind allerdings fließend. Immerhin steht — in Parallele zur kochsalz-usw.-armen Kost — bei noch anderen Kostformen die Beschränkung *eines* Nahrungsbestandteils (der Kohlehydrate, des Fettes, des Eiweißes) im Mittelpunkt der Ernährungsvorschriften.

Von der Kohlehydratbeschränkung zur Erzielung einer azidotisch gerichteten Stoffwechsellage war schon die Rede (ketogene Kost, Pemberton-Diät, „antiretentional diet"). Eine Ernährung, die sich von der üblichen gemischten Kost *lediglich durch ihre Kohlehydratarmut* unterscheidet, wird ihrer (durch die Kohlehydratarmut bedingten) entwässernden Wirkung wegen bei entzündlichen Gelenkerkrankungen empfohlen. Sie wird weiter empfohlen bei allen Arten von allgemeiner und örtlicher Wassersucht, bei arterieller Hypertonie, Bronchektasen, Lupus und anderen Zuständen, die auch durch Herrmannsdorfer-Gerson-*Diät* günstig beeinflußt werden. Die Erfolge jener kohlehydratarmen Diät bei Migräne sind so unbefriedigend wie die Erfolge der salzarmen, der eiweißarmen der vegetarischen, der ketogenen Kost und der Rohkost bei dieser Krankheit. In die Praxis hat die kohlehydratarme Kost in dieser Form kaum Eingang gefunden.

Experimentelle Untersuchungen führten zur Empfehlung einer knappen, kohlehydrat- und gemüsearmen Ernährung zur *Bekämpfung von Krebsneigung und Krebswachstum.* Leber, Tomaten und größere Mengen Ei und Milch wurden verboten. Die Behauptungen von der krebsfördernden Wirkung der Tomaten sind inzwischen widerlegt. Rohkost ist bei Krebsneigung „unzweckmäßig und gefährlich" (Caspari). Regelmäßiger Stuhlgang und nicht zu reichliche Flüssigkeitszufuhr sind notwendig. — Auf stoffwechselphysiologischen Überlegungen beruht auch die „*krebsfeindliche Diät*" von Freund. Sie ist kohlehydratarm und eiweißreich; alles tierische Fett wird durch Pflanzenöl ersetzt. Wesentlich soll dabei die Veränderung der Darmflora sein. Ob und wieweit

Krebsbereitschaft, Krebswachstum und Rezidivneigung diätetisch bekämpft werden können, ist noch nicht erwiesen. Fest steht, daß Diätbehandlung *bestenfalls* die üblichen anderen Heil- und Vorbeugungsmaßnahmen unterstützt.

Überall wo reichliche Ernährung angezeigt ist, spielt die *Anreicherung der Kost mit Kohlehydraten* eine Rolle. Werden sie doch besonders leicht resorbiert und verwertet. Die Bedeutung der Kohlehydrate liegt aber nicht nur in ihrer Eigenschaft als *Brennwertträger.* Kohlehydratreiche Ernährung ist außerdem bei *ketonämischen Zuständen* geboten: Vor allen Dingen also bei Hungerzuständen und Leberkrankheiten. Die günstige Wirkung der Kohlehydratzufuhr auf die Leberfunktionen zusammen mit ihrer Heilwirkung bei Chloroformvergiftung hat dazu geführt, vor *Chloroformnarkosen* reichlich Kohlehydrat zu geben. Es scheint, daß sich auf diese Weise die Gefahren einer Chloroformschädigung doch wesentlich vermindern lassen.

Um die zweckmäßigste Art und Größe der Kohlehydratzufuhr bewegen sich die therapeutischen Bemühungen beim *Diabetes mellitus.* Unter dem Einfluß des Insulins haben sich die früheren Auffassungen langsam gewandelt. In den vergangenen Jahren sind die Richtlinien einer modernen, sinnvoll das Insulin benützenden und ausnützenden Behandlung immer deutlicher herausgearbeitet worden. *Das ideale Ziel der Behandlung ist in jedem Fall die Wiederherstellung der Arbeitsfähigkeit, der Arbeitsfreudigkeit und des normalen Körpergewichts.* Das hat zur Voraussetzung die Einstellung auf eine ausreichende Kost, die dem Kranken auch gleichzeitig das Gefühl der Leistungsunfähigkeit nimmt. Das Maß der Einstellung sind Zucker- und Ketonkörperfreiheit des Harns und Normalisierung des Blutzuckers. Oft gelingt das nur mit Unterstützung durch Insulin. Blutzuckertageskurven ermöglichen die zweckmäßigste *Verteilung* der Nahrung und des Insulins. Die Unschädlichkeit *dauernder* Harnzuckerausscheidung bei positiver Kohlehydratbilanz ist noch keineswegs erwiesen! Erwiesen ist nur die Unschädlichkeit *gelegentlicher* Zuckerausscheidung. Dauernde Hyperglykämie begünstigt die Entwicklung von Arterienerkrankungen, Furunkulose, Gangrän und Katarakt.

Das Kostmaß, auf das wir den Zuckerkranken endgültig einstellen, wird bestimmt durch Alter, Geschlecht, Arbeitsweise, Lebensgewohnheiten und die Leistungsfähigkeit der Verdauungsorgane. Unzureichende Magensaft- und Säureabscheidung ist bei Diabetikern nicht selten! Bei Kranken in schlechtem Zustand muß die Nahrungszufuhr so lange besonders reichlich sein — auch an Kohlehydrat — als der alte Kräftezustand noch nicht erreicht ist. Der Brennwertgehalt der Dauerkost soll dann aber das Maß des unbedingt Notwendigen nicht überschreiten. Für einen arbeitenden Mann sind täglich 100 g Kohlehydrat (entsprechend etwa 165 g Weißbrot) die allerunterste Grenze. Bei nicht allzu schwerer Erkrankung erhöht körperliche Tätigkeit die Toleranz. Unter den Kohlehydratträgern bevorzugt man Gemüse, Salate und Obst. Eine Bereicherung der Diabetikerdiätetik darf man vielleicht von der Sojabohne erwarten. $1—1^{1}/_{2}$ g Eiweiß je Kilogramm wird allgemein als zweckmäßiges Richtmaß betrachtet. Für verschiedene Verträglichkeit tierischen und pflanzlichen Eiweißes besteht kein Anhalt. Die Ansichten über die Möglichkeit von Schädigungen durch reichliche Fettzufuhr sind geteilt; Hypercholesterinämie allein bedingt jedenfalls noch keine Arteriosklerose. In vielen Fällen sieht man unter „Zweinährstoffdiäten" Toleranzverbesserungen. Diese Diäten, die als *Dauer*ernährung praktisch nicht in Betracht kommen, bestehen in der Hauptsache aus nur zwei von den drei Grundnährstoffen. Eiweiß-Fett-, Eiweiß-Kohlehydrat- und Fett-Kohlehydratdiäten sind empfohlen worden und haben gleichermaßen Erfolge aufzuweisen. Ausschlaggebend bleibt im Einzelfall die (vorübergehende) Beschränkung auf in der Hauptsache nur zwei Nährstoffe. —

In der Behandlung des *kindlichen Diabetes* scheinen sich — ähnlich wie bei der Ernährung des gesunden Kindes — kohlehydratreichere Kostformen mit entsprechend hohen Insulingaben besser zu bewähren („freie" Diät). — Reichliche Zufuhr von Kohlehydrat in Gestalt von Zucker, Brot, Hafer, Obst oder Reis (unter Umständen mit Insulin und Natrium bicarbonicum zusammen) erfordert die Behandlung *azidotischer Zustände.* Auf ausreichende Kochsalzzufuhr muß bei jedem Diabetiker geachtet werden, weil Kochsalz die Insulinwirkung aktiviert. Mäßige Alkoholmengen sind unbedenklich, Diabetikerpräparate so gut wie immer entbehrlich.

Fettentzug bei Lipoidosen. *Fettfreiheit* kennzeichnet Ernährungsformen, die eine Behandlung mancher Lipoidosen zu ermöglichen scheinen. Hierher gehört die an Fett, besonders an tierischem Fett arme Kost bei SCHÜLLER-CHRISTIAN-HANDscher Erkrankung, bei Xanthoma tuberosum („Lipoidgicht"), bei vorwiegend visceralen Xanthomatosen und vor allem bei Psoriasis. Nennenswerte Erfahrungen liegen nur bei *Psoriasis* vor. Dabei sind bis zu 250 g Fleisch, 50 g entrahmte Milch, 100 g Quark, im ganzen bis zu 10 g Fett täglich erlaubt. Die Kost muß wochenlang fortgesetzt werden und führt dann in den meisten Fällen zu deutlicher Besserung oder Abheilung. Bei fettreicherer Ernährung treten die Hauterscheinungen dann allerdings wieder auf.

BLUMsche Schutzkost. Eiweißarme Ernährung. Neben Vermeidung von Genußmitteln und neben reichlicher Nahrungszufuhr ist *das Verbot des Fleischverzehrs* wesentliches Kennzeichen einer für Basedowkranke bestimmten Kostform, der BLUMschen *Schutzkost.* Sie war ursprünglich zur Behandlung der Tetanie angegeben worden. Eier, täglich 1—2 Liter Milch und alle *pflanzlichen* Eiweißarten sind erlaubt. Seiner dem Thyroxin entgegengerichteten Hormone wegen soll dazu Blut (Hämokrinintabletten) gegeben werden. Auf welchen Eigenschaften des Fleisches die günstige Wirkung des Verbots in manchen Fällen beruht, ist nicht klar (Extraktivstoffe, Sterine?) Eine Einschränkung des spezifisch-dynamisch stark wirksamen Eiweißes ist bei Basedowkranken sehr zweckmäßig.

Wenn die Ausscheidung von Eiweißabbauprodukten oder der Abbau des Eiweißmoleküls gestört ist (bei Nieren- und Leberkrankheiten, bei Erkrankungen der Verdauungsorgane), dann muß die *Eiweißzufuhr eingeschränkt* werden. Nicht zu lange und nicht zu streng! Immer wieder begegnen uns eiweißunterernährte chronische Nierenkranke, die erst bei eiweißreicherer Kost (60—80 g täglich) Kräfte zur Genesung gewinnen. Es hängt von der primären Störung und der Schwere des Zustands ab, ob man bei diesen Kranken zu Hunger- und Dursttagen greift, zu Rohkost- und Obsttagen, zu gekochter vegetarischer Kost (etwa Brei-Obsttagen) oder einfach zu gemischter Kost mit beschränktem Eiweiß- und Kochsalzgehalt. Auch bei klimakterischen Beschwerden, gelegentlich bei Muskelrheumatismus und Polyglobulie sieht man Gutes von eiweißarmer Ernährung.

Unter speziell *fleischfreier* Ernährung — sie soll mit Kochsalzentzug verbunden werden — sieht man sehr oft ein langsames Absinken des krankhaft erhöhten Blutdrucks. Der Blutdruck liegt auch bei fleischfrei lebenden *gesunden* Menschen tiefer als bei gemischt ernährten. Der Wirkungsmechanismus ist noch nicht klar durchschaubar. Sicher spielt die Kochsalzarmut der fleischfreien Ernährung eine Rolle, vielleicht eine Einschränkung der Brennwertzufuhr im ganzen. Nach neueren Untersuchungen scheint es nicht das *Eiweiß* des Fleisches zu sein, das den Blutdruck erhöht, sondern das *Ergosterin* und *Cholesterin.* In allen

Fällen macht aber die genannte diätetische Behandlung andere therapeutische Maßnahmen nicht überflüssig.

Nahrungsmittelallergie. Schließlich können *allergische Erscheinungen* durch Nahrungsbestandteile ausgelöst werden. Meist weiß der Kranke nicht, was seine Urticaria, seinen Asthmaanfall, sein QUINCKEsches Ödem auslöst und es gehört viel Geschick dazu, den schuldigen Stoff herauszufinden. In länger bestehenden allergischen Zuständen führt selbst intensivstes Suchen meist nicht mehr zum ersehnten Ziel. Bei begründetem Verdacht kommt man am schnellsten zum Ziel, wenn man der Reihe nach die verdächtigen Nahrungsbestandteile wegläßt und dabei die Reaktion des Kranken beobachtet. In anderen Fällen bekommt der Kranke zunächst eine möglichst einfach zusammengesetzte Nahrung (eiweiß-, kochsalz- und fettarm, unter Umständen zunächst nur Tee mit Zucker), die dann durch Zugaben allmählich erweitert wird („Suchkost"). Wo unspezifische diätetische Maßnahmen (Wittepepton, Fastenkuren, Rohkost u. a.) nicht zum Ziele führen, da bleibt nur strenger Entzug des Antigens oder Symptombekämpfung durch Medikamente und physikalische Therapie.

4. Allgemeine Diätetik bei Erkrankungen der Verdauungsorgane.

Die Heilwirkungen der bisher besprochenen Kostformen waren auf Veränderungen des intermediären Stoffwechsels abgestellt. Diese Heilwirkungen konnten erst *nach* dem Übergang der Nahrungsbestandteile ins Blut in Kraft treten. Ihnen stehen andere Kostformen gegenüber, deren Heilwirkung *vor* der Nahrungsresorption, d. h. an den *Verdauungsorganen selbst* zur Geltung kommt. Selbstverständlich beeinflussen auch sie eine Vielzahl *intermediärer* Abläufe. Sofern aber eine ausreichende Ernährung gesichert ist und Störungen nicht auftreten, stehen die intermediären Auswirkungen dieser Kostformen außerhalb des unmittelbaren therapeutischen Interesses.

Ulcus und Gastritis. Anacidität und Achylie. Die Bemühungen um eine diätetische Behandlung der *Ulcuskrankheit* und der superaziden *Gastritis* sind alt. Je nachdem, welches Symptom oder welche Beschwerde besonders beachtens- und bekämpfenswert erschien, wurde das Gewicht auf bestimmte Eigentümlichkeiten der Diät gelegt. Da es viele Ulcustheorien gibt — die Ätiologie des Ulcus ist immer noch dunkel —, da ferner Art und Dauer der Beschwerden, insbesondere die Verträglichkeit einzelner Speisen individuell sehr verschieden sind, konnte es nicht ausbleiben, daß die zahllosen Ernährungsvorschriften vielfach in Widerspruch zueinander und nicht selten auch in Widerspruch zu den Lehren der Physiologie gerieten: Fleischreiche, kohlehydratarme Ernährung zwecks Säurebindung wurde abgelöst durch fleischarme, kohlehydratreiche Ernährung zwecks Vermeidung stärkerer Saftabscheidung. Wenige Mahlzeiten, unter Umständen tagelange und wochenlange Ernährung durch die Sonde verordnen die einen, um den Magen möglichst ruhig zu stellen — häufige Mahlzeiten die anderen, weil dadurch die Beschwerden schwinden. Natriumbicarbonat neutralisiert, führt aber zu reaktiver Steigerung der Säureabscheidung — es wird deshalb ebenso ausdrücklich verordnet („*Sippy*-Kur") wie verboten. Rohsäfte und Rohkost werden oft auffallend gut vertragen, obwohl sie starke Saftlocker sind. Und das mit dem Histamin, dem stärksten Säurewecker, nah verwandte Histidin scheint doch in vielen Fällen hartnäckige Beschwerden zu beseitigen. Zeitweise waren Pepsin-, Milch-, Novoprotin-, Eigenblut- und andere Injektionen beliebt. Vitamin B_1-Zulagen zu der B_1-armen Milch-Breikost des Ulcuskranken werden ausdrücklich gefordert — andere geben tagelang ausschließlich Zucker und erhöhen damit den B_1-Bedarf, *ohne* ihn zu decken. Komplizierte Diätschemen wurden angegeben, die die an jedem einzelnen Tag erlaubte Nahrung grammweise genauestens vorschreiben — beginnend mit bloßer Traubenzuckerzufuhr an den ersten Tagen. Neuerdings wird jedoch überzeugend dargelegt, daß sich Kranke mit frischblutenden Geschwüren am raschesten erholen, wenn man ihnen von Anfang an eine gemischte breiförmige Kost gibt (darunter Butterbrot, Frikadellen, Gemüsebrei); bisher galt es als Fehler, hierbei etwas anderes als höchstens eisgekühlte Milch zu geben. Vor einer Überschätzung der mechanischen Reizwirkung der Nahrung haben erfahrene Diätetiker immer gewarnt. Ausgiebiges Kauen genügt fast immer. *Es ist bemerkenswert, daß die Heilerfolge aller dieser diätetischen Methoden etwa gleich groß sind.*

Als bewährte Richtlinien für die Behandlung Ulcuskranker können gelten: Vermeidung starker Reizmittel (scharfe Gewürze, Alkohol, Nicotin, Kaffee, Fleischextraktivstoffe, Röstprodukte u. a.), Vermeidung schwer angreifbarer, fettdurchzogener Speisen (reines Fett ist erlaubt, ja erwünscht), weitgehende Anpassung im Einzelfall, Vermeidung von Nährschäden durch einseitige Ernährung. Bettruhe, Sorge für regelmäßige Stuhlentleerung und Wärme sind daneben immer noch die Kernstücke jeder Ulcustherapie. Ob die Vitaminresorption gestört ist, ob der Ulcuskranke einen höheren Vitamin B_1- und C-Bedarf hat als der Gesunde, ob aus diesem Grund zusätzliche B_1- und C-Verabreichung angezeigt ist, läßt sich noch nicht sagen. Eine Beschleunigung der Heilungsvorgänge durch kochsalzarme Ernährung und Magensaftentziehung (durch die Sonde) ist nicht erwiesen. Mit einer Ernährung nach den genannten allgemeinen Richtlinien gelingt es in fast allen Fällen die Kranken beschwerdefrei zu machen. Beschwerdenfreiheit bedeutet aber nicht Heilung! Ulcusrezidive können wir bis heute weder diätetisch noch sonstwie mit Sicherheit verhindern. Es kann noch nicht als erwiesen gelten, daß die Dauererfolge um so besser sind, je strenger die Diätbehandlung durchgeführt wird. Andersartige Einflüsse (Entspannung, Ruhe, andere Arbeitseinteilung) spielen hier offenbar die Hauptrolle. Eine *rationelle*, erfolgreichere Therapie des Ulcus, jener so ungemein häufigen Krankheit, ist eines der dringendsten therapeutischen Bedürfnisse.

Bei allen *akuten Magenstörungen* und *nach Operationen* am Magen-Darmkanal beginnt die Behandlung mit ein- oder mehrtägigem Fasten. Die weitere Diät entspricht in ihren Grundzügen der Ulcusdiät. Verletzungen durch verschluckte Fremdkörper sucht man durch Linsen-, Erbsen- oder Kartoffelbrei vorzubeugen.

Die Behandlung *anacider und achylischer Zustände* muß sich zunächst gegen die Ursache der Erkrankung richten. Schlechte Eßgewohnheiten, Mangelernährung, chronische Infektionskrankheiten und Vergiftungen, innersekretorische Störungen, perniziöse Anämie, bösartige Gewächse, neurotische Störungen müssen in Betracht gezogen werden. Die diätetische Behandlung geht stets nebenher. Sie ist in allen Fällen unentbehrlich und beherrscht dort das Feld, wo die Ursache der Erkrankung nicht auffindbar ist oder sich nicht beseitigen läßt. Alles, was den Magensaftfluß und die Magenmotorik anregt, kann hier Verwendung finden: Röstprodukte, Fleischextraktivstoffe, Obst- und Gemüsesäfte, Geschmacksreize jeder Art, unter Umständen auch Coffein und Alkohol in kleinen Mengen. Die Mahlzeiten werden zweckmäßigerweise klein gehalten. Dazu tritt die Bevorzugung cellulose- und bindegewebsarmer Nahrung und die Einschränkung eines übermäßigen Kartoffel- und Milchverzehrs wegen der Gefahr der Gärungsdyspepsie.

Leber- und Gallenwegserkrankungen. Bei *Leberkrankheiten* liegt das Hauptgewicht der Diät auf den leicht verdaulichen Kohlehydraten, die reichlich — unter

Umständen zusammen mit Insulin — gegeben werden sollen. Reichliche Kohlehydratzufuhr erhöht den Vitamin B_1-Bedarf — daran wird man gelegentlich
denken müssen! Gemüse und Obst fast jeder Art, auch Rohkost ist erlaubt,
sofern dabei nicht störende Blähungen auftreten. Das Eiweiß tritt zurück,
ebenso das Fett in Gestalt fettdurchtränkter, gebratener und gebackener
Speisen; Milch wird oft schlecht vertragen. Fett als solches (reine Butter,
Butterbrot) fördert den Gallefluß und die Entleerung der Gallenblase. Es ist
therapeutisch wirkungsvoll und deshalb erwünscht. Gewürze (außer Kochsalz)
und Alkohol sind verboten, weil sie den Leberkranken oft schlecht bekommen.
Die Mahlzeiten sollen klein und einfach zubereitet sein. Wie weit beim Zusammentreffen von Leberkrankheiten mit Gärungsdyspepsie oder Diabetes mellitus die
Diät vor allem auf die eine oder andere Krankheit Rücksicht nehmen muß, läßt
sich nur im Einzelfall entscheiden.

In der Behandlung der akuten *Gallenblasen- und Gallenwegskrankheiten* ist
Ruhigstellung oberster Gesichtspunkt. Die Ernährung muß zu Anfang möglichst
knapp sein (unter Umständen Fasten). Stärkere Leberbeteiligung erfordert
auch nach Abklingen der akuten Erscheinungen Einschränkung der Zufuhr
von Eiweiß und Fett. In anderen Fällen kann man nach einiger Zeit reine
Fette und Eiweiß in leicht verdaulicher Form (Milch und Quarkspeisen) und
in beschränkter Menge erlauben. Eigelb wirkt galletreibend. Bei weniger akuten
Zuständen, wo es auf eine Anregung des Galleflusses ankommt und keine Gelbsucht besteht, sieht man von reinen Fetten Gutes (Ölkur). Gallenwegskranke
vertragen kalte Getränke, Kaffee und stark blähende Speisen meist schlecht,
grobe Kost, obst- und gemüsereiche Kost nach Abklingen der akuten Erscheinungen dagegen in der Regel gut. Die diätetischen Maßnahmen werden seit
langem erfolgreich durch sulfatische Mineralwässer unterstützt.

Bei **Pankreaserkrankungen** ist die Eiweiß- und Fettverdauung gestört.
Hauptbrennwertträger müssen die Kohlehydrate sein. In akuten Zuständen ist
mehrtägiges Fasten angezeigt. Dann werden neben Kohlehydraten geringe
Mengen leichtverdaulichen Eiweißes zugelegt und vorsichtig gesteigert, Fett
erst später. Die Durchführung der kohlehydratreichen Ernährung kann durch
Durchfälle erschwert werden. Es ist schwierig, zwischen den verschiedenen
diätetischen Forderungen einen Ausgleich zu finden (ohne Fermentpräparate
geht es oft nicht) und trotzdem die notwendige Nährstoffversorgung sicherzustellen.

Durchfallskrankheiten und Verstopfung. Die Überschätzung der mechanischen
Verletzbarkeit der Schleimhaut führte — wie bei Ulcus — zu schärfster Nahrungsbeschränkung bei *entzündlichen Darmkrankheiten.* Typhuskranken hat man
oft wochenlang nur brennwert- und vitaminärmste flüssige Nahrung gegeben.
Die Darmblutungen wurden darum nicht seltener! Die erstaunlichen Erfolge
der Rohapfeltage sind uns eine eindringliche Lehre geworden: Bei akuten Durchfällen mit blutigen und schleimigen Stühlen geben wir heute ausschließlich
rohe, cellulosereichste Kost! Vor 40 Jahren hätte man eine solche Behandlung
für Wahnsinn gehalten.

Die Behandlung der Durchfälle bei Magen- und Leberkrankheiten, bei
Pankreasstörungen (Eiweißfäulnis) und bei Vergiftungen wird durch die primäre
Störung bestimmt. Bei allen *akuten Durchfällen* droht die Gefahr der Wasser-
und Kochsalzverarmung. Man darf nicht übersehen, daß Wasserzufuhr *allein*
nicht genügt, weil der salzverarmte Körper das Wasser ja nicht festhalten kann.
Stets muß ausreichende Wasser-*und* Kochsalzzufuhr sichergestellt werden — unter

Umständen durch parenterale Verabreichung. Zweckmäßig sind bei akuten Durchfällen zunächst 1—2 Hungertage. Dann legt man allmählich leicht aufschließbare Kohlehydrate zu (zuerst keinen Zucker) und reine Fette. Das Eiweiß tritt zurück. Auch bei *chronischen* Durchfällen ist Vorsicht mit Eiweißträgern und zuckerreichen Nahrungsmitteln am Platz. Man muß hier in jedem Einzelfall vorsichtig die Grenze des Verträglichen suchen ohne die Gefahren einer unzureichenden Vitamin- und Mineralzufuhr aus dem Auge zu verlieren. Bei Dünndarmkatarrhen ist die Resorption der Vitamine und des Calciums verschlechtert, die Natrium- und Chlorausscheidung mit dem Stuhl erhöht. Ohne vermehrte, unter Umständen parenterale Vitamin- und Mineralzufuhr kommt man oft nicht aus, weil eben nur ein mit Vitaminen und Mineralien ausreichend versorgter Organismus zu wirkungsvollen Heilreaktionen fähig ist.

Schärfste Eiweißbeschränkung erfordern *fäulnisdyspeptische Zustände*, schärfste Kohlehydratbeschränkung erfordert die *Gärungsdyspepsie*. Empfohlen wird bei allen akuten und chronischen Durchfällen die tagelange ausschließliche Verabreichung großer Zuckermengen (süßer Tee, Obstsäfte, Marzipan). Bei allen Durchfallkrankheiten leisten Rohapfeltage unvergleichliches (vgl. oben). In ähnlicher Weise werden z. B. bei Sprue Paprika, Erdbeer-Milch und andere Obst-Milchkuren empfohlen. So wenig die Pathogenese der Durchfallkrankheiten einheitlich ist, so wenig ist es die Therapie. Schematismus ist nirgends so unmöglich wie hier und verschiedene Wege führen zum Ziel. Ausschlaggebend für die Heilwirkung diätetischer Maßnahmen scheint in den meisten Fällen die Änderung der Darmflora zu sein.

Entzündliche *Dickdarmerkrankungen* sind gegen Eiweiß- und Fett weniger empfindlich. Ob Schlackenarmut der Nahrung in jedem Fall wirklich notwendig und nützlich ist, steht dahin; zu vermeiden sind hingegen alle stark blähenden Speisen.

Unzureichende Motorik, unzureichende Saftabscheidung des Dickdarms und starker Wasserentzug führen zu *Verstopfung*. Die Diät der Wahl ist in solchen Zuständen eine schlackenreiche Ernährung: Als Rohkost, als „Schlackenkost" im engeren Sinn (d. h. frei gewählte Kost mit täglich 250—300 g Schrotbrot und 1—1½ kg rohem Obst) oder als frei zusammengestellte Obst- und gemüsereiche Kost. Ob für die Heilwirkung neben mechanischen Reizen die erhöhte Urobilin-, Cholesterin- und Mineralausscheidung eine Rolle spielt oder die Anregung der Ausscheidungsfunktion der Dickdarmschleimhaut ist noch nicht klar. Schlackenkost soll außerdem bei Krankheitszuständen helfen, die gelegentlich auch auf Rohkost ansprechen (Azidismus, Leber- und Herzkrankheiten, Arteriosklerose, Hypertonie, Arthritiden, Hautkrankheiten u. a.). Eine unbedingte Gegenanzeige jeder schlackenreichen Kost sind die keineswegs seltenen Verstopfungszustände mit *erhöhter* Dickdarmerregbarkeit. Die Behandlung muß hier eine Dämpfung der Erregbarkeit anstreben, indem sie stärkere diätetische Belastungen vermeidet und die „Schondiät" durch andere erregbarkeitsmindernde Maßnahmen unterstützt.

Nur der Diagnostik dient die SCHMIDTsche Probekost: Sie enthält reichlich Fett, Kartoffelbrei und Mehlspeisen und (teilweise rohes) Fleisch. Die Stuhluntersuchung ermöglicht bei dieser Kost den Nachweis von Störungen der Fett-, Eiweiß- und Kohlehydratverdauung und von entzündlichen Zuständen im Magen-Darmkanal.

Eine besondere Diätetik erfordern gewisse **Verdauungsstörungen des Kindes.** Bei leichteren Durchfällen im Säuglingsalter *(Dyspepsie)* genügt meist eine 24stündige Nahrungspause, dann langsam steigend Frauenmilch und Nährzuckerwasser und allmählicher Übergang zur gewohnten Nahrung. Bei schwereren Durchfallszuständen *(Toxikose)* hört jede Nahrungszufuhr auf. 1—2 Tage lang wird Wasser als Ringer- oder Traubenzuckerinfusion oder als Tee zugeführt und erst dann mit kleinen Mengen fettfreier Frauenmilch begonnen. Die chronischen Ernährungsstörungen führen, je nach Schwere, zu *Dystrophie* oder *Atrophie*. Sie sind oft mit dyspeptischen Erscheinungen verknüpft oder aber — beim *Milchnährschaden*, wo die Nahrung im Verhältnis zu ihrem Fett- und Eiweißgehalt zu arm an Kohlehydraten ist — mit hartnäckiger Obstipation. Der *Mehlnährschaden* entsteht durch lang dauernde einseitige Ernährung mit Schleim und ist die Folge völlig ungenügender Zufuhr von Brennwerten, Eiweiß, Vitaminen, Mineralien und Fett. Bei hoher Kochsalzzufuhr kommt es zu Ödemen. Hier muß vor allem die fehlerhafte Ernährung richtig gestellt werden. Treten danach Durchfälle auf, dann wird zunächst Frauenmilch gegeben.

Die spastische *Pylorusstenose* der Säuglinge macht häufige Nahrungszufuhr notwendig (unter Umständen 10—12mal täglich 40—50 g), die HIRSCHSPRUNGsche Krankheit eine peristaltikanregende Kost. Bei der *Coeliakie* mit ihren Durchfallsperioden werden in der Regel rohe Früchte (Bananen), Sauermilch und Gemüse gut vertragen; einzelnen Kindern scheint eine schlackenarme milchknappe Kinderkost besser zu bekommen. Unterernährung, fettreiche Nahrung, große Milchmengen sind in allen Fällen zu meiden. — Schwierig, ja unmöglich ist perorale Nahrungszufuhr bei *acetonämischem Erbrechen*. An ihre Stelle tritt reichliche Zucker- und Kochsalzzufuhr durch Dauereinlauf oder — besser — durch subcutane Infusion. Luminal per inject. beseitigt sehr sicher das Erbrechen und ermöglicht bald wieder — zunächst fettfreie — Nahrungszufuhr auf natürlichem Weg.

Künstliche Ernährung. Erkrankungen der Verdauungsorgane, Verletzungen und Operationsfolgen, tiefe Benommenheit, neurologische und psychiatrische Erkrankungen können eine Ernährung auf natürlichem Weg unerwünscht oder unmöglich machen. Die natürliche Ernährung muß durch die *künstliche Ernährung* durch Sonde, Darmeinlauf oder intravenöse Infusion ersetzt werden. *Eine ausreichende künstliche Ernährung ist nur durch die Schlundsonde möglich*, weil nur dabei der ganze Magen-Darmkanal für Verdauung und Resorption zur Verfügung steht. Will man die Unbequemlichkeit der täglich 2—3maligen Sondeneinführung vermeiden, dann legt man eine dünne Sonde durch Mund oder Nase, die wochenlang liegen bleiben kann.

Soll der Magen ausgeschaltet werden, dann wird die Sonde ins *Duodenum* oder Jejunum gelegt. Die Nährlösung bei Sondenernährung besteht in Milch, Sahne, Butter, Zucker, Weizenmehl, Citronensaft und Kochsalz. *Jejunale Ernährung* durch Jejunostomie kann bei Oesophagusstenose notwendig werden. Ob die Sondenernährung bei Ulcus — die Sonde soll im Jejunum liegen — mehr leistet als die übliche Behandlung ohne Sonde, scheint doch sehr fraglich zu sein.

Per rectum ist eine ausreichende Ernährung nicht möglich. Im Nährklysma gibt man üblicherweise abgebaute Eiweißkörper (Albumose-Peptonpräparate, Peptidgemische), Dextrin, Zucker, Alkohol, Kochsalz und Wasser, dazu ein paar Tropfen Opiumtinktur. Unabgebaute Eiweißkörper gehen unresorbiert wieder ab. Es ist viel zu wenig bekannt, daß von rectal zugeführtem Zucker dem Körper höchstens ein ganz kleiner Teil, nach neuesten Versuchen *gar nichts*, zugute kommt. Der Zucker wird (mindestens zum größten Teil) entweder von den Darmbakterien vergoren oder er geht unresorbiert wieder ab. Kochsalzzusatz zum Klysma fördert vielleicht die Zuckerresorption oder macht sie — nach der Meinung anderer Untersucher — überhaupt erst möglich. Die Frage der rectalen Zuckerresorption bedarf aus praktischen Gründen jedenfalls dringend der Klärung.

Mehr als drei Klysmen täglich lassen sich über mehrere Tage hinweg nicht durchsetzen; bei empfindlichem Darm muß man sich oft genug mit einem begnügen. Die Menge des einzelnen Klysmas schwankt zwischen 200 und 300 ccm. Es soll natürlich so lange als möglich gehalten werden. Manchmal kommt man mit stundenlangen Tropfklysmen weiter. Selbst unter günstigsten Bedingungen erreicht aber die tatsächliche Brennwertzufuhr nur Bruchteile des Bedarfs; 800 Calorien sind schon viel!

Nährklysmen und Dauertropfeinläufe sind Notbehelfe für kritische Tage. Unter diesen Umständen greift man auch einmal zur intravenösen Nahrungszufuhr (subcutane Zufuhr kommt praktisch nicht in Betracht). Intravenös lassen sich nur Zucker-Kochsalzlösungen (20—40% Glucose) zuführen. Die Mengen sind beschränkt. Als „Ernährung" fallen sie kaum ins Gewicht.

5. Medikamentöse Diätetik.

Auf der Grenze zwischen Diätetik und Arzneibehandlung steht die „*medikamentöse Diätetik*". „Diätetik" deutet darauf hin. daß hier nur eine perorale (nicht auch eine parenterale) Arzneibehandlung gemeint ist.

Kochsalz. Diätetisches Medikament von vielseitigster Verwendbarkeit ist das *Kochsalz*. Es ist Heilmittel bei allen Krankheiten, die mit starkem Kochsalz- und Wasserverlust, bei vielen Krankheiten, die mit Natrium- und Chlor*verschiebung* und vermehrter Natrium- und Chlor*bindung* in den Geweben einhergehen. Hierher gehören Pylorusstenose, anhaltendes Erbrechen, Enteritis und Colitis mit profusen Durchfällen, starke Schweiße (bei stärkster Kochsalzverarmung kommt es zu Hitzekrämpfen!), überreiche Diurese nach Zufuhr großer Mengen kochsalzarmer Flüssigkeit und die Behandlung und Vorbeugung postoperativer Komplikationen. Jeder wasserverarmte Körper kann seinen Wasserbestand nur bei gleichzeitigem Kochsalzangebot wieder auffüllen. — Reichlichste Kochsalzzufuhr (Zulagen von 10, 20 und mehr Gramm je Tag zur gewöhnlichen Kost) ist beim *Addisonkranken* lebensnotwendig. Beim *Zuckerkranken* führt kochsalzarme Ernährung zu mangelhafter Insulinwirkung, unter Umständen zu Insulinresistenz. Kochsalz ist ein altes Mittel zur *Blutstillung* und *Schweißhemmung*. Auch beim Gesunden ist regelmäßige Salzzufuhr (täglich 5—10 g) wünschenswert. *Trinkkuren* mit Kochsalzwässern sind manchmal bei Erkrankungen der Atemwege und Verdauungsorgane von Nutzen.

Mineralwässer. Altbewährte „diätetische Medikamente" sind — bei innerlicher Verabreichung — die *Mineralwässer*: Alkalische und alkalisch-muriatische Wässer enthalten Natriumbicarbonat und Kochsalz; ihre Indikationen decken sich mit den Indikationen der Kochsalzwässer, dazu kommen Gallen-, Nieren- und Blasensteine und Gicht. Alkalisch-sulfatische und Bitterwässer enthalten Natriumsulfat, Natriumbicarbonat und Magnesiumsulfat; sie sind bei Leber- und Gallenwegskrankheiten, Fettsucht, chronischer Verstopfung und Diabetes mellitus angezeigt. Die erdigen Wässer mit ihrem Calciumcarbonat und Magnesiumcarbonat finden bei Entzündungen und Steinbildungen in den ableitenden Harnwegen Verwendung. Einige wenige Wässer enthalten wirksame Mengen von Arsen, Jod, Brom, Schwefelwasserstoff und Eisen.

Neuerdings werden **Meerwassertrinkkuren** empfohlen. Das Verfahren ist an sich sehr alt. Meerwassertrinkkuren sollen sich vor allen Dingen bei Erkrankungen des Magens, der Leber und der Gallenwege, bei Fettsucht, Diabetes mellitus, bei Erkrankungen der abführenden Harnwege, der Atmungsorgane und der Haut, angeblich auch bei Nierenentzündung bewähren. Brauchbare klinische Beobachtungen liegen kaum vor; sie wären sehr erwünscht. Die bisherigen Mitteilungen geben nicht viel mehr als Hinweise und Anregungen. Ein großer Teil der dem Meerwasser zugesprochenen Heilwirkungen erklärt sich zwanglos mit seinem Gehalt an abführenden Sulfaten und an Kochsalz. Aber sind damit *alle* Heilwirkungen erklärt? — Meerwasser wird zu einer nicht zu unterschätzenden Gefahr, wenn sich bei Gewinnung und Bereitung nicht alle Verunreinigungen mit Sicherheit vermeiden und alle pflanzlichen und tierischen Schädlinge entfernen lassen. Bakteriologisch entspricht Meerwasser „einem nicht ganz gereinigten Abwasser" (PFANNENSTIEL). — Gelegentlich hört man die Behauptung, Meerwasser sei blutisotonisch und die Mineralien seien im Meerwasser im gleichen Verhältnis enthalten wie im Blutplasma. Das trifft nicht zu. Der Gesamtsalzgehalt des Meerwassers ist 3—4mal so groß wie der Salzgehalt des Blutplasmas. Auf 100 g Natrium kommt aber im Meerwasser 0,6mal so viel Kalium, 1,3mal so viel Calcium und 18,4mal soviel Magnesium wie im Blutplasma.

Die Behandlung mit Mineralwässern und Meerwasser ist auch heute noch fast ganz empirisch. Eine Reihe stoffwechselphysiologischer Veränderungen nach Mineralwasserzufuhr sind zwar eindeutig nachgewiesen. Die Abführwirkung und die galletreibende Wirkung der natriumsulfat- und magnesiumsulfathaltigen Wässer, die Schleimverflüssigung und die Anregung der Magensekretion durch Kochsalzwässer sind Beispiele solcher Veränderungen. Von einem wirklichen Verständnis der beobachteten Einzelwirkungen und ihrer therapeutischen Bedeutung sind wir aber noch weit entfernt. Veränderungen der mineralischen Gewebszusammensetzung (Transmineralisation), Zu- oder Abnahme des Mineralgehalts bestimmter Gewebe (Mineralisation, Demineralisation), Ansatz auch von *nicht* im Heilwasser zugeführten Mineralien sind bei regelmäßiger Mineralwasserzufuhr erwiesen. Unter dem Einfluß von Meerwassertrinkkuren wird eine Magnesiumanreicherung im Körper, im übrigen aber keine Veränderung des Mineralgehaltes gefunden. Wesentlich für die biologische Endwirkung ist die Gesamtheit aller Ionen, vor allem der Kationen und die Art der gleichzeitigen Ernährung. Daß die Mineralien nicht im Verhältnis ihres Angebots resorbiert und angesetzt werden, ist lange bekannt. Die Wirkungen von Flaschenabfüllungen und künstlichen Mineralwässern erreicht nicht die Wirkung der natürlichen Heilquellen am Ort. Änderungen der Ionisation, der Radiumemanation, des CO_2-Gehalts, der kolloidalen Bestandteile mögen da eine Rolle spielen.

Eine „*Transmineralisation*" des Körpers tritt im übrigen nicht nur bei lang dauernder Mineralwasserzufuhr auf, sondern auch bei einseitiger *Ernährung*. So reichert Rohkost den Organismus mit Kalium an, läßt ihn an Natrium und Chlor verarmen; kochsalzreiche Ernährung wirkt umgekehrt. Wieweit die Heilwirkung bestimmter Kostformen auf Transmineralisation beruht, bedarf im einzelnen noch der Klärung. Vielfach wird behauptet, der Mineralbestand des *gesunden* Körpers sei infolge verkehrter Ernährung falsch zusammengesetzt, die übliche gemischte Kost sei zu arm an Mineralstoffen. Solche verallgemeinernden Behauptungen sind völlig unbewiesen.

Jod. In manchen Gegenden Europas genügt der Jodgehalt der Nahrung offenbar nicht zur Erhaltung der vollen Gesundheit und Leistungsfähigkeit des Menschen. In der Schweiz hat man bei Verwendung von „Vollsalz" (Kochsalz mit 0,0005—0,001%KJ) Jodmangelsymptome zurückgehen sehen. In Deutschland sind die Erfahrungen weniger einheitlich; Jodschäden sind dabei beobachtet worden. In höheren Dosen wird Jod zur Behandlung arteriosklerotischer und (in der Hauptsache als Vorbereitung für operative Behandlung) thyreotoxischer Zustände benützt, in kleinen Dosen zur Erkältungsprophylaxe.

Kalium und Calcium. *Kalium* nehmen wir mit jeder Kost in Mengen zu uns, die sicherlich über dem Maß des Notwendigen liegen. Therapeutisch wird gelegentlich die diuretische Wirkung der Kaliumsalze nutzbar gemacht.

Die Frage einer ausreichenden *Calcium*zufuhr ist häufig erörtert. Eindeutige Beweise für allgemein unzureichenden Calciumgehalt der Kost Minderbemittelter liegen nicht vor. Dagegen muß mit der Möglichkeit einer Calciumunterernährung bei Kindern gerechnet werden, die unter ungünstigen Ernährungsverhältnissen heranwachsen. Das Milchfrühstück des Kleinkindes und Schulkindes kann auch im Hinblick auf die Calciumversorgung nur empfohlen werden. Ausreichende *Zufuhr* ist übrigens gerade bei Calcium noch keineswegs gleichbedeutend mit ausreichender *Resorption*. — Calcium als Medikament erhöht die Gerinnungsfähigkeit des Blutes, „dichtet" die Capillarwandungen und aktiviert gewisse Hormone. Indikationen der Calciumtherapie sind Blutungen, Entzündungen und entzündliche Ödeme, allergische Erscheinungen und Bleivergiftung. Eine darüber hinausgehende „tonisierende" und leistungssteigernde Wirkung ist nicht erwiesen.

Phosphor, Schwefel, Magnesium, Eisen u. a. Geteilt sind die Anschauungen über eine Steigerung der körperlichen und geistigen Leistungsfähigkeit durch *Phosphor* in Gestalt von Kalium- oder Natriumphosphat, Lecithin oder anderer organischen Phosphorverbindungen. Die zuverlässige Feststellung solcher Wirkungen ist schwierig. Man darf annehmen, daß eine freigewählte Nahrung in der Regel genug Phosphor, Schwefel, Kupfer, Eisen, wahrscheinlich auch genug Magnesium enthält.

*Magnesium*verbindungen führen ab, neutralisieren Säuren, bilden mit Arsen schwerlösliche Salze (klinische Verwendung als Antidot. arsenici) und spielen vielleicht eine Rolle für die Aktivierung der Vitamine.

Reiner *Schwefel* wird bei Hautkrankheiten gegeben. Sulfate führen ab. Die schwefelhaltige Aminosäure Cystin ist ein unentbehrlicher Eiweißbaustein; unentbehrlich ist das schwefelhaltige Vitamin B_1.

Blutverluste, erhöhte Darmausscheidung, verminderte Resorption und Störungen im intermediären Stoffwechsel können zu *Eisen*mangelzuständen und der Notwendigkeit erhöhter Eisenzufuhr führen. Eisen wird mir als zweiwertiges Eisen resorbiert. Zweckmäßig ist darum die Verabreichung zweiwertigen Eisens (etwa Eisen gebunden an Vitamin C oder Eiweiß). Bei schweren Colitiden sieht man gelegentlich Gutes von sehr großen Eisengaben (8—10 g Ferrum reductum täglich per os).

Bei manchen Anämieformen scheint Eisen zusammen mit *Kupfer* oder Kupfer allein besser zu wirken. Kupfersulfat ist ein altes Brechmittel.

Wir wissen nicht, ob eine frei gewählte, als ausreichend empfundene Nahrung zu Mangel an jenen *Mineralien* führen kann, die normalerweise im Körper nur *in kleinsten Mengen* vorkommen: Zink, Aluminium, Nickel, Kobalt, Quecksilber, Lithium, Rubidium, Caesium, Strontium, Silicium, Arsen, Fluor, Brom und Mangan. Unabhängig davon wurde erhöhte *Silicium*zufuhr bei Lungentuberkulose empfohlen; überzeugende Heilerfolge sind damit bisher nicht erzielt worden. Erhöhte perorale *Arsen*zufuhr dient der Bekämpfung von Psoriasis, Lymphogranulom, leukämischer Zustände und der allgemeinen Hebung von Ernährungszustand und Wachstum. Perorale *Quecksilber*therapie (als metallisches Quecksilber, als Kalomel) spielt heute keine Rolle mehr. Bekannt ist die Verwendung des *Broms* als Sedativum. *Zink* scheint für die Aktivität der Hypophysenhormone (und des Insulins?) eine Rolle zu spielen. Von einigen wenigen abgesehen, hat die absichtlich erhöhte Zufuhr jener nur in kleinsten Mengen im Körper vorkommenden Mineralien bisher keine größere therapeutische Bedeutung erlangt.

Traubenzucker und Nährzucker. Unter den organischen diätetischen Arzneien steht der *Zucker* an vorderster Stelle: Als reiner Traubenzucker und als „Nährzucker". *„Nährzucker"* sind Zucker und Zuckergemische (Dextrine, Maltose, Traubenzucker, Milchzucker), die vor allem in der Kinderheilkunde bei Verdauungsstörungen verwendet werden. Leichte Resorbierbarkeit, die vielfältigen Möglichkeiten der Zufuhr — peroral, intravenös in 10—20%iger Lösung,

subcutan und intramuskulär in 5,4%iger (blutisotonischer) Lösung — und
nicht zuletzt die geringe Süßkraft haben dem *Traubenzucker* ein weites Gebiet
erobert. Traubenzucker verwenden wir heute bei Unterernährungs- und
Schwächezuständen aller Art, als Kräftigungsmittel beim Sport (Zucker soll
auch die Phosphorausscheidung vermindern), bei Leberkrankheiten, bei ketonämischen und hypoglykämischen Zuständen und bei Infektionskrankheiten.
Vor Operationen mit Chloroformnarkose wird kohlehydratreiche Ernährung
empfohlen. Bei Vergiftungen mit Kohlenoxyd, Chloroform, Morphium u. a. soll
sich Traubenzucker bewährt haben. Die Indikationen der parenteralen und
lokalen Traubenzuckeranwendung greifen über das Gebiet der Diätetik hinaus.
Es sind — um nur die wesentlichsten hervorzuheben — die intravenöse Zufuhr bei Lungenödem, bei Hirndruck, bei Coronarerkrankungen, zur Durch-
blutungssteigerung des Herzmuskels, bei Hypertonie, zur Krampfaderverödung
und es ist schließlich die lokale Anwendung bei septischen Wunden und vagi-
nalem Fluor. Die Anwendung im Rahmen der künstlichen Ernährung und der
Durchfallsbekämpfung ist oben erwähnt.

Eiweißpräparate. Bei hartnäckiger Appetitlosigkeit, bei Erschöpfungszuständen, bei Verdauungsstörungen, insbesondere bei Störungen der Eiweißverdauung läßt sich in einzelnen Fällen eine ausreichende Eiweißversorgung
nur mit besonders leicht verdaulichem, fein verteiltem *Eiweiß* erzielen. Dafür
kommen *reine Eiweißkörper wie Casein und Milcheiweiß* in Betracht oder eines
der vielen *Eiweißpräparate*. Meist sind das Eiweiß-Kohlehydrat-Phosphat-
mischungen. Einige enthalten dazu Fleischextraktivstoffe, Hämoglobin, Eisen,
Calcium, Arsen, Silicium oder andere Mineralien und Vitamine. Man sollte
mit solchen Präparaten nicht zu freigebig sein und sie immer nur als Notbehelf
gegenüber einer „natürlichen" Ernährung betrachten. Die *parenterale* Eiweiß-
körpertherapie gehört nicht zur Diätetik.

Von der Bedeutung der **Vitamine** für Prophylaxe und Therapie war in
Abschnitt B II die Rede. Es handelt sich dabei um Zustände, die aus einer
unzureichenden Vitaminversorgung oder -verwertung des Organismus entstehen.
Daneben entfalten die Vitamine vielleicht auch Heilwirkungen bei Krankheiten, die *nicht* durch Vitaminmangel bedingt sind. Bezüglich Vitaminüber-
schwemmung und Vitaminantagonismus vgl. Abschnitt B II. Wir beschränken
uns hier auf eine Zusammenstellung der wichtigsten Indikationen für *perorale*
Vitamin-Verabreichung.

Vitamin A: Hemeralopie, Xerophthalmie und Keratomalacie; Knochenbrüche; zerfetzte Wunden; Neigung zu eiternden Hautkrankheiten, zu Trockenheit und Rauhigkeit der Haut (Krötenhaut), zu Erkrankungen der Schleim-
häute der Atemwege und zu anderen Infektionen („Epithelschutz-Vitamin"). —
Vitamin B_1: Beriberi, Hungerödem, gewisse Polyneuritiden, manche Formen von
Appetitlosigkeit, Milch- und Mehlnährschaden der Säuglinge, Säuglings-
toxikose. — *Vitamin B_2-Komplex*: Pellagra (Vitamin B_6), Sprue und Coeliakie,
Ziegenmilchanämie (?), Keratitis, tropische megalocytäre Anämie und tropische
B_2-Avitaminose. — *Vitamin C*: Skorbut, manche Formen von hämorrhagischer
Diathese, gewisse pathologische Pigmentierungen, Gingivitis-Paradentose, infek-
tiöse Erkrankungen des Magen-Darmkanals. — *Vitamin D*: Rachitis, Osteo-
malacie, Tetanie, Knochenbrüche.

Organtherapie. Schließlich ist die *arzneiliche Verabreichung bestimmter Organe*
zu erwähnen. Sie geht wohl zum kleineren Teil auf biologische Beobachtungen,
zum größeren auf mythische Vorstellungen zurück: Herz macht Mut, Hoden
erhöht die Potenz usw. Berührungspunkte mit der alten Signaturlehre sind

unverkennbar: „Die Natur zeichnet ein jegliches Gewächs, so von ihr ausgeht, zu dem, dazu es gut ist" (PARACELSUS). So wurden vor einigen Jahren *Leber und Leberpräparate* gegen Krankheiten der Leber und Gallenwege empfohlen, ein Präparat *aus Zentralnervensystem* gegen Tabes dorsalis, Paralyse, multiple Sklerose und andere Nervenkrankheiten. In dieser Form hat sich die Organtherapie nicht bewährt.

Unersetzlich ist dagegen heute die *Leber* für die Behandlung der perniziösen Anämie. Auch bei Sprue und gelegentlich bei anderen Anämien hat sich Leberzufuhr bewährt. Die Lebermenge (anfangs 200—250 g täglich) kann im Laufe der Behandlung verringert werden; ganz ohne Leber oder gute Leberpräparate kommen die Kranken auf die Dauer nicht aus. Die perniziöse Anämie beruht auf dem Fehlen eines endogenen fermentartigen Stoffes („intrinsic factor" von CASTLE), der von der Magenschleimhaut abgesondert, dann an einen mit der Nahrung zugeführten vitaminartigen Stoff („extrinsic factor" von CASTLE) gekoppelt und in dieser gekoppelten Form in der Leber gespeichert wird. Dieser Mechanismus macht es verständlich, daß die perniziöse Anämie erfolgreich auch mit *Magen* behandelt werden kann und daß Leber- oder Magenzufuhr solange notwendig ist, als die Abscheidung des intrinsic factor fehlt.

Über die therapeutische Brauchbarkeit von *Milz* und Milzpräparaten bei Infektionen und Polycythämie haben wir heute noch kein klares Bild. Bei Schilddrüsenmangelzuständen verwenden wir Schilddrüse oder deren Hormone, bei entsprechenden Mangelzuständen Hypophysen-, Eierstocks-, Hoden- und Nebennierenextrakte oder die reinen Hormone dieser Drüsen. Die meisten von ihnen sind allerdings — wie das Pankreaspräparat Insulin — bei peroraler Verabreichung wenig wirksam oder ganz unwirksam. Präparate aus *Lungengewebe* und *Zentralnervensystem* werden zur Blutstillung verwendet, Präparate aus Gehirnsubstanz als „Kräftigungsmittel".

Gewürze. Altbewährte diätetische Arzneien sind die *Gewürze.* Ihre Vielfalt ist fast unübersehbar. Sie regen den Appetit an und machen bei sachgemäßer Anwendung das Essen anregender und bekömmlicher. Wir wissen nicht, warum der Gewürzverbrauch in den vergangenen 100—200 Jahren so stark zurückgegangen ist. Erst heute lernen wir allmählich wieder die Kunst differenzierten Würzens schätzen.

Diätetische Medikamente, nicht nur **Genußmittel** besitzen wir im *Kaffee,* im *Tee,* im *Kakao* und in den *alkoholischen Getränken.* Die Bezeichnung „Genußgifte" erweckt den Anschein, als lägen hier nur Quellen der Gefahr und Schädigung. Daß man sich mit Genußmitteln, d. h. mit den in ihnen enthaltenen Genußgiften schädigen kann, ist ebenso gewiß wie die Tatsache, daß die Menschheit zu allen Zeiten nach Genußmitteln gestrebt hat und daß Genußgifte heilsame Wirkungen entfalten können. An jedem Krankenbett muß der Arzt abwägen, wie weit im besonderen Fall die Wirkung des Genußmittels erwünscht, wie weit sie unerwünscht kommt.

Der wesentliche Wirkstoff des *Kaffees* ist das Coffein; daneben spielen Röststoffe eine Rolle. Starker Kaffee dient als willkommenes Belebungsmittel bei akuten Erschöpfungszuständen, Hitzschlag und Erfrierung, Kollaps, Ohnmacht, Herzschwäche, erschöpfenden Blutungen, Operationen. Bewährt hat sich der Kaffee als Gegenmittel gewisser Vergiftungen. Allgemeiner Beliebtheit erfreut er sich zur Bekämpfung der Nachwehen des Alkoholrausches. Manche Menschen erzielen nur mit Hilfe von Kaffee regelmäßigen Stuhlgang und vielen ist er ein kaum entbehrliches „Lebens"mittel, das der Arzt nicht ohne Not streichen sollte. *Chronische* Kaffeeschäden kennt man nicht. Strenge Regelung, unter

Umständen Entzug des Kaffees muß nur bei verhältnismäßig wenigen Krankheitszuständen erwogen werden (Übererregbarkeitszustände des Nervensystems und des Magen-Darmkanals, Erkrankungen der Kreislauforgane, arterielle Hypertonie, vielleicht auch Gicht und Diabetes mellitus). Wegen der erregenden Wirkung soll man Kindern keinen Kaffee geben.

Tee, „schwarzer" oder chinesischer Tee, hat als diätetisches Medikament geringere Bedeutung als Kaffee. Ihm fehlen die Röstprodukte des Kaffees. Wir benutzen ihn gern bei akuten Magen-Darmstörungen. Die brauchbaren „Kräutertees" der Volksheilkunde hat die Medizin übernommen zur Bekämpfung von Durchfall und Verstopfung, von Gallenerkrankungen und Krankheiten der abführenden Harnwege, zur Erzeugung und Verhinderung von Schweißen.

Kakao sättigt rasch. Man empfiehlt deshalb Kakao zu Entfettungskuren, Schokolade — ihres Fett- und Zuckerreichtums halber — zur Förderung des Fettansatzes. Die erregende Wirkung des Kakaos bleibt hinter der des Kaffees zurück (Schwerlöslichkeit der im Kakao enthaltenen Theobromin-Coffeinverbindungen?). Manchmal sieht man Gutes bei verschiedenartigen entzündlichen Magen-Darmerkrankungen. Die stopfende Wirkung des Kakao bei Kindern (Eichelkakao) kennt jede Mutter. Mit Kakao- und Teeschädigungen braucht man praktisch nicht zu rechnen.

Die Anwendung *alkoholischer Getränke* als Appetitwecker und als allgemeine Belebungsmittel bei Kreislauferkrankungen, Infektionskrankheiten, Vergiftungen ist alt. Weißwein, Rotwein, Südwein, Schaumwein, Bier, Branntwein — jede Art hat ihre besonderen Wirkungen und nicht selten verträgt der eine gut, was dem anderen schadet. Kranken mit motorischen und sekretorischen Übererregbarkeitserscheinungen des Magen-Darmkanals bekommt Alkohol in der Regel schlecht. Bei unzureichender Magensekretion (bei perniziöser Anämie z. B.) sieht man dagegen sehr oft Gutes. Nierenkranken gegenüber soll man mit alkoholischen Getränken — vor allem wenn ihre Reinheit nicht feststeht — sehr zurückhaltend sein. Jungbier kann unangenehme Blasenreizungen machen. Gichtiker sind, wie schon erwähnt, meist weniger gegen Alkohol im allgemeinen empfindlich — es sei denn im Sinne einer Herabsetzung der allgemeinen Widerstandskraft — als gegen einzelne Wein- und Bier*sorten*. Sofern die Getränke zuckerfrei sind, liegt kein Grund vor, dem Diabetiker einen mäßigen Alkoholgenuß zu verbieten.

Im ganzen gesehen geschieht also den „Genußmitteln" sicher unrecht, wenn man sie immer nur als „Genuß*gifte*" bezeichnet. Gewiß sind sie „Gifte", aber ebenso gewiß sind sie wertvollste alte Bestandteile unseres Arzneischatzes — „allein die Dosis macht, daß ein Ding kein Gift ist" (PARACELSUS).

Schrifttum.

Allgemeines über Diätetik.

HEUPKE: Diätetik. Dresden u. Leipzig 1936.
NOORDEN, v.: Handbuch der Ernährungslehre. Berlin 1920.
SCHLAYER-PRÜFER: Lehrbuch der Krankenernährung. Berlin u. Wien 1937.

Besondere Diätverfahren.

BIRCHER-BENNER: Eine neue Ernährungslehre. Zürich, Leipzig u. Wien 1933. —
BUCHINGER: Das Heilfasten. Stuttgart 1936.
CZERNY KELLER: Des Kindes Ernährung. Leipzig u. Wien 1925.
Ernährungsbehandlung der Zuckerkrankheit. Verh. dtsch. Ges. inn. Med. **1937**.
LAPP-NEUFFER: Diätetik bei chirurgischen Erkrankungen. Wien u. Berlin 1932.
Über Rohkost. Verh. Ges. Verdgskrkh. **1929**.

IV. Krankenhauskost.
Von HANS GLATZEL, Kiel.

Zu den Kostunterschieden, wie sie durch Alter, Gewohnheit, Volkszugehörigkeit, Finanzkraft, Stand, Religion und Weltanschauung, durch die Art der Tätigkeit und durch endogene Besonderheiten bedingt werden, treten beim Kranken noch die durch die Krankheit bedingten Verschiedenheiten. Gemeinschaften von gesunden Menschen kann man ohne Schwierigkeit mit jeder Kost ernähren, sofern sie nur die notwendigen Nährstoffe in ausreichender Menge enthält. „Massenernährung" muß nur der Nahrungswahl des einzelnen einen gewissen Spielraum lassen. Der Kranke dagegen steht nicht mehr in einer geregelten Tätigkeit. Er ist leistungsunfähig, unter Umständen bettlägerig, bestimmte Organe sind nicht mehr voll funktionstüchtig. *Die Kost des Kranken, die Krankenhauskost, muß also anderen Anforderungen gerecht werden als die Kost des Gesunden.*

Im einzelnen wird die Krankenhauskost durch die *Art* der versorgungsbedürftigen Kranken bestimmt. In einem Allgemeinkrankenhaus muß anders gekocht werden als in einem Müttererholungsheim, in einer Lungenheilstätte anders als in einer Irrenanstalt. Viele Krankheiten stellen an *bestimmte* Stoffwechselfunktionen besondere Anforderungen. Andere gehen mit Störungen des *gesamten* Stoffumsatzes oder der *Verdauungsorgane* einher. In solchen Fällen muß die Ernährung dem *Zustand des einzelnen Kranken* angepaßt werden: An Stelle der *allgemeinen Krankenhauskost* tritt nun die *spezielle „Diät"*. Bei Nerven- und Geisteskranken, bei Augen-, Hals- und Ohrenkranken, bei vielen chirurgischen und Hautkranken sind spezielle Diätmaßnahmen im allgemeinen nicht notwendig.

Allgemeine Krankenhauskost und ihre Voraussetzungen. Unzulänglichkeiten der Krankenhausernährung. *Die Krankenhauskost* muß nicht nur die Leistungsfähigkeit *erhalten — sie muß eine Steigerung der Leistungsfähigkeit und eine Auffüllung zusammengeschmolzener Bestände ermöglichen.* Wir wollen uns nicht darüber hinwegtäuschen, daß die Ernährung in sehr vielen, und nicht nur in den kleinen Krankenhäusern weit davon entfernt ist, diese Forderungen zu erfüllen. Man sollte annehmen, daß gerade im Krankenhaus, wo die Bedeutung der Nahrung für Gesundheit und Krankheit so klar vor Augen liegt, alle Anforderungen an eine gesundmachende und gesunderhaltende Ernährung bestens erfüllt würden. Das Gegenteil ist richtig. *Kaum irgendwo bleibt die Ernährung so weit hinter den gesicherten Ergebnissen von Forschung und Erfahrung zurück wie in den Krankenhäusern!*

Kartoffeln, Mehlspeisen, Hülsenfrüchte und Rindfleisch kehren in der heute *üblichen Krankenhauskost* in wechselnder Zusammenstellung ewig wieder. Lieblos und phantasielos werden gewaltige „Schläge" gekocht und mehrfach aufgewärmt ehe sie auf den Teller kommen. Obst und Gemüse erscheinen höchstens hin und wieder als Beilage in kleinen Mengen. Es gibt heute noch Krankenhäuser, in denen selbst im Sommer nur zu ganz besonderen Gelegenheiten frisches Obst auf den Tisch kommt. Die meisten der prächtig gefärbten Gemüse- und Obst*konserven* sind aber praktisch Vitamin C-frei. Der Vitamin B_1-Gehalt der Allgemeinkost 3. Klasse angesehener Universitätskliniken beträgt etwa die Hälfte des als Optimalzufuhr geltenden Wertes. Bekannt sind die Skorbuterkrankungen, die vor einigen Jahren bei einem Großteil der Ärzte eines bekannten norddeutschen Großstadtkrankenhauses auftraten: Alle diese Ärzte waren ausschließlich aus der Krankenhausküche verpflegt worden. Dabei enthielt die Ärztekost dieses Krankenhauses noch erheblich mehr Vitamin C als die Allgemeinkost 3. Klasse. Anderswo hat man (als Ausdruck ungenügender C-Versorgung?) ein Absinken des Vitamin C-Gehalts im Blut während des Krankenhausaufenthalts gefunden. Das sind bedenkliche Erscheinungen. — Bekommen unsere Kranken in den Krankenhäusern auch wirklich immer genug hochwertiges Eiweiß? immer genug leicht resorbierbares Calcium (etwa Milchcalcium)? Bekommen sie ein Brot, das hinsichtlich Zusammensetzung und Bekömmlichkeit die Mindestforderungen erfüllt? Der Kranke hat nicht die Möglichkeit, seinen Nahrungsbedarf nach freier Wahl zu ergänzen und so die Mängel der Krankenhausernährung auszugleichen. Sofern seine Angehörigen nicht für Zusatznahrung sorgen — in vielen Krankenhäusern ist das mit Rücksicht auf die Behandlung mit Recht verboten — ist der Kranke allein angewiesen auf das, was ihm die Stationsschwester vorsetzt. Die Krankenhausernährung wird für ihn zur Zwangsernährung. Um so größer ist die Verantwortung für den, der Art und Aufbau jener Ernährung zu bestimmen hat.

Jeder Krankenhausarzt kennt die *Kämpfe um das Essen.* Der wirtschaftlichen Krankenhausleitung fehlt nicht nur das Wissen, sondern meist auch das Verständnis für eine zweckmäßige, gesunde Ernährung. Hier liegen die großen Schwierigkeiten. *Was die Kranken essen dürfen und essen sollen — das zu bestimmen, ist ausschließlich ärztliche Angelegenheit.* Das mag selbstverständlich klingen — tatsächlich ist es keineswegs überall selbstverständlich. Der Arzt muß deshalb die Macht haben, seinen Willen auch gegenüber unbelehrbaren und widerstrebenden Verwaltungsinstanzen durchzusetzen. Wo das nicht gelingt, bleibt die Krankenhausernährung das alte, traurige Kapitel.

Daß wir heute manches besser wissen als vor 30 Jahren, ist noch lange nicht überall durchgedrungen. Für eine vollwertige Ernährung verlangen wir heute *andere Rohstoffe, mehr Nachdenken, mehr Sorgfalt, mehr Kochkunst.* Allerdings sind Gemüse und Obst teuer. Kartoffeln, weiße Bohnen und Rindfleisch sind billiger, einfacher zu beschaffen, einfacher zuzubereiten. Die Wirtschaftsleitung will sparen — Überschüsse werden gern gesehen — und weiß nicht, wie sie damit den Bemühungen vieler anderer Stellen um die Hebung der Volksgesundheit entgegenarbeitet. Hier wird der Sinn des Sparens zum Unsinn.

Wir meinen, daß gerade *das Krankenhaus dazu berufen ist, breitesten Volkskreisen die richtige Ernährungsweise nahezubringen.* Das Krankenhaus kann den Menschen die Verwendung neuer Rohstoffe zeigen (Quark, Magermilch, Soja und vieles andere). Es kann ihnen zeigen, wie, was und wann man einkauft, wie man bei beschränkter Rohstoffwahl kocht und wie man neue Gerichte zusammenstellt. Die Ursache unzureichender und unzweckmäßiger Ernährung ist ebenso häufig ein Nichtwissen wie ein Kein-Geld-Haben. Ohne *Verständnis der Verwaltungsinstanzen für die Notwendigkeiten der Ernährung* und ohne *Einsicht des Arztes in die* Notwendigkeiten der *Wirtschaft* läßt sich eine ausreichende und allseitig befriedigende Ernährung im Krankenhaus nicht erreichen. Einkauf, Speisezettelgestaltung, Ersatz oder Bevorzugung einzelner Stoffe und was derlei Dinge mehr sind — die Gesamtorganisation des Verpflegungsbetriebs muß getragen sein von der Gemeinschaftsarbeit zwischen Arzt, Diätassistentin und Wirtschaftsbeamten. Allgemein gehaltene Richtlinien und Ratschläge nützen erfahrungsgemäß wenig oder nichts. In allen praktischen Einzelheiten muß die Gemeinschaftsarbeit den Speisezettel festlegen. BRAUER hat z. B. zu diesem Zweck fertige „Tagesverpflegzettel" herausgegeben.

Ausreichender Brennwertgehalt ist erste Veraussetzung einer richtigen Ernährung. Als Richtzahl für den erwachsenen Mann gelten rund 3000 Calorien; Rekonvaleszenten essen oft mehr. Daß man mit weniger auskommen *kann,* ist unwesentlich — worauf es hier allein ankommt, das ist die *optimale Bedarfs-deckung*. Das gleiche gilt für die Zufuhr von Eiweiß (70—100 g täglich), Mineralien und Vitaminen. Schweinefleisch enthält 10mal so viel Vitamin B_1 wie Rindfleisch. Eine bedeutsame Tatsache im Hinblick auf unsere anscheinend knappe Vitamin B_1-Zufuhr! Kein Tag ohne irgendein frisches Gemüse oder frisches Obst, mag es Sommer oder Winter sein! Langes Lagern und Kochen vermindert den Vitamin C-Gehalt von Obst und Gemüse. Milch besitzt höchstwertiges Eiweiß und das bestresorbierbare Calcium. Im übrigen muß sich die allgemeine Krankenhauskost selbstverständlich der landesüblichen Geschmacks-richtung und den landesüblichen Eßgewohnheiten so weit irgend möglich anpassen.

Es hat sich im Krankenhausbetrieb als zweckmäßig erwiesen, neben der „*Vollkost*" (1. Form) noch eine zweite Kostform in Gestalt einer „*Schonkost*" (2. Form) auszugeben. Die Schonkost ist für allgemein schonungsbedürftige und anfällige Kranke bestimmt. Sie unterscheidet sich von der Vollkost durch das Fehlen schwer verdaulicher Gerichte (keine fettdurchzogenen und scharf in Fett gebratene Speisen, keine scharfen Würzen, Vermeidung harter, zäher, schlecht zerteilbarer, blähender und übermäßig ballastreicher Nahrungsmittel). Es hängt aber vor allem von der Küchentechnik, weniger von den Rohstoffen ab, ob ein Gericht schwer bekömmlich ist oder nicht.

An die **Küchentechnik** müssen im Krankenhaus besonders hohe Anfor-derungen gestellt werden. *Jede* langdauernde Massenernährung birgt die Gefahr des „Abgegessenseins" — wieviel mehr eine Massenernährung von untätigen, appetitschwachen, empfindlichen Kranken, die ihre Gedanken viel mehr aufs Essen richten als tätige Menschen. Die Bekämpfung des Abgegessenseins ist Aufgabe der *Speisezettelgestaltung* und der *Kochtechnik*. Periodische Wieder-holungen derselben Gerichte müssen unbedingt vermieden werden. Der geringe Appetit schwindet völlig, wenn man schon vornherein weiß: Heute gibt es Gemüsesuppe mit Würstchen, morgen Bücklinge und übermorgen Rindfleisch mit Gurken. Wenn der Speisezettel nur richtig gestaltet wird, dann ist ein „Auswahlspeisezettel", d. h. das Essen nach der Karte ganz überflüssig. — Karotten und Spargeln, Spinat und Kartoffelbrei schmecken in manchen Krankenhäusern zum Verwechseln ähnlich: das wesentliche am Gemüse ist die Mehlschwitze und immer wieder taucht die bekannte Einheitssoße und der bekannte Einheitspudding auf. Solche Dinge beweisen eindeutig die Unfähigkeit der Küchenleitung.

Eine weitere Schwierigkeit jeder Massenernährung liegt in der *Transport-frage*. Bis das Essen von der Küche auf den Teller gelangt, ist es nur allzuoft kalt geworden: Die Töpfe haben zunächst eine Zeitlang in der Küche gestanden, sind dann durch Höfe und Gänge getragen worden, um schließlich auf der Krankenstation noch längere Zeit auf die Verteilung zu warten. Das kalte Essen kocht die Stationsschwester noch einmal auf, weil es sonst gänzlich ungenießbar wäre. Alle Bemühungen der Küche um eine schonende und sorgfältige Zu-bereitung sind damit nutzlos vertan! Geheizte Ausgabetische, Wärmeschränke, wärmehaltende Menagen (Porzellan-, *nicht* Blechgefäße, Tragekästen aus Holz) und ineinandergreifende Transportorganisation sind im Krankenhausbetrieb unentbehrlich In gut geleiteten Gaststätten wird auf diese Dinge sehr viel mehr geachtet als in Krankenhäusern.

Schließlich sollten auch die Erkenntnisse von der Bedeutung der *äußeren Umgebung* für Appetit und Bekömmlichkeit mehr in die Praxis umgesetzt werden. Ärzte und Schwestern merken oft nicht mehr, was alles im täglichen Stations-betrieb den Appetit stören kann. Essen ist für die meisten Menschen eine lustbetonte Handlung, und gerade beim Kranken wird man bemüht sein, lustbetonte Ereignisse nach Möglichkeit auszubauen.

Die Diätküche. Ihre Organisation und ihre Kostformen. Als man die Notwendigkeit einer besonderen Ernährung für gewisse Kranke erkannte, fing die Stationsschwester an, in ihrer Teeküche „Diäten" herzurichten. Aus der Teeküche ist die *Diätküche* hervorgegangen. Sie ist im modernen Krankenhausbetrieb so unersetzlich wie das chemische Laboratorium und die Röntgenabteilung.

Die Diätküche stellt im allgemeinen eine Anzahl bestimmter *Grundkostformen* her. Die Grundkostformen können auf besondere Verordnung abgeändert und den Bedürfnissen des einzelnen Kranken noch mehr angepaßt werden. Diese Organisation scheint sich überall am besten bewährt zu haben. Der Erfolg jeder diätetischen Behandlung hängt von den küchentechnischen Leistungen ab und von der Zusammenarbeit zwischen Krankenstation und Diätküche. Schematische Diätbehandlung ist ein Widerspruch in sich selbst! Die *Diätköchin* muß die Kochkunst von Grund aus beherrschen und wissen, worauf es bei den einzelnen Kostformen ankommt. Sie muß die besonderen Bedürfnisse und Wünsche des Kranken kennen und sie mit den ärztlichen Vorschriften und mit den lieferbaren Speisen in Einklang bringen. Diese Anforderungen machen einen verhältnismäßig großen Personalstamm der Diätküche notwendig: Man rechnet für die Versorgung von 150 diätbedürftigen Kranken 4—5 geschulte Kräfte und 2—3 Hausangestellte, bei größeren Anforderungen auf 20 Kostformen eine geschulte Kraft und auf 40—50 eine Hilfskraft (HESSLER).

Zur Entlastung der Diätküchenleiterin und zur Vermeidung der gerade im Großbetrieb drohenden Schematisierung hat v. Soós vorgeschlagen neben die „Küchenleiterin" eine „Diätassistentin" zu stellen, die lediglich die Verbindung mit Kranken und Arzt aufrecht erhält und nach der örtlichen Diätverordnung den Speisezettel zusammenstellt. Diese Diätassistentin muß also Art und Beschaffenheit der lieferbaren Gerichte und alle küchentechnischen Möglichkeiten genau kennen. Mit dem Kochen selbst hat sie nichts zu tun. Sie gibt ihre Anweisungen an die Küchenleiterin weiter. BRAUER hat schon 1908 die „theoretische Köchin" gefordert. Irgend eine Art von Arbeitsteilung ist in größeren Betrieben unumgänglich, wenn wirklich mit dem Krankenbett Verbindung gehalten werden soll. Wo aber diese Verbindung fehlt, da ist die Diätküche ein sinn- und nutzlos laufender Apparat geworden. Der Kranke ißt seine Kost mit Unlust und Widerwillen — der Arzt sieht seine diätetischen Bemühungen an der Mangelhaftigkeit der Diätversorgung scheitern — die Schwester „verbessert" von sich aus die gelieferten Diäten oder fängt an, für einzelne Kranke (aus Zeitmangel nur für *einzelne*) selbständig zu kochen.

Die Möglichkeiten der Diätküche werden auch nicht ausgenutzt, wenn man die Verbindung zwischen Küche und Krankenbett der *Stationsschwester* überträgt. Die Schwester hat nicht die nötige Zeit, nicht die nötigen küchentechnischen Kenntnisse, nicht die nötige Erfindungsgabe im Ausdenken neuer Gerichte im Rahmen der gegebenen Diätvorschrift. Die Schwester weiß zu wenig Bescheid über verfügbare Rohstoffe und über Zusammensetzung und Beschaffenheit der lieferbaren Gerichte. Überträgt man der Stationsschwester zu ihrer reichlichen anderen Arbeit noch die Funktion einer Diätassistentin, dann kommt man am sichersten zu jener Schematisierung, die eine wirkliche Diätbehandlung illusorisch macht. Rasch führen sich neue Formeln und ständig wiederkehrende Zusammenstellungen ein und der Schematismus wird besonders gefährlich, weil der Arzt nichts von ihm erfährt und alles aufs beste geordnet glaubt. Ebensowenig wie die Stationsschwester kann der *Arzt* Verbindungsmann zwischen Diätküche und Krankenbett sein. Seine Aufgaben sind zu vielseitig, als daß man von jedem Arzt *spezielle Kenntnisse* der Küchen- und Verpflegungstechnik verlangen könnte. Daß er *etwas* davon versteht ist natürlich ganz unumgänglich. Sehr viel größer müssen selbstverständlich die Anforderungen an jene Ärzte sein, die diätbedürftige Kranke zu versorgen haben. Alle großen Diätetiker haben von der Küche und ihren Geheimnissen sehr viel verstanden.

Art und Zahl der Kostformen wird durch die versorgungsbedürftigen Kranken bestimmt. Für chirurgische Abteilungen werden im allgemeinen 4 Kostformen genügen: Magen-Darmschonkost (dabei Breikost und rein flüssige Nahrung), salzfreie Kost, Diabetikerkost und künstliche Ernährung. Für Hautkranke kommen praktisch nur salzfreie Kost und fettarme Kost in Betracht. Für innerlich Kranke muß naturgemäß die größte Anzahl von (im einzelnen abänderbaren) Kostformen zur Verfügung stehen: *Brennwertreiche und brennwertarme Kost, Rohkost* mit ihren Sonderformen wie *Saftfasten, Apfeltage, Obsttage* u. ä., kochsalzfreie und wasserarme Kost, kochsalz-eiweißarme Kost, *Diabetikerkost, Magen-Darmschonkost, Schonkost für Leber- und Gallenwegskranke.* Dazu treten einzelne *diagnostische Kostformen*: SCHMIDTsche Probekost, Probediäten für Nierenkranke, Antigen-Suchkost u. a. Über die Notwendigkeit harnsäuernder und harnalkalisierender, purin- und oxalatfreier Kostformen vgl. S. 501 und 506. Die vorstehende Aufzählung soll alles andere sein als ein starres Schema. Die Grundformen können je nach Umständen vereinfacht oder erweitert werden. Die brennwertreiche Kost kann z. B. in einer Allgemeinkost mit Zulagen bestehen, die brennwertarme Kost auf der gleichen Grundlage aufgebaut werden wie die Rohkost, die kochsalz-eiweißarme Kost auf derselben Grundlage wie die kochsalzfreie.

Leistungsfähige Diätküchen sind dazu übergegangen, *Diäten auch an Kranke außerhalb des Krankenhauses* abzugeben. Wenn bei dieser Art von Diätbehandlung die Kranken ihre Kost nicht wenigstens *im Krankenhaus verzehren*, dann verliert man jeden Überblick und jede Kontrolle. Aus diesem Grund haben sich *nachgehende diätetische Fürsorge* und *diätetische Beratungsstellen im Krankenhaus* besser bewährt als öffentliche Diätküchen, in denen sich die Ernährung des einzelnen jeder ärztlichen Überwachung entzieht. In der praktisch diätetischen Einzelberatung der Hausfrau liegen trotzdem noch große, volksgesundheitlich bedeutsamste Aufgaben und Möglichkeiten für die Diätversorgerin.

Ohne eine gewisse *wirtschaftliche Selbständigkeit* läßt sich ein Diätküchenbetrieb, der seine Aufgabe wirklich erfüllen soll, nicht durchführen. Die Küchenleiterin ist verantwortlich für die gelieferten Diäten. Sie muß deshalb die Möglichkeit haben, sich Vorräte zu halten, ihre Rohstoffe selbst auszusuchen und — etwa bei Einlieferung Schwerkranker — selbst rasch zu beschaffen. Lagerwaren können natürlich aus dem Lager der Hauptküche geliefert werden. Eine *räumliche* Trennung von Hauptküche und Diätküche ist wegen ihrer *wirtschaftlichen* Trennung, wegen der *verschiedenen Art der Nahrungszubereitung* und wegen der *Selbständigkeit der beiden Küchenleiterinnen* sehr erwünscht.

Ein besonderes System besteht in Budapest: Die Zentralküche für alle Kliniken gibt Wochenzettel aller Speisen aus. Danach wird für jeden Kranken die Kost zusammengestellt, die dann die Zentralküche an die Verteilerküchen der einzelnen Kliniken liefert. Die Verteilerküchen stellen einzelne Speisen auch selbständig her. Es ist also ein Diätküchensystem mit teilweiser Belieferung aus einer Zentralküche.

Der Verpflegungsbetrieb im Krankenhaus erfordert Sachkenntnis, Erfahrung, Arbeit, Organisation und Geld. Die *Erkenntnis* von der Bedeutung der diätetischen Therapie ist heute Allgemeingut. Die praktische *Durchführung* ist oft genug nicht möglich, weil die Mittel dazu fehlen (wenn auch jedes größere Krankenhaus heute eine Einrichtung besitzt, die sich Diätküche nennt. Es kommt immer auf das Ineinandergreifen aller Teile an und es kann ein einziger Fehler das Ergebnis vieler Bemühungen zunichte machen. Der Verpflegungsbetrieb ist ein unteilbares *Ganzes*. Er kann seinen Zweck nur erfüllen als sinnvoll ausgerichtete Gemeinschaftsarbeit zwischen Arzt, Schwester, Köchin, Krankenhausverwaltung und Kranken.

C. Ernährung als gesundheitspolitisches Problem.

Von **O. Flössner**, Berlin.

I. Allgemeines.

Das Ernährungsproblem ist heute ein völlig anderes als das vor fünfzig Jahren. Damals standen im Vordergrund die großen Ergebnisse der Forschungen unserer Ernährungswissenschaftler wie Voit, Pettenkofer, Rubner, die zahlenmäßige Werte für die Ernährung des einzelnen Menschen angaben. Mochte zu jener Zeit auch der Eindruck entstanden sein, daß mit diesen quantitativen Betrachtungen schon die Ernährung bestimmt sei, so ist doch die Entwicklung rasch über diese scheinbaren Grenzen hinweggeschritten. Weder die Mengenbestimmung auf der einen Seite noch die Diätbegriffe auf der anderen haben der Forschung über die Volksernährung genügen können.

Die Ernährung hat heute nicht mehr nur die Bedeutung einer wichtigen Funktion im Leben neben anderen, nicht mehr nur die Aufgabe, als Diät Krankheiten mitheilen zu helfen, heutzutage ist die Ernährung ein wesentliches Mittel zur Gesunderhaltung, und damit ist die Ernährung der gesunden Bevölkerung zum Problem geworden. Eine richtige Ernährung ist eine notwendige Voraussetzung für die menschliche Gesundheit. Es ist dabei klar, daß der Kampf um die Ernährung sich auf die Ergebnisse der neuzeitlichen Ernährungsforschung stützt, die am besten mit den Begriffen Qualitätswerte und Schutznahrung charakterisiert sind. Neben die Sicherung der Ernährung durch Zur-Verfügungstellen einer angemessenen Calorienmenge mit den entsprechenden Nährstoffmengen tritt die Forderung der Qualität, die durch das Vorhandensein von biologisch vollwertigem Eiweiß, von Vitaminen und von Salzen bestimmt ist, wie sie in Obst, Gemüse, Brot aus hochausgemahlenem Mehl, in Milch und Milcherzeugnissen, in Fisch und Fleisch vorliegen. Den bisherigen Fragen der Nahrung nach dem Wieviel und nach dem Was tritt die nach dem Wie an die Seite. Der Begriff „Schutznahrung" weist zugleich auf die gesundheitspolitisch wichtigen Eigenschaften der Ernährung hin. Da aber die Ernährung leicht Änderungen unterliegt, erscheint es erforderlich, hierfür die Richtung anzugeben, die im Interesse der Gesundheit des einzelnen wie der ganzen Bevölkerung eingeschlagen werden soll. Damit wird die Ernährung aus dem Bereich des Einzelmenschen herausgehoben und zu einer staatspolitischen Aufgabe, deren Erfüllung Bestand und Leistung des Volkes mit garantieren hilft.

Die *Bevölkerungspolitik* zieht heutzutage die Schlußfolgerung aus den Ergebnissen der Bevölkerungsstatistik, in deren Anfängen bei der rein registrierenden Tätigkeit von einer bevölkerungspolitischen Problemstellung kaum die Rede war. Bevölkerungszahl und Bevölkerungswachstum galten mehr oder weniger als gegebene Größen, die sich nach eigenen Gesetzen gestalteten. Selbst so ernste Erscheinungen wie die Auswanderungen (in Deutschland verließen im

19. Jahrhundert allein nach Übersee über 6 Millionen deutsche Menschen die Heimat), schufen keine grundsätzlich neue Haltung (BURGDÖRFER).

In der zweiten Hälfte des 19. Jahrhunderts und auch noch zu Beginn des 20. Jahrhunderts stand nach der Überwindung der schweren Volksseuchen in Europa im Mittelpunkt des bevölkerungspolitischen Interesses nur der Kampf gegen den Tod, insbesondere gegen den vorzeitigen Tod, der in der übergroßen Sterblichkeit der Säuglinge und Kleinkinder den Völkern schwere Verluste zufügte. Nach den beträchtlichen Erfolgen hierbei ist heute ein anderes bevölkerungspolitisches Problem in den Vordergrund getreten: Der Kampf gegen die Verhinderung des Lebens; neben der Bekämpfung der Sterblichkeit steht als Aufgabe die Bekämpfung des Geburtenrückganges.

Das Ziel praktischer Bevölkerungspolitik ist zunächst ein quantitatives: Sicherung einer zur Aufrechterhaltung des zahlenmäßigen Volksbestandes ausreichenden Fortpflanzung.

Hinzutreten muß die qualitative Bevölkerungspolitik durch Förderung der Fortpflanzung der Erbtüchtigen und Hintanhaltung der Fortpflanzung der Minderwertigen.

Die Fragen der Bevölkerungspolitik haben besonders auch für Deutschland eine außerordentliche Bedeutung gewonnen. Der Krieg 1914—1918 hat auf die Bevölkerungsbewegung furchtbare Wirkungen ausgeübt. Die Verluste der Kriegsgefallenen, die fast sämtlich kräftige Männer im Alter von 18—50 Jahren waren, sind biologisch nicht auszugleichen, dazu tritt die ungünstige Verschiebung im Altersaufbau der Bevölkerung und im zahlenmäßigen Verhältnis der Geschlechter.

Deutschland hat daher seit einigen Jahren eine planmäßige Bevölkerungspolitik in Angriff genommen, um durch eine Reihe von Maßnahmen (Ehestandsdarlehen, soziale Erleichterungen für Kinderreiche, Bekämpfung der Überalterung, Unfruchtbarmachung der Erbkranken) Zahl und Wert der Bevölkerung günstig zu gestalten (GÜTT).

In dem Kampf um den größten Reichtum eines Volkes, seine Gesundheit, sind aber alle Kräfte zur weitgehenden Unterstützung einzusetzen. Es ist in bevölkerungspolitischer Hinsicht nicht allein damit getan, daß erbgesunder Nachwuchs geschaffen wird, sondern es ist notwendig, daß entsprechend den genotypischen Möglichkeiten nun auch die optimale Entwicklung und Ausbildung des Phänotyps bei jenen erfolgt. Für den Staat ist heute die Lebensdauer bei den einzelnen Volksgenossen von geringerer Bedeutung, wichtiger ist die Zeitdauer voller, uneingeschränkter Erwerbs- und Leistungsfähigkeit. Darum muß der Jugend, dem biologischen Entwicklungsalter, besondere Beachtung geschenkt werden.

Der Kampf um die Volksgesundheit ist als große Aufgabe auch in anderen Staaten erkannt. „Es ist eine erstaunliche Tatsache, daß wir als Staat die Gesundheit unserer Kinder in ungeheurem Ausmaße vernachlässigen", klagt DUBLIN 1931, denn in den Vereinigten Staaten von Nordamerika wurden damals 59 Cents pro Kopf und Jahr für Gesundheitspflege im Kindesalter ausgegeben, 50mal mehr dagegen für öffentlichen Unterricht. In Schweden, das zu den Ländern gehört, in dem die Geburtenzahl am stärksten gesunken ist, ist deshalb eine staatliche Kommission beauftragt worden, Möglichkeiten zur Bekämpfung des Geburtenrückganges zu erforschen und dabei gleichzeitig die Besserung der Qualität der Jugend ins Auge zu fassen, die an Zahl verringert, aber deshalb um so mehr gesund und kräftig erzogen werden soll.

In der Zeit zunehmender Bedeutung bevölkerungspolitischer Gesichtspunkte ist es selbstverständlich, daß auch die Umweltfaktoren des Menschen einer anderen

Wertung unterworfen und mit in den Kampf der Gesundheitspolitik eingesetzt werden.

Von überragendem Einfluß ist hier die Ernährung. Neben der Arbeit ist sie der wichtigste Umweltfaktor, ist sie doch zugleich die sichere Grundlage für die Arbeitsfähigkeit. Leistung, Gesundheit, Krankheitsabwehr, Krankheitsbereitschaft sind von der Ernährung mit abhängig. Daher ist die Vorsorge für die Gesundheit durch eine richtige Ernährung von unbezahlbarem Wert. Es wird notwendig werden, daß, wie es Institute für Seuchenbekämpfung gibt, jetzt in entsprechender Weise für die Ernährung auf weite Sicht gearbeitet wird. Erbpflegerische Maßnahmen gelten der Sicherung der Zukunft des Volkes. Ernährungsaufgaben sind dagegen Aufgaben der Gegenwart, die sofortigen Angriff erheischen, weil sie auch bald Erfolge versprechen! Es ist eine Binsenwahrheit, daß ohne Wirtschaft keine Gesundheit möglich ist und ebenso ohne Gesundheit keine Wirtschaft. Bei der ungeheueren Bedeutung der Ernährungsfrage für ein Volk ist es deshalb falsch, Kosten scheuen zu wollen, dieses Geld trägt vielfach Zinsen. Eine rechtzeitige Unterstützung macht sich bald gut bezahlt. Denn das Menschenkapital bleibt das größte Aktivum eines Staates (REITER 1).

Die Erscheinungen des Krieges, Kriegsschäden und Hungerblockade, die wirtschaftlichen Nachkriegskatastrophen, die Beobachtungen in der Klinik bei Zahnkrankheiten, Avitaminosen und Stoffwechselerkrankungen wie die Erfahrungen bei Ackerbau und Tierzucht, und vor allem die modernen Ernährungsforschungen haben nachdrücklich Gebiete in den Vordergrund gerückt, die die zentrale Stellung der Ernährung noch verstärkt haben. Es gibt nicht nur eine Unterernährung und eine Überernährung, es gibt eine Fehlernährung, die alle drei bevölkerungspolitische Bedeutung besitzen, von denen heute aber die Frage der Fehlernährung am akutesten ist. Man hat eingesehen, daß eine richtige und sachgemäße Ernährung wesentlich zur Gesunderhaltung unseres Volkes beiträgt, ist sie doch zugleich eine der besten Waffen des Arztes in der Bekämpfung der Krankheiten.

Oder liegt es vielleicht im Grunde gerade umgekehrt, daß nämlich die gesundheitspolitische Lage als Folge der Ernährung so geworden ist? Daß wir also nicht einen intakten Faktor in den Kampf einsetzen können, sondern ihn erst kampf- und gebrauchsfähig machen müssen? Es wird soviel auf den Verschleiß der Maschinen geachtet, was geschieht gegen den Verschleiß des Menschen? Ist nicht gerade auch hier wieder die Ernährung berufen, einen Teil der prophylaktischen Medizin darzustellen? Auf der anderen Seite stehen die Frühschäden bei der Arbeit im Vordergrund; ist aber nicht oft eine falsche Ernährung der erste Frühschaden?

Jede Herabdrückung der Volksernährung, die sich in einem Sinken des Ernährungszustandes im Gesamtdurchschnitt der Bevölkerung ausdrückt, stellt eine Schädigung dar. Das Riesenhungerexperiment an den Völkern der Zentralmächte hat dies in den erschütternden Zahlen der Sterblichkeitsstatistik wie der Erkrankungsfälle an Hungerödem, Avitaminosen, Osteomalacie, Grippe erwiesen.

In seinen Untersuchungen, die er dem englischen Parlament vorlegte, hat STARLING damals erklärt, daß Deutschland voraussichtlich vor zwei Generationen seine alte Spannkraft nicht wieder erlangen würde. Er hat aber selbst dabei anerkannt, daß trotz der so bedenklichen Unterernährung in Deutschland damals gesundheitspolitische Gesichtspunkte für die Festsetzung der Rationen im besetzten belgischen Gebiet nicht maßgeblich waren, diese lagen vielmehr beträchtlich höher als in Deutschland.

	Deutsche Rationen	*Belgische Rationen*
Eiweiß g	41	57,3
Fett g	20	57,6
Kohlehydrate g	280	347,6
Brutto Calorien	1510	2274 (STARLING, HENRY.)

Früher, noch im vorigen Jahrhundert, wurde in der Art der Ernährungslage kein Problem gesehen, da die Ernährung als etwas Selbstverständliches, Alltägliches galt. Die 40% des gesamten Einkommens, die für die Ernährung in Deutschland ausgegeben werden, zwingen aber schon aus ökonomischen Gründen darauf zu achten, daß sie nicht falsch ausgegeben werden, da sich sonst hier gesundheitliche und ernährungspolitische Schäden vereinigen.

Für den Staat kommt es nicht nur auf eine große Zahl von Menschen, sondern mehr noch auf eine große „Menge wohlgenährter Leute" an. Diese Erkenntnis ist nun nicht nur in Deutschland, sondern in den meisten Kulturstaaten durchgedrungen und hat mancherlei Maßnahmen zur Folge gehabt. Der englische Gesundheitsminister erklärte: Die große dringende Notwendigkeit ist die Ernährungsfrage, damit können wir die Gehirne und Rassen verbessern. In ähnlicher Weise äußerten sich auch SAIKI-Japan, BIRCHER-BENNER-Zürich, SCHIÖTZ-Oslo.

Die große gesundheitspolitische Bedeutung der Ernährung ist frühzeitig und klar bei einer Reihe von Reformbestrebungen beachtet worden, oft ist sie überhaupt der Ausgangspunkt dieser Bewegungen gewesen. Ob dabei stets der Weg im einzelnen der richtige war, ist zu bezweifeln, aber entscheidend bleibt, daß hier schon früh die Erkenntnis von dieser neuen Bedeutung der Ernährung wach wurde und auf die enge Verbindung zwischen Ernährung und Bevölkerungspolitik hingewiesen wurde. Arbeiten wie die von C. RÖSE und neuerdings die von BIRCHER-BENNER sind hier in erster Linie zu nennen.

Durchaus zuzustimmen ist der Auffassung, daß die Nahrungssorgen der Menschen heutzutage nicht mehr den Minimalzahlen, sondern den *Optimalzahlen* gelten. Physiologische Versuche über die unterste oder oberste Grenze der Deckung des Nahrungsbedarfes ergeben keine Normen für die Volksernährung. Dabei handelt es sich nicht mehr um den Gesamtbedarf eines Menschen an Nahrungscalorien, sondern mehr um die Frage: Wie sollen diese Calorien auf den Verzehr der drei großen Gruppen von Nahrungsgrundstoffen verteilt werden?

Und die zweite drängende Frage lautet: Wie soll für die Bevölkerung die Versorgung mit Vitaminen, Salzen und mit hochwertigem Eiweiß gesichert werden?

Vor der kritiklosen Anwendung von Standardzahlen in der Ernährung warnen neuere Arbeiten (DURIG, FLÖSSNER, STEUDEL).

Die biologische Variationsbreite muß mehr als bisher berücksichtigt werden.

Der Kampf für die Ernährung der Bevölkerung kann dabei in vielfältiger Weise zur Geltung kommen. Er kann eine einfache Bewahrung der Menschen vor dem Verhungern darstellen und ist damit als rein mengenmäßige Sicherung eine Form der bevölkerungspolitischen Arbeit vor Jahrzehnten, also ein einfacher Kampf gegen den Tod gewesen. Er kann aber weiterhin die Bevölkerung zu einer zweckmäßigen Ernährung erziehen und damit vor allem die Qualität der Nahrung in den Vordergrund stellen.

Die *Vorsorge* für eine einwandfreie Ernährung ist zu einem Fundament der prophylaktischen Medizin geworden. Wenn so die Lebenserwartung einzelner Länder verschieden ist, erscheint sofort die Frage berechtigt: Bestehen Beziehungen zwischen der Ernährung des Volkes und seiner Lebenserwartung?

Hier grundsätzliche Beziehungen aufzudecken, würde der Gesundheitspolitik die Möglichkeit sofortiger Arbeit geben.

Es ist zu bequem und zu einfach, die Höhe der Lebenserwartung ursächlich mit der betreffenden Ernährung in Verbindung zu bringen, um dann mit Hilfe des autistischen Denkens, das gewöhnlich autistisch-undiszipliniert ist, die eigene Lebensführung zu rechtfertigen. Der Vergleich der Krebshäufigkeit in Dänemark und Indien wird in entsprechender Weise ohne weiteres zuungunsten des hohen Fleischverzehrs in Dänemark durchgeführt, wo hingegen das geringe Durchschnittsalter in Indien (23,7) zuungunsten der pflanzlichen Kost ausgelegt wird. Beides ist nur möglich durch die unzulängliche Anwendung statistischen Materials, da in einem Fall das Durchschnittsalter bei 58 liegt, wo der Krebs ohnehin häufiger ist, während im zweiten Fall die große Sterblichkeit durch Seuchen das Bild verzerrt.

Bevölkerungspolitisch ist auch die Frage von Bedeutung, ob eine direkte Beziehung zwischen der Ernährung eines Volkes und seiner *Krankheitsbereitschaft und -anfälligkeit* bzw. der Zahl und Art der Todesfälle besteht; bei letzterer ist aber dabei an die Mängel unserer heutigen Todesursachenstatistik zu erinnern, die niemals die eigentliche Todesursache angibt, sondern gewöhnlich nur die zufällig letzte Erkrankung; es ist vielmehr auf die Bestrebungen der jüngsten Zeit zu verweisen, die auf Anregung von REITER durchgeführt werden. Für die „soziale" Seite der Ernährung wird hierbei viel gewonnen werden können.

Bei dem Komplex Vitamine und Infektion stehen wir erst am Anfang der Entwicklung, aber bei Erkrankungen wie Diphtherie und Pneumonie sind schon derartige Beobachtungen gemacht worden. Spezifische Einflüsse gehen sicher auch von den anderen Nährstoffen aus.

Praktisch kann hier auch von fernerliegenden Gebieten wertvolle Hilfe gebracht werden. Siedlungs- und Wohnungspolitik, das Stadt- und Landproblem insgesamt, sind hier ebenso zu nennen und haben einen großen Einfluß auf die Selbstversorgung, auch für die Ernährung.

Weitere Hilfen für die mengenmäßige Sicherung der Volksernährung sind in Deutschland die Erzeugungsschlacht der Landwirtschaft, die Verbrauchslenkung, das Ernährungshilfswerk der NSV. In anderen Ländern, bei denen die Ernährungsfrage eine besondere Aufgabe der Gesundheitsministerien darstellt, hat man auch der Einfuhr, den Zollerleichterungen besondere Beachtung geschenkt. Überall ist man dazu übergegangen, nicht nur eine gerechte quantitative Verteilung und Ausgleich zwischen den einzelnen Landschaften herbeizuführen, sondern in konsequenter Weise unter Beachtung gesundheitlicher Momente Erzeugung, Einfuhr und Austausch hiernach mit auszurichten.

Die Erkenntnis, daß die Menschen gerade heute oft nicht das essen, was ihnen zuträglich ist, zwingt dazu, die **Wichtigkeit der Küche** noch viel stärker als bisher zu betonen. Damit entfällt auch die Verkennung der Küchenkräfte, wie sie gang und gäbe war, die in ihnen nur die Verwaltung der Küche sah und nicht gleichzeitig die Verwaltung eines Teils der Gesundheit. In dem Augenblick, wo der Kampf um die Gesundheit nicht erst am Krankenbett beginnt, sondern bereits in der Küche bei der Zubereitung der Speisen wie bei der Erzeugung und Gewinnung der Nahrungsmittel, ist auf dem Sektor „Volksernährung" die fundamentale Bedeutung der Ernährung klar erkannt und der erste Schritt getan zu positivem Einsatz des Faktors „Ernährung" zur Krankheitsbekämpfung wie zur Gesundheitsförderung.

Folgende Aufgaben ergeben sich daher aus der Betrachtung der Ernährungsfragen vom gesundheitspolitischen Standpunkt aus:

1. Schulung der heranwachsenden weiblichen Jugend; auf der Schule wie auch auf der Fachschule muß das Mädchen richtig und zweckmäßig kochen lernen unter Verwertung der heutigen Erkenntnisse.

2. Ausbildung des Küchenpersonals, das an allen Stellen der Verpflegung tätig ist. Auch hier ist das große Interesse mit einzuschalten, das gerade in manchen Kreisen schon vorhanden ist und auf dem gut aufgebaut werden kann. Es ist vor allem auch in Hinblick auf die ungleichmäßigen Vorkenntnisse, gerade bei der Massenverpflegung, mit einzusetzen, um die Ausbildung erfolgreich zu gestalten.

3. Erziehung des gesamten Volkes. Diese Aufklärung muß schon im frühesten Alter, in der Grundschule beginnen. Vom Erzeuger über den Bearbeiter zum Verbraucher müssen alle von der Bedeutung ihrer Arbeit und ihres Handelns durchdrungen sein. Zu der Erziehung müssen alle Möglichkeiten herangezogen werden: Ausstellungen, Filme, sachkundige und dabei nicht langweilige Artikel in Zeitungen und Zeitschriften, Vorträge. Die vortrefflichen Veröffentlichungen des Belgischen Roten Kreuzes „Mieux vivre" sind auch hier als richtunggebend hervorzuheben.

4. Förderung der wissenschaftlichen Forschung auf dem ganzen Ernährungsgebiet, insbesondere Ausbildung des medizinischen Nachwuchses auf der Hochschule nicht nur in den Fragen der Diätetik, sondern auch in den Problemen der Volksernährung. Die Beziehungen zu der Bevölkerungspolitik, zur Landwirtschaft werden von vornherein die Aufgaben groß und wirklich lohnend gestalten.

Es ist dabei zu betonen, daß in wissenschaftlicher Hinsicht die Ernährung als gesundheitspolitisches Problem seltener eine Bearbeitung erfahren hat als die Einzelernährung. Entsprechend den Forschungstendenzen der Disziplinen hat sich die Ernährungsphysiologie mehr der letzten Frage gewidmet, wohingegen die Gemeinschaftsverpflegung vorwiegend von hygienischer Seite aus bearbeitet worden ist.

Faßt man aber die Ernährung als *gesundheitspolitisches Problem* auf, so zeigt sich, wie eng verflochten sie mit anderen Lebenserscheinungen ist. Nur in der großen Zusammenschau ist es möglich, das Problem Ernährung ganz zu erfassen und einer Lösung näherzubringen.

Grundsätzlich steht das eine fest, die Ernährung gehört in unsere Umgebung mit hinein, sie wird nicht auf die Dauer zweck- und sinnlos geändert, sondern stellt eine Anpassung an die Umweltfaktoren dar. Abwegigkeiten der Ernährung sind deshalb nicht isoliert zu betrachten, sondern es ist den auslösenden Ursachen nachzuspüren, die zu der Disharmonie im Leben geführt haben, die die Ganzheit gestört hat. Hier liegt auch die Bedeutung der Bircher-Bennerschen Anschauung von der Unordnung, die sich im Stoffwechsel besonders ausdrückt. Allerdings darf nicht an der Tatsache vorbeigegangen werden, daß neben den Umweltfaktoren erbbiologische Momente von Einfluß sein können.

Inwieweit hierbei auch ein direkter Einfluß und Zusammenhang zwischen *Ernährung und Keimzelle* beim Menschen besteht, bleibt dahingestellt. Auch wenn wir heute noch nichts Sicheres von den Beziehungen zwischen Genen und Nahrungseinflüssen wissen, so genügt es doch, die weitgehende Abhängigkeit der Ausbildung des Phänotyps von der jeweiligen Ernährung zu sehen. Nach H. W. Siemens ist die Ernährung beim Menschen überhaupt praktisch ohne Bedeutung für die Fruchtbarkeit. Jedenfalls weisen die Vitaminforschungen auf Einflußmöglichkeiten bei der Fortpflanzung hin, es sei hier nur an das Vitamin E und an den Einfluß bestimmter Salze, z. B. Jod, erinnert. Auch die Kriegsbeobachtungen über das Auftreten von Sterilität bei Frauen, die die Kriegsernährung im Entwicklungsalter traf, geben sehr zu denken.

Aus der gewöhnlichen Erfahrung ist die Abhängigkeit der Ausbildung der Konstitution des Menschen und der Haustiere von der Ernährung bekannt.

Außer den ganz allgemein verbreiteten, den Wuchs fördernden oder hemmenden Wirkungen der Nahrungsmengen und der Nahrungsbeschaffenheit gibt es in der Natur auch Fälle, in denen bestimmte Unterschiede in der Zusammensetzung der Nahrung Entwicklungsreize für ganz bestimmte biologisch bedeutsame Ernährungsmodifikationen bilden (Ausbildung der Königinnen und Arbeiterinnen im Bienenstaat).

Wie aber schon E. FISCHER mit Recht zutreffend betonte, wird auch die beste Ernährung niemals einem kleinwüchsigen südafrikanischen Buschmann zu einer Körperhöhe von 180 cm verhelfen.

Die gesundheitspolitische Bedeutung der Ernährung geht vor allem aus der *geschichtlichen Betrachtung* hervor. Hungersnöte wie Mangel- und Fehlernährung haben noch immer den Weg menschlicher Entwicklung in der Geschichte grell beleuchtet. Gerade im Mittelalter zeigen die Hungersnöte mit den sie begleitenden Seuchen, wie schwer ein Volk durch Nahrungsmängel geschädigt werden kann.

Die Ursachen der *Hungersnöte* lagen damals vorwiegend in Mißernten, die häufiger als Rekordernten aufzutreten pflegen. Es ist dabei auffallend, wie oft ein langer und schneereicher Winter der Hungersnot voranging. Ursachen waren ferner Überschwemmungen, Viehseuchen, Heuschreckenschwärme, Kriege, handelspolitische Feindseligkeiten. 12, 13 Jahre haben die Hungersnöte oft gedauert, denen dann noch Teuerungsperioden, ungeheure Preissteigerung aller Lebensmittel folgten.

Mit der allgemeinen Verarmung ging ein ungeheurer Menschenverlust einher. Es wurden verzehrt: Hunde, Katzen, Esel, Pferde, Wölfe, Frösche, Schlangen, abgezapftes Rinderblut, Wurzeln, Kräuter, Gras, Baumrinde. Bestimmte „Hungerpflanzen" wurden in die Ernährung eingeführt: Eicheln, Kleeblüten, Melde, Sauerampfer, Linden-, Rübenblätter, Wicken, Häcksel. Zur Geophagie kam der Kannibalismus. Charakteristisch ist dabei die Tatsache, daß die Notleidenden nicht planmäßig auswanderten, sondern nur vor der gegenwärtigen Not flohen (CURSCHMANN).

Ganz anders lagen die Verhältnisse im *Weltkrieg* 1914—1918, die in der *Hungerblockade* ganzer Völker einen schweren Rückfall in die barbarischen Gewohnheiten früherer Zeitalter bedeuteten. Im Kriege ist oft und gern der Hunger als Bundesgenosse gesucht und herangeholt worden, aber dann versuchte man das feindliche Heer oder auch Teile zum Aushungern zu bringen. Auch einzelne Städte und Festungen wurden durch Belagerung öfters zur Übergabe gezwungen. Aber mehrere Völker in ihrer Gesamtheit für lange Jahre einer Unterernährung zu unterwerfen, ist in diesem Umfang erst im letzten Krieg möglich gewesen (VON WRIECHEN). Zur Feststellung des Zuschußbedarfes waren 1918 nach dem Waffenstillstand englische Beobachter nach Deutschland gekommen, trotzdem wurden im Vertrag von Versailles 1919 geradezu furchtbare Lebensmittelabgaben erzwungen, dabei betrug der Leistungsrückgang schon 50%. Es trat also tatsächlich das einseitig ein, was man als „totalen Krieg" zu bezeichnen pflegt, nur mit dem Unterschied, daß die eine Seite, die hungern mußte, nicht darauf vorbereitet war. Und es ist sicher, daß bei kommenden kriegerischen Konflikten sofort von den Kriegsgegnern die erbarmungslose Waffe der Aushungerung angewandt werden wird. Denn die Ernährungswirtschaft des Feindes ist ein Angriffsziel erster Ordnung (V. SCHRICKOW). Damit ist die Ernährung als ungeheuer wichtiges staatspolitisches Problem erkannt, und es ist nun die Pflicht, daraus die Folgen abzuleiten (HAHN, RICHARZ).

250 Millionen Menschen haben in Mitteleuropa nach sicheren Angaben jahrelang unter einem Ernährungszwang gestanden, und für die Mittelmächte hörte diese Nahrungsnot mit Kriegsende noch nicht auf. Nochmals 4 Jahre dauerte es, bis die Verhältnisse ernährungsphysiologisch tragbar erschienen. Gerade in den Jahren 1917/18 trat eine starke Erhöhung der Sterblichkeit in Deutschland und auch in Österreich und Ungarn auf, als die Ernährungsverhältnisse am ungünstigsten waren. In diesen Notzeiten trat das Bedürfnis nach Qualitätswerten zurück, in den Vordergrund rückte bei der Ernährung während der Blockade hin und wieder der Wunsch nach Vermehrung des Wenigen, was geliefert wurde, besonders des Brotes [RUBNER (4), DÖRING].

Die protahierte Unterernährung während des Krieges hat dabei weder nennenswert den Nahrungsbedarf verschoben (bezogen auf das Einheitsmaß), noch ist eine Anpassung zustande gekommen, daß die gereichte Nahrung vom Körper besser ausgenützt worden wäre. Es gibt auch in der Nahrungsversorgung ein Minimum, unter das nicht heruntergegangen werden darf. Ein Beispiel dafür, daß eine Nation zu ihrem größten Teil und jahrelang auf eine Stufe der Unterernährung sank, die weit unter dem lag, was man sonst als städtisches Elend bezeichnete, war bisher nicht beobachtet [RUBNER (4)]. Besonders schwer aufzufüttern waren bei erhöhter Nahrungsmittelzufuhr die Jugendlichen und die Leute über 50 Jahre, STEPHANI nannte die damalige Ernährung den „Hunger in langsam geübter Form".

Außer den Erscheinungen der Gewichtsabnahme, der verringerten körperlichen und geistigen Leistungsfähigkeit traten geringere Infektionsabwehr auf. Die Steigerung der Tuberkulosemortalität während des Krieges ging fast genau prozentual dem Rückgang des Caloriengehaltes der rationierten Nahrungsmittel (K. FREUDENBERG). Nach GIGON wird die Sterblichkeit bei der Abnahme der Zufuhr von tierischem Eiweiß erhöht. Verlust der Immunität wurde bei Herabsetzung der Nahrungsmenge auf $^1/_4$ beobachtet. Im Hunger tritt schnelles Einwandern von Mikroorganismen vom Darm aus in die Gewebe ein (MORGULIS).

Wie schwer die *Folgeerscheinungen der Unterernährung* bzw. der Hungersnöte waren, zeigten zahlreiche Untersuchungen in den russischen Gebieten während der Hungerkatastrophe 1921/22. Der Calciumgehalt der Knochenasche der Menschen, die an chronischer Unterernährung gestorben waren, betrug 38,1—38,5% gegenüber 66% der Norm. STEFKO führte daher den Hauptverlust des Gewichtes bei Hungern auf die Verarmung des Knochengewebes an anorganischen Stoffen zurück. Während der drei Hungersjahre konnte gleichzeitig bei den Vertretern der verschiedenen Nationalitäten in russischen Gebieten ein Rückgang des Wuchses bei Männern um 38—61 mm, bei Frauen um 36 bis 48 mm, gleichzeitig mit einer Abnahme der absoluten und relativen Größe des Kopfes, Verkleinerung des Schädels und Dünnerwerden der Weichteile überhaupt festgestellt werden. Die Reihenfolge der Verluste der einzelnen Organe bestätigte die frühere Beobachtung, das fetthaltige Gewebe wurde zuerst geopfert (95—97%), dann die Muskulatur und die drüsigen Organe, wie Milz, Leber, Pankreas, dagegen erlitten selbst bis zum Hungertod Herz- und Zentralnervensystem fast keine Veränderungen.

Allgemein biologisch zeigte sich wie sonst die Wirkung des Nahrungsmangels im allgemeinen mehr darin, das Größenwachstum des sich entwickelnden Embryos und Fetus zu verringern und zurückzuhalten als grobe Mißbildungen hervorzurufen. Überschuß oder Mangel eines Nährstoffes beeinflußt die morphologische Entwicklung (LUNDEGARDT).

Daß Beziehungen zwischen Zusammensetzung der Nahrung und Magen-Darmapparat bestehen, hat vor kurzem BÖKER für das wilde und zahme Meerschweinchen ausgeführt. Beim Menschen gelten als entsprechende Beweise der Reisbauch der Malaien, der Bananenbauch der Neger und der sog. „Russendarm".

Auch bei den Ernährungsweisen mancher Naturvölker ist es erstaunlich, daß es Formen der Ernährung gibt, die ausgesprochene Noterscheinungen sind. Dabei ist nicht nur der Mangel, der immer zeitlich und örtlich beschränkt sein würde, von Bedeutung, auch die Sorglosigkeit wirkt hier verheerend, wie sich dies in Fehlen von Vorräten, Zerstören der Fisch- und Jagdgründe, Schwelgen in Überfluß ausdrückt. Es gibt Völker, die wir hauptsächlich unter dem Bilde von Hungernden uns vorzustellen gewohnt sind. Die Vorstellung trifft z. B. zum großen Teil bei Australiern, Feuerländern und Buschmännern zu.

Die Lebensweise einiger dieser sog. Naturvölker ist sicher gesundheitsschädlich.

In den *Tropen* läßt man die natürlichen Hilfsquellen versiegen, die man in den gemäßigten Erdgürteln künstlich bis zum Bedenklichen zu vermehren sucht. Der Verfall des Ackerbaues in den sich selbst überlassenen Tropenländern ist sehr lehrreich (RATZEL).

Der Begriff der *natürlichen Ernährung* ist nicht ohne weiteres an ein Naturvolk geknüpft. Jedes Volk hat eine besondere nur ihm eigene natürliche Ernährung. Ein großer Teil der Bestrebungen ist erst von der Stadt wieder erneuert worden, weil hier die Notwendigkeit einer Änderung wesentlich näherlag. So ging der Vegetarismus in den siebziger Jahren des vorigen Jahrhunderts von England aus, wo im Volke und besonders in den wohlhabenden Kreisen ein äußerst starker Fleischgenuß sich ausgebreitet hatte.

Daß der Krieg *Deutschland* hinsichtlich seiner Ernährung so schwer treffen konnte, lag allerdings noch mit begründet in einer Reihe anderer Momente, die in den letzten Jahrzehnten des vorigen und der ersten des jetzigen Jahrhunderts die Entwicklung Deutschlands bestimmten. Der teilweise Übergang Deutschlands vom Agrarstaat zum Industriestaat, wie er sich in der Bildung zahlreicher Großstädte durch Zusammenballung größerer Menschenmassen ausdrückte, war zwar ernstes Signal, das aber trotz der Abnahme der Landbevölkerung nicht recht beachtet wurde (s. Abschnitt D). So zeigte sich, daß die Ernährung nicht nur eine Frage der Ernährungswissenschaft ist, sondern Volkswirtschaft, Landwirtschaft, Wehrwirtschaft aufs engste mit umschließt und nicht nur ein physiologisches, sondern in hervorragender Weise ein soziales und wirtschaftliches Problem ist [BERCZELLER-WASTL (3), DURIG].

Sind in den Hungersnöten im Mittelalter und in der Hungerblockade während des Weltkrieges eine Reihe schädigender Faktoren zusammengekommen, so haben wir heute die Tatsache zu verzeichnen, daß in zahlreichen Ländern ausgesprochene Fehlernährungserscheinungen aufgetreten sind.

Weite Kreise der arbeitenden Bevölkerung auch in den industriellen Ländern sind nach den Darlegungen der Hygienekommission des Völkerbundes unterernährt. Diese schlechte Ernährung ist nicht nur durch wirtschaftliche Krisen der Industrie bedingt, sondern vor allem auf die Tatsache der mangelnden Kenntnis dieser Kreise hinsichtlich der hochwertigen Nahrungsmittel zurückzuführen. Die Empfehlungen, die von dort gegeben worden sind, betreffen oft auch stark die wirtschaftliche Seite der Frage, die aber am wenigsten eine Verallgemeinerung für andere Länder zuläßt. Als Ziel wurde die beste Ernährung der größten Zahl bezeichnet; Ernährungsfragen seien internationale Fragen, deren Lösung auf dem Boden der sozialen Hygiene allein den sozialen Frieden bedinge.

Es trifft durchaus zu, daß die besonderen Schwierigkeiten des Ernährungsproblems nicht nur in seiner Verwandtschaft mit den größten Geißeln der Menschheit, mit Hungersnot und Massensterben, sondern auch in seinen nahen Beziehungen zu politischen und sozialen Krisen liegen (KISSKALT, HÄPKE).

Die Erklärung von seiten der Hygienekommission des Völkerbundes, daß einer Überproduktion ein Minderverbrauch gegenübersteht, hat leider trotz des großen organisatorischen Apparates nicht zu einer Änderung geführt. 1935 wurden für England 15 Millionen und für USA. 25—30 Millionen Unterernährte angegeben. Vor allem zeigt die eine Tatsache die ungesunde Entwicklung, daß in ackerbautreibenden Ländern mit fortgeschrittener Zivilisation und genügender Produktion von Nahrungsmitteln Unterernährung oder schlechte Ernährung herrscht. Vor allem die Schutznahrung fehlte in diesen Kreisen.

Die Ernährung wird heutzutage in vielen Ländern als *nationales Problem* angesehen. Denn der Kampf um den Nahrungsraum ist auch heute noch der besondere Ausdruck des Kampfes um das Dasein, wobei die Beziehungen von Nahrungsraum, Staatsraum, Siedlungsraum maßgeblich sind. Der Vergleich der Einwohnerzahl je Quadratkilometer von Mutterland und Kolonien gibt für die europäischen Länder ein anschauliches Bild:

Britisches Reich.	15,3	Spanien.	29,4
Frankreich	8,6	Italien einschl. Abessinien	15,2
Belgien.	8,5	Niederlande	33,1
Portugal	7,0	Deutsches Reich	140,2

Dabei darf auch nicht an den *Autarkiebestrebungen* in zahlreichen Ländern vorbeigegangen werden. Vor allem wehrwirtschaftliche Überlegungen haben überall zur Steigerung der Eigenproduktion, zur Schaffung von Reserven und Herstellung günstiger Verbindungen zu Ausfuhrländern geführt (RICHARZ).

An den Produktionsländern landwirtschaftlicher Erzeugnisse sind solche Entwicklungen nicht spurlos vorübergegangen. Fehlende Absatzmöglichkeiten haben zur Einengung der Produktion nach vorangegangener Vernichtung zahlloser Nahrungsmittel in geradezu phantastischen Mengen geführt. Millionen Schweine, Ochsen und Kühe, sowie zahlreiche Millionen Zentner Getreide, Reis, Kaffee, Gemüse, Millionen Liter Milch sind somit dem menschlichen Verzehr entzogen worden, und keine weltwirtschaftliche Organisation war imstande, hier einen Ausgleich zwischen besitzenden und darbenden Völkern herbeizuführen.

Für die *Schweiz* hat KÖNIG in sehr instruktiver Weise vom Standpunkt des Volkswirtschaftlers aus auf die Ernährung als nationales Problem hingewiesen. Eine eigentliche Autarkie im Sinne einer restlosen Deckung des Nahrungsmittelbedarfes aus einheimischer Produktion will er vermieden wissen. Dagegen fordert auch er die Erhaltung einer starken und vielseitigen Nahrungsmittelproduktion unter staatlichem Schutz und die Erhaltung des Bauernstandes.

Trotz der relativen Konstanz von vielen Eßgewohnheiten ändert sich die Ernährung bei den Völkern. Nahrungsmittel sind verschwunden, in Europa z. B. Hirse, Emmer, Buchweizen; neue aufgetaucht, z. B. Kartoffeln, Tomaten. Dabei spielen die Änderungen im persönlichen Leben keine Rolle, seien die Gründe hygienischer Art (Schwangerschaft) oder seien es kultische Gründe.

Hinzu treten Saisonschwankungen in der Erzeugung und im Verbrauch von Nahrungsmitteln.

Große Bedeutung kommt den *geographischen Faktoren* wie Klima, Niederschlägen, Trockenheit, Winden, Entwaldung zu. Die Austrocknung von Erdräumen, die von Menschen und ihren Maßnahmen beschleunigt wird, ist in Afrika wie USA. von besonderer Bedeutung für die Ernährung geworden. Die Tropen und Subtropen können aber nicht die Kornkammern der Erde sein, sondern nur ein Reservelebensraum (GILLMANN).

Mit fortschreitender Kultur wird die Nahrung zweckmäßiger gestaltet. Nahrungsstoffe mit hohen Eiweißgehalt werden bevorzugt. Zugleich wird die vegetabilische Nahrung verfeinert [v. TYSZKA (1)]. Es erscheint dabei zweifelhaft, ob diese Änderungen im gesundheitlichen Sinne stets eine Besserung bedeuten. Jedenfalls ist MAURIZIO nicht beizupflichten, wenn er betont, daß die jedesmalige, zeitgenössische Kost die beste sei.

Die medizinische Hauptfrage bleibt die, wie am raschesten und sichersten die *allerersten Anzeichen einer Unter- oder einer Fehlernährung* festgestellt werden können.

Somatologische, klinische, physiologische Indices sind hierzu schon in großer Zahl angegeben worden. Eine Schwierigkeit liegt darin, daß wir noch immer keine klaren Maße zur Beurteilung des Gesundheits- bzw. Ernährungszustandes besitzen. Es ist z. B. sicher falsch, zur Bestimmung des Ernährungszustandes und der Reserven des Organismus das vorhandene Fett heranzuziehen.

Ist so die klare Beurteilung der Ernährung eines einzelnen oft nicht einfach, so wird die Schwierigkeit viel größer, wenn es sich um die Feststellung der Ernährungsverhältnisse bei einem ganzen Volk oder bei einzelnen Volkskreisen handelt.

Zur Ermittlung eines klaren Bildes von der jeweiligen Ernährung sind verschiedene Methoden anwendbar. Bei Einzelpersonen kann der Stoffwechsel gemessen werden, für Massenspeisungen spielen diese Messungen keine besondere Rolle, da hier auf Grund statistischer Erhebungen die Ernährung nur als Durchschnitt festgesetzt werden kann.

Einer großen Gefahr sei hier besonders gedacht, da sie öfters nur wenig berücksichtigt wird: Die Gefahr der zu kleinen Zahl. Es steht fest, daß uns immer um so mehr Abweichungen entgegentreten, zu je kleineren Teilen der Gemeinschaft wir hinabsteigen.

So wenig heute die Produktionsmöglichkeit und das Vorhandensein von Lebensmitteln im Verhältnis zur Kopfzahl eindeutig den Ernährungszustand eines Gesamtvolkes charakterisieren, so wenig lassen sich aber Schlüsse auf die Ernährungslage einzelner Volksschichten ziehen (DURIG).

Man sucht den Nährwertbedarf durch die Einführung von Ernährungseinheiten zu erfassen. Die große Schwierigkeit, die dabei besteht, kennzeichnet sich wohl am besten dadurch, daß es mehrere Dutzend Umrechnungsmethoden gibt, durch die man zum Begriff der „Konsumeinheit" oder der „Vollperson" kommen will. Deshalb ist auch die Hygienekommission des Völkerbundes bestrebt gewesen, zur Vereinheitlichung der Ernährungsstatistik der ganzen Welt einheitliche Umrechnungsfaktoren zu schaffen.

Die Erhebungen über Volksernährung können ausgehen von der Produktions- und Handelsstatistik, was aber nur zu bedingt richtigen Werten führt. Wichtiger erscheint der Weg über die Konsumstatistik, vor allem die Familienerhebungen können zuverlässige Werte liefern.

Gewissenhaft durchgeführte Massenerhebungen vermögen außerordentlich wertvolle Durchschnittsbilder über die Ernährungsgewohnheiten und die Ernährungslage gewisser Bevölkerungsschichten zu geben.

Bei der *Haushaltsstatistik* kann nur in dem Sinne von einer „Massenbeobachtung" die Rede sein, daß sich in der Tat die Einzelbeobachtungen auf die unscheinbarsten Dinge erstrecken, so daß ihre Summe, zumal wenn die Erhebung mehrere Jahre umfaßt, nicht viel geringer zu sein braucht, als die einer Hunderte von Familien berücksichtigenden Erhebung; das Hauptgewicht fällt also hier nicht auf die gleichartigen Erscheinungen eines Haushaltes (ALBRECHT).

Die Haushaltserhebungen haben zur Voraussetzung, daß es möglich ist, den Nährwertbedarf der Bevölkerung festzulegen und diesem den Stand der tatsächlichen und allenfalls möglichen Produktion gegenüberzustellen. Jeder der beiden Werte ist nur mit einer begrenzten Genauigkeit zu erfassen, und ihnen steht noch eine dritte Unbekannte gegenüber, das sind die Gesamtverluste, Abfälle usw.

Aber auch der Weg der Übertragung der Grundlagen der Stoffwechselphysiologie zur Bewertung der Volksernährung und bestimmter Gruppen ist nur in beschränktem Maße möglich, da der tatsächliche Nährwertbedarf auf Grund dieser Lehre quantitativ nur schwer zu erfassen ist (DURIG).

Auf dem Gebiete der *Ernährungsstatistik* liegen vor allem aus Amerika (ATWATER) wertvolle Ergebnisse vor. Heute ist es dabei von größter Wichtigkeit, daß durch die Einführung neuer Berechnungsweisen die verschiedenen bestehenden Haushaltsstatistiken untereinander nicht noch schwerer vergleichbar gemacht werden. Es ist vielmehr eine dringende Aufgabe, daß das Material gleichmäßig aufgeteilt wird.

Bei Erhebungen über den Nahrungsmittelverbrauch ist daran zu denken, daß gerade bei Untersuchungen des Konsums eines einzelnen Nahrungsmittels die tierische Fütterung nicht vernachlässigt werden darf.

Unter diesen Umständen ist die Notwendigkeit einer Nahrungsmittelpolitik gegeben, die in klarer Weitsicht und Erkenntnis boden- und volkswirtschaftliche Belange mit den gesundheitlichen und bevölkerungspolitischen Forderungen zu vereinen bestrebt ist. Die Steigerung der Produktion durch die Erzeugungsschlacht gehört ebenso hierher wie die Lenkung des Verbrauchs beim Konsum.

In gesundheitspolitischer Hinsicht sind daher folgende Forderungen für die Ernährung zu stellen:

Die Ernährung muß *mengenmäßig* gesichert sein, wobei die Calorienwerte wie die Nahrungsmittel selbst bei den einzelnen Völkern Unterschiede aufweisen werden (s. Abschnitt III).

Die Sicherung muß sich dabei den Schwankungen in der Produktion anpassen, wie sie in dem Ernterhythmus, den jahreszeitlichen Veränderungen gegeben sind. Ist doch auch bei der Ernährung, besonders bei der Vitaminaufnahme ein Jahresrhythmus festzustellen. Gesundheitspolitisch gesehen, gibt es in der Ernährung besondere Gefahrzeiten, die für jedes Land rechtzeitig erkannt werden müssen.

Während der Osterfasten konnten in Rußland zu Ausgang des vorigen Jahrhunderts in manchen Gegenden regelmäßig einsetzende Frühjahrshäufungen von Hemeralopie und Xerophthalmie bei Erwachsenen und von Xerophthalmie und Keratomalacie bei Kindern beobachtet werden (DE RUDDER).

Zur Erhaltung der *Qualitätswerte* der Nahrung muß die Zubereitung nach ernährungsphysiologischen Gesichtspunkten erfolgen, deshalb ist Erziehung der Bevölkerung auf Grund der neuesten gesicherten Ergebnisse erforderlich. Die Überwachung und Aufklärung ist besonders bei der Gemeinschaftsverpflegung und bei den wirtschaftlich schwachen Volkskreisen notwendig. Auch Preissenkungen sind bei wertvollen Lebensmitteln für bestimmte Bevölkerungsschichten in Betracht zu ziehen.

Alle Wege zur Erhöhung der Produktion der hochwertigen Nahrungsmittel (Düngung) sind zu prüfen, vor allem muß der *Preisgestaltung* bei diesen Lebensmitteln besondere Beachtung geschenkt werden. Deshalb ist eine ganz enge

Zusammenarbeit zwischen Ernährungswissenschaft, Landwirtschaft, Gartenbau wünschenswert (s. Internationaler Gartenbaukongreß, Sektion 12).

Im Hinblick auf die Lage der Weltwirtschaft erscheint die Betonung einer *schollengebundenen Ernährung* auch ernährungsphysiologisch besonders erwünscht. Auch aus wehrwirtschaftlichen Gründen wird die Ernährung eines Volkes immer zunächst einer nationalen Lösung zugeführt werden müssen.

Schrifttum.

I. Allgemeines.

ABELSDORF, W.: Die Wehrfähigkeit zweier Generationen. Berlin 1905.

BARTH, L.: Ernährung und Düngung. Ernähr. **1938**, Beih. 5. — BAUER, A.: Ernährungsbehandlung in der Gynäkologie und Geburtshilfe. Berlin-Wien 1934. — BENINDE, M.: (1) Die Verbreitung der durch die Hungerblockade hervorgerufenen Knochenerkrankungen unter der Bevölkerung Preußens. Veröff. Med.verw. **10**, H. 3 (1920). — (2) Mitteilung über den Ernährungs- und Gesundheitszustand der Bevölkerung Preußens in der Zeit vom Frühjahr 1917 bis Ende des Jahres 1918. Veröff. Med.verw. **10**, H. 3 (1920). — BENINDE u. RUBNER: Welchen Einfluß hat die Kriegsernährung auf die Volksgesundheit ausgeübt und übt sie noch aus? Veröff. Med.verw. **10**, H. 3 (1920). — BERCZELLER, L. u. H. WASTL: (1) Biochem. Z. **177**, 180 (1926). — (2) Biochem. Z. **181**, 132 (1926). — (3) Wien. med. Wschr. **1926** II, 1415, 1454. — (4) Wien. med. Wschr. **1928** I, 479. — BERG, R.: Reale Accademia d'Italia. Bd. 15. 1937. — BERG, R. u. M. VOGEL: Die Grundlagen einer richtigen Ernährung, 7. Aufl. Dresden 1930. — BERGMANN, J., J. PRÜFER, WALTER SCHWARZ u. W. WÖHRMANN: Behandlung der Erkrankung der Verdauungsorgane. Stuttgart 1939. — BIRCHER-BENNER, R.: (1) Diätetische Heilbehandlung. Erfahrungen und Perspektiven. Stuttgart-Leipzig 1934. — (2) Ordnungsgesetze des Lebens als Wegweiser zur Gesundheit. Wendepunkt **15**, 1 (1937). — BUMM, F.: Deutschlands Gesundheitsverhältnisse unter dem Einfluß des Weltkrieges. Stuttgart, Berlin u. Leipzig 1928. — BURGDÖRFER, FRIEDRICH: (1) Bevölkerungspolitik und Bevölkerungsstatistik. Handwörterbuch der Wohlfahrtspflege. 3. Aufl., S. 161. 1938. — (2) Volk ohne Jugend, 3. Aufl., Heidelberg u. Berlin 1935.

CAWADIAS, A. P.: J. State Med. **43**, 323 (1935). — CHITTENDEN, R. H.: Ökonomie in der Ernährung. München 1916. — COLLUM, E. V. MC.-N. SIMMONDS: Neue Ernährungslehre, 3. Aufl. Berlin-Wien 1928. — COWELL, STUART J.: J. State Med. **45**, 440 (1937). — CURSCHMANN, F.: Leipziger Stud. d. Geb. d. Geschichte, 6. Jg. 1. Leipzig 1900.

DECKEN, H. VON DER: (1) Vjh. Wirtsch.forsch. **12**, 177. — (2) Ernähr. **3**, 213 (1938). — DUBLIN, L.: Gesundheit als Wirtschaftsgut. Leipzig 1931. — DURIG, A.: Moderne Ernährungsfragen. Wien 1924.

FISCHER, ALFONS: Grundriß der sozialen Hygiene, 2. Aufl., Karlsruhe 1925. — FLÖSSNER, O.: Konstitution und Ernährung. 4. Beiheft zum Reichsgesundheitsblatt 1938, S. 124. FREUDENBERG, K.: Handbuch der sozialen Hygiene, Bd. 6, S. 558. 1927.

GILLMANN, CL.: Naturwiss. **25**, H. 35 (1937). — GLASENAPP, H. v.: Z. Rassenkde 2, 6 (1937). — GÜNTHER, HANS F. K.: Die Verstädterung. Leipzig u. Berlin 1935. — GÜTT, A.: Erb- und Rassenpflege. Handwörterbuch der Wohlfahrtspflege. 3. Aufl. S. 259. 1938.

HAHN, W.: Der Ernährungskrieg. (Im Druck.) — HAUER, A.: Ärztliche Berater für Übersee und Tropen. Berlin 1936. — HENRY, A.: Le ravitaillement de la belgique. Paris 1924. — HINDHEDE, M.: Gesundheit durch richtige und einfache Ernährung. Leipzig 1935. — HEUPKE: Diätetik. Dresden u. Leipzig 1936.

ICKERT u. WEICKSEL: Grundriß der sozialen Medizin. Leipzig 1932. — IWANOWSKY, A.: Arch. f. Anthrop. **20**, 1 (1925).

KAPFHAMMER, J.: Nahrung und Ernährung. Leipzig-Berlin 1931. — KAUP, J.: Die Ernährungsverhältnisse der Volksschulkinder. Flugschriften der Zentralstelle für Volkswohlfahrt, H. 4. Berlin 1910. — KESTNER, O.: Handbuch der normalen und pathologischen Physiologie, Bd. 16, S. 1, 1013 (1930). — KESTNER, O. u. H. W. KNIPPING: Die Ernährung des Menschen. Berlin 1926. — KISSKALT: Nahrungswesen. Handwörterbuch der sozialen Hygiene, Bd. II, S. 118. 1912. — KÖNIG, RICHARD: Gesdh. u. Volkswohlf. **17**, 472 (1937). — KOLLATH, W.: Grundlagen, Methoden und Ziele der Hygiene. Leipzig 1937. — KORTE, H. u. L. HERRMANN: Deines Volkes Nahrungssorgen. Berlin 1937. — KRECK, J.: Die Verbrauchseinheiten-Methode. Ernähr. **1938**, Beih. 4.

LAMMERT, L.: Vierjahresplan 2, 764 (1938). — LANGSTEIN, L. u. F. ROTT: Der Gesundheitszustand unter den Säuglingen und Kleinkindern. Deutschlands Gesundheitsverhältnisse unter dem Einfluß des Weltkrieges. Stuttgart, Berlin u. Leipzig 1928. — LAUTER, S.: Hunger, Appetit und Ernährung. Leipzig 1937. — LORZ, F.: Kriegsernährungswirtschaft und Nahrungsmittelversorgung vom Weltkrieg bis heute. Hannover 1938. — LUCIANI, L.: Das Hungern. Hamburg u. Leipzig 1890.

MAURIZIO, A.: Die Geschichte unserer Pflanzennahrung. Berlin 1927. — MAY, M.: Wie der Arbeiter lebt. Berlin 1897. — MAYER: Vjschr. Gesundh.pfl. **1913**. — MOMBERT, P.: Bevölkerungspolitik nach dem Kriege. Kriegswirtschaftliche Zeitfragen, H. 2/3. Tübingen 1916. — MORGULIS, S.: Hunger und Unterernährung. Berlin 1923. — MÜHLENS, P.: Die russische Hunger- und Seuchenkatastrophe in den Jahren 1921/22. Berlin 1923. — MÜLLER, ROBERT: Einleitung in die Gesellschaftsbiologie. Stuttgart 1909.

ORR, I.: Food, Health and Income. London 1936.

PEARSON, S. V.: The growth and Distribution of population. London 1935. — PELLER, S.: Arch. soz. Hyg. **13**, 99 (1919). — PRINZING, FR.: Handbuch der medizinischen Statistik, 2. Aufl., Jena 1931.

REITER, H.: (1) Aufgaben und Ergebnisse zeitgemäßer Ernährungsforschung. Ernähr. **1931**, Beih. 1. — (2) Ernähr. **3**, 181 (1938). — RICHARZ, H.: Wehrhafte Wirtschaft. Hamburg 1938. — RUBNER, M.: (1) Die Gesetze des Energieverbrauches bei der Ernährung. Berlin 1902. — (2) Das Problem der Lebensdauer und seine Beziehungen zu Wachstum und Ernährung. München u. Berlin 1908. — (3) Handbuch der Hygiene, Bd. I. 1911. — (4) Deutschlands Volksernährung im Kriege. Leipzig 1916. — (5) Alte und neue Irrwege auf dem Gebiete der Volksernährung. Sitzgsber. preuß. Akad. Wiss., Physik.-math. Kl. **22** (1929). — DE RUDDER: Grundriß einer Meteorobiologie, 2. Aufl. Berlin 1938.

SAIKI, T.: Wien. med. Wschr. **1927** I, 463. — SCHEIDT, W.: Kulturbiologie. Jena 1930. — SCHLOMKA, G.: Z. Konstit.lehre **13**, 318 (1928). — SCHRICHOW, v.: Dtsch. Wehr **1935**, Nr 18. — SCHWEIGART, H.: Der Ernährungshaushalt des deutschen Volkes. Berlin 1937. — SEYDERHELM, R.: Die Hypovitaminosen. Leipzig 1938. — SIEMENS, H. W.: Arch. Rassenbiol. **18**, 426 (1926). — *Société des Nations:* (1) L'alimentation, ses rapports avec la santé Publique des conditions économiques. Genf 1935, 1937. — (2) Le problème de l'alimentation. I—IV. Genf 1936. — STARLING, E. H.: Report an Food conditions in Germany. London 1919. — STEFKO, H. W.: Z. Konstit.lehre **12**, 416 (1926). — STEPHANI: Der Gesundheitszustand unter den Schulkindern. Deutschlands Gesundheitsverhältnisse unter dem Einfluß des Weltkrieges. Stuttgart, Berlin u. Leipzig 1928. — STEPP, KÜHNAU u. SCHRÖDER: Die Vitamine und ihre klinische Anwendung, 3. Aufl. Stuttgart 1938.

TORNAU, U.: Verbrauchsstatistik und Ernährung. Ernähr. **1938**, Beih. 4. — TYSZKA, C. V.: (1) Hunger und Ernährung. Handbuch der sozialen Hygiene und Gesundheitspflege, Bd. 5, S. 318. 1927. — (2) Ernährung und Lebenshaltung des deutschen Volkes. Berlin 1934.

VATTER, E.: Die Rassen und Völker der Erde, 1927.

WATSUN, D. CHALMERS: J. State Med. **40**, 81 (1932). — WOERMANN, E.: Nova Acta Leopold., N.F. **5**, 514 (1938). — WOLF, JULIUS: Nahrungsspielraum und Menschenzahl. Stuttgart 1917. — WOLTERECK: Erbkunde — Rassenpflege — Bevölkerungspolitik. Leipzig 1935. — WRIECHEN, PETER v.: Deutschlands Brotgetreideversorgung im Blockadefall. Hamburg 1937.

II. Gemeinschaftsverpflegung (Massenernährung).

a) Allgemeines.

Bei der Ernährung des einzelnen Menschen oder seiner Familie kann die Nahrung nach Menge und Zusammensetzung von dem betreffenden Verbraucher freizügig ausgewählt und nach seinem eigenen Wunsch zubereitet werden, neben der Marktlage und dem Moment der Güte spielt bei der Wahl vor allem die Preiswürdigkeit eine besondere Rolle, während sonst nur der Geschmack entscheidet.

Demgegenüber umfaßt die Gemeinschaftsverpflegung die gemeinsame Ernährung einer größeren Gruppe von Menschen, die unter ähnlichen äußeren Verhältnissen leben, gewöhnlich gleiche oder ähnliche Arbeitsbedingungen zu erfüllen haben und dabei keinen Einfluß auf die Gestaltung des Essens besitzen. Wir sprechen dabei bewußt von Gemeinschaftsverpflegung an Stelle der früheren Massenernährung, um damit auch in der Ernährung den Begriff der anonymen Masse auszuschalten und dafür das gemeinschaftliche Moment der Menschen in den Vordergrund zu rücken. Die Kostenfrage spielt bei der Gemeinschaftsverpflegung oft keine Hauptrolle, auch wenn der Träger des Betriebes, Industrieorganisation, Gemeinde, Staat, Reich den Preis ganz oder teilweise tragen. Scheidet somit bei der Massenernährung der persönliche Faktor aus, so ist es um so notwendiger, daß das Essen den allgemeinen ernährungsphysiologischen und hygienischen Forderungen entspricht, nicht nur aus den oben erwähnten bevölkerungspolitischen Gesichtspunkten der Gesundheit, sondern auch im Hinblick auf die Erhaltung der Leistungsfähigkeit.

Es ist dabei nicht ohne weiteres möglich, eine einheitliche Kost für alle Formen der Gemeinschaftsverpflegung aufzustellen. Die äußeren und die Arbeitsverhältnisse sind hierbei so verschieden, daß in der Übersicht nur die allgemeinen Punkte gestreift werden können.

Die Gemeinschaftsverpflegung in der Form der Werksverpflegung umfaßt dabei gewöhnlich nur eine Mahlzeit, wogegen sie bei der Wehrmacht, beim Reichsarbeitsdienst eine totale ist. Es ist allerdings daran zu erinnern, daß auch hier noch oft eine gewisse, aber völlig unbestimmbare Nahrungsmenge zusätzlich aufgenommen wird, so daß die gelieferte Menge stets ein Minimum darstellt, das bei Ausgang, Urlaub usw. beträchtlich überschritten wird.

Der Gemeinschaftsverpflegung als Ernährung größerer Gruppen kommt eine große Bedeutung zu, da sie Teile der Bevölkerung betrifft, die in besonderer Weise für die Existenz und Leistung des Volkes notwendig und unentbehrlich sind. Dabei ist die Frage der Massenernährung erst im 19. Jahrhundert recht in Fluß gekommen.

Das staatliche Interesse hat früher sogar fast nur der Massenverpflegung gegolten (Militär, Krankenhäuser, Anstalten), wohingegen private Wohltätigkeit oder die der Gemeinden sich um Volksküchen, Küchen größerer Industrieunternehmungen, Kleinkinder- und Schulkinderfürsorge kümmerte. Die Berliner Volksküchen wurden z. B. bereits 1866 gegründet.

Noch während des Krieges ist immer wieder die Meinung vertreten worden, daß die Massenspeisung nur ein Problem der Großstädte sei. Über diese Auffassung sind wir heute weit hinaus. Die Lager, die Werke sind nicht mehr stadtgebunden, sondern erheischen Beachtung der Verpflegung ihrer Belegschaft ganz gleich, wo sie liegen. Damals ist die Massenspeisung der Bevölkerung auch noch als eine Hilfsmaßregel angesehen worden, die sozialpolitisch und kriegspolitisch notwendig sei, heute erscheint die Verpflichtung zur einwandfreien Gemeinschaftsverpflegung selbstverständlich.

Die Gemeinschaftsernährung innerhalb einer Population, die wie die europäische aus mehreren Rassen zusammengeschmolzen ist, kann wegen des vielfältigen Vorkommens stark differenter Konstitutionstypen nicht auf ein Ernährungsminimum eingestellt werden, es muß hier vielmehr wie bei der Wehrmacht ein zusätzliches Plus vorhanden sein.

In Niederländisch-Indien war es deshalb möglich, völlig ausreichende Diäten zu geben, die wesentlich niedriger lagen als die früheren, die aus Furcht vor der Beri-Beri zu reichlich bemessen waren (RODENWALDT).

Bei der Gemeinschaftsverpflegung kann natürlich nur von einem *Durchschnitt* ausgegangen werden, der die ganze biologische Variationsbreite umfaßt. Damit soll verhindert werden, daß in unzulässiger Verallgemeinerung für jeden Menschen der gleiche Nahrungsbedarf angenommen wird. Gerade neuerdings ist hierauf wieder besonders hingewiesen worden, in welch großem Umfang die Ernährung durch die Konstitution des einzelnen Menschen beeinflußt wird und von ihr abhängig ist. Deshalb ist es notwendig, bei der Gemeinschaftsverpflegung gute Durchschnitte zu wählen, damit alle Bedürfnisse im Rahmen des Physiologischen gleichzeitig in gerechter Weise befriedigt werden. Extreme Verbrauchszahlen können hier nicht mit eingerechnet zu werden, nur Optimalzahlen sind von Bedeutung. Um so mehr ist deshalb darauf Wert zu legen, daß das Essen bei der Gemeinschaftsverpflegung nicht ein Extrem darstellt, sondern daß hier eine mittlere Linie eingehalten wird, die jeden Teilnehmer ohne Zwang satt werden läßt. Unberechtigten Wünschen soll damit in keiner Weise Vorschub geleistet werden, aber den auch endogen bedingten verschiedenen deutschen Nahrungstypen soll mehr Rechnung getragen werden. Gerade bei der Gemeinschaftsverpflegung spielen einwandfreie Bedarfszahlen eine große Rolle, aber auch der tatsächliche Verbrauch.

Die Hygienekommission des Völkerbundes hat mehrfach versucht, einheitliche Umrechnungsfaktoren zu schaffen, um den Begriff der „*Konsum*"- oder „*Verbrauchseinheit*" oder „Vollperson" zu klären. Die Bewertung der körperlichen Arbeit führt dabei zu unterschiedlichen Zahlen (DURIG).

Physiologische Kostmaße beruhen auf Experimenten, auf Grund deren sie als Postulate, als Sollnahrung aufgestellt werden. Ihr Ausgangspunkt ist das Individuum. Im Gegensatz hierzu ist der Kostsatz zu nennen, der auf der Verbrauchsstatistik beruht und gerade für die Gemeinschaftsverpflegung in Betracht kommt (SCHNEIDER).

Bei der Gemeinschaftsverpflegung ist die Beschaffung der physiologisch wünschenswerten *Calorienmenge* noch am leichtesten (KESTNER 1926). Jedoch ist darauf hinzuweisen, daß gerade eine einseitige Betonung der Calorienberechnung bei der Massenernährung leicht zu Mißerfolgen führt (ZEISS-RODENWALDT). Handelt es sich aber um besondere preisliche Bindung, so ist die Lieferung der hinreichenden Eiweißmenge schwieriger.

Es erhebt sich daher die Frage nach der *Größe der einzelnen Portionen* wie nach der Zusammensetzung der Speisen und ihrer Zubereitung. Die Grundlage bilden die gesicherten ernährungsphysiologischen Bedarfszahlen, wie sie auch in beschränktem Maße für die Qualitätswerte vorliegen. Denn trotz aller Besonderheiten bleibt natürlich die Gemeinschaftsverpflegung ein Teil der Volksernährung und unterliegt damit, wenn auch als besonders gelagerter Fall, den dortigen Gesetzen und Bindungen. Handelt es sich um eine Hauptmahlzeit, so sind 1000—1100 Calorien als Durchschnitt anzusehen. Im einzelnen sind 35 bis 40 g Eiweiß und 25—30 g Fett erforderlich. Bei Massenspeisungen ist vor allem häufig ein Defizit an biologisch hochwertigem Eiweiß und an Vitaminen angegeben worden [REMY (2, 3)].

Auf Grund eingehender, eigener Untersuchungen an zahlreichen Plätzen mit Gemeinschaftsverpflegung bestehen diese Bedenken zuweilen zu Recht. Bestimmte Mahlzeiten sind aber auf Grund der Zusammensetzung ihrer Bestandteile niemals auf einen Höchstcaloriengehalt zu bringen. Wir halten diese Schwankungen nicht für sehr bedenklich, wenn es sich um eine wirklich gemischte Kost handelt. In diesem Fall gleicht sich bei guter Mischung und abwechslungsreichem Speisezettel ohne weiteres schon im Laufe der Woche solch ein Mangel gut aus und wird kompensiert. Die üblichen Fehler: allzulanges Kochen und langes Warmhalten der Speisen, wie es in Hotelküchen und größeren Speiseanstalten bei unserer heutigen Zeiteinteilung notwendig ist, sind bedenklicher. Es erscheint aber doch notwendig, die Feststellungen über den Caloriengehalt und den Eiweiß- usw. -gehalt nicht nur mit Hilfe der bequemen Tafeln zu machen. Um sichere und für den Fall wirklich zutreffende Ergebnisse zu erhalten, sind Analysen notwendig. Nur auf diesem Wege kommt man auch zur Feststellung der oft beträchtlichen Schwankungen.

Die *Nachteile der Massenernährung* liegen in der Monotonie, der fehlenden Abwechslung, der häufigen Wiederholung derselben Speisen, so daß Tages- und Wochenspeisen schon oft monatelang festliegen, da der Wechsel zu regelmäßig und gleichmäßig ist. Die Zusammensetzung der einzelnen Gerichte ist dabei oft ungünstig. Unvorteilhafte Zusammenstellung der Speisen verbindet sich mit ungenügender Schmackhaftigkeit.

Bereits die übliche Morgenkost bei der Gemeinschaftsverpflegung zeigt das Einerlei: Brot (400 g), Butter (40 g), Marmelade (50 g), Kaffee in siebenfacher Wiederholung in der Woche. Und abends findet eine ähnliche Wiederholung statt: Brot (350 g), Butter (43 g), Wurst oder Käse. Es ist sicher recht schwer, in der Massenernährung passende Abwechslung zu bringen, aber die heutigen ernährungsphysiologischen Forderungen sollen doch auch hier in zunehmendem Maße Richtschnur der Arbeit werden.

Die Mengenfrage war dabei schon früher teilweise nicht so ausschlaggebend, sondern war gewöhnlich sekundärer Natur.

Das *Fleisch* stand bisher oft zu einseitig im Mittelpunkt, statt daß es neben die anderen Nahrungsmittel wie Kartoffeln, Gemüse, Salate trat. Gerade die Eintopfessen verlangen hier besondere Berücksichtigung.

Damit ist auch schon die Frage angeschnitten: *Welche Nahrungsmittel spielen bei der Gemeinschaftsverpflegung eine wichtige Rolle?* Entsprechend den obigen Darlegungen ist zuerst an die Schutznahrung zu denken und ihre Verwendung anzuregen. Ein Teil von ihnen wie das Fleisch hat schon immer einen bedeutenden Platz eingenommen, bei anderen wie Gemüse, Obst ist stets der tatsächliche Verzehr hinter der physiologischen Forderung zurückgeblieben.

Als *Eiweißträger* kommen nun neben dem Fleisch Milch und Fische in Betracht, die beide hinsichtlich des Vitamin- und Mineralstoffgehaltes günstig gestellt sind. Der größte Teil der von der deutschen Hochseefischereiflotte angelandeten Seefische eignet sich besonders für Massenverpflegungen. Bei ihrer Verwendung können die Großküchenanstalten Ersparnisse an Geld und Arbeit erzielen (KEUNE-ZIEGELMAYER, SCHWÄDKE).

Bei Milch ist hierbei am wenigsten an ihre Verwendung als Frischmilch gedacht, sondern hier stehen im Vordergrund die Milchprodukte wie Milcheiweiß und Käse. Besondere Bedeutung kommt in zunehmendem Maße dem Sojamehl für die Gemeinschaftsverpflegung zu. Die Sojabohne besitzt drei wichtige Vorzüge, sie ist billig, eiweißhaltig und calorienreich und darum z. B. zur preiswerten Eiweißanreicherung sehr geeignet.

Um aber die *Vitaminsicherung* weiter durchzuführen, ist die Zufuhr von Frischkost jeder Art, ferner von Brot hoher Ausmahlung und von Kartoffeln erforderlich.

Die Kartoffelfrage stellt dabei ein besonders brennendes Problem der Gemeinschaftsverpflegung dar. Solange das Gemüse noch ein Stiefkind der Großküchen ist, muß die Kartoffel als wichtigster Vitamin C-Lieferant angesprochen werden. Weil beim Dämpfen der Vitamingehalt am besten erhalten bleibt, ist es notwendig, die Kartoffel in der Schale im Wasserdampf zu kochen.

Die Forderungen der Volksgesundheit müssen grundsätzlich in der Großküche viel mehr Berücksichtigung finden als bisher. Vor allem ist eine Ernährungskontrolle bei der Gemeinschaftsverpflegung notwendig, auch zur Sicherung der Nahrungsqualität; damit gewinnen die lebensmittelgesetzlichen Vorschriften neue Bedeutung, und oft wird eine Ausweitung erforderlich sein.

Mit Recht hat Graf RUMFORD, der sich mit vielen Fragen der damaligen Massenernährung beschäftigt hat, schon vor vielen Jahren darauf hingewiesen, daß das Verhältnis der Wohlfahrt einer Nation zu der vorhandenen Lebensmittelmenge ebensosehr von ihren Fortschritten in der Kochkunst abhängt, als von dem ihres Landbaues (FORSTER 1882).

Das Essen der Großküche soll aber auch schmackhaft sein. Deshalb sollen als Würze Gewürzkräuter, Fleischextrakte und Hefeextrakte in geschickter Anwendung durchaus ihren Platz behalten.

Eine Verbesserung der *Gemüseversorgung* der Großküche scheint durch die neuen Trockengemüse erzielt zu werden. Die jetzigen Produkte erfüllen schon viele ernährungsphysiologische Forderungen (Gemüsepreßlinge).

Bei allen Fragen der Gemeinschaftsverpflegung kommt der Technik eine große Bedeutung zu; es ist zu hoffen, daß eine Reihe von Verbesserungen schon bald durch technische Hilfsmittel erreicht werden (Warmhalten der Speisen, Kartoffel- und Gemüsedämpfer).

Ein wichtiger Punkt ist noch mit der gemeinsamen Nahrungsaufnahme gegeben. Wenn ein Familienmitglied in der Gemeinschaftsverpflegung versorgt wird, so erhebt sich sogleich die Frage, wie sich diese Tatsache auf die Ernährung zu Hause auswirkt. Hier kann nicht nur von einem günstigen Einfluß die Rede sein, oft genug fällt dann für die Kinder das warme Mittagessen aus, da Kaffee und Gebäck einfacher zuzubereiten sind und leider in der Großstadt für Frau und Kinder das Mittagessen darstellen. Es ist dringend notwendig, auf solche Begleiterscheinungen zu achten, da andernfalls dem Gewinn auf der einen Seite gesundheitliche Schäden auf der anderen Seite gegenüberstehen. Jedenfalls haben die Küchenleistungen der Arbeiterfrau auch eine erhebliche arbeitsphysiologische Bedeutung (KOELSCH). — Die Gemeinschaftsverpflegung in Zeiten besonderer Verpflegungsschwierigkeiten, Krieg usw. ist bisher oft als die typische Form der Massenernährung angesprochen worden. Die Beurteilung ist keine einheitliche. Sicher ist, daß psychologische und auch physiologische Momente gegen eine zu weit durchgeführte Vereinheitlichung sprechen. Wenn dabei auf Wehrmacht usw. hingewiesen wird, so ist doch zu betonen, daß die Gemeinschaftsverpflegung nur dort gerechtfertigt ist und sich als erfolgreich erweist, wo infolge gleicher körperlicher Leistungen bei Menschen entsprechenden Lebensalters auch wirklich gleiche oder zum mindesten ähnliche Bedürfnisse vorliegen. Bei einer Durchschnittsbevölkerung fehlen aber diese Voraussetzungen.

Während des Krieges 1914/18 hat man in zahlreichen Städten Deutschlands für die Angehörigen der Kriegsteilnehmer *Kriegsküchen* geschaffen, in denen für billiges Geld als Gemeinschaftsverpflegung eine gute Hausmannskost geliefert wurde, deren Zubereitung und Aufmachung dem örtlichen Geschmack angepaßt war. Es konnte bereits damals die Tatsache beobachtet werden, daß nur ein geringer Teil (höchstens 6%) der Bezugsberechtigten von dieser Vergünstigung Gebrauch machten (FÜRTH). Wenn auch die Beteiligungszahlen bei den freiwilligen Massenspeisungen heutzutage wesentlich höher liegen, so ist doch immer noch eine gewisse Abneigung oder Gleichgültigkeit zu überwinden. Damals wurde auch die Meinung vertreten, daß für die praktische Durchführung der Massenspeisungen die dezentralisierte Küche besser sei als die Zentralküche mit Abgabestellen. Die Frage kann wohl nur nach lokalen und Zweckmäßigkeitsgründen und nicht grundsätzlich beantwortet werden.

Bei Massenspeisungen finden grundsätzliche Änderungen noch seltener als bei der Volksernährung statt. Eine Ausnahme stellt Japan dar, das 1886 in der Flotte die europäische Kost einführte. Heute ist wieder ein Zeitpunkt zu verzeichnen, wo solch ein Umschwung bewußt von allen Einsichtigen in vielen Ländern gefördert wird.

b) Verpflegung der Wehrmacht, des Reichsarbeitsdienstes, der SA. und der SS.

Heer. Die Truppenernährung ist eine typische Gemeinschaftsernährung, die insofern noch einen ausgesprochenen Charakter trägt, als es bei ihr nicht möglich ist, wochenweise oder täglich eine bestimmte Kostform wie z. B. in der Kantine auszuwählen. Damit ist die Einheitlichkeit noch stärker gewahrt, aber zugleich die Notwendigkeit um so dringlicher, daß eine Geschmacksrichtung allgemeiner Art innegehalten wird.

Die Schwierigkeiten sind bei der Soldatenernährung insofern noch wesentlich größer, als die Leistungen und Anstrengungen der Truppe täglich wechseln; demzufolge muß auch die Verpflegung vielgestaltig sein (WALDMANN-HOFFMANN, FINDEL-BISCHOFF).

Darüber hinaus ist die Soldatenernährung ein Teil der Volksernährung, von der sie, wenn auch als besonders gelagerter Fall, nicht getrennt werden darf.

Damit werden die allgemeinen Probleme der Volksernährung zugleich auch Probleme der Truppenernährung. Die Heeresverpflegung im Frieden ist dabei von der im Kriege grundsätzlich verschieden. In der Friedenszeit handelt es sich vorwiegend um gesunde und fast gleichaltrige junge Männer, die unter einwandfreien hygienischen Verhältnissen körperliche Arbeit zu leisten haben. Ihre Ernährung kann nach den Sätzen des physiologischen Bedarfs erfolgen. Im heutigen Massenheer finden sich dagegen verschiedenste Lebensalter vereinigt, die aus einem Leben mit verschiedenartiger Betätigung und verschiedenen Gewohnheiten kommen. Die hygienischen Verhältnisse im Kriegsheer sind wechselnd, häufig ungünstig. Die Lebensmittelversorgung ist unsicher, oft gestört und wechselnd infolge der Transportschwierigkeiten, zudem läßt die Zubereitung oft zu wünschen übrig. Vor allem kommt die eine hochbedeutsame Tatsache hinzu: Es werden oft plötzlich Höchstleistungen für einen großen Zeitraum verlangt. Diese zu garantieren und zu gewährleisten ist der Sinn und die Aufgabe der Heeresverpflegung im Kriege. Die Zubereitungsfrage ist dabei hier noch besonders kompliziert, da oft feste Herde fehlen.

Schmackhafte Hausmannskost scheint am besten die gesundheitlichen Forderungen zu erfüllen, wenn die früheren Fehler dabei vermieden werden. Wie bei den anderen Massenspeisungen lagen sie auch hier im Fehlen von Frischkost, in der fehlenden Abwechslung, in der Einförmigkeit, in der Minderwertigkeit, die auch durch die scheinbar gemischte Kost nicht ausgeglichen war.

In einer neuen *Vorschrift für die Verwaltung der Truppenküchen* ist diesem Gedanken klar Ausdruck verliehen. Als Nahrungsbedarf des deutschen Soldaten sind angegeben worden:

120 g Eiweiß
80—100 g Fett
500—600 g Kohlehydrate

bei einem Gesamtcalorienwert von mindestens 3400 Calorien.

Die Kost des Soldaten soll schmackhaft, bekömmlich, nahrhaft und abwechslungsreich sein und ihm die notwendigen Nähr- und Schutzwerte liefern. Sie muß gleichzeitig preiswert sein.

Da die Truppenernährung in erster Linie die körperliche und auch geistige Leistungsfähigkeit der Soldaten garantieren soll, kann nicht der Durchschnittssatz der Bevölkerung als Richtschnur gelten, vielmehr müssen die Verpflegungssätze mindestens für Schwerarbeiter eingesetzt werden.

Zur weiteren Deckung des Mannschaftsbedarfs ist man in England dazu übergegangen, die wegen Unterernährung körperlich ungeeigneten Bewerber in besonderen Lagern durch gute Ernährung und Leibesübungen planmäßig zu kräftigen und für den Truppendienst geeignet zu machen.

Während des Weltkrieges bestand die deutsche Feldküche zunächst aus einer festgesetzten täglichen Brot- und Beköstigungsportion, aber im Verlaufe des Krieges mußten wesentliche Herabsetzungen erfolgen.

Dagegen erfuhren die Bestandteile der *Feldkost* nach und nach eine erhebliche Erweiterung.

Den an einer Großkampfhandlung beteiligten Truppen in der Gefechtslinie wurden besondere Zuschüsse zu der Feldbeköstigungsportion bewilligt: Täglich 25 g Zucker, ferner 75 g frische Wurst oder 1 Salzhering oder 1 Rollmops oder 2 kleine Fettheringe oder 1 Ei oder 45 g Dauerfleisch oder 45 g Dauerwurst. Daneben täglich 1 g Tee nebst 17 g Zucker oder täglich $^5/_{100}$ Liter Branntwein (MUSEHOLD, KONRICH-WALTHER-SCHREINER).

Für die Tage des Eisenbahn-, Kraftwagen- und Lufttransportes ist für mobile und immobile Einheiten die *„kalte Kost"* eingeführt, die aus Brot, Speck, Fleisch bzw. Dauerwurst, Fleischkonserven oder Leber- bzw. Blutwurst, Konserven und Fett besteht. Als Getränk gilt Kaffee oder Tee mit Zucker (NACHTIGALL).

1936 wurden von einem Soldaten im Durchschnitt je Tag verbraucht 38 g Butter, 9 g Margarine, 7 g Schweineschmalz, 6 g Rindernierenfett sowie Kunstspeisefett.

Neben das deutsche Heeresbrot (aus 80%igem Roggenmehl) ist in neuester Zeit noch das Knäckebrot getreten (KLEMT), das infolge des geringen Wassergehaltes Vorzüge hinsichtlich Haltbarkeit, Lagerfähigkeit und leichterer Transportmöglichkeit besitzt.

Die Betonung der Qualitätswerte rückt natürlich auch hier wieder die *Küche* in den Vordergrund. In räumlicher Hinsicht sollen die Küchen dabei nicht zu klein sein, da sie sonst unwirtschaftlich arbeiten. Im allgemeinen wird 1 Bataillon von einer Truppenküche versorgt, öfter sind auch mehrere Bataillone (Abteilungen) auf eine Küche angewiesen. Jedenfalls ergibt sich aus den Forderungen der neuzeitlichen Ernährungslehre, daß auch hier Auswahl der Nahrungsmittel und Zubereitung Ergänzung und Verbesserung erfahren sollen.

Welche Bedeutung der Ernährung heutzutage bei der Truppe zugemessen wird, ersieht man auch aus den Bestrebungen, *Vitaminschäden* von vornherein auszuschalten. In einer ganzen Reihe von Heeren sind Versuche mit Ascorbinsäuregaben angestellt worden, die zum Teil über glänzende Ergebnisse berichten. KRAMER verlangt, dem kämpfenden Soldaten das Vitamin C in synthetischer Form von vornherein zu verabfolgen.

Es erscheint wesentlicher, die Truppen mit vitaminhaltigen Nahrungsmitteln zu versorgen, statt Schäden der Zubereitung durch arzneiliche Dosen ausgleichen zu wollen. v. LIGNITZ schrieb noch 1905, daß die Kartoffel aus der nachzutransportierenden Armeeverpflegung ausscheiden müsse, sie könne nur gelegentlich an Ort und Stelle beschafft werden wie eine Art Delikatesse, die der Gesundheit sehr zuträglich sei.

Demgegenüber steht heute die große Verwendungsmöglichkeit der Kartoffel in Form der Trockenkartoffeln, die noch einen beträchtlichen Vitamin C-Gehalt aufweisen und schmackhafte Kartoffelgerichte vor allem beim Eintopf liefern.

Im allgemeinen pflegt die Heereskost konservativ zu sein (v. RICHTHOFEN), nur Japan hat bereits Ende des vorigen Jahrhunderts in großem Umfange Versuche zur Entscheidung die Frage angestellt, ob die Kost der japanischen Armee zu ändern sei (TANIGUTI). Aus früheren Berichten geht sonst die nur langsame Änderung hervor (LINNEBACH).

C. RÖSE hat vor dem Krieg in ausgedehnten Untersuchungen auf Zusammenhänge zwischen *Ernährung und Körperbau bei Soldaten* hingewiesen und gerade die besondere Militärtauglichkeit in den Bezirken mit stark kalkhaltigem Wasser hervorgehoben. Daß hier zweifellos Beziehungen bestehen, geht aus der vielfach beobachteten Zunahme der Körpergröße der militärpflichtigen Jugend hervor, die allgemein auf die bessere Ernährung im Kindes- und Jünglingsalter zurückgeführt wird (SCHWIENING). Unabhängig vom Beruf hat früher die relative Tauglichkeit der landgeborenen Bevölkerung überall die des Großstädters übertroffen.

R. BIRCHER gibt in seiner Studie „Soldatenkost" an, daß seiner Meinung nach auf dem Wege des Militärdienstes die Ernährungssitten und vor allem die Ernährungsbegriffe der wohlhabenden Stände wirksam ins Volk gelangt seien. Der Militärdienst war nach der Meinung von R. BIRCHER insbesondere in den letzten zwei Jahrhunderten ein Schrittmacher des Alkohols und der Fleischkost[1]. Für 1934 lauteten die Zahlen für das schweizerische Heer, bei dem während des Grenzdienstes 1914/18 ziemlich rasch eine Herabsetzung der Fleischportion mit mehr Abwechslung erfolgte:

500 g Brot   250 g Fleisch
70 g Käse   20 g Salz.

Über Reformen in der schweizerischen Soldatenkost haben kürzlich VOLLENWEIDER und THOMANN berichtet.

Hinsichtlich der Truppenverpflegung des *österreichischen Heeres* kommt CORECCO zu dem Schluß, daß sie zu Beginn des Krieges gut und ausreichend war, daß aber dieser Normalzustand nur kurze Zeit gedauert habe. Die volle Portion, also 700 g Brot und 400 g Fleisch erhielten bald nur die Kampftruppen und die im Nachschub tätigen Trains, während die Etappenformationen nur noch 560 g Brot und 300 g Fleisch bekamen. Mit der Dauer der Blockade wurden dann auch hier die Einsparungen fühlbarer.

Die *französische* militärische Tagesportion liefert 3000—3400 Calorien.

Der Tagesverpflegesatz des *russischen Heeres* betrug 1933 3580 Calorien, während er in den kritischen Zeiten 1922 nur bei 2200 Calorien lag. Die Brotmenge ist auch heute wieder hoch, 1000 g; daneben werden verabfolgt: 250 g Fleisch, 20 g tierisches und 30 g pflanzliches Fett, 350 g Zucker, Kartoffeln, Gemüse (v. TAUBE).

Nach LUSK waren 4000 Calorien für *amerikanische Soldaten* mit 70 kg, bei einem Gepäck von 20 kg und einem Gewaltmarsch von 30 Meilen in 10 Stunden festgesetzt bei 129 g Eiweiß (1,94 g Eiweiß pro Kilogramm Körpergewicht).

Von besonderem Interesse sind die Verpflegungsverhältnisse des *italienischen Heeres* während der Eroberung von Abessinien. Dank der einwandfreien Ernährungssicherung und der erfolgreichen Seuchenbekämpfung war der Kampf so rasch entschieden. Täglich gab es frisches Obst, vorwiegend Citronen und frisches Fleisch, die Schlachttiere wurden gegebenenfalls mit Flugzeugen lebend bis in die vorderen Linien gebracht. Auf den Mann entfielen 4 l Wasser täglich, pro Tier 15 l. Das Durchschnittsgewicht der Verpflegung betrug also je Mann 6 kg, je Tier 23 kg. Damit vergleiche man die Zahlen von Lettow-Vorbecks Feldzug: Je Mann betrug das Durchschnittsgewicht der Verpflegung 1 kg, je Pferd 5 kg.

Die Zahlen für die Ernährung des Soldaten in *Argentinien* lauteten 1935 auf 3498 Calorien, die von 543,8 g Kohlehydraten, 68,8 g Fett und 175,9 g Eiweiß, davon 63,8% tierischer Herkunft geliefert wurden. Für das schwedische Heer gelten 3680—3800 Calorien als Norm, für das polnische 3476 Calorien, für das lettische 4198,6 Calorien.

Eine ältere Übersicht über die *Soldatenkost in verschiedenen Ländern* findet sich bei GIGON 1914. In einer eingehenden Studie hat CORECCO die Versorgung der kriegsführenden Armeen mit Verpflegung während des Weltkrieges 1914 bis 1918 dargelegt.

In besonderer Weise spielt noch ein wichtiger Fragenkomplex in die Truppenernährung hinein. Bei den Feldverpflegungsmitteln muß mit der Möglichkeit einer Einwirkung *chemischer Kampfstoffe* gerechnet werden. Eine allgemeine

---

[1] Siehe auch Internat. Rev. Agricult. **28**, 397 (1932).

Tabelle 1. Täglicher Heeresverbrauch pro Kopf in g.

	Belgien	Finnland	Polen	Schweiz	Jugoslavien	Türkei	Argentinien
Fleisch	300	150	250	250	300	250	700
Brot	600	450	800	500	1000	900	500
Kaffee	10		50				
Käse				70			4
Milch	200	500					
Fett oder Öl			50		20		6
Margarine	25						
Reis, Erbsen, Bohnen	25	50	150		120—150	150	65
Salz	20		22		} 56	20	31
Pfeffer	$^{1}/_{4}$						1,5
Kartoffeln	1200	800	700		400—750 (mit Ge- müse)		115
Butter		40				20	
Frisches Gemüse			200				80
Zucker		40					70
Hafergrütze		100					
Heringe		50					
Tomatenmark							2
Nudeln							100
Getreidemehl							50
Mate							20

Vergiftungsgefahr besteht beim Wasser stets durch flüssige und feste Kampfstoffe (Gelb- und Blaukreuztyp), besonders bei stehenden Gewässern. Fleisch und Fleischwaren können am besten durch Dachpappe, Cellophan, Ölpapier geschützt werden. Jedenfalls muß die Ernährung schon in jeder Weise auf solche Möglichkeiten eingestellt sein (BERLET-RITTER-PFAUNDLER).

Die mit den Kampfstoffen in Berührung gekommenen Lebensmittel, die für den menschlichen Genuß unbrauchbar sind, dürfen unter keinen Umständen den Tieren gegeben werden. Nach Angriffen mit chemischen Kampfstoffen darf niemals Fleisch roh gegessen werden [RICHTERS (1, 2)].

Mit Grünkreuz vergiftete Lebensmittel sind in ihrer Genußfähigkeit durch Geschmacks- oder Geruchsveränderung stark herabgesetzt. Die Vergiftungen hierdurch sind wesentlich leichter als bei Lebensmittelvergiftungen mit den flüssigen Gelbkreuzstoffen. Die mit Gelbkreuz vergifteten Lebensmittel können durch Kochen während einer halben Stunde entgiftet werden, jedoch muß das Abkochen in freiem Raum erfolgen.

Lebensmittel, die durch Blaukreuz vergiftet sind, bleiben in jedem Fall ungenießbar.

Die folgende Tabelle gibt eine *Zusammenstellung über die Kostsätze bei den Truppen im Feld und in den Garnisonen*:

Tabelle 2.

	Eiweiß	Fett	Kohlehydrate	Calorien			
				Gesamt	Eiweiß	Fett	Kohlehydrate
	g	g	g		%	%	%
Militär, Philippinen	116,9	94,23	579,41	3,731	12,85	23,49	63,66
Englische Heimatration, Mai 1918	124	136	419	3,483	14,6	36,4	49,0
Kanadische, Juli 1918	107	118	344	2,946	14,9	37,2	47,0
Normale französische, 29. 3. 18	138	98	467	3,604	15,7	25,3	59,0
Italien, Februar 1917	127	38	469	2,797	18,6	12,6	68,8
USA., Übungslager	147	174	643	4,859	13,0	33,3	56,0
USA., Garnison-Ration	129	136	545	3,898	12,85	31,0	54,2

Im Gegensatz zu den Bestrebungen, die Soldatenkost immer weiter zu verbessern, standen die Ernährungsverhältnisse der *Kriegsgefangenen* auch in den Ländern, die nicht durch die Hungerblockade getroffen waren (ALBRECHT). Als Nahrungsnorm wurde im April 1915 festgesetzt, daß jeder Kriegsgefangene in Deutschland täglich durchschnittlich 85 g Eiweiß, 40 g Fett und 475 g Kohlehydrate, im ganzen 2700 Calorien erhalten solle, wobei den stärker arbeitenden und insbesondere den Insassen der Arbeitslager 10% mehr, also 2970 Calorien zustehen sollten. Eine Überwachung ist bei der Ernährung von Kriegsgefangenen schon aus dem Grunde notwendig, weil die Nahrungsmittelrationierung hierbei tatsächlich vollständig ist. Eine eindeutige Lehre kann aus den Erfahrungen nur in bedingtem Maße gezogen werden, da die psychischen Einflüsse zu stark stören und den Stoffwechsel beeinflussen.

Marine. Für die Marine hat die Ernährung stets eine Frage von grundsätzlicher Bedeutung dargestellt. Die Möglichkeit, monatelang von der Ausfahrtbasis getrennt zu sein, die Unsicherheit der späteren Versorgung und die Ungewißheit und Zufälligkeit erbeuteter Nahrungsmittel ließen von Anfang an dieser Frage besonderes Interesse zuwenden. Infolge der beengten Verhältnisse an Bord sind schon frühzeitig besondere Krankheitserscheinungen auf Schiffen beobachtet worden, die ursächlich mit der Ernährung zusammenhängen. Skorbut, aber auch Beriberi sind oft unheimliche Gäste der Schiffe gewesen. Auch während des Weltkrieges sind auf deutschen Kriegsschiffen, die monatelang von ihrem Vorrat und den erbeuteten Nahrungsmitteln leben mußten, Avitaminosen aufgetreten (EVERS). Während der letzten Westindienreise der Segelschulschiffe „Horst Wessel" und „Albert Leo Schlageter" wurden bei laufenden Vitamin C-Untersuchungen klinisch keine präskorbutischen Erscheinungen beobachtet. Der steile Abfall des Vitaminspiegels ließ aber vermuten, daß es bei Verlängerung der Reise um 4 Wochen vielleicht doch zu C-Mangelerscheinungen gekommen wäre.

Bei Kriegsschiffen ist üblich die „Mengenverpflegung", d. h. die Beköstigung durch eine gemeinschaftliche Schiffsküche.

In der *Schiffsverpflegungsvorschrift* für die Reichsmarine sind eingehend die Ernährungsverhältnisse besprochen. Die Verpflegung besteht danach aus Frühstück, Mittag- und Abendessen. Als Durchschnittsbedarf sind angegeben worden: 150 g Eiweiß, 100—120 g Fett, 550—650 g Kohlehydrate. In jedem Halbjahr muß eine Übersicht über die Ergebnisse der Nährwertberechnung während einer Woche und über den Gewichtsstand der Truppen geliefert werden.

Bei einer Landung in den *Tropen* ist wichtig die Beibehaltung der Ernährung wie in der Heimat und Ergänzung durch reichlichen Fruchtgenuß.

Der durchschnittliche *Wasserverbrauch* (Trink- und Waschwasser) an Bord von Kriegsschiffen in See beträgt 20 l pro Kopf und Tag. Damit gewinnt das Problem der Wasserversorgung eine überragende Bedeutung, da bei langdauernden Fahrten stets Wasser übernommen werden muß.

Auch die Frage der Verwendung des destillierten Wassers muß hier herangezogen werden. In eigenen Untersuchungen konnte, abgesehen von Störungen im Mineralsalzgehalt, eine stärkere Vitaminschädigung bei Verwendung des destillierten Wassers als Kochwasser nachgewiesen werden.

Bei der Schwere des U-Boot- und Torpedobootdienstes ist größter Wert auf ausreichende kräftige Verpflegung dieser Mannschaften zu legen; daher wird ein Zuschlag gewährt. Hülsenfrüchte und Kohlarten sind zu meiden, da sie beim Kochen Anlaß zu starkem Geruch und zu Darmgasbildung geben.

Luftwaffe. Nicht wesentlich verschiedene Verhältnisse liegen bei einem Teil der Truppen der Luftwaffe vor. Die Bodenformationen werden in ihrer

Ernährung wie Landtruppen mit ähnlicher Tätigkeit gehalten werden können. Die eigentliche Fliegertruppe wird dagegen bei der Ernährung all die Rücksichten nehmen müssen, wie-sie schon in der Zivilluftfahrt beobachtet werden. Verzehr von gasbildenden Nahrungsmitteln vor dem Flug ist nicht angebracht, um Störungen infolge des Empordrängens des Zwerchfells durch die sich ausdehnenden gasgefüllten Därme zu vermeiden. Nicht geeignet sind in erster Linie Hülsenfrüchte, Kohlarten, kleiereiches Brot. So sind für das fliegende Personal pro Tag 760 g Weißbrot und 0,5 l Milch vorgesehen.

Stärkere Nahrungsaufnahme unmittelbar vor dem Flug und insbesondere Alkohol in größerer Menge erhöhen die Bereitschaft zur Flugkrankheit. Belastung des Darmes mit großen Mengen insbesondere voluminöser Nahrung, stört außerdem die Anpassungsbreite des Kreislaufes an Höhen und an Fliehkräfte; ebenso ist aber auch völlige Nüchternheit leistungsschädigend.

Milchzufuhr bzw. Milchdiät vor Antritt langer und anstrengender Flüge ist wohl die geeignetste Nahrung (SCHUBERT, SCHNELL).

Durch entsprechende Verköstigung konnten auch bei der Beförderung von Heereseinheiten durch Flugzeuge die Fälle der Luftkrankheit vermindert werden.

Reichsarbeitsdienst, SA. und SS. Der Reichsarbeitsdienst hat sich weitgehend die Erfahrungen der Wehrmacht zunutze gemacht. Es ist hier zu berücksichtigen, daß die Angehörigen des Reichsarbeitsdienstes zum überwiegenden Teil recht junge Männer sind, also einen erhöhten Nahrungsbedarf aufweisen, der neben der Arbeitsleistung vor allem auch durch den wachsenden Organismus mitbestimmt wird.

Nachdem mit Recht die Kostsätze erhöht worden sind, ist die Gewähr einer ernährungsphysiologisch gesicherten Ernährung gegeben.

Die Schwierigkeiten lagen hier zunächst in der Verteilung der Arbeitsdienstlager begründet, die infolge der Lage abseits von den Märkten die Möglichkeit des Masseneinkaufs einschränkte oder den Antransport der Lebensmittel erschwerte. In besonderer Weise wird hier die Massenverpflegung zu einem Problem der Massenversorgung.

Die *Kostsätze* lauten:

150 g Fleisch	150 g Gemüsekonserven
100 g Speck	200 g Erbsen, Bohnen oder Linsen
250 g Salzheringe	65 g Butter, Schmalz oder Margarine
1500 g Kartoffeln	15 g Salz.
60 g Trockengemüse	

Die zuständige Tagesverpflegung wird in zubereiteter Form und in der Regel in vier Mahlzeiten (Morgenkost, Frühstück, Mittagskost und Abendkost) verbraucht. Brot wird nach Maßgabe des Verbrauchs ausgegeben. Den Abteilungsführern bzw. Schulleitern wird die Durchsicht der Speisezettel zur Pflicht gemacht. Dabei ist den Führern zum Teil die Teilnahme an der Verpflegung freigestellt.

Auf Abwechslung in der Speisenfolge, auf Verabreichung landesüblicher Verpflegung ist zu achten. Die Ausbildung der Köche in besonderen Lagern gewährleistet eine gleichmäßige Verpflegung in den zerstreuten Lagern gerade in der kommenden Zeit.

Es ist einleuchtend, daß für *Formationen der SS. und SA.* die militärischen Erfahrungen auf dem Gebiet der Ernährung maßgebend waren. So finden wir in den Speisezetteln in qualitativer und quantitativer Hinsicht weitgehende Übereinstimmung, was um so weniger verwunderlich ist, als gerade die kasernierten Abteilungen einen ähnlichen Dienst zu versehen haben. In der Mittagskost gelten z. B. Kostsätze, die denen der Truppe durchaus entsprechen.

c) Werksverpflegung.

In den Großstädten wie in verkehrstechnisch ungünstig gelegenen Betrieben ist es unmöglich, daß die auch ernährungsphysiologisch erwünschte Mittagspause eingehalten wird. Hier muß ein Kompromiß geschlossen werden, indem man die Arbeiter an Ort und Stelle selbst verpflegt. Die Arbeiterernährung ist hier also insoweit berücksichtigt, als sie wirklich Massenernährung ist. Die einst ernste Frage der Ernährung der Arbeitslosen spielt dabei heute in Deutschland keine Rolle mehr.

Wie kann den Forderungen einer zweckmäßigen und ausreichenden Ernährung während der Arbeitszeit bei arbeitenden Menschen entsprochen werden? Der Arbeiter braucht eine erhöhte Zufuhr von Nahrungsmitteln und besonders von Qualitätswerten. Es ist nicht möglich, die Ernährung der Arbeiter einzig auf einer entsprechenden Anzahl Calorien aufzubauen. Ebenso ist man nicht berechtigt, eine erhöhte Eiweißzufuhr als geeignetes Mittel einzufügen, um den Eintritt der Ermüdung hinauszuschieben oder die Leistung hochwertiger zu machen. Es ist jedenfalls aber sicher, daß sich der Arbeiter heutzutage anders ernähren muß als früher, da in vielen modernen Fabrikbetrieben Maschinen an die Stelle von Menschen getreten sind und der Mensch nur die Aufsicht über die Maschine an Stelle der früheren körperlichen Arbeit führt. Der Nahrungsbedarf des Arbeiters ist dabei auch abhängig von der Arbeit selbst, dem Arbeitsklima, den psychischen Faktoren. Die Zweckmäßigkeit einer zugleich ausreichenden Nahrungsmenge ist besonders bei der Beschäftigung Jugendlicher wie von Frauen und Mädchen zu beachten.

Bei der Werksverpflegung als typischer Gemeinschaftsverpflegung ist als wichtiger Punkt herauszuheben, daß viele Menschen von den Kochleistungen, dem Geschmack und der Nahrungsauswahl eines einzelnen Menschen abhängig sind. Ein Fehler geht hier sogleich weit in die Breite und trifft viele Menschen. Die Gemeinschaftsverpflegung hat aber den Vorzug, eine gleichmäßige Lenkung des Lebensmittelverbrauches viel sicherer und einfacher zu ermöglichen. Da gewöhnlich die Mahlzeit während der Schicht erfolgt, so hat sie sofort auch Einfluß auf die Arbeitsleistung in der Zeit nach dem Essen, wie auf die Unfallhäufigkeit bei der Arbeit. Aus diesen Gründen kann deshalb die Frage der Werksverpflegung nicht einfach eine Frage des einzelnen Arbeiters sein, sondern muß sinngemäß vom Betrieb aus geregelt werden.

An der Spitze der *Richtlinien* für die Werksverpflegung steht deshalb die Forderung einer guten Ausbildung der *Küchenleiter* und des ganzen Küchenpersonals. Als zweite Forderung hat die Aufklärung und Belehrung der Gefolgschaft über die gesundheitlichen Forderungen in der Ernährung zu gelten.

Als *besondere Richtlinien* haben zu gelten: Keine Einförmigkeit, denn gerade der Großküche hat die Abwechslung gefehlt; diese Monotonie hat mit zu dem ungünstigen Urteil über die Massenverpflegung beigetragen. Abwechslung in den Speisen, reichlicher Wechsel in den verwendeten Nahrungsmitteln, wie in der Art der Zubereitung. Gibt es keine Suppe oder saftigen Salate, so ist an die Bereitstellung von entsprechenden Getränken zu denken. Für die Hitzebetriebe sind am meisten deutsche Tees zu empfehlen, auf Brombeer- Erdbeer- oder Pfefferminzgrundlage mit einem Zuckerzusatz bis zu 30 g pro Liter, und zwar lauwarm oder von Zimmertemperatur (HEBESTREIT). Das Gemüse ist von jeher das Sorgenkind der Großküche gewesen. Gewöhnlich stand dabei die Behandlung mit viel Wasser und stundenlangem Kochen an der Spitze. In den neuen Trockengemüsen, die nichts mehr mit dem Dörrgemüse der Kriegszeit gemein haben, und auch in den Konserven sind heutzutage bessere Lebensmittel vorhanden, wenngleich auch in der Großküche frisches Gemüse und frisches Obst in den entsprechenden Jahreszeiten unersetzlich sind.

Es tauchen hier zugleich praktische Probleme auf: Die Frage des gemeinschaftlichen Speiseraums, die Frage der betriebseigenen Küche. Beide Fragen sind einfacher in Großbetrieben zu lösen, aber wesentlich schwieriger in Klein- und Kleinstbetrieben. Im allgemeinen wird sich die Lage der Eßräume nach der Ausdehnung des Werkes und der Belegschaftszahl richten.

Besteht die Möglichkeit einer raschen Auslieferung des Essens an die einzelnen Speiseräume, so ist gegen eine *Zentralküche* nichts einzuwenden. Die dezentralisierte Verpflegung wird oft den Vorzug einer günstigen Versorgung mit möglichst frischen Speisen haben. Verzehrt ein Teil der Belegschaft das mitgebrachte Essen im Betrieb, so ist es notwendig, zweckmäßige Wärmeeinrichtungen am Werkseingang der Arbeiter unterzubringen. Für eine grundsätzliche Abschaffung der Selbstverpflegung im Betrieb sind jedoch bereits zahlreiche Stimmen laut geworden.

Besteht eine kleine *Pause*, so ist es unzulässig, das Butterbrot oder den Kaffee am Arbeitsplatz zu sich zu nehmen. Erwünscht sind hierfür kleinere Frühstücksräume. Hier können Spinde für jeden Arbeiter zur Unterbringung von Eßwaren und Geschirr gut aufgestellt werden.

Handelt es sich um die *Arbeitsschicht von üblicher Dauer*, so wird eine warme Mahlzeit während derselben als richtig angesehen werden müssen, vorausgesetzt, daß die Arbeiter nicht hungrig zum Arbeitsplatz kommen. In diesem Fall erscheint die Bereitstellung einer warmen Suppe bzw. Kaffee empfehlenswert. Handelt es sich um die Hauptmahlzeit, so sind 1000—1100 Calorien im Durchschnitt für die Gemeinschaftsküche als zweckentsprechend anzusehen. Die Parole „Warmes Essen im Betrieb" wird in den kleineren Betrieben nicht leicht verwirklicht werden können. Als vorläufige Lösung scheint hier dann eine billige warme Suppe geeignet.

Die Pause für die Essenseinnahme darf nicht zu klein sein. Wenn auch der Arbeiter nur ungern etwas Zeit bei der Schicht zulegt, so ist doch $^3/_4$ Stunde als Durchschnitt anzusehen; noch besser wäre eine Stunde. Nach Möglichkeit soll der Anmarsch usw. zur Kantine nicht in der erwähnten Zeit eingeschlossen sein und ein langes Stehen an der Essensausgabe vermieden werden.

Die Zeit der Essenseinnahme richtet sich stark nach den örtlichen Verhältnissen und den Besonderheiten des Betriebes. Eine ungefähre Halbierung der Arbeitsschicht erscheint zweckmäßig, wobei der Teil der Arbeit nach dem Essen eher etwas kleiner sein soll. In den Arbeitspausen soll das Rauchen nur im Freien oder in besonderen Aufenthaltsräumen für Raucher gestattet sein.

Alkoholgenuß sowie der Ausschank alkoholhaltiger Getränke in der Kantine ist während der Arbeitszeit zu verbieten (STEINWARZ).

Um die Stimmung besonders zu heben, müssen die *Eßräume* wie die Tische, das Geschirr freundlich und praktisch sein. Die Luft muß frisch und nicht verbraucht sein. Lüftungspause zwischen 2 Eßschichten ist bei ungünstigen Luftverhältnissen notwendig.

Die *Zusammensetzung der Speisen* wie der Speisezettel muß nach volkswirtschaftlichen und gesundheitlichen Momenten erfolgen. Schollengebundene Ernährung, die alle jahreszeitlichen Schwankungen der Bodenproduktion aufweist, bleibt Grundsatz!

Auch an die Möglichkeit des Wahlessens ist zu denken. Hierzu gehört allerdings schon größere Erfahrung, da sonst das wirtschaftliche Risiko zu groß ist.

Zu empfehlen ist für größere Werke die Anlage einer *Diätküche*, die die arbeitsfähigen Gefolgschaftsmitglieder versorgt, die wegen akuter oder chronischer Verdauungs- oder Stoffwechselstörungen einer besonderen Kost bedürfen. Hierher würden vorübergehend auch die arbeitsfähigen Rekonvaleszenten nach bestimmten Erkrankungen gehören. Die Zusammenstellung der Diät hat der besonderen Obhut des Fabrikarztes zu unterstehen.

Die Häufigkeit von Magen-Darmstörungen in der Arbeiterschaft und die Erkenntnis von der erheblichen ernährungsphysiologischen und auch wirtschaftlichen Bedeutung der Ernährung für Gesundheit und Leistung haben bereits im Ausland (USA., Rußland) zur Schaffung von Diätküchen für Arbeiter auf gemeinnütziger Basis geführt. Die berichteten Erfolge sind günstig. Auch die Ergebnisse der deutschen Fabrik-Diätküchen sind gut (KOELSCH). Es erscheint überhaupt von Bedeutung, mehr als bisher auf den Gesundheitszustand des Verdauungskanals im Beruf selbst wie schon bei der Berufsberatung zu achten, die Inspektion des Gebisses allein genügt nicht.

Werden unterschiedliche Kostformen verabfolgt, so sollen die Verschiedenheiten nicht nach dem Verdienst gestaffelt werden, sondern vor allem nach den körperlichen Leistungen, also nach den Kategorien Schwer- und Schwerstarbeiter bzw. nach den besonderen Einwirkungen der Berufsart.

Der *Küchenzettel* muß von der Küchenleitung mindestens für eine Woche festgelegt werden. Für diese Zeit soll sich auch der Arbeiter für das eine oder andere Essen entscheiden. Es ist wünschenswert, daß der Arbeiter die Möglichkeit eines Wechsels hat, damit nicht wieder die Furcht vor der Monotonie der Massenspeisung auftritt. Jedoch soll insgesamt das Essen kräftig und schmackhaft sein und sich nicht wesentlich von dem Essen zu Hause abheben, da andernfalls eine falsche Beurteilung der Kochleistungen der Frau die Folge ist.

Wie in den Gasthäusern muß auch bei der Kantinenverpflegung das Gesetz der Nahrungshygiene herrschen: Was auf dem Teller war, darf nicht mehr für die menschliche Ernährung verwertet werden. Im Zeichen der Resteverwertung wird es gut als Viehfutter Verwendung finden.

In einem Erlaß des Reichsarbeitsministers (Reichsarbeitsblatt S. III, 241) sind kürzlich unter anderem Richtlinien für Speiseräume angegeben worden. Es soll danach ein genügend großer, heizbarer Raum mit Tischen und Sitzgelegenheiten in ausreichender Anzahl und mit Einrichtungen zum Anwärmen der mitgebrachten Speisen zur Verfügung stehen; er soll in der Nähe der Arbeitsstätte liegen, damit die Pausen durch die Hin- und Herwege nicht zu sehr verkürzt werden.

Die Gemeinschaftsverpflegung in den *Baulagern*, beim Bau der Reichsautobahnen erfordert gleichfalls eine gesonderte Betrachtung. Hier mußte in kürzester Zeit Neues auch auf diesem Gebiet geschaffen werden, um die arbeitenden Menschen — es waren oft über $^1/_2$ Million — einwandfrei zu betreuen (BIRKENHOLTZ).

Maßgebend bleibt der Grundsatz: Wer schwer arbeitet, hat das Recht auf eine nahrhafte, reichliche und preiswerte Kost. Für den Mindestsatz von 1,— RM. je Verpflegungstag werden folgende Mindestportionen je Kopf der Belegschaft täglich zugrunde gelegt:

750 g Brot
125 g Wurst oder Belag
125 g Rind-, Hammel-, Kalb- oder Wildfleisch
oder 100 g Schweinefleisch oder Speck
oder 250 g Fisch
200 g Frischgemüse
oder 125 g Hülsenfrüchte
750 g Kartoffeln
100 g Schmalz oder Margarine
oder 60 g Butter.

Auf Wunsch der Belegschaft im Gemeinschaftslager kann Halbtagsverpflegung eingeführt werden.

d) Verpflegung in Gaststätten.

Ein großer Teil der Bevölkerung, zumal die werktätige in der Stadt, ist gezwungen, das Essen im Gasthaus einzunehmen. Auch sie müssen ein einwandfreies gutes Essen erhalten, das Gesundheit und Einkommen entspricht, damit die Leistung erhalten bleibt. Die Speisekarte sei klar und wahr. Noch heute trifft man oft eine schlechte Zusammenstellung der Speisen, falsche Reihenfolge, Eintönigkeit als besondere Fehler. Milchspeisen, Süßspeisen, Gemüse, Obst sind im allgemeinen viel zu wenig im Essen vertreten. Auch Kartoffeln können gewöhnlich in größerer Menge verabfolgt werden. Eine gute Hausmannskost ist das wünschenswerte Ziel, unter voller Berücksichtigung der landschaftlichen Eigenart. Die Küchentechnik, das Würzen sind besondere Zeichen einer gut geführten Gaststätte, nicht das reichliche Salzen! Als Getränke müssen auch alkoholfreie Obstgetränke vorhanden sein.

Es ist mit Recht von PIRQUET darauf hingewiesen worden, daß schon in der Bezeichnung die ungesunde Grundlage klar zutage tritt. Man unterscheidet: Wein-, Bier-, Tee-, Kaffeehäuser, nur die Vegetarier und die Alkoholgegner haben von vornherein Speisehäuser gegründet. Danach müßte die heutige Gaststätte erst ein Speisehaus werden.

Vor allem ist es notwendig, das *lange Warmhalten* der Speisen zu vermeiden. Gegebenenfalls käme hier eine Zusammenziehung der Tischzeiten auf einen kürzeren Zeitraum in Frage. Es ist jedenfalls sehr begrüßenswert, daß das Gaststättengewerbe sich hier nicht den Bestrebungen verschließt, sondern selbst tatkräftig an der Besserung mitarbeitet (s. Ernährungsfibel 1939).

Fast ist man geneigt, auch die *Verpflegung im Olympischen Dorf* während der Olympiade 1936 in Berlin, die ganz nach Hotelart erfolgte, als eine Massenspeisung anzusehen; hier ist allerdings die Differenzierung der Mannschaften nach ihrer Nationalität so groß, daß eine einheitliche Betrachtung außer acht bleiben kann.

Die Verpflegung im Olympischen Dorf war durchschnittlich folgende nach Nordd. Lloyd:

$$+ \; 719 \text{ g Fleisch und Wurst pro Kopf und Tag}$$
$$+ \quad 31 \text{ g Fisch}$$
$$\overline{\quad 750 \text{ g}}$$

32 g Salz
564 g Kartoffeln
600 g frisches Gemüse
390 g frisches Obst.

e) Schulspeisung.

Die Verpflegung von Kindern, z. B. in *Waisenanstalten* usw. gestaltet sich oft schwierig, da es sich gewöhnlich um Kinder verschiedener Altersgruppen handelt, für die ein Durchschnitt nicht angegeben werden kann. Insassen der Waisenhäuser sind zumeist Kinder von 6—15 Jahren. Infolgedessen ist es schwierig, Kinder dieser weiten Altersgrenze so zu verpflegen, daß jedes die notwendige Nährstoffmenge erhält, ohne daß dabei die Qualität leidet. Das klassenweise Zusammenfassen entsprechend den Altersstufen auch bei den Mahlzeiten erscheint zweckmäßig.

Eine besondere Form der beschränkten Massenernährung ist die *Schulspeisung*. Sie stellt die außerhäusliche Versorgung schulpflichtiger Kinder mit den Mahlzeiten dar, die sie im Elternhaus überhaupt nicht oder doch nicht in dem notwendigen Maße erhalten. Bei zweckmäßiger Durchführung ist günstige Einwirkung auf körperliche und geistige Frische zu beobachten.

Unzulänglich ist die Dauer der Speisung, wenn sie unter 1 Jahr liegt oder im Sommer eingestellt wird. Verschieden wie die Art und Dauer der Beköstigung ist auch ihre Zusammensetzung.

Vor dem Krieg gaben zahlreiche Städte als erstes *Schulfrühstück* Milch, Suppen, beide meist mit Brot; bei Mittagessen Suppe, Gemüse, Fleisch. KAUP ist bereits schon früher für das warme Schulfrühstück (Milch und Brot) eingetreten. Gerade in England ist immer wieder darauf hingewiesen worden, daß eine Fehlernährung der Kinder eine Gefahr für die Zukunft des Landes bedeute. Darum wurde eine Erziehung der Kinder in gesundheitlicher Hinsicht in Form einer Besprechung der Ernährungsfragen in der Schule verlangt und von anderen die Abgabe von Schulspeisungen zu erschwinglichen Preisen angeregt (A. N. CRITCHLEY). 1935 wurden an 25000 unterernährte Kinder fast 6 Millionen Mahlzeiten ausgegeben. In mehreren polnischen Städten wurden 25% der Schulkinder gespeist.

Obwohl die Nahrung in der Gesamtzusammensetzung physiologisch ausreichend war, trat eine deutliche Besserung des körperlichen Zustandes bei Zöglingen englischer Internate ein, wenn als Zusatz frische, sofort pasteurisierte Kuhmilch gegeben wurde (H. C. CORRY MANN).

Infolge des angeblich so sehr niedrigen Ernährungszustandes des englischen Volkes wird der Ausschluß der Unterernährten vom Sport in der Schule gefordert. Erst nach der Besserung der Ernährung soll auch der Sport eine weitere Ausdehnung erfahren. 1933 wurden in USA. $7^1/_2$ Millionen Schüler als unterernährt bezeichnet.

Einzeluntersuchungen liegen nur in beschränktem Umfange vor. In Indien ist für eine Schulkost eine relative Armut an Fett und tierischem Eiweiß, vor allem an Lysin ermittelt worden (NIYOGI).

Auf dem Internationalen Gartenbaukongreß berichtete B. HAMMAR über die guten Erfahrungen, die in den *Volksschulen in Schweden* bei den Schulspeisungen gemacht worden sind. Die Zusammensetzung war dem Oslo-Frühstück ähnlich, ein besonderes Gewicht wurde auf Rohobst und Gemüse gelegt.

So spielen heute Schulspeisungen in ganz Schweden eine erhebliche Rolle. Früher pflegten die Kinder ihr Mittagsessen in der Form belegter Brote selbst mitzubringen, heute erhalten sie Mittagskost, die die Hälfte des täglichen Bedarfs an Nahr- und Schutzstoffen liefern soll. Das dem Oslo-Frühstück nachgebildete Essen, das pro Kind 28 Öre kostet, besteht aus:

100 g Mohrrüben (Obst oder Tomaten)	40 g Knäckebrot
400 g Milch	30 g Butter
100 g gewöhnliches Brot	20 g Käse.

Insgesamt liefern sie 1000 Calorien; mit 29,8 g Eiweiß, 0,7 g Ca; 0,75 g P; 5,7 mg Fe; 5390 Internationale Einheiten Vitamin A; 200 Internationale Einheiten Vitamin B_1; 298 Sherman-Einheiten B_2; 23 mg Vitamin C.

Als Speisenfolge wird bevorzugt Hagebutten- oder Obstsuppe, Milch, Brot, Käse. Infolge des gesteigerten Verbrauchs an Gartenprodukten verspricht man sich in Schweden zugleich einen günstigen Einfluß auf den dortigen Gartenbau (HAMMAR).

Das *Oslo-Frühstück* ist zunächst in den Volksschulen von Oslo auf Vorschlag des Hygienikers SCHIÖTZ eingeführt worden. Seine typische Zusammensetzung ist folgende: $^1/_3$ l Vollmilch, 1 Kneipp-Zwieback (hauptsächlich aus Weizenschrotmehl) mit Margarine und Mysost (Ziegenkäse), Kneippbrot mit Margarine und Mysost in beliebiger Menge, eine halbe Apfelsine oder ein halber Apfel oder eine Mohrrübe, abwechselnd je nach der Jahreszeit, Apfelsinen am Anfang,

Äpfel und Mohrrüben am Schluß der Mahlzeit zur Zahnreinigung. Margarine wurde aus wirtschaftlichen Gründen gegeben.

Bei Schulspeisungen in Schwaben wurde Vollkornbrot mit Apfel oder Milch gegeben (TÖLLE).

f) Lagerverpflegung der HJ.

Wie groß die Bedeutung der Ernährung für die Lager der Jugend ist, geht aus der ausführlichen und aufschlußreichen Schilderung von KITZING hervor; sie ist auch deshalb so wertvoll, weil es keine Arbeiten über den Nahrungsbedarf Jugendlicher in den Zeltlagern bisher gibt. Die vielen Hunderttausend Jungen, die im Sommer in den Zeltlagern der HJ. leben, sollen hier eine körperliche Erholung und Kräftigung finden. Im Lager von 12—14jährigen sollen 2600 Calorien, 2800 Calorien im Lager von 14—18jährigen jedem Jugendlichen zur Verfügung stehen. Es ist dabei gleichzeitig daran zu denken, daß die Fehler in der Ernährung im Elternhaus — gewöhnlich calorisch eine Überernährung bei Unterernährung hinsichtlich der Qualitätswerte — im Lager mit ausgeglichen werden sollen. An Nahrungsmitteln sollen nach KITZING bevorzugt werden: Kartoffeln, Gemüse, Salat, Obst, Milch, Käse, Seefische, Vollkornbrot. Die Fleischzufuhr soll in mäßigen Grenzen bleiben. Auch der Verbrauch von Soja in der Lagerverpflegung wird propagiert, ebenso der Verbrauch von Küchenkräutern, Pilzen, Hefeextrakten. Als Getränk wird der naturreine Fruchtsaft bevorzugt. Bei Benutzung der Feldküche besteht die Gefahr einer Eintönigkeit der Speisen. Drei Hauptmahlzeiten werden als genügend erachtet. Beim deutschen Jungvolk sollen noch Zwischenmahlzeiten, besonders nachmittags ausgegeben werden.

g) Studentische Speiseanstalten.

Über die *studentischen Speiseanstalten* liegen eine Reihe recht eingehender Beobachtungen vor. So wurde 1930 bei der Mensa academica Freiburg gegenüber 1923/24 eine Zunahme des Gesamtnährwertes um 80,4% festgestellt. Der mittlere Wärmewert lag in der Nähe des geforderten Wertes. Eingehende analytische Untersuchungen von Einzelportionen über einen längeren Zeitraum hin ergaben einen stets ausreichenden Eiweiß- und Fettgehalt, jedoch gewisse Mängel hinsichtlich Vitamin A und vor allem D. Wenn auch die Zubereitung, wie das Aussehen und die Schmackhaftigkeit des Essens gut war, so wird doch an die Bedeutung der Würzen erinnert. Zugleich wird vorgeschlagen, zu den Mahlzeiten in Gemeinschaftsküchen 1 Stück Brot zu 80 g zuzufügen (UHLEN-HUTH-REMY).

Auch in Heidelberg konnte die Besserung für 1929 gegen 1923 nachgewiesen werden; das Essen war 1929 an der Heidelberger Mensa qualitativ und quantitativ ausreichend (HABS).

Bei Eintopfgerichten konnte in der Marburger Mensa academica ein Defizit von 100 Calorien gegenüber dem Durchschnitt festgestellt werden, wobei zugleich auch die Menge an biologisch vollwertigem Eiweiß ungenügend war (JUSATZ).

In der Ernährung Berliner Studenten war bei Gaststättenernährung ein Kalkdefizit dann vorhanden, wenn die Auswahl beschränkt war. Richtig gemischte Kost wies diese Schäden nicht auf.

h) Krankenhausverpflegung.

Die Ernährung in den *Krankenanstalten* ist hier nur insofern heranzuziehen, als es sich nicht um die individuelle Diätbehandlung an sich handelt. Wie auch sonst sind in der Anstaltsbeköstigung mehr als bisher Obst, Gemüse und Salate zu berücksichtigen. Abwechslung und Appetitanregung sollen sich beide unterstützen. Für Großkrankenhäuser ist das Zweiküchensystem als geeignet angegeben worden; neben der Zentralküche existieren noch Diätküchen. KUTTNER hielt die Angliederung einer Diätküche an die allgemeine Küche im Krankenhaus für notwendig. Gerade von so erfahrenen Autoren wie SCHLAYER-PRÜFER ist weitgehende Selbstständigkeit und Unabhängigkeit der Diätküche von den übrigen Küchen und Wirtschaftsbetrieben des Krankenhauses gefordert worden.

Für *Altersheime* ist nach GANDER-NIEDERBERGER die Beachtung des Vitamin-C-Gehaltes der Gemeinschaftsverpflegung erforderlich, da gerade bei alten Leuten die C-Hypovitaminose weit verbreitet sein soll.

Eine besondere Bedeutung gewinnt der Vorschlag des *Wahlessens*, der zwar von der Gemeinschaftsverpflegung im Krankenhaus etwas abrückt, aber doch neue Wege für die Verpflegungstechnik gerade im Krankenhaus weist (TRACHTE).

Der Einfluß seelischer Faktoren wird hierbei wesentlich stärker eingesetzt und damit ein neues nicht zu unterschätzendes Heilmoment geschaffen. An Stelle der reinen Ernährung tritt, wie TRACHTE mit Recht stets betont, die Verpflegung, die die Küche in den Komplex miteinbezieht (TRACHTE, v. SoÓs).

Gute eigene Gedanken mit kritischer Beleuchtung gibt hier vor allem auch v. SoÓs, der der Verpflegungstechnik einen besonderen Platz einräumt. Sie ist eingeschaltet zwischen Nahrungsmitteltechnik und Ernährungstechnik, indem sie sich mit Rohmaterialien befaßt, die ihr zugeleitet werden, und ihre Erzeugnisse zur weiteren Umgestaltung dann abgibt.

Nach v. SoÓs hat die Entwicklung des Privathaushaltes zum Haushalt von Gemeinden, Dörfern, Klein- und Großstädten und endlich von Staaten eine immer schärfere Trennung des Verbrauchs von der Produktionsstelle verursacht.

Theoretisch gliedert sich nach v. SoÓs die kollektive Großküchenproduktion in zwei Organisationsgrundsysteme:

1. feste Menüformen „Einheitsessen",
2. freie Wahlmöglichkeit „Wahlessen".

Für das Essen selbst hebt v. SoÓs das Aroma, den Genußwert als bedeutsam besonders hervor.

VOIT hat bereits 1887 betont, daß die Kost der Gefangenen eine mittlere Linie einhalten soll. Die entsprechenden Zahlen lauteten für den Häftling in der Strafanstalt Moabit 1914: 93 g Eiweiß, 31 g Fett, 540 g Kohlehydrate mit einem Gesamtbrennwert von 2880 Calorien.

Schrifttum.

II. Gemeinschaftsverpflegung (Massenernährung).

ALBRECHT, G.: Die Ernährung der Kriegsgefangenen. Handbuch der ärztlichen Erfahrungen im Weltkriege, Bd. VII. 1921.

BALZLI, H.: Kunst und Wissenschaft des Essens. Stuttgart 1928. — BERLET-RITTER-PFAUNDLER: Arzt u. Luftschutz. Ludwigshafen 1939. — BIRCHER, R.: Soldatenkost. Zürich, Leipzig u. Wien 1936. — BIRKENHOLZ: Mh. N.S.-Soz.polit. 5, 469 (1938).

CONCEPCION, J.: Philippine J. Sci. 62, 89 (1937). — CORECCO, G.: Allg. Schweiz. Mil.ztg 1938, Nr 8, 425. — CRITCHLEY, A. M.: J. State Med. 41, 667 (1933).

DECKEN, H. v. D.: Ernähr. 2, 113 (1937). — DULON, E.: Untersuchungen über die Ernährung bäuerlicher Familien. Ernähr., 1937, Beih. 2. — DURIG, A.: Wien. klin. Wschr. 1937 I, 701.

EGLE, M.: Ernähr. 2, 241 (1937). — EVERS: Die Avitaminosen auf deutschen Hilfskreuzern während des Weltkrieges. Berlin 1931.

FINDEL, H. u. H. BISCHOFF: Lehrbuch der Militärhygiene, Bd. 1. Berlin 1910. — FLÖSSNER, O.: (1) Zbl. Gewerbehyg. Beih. 26 (1937). — (2) Handwörterbuch der Wohlfahrtspflege, S. 290. 3. Aufl. 1938. — FÜRTH, H.: Arch. Soz.wiss. u. Soz.polit. 41, 466 (1916).

GANDER, J. u. W. NIEDERBERGER: Münch. med. Wschr. **1936** II, 1386. — GIGON: Die reglementrische Soldatenkost in verschiedenen Ländern. — GRAB, W.: Vitamine und Hormone. Berlin 1937.

HABS, H.: Z. Hyg. **111**, 679 (1930). — HAMMAR, B.: Ber. internat. Gartenbaukongreß. Berlin 1938. — *Handbuch* der ärztlichen Erfahrungen im Weltkriege 1914—1918, Bd. VII. Leipzig 1922. — HARTMANN, F.: Die Heeresverpflegung. Beitr. Kriegswirtsch. **1917**, H. 11. — HEBESTREIT, H.: Trinken in Betrieben. Die Gesundheitsführung des deutschen Volkes, Bd. 1, S. 63. 1939. — HOFFA, TH.: Erg. soz. Hyg. u. Gesdh.fürs. **2**, 105 (1930). — HOSKE, H.: (1) Gesdh. u. Erziehg **49**, 11, 12 (1936). — (2) Dtsch. med. Wschr. **1937** I. JUSATZ, H. J.: Arch. f. Hyg. **109**, 269 (1932/33).

KEUNE, H. A. u. W. ZIEGELMAYER: Handbuch über Fische und Fischwaren für die Truppenküche. Berlin 1938. — KITZING: Die Verpflegung in den Zeltlagern der Hitler-Jugend. Leipzig 1938. — KLEMT, G.: Z. Getreidewes. **25**, 40 (1938). — KOELSCH, FR.: Lehrbuch der Gewerbehygiene. Stuttgart 1937. — KONRICH, F., WALTHER K. u. R. SCHREINER: Ernährung und Verpflegung des Soldaten. WALDMANN-HOFFMANN: Lehrbuch der Militärhygiene. Berlin 1936. — KRAMER, W.: Dtsch. Mil.arzt **3**, 465 (1938). — KRÜGER, HANS: Die Massenspeisungen. Beitr. Kriegswirtsch. **1917**, H. 14. — KÜHNE, J.: Untersuchungen über die Kost der Baseler Arbeiter unter dem Einfluß des Krieges. Diss. Basel 1919. — KUHNA: Die Ernährungsverhältnisse der industriellen Arbeiterbevölkerung in Oberschlesien. Leipzig 1894. — KUTTNER u. KRIEGER: Ernährung, Diätküchen, Kostformen. Berlin 1930.

LIGNITZ, V.: Zur Hygiene des Krieges. Berlin 1905. — LINNEBACH, K.: Z. Heeresverw. **1936**, H. 3. — LIVI, R.: Anthropologia militare. Rom 1898.

MANN, H. C. CORRY: Diets for boys during the school age. London 1926. — MEYER, H. E.: Gemeinschaftsverpflegung. Reichsgesdh.bl. **1938**, 4. Beih., S. 126. — MUNK, J.: Einzelernährung und Massenernährung. Handbuch der Hygiene, Bd. 3, S. 1. 1893. — MUSEHOLD, P.: Die Ernährung des Feldheeres. Handbuch der ärztlichen Erfahrungen im Weltkriege, Bd. VII. 1922.

NACHTIGALL, O.: Die Verpflegung der immobilen Truppen im Kriege. Handbuch der ärztlichen Erfahrungen im Weltkriege, Bd. VII. Leipzig 1922. — NIYOGI, S. P., V. N. PATWARDHAN and R. G. CHITRE: Indian J. med. Res. **24**, 187 (1937). — NOCHT, B.: Vorlesungen für Schiffsärzte der Handelsmarine über Schiffshygiene usw. Leipzig 1906.

RADEMANN, O.: Wie nährt sich der Arbeiter? Frankfurt 1890. — REMY, E.: (1) Arch. f. Hyg. **103**, 206 (1930). — (2) Arch. f. Hyg. **113**, 143 (1934/35). — (3) Arch. f. Hyg. **120**, 658 (1938). — RICHTERS, C. E.: (1) Die Tiere im chemischen Kriege, 2. Aufl. Berlin 1934. — (2) Z. Heeresverw. **1936**, 3. — RICHTHOFEN, E. K. H. v.: Der Haushalt der Kriegsheere. Berlin 1839/40. — RÖSE, C.: Erdsalzarmut und Entartung. Berlin 1908. — RUBNER, M.: Beiträge zur Ernährung im Knabenalter mit besonderer Berücksichtigung der Fettsucht. Berlin 1902.

Sanitätsbericht. Kaiserliche Schutztruppe für Südwestafrika während des Herero- und Hottentottenaufstandes, Bd. 1. Berlin 1909. — SCHENK, P.: Ernährg. **2**, 1 (1937). — *Schiffsverpflegungsvorschrift* für die Reichsmarine. Berlin 1932. — SCHILLING u. F. A. VOSS: Die Sonderernährung der Rüstungsarbeiter im Rahmen der Kriegswirtschaft 1914—1918. Hamburg 1936. — SCHLAYER, C. u. J. PRÜFER: Die Ernährung der Kranken. Das deutsche Krankenhaus, 3. Aufl., S. 716. Jena 1932. — SCHNELL, W.: Luftfahrtmed. **1935**. — SCHUBERT, G.: Physiologie des Menschen im Flugzeug. Berlin 1935. — SCHUMBURG, W.: Einzelernährung und Massenernährung. Handbuch der Hygiene, 3. Bd., 3. Abt. 2. Aufl. Leipzig 1913. — SCHWÄDKE, W. W.: Ernähr. **1938**, 17, Beih. 3. — SCHWARTE, M.: Der große Krieg, Bd. 8 u. 9. Leipzig 1921/22. — SCHWIENING, H.: Dtsch. mil.ärztl. Z. **37**, 10 (1908). — SIMON, H.: (1) Schule und Brot. Hamburg u. Leipzig 1907. — (2) Die Schulspeisung. Schr. dtsch. Ver. Armenpfl. u. Wohltätigkeit Leipzig **1909**, H. 89. — SOÓS, A. v.: Theorie und Praxis der Diätetik. Hamburg 1931. — SOÓS, A. v. u. H. RITTER: Der Verpflegungsbetrieb. Leipzig 1936. — STEINWARZ, H.: Speiseräume und Küchen in gewerblichen Betrieben. Berlin 1938. — STRAUSS, H.: Ernährungswirtschaft und Diätbehandlung in Krankenanstalten. Erg. soz. Hyg. u. Gesdh.fürs. **2**, 126 (1930). — STUTZ, E. u. H. REIL: C-Vitaminspiegeluntersuchung während der Westindienreise der Segelschulschiffe „Horst Wessel" und „Albert Leo Schlageter". Veröff. Mar.san.wes. **1938**, H. 30.

TANIGUTI: Arb. ksl. jap. mil.ärztl. Lehranst. Tokyo 1 (1892). — TAUBE, v.: Z. Heeresverw. **1936**, H. 3. — THOMANN, J.: Schweiz. Apoth.ztg **1938**, 413. — TLAPEH, L.: Technisches Handbuch für militärische Verpflegungsorgane. Wien 1908. — TÖLLE, A.: Zahnärztl. Mitt. **1938**, 7. — TRACHTE, H.: (1) Nosokomeion. **1936**, 4, 315. — (2) Z. Krk.hauswes. **1936**, 425, 465.

UHLENHUTH, P. u. E. REMY: Arch. f. Hyg. **117**, 1 (1937).

VERTH, M. z., E. BEUTMANN, E. DIRKSEN u. R. RUGE: Handbuch der Gesundheitspflege an Bord von Kriegsschiffen. Jena 1914. — VOIT, C.: Untersuchungen der Kost in einigen öffentlichen Anstalten. München 1877. — VOLLENWEIDER, P.: Gesdh. u. Wohlf. 1937, H. 12. — *Vorschrift* für die Verwaltung der Truppenküchen. Berlin 1934.

WESKOTT, H.: Ernähr. 3, 348 (1938). — WIRTH, F. u. O. MUNTSCH: Die Gefahren der Luft und ihre Bekämpfung, 2. Aufl. Berlin 1935. — WOODWARK u. STANLEY: J. State Med. 45, 344 (1937).

ZEISS, H. u. E. RODENWALDT: Einführung in die Hygiene und Seuchenlehre, 2. Aufl. Stuttgart 1938. — *Zentralstelle für Volkswohlfahrt.* Praktische Durchführung von Massenspeisungen. Berlin 1916.

III. Ernährung bei den verschiedenen Völkern der Erde.

Die *Geographie der Ernährung* betrifft die Erscheinungen des oft so verschieden großen und verschiedenartigen Nahrungsverbrauchs in den einzelnen Ländern bei den verschiedenen Rassen und Völkern. Inwieweit hierbei auch der Bedarf grundsätzlich verschieden ist, bleibt eine offene Frage, die in neuerer Zeit von der Rassenphysiologie angegangen ist (FISCHER, FLÖSSNER). Unterschiede in der Ernährung, vor allem auch in der Deckung des Nahrungsbedarfes sind bei den einzelnen Rassen und Völkern vorhanden, aber es wird erst noch durch weitere Forschungen festzustellen sein, welche hiervon rassisch bedingt sind.

Die nationale Bedingtheit der Ernährung steht fest. Es ist dabei zunächst noch unentschieden, wie groß der rassenmäßige Anteil an dieser Beziehung ist, da auch andere, wie z. B. land- und wehrwirtschaftliche Faktoren, die in gleicher Weise völkisch gebunden sind, große Bedeutung besitzen.

Eine Reihe bemerkenswerter Beobachtungen liegen bereits vor, die einen weiteren Ausbau und Ergänzung dringend fordern. Bekannt und feststehend sind die Verschiedenheiten der Geschmacksempfindungen und des Stoffwechsels bei den einzelnen Rassen. Von Bewohnern warmer und heißer Länder glaubte man z. B. ein geringeres Nahrungsbedürfnis voraussetzen zu müssen, während man hinsichtlich der Gefräßigkeit der Nordländer auch heute noch viel erzählt (J. REMKE). Der Kaffee soll dort am besten vertragen werden, wo er wächst; je weiter nach Norden, um so schlechter soll die Verträglichkeit sein.

Sind *Stoffwechseldifferenzen zwischen den einzelnen Rassen* festgestellt, so ist eine Verschiedenheit des Bedarfs und damit des Verbrauchs grundsätzlich anerkannt. Allerdings ist immer wieder darauf hinzuweisen, daß die Ernährung ein komplexer Vorgang ist, bei dem in selten verbundener Weise Umwelt- und endogene Faktoren maßgebliche Bedeutung besitzen.

Die Klassifikation der Völker wird in dieser Betrachtung nicht gleichmäßig durchgeführt werden können. Bald sind es einzelne Stämme, von deren Ernährung berichtet wird, bald sind es größere Völker oder Staaten, bald sind es Rassen, die über die staatlichen Grenzen hinaus diese Zusammenhänge bewahrt haben. Erst mit einer weiteren Ausbreitung rassenphysiologischer Kenntnisse und funktionellen anthropologischen Denkens wird eine grundsätzliche Schilderung möglich sein, die im Augenblick noch in weiter Ferne liegt. Heutzutage werden Rassenunterschiede, die größere Gruppen sondern, und ethnographische Unterschiede, die oberflächlicher liegen, bei der Kennzeichnung der Völker sich oft durchkreuzen.

Die Ernährung eines Volkes wird um so eindeutiger zu bestimmen sein, je homogener ein Volk rassisch ist; für die meisten Tropenvölker wird dies gelten. Bei ihnen können deshalb auch genauer begrenzte Ernährungsvorschriften aufgestellt werden, die dem vorwiegenden Konstitutionstypus des betreffenden Volkes Rechnung tragen. In Europa werden dagegen die Variationen in den Bevölkerungen wesentlich mehr Berücksichtigung auch bei der Ernährung erheischen (RODENWALDT).

Für die Ernährungsbetrachtung werden die Übergangsgebiete besondere Bedeutung gewinnen. Viele der bisherigen Schilderungen haben dabei ihr Gewicht zu sehr auf das kulturhistorische Moment gelegt. Es ist falsch, glauben zu wollen, daß uns schon viel von der Geographie der Ernährung bekannt sei. Wir wissen viele Einzelheiten von den in den verschiedenen Ländern benutzten Lebensmitteln, aber die wirkliche Ernährung und ihre physiologischen Grundlagen sind bei weitem noch nicht so erforscht. Daher nimmt es auch nicht wunder, daß wir oft Berichte von Reisenden zur Erweiterung der Kenntnisse heranziehen müssen, obgleich sie häufig nur bedingt als Beitrag zur Geographie der Ernährung angesehen werden können.

Unzureichend sind unsere Kenntnisse über den *Nahrungsbedarf der nichteuropäischen Völker*, vor allem in Afrika, Asien und Australien. VOIT hatte schon vor 50 Jahren hierauf hingewiesen. „Ich für meine Person würde viel darum geben, wenn ich sichere Aufschlüsse über die Ernährungsverhältnisse der in verschiedenen Klimaten wohnenden Völker der Erde, der auf das äußerste Maß der Nahrung eingeschränkten Klosterbewohner, gewisser von den Erträgnissen der Jagd lebenden Stämme usw. hätte. Man sollte es kaum für möglich halten, daß wir über das, was die Menschen auf unserer Erde essen, nur die dürftigsten Kenntnisse besitzen" (VOIT).

In neuerer Zeit hat HINTZE in seinem umfangreichen Werk „Geschichte und Geographie der Ernährung" eine gute Darstellung geliefert, auf die wegen Einzelheiten besonders verwiesen sei. Auch das Werk von MAYERHOFER-PIRQUET bringt eine Reihe wertvoller Aufsätze über dieses Gebiet.

An dieser Stelle wird als Übersicht mehr ein Bild von dem tatsächlichen Verbrauch in den einzelnen Ländern gegeben, wobei wir nicht wissen, ob diese „Ist-Ernährung" mit der „Soll-Ernährung" übereinstimmt, ob eben der Verbrauch in etwa physiologisch begründet ist.

Damit klafft eine große Lücke in der Betrachtung dieser Ernährungsfrage, die aber zeigt, welche Arbeit in physiologischer Hinsicht getan werden muß, um sichere Vergleiche anzustellen. Wir sprechen deshalb auch von der Geographie der Ernährung, um von vornherein darauf hinzuweisen, daß mehr eine *Topographie* als eine *Physiologie* gegeben wird. Man findet auf diesem Gebiet oft den Fehler, den Verbrauch, der in einer Stadt, einer Siedlung oder Gegend beobachtet worden ist, als das physiologische Maß für ein ganzes Volk anzusehen und ihn dem Bedarf gleichzusetzen. Solange wir nicht eingehend über die Völker- und Rassenphysiologie unterrichtet sind, bleibt solche Annahme immer den Beweis schuldig. Es ist vor allem bedenklich, wenn solche einzelnen Verbrauchszahlen zum Anlaß einer Ernährungsausrichtung in anderen Ländern genommen werden.

Bei den meisten *außereuropäischen Völkern* zeigt es sich, wie bedauerlich es war, ihre Ernährungsverhältnisse und -gewohnheiten zu ändern und ihnen Neuerungen zu übermitteln, ohne zumindest eine Zeit langsamen Eingewöhnens verstreichen zu lassen und vor allem ohne die anderen Umweltverhältnisse in entsprechender Weise zu verändern. Auch die Nahrungssitten sind ein Teil des Anpassungszustandes einer Rasse an die in ihrem Lebenskreis erzeugten Lebensmittel (RODENWALDT).

Die Eßgewohnheiten eines ganzen Volkes hängen in erster Linie davon ab, welche Nahrungsmittel ihm der bebaute Acker bietet, erst sekundär hat sich mit der Differenzierung der Beschäftigung auch eine Differenzierung der Ernährungsweise entwickelt, zugleich haben dann auch die weiteren Einflüsse Platz gegriffen wie Stand der Kultur, Wirtschaft, Technik.

Die *Ernährungsgewohnheiten* sind aber nicht zufällig entstanden. Die aufgezwungenen Änderungen haben den primitiven Völkern oft nur Schaden gebracht. Das war bei den Eskimos in Grönland wie bei den Indianern in Nordamerika, bei den Ureinwohnern in Australien wie in Neu-Seeland der Fall. Noch schwerer wog dabei allerdings die Einfuhr von Genußmitteln, denen die Naturvölker rasch erlagen.

Häufig wurde auch den Eingeborenen der Boden weggenommen und damit ihr Nahrungsraum in kurzer Zeit so verengt, daß chronische Unterernährung und Hungersnot die Folge waren.

Die *klimatischen Differenzen* der einzelnen Länder sind sehr groß. Und da wir die landschaftliche Gebundenheit der Ernährung anerkennen, erhebt sich die Frage, ob vielleicht die Geographie der Ernährung der Geomedizin im weiteren Sinne unterzuordnen sei. Jedenfalls sind Klima und die Jahreszeiten mit ihren zyklischen Schwankungen von großer Bedeutung für die Zusammensetzung der Kost der Völker (ZEISS, PASSARGE, HEUPKE). So essen Europäer in Nordsibirien nach einiger Zeit gewöhnlich das Dreifache des Gewohnten. Nach den Angaben verlangt das nördliche Klima eben eine reichliche Ernährung.

Neben den rassischen und klimatischen Einflüssen spielt der *Boden* sicher auch bei der Ernährung eine große Rolle. Nicht nur in dem Sinne, daß von ihm die Pflanzen- und Tierwelt abhängig ist und somit die Arten je nach dem Boden verschieden sind, es besteht mit Sicherheit eine innere Abhängigkeit zwischen dem Heimatboden und der Ernährung des Menschen. Auf dem fetten, alluvialen Boden werden nach KRUSE wahrscheinlich durch die Ernährung die Menschen regelmäßig größer als auf dem mageren diluvialen. Ähnliches ist aus der Pflanzenwelt bereits länger bekannt. Auf verschiedenen Böden gelten für verschiedene Kulturpflanzen auch verschiedene Voraussetzungen.

Vor allem aber scheint es abwegig, die Erfordernisse physiologischer Art aus der Vorgeschichte gar einer fremden Rasse ableiten zu wollen. Wir können allenfalls zur vergleichenden Beurteilung heutiger Probleme die Ergebnisse der vorgeschichtlichen oder völkerkundlichen Forschung mit heranziehen. Den Begriff der natürlichen oder schollengebundenen Ernährung wird man niemals von einem Volk auf ein anderes Volk übertragen dürfen, er darf jeweils nur von dem Volk und für das betreffende Volk selbst gelöst werden. Dabei ergibt sich von selbst, daß es eine natürliche Ernährung in der Forderung zwar für alle Völker geben wird,daß sie aber inhaltlich oft verschieden sein wird; biologische Gründe auf der einen, wirtschaftliche auf der anderen Seite zwingen zu dieser Folgerung.

Es gibt kein Generalrezept für eine optimale Ernährung der Völker, jedes muß für sich die Frage zu lösen suchen, und jedes muß immer wieder sich ernsthaft fragen, wo die Fehler seiner augenblicklichen Ernährung liegen, wo die Besserungen aus medizinischen oder bevölkerungspolitischen Gründen einzusetzen haben. Die jeweilige Ernährung ist eben doch nicht nur eine Äußerlichkeit, sondern stellt schon eine Anpassung dar, ist sie falsch, dann muß mit der Änderung der Ernährung auch nach der Änderung der auslösenden Faktoren getrachtet werden.

Es ist aber unrichtig anzunehmen, daß in den tropischen Gebieten dem Eingeborenen alles in den Mund wächst. Oft genug ist er gezwungen Gemüse, Getreide anzubauen, damit ist er aber ebenfalls auf die Boden- und Klimaverhältnisse angewiesen.

Es handelt sich bei diesem Abschnitt nicht nur um die Kost selbst, sondern auch um die Auswahl, die *Zubereitung* der Nahrungsmittel und ihre Verarbeitung zu bestimmten Gerichten, um die Mahlzeiten und die ganze Ernährungshygiene. Zahl und Art der Mahlzeiten sind dabei von gleichem Interesse wie die Essenszeiten und der Kreis, in dem sie eingenommen werden.

Wie jeder Landschaft ein eigener Speisezettel zukommt, so auch ein besonderer Zubereitungstyp. Nationale und völkische Eigentümlichkeiten sind auch hier maßgebend. An Ernährungsformen wird oft für Generationen starr festgehalten. Auswanderer behalten ihre Eßgewohnheiten länger bei als ihre Sprache; Beispiele für die „Heimatküche" sind die Inder in Trinidad und Guayana, wie die Engländer in Indien. Die deutschen Kolonisten im brasilianischen Staate Espirito Santo haben in der Ernährung wie in der Kleidung auch die Gewohnheiten der alten Heimat beibehalten (WAGEMANN).

Trotzdem ist es oft auffallend, wie leicht wieder gewisse Ernährungsgewohnheiten aufgegeben und wie rasch von den Nachbarn fremde übernommen werden. Es ist hier zugleich auf die Aufnahme neuer Nahrungsmittel in den bisherigen Speiseplan hinzuweisen, die oft grundsätzliche Verschiebungen ausgelöst hat. Bei uns in Deutschland ist hier ein typisches Beispiel die Kartoffel, in schwächerem Maße die Tomate. Vor allem bei niederstehenden Völkern ist stets ein Einfluß von seiten anderer Völker feststellbar gewesen. Dabei zeigen sich die Vorteile der Insellage ganz deutlich (Philippinen, Réunion), wo auch hier die Selbständigkeit viel leichter und länger bewahrt werden kann.

An der Spitze der Betrachtung der Geographie der Ernährung steht weiter die Tatsache, daß die Ernährung jedes Volkes *nicht konstant* ist, sondern Änderungen in größerem oder kleinerem Umfang eintreten. Auch hier findet eine dauernde Entwicklung statt, und es wäre falsch, ohne genaue Kenntnis und Kontrolle eine Phase früherer Ernährungsart in den Vordergrund zu rücken. Die Geschichte der Ernährung ist nicht nur eine Geschichte der Variationen gleichwertiger Nahrungsmittel (LAUTER).

Es ist dabei äußerst interessant, die verschiedenen *Wirtschaftsformen in Verbindung mit bestimmten Ernährungsformen* sich entwickeln zu sehen. Schon die einzelnen Namen bezeichnen sofort eine andere Ernährung; Mehlsammelkulturen, Hirtenkulturen, Jägerkulturen, Feldbaukulturen (Ackerbau, Hackbau, Gartenbau). GRABNER kommt auf Grund seiner ethnologischen Untersuchungen zu dem Schluß, daß bei Urmenschen ein Bedürfnis nach gemischter Nahrung bestand. Die mehr oder weniger einseitige Beschränkung auf Fleisch- oder Pflanzenspeisen ist jedesmal eine sekundäre Erscheinung auf Grund besonderer Naturverhältnisse. Die Völker mit ungenügender Wirtschaft leben solange als möglich von gemischter Kost. Nur wenige primitive Stämme leben fast ausschließlich von Pflanzenkost. Bei weitem zahlreicher sind die fast ganz auf Fleischnahrung angewiesenen Stämme, deren typischste Vertreter wir in den Polargebieten finden. Mit steigender Kultur vermehrt der Mensch die Zahl seiner Nahrungsquellen und lernt die vorhandenen Nährstoffe immer besser ausnutzen. Die Völker der Diluvialzeit in Europa müssen in ihrer Wirtschaftsweise den heutigen Eskimos sehr verwandt gewesen sein (SCHURTZ). Es erscheint aber zweifelhaft, ob solche Beobachtungen als allgemeingültig für alle Völker und Rassen und ihre Entwicklung anzusehen sind.

Es ist außerdem noch einmal die Feststellung zu betonen, daß die Entscheidung für oder gegen Fleisch- bzw. Pflanzenkost heute sekundärer Art ist, mit beiden kann bei ausschließlicher Kost eine Fehlernährung eingeleitet werden (SCHWARZ).

Änderungen der Ernährung der einzelnen Völker sind aus verschiedenen Gründen erfolgt. Zunächst stellten sich Wandlungen in der Natur ohne das Zutun des Menschen ein, die ihn zwangen, seine Ernährung entsprechend umzuändern. Naturkatastrophen, Erdbeben, Vulkanausbrüche, Mißernten, Wasserverarmung, Austrocknung, Klimaveränderungen sind hier in erster Linie zu nennen; sie alle haben zur Änderung der Ernährung von Völkern beitragen können. Hierher gehört die Klimaverschlechterung in Nordeuropa um 700 v. Chr., die nach der trockenen, subtermalen Wärmeperiode der ganzen Bronzezeit und dem milden subatlantischen Seeklima um 3000 v. Chr. für Skandinavien und Teile von Norddeutschland von grundlegender Bedeutung gewesen ist. Damals rückte die Nordgrenze für eine Reihe von Pflanzen (Wassernuß, Haselnuß, Weizen) um 3 Breitengrade südwärts und veränderte damit grundsätzlich die Ernährung der Nordgermanen, die bis heute in den betreffenden Gegenden nicht wieder zur früheren Art zurückkehren konnte.

Dann aber hat der Mensch in steigendem Maße auch absichtlich in die Ganzheit der Natur eingegriffen, er hat dabei oft das gewünschte Ziel erreicht, aber häufig sind gegen seinen Willen erhebliche Folgeerscheinungen aufgetreten. Hiervon leiten sich wohl die ernstesten Folgen für die Ernährung unserer Zeit ab.

Die Ernährung steht auch heute gewöhnlich unter einem besonderen Druck, der oft zwangsläufig Art und Inhalt der Mahlzeiten und Auswahl der Nahrungsmittel bestimmt. In den weniger kultivierten Gegenden werden es in erster Linie die Einflüsse der natürlichen Umgebung sein, die maßgeblich die Ernährung bestimmen.

In den entwickelteren Ländern, die gleichzeitig Industrie und Handel aufweisen, werden die Einflüsse vor allem sozialer Natur sein, wie Arbeitsverhältnisse, Bevölkerungsdichte, Lebensstandard.

Auf alle Fälle erscheint es erforderlich, bei Vergleichen ernährungsphysiologischer Ergebnisse die erwähnten Einschränkungen nicht außer acht zu lassen. Die Zahlen von RUBNER über den Eiweiß-, Kohlehydrat-, Fettwert der Nahrung von Millionen Menschen scheinen mehr statistisch gewonnen und sind reine Verbrauchszahlen. Insgesamt meinte RUBNER allerdings, daß nach den Calorienzahlen es keine Nation gibt, die als darbende, unterernährte gelten müßte, oder jedenfalls auch keine faulenzende Nation oder andernfalls auch keine übermäßig leistende.

Es wird vorläufig leider noch schwierig sein, auch primitive Völker hier miteinzureihen. Völker ohne oder mit nur geringer und einseitiger Vorratswirtschaft, wie die Australier, Papua, Indianer, teilweise die Eskimos, kennen noch nicht regelmäßige Tagesmahlzeiten.

Die *Zubereitung* ist bei den einzelnen Völkern je nach dem Nahrungsmaterial sehr verschieden. HABERLANDT hat 3 Arten unterschieden:

1. durch Feuerbereitung,
2. mittels chemischer Prozesse, Eingraben in die Erde, wodurch Gärungs- und Fäulnisvorgänge eingeleitet werden,
3. auf mechanischem Wege durch Quetschen, Stampfen, Zerstoßen.

Mit der Vergrößerung der Existenzbasis nimmt dann aber die Ernährung nicht selten kompliziertere Formen an.

Zwischen Nord und Süd finden sich *pflanzen- und tiergeographische Gegensätze*, welche einen tiefen Einfluß auf die Ausstattung des Lebens der Völker mit nützlichen Pflanzen und Tieren ausgeübt haben. Daher spielen die einzelnen Nahrungsmittel bei den verschiedenen Völkern eine so unterschiedliche Rolle.

In Amerika ist der *Mais* die hauptsächlichste Kulturpflanze, in Südamerika die *Maniokwurzel*, neben der *Bohne*.

In den Südseegebieten werden in erster Linie *Taro, Yams, Sago, Pandanus- und Kokosnußpalme* angebaut. Die drei erstgenannten Gewächse spielen auch in Südchina eine große Rolle, Taro und Yams auch in Afrika und Amerika. Für die ackerbautreibenden Naturvölker Asiens kommen außerdem noch in Betracht *Hirse*, die heute unumschränkt in Nordchina, Mittelchina und Südrußland herrscht; auch Indien, Ost- und Südafrika gehören hierher.

Der *Reis* bildet die Hauptnahrung im südöstlichen Asien und in Teilen Indiens.

Als Hauptverbreitungsgebiet der *Viehzucht* kommt in erster Linie Asien in Betracht. Dabei spielt die Fleischkost im Leben der Viehzüchter eine verhältnismäßig geringe Rolle, dagegen stehen die anderen tierischen Produkte im Vordergrund (Milch, Käse).

Weizenländer sind Argentinien, Brasilien, Kanada, Chile, Italien, Türkei, Uruguay; *Roggenländer*: Deutschland, Polen, Rußland.

Schon Maurizio hat eine Zusammenstellung der Pflanzen geliefert, deren Anbau in den einzelnen Ländern zurückgeht: Hülsenfrüchte, Ölfrüchte, bespelzter Weizen, das abessinische Rispengras.

Das Wurzelgemüse und viele Breiarten sind bei uns durch die Kartoffel, anderenorts durch Reis und Mais verdrängt worden.

An die Stelle der früheren Breipflanzen Hirse und Buchweizen sind heute in der Alten und Neuen Welt Hafer, Mais und Reis getreten.

Fast verschwunden sind auch die verschiedenen Blutsuppen.

Auch bei denselben *Berufsgruppen* sieht man in den einzelnen Ländern die weitgehendsten Unterschiede im Verbrauch der Nahrungsmittel.

Araber und andere orientalische Arbeiter essen nur etwa 3—10 kg Fleisch jährlich. Dagegen findet sich in Arbeiterfamilien in Wien pro Verbrauchseinheit ein Verzehr von 84,7 kg Fleisch neben reichlichem Milch- und Fettkonsum, in Kopenhagen von 73,6 kg, in Lecce, Palermo, Cagliari beträgt er nur 5,6, 10,9 bzw. 13 kg (Peller).

Weiss hat versucht, mit Hilfe von Haushaltstatistiken von Industriearbeiterfamilien verschiedener Völker die Ernährungsgewohnheiten der einzelnen Nationen und die Unterschiede in der Bedeutung der Hauptnahrungsmittel miteinander zu vergleichen. Zu den Hauptnahrungsmitteln werden gerechnet 1. pflanzliche Kohlehydratträger (Brot, Mehl, Zerealien, Kartoffeln), 2. tierische Eiweißträger (Fleisch, Fische, Milch), 3. Fette (Butter, Margarine, Schmalz, Öl).

Ursprüngliche Ernährung findet sich danach in Italien, Polen, Bulgarien, Mexiko; Industrieernährung in USA., Österreich, Deutschland, Norwegen, Schweden, Finnland, England, Belgien; Übergangsernährung in Tschechoslowakei.

Eine besondere Abweichung liegt in Belgien vor, wo hoher Brot- und Kartoffelverbrauch mit hohem Fleischverzehr gekoppelt ist.

Auch die *Ernährung der Weißen in den Tropen* gehört insofern mit hierher, als wir bestimmte Erdstriche bereits maßgeblich von Angehörigen der arischen Völker besiedelt finden. Nach den zahlreichen Erfahrungen scheint die eine Tatsache festzustehen: eine absolute Akklimatisierung arischer Völker an die Tropen läßt sich auch in der Zukunft nicht denken (Hauer).

Hinsichtlich der Ernährung kommen Ruge, Mühlens und zur Verth zu dem Schluß, daß Beibehaltung der Nahrungsweise wie zu Haus zu empfehlen sei, unter gewisser Einschränkung des Eiweiß- und Fettverbrauches sowie

Tabelle 3. **Nationalverbrauch pro Kopf und Tag.** (Nach Rubner.)

	Eiweiß g	Fett g	Gesamt- calorien
Italien	88	58	2612
Rußland	79	43	2666
Deutschland	81	81	2770
Österreich	81	57	2825
Frankreich	88	67	2973
England	90	105	2997
Nordamerika	89	127	3308
Japan	85	68	2876
Auf das Gewicht der Europäer berechnet	81	29	2583

Ergänzung durch reichlichen Fruchtgenuß. Auch HAUER betont die Mäßigkeit im Essen und Trinken für den weißen Kolonisten in den Tropen.

Die Tabellen 3—16 zeigen übersichtlich den *Verbrauch an Grundnährstoffen, an Calorien und an Nahrungsmitteln in den verschiedenen Ländern*, zugleich auch die Ernährungsänderungen mit der Art der Arbeit. Sie geben oft nur Annäherungswerte, so bei Obst und Gemüse.

Tabelle 4. Von 100 Calorien treffen auf:

	Italien	Frankreich	Deutschland	England
Getreide	63,7	55,2	40,8	37,7
Gemüse	5,5	4,3	4,8	1,5
Kartoffeln	1,9	6,7	12,0	6,3
Früchte	9,9	1,1	2,5	2,3
Pflanzliche Öle . .	5,1	4,0	2,0	—
Zucker	2,2	3,4	5,9	14,2
Fleisch, Fische .	5,0	11,9	15,8	16,0
Milch	1,5	4,3	8,6	7,1
Käse	1,3	1,9	1,1	1,2
Butter	0,4	1,1	4,1	5,4
Fett und Speck .	2,7	—	1,7	7,6
Eier	0,9	0,6	0,9	0,8

Tabelle 5. Milchverbrauch.

Täglich pro Person	Liter
Frankfurt/Oder	0,11
Breslau	0,18
Berlin	0,25
Kopenhagen	0,4
Zürich	0,65
Antwerpen	0,75
Rom	0,12
Budapest	0,23
Agram	0,25
Paris	0,28
Amsterdam	0,37
Prag	0,38
Wien	0,4

Tabelle 6.

	Anteil der Zerealien an Gesamt-Calorien	Anteil des Getreides an Gesamt-Calorien	Anteil des Getreides an Cerealien
USA.	34	26	75
Großbritannien	35	31	89
Deutschland .	39	16	40
Frankreich . .	55	50	91
Italien	64	47	73
Rußland . . .	73	19	26
Japan	87	6	7

Tabelle 7.

Getreideverbrauch pro Kopf und Jahr in kg	1894 bis 1899	1909 bis 1914	1929 bis 1934
Frankreich .	216,4	219,6	190,0
Italien . .	126,3	162,2	171,2
England .	151,3	153,2	134,7
USA. . . .	145,6	140,2	100,2

Tabelle 8.

Fleischverbrauch pro Kopf und Jahr in kg	Rind		Hammel		Schwein		Sa.	
	1909—13	1925	1909—13	1925	1909—13	1925	1909—13	1925
Neuseeland . . .	63,5	85,3	65,3	34,9	—	—	—	—
England	29,9	32,7	14,1	12,2	15,0	19,1	59,0	64,0
USA.	31,8	32,2	3,2	2,3	28,1	30,8	63,0	65,3
Deutschland . . .	16,8	17,2	0,9	0,9	31,3	25,9	49,0	44,0
Belgien	14,1	20,4	0,9	0,5	—	15,4	—	36,3
Niederlande . . .	14,1	15,4	—	—	—	—	—	—

Tabelle 9.

Jährlicher Butterverbrauch pro Kopf in kg	Vor dem Kriege	Nach dem Kriege	Jährlicher Butterverbrauch pro Kopf in kg	Vor dem Kriege	Nach dem Kriege
Kanada	12,6	13,6	Dänemark	8,0	5,7
Australien	11,6	13,4	Schweiz	5,5	5,4
Rumänien	7,7	8,2	Niederlande	7,6	5,1
USA.	7,7	8,0	Frankreich	3,9	4,0
Deutschland	6,7	7,6	Rußland	2,3	2,6
Schweden	7,5	7,2	Italien	1,1	1,0

Tabelle 10.

Butterverbrauch seit 1925 pro Kopf	1925	1929	1932	1935	Butterverbrauch seit 1925 pro Kopf	1925	1929	1932	1935
	in Kilogramm					in Kilogramm			
Neuseeland . .	15,1	16,3	16,3	18,9	USA.	8,0	7,9	8,2	7,8
Irland	—	17,8	—	18,8	Deutschland .	5,2	7,6	7,4	7,5
Kanada . . .	12,4	13,3	13,8	14,0	Schweiz . . .	5,0	5,8	6,5	6,9
Australien . .	13,0	13,4	13,1	14,1	Niederlande .	5,6	5,9	8,2	6,3
England . . .	7,2	8,0	9,8	11,4	Frankreich .	4,4	5,1	6,1	5,8
Dänemark . .	5,6	5,9	8,5	9,4	Italien . . .	1,2	1,0	1,1	1,2
Belgien . . .	—	7,8	10,4	8,2					

Tabelle 11.

Käseverbrauch pro Kopf in kg	1925—29	1930—34	Käseverbrauch pro Kopf in kg	1925—29	1930—34
Schweiz	9,9	8,4	England	—	4,0
Niederlande . . .	5,1	6,3	Neuseeland . . .	2,0	3,5
Deutschland . . .	5,0	6,0	Belgien	2,8	2,9
Frankreich . . .	5,1	5,7	USA.	2,1	2,1
Dänemark	5,2	5,8	Australien	1,7	1,8
Italien	4,6	4,8	Kanada	1,6	1,6

Tabelle 12. Verbrauch von Margarine pro Kopf und Jahr.

	1913	1924	1926	1930	1936
	in Kilogramm				
Dänemark	15,0	20,7	22,5	22,8	19,5
Norwegen	10,9	16,0	17,5	—	—
Niederlande	2,0	7,1	8,5	8,9	5,4
Deutschland	3,6	5,6	6,5	7,9	5,6
Schweden	4,5	5,6	6,0	—	—
England	3,5	5,4	6,0	—	—
Belgien	1,5	3,4	4,5	5,4	4,2
Frankreich	0,4	0,7	1,0	—	—
USA.	0,7	1,0	1,0	1,2	0,9

Tabelle 13. Jährlicher Verbrauch pro Kopf (1930—1934).

	Milch, Sahne l	Butter kg	Fleisch kg	Eier Stück
Deutschland	107	7,4	51	129
Österreich	200	2,8	—	98
Belgien	79	9,4	41	236
Dänemark	164	8,0	62	86
Finnland	—	—	27	41
Frankreich	105	6,0	34	149
Italien	34	1,1	16	119
Norwegen	—	—	33	124
Niederlande	117	7,4	46	120
Polen	—	—	19	110
Rumänien	—	—	—	110
Schweden	—	—	36	110
Schweiz	263	6,5	47	157
Tschechoslowakei	155	—	33	115
England	95	10,0	64	172
Kanada	—	13,9	65	285
USA.	177	8,1	62	199
Australien	100	13,4	91	—
Neuseeland	128	17,7	104	240

Tabelle 14. Täglicher Verbrauch pro Kopf bei Arbeit.

	Deutschland	Schweden	USA.	Schweiz	Japan
Leichte Arbeit:					
Eiweiß (g)	100—118	134,4	150	206,7	90—95
Fett (g)	50—56	79,4	150	94,2	16
Kohlehydrate (g) . .	400—500	522	550	450	560—600
Calorien	2515—3054	3436	4060	3157	2800—3000
Schwere Arbeit					
Eiweiß (g)	135—140	188,6	175		
Fett (g)	80—100	110,1	250		
Kohlehydrate (g) . .	450—500	714,4	560		
Calorien	3344—4347,5	4726,2	5705		

Tabelle 15.

Verbrauch in Kilogramm pro Kopf und Jahr	Weiß-brot und Roggen-brot	Mehl	Ge-treide-pflan-zen	Butter	Schwei-nefleisch Schinken Speck	Kar-toffeln	Zucker	Milch und -produkte	Eier
Schweden	39,2	56,5	6,7	11,4	14,7	108,6	47,2	249,2	12,9
Deutschland . . .	106	14,7	7,1	5,9	11,5	153,6	26,7	154,4	8,7
Belgien	202,97	7,42	4,53	18,13	17,46	227,15	32.5	154,1	11,34
Bulgarien	218,45	52,06	19,95	0,53		19,56	4	32,7	4,11
Norwegen	114,95	18,12	5,17	2,56	7,81	88,53	35,6	201,04	7,82
Polen	179,03	29,32	10,55	2,39	18,55	202,52	10	86,11	3,24
Tschechoslowakei .	103,92	63,66	8,73	4,70	11,39	114,37	25	198,41	9,71
Österreich	107,28	25,92	11,00	5,07	23,29	53,29	28	201,7	12,51
Finnland	38,35	75,26	15,53	14,12	8,79	110,35	23	328,73	3,38
USA.	87,93	29,05	10,46	9,17	17,32	83,59	47	167,97	16,81

Tabelle 16. Jährlicher Verbrauch pro Person in kg.

	Gemüse	Obst
Deutschland . . .	48,8	43,2
Belgien		35,2
Bulgarien	23	12
Frankreich	84	36
Italien	46,6	20,4
Norwegen	27	25
Niederlande . . .		13,2 (Südfrüchte)
England		43,4
Schweden		12,1
Schweiz	71	65
Tschechoslowakei .	30—40	30
USA.	65,5	76,1
Australien		8
Neu-Seeland . . .	70 (+ Kartoffeln)	31
Budapest	40	31
Paris	28	12—18
Prag	82—90	39—51
Rom	80	66
Wien.	72	40
Agram	21	16

a) Europa.

Die Vielgestaltigkeit des europäischen Kontinents als des tragenden und bestimmenden Kulturkreises ist auch in der Ernährung ausgedrückt. Wie bei keinem anderen Erdteil ist hier die geschichtliche Entwicklung zu übersehen und damit auch die Linie der Geschichte der Ernährung gegeben.

Dennoch ist es überraschend, daß auch auf so altem Kulturboden uns oft noch die Einblicke in die großen Zusammenhänge zwischen Volk und Ernährung fehlen.

In einer Reihe von europäischen Ländern ist noch eine natürliche und schollengebundene und damit arteigene Ernährung vorhanden, in der Mehrzahl der Länder und vor allem in den Städten ist eine Nivellierung und Angleichung oft zu bemerken, die sich besonders in dem Gaststättenessen ausdrückt. Einfuhr aus Nachbarstaaten mit günstigerem Klima, aus Kolonien haben dabei wesentlich die Änderung der Ernährung mit unterstützen helfen, die bei zahlreichen Staaten durch den Übergang vom Agrarstaat zum Industriestaat ausgelöst war. Kennzeichen der neueren Ernährung waren der Übergang zur konzentrierteren Nahrung, unter Beseitigung der Ballaststoffe.

Bei einem Teil der Völker Europas ist diese Bewegung bereits wieder rückläufig geworden. Zunächst durch Reformen angeregt, ist die Umstellung jetzt allgemeiner geworden unter dem Druck der gesundheitlichen Forderung der modernen Ernährungsforschung.

Eine gewisse Stabilität ist in der europäischen Nahrung insofern vorhanden, als Getreide, Haustiere seit Jahrhunderten fast dieselben sind. Im Norden Europas ist der Weizen seit $2^1/_2$ Jahrtausenden verschwunden und durch den widerstandsfähigeren Roggen ersetzt worden. Als *Brotgetreide* gelten jetzt in erster Linie Weizen und Roggen, in geringerem Umfange kommen noch hinzu Hafer und Gerste, beide im Norden oder Osten Europas (GRADMANN). Die Hirse ist zurückgetreten, ebenso der Emmer und der Buchweizen, der als jüngstes Getreide Europas nur vorübergehend vom Mittelalter ab eine größere Rolle spielte. Neu hinzugekommen ist die Kartoffel, die rasch einen bedeutenden Platz erobert hat. Auch Tomaten, ein Teil der heutigen Gemüse und Früchte sind erst spät in den Kreis der jetzt üblichen Nahrungsmittel getreten.

Der *Milchverzehr* liegt heute in den einzelnen Ländern verschieden hoch. Gerade in den Industrieländern ist er zusammen mit dem Verbrauch von Milchprodukten zurückgegangen, was in gesundheitlicher Hinsicht besonders zu bedauern ist.

Bei den *Nahrungsfetten* hat in Europa eine besonders große Umstellung eingesetzt. Infolge der Preiswürdigkeit ist als neues Fett die Margarine, die erst vor fast 70 Jahren zum ersten Male hergestellt worden war, aufgetreten, besonders nach dem Weltkrieg hat ihr Verbrauch einen ungeheuren Aufschwung erlebt, ihm folgte bei der Herstellung die zunehmende Verwendung von tierischen Fetten (Waltran) als Ausgangsmaterial an Stelle der bisher üblichen Pflanzenöle der Tropen. Die deutsche Margarine bestand 1924 zu 9,8% aus gehärtetem Walöl, 1933 zu 39,1% (BÖKER).

In Nordeuropa wird noch heute die gesäuerte und verkäste Milch der frischen, süßen Milch beim Genuß vorgezogen. Gründe der Vorratswirtschaft werden mit von Bedeutung gewesen sein. Trotz der großen Butterproduktion spielt in den nördlichen Staaten die Margarine die größere Rolle beim Verzehr.

Beim *Fleischverzehr* ist allgemein in Europa eine Zunahme festzustellen, jedoch sind alle Vergleiche mit den Zahlen früherer Jahrhunderte völlig unsicher, da selbst in Deutschland erst seit diesem Jahrhundert gesicherte Statistiken bestehen (V. D. DECKEN).

In **Dänemark** hat trotz der hohen Qualität seiner Butter die Margarine jene weitgehend ersetzt und außerdem den Speckverbrauch etwas zurückgedrängt (HEIBERG). In den Städten hat der Verzehr von Gemüse und Früchten zugenommen, obwohl nach VOLDAN in Dänemark die alten Ernährungsgewohnheiten besonders fest verankert sind und die bekannte „dänische Küche" sich durch große Nahrungsmengen und hohen Fettgehalt auszeichnet. Der Jahresdurchschnitt im Fleischverzehr beträgt mehr als 60 kg, der tägliche Milchverbrauch 0,4 Liter. Für den dänischen Landarbeiter wurden 3400—3500 Calorien gefunden.

Die Ernährung in **Norwegen** ist landschaftlich ziemlich verschieden. An der Küste stehen die Meerestiere, vor allem die Fische im Vordergrund der Ernährung, während im Binnenland Milch und Milchprodukte die erste Rolle spielen. Der Gemüseverzehr wird als steigerungsfähig bezeichnet. In den nördlichen Gegenden wird selbst gewonnener Tran als Öl zu den Speisen benutzt. Über das sog. Oslo-Frühstück ist an anderer Stelle ausführlich berichtet (s. S. 554).

Für schwedische *Arbeiter* ist angegeben worden, daß das Eiweiß beim Frühstück und Vesper vorwiegend pflanzlichen Ursprungs ist, beim Mittagessen dagegen hauptsächlich animalischer Herkunft. Das Frühstück enthält im Mittel die relativ größte Menge von Fett (HULTGREN-LUNDERGREN).

Auch in **Finnland** ist der Milchverzehr wie in den anderen Nordstaaten hoch. Anläßlich der Olympiade wünschten die finnischen Sportler neben der bekannten Blaubeersuppe gleichfalls reichlich Milch (SCHENK). In ausgedehnten Untersuchungen hat SUNDSTRÖM Einzelheiten der Ernährung der Landbevölkerung in Finnland ermittelt. Der erwachsene finnische Bauer verzehrt danach bei mittelschwerer körperlicher Arbeit 4000 Calorien, mit 136 g Eiweiß, 83 g Fett und 580 g Kohlehydraten. Die Nahrung bestand vorwiegend aus groben Vegetabilien, wobei in den verschiedenen Teilen des Landes nur verhältnismäßig geringe Unterschiede herrschten. An Nahrungsmitteln fand sich in der Kost des Bauern gegen 200 g Fleisch, Fisch, Speck, ungefähr $1^1/_2$ Liter Milch, etwa 550 g Mehl und Grütze, 600 g Kartoffeln. SUNDSTRÖM vermißte eine planvolle Zubereitung und Abwechslung, da nur einige wenige Gerichte sich auf dem Speisezettel fanden. Eine Verbesserung der Ernährung der Arbeiter und Bauern wird angestrebt, vor allem durch Beseitigung der schlechten Ernährungssitten. Als direkte oder indirekte Folge der Ernährung wird die Tatsache angegeben, daß 21% der jungen Männer militäruntauglich sind.

Die Ernährung auf den Faröer-Inseln wird als ungünstig bezeichnet. Die Kost besteht vorwiegend aus Brot, Kartoffeln als Kohlehydratträger, Margarine als Fett und Fischen als Eiweißlieferanten. Walfischfleisch steht nur während einer kurzen Saison zur Verfügung. Der Alkoholkonsum ist hoch.

Italien. Die italienische Küche zeichnet sich durch die einfache Zubereitung und die zweckmäßige Mischung der Speisen aus. In Öl gebratene Fische, schöne grüne, gekochte Gemüse, Mehlspeisen mit Käse sind Beispiele solcher natürlichen Kochkunst. Hinzu kommen als Hauptnahrungsmittel überhaupt Weizen, Reis, Mais, Gerste, Roggen, die Südfrüchte Citronen, Apfelsinen, Mandarinen, die infolge ihres Vitaminreichtums einen besonderen Wert der italienischen Kost darstellen. 1910—1914 standen im Durchschnitt pro Person 2985 Calorien zur Verfügung, in den letzten Jahren dagegen 3291 Calorien, die von 108 g Eiweiß, 71 g Fett und 537 g Kohlehydrat geliefert wurden.

Der Speisesalzverbrauch hält sich schon durch eine Reihe von Jahren auf ziemlich gleicher Höhe; er bleibt in manchen Provinzen weit hinter dem Mittel zurück (BUSCHMANN). Der Fleischverbrauch beträgt im Durchschnitt jährlich gegen 20 kg. Das große Aufbauwerk Mussolinis sieht auch bei der italienischen Volksernährung Verbrauchsänderungen auf ganz weite Sicht vor.

Die Ernährung in **England** besitzt insofern eine besondere Bedeutung, als England schon vor Deutschland zum reinen Industriestaat geworden war und damit die Einflüsse dieser Entwicklung dort schon länger wirksam sind. Durch die hohe Einfuhr aus den Kolonien, den Mandatsländern usw. wird das Bild allerdings etwas verwischt.

Eine genaue Erhebung mit Hilfe der Individualmethode ergab neuerdings folgendes Bild (WIDDOWSON s. Tab. 17).

In einer ausgezeichneten statistischen Studie hat V. D. DECKEN die *Ernährungsverhältnisse in England und Deutschland* einander gegenübergestellt. In England macht Brot und Mehl 9% des Gesamtgeldwertes der Nahrungsmittel aus gegenüber 18% in Deutschland. Seit der Vorkriegszeit ist in

England gestiegen der Verbrauch an Obst, Südfrüchten, Gemüse, Zucker, Eier, Butter, kondensierter Milch. Der Calorienverbrauch ist in England gegen 1908 bis 1913 um 6% vermehrt.

Der Fleischverbrauch in England beträgt im Jahr über 60 kg.

In England wie auch in Deutschland ist in den letzten Jahren gesunken: der Verbrauch an Kartoffeln, Brotgetreide und Zerealien um je 10%. Die außerdem vorhandene Abnahme des Trok-

Tabelle 17.

	Arbeitende Männer	Nichtarbeitende Männer	Arbeitende Frauen	Nichtarbeitende Frauen
Calorien pro Tag . . .	3067	2850	2187	2010
Eiweiß in g	97,6	83	67,3	60
Fett in g	129,4	95	100,5	75
Kohlehydrate in g . .	348	397	233	262
Ca in g	0,87	0,61	0,63	0,48
P in g	1,61	1,24	1,13	0,9
Fett in mg	16,8	14	11,4	9,7

kenmilchverbrauches in beiden Ländern ist auf die Verschiebungen im Altersaufbau der Bevölkerung seit der Vorkriegszeit zurückzuführen. Der Verbrauch an Alkohol ist zurückgegangen zugunsten der nichtalkoholischen Getränke (Kaffee, Tee, Kakao, Süßmoste). Im einzelnen wird in Deutschland mehr Roggenbrot gegessen, in England fast ausschließlich Weizenbrot. In England werden ferner mehr Butter, Eier, Fleisch, Fische verzehrt, also insgesamt eine „konzentriertere Ernährung".

Nach ORR ist die stärkste Änderung der nationalen Ernährung in England während der letzten 100 Jahre die Steigerung des Zuckerverbrauches auf das Fünffache (von 20 auf 100 Pfund), die durch den Preisverfall des Zuckers erklärt wird.

Wenn auch von 1909—1934 eine Zunahme im Verzehr biologisch hochwertiger Nahrung festzustellen war, wird doch von ORR die Gesamtlage ungünstig angesehen. Nur 50% der englischen Bevölkerung sind wirtschaftlich so gestellt, daß bei ihnen ein gesteigerter Verbrauch keine Verbesserung der Ernährung mehr bewirken würde. In der Gruppe mit den niedrigsten Einkommen ist der Gesamtverbrauch sehr gering und umfaßt hauptsächlich billige Nahrungsmittel, wie Kartoffeln, Brot und Margarine.

Die englische Küche ist besonders bekannt durch die Zubereitungsart des Bratens. Gesottenes Fleisch wird meist abgelehnt und der saftig gebratene Rinderbraten vorgezogen. Hauptmahlzeiten sind hier wie in USA. das Frühstück und das Abendessen, wogegen das Mittagessen geringere Bedeutung besitzt.

Auf den *Hebriden* werden vorzugsweise verzehrt Fische, Hummern, Krebse, Austern, Muscheln, Dorschleber, Hammelfleisch, Vollkornhafer.

Frankreich. Die französische Küche ist seit jeher ob ihrer Güte berühmt gewesen. Noch heute drückt sich der große Einfluß in den vielen französischen Bezeichnungen in Speisezetteln und Küchendingen aus. Als besonderer Vorzug ist die Art der Zubereitung, die Schmackhaftigkeit, die große Abwechslung zu bezeichnen, in den Gaststätten fällt weiterhin die größere Zahl der Gerichte bei kleineren Mengen auf.

Infolge der günstigeren klimatischen Verhältnisse werden Gemüse und Obst in größerer Menge verzehrt. Da es sich um eigene Produktion handelt, ist der Grundsatz der bodenständigen Ernährung weitgehend gesichert. Die abwechslungsreiche französische Vorspeise (hors d'œuvres) spielt mit Recht eine so große Rolle, auch die französischen Olympiasportler wünschten sie statt Suppe. Bemerkenswert erscheint auch noch das französische Weißbrot, dessen Qualität stets anerkannt war, aber in der letzten Zeit nachgelassen hat (POTEL). Die häufige Verwendung der Fleischbrühe bei der Zubereitung, die Benutzung von Ragouts verschiedenster Arten sind besondere Leistungen der französischen

Küche. Der Brotverbrauch beträgt im Durchschnitt in Paris pro Kopf und Jahr 120 kg und 50 kg Fleisch, vorwiegend Ochsenfleisch. Beim Fischverzehr finden sich große Schwankungen, im Durchschnitt 7 kg, in Rouen 41 kg, in Nantes 30 kg, in Paris 15 kg.

Der Nährwertverbrauch der **Schweiz** ist im Vergleich mit den Kostsätzen anderer Länder hoch. Unter der Voraussetzung, daß die Schweiz keine Nährwerte ausführt, konnte die inländische Produktion vor 20 Jahren einen Kostsatz von 98,05 g Eiweiß, 87,67 g Fett und 247,02 g Kohlehydrate sichern (SCHNEIDER 1917). Die Ernährung in den Hochtälern der *Schweiz* ist seit der Untersuchung der Zahncaries der Gomserkinder besonders beobachtet worden. Mit der Einführung des weißen Brotes, der Steigerung des Zuckerkonsums usw. ist gerade dort die Cariesanfälligkeit stark gestiegen (ROOS). Es konnten ein Rückgang des Haferanbaues, nur kleine Gemüsegärten und ein Import von Speisefett und Speiseöl festgestellt werden. Über die Ernährungsverhältnisse während der Kriegszeit liegen auch einige Beobachtungen vor.

Der Zucker wurde in der Schweiz 1916 rationiert, zu gleicher Zeit auch Reis und Teigwaren in einigen Kantonen. Am 1. 10. 17 wurde die eidgenössische Brotkarte eingeführt, nachdem im Winter 1916 bereits Milch städtisch rationiert war (KÜHN 1919). Als Durchschnittssatz des täglichen Milchverbrauches wurde für die Zeit nach der Kriegsbeschränkung für Zürich ein Wert von 0,65 Liter angegeben. Heute beträgt der Milchverbrauch im Jahr 251 kg gegen 280 im Jahre 1911.

In **Holland** verdankt die Bevölkerung ihre gute Vitamin C-Versorgung den Kartoffeln, nicht dem Gemüse. 10,9% der Bevölkerung von Utrecht hatte nur sehr wenig Vitamin A und Carotin im Blut. Der Durchschnittsverbrauch an Milch beträgt 0,75 Liter. Der Süßmostverbrauch ist sehr gering; die vorherrschenden Getränke sind Kaffee, Tee und auch Fruchtlimonaden aus natürlichen Rohstoffen (ERTEL).

Insgesamt ist die Ernährung in Holland im Durchschnitt reichlich zu nennen. Bei dem Frühstück spielen Wurst, Eier, Käse eine bedeutende Rolle. Die holländischen Olympiasportler hielten sich insgesamt an den Nationalverbrauch. Nur abends wurden warme Speisen von den Sportlern gewünscht, dabei reichlich Gemüse, Kartoffeln und frischer Salat; zum Frühstück reichlich Käse, mittags Aufschnitt, Eier, Käse, Butter, Brot. Der Fettverbrauch hat seit 1932 um 8%, der Fleischverzehr noch stärker nachgelassen.

Die Pyrenäenhalbinsel. *(Spanien* und *Portugal)* bietet auf dem Gebiete der Ernährung relativ günstige Verhältnisse infolge des Klimas des Landes und des mäßigen Lebens der Bewohner. Fische und Meerestiere überhaupt besitzen wieder besondere Bedeutung. Portugal ist ein wichtiges Ausfuhrland für Fischkonserven (Ölsardinen); Spanien für Südfrüchte.

Die Ernährung in **Ungarn** ist ausgezeichnet durch den Verzehr wertvoller Lebensmittel eigener Produktion. An der Spitze steht der Weizen, über 80% des Kohlehydratverbrauches werden durch Getreide und Getreideprodukte gedeckt, es folgen die Früchte, von denen Erdbeeren, Kirschen, Äpfel, Trauben, Pfirsiche, Aprikosen, Johannisbeeren unter besonderer staatlicher Kontrolle auch reichlich ausgeführt werden. Der vitaminreiche Paprika spielt als Gewürz mit Recht eine große Rolle. Der Kartoffelverzehr ist gering. Der Fettbedarf wird durch Butter und auf dem Lande besonders durch Schweineschmalz gedeckt (SZABO).

Die *Hutzulen* (Nordostkarpathen) leben sehr einfach, sie begnügen sich mit Gerste, Kartoffeln, Mais und Kohl, der in Fässern mit Essig auch konserviert wird. Während der Weidezeiten im Sommer werden viel Milchspeisen mit Waldbeeren verzehrt. Zur Abwechslung gibt es Kartoffeln, Bohnen, wenig Brot, das aus Mais oder Gerste ohne Hefe hergestellt und in Fett gebacken wird. Öfters gibt es wochen- und monatelang kein Fleisch, kein Fett, keine Milch. In den Gegenden, wo die Ernährung wenig abwechslungsreich ist und viel Kohl gegessen wird, finden sich die meisten Kropfkranken, deren Zahl von der Höhe zur Ebene abnimmt (CIPRIANI 1936).

Im Osten zur Ukraine hin sind mit den günstigen Klima- und Anbauverhältnissen auch die Ernährungsverhältnisse erheblich besser.

Jugoslavien ist ein Land, das trotz der günstigen wirtschaftlichen Struktur — 60% der Ackerbaufläche sind mit Weizen und Mais bestellt (KÖHLER) — Mangelerscheinungen in der Ernährung zu verzeichnen hat. Alle Gattungen von Avitaminosen sind vertreten, Rachitis spielt dabei die Hauptrolle. Aber auch die B- und C-Avitaminosen sind nicht zu unterschätzen. Die Avitaminosen sind gleichmäßig auf Stadt und Land verteilt, betreffen jedoch vorwiegend die ärmeren Volksschichten. Als Grund wird die sehr unrationelle Lebens- und Produktionsweise angegeben (IVANIC). Milchküchen sind deshalb an vielen Plätzen gegründet worden. In Kroatien und Slowenien sind die Ernährungsverhältnisse günstiger. In Serbien gilt Hammelfleisch mit Zwiebeln als Nationalspeise, sonst wird in ärmeren Volksschichten viel Polenta mit Speck verzehrt. Die Sportler schätzten besonders in Öl gekochte Speisen, die in Dalmatien beliebt sind.

Bulgarien. Die Umstellung der bulgarischen Landwirtschaft, von der wie in Jugoslavien und Rumänien 80% der Bevölkerung leben, von reinem Getreidebau auf den Anbau von Industriepflanzen wurde auch im Jahre 1936 planmäßig fortgesetzt; die bezügliche Anbaufläche betrug bereits 254000 ha, wobei Sonnenblumen an erster Stelle standen, es folgt Tabak und Sojabohnen. Hauptgemüsepflanzen in Bulgarien sind Kohl, Zwiebeln, Paprika, Tomaten. Der Verzehr von Yoghurt spielt eine besondere Rolle.

Griechenland. Die griechische Regierung beabsichtigt die Errichtung einer Zuckerfabrik, die neben Zuckerrüben auch Johannisbrot verarbeiten soll. Für den Rübenbau ist vornehmlich Mazedonien und Thrazien in Aussicht genommen, wobei man infolge des warmen Klimas jährlich zwei Ernten erhofft und auf Grund von Versuchen mit einem Zuckergehalt der Rüben von 19% rechnet.

Versuche mit Teeanpflanzungen haben so gute Erfolge ergeben, daß man daran geht, eine griechische Teeproduktion aufzubauen. Der in Griechenland gebaute Tee soll sich durch ein ganz besonderes Aroma auszeichnen.

Die Ernährung der olympischen Kämpfer früher und heute hat BICKEL beschrieben. Nach ihm ist Vegetarismus als Ernährungsform des gesunden Menschen im Altertum nur in religiösen Momenten begründet.

Rumänien. Auch in Rumänien ist der Mais die Hauptfrucht des Ackerbaus. Maisgerichte stellen daher auch einen wesentlichen Bestandteil der Nahrung dar (DASSLER, KÖHLER).

In den Kriegs- und Nachkriegsjahren hat die Gesetzgebung einer Anzahl von ost- und mitteleuropäischen Ländern Maßnahmen zur *Beschränkung des Großgrundbesitzes* und zur *Förderung des bäuerlichen Kleinbetriebes* ergriffen. Wenn auch die treibenden Kräfte und die Formen dieser Gesetzgebung in den verschiedenen Ländern sehr verschieden waren, so ist doch die enge Beziehung zur Ernährung gegeben. Es handelt sich aber mehr um eine allgemeine Ernährungssicherung, da infolge der Klimaungunst gerade in Osteuropa Gemüse- und Obstbau auch jetzt noch beschränkt bleiben. Bestimmte Ernährungsschwierigkeiten sind daher dort häufiger zu beobachten und somit die Frage der ausreichenden Vitaminversorgung besonders bei Mißernten oder bei wirtschaftlichen Depressionen akut. Für diese Gegenden gewinnt die Frage der

Lagerung und Konservierung von Lebensmitteln eine besondere Bedeutung, damit in den ungünstigen Jahreszeiten Gemüse und Obst wenigstens in dieser Form zur Verfügung stehen.

Polen. Die meisten osteuropäischen Agrarreformen haben zu einer Verminderung des Nahrungsspielraumes, und damit wie z. B. in Polen, zu einer Verschärfung der agrarischen Übervölkerung geführt. Der Fleischverbrauch liegt niedrig. Wie in Rußland und Rumänien beträgt er in Polen um 20 kg.

Polen gehört wie Deutschland und Rußland zu den Roggenländern. Neben Roggenbrot spielt die Kartoffel noch eine große Rolle.

Die wertvollen landwirtschaftlichen Produkte werden auch heutzutage noch in die Städte geliefert, wogegen die Landbevölkerung äußerst bescheiden lebt.

Rußland. Die Hauptbeschäftigung der Ostslaven ist heute der Ackerbau; abgesehen von den Karpatho-Ukrainern, den Huzulen und Boiken ist die Viehzucht nur eine Nebenbeschäftigung. Auch Fischerei und Jagd stehen nicht im Vordergrund. Das Brot wird bei allen Ostslaven immer gesäuert gebacken. Sonst ist Kochen, Backen, Salzen, Säuern, Dörren und Trocknen viel mehr verbreitet als Braten und Räuchern.

Die jungen Blätter des Sauerampfers, das Kammkraut, Kerbel, werden von allen Ostslaven roh gegessen.

Als Nationalspeise gilt bei den Ukrainern und teilweise auch bei den Weißrussen eine Roterübensuppe, bei den Großrussen aber die Kohlsuppe.

Weißrussische Nationalgerichte sind noch eine dünne Mehlsuppe (Roggen-, Gerste-, Hafer-, Buchweizen-, Erbsen-, Bohnenmehl), die heiß mit Butter oder Fett gegessen wird.

Bestimmte Speisen werden mit Schweine- oder Gänseblut gewürzt. Weißrussen wie Ukrainer backen z. B. Blut mit Mehl. Von den Großrussen wird jeder Blutgebrauch gemieden.

Gemüse wird gewöhnlich im eigenen Saft gekocht, ohne Fett (ZELENIN).

b) Asien.

Asien ist in Klima, Landschaft und Bevölkerung so verschieden gestaltet, daß eine einheitliche Ernährungsgrundlage nicht angegeben werden kann. Es finden sich in diesem größten Erdteil vielmehr auch die größten Unterschiede in der Ernährung, und selbst innerhalb desselben Landes sind erhebliche Variationen in der Nahrung zu beobachten, die neben landwirtschaftlichen Gründen vor allem auch auf kultische Vorschriften zurückzuführen sind.

Bei den freiheitliebenden georgischen Bergvölkern finden sich als besonders erwähnenswert Flachbrote aus grobgeschrotenem Buchweizen oder Roggen. Nicht gegessen werden Hühner, Eier und Hasen [NANSEN (2)].

Im Mittelpunkt der Ernährungswirtschaft im **Irak** steht die Dattel als Haupterzeugnis der irakischen Landwirtschaft. Durch Errichtung von Kühlhäusern hofft man, die Ernte über das ganze Jahr verteilt auf den Weltmarkt bringen zu können.

Die Ernährung in **China** ist seit langer Zeit gut bekannt, aber infolge der Verschiedenartigkeit der Verhältnisse sehr verwickelt. Bereits aus dem Jahre 2700 v. Chr. ist eine Beschreibung der Beri-Beri durch einen chinesischen Autor (NEI-CHING) erhalten. Im allgemeinen ist die Ernährungsweise dieselbe einfache geblieben, indem die pflanzliche Kost mit besonderer Verwendung der Hülsenfrüchte vorherrscht. Im Gegensatz zu den Brotessern z. B. in Europa gehören die Chinesen vorwiegend zu den Breiessern. Auch heutzutage lebt der größte

Teil der Bevölkerung nur von einer ganz geringen Auswahl von Lebensmitteln: Reis, Weizen, Bohnen, Hirse, Gemüse.

Der *Reis* wird in ganz großem Umfang in Mittel- und Südchina als Wasser-, Kleb-, Bergreis angebaut und meist ziemlich trocken gekocht verzehrt. Vor allem im Süden werden zu dem Reis kleine, an der Sonne getrocknete und mit Salz überstreute Fische gegessen. Aber selbst in den eigentlichen Reisgegenden gibt es Millionen Menschen, die so gut wie nie Reis essen können, da sie zu arm dazu sind; sie müssen sich mit Hirse, Süßkartoffeln, Bohnen begnügen. Seit Beginn des kriegerischen Ostasienkonfliktes wird von Regierungsseite besonders für die Süßkartoffeln Propaganda gemacht. Hirse wird hauptsächlich im Norden verzehrt, ebenso Weizen, aus dem Nudeln und durch Dünsten im Dampf eine Art Brot hergestellt wird. Sonst finden sich an Getreidearten noch Gerste, die in ganz Nordchina verbreitet ist, Roggen und Hafer, die nur an den nördlichen Grenzen des eigentlichen China vorkommen und noch Buchweizen, der vorwiegend in der gebirgigen Gegend des Westens und Nordens wächst. In den westlichen Bezirken wird Mais angebaut, der für Brot und Kuchen Verwendung findet. Die schon seit sehr langer Zeit bekannten Kornhäuser lassen das Getreide in ihnen 3—4 Jahre ohne Schaden lagern. Neben Getreide sind besonders wichtig die Hülsenfrüchte, vor allem Wintererbse, Buschbohne und an der Spitze die Sojabohne, die zu den fünf Früchten gehört, die der Kaiser früher selbst aussäte. Die Sojabohne findet vielseitige Verwendung (Bohnenmilch, Bohnenbrei, Bohnenbrot, Bohnenkuchen, Bohnenmarmelade, Bohnensoße). Von der grünen Pflanze werden Stengel, Blätter und Hülse mit dem Samen als Gemüse gegessen. Aus dem Mehl werden die gelatinösen Nudeln hergestellt, und dann wird noch durch einen lang dauernden Gärungsprozeß (oft Monate und Jahre) die bekannte Soße gewonnen.

Für die chinesische Ernährung sind ferner wichtig Bataten, Karotten, Taro, Eierfrucht, Gurke, Raps, von Gewürzen Lotos, Pfeilkraut, Zwiebeln, Knoblauch, Rettich. Taro wird roh und gekocht gegessen und findet infolge der Leichtverdaulichkeit Verwendung für Kinder und Greise. Vom Gemüse ist der Kohl als sog. weißes Gemüse im Norden am verbreitetsten, er wird vorwiegend gekocht oder eingesalzen und in der Sonne getrocknet verzehrt. Im Süden wird das sog. grüne Gemüse bevorzugt. Auch Gewürze werden häufig verwendet, Pfeffer, Senf, Ingwer, Rhabarber, Zimt.

Die *Obstkultur* in China ist sehr alt. Es werden in mäßigem Umfang gegessen Apfelsinen, Granaten, Citronen, Feigen, Pfirsiche, Aprikosen, Litschi, und zwar sowohl frisch wie auch in verschiedenartigster Zubereitung.

Von *tierischen Nahrungsmitteln* steht Schweinefleisch an der Spitze, außerdem werden noch Schaf- und Ziegenfleisch und besonders Geflügel (Hühner, Tauben) und auch Fische, Krabben gegessen. Bevorzugt wird dabei saftig gebratenes Fleisch. Der Fleischverbrauch ist aber sehr mäßig, chinesische Handwerker sollen nur 1—2mal Fleisch im Monat essen, da es im allgemeinen zu teuer ist. Außerdem ist für eine ausgedehnte Viehzucht kein Platz mehr, da die gartenmäßig bebauten Reisländer bereits übervölkert sind. Bisher wurde nur in den mohammedanischen Gegenden auch das Fleisch vom Rind gegessen, in neuerer Zeit nimmt der Rindfleischverzehr auch in den großen Städten zu. Milch und Milchprodukte lehnt der Chinese ab. Auch Eier werden nur in geringeren Mengen verzehrt, gewöhnlich nach längerer Lagerung in der Erde, fälschlich „faule Eier" genannt; deshalb können jährlich 1 Milliarde Eier von China exportiert werden. Als Fette werden verwendet Schweineschmalz und viele Pflanzenöle wie Sesamöl, Sojabohnenöl und vor allem Erdnußöl. Bei der Zubereitung der Nahrungsmittel gibt es fast keinen Abfall oder Verlust, da die Geschicklichkeit der Chinesen, alles nutzbringend zu verwenden, groß ist. Aus diesem Grunde sollen auch die chinesischen Hunde und Katzen mager sein (MAGRINI).

Die *chinesische Küche* wird als eine der besten unter den Nationalküchen gerühmt. Die Speisen sind meist saftig und im Vergleich zu den europäischen mehr gewürzt. Das Frühstück besteht aus leichter Kost, häufig nur aus Reissuppe. Hauptmahlzeiten sind Mittag- und Abendessen, zwischen denen kein wesentlicher Unterschied besteht. Sie bestehen aus Reis, Gemüse, Fischen und mitunter Schweinefleisch oder Geflügel; Gemüse und Schweinefleisch werden dabei nur als Beilage betrachtet. Das Vormittagsfrühstück fehlt gewöhnlich. Obst gehört nicht zur Mahlzeit, es wird in der Zwischenzeit gegessen. Haifischflossen, Schwalbennester, die so oft und gern als typisch für die chinesische Küche hingestellt werden, können nur von einem kleinen Teil der Bevölkerung verzehrt werden.

Japan. Die *japanische* Ernährung ist vorwiegend vegetabilisch, sie ist ausgezeichnet durch den geringen Fettanteil (im Durchschnitt 20 g täglich) und durch die hohe Kohlehydratquote (493—658 g). 80—90% seines Bedarfs deckt der Japaner durch Reis und die restlichen 10—20% durch Beikost. Wichtig für die japanische Volksernährung ist die Fischnahrung; allerdings kommen nur die billigeren Sorten als wirkliche Volksnahrung in Betracht. Sie bilden in verschiedenartiger Zubereitung, gekocht, gebraten oder mit Sojasoße bereitet, ein allgemeines Nahrungsmittel. Auch roh werden sie häufig gegessen. Dabei liefern die Fische nur etwa 3% des Calorienwertes der Tageskost (2500 beim Angestellten, 2614 beim Arbeiter und 3265 Calorien beim Bauern). Fünf Feldfrüchte kennt der japanische Landbau vornehmlich: Reis, Weizen, Gerste, Hirse und Bohnen. Reichlich verzehrt wird Reis, in vielen Gegenden wird er infolge des hohen Preises von den Bauern nur gemischt mit Gerste gegessen, ferner Hirse, Buchweizen, Gerste und Weizen (BALZLI). Mais ist von untergeordneter Bedeutung. Die Hülsenfrüchte spielen wieder eine große Rolle, an der Spitze die Sojabohne mit ihren zahlreichen Verwendungsmöglichkeiten (für Soßen, Würzen, Bohnenkäse). Shoyu ist als allgemeine Speisewürze so beliebt, daß jeder Japaner durchschnittlich täglich 50—100 ccm davon genießt (SCHRÖDER).

An Knollen finden Lotos, Pfeilkraut, Batate, Yamswurzel, Zwiebeln, Lilienwurzeln Verwendung (SUGIMOTO). Gemüse werden reichlich angebaut und in kleineren Mengen scharf gewürzt verzehrt. Eine große Rolle spielt der Rettich und im Süden Japans die süße Kartoffel. Eine Besonderheit der japanischen Ernährung stellen die Meeresalgen dar, in gewissem Sinne auch die Pilze. Das Obst kat keine größere Bedeutung gehabt, zumal dem einheimischen das Aroma fehlt. Selbst die eingeführten Obstarten haben bald ihren Wohlgeschmack verloren.

Der *Fleischverbrauch* ist gering. Milch und Milchprodukte, wie Butter, fehlen fast gänzlich. Jedoch ist der Japaner nach BAELZ Vegetarier aus Gewohnheit oder Zwang, nicht aus Prinzip. MORI hatte seine Landsleute für unzureichend ernährt erklärt und deshalb eine stärkere animalische Kost als zweckmäßig vorgeschlagen. Änderungen sind auch eingeführt worden. Inzwischen sind durch die Arbeiten von SAIKI neue Gesichtspunkte betont worden. Unter dem Zwang der ernährungswirtschaftlichen Lage will SAIKI den Nahrungsmittelhandel für den Staat monopolisieren und Kollektivspeisungen einsetzen. Der Plan geht dahin, für wenig Geld (12 Pf.), Frühstück, Mittag- und Abendessen zu ermöglichen.

Japan hat heute die Eiweißration seiner Truppen auf die höchsten Werte sämtlicher Armeen gebracht (210 g Eiweiß) (TANIGUTI). Der Eiweißverzehr des Bauern beträgt 98 g, davon 85 g pflanzlicher Herkunft, der des Angestellten 68 g (47 g pflanzliches Eiweiß) und des Arbeiters 72 g (52 g pflanzliches Eiweiß)

(SAIKI). Eine Umstellung erfolgt auch in dem Sinne, daß der Ausbau des Walfanges zu einer stärkeren Ausnutzung der Tiere führt. Fett, Fleisch, Haut, Organe dienen direkt oder indirekt der japanischen Ernährung. „Der Wal ist das nützlichste Tier für das japanische Volk", ist das Scherzwort der japanischen Witzblätter. Das Frühstück am Morgen enthält Reis mit bestimmten Gemüsen, bei dem Mittagessen wird wieder Reis (Mittagreis) gegessen, mit Fisch, gekochtem Salat und Gemüse. Die Hauptmahlzeit, auch Abendreis genannt, bietet Reis, Geflügel mit Gemüsen. Eine Besonderheit stellt die große Speisezahl dar, die aber in kleinen Portionen serviert wird. Häufig werden noch zwei Zwischenmahlzeiten eingeschoben.

Die Einwohner der Insel *Formosa* essen außerordentlich gern Schweinefleisch; Büffel-, Rinder-, Ziegenfleisch stellen demgegenüber nur einen geringen Prozentsatz des Fleischverbrauchs dar (TAKAKI).

Die Bewohner von *Sachalin* begnügen sich mit Fisch und Reis, zu denen in neuerer Zeit noch Wurst hinzugekommen ist (LAJTHA).

Die Ernährung in **Indien** ist nach den Gegenden recht verschieden, sie ist aber auch in den einzelnen Bezirken wieder unterschiedlich infolge der verschiedenen Ernährungsvorschriften für die einzelnen Kasten. In den nördlichen Teilen Indiens stellt Getreide das Hauptnahrungsmittel dar, besonders Juvar und Mais, seltener Weizen. In Südindien, das von Dravidas bewohnt wird, tritt Reis an die Stelle der Brotgetreide.

Besondere Vorzüge der indischen Küche sind die sorgfältige Zubereitung der Gemüse, die man vorwiegend im eigenen Saft schmoren läßt. Die Zahl der in Garten und Feld angebauten Nutzpflanzen ist dabei sehr groß. Sonst ist die Kost recht eintönig, deshalb sind Würzen und pikante Soßen unentbehrlich (Curry-Gerichte). An Gewürzen sind bekannt Ingwer, Curcuma, Knoblauch, Zwiebel, Koriander, Dill. Von den Hülsenfrüchten stehen Strauchbohnen, Kichererbsen im Vordergrund. Dazu kommen noch Taro, Kartoffeln und das Zuckerrohr. Ölliefernde Pflanzen sind Leinsamen, dessen Faser jedoch nicht verwendet wird, und Sesam. Als Früchte werden genossen Cocosnüsse, Bananen, Eierfrüchte.

Rind- oder Schweinefleisch, Rindertalg werden nicht genossen, nur Hammel, Kalb, Lamm, Geflügel werden verzehrt. Der Grund hierfür ist allerdings vorwiegend in kultischen Vorschriften zu suchen. Aus diesen Gründen hat auch die indische Nationalmannschaft, die anläßlich der Olympiade 1936 in Berlin weilte, vegetarische Kost bevorzugt. Auch die Dravida von Madras leben streng vegetarisch.

AYKROYD und KRISHNAN geben für die Kost einer indischen Bauernfamilie aus dem Mayamurdistrikt einen Mangel an Milch, Blattgemüse und Obst an, wogegen Reis und Hirse vorherrscht. Da auch Milchprodukte nicht verzehrt werden, fehlt in beträchtlichem Umfang Vitamin A. In den Kostformen indischer Stämme wie Sikhs, Pathans, Bengalis, Madrasis wird die für notwendig gehaltene tägliche Mindestmenge an Jod von 45 γ nicht erreicht (PATNAIK). McCARRISON konnte in seinen bekannten Tierversuchen nachweisen, daß die für die Ratten geeignetste Kost aus der Reihe der indischen Kostformen auch den höchsten biologischen Wert hatte, und daß diese gerade von der kräftigen und leistungsfähigen Bevölkerung Nordindiens genossen wird. In den übervölkerten Gegenden Britisch-Indiens ist sicher stets ein großer Teil der Eingeborenen genötigt und gewöhnt, mit einem Nahrungsminimum auszukommen (ZEISS-RODENWALDT).

Auch in **Siam** spielt der Reis in der Ernährung eine bedeutsame Rolle. Beri-Beri wurde noch häufiger angetroffen. Nach C. C. ZIMMERMANN ist im allgemeinen ein Eiweißmangel bei gleichzeitig hohem Fettgehalt ein Kennzeichen der Kost.

An der Spitze der siamesischen Festessen steht das Spanferkel, das mit zahlreichen, einheimischen Kräutern zubereitet wird. Ein anamitisches Nationalgericht besteht aus durchsichtigen Nudeln mit Champignons.

Der Khmer ist Liebhaber der pestartig riechenden Durian (POURTALÈS).

Die Nahrung der Semang und Sakai in Hinterindien besteht fast nur aus den Produkten des Urwaldes. Sie genießen die gesammelten eßbaren Wurzeln, Beeren, Früchte, Blätter, gewöhnlich mit etwas Pfeffer. Salz wird gelegentlich von den Malaien erworben, ebenso Bananen, Reis oder Zuckerrohr (SCHEBESTA).

Auf den **Ostindischen Inseln** ist die Ernährung ursprünglich die gleiche wie bei den Papuas. Heute ist dagegen Reis die Hauptnährfrucht, dazu treten Bohnen und Gemüse, an Früchten noch Palmenfrüchte, Bananen, Zuckerrohr.

Die **Malayen** haben eine überwiegend vegetabilische Kost, im Westen finden sich Reis, sonst Sago (das malaische Wort für Stärke), dann Fische und sonstige Meertiere bis zu den Seesternen. Fleisch wird von vielen Bewohnern nur bei festlichen Gelegenheiten gegessen.

Auch in **Niederländisch-Indien** ist bei einem Teil der Bevölkerung, besonders in Java, sicherlich eine latente Unterernährung bei einem Nahrungsminimum vorhanden (ZEISS-RODENWALDT). Deshalb ist die Sicherung einer genügenden Vitamin A-Versorgung in den Vordergrund gestellt und Lebertran als Medikament und Nahrung erwähnt worden. Colostrum und Milch von Eingeborenen und Chinesinnen in Batavia waren A-ärmer als die von Europäerinnen. Deshalb leiden Brustkinder von Eingeborenen und Chinesinnen an einem A-Mangel (MEULEMANNS-DE HAAS).

Früher spielte die Beri-Beri auf den Philippinen eine verderbliche Rolle. Seitdem der unpolierte Reis in die Ernährung wieder eingeführt ist, sind die schweren Erkrankungen völlig verschwunden.

Die **Filipinos** verzehren gern Hunde, die sie zuvor mit großen Mengen Reis gefüttert haben und dann am Spieß braten, der unverdaute Reis soll das Beste sein (HEISER).

Da man Fleisch nicht konservieren konnte, wurde nach jeder Schlachtung ein Festessen veranstaltet, bis alles verzehrt war.

Die Hauptnahrung bleibt der Reis, bei den Igoro und Ifugao daneben noch Camoteknollen, ferner Mangofrüchte.

Die **Negritos** an der Ostküste von Luzon leben von der Jagd, Früchten und Wurzeln.

Die Ernährung der Polizeitruppen in Lagern in der Nähe von *Manila* wurde auf Grund eingehender Untersuchungen insgesamt als befriedigend bezeichnet. Die Kalk- und die Vitaminaufnahme war jedoch zu gering. Im Vergleich zu anderen Ländern wurde zu viel Geld ausgegeben für Fleisch und Fische, zu wenig für Milchprodukte, Gemüse und Obst (CONCEPCION).

Zentralasien. Die Mongolen leben auch heute noch hauptsächlich von dem Ertrag ihrer Herden (Yak, Hammel): Fleisch und Milchprodukte. Da gegen gebratenes Fleisch Abneigung besteht, wird Hammelfleisch stets gekocht. Die Brühe wird jedoch fortgegossen. Zu einer Mahlzeit soll ein Mongole bis zu 4 kg Fleisch verzehren. Bevorzugt werden Knochenmark, Placenta der Kamele, dazu Lauch, Zwiebeln, Beeren. Das Hauptgetränk der Mongolen bildet der chinesische Backsteintee, der mit Milch und Hammelfett in einem eisernen Kessel unter Zusatz von etwas Natron gekocht wird. In der inneren Mongolei dienen noch Hafer, Gerste, Buchweizen, Hirse, Erbsen, Kartoffeln zur Ernährung (HINTZE).

Die **Kirgisen** lebten früher ausschließlich von Fleisch (Schaf, Ziege, Kamel), Fett und Kumys. Dabei hatten sie einen hohen Teeverbrauch. Es fehlten in der Kost Gemüse, Brot, Gewürze. Noch heute wird in bestimmten Bezirken kaum Brot gegessen. Täglich ißt der Kirgise, wenn er nicht ganz arm ist,

2, meistens 4—5 Pfund Fleisch, besonders vom Hammel, seltener vom Pferd; selbst das Fleisch gefallener Tiere wird verzehrt. Bei Milzbrand wird das Fleisch nur länger gekocht. Dazu werden im Durchschnitt 9 Liter Kumys (mit 3—6% Alkohol) täglich getrunken.

Tibet. Die Ernährung ist vorwiegend animalisch, der Verbrauch an Getreide, von denen Gerste, Weizen, Erbsen, Buchweizen, Mais, zuweilen Reis in Frage kommen, gering. Aus wildwachsenden Kräutern, Zwiebeln, wird Gemüse hergestellt. Die Hauptspeise ist „Tsamba" (geröstete und grob gemahlene Gerstenkörner mit Butter in der fast leer getrunkenen Teetasse zu Teig geknetet). Als Leckerbissen gelten Schafmagen voll frischer, süßer Milchhaut, wie sie sich nach dem Aufkochen und Wiedererkalten bildet. Das Hauptgetränk ist auch hier Tee, der wohlhabende Tibetaner trinkt täglich 30—70 Tassen.

In Südtibet werden an Festtagen Nudeln gegessen. Das Hammel- und Yakfleisch wird in der Regel, besonders im Winter, ungekocht, höchstens gebraten, nie gesotten verzehrt. Auch im östlichen Tibet wird das Fleisch roh genossen. Hühnerfleisch ist nur für Bettler da, die Eier werden weggeworfen.

c) Afrika.

In der Ernährung tropisch wohnender Völker ist das Überwiegen pflanzlicher Nahrung eine Grundtatsache. Jedoch scheint der Eingeborene den Mangel an tierischem Eiweiß durchaus zu fühlen; hierin liegt wohl mit ein Grund für den maßlosen Genuß von Fleisch nach Jagden (Fleischvöllerei der Neger nach Elefanten- und Nilpferdjagden). Sicher ist, daß die Ernährung der Eingeborenen sich oft an der Grenze des Minimums bewegt und dadurch das Leben in einer Gefahrenzone darstellt. Mißernten können dann rasch Seuchen den Weg ebnen (RODENWALDT).

Wie wichtig diese Fragen sind und wie gering ihre bisherige Bearbeitung war, zeigt der Fragebogen, den H. ZIEMANN (1) hinsichtlich der Ernährung der Eingeborenen mit besonderer Berücksichtigung Afrikas aufgestellt hat. Gerade von seiten der deutschen Tropenärzte ist schon frühzeitig die Ernährung der Eingeborenen der Kolonie als Aufgabe des weißen Mediziners betont worden.

Abgesehen von den Fragen nach der Zusammensetzung der Kost und der Mahlzeitenverteilung werden auch weitergehende Gebiete gestreift wie die amtlichen Verordnungen über Calorienzahlen, die Dauernahrungsmittel. Von besonderer Wichtigkeit erscheint die Betonung der Bodenanalysen, denn Kalk- und Phosphordefizit sollen häufiger, als bisher vermutet wurde, vorkommen. Auch das Problem der Avitaminosen gewinnt so an Bedeutung.

Die neue Welt hat an Afrika nicht weniger als 30% aller dort heute gebauten Kulturgewächse gegeben. Die Verschiedenheiten in der Verwendung der Kulturpflanzen hängen dabei zum Teil vom Klima, zum Teil aber auch von der geschichtlichen Entwicklung und auch von Neigungen ab (BIRKNER). In den wenigsten Gebieten Afrikas wird so viel Gemüse von den Eingeborenen angebaut, daß sie das ganze Jahr davon leben können (PROELL). Es kann aber keine Rede davon sein, daß die Ernährung der Eingeborenen wenigstens qualitativ gesichert sei, und die Gründe für die Tierarmut im westafrikanischen Urwald liegen vor allem in dem großen Nahrungsmangel (MANSFELD).

Der afrikanische Typus des *Ackerbaues* gründet sich auf verschiedene Hirsearten. Die unseren Feldfrüchten entsprechenden Hauptnahrungsmittel der Eingeborenen sind: Knollengewächse (Yams, Maniok, Taro, Batate), Obst (Mehl- und Fruchtbananen, Brotfrüchte, Mango), Getreidearten (Mais, Reis, Sorghum, Mohnhirse, Kafferkorn), Ölfrüchte (Früchte der Öl- und Cocospalme, Schinuß), Hülsenfrüchte (Erdnuß, Bohnen- und Erbsenarten). Die Früchte des

tropischen Afrikas sind entweder durchaus saftlos oder bestehen fast nur aus
Kern und Schale, zwischen denen sich meistens eine schleimige oder fleischige,
zwar oft sehr süße und aromatische, aber stets außerordentlich spärliche Substanz
befindet. In den Steppengebieten Afrikas spielt die Tsammafrucht als natürlicher Wasserspeicher für Mensch und Tier eine große Rolle.

Neben der *Wasserfrage* spielt auch die Salzfrage in Afrika für die Eingeborenen eine besondere Rolle, abgesehen von den Stämmen, die an Wasser-
stellen mit Salz- oder Brackwasser leben. Das Pflanzenaschensalz ist ein
Zeichen der Not. Oft wird Kochsalz in Form von Fischen oder Blut verwendet. Die Etoschapfannen in Ovamboland, die Salzpfannen der Kalahari
sind Anziehungspunkte für die Tierwelt der umliegenden Gebiete. Timbuktu
verdankt seine Größe allein dem Salzhandel. Hottentotten sollen kein Salz
gebrauchen.

Zu den Ernährungsfragen für die Eingeborenen kommt gerade in Afrika
als bedeutend noch hinzu das Problem der *Ernährung des europäischen Farmers,*
Beamten, Soldaten und Kaufmanns. Aus vielen Gründen konnte der Europäer
in den Tropen nicht ohne weiteres die Kost der Eingeborenen übernehmen. In
unseren westafrikanischen Kolonien lebte man lange Zeit vorwiegend vom
Inhalt der Kisten, die alle 3—4 Monate aus der Heimat eintrafen (RODENWALDT).
Empfehlenswert ist möglichst abwechslungsreiche gemischte Fleisch- und
Pflanzennahrung, wobei in letzterer vor allem Obst, Gemüse, Salate vertreten
sein sollen, erst in zweiter Linie Brot, Kartoffeln, Reis (KNIPPING). Schon NOCHT
erklärte, daß ein gutes Kochbuch bei der Ausrüstung für die Tropen unentbehrlich sei (z. B. BRANDEIS). Bei der Akklimatisation wie bei der Ernährung
sind konstitutionelle Merkmale besonders bedeutsam. Diätfragen im heißen
Klima haben die gleich große Bedeutung wie die Ernährung selbst. Außerdem
ist es interessant, zu beobachten, wie zahlreiche Ländersitten nun völlig übernommen werden, ein Zeichen dafür, daß jene schon besser auf die klimatischen
Verhältnisse eingestellt waren (BUSSE-GRAUWITZ).

Die *pflanzliche Nahrung* steht im Vordergrund, denn der Neger ist im allgemeinen kein Viehzüchter. Hühner und Eier sind für Frauen und Kinder
bestimmt. Verzehrt wird das Fleisch von Löwen, Leoparden, Hyänen, Fluß-
pferd, Krokodil, Wildschwein.

Das Landvolk lehnt auch die Spring- und Feldratte nicht ab. Noch wichtiger
sind Milch und ihre Produkte, vor allem gesäuerte Milch, Butter. Es ist allerdings
zu beachten, daß selbst eine ausgezeichnete Milchkuh in Afrika nur 3 Liter
Milch pro Tag liefert, auf dem Marsch sogar noch weniger (KANDT).

In Boru wurde stets die Butter mit Kuhurin gekocht und blieb dann flüssig.

Würzen sind besonders notwendig bei der im ganzen einförmigen Breinahrung.
Hierzu dienen Soßen aus Blättern der verschiedensten Kräuter, Sträucher,
Bäume und Früchte, denen getrocknetes und gestoßenes Fleisch zugesetzt wird,
auch schon etwas in Verwesung übergegangene Fische sind hierzu beliebt; ferner
Sudanpfeffer, Kubapfeffer.

Als *Getränk* wird in den mohammedanischen Ländern fast nur Wasser benutzt,
in das man gestoßene Hirsekörner hineingibt, sonst Hirsebier (Merissa).

Die Nordküste Afrikas war schon die Kornkammer für Griechenland und
Rom. In Fezzan ist Pflanzenzucht nur an wasserhaltigen Stellen möglich. In
den guten Zeiten wächst Weizen, Gerste, besonders Durrha, Dattelpalme.
Dattel- und Kamelmilch ist als Nahrung dort anzusehen. An Gemüsen kommen
in Betracht Saubohnen, gelbe Rüben, weiße Rüben, Gurken, Rettiche, Zwiebeln,
Knoblauch. Die Produkte der Bäume galten als Luxusnahrung. Die Kerne
der Koloquinthen sind für die Armen, Hühner, Tauben, Würmer, Fleisch nur
für Wohlhabende bestimmt.

In **Ägypten** fand sich bereits 6000 v. Chr. ein entwickelter Landbau mit Viehzucht. Die Ernährung war hier stets gemischt. Im Landstrich von Kufra wechselt die Ernährung je nach der Vegetation der Gegend. Wo die Dattelpalme gedeiht, wird sie stark konsumiert. Wenn die Kultivierung möglich ist, ernährt man sich von Gerste, Korn und Hirse. Fleisch wird an den Feiertagen verzehrt.

Die Beduinen kennen ein Brot aus Weizen. Dazu verzehren sie Datteln und Kamelmilch und -fleisch.

In **Marokko** kommen noch Gewürz- und Duftpflanzen hinzu (Koriander, Griechisches Heu [Bockshornklee], Kümmel, Wiesenkümmel, Piment).

Die **Tuaregs** leben fast ausschließlich von Milchprodukten und Fleisch.

Für die Länder vom **Tsadsee** bildet die Hirse den Grundstock der Ernährung. Dazu kommen verschiedene wilde Gräser: Wildreis, Sesam, Bohnen, bittere und süße Erdmandeln, Bataten, Yams, Maniok.

Genußmittel sind Tabak, Kolanuß. Auch bei den Fulbe bilden Milch, Milchprodukte, Erdmandeln, Rindfleisch die Hauptnahrung, ohne Tabak und Bier.

Im ganzen Sudan ist die Hirse Hauptgericht. Daneben werden noch Hülsenfrüchte, Gemüse (Bamia) verzehrt. Gewürze sind selten. Der Tabakgenuß ist allgemein verbreitet. Die Viehhaltung ist verschieden. Außer Hunde- und Menschenfleisch werden alle tierischen Nahrungsmittel gegessen, auch wenn sie schon weitgehend verändert sind.

Bei den **Wadai** finden sich neben Hirse noch Mais, Reis, Sesam, etwas Weizen als Nahrungsmittel. Verzehrt werden ferner wilde Grasarten, Bohnen, Erdnüsse, Melonen, wilde Gurken. Der Fleischgenuß ist ziemlich verbreitet, und zwar wird Kamel- und Schaffleisch gegessen; als Leckerbissen gilt Kamelleber. Rindfleisch ist für die ärmere Bevölkerung bestimmt. Auch hier wird Milch allgemein getrunken.

Im Stromgebiet des Sambesi spielt die Hauptrolle die Hirse, zumal ein großer Mangel an Gemüse herrscht. Auch Lotoswurzel wird noch verzehrt.

In **Äthiopien** spielt der Genuß rohen Fleisches und von frischem Blut eine Hauptrolle wie bei den rein leptosomen Watussi. Daher ist der Bandwurm bei den Amharen weit verbreitet (Recking). Die selbstgewählte Kost der Eingeborenen im Somaliland lieferte 3382 Calorien, 9% mehr, als der Durchschnittsitaliener aufnimmt (Camis).

Beim **Massai** bilden Kuhmilch, Blut und halbrohes Fleisch die einzige Nahrung der jungen Krieger in der Ausbildungszeit. Kinder und Greise erhalten täglich geschlagenes Ochsenblut.

Auch die Nahrungsmittel bei den **Negergruppen Kameruns** sind verschieden. Die Hauptnahrung der Bantu bilden Banane und Yamswurzel, unter den Palmen ist besonders die Ölpalme die herrschende; von den Sudannegern dagegen werden Mais und Hirse bevorzugt und unter den Palmen die Weinpalme.

Bei einem Hauptnahrungsmittel der Eingeborenen in Kamerun, Kakabo, ist ein Sapotoxin festgestellt, das für Nierenschädigungen verantwortlich gemacht wird [Ziemann (2)]. Die Fische werden entweder an der Sonne getrocknet oder gesalzen, gepökelt oder in Palmöl gebacken und gebraten.

Der Geschmack der Negerstämme ist sehr verschieden. Die Neger lehnen im allgemeinen den Genuß von Zwiebeln ab.

Die Großflußneger Kameruns sind an gemischte Kost gewöhnt; Bananen, Suppen von Huhn oder Wildarten, Brei von Yams, Gemüse und Pfeffer, gekochtes oder geröstetes Fleisch. Sehr wichtige Nahrungsmittel sind Bananen und Mais, Eierspeisen werden gern gegessen, Butter fehlt, daher wird Öl verwendet. Ist eine Elefanten- oder Nilpferdjagd erfolgreich gewesen, so ist eine unglaubliche Fleischfresserei zu beobachten.

An der **Goldküste** bilden den Grundstock der afrikanischen Küche die verschiedenen Sorten von Yams und Maniok, ferner noch Mais. Das Spezialgericht Fufu besteht gleichfalls aus Yams mit Pfeffersoße. Dazu gehören weiter Suppen aus schleimbildenden aromatischen Schotengewächsen, Tomaten, Palmöl, Salz und reichlich Pfeffer. An Früchten stehen Ananas, Melonen, Mangofrüchte zur Verfügung. Infolge der Schlafkrankheit bei Tieren fehlen außer Schafen und Ziegen eigentliche Milchspender. Frische Milch oder Butter sind daher nie vorhanden, sondern beide können von den Europäern nur als Konserven verzehrt werden. Daher sind auch nur Schaf und Ziege und noch Hühner Fleischlieferanten (HUPPENBAUER).

Im ostafrikanischen Feldzug wurde von der ganzen Truppe sehr unangenehm der manchmal lange Zeit anhaltende Mangel an Fett empfunden. Schwer fühlbar war auch der Zuckermangel und der Salzmangel. Dabei waren die allgemeinen Nahrungsmengen schon sehr reduziert. 1917 mußte die tägliche Verpflegungsration noch weiter auf 600 g Mehl oder 400 g Reis herabgesetzt werden.

Die **Barundi in Deutsch-Ostafrika** essen gewöhnlich nur einmal warm am Tage, und zwar abends. Fleisch ist ein seltener Genuß, es wird meist am Stab geröstet. Hühner und Eier werden nicht gegessen, selten Fische, reichlicher dagegen Milch, die in Holzgefäßen bewahrt wird, die vor dem Füllen mit Kuhurin ausgespült werden. Butter wird nicht gegessen, sondern nur zum Einreiben des Körpers benutzt. Wichtige pflanzliche Nahrungsmittel sind Bananen, Erbsen, Batate, Hirse. Der Feldbau der Barundi ist lediglich Hackbau.

Die Nahrung der Neger ist fast allgemein aus pflanzlichen und tierischen Speisen gemischt. Eine direkte Verschmähung jeder Pflanzenkost wird nur vom Massai und Galla berichtet.

Die **Hottentotten** leben von den Erträgnissen der Jagd, der Viehzucht und den gesammelten Wurzeln und Knollen. Fleisch in Blut gekocht ist ihre Nationalspeise.

Die Zwergstämme sind unstete Nomaden, sie leben vorzugsweise in Rückzugsgebieten, die von stärkeren Rassen nicht beansprucht werden (LENZ). Ihre vorwiegend vegetarische Ernährung besteht aus Früchten, Wurzeln, Beeren, kleinem Getier. Sie können lange Zeit fasten und dann wieder große Nahrungsmengen vertilgen. Nach den Beobachtungen von SCHEBESTA schadet der Genuß von Aasfleisch den Pygmäen nichts. Rohes Fleisch wird nie verzehrt, Fleisch wird vielmehr stets gekocht oder gebraten. Alkoholmißbrauch oder Tabakrauchen sind selten.

Bei den **Buschmännern** werden in der Nahrung alle möglichen Wurzeln und Knollen verwandt, dazu Stachelkürbis, Malvenkerne. Von Tieren werden Schlangen, Frösche, Raupen, Schildkröten, Vogeleier, Leguane, Heuschrecken, Antilopen als Nahrung benutzt. Ein Buschmann vermag nach einer glücklichen Jagd 10—12 Pfund Fleisch in einer Nacht zu verzehren. Karies der Zähne ist selten.

Auch die **südafrikanischen Neger** haben bei klebriger kohlehydratreicher Nahrung ausgezeichnete Zähne. Nach den Beobachtungen von PROELL ist die Gesamtnahrung der südafrikanischen Eingeborenen arm an Fett, Vitaminen, Salzen und relativ eiweißarm. Dabei ist die Monotonie ausgesprochen. Die Kariesfrequenz der Farbigen ist indessen in den einzelnen Gegenden Südafrikas sehr verschieden. Die Unterernährung soll überhaupt in Südafrika recht häufig sein, und zwar als Folge der Armut wie infolge von Unkenntnis; vor allem soll aus ökonomischen Gründen der Verzehr von Milchprodukten zu gering sein. Fox hat deshalb auf die Wichtigkeit der Erziehung und Schulung hingewiesen und gleichzeitig eine bessere Verteilung der Schutznahrungsmittel gefordert.

d) Amerika.

Amerika ist ein Kontinent, der die verschiedensten Klimaten in sich vereinigt, dazu besteht eine Vielfältigkeit der Völker und Rassen, so daß auch bei der Ernährung die unterschiedlichsten Nahrungsformen zu beobachten sind.

Von den Wald- und Prärieindianern *Nordamerikas* wird überall tierische Kost gern genommen, soweit nicht häufig kultische Speiseverbote den Verzehr einschränken. Das Fleisch wird dabei nie roh, sondern an der Luft getrocknet (Pemmikan) gekocht, geröstet oder gebraten, auch ungesalzen verzehrt. Die meisten Waldtiere werden gejagt, nur der Verzehr von Opossum und Fischotter abgelehnt. Bei manchen Stämmen wurde täglich 1 Pfund Zucker genossen. Ein flüchtiger Feldbau ist bei ihnen vorhanden gewesen. Bei dem veränderten Leben in den Reservationen sind heutzutage die Verhältnisse zwangsläufig geändert und haben sich den Sitten und Gebräuchen der weißen Eroberer und Eindringlinge angepaßt.

Die Indianer sind früher ein gesundes Volk gewesen, das nur rheumatische Leiden bei älteren Leuten und Darmstörungen infolge unregelmäßigen Lebens und bei Hungersnot kannte. Heute haben sie auch bei der Ernährung Sitten und Unsitten der Weißen übernommen.

In **Nordamerika** ist der Mais die Hauptfrucht. Im Süden treten noch Hirse, Bataten, Wildreis hinzu ferner Bohnen, Kürbis, Nüsse, Baumsamen. Als Süßstoff dient der Ahornzucker.

Für das Mississippigebiet gelten Mais und die Früchte vom Johannisbrotbaum als wichtigste Nahrungsmittel (HINTZE).

Für die im Laufe der letzten Jahrhunderte eingewanderte weiße Bevölkerung ist es schwer, die Ernährung zu beschreiben. Infolge der großen Rassen- und Völkermischung sind die Nahrungsverhältnisse so verschieden, daß von einer Einheitlichkeit nicht gesprochen werden kann. Es hat sich vielmehr eine gewisse Angleichung vollzogen, die nur zum Teil bodenständig ausgerichtet war. Entsprechend der großen Völkermischung sind dort auch auf dem Ernährungsgebiet Mischungen eingetreten.

Nordamerikanische Spezialitäten sind teilweise englischen Ursprungs: das gebratene Fleisch; auch die Eis- und Eiskremespeisen sind zu erwähnen. Ein seltenes Genußmittel stellt der Kaugummi dar. Der Fleischverzehr ist hoch. Es ist aber die Frage aufgeworfen worden, ob nicht das schnellere amerikanische Arbeitstempo mit der kräftigeren Ernährung zusammenhängt.

Durch die moderne Kolonisation hat sich das Gesicht des amerikanischen Gebietes wesentlich geändert und damit auch der Ernährung neue Linien vorgezeichnet. So haben die Vorratshaltung, die Konserven eine besondere Bedeutung erlangt.

In ungeheuer raschem Tempo hat sich der Weizenanbau in Kanada und in USA. ausgebreitet und damit dieses Getreide nicht nur für Amerika in den Vordergrund geschoben, sondern es gleichzeitig auch für zahlreiche andere Länder vorgeschrieben.

Während des *nordamerikanischen Bürgerkrieges 1861—1865* fand eine stark wirksame Blockade der Südstaaten durch die Nordstaaten statt, so daß alle nutzbaren Pflanzen zur Ernährung herangezogen wurden. Der amerikanische Arzt PORCHER in Charleston hat damals ein großes Verzeichnis für Südkarolina und die Nachbarstaaten aufgestellt, das alle sog. „Hungerpflanzen" enthält.

Während der letzten 5 Jahre ist trotz der wirtschaftlichen Depression bei Schulkindern und Arbeitern keine meßbare Verschlechterung des Körpergewichts und des Wachstums gefunden worden. Ebenso wurde auch keine Zunahme von

Hungerödem oder von Krankheiten durch Fehlernährung beobachtet (McLester). 1935 wurden 15 Millionen Unterernährte gezählt. Der Milchverbrauch betrug durchschnittlich 0,75 l.

Auch auf dem Gebiete der Ernährung spiegelt sich die hohe Kultur wieder, die bereits vor Jahrhunderten in *Mittelamerika* bestand. Bei den Altmexikanern fand sich eine tiefergehende Bodenkultur, wie sie auch die schwimmenden Gärten usw. ermöglichte. Schon im Reich des Montezuma war im 15. Jahrhundert die Gründüngung bekannt. Bei den Inkas war die Verwendung von Guano schon lange verbreitet. Die Azteken kannten den Mais als Hauptfrucht. Aus der großen mexikanischen Aloe (Agave) wurde Pulque und Honig hergestellt. Ferner waren Kakao, Banane, Juca, Erdnußsamen, Bohnen, Kürbis, Pfeffer bekannt und oft benutzt. In den Blumengärten wuchsen Küchenkräuter und Früchte. Dabei gab es keinerlei Arbeits- oder Lasttiere. Als Haustiere dienten nur Hunde und gezähmte Truthühner.

Die Indianerstämme im mexikanischen Hochgebirge leben noch heute vorwiegend von Mais, $^9/_{10}$ der Kost werden von ihm bestritten. Hinzu kommen noch täglich in der Nahrung Rüben, Weißkohl, schwarze Bohnen, roher Chilepfeffer.

Die **mittel- und südamerikanischen Waldindianer** ziehen, abgesehen von Speiseverboten, tierische Kost vor. Jedoch ist der Fleischverbrauch verhältnismäßig gering. Die Kartoffel ist in bestimmten Gegenden ein sehr wichtiges Nahrungsmittel.

In **Zentralbrasilien** gewährt die üppige Natur alles zum Lebensunterhalt ohne besondere Arbeitsleistungen.

Verzehrt werden Wildschwein, Affen, Nagetiere, Gürteltiere, Papageien, Schildkröten, Fische, Eidechsen, besonders ihre Eier, und Krokodile, deren Schwänze bevorzugt sind. Auch geröstete, große geflügelte Ameisen sind beliebt. Bananen werden reichlich gegessen, ferner Palmenkohl und Früchte.

Die Zubereitung der Speisen geschieht stellenweise durch den Mann. Fast kann von einer animalischen Männerküche und von einer vegetabilischen Frauenküche gesprochen werden. Suppenfleisch und Fleischbrühe sind unbekannt, nur Backen des Fleisches wird angewandt.

In der Regenzeit sind die Bororó tagelang ohne Nahrung, sie trinken dann viel mit Lehm angerührtes Wasser.

Die Indianer **Nordwestbrasiliens** sichern ihren Lebensunterhalt in erster Linie durch den Fischfang. Die Fische werden zum Teil sofort von den Frauen zubereitet; der größere Teil aber wird auf großen Bratrosten aus frischen Holzstäben über langsamem Feuer konserviert und dient dann an Regentagen als Nahrung. Diese sardinenähnlichen Fische werden nicht geschuppt und nicht ausgenommen, sondern nur mit viel Capsicum gekocht. Für die größeren Fische sind wieder andere Zubereitungsarten üblich (Koch-Grünberg).

Der Feldbau der Indianer Nordwestbrasiliens beschränkt sich im wesentlichen auf den Anbau der Mandioka, die Maiskultur tritt stark zurück. Als Gewürz dient roter Pfeffer, der nach dem Rösten auf den Herdplatten zu Pulver gestoßen und dann mit Salz gemischt wird. Besondere Speisegebräuche werden streng gehalten; so darf das Mädchen bis zur ersten Menstruation nur Beyu, Pfeffer und kleine Fische essen; alle größeren Fische und warmblütigen Tiere sind ihr verboten.

Im Gegensatz hierzu steht die Ernährung der **deutschen Kolonisten im Staate Espirito Santo,** die noch zahlreiche Anklänge an die heutige deutsche Ernährung zeigt. Die Kost der Kolonisten ist zwar recht kräftig, aber eintönig und wenig würzig, nur Sonntags ist das Menü reichhaltiger. Die Mahlzeit vor der Arbeit morgens zwischen 6 und 7 Uhr besteht aus Kaffee mit Brot (vorwiegend Maisbrot) und Butter oder Schmalz. Beim 2. Frühstück kommt außerdem noch hinzu gekochtes oder getrocknetes Fleisch, Eier.

Kaffee ist das Hauptgetränk. Fleisch wird täglich 2—3mal gegessen, besonders Rind-, Schweine- und Geflügelfleisch; im Tiefland Flußfische. Eier, Butter, Käse spielen eine große Rolle. Der Verbrauch von Gemüse wie auch Obst läßt noch viel zu wünschen übrig (WAGEMANN).

Bei den Urwaldindianern in **Ostbolivien** sind die Früchte verschiedener Palmenarten geschätzt, ferner die des Heuschreckenbaumes, die zum Teil im Feuer geröstet werden. Das wichtigste Haustier ist das Lama. Das Fleisch der Herdentiere wird jedoch nur an Festtagen verzehrt.

Alpaccafleisch wird nur gegessen, wenn ein Tier zufällig umkommt. Der Stamm der **Sirono**, die noch heute in erster Linie umherschweifende Jugravölker sind, jagt und verzehrt vor allem Wildschweine, dann die beliebten Gürteltiere, ferner Fischreiher, Schildkröten, Schlangen, Insekten, Würmer, aber keine Frösche.

Der Anbau von Mais, Yucca, Papayabäumen ist unregelmäßig. Genossen werden Maisklöße, auch wilder Honig.

Die Eingeborenen im Grenzgebiet **Bolivien**-Argentinien sind überaus genügsam. Um das Hungergefühl zu übertäuben, kauen sie die Blätter der Cocapflanze. Der Ackerbau ist gering, dagegen werden Schafherden gehalten (HAUTHAL).

Die getrocknete Kartoffel (Chuño) steht im Vordergrund der Ernährung. Von Bedeutung ist die Gärung der gekochten Hülsenfrüchte des Algarrobo.

Auf der Hochebene von **Westbolivien** gibt es keinen Mais, dagegen Kartoffeln, von denen der sehr genügsame Aymara-Indianer, der hauptsächlich vegetarische Nahrung kennt, nur so viel anbaut, als er für sich und seine Familie unbedingt zum Leben benötigt. Sonst wird peruanische Hirse verzehrt.

Beliebt ist eine Suppe aus Kartoffelmehl mit Eiern und Grünzeug (CHAIRU).

Für die Bewohner des Titicacasees spielen natürlich Vogeljagd und Fischfang eine große Rolle.

Auch hier unterliegt die schwarze Frau bestimmten Speisevorschriften (WEGNER).

Auch bei den **Choroti** spielt der Ackerbau nur eine vorübergehende Rolle.

Bei den **Quicuñgua** werden die erlegten Tiere erst angesengt, abgeschabt, gewaschen und in langsam glimmendem Feuer gebraten. Verzehrt werden Feldmäuse, Schlangen, auch Giftschlangen nach Abschneiden des Kopfes, aber keine Kröten und Frösche; ferner Engerlinge, aber nicht die Käfer.

Die Gemüsegärten in der Nähe von Sante Ana werden von Japanern bebaut [WEGENER (2)].

Im **Gran Chaco-Gebiet** werden bestimmte Mahlzeiten von den Männern nicht eingehalten, ist genügend Nahrung vorhanden, so wird auch nachts gegessen. Erdratten wie auch Eidechsen werden mit Eingeweiden und Darminhalt verzehrt. Die Tiere werden ganz ins Feuer gelegt, wobei sie durch die Hitze anschwellen. Dann werden Löcher in den Magen gestochen, damit die Luft entweichen kann. Sonst stehen im Verzehr Fische an erster Stelle, die gleichfalls ausgenommen und geröstet werden. Früchte wie Algarrobo werden gewöhnlich zerklopft und in einer Kalebasse mit Wasser vermengt verzehrt (NORDENSKIÖLD).

Auf den Wanderungen werden getrocknete Fische, Maiskuchen, Klöße aus gekochten Früchten und aus Algarrobomehl mitgenommen und unterwegs verzehrt.

Die Männer im nordöstlichen Chaco essen besonders gern die kleinen meerschweinchenähnlichen Hamster und die Wildschweine. Andere Fleischspeisen werden nur von der Frau verzehrt. Nach Knochen besteht ein starkes Bedürfnis, wie von einem Hund werden sie von den Indianern genagt.

Milch wird nicht genossen.

Noch heute salzen einige Stämme ihre Speisen nicht, jedoch wird viel salzhaltige Erde und Salzwasser in Chaco verwandt. Eßbare wilde Früchte gibt es in Chaco in großen Mengen.

Sehr gern übernehmen die Taschamakoko die Nahrungsmittel der Weißen wie Bohnen, Mais, Maismehl, die harten Dauerbrötchen und Dörrfleisch. Die Zubereitung ist verteilt, die Frau kocht, der Mann brät. Trotz ihres wohlgenährten Aussehens haben sie immer Hunger (BALDUS).

Von den Weißen haben die Taschamakoko ein Getränk, den Mate, übernommen.

Die Jungen der Kaskihá dürfen vor der Heirat nichts vom Strauß essen. Ihr wichtigstes Nahrungsmittel ist die Süßkartoffel.

In **Peru** spielen Mais und Zuckerrohr eine besonders wichtige Rolle. Palmen fehlen dem Lande. An der Küste gibt es einige Knollenpflanzen wie Yucca, Batate. Sonst sind noch zu nennen Erdnuß, Erbsen, Linsen, Bohnen, Kürbisse, Tomaten, Wassermelonen, Kohl, Zwiebeln, Rettich, Sellerie (SIEVERS).

Ottomaken in Südamerika leben fast nur von Fischen und Schildkröten, bei Hochflut verzehren sie 2—3 Monate lang nur Erde; $^3/_4$—$^5/_4$ Pfund pro Tag (HUMBOLDT, R. VIRCHOW).

Argentinien. Der Fleischverbrauch liegt sehr hoch; er beträgt im Jahresdurchschnitt 121 kg. Bei der Berliner Olympiade wünschten die argentinischen Sportler dreimal täglich Fleischgerichte (SCHENK).

Bei den Patagoniern ist Fleisch die Hauptnahrung.

Die Hauptnahrungsquelle der Feuerländer ist das Meer; auch hier ähnelt ihr Wirtschaftsleben dem der Eskimos (GRAEBNER). Ihre Lebenshaltung ist heutzutage dürftig zu nennen.

e) **Australien.**

Es leuchtet ein, daß bei der besonderen Stellung *Australiens* in anthropologischer und ethnographischer Hinsicht dieser Erdteil auch bei der Ernährung Eigenarten aufweist.

Die eingeborenen Australier ziehen tierische Nahrung der pflanzlichen weitaus vor, sie sind aber gezwungen, sich zu einem großen Teil mit der pflanzlichen Nahrung zu begnügen. Üppigkeit ist überhaupt dem australischen Kontinent unbekannt, deshalb wird auch halbverfaultes Fleisch nicht verschmäht. Die Tierwelt Australiens hat aus ihrer Mitte kein einziges Nutztier geliefert, das als Haustier von Bedeutung geworden wäre. Das Land ist vielmehr völlig auf die eingeführten Tiere angewiesen, die in anderen Erdteilen so bedeutungsvoll geworden sind. Ihm fehlen u. a. das Schwein und die Kulturgewächse der Polynesier.

Riesige Nahrungsmengen können von den Eingeborenen fast unbegrenzt aufgenommen werden. Bei gemeinschaftlicher Mahlzeit wird jedoch das Essen so verteilt, daß es für alle gut reicht. Regelmäßige Mahlzeiten sind aber unbekannt. Man ißt, wenn und solange Nahrung vorhanden ist. Für die ungünstige Jahreszeit werden Grassamen gesammelt und oft in Höhlen aufbewahrt, Beeren werden grün gepflückt und dann später künstlich zur Nachreife gebracht. Sonst werden gegessen Känguruhs, Emus, Fische, Schildkröten, dazu verschiedene Maden und an pflanzlichen Produkten Wurzeln, Pandanus, Kokosnüsse und die Früchte des Brotfruchtbaumes (HINTZE).

Die Australier besitzen offenbar wegen des besonders schwierigen Standes ihrer Ernährungsversorgung weit ausgebildete *Speiseverbote*, vor allem für Frauen und Kinder, die auch heute noch gelten, denn Leben und Ernährung sind noch dieselben wie früher. Auch in Nord-Queensland werden die gleichen Ernährungsgewohnheiten beachtet. Gegessen werden Känguruh und die anderen kleinen Beuteltiere, ferner die fliegenden Hunde trotz ihres entsetzlichen Geruchs, Vögel, Eidechsen, der fettreiche Wurm, Schlangen, Käferlarven, Ameisen, Raupen, Schaben. Das Fleisch wird im allgemeinen geröstet und an Stelle des fehlenden Salzes mit salzhaltiger Asche versetzt. Bestimmte Mahlzeiten gibt es nicht, jedoch ist die Kost einem jahreszeitlichen Wechsel unterworfen. Durch Kochen und Wässern werden viele giftige Vegetabilien genießbar gemacht.

Nach den Angaben von Regierungsseite ist das Ernährungsniveau der Weißen in Australien hoch. Der Jahresdurchschnitt des Fleischverbrauches beträgt 92 kg. Jedoch werden zu wenig Milch, wie zu wenig Früchte und Gemüse genossen. Auch bei der Olympiade bevorzugten die australischen Sportler die englische Küche mit 3 Fleischgerichten täglich. Neuerdings wurde in einer Kritik der australischen Ernährungsverhältnisse auf den Phosphormangel hingewiesen (GUTHERIDGE). Das große Problem Australiens ist aber heute die Wasserversorgung, die eine lebenswichtige Frage darstellt und in die Ernährung gefahrdrohend eingreift.

Die Nahrung der **Melanesier** ist reichhaltiger als die der Australier. Schweine, Hunde, Hühner sind besonders beliebt, Eier werden nicht gegessen. Sie essen viermal täglich. Die Mahlzeiten bestehen aus Bananen, Jams, Taro, Sago (vor allem im holländischen Gebiet), Brotfrüchten, Känguruh- und Emufleisch, Fischen, auch Schlangen, Leguanen, Fröschen, Larven verschiedener Insekten, Süßwasserschildkröten werden gerne gegessen. Yams, Taro und Bataten werden direkt im Feuer geröstet, während einige Früchte, Muscheln und Käferlarven roh verzehrt werden. Bei Festessen werden sehr große Mengen Nahrung, besonders Hunde und Schweine vertilgt, bis der Vorrat vollständig aufgezehrt ist, dann treten wieder knappe Zeiten ein. Ein Ackerbau im eigentlichen Sinne existiert nicht; der Fischfang ist dagegen bedeutend entwickelter als in Australien (HINTZE).

Die Wurzelkultur der **Polynesier** zeigt ihre einseitigste Entwicklung in der Tarokultur der Palauinsulaner. Die Polynesier verzehren reichlich Fett und Blut.

Die Nahrung der **Mikronesier** besteht hauptsächlich aus Fischen. Der Ackerbau ist auf den kleinen Inseln nur wenig entwickelt. Gern genossen werden die Früchte der Cocospalme, Taropflanze und des Brotfruchtbaumes, von denen drei Bäume ausreichen, um einen Menschen während seines ganzen Lebens zu ernähren. Auf den Marshallinseln wird aus den Früchten des Pandanus- und Brotfruchtbaumes eine Dauerware hergestellt. Fische, Krebse, Krabben werden reichlich gegessen, Schweine, Hunde, Hühner sind fast ausschließlich für Häuptlinge bestimmt. Kannibalismus ist oft beobachtet worden.

Auch auf den Inseln im **Salomon-Archipel** werden überwiegend Taro- und Süßkartoffeln verzehrt. Bei den Kindern auf Bougainville hat man z. B. viel Geschwüre beobachtet, die durch die dort übliche einseitige Ernährung begünstigt worden seien (H. THURNWALD).

In dieser salzarmen Gegend haben vor allem die älteren Leute ein großes Verlangen nach Salz und genießen es gierig, sobald es einer von ihnen erbeutet. Manche Leute essen selbst eine Handvoll Salz rasch und ohne Zukost auf.

Die Ernährung der **Papuas** in Deutsch-Neu-Guinea besteht vorwiegend aus Vegetabilien, wie Taro, Süßkartoffeln, Yams, Cocosnüssen, Beeren. Wenn sie Fleisch bekommen können, verschaffen sie es sich, jedoch erhalten die Frauen weit weniger Fleisch als die Männer. Fische und Schweine sind in erster Linie zu erwähnen, bei den Festen werden auch die Haushunde verzehrt. Die Speisen werden in Meerwasser gekocht. Das Papuaschwein ist gänzlich entartet und wird neben Hund und Huhn als Haustier ohne jede Fürsorge gehalten. Hühnereier werden nicht gegessen, so daß die Hühner eigentlich nur die beliebten Federn liefern, da auch das Fleisch als zu wenig ergiebig angesehen wird. Während der Reifeweihe der Mädchen, die neun Monate dauert, werden diese nur mit Suppen von dünnem Sagoschleim ernährt und dabei in einer eigens eingebauten Zelle des Wohnhauses abgeschlossen gehalten, zu Beginn der Weihzeit erhalten sie Fleisch von Wildschwein, am Ende solches vom Hausschwein. Abends findet die einzige Mahlzeit gemeinsam innerhalb des Verwandtschaftskreises zu Hause statt, wobei sehr viel gegessen wird. Außer den Haustieren dienen hier als Nahrung Känguruh, Beutelmarder, Mäuse, Ratten, Fledermäuse, fliegende Hunde, Schlangen, Eidechsen, Krokodile, Kröten, Frösche, Krebse, Vögel, Muscheln, Raupen, Käfern, Heuschrecken, Spinnen, Larven. Wahrscheinlich ist bei den Papuas ein Mangel an hochwertigen Eiweiß in der Nahrung. Die Beri-Beri-Erkrankung spielt noch eine gewisse Rolle.

Die Papuafrau kocht sehr sorgfältig bei großer Sauberkeit; wobei auch Kräuter, Blätter von Bäumen und Sträuchern, Schößlinge des Edelbambus und auch Melonen benutzt werden. Im Bambusrohr wird ein Kraut gedämpft, dessen Brühe dann als Krankenkost dient.

Der Melonenbaum hat sich seit wenigen Jahrzehnten rasch verbreitet und liefert ein beträchtliches Nahrungsmittel. Recht beliebt sind Kuchen, z. B. aus Taro und Cocosnüssen. Überall im Kaiser Wilhelms-Land wird Erde gegessen. Das Flüssigkeitsbedürfnis ist sehr gering (NEUHAUSS).

Bei den **Kaileuten** ist das Salz außerordentlich beliebt und begehrt. Früher zogen sie zum Meer, tranken sich ordentlich satt und schleppten in Bambus-röhren und Kürbisflaschen noch möglichst viel Meerwasser mit, durchtränkten sogar Holzklötze mit dem Wasser und nahmen sie mit.

Bei verhältnismäßig hoher Durchschnittsbildung und ausgeglichenen sozialen Verhältnissen weist die vornehmlich britische Bevölkerung **Neuseelands** seit Jahren die geringsten internationalen Sterbeziffern von 8,0—8,5% auf (DOR-NEDDEN). Es werden 19mal soviel Butter und 7,6mal soviel Fleisch als in Italien verbraucht. Der jährliche Durchschnittsverbrauch an Fleisch beträgt 104 kg.

Auf der **Hawaii-Insel** dienen vor allem Schweine, Hunde, Hühner der Er-nährung. Hier ist allerdings auch auf die Ananas hinzuweisen.

Auf der **Osterinsel** werden folgende Nahrungsmittel hauptsächlich verzehrt: Bataten, Yams, Araunwurzeln, Zuckerrohr. Von Tieren gibt es kleine magere Hühner, Schweine fehlen.

Tahiti nennt die Brotfrüchte als Hauptnahrungsmittel. Daneben wird Schweinefleisch gegessen.

In **Neu-Kaledonien** liefert das Meer die tierische Nahrung, da es weder Hunde noch Schweine gab. Als Leckerbissen zählt die Spinne, ein dicker Holz-wurm. Sonst ist die Verwendung der Taro, Yams üblich.

Auch auf den **Fidschi-Inseln** finden sich ähnliche Verhältnisse. Tier- und Pflanzenwelt sind wie in der übrigen Südsee beschränkt. Brotfrucht und Taro gelten als Hauptnahrungspflanzen. Von Tieren werden Schweine, Hunde, Hühner, Enten verzehrt, ferner noch Fische, Krabben und Holzlarven.

f) Polargebiete.

Infolge der ähnlichen klimatischen Verhältnisse zeigt die Ernährung in den Polargebieten keine weitgehenden Unterschiede, so daß die Polarländer hier im Zusammenhang getrennt von den Erdteilen, zu denen sie eigentlich räumlich gehören, geschildert werden können.

Die Hauptnahrung der **Eskimos** ist tierischer Natur. Da ihnen nur wenig Kohlehydrate zur Verfügung stehen und sie schon infolge der besonderen klima-tischen Verhältnisse einen sehr großen Wärmebedarf haben, wird sehr viel

Fett gegessen, nicht fettes Fleisch daher abgelehnt. Im ganzen Polargebiet kommt mit dem kalten dunklen Winter die schwere Zeit in der Nahrungsversorgung dieser Völker. Hierin wird auch wohl der Grund zu suchen sein, daß in den günstigeren Jahreszeiten so viel gegessen wird wie nur irgendmöglich und im Winter das Fasten gut ausgehalten wird [NANSEN (1)]. Ein freiwilliges Fasten aus religiösen Gründen ist ihnen daher völlig fremd. Es ist oft berichtet worden, daß die amerikanischen Eskimos bei einer Mahlzeit pro Kopf 15 Pfund Lachs vertilgen (I. ROOS). Die Grönlandeskimos verzehren pro Tag bis zu 4 kg Fleisch, mithin bis zu 600 g Eiweiß. Im allgemeinen wird der Tagesdurchschnitt mit 1—2,5 kg Fleisch angegeben. Auch die Eskimofrauen lieben es viel zu essen. Bestimmte Mahlzeiten kennt dabei der Grönländer im allgemeinen nicht; er ißt, wenn er Hunger verspürt. Auf der Jagd wird wenig gegessen, höchstens etwas Blut oder Fleisch der erlegten Tiere; abends werden dann aber große Nahrungsmengen verschlungen. Die Kochkunst in Grönland ist einfach. Fleisch und Fisch werden roh, gefroren, gekocht oder gedörrt verzehrt, oft nach Fäulnis- oder Gärungsprozeß. Der Speck vom Seehund und Walfisch wird roh am liebsten gegessen. An pflanzlicher Kost sind beliebt Kompotte von Engelwurz und Tran. Die sauere Gärung ist überhaupt bei den Polarvölkern beliebt. Nach STEFFANSON wird bei kanadischen Eskimos vegetarische Nahrung gar nicht oder fast gar nicht aufgenommen. In anderen Gegenden (Benkland) sollen Wurzeln und Beeren nur in Hungerzeiten genossen werden, und am Coronationsgolf sollen die dort wachsenden Beeren (Lachsbeeren, Sumpfbrombeeren) gleichfalls nicht benutzt werden, wogegen in Alaska die in großen Mengen gesammelten Beeren in Seehundsfett eingekocht werden. Als Nahrung dienen Walfisch, Seehund, Fische, Renntiere, Hasen, Bären, sogar Hunde, Füchse, Vögel außer den Raben, Polarochsen, Bergschafe, Murmeltier, Vielfraß, Ziesel, Wolf, Gänse usw., Larven der Renntierfliege. Das Blut der Tiere wird gern zu Suppen verwandt. Aus den zertrümmerten Knochen wird noch durch langes Kochen das Fett herausgezogen. Bevorzugt werden Seevögel vor Schneehühnern, Eier, angefaulte Seehundsköpfe ohne Zubereitung, sowie die Haut des Walfisches, besonders von Weißfisch, Potwal, Heilbutt, Seehund. Renntiermagen mit Inhalt und Gedärme der Schneehühner sind ausgesprochene Leckerbissen (HINTZE).

Gegen heiße Speisen besteht eine Abneigung. Im Sommer werden mehr warme Speisen genossen als im Winter, da dann der Brennstoff fehlt. Die Itälmen essen alles kalt. Einige Inlandstämme leben völlig unabhängig vom Meer, ohne Seefische. Alle Eskimos trinken außerordentliche Mengen von Wasser, die Lagerplätze werden stets in der Nähe eines Flusses aufgeschlagen.

Auch bei den anderen kleineren Stämmen der Polargebiete finden sich ähnliche Ernährungsverhältnisse. Bevorzugt werden tierische Nahrungsmittel, wie sie Land und Meer ihnen bieten. Daneben werden aber auch Vegetabilien verzehrt. Die Tschuktschen wie die Koräken nehmen auf den Wanderungen Weidenzweige als Gemüse mit, und der Renntiermageninhalt stellt gleichfalls ein gemischtes Gemüse dar. Die nordostasiatischen Eskimos (Küstenschuktschen) verwenden in ihrer Ernährung 23 Pflanzen, darunter eine Alge. Die Ernährungshygiene spielt keine Rolle bei der unsauberen Zubereitung.

Die **Jukaqiren** lehnten Brot und Mehl der Russen stets ab.

Die **Tungusen** verzehren die Tiere ihrer Herde nur, wenn sie krank oder verendet waren. Sonst dienen bei ihnen rohe und aufgekochte Renntiermilch, Tee mit Milch und Butter, saure Milch und Fische als Hauptnahrungsmittel. Gejagt werden Rehe, Hirsche, Wölfe, Bären, Moschustiere, Murmeltiere, Eichhörnchen. Der ganze Magen-Darmkanalinhalt vom Renntier wird zu einer Art Grütze verarbeitet; Vegetabilien liefern ihnen die Preißelbeeren, Beeren des

Faulbaumes, letztere werden mit Renntiermilch angerührt eingefroren gegessen (F. MÜLLER). Bei einer Mahlzeit sollen die Tungusen bis zu 4 kg Fleisch verzehren. Brot kennen sie gleichfalls nicht.

Bei den **Samojeden** wird die Renntiermilch abgelehnt, dagegen reichlich Fische verzehrt. Die Haltbarmachung geschieht durch Trocknen an der Luft, schwache Räucherung oder mit Fett oder Fischtran.

Bei den **Lappen** wurde die innere Rinde der Fichten abgeschält und in der Wohnung getrocknet. Der Genuß des Rindenbastes ist dort auch heute noch besonders in Notzeiten nicht ungewöhnlich, wie übrigens auch im nördlichen Rußland und Skandinavien.

Die **Lappen** sammeln Sauerampfer, den sie in Milch zum Winter aufbewahren. Renntiermilch wird jetzt nicht mehr verzehrt, auch die Eingeweide werden nur noch teilweise zur Ernährung herangezogen, ebenso Kartoffeln. Kaffee wird in großen Mengen getrunken. Brot ist unbekannt.

Schrifttum.

III. Ernährung bei den verschiedenen Völkern der Erde.

AYKROYD, W. R. and B. G. KRISHNAN: Indian J. med. Res. **25**, 1 (1937).

BAELZ, E.: Über die Rassenelemente in Ostasien. Tokyo 1900. — BALDUS, H.: Indianerstudien im nordöstlichen Chaco. Forschungen zur Völkerpsychologie und -soziologie, Bd. XI. Leipzig 1931. — BASLER, A.: Über die Ernährung und die wichtigsten Nahrungsmittel in China. Canton 1932. — BAUR, FISCHER u. LANGE: Menschliche Erblichkeitslehre. — BERG, R. u. M. VOGEL: Die Grundlagen einer richtigen Ernährung. 7. Aufl. Dresden 1930. — BICKEL, A.: Ernährung der olympischen Kämpfer. Leipzig 1938. — BIRKNER, F.: Die Rassen und Völker der Menschheit. München u. Wien 1924. — BÖKER: Einführung in die vergleichende biologische Anatomie, Bd. II. Jena 1938. — BÖKER, H.: Intern. Rev. Agricult. **28**, 281 E. (1937). — BRANDEIS, A.: Kochbuch für die Tropen. Berlin 1907. — BUSCHMANN, J. v.: Das Salz. Leipzig 1909. — BUSSE, P. u. GRAWITZ: Med. Welt **1936**, 1656.

CAMIS, MORIO: Rom, Reale Accad. d'Italia, Bd. 1. 1936. — CARIUS, W.: Z. Rassenkde 5, 20 (1937). — CARRISON, R. MC: Trans. far-east. Assoc. trop. Med. Hong-Kong **3**, 322 (1929). — CIPRIANI, L.: Z. Rassenkde 4, 124 (1936). — CONCEPCION, J.: Philippine J. Sci. **62**, 89 (1932).

DASSLER, H.; Internat. Agrarrundschau **1938**, S. 12. — DECKEN, H. v. D.: Vjh. Wirtsch.-forsch. **12**, 177 (1938). — DORNEDDEN, H.: Neuseeland als Vorbild. Arb. Reichsgesdh.amt **70**, H. 4. — DURIG, A.: (1) Ernährungsprobleme. Almanach für das Jahr 1929 (Akad. d. Wiss. Wien). Wien 1929. — (2) Zum Ernährungsproblem Österreichs. Wien 1920.

ERTEL, H.: Ernähr. 4, Nr. 2 (1939).

FALLER, E.: Ich war der Koch des Negus. Bern u. Stuttgart 1937. — FISCHER, O.: Arch. Schiffs- u. Tropenhyg. **41**, 4 (1937). — FLÖSSNER, O.: Rassenphysiologie (Rasse und Krankheit). München 1937. — Fox, F. W.: Diet and Health in South Africa. Kapstadt 1935. — FRANZ, W.: Arch. Schiffs- u. Tropenhyg. **41**, 359, 399, 446 (1937). — FRIEBERGER, K.: Die österreichischen Ernährungsvorschriften. Wien 1917.

GEISLER, W.: Australien und Ozeanien, 3. Aufl. Leipzig 1930. — GLASENAPP, H. v.: Z. Rassenkde **6**, 307 (1937). — GRADMANN, R.: Der Getreidebau im deutschen und römischen Altertum. Jena 1909. — GRAEBNER, F.: Ethnologie. Kultur und Gegenwart, Bd. III/5, S. 437. Leipzig u. Berlin 1923. — GUTTERIDJE, N. M.: Med. J. Austral. **23** I, 58 (1936).

HÄPKE, R.: Schmollers Jb. **45**, 2, 203 (1921). — HAUER, A: Ärztlicher Berater für Übersee und Tropen. Berlin 1936. — HAUTHAL, R.: Reisen in Bolivien und Peru. Leipzig 1911. — HEIBERG, P.: Skand. Arch. Physiol. (Berl. u. Lpz.) **59**, 295 (1930). — HEIDUSCHKA: Öle und Fette in der Ernährung. Berlin 1923. — HEISER, V.: Eines Arztes Weltfahrt. Stuttgart u. Berlin 1938. — HINTZE: Geschichte und Geographie der Ernährung. Leipzig 1937. — HOERNES, M.: Prähistorische Archäologie. Kultur und Gegenwart, Bd. III/5, S. 339. Leipzig u. Berlin 1923. — HOUBEN, H. H.: Der Ruf des Nordens. Berlin 1927. — HULTGREN, E. O. u. E. LANDERGREN: Stockholm Tryckt I, Central-Tryckeriet 1891. — HUPPENBAUER, C.: Buschdoktor. Tübingen 1937.

IVANIĆ, ST. Z.: Z. Ges.geb. d. sog. Med. (Belgrad) **1938**, 119.

JENTSCH, W. H.: Die Lebensmittelversorgung der Stadt Lille während des Krieges. Beitr. Kriegswirtsch. **64** (1919).

KANDT, R.: Caput Nili, 2. Aufl. Berlin 1905. — KELLNER u. MORI: Z. Biol. 25, 102 (1889). — KNIPPING, W. H.: Arch. Schiffs- u. Tropenhyg. 27, 169, 404 (1923). — KOCH, TH. u. GRÜNBERG: Zwei Jahre unter den Indianern. Berlin 1909 u. 1910. — KÖHLER, H.: Internat. Agrarrundschau 12 (1938). — KRUSE, W.: Die Deutschen und ihre Nachbarvölker. Leipzig 1929.

LAJTHA, E.: Japan. Gestern, Heute, Morgen. 1936. — LECHLER, J.: 5000 Jahre Deutschland. Leipzig 1937.

MAYERHOFER, E. u. C. PIRQUET: Lexikon der Ernährungskunde. Wien, Leipzig u. München 1923. — MAGRINI, L.: China von heute und gestern. Tübingen 1934. — MANSFELD, A.: (1) Urwalddokumente. Berlin 1908. — (2) Westafrika. Berlin 1924. — McLESTER, M.: J. amer. med. Assoc. 106, 22 (1936). — MEULEMANS, O. and J. H. DE HAAS: Indian J. Petriar. 3, 1933 (1930). — MEYER, H.: Die Barundi. Leipzig 1916. — MJÖBERG, E.: Arch. f. Anthrop. 20, 108 (1925). — MORI, RINTARO: Japan und seine Gesundheitspflege. Tokyo 1911. — MÜLLER, F.: Unter Tungusen und Jakuten. Leipzig 1882.

NANSEN, FR.: (1) Eskimoleben. Leipzig u. Berlin 1903. — (2) Durch den Kaukasus zur Wolga. 1930. — NEUHAUSS, R.: Deutsch-Neu-Guinea, 3 Bde. Berlin 1911. — NOCHT, B.: Tropenhygiene. Leipzig 1908. — NORDENSKIÖLD, E.: Indianerleben in Gran Chaco. Berlin 1925.

OBERLÄNDER, TH.: Die agrarische Überbevölkerung Polens. Berlin 1935.

PASSARGE, S.: Geographische Völkerkunde, Bd. 1. Frankfurt a. M. 1934. — PATNAIK, M.: Indian J. med. Res. 22, 249 (1934). — PÖCH, R.: Arch. Rassenbiol. 5, 46 (1908). — POTEL, PIERRE: La Qualité des Blés et son Amélioration. Vol. 12. Paris 1937. — POURTALÈS, GUY DE: Lebewohl Europa. — PREUSS, K. TH.: Lehrbuch der Völkerkunde. Stuttgart 1937. — PROELL, F. W.: Klima und Zivilisation in ihrer Auswirkung auf Körper und Zähne. Berlin 1934.

RATZEL, FR.: Völkerkunde, 2. Aufl., Bd. I, II, III. Leipzig u. Wien 1894—1912. — RECKING, R.: Ein Kaiserreich auf Aktien. Berlin 1936. — RODENWALDT, E.: Tropenhygiene. Stuttgart 1938. — ROOS, A.: Die Zahnkaries der Gomserkinder. Zürich 1937. — RUBNER, M.: Die Welternährung in Vergangenheit, Gegenwart und Zukunft. Sitzgsber. preuß. Akad. Wiss., Physik.-math. Kl. 15 (1928). — RUGE, R., P. MÜHLENS u. M. ZUR VERTH: Krankheiten und Hygiene der warmen Länder, 4. Aufl. Leipzig 1938.

SABATINI, A.: Z. Rassenkde 3, 253 (1936). — SAIKI, T.: (1) Report on present condition of rural nitrition in Japan. Conference on rural Hygiene in the Far East. Bandoeng 1937. — (2) Practical application of „Each meal perfect" theory in Japan. Tokio 1937. — SCHEBESTA, P.: Z. Rassenkde 5, 113 (1937). — SCHMIDT, M.: Indianerstudien in Zentralbrasilien. Berlin 1905. — SCHNEIDER, S.: Die Erzeugung und der Verbrauch von Nährwerten in der Schweiz. Diss. Bern 1917. — SCHOTTKY, J.: Rasse und Krankheit. München 1937. — SCHRÖDER, FR.: Ernähr. 3, 245, 251 (1938). — SCHURTZ, H.: Urgeschichte der Kultur. Leipzig u. Wien 1900. — SEIDMANN, M.: Der Wendepunkt, Bd. 16, S. 94 (1939). — SIEVERS, W.: Reisen in Peru und Ecuador. München u. Leipzig 1914. — SPRINGER: Die Salzversorgung usw. 1918. — STEINEN, K. V. D.: Unter den Naturvölkern Zentralbrasiliens. Berlin 1894. — STEUDEL, E.: Arch. Schiffs- u. Tropenhyg. 30, 1 (1926). — SUGIMOTO, ETSU J.: Eine Tochter der Samurai. Berlin 1935. — SUNDSTRÖM, S.: Untersuchungen über die Ernährung der Landbevölkerung in Finnland. Helsingfors 1908. — SZABÓ, N.: Internat. Agrarrundschau 12 (1938).

TAKAKI, T.: Die hygienischen Verhältnisse der Insel Formosa. Dresden 1911. — TANIGUTI: Arb. ksl. jap. mil.ärztl. Lehranst. Tokyo 1 (1892). — TAUTE, M.: Arch. Schiffs- u. Tropenhyg. 23, 523 (1919). — THURNWALD, H.: Menschen der Südsee. Stuttgart 1937. — THURNWALD, R.: Die Gemeinde der Banáro. Stuttgart 1921.

VIRCHOW, R.: Über Nahrungs- und Genußmittel. Berlin 1868. — VOIT, C.: Physiologie des allgemeinen Stoffwechsels und der Ernährung. Handbuch der Physiologie, Bd. 6, 1. Teil. Leipzig 1881. — VOLDAN, ST.: Wendepunkt, Bd. XVI, S. 26. 1938.

WAGEMANN, E.: Die deutschen Kolonisten im brasilianischen Staat. München u. Leipzig 1915. — WECK, W.: Heilkunde und Volkskunde auf Bali. Stuttgart 1937. — WEGENER, R. N.: (1) Zum Sonnentor durch altes Indianerland. Darmstadt 1931. — (2) Indianer-Rassen und vergangene Kulturen. Stuttgart 1934. — WEISS, H.: Landware 1936, Nr. 201. — WERNER, H.: Arch. Schiffs- u. Tropenhyg. 41, 22 (1937). — WIDDOWSON, E. N. and R. A. McCANCE: J. of Hyg. 36, 269, 293 (1936). — WOYTINSKY, WL.: Die Welt in Zahlen. Berlin 1926.

ZEISS, H. u. E. RODENWALDT: Einführung in die Hygiene und Seuchenlehre, 2. Aufl. Stuttgart 1938. — ZELENIN, D.: Grundriß der slawischen Philologie und Kulturgeschichte. Leipzig u. Berlin 1927. — ZIEMANN, H.: (1) Arch. Schiffs- u. Tropenhyg. 41, 695, 755 (1937). — (2) Ernähr. 3, 221 (1938).

D. Gesundheitliche Ernährungslenkung.

Von **FRANZ G. M. WIRZ**, München.

Mitglied des Sachverständigenbeirates für Volksgesundheit bei der Reichsleitung der NSDAP.

I. Umweltänderung und Ernährung.

Die Umwelt des Menschen hat sich seit Jahrtausenden und Aberjahrtausenden nicht allein durch Einflüsse des Kosmos, d. h. also von menschlichem Können und Wollen gänzlich unabhängig, stetig verändert, sondern sie hat auch in vielem ein anderes Antlitz durch Eingriffe des Menschen selbst in die Natur erhalten. Hinsichtlich ihrer Endwirkung waren diese Eingriffe zum Teil gewollt und zum anderen Teil sicher ungewollt. Gewohnt, die gewollten Eingriffe stets als segensreichen Kulturfortschritt gepriesen oder sie gar als Beweise für eine „Beherrschung der Natur" durch den modernen Menschen angeführt zu sehen, dürfte es immerhin nützlich sein, sich auch die Kehrseiten solcher Eingriffe eindringlich vor Augen zu führen. Die durch Raubbau der Ackerbautechnik in USA. in den letzten Jahren zustande gekommene Steppe, deren weitere ungehemmte Entwicklung eine amerikanische Wüste erzeugen würde, gibt hierfür ein warnendes Beispiel ab. Daß auch Europa unter Umständen mit eben solchen Möglichkeiten zu rechnen haben dürfte, hat A. SEIFERT glaubwürdig gemacht.

Mit der Umweltveränderung durch alle Zeiten der Menschheitsgeschichte hindurch hat sich verständlicherweise die Einstellung des Menschen zu seiner Umwelt, zur Natur und den Naturgewalten im ganzen wesentlich verändert. Von der primitivsten Naturgläubigkeit führt der Weg über das Bestreben, sich die Natur zum eigenen Vorteil weitgehendst nutzbar zu machen, nicht nur oft zu einer Mißachtung von bekannten oder häufiger noch unbekannten Naturgesetzen, sondern vor allem zu dem gefährlichen Glauben der sog. Aufklärungszeit, sich selbst mehr und mehr unabhängig von der unmittelbaren Umwelt machen zu können und die Natur gewissermaßen nur als Ausbeutungsobjekt für sich als den „Herrscher Mensch" betrachten zu dürfen. Es möge der Philosophie überlassen bleiben, zwischen jener frühzeitlichen primitiven Naturgläubigkeit, die man heute noch bei wirklichen Naturvölkern Innerafrikas oder Brasiliens antreffen kann, und dem Atheismus der Natur gegenüber, den der zivilisierte Durchschnittsmensch des heutigen Zeitalters zumeist zu eigen hat, zu rechten.

Für die *Ernährungswissenschaft* ist es jedoch notwendig, sich vor Augen zu halten, welchen außerordentlichen Einfluß diese *Veränderung im Verhältnis Mensch zu Umwelt* auf die Art der Ernährung genommen hat. Es kann hier schon vorweg genommen werden, daß kein Ereignis seit der Vorgeschichte eine derart einschneidende und entscheidende Ernährungswandlung verursacht hat wie eben jene Änderung im Verhältnis Mensch zur Umwelt.

Die Ernährung war ursprünglich einer rein natürlichen Entwicklungslinie gefolgt. Anbauen statt Sammeln, Züchten statt Jagen gehört ebenso in diese natürliche Entwicklungslinie der Ernährung wie die Anpassung an Klimaänderungen jeglichen Ausmaßes. Desgleichen kann man die Einführung der

Kartoffel und der Sojabohne, die Züchtung der Süßlupine u. dgl. m., für die menschliche Ernährung in Europa der naturgegebenen Entwicklungslinie auf dem Gebiete der Ernährung zurechnen.

Hiervon sind grundsätzlich alle jene Ernährungsänderungen zu unterscheiden und jener natürlichen Entwicklungslinie gegenüberzustellen, welche unmittelbar auf die veränderte Einstellung des Menschen zur Umwelt zurückgeführt werden müssen. Gleichgültig ist es dabei, ob sich die Einstellung des Menschen zu seiner Umwelt auf seelischem oder geistigem, religiösem oder wirtschaftlichem, auf technischem oder allgemein kulturellem Gebiet geändert hat. Da der Mensch auf all diesen Gebieten seine eigene Entwicklung mit Bewußtsein vorantreibt — oder es zum mindesten vermeint — so greift er tatsächlich lenkend ein. So muß rückschauend festgestellt werden, daß es auch auf dem Gebiete der Ernährung von jeher eine mehr oder weniger wirksame, eine mehr oder weniger ausgeprägte *Ernährungslenkung* gegeben hat. Allerdings hat sich die Wissenschaft auf dem Gebiete der Ernährung mit diesem Problem noch kaum befaßt. Wenn dies im Rahmen dieses Lehrbuches hier erstmalig geschehen soll, so kann es natürlich nur einen Versuch in großer Übersicht bedeuten. Die Ernährungswissenschaft muß sich in Zukunft jedoch mit dem Problem der *Ernährungslenkung* sehr eingehend beschäftigen, schon weil dies der einzig gegebene Weg ist, *Erkenntnisse der Erfahrung aus der Geschichte und der Wissenschaft für die Menschheit nutzbar zu machen.*

Nicht nur in Deutschland, sondern auch in zahlreichen anderen Ländern wie Italien, Japan, England bildet sich in der letzten Zeit teils bewußt, teils unbewußt eine ganz bestimmte Form der Ernährungslenkung heran, die auch von den Bestrebungen des Völkerbundes auf diesem Gebiete weitgehendst gefördert wird; diese hat das *Ziel*, die Ernährung der Völker gesünder zu gestalten, d. h. einerseits *Krankheiten vorzubeugen und* andererseits *Gesundheit und Leistungsfähigkeit zu heben. Die gesundheitliche Ernährungslenkung ist daher das Zeichen unserer Zeit.* Welch ungeheuren Fortschritt dies gegenüber früheren Zeiten bedeutet, kann man aber nur erkennen, wenn man sich einmal darüber klar wird, in welcher Weise in früheren Zeiten die Ernährung gelenkt worden ist. Aber nicht nur dieser Erkenntnis wegen ist es nötig, sich mit den vergangenen Formen der Ernährungslenkung zu beschäftigen, sondern weil die Beschäftigung damit für die praktische Gestaltung der neuen Ernährungslenkung ebenso wertvoll ist wie das Studium der Strategie vergangener Kriege für den strategischen Plan eines neuen Krieges.

II. Verschiedene Formen der Ernährungslenkung.

Der *gläubig naturgebundene Mensch* hat zu allen Zeiten und überall auf der Welt ein völlig anderes Verhältnis, eine seelisch und geistig viel tiefer verwurzelte Einstellung zur Ernährung, und zwar nicht nur zum Essen und Trinken, sondern auch zum Ackerbau, wie zur Jagd und zur sonstigen Lebensmittelerzeugung und Lebensmittelversorgung gehabt und hat dies noch, als es heute dem zivilisierten Menschen, dem eine gläubige Naturverbundenheit in den meisten Fällen abgeht, zu eigen ist. Für den Durchschnitt aller zivilisierten Menschen unserer Zeit ist die Ernährung nichts weiter als eine rein materiale Angelegenheit; sie ist eines jeglichen seelischen oder geistigen Beiwerkes beraubt, wenn man von den Geschmacks- und Genußbelangen, soweit diese die körperliche und materielle Sphäre überschreiten, absieht.

Natürlich gibt es bei dieser materiellen Einstellung zur Ernährung Abstufungen. Diese sind zum Teil kulturell bedingt. Man stößt auf Gewohnheiten und Sitten beim Essen und Trinken, deren Form wohltuend kultiviert ist oder man kann der Auswahl der Zusammenstellung, der Herkunft und der Zubereitung des Essens und der Getränke ebenfalls bestätigen, daß sie gewissermaßen Kultur verraten, und man kann schließlich feststellen, daß diese oder jene Esser und Trinker nicht nur mit dem Magen, sondern auch mit dem Gemüt beteiligt sind. Alles das hat aber beileibe nichts mit jener tief inneren Einstellung zur Ernährung zu tun, von der eben gesprochen wurde.

Ob man griechische Vasenbilder als Zeugen betrachtet oder assyrische Grabbilder oder ägyptische Granitzeichnungen, ob man germanische Vorgeschichtsbefunde wertet oder die etnographische Ausbeute der Gebräuche gänzlich wilder, von der Zivilisation noch nicht berührten Völkerstämme, aus allen diesen und vielen anderen Befunden geht unzweifelhaft hervor, daß die Ernährung und alles, was mit ihrer Erzeugung und mit ihrem Aufbringen zusammengehört, zum *Kult des gläubig naturverbundenen Menschen* gehört. Für ihn, der sicherlich unwissender und ohnmächtiger ist wie ein Mensch der Zivilisation, der sich aber gerade deshalb vielleicht tiefer in seine ganze Umwelt versenkt fühlt, bedeuten die Gestirne wie die Naturgewalten wesentlich mehr als für den modernen Zivilisationsmenschen. Die *Ernährung* bedeutet für jenen *Nutzbarmachung anderer Lebewesen*, Pflanzen und Tiere, *für das eigene Leben;* sie bedeutet die innigste Verbindung mit den Mächten der Umwelt; sie bedeutet die gleiche Unmittelbarkeit, den zum Beispiel ein Baum mit dem Boden hat.

Der naturgläubige Mensch versteht, daß er sein eigenes Leben durch das Leben anderer Lebewesen erhalten kann und daß er sich Leben der Umwelt einverleibt, um selbst leben zu können; er ist sich dessen zu tiefst bewußt. Diesem Bewußtsein entspringt Glaube und Dankbarkeit wie Stolz und Beherrschungswille der Umweltnatur gegenüber, soweit sie durch Ernährung das Leben gewährleistet. Denkt man an die Rolle, welche *der Apfel im Götterglauben* der alten Griechen wie in den Mythen der Germanen spielt, so versteht man, daß die *Nahrungsaufnahme* für jene Menschen nicht nur eine *Angelegenheit* des Körpers, sondern auch *der Seele* war. Es war natürlich und folgerichtig, daß diese Bindung dann auch im Übersinnlichen verankert wurde und hier ihren Ausdruck erhielt; so fanden sich *Ernährung und Götteropfer in kultischen Handlungen* zusammen. Aber nicht nur die Nahrungsaufnahme, sondern auch die Nahrungserzeugung, vornehmlich der Getreideanbau war aufs engste mit Glaubensvorstellungen verbunden und gab diesen Inhalt und Gestalt. Daß sich auf Grund dieser tief verwurzelten Einstellung bestimmte Zweckmäßigkeiten und Gewohnheiten bei der Feldbestellung wie bei der sonstigen Nahrungserzeugung, erst recht aber bei der Nahrungsaufnahme, zu sich immer mehr verankernden Bräuchen und schließlich zu kultischen Gesetzen formten, ist nach alledem ebensowenig verwunderlich, wie daß die Nahrungsaufnahme zu einer gemeinsamen Angelegenheit und zu einer feierlichen Handlung wurde. Das *religiöse Sinnbild des Brotbrechens* erhält dadurch ebenfalls seine Deutung: Brot als das Sinnbild höchsten Lebens, als Verkörperung des göttlichen Leibes. Diese tiefste Verankerung von allem Wissen und Tun um die Ernährung im Kultischen und Religiösen, sowie die darauf sich gründenden Bräuche und Gesetze, bedeuteten für jene Menschen zeitlich und geschichtlich gesehen wohl die erste allein vom Menschen ausgehende Ernährungslenkung, wenn wir vom primitiven Naturtrieb und Instinkt, die den Menschen die Nahrung suchen ließen, absehen. Diese Form der Ernährungslenkung ist jedoch nicht aus der Welt verschwunden, sondern wir treffen sie heute noch bei abgeschiedenen Naturstämmen. Der Glaube an gute und böse Nahrungsgeister legt allein schon hiervon Zeugnis ab.

Eine andere, spätere Form der Ernährungslenkung, die vielleicht zu einem Teil jener, die eben beschrieben wurde, entstammt, finden wir in den Vorschriften und Gesetzen verschiedener Religionen. Sie betreffen einerseits das Fasten, das innere Reinigen von Körper und Seele, und sie beziehen sich andererseits auf Verbote bestimmter vor allem tierischer Nahrungsmittel. Es ist an dieser Stelle müßig zu untersuchen, ob es sich hierbei nicht schon um die ersten Vorläufer einer bewußten *hygienischen Ernährungslenkung* handelt; es genügt anzuerkennen, daß derartige Verbote zweifellos eine hygienische Bedeutung zur Folge hatten. Noch bis in die jetzige Zeit hinein hat diese Form der Ernährungslenkung vielfach ihren Einfluß beibehalten.

Inzwischen aber war mehr und mehr eine Art der Ernährungslenkung in den Vordergrund gerückt und beherrschte den Erzeuger wie den Verbraucher, die man die „*reale*" *Ernährungslenkung* nennen könnte. Losgelöst von kultischen Vorstellungen, zu aufgeklärt, um noch an seelische und geistige Bindungen zwischen dem Lebewesen Mensch und den diesen zur Nahrung dienenden Lebewesen Pflanze und Tier glauben zu können, wurde die Nahrungsmittelerzeugung auf die realen Möglichkeiten von Boden und Klima, von Jagd und Zucht usw. abgestellt, und es wurde die Ernährung nach ihren realen Werten für den Menschen hinsichtlich Aufbau und Wachstum und als Kraft- und Energiespender usw. bemessen. Diese Form der Ernährungslenkung hatte immerhin den Vorteil, daß sie sich auf Wissen und Empirie stützte und rationell war.

Im Verlauf des letzten Jahrhunderts gelangte eine ganz neue Art von Ernährungslenkung zur fast absoluten Herrschaft, nämlich *die wirtschaftliche Ernährungslenkung*. Die allgemeine kulturelle Entwicklung des letzten Jahrhunderts hatte auf vielen Gebieten des Lebens zu einem Bruch mit der Vergangenheit geführt. Vergegenwärtigt man sich die Folgen des Aufschwungs der Technik, des Aufbaues eines Verkehrswesens mit Eisenbahn, Fahrrad, Automobil und Flugzeug, der ungeheuren Industrialisierung mit Mechanisierung zahlloser bis dahin von Menschenhand betriebener Maschinen, Werkzeuge und Arbeitsgeräte und bedenkt man die Auswirkungen der gleichzeitig sich zu ungeahnten Möglichkeiten entwickelnden Fortschritte der Naturwissenschaften, vor allem der Physik und Chemie, so wird verständlich, daß nicht nur die gesamte *soziale Struktur* der an dieser Entwicklung anteilhabenden *Völker verändert* und das *Verhältnis zwischen Stadt- und Landbevölkerung* geradezu auf den Kopf gestellt wurde, sondern daß auch die enge Bindung des einzelnen Menschen an seine Umwelt gelöst und Landesgrenzen ihre alte einschränkende Bedeutung verloren. Auf das Ernährungsgebiet haben bei dieser Entwicklung insbesondere die *Verstädterung*, die *soziale Umschichtung des Volkes*, die Entstehung einer *Lebensmittelindustrie*, die Vorherrschaft von *Handel und Wirtschaft* und schließlich der *Welthandel* in umwälzender Weise eingewirkt. Die Verstädterung machte aus Millionen und Abermillionen Selbsterzeugern von Nahrungsmitteln Nahrungsmittelkäufer. Die soziale Umschichtung des Volkes schuf hierbei eine Käuferschicht, bei welcher die Lohnhöhe maßgeblich über die Auswahl der Lebensmittel entschied. Die notwendigerweise entstandene Lebensmittelindustrie beeinflußte die Art der Ernährung nach ihren industriellen Gesichtspunkten. Die zur übermäßigen Vorherrschaft gelangte Wirtschaft regelte Lebensmittelbezug und Lebensmittelverkehr nach ihren Verdienstmöglichkeiten, während der Welthandel noch die internationale Börsenspekulation und schließlich sogar politische Zielsetzungen damit verband.

Wenn es überhaupt irgendwie berechtigt ist, von einer wirksamen Ernährungslenkung in der Vergangenheit zu sprechen, dann ist es hier bei der soeben gekennzeichneten wirtschaftlichen Spielart der Fall. Bisher dürfte es keine durchschlagendere und in ihrer Weise erfolgreichere Ernährungslenkung gegeben haben. Es wird sich an späterer Stelle Gelegenheit bieten, hierauf im einzelnen einzugehen und die Folgen der wirtschaftlichen Ernährungslenkung dazulegen;

ebenso wird es an späterer Stelle besonders nötig sein, mit Nachdruck darauf hinzuweisen, daß die *wirtschaftliche Ernährungslenkung auch heute noch in den meisten Ländern der Welt* die Lage beherrscht. Aber schon hier muß grundsätzlich festgestellt werden, daß eine wirtschaftliche Ernährungslenkung an sich ein Unding ist. Sie birgt eine innere Gegensätzlichkeit in sich. Das Ziel, einen Menschen oder ein ganzes Volk im naturgegebenen Sinne zu ernähren, d. h. ihm durch die Art seiner Ernährung die beste Lebensmöglichkeit, Gesundheit und Leistungsfähigkeit zu vermitteln, läßt sich nur sehr schwer mit dem Ziel vereinen, aus Lebensmittelproduktion und Lebensmittelhandel ein ebenso lukratives Geldgeschäft zu machen wie aus Herstellung und Verkauf von Strümpfen, Stahlwaren oder Zigaretten. Je einträglicher das Geschäft wurde, um so mehr kam die Ernährung in ihrer eigenen Bedeutung zu kurz. Als Beispiel für ein derartiges zwangsläufiges Mißverhältnis sei hier nur auf die *Entwicklung der Großmühlenindustrie* bis zur drittgrößten Kapitalmacht in Deutschland einerseits und auf die Denaturierung und Verstümmelung des Getreides bis zur fast 90%igen Entwertung des Brotes (unser „täglich Brot") in den deutschen Städten andererseits hingewiesen.

Gewissermaßen als Gegenbewegung entstand zur Zeit der größten Herrschaft der wirtschaftlichen Ernährungslenkung eine neue Art der Ernährungslenkung, die ihrem Umfange und der Größe ihrer Auswirkung nach allerdings in keiner Weise mit ihrer gewaltigen Gegnerin in eine Reihe gestellt werden darf. In England bildete sich der Keim zu dieser Gegenbewegung. England hatte bereits um die Mitte des vorigen Jahrhunderts sein Bauerntum nahezu restlos der Industrialisierung geopfert. *Ohne Bauerntum* gibt es aber *keine naturgemäße Ernährung* und ohne Bauerntum — das sei gleich hier bemerkt — gibt es auch keine Ernährungslenkung, die aus dem Wesen der Ernährung selbst ihre Grundsätze schöpft. So ist es kein Zufall, daß der *Vegetarismus in England* entstand, und zwar gar nicht viel später, nachdem das Bauerntum vernichtet war. Es ist falsch, im Vegetarismus nur die Forderung nach Vegetabilien gegenüber dem durch die wirtschaftliche Ernährungslenkung stark erhöhten Fleischverzehr zu sehen. Im Vegetarismus steckte der geschichtlich erste Versuch, gegen die Vergewaltigung einer naturgemäßen Ernährung durch die Wirtschaft auf einem praktischen Kampfgebiet Front zu machen. Die Entwicklung des Vegetarismus bis zur allgemeinen *Lebensreform*, die sich in der Folge der Jahrzehnte um die Jahrhundertwende bis in unsere Zeit in vielen Ländern feststellen läßt, beweist die Richtigkeit dieser Auffassung. Dieser Entwicklungslinie haben auch keine Sektenbildungen Abbruch tun können. Eine wertvolle Unterstützung erhielt die junge von Idealisten der verschiedensten Berufsstände getragene Bewegung durch vereinzelte Ärzte und Wissenschaftler, die ihrer Zeit auf ihrem eigenen Arbeitsgebiet zweifellos voraneilten. Dem Schweizer BIRCHER-BENNER gebührt hier unstreitig das größte Verdienst. Wenn vorhin gesagt wurde, daß diese ganze nicht sehr ins Gewicht fallende Gegenbewegung gegen die wirtschaftliche Ernährungslenkung von Idealisten getragen wurde, so darf dabei nicht verschwiegen werden, daß es sich hierbei um eine allgemeine geistige Bewegung handelte, die sich auf vielen Gebieten des Lebens zeigte und bemüht war, sich durchzusetzen. Es war eine natürliche Reaktion gegen die einseitige, die Natur vernachlässigende kulturelle Entwicklung der letzten 8—10 Jahrzehnte. Der Name des Vorläufers ROUSSEAU dürfte zur Charakteristik der Gedankenwelt der ganzen Bewegung genügen. Diese Charakterisierung kann es wohl auch verständlich machen, daß die gleiche Bewegung schließlich RUDOLF STEINERs *antroposophische Lehre* wie die Lehre der *Christian Science* gedeihen ließ. Nach alledem kann die der wirtschaftlichen Ernährungslenkung entgegenwirkende Bewegung mit ihrer eigenen Ernährungslenkung, auch wenn diese im Sinne des vorliegenden Ernährungslehrbuches auf manchen Gebieten in kleinem Umfange fruchtbar gewirkt hat, keineswegs den Anspruch erheben, als eine rein gesundheitliche Ernährungslenkung angesehen zu werden. Die Bezeichnung „*reformatorische*" *Ernährungslenkung* ist gewiß gerechtfertigter und zutreffender.

Soll eine Aufzählung der verschiedenen Arten von Ernährungslenkung vollständig sein, so darf eine Form nicht unerwähnt bleiben, die in vielen Ländern und in den verschiedensten Zeiten aus besonderen Gründen jeweils notwendig geworden war, die man am besten wohl als staatspolitische oder *staatsökonomische Ernährungslenkung* bezeichnet. In Notzeiten wie in Kriegen oder auf Grund einer besonderen politischen oder volkswirtschaftlichen Lage kann sich eine Regierung veranlaßt sehen, in die Ernährung des Volkes einzugreifen und sie nach bestimmten Gesichtspunkten abzuändern und einzuschränken. Der große Weltkrieg gab hierzu in fast allen beteiligten Ländern Anlaß. Im Frieden hat sich Japan der hier sichtbar gewordenen Möglichkeiten mit ganz außerordentlichem Erfolg bedient. Es sei nur an das Ernährungsamt von Saiki und seine Arbeit erinnert. Auch bei derartiger staatspolitischer Ernährungslenkung spielt der Gesichtspunkt der Gesundheit zweifellos eine mehr oder minder große Rolle, aber er ist niemals der leitende Gedanke und gab auch nicht den ersten Anlaß zu der Ernährungslenkung.

III. Die gesundheitliche Ernährungslenkung.

Erst unser Zeitalter hat die Welt und die Völker reif gemacht zu einer neuen Ernährungslenkung, und zwar zu der Ernährungslenkung nach gesundheitlichen Gesichtspunkten. Nur die *gesundheitliche Ernährungslenkung* ist in der Lage, die natürliche Entwicklungslinie der Ernährung, von der an früherer Stelle die Rede war, wieder aufzunehmen und fortzuführen. An einem Beispiel sei dargelegt, wie dies gedacht ist: Die Wikinger nahmen Zwiebel und getrocknete Äpfel mit auf ihre Seefahrten und vermieden auf diese Weise Skorbut. Natürliches Gefühl für die Zusammenhänge zwischen Ernährung und Leben, d. h. Gesundheit und Leistung, so wie Beobachtung und Erfahrung lenkten sie bei diesem Tun. Dabei wußten sie nichts von Ascorbinsäure und Capillarblutungen. Die kulturelle Entwicklung mit all ihren weiteren oben zum Teil aufgezählten Folgezuständen hat uns Instinkt und Erfahrung der Wikinger geraubt und uns gewissermaßen zum Ersatz dafür das Wissen um Ascorbinsäure und Capillarblutungen beschert. *Naturgefühl und Wissenschaft* bewegen sich hierbei auf das gleiche Ziel zu und befolgen beide jene Entwicklungslinie der Ernährung, an deren Ende die optimale Lebensmöglichkeit, das Höchstmaß an Gesundheit und Leistung, soweit nur die Ernährung dazu beitragen kann, steht.

Schon hieraus folgt, daß Naturgefühl, Empirie und Wissenschaft niemals in Gegensatz zueinander gebracht werden dürfen, wenn die gesundheitliche Ernährungslenkung nicht von vornherein einen verfälschten Charakter bekommen soll. Noch unsinniger wäre es, wissenschaftliche Erkenntnisse allein gelten lassen zu wollen. „Steht das Leben mit der Wissenschaft in Widerspruch, so hat tets das Leben Recht" Diese Worte des großen Liebig sollten für jeden seiner Epigonen ein steter Mahnruf sein. Die Wissenschaft von morgen muß, von ganz wenigen Jahrhunderte überdauernden Thesen abgesehen, den Irrtum von heute bedeuten, sonst bleibt sie ohne Fortschritt. Meines Wissens indes hat niemand von Bedeutung jemals, wie Ertel behauptet, die Bedeutung von Rubner mit dem „Vorwurf der Einseitigkeit und Oberflächlichkeit" geschmälert; wohl aber haben alle Jene die natürliche und notwendige Reform der Ernährung aufs Schwerste beeinträchtigt und tun es noch, welche die Rubnersche Lehre als allein und ewig geltendes Dogma gewahrt wissen wollen und ihr gegenüber jeden Fortschritt der Wissenschaft, jede neue Entdeckung gering schätzen. Die *Schutzstofflehre* steht auf dem Gebiet der Ernährungswissenschaft nicht nur gleichberechtigt neben der RUBNER-VOITschen *Energielehre*, sondern hat diese überhaupt erst im richtigen Licht erscheinen lassen und sie bereichert. Technik und Wissenschaft des Verbrennungsmotors erlangte ihre wertvollste Ausweitung und damit erst ihre höchste Leistungsfähigkeit durch die Entwicklung von Technik und Wissenschaft des Vergasers. Dieses Beispiel ist deshalb gewählt, weil es das ungefähre Verhältnis zwischen Nahrungsenergien und Verbrennungs- reglern (Schutzstoffen) wiederspiegelt. Durch Jahrhunderte und Jahrtausende hindurch haben sich zahlreiche einstmalige *Naturerkenntnisse* durch Überlieferung im Volksglauben erhalten; gerade die Vitaminlehre hat manchem solchen alten *Volksglauben* gewissermaßen zu einer Ehrenrettung verholfen. Es sei nur an den volksmedizinischen Brauch erinnert, Kindern bei Zahnfleischbluten Hagebutten- tee zu trinken zu geben. Vor der Klärung der inneren Zusammenhänge auf diesem Gebiete hatte die Wissenschaft keinen Grund, die Empfehlung des Volksglaubens zu ihrer eigenen zu machen. Das wäre auch nicht nötig gewesen. Leider aber ist eine zeitgebundene wissenschaftliche Erkenntnis oft genug mißbraucht worden, um auf der Grundlage ihres eigenen der Natur gegenüber stets unzulänglichen Standes derartige berechtigte Volksbräuche als Aberglauben abzutun. Es waren wohl die ungeheuren Erfolge der exakten Naturwissenschaften in den letzten 6—8 Jahrzehnten, die oftmals zu einer grundsätzlichen Verkennung des Wesens aller Wissenschaft verleiteten. Demgegenüber muß noch einmal mit Nachdruck betont werden, daß die Wissenschaft nur eine der vielen Säulen bilden kann, auf denen die gesundheitliche Ernährungslenkung aufgebaut werden kann.

Noch weniger kann aber ein einzelner Zweig der Wissenschaft den Anspruch erheben, das Kriterium für die gesundheitliche Ernährungslenkung darzustellen. Mit der Ernährung als Wissenschaft hat sich bis um die Zeit des Weltkrieges herum in fast allen Ländern in der Hauptsache nur die *Hygiene* und die *Physio- logie* beschäftigt.

Hauptgegenstand der Ernährungslehre und -forschung war für die Hygiene die Ernährung als Energiequelle. Die Physiologie beschäftigte sich demgegenüber vornehmlich mit den einzelnen Nahrungsgrundstoffen, deren Resorption, Abbau, Ausscheidung usw. im Organismus. Erst mit der Entwicklung der Vitamin- lehre als Fundament größter Entdeckungen und bedeutendster Nutzanwendungen bildete sich ein neuer Zweig der Wissenschaft auf medizinischem Gebiete, welchen man füglich als *Ernährungsklinik* bezeichnen kann. Der klinischen Ernährungs- forschung und Ernährungslehre ist der jetzige Hochstand unseres Wissens auf dem gesamten Ernährungsgebiete zu danken. Während Ernährungsphysiologie und -hygiene sich in der Hauptsache auf *analytischer Betrachtung* und Wertung gründeten, konnte die klinische Ernährungslehre eine erfolgreiche *Synthese* in die Wege leiten. Selbstverständlich dienen sowohl die analytische Forschungs- und Denkmethode wie die synthetische der reinen Wissenschaft; aber eine jede hat ihre Grenzen und ein jedes neu zu erschließendes *Arbeitsgebiet* verlangt ihren geregelten Einsatz. Wenn jemand zum Beispiel die Ursache der Zahn- caries erforschen will und behufs dessen Hunderte von extrahierten Zähnen in Bakterienlösungen legt oder sie irgendwelcher differenten Flüssigkeit aussetzt, dann kann er wohl, falls er ein guter Beobachter ist, ausgezeichnete Einzel- schlüsse daraus ziehen, aber er wird niemals dem letzten *Problem der Zahncaries* näherkommen. Leicht aber verleitet diese Methode zu Trugschlüssen. Wer zum Beispiel behauptet, Zuckergenuß sei gänzlich gleichgültig für die Entstehung der Zahncaries, da nach seinen Untersuchungen keine noch so konzentrierte

Zuckerlösung die Zahnsubstanz angreifen könne, ist sich nicht nur über die Bedeutung seiner eigenen Analysen gänzlich im unklaren, sondern er verwechselt im
günstigsten Falle Ätiologie und Pathogenese, zu deutsch Ursache und Entstehungsmechanismus. Demgegenüber kommt ein Mensch, der von der Ernährungswissenschaft wenig weiß, jedoch über eine *natürliche Beobachtung* und
klare Denkungsart verfügt, dem hier als Beispiel gewählten Problem viel näher,
wenn er über den leicht zu beobachtenden Zusammenhang zwischen hartem
Vollkornbrot und gesunden Zähnen gegenüber Weißbrot und Zuckersachen mit
schlechten Zähnen seine Erfahrungen sammelt.

Am allerwenigsten jedoch kann eine Vergesellschaftung von wissenschaftlicher Analyse mit einem einzelnen Teilgebiete den Dingen gerecht werden.
Natürlich gibt es auch Menschen mit cariösen Zähnen — um weiter bei diesem
Beispiel zu bleiben — welche viel Vollkornbrot und wenig Zucker in ihrer Ernährung haben. Weder Vollkornbrot noch Zucker sind an sich ätiologisch spezifisch für cariesfreie oder cariesbehaftete Zähne. Aber beide Nahrungsstoffe
haben sich in der Praxis der Ernährung als Gradmesser für den Zustand der
Zähne erwiesen. Das spezifische verantwortliche Agens ist gewissermaßen im
positiven Falle bei Vollkornbrot wie im negativen Falle bei Zucker das durch
beide Nahrungsmittel bedingte Vorhandensein oder Fehlen bestimmter Stoffe
und Nahrungsregler, von denen — von noch anderen Faktoren abgesehen —
die Entstehung der Caries abhängt. In vielen Ernährungsarten übernimmt
möglicherweise die Rolle des Vollkornbrotes auf der einen und des Zuckers auf
der anderen Seite irgendein anderer Nahrungsstoff mit positiver oder negativer
Wirkung und selbst hierbei ist zu berücksichtigen, daß es sich ebenso um
komplexe Vorgänge handelt wie bei der Entstehung einer Tuberkulose, eines
Rheumatismus oder eines Magengeschwürs. Es ist also unsinnig, irgendeine
Einzelbeobachtung gegen solche von komplexer Wertigkeit als Gegenbeweis
anführen zu wollen wie es leider immer wieder geschieht. Was nun das gewählte
Beispiel der Zahncaries angeht, so zeigt gerade dieses, daß einfache Beobachtungen an Tieren und Menschengruppen unter verschiedenen Bedingungen und
Ernährungsformen besseren Aufschluß über die Entstehung der Caries zu geben
imstande sind als der augenblickliche Stand der exakten Naturwissenschaften,
vor allem jedoch ihrer analytischen Methoden. Hierauf wird noch später zurückzukommen sein.

Es wurde schon weiter oben festgestellt, daß die *wirtschaftliche Ernährungslenkung* auch heute noch in den meisten zivilisierten Ländern vorherrscht.
Sie hat seit ihrer fast einhundertjährigen Herrschaft der Ernährung ein ganz
besonderes Gepräge gegeben. Sie konnte dies um so leichter tun, als die Verstädterung den Menschen nicht nur vom Boden des Landes, der ihn bis dahin
unmittelbar ernährt hatte, loslöste, sondern ihn auch zumeist der Möglichkeit
beraubte, sich mittelbar vom Lande in früherer gewohnter Weise zu ernähren.
Schließlich verband den Menschen, der später als Städter geboren wurde, auch
keine Überlieferung mehr mit dem Lande und seiner ursprünglichen natürlichen
Ernährungsweise. So wurde der Städter hinsichtlich der Ernährung gewissermaßen der Spielball zwischen den Angeboten der Wirtschaft und seinen eigenen
Gelüsten je nach Geschmack oder Gewohnheit oder Gutdünken, wobei die Höhe
des Einkommens und die dadurch gezogene Grenze zumeist den Ausschlag gab.
Daß die *Zivilisationsernährung* in mehrfacher Hinsicht ein Chaos darbietet, ist
daher ohne weiteres verständlich. Im einzelnen ist dieses Ernährungschaos
unübersehbar, aber es ist durchgehend dadurch gekennzeichnet, daß es gesundheitlichen Forderungen, wie sie heute auf Grund gesicherter Erkenntnisse erhoben werden müssen, nur zum kleinsten Teile Rechnung trägt. Daran ändert
auch die Tatsache nichts, daß es der wirtschaftlichen Ernährungslenkung

zweifellos gelungen ist, das zu gewährleisten, was man innerhalb der Ernährungswirtschaft „*Bedarfsdeckung*" nennt. Man kann sogar der Ansicht sein, daß die wirtschaftliche Ernährungslenkung hinsichtlich vieler Lebensmittel und erst recht hinsichtlich der in mancher Beziehung verwandten Genußmittel den natürlichen Bedarf künstlich in die Höhe zu treiben verstanden hat.

Die Lage ist weiterhin dadurch gekennzeichnet, daß sich die Mehrzahl der Menschen gar nicht bewußt ist, hier vor einem Chaos zu stehen und ihre Ernährungsweise außerdem als ein Privileg persönlicher Freiheit ansieht. Jeder noch so wohlgemeinte und sachlich begründete Abänderungsvorschlag, selbst wenn ein solcher ärztlicherseits gemacht werden muß, wird daher auch mit dem Hinweis auf *das subjektive Wohlbefinden* abgelehnt, gleich als ob dieses der beste und selbstverständliche Maßstab für den gesundheitlichen Wert dieser oder jener Ernährungsform sei. Diese Haltung findet man nicht nur bei Laien, sondern selbst bei zahlreichen Ärzten. Dies ist nicht verwunderlich. Die *gesundheitliche Ernährungslehre* ist heute, von Ausnahmen abgesehen, noch *nicht Gegenstand der ärztlichen Ausbildung*. Die Unterrichtung des angehenden Arztes in der alten *energetischen Ernährungslehre* und in der früheren fundamentlosen *diätetischen Ernährungslehre*, wie sie demgegenüber fast überall üblich ist, trägt weder dem jetzigen Hochstande der neuen Ernährungsforschung noch den Notwendigkeiten der Volksgesundheit genügend Rechnung. Wenn auch manche entscheidenden Entdeckungen auf dem Ernährungsgebiete erst ein paar Jahrzehnte oder auch noch weniger lange zurückliegen, so besteht doch die zwingende Notwendigkeit, sie baldigst für das Leben der Menschen nutzbar zu machen. Dieser Gesichtspunkt hat, wie schon erwähnt, bei manchen Staaten bereits Anerkennung gefunden, er hat auch den *Völkerbund* veranlaßt, seine bekannten Untersuchungen durchzuführen, aber er ist noch nicht Allgemeingut des Wissens und der Beachtung bei den betreuten Menschen selbst geworden. Die Notwendigkeit, diese Entwicklung zu fördern und damit der gesundheitlichen Ernährungslenkung die Bahn frei zu machen, ergibt sich angesichts folgender Lage:

Noch vor etwa 5—7 Jahrzehnten befand sich nicht nur die Wissenschaft, sondern auch die Staatslenkung eines jeden Volkes auf der ganzen Welt einem Gegner gegenüber, dem sie nicht beikommen konnte. *Seuchen* aller Art bildeten diese Gegnerschaft. In ihrem Wesen unerkannt, war es unmöglich, sie wirksam zu bekämpfen. Hier eine wissenschaftliche Aufgabe, dort eine humanitäre Frage, bald eine staatspolitische Notwendigkeit, das waren die Gegebenheiten. Von der *Frühsterblichkeit der Säuglinge und Kleinkinder* abgesehen, waren es diese nicht zu bekämpfenden Seuchen, welche die *durchschnittliche Lebenserwartung* nicht über das 40. Lebensjahr hinaufsteigen ließen. Der schon eingangs erwähnte Aufschwung der exakten Naturwissenschaften gab nicht nur die Möglichkeit an die Hand, das Wesen all jener Seuchen aufzuklären, sondern gab auch die Wege zu ihrer Bekämpfung frei. Der Erfolg dieser wunderbaren Fortschritte und Großtaten von Wissenschaftlern und Ärzten ist es, daß die durchschnittliche Lebenserwartung heute statt bei 40 bei 61,4 Jahren liegt. Allerdings fällt ein Anteil an diesem Erfolg der gleichzeitig durchgeführten Bekämpfung der Frühsterblichkeit der Säuglinge und Kleinkinder zu. Die Schnellebigkeit im Zeitalter der Zivilisation hat es mit sich gebracht, daß bereits die heute lebende Generation kaum noch eine Vorstellung von dem Ausmaß jener damals ganze Landstriche verheerenden Seuchen hatte. Zur Charakterisierung sei nur eine einzige Erinnerung von Erwin Liek angeführt:

„Als ich ein Junge war, erzählte mir mein Vater viel von den Choleraepidemien, die in den sechziger Jahren des vorigen Jahrhunderts Ostpreußen verheerten. Er, mein Vater, war aus seiner Familie der einzige Überlebende geblieben. Die Erinnerung an den Schrecken war bei ihm viel stärker, als zum Beispiel die Erinnerung an den Krieg 1870/71. Als mein Vater starb, fanden wir hinter seinen Büchern noch zwei große Flaschen mit Choleratropfen. Seit der Epidemie waren 30 Jahre vergangen."

Mit der eben erwähnten tatsächlichen durchschnittlichen Lebensverlängerung aller Lebendgeborenen von mehr als zwei Jahrzehnten hat allerdings die *Gesundheit und Leistungsfähigkeit* nicht gleichen Schritt gehalten. In der Hauptsache sind es die sog. *Zivilisationskrankheiten*, die an dieser Erscheinung schuld sind. Unter diesen wieder spielen eine Reihe von Krankheiten und mangelnde Leistungszustände des Organismus eine große Rolle, deren *Zusammenhang mit* einer irgendwie gearteten *Fehlernährung* durch empirische Erfahrung und wissenschaftliche Forschung gesichert ist.

Hierzu gehört in allererster Linie die in Deutschland zu 98% verbreitete *Zahncaries* mit all ihren Spätfolgen. Hierzu gehört weiterhin die in allen zivilisierten Ländern beobachtete Zunahme verschiedener *Stoffwechselkrankheiten;* dann ist hier aufzuführen ein Teil der gegen früher vermehrten *nervösen Leiden* und weiterhin ein Teil der *Herz- und Gefäßkrankheiten.* Auch die bevölkerungspolitisch bedeutsame, in manchen Ländern stark zugenommene *Unfruchtbarkeit* hängt, wenn auch nur zu einem kleinen Teil, mit Fehlnahrung zusammen. Schließlich muß hier noch die *Widerstandslosigkeit und Hinfälligkeit gegen Infektionskrankheiten* aller Art wie Rheumatismus, Diphtherie, Grippe, Lungenentzündungen usw. erwähnt werden. Rasche *Ermüdbarkeit, Energieschwäche* und *Leistungsminderung* vervollständigen das Gesamtbild.

Es ist hier nicht der Ort, für alle die genannten Krankheiten und krankhaften Zustände den ätiologischen und pathogenetischen Zusammenhang mit den verschiedensten Formen von Fehlernährungen erneut nachzuweisen, zumal sich eine Reihe diesbezüglicher Angaben in den übrigen Kapiteln dieses Lehrbuches vorfinden. Hierbei soll auch keineswegs verschwiegen werden, daß auch manche These auf diesem Gebiet noch von dem einen oder anderen bestritten wird. (Aber welche wissenschaftliche Erkenntnis ist gänzlich unbestritten?)

Demgegenüber ist es wichtiger, einige *grundsätzliche Zusammenhänge* zu würdigen und auf einige der üblichsten Einwände gegen die neue Ernährungslehre und deren Folgerungen einzugehen.

Die Veränderung, welche die wirtschaftliche Ernährungslenkung in Deutschland verursacht hat, läßt sich an ein paar Zahlen charakteristisch veranschaulichen. Vor rund 100 Jahren betrug der Jahreskopfdurchschnitt an *Fleischverbrauch* 14 kg, heute 58 kg. Für das *Korn* lauten die entsprechenden Zahlen 200 und 86 kg, wobei noch ganz besonders ins Gewicht fällt, daß damals $^9/_{10}$ des 200 kg betragenden jährlichen Kornanteils zu *Vollmehl* verarbeitet wurde, während von dem jetzigen viel kleineren Kornanteil nicht einmal $^1/_5$ (nach KRAFT sogar nur $^1/_{10}$) zu Vollmehl verarbeitet wird. Für den dritten Grundenergieträger der Ernährung, nämlich das *Fett*, stehen leider keine gesicherten Vergleichszahlen über die genannte Zeitspanne zur Verfügung. Wohl aber ist nachgewiesen, daß die tägliche Fettquote in Deutschland pro Kopf der Bevölkerung allein gegenüber der Vorkriegszeit eine Verbrauchssteigerung um etwa 25% aufweist. Sie beträgt heute 99 g (nach anderen Berechnungen sogar 103 g).

Auf die rein physiologische Bedeutung dieser Verschiebung der Ernährungsgrundlage eines Volkes braucht hier nicht weiter eingegangen zu werden, es sei nur darauf hingewiesen, daß selbst RUBNER, dessen Calorienbedarfszahlen im allgemeinen als zu hoch angesehen werden, eine tägliche Fettquote von 56 g für gegeben erachtet. Nur auf eine allgemeine Folge ernährungsphysiologischer Natur, der in diesem Zusammenhang hier größte Bedeutung zukommt, sei besonders hingewiesen, nämlich auf die Tatsache, daß die wirtschaftliche Ernährungslenkung zu einer *Bevorzugung einer energiestoffreichen und schutzstoffarmen Ernährung in allen zivilisierten Ländern* geführt hat. Hierbei ist ganz besonders eines zu berücksichtigen: Selbst wenn manche errechneten Durchschnittszahlen noch ein einigermaßen *harmonisches Verhältnis zwischen Energie- und Schutzstoffträgern* in der Ernährung zu gewährleisten scheinen, so trifft das in Wirklichkeit nur für einen ganz kleinen Teil der gemäß dieser Durchschnittszahlen ernährten Gesamtbevölkerung zu. Nicht nur die regionalen Unterschiede bei der tatsächlichen Ernährung bedingen große Verschiebungen des Durchschnittsverhältnisses, sondern auch vor allem die unterschiedlichen Einkommensverhältnisse. Während beispielsweise der durchschnittliche *Kartoffelverbrauch* in Deutschland pro Jahr und Kopf rund 100 kg beträgt, so gibt es Gegenden, in denen die vierfache Menge und andere Gegenden, in denen nur $^4/_5$ dieser Durchschnittsmenge verzehrt wird. Beim Fett liegt die Spanne zwischen Minimum und Maximum des Kopftagesverbrauchs zwischen 70 und 150 g. *Obst und Gemüse* sind der geringen Eigenproduktion wegen in Deutschland verhältnismäßig teuer, während Wurstwaren aller Art, also wiederum Fleischprodukte, schon des Preises wegen von bestimmten Bevölkerungsgruppen bevorzugt werden. Am folgenschwersten hat sich der Übergang vom hochwertigen Brot zu einem mehr oder weniger gänzlich minderwertigen Brot ausgewirkt. Eine Berechnung von DRUMMOND in England veranschaulicht dies am besten. Danach ist die *Vitamin B_1-Zufuhr* in 50—60 Jahren von 800 auf 250 I.E. durchschnittlich herabgesunken. Nach den Untersuchungen von SCHEUNERT scheidet Brot von einer Ausmahlung unter 60% als Vitamin B_1-Quelle aus. Das könnte hingenommen werden, wenn ein anderes Nahrungsmittel hierfür gewissermaßen einspringen würde. Das ist aber keineswegs der Fall, denn kein anderes Nahrungsmittel ist so reich an dem B_1-Stoff wie das Getreidekorn. Hierbei ist noch besonders zu berücksichtigen, daß in Deutschland 40% aller Nahrungscalorien durch das Brot gedeckt werden. Die zu *geringe Ausmahlung* gefährdet somit die ausreichende Versorgung mit dem B_1-Vitamin. Dabei fällt erschwerend ins Gewicht, daß der Bedarf des Organismus an dem B_1-Vitamin keine Konstante darstellt. Da er von der Intensität des Stoffwechsels abhängt, ist er insbesondere erhöht bei schwerer körperlicher Arbeit, bei erhöhter Außentemperatur, bei der Schwangerschaft und Lactation, von krankhaften Zuständen abgesehen. Der Kohlehydratabbau im Organismus bedarf des fermentativen Eingreifens des B_1-Stoffes. Die durch die integrale Bindung des B_1-Stoffes im Keimling an die Mehlkörperkohlehydrate erzielte Höchstwertigkeit ist daher nicht als glücklicher Zufall, sondern als Ursache dafür anzusehen, daß bei der jahrtausende währenden Auslese der Mensch Korn, und zwar als Vollkorn, zu seinem Hauptnahrungsmittel wählte. Abgesehen davon ist das *Vollkornbrot* auch ein sehr wesentlicher *Mineralstoffzuführer*, wenn in der übrigen Kost Fleisch, Fett und Zucker bevorzugt, dagegen Milch und Milchprodukte, grünes Gemüse und Kartoffeln nur beschränkt verwendet werden. Daß diese Kostform bei der zivilisierten Ernährung vielfach anzutreffen ist, ist allgemein bekannt. Die Völkerbundsenquete kam auf Grund ihrer Arbeiten unter anderem zu der im allgemeinen sicher zutreffenden Auffassung, daß in allen zivilisierten Ländern Armut die Hauptursache von Fehlernährungen sei. Bei der B_1-Vitaminbilanz zeigt sich indes das Kuriosum, daß gerade jene Bevölkerungskreise am ehesten der Möglichkeit einer B_1-Hypovitaminose ausgesetzt sind, deren höheres Einkommen in Verbindung mit sitzender Lebensweise eine zu konzentrierte ballastarme Kost zur Folge hat. Gerade diese Ernährungsform stellt gewissermaßen eine Reinzüchtung der wirtschaftlichen Ernährungslenkung dar, bei der eine in ihrer Bedeutung maßlos überschätzte analytisch-wissenschaftliche Lehrmeinung über die *bessere Ausnutzung weißer Mehle* den Gewinntendenzen der Großmüllerei Vorschub leistete; dritter im Bunde der wirtschaftlichen Ernährungslenkung auf dem Brotsektor war der Ruf, den das weiße Brot als „das Brot der Reichen" genoß. Die maßgeblichen Ernährungsfachleute der ganzen Welt sind sich heute demgegenüber einmütig darüber klar, daß Vollkornmehl und -brot den Vorzug gegenüber dem Auszugsmehl und dem weißen Brot verdient. Nur wirtschaftliche Interessenten versuchen noch, diesen Tatbestand zu verschleiern.

Demgegenüber sei in Deutschland nur auf die diesbezügliche Pionierarbeit von SCHEUNERT, HEUPKE, STEPP, SCHRÖDER und KRAFT hingewiesen. Daß es zur Zeit Menschen gibt, die Vollkornbrot schlecht vertragen, ist eine alte Erfahrung. Das Ergebnis der Völkerbundsuntersuchungen spricht hierbei von einer kleinen Zahl und SCHEUNERT sagte auf dem Brotindustriekongreß 1936, „daß eine übrigens verhältnismäßig kleine Anzahl von Personen *mit unphysiologischer Verdauungstätigkeit*[1] kleiehaltiges Brot schlecht verträgt." Demgegenüber fand REITER bei Beamten des Reichsgesundheitsamtes zu 70% Unverträglichkeit gegenüber Vollkornbrot. Nähere Daten über Art und Menge des verwendeten Vollkornbrotes, über die sonstige Ernährungsweise der Versuchspersonen, über ihr Alter, ihre Zähne, ihre sonstige Verdauungstätigkeit (Eiweißdyspepsie?) usw. fehlen, so daß die REITERschen Angaben wissenschaftlich in keiner Weise verwertbar sind; sie lassen höchstens einen Rückschluß auf eine bedauerliche unphysiologische Verdauungstätigkeit jener Versuchspersonen im Sinne SCHEUNERTs zu und sind insoweit *ein treffendes Beispiel* für die verheerende Wirkung der Zivilisationsernährung. Für derartig Geschädigte kommt es nur auf die Auswahl eines geeigneten Vollkornbrotes an. So ist Knäckebrot selbst für Magen- und Darmkranke sehr gut verträglich.

Um die durch die wirtschaftliche Ernährungslenkung geschaffene Lage des weiteren treffend charakterisieren zu können, ist es notwendig, sich mit dem *Cariesproblem*, einer der Hauptsorgen aller zivilisierten Völker auf gesundheitlichem Gebiete, eingehender zu beschäftigen. Während die wirtschaftliche Ernährungslenkung im allgemeinen schon fast ein Jahrhundert weit zurückreicht, vollzieht sich gewissermaßen unter unseren Augen, wenigstens in unserer Zeit, in einigen Gegenden der Welt eine zivilisatorische Entwicklung, die dort das Aufkommen einer wirtschaftlichen Ernährungslenkung erst in der letzten Zeit ermöglicht hat. Es handelt sich hierbei um die *Erschließung von Ländern* oder Landteilen und Völkern oder Volksteilen *vermittels neuer Verkehrsmöglichkeiten*.

Dem Schweizer Arzt und Zahnarzt Dr. ADOLF ROOS verdanken wir in diesem Sinne einen außerordentlich wertvollen Beitrag über den unmittelbaren Zusammenhang von Ernährung und Caries. Danach hat sich in der Goms, einem Schweizer Hochtal, mit dem Bau der Furkastraße und später der Furkabahn ein Ernährungsexperiment an 4000 Menschen vollzogen, „dessen erste Auswirkung in der zunehmenden Zahnverderbnis für den Forscher klar erkennbar wird". Ehemals 1—2 Pfund Zucker pro Jahr und Kopf, Vollkornbrot bei einer im ganzen natürlichen schollengebundenen Ernährung und kaum Caries, jetzt eingeführtes *Feinmehl* und angelieferter *Zucker* in Mengen, desgleichen aber auch gehäufte *Caries*.

Dem dänischen Forscher P. O. PEDERSEN verdanken wir ähnliche Erhebungen in ganz anderer Gegend, bei einer ganz anderen Bevölkerung und bei gänzlich anderen Ernährungsbedingungen: Die Bevölkerung von Ost- und Westgrönland gehört einer gleichen, reinen Eskimorasse an. Westgrönland hat sich dank seiner zugänglichen Küste der modernen Zivilisation seit 60 Jahren nicht entziehen können im Gegensatz zu Ostgrönland, dessen Küste durch ständiges Treibeis fast abgeriegelt ist. So fanden in Westgrönland u. a. *Zucker und Feinmehl* mehr und mehr Eingang; in Ostgrönland blieb die Ernährung die alt-

---

[1] Im Original nicht gesperrt.

bewährte. Heute beträgt die *Zahncaries* in Westgrönland im Durchschnitt 68%, in Ostgrönland dagegen nur 15% und bei einem einzelnen völlig abgeschlossenen Eskimostamm (Angmagssalik) sogar nur 5%.

Der norwegische Forscher GUTTORM TOVERUD stellte Zahnuntersuchungen im gebirgsumgebenen Valle im Satesdal etwa 160 km nördlich von Kristiansand an und fand hier grundsätzlich ebenfalls das, was die bisher genannten Autoren festgestellt hatten, nämlich eine nachweisbare integrale *Abhängigkeit des Zahnzustandes von der Ernährung*. Auch TOVERUD gibt die Schuld an der Zahncaries im besonderen dem Zucker und dem Auszugsmehl und im ganzen der *Abkehr von der früheren bewährten naturgegebenen Ernährung*. Dabei muß man, wie G. M. HÖYE schreibt, lange suchen, „bis man ein kernigeres Volk findet als das, welchem man heute in Valle begegnet". — MEYER, Breslau, fand bei polnischen Landarbeitern, die sich heute noch einfach, natürlich und gesund ernähren, nur 14% Caries, während die polnische Bevölkerung in den Städten einen vielfach höheren Prozentsatz aufweist.

Hinsichtlich der Ergebnisse der Tierforschung möchte ich mich allein auf noch unveröffentlichte Untersuchungen des deutschen Forschers Dr. KRAUS, Stuttgart, an Haus- und Wildtieren verschiedenster Art stützen. KRAUS glaubt, daß man für die Caries der Tiere „in erster Linie die Art des Futters verantwortlich machen kann" und schreibt zum Schluß: „Nach alldem kann die Frage der schädigenden Einwirkung der Domestikation auf die Kauwerkzeuge der Tiere analog der Verstädterung beim Menschen wohl ohne weiteres bejaht werden." Von 141 untersuchten in Gefangenschaft gehaltenen Wildtieren wiesen 26% Zahn- und Kieferkrankheiten auf. Gefangen gehaltene Affen zeigten in Freiheit lebenden gegenüber die fünffache Carieshäufigkeit. KRAUS dehnte seine Tieruntersuchungen auf *geschichtliche und vorgeschichtliche Funde* aus und konnte bei 20 Hunden aus der Steinzeit mit dem Höchstalter von 5000 Jahren nicht eine Spur von Caries feststellen.

Hiermit komme ich zu den entsprechenden geschichtlichen und vorgeschichtlichen Untersuchungen beim Menschen. Die Untersuchungen von EULER, Breslau, verdienen besondere Beachtung, die er an 23 Kindergerippen anstellen konnte, welche aus der Steinzeit stammen und den Berechnungen nach 4000 Jahre alt sind. Die Milchgebisse wiesen einen Zahnfäulnisbefund von 0,7% auf, während heute in der gleichen Gegend 95% zahnfäulige Milchgebisse angetroffen werden.

Übereifrige Verfechter einer *Entwicklungslehre* haben nun noch vor Jahren glauben machen wollen, daß die Degeneration des menschlichen Gebisses, zu deren Wesen die Caries gehöre, Ausdruck einer Gesamtentwicklung des Menschen und daher unabänderlich und naturgegeben sei. Beweis hierfür sei jene Entwicklungslinie, die sich aus den bekannten *prähistorischen Befunden* an Frühmenschen und „Vormenschen" — wenn ich so sagen darf — zwangsläufig ergab. Wenn diese Auffassung richtig wäre, dann müßten sich Gebißdegeneration und Caries durch die von uns übersehbaren Zeiträume der Geschichte und der Vorgeschichte stetig mehr und mehr ausgeprägt und beide müßten ihrer Tendenz entsprechend einen unaufhörlich sich verstärkenden Charakter gezeigt haben. Das ist jedoch nicht der Fall! Zum Beweis verweise ich hier auf eine weitere Arbeit von Dr. E. KRAUS, die unter dem Titel erschien: „Kulturelle Einflüsse auf die Ernährung und den Gebißzustand der Menschen während der Jahrtausende im heutigen Württemberg." Die Untersuchungsergebnisse und Zusammenstellungen von KRAUS lassen unzweideutig erkennen, daß die Entwicklung der Cariesfrequenz durch Stein- und Bronze- und ältere Eisenzeit bis zur jüngeren Eisenzeit hindurch nicht nur sprunghaft gewesen ist, sondern auch Remissionen gezeigt hat. So gab es 20% Cariesverbreitung im Neolithicum, 55% Cariesverbreitung bereits

in der Bronzezeit und dann wieder eine gewaltige Abnahme in der Hallstatt-
und La Ténezeit bis auf etwa 25%.

Um diese hier aufgezeigten Verhältnisse deuten zu können, muß ich noch
einmal auf rein ernährungsklinische Dinge eingehen. Euler fand bei einer Serie
von 1000 Kindern wirtschaftlich schlecht gestellter Eltern 48% cariesfrei und
52% cariesbefallen. Die cariesfreien Kinder stammten von Müttern, die während
der Schwangerschaft Frischgemüse und Obst zu sich genommen hatten, weil
sie im Besitze von Schrebergärten waren. In einer Kinderkrippe, von Kindern
sehr armer Leute besucht, fanden sich auffallenderweise 95% aller Kinder frei
von Caries. Auch hier wurde die gleiche Ursache aufgedeckt.

An sich überwog in der noch cariesarmen jüngeren *Steinzeit* die *pflanzliche
Kost*. Den Grabungen Reinerths im Federseegebiet verdanken wir einen genauen Einblick. Verschiedene Früchte wurden angebaut; daneben gab es
Haselnüsse, Himbeeren, Brombeeren, Äpfel, Kirschen, Birnen und Pflaumen.
Dazu kamen an Gemüsen Möhren, Feldsalat, weißer Gänsefuß und Knöterich.
An Getreide wurde angebaut: Emmer, Weizen, Hirse und Gerste. Das Korn
wurde gedroschen, gemahlen und zu runden, scheibenförmigen Broten verbacken. Hierbei wurde der *Brotteig* an der Luft *angesäuert*, also mit richtigem
angesäuertem Teig gebacken. Geschälte Ackerbohnen wurden mit ölhaltigem
Leinsamen und fetten Haselnüssen zusammengekocht. Das alles bietet fürwahr
eine reichhaltige Speisenauswahl und eine gesunde Ernährung.

Die dann folgende Bronzezeit, in der, wie eben dargelegt, die Carieshäufigkeit
auf 55% hinaufschnellte, erlebte eine folgenschwere *Klimaschwankung*, wie die
Vorgeschichtsforschung erwiesen hat; sie führte unter anderem zu einer Austrocknung des Ackerbodens. In die gleiche Zeit fiel die *Unruhe nordischer Einwanderung*. Beides zusammen bewirkte, daß der Ackerbau zeitweilig aufgegeben
und somit zwangsläufig der größte Anteil der Ernährung aus der Viehzucht
bestritten werden mußte.

Hallstatt- und La Ténezeit stellten im großen ganzen die Ernährungsverhältnisse wieder her, wie sie vor der Bronzezeit bestanden hatten. Der Ackerbau
wird noch mehr intensiviert. Die Cariesfrequenz sinkt auf 25%[1].

Nach alldem kann gerade auf Grund der Vergleiche mit den Ergebnissen
der heutigen Ernährungsklinik mit Bestimmtheit angenommen werden, daß
jener vorgeschichtliche Wechsel in der Carieshäufigkeit, der mit einer ein-
schneidenden Ernährungsänderung einherging, auch ursächlich mit dieser
zusammenhängt.

Aber welches sind nun die engeren *Zusammenhänge zwischen Caries und
Ernährung*?

Angesichts der gänzlich verschiedenartigen Ernährung der Eskimos einerseits, der Polen, Schweizer andererseits, die wiederum anders ist als es die
Ernährung der Menschen in der Bronzezeit war, dürfte es fast unmöglich erscheinen, hier eine *einheitliche Ursache* aufdecken und maßgeblich machen zu
wollen. In der Tat gibt es auch keine einheitliche Ursache für die Entstehung
der Caries im analytisch wissenschaftlichen Sinne. Wohl aber gibt es eine einheitliche Ursache, wenn man die Dinge synthetisch betrachtet und wertet.
Diese Betrachtungsweise muß sich allerdings erst mehr als bisher durchsetzen.
Wie oft kann man selbst von wissenschaftlicher Seite den Einwand vernehmen:
„Ich esse kein Vollkornbrot" oder „ich esse kein Obst" ... „und habe trotzdem
gesunde Zähne". Hier liegt eine gänzliche Verkennung der Zusammenhänge vor.
Die *naturgegebene und schollengebundene Ernährung* stellt auf Grund einer *jahr-
tausende währenden Auslese* eine *optimale Form der Ernährung* dar, der bei aller

---

[1] Diese Zahl bezieht sich auf die württembergischen Grabfunde, während nach Euler
die Gesamtfrequenz auf nur 3% gesunken ist.

Verschiedenheit in den entlegendsten Weltgegenden stets ein inneres Gesetz der *Nahrungsstoffharmonie* zukommt. So könnte das Buch von HINTZE über „Geographie und Geschichte der Ernährung" — eine einzigartige Fundgrube für die Ernährungswissenschaft — eine sehr wertvolle Ergänzung erfahren, wenn neben die dort gebotene *Morphologie der Ernährung* die Funktionslehre gesetzt würde. Weiter oben wurde von dem derzeit herrschenden Ernährungschaos gesprochen. Die Aufzählungen von HINTZE bieten das beste Beispiel hierfür. Dieses dort beschriebene Ernährungschaos hat insoweit viel Verwirrung gestiftet, als mancher Leser nun der Meinung war, es sei gänzlich gleichgültig, ob er, wie es zum Beispiel die Kirgisen tun, täglich 4 Pfund Fleisch essen würde oder, wie viele Inder und Japaner es tun, nur vegetarisch leben würde. In gleicher Weise haben die Erhebungen von SCHENCK über die Ernährung der Olympiakämpfer in Berlin 1936 angesichts der großen Fleischmengen manche Gemüter verwirrt. Eine geschickte Propaganda hat diese Erhebungen sogar für ihre Wirtschaftsvorteile durch erhöhten Fleischgenusses bei der ganzen Bevölkerung ausnutzen wollen. Hierbei wird dann verschwiegen, daß SCHENCK selbst darauf hinweist, daß auch andere Nahrungsmittel wie Milch, Obst, Gemüse und Salate usw. einen außerordentlichen Mehrverbrauch erfahren haben. Dadurch wurde das *harmonische Verhältnis zwischen Energiestoffen und Schutzstoffen* (Verbrennungsreglern) gewahrt. Ob schließlich der tatsächlich erstaunlich hohe Eiweißverbrauch für die Leistungen nötig war, oder ob er nur dem wohlgefälligen Angebot entsprach, steht übrigens dahin. Auch noch aus anderen Gründen heraus ist jenen Olympiadeergebnissen gegenüber höchstes Mißtrauen am Platze. Über die Gesamtmenge einer in sich harmonischen Ernährung entscheidet hinsichtlich ihrer gesundheitlichen Bedeutung in positivem oder negativem Sinne die durch den Organismus zu bewältigende Leistungshöhe. Es ist selbstverständlich, daß olympische Höchstleistungen den Ernährungsverbrennungsmotor ganz anders beanspruchen als literarische Schreibtischarbeit. Auf Grund dieser Regel versteht man auch, warum unsere Vorfahren imstande waren, nach einer anstrengenden nicht nur stundenwährenden, sondern oft tagedauernden Jagd (z. B. auf Bären) ungeheure Mengen an Nahrungsmitteln, und hier vor allem an Fleisch schadlos zu vertragen. Hinzu kommt noch eines, worauf HEUPKE auf der Frankfurter Eiweißkonferenz letzthin nachdrücklich hingewiesen hat. Das *Fleisch der Zivilisationsnahrung* besteht in der Hauptsache aus *Muskelfleisch*, während unsere das Wild erlegenden Vorfahren das Tier mit allem, was dazu gehört, d. h. also mit den gesamten inneren Organen, verzehrten. Das gleiche gilt heute noch für die obenerwähnten Kirgisen und für alle jene Völker, die in der Hauptsache von Fleisch leben. Es gilt auch für die Eskimos. Sie essen die Leber, die Lunge, die Därme und alle anderen Eingeweide der Tiere und verspeisen außerdem den Mageninhalt der Renntiere. Die an Fleisch nach europäischen Begriffen in der Tat überreiche Nahrung der Naturvölker ist daher im Sinne der eben erwähnten Harmonie vollständiger als die fleischreichste europäische Kost, da die Hauptmenge der Vitamine und manche andere wirksame Substanz wie zum Beispiel der Leberschutzstoff hauptsächlich in den Eingeweiden der Tiere vorhanden sind. HEUPKE verrät hierbei seine synthetisch wissenschaftliche Betrachtungsweise der Dinge, wenn er sagt: „Sie bekommen auf diese Weise alle biologischen Werte, welche die Natur in der Ganzheit eines Tieres geschaffen hat."

Wenden wir diese Erkenntnisse auf das Cariesproblem an, so ergibt sich folgendes: Die Westgrönländer, die sich ursprünglich selbstverständlich aus ihrer unmittelbaren Umwelt ernährten, kamen von dieser Ernährung ab, als sich ihnen die Möglichkeit eines Handels bot. Sechs Jahrzehnte genügten, um ihre Ernährung zu 60% umweltfremd werden zu lassen. Für die verkauften

Fische, die früher zum Teil roh verzehrt wurden, nahmen sie die *üblichen Handels-objekte der Ernährungswirtschaft* und des internationalen Nahrungsmittelhandels, nämlich Feinmehl und Zucker. So wurde die wirtschaftliche Ernährungslenkung der *Zerstörer* der bis dahin gegebenen *Ernährungsharmonie*, d. h. real ausgedrückt, des naturgegebenen und sich durch Jahrtausende durch Auslese als zweckmäßig erwiesenen Verhältnisses zwischen Energie- und Schutzstoffen in der Ernährung und deren Gesamtmenge.

Es wird eine kommende Aufgabe der Wissenschaft sein, diese *funktionelle Betrachtungsweise* und Wertung der je nach Klima, nach Arbeit, nach Rasse usw. verschiedenen natürlichen und umweltgebundenen Ernährungsformen zu prüfen. Ich bin überzeugt, daß sich auf diese Weise sehr bald dem bisher zweifellos noch etwas inhaltlosen *Begriff einer Harmonie der Ernährung* genaues Zahlenmaterial unterlegen und damit strengste wissenschaftliche Gesetzlichkeit wird verleihen lassen. Schon aber auf Grund der bisherigen Erkenntnisse lassen sich die Folgerungen sofort in die Tat umsetzen. Bevor jedoch hierauf im einzelnen eingegangen werden kann, dürfte es nützlich sein, noch einige wertvolle *Beob-achtungen der letzten Jahre* auf dem Ernährungsgebiete anzuführen:

Deutschland im Weltkrieg 1914—1918. Schon vor dem Kriege aß ein erheblicher Teil der Bevölkerung Deutschlands mehr als notwendig war. Folge davon: Überhandnehmen der Stoffwechselkrankheiten. In den ersten Kriegsjahren bis 1916 Ernährungsminderung auf den richtigen Bedarf. *Folge:* Seltenwerden der Stoffwechselkrankheiten! Wie aus zahl-reichen Statistiken jener Zeit hervorgeht, nahm die Zahl der Zucker-, Basedow-, Gelenk-kranken, der Herzleidenden und Fettsüchtigen erheblich ab! 1916: Zufuhr sank unter den Bedarf, hierbei *falsche Verteilung der Nahrungsstoffe.* Einseitige Ernährung vernachlässigte Verabreichung von schutzstoffreichen Nahrungsmitteln und verhinderte damit rationellere Ausnutzung der kleineren Nahrungsportionen. So kam es zu den Folgen einer Fehlernährung, die nach Menge und Schutzstoffen unterwertig war (Hungerödeme und Hungertodesfälle, Nierenerkrankungen, geistige und körperliche Leistungsminderung usw.).

Dänemark im Weltkrieg 1914—1918. Dänemark war während des Krieges in der gleichen Lage wie Deutschland. Jedoch wurde unter dem Ernährungsdiktator HINDHEDE in kurzer Zeit eine schutzstoffreiche und calorienärmere Ernährung eingeführt. Folge: Keine Erscheinungen wie in Deutschland, demgegenüber Erhöhung der Widerstandsfähigkeit gegen Epidemien. Unter der Grippeepidemie hatte Dänemark viel weniger zu leiden als alle anderen europäischen Länder. Der Einwand, daß die Verhältnisse jetzt gegen HIND-HEDES Theorien sprechen würden, ist völlig abwegig, weil Dänemark nach Aufhören der Ernährungsdiktatur aus Geldgier wieder zu seiner unrationellen Ernährung zurückgekehrt ist.

Spanien. Ernährungslage in Rotspanien: Mangel an Eiweißstoffen, Fetten, Kohle-hydraten: reichlich vorhanden Vitamine und mineralreiche Nahrungsmittel (Obst, Gemüse). Trotz Unterernährung, trotz ungünstigster äußerer Bedingungen und für Spanien unge-wöhnlicher Witterungsverhältnisse sind bisher kaum Epidemien ausgebrochen. (Unter anderem Bericht von News Chronicle vom 18. 11. 37: ,,Jedermann ist erstaunt, daß in Spanien nach 18 Monaten Krieg so wenig Epidemien vorkommen, während doch englische Kinder Winter für Winter massenhaft den Infektionskrankheiten anheimfallen. Die Er-klärung liegt darin, daß der ärmste Spanier selbst dann, wenn es ihm an Eiweiß und Fett mangelt, doch immer noch seinen vollen Bedarf an Schutznahrungsmitteln erhält, *während in England die Über- und Unterernährten gleichermaßen an Vitaminmangel hungern*".)

Italien. Gewissermaßen die Probe aufs Exempel konnten die Italiener mit der Anwendung moderner Ernährungslehren im abessinischen Feldzug machen. ,,Wer von den abessinischen Geschossen verschont bliebe, den würde Krankheit dahinraffen" — das war die Welt-meinung über den Ausgang des abessinischen ,,Abenteuers", wie man es nannte. Aber selbst Wohlgesinnte hegten eine derartige Befürchtung. Malaria, Ruhr, Typhus und Para-typhus, Rückfallfieber, Pocken, Pest und Cholera standen in Aussicht, kamen auch viel-fach auf abessinischer Seite zur Beobachtung. Doch wie gestaltete sich die Wirklichkeit auf italienischer Seite? Die Zahl der reinen Kriegsverletzungen war gering und die Zahl der an Krankheiten Gestorbenen blieb noch bedeutend geringer, geringer als je in einem Kolonialkrieg! Es ist Professor CASTELLANI, Graf von Chisimajo, beizupflichten, wenn er am Schlusse seines diesbezüglichen Berichtes sagt, daß das Resultat der sanitären Maßnahmen ,,geradezu etwas Unwahrscheinliches" an sich hat. Bei den schon lange vor dem Ausbruch der Feindseligkeiten einsetzenden sanitären Maßnahmen war ganz besonderes Gewicht auf zweckmäßige Ernährung gelegt worden. Diese war im Verhältnis zu unserer heutigen durch-schnittlichen Ernährung fleischarm, kohlehydratreich und enthielt vor allem viel Schutzstoffe, täglich dargereicht durch Gemüse und Obst, vor allem Bananen. Zusätzlich erhielt jeder Soldat ein über den anderen Tag eine Citrone, d. h. also reichlichst C-Vitamin. Hierauf ist es in der Hauptsache neben anderen Maßnahmen zurückzuführen, daß nicht nur die Zahl der an Krankheit Gestorbenen, sondern überhaupt die Zahl der Erkrankten äußerst gering war. Nach den Erfahrungen anderer Kriege, wie denen im Burenfeldzug oder auf Gallipoli, standen etwa 80000—100000 Fälle an Ruhrerkrankung mit 3000—4000 Toten zu erwarten. Es erkrankten jedoch nur 453 Soldaten an Ruhr und es starb nur ein einziger, und dieser erst an einer hinzutretenden Komplikation. Gerade bei der Ruhr ist der Einfluß der Ernährung offensichtlich. Keine Wehrmacht der Welt wird an diesen Erfahrungen der Italiener in Zukunft achtlos vorübergehen können.

Die *Zielsetzung der gesundheitlichen Ernährungslenkung* kann nach alledem auf einem ebenso breiten wie tragfähigen Fundament aufgebaut werden. In fast allen zivilisierten Ländern, die von der wirtschaftlichen Ernährungslenkung in den letzten Jahrzehnten betroffen worden sind und mehr oder weniger schweren Schaden an der Volksgesundheit davongetragen haben, sind auf Grund ausgedehnter Reihenuntersuchungen Beweise dafür erbracht worden, daß bestimmte Bevölkerungsschichten einen *Mangel* an gewissen *Nahrungsstoffen* aufweisen. Der Mangel bezieht sich zumeist auf Schutzstoffe. Auch ist auf Grund ausgedehnter Untersuchungen in fast allen zivilisierten Ländern festgestellt worden, daß der durchschnittliche Ernährungszustand der Bevölkerung zu wünschen übrigläßt (s. Völkerbundsenquête[1]). Weiterhin haben sich in fast allen zivilisierten Ländern, in denen diesbezügliche Untersuchungen angestellt wurden, ähnliche, wenn nicht gleiche Verhältnisse hinsichtlich Ausdehnung und *Zunahme* der obenbesprochenen *Ziviliationskrankheiten* gezeigt. Fast auf den Prozentsatz genau beträgt in Ländern mit ausgesprochen wirtschaftlicher Ernährungslenkung beispielsweise die *Zahncaries* der gesamten Bevölkerung wie in *England und Deutschland* 98%. *Frankreich* stellt sich hier wie auch in vieler anderer Hinsicht deshalb besser, weil es gewissermaßen *ein ideales Gartenland* mit außergewöhnlicher Produktionsmöglichkeit an Obst und Gemüse darstellt. Von Frankreich hat indes das weiße Brot, das Brot des Auszugsmehles, seinen Siegeszug durch die ganze Zivilisation angetreten. Nur in den Vorstädten von Paris kann man heute noch Vollkornbrot unter der charakteristischen Bezeichnung „*Pain de nos grandmères*" erhalten. Schließlich hat die Wissenschaft auf den meisten der in Frage stehenden Krankheitsgebieten mittelbare und unmittelbare Zusammenhänge zwischen der angetroffenen Fehlernährung und den vorherrschenden Zivilisationskrankheiten aufspüren und sichern können. Als die letzte Ursache kann nahezu überall ein Mangel an bestimmten Nahrungsstoffen in der Gesamternährung, d. h. also eine *gestörte Harmonie* angesehen werden. Im großen gesehen kann das *Ziel der gesundheitlichen Ernährungslenkung* daher kein anderes sein als die *Wiederherstellung jener Ernährungsharmonie*. Zumeist handelt es sich hierbei um das harmonische Verhältnis zwischen Energie- und Schutzstoffträgern in der Ernährung, wenn man von einer hie und da zweifellos vorhandenen Gesamtunterernährung absieht. Es ist infolgedessen gar nicht verwunderlich, daß von den auf dem Ernährungsgebiete führenden Männern in fast allen zivilisierten Ländern nahezu die gleichen Vorschläge für eine Ernährungsreform gemacht werden. So ist die in Deutschland schon seit vielen Jahren erhobene Forderung nach mehr Vollkornbrot und Vollkornmehlen inzwischen eine internationale Forderung geworden. Aber es gibt auch Unterschiede. Während zum Beispiel manche zivilisierten Länder (wie Frankreich) selbst über eine reiche bodenständige Produktion von Obst und Gemüse oder (wie England) über die Möglichkeit geregelter Einfuhr aus Übersee verfügen — womit nicht gesagt ist, daß jeder Franzose oder jeder Engländer genügend Obst und Gemüse verzehrt —, ist Deutschland hieran

---

[1] Siehe auch S. 5 dieses Lehrbuches.

arm[1]. Immerhin bietet die Größe der Anbaufläche bei geeigneter *Produktionsum-stellung* die Möglichkeit, die dreifache Menge an Obst und Gemüse selbst zu erzeugen. Eine derartige Produktionssteigerung würde den entsprechenden Forderungen nach Mehrverbrauch vollauf Genüge tun. Dabei hat Deutschland die Möglichkeit hinsichtlich gewisser Schutzstoffe, gewissermaßen auszuweichen. Es gibt zum Beispiel zahlreiche sehr ergiebige *in Deutschland heimische Vitaminträger* auch unter den immerhin in nördlicheren Gegenden seltener anzutreffenden C-Vitaminträgern. Von STEPP ist hierbei besonders auf die *Hagebutte* hingewiesen worden und der Generalinspektor für den deutschen Straßenbau Dr. TODT hat Weisung gegeben, die *Reichsautobahnen* für den vermehrten Anbau von Hagebutten nutzbar zu machen. In jüngster Zeit hat KÖTSCHAU praktische Anweisungen gegeben, Hagebuttenerzeugnisse der Bevölkerung und hier insbesondere den Krankenhausinsassen zugängig zu machen. Die dritte Forderung, die besonders in Deutschland erhoben wird, betrifft die *Fleisch- und Fettmenge* in der täglichen Ernährung. Hier lautet die Forderung auf ein weniger an Fleisch und Fett. Diese Forderung muß erstens angesichts der außerordentlich überhöhten Durchschnittszahlen für diese Nahrungsmittel gegenüber der physiologischen Norm in Deutschland erhoben werden; zweitens ist gerade der überhöhte *Fleisch- und Fettgenuß* vor allem bei der städtischen Bevölkerung mit zu wenig Bewegungsmöglichkeit *die Ursache vieler Stoffwechselkrankheiten und vorzeitiger Leistungsschwäche.* Drittens verstärkt insbesondere die überreiche Fetternährung, die calorienmäßig vorwiegend ins Gewicht fällt, das an sich in der deutschen Volksernährung schon vorhandene *Mißverhältnis zwischen dem Gesamtmaß der Energiestoffe* einerseits *und* der *Schutzstoffe* andererseits. Daß übermäßiger Fleisch- und Fettgenuß die *Neigung zum Rauchen und Trinken* bis zu gesundheitlich schädlichen Ausmaßen fördert, hat das Gastwirtsgewerbe früher erkannt als die Wissenschaft. Wenn in Deutschland zur Zeit allein *fast 8% des Gesamtvolkseinkommens für Rauchen und Trinken* verausgabt werden, so ist das nicht nur als Symptom für den durchschnittlichen hohen Lebensstandard zu werten, sondern als *zwangsläufige Folge einer unnatürlichen Ernährung* anzusehen. Es ist kein Zufall, daß derjenige, der mäßig Fleisch und Fett, viel Kartoffel und Vollkornbrot, dazu angemessen Obst und Gemüse ißt, weder zum Gewohnheitsraucher noch zum unmäßigen Trinker wird. Eine isolierte *Bekämpfung des Genußmittelmißbrauches* im großen ohne gesundheitliche Ernährungslenkung muß daher ohne Erfolg bleiben. Daß die Ernährungslenkung wiederum nur ein Glied in einer allumfassenden Gesundheitsführung (mit Sport, Freizeitgestaltung usw.) sein kann, sei hier am Rande bemerkt. — Statt wie jetzt 56 kg Jahreskopfdurchschnitt für Fleisch muß die Durchschnittszahl von 30—35 das Ziel sein. Statt wie jetzt 99 g Tageskopfquote an Fett muß es die Gesamternährungsumstellung bewirken, daß sich der Durchschnitt auf 55—60 einstellt. Angesichts der schon eingangs gemachten Darlegungen über Durchschnittswerte überhaupt muß auch hier wieder betont werden, daß die geforderte Umstellung vielfach keine Gesamtsenkung der Ernährungsverbrauchswerte bedeutet, sondern zum Teil nur eine Verschiebung. Manche, wenn auch nur kleine Bevölkerungskreise, würden sich bei den geforderten Durchschnittszahlen zweifellos besser stehen als jetzt. Der *Ernährungsausgleich* muß vor allem zwischen der meist sitzenden städtischen Bevölkerung und den Schwerarbeitern, und hier insbesondere in

---

[1] Frühjahr 1938 faßte die Deutsche Gesellschaft für innere Medizin folgende Entschließung: „Die Deutsche Gesellschaft für innere Medizin sieht sich auf Grund der auf ihrer 50. Tagung vorgetragenen Forschungsergebnisse veranlaßt, die zuständigen Stellen von Staat und Partei zu bitten, größtes Gewicht auf eine ausreichende Versorgung des deutschen Volkes mit einem guten Vollkornbrot sowie mit Obst und frischen Gemüsen zu legen, da diese als Träger wichtiger Wirkstoffe für die Gesundheit und Leistungsfähigkeit unentbehrlich sind ..."

den Bergwerksbezirken zur Durchführung gebracht werden. Es muß ein Weg gefunden werden, energie- wie schutzstoffreiche, also in jeder Beziehung hochwertige Nahrungsmittel vornehmlich all jenen zuzuführen, die schwerste Arbeit unter erschwerten Umweltsbedingungen (Kälte usw., wie unter Tag) leisten müssen. Der Städter, der sich dank seines Einkommens und der Transportmöglichkeiten leicht Gemüse kaufen kann, kann eher auf Milch und Butter verzichten, als zum Beispiel der Kumpel. Wir sehen aber, daß in allen zivilisierten Ländern *Butter* im Übermaß von jenen Kreisen verbraucht wird, für die sie zumeist nicht nur entbehrlich, sondern vielfach eine gesundheitsbeeinträchtigende Belastung darstellt. Von Kindern, die für ihr Wachstum selbstverständlich Milch und Butter benötigen, sei hier abgesehen.

Zusammengefaßt ist das *Ziel der gesundheitlichen Ernährungslenkung* in Deutschland also eine *Rückverschiebung* erstens einmal von der Seite der Eiweiß- und Fettträger zu den Kohlehydraten (d. h. statt einem Zuviel an Fleisch und Fett ein Mehr an Kartoffeln und Vollkornbrot- und -mehlen) und zweitens einmal eine größere Berücksichtigung von Obst und Gemüse. Beides bedeutet gleichzeitig eine Verschiebung in der Ernährung *zugunsten einer energiestoffärmeren und schutzstoffreicheren Ernährung.* Die gesundheitliche Ernährungslenkung in Deutschland macht hiermit nicht nur die Fehler, welche die wirtschaftliche Ernährungslenkung mit sich gebracht hat, wieder gut, sondern sie stellt jene *naturgegebene Ernährungsharmonie* wieder her, die es früher schon gegeben hat, als der Mensch zu seiner Umwelt noch eine natürliche Einstellung hatte.

Aber nicht allein die Zielsetzung ist für den Erfolg entscheidend, sondern ebensosehr der *Weg,* auf dem das Ziel erreicht werden soll. Die wirtschaftliche Ernährungslenkung konnte sich wie jede wirtschaftliche Lenkung auf anderem Gebiete einer *Methode* bedienen, welche sich die gesundheitliche Ernährungslenkung höchstens in ganz bescheidenem Ausmaß leisten kann, nämlich der *Reklame* in all ihren tausendfältigen offenen und versteckten Formen. *Steigerung des Fleisch- oder Fettverzehrs bedeutet vermehrter Absatz* für den Erzeuger und für den Händler, bedeutet mehr *Geldgewinn* für den ersteren und noch mehr für den letzteren; und dieser Vorgang läßt sich durch eine geschickte Reklame beschleunigen und verstärken. Freilich gehört hierzu Geld, aber es bringt auch wieder ein Vielfaches an Geld. An einer Verringerung der täglichen Fleisch- und Fettquote ist aber zunächst niemand im Bereich der Wirtschaft so unmittelbar interessiert, daß er hierfür mit tausenden und abertausenden von Mark Reklame zu treiben bereit wäre. Der Forderung nach Vollkornbrot und Vollkornmehlen stehen *die geldlichen Interessen der Großmühlen* gegenüber, die in der Hauptsache gerade aus der Denaturierung des Korns durch Spitzen und Schälen ihren Nutzen ziehen. Die Forderung nach mehr Obst und Gemüse macht jedoch *Wein- und Bierproduzenten* und deren Händler besorgt, schreckt also das sog. Alkoholkapital auf und alarmiert auch zwangsläufig das hiermit aufs engste verbundene Tabakkapital und hier insbesondere die Zigarettenindustrie. Es bedarf nur eines Blickes in irgendeine Tageszeitung, um sich zu überzeugen, wie ungeheuer groß die *Beeinflussungsmöglichkeiten jener Wirtschafts- und Geldmächte* allein auf diesem Reklameweg sind. Es ist einfach unmöglich, daß sich ein Mensch in den zivilisierten Ländern einer derartigen Beeinflussungsmöglichkeit gänzlich entziehen kann. In keinem zivilisierten Lande stehen für eine gesundheitliche Ernährungslenkung auch nur Bruchteile jener Geldsummen zur Verfügung, welche der wirtschaftlichen Ernährungslenkung nicht nur zum Siege verholfen haben, sondern ihre Vorherrschaft allen Anstürmen gegenüber auch heute noch behaupten lassen.

Die wirtschaftliche Ernährungslenkung hat es auf diese Weise fertig gebracht, die Ernährung nicht nur in einer für die betreffenden Wirtschaftszweige höchst gewinnbringenden Weise zu beeinflussen und umzugestalten, sondern sie hat die Ernährung völlig zu ihrem Objekt gemacht. Dies konnte um so leichter geschehen, als niemand da war, der der Wirtschaft dieses Objekt streitig machen konnte. Die wenigen gesetzlichen Einschränkungen und Verordnungen auf dem Gebiete der Nahrungsmittelerzeugung, ihrem Handel usw. bedeuteten keine ernsthaften Fesseln.

So sehen die Wege, welche die gesundheitliche Ernährungslenkung gehen kann, um sich gegenüber der wirtschaftlichen Ernährungslenkung durchzusetzen, zunächst einmal nicht leicht aus. Gewiß hat die in den meisten zivilisierten Ländern bereits eingesetzte Aufklärung über die Notwendigkeit einer *Ernährungsreform*, gleich ob sie von Einzelpersonen, Behörden oder Vereinen ihren Ausgang genommen hat, den Erfolg aufzuweisen, daß sich die Allgemeinheit mehr wie bisher mit den Dingen auseinandersetzt, aber sie hat kaum eines ihrer bescheidensten Anfangsziele erreicht. Natürlich ließe sich auf diesem Wege noch viel mehr tun. Es könnte zum Beispiel die *Schule* und jewede andere Erziehungsmöglichkeit für die gesundheitliche Ernährungslenkung nutzbar gemacht werden. Das *Studium der Ärzte* müßte eine wesentliche Vertiefung auf dem Ernährungsgebiete erfahren. Die *Gemeinschaftsverpflegungen* beim Heer, in den Betrieben usw. könnten beispielgebend gestaltet werden, wie dies in Deutschland schon vielfach geschieht. Aber das alles kann meines Erachtens nach die wirtschaftliche Ernährungslenkung nur zu einer Änderung bzw. zu einer Umlagerung auf bestimmten Nahrungsmittelgebieten veranlassen, es wird aber aus der wirtschaftlichen Ernährungslenkung niemals eine gesundheitliche Ernährungslenkung machen.

Hier handelt es sich um eine grundsätzliche Angelegenheit, über die restlose Klarheit geschaffen werden muß. Soll weiterhin die Wirtschaft bestimmend für die Art der Ernährung sein oder die Volksgesundheit? — Die Entscheidung wird in den verschiedenen Ländern davon abhängig sein, welche Rolle die *Wirtschaft als* offen oder versteckt bestimmender *Machtfaktor* zu spielen in der Lage ist.

Wenn wiederholt darauf hingewiesen wurde, daß die Zielsetzungen hinsichtlich einer Ernährungsreform in allen zivilisierten Ländern ziemlich gleich sind und alle diese Länder nach einer gesundheitlichen Ernährungslenkung streben, so werden die *Wege und Methoden*, das Ziel zu erreichen, *in den verschiedenen Ländern* eben deshalb *sehr verschieden* sein müssen, weil den beiden Faktoren *Wirtschaft und Volksgesundheit* überall verschiedene Bedeutung, Wertschätzung und Einfluß zukommt. Es dürfte im Rahmen dieses Lehrbuches zu weit abseits in das Gebiet der Politik führen, wenn dies an Einzelheiten näher dargelegt werden würde.

IV. Die gesundheitliche Ernährungslenkung als Ausdruck einer ideellen Einstellung zur Ernährung.

Zum Schluß bleibt noch die Frage zu erörtern übrig, ob die gesundheitliche Ernährungslenkung mit dem Augenblick ihr Ziel erreicht hat, in dem alle Erkenntnisse und Ratschläge, die nur gegeben werden können, befolgt werden und die gewünschten Erfolge auf die allgemeine Volksgesundheit und Leistungsfähigkeit eintreten. Das wäre an sich allerdings ein Erfolg, dessen Auswirkungen man sich heute kaum vorzustellen wagt. Eindämmung der Caries auf wenige Prozente statt 98% Durchseuchung, Verschontsein von dem Heer der Stoffwechselkrankheiten usw., schließlich Gesundheit und Leistungsfähigkeit bis in das hohe Alter hinein — das alles würde nicht nur dem einzelnen das Leben angenehmer und erfolgreicher gestalten, sondern es würde die Volkskraft jener in der Ernährung derart gesundheitlich gelenkten Völker so unerhört stärken, daß eine Änderung des gesamten Weltbildes die Folge sein könnte. Trotzdem möchte ich behaupten, daß die gesundheitliche Ernährungslenkung dann in einer Beziehung nichts anderes erreicht haben würde, als was die wirtschaftliche Ernährungslenkung schon vor ihr erreicht hat, nämlich ein rein materielles Ziel. Das Verlangen nach einer „kräftigen“, d. h. konzentrierten, ballastarmen, energiereichen Ernährung wäre vertauscht mit der Angewöhnung an eine „leichte“, d. h. schutzstofffreie Ernährung. Dem Glauben an Weißbrot und Fleisch wäre der Glaube an Vollkornbrot, Gemüse und Obst gefolgt. Beiden fehlt, um für die Zukunft der Völker stets wirksam und fruchtbar sein zu können, eine Verankerung, die über das Materielle hinausgeht. Denn nur das Ideenmäßige hat Ewigkeitswert im Leben der Völker. Ich bin sogar davon überzeugt, daß das Ziel der gesundheitlichen Ernährungslenkung überhaupt nur dann erreicht werden kann, wenn die an sich materiellen Forderungen auf Ernährungsumstellungen von vornherein ideenmäßig unterbaut werden, d. h. eine ideelle Vertiefung erfahren. Auch hierbei wird jedes Volk seinen eigenen Weg gehen müssen.

Bodenständige Ernährung und die Beachtung alteingewurzelter Ernährungsbräuche empfiehlt zwar auch der Völkerbund, und auch England geht daran, sich ein neues seßhaftes Bauerntum zu schaffen, aber Deutschland allein ist sich bisher des ewigen Gesetzes von „*Blut und Boden*“ in all seinem Denken und in all seinen Maßnahmen bewußt geworden. Vielleicht noch in manchen ungeahnten Auswirkungen mystisch, ist das Gesetz von „Blut und Boden“ in seinem Wesen ebenso sehr etwas biologisch Reales wie es die MENDELschen Vererbungsregeln sind. Die Entwurzelung von vielen Millionen Menschen aus ihrem Boden, von ihrer Scholle, aus ihrer seit Generationen bewahrten Heimat, wie sie die Verstädterung bewirkt hat, war in diesem Sinne ein Verstoß gegen das Gesetz von „Blut und Boden“. Die Folgen der Mißachtung dieses Gesetzes sind ebensowenig ausgeblieben, wie sie es auf erbpathologischem Gebiete etwa bei der Nichtbeachtung der Fortpflanzungsgesetze von Schizophrenen geblieben sind. Hier wie da hat der Mensch der Zivilisation einer großen naturgegebenen menschheitserhaltenden Idee entgegen gehandelt und geglaubt, unbehelligt daran vorübergehen zu können. Die *Unfruchtbarkeit der Städte*, das drohende Zeichen eines Volkstodes, war die erste Antwort, die die Natur der Zivilisation gab.

So kann nur der Glaube an die *ewige Gesetzmäßigkeit der untrennbaren Bindung von Blut und Boden,* wie es vor allem DARRÉ die Deutschen gelehrt hat, die tragende Idee einer gesundheitlichen Ernährungslenkung sein.

Es ist nicht schwer, von der Ernährungswissenschaft aus, sowie sie in diesem Buche hier vertreten wird, eine Brücke dahin zu schlagen. Die Vorstellung des gläubig naturverbundenen Menschen, wie sie eingangs wiedergegeben wurde und nach der die Ernährung die Möglichkeit bietet, das eigene Leben durch Einverleiben fremden Lebens von Tier und Pflanze zu erhalten, hat in unserer Zeit ihre Wiedergeburt gefunden durch eine wissenschaftliche Erkenntnis, wie sie STEPP im Vorwort dieses Buches angedeutet hat. Danach erfüllen jene Gebilde katalytischer Bestandteile, welche die Lebensvorgänge in den Zellen der uns als Nahrung dienenden tierischen und pflanzlichen Gewebe regeln, in ähnlicher oder gleicher Weise ihre unentbehrliche Aufgabe nach ihrer Einverleibung in uns selbst. Die gleiche Erkenntnis spricht aus den schon weiter oben zitierten Worten von HEUPKE, nach denen alle biologischen Werte, welche die Natur in der Ganzheit eines Tieres geschaffen hat, für den Menschen, dem dieses Tier zur Ernährung dient, gleich unentbehrlich sind.

Heute stehen unter diesen biologischen Werten die Vitamine im Vordergrund des Interesses, morgen sind es vielleicht die *Spurenelemente,* über deren wunderbare Wirkung im Boden und im Aufbau der Pflanze und bei der Bildung von deren Wirkstoffen wir erst wenig wissen. Vielleicht wird aber auch eine neue Konzeption der *Atom- und Molekulartheorie,* die sich von den geistigen Ideen eines PERIKLES abwendet, ganz neue Kräfte und Stoffe in den Pflanzen und Tieren ausfindig machen, denen eine unter Umständen noch bedeutsamere Rolle zukommt wie den Vitaminen und Spurenelementen. Angesichts derartiger, hier nur andeutbarer Möglichkeiten darf keine gesundheitliche Ernährungslenkung in Zukunft mehr an jenen großen Naturgesetzen vorbeigehen, welche der gläubig naturverbundene Mensch in innerer seelischer Erkenntnis genau so geachtet hat wie sie der Mensch der Zivilisation erst heute wieder auf dem Wege naturwissenschaftlicher Erkenntnis achten lernt.

Vom gläubig naturverbundenen Menschen führt bis zum Menschen der Zivilisation eine eigenwillige oft sprunghafte Entwicklungslinie. Vom Standpunkt der Natürlichkeit aus gesehen stellt der jetzige verstädterte Zivilisationsmensch mit all seinen Zivilisationsschäden in mancher Hinsicht eine Fehlform menschlicher Entwicklung dar. Ihm gegenüber steht der immer noch *natur- und schollengebundene bäuerliche Mensch*, obwohl auch dieser durch die Rückwirkung der Zivilisation vielfach Schaden genommen hat. Wir sehen dies unter anderem auch an seiner oft gegenüber früher unnatürlich und daher ungesund gewordenen Ernährung. In seiner Gesamtheit aber wird auch heute noch das Bauerntum in der ganzen Welt den Gesetzen von Blut und Boden am meisten gerecht. So schaltet sich zwischen den von der Scholle entwurzelten Städter und eine bodenständige natürliche und gesunde Ernährung als deren treuhändiger Erzeuger und Vermittler der noch naturverbundene bäuerliche Mensch ein. *„Ohne Bauerntum gibt es aber keine naturgemäße Ernährung"*, wurde bereits am Anfang dieses Kapitels gesagt; hier sei hinzugefügt, daß es für den naturentfremdeten Zivilisationsmenschen, unseren durchschnittlichen Städter, *ohne seelische und geistige Verbindung mit dem Bauerntum auch keine ideelle Einstellung zu den Nahrungsgütern*, die dieser erzeugt, wird geben können. Die Güte des Korns, die uns „unser täglich Brot" und damit unser Leben ermöglicht, hängt nicht nur von Boden und Klima ab, sondern ebensosehr von der Arbeit des Bauern und seiner Beachtung der Naturgesetze. Bedenken wir dieses, so erhält der schaal gewordene Begriff von *„unser täglich Brot"* wieder einen inneren ideenmäßigen Gehalt. Und der Mensch der Stadt sieht im Bauern wieder seinen wirklichen Ernährer.

So kann eine gesundheitliche Ernährungslenkung, die auf diesen Ideen ihre Arbeit aufbaut, den Zivilisationsmenschen aus seiner Entwurzelung und Naturentfremdung wieder befreien und ihn wieder dem Bauern geistig und seelisch näherbringen. Beide gemeinsam sind Träger des Volkes und Garanten des Staates. Allein und getrennt können beide auf die Dauer nicht bestehen, noch weniger aber können beide geistig und seelisch zusammenhanglos einen Staat tragen. Ein Volk, das seine gesundheitliche Ernährungslenkung auf diesen Erkenntnissen aufbaut, bewirkt auf die Dauer damit erheblich mehr als eine nur materiell wertbare Gesundheitsverbesserung. Seine gesamte *seelische Einstellung zur Umwelt* erhält dadurch wieder jene Unmittelbarkeit und Natürlichkeit, welche für jedes Volk angesichts der Zivilisation mehr und mehr nötig sein wird, um in seiner Umwelt auf die Dauer bestehen zu können. So heißt es auch in einer Botschaft HEINRICH HIMMLERs unter anderem: „Ich glaube daran, daß es durch eine andere seelische Einstellung möglich sein wird, aus der in die Stadt flutenden Bevölkerung eine aus voller Überzeugung auf das Land zurückwollende und zurückwandernde Jugend zu machen."

Schrifttum.

CASTELLANI: Münch. med. Wschr. **1937 I**, 201.
EULER: Dtsch. zahnärztl. Wschr. **1936 II**.
KRAUSS: Zahnärztl. Rdsch. **1937**, Nr. 50—52.
REITER: Z. ges. Ernährwes. **3**, H. 7, 181.
SEIFERT: Dtsch. Technik **1936**, H. 9/10; **1937**, H. 2.